Kassel Lexikon

Band 1 A–K

Kassel Lexikon

Band 1 A–K

Herausgegeben
von der
Stadt Kassel

STADT KASSEL
documenta-Stadt

euregioverlag
www.euregioverlag.de

Spender und Sponsoren

Wir wünschen dem Kassel Lexikon einen Platz in jedem Kasseler Bücherschrank und den Leserinnen und Lesern viel Freude bei der Lektüre.

Sparkassen-Kulturstiftung
Hessen-Thüringen

HNA

AKG®

JOKA®
JOKA ist eine Marke der
W. & L. JORDAN GmbH, Kassel

HÜBNER
WWW.HUBNER-GERMANY.COM

KASSELER KULTUR
FORUM e.V.

DIE GRAFISCHE
DAS DRUCKHAUS
farbecht seit 1980

euregioverlag

Inhalt

Grußwort

Blickt man an einem lauen Sommerabend vom Herkules auf Kassel hinab, eröffnet sich dem Betrachter ein großartiges Panorama, wie es kaum eine andere deutsche Großstadt zu bieten hat. Faszinierend ist das Spannungsverhältnis von einem einzigartigen Naturerlebnis und dem pulsierenden Leben entlang der Hauptverkehrsachsen, von ländlich und urban geprägten Räumen, von Tradition und Moderne. Wer sich auf dieses Erlebnis einlässt, sieht Kassel mit anderen Augen – und bekommt vielleicht Lust, sich intensiver mit der Stadtgeschichte zu befassen.

Das Kassel Lexikon bietet dafür einen hervorragenden Einstieg. Mit über 1.000 Stichworten auf über 800 Seiten zeichnen 318 Autoren die wechselvolle Geschichte der einst prächtigen Residenzstadt nach, die 2013 ihr 1.100-jähriges Bestehen feiert. Das Nachschlagewerk ist ein Streifzug durch die Epochen und die politischen, gesellschaftlichen, wirtschaftlichen und kulturellen Entwicklungen, die Kassel geprägt haben. Die vielfältigen Bezüge erschließen dem Leser ein reichhaltiges und liebevoll illustriertes Gesamtbild unserer Stadt. Sie bieten Einblicke in Leben und Werk zahlreicher Persönlichkeiten, die Bleibendes geschaffen und bewirkt haben. Großes Lesevergnügen ist jedenfalls garantiert. Selbst wer glaubt, bereits alles über unsere Stadt zu wissen, wird in diesem Lexikon auf viele unbekannte Facetten stoßen und Neues entdecken. Deshalb wird die Lektüre den Fachmann ebenso begeistern wie den an stadtgeschichtlichen Themen interessierten Leser. Durch seine unglaubliche Fülle weckt das Kassel Lexikon Interesse, noch mehr über einzelne Themen zu erfahren und den weiterführenden Literaturhinweisen nachzuspüren. Es ist hilfreich bei praktischen Fragen und ist kurzweilig zu lesen, so dass man es immer wieder gerne zur Hand nehmen wird.

In den furchtbaren Zerstörungen des Zweiten Weltkriegs ist vieles verloren gegangen und dem Vergessen anheim gefallen. Das Kassel Lexikon schließt manche Lücke und bringt Verschollenes in unser Bewusstsein. Dies ist sicherlich ein Grund mehr, sich über die Initiative zu diesem umfangreichen Nachschlagewerk zu freuen, das im Entstehungsprozess wahrhaft herkulische Ausmaße angenommen hat angesichts der Tatsache, dass es mit vergleichsweise bescheidenen finanziellen Mitteln realisiert wurde. So ist zu betonen, dass der Idealismus aller Beteiligten Entscheidendes dazu beigetragen hat, dass uns heute ein solches Ergebnis vorliegt.

Deshalb gilt mein großer Dank allen, die an diesem Gemeinschaftsprojekt mitgearbeitet und der Stadt Kassel dieses Geschenk gemacht haben. Allen voran zu erwähnen sind der euregioverlag, der das Projekt mit großer Beharrlichkeit verfolgt hat, und das Kasseler Kultur Forum e. V., das sich als Träger des Projekts überaus engagiert hat. Zu danken ist vor allem der Projektleiterin Dr. Vera Lasch, die sich weit über ihre Pflichten hinaus den Arbeiten am Lexikon gewidmet hat, sowie der gesamten Redaktion, die hilfreich zur Seite stand. Mein Dank richtet sich auch an die für Rat und Tat zur Verfügung stehenden Mitglieder des Fach- und Wirtschaftsbeirats, insbesondere Professorin Dr. Ingrid Baumgärtner, sowie an die Universität Kassel für ihre uneigennützige wissenschaftliche Begleitung, die vor allem von der Fachgruppe Geschichte getragen wurde. Beteiligt waren aber auch zahlreiche Privatpersonen und Institutionen, die wie das Stadtarchiv, das Stadtmuseum, die Museumslandschaft Hessen Kassel und die Murhardsche Bibliothek Bildmaterial zur Verfügung gestellt und so manchen wertvollen Hinweis gegeben haben. Nicht zuletzt gebührt der Dank freilich den zahlreichen, ehrenamtlich tätigen Autorinnen und Autoren, ohne deren Beiträge das Lexikon nicht zu realisieren gewesen wäre.

Mein ganz besonderer Dank gilt an dieser Stelle jedoch den Förderern des Projektes, die durch ihre großzügige Spende die Arbeiten erst ermöglicht haben. Sie haben weit über das Stadtjubiläum hinaus ein Standardwerk unterstützt, das seinen Wert dauerhaft behalten und vielen Lesern Vergnügen bereiten wird.

Das Kassel Lexikon ist ein Gewinn an Wissen, Eindrücken und Erinnerungen. Den Leserinnen und Lesern wünsche ich eine informative und anregende Lektüre.

Kassel, im Juni 2009
Bertram Hilgen, Oberbürgermeister

Vorwort

Im Jahr 2013 wird die Stadt Kassel ihr 1.100-jähriges Stadtjubiläum feiern. Ein solcher Anlass wirft seine Schatten voraus. Im Sinne einer Standortbestimmung bietet er die Gelegenheit zum Rückblick und zur Neuorientierung. Denn eine Stadt ist gelebte Geschichte – ein Gemeinwesen, das in der Vergangenheit entstanden und auf die Zukunft ausgerichtet ist. Was liegt deshalb näher, als sich gegenwärtig der Aufgabe zu stellen, Geschichte fachkundig zu vermitteln, um auf diesen Fundamenten weiter aufbauen zu können.

Der Plan, ein Stadtlexikon für Kassel zu schreiben, bestand bereits seit mehreren Jahren. Die Realisierung war nicht einfach und erforderte große Hartnäckigkeit. Andere Stadtlexika gaben wichtige Anregungen, darunter das Hamburg Lexikon, die Nachschlagewerke aus Mannheim, Berlin oder Erlangen. Alle dienten sie uns als Anschauungsmaterial, das zum Gelingen unseres Lexikons beitragen sollte. Das Konzept sah immer schon vor, einen großen Bogen von den Anfängen der Stadtgeschichte über das Mittelalter bis in die Gegenwart zu spannen. Ziel war und ist es, Informationen über historische Ereignisse, Persönlichkeiten, Institutionen und urbane Entwicklungen leicht zugänglich zu machen und trotzdem auf wissenschaftlichem Niveau zu präsentieren. Das Werk ist dafür gedacht, Laien, Einheimische und Zugezogene zum Lesen anzuregen, darüber hinaus selbst Wissenschaftlerinnen und Wissenschaftler zu informieren und vor allem die Vergangenheit in Erinnerung zu rufen. Gerade für Kassel, das im Zweiten Weltkrieg und danach beim Wiederaufbau viel an historischem Erbe verlor, dürfte der Blick auf Vorhandenes geeignet sein, um das Bewusstsein von der Bedeutung und Schönheit dieser Stadt zu schärfen und vielleicht sogar städtische Identität zu vermitteln.

Stadtlexika können historische Fakten anhand prägnanter Stichworte aufbereiten und gleichzeitig in der Zusammenschau lange Entwicklungslinien verdeutlichen. Einem Leser ermöglichen sie damit, einen schnellen Überblick über eine Vielzahl von Themen zu erhalten, unterschiedliche Informationen gezielt nachzuschlagen, Zusammenhänge über Querverweise zu erkennen und den Stand der Forschung, auch wenn er mitunter lückenhaft sein mag, zu erfassen. Ein Lexikon soll die Wissbegierigen dazu animieren, einfach zu blättern und dabei ohne zeitaufwändige Recherchen Neues zu erfahren; es soll dazu anregen, aus diesem Wissen heraus den Alltag neu zu entdecken und jenseits aller Gewohnheiten Dinge zu sehen, die sonst kaum wahrgenommen werden. Das vorliegende Werk unterlegt dem Text eine integrierte Bebilderung, die dieses entdeckende Lernen unterstützen kann.

Unter den Stichworten sind Ereignisse wie Persönlichkeiten aus Wirtschafts- und Sozialgeschichte, aus Kunst, Kultur und Architektur, aus Bevölkerungs- und Stadtentwicklung aufgenommen. Die Auswahl der Begriffe und Namen fiel nicht leicht und ist, wie immer in solchen Fällen, subjektiven Maßstäben unterworfen. Die Selektionskriterien entsprachen dem Bestreben, sowohl die historische Entwicklung und den aktuellen Charakter der Stadt Kassel möglichst treffend zu erfassen als auch bisher unbekannte oder übersehene Sachverhalte zu dokumentieren. Aufgrund der Materialfülle war es unvermeidlich, im Vorfeld zu entscheiden, welche Persönlichkeiten einen Artikel erhalten sollten, und sich trotz des Drangs zur Erweiterung auf die Verstorbenen zu beschränken. Auf strukturelle Übersichten, wie eine Auflistung der Oberbürgermeister und Ehrenbürger, aller Museen und Kulturzentren, musste im Rahmen der Systematik weitgehend verzichtet werden. Für Ersteres liegen Veröffentlichungen vor, Letzteres ist in Stadtführern zur Freizeitgestaltung zu finden. Unser Anliegen war es, gerade auch Einblicke in den aktuellen Forschungsstand zu gewähren. Die abschließende Literaturliste präsentiert deshalb nicht nur die Vielfalt an Veröffentlichungen, die die Autorinnen und Autoren für ihre Bearbeitungen herangezogen haben, sondern auch Schwerpunkte einschlägiger Forschungsaktivitäten.

Ergänzend veranschaulichen Abbildungen aus Museen und Archiven sowie Aufnahmen aus dem städtischen Lebensraum die kompakten Informationen der Texte. Um den Seh-Gewohnheiten heutiger Leser gerecht zu werden, konnte es erfreulicherweise ermöglicht werden, dem Band eine umfangreiche und vielfältige Bildausstattung beizugeben. Dazu gehören Fotos bedeutender Kasseler Bürgerinnen und Bürger, Reproduktionen von farbigen Postkarten, Lithografien, Aquarelle und Gemälde, historische Drucke und Zeitungsausschnitte ebenso wie historische Dokumente, Fahnen, Plastiken und vieles andere mehr. Sicher gab es nicht für alle Stichworte gleichermaßen Material zur Anschauung. Seit die Brüder Claude und Joseph Nicéphore Nièpce 1798 die ersten Bilder mit der Camera obscura erzeugten und Johann Heinrich Maedler 1839 den Begriff ‚Photographie' erfand, liegen anschauliche Zeitdokumente in Form von Fotos vor. Für die vorausgehende Zeit mussten neuere Fotografien erhaltener Gegenstände (wie Skulpturen, Fahnen, Münzen oder Manufakturwaren) sowie überlieferter Archivdokumente genügen. Trotzdem lassen sich viele Ereignisse, wie die Aufklärung, Verfassungsreformen oder die Reformation, nicht bildlich veranschaulichen. Auch historische Textdokumente, wie Urkunden und Dekrete, konnten nicht immer und schon gar nicht vollständig abgebildet werden. Zum Ersatz für die zahlreichen Akten, die in den Brandnächten am Ende des Zweiten Weltkrieges für immer verloren gingen, musste ferner auf spätere Zeichnungen, Gemälde und Skizzen zurückgegriffen werden.

Noch kurz zur Historie: Auf die konzeptionellen Vorarbeiten des Jahres 2005 folgte die konkrete Umsetzung. Arbeitsort der Redaktion war die Universität Kassel. Insgesamt haben 318 Autorinnen und Autoren mit großem Arbeitsaufwand die Artikel zu 1079 Stichwörtern verfasst. Im Sommer 2008 gingen die Texte ins Lektorat, mehrere Korrekturdurchgänge schlossen sich an. Wegen knapper personeller Ausstattung verzögerte sich die Fertigstellung des Lexikons, weil auf eine gründliche Text- und Bildredaktion nicht verzichtet werden sollte. Trotz aller Sorgfalt wird es gleichwohl nicht gelungen sein, alle Fehler zu vermeiden, die sich aus den oft widersprüchlichen Angaben in Quellen und Literatur und den bestehenden Bearbeitungslücken ergeben konnten. Der euregioverlag nimmt diesbezügliche Hinweise deshalb gerne entgegen.

Ein so umfangreiches Vorhaben erforderte, wie alle dieser Art, zahlreiche tatkräftige Helfer, denen aufrichtiger Dank gebührt: Ein ehrenamtlicher Wirtschaftsbeirat beschäftigte sich mit den Fragen der Finanzierung und schuf dadurch die Grundlagen für die Projektrealisierung. Der ehrenamtlich tätige Fachliche Beirat aus engagierten Kasseler Persönlichkeiten, Professorinnen und Professoren der Universität Kassel sowie Vertretern städtischer und landesweiter historischer Institutionen half, das Konzept zu entwickeln und kontinuierlich durchzusetzen. Gerade der engen Zusammenarbeit mit dem Fach Geschichte an der Universität Kassel ist es zu verdanken, dass das Lexikon auf wissenschaftlichen Fundamenten aufbauen und seine heutige Gestalt annehmen konnte. Das Kasseler Kulturforum e. V. begleitete als Träger die Projektverwirklichung und stand dem euregioverlag über die Jahre hinweg beratend zur Seite. Der Verlag entschied sich mutig dafür, die Risiken des langwierigen Unternehmens zu tragen. Die Autoren und Autorinnen haben ihre Forschungen uneigennützig zusammengefasst und weiterentwickelt. Nicht zuletzt ist aber das Engagement der Projektleiterin Dr. Vera Lasch zu loben, die unermüdlich für funktionierende Arbeitsstrukturen sorgte, die Projektentwicklung in den unterschiedlichen Phasen vorantrieb und alle Vorkehrungen für einen zügigen und reibungslosen Ablauf traf. Dank und Anerkennung gebühren freilich dem gesamten Redaktionsteam, das die Hauptlast der Arbeiten über drei Jahre getragen hat.

Kassel, im Juni 2009
Prof. Dr. Ingrid Baumgärtner für den Fachlichen Beirat

Beteiligte und Danksagung

Ein solches Werk braucht Zusammenarbeit und Unterstützung und muss auf vielen Schultern ruhen. Dank zu sagen gilt es neben den hier Genannten darüber hinaus allen im Verzeichnis namentlich erwähnten Autorinnen und Autoren, allen Spendern und Sponsoren, die die Finanzierung ermöglicht haben und allen, die am Entstehungsprozess des Lexikons beteiligt waren. Hierzu gehören stellvertretend für viele, die hier nicht einzeln genannt werden können, Prof. Dr. Holger Th. Gräf, Dr. Ewald Grothe, Dr. Horst Haferkamp, Frank-Roland Klaube, Christian Presche, Dr. Andrea Pühringer und Dr. Gisela Winnige sowie Helmut Bernert, Iring von Buttlar, Dr. Hermann Gnädinger, Marion Jäckel, Sabine Köttelwesch, Verena Koslowsky, Alexandra Mettler, Lola Meyer, Julia Neukäther, Rüdiger Neukäther, Karl-Heinz Nickel, Prof. Dr. Rainer Olten, Matthias Seim, Thorsten Schramm, Dr. Thomas Wiegand, Ingrid Witzel und Martin Witzel. Allen Beteiligten, die durch ihre Hilfsbereitschaft und Mitarbeit das Zustandekommen des Lexikons ermöglicht haben, sowie allen Bürgerinnen und Bürgern der Stadt Kassel, die Bildmaterialien zur Verfügung stellten, sei herzlich gedankt.

Herausgeber:
Stadt Kassel

Projektleitung:
Dr. Vera Lasch

Fachlicher Beirat:
Prof. Dr. Ingrid Baumgärtner, Universität Kassel
Prof. Dr. Renate Dürr, Universität Kassel
Prof. em. Dr. Berthold Hinz, Kunsthochschule Kassel
Prof. Dr. Helmuth Schneider, Universität Kassel

Wirtschaftsbeirat:
Wolfram Bremeier, Oberbürgermeister a. D.
Thomas-Erik Junge, Bürgermeister der Stadt Kassel
Dr. Walter Lohmeier, Hauptgeschäftsführer der Industrie- und Handelskammer Kassel
Waltraud Wesselmann, Steuerberaterin, Vorstand Bürgerstiftung Stadt und Landkreis Kassel
Gabriela Wolff-Eichel, Vorstand Freunde des Stadtmuseums e. V.
Kooptierte Mitglieder:
Dr. Volker Schäfer, Vorstand der Bürgerstiftung Stadt und Landkreis Kassel
Herbert Troup, Wirtschaftsprüfer und Steuerberater

Lektorat:
Sabine Kemna
Anima Kröger

Korrektorat:
Dr. Angelika Horstmann
Dr. Astrid Mader

Gestaltung und Layout:
Reinhold Weber
Bernhard Wollborn

Bildredaktion:
Nadine Ratz

Institutionen:
Stadtarchiv Kassel, Dr. Sigrid Schieber und Frank-Roland Klaube
Stadtmuseum Kassel, Dr. Cornelia Dörr und Dr. Alexander Link
Universitätsbibliothek, Landesbibliothek und Murhardsche Bibliothek der Stadt Kassel, Dr. Axel Halle und Dr. Magrit Pape
Hessisches Landesamt für geschichtliche Landeskunde
Hessisches Staatsarchiv Marburg
Museumslandschaft Hessen Kassel
documenta archiv, Karin Stengel
sowie weitere Archive Kasseler Institutionen

Projektträger:
Ein Projekt des Kasseler Kultur Forum e. V. in Kooperation mit der Universität Kassel

Abkürzungsverzeichnis

Die gute Lesbarkeit der Artikel stand bei der Arbeit mit dem Lexikon an oberster Stelle, so dass versucht wurde, auf Abkürzungen weitestgehend zu verzichten. Leider zwang der große Textumfang dennoch zu einer Verwendung von möglichen Abkürzungen, die nachfolgend aufgelistet sind. In Originalzitaten wurden grundsätzlich keine Abkürzungen verwendet. Darüber hinaus sind die Adjektivendungen ...lich und ...isch gelegentlich sowie allgemein gebräuchliche Einheiten mit bekannten Einheitenzeichen (wie km für Kilometer, s für Sekunde) stets abgekürzt. Landgraf wird immer dann abgekürzt, wenn ein Name folgt. Das Hauptstichwort wird im Text des jeweiligen Artikels, bis auf gelegentliche Ausnahmen, die der Lesbarkeit geschuldet sind, mit seinem Anfangsbuchstaben wiedergegeben. Die Abkürzungen der Hauptstichwörter gelten auch für flektierte Formen (z. B. auch für Pluralformen) des abgekürzten Wortes. Bei abgekürzten Stichwörtern wird die Genitivendung nach dem Abkürzungspunkt wiedergegeben.

Abb. = Abbildung(en)
allg. = allgemein(e)
Bsp. = Beispiel
bspw. = beispielsweise
bzw. = beziehungsweise
ca. = circa
d. Ä. = der Ältere
d. J. = der Jüngere
ders. = derselbe
dies. = dieselbe
DM = D-Mark
dt. = deutsch(e/en/er/es)
Dtld. = Deutschland
e. V. = eingetragener Verein
ebd. = ebenda
ehem. = ehemalig(e/en/er/es)
europ. = europäisch(e/en/er/es)
Evang., evang. = Evangelische, evangelisch(e/en/er/es)
f., ff. = folgend(e/en/er/es)
geb. = geboren(e/er)
Gebr. = Gebrüder
gegr. = gegründet
Gesell. = Gesellschaft/en
gest. = gestorben(e/er)
get. = getauft
hist. = historisch(e/en/er/es)
hl., Hl. = heilig(e/en/er/es), Heilige(r)
i. Allg. = im Allgemeinen
i. d. R. = in der Regel
insbes. = insbesondere
insg. = insgesamt
Jh., Jhs. = Jahrhundert, Jahrhunderts
Kath., kath. = Katholiken, katholisch(e/en/er/es)
kgl. = königlich(e/en/er/es)
kN = Kilonewton
Konf., konf. = Konfession, konfessionell(e/en/er/es)
Ks. = Kassel
kult. = kulturell(e/en/er/es)
Lgf. = Landgraf
Lit., lit. = Literatur, literarisch(e/en/er/es)
max. = maximal
MdB = Mitglied des Bundestages
MdReg. = Mitglied der Regierung
milit. = militärisch(e/en/em/er/es)
mind. = mindestens
Mio. = Million(en)
Mitgl. = Mitglied
Mrd. = Milliarde(n)
N = Nord(en)
n. Chr. = nach Christus
nat. = national
NN = Normalnull
Nr., Nrn. = Nummer, Nummern
NS = Nationalsozialismus, -istisch (e/en/er/es)
O = Ost(en)
o. a. = oben angegeben
OB = Oberbürgermeister
Öff., öff. = Öffentlichkeit, öffentlich (e/en/er/es)
Org., org. = Organisation, organisatorisch
Prof. = Professor(in)
Qu. = Quelle(n)
RB = Regierungsbezirk
rd. = rund
Ref., ref. = Reformierte, reformiert(e/en/er/es)
Reg. = Regierung
RM = Reichsmark
RP = Regierungspräsident
S = Süd(en)
sog. = so genannt(e/en/er/es)
StAKs = Stadtarchiv Kassel
StAM = Staatsarchiv Marburg
Str. = Straße
Tab. = Tabelle(n)
Terr. = Territorium
tlw. = teilweise
Trad., trad. = Tradition, traditionell(e/en/er/es)
u. a. = unter anderem
u. Ä. = und Ähnliches
UB = Universitätsbibliothek Kassel
Univ., univ. = Universität, universitären
urspr. = ursprünglich
v. a. = vor allem
v. Chr. = vor Christus
verm. = vermutlich
Verord. = Verordnung
vgl. = vergleiche
W = West(en)
wirtsch. = wirtschaftlich(e/en/er/es)
Wiss., wiss. = Wissenschaft(en), -lich(e/en/er/es)
z. B. = zum Beispiel
z. T. = zum Teil
z. Z. = zur Zeit
zahlr. = zahlreich(e/en/er/es)

* = geboren
† = gestorben

Hinweise zur Benutzung

Das Kassel Lexikon ist alphabetisch gegliedert. Die alphabetische Reihung folgt den üblichen bibliographischen Regeln. Die Umlaute ä, ö und ü werden wie ae, oe und ue behandelt. Personen stehen unter ihrem Familiennamen, nur Kaiser, Könige, Fürsten, Landgrafen o. ä. unter ihren Vornamen. Firmen, Vereine usw. können unter ihrem gängigen Kürzel (AEG), aber auch unter ihrem ausgeschriebenen Namen (Verein für Hessische Geschichte und Landeskunde) eingeordnet sein.

Der lexikalische Teil besteht aus Sachartikeln, biographischen Artikeln und Verweisbegriffen. Das jeweilige Stichwort ist durch farbigen Fettdruck hervorgehoben und wird im betreffenden Text mit den Anfangsbuchstaben abgekürzt; dies gilt auch für mehrteilige Stichwörter (Beispiel: das Accouchier- und Findelhaus = das A.). Weitere Abkürzungen sind dem Abkürzungsverzeichnis zu entnehmen.

In den Texten wird durch einen Pfeil (→) und Kursivsetzung des betreffenden Stichwortes auf andere Artikel verwiesen (Beispiel: → *Migration*). Hiervon wurde nicht in jedem möglichen Fall, sondern im Hinblick auf weiterführende bzw. vorausgesetzte Informationen zum jeweiligen Stichwort Gebrauch gemacht. Zusätzliche Verweise zwischen den Texten wurden dort angebracht, wo es um der besseren Auffindbarkeit willen sinnvoll erschien.

Die Quellen- und Literaturangaben am Ende jedes Artikels sollen eine weiterführende Beschäftigung mit dem jeweiligen Gegenstand ermöglichen; aus Platzgründen sind nur die wichtigsten Titel ausgewählt. Am Ende des lexikalischen Teiles befindet sich ein umfassendes Literaturverzeichnis.

Die Kürzel der Autorinnen und Autoren sind im Siglenverzeichnis aufgeschlüsselt. Mehr Informationen bietet das Autorenverzeichnis, in dem zu jeder Autorin und zu jedem Autor einige kurze Angaben zu Arbeitsbereich und Tätigkeitsfeldern enthalten sind.

Die verwendeten Bildmaterialien sind im Bildnachweis verzeichnet.

Ein Fremdenverkehrsprospekt aus den 1930er Jahren, das mit dem Slogan „Ab nach Kassel" für den Tourismus wirbt

Ab nach Kassel Der Ursprung der seit dem 19. Jh. verbreiteten Redensart ist nicht geklärt. Sehr häufig wird unzutreffend kolportiert, dass diese Aufforderung bei der Aufstellung von Truppenkontingenten im 18. Jh. gebräuchlich gewesen sei (→ *Soldatenhandel*). Der erste schriftliche Beleg findet sich für das Jahr 1870, als Aachener Bürger dies dem am 5.9.1870 nach Ks. abreisenden Kaiser → *Napoleon III.* auf dem Bahnhof zuriefen, der als Gefangener des deutsch-französischen Krieges im Schloss Wilhelmshöhe unter Arrest gestellt wurde. Die Kasseler Fremdenverkehrswerbung nahm sich zu Beginn des 20. Jhs. des abwertenden Spottrufs an und propagierte ihn als freundliche Aufforderung zum Besuch der Stadt. In den 1960er bis 1980er Jahren bediente sich die Stadt erneut dieses Slogans. *frk*

Abravanel, Maurice (* 6.1.1903 Saloniki, † 22.9.1993 Salt Lake City) wuchs in Genf auf und entstammte einer bekannten jüdisch-sephardischen Familie. Das → *Staatstheater* Ks. war 1929 für den erst 26 Jahre alten A. die erste bedeutendere Station seiner internationalen Dirigentenkarriere. Über Ks. hinaus erkannte man bald seine Fähigkeiten. Er war häufiger Gastdirigent an der Berliner Staatsoper. Trotz Protesten aus der Kasseler Musikszene – aber unter Druck der Nationalsozialisten – begründete die Theaterleitung seine Entlassung 1932 mit Sparmaßnahmen. Die → *Machtergreifung* der NS trieb A. 1933 in die Emigration. Als Gastdirigent war A. zunächst in Paris und 1934–36 mit großem Erfolg in Sydney und Melbourne tätig. 1936–39 war er der bis dahin jüngste Dirigent der Metropolitan Opera in New York. 1937–46 leitete A. die Uraufführungen der Musicals seines Lehrers und Freundes Kurt Weill am Broadway. Von 1957 an machte er innerhalb von 30 Jahren das Utah Sinfonieorchester in Salt Lake City zu einem der bedeutendsten der USA. Mit ihm nahm er über 100 Schallplatten auf und begründete hierbei seinen Weltruf als Mahler-Dirigent. Weltweite Konzerttourneen führten ihn 1977 auch nach Ks. A. leitete auf Lebenszeit die Musikakademie von Santa Barbara und lehrte an weiteren Orten der USA. Außer in Salt Lake City tragen zwei weitere Konzerthallen in den USA den Namen des vielfach Geehrten. *ld*

Lit.: Durham, Abravanel.

Abwasserbeseitigung Die Höhenunterschiede innerhalb des bebauten Stadtgebietes von 170 m auf 430 m bis zum → *Herkules* boten gute Voraussetzungen für den Bau einer Schwemmkanalisation. Den ersten Entwurf über eine zusammenhängende Kanalisation erstellte unter Lgf. → *Karl* Baudirektor → *Paul du Ry* für die Erschließung der → *Oberneustadt* Ende des 17. und Anfang des 18. Jhs. Die Kanäle waren alle aus Bruchsteinen gemauert, mit Platten oder Gewölben abgedeckt und am Boden gepflastert oder unbefestigt. Sie umfassten Mitte des 19. Jhs. 11 km. Mit dem Aufbau der → *Wasserversorgung* gewann auch die regelgerechte Abwasserableitung an Bedeutung. Kassels 840 km langes Kanalnetz wurde auf der Grundlage des ersten Generalentwässerungsplans des Stadtbaumeisters Weiss vom 18.10.1879 bis heute weiterentwickelt. Vorherrschende Baustoffe

Abwasserbeseitigung
Schematische Karte der Kasseler Entwässerungsbetriebe, die das Abwassersystem in Kassel mit den verschiedenen Hauptsammlern zeigt

sind Steinzeug und Stahlbeton. 1897 nahm das erste Klärwerk am heutigen Standort seinen Betrieb auf. Es bestand aus fünf Absetzbecken, in denen das Abwasser lediglich grob entschlammt wurde.
Bereits in den 1930er Jahren forderte die Aufsichtsbehörde eine Erweiterung der bestehenden Anlage, da diese den Anforderungen nicht mehr genügte. Diese Erweiterung umfasste den Bau von zwei Sandfängen, die der Absetzanlage vorgeschaltet wurden. Zur Behandlung des anfallenden Schlammes wurden Erdfaulbecken errichtet. 1963 nahmen die erste biolog. Reinigungsstufe, ein Blockheizkraftwerk und zwei beheizte Faultürme ihren Betrieb auf. Nach einer Überarbeitung des gesamten Entwässerungskonzeptes Anfang der 1970er Jahre wurden einige Nachbargemeinden angeschlossen und das Klärwerk in mehreren Bauabschnitten bis 1984 erweitert. 1998 folgte eine Klärschlammtrocknungsanlage und 2003 ging die nach EU-Standards erweiterte neue biolog. Reinigungsstufe in Betrieb. Die Gesamtanlagen der A. stellen heute einen Wert von rund 300 Mio. € dar. *un*

Accouchier- und Findelhaus Das Kasseler A. wurde 1763 eröffnet. Damit gehörte es zu den frühesten öffentlichen Entbindungsanstalten; das erste Gebärhaus wurde 1751 in Göttingen eingerichtet. Begründet wurde es durch Lgf. → *Friedrich II.*, dem Wohlfahrtseinrichtungen im Rahmen einer „aufgeklärten" Bevölkerungspolitik ein besonderes Anliegen waren. Untergebracht wurde die neue Einrichtung in der → *Unterneustadt* (Bettenhäuser Straße 22) nach einem Provisorium 1777 in einem Neubau, der unmittelbar an das 1690 eröffnete Reformierte Waisenhaus Lgf. → *Karls* anschloss. Während traditionell vereidigte Hebammen Kinder im Haus der Gebärenden zur Welt brachten, standen die neuen Gebärhäuser unter ärztl. Leitung. In Ks. handelte es sich um den weithin bekannten Mediziner Prof. Dr. Georg Wilhelm Stein d. Ä. (* 3.4.1737 Ks., † 24.9.1803 Marburg), der auch durch zahlreiche Veröffentlichungen und technische Erfindungen (u. a. eines Gebärstuhls) hervortrat. Ihm oblag neben der Leitung der Einrichtung der Unterricht für Hebammen, Medizinstudenten und jüngere Ärzte sowie die Durchführung schwieriger Entbindungen. Im Unterschied zur „natürlichen" Geburtshilfe der Hebammen setzten Ärzte auch Instrumente, v. a. Geburtszangen, ein. Schließlich nahm Stein zwei Entbindungen durch Kaiserschnitt vor, über die er selbst berichtete. Beide Mütter starben (eine Antisepsis war noch nicht bekannt) durch Wundinfektion. Stein überließ die Betreuung der meisten, unproblematischen Geburten im A. den angestellten Hebammen, während er selbst eine ausgedehnte Privatpraxis betrieb. Rund 2.000 Schwangere kamen aus der ganzen Landgrafschaft Hessen und den Nachbarregionen nach Ks. Es handelte sich um arme ledige Frauen, die als Mägde oder Tagelöhnerinnen Dienst taten und denen wegen ihrer „Liederlichkeit" die öffentliche Kirchenbuße drohte. Im A. konnten sie der Bestrafung entgehen. Auch ermöglichte das mit dem Gebärhaus verbundene Findelhaus (mit Drehlade) den ledigen Frauen, ihre Neugeborenen dort zu lassen. Diese Verbindung mit einem Findelhaus stellte eine Kasseler Besonderheit dar. Schließlich konnten die älteren Kinder anschließend auch in das Waisenhaus aufgenommen werden. Das Programm des aufgeklärten Landgrafen scheiterte jedoch letztlich an der schlechten Versorgung der Säuglinge und Kleinkinder, von denen nur sehr wenige das Erwachsenenalter erreichten. Lgf. → *Wilhelm IX.* löste 1787 außer dem → *Collegium Carolinum* auch das A. auf. Eine Nachfolgeeinrichtung wurde 1792 in Marburg als Teil der Landesuniversität eröffnet. Sie stand erneut unter der Leitung Prof. Steins. *cv*

Lit.: Vanja, Accouchier- und Findelhaus, 107–126.

Achenbach, Andreas (* 29.9.1815 Ks., † 1.4.1910 Düsseldorf) war der Sohn eines Kaufmanns. Nach vorübergehenden Aufenthalten in Mannheim und St. Petersburg ließ sich die Familie 1823 in Düsseldorf nieder. Hier besuchte er bereits als Zwölfjähriger die bedeutende Kunstakademie. Längere Kunstreisen führten ihn zunächst an die Nord- und Ostsee. 1835 schloss er in München Freundschaft mit Alfred Rethel, mit dem er nach Frankfurt zog. 1839 ließ er sich in Düsseldorf nieder, ab 1859 wirkte er hier als Professor an der Kunstakademie. Von dort aus unternahm er ausgedehnte Studienreisen nach Skandinavien, in die Alpen und schließlich auch nach Italien. Besonderen Einfluss übte sein umfangreiches Werk auf die deut-

Blick aus der Bettenhäuser Straße zum Reformierten Waisenhaus, links im Bild, rechts, etwas aus der Straßenflucht zurücktretend, das Gebäude des Accouchier- und Findelhauses, 1895/1900

sche Marinemalerei der zweiten Hälfte des 19. Jhs. aus. A. gilt als einer der ersten Maler der Düsseldorfer Schule, die die romantische Landschaftsauffassung aufgaben und sich stattdessen einer natürl. Darstellungsweise verpflichtet fühlten. Er gilt damit als ein Begründer des Realismus in der dt. Kunst. *htg*

Lit.: Börsch-Supan/Sitt, Achenbach.

Andreas Achenbach Die alte Sägemühle am Wildbach, 1857, Öl auf Holz

Die **Adventskirche** wurde 1886–89 in der heutigen Lassallestr. 2 erbaut. Sie geht auf die Initiative des jüd. Textilfabrikanten → *Sigmund Aschrott* zurück. In der zweiten Hälfte des 19. Jhs. plante er zwischen den Magistralen → *Wilhelmshöher Allee* und Kölnische Str. ein neues Stadtviertel. In diesem Quartier, dem sog. Hohenzollernviertel (→ *Vorderer Westen*), sollte ein zeitgemäßer großstädtischer Wohnraum für den gehobenen Bedarf entstehen. Um Anreize für den Zuzug zu schaffen, stiftete Aschrott Bauplätze für verschiedene öffentliche Einrichtungen, so auch für eine evang. Kirche. Für die A. wurde 1884 die Kreuzung zwischen Germania- und Herkulesstr. in dominierender städtebaulicher Lage ausgewählt. Den Zuschlag für die Ausführung erhielt Werner Narten, ein Vertreter der sog. Hannoverschen Schule. Am 30.8.1886 erfolgte die Grundsteinlegung für den neogotischen Bau, den Narten entsprechend den Gestaltungsnormen für den protestantischen Kirchenbau entwickelte: ein kreuzförmiger Bau mit Chorapsis im O- und W-Turm. Nach Nartens Tod übernahm sein ehemaliger Mitarbeiter Louis Angermann die Bauleitung, der das Projekt vollendete und auch die Neuerrichtung des Turmes nach einem Sturmschaden 1889 leitete. Nach einer Neugestaltung des Innenraums 1938/39 wurde der Bau 1943 im Verlauf der → *Luftangriffe* schwer beschädigt. Der Wiederaufbau begann erst 1960 unter der Leitung des Architekten Kurt von Wild. Vom ursprünglichen Bau sind nur der Chor, die nördliche Langhausmauer sowie der Unterbau des Turmes erhalten. *mch*

Lit.: Demme, Kaufmann, 136;
Wiegand, Kassel II, 118, 336f.

AEG (Allgemeine Electricitäts-Gesellschaft) 1948 gründete die A. auf dem Gelände der ehem. Junkers Flugzeug- und Motorenwerke in der Lilienthalstr. ein Werk für Hochspannungs-Schaltgeräte. Mechanische Fahrkartendrucker wurden von Anfang der 1950er Jahre bis 1983 produziert. 1950 wurde die Kühlschrankproduktion auf das Gelände in der Lilienthalstr. konzentriert. Um theoretische und praktische Grundlagen für den Großschalterbau zu entwickeln und zu testen, nahm 1952 das größte und modernste Hochspannungsinstitut der Welt seine Arbeit auf, heute gehört es zum AREVA-Konzern. 1952 wurde hier die Idee von Einbauhausgeräten entwickelt und die ersten Einbaukühlschränke produziert. Von Ks. gingen viele Innovationen aus: 1953 wurde vom bisher üblichen Kältemittel SO^2 (Schwefeldioxid) auf die physiologisch ungefährlichen Frigene umgestellt. Hier entstanden moderne, kunststoffisolierte Kühlschränke und ab 1957/58 wurden styroporisolierte Gehäuse produziert, die die herkömmliche Isolierung aus Stein- und Glaswolle ablösten. Die emaillierten Stahlinnenbehälter wurden durch vakuumgezogene Kunststoffteile ersetzt. 1976–88 wurde der Energieverbrauch der Kühlschränke um zwei Drittel reduziert. Neue Hallen mit modernen Fertigungsmethoden, Transferstraßen und verketteten Einzweckmaschinen sowie Montage-Fließbändern wurden eingerichtet. Die Isolierstoffproduktion wurde als AIK (AEG Isolier- und Kunststoffe) 1972 endgültig nach → *Waldau* ausgelagert. Die Fertigungsfläche in der Lilienthalstr. wurde zwischen 1977 und 1988 von 28.000 auf 45.000 m² erweitert. 1952 beschäftigte die A. 3.000 Menschen, 1988 nur noch 950. 1982 meldete das Unternehmen Vergleich an, die Kühlschrankproduktion erlebte aber durch die

Wiedervereinigung 1991/92 noch einmal einen Auftragsboom, das Fließband wurde durch ein fahrerloses Transportsystem ersetzt. 1995 übernahm der schwedische Electrolux-Konzern das Unternehmen und entließ 800 Arbeitnehmer, 2002 wurde das Werk endgültig geschlossen. Nahezu 16 Mio. Kühlschränke waren in der Lilienthalstr. produziert worden. *fdu*

Lit.: Urlen, Geschichte(n).

Afrikasiedlung 1937/38 begann die 1933 aus der „Cassel Wohnungsfürsorge GmbH" hervorgegangene „Gemeinnützige Wohnungsbaugesellschaft der Stadt Kassel mbH" zwischen General Emmich Str. (heute Steinigkstr.) und Ochshäuserstr. mit dem Bau von 462 sog. Volkswohnungen; eines der größten Projekte der NS-Wohnungsbaupolitik in Ks. Diese im heutigen Stadtteil → *Forstfeld* gelegene Siedlung wurde u. a. für Arbeiterfamilien, die in den angrenzenden Industriegebieten beschäftigt waren, aber auch für solche, die aus der Innenstadt umgesiedelt wurden, geschaffen. Die Bezeichnung A. ist eng mit den dortigen Straßennamen verbunden, die auf Gebiete und Personen der Geschichte des dt. Kolonialismus und damit auf die imperialistische Politik des Dt. → *Kaiserreichs* Bezug nehmen. Togostr. und Togoplatz verweisen auf eine dt. Kolonie in Afrika, die Windhukstr. auf die Hauptstadt der Kolonie Deutsch-Südwestafrika. Dort erwarb der Bremer Tabakkaufmann Adolf Lüderitz (1834–1886), nach dem die Lüderitzstr. benannt wurde, 1882–84 einige Territorien, die zu sog. Schutzgebieten des Dt. Reiches erklärt wurden. Die Wißmannstr. bezieht sich auf Hermann von Wißmann (1853–1905), der als Befehlshaber des dt. Militärs in Deutsch-Ostafrika den auch als „Araberaufstand" bezeichneten Widerstand blutig niederschlug. Auch andernorts kam es während des Nationalsozialismus zu Straßenbenennungen, die die dt. Kolonialherrschaft verklärten. 1949–54 wurde die A. erweitert. Heute wird sie als „Städtische Siedlung" bezeichnet. *she*

Lit.: Wagner, GWG.

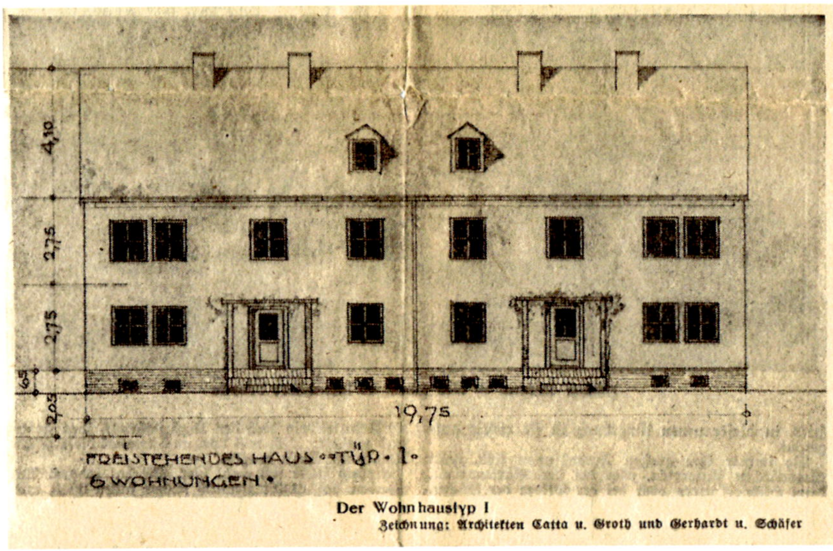

Aufriss des Wohnhaustyps I in der Afrikasiedlung der Architekten Catta und Groth bzw. Gerhardt und Schäfer, erschienen in der Kasseler Post Nr. 125, Jahrgang 56

Agathof Zwischen dem ehemals selbstständigen Dorf → *Bettenhausen* und der Stadt Ks. lag an dem Mühlenkanal der Losse, der „Neuen Losse", eine landgräfliche Mühle, die den Namen A. trug. Dieser rührt angeblich daher, dass Lgf. → *Karl* hier Halbedelsteine, u. a. Achate („Agat"), verarbeiten ließ. Nach der Zerstörung des A.s im → *Siebenjährigen Krieg* wurde er in den Jahren 1763/65 wieder instand gesetzt und es folgte eine Nutzung als Mahlmühle (1765–68) und Branntweinbrennerei (1768–74). 1774 wurde der Mühlenbetrieb eingestellt und der Schweizer Kaufmann Benedikt Nieggeler (auch Niggeler) erhielt das Privileg zur Anlage einer Kattun-, Leinen- und Zitzfabrik. Trotz mehrerer staatlicher Vorschüsse blieb das Unternehmen erfolglos und am Ende führte die Landgrafschaft als Hauptgläubiger den Betrieb bis 1785. Danach übernahmen die Gebr. Ahnesorge aus Altona den A. und fanden in dem späteren Finanzrat Johann Christoph Ludwig Spindler einen Teilhaber und Geschäftsführer, dem es gelang, die Kattun- und Zitzfabrik zu einer der größten frühindustriellen Betriebe in Hessen mit mehr als 200 Beschäftigten auszubauen. Beim Tod der Brüder 1801 belief sich ihr Vermögen auf 200.000 RT. Bereits 1793 hatte J. C. L. Spindler die Firma auf Ersuchen der Brüder Ahnesorge als Teilhaber und Geschäftsführer unter Beibehaltung des Firmennamens übernommen. Er überließ sie 1811 seinem Schwager. Bis zu ihrem Konkurs 1883 blieb die Kattunfabrik in den Händen der Familie. Ein weiteres Traditionsunternehmen, die 1809 gegr. Seifenfabrik Diemar und Heller, zog 1883 mit ihrer Produktion aus der Innenstadt in den A., da sie sich zu einem Großbetrieb entwickelt hatte. Trotz der Zerstörungen im → *Zweiten Weltkrieg* existierte das

Unternehmen noch bis 1964, dann musste die Firma Diemar & Heller, Seifen-, Soda- und Glyzerinfabrik, nach 155-jährigem Bestehen aufgeben. Heute nutzen verschiedene Gewerbebetriebe das große Areal des einstigen A. Von den Gebäuden ist kaum etwas übrig, der Lossekanal ist verfüllt und die Wasserrechte daran wurden aufgegeben. Die A.str., welche von der Sandershäuser Str. bis in den alten Ortskern von → *Bettenhausen* zur Ringhofstr. führt, soll an den A. erinnern. In einem ehemaligen Schulgebäude befindet sich heute das Stadtteilzentrum A. *ap*

Lit.: Schaeffer, Agathof.

Die **Ahna**, auch Ahne genannt, entspringt im → *Habichtswald* auf dem Essigberg. Im Mittelalter war sie der wasserreichste Fuldazufluss im Kasseler Becken, mit regelmäßigen Überschwemmungen (→ *Hochwasser und Überschwemmungen*), von denen auch heute noch Flurbezeichnungen wie Bruchwiesen oder Straßennamen wie Rohrwiesenstr. stammen. Sie fließt durch die Orte Heckershausen und → *Vellmar*, bevor sie dann in Ks. in der Nähe des → *Finkenherds*, nach einer Strecke von ca. 16 km in die → *Fulda* mündet. Ihr natürlicher Verlauf wurde im Laufe der Zeit verändert: zum Schutz vor Überschwemmungen, um Energie zu gewinnen oder um Naherholungsgebiete auszuweisen. Im Mittelalter waren etliche → *Mühlen* am Lauf des Baches errichtet worden. Unter Lgf. → *Philipp* wurde die A. auch zur Flutung der Gräben des Festungsgürtels verwendet, die allerdings nach der Kapitulation von Halle im Jahr 1548 zugeschüttet wurden. Ab dem 19. Jh. wurde die A. in einigen Bereichen verrohrt, was jedoch gegen Ende des 20. Jhs. durch sog. Renaturierungsmaßnahmen zum größten Teil wieder rückgängig gemacht wurde. 1983–86 wurde in Vellmar der Ahnepark errichtet. In dem 90 ha großen Park wird Wasser der A. zur Speisung von künstlich angelegten Zierteichen verwendet. Eines der neuesten Projekte entlang der A. ist der Nordstadtpark unterhalb des Klinikkomplexes. *ag*

Lit.: Hoffmann/Richter, Wasser.

Der **Ahnaberg** ist der südl. Ausläufer des → *Möncheberg*s, zwischen der → *Fulda* (natürliche Uferlinie vermutlich an der Judengasse) und der → *Ahna*, welche über das Gelände des → *Zeughauses*, den → *Töpfenmarkt* und die Packhofstr. zur Fulda floss. Am → *Stift Ahnaberg* erreichte er eine Höhe von ca. 141 m und lag damit etwa 6 m über dem Ahnateich am Töpfenmarkt. Durch Geländeveränderungen und Aufschüttungen seit dem späten Mittelalter ist die Anhöhe heute nicht mehr erkennbar. *cp*

Ahnaberger Stift → *Stift Ahnaberg*

Alabasterreliefs Die vier teils farbig gefassten und goldgehöhten A. (1,21 m hoch, insges. 10,12 m lang) wurden 1557–59 von den Hofbildhauern → *Elias Godefroy* und seinem Schüler → *Adam Liquir* sowie Mitarbeitern der Kasseler Hofwerkstatt geschaffen. Der Alabaster wurde in Konnefeld (Altmor-

Alabasterreliefs Relief aus dem Alabastergemach des Landgrafenschlosses von Elias Godefroy, 1557–1559

schen) gebrochen. Die A. bildeten die Wandverkleidung eines vollständig aus Alabaster gestalteten Eckzimmers im zweiten Stock des neuen → *Landgrafenschlosses*. Von Zeitgenossen hoch gepriesen, war es wohl als Studio gedacht, diente aber als Gästezimmer. Um 1700 ließ Lgf. → *Karl* die Tafeln ins Kunsthaus überführen und durch Brüsseler Wandteppiche ersetzen. Dadurch fielen sie nicht dem Brand zum Opfer, der 1811 das Schloss zerstörte. Nach einer Aufstellung im → *Museum Fridericianum* gelangten sie in das → *Hessische Landesmuseum*. Das Relief mit dem Leben Jesu wurde als „italianisierend" auf Befehl Kaiser Napoléons 1807 in das Musée Napoléon nach Paris gebracht und hat die Transporte nicht ohne Beschädigungen überstanden. Bemerkenswert ist die religiöse Thematik, die der protestantische Lgf. → *Philipp* für die Ausschmückung dieses profanen privaten Gemaches wählte. Die vier Darstellungen umfassen die christl. Heilsgeschichte von der Schöpfung bis zum Weltende und sind typologisch aufeinander bezogen: Dem Sündenfall auf der Genesis-Tafel entspricht die Erlösung auf dem Leben Jesu-Relief. Die beiden anderen Reliefs, das Jüngste Gericht und das Gleichnis vom reichen Mann und dem armen Lazarus, handeln vom rechten Leben. Engel, die christl. Tugenden Glaube, Liebe und Hoffnung verkörpernd, führen die Erlösten zum Himmel, während Furcht erregende Zwitterwesen, die sieben Todsünden darstellend, die Verdammten in den „Schlund der Unterwelt" (Jes. 5,14) zerren. Das Gleichnis vom armen Lazarus (Luk. 16,19–31) ist als direkte Mahnung zu verstehen, die Herrschertugend der Armenfürsorge nicht zu vernachlässigen. Eine Porträtbüste, wohl der Bildhauer Godefroy, ist in einer Nische unter der Terrasse mit dem zechenden Reichen verborgen. Auffallend auf der Genesistafel ist die große Zahl genau wiedergegebener Tiere, einheimischer wie exotischer, deren flache Gestaltung sich aus einer Stichvorlage erklärt. Die Ausführung der A. ist auf der künstlerischen Höhe der Zeit. Einflüsse der italien. und niederländ. Spätrenaissance und des Manierismus wurden verarbeitet. Deutlich verraten die A. die Arbeit verschiedener Hände. Das A. des Jüngsten Gerichts steht zwar der mittelalterl. Bildtradition am nächsten, zugleich ist es in der künstlerischen Umsetzung das modernste. So zeigen etwa die Todsünden das lebhafte Interesse des Künstlers an vollplastischer Gestaltung nackter Körper in starker Bewegung und in komplizierten Haltungen. *es*

Lit.: Holtmeyer, Cassel-Stadt, 280f.; Schmidberger/Richter, SchatzKunst, 102–105.

Albernhausen wurde in der „humoristisch-satyrischen Revue" „Cassel wird Weltstadt" ein bestimmtes Neubaugebiet in der Nähe des → *Hauptbahnhofes* im Volksmund bezeichnet. Die Schrift erschien im Zusammenhang mit der Industrieausstellung 1870 in Ks. Die Namen ihrer Verfasser sind offensichtlich fingiert, da sich keiner dieser Namen in den damaligen Adressbüchern findet. Ausgangspunkt war, dass sich der Kurfürst vorbe-

Karikatur von 1870 über die Bebauung des nördlichen Bahnhofsviertels, das auch „Albernhausen" genannt wurde

halten hatte, jede Baugenehmigung für ein Privatgebäude in Ks. selbst zu erteilen. Als 1852 Gottlob Engelhard den Hauptbahnhof baute, lag dieser damals noch außerhalb der eigentlichen Stadt. Es gab zwar schon einige Häuser in der Umgebung, ein geplantes Straßennetz lag aber noch nicht vor. In diesem Zusammenhang entstand der Untere Grüne Weg, heute Grüner Weg, dessen Name auf die ehemals dort vorhandenen Gärten verweist. Da die Gartenbesitzer bauen wollten, jedoch vergeblich auf die Genehmigung warteten, begannen sie ohne Bauplanung. Die fehlende Systematik drückt sich z. B. auch in den Hausnummern aus, bei denen man anfangs auf Zwischennummern wie 1/4, 1/2, 5/8 zurückgreifen musste. Die Folge war, dass die Häuser nach keiner Straßenflucht ausgerichtet wurden. Begrenzt wurde das Baugebiet durch die Orleansstr. (Erzberger Str.), die Sedanstr. (Sickingenstr.), die Wörthstr. (Hoffmann-von-Fallersleben-Str.) und die Kurfürstenstr. Dazu gehörten noch die Otto- und die Altmüllerstr. Viele Häuser wurden in der Bombennacht 1943 zerstört (→ *Luftangriffe*). Aber auch heute ist in dieser Gegend teilweise noch eine unregelmäßige Bauweise zu erkennen. *hbe*

Lit.: Dohm, Cassel wird Weltstadt.

Die **Albert-Schweitzer-Schule** wurde 1869 in der Schomburgstr. zunächst als Realschule I. Ordnung, d. h. als Realschule mit Lateinunterricht, errichtet und 1882 zu einem Realgymnasium ausgebaut, das keinen Griechischunterricht anbot, dafür aber moderne Fremdsprachen sowie Mathematik und Naturwissenschaften mit jeweils bis zu fünf Wochenstunden in den oberen Klassen. 1911 erhielt die Schule ein neues Gebäude an der → *Wilhelmshöher Allee*, das im Oktober 1943 zerstört wurde. Nach dem Krieg wurde auf dem Gelände ein Schulneubau für die Jacob-Grimm-Schule errichtet. Das Realgymnasium konnte im Herbst 1945 den Unterrichtsbetrieb im Gebäude der mit Kriegsende geschlossenen Oberrealschule I (Adolf-Hitler-Schule) an der Kölnischen Str. fortsetzen. 1956 nahm das Gymnasium den Namen A. an. Derzeit werden ca. 1.100 Schülerinnen und Schüler in den Klassen bzw. Jahrgangsstufen 5 bis 13 unterrichtet. Als Besonderheit besteht die Möglichkeit, den Fremdsprachenunterricht in Klasse 5 mit Französisch zu beginnen. Dadurch können die Schülerinnen und Schüler ab Klasse 7 den Sachfachunterricht in den Fächern Politik und Wirtschaft sowie in Geschichte französ.-bilingual wählen und im Abitur die Zusatzqualifikation „Diplôme d´ études“ erwerben, die den Zugang zu französischen Hochschulen erleichtert. *wh*

Alchemistische Handschriften Die Sammlung der Manuscripta alchemica mit ihren 260 Codices in der → *Universitätsbibliothek*, → *Landesbibliothek* und → *Murhardschen Bibliothek* gehört zu den größten im deutschsprachigen Raum. Die meisten Handschriften sammelte Lgf. → *Moritz*, wenige sein Vater → *Wilhelm IV.* Alle Drucke sind 1941 verbrannt. Der Bestand ist so bedeutend, weil die beiden Komponenten Experiment und Spekulation für jene Epoche ausreichend vorhanden sind. Laborarbeiten sind in Traktaten, Rezepten und technischen Anweisungen beschrieben: Moderne Naturwiss. und Techniken wie Chemie, Mineralogie, Bergbau und Metallverarbeitung, nicht zuletzt die Medizin (Chemiatrie) verdanken den Experimenten der Adepten viel; die philosoph.-spekulative, kosmologische Seite, vertreten durch Traktate und Bilderserien, findet sich später in Aspekten der → *Freimaurerei* und Anthroposophie wieder. Man glaubte an einen ständigen Entwicklungsprozess der Materie, speziell der Metalle, von der untersten Stufe, dem Blei (Saturn) zur höchsten, dem Gold (Sonne). In diesen Prozess greift der Alchemist be-

Alchemistische Handschriften
Diese kolorierte Federzeichnung zeigt Destillationsvorgänge im Labor, Doppelblatt, zwischen 1610 und 1620, vermutlich in Kassel entstanden

schleunigend ein, indem er im Labor das Metall auf seine Grundstufe, die „prima materia“, bestehend aus den Elementen Feuer, Wasser, Erde und Luft, reduziert und dann in festgelegten Schritten auf höherer Stufe neu aufbaut, alles mit Zuhilfenahme des Steins der Weisen, gedacht als Pulver oder Tinktur. In der Praxis spielten Legierungen, die goldähnlich aussahen, eine große Rolle; Betrügereien waren Tür und Tor geöffnet. Im Labor des Schlosses arbeiteten Moritz und seine Laboranten ständig und protokollierten die Experimente. Erhalten ist der umfangreiche Briefwechsel Moritz' mit seinen Leibärzten, etwa Johannes Hartmann und → *Jacobus Mosanus,* sowie auswärtigen Gelehrten – und vielen, die ihre angeblich wundersamen Rezepturen gegen Honorar anboten. Im März 1614 erschien anonym bei → *Wessel* in Ks., sicher mit Zustimmung des Landgrafen, die „Fama fraternitatis“, das Rosenkreuzer-Manifest, das großes Aufsehen erregte. Manche vermuten heute, Moritz selbst sei der Autor gewesen. Tatsächlich ist die Autorenfrage bisher ungeklärt. *hbr*

Lit.: Broszinski, Spuren; Broszinski, Manuscripta.

Alte Dechanei → *Dechanei*

Altmarkt Bis 1899 „Markt“, seit der → *Eingemeindung* → *Wehlheidens* mit dem dortigen „Neumarkt“ (heute Bebelplatz) A. Ausgrabungen am NO-Rand des A.s förderten Funde der jungsteinzeitlichen Wartberg-Kultur (ca. 3500–2800 v. Chr.) und der frühen Römischen Kaiserzeit (0–50 n. Chr.) zutage. Die Besiedlung begann in der zweiten Hälfte des 8. Jhs. Hier entwickelte sich eine Handwerkersiedlung, die zum → *Königshof* (spätere → *Burg*) gehört haben könnte. Im 10. bis 12. Jh. intensivierte sich die Nutzung des Areals erheblich, der A. wurde zur Keimzelle der Stadt. Er entwickelte sich an der Gabelung einer wichtigen mittelalterlichen Fernhandelsstraße: von S die Frankfurter Str. (Am A., später → *Brüderstraße*) zum Niederrhein (→ *Judenbrunnen*, Kastenalsgasse, Holländische Str.) sowie zur Weser und in das Leinegebiet (Fischgasse, Möncheberggstr. bzw. über → *Wolfsanger*). Dieser Siedlungskern um den A. erstreckte sich vermutlich zwischen Wildemannsgasse, Stadtburg, → *Fulda* und → *Ahna*, die bis zum Spätmittelalter knapp östl. des A.s floss. Ab dem späten 12. Jh. lag am A. das Zentrum der Altstädter Stadtgemeinde: 1264 urkundete „Wernherus dictus de foro“ (Werner genannt vom Markt) als offenbar hier ansässiger Ministeriale. An der Ecke A./Marktgasse erhob sich das alte Rathaus (→ *Rathäuser*) der Teilgemeinde → *Altstadt*, seit 1377/78 Rathaus der vereinigten Teilstädte (seit 1610 Fleischschirn), an der N-Seite befand sich ab 1404/14 die Stadtwaage, die im späten 15./16. Jh. zum Rathaus ausgebaut wurde. Der A. diente nicht nur als Markt (bezeugt seit 1336 an Invocavit, Jacobi und Martini), sondern bis 1817 auch als Gerichtsplatz. Die Anbindung an die mit kleinen Fahrzeugen mögliche Fuldaschifffahrt bot die benachbarte → *Schlagd* als Warenumschlagplatz. Bis zur Zerstörung 1943 bestanden die Platzwände aus meist viergeschossigen und giebelständigen Fachwerkhäusern über steinernem Erdgeschoss. Die Ecklagen wurden durch stattliche Einzeldenkmale akzentuiert: Eckhaus Essiggasse (A. 1) von 1589, die ehem. Gastwirtschaft Zum A., das mit einem quer gestellten Eckerker betonte Eckhaus Vor der Schlagd (A. 2) von 1644 an der Stelle des Kaufunger Stadthofs (bezeugt 1489); ferner das spätgotische Sattlersche Haus (Brüderstr. 19/21) und der prächtige Renaissancemassivbau des Linkerschen Hauses innerhalb der W-Seite. Die O-Seite wurde ab 1788 für den Neubau der Fuldabrücke, die W-Seite 1933 mit dem → *Freiheiter Durchbruch* zur Innenstadt geöffnet. Nach der Kriegszerstörung erfolgte ein verkehrsgerechter → *Wiederaufbau*, hier stand bis 2007 das Polizeidienstgebäude, danach erfolgte der Neubau eines Finanzzentrums. *ra*

Lit.: Holtmeyer, Cassel-Stadt; Sippel/Kneipp, Ausgrabungen.

Ansichtskarte mit einer Lithographie des Altmarkts um 1910

Altmüller, Karl (* 1.1.1833 Hersfeld, † 22./23.9.1880 Ks.), Dr. phil. (der in der Lit. erwähnte Dr. jur. ist nicht nachweisbar). Nach dem Studium in Marburg, Berlin und München war er Referendar am Obergericht in Ks., 1868 Sekretär beim Staatsarchiv, erst in Ks., dann in Marburg, von 1871/72 auf Wunsch von → *Karl Bernhardi* bis zu seinem Tode erster Leiter der von den Brüdern Murhard gestifteten Bibliothek (→ *Murhardsche Bibliothek*), die er entgegen der testamentarischen Verfügung 1874 der Öffentlichkeit zugänglich machte. 1859/60 war A. Herausgeber der Wochenschrift „Wigand's Telegraph", Göttingen. A. ist der Dichter des u. a. von → *Lewalter* vertonten Hessenliedes „Ich weiß ein teuerwertes Land". 1869 übersetzte er den Roman „Robinson Crusoe" von Daniel Defoe. Für den „Prinz Rosa Stramin" von → *Ernst Koch* schrieb er ein Geleitwort (3.–5. Aufl.). A. wirkte als Mitarbeiter der Allgemeinen Deutschen Biographie, Theaterkritiker und Dramaturg am Kasseler Theater. In den 1870er Jahren verfasste er ein Gutachten zur Schreibung von „Kassel" statt „Cassel". *hbe*

Lit.: Kahlfuß, 125 Jahre Murhardsche Stiftung.

Altstadt Der älteste Stadtteil Kassels war bis 1378 (→ *Aufruhr 1376–1391*) neben → *Unterneustadt* und → *Freiheit* eine eigenständige Stadt mit eigenem Rat, Bürgermeister und Siegel. Er erstreckte sich zwischen → *Burg* und → *Stift Ahnaberg*, westl. Fuldaufer und → *Graben*, der allerdings schon vollständig zur 1330 gegründeten Freiheit gehörte. Die A. lag auf den Ausläufern von → *Weinberg* (Burgberg), → *Kratzenberg* (→ *Marställer Platz* und → *Altmarkt*) und → *Möncheberg* (→ *Ahnaberg*). In den beiden dazwischen liegenden Tälern flossen zwei natürliche Gewässer zur → *Fulda*, die in der Frühzeit die → *Wasserversorgung* sicherten: von S ein Bach, der am → *Königstor* entsprang, bis ins 14. Jh. zwischen → *Steinweg* und späterer Ziegengasse herablief, den Burgberg nördl. umfloss und etwa am → *Renthof* mündete; von N die → *Ahna*, die über das spätere Zeughausgelände, die Senke des → *Töpfenmarkts,* sowie die Packhofstr. floss und am → *Salzhaus*/Fliegengasse/Judengasse wohl in einem großen Dreieck mündete. Die sumpfigen und unwegsamen Fuldaufer lagen deutlich hinter dem heutigen Ufer; nur süd-westl. der Ahnamündung (Vor der → *Schlagd*) befand sich eine steilere, trockene Uferzone. Wichtige Lebensader der A. war eine große N-S-Fernstraße: Sie kam von Zwehren über den Steinweg, überschritt den Burgbach und teilte sich vermutlich am Marställer Platz: der eine Zweig ging durch die spätere → *Wildemannsgasse* (bzw. Brüderstr. und → *Judenbrunnen*) über → *Vellmar* zum Niederrhein, der andere (verm. ältere) durch Brüderstr. und Fischgasse über die Ahna zur Mönchebergstr. Dieser alte Höhenweg führte weiter zur Weser, eine Abzweigung ging durch eine Fuldafurt bei → *Wolfsanger* in das Leinegebiet. Ein weiterer lokal bedeutender Höhenweg verlief von → *Ditmold* auf dem Rücken des Kratzenbergs (etwa Kölnische Str. bzw. Akazienweg) und traf am Marställer Platz (oder Altmarkt; → *Marktgasse*) auf die N-S-Verbindungen. Zu den eisenzeitl. Anfängen der Siedlung am Marställer Platz vgl. → *Stadtentstehung*.

Um 700 nutzte man die verkehrsgünstige Lage für den → *Königshof*. Der Kernbereich rund um den Marställer Platz war vermutlich

Blick auf die Altstadt und die Unterneustadt in einer Luftaufnahme aus dem Jahr 1935

seit dem 9. Jh. ummauert (südl. der Burg, westl. des Platzes und entlang der → *Kettengasse*), und bildete Mitte des 12. Jhs. die Grundlage für den weiteren Ausbau der A.: Wirtschaftshof und Kirche wurden vermutlich beibehalten (vgl. Renthof, Kirche → *St. Cyriakus*), die ehem. kgl. Unterkunft zur Burg ausgebaut, eine zugehörende Siedlung am Altmarkt/Vor der Schlagd als Marktsiedlung bis zum Ahnaberg erweitert. Die gesamte A. erhielt nun eine Stadtmauer, mit Ausnahme der Uferseite, die bis ins 16. Jh. unbefestigt blieb; am Marställer Platz folgte die Mauer vermutlich dem Verlauf der alten Umweh-

Eine Zeichnung der Altstadt vom gegenüberliegenden Fuldaufer aus von Bertha Martin. Im Hintergrund befindet sich die Brüderkirche

rung, setzte sich dann aber zwischen Altmarkt und Wildemannsgasse nach N fort und führte an der Gasse Hinter dem Weißen Hof und der Klosterstr. zur Fulda. Die Senke des Töpfenmarkts wurde vor Überschwemmungen geschützt, indem man einen Teil des Ahnawassers durch den neuen Stadtgraben zur Fulda ableitete. Sie konnte nun bebaut werden. Nördl. des Stadtgrabens lag das neugegründete Ahnaberger Stift. Den W-O-Verkehr leitete man vermutlich mittels einer neu ausgebauten Fuldafurt an der an der natürlichen Ahnamündung über Ks. um. Ihre beinahe endgültige Ausdehnung erhielt die A. verm. im späten 12. und frühen 13. Jh.: Für die erste Fuldabrücke, die den zunehmenden Wagenverkehr aufnahm, wurden im aufgeschütteten Uferbereich die beiden Fuldagassen als Zuwege zur Brücke angelegt, danach kam im NW die Wildemannsgasse hinzu (ab Kettengasse bis Judenbrunnen). Ein Rathaus (→ *Rathäuser*) stand wohl schon im späten 13. Jh. an der Ecke Altmarkt/Marktgasse (Brüderstr. 29; Neubau von ca. 1444, zuletzt v. a. Fleisch- und Brotschirne, 1818 abgebrochen), die Münze vermutlich gegenüber an der Ecke Untere Fuldagasse (bis 1580), und 1292/93 wurde das → *Karmeliterkloster* gegründet. Die letzte Erweiterung der A. erfolgte um 1385, als man das Ahnaberger Stift in die Stadtmauer einbezog und die bisherige Wehrzone an Töpfenmarkt und Klosterstr. (Nr. 5–13) teilweise bebaute. 1404–14 entstand am Altmarkt zwischen Fischgasse und Judenbrunnen der Neubau der Waage, der etwa um 1500 zum Rathaus aufgestockt wurde. Das natürliche Mündungsdreieck der Ahna verlandete zunehmend wegen ihrer Ableitungen (zuletzt um 1385 durch den neuen Stadtgraben). Hier entstanden Bürgerhäuser, ein Lagerhaus (später Salzhaus) und ein Hofgelände (später u. a. Oberstenhof, ab 1617 Residenz der Landgräfin → *Juliana*, dann Stadtsitz der Landgrafen von Hessen-Rotenburg, ab 1769 Packhof, ab 1883 zum Zuchthaus und späteren → *Karlshospital* gehörend); im 16. und frühen 17. Jh. verdichtete man auch am übrigen Unterlauf die Bebauung (am Töpfenmarkt und danach an der Packhofstr.). Frühe Gewerbebauten in der A. waren das städtische Brauhaus neben der Fuldabrücke sowie mehrere → *Mühlen*: Das Ahnaberger Stift besaß an der Fulda die Ahnaberger Mühle (ab 1887 → *Vogtsche Mühle*) und eine Walkmühle auf dem Werr (1398) sowie an der Ahna eine Ölmühle (ab 1347 bezeugt, östlicher Teil von Töpfenmarkt 10), außerdem lag am nördlichen Mündungsarm der Ahna die sog. Griebenmühle (verm. Judengasse 6). Bis auf die Ahnaberger Mühle (Neubau 1555/56) mussten Brauhaus und Mühlen mit der Neubefestigung Kassels von 1526 an ihren Betrieb einstellen (der Rest einer Ufermauer ist nördl. des Karlshospitals erhalten). Infolge der → *Reformation* wurden 1526/27 Karmeliterkloster und Stift Ahnaberg aufgelöst, die Kirche St. Cyriakus abgebrochen und die Karmeliterkirche (→ *Brüderkirche*) zur neuen Pfarrkirche bestimmt; sie blieb als einzige Kirche der A. erhalten. Für private und öffentliche Feste und Veranstaltungen errichtete man ab ca. 1543 den → *Stadtbau*. Eine Badestube beim Karmeliterkloster war um 1526 ebenfalls den neuen Festungswerken zum Opfer gefallen; eine neue von ca. 1548/50 an der Schlagd zwischen Fuldabrücke und Kettengasse bestand bis in das 19. Jh.

Im 16./17. Jh. errichtete man mehrere staatl. Großbauten: Fruchtspeicher an der Stelle der abgebrochenen Ahnaberger Stiftskirche (ab 1763 → *Kaserne*, 1879 abgebrochen), Kanzlei bzw. Renthof, → *Marstall*, Salzhaus und → *Zeughaus*. Höfischen Zwecken dienten zeitweise ein Rüsthaus mit Weinschank (Vor der Schlagd 1; ca. 1539–1615) und ein Kommisshaus (Schlagd 11; 1615–1806). 1701–07 entstand das neue → *Landgräfliche Gießhaus* und 1720/21 das Zuchthaus anstelle eines Festungswalls. Erhebliche Änderungen waren 1788–94 die Verlegung der Fuldabrücke in die Achse zwischen Altmarkt und → *Holzmarkt*, um 1829 der Bau der Artilleriestr. und -kaserne am Zeughaus und 1933–36 die Anlage des → *Freiheiter Durchbruchs* zur Entlastung der Marktgasse (Die Freiheit 12 erhalten, Wildemannsgasse 14 nach 1943 wiederhergestellt). Nach der Zerstörung 1943 (→*Luftangriffe*) wurde die A. weitgehend durch große Straßen zerschnitten.

Die Bürgerhäuser waren in der Regel Fachwerkbauten, wobei ab dem späten 16. Jh. auch Häuser mit steinernen Fassaden oder Fassadenteilen errichtet wurden, seit dem späten 19. Jh. dann meist Massivbauten. Das älteste Haus war vermutlich Untere Fuldagasse 14 (14. Jh., später umgebaut und aufgestockt). In der Brüderstr. (bzw. am Altmarkt) standen in erster Linie große giebelständige Kaufmannshäuser. Die sog. Dreihäuserecke bestand aus aufwändigen Fachwerkbauten mit bedeutenden Portalen (Altmarkt 2 und Vor der Schlagd 2, 1644 und 1645; Vor der Schlagd 1, Anfang 16. Jh., um 1640 und 1696 umgebaut); hier standen der Altmarktbrunnen und der sog. Fischstein, an dem Fischmarkt gehalten wurde. In der Wildemannsgasse hatten schon im Mittelalter Kasseler Patrizierfamilien ihre Sitze, und im 17. Jh. wohnten hier wie in der Marktgasse u. a. Kaufleute und hochrangige → *Beamte*.

Das imposante Fachwerkhaus Klosterstraße 11 in der Altstadt mit seiner charakteristischen Form, vor 1933

In den beiden Fuldagassen, die den Durchgangsverkehr zur Brücke aufnahmen, waren in erster Linie Handwerker und kleinere Händler ansässig; wegen der bedeutenden Steinfassaden sind Untere Fuldagasse 3 und Obere Fuldagasse 9 (spätes 17. Jh.) hervorzuheben. Zwischen Ahna und Fulda lebten im Mittelalter v. a. Metzger (Fleischhauergasse, später Judengasse), Lohgerber (Löwergasse, später Fliegengasse) und Schuster. Die Lohgerbereien wurden im 17./18. Jh. wegen der Brandgefahr, der Abwässer und der Geruchsbelästigung an die Schützenstr. verlegt (Am Werr; die Häuser z. T. erhalten). Bei den Metzgern und Gerbern siedelten sich spätestens im 14. Jh. auch Juden an, zum einen wegen ihrer ähnlich geringen sozialen Stellung, zum anderen weil sie aufgrund der religiösen Speisevorschriften bis in die Neuzeit selbst schlachteten. Bedeutende Bauten entstanden in diesem Gebiet fast nur an der Klosterstr., die zum Ahnaberger Tor führte; Nr. 11 war ein Fachwerkbau von ca. 1640, dessen Innentür von ca. 1670/80 im → *Hessischen Landesmuseum* steht.

Die festen Einwohnerstrukturen begannen in der Neuzeit aufzuweichen; der Bau neuer Stadtviertel und drohende Flächenabbrüche in der A. (Pläne von 1885/86 zur Straßenverbreiterung) zogen um 1900 Verfall und sozialen Abstieg nach sich, dem erst die Altstadtsanierung (→ *Stadtsanierung*) entgegenwirkte. Der Neuaufbau nach 1943 erfolgte zumeist durch Wohnungsbaugesellschaften (→ *Wiederaufbau*). *cp*

Amalienhaus Erbaut 1896 im Gründerzeitstil, Ecke Goethestr. (damals Kaiserstr.)/ Kirchweg, benannt nach Landgräfin → *Amelie Elisabeth* „zum ehrenden Gedächtnis" ihrer Rettung der Landgrafschaft während des → *Dreißigjährigen Krieges*, seit 1902 im Besitz des → *Kurhessischen Diakonissenhauses*. Das A. ist ein imposanter gelbroter Klinkerbau, der auch durch seine Wandmalereien (erhaltene „Medaillons" an der Hauswand Goethestr. und über dem Eingang) auffällt. Es diente ursprünglich als evang. Heim für Pensionärinnen mit Anschluss an das Leben des Diakonissenhauses. Im Krieg weitgehend unversehrt geblieben, wurde es 1977 restauriert, modernisiert und dafür mit einem Sonderpreis der Denkmalpflege ausgezeichnet. Bis 1999 diente es als Altenheim, da-

Eingang des Amalienhauses in der Goethestraße/Ecke Kirchweg

nach wurde es für „Betreutes Wohnen" umgebaut. In 20 Wohnungen können ältere Menschen in größtmöglicher Unabhängigkeit ihren Lebensabend verbringen. Notwendige Pflege ist durch einen Betreuungsvertrag geregelt. Auch Diakonissen im Ruhestand gehören zu den Bewohnern. *eo*

Qu.: Archiv Kurhess. Diakonissenhaus.

Kupferstich-Porträt der Landgräfin Amelie Elisabeth, vor dem 8. August 1651

Amelie Elisabeth, Landgräfin von Hessen-Ks., geb. Gräfin von Hanau-Münzenberg (* 29.1.1602 Hanau, † 8.8.1651 Ks.), wuchs bei ihrer Tante, Kurfürstin Luise Juliane von der Pfalz, und in Hanau auf, wo seit 1612 ihre Mutter die vormundschaftliche Regentschaft innehatte. Eine erste Heirat wurde 1617 mit dem böhmischen Adeligen Albrecht Smiřický projektiert. 1620 heiratete sie Lgf. Wilhelm V., der wegen seiner politischen Ziele vom Kaiser geächtet wurde. Mit ihm hatte sie 14 Kinder, von denen nur vier das Erwachsenenalter erreichten. Der Landgraf hatte A., bevor er 1637 bei Leer starb, testamentarisch zur vormundschaftlichen Regentin eingesetzt. Gestützt auf die hessischen Stände und die gut ausgestattete Armee gelang es ihr, ihre Ansprüche gegen Hessen-Darmstadt und den Kaiser durchzusetzen. In der Geschichte Hessens hat kaum eine Frau die Menschen so polarisiert wie sie: Einerseits wird die Entschlusskraft der Regentin gelobt, andererseits werden ihr Härte und sogar Skrupellosigkeit attestiert. Von ihren Verbündeten wurde sie als Retterin der Landgrafschaft, als Frau von großem politischem Geschick und militärisch-strategischem Weitblick gefeiert. In den Augen ihrer Gegner war sie eine Kriegstreiberin, der niemand vertrauen konnte. Insbesondere die katholischen Reichsstände warfen ihr vor, sich nicht für den Frieden eingesetzt zu haben. 1640 kehrte sie nach Ks. zurück, wo sie bis 1650 regierte. Zu ihren politischen Erfolgen zählt v. a. die Anerkennung des Calvinismus als gleichberechtigte Konfession durch den Westfälischen Friedenskongress. *pp*

Lit.: Buckreus, Körper; Puppel, Regentin.

Das **Amtsgericht** Ks. ist das zweitgrößte hessische A. und die größte Justizbehörde in Ks. Als selbstständiges A. untersteht es verwaltungsmäßig nicht dem → *Landgericht*. Es ist ein erstinstanzliches Gericht mit einem Präsidenten an der Spitze. Seine Aufgaben umfassen Zivil- und Strafrecht sowie freiwillige Gerichtsbarkeit. Es ist für alle Wohnraummietsachen zuständig und für Zivilrechtsstreitigkeiten bis zu einem Streitwert von 5.000 €, für Vollstreckungs- und Insolvenzverfahren, alle Familiensachen ebenso wie Straftaten von kleinerem und mittlerem Gewicht. Es entscheidet der Einzelrichter oder das Schöffengericht (ein Berufsrichter, zwei Schöffen) mit einem Strafbann von bis zu vier Jahren Freiheitsentzug. In Bußgeldverfahren erkennt das A. ebenfalls erstinstanzlich. Die freiwillige Gerichtsbarkeit umfasst nahezu alle Bereiche des täglichen Lebens in rechtlicher Hinsicht (z. B. Grundbuchs-, Betreuungs-, Nachlass-, Vormundschafts- und Registersachen).

Das A. hat rund 140 Abteilungen, von denen sich 48 mit Strafsachen, darunter drei mit Steuer- und Wirtschaftssachen befassen. Die Zivilgerichtsbarkeit umfasst 57 Abteilungen, darunter vier für Mietsachen, neun für Vollstreckungssachen, die freiwillige Gerichtsbarkeit 36 Abteilungen, davon sind 12 mit Betreuung und Unterbringung befasst. Am A. sind 54 Richter und 66 Rechtspfleger tätig, sein Bezirk umfasst Stadt und Landkreis Ks. Der Präsident des A.s führt Aufsicht über 53 Ortsgerichte der Gemeinden seines Bezirks und über 70 Schiedsleute. Die Ortsgerichte, eine hessische Besonderheit, erledigen Beglaubigungen von Unterschriften, erstatten preiswerte anerkannte Gutachten über Immobilien und sollen Nachlässe sichern. Das A. ist ferner ein bedeutendes Ausbildungsgericht. Jährlich stellt es 40–50 (darunter zwei für das → *Bundessozialgericht*) Auszubildende für eine dreijährige Ausbildung zu Justizfachangestellten ein, die später in Justizbehörden, bei Rechtsanwälten, Versicherungen und sonstigen Behörden arbeiten. Justizsekretär- und Rechtspflegeanwärter verbringen ihre praktische Zeit beim Kasseler A. Darüber hinaus gehört zum A. die Gerichtskasse mit 32 Mitarbeitern. Sie ist zuständig für alle Zahlungsvorgänge (Abwicklung und Einziehung etwa von Gerichtsgebühren) aller hessischen Gerichte in den Bezirken der Landgerichte Fulda und Ks. *rbo*

Anna, Landgräfin von Hessen, geb. Herzogin von Mecklenburg, Gräfin von Solms-Laubach (* 14.9.1485 Plau, † 12.5.1525 Rödelheim). Der schwer an Syphilis erkrankte Lgf. Wilhelm II. setzte 1508 seine Gemahlin testamentarisch zur Regentin für den minderjährigen Sohn ein. Aber bereits vor seinem Tod machten Teile der Ritterschaft deutlich, dass sie das Regiment der Landgräfin nicht akzeptieren würden. 1509 brach der Kampf um die Regentschaft aus, den die Ritter mit Unterstützung der Herzöge von Sachsen zunächst für sich entscheiden konnten. Die Wettiner waren aufgrund einer Erbeinigung als nächste Dynastie erbberechtigt, wenn die Landgrafen im Mannesstamm ausstürben. Die Ritterschaft bestimmte ein Kollegium, das die Regierungsgeschäfte unter der Leitung von → *Ludwig von Boyneburg* übernahm. Aber A., die von ihrem Sohn getrennt wurde, beanspruchte weiterhin die Regentschaft. Entscheidend war, dass sich das Kollegium im August 1513 mit von Boyneburg überwarf, dem eigenmächtiges Handeln vorgeworfen wurde. Von ihrer Herkunftsfamilie unterstützt, konnte die Landgräfin die Stände davon überzeugen, dass sie die geeignete Regentin sei, weil sie sich besser für ihren Sohn → *Philipp*, den zukünftigen Landgrafen und für Hessen einsetzen würde. Ende April 1514 machte sie den Ständen Zugeständnisse, um als Regentin anerkannt zu werden. Da sie während ihrer Regierung nicht gewillt war, diese auch einzulösen, nahm die Unzufriedenheit bei Adel und Städten wieder zu. Obwohl Wilhelm II. vorgesehen hatte, dass A. bis zum 18. Lebensjahr seines Sohnes regieren sollte, hatte die Landgräfin dem Kaiser versprochen, Philipp an seinem 14. Geburtstag die Regierung zu übergeben. Maximilian I. erklärte daher den jungen Landgrafen für volljährig und erlaubte ihm, seine Mutter weiterhin an der Regierung zu beteiligen. Die Auseinandersetzungen mit den Ständen ließen sich jedoch nicht beilegen, so dass A. sich zurückzog. Sie heiratete 1519 den noch nicht selbstständig regierenden Otto von Solms. Nach dessen Tod übernahm A., die Luthers Lehre ablehnend gegenüberstand, wiederum die Regentschaft für den minderjährigen Sohn. A. versuchte, Lfg. Philipp beim alten Glauben zu halten. Erst nach ihrem Tod führte dieser die Reformation ein.

pp

Lit.: Puppel, Regentin.

Antikensammlung Kunst und Kultur des Altertums begeisterten im 17. und 18. Jh. viele europäische Fürsten und Gelehrte und lösten eine Sammelleidenschaft aus, welche auch die Landgrafen von Hessen-Ks. erfasste. Schon unter Lgf. → *Karl* wurde ein Antiquarius/Bibliothecarius mit der Betreuung der Sammlungen beauftragt. Ihren bedeutendsten Zuwachs erhielt die A. unter Lgf.→ *Friedrich II.*, der sie 1779 im Kontext der enzyklopädisch angelegten Sammlungen und der Bibliothek über das → *Museum Fridericianum* der Öffentlichkeit zugänglich machte. Die Bestände dienten wissenschaftlichen

Antikensammlung Präsentation der Skulpturen 2003 im Schloss Wilhelmshöhe

Studien in der → *Gesellschaft der Alterthümer* und der Ausbildung von Architekten, Malern und Bildhauern. Nach 1785 sind für über 100 Jahre keine Antikenerwerbungen verzeichnet. Ab 1913 wurde die A. im neu errichteten → *Hessischen Landesmuseum* aus-

Antikensammlung Porträtbüste aus Marmor des Kaisers Lucius Verus, zweites Jahrhundert n. Chr.

gestellt. Nach dem Zweiten Weltkrieg, der auch den Antiken beträchtlichen Schaden zufügte, gingen die Kunstsammlungen 1948 in den Besitz des Landes Hessen über; heute werden sie von der → *Museumslandschaft Hessen Kassel* verwaltet. Die Schauräume der A. befinden sich seit 1974 im Museum → *Schloss Wilhelmshöhe* und wurden dort zuletzt 2000/01 neu eingerichtet. Seit dem Ende des 19. Jhs. wurden durch staatliche Ankäufe vor allem die Gipsabgusssammlung und die Münzsammlung in bescheidenem Umfang erweitert. Im 20. Jh. trugen private Sammler darüber hinaus durch Schenkungen und Leihgaben zum Ausbau der Sammlung bei.

Das Spektrum der A. reicht von der Bronzezeit bis zur Spätantike. Die kleine ägypt. Abteilung gehört größtenteils zum historischen Bestand. Die spätere Kultur Ägyptens ist durch eine der berühmten „Ptolemäer-Kannen" vertreten. Objekte der bronzezeitl. Kulturen des Mittelmeerraumes sind in kleiner, aber repräsentativer Auswahl vorhanden. Neben zahlreichen Tongefäßen werden auch zwei Tonsärge (Larnakes) gezeigt. Einen Schwerpunkt bildet die griechische Kultur in ihren unterschiedlichen Ausprägungen. Die archaischen Funde von der Insel Samos sind dabei von besonderem Interesse. Sie stammen aus einer wissenschaftlichen Grabung, die der Kasseler Archäologe → *Johannes Boehlau* 1894 unternahm. In unmittelbarer Nähe sind Funde aus der kleinasiatischen Nachbarregion Karien zu sehen (Sammlung → *Dierichs*). Ein großer Bereich der A. widmet sich der Epoche der griechischen Klassik. Die in Marmorkopien der römischen Zeit erhaltene Großplastik ist mit bedeutenden Werken wie dem → *Kasseler Apoll* vertreten. Die A. zeigt außer den Skulpturen auch Zeugnisse zum Alltag im klassischen Athen, wie er sich etwa in den schwarz- und rotfigurigen Vasenbildern widerspiegelt. Hinzu kommen Funde aus Unteritalien, Sizilien und Etrurien. Zum historischen Kasseler Sammlungsbestand gehören Objekte der römischen Kaiserzeit, deren Fundorte häufig unbekannt sind. Es handelt sich um Marmorskulpturen und Werke der Kleinkunst. Ein Meisterwerk ist die „Victoria von Fossombrone". Im Untergeschoss des Museums sind die Korkmodelle von → *Antonio Chichi* in großen Vitrinen ausgestellt, darunter das Pantheon und das Colosseum Roms. *rs*

Der **Antisemitismus** in seiner ‚modernen' Variante überlagerte die ältere, christlich motivierte Judenfeindschaft, löste sie ab, radikalisierte sie, machte sie prinzipiell, verwarf die zu Beginn des 19. Jhs. eingeleiteten Prozesse der Emanzipation (→ *Judenemanzipation*), entsprechend auch die Strategien der Akkulturation und Integration. Modern nennen ihn Historiker deshalb, weil er sich in pseudowissenschaftliche Rassentheorien hüllte, in die Arenen des politischen Massenmarktes hinabstieg, agitatorische und mobilisierende Kräfte entband, v. a. aber Partei wurde. In Deutschland begann er sich seit den späten 1870er Jahren auszubreiten: dies war auch eine Reaktion auf den Gründerkrach, die überhitzte Konjunktur nach dem dt.-französ. Krieg, die in eine lange Phase konjunktureller Baisse mündete, die „Große Depression", in der sich zugleich eine ernste Krise des Liberalismus und der bürgerlichen Gesellschaft ankündigte. 1879 wurde die „Antisemitenliga" gegründet, 1881 eine Petition mit mehr als 200.000 Unterschriften an Reichskanzler Bismarck geschickt. Darin wurde gefordert, die jüd. Einwanderung zu beschränken, Juden von staatl. Ämtern auszuschließen und statistisch gesondert zu erfassen, das heißt, wesentl. Errungenschaften der Emanzipationsgesetzgebung wieder aufzuheben. Zunächst in Kooperation mit dem traditionellen Konservatismus operierend, verselbstständigte sich die Bewegung in den 1880er Jahren, erreichte den Höhepunkt bei den Reichstagswahlen von 1893, als sie 16 Mandate erobern konnte. Obwohl sie bald an Bedeutung einbüßte, verschwand der A. nicht. Er stabilisierte sich vielmehr. Der Bund der Landwirte von 1893, der rasch zum größten Agrarverband avancierte, war dezidiert antisemitisch, ebenso der Deutschnationale Handlungsgehilfen-Verband, eine Gewerkschaft der Angestellten, ferner die Vereine dt. Studenten, die seit 1896 Kommilitonen jüdischer Herkunft, also auch getauften Juden, die Mitgliedschaft verwehrten. Die Deutschkonservative Partei gab sich 1892 in Reaktion auf das Treiben der Antisemiten eine neue Plattform, das Tivoli-Programm, in dem es hieß: „Wir bekämpfen den vielfach sich vordrängenden und zersetzenden jüdischen Einfluss auf unser Volksleben“. Der Zusatz: „Wir verwerfen die Ausschreitungen des A.“ wurde aus dem Entwurf gestrichen, was den Duktus verschärfte.

Antisemitismus Verwüstungen im Inneren der Synagoge Königsstraße 84 am 07.11.1938

Der Regierungsbezirk und die Bezirkshauptstadt Ks. waren frühe Hochburgen des organisierten A. Zentrale Kongresse der Bewegung fanden hier statt, so 1898 der Parteitag der Deutschsozialen Reformpartei, zuvor schon, zu Pfingsten 1886, der erste „Deutschnationale Antisemitentag“, auf dem als eine Art Dachverband die „Deutsche Antisemitische Vereinigung“ aus der Taufe gehoben wurde. Zur antisemitischen Prominenz gehörten Männer wie Karl Hennies, Ludwig Werner und Wilhelm Lattmann, der 1903 und 1907 bei den Wahlen zum Reichstag den Wahlkreis Ks. 2 (Ks.-Stadt, Ks.-Land und Melsungen) für die Deutschsoziale Reformpartei eroberte, ehe er ihn 1912 an den Sozialdemokraten Heinrich Hüttmann verlor. Der Berliner Hofprediger Adolph Stoecker, das Haupt der antisemitischen Deutsch-Sozialen Partei, sprach am 5.1.1881, dem 50. Jahrestag der kurhessischen → *Verfassung 1831*, vor zahlreichem Publikum, auch der Marburger Bibliothekar und Agitator Otto Böckel war ein regelmäßiger und gefeierter Versammlungsredner. Im April 1881 wurde ein Zweigverein der Dt. Reformpartei gegründet, in dessen Vorstand ausschließlich Angehörige des mittleren Bürgertums saßen. Gleich zwei judenfeindliche Zeitungen konkurrierten um die Gunst der Leser: das „Geldmonopol“ mit Hennies als Redakteur

1. Ansicht

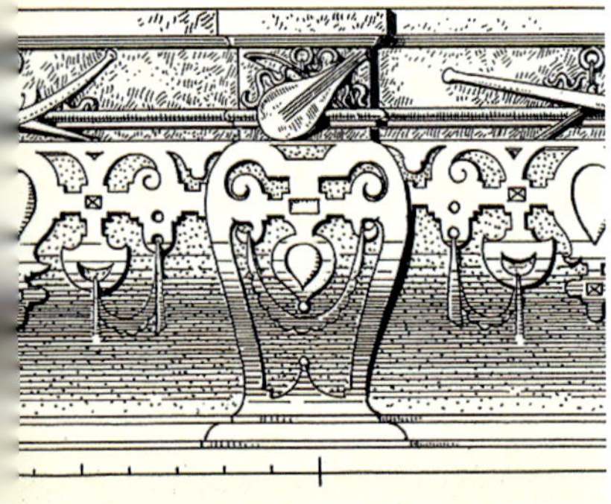

Blick auf den Apollobrunnen, der sich im Inneren des Renthofes befindet.
Unten: Zeichnung, auf der die Verzierungen des Brunnenbeckens mit Ornamenten und Instrumenten zu sehen sind

(1882–87) sowie das „Reichsgeldmonopol" (1881, seit 1892: „Antisemitisches Volksblatt") unter Leitung von Werner, der zugleich Vorsitzender des lokalen Reformvereins war und zwischen 1890 und 1918 im Reichstag den Wahlkreis Ks. 1 (Hofgeismar-Rinteln-Wolfhagen) vertrat. Das politische Klima in der Stadt verschärfte sich zusehends, es regierten Hetze, Demagogie und Ressentiment. „Man kann nicht über die Straße gehen", notierte die liberale → *Hessische Morgenzeitung* im September 1882, „ohne von frechen, das ‚Geldmonopol' ausbietenden Jungen in zudringlicher Weise belästigt und, falls man ihre Blätter nicht kauft, mit Schimpfworten verfolgt zu werden." Obwohl auch die Konservativen und ihr publizistisches Sprachrohr in der Stadt, das „Casseler Journal", antisemitischen Ausfällen breiten Raum gewährten, trennten sich Mitte der 1880er Jahre ihre Wege von denen der Antisemiten, verloren dadurch allerdings an Terrain. Die Antisemiten ihrerseits verbuchten kontinuierliche Zuwächse. Kamen sie 1887 im Wahlkreis Ks. 2 bei den Reichstagswahlen auf 1 % der Stimmen, so waren es 1898 bereits 21,7 %, 1903 schließlich 25,2 % (bei der Stichwahl des antisemitischen Kandidaten Werner gegen den Sozialdemokraten Thiel: 51,4 %), was vier Jahre später mit einer nochmaligen Steigerung auf 29,9 und 54,4 % in der Stichwahl bestätigt wurde. Mit dem Übergang in die → *Weimarer Republik* traten das Erbe der Antisemiten zunächst die Deutschnationalen an, dann die Deutschvölkischen und die Nationalsozialisten, die 1924 bei den beiden Reichstagswahlen auf knapp 8 bzw. 4 % kamen. Deren große Stunde allerdings schlug bei den Wahlen vom 14.9.1930, als die → *NSDAP* im Kreis Ks.-Stadt knapp 26 % der Stimmen eroberte, ein Ergebnis, das deutlich über dem Reichsdurchschnitt lag. *jf*

Lit.: Klein, Konservatismus.

Apell, David August von (* 23.2.1754 Ks., † 30.1.1832 ebd.) war Geheimer Rat, Kammerdirektor, Komponist und Schriftsteller (Pseudonym: Capelli). Sein Vater Christoph Friedrich, Geheimer Rat und Direktor des Steuerkollegiums, wurde 1779 in den Adelsstand erhoben. A. studierte ab 1772 Jura in Rinteln und Göttingen, danach war er Assessor in der Kriegs- und Domänenkammer in Ks., 1799 Oberkammerrat, 1813 Geheimer Rat in der Oberrentkammer und später deren Direktor. Nachdem er zunächst autodidaktisch Musikstudien betrieben hatte, nahm A. später Kompositionsunterricht bei Kasseler Hofmusikern und bei dem Rintelner Universitätsorganisten Möller. Ab 1780 war er in der Société philharmonique und 1792–1822 (mit Unterbrechung 1807–13) Intendant des → *Hoftheaters*. Sein musikalisches Werk umfasst: 2 Messen, 8 Psalmen, 1 Oratorium, 1 Magnificat, 1 Salve regina, lat. und dt. geistliche Kompositionen, Opern, Schauspielmusiken, Arien, Ballette, Kantaten, Kanzonetten, Symphonien, Kammermusikwerke, Polonaisen und Märsche. Daneben steht ein umfangreiches schriftstellerisches Werk, das von Reiseliteratur zu Ks. bis hin zu Kasseler Musikern reicht. Seine 1779 geschlossene Ehe mit Wilhelmine Karoline Amalie → *Tischbein*, Tochter des Hofmalers Johann Heinrich Tischbein d. Ä., wurde wegen finanzieller Auseinandersetzungen geschieden. A. wurden zahlreiche Ehrungen zuteil, dennoch wurde sein Werk schon zu seinen Lebzeiten vergessen und er starb völlig verarmt. *khn*

Lit.: Strieder; ADB.

Apollobrunnen, auch Renthofbrunnen. Der Wandbrunnen stand ursprünglich im Innenhof des → *Renthofs*, am W-Flügel zwischen heutigem Treppenhaus und → *Brüderkirche*. Erst 1872 wurde er an die Außenseite des S-Flügels versetzt. Am Brunnen sind Musikinstrumente dargestellt, an den Ecken des Brunnenbeckens auch Notenbücher, weshalb die Figur in der Nische meist als Apollo oder Orpheus gedeutet wird. Der A. war farbig gefasst. Es kommen zwei mögliche Bauzeiten in Frage: entweder 1598/99 beim Umbau des Gebäudekomplexes zur Hofschule oder während des zweiten Umbaus zur Ritterakademie 1617/18. Die Stilformen, die auf das 17. Jh. hindeuten, machen Letzteres wahrscheinlich. Der Bildhauer dürfte derselbe sein, welcher 1617 das Portal des Gebäudes und 1622 vermutlich das Portal Weißer Hof 3 schuf (heute am Rotenburger Schloss). Figur und Brunnenbecken waren bereits Ende des 19. Jhs. durch die Witterung stark beeinträchtigt. Das Becken wurde 1991 deshalb durch eine (nicht ganz getreue) Rekonstruktion ersetzt, die Originalplatten befinden sich im → *Hessischen Landesmuseum. cp*

Lit.: Holtmeyer, Cassel-Stadt, 790f., 442ff.; Heuer, Vernuken, 173–176.

Apotheken Die ersten A. Kassels wurden um die Wende vom 15. zum 16. Jh. errichtet. Wilhelm II. hatte 1502 für seine Familie und den Hofstaat zusätzlich eine A. im Schloss einrichten lassen, die zunächst von einem Stadtapotheker nebenamtlich betreut wurde. Mit der Stiftung (→ *Stifter und Stiftungen*) der Landgräfin Sabina (1549–1581), die eine unentgeltliche Arzneiversorgung für die Armen vorsah, musste die Hof-A. ausgebaut und nun durch einen hauptamtlichen Hofapotheker verwaltet werden. Im Laufe der Zeit erhielten die Stern-, später die Sonnen- und schließlich wieder die Rosen-A. diese Funktion von den jeweiligen Kurfürsten übertragen. In der Apothekerordnung von 1564 und in der Medizinalordnung von 1616 war den Apothekern das Monopol des Arzneiwarenhandels zugestanden worden, was ihnen eine gute wirtschaftliche Existenz sicherte. Obwohl zum Betreiben einer A. noch keine besondere Ausbildung vorgeschrieben war, hatten einzelne Apotheker bereits in Tübingen studiert. Im Allgemeinen war die Tätigkeit des Apothekers aber noch rein handwerklich und stand unter der Aufsicht der Ärzte. Der → *Dreißigjährige Krieg* und die Nachkriegszeit führten zu wirtschaftlichen Schwierigkeiten, so dass von den fünf bestehenden A. in Ks. zwei geschlossen werden mussten. Nachdem Lgf. → *Karl* zu den drei bestehenden A., der Rosen-, Löwen- und Hirsch-A., drei neue, die Einhorn-, die Sonnen- und die Schwan-A. privilegierte, war die Stadt mit A. überversorgt, so dass 1771 die Rosen-A. in Konkurs ging, allerdings nach zwei Jahren wieder öffnete. Als siebte Stadt-A. privilegierte → *Friedrich II.* 1776 die Adler-A. Als achte A. wurde 1809 die Stern-A. eröffnet. Die zweite Hälfte des 19. Jhs. ist als eine Blütezeit der Kasseler A. anzusehen. Als Mitglieder des Medizinalkollegiums nahmen die Apotheker Einfluss auf die Gesetzgebung und die Vergabe neuer Privilegien. So wurde erst 20 Jahre nach Schließung der Schwan-A. 1843 die Engel-A. errichtet und als neunte Stadt-A. 1875 die Kronen-A., die zum damaligen Dorf → *Wehlheiden* gehörte. Die Vermögensverhältnisse der Kasseler Apotheker in jener Zeit können als gut bis sehr gut bezeichnet werden. Beim Kauf einer A. mussten Käufer oft überhöhte Kaufsummen zahlen, wobei sie sich meist überschuldeten. Dies führte in vielen Fällen zu häufigem Besitzerwechsel. 1940 bestanden bei einer Zahl von ca. 225.000 Einwohnern in Ks. 23 A., von denen nach dem Krieg 21 weitergeführt wurden. Bis 1987 kamen 50 Neugründungen hinzu, dank der 1959 eingeführten Niederlassungsfreiheit. 2008 existierten in Ks. noch 66 Stadta. bei unter 200.000 Einwohnern. Die Arzneimittelherstellung steht keineswegs mehr im Vordergrund, vielmehr liegt der Schwerpunkt heutiger A. im Verkauf und der Beratung zu Arzneimittelspezialitäten. *ew*

Lit.: Kraus, Geschichte.

Aquädukt Im unteren, nördlichen Teil des → *Parks Wilhelmshöhe* befindet sich ein 1788–92 errichteter A., der zusammen mit der → *Löwenburg* eine der Hauptstaffagen des Parks bildet. Der Entwurf für das einer römischen Wasserleitung nachempfundene und als künstliche Ruine geschaffene Bauwerk stammt von dem unter Lgf. → *Wilhelm IX.* tätigen Bauinspektor → *Heinrich Christoph Jussow* und dem Brunneninspektor → *Karl Steinhöfer.* Der insg. 200 m lange, aus Basalttuff errichtete A. besteht aus einer von 14 Bögen gestützten Wasserrinne, die an einer Verzweigung mit einem ruinenartigen Wasserkastell endet. Hier stürzen während der Wasserspiele die von → *Teufelsbrücke* und Höllenteich herangeführten Wassermassen

Das Aquädukt im Bergpark Wilhelmshöhe, Stahlstich, gezeichnet von A. Wenderoth, gestochen von J. Umbach

28 m in die Tiefe, in der gezielt platzierte Gesteinsreste eines zusammengestürzten Bogens den Eindruck eines verfallenen A.s verstärken. Laut der „Gartentheorie“ Mitte des 18. Jhs. sollte das eine sinnliche Wirkung haben. Besonders das Motiv der Ruine, ein Symbol für die Vergänglichkeit, sollte Gefühle der Endlichkeit allen Lebens hervorrufen. Als Ruinenkonstruktion verdeutlicht der A. mit den herabstürzenden Wassermassen die Größe und Erhabenheit der Antike wie auch der Natur: Zwar leitet das künstliche Bauwerk die wilden Naturkräfte in geordnete Bahnen, jedoch vermögen die Kraft

Arbeiterbewegung Der ehemalige OB Philipp Scheidemann spricht am ersten Mai 1926 vor dem Fridericianum

der Natur und der Strom der Zeit all dies zu zerstören, wenn der Mensch nicht eingreift. So wird auf einer ästhetischen Ebene auch die Beziehung zwischen Natur und Kunst als hierarchische Ordnung veranschaulicht. *aj*

Arbeiterbewegung Die Anfänge der A. in Ks. und Nordhessen finden sich schon z. Z. der → *Industrialisierung*. Mit der Gründung von Betrieben der Glas- und Metallverarbeitung und der optischen → *Industrie* entstanden erste organisatorische Ansätze. Bereits 1850 existierte ein Verein der „Arbeiterverbrüderung“. Die Gründung einer Sektion des Allgemeinen Deutschen Arbeitervereins (ADAV) erfolgte am 18.3.1867 durch den Zigarrenmacher Heinrich Frigge und den Tischler Wilhelm Pfannkuch. Schon nach wenigen Monaten umfasste der Verein 260 Mitglieder aus allen Berufssparten. Aus dieser Sektion entwickelten sich SPD (→ *Parteien*) und → *Gewerkschaften*. Trotz Sozialistengesetz konnte die Sozialdemokratie an Einfluss gewinnen, wie das Beispiel von Wilhelm Pfannkuch zeigt, der im Wahlkreis Ks.-Melsungen 1884 in der Stichwahl nur knapp geschlagen als Nachrücker in den Reichstag einzog. Von großer Bedeutung für die Region war → *Philipp Scheidemann*, der Anfang des 20. Jhs. in Ks. und Nordhessen für die SPD wirkte. Er war vor 1914 Reichstagsabgeordneter und Redakteur der sozialdemokratischen Tageszeitung Kasseler „Volksblatt“, mit der die SPD die bürgerl. Meinungshoheit durchbrechen wollte. 1920–25 war er Oberbürgermeister der Stadt Ks.

Ks. bildete eine Hochburg des reformistischen Flügels der Sozialdemokratie. Revolutionäre Positionen konnten sich zu keinem Zeitpunkt durchsetzen. Selbst bei der Spaltung der A. zwischen USPD und MSPD behielt die MSPD auch im 1918 entstandenen → *Arbeiter- und Soldatenrat* ihre beherrschende Stellung. Bezogen auf Mitgliederzahlen und Wählerstimmen konnte die Linke im Verlauf der → *Weimarer Republik* nur kurze Zeit größeren Einfluss erringen (1920/21: USPD, 1931/1932: KPD). Daneben bildeten sich verschiedene sozialistische Kleingruppen, u. a. der Internationale Sozialistische Kampfbund (ISK; Max Mayr). Ks. war zudem Hochburg der Freien Arbeiterunion Deutschlands. (FAUD; Erna und Willi Paul). Die wahlpolitischen Verhältnisse zeigte die preußische Landtagswahl vom April 1932: Die SPD erhielt in Ks. gut 30.000 Stimmen, die KPD knapp 10.000. Im Juni 1932 demonstrierten die Arbeiterparteien ihre potentielle Stärke, als es auf dem → *Friedrichsplatz* zu einer Kundgebung von 20.000 Menschen gegen die → *NSDAP* kam. Ein politischer Aufruf des Allgemeinen Deutschen Gewerkschaftsbundes für eine Einheit zur Verteidigung der Weimarer Republik scheiterte an den grundlegenden Auseinandersetzungen zwischen SPD und KPD. So wurden beide Organisationen und ihre Funktionäre 1933 Opfer des NS-Terrors. Insbesondere aus den Reihen der KPD und der sozialistischen Kleingruppen entwickelte sich in den Kasseler Großbetrieben und in der Region ein Netzwerk von Widerstandsgruppen, die durch die Verbreitung von Flugschriften, durch öffentliche Signale oder durch Hilfen für Verfolgte Widerstand leisteten. Mehrere 100 Mitglieder der Arbeiterparteien wurden wegen Widerstands verhaftet, in Prozessen und Verfahren zu Haftstrafen verurteilt oder ins Konzentrationslager Breitenau (→ *Gedenkstätte Breitenau*) und später nach Buchenwald, Sachsenhausen u. a. verschleppt. Der Widerstand aus der A. war der erste, der dauerhafteste und der zahlenmäßig größte in Nordhessen.

Die Befreiung Kassels im April 1945 wurde zu einem Neuanfang für die organisierte A. Trotz aller Behinderungen durch die Besatzungsmächte organisierten sich Sozialdemokraten und Kommunisten schon im Frühjahr 1945. In beiden Strömungen war der Wille vorhanden, die verhängnisvolle Spaltung der A. zu überwinden. Trotz gemeinsamer Erklärungen entstanden jedoch erneut zwei getrennte Arbeiterparteien. Die sozialistischen Kleingruppen wurden in die SPD integriert. Nur in den Gewerkschaften wurde der Einheitsgedanke umgesetzt. Mit Ausnahme der → *Arbeiterwohlfahrt* gelang es jedoch nicht, das breite Netz von kulturellen Einrichtungen (Sport-, Bildungs- und Geselligkeitsvereine) aus der Weimarer Zeit wiederzubeleben.

Die SPD entwickelte sich Ende der 1940er Jahre zur mitgliederstärksten Partei in Ks. und Nordhessen. Bis Ende der 1980er Jahre war sie die einflussreichste Partei auf kommunaler Ebene. 1947 waren über 28.700 Mitglieder im Bezirk Nordhessen organisiert. Zu den sozialen und polit. Forderungen dieser Zeit gehörten die Verabschiedung der Hessischen Landesverfassung, in der sich sozialistische Forderungen der A. manifestierten. Die Abstimmung in Ks. brachte eine Mehrheit auch zum Artikel 41, dem Sozialisierungsparagraphen. Sozialpolitisch ging man 1947/49 gegen Schwarzhandel, für Kohlezuteilungen und sozialen Ausgleich gegen die Teuerung auf die Straße. Gesellschaftspolit. griffen die Organisationen der A. besonders in die Auseinandersetzung um die Wiederaufrüstung ein. In einer spektakulären Aktion mauerten Mitglieder der Freien Deutschen Jugend im September 1951 Sprengkammern an der Fuldabrücke zu. Die 1. Mai-Kundgebungen in den 1950er Jahren waren Manifestationen gegen Remilitarisierung („Nie wieder Tiger-Stadt"). Am 25.3.1958 kam es bei → *Henschel & Sohn* sogar zu einem politischen Streik gegen die geplante Atombewaffnung. Mit dem Aufbau des → *Volkswagen-Werks Kassel* in → *Baunatal* Ende der 1950er Jahre verstärkte sich der Einfluss der Arbeiterorganisationen. Dies zeigte sich auch in einem Anwachsen der Mitgliederzahlen von → *Gewerkschaften* und → *Parteien*. Bis 1974 zählte die SPD im Bezirk Hessen-Nord gut 42.000 Mitglieder. Auch die 1968 neukonstituierte DKP gewann in diesen Jahren Mitglieder. Dazu trug die außerparlamentarische Bewegung bei, die sich im Kampf gegen die NPD und in der Forderung nach Anerkennung der DDR (→ *Brandt-Stoph-Besuch*) zeigte. Immer wieder demonstrierte die A. in Ks. durch Streikaktionen ihre Präsenz. Zu einem Höhepunkt des gesellschaftspolitischen Handelns wurde der Kampf um die 35-Stunden-Woche Ende der 1980er Jahre. Verbunden mit den gesamtgesellschaftlichen Veränderungen Anfang der 1990er Jahre erlebte auch die SPD in Ks. massive Einbrüche in der öffentlichen Akzeptanz ihrer Politik. Ein Verlust ihrer jahrzehntelangen kommunalpolitischen Dominanz war die Folge. Die Stabilisierung auf niedrigerem Niveau zur Jahrtausendwende ging einher mit der Entwicklung einer politischen Linken (PDS/WASG/Die Linke) als parlamentarische Kraft, die sich in der Tradition der A. sieht. *ulsch*

Karte der Arbeiterbewegung zur Erinnerung an die Maifeier im Jahr 1900 mit Porträtvignetten von Ferdinand Lassalle und Karl Marx

Arbeiter- und Soldatenrat Der Kasseler A. ging am 9.11.1918 aus einer spontanen Erhebung tausender Arbeiter und Soldaten hervor, die sich zu einer Kundgebung auf dem → *Friedrichsplatz* einfanden, um ihren Unmut über die kriegsbedingte polit., wirtschaftl. und soziale Lage kundzutun. Zuvor hatten auswärtige Matrosen, die am Morgen am → *Hauptbahnhof* eintrafen, die Kasseler Garnisonen zum Aufstand bewegen können, in denen es in den Tagen zuvor bereits zu Meutereien kam. Der A. konstituierte sich in den folgenden Tagen und ernannte sich zum zentralen Gremium des Kasseler Regierungsbezirks. Sein Vorsitzender wurde → *Albert Grzesinski*. Die Vollversammlung bildeten 300 Arbeiterdelegierte, die von Funktionären bestehender Partei- und Betriebsgremien gestellt wurden. Hinzu kamen 300 in den Garnisonen gewählte Delegierte der Soldaten. Die Exekutive setzte sich zunächst paritätisch aus je vier Vertretern der beiden sozialdemokratischen Parteien zusammen. Die Soldatenexekutive bildeten neun Soldaten, die überwiegend der MSPD angehörten. Der A. verstand sich als „höchste Behörde in jeder Beziehung". Formell unterwarfen sich die zivilen und militärischen Behörden ausnahmslos seiner Weisungsgewalt, dennoch behinderten sie ihn bei der Arbeit. Zu den Haupttätigkeiten des A.s zählte die Demobilisierung, v. a. die Umstellung der → *Industrie* auf Friedensproduktion. Er ordnete die Schließung der Munitionsfabrik auf dem → *Forstfeld* an, erklärte den Acht-Stunden-Tag für verbindlich, zentralisierte Fragen der Arbeitsvermittlung und koordinierte die Lebensmittelverteilung. Zur Aufrechterhaltung der Ordnung gründete der A. eine Stadtwehr, die u. a. bei Unruhen im Juni 1919 eingriff und sich dem Kapp-Putsch 1920 entgegenstellte. Mit der Etablierung der parlamentarischen Demokratie stellte der A. seine Arbeit schrittweise bis zum April 1920 ein und modifizierte bis dahin mehrfach seine Strukturen. Zwar sah sich der A. als Provisorium bis zur Wahl der Nationalversammlung, dennoch wurden die Einrichtung einer Rätekammer neben dem Parlament und die Sozialisierung geeigneter Betriebe gefordert. Er war polit. stets von der MSPD dominiert und zeichnete sich durch eine moderate und pragmatische Grundhaltung aus. *nw*

Lit.: Höpken, Arbeiterbewegung;
MacDonald, Revolution.

Arbeitervereine Fahne des Verbandes deutscher Bekleidungsarbeiter in Kassel, 1880–1910

Viele **Arbeitervereine** bildeten sich in den Märztagen des Jahres 1848. Sie werden als Vorläufer der → *Arbeiterbewegung* angesehen. Es gab zwei Organisationsformen: 1. Bestrebungen nach einer verbesserten sozialen Lage durch Bildung von Unterstützungskassen, die zur Gründung von → *Gewerkschaften* führten; 2. der Kampf um politische Rechte und die nationale Vereinigung der 35 Fürstentümer und vier Städte, die zur Bildung von zwei Arbeiterparteien führten. Der Allgemeine Deutsche Arbeiterverein (ADAV) wurde im Jahre 1863 in Leipzig gegründet, die Sozialdemokratische Arbeiterpartei (SDAP) 1869 in Eisenach. In Ks. gab es vier A.: 1. Der „Democratisch-sociale Verein", Nachfolger des „Wahlklubs der Freisinnigen", dessen Gründungsmitglieder der Gewerbelehrer → *Karl Georg Winkelblech*, Dr. Gottlieb Kellner sowie der Jurist Heinrich Heise waren. Winkelblech schied wegen politischer Differenzen aus. Kellner und Heise schrieben das Programm und die Satzungen. Ziel war die Gründung einer demokratisch-sozialen Republik auf der Grundlage politischer Freiheit und Gleichheit sowie Lehrfreiheit. Die Parteizeitung → *Die Hornisse* wurde in ganz Kurhessen gelesen, sie druckte Auszüge aus dem „Kommunistischen Manifest". Laut Polizeibericht hatte dieser A. 484 Mitglieder, v. a. Handwerksgesellen. 2. Der sog. „Arbeiterverein", gegründet von Winkelblech, dem viele Handwerksgesellen und Meister angehörten. Diese Vereinigung wollte das Verhältnis von Arbeit und Lohn gerecht regeln und die Zunftverfassung erhalten. Sie war gegen Gewerbefreiheit: „Nur der Mittelstand löst die soziale Lage", so ihre Aussage. 3. Die als allgemein und fachlich überdurchschnittlich gebildeten Buchdrucker gründeten 1832 in Ks. den „Buchdrucker- und Schriftsetzerverein", mit einer Kranken- und Sterbekasse, welcher 1849 zur Gründung des „Hessischen Buchdruckervereins" führte.

4. Der „Cigarren-A.", der von den Arbeitern der vielen Zigarrenfabriken in den Städten Nordhessens gegründet wurde, die zwar gut verdienten, aber keine Berufsausbildung und geringes soziales Ansehen hatten. Der „Cigarren-A." schloss sich der 1848 in Berlin entstandenen „Assoziation der Zigarrenarbeiter Deutschlands" an, die als direkter Vorgänger der Arbeitergewerkschaften angesehen werden kann. Die A. wurden in der

Reaktionszeit (ca. 1850–60) verboten, doch die Kasseler Vereinigung der Zigarrenarbeiter konnte in den 1850er Jahren ihren organisatorischen Zusammenhalt bewahren. Am 18.3.1867 konstituierte sich in Ks. ein Ortskomitee des ADAV. *drl*

Lit.: Frenz/Schmidt, Seit; Summa, Unterschichten.

Die **Arbeiterwohlfahrt** wurde 1919 von der SPD in Berlin als eine Organisation praktischer Selbsthilfe gegründet. Sie war eine Reaktion auf die Not nach dem → *Ersten Weltkrieg* und ein Zeichen des Selbstbewusstseins der Arbeiterschaft in der → *Weimarer Republik*. Ihr Programm setzte den „Almosen" der kirchlich gebundenen Wohltätigkeitsträger die Solidarität der Arbeiterfamilien und politische Forderungen an den Staat entgegen. Schon 1920 handelten auch in Ks. polit. und sozial engagierte Frauen. Ehrenamtlich betrieben sie eine Wärmehalle, eine Beratungsstelle, eine Nähstube und organisierten eine Volksküche in der → *Kettengasse* an der Fuldabrücke. Später kamen eine Heimstatt für Alte und die Betreuung von Prostituierten und Obdachlosen im → *Karlshospital* dazu. Führende Frauen waren Minna Bernst, Martha Bottke, Wilhelmine Hoffarth, Amalie Wündisch und Anna Zinke. Sie hatten Familien, Berufe, saßen für die SPD in der Kasseler Stadtverordnetenversammlung und engagierten sich intensiv ehrenamtlich für die A. Nachdem die Inflation 1924 gestoppt war, konnte die A. beginnen, ihre Vorstellungen von einer modernen Wohlfahrtspflege umzusetzen. Sie organisierte Hilfe zur Selbsthilfe, um die Hilfsbedürftigen aus der Bittstellerrolle herauszuführen, und sah sich zugleich als Anwältin berechtigter Ansprüche an die Kommunen und den Staat. Dazu kam Jugendarbeit nach modernen pädagogischen Methoden und die Schaffung eines Solidaritätsgefühls durch Feste, Wanderungen und Kulturarbeit. Mit dem Ausbruch der Weltwirtschaftskrise 1929 hatten dann wieder die Aufwärmstuben und Suppenküchen Hochbetrieb. Im Mai 1933, nach der → *Machtergreifung* durch die Nationalsozialisten, wurde die A. verboten, am 6.12.1933 schließlich das restliche Vermögen der Kasseler A. beschlagnahmt. Gleich nach dem Ende des Krieges fanden die alten Aktivistinnen in Ks. wieder zusammen und begannen mit handfester praktischer Hilfe für Ausgebombte, → *Flüchtlinge*, ehemalige Häftlinge, Kriegsbehinderte und Hinterbliebene. In den ersten Nachkriegsjahren halfen gerade Spenden ausländischer Arbeitergruppen sehr. Am 5.5.1947 fand in → *Harleshausen* die erste Konferenz der A. der amerikanischen und britischen Zone statt. Sie wurde jetzt unabhängig und war nicht mehr der SPD untergliedert. Neben der Organisation der Nothilfe wurden Ausschüsse für rassisch und politisch Verfolgte gegründet. In den Jahrzehnten der Bundesrepublik blieb die A. in Ks. eine politische Gruppe, die in der Stadt und international Solidarität organisierte. Neben dieser ehrenamtlichen Arbeit entwickelte sie sich zum modernen Dienstleister, der heute in Ks. fünf Altenzentren und eine Altenhilfe-Akademie betreibt. Für das ehrenamtliche Engagement stehen heute 850 Mitglieder in 15 Ortsvereinen. *jms*

Arbeiterwohlfahrt

Arbeiterwohlfahrt Nordhessen, Logo aus dem Jahr 1949

Die erste Einrichtung der Arbeiterwohlfahrt Kassel, Speiseküche für Arbeitslose und Rentner im ehemaligen Kastell in der Mühlengasse, jetziger Standort des Hauses der Jugend an der Fuldabrücke. Auf dem Foto von rechts Amalie Wündisch, erste Vorsitzende der AWO, Frau Meise, Frau Lieberknecht, dahinter Frau Hoffahrt, Frau Nieft, Herr Knauf

Das **Arbeitsgericht** Ks. befindet sich seit 1995 am → *Ständeplatz* 19, Ecke → *Fünffensterstraße*. Seine örtliche Zuständigkeit erstreckt sich in N-S-Richtung von Bad Karlshafen bis Jesberg und in W-O-Richtung von Willingen bis Bad Sooden-Allendorf, womit es flächenmäßig das größte A. in Hessen ist. Die anfallende Arbeitsmenge wird auf derzeit neun Kammern verteilt. Das A. besitzt eine spezielle Zuständigkeit für Rechtsstreitigkeiten zwischen Arbeitgebern und -nehmern aus einem Arbeitsverhältnis sowie für Streitigkeiten zwischen Betriebsrat und Arbeitgeber über Mitbestimmungsrechte des

Lesesaal des Archivs der deutschen Frauenbewegung in der Gottschalkstraße 57 im Jahr 2007

Betriebsrats im Betrieb. Die Parteien können ihre Klagen und Anträge auch bei der Geschäftsstelle einreichen; ein Anwaltszwang besteht nicht. Statistisch am häufigsten sind Kündigungsschutzklagen von Arbeitnehmern. Weitere häufige Streitgegenstände sind Ansprüche auf Gewährung von Erholungsurlaub, restliche Vergütungsansprüche und Ansprüche in Zusammenhang mit Arbeitszeugnissen. *ecs*

Lit.: Schaub/Rühle, Rat.

Das **Archiv der deutschen Frauenbewegung**, seit 2003 Stiftung, wurde 1983 in Ks. gegr. und hat bis heute hier seinen Sitz. Die Einrichtung, die 1984 ihre Pforten öffnete, hat es sich zur Aufgabe gemacht, eine Bibliothek und ein Archiv zur Geschichte von Frauen und -bewegung von 1800 bis 1967 aufzubauen. Darüber hinaus ist ein Forschungs- und Studienzentrum zur historischen Frauen- und Geschlechterforschung entstanden, sowie eine Bildungs- und Kultureinrichtung, die Vorträge, Lesungen, Seminare und Ausstellungen initiiert und durchführt. Mit der Vereinigung von Bibliothek und Archiv, also von Forschung und Bildung in einer Einrichtung, wird der klassischen Dreiteilung in Archiv – Forschung – Bildung ein ganzheitliches Modell entgegengesetzt. Die Dokumente der Frauenbewegung werden gesammelt, systematisch zugänglich gemacht und damit für die Zukunft bewahrt. Angestrebt wird auch, die Frauenbewegung zu erforschen und über Publikationen, Veranstaltungen und Ausstellungen ins öffentl. Bewusstsein zu tragen. Bis heute ist aus diesen Ansätzen die größte zusammenhängende Präsenzbibliothek zu den verschiedenen Strömungen der Frauenbewegungen im 19. und 20. Jh. entstanden. Finanziert wird die Stiftung durch das Land Hessen, die Stadt Ks. und den Unterstützerinnenverein „Freundinnen des A.s“. *kwo*

Arckenholtz, Johann (*9.2.1695 Helsinki, † 14.7.1777 Stockholm), geb. im damals schwed. Finnland, absolvierte sein Studium in Åbo, Uppsala und später in Marburg. Es folgte ein Aufenthalt in Deutschland und Frankreich. A. verfasste 1730 in Paris eine Schrift, die sich kritisch mit der Staatsverwaltung unter Kardinal Fleury, Premierminister unter Ludwig XV., auseinandersetzte und vor einem Bündnis Schwedens mit Frankreich warnte. Die Schrift wurde bekannt, A. kam ins Gefängnis, verlor sein Amt und musste sich schriftlich beim Kardinal entschuldigen. König → *Friedrich I.* schickte A. als Bibliothekar nach Ks. A. sollte auch das → *Münzkabinett* und die Kunstsachen beaufsichtigen. Broszinski nennt A. einen „schöngeistigen Historiograf schwedischer Fürstlichkeiten“. Bedeutend ist u. a. die Veröffentlichung der Mémoires der Königin Christine von Schweden. Im Auftrage der schwedischen Stände sollte A. eine Geschichte des hessisch-schwedischen Königs Friedrich I. verfassen. Im Alter beschäftigte er sich mit „okkulten Phantastereien“, galt als „Geisterseher“ und starb, ohne das Werk über Friedrich I. zu vollenden. *hbe*

Lit.: Ex Bibliotheca.

Arisierung Lange Zeit war es ein Tabu-Thema: In der → *NS-Zeit* bereicherten sich Nichtjuden an jüdischem Vermögen, indem sie zu günstigen Preisen deren Firmen, Häuser und Grundstücke übernahmen. Diese Art von Vermögenstransfer nannten die Nationalsozialisten A. Auch in Ks. gab es für nichtjüd. Käufer ein vielfältiges „Angebot“

an „Kaufobjekten“: Die bedeutende Kasseler Textilindustrie war zum überwiegenden Teil im Besitz jüdischer Familien. Dies betraf die drei Schwerwebereien Baumann & Lederer AG, → *Fröhlich & Wolff*, → *Gottschalk & Co. AG* sowie die → *Jute-Spinnerei und Weberei AG*. Zu den von Juden geführten traditionsreichen Industrie- und Handwerksbetrieben zählten u. a. die Farben- und Lackfabrik → *Rosenzweig & Baumann*, die Großdruckerei und Papierverarbeitungsfabrik H. Grünbaum, die Metallwerke Lieberg & Co, die Rosshaarspinnerei Victor Oppenheim Söhne, die Fahrradfabrik und der -versand Sigurd GmbH, die Papierwarenfabrik H. Wertheim Söhne und der Baugewerbegroßbetrieb Gebrüder → *Hallo*. Auch im Handelssektor gehörten jüdische Familien 1933 noch zahlreiche Textil- und Schuhgeschäfte, ebenso etliche Papierwaren-, Holz-, Eier-, Felle- und Häute- sowie pharmazeut. Bedarfsartikelhandlungen. Die Nationalsozialisten waren bestrebt, die Firmen der Juden wirtschaftl. so zu schädigen, dass den Inhabern nichts anderes übrig blieb, als zu verkaufen und auszuwandern. Diese Kalkulation ging weitgehend auf: Viele jüdische Geschäftsinhaber hatten große Umsatzeinbußen. Die Textil-Einzelhandelsfirma Gebrüder Alsberg erwirtschaftete z. B. Ende 1937 nur noch 45 % des Umsatzes des Krisenjahres 1932. Als Mittel setzten die Nationalsozialisten neben antisemitischer Propaganda verschiedene Formen des Boykotts ein. Bereits am 9.3.1933 und dann am 1.4.1933 hielten Abordnungen der SA potentielle Kunden vom Betreten „jüdischer Geschäfte“ ab. In den folgenden Jahren folgten Einzelaktionen, so z. B. Ende Dezember 1936. Von großer Tragweite war, was im Stillen ablief: Nichtjüdische Firmeninhaber brachen ihre Geschäftsverbindungen zu Juden ab, wodurch den „jüdischen Firmen“ Lieferanten und Abnehmer von Waren fehlten. Juden erhielten nur noch selten öffentliche Aufträge, obwohl die Reichsregierung 1933 nur eine unverbindliche Richtlinie erlassen hatte. Ende November 1937 begann mit der Ernennung Hermann Görings zum Reichswirtschaftsminister eine neue Phase der A., die dieser mit einer bürokratischen Schikane vorantrieb: Er ordnete am 15.12. an, dass „jüdische Betriebe“ geringere Zuteilungen an Devisen und Rohstoffen erhalten und diese Kürzungen trotz A. nicht rückgängig gemacht werden sollten. Für Ernst Rubensohn, Vorstandsmitglied der Jute-Spinnerei, war dies der Anlass, am 17.1.1938 zusammen mit anderen Juden die Firma zu verlassen, damit diese nicht zum „Hungertode“ verurteilt wäre. Käufer der Aktien waren nichtjüdische Freunde.

Der in Kurhessen für alle „Arisierungsfragen“ zuständige Gauwirtschaftsberater Dr. Rudolf Braun, Präsident der → *Industrie- und Handelskammer*, verschärfte Ende 1937 den Druck auf die jüdischen Firmeninhaber und Aktionäre. So wurden zwei der drei wirtschaftl. erfolgreichen Schwerwebereien (Segeltuche, Planen und Zelte) sehr schnell arisiert: Den Besitzwechsel bei der Firma Gottschalk & Co. AG meldete die Presse am 20.1.1938, den der Firma Baumann & Lederer AG acht Tage später. Bei Letzterer hatten sich die Hauptaktionäre, Heinz Baumann und Otto Wallach, zunächst hartnäckig geweigert, ihre Aktien zu verkaufen. Dann stellte ihnen Braun ein Ultimatum und drohte mit Konzentrationslager. Erst diese Drohung erfüllte den gewünschten Zweck. Die Aktienpakete beider Firmen erwarb die Familienverwaltung von Henschel. In dieser Firma hatten Hildegard Henschel und deren Kinder die von der Maschinenfabrik → *Henschel & Sohn* erhaltene Abfindung angelegt. Über ein Vierteljahr zog sich die A. der Schwerweberei Fröhlich & Wolff, der größten Firma in jüdischem Familienbesitz, hin. Sie gehörte jeweils zur Hälfte der Witwe Wolff und Otto Fröhlich. Da der Käufer, ein kleiner Betrieb aus Rheydt im Rheinland, nicht genügend Kapital hatte, empfahl Braun, dass sich die Henschelsche Familienverwaltung beteiligen sollte. Mit Hilfe eines Wirtschaftsprüfers legte er den Kaufpreis fest. Den jüdischen Anteilseignern blieb nichts anderes übrig, als zu unterschreiben. Doch Braun verweigerte dem Kaufvertrag im Nachhinein seine Zustimmung und setzte durch,

Briefkopf der von der Arisierung betroffenen Papierwarenfabrik H. Grünbaum aus dem Jahr 1921

dass die finanzschwache Firma aus Rheydt aus dem Kaufvertrag ausstieg und Hildegard Henschel den Betrieb allein übernahm. Am 12.4.1938 wurde der neue Vertrag unterzeichnet. Der Kaufpreis war auf 3,3 Mio. RM gesenkt worden. Dafür verlangte Braun, dass 300.000 RM als Spende an den Sozialfond der → *NSDAP* überwiesen werden. Am 25.10.1938 kaufte Hildegard Henschels 25-jähriger Sohn Karl Anton von seiner Mutter die Firma und änderte ein halbes Jahr später den Firmennamen in Textilwerke Karl Anton Henschel um. Zahlreiche Firmen im Handelssektor wurden 1938 nicht „arisiert", sondern „liquidiert", indem ihr Warenlager versteigert oder durch Räumungsverkauf aufgelöst wurde. Dies entsprach dem Interesse vieler mittelständischer Firmeninhaber, da auf diese Weise eine unliebsame Konkurrenz verschwand. Mit der Reichspogromnacht und der am 12.11.1938 folgenden „Verordnung zur Ausschaltung der Juden aus dem deutschen Wirtschaftsleben" war das Ende der „jüdischen Firmen" besiegelt. Die Familien, die erst 1938 ihre Firmen verkauft hatten, konnten nur noch einen sehr kleinen Teil des Verkaufserlöses ins Ausland retten. Das meiste kassierte der Staat, u. a. mittels der Reichsfluchtsteuer. *hko*

Lit.: Kottke, Verdrängung.

Links: Porträt des Kasseler Tapetenfabrikanten Johann Christian Arnold, Kopie nach Johann Heinrich Wilhelm Tischbein, Öl auf Leinwand, nach 1849, Stadtmuseum

Rechts: Tapetenmuster der Tapetenfabrik Arnold

Arnold, Johann Christian (* 24.2.1759 Engelrod, † 29.7.1842 Ks.) wurde im Vogelsberg geb. und arbeitete ab 1787 in einem Bankhaus in Frankfurt/M. Dort lernte er seine erste Frau kennen. Um 1790 zog das Ehepaar nach Ks. und übernahm ein Kurz- und Weißwarengeschäft in der Brüderstraße 8, wo sie auch mit Tapeten handelten. Schon 1791 initiierte A. die Zusammenarbeit mit der erfolgreichen elsässischen Tapetenmanufaktur Zuber. Im selben Jahr erhielt A. das Bürgerrecht und kaufte das Haus Wildemannsgasse 11. Fünf Jahre später wurde ihm von Lgf. → *Wilhelm IX.* das Privileg der Tapetenproduktion verliehen. A. erwarb das Haus Wildemannsgasse 45, das bis 1845 im Besitz der Familie blieb. 1809 beschäftigte er in seiner Manufaktur 20 Mitarbeiter. Als erster deutscher Tapetenhersteller konnte A. am Ende des 18. Jhs. auf dem von Franzosen dominierten Markt der Papiertapetenherstellung bestehen, indem er mit diesen kooperierte. Bereits 1803 wurde eine Zweigstelle in Magdeburg von Paul, seinem jüngeren Bruder, gegründet. Zu dieser Zeit starb A.s erste Frau. Kurz darauf heiratete er Theodore Kersting. Es folgte der Umzug der Manufaktur, die 1815–83 am Brüder-Grimm-Platz untergebracht war. Das Gebäude, bis 1926 Sitz des Druckerei- und Verlagshauses → *Kasseler Post*, wurde im Krieg beschädigt. Seit 1972 fungiert es als Verwaltungs- und Bürogebäude. Zu den bekanntesten Tapeten der Arnoldschen Manufaktur gehört die Wandverkleidung im Haus der Brüder → *Grimm*, die seit 1808 ihr Arbeitszimmer zierte. Sie war 1936 bei Restaurierungsarbeiten entdeckt worden. Reizvoll geometrisch gemusterte Tapeten schmückten auch die Wände der bedeutenden Kasseler Künstler- und Professorenfamilie → *Nahl*. Der Kasseler Hof ließ sich ebenfalls mit Tapeten beliefern, weitere Wandverkleidungen gingen nach Schloss Fasanerie bei Fulda und Schloss Wilhelmsburg in Thüringen. Um seinem Sohn und Nachfolger Carl Heinrich die französische

Tapetenkunst näher zu bringen, schickte A. ihn 1811 nach Paris. 1830 wurde ihm die Aufgabe übertragen, in Berlin einen Zweigbetrieb zu eröffnen. Neun Jahre später übernahmen er und sein Bruder Paul Wilhelm die Kasseler Manufaktur, die Carl Heinrich 1846–74 allein weiterführte. Als A. 1842 starb, waren in der Manufaktur über 100 Arbeiter beschäftigt. Auch auf der politischen Ebene spielte er eine wichtige Rolle: 1818 wurde ihm der Titel des Commerzienrates verliehen, er stieg zum Ratsmitglied auf und erlebte mit, wie 1830 Kurfürst → *Wilhelm II.* der Antrag auf Erneuerung der Landesverfassung überreicht wurde. *ceg*

Lit.: Thümmler, Tapetenfabrikant.

Arnold, Ludwig (* 3.6.1798 Eschwege, † 4.12.1886 Ks.) war Jurist, OB und Direktionsmitglied der → *Landeskreditkasse*. Nach dem Studium in Göttingen und Marburg ging A. in den Justizdienst, der ihn zunächst zu verschiedenen niederhessischen Gerichtsbehörden führte. Seit 1831 wirkte er mit einer kurzen Unterbrechung an Kasseler Gerichten, seit 1840 als Obergerichtsrat. Als nach dem Tod des sehr erfolgreichen und überaus populären OBs → *Karl Schomburg* 1841 ein Nachfolger gesucht wurde, verging über ein Jahr, bis es zur Wahl des Obergerichtsrats A. kam, bei dem man die erforderliche landesherrliche Bestätigung für die Wahl auf Lebenszeit erwarten konnte. Diese erfolgte, allerdings mit Vorbehalt der kurfürstlichen Regierung, A. zu jeder Zeit wieder in den Staatsdienst zurückzurufen. Gleichzeitig als Deputierter der Stadt Ks. im Landesparlament tätig (1842–44 auch Präsident der Ständeversammlung), blieben Gegensätze zur Regierung nicht aus. Gelegentliches oppositionelles Stimmverhalten führte vermutlich dazu, dass die kurfürstl. Regierung den OB der Stadt Ks. im Januar 1848 wieder in den Staatsdienst zurückbeorderte. A. übernahm eine leitende Funktion in der Kurfürst-Friedrich-Wilhelms-Nord-Bahn. Da er sich stärker als vom Landesherrn erwünscht für den Bau von Eisenbahnlinien in Kurhessen engagierte, wirkte A. dort nur kurz. 1851 wurde er Mitglied der Direktion der Landeskreditkasse, eine Tätigkeit, die er über 25 Jahre lang ausübte. *frk*

Lit.: Wannagat, 372.

Artothek „Reisebericht", Carola Ruf, 1994

Artothek Kunst nicht nur einer Elite, sondern allen Bevölkerungsteilen zugänglich zu machen – dieser demokratische Grundgedanke des documenta-Begründers → *Arnold Bode* liegt der A. zu Grunde. Bode stellte Kunstwerke aus seinem Besitz zur Verfügung, so dass diese für jedermann offene Kunstausleihe 1988 ihren Betrieb aufnehmen konnte. Die A. bietet jedem die Möglichkeit, einen beliebigen Platz zu einem Ort der Kunst bzw. zur Galerie einer ständig wechselnden Ausstellung zu machen. Der Schwerpunkt der A. liegt auf Kunst der → *documenta* und nordhessischen Künstler/innen. Der im Laufe der Jahre angewachsene Bestand umfasst knapp 350 Kunstwerke, u. a. von Pablo Picasso, Wassily Kandinsky, Georges Braque, Marc Chagall, Richard Hamilton und Lyonel Feininger. Vertreten sind Malerei, (Klein-) Skulpturen und Objekte, Fotografie und Grafik. Zum Ausleihbestand gehören zahlreiche Werke der Arnold-Bode-Stiftung und Ankäufe der Dr. Wolfgang-Zippel-Stiftung. Jährlich kommen weitere Stiftungsankäufe und Schenkungen hinzu (→ *Stifter und Stiftungen*). Seit 2007 steht die A. der Öffentlichkeit unter dem Dach der → *Stadtbibliothek* zur Verfügung. Ziel dabei ist es, nicht nur Kunstinteressierten, sondern auch den Nutzer/innen dieses Angebot nahe zu bringen. Der Bestand ist im elektronischen Katalog, auf der Homepage und in bereitliegenden Sichtmappen einsehbar. Die Unterstützung der A. hat sich der Freundeskreis der Stadtbibliothek Ks. e. V. zum Ziel gesetzt. *sk*

Aschrott, Paul Felix (* 13.5.1856 Ks., † 31.10.1927 Berlin) studierte Jura und Philosophie, promovierte und wurde Geheimer Justizrat in Berlin. 1926 gab er gemeinsam mit Eduard Kohlrausch eine viel beachtete Reform des Strafrechts heraus: „Kritische Besprechung des amtlichen Entwurfs eines Allgemeinen Deutschen Strafgesetzbuchs". Seiner Heimatstadt hinterließ er zwei bedeutende Stiftungen (→ *Stiftungen und Stifter*) im Wert von 11 Mio. Mark: eine Stiftung an die Stadt Ks. unter dem Namen Dr. Aschrott-Wohlfahrtshaus (→ *Aschrotthaus*), und eine Stiftung, die dem Andenken seiner Schwester, Agnes Marie von Boschan (→ *Marie von Boschan-Aschrott-Heim*), gewidmet ist. Der Stiftungszweck war, ein Altersheim für ältere, alleinstehende, gebildete Frauen zu errichten und zu unterhalten. 1931 konnten 100 Frauen auf dem stiftungseigenen Grundstück, Friedrich-Ebert-Straße 178, einziehen. Das Haus, errichtet nach Entwürfen des Architekten Haeseler, war für die damalige Zeit großzügig und modern ausgestattet: Einzelzimmer, Speisesaal, Musikzimmer, Lese- und Spielezimmer. In der → *NS-Zeit* firmierte die Stiftung des Kasselers A., der jüdischen Glaubens war, unter dem „neutralen" Namen: Tannenkuppenheim-Stiftung. Nach dem Krieg wurde das Haus beschlagnahmt und ausschließlich amerikanische Armeeangehörige fanden Aufnahme. Erst 1959, nach größerer Instandsetzung, konnte das Haus wieder seiner ursprünglichen Nutzung zugeführt werden. *ic*

Lit.: Caroli, Stifterkulturr.

Der Aschrottbrunnen von Karl Roth vor dem Rathaus in der Oberen Königsstraße in seinem ursprünglichen Zustand im Jahr 1910

Aschrott, Sigmund (* 14.6.1826 Hochheim/M., † 5.5.1915 Berlin) war ein Sohn des Herz Seligmann A. und seiner Frau Regine. Aus dem väterlichen Leinengeschäft in Ks. entwickelte A. 1844–70 ein die gesamte nordhessische Region erfassendes Verlagssystem, dessen in Handweberei hergestellte (zumeist schweren) Tuche (z. B. Segeltuche für Eisenbahn, Schifffahrt, Post und Heer) bald im In- und Ausland sehr gefragt waren. A. legte den Grundstein für die Ende des 19. Jhs. in Ks. entstehenden großen, mechanisch arbeitenden Textilfabriken. Er erhielt zahlreiche internationale Auszeichnungen für seine Produkte; ungeklärt ist, warum A. trotz dieses ungewöhnlich erfolgreichen wirtschaftl. Aufstiegs in den 1870er Jahren aus der Textilbranche ausstieg und seinen Mitarbeitern das Feld überließ, die dann eigene Firmen gründeten (→ *Fröhlich & Wolff*, → *Gottschalk* und → *Salzmann*). Möglicherweise hatte A. sich durch die gegen ihn erhobenen Vorwürfe der Beamtenbestechung in seiner Ehre derart verletzt gefühlt, dass er, obgleich in allen Punkten freigesprochen, die Stadt verlassen wollte. Stattdessen verwandte er sich in der Folge für die Schaffung eines neuen Stadtteils, des „Hohenzollernviertels" (später → *Vorderer Westen*) und nahm, als die städtischen Körperschaften ihm bei seinen hochgesteckten Zielen nicht folgen wollten, die Umsetzung selbst in die Hand. In einem „gigantischen und riskanten Alleingang" erwarb er in großem Stil Ländereien, entwarf ein umfassendes städtebauliches Konzept, übernahm sämtliche Erschließungskosten, stellte mit Josef Stübben einen Städtebauer von Format ein, ließ Kirchen bauen, schuf große Parkanlagen und begrünte Flächen, die den Wohnwert erhöhen sollten. Auch verkehrspolitische Pläne für „sein" Stadtviertel setzte er um. Er ließ die erste Dampfstraßenbahn bauen und setzte sich für die Schaffung eines Durchgangsbahnhofs im W der Stadt ein. Unerklärlich bleibt, warum A. 1887, gerade zu dem Zeitpunkt, als seine Stadtpläne realisiert wurden, nach Berlin umzog. Von dort aus machte er großzügige Schenkungen, auch an die Stadt Ks., veranlasste Stiftungen (→ *Stifter und Stiftungen*) und erhielt noch manche Auszeichnung; gesellschaftlich trat er jedoch nicht mehr hervor. *dkv*

Lit.: Knobling/Schrader, Aschrott;
Demme, Kaufmann.

Aschrottbrunnen Nach den Plänen des Darmstädter Architekten Karl Roth ließ die Stadt von 1905 bis 1909 einen schlossartigen Rathausbau im neobarocken Stil errichten. Zur Gestaltung des sog. Ehrenhofs rechts der repräsentativen Freitreppe hatte der Architekt auf Vorschlag des → *Verschönerungsvereins* einen Brunnen entworfen. Doch die veranschlagten Kosten waren dem Verein zu hoch, so dass schließlich der Unternehmer → *Sigmund Aschrott* die Kosten übernahm. Da er angeblich jüd. und freimaurerische Symbole aufwies und von dem Juden Aschrott gestiftet war, wurde der A. in der ersten Jahreshälfte 1939 auf Geheiß des NS-Gauleiters abgebrochen. 1987 wurde an gleicher Stelle von dem Kasseler Künstler Horst Hoheisel ein Erinnerungsmal von hohem künstlerischen Niveau und intellektuellem Anspruch geschaffen. Die Brunnenskulptur soll den Blick in die Vergangenheit des A.s lenken. Hoheisel baute den Brunnen, so wie er vor 1939 auf dem Platz stand, als eine Hohlform in die Tiefe. „Indem ich die Skulptur spiegelbildlich nach unten kehre, wird aus der Pyramide ein Trichter, in dessen Dunkel das Wasser hinab läuft. Aus dem architektonischen Zierbrunnen wird ein Urbrunnen: ein Loch, in dem tief unten das Wasser steht." Dieser außergewöhnliche Brunnen, der „als offene Wunde der Stadtgeschichte an erlittenes Unrecht erinnern und Mahnung sein" soll, hat weit über die Grenzen Kassels hinaus viel Anerkennung gefunden. *frk*

Lit.: Kunst im öffentlichen Raum, 330ff.

Die Umgestaltung des Aschrott-brunnens zum Erinnerungsmal erfolgte 1987 durch den Künstler Horst Hoheisel

Aschrotthaus Auf zahlreichen Reisen nach England und in die USA hatte sich → *Paul Felix Aschrott* intensiv mit Fragen der Bildung und der Wohnverhältnisse von Arbeiterinnen und Arbeitern befasst. Auf einer dieser Studienreisen lernte er das berühmte Charity Building in Boston kennen und wollte Ähnliches für seine Heimatstadt Ks. In seinem Testament vom 26.5.1926 bestimmte er, ein Drittel seines Stiftungsvermögens zur Errichtung des Dr. Aschrott-Wohlfahrtshauses zu verwenden. Gesellschaften und Vereine sollten hier in den entsprechenden Räumen ihre Aktivitäten entfalten können, außerdem sollte das A. eine Volkslesehalle erhalten. Mit Beginn der NS-Terrorherrschaft geriet die Stiftung in höchste Bedrängnis, sie durfte nicht mehr den Namen ihres Stifters führen und musste sich in Stiftung Stadtbau umbenennen. Erst 1954 begann der Bau in der Obersten Gasse 24 und am 23.11.1955 konnte das Haus seiner Bestimmung übergeben werden. Im A. befand sich bis 1977 die → *Stadtbibliothek*, die jetzt im Rathaus beheimatet ist. Danach wurde die Jugendbücherei der Stadt Ks. dort untergebracht. Noch heute erhält die Bücherei einen festen Betrag aus der Stiftung für den Ankauf neuer Bücher; ebenso werden Instandsetzungsarbeiten bezahlt. Dadurch unterstützt die Aschrott-Stiftung bis zum heutigen Tag eine wichtige kulturelle Einrichtung, insbesondere für junge Bürgerinnen und Bürger. *ic*

Lit.: Caroli, Stifterkultur.

Aschrottheim → *Marie von Boschan-Aschrott-Heim*

Assekurationsakte 1749 trat Erbprinz Friedrich, der spätere Lgf. → *Friedrich II.* heimlich vom evang.-ref. zum röm.-kath. Glauben über. Erst 1754 erfuhr sein Vater, → *Wilhelm VIII.*, von dieser Konversion und befürchtete gravierenden Schaden für sein Land. Er ließ daher ein Vertragswerk mit dem Ziel erarbeiten, die kath. Glaubensausübung seines Sohnes ausschließlich auf dessen Privatleben zu beschränken. Diese 19 Artikel umfassende A. vom 1.10.1754 unterschrieb der Erbprinz am 28.10.1754 und bekräftigte sie in erweiterter Form am 31.12.1754 gegenüber den → *Landständen*. Die protestantischen Staaten England, Preußen, Schweden, Dänemark und die Niederlande garantierten die Einhaltung der Vereinbarung. Die Auflagen waren gravierend, denn Friedrich lebte fortan getrennt von seiner Familie, seine Kinder mussten im evang. Glauben verbleiben, die Grafschaft Hanau wurde dem ältesten Sohn übertragen, Soldaten und → *Beamte* mussten nach dem späteren Regierungsantritt Friedrichs einen Eid auf die A. leisten. In der Öffentlichkeit durfte der kath. Glaube nicht in Erscheinung treten. Friedrich hielt sich bis zu seinem Tod 1785 streng an die Auflagen der A. *ehei*

Lit.: Hartwig, Uebertritt.

Das **Astronomisch-Physikalische Kabinett** ist eine von neun Sammlungen der → *Museumslandschaft Hessen Kassel*. Seinen Kernbestand bilden wissenschaftliche Messinstrumente, die v. a. von den Landgrafen von Hessen-Ks. in der Zeit zwischen 1550 und 1850 für die naturwissenschaftliche Forschung oder Ausbildung beschafft wurden.

Astronomisch-Physikalisches Kabinett Hygrometer zur Feuchtigkeitsmessung in Form einer vergoldeten, barocken Figur, die eine Neigungswaage hält

Es wurde eine der bedeutendsten Sammlungen dieser Art weltweit. Die ältesten Stücke in der Sammlung sind die astronomischen Instrumente und Uhren. Einige wurden teilweise von → *Wilhelm IV.* selbst zu Messzwecken auf der Altanensternwarte eingesetzt, andere, wie die astronomischen Kunstuhren und Himmelsgloben, sind Symbole Wilhelms IV. als „Astronomen-Fürsten": Sämtliche Reichsfürsten bis hin zum Kaiser begehrten seine Instrumente, die zu jener Zeit als technische Wunder galten. Bis ins 18. Jh. hinein war der Symbolwert dieser Instrumente enorm. Das früheste Inventar aus dem Jahr 1644 listet 36 mathematische Instrumente und Uhren auf, die sämtlich aus der Zeit Wilhelms IV. stammen und die in der landgräfl. Kunstkammer als Symbole der Blüte Kassels als „Alexandria des Nordens" einen besonderen Platz einnahmen. Nachdem der → *Dreißigjährige Krieg* nahezu alle wissenschaftlichen Aktivitäten am landgräflichen Hof zum Erliegen gebracht hatte, begann in Ks. unter Wilhelms Ururenkel Lgf. → *Karl* eine zweite Blütezeit der empirischen Wissenschaften. Karl gründete 1696 im ehemaligen → *Ottoneum* das Kunsthaus und brachte dort wesentliche Bestände seiner ständig wachsenden Kunstsammlungen nach Disziplinen geordnet unter. Das von den naturwissenschaftlichen Interessen des Landgrafen dominierte Kunsthaus diente nicht zum Zweck festlicher Repräsentation. Seine Objekte wurden im 1709 gegründeten → *Collegium Carolinum* als Anschauungsobjekte für die naturwissenschaftliche Ausbildung von Studenten, Handwerkern und Künstlern verwendet.

Als Lgf. → *Friedrich II.* 1779 das → *Museum Fridericianum* gründete, um die Prinzipien der → *Aufklärung* seinem Volk zu vermitteln, nahm die Instrumentensammlung dort einen wesentlichen Platz ein. Mit der Gründung der Zwehrenturmsternwarte (→ *Sternwarten*) in den 1780er Jahren kam eine Vielzahl hochwertiger astronomischer Messinstrumente in die Sammlung. Selbst solche Anschaffungen konnten aber nicht darüber hinwegtäuschen, dass die Sammlung spätestens nach der Schließung des Collegiums Carolinum an Bedeutung verlor. Aus wiss. Gebrauchsgegenständen wurden Museumsstücke, allerdings nicht für lange Zeit. Nach der → *Preußischen Annexion* Hessen-Kassels wurden die Messinstrumente und physikalischen Experimentieranordnungen aus der Ausstellung genommen. Erst als 1913 das → *Hessische Landesmuseum* gegründet wurde, bekam die Instrumentensammlung als „A." wieder Ausstellungsfläche. Im → *Zweiten Weltkrieg* sorgte der Kustos → *Paul Adolf Kirchvogel* dafür, dass die Bestände größtenteils ausgelagert wurden. So fielen nur einige große Uhren und physikalische Apparate den → *Luftangriffen* 1943 zum Opfer. 1992 gelang es, das A. aus der räumlichen Enge des Hessischen Landesmuseums herauszulösen und mit einem Planetarium in der → *Orangerie* zu einem modernen Wissenschaftsmuseum zu verknüpfen. Zunächst firmierte es unter dem Namen → *Museum für Astronomie- und Technikgeschichte*, wurde aber im Zuge der Rückbesinnung auf die historischen Wurzeln der Sammlung 2004 wieder in A. umbenannt. *kg*

Lit.: Mackensen, Sammlung.

Aubel, Carl Christian (* 19.11.1796 Ks., † 23.2.1882 ebd.) war Maler und Inspektor der Kasseler Gemäldegalerie. Um 1817 war er Student an der → *Kunstakademie*, 1819–23 im Atelier von Antoine Gros in Paris. Ab 1824 hielt er sich zu Studienzwecken in Italien auf, in Rom heiratete er 1831 Wilhelmine Goltz. Er machte die Bekanntschaft von Ludwig Richter und Friedrich Preller d. Ä. und kehrte 1833 nach Ks. zurück, wo er Lehrer und Professor der Kunstakademie wurde. Es entstanden Bildnisse, Historiengemälde und v. a. Madonnendarstellungen im Stil Raffaels. Ab 1843 war er Inspektor der Gemäldegalerie. A. gab ab 1845 mehrere Verzeichnisse der Bilder heraus, betätigte sich auch (z. T. stark angefochten) als deren Restaurator. In seine Amtszeit fällt 1875 die neue Inventarisierung des Gemäldebesitzes. Zum 1.4.1877 in den Ruhestand versetzt, übernahm sein Nachfolger, Dr. → *O. Eisenmann*, die Einrichtung des seit 1871 im Bau befindlichen neuen Galeriegebäudes. *gjw*

Lit.: AKL.

Aue Das Kasseler Auegelände bezeichnete ursprünglich die unterhalb des → *Landgrafenschlosses* liegende sumpfige, wald- und wildreiche Fuldaniederung. Die inselartig von den zwei Fuldaarmen → *Kleine Fulda* und große → *Fulda* umflossene Auelandschaft gelangte seit dem 14. Jh. sukzessive in landgräfl. Besitz. Die Entwicklung des heutigen Aueparks beginnt unter → *Heinrich I.*, der zur Errichtung eines größeren Baumgartens 1308 einen Tausch mit dem Kloster Hardehausen über eine halbe Hufe Landes auf der Fuldainsel gegen ein Gebiet bei dem Dorfe Hohenkirchen schloss. Durch → *Wilhelm IV.* erfolgte erst der eigentliche Ausbau mit der gartenartigen Ausgestaltung der nördlichen Spitze der Insel, der Voraue. Dort wurde 1570 ein mit Galerien und Altanen versehenes Lusthaus errichtet. Bis 1578 folgten ein Pomeranzenhaus, eine Meierei und andere Wirtschaftsgebäude. Um 1575 erbaute man ein Schützenhaus, das dem Armbrust- und Büchsenschießen diente, ehe es 1721 zum Waschhaus und später von 1763 bis zu seinem Abbruch 1785 zur Bildhauerwohnung bestimmt wurde. Diese Renaissanceanlage auf dem Areal der heutigen → *Hessenkampfbahn* erhielt den Namen „Neuer Lustgarten" und war mit fremdländischen Gewächsen aller Art bepflanzt, einer für die damaligen Verhältnisse ausgesprochenen Vielfalt an botanischen Raritäten. Der Zugang zum Lustgartenrevier war vom Landgrafenschloss her über eine Holzbrücke möglich, die wegen der Nachbarschaft zum Hofdienergefängnis, der „Narrenburg", den Namen „Narrenbrücke" erhielt. Der restliche Teil der A. blieb nach wie vor Viehweide und diente auch der Jagd. Lgf. → *Moritz* pflegte und erweiterte die Garten- und Parkanlagen seines Vaters. Ein Bienen- und ein Schützenhaus wurden neu errichtet, ebenso ein Lusthaus, in dem mit der „Typographia Mauritiana" die erste Buchdruckerei in Ks. entstand.

Aue Nebel über der Karlsaue

Zentrum des Gartens war ein viereckiger Laubengang mit einem Brunnenhaus. Die regelmäßigen Beete waren mit zahlreichen blühenden Gewächsen und Obstgehölzen bepflanzt. Bis 1604 sind durch Ankauf aller auf der Insel liegenden Ländereien auch die Flächen südwestl. des Lusthauses in landgräflichen Besitz gelangt und durch Eindeichung der Fuldaarme trockengelegt worden, was eine wesentliche Ausdehnung mit sich brachte. Die mit Schiffen umfahrbare Anlage erhielt den lange Zeit gültigen Namen Moritzaue.

Der Lustgarten Wilhelms IV. und seines Sohnes Moritz wurde ab 1680 in die barocke Um- und Neugestaltung der A. unter Lgf. → *Karl* integriert. Nach dem Vorbild der französischen Gärten, für die der Gartenarchitekt Ludwigs XIV., André Le Notre, stilbildend war, erfolgte die Anlage der → *Karlsaue*. Ende des 18. Jhs. setzte unter Hofgartenintendant → *Schwarzkopf* die erste Umgestaltungsphase der barocken Karls-A. in einen Landschaftspark ein. Zu einer umfassenden landschaftlichen Gestaltung kam es wegen der französischen Besetzung 1806–13 nicht mehr. Erst 1823 konnten auf der Basis einer Resolution Kurfürst → *Wilhelms II.* über die „Verschönerung der kurhessischen Gärten" die Arbeiten fortgesetzt werden. Unter Gartendirektor → *Hentze* erfolgte bis Ende der 1830er Jahre die Anlage eines Landschaftsparks in der Karls-A. unter Beibehaltung der prägenden regelmäßigen Strukturen. Durch die Auflösung des Kurfürstentums Hessen 1866 und die Annexion durch Preußen (→ *Preußische Annexion*) wurde die Karls-A. der preußischen Domänenverwaltung unterstellt. 1925/26 erfolgten die Auflösung des Landschaftsparks der Vor-

Aue Tempel auf der Schwaneninsel

aue und die Einrichtung der → *Hessenkampfbahn* als Sportstadion. Im → *Zweiten Weltkrieg* fielen weite Teile der Karls-A. sowie die → *Orangerie* Bombenangriffen zum Opfer.

Bis zur → *Bundesgartenschau* 1955 wurden die Parkzerstörungen beseitigt und weite Bereiche neu bepflanzt. Der mit Trümmerschutt bedeckte Abhang im nordwestlichen Bereich der Karls-A. wurde 1952–55 von Gartenarchitekt → *Mattern* als Terrassengarten mit Rosen und Stauden (Rosenhang) neu gestaltet. Zur Bundesgartenschau 1981 erfolgte die zweite Restaurierungsphase der Karls-A., in deren Zuge unter der Leitung von Hoffmann der Bereich der Orangerie wieder seinen barocken Rahmen zurückerhielt. Trotz der Kriegszerstörungen sind bis heute die charakteristischen Merkmale der Karls-A., wie sie im 19. Jh. unter Hentze bestand, erhalten. Südl. bzw. östl. der Karls-A., am gegenüberliegenden Fuldaufer, wurde seit Ende der 1970er Jahre für die Bundesgartenschau 1981 ein weiterer innerstädtischer Park auf dem Gelände alter Kieswerke angelegt: die Fulda-A., die zum Stadtteil → *Waldau* gehört. Über eine Fußgängerbrücke über die Fulda ist sie mit der Karls-A. verbunden.

Auf dem Gelände befindet sich ein damals ebenfalls künstlich angelegter Baggersee, im Volksmund „Buga-See" genannt. Buga ist auch die umgangssprachliche Bezeichnung für das ganze Areal der Fulda-A. Diese erfüllt trotz des Eingriffes durch den Menschen (Parkplätze, Bootshäuser, Campingplatz, etc.) den natürlichen Zweck des Hochwasserschutzes als Überschwemmungsgebiet (→ *Hochwasser und Überschwemmungen*) und beherbergt seltene sowie teilweise vom Aussterben bedrohte Flora und Fauna. Der nördliche Teil des Buga-Sees ist Landschaftsschutzgebiet, der größte Teil ist Naherholungsgebiet, das im Sommer als Badesee genutzt wird. Da es sich bei der Fulda-A. um eine z. T. fast ursprüngliche Landschaft handelt, versuchen die meisten Anlieger und Nutzer wie der ortsansässige Angelverein oder der Kasseler Entwässerungsbetrieb, die A. in ihrer Ursprünglichkeit zu erhalten und/oder eine Renaturierung voranzutreiben, um den Lebensraum für seltene und gefährdete Pflanzen und Tiere zu sichern. Karls-A. und Fulda-A. bilden zusammen eine der größten innerstädtischen Parkanlagen (→ *Gärten und Parks*) und eines der weitläufigsten parkartigen Naherholungsgebiete Deutschlands. *pw*

Lit.: Becker, Karlsaue, 29–58;
Rohde/Becker, Staatspark.

Das **Auebad** wurde im Mai 1923 vom damaligen OB → *Philipp Scheidemann* eröffnet. Schon seit vielen Jahren hatte sich auf dem linken Fuldaufer ein städtischer Badeplatz befunden. Dort waren ein Eingangsgebäude errichtet, eine große Liegewiese angelegt und auf einer Länge von 320 m sieben Badebecken im Fluss gebaut worden, die durch auf Betonpfeilern liegende Stege miteinander verbunden waren. Die Nichtschwimmerbecken waren vom Fluss unter den Stegen mit schwimmenden Balken getrennt. Von den Schwimmerbecken aus konnte man sich in das offene Wasser hinauswagen. Das Bad wurde sehr gut angenommen, am 2.8.1927 kamen z. B. 16.000 Besucher. Die gute Ausstattung bedingte viel Personal. Es gab Bademeister, Schwimmlehrer, Aufsichtspersonal für Schulklassen, Personal an den Kassen, bei der Ausleihe von Badebekleidung, bei der Kleideraufbewahrung und in der Verwaltung, insgesamt 33 Personen. Im Krieg wurde das A. stark zerstört, 1948 aber wieder eröffnet. Anfang der 1950er Jahre genügte die Wasserqualität der Fulda nicht mehr den hygienischen Anforderungen. Ein neues Bad wurde auf der Liegewiese gebaut und 1956 eröffnet: das Schwimmstadion am Auedamm. Es war ausgestattet mit einem 50-m-Becken, einem Sprungbecken samt 10-m-Turm und Nichtschwimmerbecken, aber ohne Heizung. Diese rüstete die Stadt 1967 nach. 1998 wurde das Bad geschlossen, doch nach Protesten 1999 wieder eröffnet, gemeinsam mit einem Förderverein, der es aber nur ein Jahr betreute und dort verschiedene Veranstaltungen durchführte. *gw*

Straßenszene vor dem Konsum-Markt im Auefeld im Jahr 1960

Das **Auefeld**, einst Ackerfläche mit drei Teichen, kam trotz seiner zentralen städtischen Lage zwischen Frankfurter Str., Ludwig-Mond-Str. und der Talsenke der → *Drusel* erst in den 1950er Jahren zur vollen Entwicklung. Obwohl schon 1883 in einem der ersten städtebaulichen Wettbewerbe Deutschlands Theodor Unger den ersten Preis für seinen Entwurf für die A.-bebauung erhalten hatte und bis zum Ende der 1930er Jahre immer wieder neue städtebauliche Konzepte entwickelt und Straßen angelegt wurden, entstanden nur in den Randbereichen neue Baustrukturen: in der Gründerzeit das → *Kasernen*-Areal an der Ludwig-Mond-Str., später die Reformsiedlung an der Ecke Schönfelder/Heinrich-Heine-Str., in den 1920er Jahren die Schutzpolizistensiedlung südwestl. der L.-Mond-Str. und in den 1930er Jahren die genossenschaftliche Wohnanlage Bantzer/Quiddestr. sowie verschiedene Einzelgebäude in allen Epochen.

Die sehr zögerliche Umsetzung der städtebaulichen Konzepte hatte verschiedenste Gründe. Die Grenze zwischen der damals noch selbstständigen Gemeinde → *Wehlheiden* und Ks. verlief mitten durch das Gebiet und die mangelnde Nachfrage nach Bauplätzen förderte die Entwicklung ebenso wenig wie die ersten Planungskonzepte, die mit ihrer Mischung aus radialen und schachbrettartigen Straßen- und Platzkompositionen wenig Rücksicht auf die spezielle Topographie des Auehügels nahmen. Die verkehrsmäßige Anbindung an den → *Vorderen Westen*, die

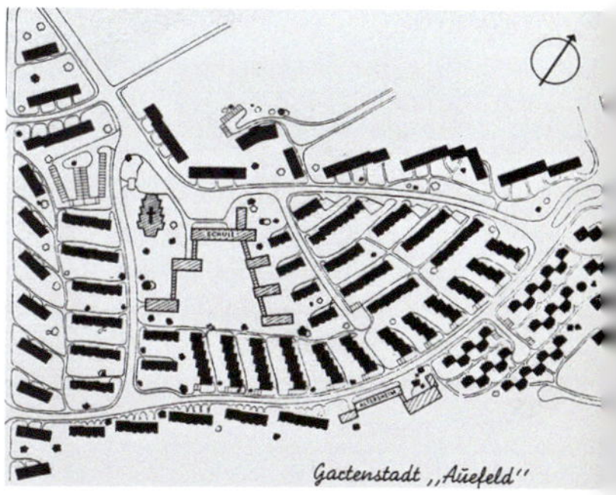

Bauplan aus der Planungsphase der Gartenstadt Auefeld aus dem Jahr 1954

nach den Vorstellungen → *Sigmund Aschrotts* (der auch im Zentrum des A.s Grundstücke besaß) über den schon 1892 angelegten nördl. Teil der Adolfstr. mit einer für die → *Straßenbahn* geeigneten Überbrückung der Drusel erfolgen sollte, wurde aus finanziellen Gründen nicht realisiert. Die Adolfstr. wurde zwar später im A. fortgeführt, eine Treppenanlage beidseits der Tischbeinstr. stellt jedoch nur eine für Fußgänger schlecht nutzbare Verbindung her. Die Anbindung des A.s an die → *Wilhelmshöher Allee* erfolgte späteren Planungen entsprechend über die Ludwig-Mond-Str./Schönfelder Str. Die Planungen der 1920/30er Jahre führten zur Anlage weiterer Straßen, wie der Esmarch- und Langenbeckstr., der Neuordnung der Grundstücke und punktuellen Wohnbebauungen im zweigeschossigen Walmdachtyp und einem viel Aufsehen erregenden modernen Wohnhaus (H. v. Gerlachstr.).

Die bewegte Planungsgeschichte und die weitere Nutzung des A.-Kerngebietes als Gartenland bot nach dem Zweiten Weltkrieg die Chance, dass auf diesem größtenteils erschlossenen Bauland schon bald zwei größere Wohnsiedlungen mit hoher städtebaulicher Qualität entstehen konnten. Zwischen Ludwig-Mond-Str., Heinrich-Heine-Str. und der verlängerten Adolfstr. wurde 1952 nach Entwürfen von Theo und → *Paul Bode* innerhalb von drei Monaten die → *Belgiersiedlung* errichtet. Der Kernbereich des A.s, ein 16,5 ha großes Gelände mit südöstl. Neigung, wurde ab 1954 nach den Plänen von Heinz Graaf als moderne Gartenstadt entwickelt. Unter der Bauträgerschaft der GEWOBAG (→ *Wohn- und Siedlungsbau*) entstand ein aufgelockerter, stark durchgrünter Stadtteil nach dem Nachbarschaftskonzept um ein Zentrum mit Schule, Kirche, Läden und Altersheim am Brückner-Kühner-Platz, benannt nach dem Schriftstellerpaar, das zu den ersten und dauerhaft begeisterten Stadtteilbewohner/innen gehörte. Neben Punkthochhäusern (P. Bode) und mehrgeschossigen Wohnblöcken wurden kleinere Reihenwohnhäuser in unterschiedlicher Typologie nach Entwürfen von H. Lepper, K. Klepper und H. Graaf gebaut. International bekannt wurde der Split-Level-Reihenhaustyp von Graaf, der die Hanglage besonders gut nutzte. Die A.-Siedlung war in den 1950er Jahren das größte Wohnsiedlungsprojekt Kassels mit ca. 700 Wohnungen, davon 276 als Einfamilienhäuser mit Gärten. Sie gehört zu den besten Beispielen des innerstädtischen Siedlungsbaus der Nachkriegsmoderne in Deutschland. A.- und Belgische Siedlung stehen als Gesamtanlagen unter → *Denkmalschutz*. Das Gebiet des A.s wird auch heute wieder administrativ durch eine Stadtteilgrenze (→ *Stadtteile*) geteilt. Während die A.-Siedlung und die Gebiete an der Frankfurter Str. zur → *Südstadt* gehören, sind die Belgiersiedlung und der nördl. Bereich Teil von Wehlheiden. *il*

Lit.: Wiegand, Kassel II; Hinz/Tacke.

Luftbild des Auestadions bei der Einweihung am 23. August 1953, Blick nach Westen (vom Auepark) mit Frankfurter Straße und Jägerkaserne

Auestadion Seit 1908 wird auf dem Gelände des heutigen A.s Fußball gespielt. Zuerst spielte hier der SV Kurhessen 1893 e. V. und nach dem Zweiten Weltkrieg der neu gegründete → *KSV Hessen-Kassel*. Am 23.8.1953 wurde das A. mit dem Spiel gegen Viktoria Aschaffenburg vor 20.000 Zuschauern feierlich eingeweiht. Die Tribüne und die Ränge waren mit dem Trümmerschutt des Zweiten Weltkrieges aufgefüllt worden. Bei der Erbauung wurde die Haupttribüne so konstruiert, dass von jedem Sitzplatz der Stadioninnenraum zu sehen ist. Sie hatte seitlich verglaste Außenwände und Sitzplätze für 2.200 Zuschauer, im Mittelabschnitt lagen der Tribünenteil für die Presse und Umkleidekabinen im Unterbau. 1964 sahen 37.000 Zuschauer das Bundesligaaufstiegsspiel gegen Hannover 96 (0:2). 2006 wurde die neu eingerichtete Osttribüne fertig gestellt. Sie hat 4.700 Sitz- und 1.000 Stehplätze. Ein Tunnel führt vom Aufwärm- und Trainingsplatz unter den Sitzrängen hindurch ins Stadioninnere. Bis 2010 soll das Stadion zu einer modernen Sportarena mit erweiterten Stehrängen und Flutlichtanlage (2008) ausgestaltet werden. Nach den Sanierungsmaßnahmen werden rund 18.800 Zuschauer das A. besuchen können, das sehr verkehrsgünstig an der Südtangente liegt und eine Regiotram- und Straßenbahnanbindung hat. So ist das A. heute zwar ein Mehrzweckstadion für Fußballspiele, Leichtathletik-, Konzert- und Kulturveranstaltungen, doch v. a. ist es als Spielstätte des KSV bekannt. *hekö*

Lit.: Körner, Südstadt.

Aufklärung Ks. gehörte im 18. Jh. zu den kleineren Zentren der A. in Deutschland. Bereits in der Regierungszeit des Lgf. → *Karl* lebten in Ks. Vertreter der Frühaufklärung. Karl selbst hatte Interesse an moderner (Natur-)Wissenschaft und berief Gelehrte an seinen Hof (→ *Denis Papin*, Doläus). Die Sammlung von naturwiss. Instrumenten, die bereits unter Lgf. → *Wilhelm IV.* begonnen worden war, wurde erweitert. Auf Anregung von Leibniz, der in Residenzstädten Akademien der Wissenschaften plante, gründete Lgf. Karl das → *Collegium Carolinum*. Dort erhielt 1723 Ludwig Thümmig, ein Schüler Christian Wolffs, eine Professur. In der Regierungszeit → *Friedrichs II.*, der von aufgeklärten Lehrern erzogen worden war und sich selbst als Aufklärer verstand, entfaltete sich die A. auch in Ks. Friedrich II. korrespondierte mit Voltaire, der Protegés nach Ks. empfahl, und versuchte Ks. zu einem Zentrum der französ. Kultur in Deutschland zu machen. Aufklärerischem Denken entsprang die rationale Stadtplanung der → *Oberneustadt*, die Errichtung des → *Accouchier- und Findelhauses* verbunden mit einer Ausbildungsstätte für Hebammen und Geburtshelfer, der Brandversicherungsanstalt, des Landkrankenhauses → *Charité* sowie die Einleitung von Wirtschaftsreformen. Nach preußischem Vorbild wurden die hessischen Behörden neu organisiert. Die Folter wurde abgeschafft, die Todesstrafe nur noch selten vollstreckt. Pläne zur Schaffung eines hessischen Landrechts, die unter Lgf. Karl begonnen worden waren, wurden unter Friedrich II. erneut aufgegriffen, allerdings nicht zum Abschluss gebracht. Die landgräflichen Sammlungen und die Bibliothek, die allerdings nicht sehr umfangreich war, waren Besuchern zugänglich und Attraktionen für zahlreiche Reisende. 1779 wurden sie in das → *Museum Fridericianum* überführt. Die Bildungseinrichtungen (Collegium Carolinum, → *Kunstakademie*, Lyceum Fridericianum) trugen zur Verbreitung von aufklärerischem Denken bei. Professoren des Carolinums ermöglichten die Entfaltung umfangreicher kultureller Aktivitäten und spielten eine wichtige Rolle in der → *Gesellschaft der Alterthümer* und der Gesellschaft des Landbaus (seit 1773 → *Gesellschaft des Ackerbaus und der Künste*). Durch persönliche Kontakte und Korrespondenz waren sie in die Kommunikation der A. eingebunden. Ihre geringe Arbeitsbelastung am Carolinum ermöglichte die Publikation zahlreicher Schriften und die Mitarbeit bei mehreren Zeitschriften. Wichtige Forschungsergebnisse, die auch außerhalb Hessens rezensiert und rezipiert wurden, erschienen zuerst in Programmschriften des Carolinums. Kasseler Gelehrte unterstützten das Bildungskonzept Basedows und den Versuch der Selbstorganisation der Dessauer Gelehrtenbuchhandlung (→ *Forster*, → *Mauvillon*). Die Liberalität des intellektuellen Klimas ermöglichte es Kasseler Professoren, sich für die Sache der amerikanischen Kolonisten einzusetzen, gegen die ihr Dienstherr seine Truppen sandte, ohne deswegen belangt zu werden. Auch in Ks. wurden Freimaurerlogen als typische Elemente der A.s-Kultur gegründet. Unter den Gebildeten entstand eine Gruppe der Illuminaten um → *Knigge* und Mauvillon.

Im Geiste der Aufklärung ließ Friedrich II. bedeutende Wohltätigkeits- und Bildungsinstitutionen – darunter das nach ihm benannte Friedrichsgymnasium – errichten. Hier das Portal mit den Haydschen Figuren 1779–1843

Eine Gegenbewegung stellten die Rosenkreuzer dar, zu deren Mitgliedern Forster und → *Soemmerring* gehörten. Kaffeehäuser, die in Städten wie Hamburg zentrale Treffpunkte der A.-Gesellschaft waren, wurden auch in Ks. eingerichtet, hatten aber wohl nicht die gleiche Bedeutung. Anders als von Forster behauptet, gab es auch in Ks. einen literarischen Markt mit mehreren Druckereien und Buchhandlungen. Zahlreiche auswärtige Verleger boten ihre Bücher in Zeitungsanzeigen an und verfügten über Kontakte, die Subskriptionen in Ks. ermöglichten. Auch auswärtige Zeitungen waren in Ks. erhältlich. Leihbüchereien und Lesegesellschaften ermöglichten den Zugang zu Literatur. Einige Kasseler Bürger besaßen umfangreiche Privatbibliotheken. Mehrfach wurden Bibliotheken versteigert, die so umfangreich waren, dass ein gedruckter Katalog erschien. Die → *Casselische Zeitung*, ein 1731 gegründetes Intelligenzblatt, veröffentlichte 1751–53 auch „gelehrte" Beiträge. Die „Hessen-Casselische Zeitung", eine „politische Zeitung", die 1769 auf Initiative Lgf. → *Friedrichs II.* gegründet worden war, hatte nur eine geringe Leserschaft. Der „Casselische Zuschauer", eine moralische Wochenschrift, 1772 von → *Raspe* herausgegeben, erreichte nur 24 Ausgaben. Die „Hessischen Beiträge zur Gelehrsamkeit und Kunst", eine 1785 gegründete wiss. Zeitschrift, bestand nur bis zum Jahr 1787, da die meisten Kasseler Autoren die Stadt verlassen hatten. Nach dem Regierungsantritt → *Wilhelms IX.*, v. a. aber nach dem Beginn der Französischen Revolution, änderte sich das geistige Klima. Die meisten Professoren des Carolinums wurden nach Marburg versetzt. Durch Zensur, die unter Friedrich II. keine Rolle gespielt hatte, versuchte man, die Verbreitung aufklärerischer und revolutionärer Gedanken zu unterbinden. *em*

Lit.: Bödeker, Strukturen, 55–76; Meidenbauer, Aufklärung.

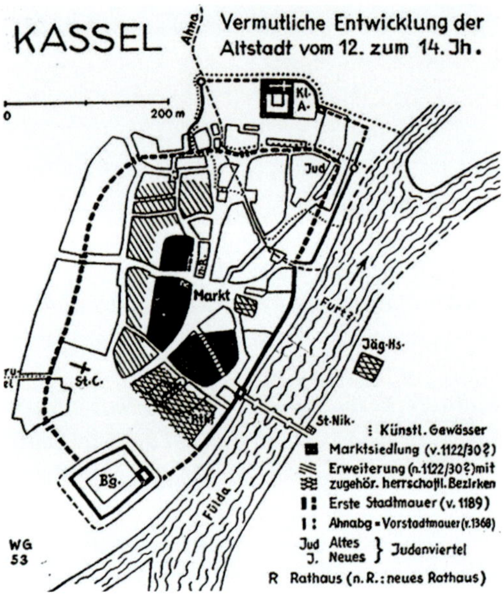

Entwicklung der Kasseler Altstadt 12. bis 14. Jahrhundert, zur Zeit des Aufruhrs 1376–1391 (nach Görich, 1953)

Aufruhr 1376–1391 Auslöser der Kasseler Unruhen war, wie auch in anderen landesherrlichen, erzbischöflichen und königlichen Städten dieser Zeit, die Territorial- und Finanzpolitik des Stadtherrn. Zunehmender Geldbedarf ließ Lgf. → *Hermann II.* auf die Ressourcen seiner über 33 Städte, davon 22 mit Burgen, zurückgreifen. In der Folge lehnten sich 18 niederhessische Städte gegen überhöhte Steuerforderungen auf; unter Führung der → *Altstadt*, → *Freiheit* und Neustadt von Ks. beteiligten sich Allendorf/Werra, Eschwege, Felsberg, Grebenstein, Gudensberg, Homberg/Efze, Immenhausen, Lichtenau, Melsungen, Niedenstein, Rotenburg/Fulda, Spangenberg, Witzenhausen, Wolfhagen und Zierenberg. Im Kasseler Rathaus (→ *Rathäuser*) besiegelten Bürgermeister, Schöffen und Bürger der Verbündeten am 11.1.1376 ihre Vereinbarungen, das geforderte Ungeld zu verweigern, sich im Falle gewaltsamer Auseinandersetzungen gegenseitig zu unterstützen, die entstehenden Kosten und Einbußen gemeinsam zu tragen sowie Güter und Pfandschaften vor dem fürstlichen Zugriff zu schützen. Nach dem Tod des alten Landgrafen → *Heinrich II.* weitete sich die Einung in Form eines Landfriedens auf niederhessische Burgmannen und Ritterbürtige aus; es erfolgte eine Neuordnung des Gerichtsverfahrens mit Regelungen zur Zurückdrängung der Fehde und zur Schlichtung der Streitigkeiten unter den Bündnispartnern. Bei gewaltsamen Ausschreitungen im Januar 1378 stürmten empörte Bürger die landgräfliche → *Burg*. Der Landgraf, der Bürger gefangen setzen und Güter konfiszieren hatte lassen, war gezwungen, ein auf 20 Jahre angelegtes regionales Bündnis schriftlich zu bestätigen und zu akzeptieren, dass bei Streitigkeiten zwischen Verbündeten nach einer ihm zugestandenen Schlichtungsfrist von vier Wochen die Wahl

eigener Schiedsmänner vorgesehen war. Der zur Konfliktbeilegung herbeigerufene Lgf. Balthasar von Thüringen konnte im Mai einen Kompromiss aushandeln: Gegen die Rückgabe der Burg, die Auflösung der Einung und die Herausgabe des erzwungenen Schriftstücks erfolgte die Freilassung der gefangenen Bürger, die Rückgabe konfiszierter Habe und die Zusicherung der Straffreiheit. Der Landgraf erhielt wieder die Verfügung über die Ämter. Für zukünftige Zerwürfnisse zwischen Rittern sollte der Landgraf für Reibereien unter Bürgern das landgräfliche Gericht, bei Streit zwischen Landgraf und Untergebenen ein gemeinsames Schiedsgericht zuständig sein, ehe in höherer Instanz der Landgraf von Thüringen das Urteil zu fällen und durchzusetzen hatte. Spätestens im Juni waren die drei Städte Kassels zu einem einzigen Rechtskörper mit einem zwölfköpfigen Ratskollegium vereinigt.
Lgf. Hermann ließ sich von König Wenzel 1379 alle königlichen Privilegien erneuern. Im Juni 1380 schworen die neuen Kasseler Bürgermeister, Schöffen und Bürger Verzicht auf jegliche kommunale Autonomie, um Verzeihung für alle Unbotmäßigkeiten zu erhalten. Die Urkunde wurde bei der Bombardierung Kassels im → *Zweiten Weltkrieg* vernichtet. Verärgerte Stadträte suchten die Vermittlung des thüringischen Landgrafen und mussten, um einer Vorladung zu entkommen, nach Göttingen fliehen. Im Februar 1384 erließ Hermann eine neue Stadtordnung, in der er sämtliche Selbstverwaltungsrechte aufhob und die Stadt seiner unmittelbaren Herrschaft unterwarf; selbst die Eschweger sollten die Schlichtungsurkunde von 1378 mit dem verbrieften Recht auf die Anrufung des Thüringers wieder ausliefern. Im August und September 1387 verlor Lgf. Hermann bei kriegerischen Auseinandersetzungen weitere Städte im SW Kassels. Die Hälfte der Mitglieder des niederhessischen Städtebundes war damit in feindlicher Hand, und die alteingesessenen Ratsgeschlechter Kassels warteten nur darauf, sich für ihre Entmachtung zu rächen. Beim letzten der drei Angriffe auf Ks. 1388 reagierten sie mit Auflehnung. Der geplante Handstreich misslang; der Landgraf hatte von der Verschwörung erfahren; zahlreiche Bürger waren zur Flucht gezwungen. Im Juli 1391 wurde ein Schauprozess gegen 28 des Hochverrats Beschuldigte eröffnet, von denen einige bereits seit Jahren flüchtig waren. Zwar hatte der Landgraf bei der Schlichtung der Streitigkeiten mit Balthasar 1387 die Wiederaufnahme der Ausgewiesenen versprechen müssen, aber damals 20 Bürger benennen dürfen, die nicht zurückkehren sollten, bis die Ausweisung untersucht wäre. Das Vermögen der 28 Angeklagten wurde konfisziert und an treue Untergebene des Landgrafen verteilt; drei Angeklagte, die sich stellten, wurden zum Tode verurteilt und hingerichtet. Zur Absicherung ließ Lgf. Hermann das Urteil 1392 durch König Wenzel bestätigen. In Ks. war der Widerstand nach mehr als einem Jahrzehnt beseitigt; Auseinandersetzungen zwischen traditionellen Ratsgeschlechtern und neu aufsteigenden Familien hatten letztlich dazu beigetragen, die landgräfliche Herrschaft zu stärken. *ib*

Lit.: Baumgärtner, Niederhessen;
Nebelthau, Denkwürdigkeiten.

Porträt der Kurprinzessin Auguste von Hessen-Kassel von Johann Friedrich Bury, 1808, Öl auf Leinwand

Auguste, Kurfürstin von Hessen (* 1.5.1780 Potsdam, † 19.2.1841 Ks.) kam als preußische Prinzessin und Tochter des nachmaligen Königs Friedrich Wilhelms II. und seiner Frau Friederike von Hessen-Darmstadt zur Welt. A. wuchs nach der Scheidung der Eltern am Hof der Mutter, und damit getrennt vom Vater, auf. 1797 wurde sie, um die finanziellen Abmachungen zwischen der Landgrafschaft Hessen und → *Preußen* abzusichern, mit dem hessischen Erbprinzen und späteren Kurfürsten → *Wilhelm II.* verheiratet. Die Ehe befand sich bereits nach Geburt der ersten von sechs Kindern aufgrund der unterschiedlichen Charaktere der Partner in der Krise. Die letzten gemeinsamen Jahre verbrachte die Familie während der französischen Besetzung Hessens in Berlin, von wo aus man Ende 1813 nach Ks. zurückkehrte. Nachdem sich A.s Ehemann zum Zusammenleben mit seiner Mätresse Emilie Ortlöpp (→ *Emilie Gräfin von Reichenbach*) entschlossen hatte, wurde 1815 ein geheim gehaltener Trennungsvertrag geschlossen. Um die kunstinteressierte Kurfürstin (seit 1821), die als Malerin dilettierte und als Mäzenin auftrat, bildete sich der sog. Schönfelder Kreis, ein Zirkel von politisch und kulturell Interessierten, die sich gegen die autokratische Regierung des Kurfürsten und seines Beraterkreises aussprachen. 1823 ließ der Kurfürst einige Mitglieder verhaften, andere wurden strafversetzt. Drei Jahre später verließ A. Ks. und zog nach Bonn. Von hier kehrte sie erst anlässlich der Verfassungsfeiern Anfang 1831 (→ *Verfassung 1831*) zurück in die → *Residenz*. Das Verhältnis zu ihrem Sohn, dem Mitregenten → *Friedrich Wilhelm*, war allerdings durch dessen unstandesgemäße Ehe mit einer geschiedenen bürgerl. Frau belastet. Der Kurprinz beobachtete mit Eifersucht die Sympathie der Kasseler Einwohner für seine Mutter. In der Gardes-du-Corps-Nacht (→ *Gardes du Corps*) am 7.12.1831 ließ er sogar Militär gegen eine ihr zujubelnde Menschenmenge einschreiten. Erst gegen Ende der 1830er Jahre entspannten sich die Beziehungen. *eg*

Lit.: Lauer, Auguste; Losch, Auguste.

Ausbesserungswerk Die zwei Bahnunternehmen (→ *Eisenbahn*), deren Strecken als erstes Ks. berührten, die Main-Weser-Bahn und die Kurfürst-Friedrich-Wilhelms-Nordbahn, errichteten auf der S-Seite des 1856 vollendeten späteren → *Hauptbahnhofes* einen ausgedehnten Werkstättenkomplex. Als in den 1890er Jahren eine große → *Betriebswerkstätte* für sämtliche in Ks. beheimateten Lokomotiven gebaut wurde, büßte diese Werkstätte die Funktionen einer Betriebswerkstätte sukzessive ein, blieb aber Hauptwerkstätte. Die Notwendigkeit, das bislang von dieser Werkstätte eingenommene Areal für einen Postbahnhof neben dem Hauptbahnhof zu verwenden, führte dazu, dass seit 1906 die Hauptwerkstätte einen neuen Standort westl. des Rangierbahnhofes erhielt. Der Umzug wurde um 1910 abgeschlossen. U. a. dank ihrer günstigen Lage im Streckennetz ist die zwischen den Weltkriegen in A. umbenannte Hauptwerkstätte bis heute erhalten geblieben. Auch die Nähe zur in Ks. ansässigen, im Eisenbahnfahrzeugbau tätigen → *Industrie* trug dazu bei. Im Zuge der Spezialisierung des A.s auf bestimmte Tätigkeitsfelder v. a. nach dem Zweiten Weltkrieg erfolgte eine Konzentration auf

Blick auf das Kasseler Ausbesserungswerk im Jahr 1998

die Unterhaltung von Dieselloks, Dieseltriebwagen und Baumaschinen. Gegenwärtig ist das A. in erster Linie mit der Instandhaltung von Dieseltriebwagen befasst. Außerdem findet die Aufarbeitung von Komponenten wie Kupplungen, Gelenkwellen oder Vakuum-Toiletten statt. Das A. beschäftigt ca. 700 Mitarbeiter. *lmü*

Aussiedler Im 18. Jh. entstanden deutsche Bauernsiedlungen v. a. in den Steppen S- und SO-Russlands, in Polen und Rumänien. Zarin Katharina II. hatte 1763 das russische Reich auch für deutsche Einwanderer geöffnet. Mit ihrem Manifest vom 22.7.1763, mit dem sie u. a. deutsche Bauern zur Einwanderung einlud, dachte sie v. a. an die Urbarmachung ungenutzter Gebiete. Ein weiteres entwicklungspolitisches Ziel war es, fortschrittliche Ackerbaumethoden und die moderne Wirtschaftsführung zu importieren. Bald nach dem Manifest von Katharina II. entstand neben verschiedenen Ansiedlungen ein geschlossener deutscher Siedlungsraum, der später bis zu seiner Auflösung im Jahr 1941 als Wolgadeutsches Autonomes Gebiet eine gewisse Selbstständigkeit in der Sowjetunion genoss. Bis 1862 kamen rund 100.000 Deutsche nach Russland, 1914 zählte man 2,4 Mio. Nach dem → *Ersten Weltkrieg* sank die Zahl auf 1,6 Mio.

Den Höhepunkt ihrer Entwicklung erlebten die deutschen Siedlungen in der zweiten Hälfte des 19. Jhs. Ab 1870 begann der Abbau der den deutschen Kolonisten gewährten Sonderrechte. Die russische Revolution führte zur Ächtung ganzer Sozialschichten. Auch Deutsche wurden enteignet und zwangsverschickt. Mit der Kollektivierung der Landwirtschaft setzte sich diese Entwicklung ab 1928 fort. Unter den Kulaken (Großbauern), die verschleppt wurden, gab es zahlreiche Todesopfer, viele von ihnen Deutsche. Der → *Zweite Weltkrieg* brachte den Russlanddeutschen großes Leid. 1941 wurden sie von Stalin nach Asien verbannt. Die meisten durften jahrzehntelang ihre Städte nicht verlassen, nicht Deutsch lernen und wurden zur Zwangsarbeit verpflichtet. Die Autonome Republik der Wolgadeutschen wurde am 7.9.1941 aufgelöst. Erst mit dem Besuch von Bundeskanzler Konrad Adenauer im September 1955 wurde eine Verbesserung der Rechtslage und damit eine Linderung der größten Not eingeleitet. Adenauer wollte nicht nur die Kriegsgefangenen, sondern auch die Russlanddeutschen zurückholen. Der Zustrom von Flüchtlingen begann. In Ks. wurden sie in Baracken untergebracht; 1959 wurde das Wohnheim „Am Steinbruch“ eingerichtet. Nach dem Mauerbau 1961 in Berlin erfolgte ein verstärkter Zuzug von Übersiedlern aus der DDR. 1977 stieg die Zahl der A. aus Polen durch den Abschluss des Aussiedlungsvertrages an. Zu einem sprunghaften Anstieg der Zahl der A. aus Polen, der Sowjetunion, Rumänien und der Zuwanderung aus der DDR kam es 1988 durch den Zusammenbruch des Ostblocks. 1990 wurden die Wohnheimkapazitäten in Ks. von 280 auf 450 Plätze in sieben Wohnheimen aufgestockt. Die A.aufnahme wurde 1993 durch das Kriegsfolgenbereinigungsgesetz neu geregelt und auf rund 220.000 A. pro Jahr beschränkt. Kamen in Spitzenzeiten bis zu 220.000 A. nach Deutschland, waren es 2007 nur noch 5.792. Die Wohnheime konnten in den letzten Jahren aufgelöst werden. Bis zur Anmietung einer eigenen Wohnung werden A. heute, zusammen mit politischen Flüchtlingen, in der Jägerkaserne (→ *Kasernen*) aufgenommen. *mn*

Lit.: 10 Jahre Aussiedlerpolitik; 10 Jahre Übergangswohnheim.

Aussiedler Flüchtlingskindergarten in Lohfelden um 1947

Bach, Johann Sebastian (* 21.3.1685 Eisenach, † 28.7.1750 Leipzig) Der berühmte Komponist und Thomaskantor aus Leipzig

Orgel in der Martinskirche, auf der Johann Sebastian Bach im Jahr 1732 spielte, aufgenommen 1938

(1723–50) übernahm gelegentlich verschiedene Aufträge zur Prüfung von Orgeln. 1732 wurde er zu einem solchen Auftrag nach Ks. berufen, um hier die in zweijähriger Arbeit von Nikolaus Becker modernisierte Scherer-Orgel in der → *Martinskirche* abzunehmen. Er traf am 21.9.1732 in Ks. ein und wohnte im → *Gasthaus „Stadt Stockholm"*. Nach Abschluss der Prüfung gab B. am 28.9. ein Konzert zur Einweihung der erneuerten Orgel, bei dem der junge Erbprinz und spätere Lgf. → *Friedrich II.* anwesend war und ihm einen kostbaren Ring schenkte. *wbo*

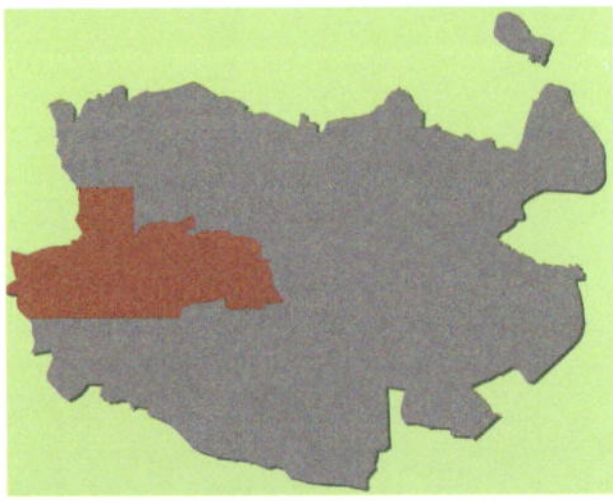

Der Stadtteil Bad Wilhelmshöhe im Kasseler Stadtplan

Bad Wilhelmshöhe Die Bezeichnung des heutigen Kasseler Stadtteils lautete zunächst „Wilhelmshöhe/Wahlershausen", seit 26.6. 2001 B. Er besteht aus → *Wahlershausen*, → *Park Wilhelmshöhe*, → *Mulang*, westl. → *Wilhelmshöher Allee*, Neu-Holland, Wilhelmshöher → *Habichtswald* und Flüsseviertel. Mit der → *Marbachshöhe* ist nach der Konversion der → *Kasernen* im Bereich des ehemaligen Militärgebiets seit 1997 ein weiteres, durch modernen Wohnungsbau geprägtes Stadtquartier hinzugekommen. Der eigentliche Siedlungsteil grenzt im O an → *Wehlheiden*. Hauptverkehrsadern sind heute die Wilhelmshöher Allee als Verbindungsachse zwischen Stadtzentrum und → *Schloss Wilhelmshöhe* bzw. Bergpark, die Druseltalstr. sowie die Baunsbergstr. Die Siedlungsgemarkung von B. wird von der → *Drusel* durchflossen und grenzt im W an den Habichtswald, durch den der größte Teil des Gebiets bewaldet ist. Das → *Hohe Gras*, der Bergpark samt → *Herkules*, → *Wasserspielen* und → *Löwenburg* gehören zum Stadtteil B. Seine Entstehung steht in enger Verbindung mit dem Ausbau des Parks Wilhelmshöhe westl. von Ks. und der Errichtung der Villenkolonie Mulang. Hier wurden in unmittelbarer Nähe zur kaiserl. Sommerresidenz seit dem Ende der 1860er Jahre zahlr. Villen wohlhabender Bürger sowie Kur- und Natur-Heilanstalten und Privatkrankenhäuser errichtet (→ *Krankenhäuser*), die dem Viertel eine exklusive Wohnqualität verliehen. An der Hunrodstr. eröffnete → *Gustav Henkel* 1896 das erste Kasseler Hallenbad (Palmenbad). Bis heute wird das Ortsbild von zahlr. sehenswerten Privatanwesen der Gründerzeit und des Jugendstils geprägt. Bereits 1877 konnte die Nahverkehrsverbindung zum → *Königsplatz* in Betrieb genommen werden (die sog. Weiße Linie). Die Infrastruktur wurde zudem durch Anbindung an die wegen des Braunkohleabbaus im Habichtswald errichtete → *Herkulesbahn* verbessert. 1906 wurde B. zusammen mit dem weitaus älteren Ortsbezirk Wahlershausen in den Stadtbezirk Ks. eingemeindet. 1928 erfolgte eine Erweiterung durch die Eingemeindung des Gutsbezirks Wilhelmshöhe. Für das umfassende Kurangebot wurde B. in den 1930er Jahren das Kurbad-Prädikat verliehen. Es verlor dieses Prädikat zeitweise durch die Folgen des Zweiten Weltkrieges, bis es 1950 Kneippheil-

Bad Wilhelmshöhe Blick in die Wilhelmshöher Allee in Höhe des ICE-Bahnhofes, im Hintergrund der Herkules, August 2002

bad wurde. Die Einstellung des Badebetriebes um 1970 führte erneut zur Aberkennung des Prädikates. Durch Eröffnung der Kurhessentherme 1983 und Anerkennung als Thermalsoleheilbad konnte der Titel schließlich 2001 abermals erlangt werden. An der Stelle des alten → *Bahnhofs Wilhelmshöhe* aus der Mitte des 19. Jhs. wurde 1991 ein neuer mit IC-Anschluss errichtet. *ur*

Lit.: Heidelbach, Wilhelmshöhe.

Badekultur Im Mittelalter entstanden in Europa Badestuben, die nicht nur der Reinigung der Besucher, sondern auch zur Kommunikation dienten. Für Ks. sind für das 15. Jh. mehrere solcher öff. Anstalten in der Alt- wie in der Neustadt belegt. Sie wurden von den Landgrafen gefördert, verfügten über Warmwasser-, Schwitz- und Dampfbäder und wurden nicht nur von den Bürgern, Männern und Frauen, sondern auch vom Adel und den Landgrafen selbst besucht. Von Lgf. → *Ludwig I.* ist belegt, dass er sie bis zu 16 Mal pro Jahr besuchte und auch seine Turniergäste dorthin einlud. Diese Bäder gerieten später in Verruf, unsittliches Treiben zuzulassen. Sie wurden geschlossen, als sich die Syphilis in Europa verbreitete. Man badete kaum noch. Trotzdem ließ Lgf. → *Karl* mit dem → *Marmorbad* an der → *Orangerie* ein barockes Prunkbad errichten, das zwar 1729 eröffnete, jedoch nie zum Baden, sondern nur der Zurschaustellung von Reichtum und Kunst diente. Die Geschichte der modernen B. in Ks. begann mit dem Hugenotten Jean Baptiste Collet, der von Kurfürst → *Wilhelm I.* das Privileg erhielt, eine Badeanstalt an der Fulda einzurichten. Schon unter dem Einfluss der → *Aufklärung* (Reinigung und Gesundheit) und später der Romantik (Naturverbundenheit) badeten ehrbare Kasseler Bürger diskret, da die Polizei ein öff. Ärgernis befürchtete, in der Fulda. 1814, vielleicht auch erst 1829 mit dem Bad Jérôme François Labassés, wurde das Baden in der Fulda offiziell erlaubt und infolgedessen in den folgenden Jahrzehnten sehr populär. Um 1900 gab es auf dem rechten Fuldaufer oberhalb der → *Drahtbrücke* drei Flussbadeanstalten (Collet, betrieben von August Gerhard, Röse und Sinning) sowie die Militärbadeanstalt mit Gebäuden an Land und hölzernen Einrichtungen im Fluss. Die Sinningsche Familienbadeanstalt bestand aus zwei Flößen, die ein Becken umfassten, um das die Kabinen angeordnet waren. So war vom Land kein Blick auf die Badenden möglich. Sinning galt damals als modern, da er schon 1880 über ein Damenbad verfügte. Daneben gab es noch zwei Badeschiffe, die am linken Fuldaufer lagen: Wiederholts Badeschiff, betrieben von Jean Gossmann, und Sohls Badeschiff. Dazu kamen die fünf Badeplätze der Wassersportvereine und der nicht offizielle, aber geduldete Badeplatz des Wesertors unterhalb des Fuldawehrs. Außerhalb der Fulda gab es Badeanstalten an der Quellhofstr. mit Wasser aus der → *Ahna* und in → *Harleshausen* am Geilebach oberhalb des heutigen Schwimmbades. 1923 wurde das städtische Flussbad,

Badekultur Historische Postkartenansicht der Städtischen Flußbadeanstalt an der Fulda

das → *Auebad*, eröffnet, was zum Niedergang der anderen Bäder führte. Das Sinningsche wurde in ein Reinigungsbad umgewandelt, später in eine therapeutische Anstalt. Nur von dieser ist heute noch ein Teil der alten Gebäude übrig: das Kurbad Jungborn an der Drahtbrücke, das von einem Förderverein wiederhergestellt und zu einem kleinen Bademuseum ausgebaut werden soll.
1896 entstand Kassels erstes Hallenbad, das Palmenbad an der Kurhausstr. Sein Erbauer → *Gustav Henkel* nutzte die Abwärme seines mit heimischer Braunkohle betriebenen Elektrizitätswerkes (→ *Elektrizitätsversorgung*) und kombinierte es mit einem Palmenhaus. Die Attraktion bestand allerdings nur bis 1918. Das erste städtische Reinigungsbad wurde 1896 in der Bremer Str. als „Volksbad"

eröffnet. Der Eintritt kostete 10 Pfennig. Zwar gab es davor schon private Bäder, doch diese waren für die Bewohner der → *Altstadt* und der → *Unterneustadt* zu teuer. 1907 kamen das städtische Wannen- und Brausebad in der Luisenstr., 1910 das in → *Rothenditmold* (heute Untergeschoss der Valentin-

Badekultur Das Freibad Wilhelmshöhe an der Kurhausstraße ist im Sommer gut besucht

Traudt-Schule) hinzu. Nach 1945 wurden insgesamt acht solcher Bäder errichtet. Ein Reinigungsbad (heute Saunabereich) enthielt auch das erste städtische Hallenbad von 1930 in der Leipziger Str. Dieses Hallenbad Ost war damals ein sehr moderner Bau, errichtet unter Stadtbaurat Labes im Bauhausstil mit einer 25-m-Bahn. 1967 kam das Stadtbad Mitte hinzu, ein großzügiger Bau, ausgestattet mit einem 5-m-Brett, einer Zeitnahme für Wettkämpfe, Tribünen, großer Rutsche und Saunabereich. In der → *Südstadt* entstand 1972 ein weiteres Hallenbad besonders für den Schul-Schwimmunterricht, wofür fünf Schulschwimmbecken erbaut wurden, von denen noch vier existieren. Ks. verfügt daneben über drei Freibäder: Das Schwimmstadion Auebad (1956) mit drei Becken und einem 10-m-Turm, das Freibad Wilhelmshöhe (1935) und das Freibad Harleshausen (1936). Am Habichtswald wurde 1983 eine Thermalquelle gefunden und die Kurhessen-Therme in japanischem Stil mit großen Sauna- und Sportbereichen errichtet. Sie ist heute ein Teil von → *Bad Wilhelmshöhe* und wichtig für den Tourismus. Zu diesen Anlagen kommen die großen Badestrände im ehemaligen Bundesgartenschaugelände, wo die alten Kiesbaggerseen renaturiert und in ein Naherholungsgebiet umgewandelt wurden. *gw*

Lit.: Bachmann, Badelust; Hermsdorff, Blick, Bd. 3.

Badogliohügel, auch „Monte Badoglio", ist im → *Vorderen Westen* gelegen. Die ehemalige Stadtkaserne (→ *Kasernen*) an der Ecke Westendstr./→ *Königstor* wurde 1943 durch → *Luftangriffe* zerstört. Auf ihren Trümmern wurde weiterer Schutt aus der Nachbarschaft zu einem Hügel aufgetürmt. Die Arbeiten wurden wesentlich von italienischen Kriegsgefangenen ausgeführt. Deshalb wurde der später begrünte Hügel im Volksmund B. genannt, nach dem Marschall Pietro Badoglio, der nach Mussolinis Sturz 1943 italienischer Ministerpräsident wurde und im September 1943 vor den Alliierten kapitulierte. Seit 1986 ist der Fußweg am westl. Abhang des B. mit Apfeldornbäumen als Teil des Kunstwerks „7000 Eichen" von → *Joseph Beuys* bepflanzt. Sie sind im Baumkataster unter der Lagebezeichnung B. eingetragen. *hmü*

Bähr, Otto (* 2.6.1817 Fulda, † 17.2.1895 Ks.) war Sohn eines kurhessischen Oberstabsarztes und lebte seit 1821 in Ks. Er besuchte das Lyceum Fridericianum (→ *Friedrichsgymnasium*) und studierte Rechtswissenschaften in Göttingen, Heidelberg und Marburg. Verheiratet war er mit einer Tochter des Kommerzienrates Carl Pfeiffer. 1841 erlangte er die Befähigung zum Richteramt, wurde 1844 Obergerichtsassessor, 1849 Obergerichtsrat und 1864 schließlich Oberappellationsgerichtsrat in Ks. 1867 ging er als Richter nach Berlin und wurde in die Reichsjustizkommission berufen, seit 1879 war er als Reichsgerichtsrat in Leipzig tätig. B. war 1867–79 Mitgl. des Reichstages für die nationalliberale Partei. Als Folge des von ihm entworfenen Urteils über die Rechtsungültigkeit der landesherrlichen Verord. des Ministeriums → *Hassenpflug* wurde der „juristische Praktiker" 1850 nach Fulda versetzt und kehrte erst 1855 wieder zurück. Das Bürgerliche Gesetzbuch steht durch den von ihm verfassten Gegenentwurf auf „Bähr'schem Boden". Der zeitgenössische wissenschaftliche Einfluss seiner Werke „Der Rechtsstaat" (1864) und des Sammelbandes „Urteile des Reichsgerichts" (1883) wird in den Rechtswissenschaften betont. 1881 zog er sich auf Grund eines Nervenleidens beruflich zurück und intensivierte seine schriftstellerische Tätigkeit, auch im Bereich der Musik und Kulturgeschichte („Eine deutsche Stadt vor 60 Jahren", 1884). *vl*

Qu./Lit.: ADB; StAKs.

Der **Bärenreiter-Verlag** ist einer der weltweit größten Verlage für klassische Musik. Seit 1927 hat er seinen Sitz in der Kasseler Heinrich-Schütz-Allee. Das 1923 in Augsburg von → *Karl Vötterle* gegr. Unternehmen beschäftigt heute an seinem Kasseler Standort etwa 140 Mitarbeiter. Als Familienunternehmen wird der B. seit 1975 von Barbara Scheuch-Vötterle, der Tochter des Gründers, und ihrem Ehemann Leonhard Scheuch geleitet. Niederlassungen bestehen in Basel, bei London, New York und in Prag. Zu den selbstständigen Verlagen innerhalb der Verlagsgruppe zählen u. a. der Gustav Bosse Verlag, dessen Schwerpunkt die Musikpädagogik ist, und die Alkor-Edition, die für den Vertrieb von Aufführungsmaterial an Opernhäuser und Orchester zuständig ist und eigene Ausgaben veröffentlicht. Mehr als die Hälfte seines Umsatzes macht der B. mit Kunden im Ausland. Besonders in Ostasien nahm das Interesse an Noten in den letzten Jahren ständig zu. Noten für die Musikalische Jugendbewegung der 1920er Jahre standen am Anfang der Verlagsgeschichte. Die Hinwendung zu Blockflöte und Orgel, die Wiederentdeckung von → *Heinrich Schütz* und der Musik vor Bach und nach dem Zweiten Weltkrieg, v. a. die Idee der wissenschaftlich-kritischen Gesamtausgaben der Werke Bachs, Händels, Mozarts, Schuberts machten den B. zu einem der bedeutendsten Musikverlage. Die Idee des „Urtexts" mit wissenschaftlich verlässlichen Noteneditionen ist zum oft kopierten Markenzeichen geworden. Gesamtausgaben in Noten für die musikalische Praxis bilden bis heute das Fundament des Verlagsprogramms. Alle Bereiche der klassischen Musik – Klaviermusik, Kammermusik, Sinfonik, Oper, Gesang, Chormusik – sind vertreten. In den letzten Jahren hat sich das Spektrum stetig erweitert. Mit Gioacchino Rossini, Edward Elgar, Édouard Lalo, Sergej Rachmaninoff u. a. sind neue Komponisten in das Verlagsprogramm aufgenommen worden. Ein anspruchsvolles Musikbuchprogramm mit Publikationen für Musikwissenschaftler, Musiker und interessierte Laien ergänzt die Notenproduktion. Größtes Buchprojekt ist die Enzyklopädie „Die Musik in Geschichte und Gegenwart" (MGG, 1. Ausgabe, 17 Bde., 1949–86, 2. Ausgabe, 29 Bde., 1994–2008). Das Engagement für die zeitgenössische Musik war von Anfang an eine Konstante des Verlagsprogramms, zu dessen bedeutendsten Komponisten des 20. Jhs. Günter Bialas, Hugo Distler, Petr Eben, → *Ernst Krenek*, Bohuslav Martinů und Ernst Pepping zählen. Heute lassen u. a. Beat Furrer, Vadim Karassikov, Rudolf Kelterborn, Giselher Klebe, Philipp Maintz, Matthias Pintscher, Andrea Lorenzo Scartazzini, Thomas Daniel Schlee, Charlotte Seither, Miroslav Srnka oder Manfred Trojahn ihre Werke beim B. verlegen. *jm*

Das erste Verlagszeichen des Bärenreiter-Verlags von 1923

Bahnhöfe Der heutige → *Hauptbahnhof* wurde auf hochwasserfreiem Terrain zentrumsnah als Kopfb. angelegt. Vollendet 1856 mit der Eröffnung der Bahn von Hannover (→ *Eisenbahn*) handelte es sich damals um eine sehr fortschrittliche Anlage, betrieben doch die Eisenbahngesellschaften, deren Strecken sich hier trafen, statt eigener Stationen einen gemeinschaftlichen B. Das Empfangsgebäude umschloss auf drei Seiten den Bahnsteigbereich mit einem breiten Mittel- und zwei schmalen Seitenbahnsteigen. Südlich der einlaufenden Strecken befanden sich gemeinschaftliche Werkstätten der Main-Weser-Bahn (Ks. – Frankfurt) und der Kurfürst-Friedrich-Wilhelms-Nord-Bahn (Haueda bei Warburg – Ks. – Gerstungen). Auf der N-Seite

Bahnhöfe Der Bahnhof Kassel-Wilhelmshöhe ist seit 1991 Fernbahnhof der Stadt

lagen außer dem Güterb. dieser Gesellschaft derjenige der Hannoverschen Staatsbahn und deren Werkstätte.
Nach der Übernahme der drei Eisenbahngesellschaften durch die preuß. Staatsbahn bis zu Beginn der 1880er Jahre wurden die Werkstätten auf der S-Seite des B.s konzentriert. Im Rahmen eines ersten großen Umbaus in den Jahren 1899–1903 kamen an die Stelle der bisher vier Bahnsteigkanten sechs. Zu Beginn des 20. Jhs. erhielt die Hauptwerkstätte, das spätere → *Ausbesserungswerk*, einen neuen Standort. Die alten Anlagen auf der S-Seite des Hauptb.s wurden sukzessive aufgegeben. Wegen des zunehmenden Verkehrs wurde zwischen 1909 und 1913 der Hauptb. völlig umgestaltet. Der N-Flügel des Empfangsgebäudes wurde abgebrochen und der Personenb. verbreitert, so dass schließlich 13 Bahnsteiggleise zur Verfügung standen. Der Güterb. wurde ca. 100 m nordwärts neu angelegt. Das dafür erforderliche Gelände gewann man durch Aufschüttung tiefer gelegener Areale. Ergänzend erfolgte die Schaffung zusätzlicher Einfahrgleise aus den Richtungen Warburg und → *Wilhelmshöhe*, die niveaufrei im Bahnhofsvorfeld Ausfahrgleise kreuzten, um die Zahl wechselseitiger Behinderungen ein- und ausfahrender Züge zu vermindern. Der Mangel an Abstellgleisen im Personenb. wurde erst um 1960 durch Schaffung des Abstellb.s neben den Streckengleisen von Hannover beseitigt.
Der Hauptb. erlitt im → *Zweiten Weltkrieg* erhebliche Bombenschäden, wurde aber in seinen Grundzügen wieder vollständig aufgebaut (→ *Wiederaufbau*). 2006/07 wurden drei Bahnsteiggleise abgesenkt, unter dem Empfangsgebäude hindurchgeführt und mit dem Netz der → *Straßenbahn* verbunden. Der Güterb. am Hauptb. erhielt 1881 eine Anbindung an den damals eröffneten Rangierb. und diente seit dem späten 19. Jh. in erster Linie dem Stück- und Eilgut- sowie dem Viehverkehr. Auch richtete die Deutsche Bundesbahn hier 1956 eine Stückgutumladestelle ein, die bis zur Aufgabe des Stückgutverkehrs in den 1990er Jahren in Betrieb blieb. Inzwischen ist der Güterb. stillgelegt.
Der 1848 eröffnete → *Bahnhof Wilhelmshöhe* unterlag im Zusammenhang mit dem Bau des Rangierb.s sowie der Einführung der Waldkappeler Bahn erheblichen Erweiterungen und wurde tiefer gelegt. Nach der Einführung der Neubaustrecke Würzburg – Hannover erfuhr der B. einen vollständigen Umbau und ersetzte 1991 den Hauptb. in seiner Funktion als Fernb. Der B. Unterstadt entstand 1872 als Güterb. für den Verkehr der Halle-Kasseler-Eisenbahn. Nach dem Übergang zum Staatsbahnsystem in → *Preußen* diente der B. in erster Linie dem Wagenladungsverkehr. 1969 gehörte Ks.-Unterstadt zur ersten Generation der Containerb. der Deutschen Bundesbahn. Mitte der 1990er Jahre wurde der Containerverkehr hier eingestellt. Von Ks.-Unterstadt werden jetzt nur noch wenige Anschlüsse bedient. Den Bau des Rangierb. ordnete die preußische Regierung 1869 im Zusammenhang mit der Konzessionierung des letzten Abschnittes der Halle-Kasseler-Eisenbahn an. Der 1881 vollendete B. weist unverändert regen Verkehr auf, hat allerdings entstehungsbedingte Mängel. Bei ihrer Eröffnung besaß die Strecke nach Waldkappel östlich von Ks.-Wilhelmshöhe B. in → *Niederzwehren* und → *Bettenhausen*. Vom B. Ks.-Niederzwehren wird jetzt im Wesentlichen noch ein Elektrizitätswerk bedient. Ks.-Bettenhausen ist bis heute ein Güterb. mit hohem Aufkommen. Südlich vom Staatsb. lag der Kleinb. der Söhrebahn, auf dessen Areal sich noch Gleisanlagen befinden. Zwischen 1897 und 1902 wurde der Haltepunkt Ks.-Waldau angelegt. Ca. 200 m westl. von ihm mündet seit 1983 ein Industriestammgleis aus dem Industriegebiet → *Waldau* in die Strecke ein, an das zuvor über einen Restabschnitt der Söhrebahn bediente Industriebetriebe angebunden wurden. Seit 2004 befindet sich im Industriegebiet ein Container-Umschlagb. Am 1.6.1893 erhielt → *Harleshausen* einen Haltepunkt, im gleichen

Bahnhöfe Bis heute herrscht reger Verkehr im 1881 eröffneten Rangierbahnhof Kassel

Jahr auch → *Oberzwehren*. Beide Stationen sind bis heute vorhanden. Ein weiterer Haltepunkt wurde für → *Kirchditmold* am 1.10.1905 eröffnet. Dieser, am Nebenbahngleis zwischen Wilhelmshöhe und dem Hauptb. gelegen, ist später zum B. ausgebaut worden. Nach der Stilllegung des Nebenbahnabschnittes wurde das Bahnhofsareal aufgeschüttet und darauf ein Park eingerichtet. Die Kleinbahn nach Naumburg legte bei ihrer Eröffnung neben Wilhelmshöhe einen Personenb., ca. 1 km südl. davon einen Güterb. – Ks.-Wilhelmshöhe Süd – sowie den Haltepunkt Niederzwehren Fürstenallee, später umbenannt in Niederzwehren Kleinb., und den B. → *Nordshausen* an. Der Kleinb. Ks.-Wilhelmshöhe wurde 1970 abgebrochen. Auf dem Areal des Güterb.s Ks.-Wilhelmshöhe Süd entsteht derzeit ein Betriebsb. für Triebwagen, die seit 2006 im nordhessischen Regionalverkehr von einer neuen Betreibergesellschaft (Cantus) eingesetzt werden. Am ehemaligen B. Nordshausen findet kein Güterverkehr mehr statt. Die 1,6 km lange Strecke zum Kasseler → *Hafen*, eröffnet am 1.8.1895 und später zur Anschlussbahn degradiert, bekam am 15.8.1904 einen Güterb. Zwar zählt er nicht mehr zu den Tarifb., aber seit 2007 wird auf seinen Gleisen Holz verladen. *lmü*

Lit.: Koch/Schmidt, Kassel; Kassel-Naumburger-Eisenbahn.

Der **Bahnhof Wilhelmshöhe** besaß als Bahnstation für den Kurfürsten und seinen Hof im Ort → *Wahlershausen* unterhalb des → *Schlosses Wilhelmshöhe* eine besondere Bedeutung. Nach Ausweis der Situationspläne war das Gebäude von Anfang an südl. des Kreuzungspunktes von Bahntrasse und → *Wilhelmshöher Allee* vorgesehen, ungefähr dort, wo sich auch heute der moderne Fernbahnhof befindet. Der Direktor der kurhessischen Staatsbahnen → *Julius Eugen Ruhl* lieferte persönlich unterschiedliche Entwürfe für das 1848/49 erbaute Stationsgebäude an der Strecke von Ks. nach Guntershausen. Der relativ schlichte, zweigeschossige Backsteinbau enthielt einen separat zugänglichen Wartesaal für die „Allerhöchste Landesherrschaft" nebst einem „Laquaienzimmer". Am 29.12.1849 konnte der Bahnhof mit der Fertigstellung des Abschnitts Ks. – Guntershausen, der Gemeinschaftsstrecke von Kurfürst-Friedrich-Wilhelms-Nord-Bahn und Main-Weser-Bahn, in Betrieb genommen werden. Besondere historische Bedeutung erhielt der B. am 5.9.1870, als → *Napoléon III.* hier eintraf, der als Gefangener König Wilhelms I. im Schloss Wilhelmshöhe wohnte. Im Laufe der Zeit fast bis zur Unkenntlichkeit umgebaut, musste der Bahnhof in den 1980er Jahren dem Bau des großen IC-Bahnhofs weichen. Der von den Architekten Andreas Brandt & Rudolf Böttcher entworfene umfangreiche Neubau mit der markanten und umstrittenen Säulenhalle wurde 1991 von Bundespräsident Richard von Weizsäcker eingeweiht. *uh*

Lit.: Online-Kat. MHK.

Blick auf Kassels neuen Container-Bahnhof im Industriegebiet Waldau

Diese Lithographie zeigt den Bahnhof Wilhelmshöhe um 1860

Lebensbeschreibung

von

Friderika Baldinger

von ihr selbst verfaßt.

Herausgegeben

und mit einer Vorrede begleitet

von

Sophie, Wittwe von la Roche

Offenbach

bei Ulrich Weiß und Carl Ludwig Brede.

1791.

Titelblatt der Lebenserinnerungen von Friederika Baldinger aus dem Jahr 1791

Baldinger, Dorothea Friederika, geb. Gutbier (* 9.9.1739 Großengottern, † Januar 1786 Marburg), war das dritte und jüngste Kind von Johann Christian und Johanna Elisabeth Gutbier, geb. Lanzenberg. B. wuchs in Langensalza auf, wo ihr Vater als Pfarrer tätig war. Er starb früh, und seine Witwe verlor im Siebenjährigen Krieg ihr Vermögen. Im Haus einer Tante begann B., auch andere Lektüre als die von ihrer Mutter favorisierte Bibel zu lesen. In ihrer Lebensbeschreibung berichtet sie, dass besonders die „Göttinger Anzeigen von gelehrten Sachen" sie beeindruckten, weil dort von Gelehrten die Rede war wie von Personen aus dem hohen Adel im „Hinkenden Bothen" (einem populären Kalender der Zeit). 1764 heiratete B. den Arzt → *Ernst Gottfried Baldinger*. Mit ihm lebte sie zunächst in Langensalza, und ab 1773 in Göttingen, wohin er als Professor für Medizin berufen worden war. In Göttingen zählten der Physiker Georg Christoph Lichtenberg und sein Lehrer, der Mathematiker Abraham Gotthelf Kästner, zu B.s Freunden. 1783 zog die Familie nach Ks., wo sie die Bekanntschaft von Therese und → *Georg Forster* machte, aber schon 1786 ging es weiter nach Marburg. 1791 edierte Sophie von La Roche posthum B.s Lebensbeschreibung. *ch*

Lit.: La Roche, Lebensbeschreibung; Heuser, Ich wünschte.

Baldinger, Ernst Gottfried (* 18.5.1738 Groß-Vargula/Erfurt, † 2.1.1804 Marburg) studierte Medizin an den Universitäten Erfurt, Halle und Jena. 1760 wurde er in Jena zum Dr. med. promoviert und erhielt die Erlaubnis, Vorlesungen zu halten. Nach einer Tätigkeit als preuß. Militärarzt in Torgau und Lehrtätigkeit in Wittenberg ließ er sich 1763 als praktischer Arzt in Langensalza nieder. 1768 wurde er Prof. in Jena, 1773 in Göttingen, wo er ein Collegium Clinicum zur praktischen Ausbildung der Studenten errichtete. Mehrere seiner Schüler wie etwa → *Samuel Thomas Soemmerring* wurden selbst bedeutende Mediziner. 1782 wurde er von Lgf. → *Friedrich II.* mit einer hohen Dotierung von 2.000 Talern nach Ks. berufen. Er wurde Hofrat, Leibarzt, Arzt der Kadetten und der Garde, Mitglied des Collegiums Medicum und Prof. der Praktischen Medizin am → *Collegium Carolinum,* wo er 1785 auch das Amt des Prorektors erhielt. Er las in Ks. v. a. über Pathologie und Therapie. Daneben hatte er eine umfangreiche Privatpraxis. B. wurde Mitglied der → *Gesellschaft der Alterthümer*. Aufgrund seines Vorschlags zur Neuorganisation des Collegiums Carolinum wurde er zum Sommersemester 1786 mit mehreren seiner Kollegen an die Univ. Marburg versetzt, wo er ein medizinisches Leseinstitut gründete. B. verfasste zahlr. medizinische Schriften und gab Zeitschriften heraus. Seine Bibliothek umfasste 1804 nahezu 19.000 Bände und mehr als 12.000 Dissertationen. *em*

Lit.: Mross, Baldinger; ADB; NDB.

Ballhaus Wilhelmshöhe König → *Jérôme* war äußerst theaterbegeistert und ließ sich für private Aufführungen im Weißensteinflügel von → *Schloss Wilhelmshöhe* ein kleines Theater einrichten. Ein weiteres Theater wurde als eigenständiges, größeres Gebäude direkt nördlich des Kirchflügels errichtet. Es bildete den Ursprung des B. 1808 beauftragte Jérôme den jungen Architekten → *Leo von Klenze* mit der Planung. 1809/10 entstand

Auch heute noch dient das Ballhaus mit seiner prachtvollen Innenausstattung, die es 1828 unter Kurfürst Wilhelm II. durch den Kasseler Architekten Johann Conrad Bromeis erhielt, als beliebter Veranstaltungsort

ein längsrechteckiges, eingeschossiges Gebäude mit Foyer, Zuschauerraum mit zweigeschossigen Logen und Bühne. Die Räume waren äußerst prachtvoll ausgestattet und wurden von → *Grandjean de Montigny* dekoriert. Mit ihm entstand ein Musterbeispiel des französischen Empire-Stils in Deutschland, das sich stark an den Interieurentwürfen des Franzosen Charles Percier orientierte. 1812 nahm, sehr zum Ärger Klenzes, → *Heinrich Christoph Jussow* einige Veränderungen vor, um das Theater auch für Opernaufführungen zu nutzen. Der Bau wurde durch eine eingeschossige Galerie in chinoisen Formen mit dem Kirchflügel verbunden, die einen überdachten Zugang vom Schloss aus ermöglichte. Nach der Rückkehr Kurfürst → *Wilhelms I.* aus dem Exil 1813 wurde die Galerie abgebrochen und in den → *Mulang* versetzt. Das Theater war ungenutzt, bis sich → *Wilhelm II.* 1822 zur Wiederaufnahme des Spielbetriebs entschied. 1828 beschloss er allerdings den Umbau des Theaters zu einem öffentlichen Ballsaal. Die Entwürfe hierzu fertigte → *Johann Conrad Bromeis*. Anstelle von Zuschauer- und Bühnenraum entstand ein großer Saal mit flach gewölbter Decke, dessen Wände korinthische Halbsäulen gliederten. Die dazwischen liegenden Wandfelder und das Gebälk über den Säulen wurden durch den Dekorationsmaler Carl Greineisen bis 1829 reich mit Arabesken, Grotesken und allerlei exotischen Vögeln bemalt, der Plafond der Flachtonne von Peter Osterhof mit Kassetten und Blumengirlanden verziert. So entstand ein heiter-festlich wirkender Raum. Anstelle des alten Foyers wurde das Büffetzimmer eingerichtet, das ebenfalls Osterhof mit Malereien schmückte. 1830 waren die Arbeiten beendet. Das B. diente in der Folge als Tanzsaal für den Hof. Die preuß. Hohenzollern nutzten das B. um die Wende zum 20. Jh. als Tennishalle, und 1945 wurde es zum Kasino der amerikan. Provinzialregierung. Nach einer umfassenden Instandsetzung 1975–80 dient es seit 1986 im Sommer als Wechselausstellungsraum. Als einziger unzerstörter Raum des Architekten Bromeis in Ks. kommt dem B. nach dem unersetzlichen Verlust des → *Residenzpalais* ein besonderer Stellenwert zu. *co*

Lit.: Hildebrand, Theater; Buttlar/Weber/Schmid, Kassel.

Bantzer, Carl (* 6.8.1857 Ziegenhain, † 19.12.1941 Marburg) verbrachte seine Jugendzeit ab 1863 in Marburg, es folgte ein Studium der Malerei an der Berliner (1876–80) und an der Dresdener Akademie (1881). 1880/81 leistete er eine einjährige freiwillige Militärdienstzeit. 1882 erster Parisaufenthalt, wo er den französischen Impressionismus kennen lernte, welcher ihn aber nur z. T. beeinflusste. Er lebte zeitweise als freier Künstler in der Malerkolonie Willingshausen. Frühen Erfolg hatte er mit dem Verkauf des Gemäldes „Wallfahrer am Grabe der heiligen Elisabeth“ an die Dresdener Galerie Neue Meister (1889). Nach langen Vorarbeiten entstand 1892 eines seiner Hauptwerke, die „Abendmahlsfeier in einer hessischen Dorfkirche“ (1899 Ankauf durch die Nationalgalerie Berlin, 1968 Verkauf an das Universitätsmuseum Marburg). 1896 wurde B. Lehrer, ein Jahr später Prof. an der Dresdener Akademie, ab 1908 – nach der Rufablehnung der Düsseldorfer Akademie – mit Meisteratelier. 1918 wurde B. Direktor und erster Lehrer der → *Kunstakademie* in Ks. Nach seinem dortigen Ausscheiden (1923) siedelte er nach Marburg um, wo er den Auftrag für das allegorisch aufgefasste Rathausbild „Der Weg des Lebens“ (1927–30) und die Ehrenbürgerschaft (1932) erhielt. Seine selbst erklärte „bodenständige Kunst“ war von missbräuchlicher Vereinnahmung durch den Nationalsozialismus nicht frei. Landschafts- und Familienbilder belegen seine stilistische Bandbreite. *at*

Lit.: Bantzer.

Baugewerkschule Anfänge einer höher qualifizierten baugewerbl. Ausbildung gab es bereits unter Lgf. → *Moritz*. → *Simon Louis du Ry* forderte einen Lehrstuhl für „Bürgerl. Baukunst“ am 1709 gegründeten → *Collegium Carolinum*, der 1766 eingerichtet und mit ihm besetzt wurde. 1775 wurde die Maler- und

Ballhaus Théâtre de Napoleonshöhe, Kupferstich von Leo von Klenze aus dem Jahr 1809

Carl Bantzer, Abendmahlsfeier in einer hessischen Dorfkirche, Öl auf Leinwand, 1892

Bildhauer-Akademie gegründet, an die 1781 eine Bauakademie angegliedert wurde. Leiter war zuerst du Ry, dann → *H. Christoph Jussow.* 1832 wurde die Ausbildung an die Höhere Gewerbeschule (→ *Polytechnikum*) verlegt. Lehrer war dort u. a. der Neugotiker → *Georg Ungewitter.* Nachdem das Polytechnikum 1888 geschlossen worden war, gab es eine Klasse für Baukonstruktionszeichnen an der → *Kunstgewerbeschule.* 1896 wurde vom Leiter der Kunstgewerbeschule auch die Leitung einer B. übernommen. Die Kgl. B. wurde dann 1908 zusammen mit einer Tiefbauabteilung selbstständig. Nach dem Ersten Weltkrieg wurde die Staatliche B. in Staatsbauschule umbenannt. Das Gebäude dieser Schule in der Kölnischen Str. wurde in der Bombennacht 1943 vernichtet. 1946 begann man wieder mit dem Unterricht in einer Baracke in der → *Goethe-Anlage.* 1955 bezog man das Gebäude in der → *Wilhelmshöher Allee.* 1970 wurde die Staatsbauschule in eine Fachhochschule umgewandelt und später dann in die neugegründete Gesamthochschule, heute → *Universität* Ks. integriert. *hbe*

Lit.: 40 Jahre Bauingenieur-Studium, 46/86.

Wappen der Stadt Baunatal

Baunatal, die größte Stadt des → *Landkreises* (2007: 28.000 Einwohner), entstand durch den Zusammenschluss von sieben ehemaligen eigenständigen Gemeinden als Folge der Ansiedlung eines → *Volkswagen-Werks* im Jahre 1957. Dem schnellen Aufbau des Werkes folgte eine tief greifende Umstrukturierung des Umlandes. Die finanzstarke Betriebsgemeinde Altenbauna schloss sich 1964 mit Altenritte und Kirchbauna zur Gemeinde B. zusammen. Mit dem Anschluss der Nachbargemeinde Großenritte erhielt B. am 1.7.1966 die Stadtrechte verliehen. Nach der Eingliederung von Hertingshausen 1971 sowie von Rengershausen und Guntershausen 1972 zählte B. 1974 bereits 20.000 Einwohner. Nach der Stadtgründung galt es, neben dem Bau von Wohnungen für die VW-Mitarbeiter, städtische Strukturen aufzubauen, aber auch das Eigenleben der Stadtteile zu fördern. Mit der Anerkennung B.s als Entwicklungsmaßnahme nach dem Städtebauförderungsgesetz im Mai 1974 und der Einstufung als Mittelzentrum im Landesentwicklungsplan konnten die notwendigen Baumaßnahmen langfristig geplant und bis Ende der 1990er Jahre weitgehend umgesetzt werden. Die Hauptziele waren: Bebauung der Freiflächen zwischen den Stadtteilen zu einer Siedlungseinheit, Schaffung eines Stadtzentrums mit öffentlichen und privaten Infrastruktureinrichtungen und Beseitigung der Monostruktur durch die Abhängigkeit von der Wirtschaftskraft des VW-Konzerns. In unmittelbarer Nähe des neuen Stadtmittelpunktes mit Stadthalle und Rathaus entstand der 50 ha große Stadtpark, ein Schul-, Freizeit- und Sportzentrum mit Parkstadion, Aqua-Park und Rundsporthalle. V. a. über die Sportförderung sollte das Gemeinschaftsgefühl zwischen den Alt- und Neubürgern gestärkt werden. Ein Höhepunkt in der jungen Stadtgeschichte war die Ausrichtung des → *Hessentage*s im Jahr 1999. Zu einem Wirtschaftsmotor der Region entwickelte sich ein direkt an der A 49 gelegenes und weiter ausbaufähiges Industrie- und Gewerbegebiet. Neben dem Original-Teile-Center von VW siedelten sich v. a. Zulieferfirmen und Speditionen an. Seit 2008 befindet sich hier das Metakus-Anwendungszentrum Metallformgebung der UnikasselTransfer GmbH, eine Dienstleistungseinrichtung der → *Universität* Ks. *kme*

Lit.: Chronik Baunatal, Bd. 4;
Baunatal, Städtebauliche Entwicklungsmaßnahme.

Beamte Ks. war und ist eine Stadt der B., davon zeugen bereits die zahlreichen Gebäude der öff. Hand in den Bereichen Rechtsprechung, Verwaltung, Kultur- und → *Schulwesen.* Als öff. Arbeitgeber fallen das → *Bundessozialgericht* und das Bundespolizeipräsidium Mitte, die hess. Finanz- (→ *Finanzgericht*), Verwaltungs- und Sozialgerichtshöfe (→ *Sozialgericht*), der Zivilsenat des Oberlandesgerichts (→ *Gerichtswesen*), das → *Regierungspräsidium* für die Region Nordhessen, das Amt für Straßen- und Verkehrswesen Ks., die Finanz-, Kreis- und Stadtverwaltung in Ks., die allgemeinen und berufsbildenden Schulen sowie die → *Universität* Ks. ins Gewicht. Die Beschäftigten von Bund, Land, Kreis und Kommune zählen in Ks. nach Tausenden. Angesichts der strukturellen Schwäche der → *Industrie* im nördl. Hessen sind die steuerfinanzierten Einkommen von B. und Angestellten im öff. Dienst unverzichtbar auch für den Handel, das → *Handwerk* und das Dienstleistungsgewerbe in Stadt und Umland. Diese große Bedeutung der öff. Hand und ihrer Amtsträger hat eine lange Geschichte in Hessen, denn Ähnliches galt bereits vom Spätmittelalter bis zur Mitte des 19. Jhs.: In dieser Epoche trug Ks. ganz das Gepräge der Haupt- und Residenzstadt, der → *Landgrafschaft* bzw. des → *Kurfürstentums* Hessen. Der fürstliche Hof, das Militär und die Behörden nahmen großen Einfluss auf das Leben in der Stadt. Hinzu kam, dass auch in dieser Zeit viele Einwohner der Stadt – die Handwerker und ihre Frauen, Gastwirte, Tagelöhner, Dienstmägde und Fuhrknechte – in der einen oder anderen Weise vom Fürsten und seinem Herrschaftsapparat abhängig waren, sei es als Lieferanten von Alltags- und Luxusgütern, als Anbieter von Dienstleistungen oder als Arbeitskräfte.

Der moderne Staatsb. betrat erst an der Wende vom 18. zum 19. Jh. die historische Bühne. Noch um das Jahr 1800 gab es weder in Hessen noch in anderen Reichsterritorien B. die einem abstrakten Gemeinwohlgedanken verpflichtet, ausschließlich gesatztem Recht unterworfen und auf eine Verfassung vereidigt gewesen wären. Gleichwohl gab es Personen, die Aufgaben innerhalb von Rechtsprechung, Steuererhebung und Verwaltung übernahmen, Amtsträger mithin, die Funktionen wahrnahmen, die man gemeinhin als Staatsaufgaben ansieht. Man kann diesen Personenkreis zum erweiterten Haushalt des regierenden Fürsten zählen. Jeder Amtsträger war an die Dynastie durch einen privatrechtlichen Arbeitsvertrag gebunden, der ihn verpflichtete, sowohl das Interesse des Fürsten wahrzunehmen als auch jedermann unparteiisch zu seinem Recht zu verhelfen. Mögliche Loyalitätskonflikte, die sich hinter diesen widersprüchl. Anforderungen verbargen, blieben ausgeklammert. Erst seit der napoleonischen Zeit entwickelte sich ein eigenständiges Dienstrecht für Staatsb., das anschließend zu einem wesentlichen Bestandteil der öffentlichen-rechtlichen Sphäre wurde. In das moderne Dienstrecht ragten allerdings bis 1918, solange das monarchische Prinzip seine Gültigkeit behielt, Restbestände aus den alten privatrechtlichen Dienstverträgen hinein, immer dort nämlich, wo auf die persönliche Loyalität des B. zum Fürsten und zur Dynastie rekurriert wurde und die abstrakt-anstaltsstaatlichen Ziele dahinter zurückzutreten hatten.

Die Amtsträger der hessischen Landgrafen und Kurfürsten ähnelten insoweit modernen B., als sie in der Regel fachgeschult waren und im Laufe ihres Dienstes relativ klar vorgezeichnete Karrieren durchliefen. Dabei kann man die gelehrten Räte, die ein Universitätsstudium absolviert hatten, von den Schreibern, Registratoren und dem rechnungsführenden Personal der Finanzverwaltung unterscheiden, die innerhalb der Behörden ausgebildet wurden. Die fürstlichen Räte entstammten einigen Familienverbänden, zum einen des ritterschaftl. Adels aus Hessen und des protestant. Norddeutschlands, zum anderen des Bürgertums der hess. Städte. Insbesondere Kassels Adelige und bürgerliche Amtsträger genossen die Privilegien von sog. Schriftsässigen, die ihnen Zutritt bei Hofe, privilegierten Gerichtsstand, Verschonung vor der Rekrutierung zur Armee und weitgehende Steuerfreiheit gewähren. Ein standesgemäßes Einkommen war dagegen mit dem fürstl. Dienst nicht unbedingt verbunden; weitere Einkünfte aus Gutsbesitz oder Geldvermögen waren erforderlich, um v. a. die langen Phasen der Ausbildung und der unbezahlten Tätigkeit eines Assessors zu überbrücken.

Angesichts ihrer rechtl. Privilegien, ihrer ständischen Ehre und ihrer sozial herausgehobe-

Beamte Stadtsteuer-Kasse Rathaus Innenansicht 1938

Finanzbeamte in der Hebestelle Gießbergstrasse, 1924

Blick auf das E-Werk von Beck & Henkel von Südwesten, links das Verwaltungsgebäude, angebaut sind Palmenbad und Gewächshaus, um 1900

nen Stellung gehörten die fürstlichen Amtsträger zwar zu den angesehenen Einwohnern der Stadt Ks., nicht aber zur Bürgerschaft. Erst mit der liberalen → *Verfassung 1831* und dem Staatsdienstgesetz wurden in Hessen-Ks. die Weichen zur Integration der B.schaft in die Staatsbürgergesellschaft gestellt. Die Verfassungen von 1919 und 1948 brachten diesen Prozess mit der Demokratisierung der politischen Institutionen und der Zulassung auch von Frauen als B. zum Abschluss. *sb*

Lit.: Brakensiek, Herausbildung, 105–146; Dülfer, Fürst, 150–223.

Beaumont → *Liquir*

Beck & Henkel Die Firma B. wurde am 11.10.1878 von dem 32-jährigen Fabrikanten Carl Beck, der die Firma rund 30 Jahre als Generaldirektor führen sollte, und dem erst 22-jährigen Ingenieur und Erfinder → *Gustav Henkel* als offene Handelsgesellschaft gegründet. Beck hatte einige Jahre eine Zündholzfabrik in St. Louis betrieben. Mit amerikanischer Technik vertraut, konstruierte er Zündholzmaschinen, die sogar ins Mutterland des Zündholzes, nach Schweden, exportiert wurden. Auch die erste südamerikan. Zündholzfabrik in Caracas wurde 1881 von B. erbaut. Anlass für die Gründung der Gesellschaft B. war die Konstruktion einer Lokomotive mit angebauten Wagen, die einige Jahre auf der Strecke → *Königsplatz* – → *Wilhelmshöhe* fuhr, sich aber letztlich nicht durchsetzen konnte. Die in Ks. erprobte Technik wurde dann bei anderen dampfmaschinenbetriebenen Geräten eingesetzt, u. a. bei 60 Portalkränen, die 1888 an den Hamburger Hafen geliefert wurden. Infolge dieses Auftrags konnte B. am 7.11.1889 in Maschinenbau-AG vorm. Beck & Henkel umbenannt werden. Für den Kasseler Schlachthof wurde die Henkel'sche Sicherheitswinde entwickelt, B. wurde zum führenden europäischen Schlachthofausstatter; außerdem wurden Anlagen in Südamerika gebaut. Daraus entwickelte sich auch der Kläranlagenbau. Darüber hinaus spielte B. eine führende Rolle im Lasten- und Personenaufzugbau. In den 1890er Jahren holte Henkel Dr. Wilhelm Schmidt, den Erfinder der Heißdampf- und Hochdrucktechnik, nach Ks. und experimentierte erfolgreich mit entsprechenden Konstruktionen, bevor er sich aus der Firma zurückzog und mit Schmidt die → *Schmidt'sche Heißdampf GmbH* gründete. Zu Beginn der 1930er Jahre hatte die AG einen wirtschaftlichen Einbruch zu verzeichnen, der dazu führte, dass sie 1934 einen Kapitalschnitt im Verhältnis 10:1 machen musste. Im Februar 1935 erfolgte die Börsennotiz, zunächst mit 300 Aktien à 100 RM und 300 Aktien à 1.000 RM. Der Turn-Around gelang und am Ende des Jahres schlugen schon wieder Sanierungsgewinne zu Buche. Im September 1940 erfolgte eine Kapitalerhöhung und im November 1941 eine weitere, die sich tlw. durch

Umwandlung von Kapital aus Vorzugsaktien in Stammaktien ergab. Die Zerstörungen des Krieges brachten die Firma vorübergehend zum Stillstand, nach dem → *Wiederaufbau* konnte sie erfolgreich weiterarbeiten. 1966 wurde von der Hauptversammlung die Genehmigung erteilt, das Stammkapital von 2 auf 3 Mio. DM anzuheben. Im gleichen Jahr wurde ein Zweigwerk in Gudensberg eröffnet, wohin B. 1969 endgültig unter gleichzeitiger Umstrukturierung in eine GmbH umsiedelte. Die frei werdenden Fabrikhallen an der Ecke Wolfhager Str./Wring wurden von → *Wegmann & Co.* übernommen. Mittlerweile ging B. im Rheinmetall-Konzern auf. *ds*

Qu./Lit.: Klaube, Chronik; StAKs; Suppes, Bewertungskatalog.

Beckett, Samuel (* 13.4.1906 Dublin, † 22.12.1989 Paris), irischer Schriftsteller, der 1969 den Literaturnobelpreis erhielt. B. wurde bekannt als Autor absurder Theaterstücke und Romane (u. a. „Molloy", 1951; „Warten auf Godot", 1952; „Endspiel", 1957) sowie Essays, Gedichten und Drehbüchern. B. besuchte Ks. in der Zeit von 1928 bis 1932 mindestens acht Mal. Er war Gast der Familie Sinclair, denn Cissie Sinclair war B.s Tante väterlicherseits, die in der Landgrafenstr. 5 (heute Bodelschwinghstr.) lebte. B. hatte sich in seine Cousine Peggy verliebt. Sie ist die Protagonistin seines erst posthum veröffentlichten Romandebüts „Dream of Fair to Middling Women" und war das Vorbild für „Smeraldina". Der Roman beschreibt in nahezu autobiographischer Form seine erste große Liebe und die damit einhergehenden Erlebnisse in Ks. Ende der 1920er Jahre. William Sinclair, ein jüdischer Kunst- und Antiquitätenhändler, weckte B.s Interesse an bildender Kunst, besonders an der deutschen Avantgarde. 1933 starb Peggy an Lungentuberkulose und die Sinclairs, die unter dem herrschenden → *Antisemitismus* litten, verließen Deutschland nach 11 Jahren Aufenthalt in Ks. und kehrten nach Dublin zurück. B. entschied sich, nie wieder nach Ks. zu kommen und lebte seitdem zumeist in Paris. Heute erinnern eine Gedenktafel in der Bodelschwinghstr. 5 an B.s Aufenthalt in Ks. und die B.-Gesellschaft an B. als einen der größten Dichter des 20. Jhs. *mg*

Lit.: Beckett.

Befreiung 1945 Die Deutschen streckten die Waffen in Etappen, die meisten Gemeinden und Städte schon vor dem 7./8. Mai, der Unterzeichnung der Kapitulationsurkunden in Reims und Berlin-Karlshorst. Ks. war kurz vor Toresschluss zur Festung erklärt worden. Die Kräfte für die Verteidigung waren jedoch unzureichend, so dass der Kampfkommandant von Erxleben am 4.4. die Stadt an die einrückenden US-Truppen übergab. Zuvor hatten sich bereits die Gau- und die Kreisleitung, allen voran Gauleiter → *Karl Gerland,* in Richtung Harz abgesetzt. „Gegen das Benehmen der amerikanischen Soldaten, die gut ausgerüstet sind und gut aussehen", notierte der Gymnasiallehrer und Stadtarchivar → *Robert Friderici*, „ist bisher nichts einzuwenden". Der Chronist, der dies niederschrieb, lässt uns im Unklaren, mit welchen Empfindungen er den Einmarsch der Amerikaner begleitete. Die Mehrheit derer, die in der Ruinenwüste ausgeharrt hatten und keine verstockten Nazis waren, dürfte Erleichterung verspürt haben: Erleichterung darüber, dass nun keine Bomben mehr fallen und keine Sirenen mehr heulen würden, dass der Druck des Regimes (→ *NS-Zeit*), in steter Anspannung die letzten Reserven zu mobilisieren, vorbei war. Nur wenige wurden politisch aktiv, um am Aufbau eines neuen demokratischen Gemeinwesens mitzuwirken. Befreit im buchstäblichen Sinne des Wortes wurden allerdings Tausende von Zwangsarbeitern, Häftlingen in den Gefängnissen und Lagern, Deutsche und Nichtdeutsche.

„Hier ist eine deutsche Stadt ausradiert", konstatierte im März 1946 ein Journalist. Vor dem Krieg lebten 216.000 Menschen in Ks., im April 1945 nur noch 71.000, darunter fast 23.000 Ausländer: jene → *Displaced Persons*, die von den Dt. verschleppt worden waren und nun auf Heim- oder Weitertransport warteten. Bis Dezember 1945 stieg die Zahl der Einwohner wieder auf 114.000 an. Ks. war reichsweit eine der am meisten zerstörten Städte. Der Wohnungsbestand war um zwei Drittel dezimiert worden, der Zerstörungsgrad belief sich insgesamt auf über 75 %. Es gab kein Gas, keinen Strom, kaum Wasser; Telefon und Post funktionierten nicht, das Verkehrswesen lag darnieder. Vor dem Krieg waren 10.000 Fahrzeuge zugelassen, 1945 nur noch 500. Zur Unterbringung und Weiterleitung der Flüchtlinge, die in die

Ein Altersporträt von Samuel Beckett

Stadt strömten, wurden auf dem Ständeplatz Zelte aufgestellt, die 1.000–1.200 Personen Unterkunft boten. Von den 61 Schulbauten waren 29 völlig zerstört, nur 10 unbeschädigt. Für Aufräum- und Aufbauarbeiten gab es nicht genügend Arbeitskräfte; auswärtige Arbeiter, v. a. solche aus den Ostgebieten,

Befreiung 1945 Übergabe von Kassel, General McBride (links), General Max von Erxleben (rechts), am 04.04.1945

wurden mangels anderer Möglichkeiten in Lagern untergebracht. Trotz der widrigen Umstände gelang es, bis zur Jahreswende 1.100 beschädigte Wohnungen instandzusetzen. „Es fehlt beinahe an allem", war Ende Juni in einem Bericht des OBs zu lesen. Darunter fielen Güter des täglichen Bedarfs, Fleisch, Fett und Öl. Gekocht wurde mit Holz, da weder Gas noch ausreichend Kohle vorhanden war. Wohnungen wurden ebenso zugeteilt wie Nahrungsmittel: Die Behörden verwalteten den Mangel, reglementierten den Alltag; die Menschen litten Not, im harten Winter 1945/46 hungerten und froren sie.

Nach der Kapitulation ging es zunächst um die Beseitigung des Schutts, wobei die legendär gewordene Figur der Trümmerfrau geboren wurde, ferner um Reparaturen, um Wiederherstellung von Infrastruktur und Administration. Zu diesem Zweck hatte die Besatzungsmacht den städtischen Verwaltungsdirektor → *Willi Seidel*, vor 1933 Mitgl. der rechtsliberalen Deutschen Volkspartei, zum kommissarischen OB berufen. Ihm zur Seite standen die Sozialdemokraten Georg Häring (Wohlfahrtsdezernent), Hans Nitsche (Polizeipräsident) und → *Christian Wittrock* (Stadtrat). Im August genehmigte die US-Militärregierung die Gründung von → *Gewerkschaften*, kurz zuvor hatte sich ein kommunal-politischer Ausschuss gebildet, in dem sich Angehörige der vormaligen → *Parteien* (SPD, KPD, Zentrum, Liberale) zusammenfanden. Eine führende Rolle in der Stadt spielte die SPD, die sich am Kurs Kurt Schumachers, dem faktischen Parteivorsitzenden in den West-Zonen, orientierte und eine gemeinsame Front mit den Kommunisten ablehnte. Die offizielle Zulassung von Parteien erfolgte am 13.10.1945, deren förmliche Konstituierung wenige Tage darauf. Am 26.9.1945 lizenzierten die Amerikaner die erste Zeitung in deutscher Verantwortung, die „Hessischen Nachrichten". Auch das Theater konnte bald wieder seinen Betrieb aufnehmen: Am 11.11.1945 wurde die Spielzeit mit einem Klassiker, mit → *Goethes* „Iphigenie auf Tauris" eröffnet, allerdings nicht im zerstörten Stammhaus, sondern im Vestibül der Stadthalle. *jf*

Lit.: Coers-Dittmar/Link, Leben.

Bekker, Paul (*11.9.1882 Berlin, † 7.3.1937 New York) war einer der wichtigsten deutschen Musikpublizisten in der ersten Hälfte des 20. Jhs. Der preußische Kultusminister berief B. wegen seiner theoretischen und praktischen Reformziele für Musik und Theater 1925 zum Intendanten des Kasseler → *Staatstheaters*. Für B. zählten jenseits aller Effekte, Virtuosität und Gewohnheiten des bürgerl. Kulturbetriebs seiner Zeit nur die Qualität und Eigenart der in Konzert, Oper und Schauspiel aufgeführten Werke. Theater und Musik sollten nicht mehr Ort von Luxus und Amüsement, sondern für alle offen und demokratisch sein. Hiermit und mit seinem Eintreten für die „neue Musik" zog B. nationalistisch-kulturkonservative Angriffe auf sich, auch solche mit antisemitischen Argumenten (→ *Antisemitismus*), da der Vater des evang. B. Jude war. Gegen teilweise erbitterten Widerstand in Theater, Presse und Teilen des Kasseler Publikums gelang es ihm, mit dem von ihm berufenen Komponisten → *Ernst Krenek* den künstlerischen Niedergang des Kasseler Theaters zu stoppen. Er führte zahlreiche organisatorische und technische Neuerungen ein und gab künstlerischen Gesichtspunkten den Vorrang vor geschäftlichen. Weit über Ks. hinaus lenkte er die Aufmerksamkeit auf das Theater, u. a. durch Uraufführungen neuer Werke, insbesondere Kreneks, und durch einen Zyklus neu bearbeiteter älterer Kammer- und Spielopern. Obwohl seine Intendanz auch wirtschaftlich erfolgreich war, ging B. 1927 als Intendant nach Wiesbaden. 1933 emigrierte er zuerst nach Paris, später nach New York, wo der 1936 von den Nazis Ausgebürgerte verstarb. *ld*

Lit.: Eichhorn, Bekker.

Belagerungen Die relativ große und stark umwehrte mittelalterliche Stadt Ks. sah über lange Jh. keinen Krieg vor ihren Toren. Allerdings führten die Auseinandersetzungen zwischen dem Landgrafen einerseits und der Stadt und der Ritterschaft andererseits, bei denen es v. a. um Hoheitsrechte ging, zwischen 1378 und 1402 zu einigen Gefechten. Die einzige ernsthafte Beschießung der Stadt gab es 1385, als die Landesherren von Thüringen, Braunschweig und Mainz den Landgrafen in der Stadt belagerten: die Angreifer schossen von der Höhe des → *Weinbergs*, der auch später ein Verteidigungsschwachpunkt der Stadt blieb, mehr als 200 zentnerschwere Steinkugeln und 500 Feuerpfeile in die Stadt. Ks. war somit die erste Stadt im damaligen Hessen, die die verheerende Wirkung der neuen Feuerwaffen erfuhr. Danach gab es für 160 Jahre Frieden. Im → *Schmalkaldischen Krieg* blieb Ks. verschont, da der Feldzug in Süddeutschland stattfand. Den → *Dreißigjährigen Krieg* überstand Ks. unbeschadet. Dies geschah nicht aufgrund Kassels Verteidigungsfähigkeit, denn schon damals waren Festungen nicht mehr unbezwingbar. Vielmehr hatte die verfehlte Außen- und Militärpolitik des Lgf. → *Moritz* dazu geführt, dass er weder Verbündete noch ausreichendes Militär hatte und deshalb 1623–25 der kaiserliche General Tilly das Land regieren konnte. 1626 stand dieser mit seinen Truppen vor Ks., verwüstete das Vorgelände und drohte, die Stadt zu beschießen, die voll von Flüchtlingen war. Tilly zog jedoch zunächst nach Hannoversch Münden, das er niederbrannte, kehrte dann nach Ks. zurück und umzingelte es. Von einem Angriff blieb es verschont, da Tilly dem dän. König entgegenziehen musste. Zugleich sah Lgf. Moritz, wie aussichtslos seine Position war. Um seiner Stadt das gleiche Schicksal zu ersparen, verpflichtete er sich noch vor Tillys Abzug, den Weisungen des Kaisers zu folgen und alle Verbindungen zu den kaiserlichen Gegnern aufzugeben. So hatte Ks., anders als viele andere Städte, das große Glück, von den Grausamkeiten dieses Krieges verschont zu bleiben.

Die ersten Jahre des → *Siebenjährigen Krieges* brachten der Stadt erträgliche Belastungen: die französ. und alliierten hessisch-hannoverschen Truppen wechselten sich mehrfach im Besitz Kassels ab, sogar ohne Beschießungen, da die jeweiligen Inhaber der Stadt zu schwach für eine Verteidigung waren. So waren die Franzosen von Juli 1757 bis März 1758 in der Stadt, danach folgten braunschweigische Truppen bis zum Juli 1758, die wiederum ein französ. Heer vertrieb. Beschwerlich wurden für Ks. die Folgejahre. Die Alliierten ließen die Befestigungen um die → *Oberneustadt*, die schwächste Seite der Festung, in die Gärten zum → *Kratzenberg* hin durch Schanzen erweitern. Lgf. → *Friedrich II.* protestierte zwar gegen deren Ausbau und ließ die Vollendung der Werke verzögern; auf den Ablauf der Feldzüge hatte er aber gegen den Willen des Oberbefehlshabers, des Herzogs von Braunschweig, keinen wesentlichen Einfluss. Sinnvoll wäre sicherlich die vorgeschlagene Errichtung von starken, selbstständigen Außenforts auf dem

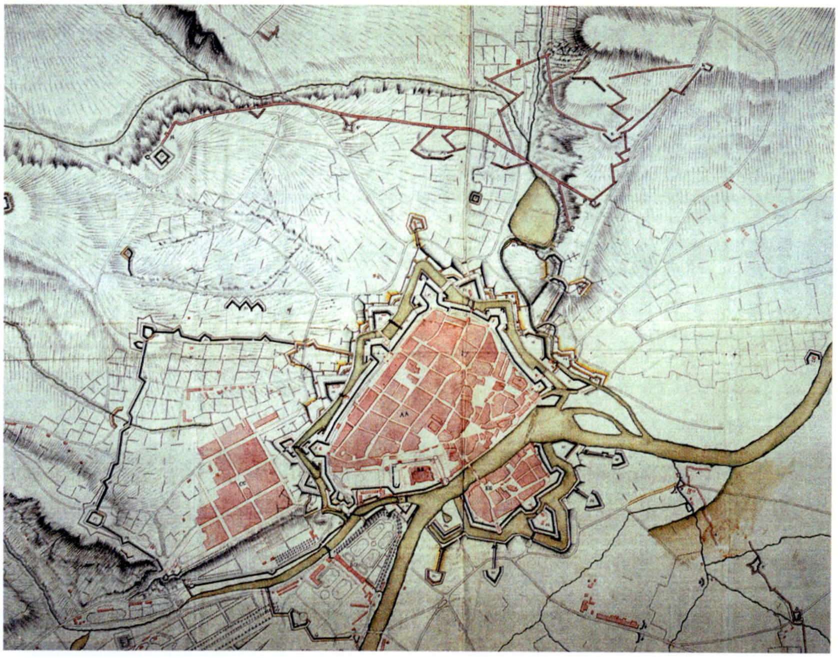

Karte von Kassel und Umgebung während der Belagerung im Oktober 1762

Weinberg und dem Kratzenberg gewesen, um eine Beschießung Kassels von diesen Höhen aus zu verhindern. Doch zu solch umfangreichen Baumaßnahmen kam es nicht.

Da die neuen Befestigungen beim Heranrücken der französischen Armee im Juli 1760 noch nicht fertig waren, überließen die Alliierten nach kurzem Gefecht die Stadt den Franzosen. Diese umschlossen nun die ganze Oberneustadt durch einen Erdwall mit kleinen Schanzen, die die Holländische Str. sowie den → *Möncheberg*, die → *Orangerie* und das Ahnaberger Tor sicherten, verstärkten die Bastionen Gießberg und Totenberg und brannten ringsum die Gärten und die Ahnaberger Vorstadt nieder, um freies Schussfeld zu bekommen. Da 8.000 Mann Besatzung in der Stadt untergebracht werden mussten, wurde es in vielen Häusern sehr eng. Die Franzosen erwarteten nun einen Angriff der Alliierten und forderten die Bevölkerung auf, für fünf Monate Vorräte anzulegen.

Die im März 1761 folgende B. durch alliierte Truppen setzte an den Schwachstellen der Festung an, durch Beschießung der Kratzen-

Belgiersiedlung Gartenseite einer typischen Häuserzeile, etwa 1953/54

berg-Schanzen und den Bau von Angriffsgräben vom Möncheberg her; auch die Stadt wurde unter Feuer genommen und erlitt erhebliche Schäden. Als die französ. Hauptarmee heranrückte, brachen die Alliierten die B. nach gut einem Monat ohne Erfolg ab. Die Franzosen richteten daraufhin ein festes Lager auf dem Kratzenberg ein und bauten weit draußen vor der Stadt weitere Schanzen. Bei der nächsten B. im Sommer 1762 blockierten die Alliierten die Versorgung der Stadt ringsum und schnitten den Eingeschlossenen die Fernwasserleitung der → *Drusel* ab, in der Annahme, sie könnten dadurch die Franzosen zur Kapitulation zwingen. Die totale Blockade brachte bald die Stadtbevölkerung in Not: 8.500 Bürger sollen aus der Stadt geflüchtet sein. Beim französischen Militär nahm die Fahnenflucht zu. Die Alliierten hatten erhebliche Probleme, sich der Stadt zu nähern, denn zunächst mussten sie die Schanzen erobern. Daraufhin setzten die Franzosen die Laufgräben der Alliierten vor der → *Unterneustadt* durch Aufstauen der Losse unter Wasser, richteten je Tag bis zu 3.000 Schüsse auf die Belagerer und konnten sich auf diese Weise gut zwei Monate halten. Danach setzte das Bombardement der Alliierten auf die Festungsanlagen ein, dem die Beschießung der Stadt folgte. Nach Angriffen auf den Reißberg und Totenberg übergaben die Franzosen die Festung und zogen am 4.11.1762 mit klingendem Spiel zum Leipziger Tor hinaus. Die Verluste der Bevölkerung waren in diesem Krieg nicht hoch, die Schäden an Gebäuden hingegen erheblich. 1767–74 ließ Lgf. Friedrich II. die Festung schleifen, danach war Ks. nicht mehr verteidigungsfähig. Der Nutzen von Festungsanlagen wurde nach den Erfahrungen des Siebenjährigen Krieges allgemein in Frage gestellt. So ergab sich 1806 die Stadt ohne jeden Widerstand den einrückenden Franzosen. Wie trügerisch jedoch die Hoffnung war, dass im Kriegsfall eine unbefestigte Stadt sicherer als eine befestigte sei, zeigte sich 1813, als Ks. durch russische Truppen beschossen und danach eingenommen wurde. *eb*

Lit.: Brohl, Festungen, 123–128; Brunner, Festung Kassel.

Die **Belgiersiedlung**, auch Belgische Siedlung, im Stadtteil → *Wehlheiden* ist in doppelter Hinsicht eine Besonderheit unter den Ksl. Wohnsiedlungen: Zum einen wurden die 103 Reihenhäuser und zwei Einzelhäuser 1952 in einer Rekordbauzeit von nur drei Monaten und unter Verwendung neuartiger Baumaterialien und Bauweisen für Angehörige der belgischen Truppen errichtet. Die von den Architekten Theo und → *Paul Bode* sowie → *Walter Grüning* (zugehörige Schule an der Adolfstr.) entworfenen Häuser mit je fünf bzw. sechs Wohnräumen waren für damalige Verhältnisse außerordentlich großzügig. Zum anderen war die Siedlung 1971 das erste bekannte Bsp. für eine Hausbesetzung in der Bundesrepublik, nachdem die Häuser nach dem Abzug der Belgier 1970 längere Zeit leer gestanden hatten. Damals herrschte in Ks. noch erheblicher Wohnraummangel. Unter Anleitung von Studierenden der Höheren Fachschule für Sozialpädagogik der Stadt Ks. und der Kirchlichen Höheren Fachschule für Sozialarbeit (Vorläufereinrichtungen des Fachbereichs Sozialwesen an der → *Universität*), hielten sich über 200 Personen, darunter viele Kinder, mehrere Monate bis zur Räumung mit anschließender Teilprivatisierung und Vermietung in einem Teil der Häuser auf. Die Familien stammten aus sog. „Schlichtwohnungen", die als Folge der medienwirksamen Besetzung nach und nach beseitigt wurden. Die B. zählt heute zu den beliebtesten Wohnquartieren Kassels und steht als Gesamtanlage unter Denkmalschutz. *cko*

Lit.: Wiegand, Kassel II.

Bellevue Blick auf die Schöne Aussicht, um 1910

Bellevue Die heutige Schöne Aussicht bildet die Schaufront der → *Oberneustadt* und galt bis 1943 als eine der schönsten Wohnstraßen Europas. Die Bebauung entstand hauptsächlich 1690–1740 als eine einheitlich gestaltete Häuserzeile zwischen → *Fünffensterstraße* und heutigem → *Friedrichsplatz*, in deren Mitte die Georgenstr. zur Oberneustädter Kirche führte; das ca. 1712–14 errichtete Observatorium war als Solitärbau deutlich abgesetzt. Mit Friedrichsplatz und Rennbahn wurde die B. ab 1767 Teil einer fast 700 m langen Aussichtsterrasse über dem Fuldatal, die bis zum → *Landgrafenschloss* reichte. Einige Häuser kamen ab 1730 in fürstlichen Besitz: Zuerst wurden Nr. 6 (Prinz Georg) und Nr. 4 (für die Gemäldesammlung → *Wilhelms VIII.*) erworben, 1763 auch Nr. 5. 1775 gründete Lgf. → *Friedrich II.* in Nr. 4 und 5 die → *Kunstakademie* (dort bis 1807). König → *Jérôme* fasste 1811 Nr. 2–6 mit weiteren Bauten an der Frankfurter Str. zum → *Schloss Bellevue* zusammen und schloss die letzte Baulücke (Nr. 3) mit einem Remisengebäude. Ein Marstall mit Reithalle (→ *Klenze*) im Garten des Palais B. wurde nach 1814 bis auf einen Flügel wieder abgebrochen, an dessen Stelle 1871–76 der Neubau der Gemäldegalerie entstand (→ *Neue Galerie*). Den südl. Blickpunkt bildet der → *Frühstückspavillon* (nach 1814). Zu den prominenten Bewohnern der B. zählen J. H.→ *Tischbein* (Nr. 11), die Brüder J., W. und L. E. → *Grimm* (Nr. 9 und 7), → *Spohr* (Nr. 10), → *Bunsen* (Nr. 9) sowie zahlreiche hohe → *Beamte* und Adlige; Nr. 7 war das Geburtshaus → *Malwida von Meysenbugs*, in Nr. 9 wohnte zeitweise der französische Gesandte. Die Wohnhäuser waren meist zweigeschossig, mit Mansarddach und mittlerem Zwerchhaus. Das erste Haus war Nr. 4 (um 1690, bis ca. 1730 noch mit einfachem Satteldach). Um 1709 folgten Nr. 5 und 6, wohl nach Entwürfen → *Gieslers*. Die Zeile Nr. 7–12 entstand ca. 1715–40 durch J. N. Prizier, der Nr. 12 selbst bezog. Der Geländeabfall zum heutigen Friedrichsplatz wurde in genialer Weise ausgeglichen, ein optisches Abrutschen der wichtigen Schaufront damit vermieden: Nr. 9/10 erhielten einen hohen Sockel, der bei Nr. 11/12 zum zusätzl. Vollgeschoss wurde; dieses erzwang ein schrittweises Ansteigen der Traufhöhe von Nr. 7/8 bis Nr. 11/12. Um die Höhensprünge zu verschleiern und die Mitte der Häuserzeile zu betonen, erhielten Nr. 9/10 höhere Geschosse, zusätzliche Seitenrisalite mit Zwerchhäusern und in den Mittelachsen Balkone. Aufstockungen und weitere Balkone beeinträchtigten im 19. Jh. jedoch das Gesamtkonzept. Nach Kriegsschäden entstanden anstelle von Nr. 10–12 die AOK (1956/57, K. Proll), anstelle von Nr. 3–8 Amts- und Landgericht (ab 1958, Throll und Schell, 1998–2006, Jourdan und Müller). Nr. 9 ist verändert wiederaufgebaut (Erdgeschoss original), von Nr. 6 sind drei Brüstungsgitter im → *Hessischen Landesmuseum* erhalten. Als Zubehör der Palais waren Terrassengärten am Auehang geplant, ausgeführt wurde nur der Garten von Nr. 6 (seit 1922 → *Kurhessische Kriegergedächtnisstätte*). *cp*

Lit.: Holtmeyer, 735ff., Presche, Baukunst.

Bergbau Fotografie der Braunkohlengrube Marie am Habichtswald mit Belegschaft am 17. Juni 1893

Berend-Groa, Ilse (* 2.2.1885 Landsberg, † 29.6.1972 Budapest), Schauspielerin, Schriftstellerin und Regisseurin, war von 1907 bis 1912 eine gefeierte Schauspielerin am Kasseler → *Hoftheater*. Hier lernte sie auch ihren ersten Mann, den Komiker und Regisseur Fritz Berend, kennen. Nach ihrem Engagement am Hoftheater stand B. als Gastschauspielerin weiter auf der Bühne, schrieb eigene Texte und arbeitete freiberuflich u. a. für Kasseler Zeitungen. Anfang der 1920er Jahre trat sie der KPD bei und ging für ein Jahr nach Berlin ans „Proletarische Theater" von Erwin Piscator. Wieder in Ks., gründete B. den „Proletkult Cassel", eine polit. Theatergruppe, die überwiegend mit Laiendarsteller/innen agierte und sozialistische Stücke – vornehmlich im Kasseler Stadtpark – aufführte. Gespielt wurden eigene und v. a. Werke der Schriftstellerin und Freundin Berta Lask. Alle Aufführungen des „Proletkults" wurden polizeilich überwacht. Nach Auflösung der Theatergruppe (1928) ging B. in die Sowjetunion ins Ensemble eines Moskauer Arbeitertheaters. 1932 kehrte sie nach Ks. zurück, berichtete in Vorträgen über ihre Erfahrungen und unterstützte die KPD in Propagandaveranstaltungen gegen die → *NSDAP*. 1933 erhielt B. Auftrittsverbot und flüchtete über Skandinavien erneut nach Moskau, wo sie mit Berta Lask zusammen wohnte und ihre Theaterarbeit wieder aufnahm. Dort heiratete sie ihren zweiten Mann, den ungarischen Philosophen Fogarasi, mit dem sie nach dem Zweiten Weltkrieg in Budapest lebte. *sm*

Qu./Lit.: Ilse Groa und der „Proletkult Cassel"; Berlin, Akademie der Künste, Berend-Groa Archiv.

Bergbau Der Metallb. reicht in Hessen bis in das Mittelalter zurück, wie auch viele Glashütten seit dieser Zeit die Wälder um Ks. nutzten. Lgf. → *Moritz* ordnete 1616 den B. neu und bildete aus alten Berghauptmännern ein Bergratskollegium. Die bis 1821 Bergdepartement genannte Behörde in Ks. verwaltete noch 1866 als Ober-Berg- und Salzamts-Direktion alle 14 Berg- und Fabrikämter in Kurhessen. Der staatl. → *Messinghof* in → *Bettenhausen* verarbeitete Richelsdorfer Kupfer und importiertes Zink zu Messing. Der zugeordnete Kupferhammer schmiedete Kessel und den → *Herkules*. 1909 attestierte der Bergrat Wigand-Homberg am → *Habichtswald* dem „Bergbau auf Braunkohlen einen flotten Betrieb". Kleinere Steinbrüche um Ks. lieferten Basalt und Tuffsteine, Sand-, Ton- und Lehmgruben begehrte Baustoffe. In → *Wehlheiden* trat Kaolin auf, das für Fayencen Verwendung fand. Ernst Koch erfand um 1832 in der Pulvermühle in der → *Unterneustadt* den „hessischen Wasserzement" aus gebranntem Kalkmergel. Farbenfabriken wie jene des Carl Carvacchi am Wahlebach verarbeiteten um 1820 Ocker aus der Grube Spieskappel. Die Rohstoffe für die Eisengießereien → *Henschel* oder Uhlendorff wurden per Gleisanschluss herangeschafft. Im 19. Jh. ersetzte Steinkohlenkoks als Energieträger zunehmend die Holzkohle aus den umliegenden Wäldern. Für den Hausbrand gab es jedoch etwa 400 Jahre lang Braunkohle, die von „Kohlenbauern" aus Wehlheiden oder Ehlen vom „Erbstollen" im Habichtswald über die Kohlenstraße in die Stadt gefahren wurde. Steinkohle für die Schmiede kam über die Weserumschlagstelle Veckerhagen aus Obernkirchen im Schaumburgischen. Der B. auf die ersten Braunkohlen in Dtld. erfolgte um 1555 am Meißner. Hochwertige Glanzkohle unter den Basaltdecken der niederhess. Tertiärsenke baute bereits ab 1579 ein Werk am Ziegenkopf ab. Dieses staatl. „Steinkohlenwerk am Habichtswald" füllt Akten von 1579 bis 1808 im Staatsarchiv Marburg. Mit benachbarten privaten Gruben wurden dort bis 1820 bereits 1,1 Mio., bis 1950 6,2 Mio. Tonnen Kohle abgebaut. Um 1820 trat das Möncheberger Grubenfeld hinzu. Das preuß. Berggesetz vom 1.6.1867 und die → *Industrialisierung* (Kesselkohle) belebten auch den B. am Habichtswald in Form der Zechen Herkules (bis 1947), Friedrich Wilhelm I. (1875–1918), Marie am Bilstein (um 1890) und Roter Stollen (1910–38). 1900 waren rund um Ks. neun Braunkohlen-Betriebe tätig. Ab 1903 besorgten die → *Herkulesbahn* sowie eine ältere Seilbahn den Abtransport der Kohlen. Die Station „Neuholland" der Zeche Herkules im Druseltal erhielt ihren Namen vom Steiger Heinrich Holland (1823–1895). Die Zeche seiner Familie Stremme/Holland lieferte allein 1929 noch 46.780 Tonnen Kohle. Ein zunehmender Niedergang des B.s am Habichtswald begann, lediglich die Zeche Marie erschloss noch ab 1947 am → *Brasselsberg* ein neues Feld. *sl*

Lit.: Waitz von Eschen, Anfängen; Wigand, Chronik.

Bergpark Wilhelmshöhe → *Park Wilhelmshöhe*

Bernhardi, Karl Christian Sigismund (* 5.10.1799 Ostrau, † 1.8.1874 Ks.), ein Pfarrerssohn aus Ostrau, der in Marburg Theologie studierte und einer der dortigen Führer der Burschenschaftsbewegung wurde. Nach seiner Promotion wurde er Hauslehrer in Brüssel und 1826 Leiter der Universitätsbibliothek Löwen; beide Städte zählten zu den Hochburgen des belg. Liberalismus. Im Jahr 1829 wurde er als Nachfolger von → *Jacob Grimm* an die → *Landesbibliothek* nach Ks. berufen, wo er 44 Jahre als Bibliothekar wirkte. B. engagierte sich für zahlr. liberale und soziale Initiativen des Kasseler Bürgertums. So gründete er mit Bürgermeister → *Carl Schomburg* 1833 den „Armenverein", mit dem Historiker → *Georg Landau*, dem Bibliotheksdirektor → *Christoph Dietrich Rommel* und anderen 1834 den → *Verein für Hessische Geschichte und Landeskunde*. Nach Einführung der Pressefreiheit in Kurhessen beteiligte sich B. federführend an der Herausgabe der liberalen Zeitung „Der Verfassungsfreund"; als liberaler Abgeordneter des Wahlbezirks Eschwege war er von 1848 bis zum 21.5.1849 Mitglied der Frankfurter Nationalversammlung. B. kämpfte politisch für einen liberalen deutschen Nationalstaat. Ihn verband eine enge Freundschaft mit den Brüdern → *Karl* und *Friedrich Murhard*, die ihn als einen ihrer Testamentswächter einsetzten; er ordnete ihren großen Bücherbestand und ihren schriftlichen Nachlass. *ro*

Lit.: Petmecky, Bernhardi.

Porträt von Karl Bernhardi. Ausschnitt aus einem Werk Louis Katzensteins, das die Stifter des Vereins für hessische Geschichte und Landeskunde zeigt, 1884

Berufsschule Max-Eyth-Schule

Berufsschulen Neben den sieben städtischen, hier alphabetisch aufgeführten B. in Ks. – Elisabeth-Knipping-, Friedrich-List-, Martin-Luther-King-, Max-Eyth-, Oskar-von-Miller-, Paul-Julius-von-Reuter- und Walter-

Hecker-Schule – befindet sich auch die Willy-Brandt-Schule, die vom Landkreis unterhalten wird, in Ks. Die B. umfassen heute eine Vielzahl unterschiedlicher Schulformen, angefangen von verschiedenen berufsvorbereitenden Lehrgängen, der Berufsfach-, Berufs-, Fachoberschule, dem Beruflichen Gymnasium bis zur Technikerschule. Dabei handelt es sich teilweise um Schulformen, für die Schulpflicht besteht, teilweise um solche, die auf freiwilliger Basis, in der Regel aber aufgrund vorhandener Eingangsvoraussetzungen, besucht werden können. Je nach Schulform können unterschiedliche Abschlüsse erreicht werden. Die B. haben jeweils besondere Schwerpunkte. Die Elisabeth-Knipping-Schule ist zuständig für den Ernährungs-, Hauswirtschaftlichen-, Textiltechnik- und Bekleidungsbereich sowie den Bereich Sozial- und Heilpädagogik; die List-, King- und die Reuter-Schule haben als Schwerpunkt den kaufmännischen Bereich, die Eyth- sowie die von-Miller-Schule haben den Schwerpunkt Metall- und Elektrotechnik; die Hecker-Schule ist zuständig für das Bau- und Holzgewerbe, das Druckgewerbe, die Körperpflege und die gestaltenden Berufe. Die Brandt-Schule hat u. a. die Berufsbereiche Gesundheit und Agrarwirtschaft.

Berufsschule Landwirtschaftliche Haushaltsschule Wolfsanger im Jahr 1938

Die kurhessische Zunftordnung aus dem Jahr 1816 schrieb die Einrichtung von Handwerksschulen vor. Ausgangspunkt war die Überzeugung, dass die handwerkliche Berufsausbildung in der Werkstatt dringend der theoretischen Ergänzung, v. a. im zeichnerischen Bereich, bedürfe. Aber auch die Leistungen im Schreiben und Rechnen sollten verbessert werden. Bereits 1817 wurde in Ks. der Unterricht auf freiwilliger Basis begonnen. Der Besuch der Schule wurde mit einer öff. Prüfung abgeschlossen. Der Unterricht wurde von Lehrern der Akademie, später des → *Polytechnikums*, der → *Kunstgewerbeschule*, teilweise auch von Volks- bzw. Realschullehrern erteilt. Um den Anreiz für die Teilnahme am Unterricht zu erhöhen, wurden immer wieder Ausstellungen von Lehrlingsarbeiten veranstaltet, bei denen die besten Leistungen mit Geldprämien oder Buchpreisen gewürdigt wurden. Ab 1876 fand auch ein entsprechender kaufmännischer Unterricht statt. Da aber die Beteiligung nicht nur von der Bereitschaft des Lehrlings, sondern auch vom Wohlwollen des Ausbildungsbetriebes abhing, forderten der → *Handels- und Gewerbeverein*, später auch die Handels- sowie die → *Handwerkskammer* den obligatorischen Unterricht. 1902 wurde für den gewerblichen Bereich und 1905 für den kaufmännischen Bereich die Fortbildungsschule, so wurden damals die B. genannt, verpflichtend eingeführt. *hbe*

Lit.: 100 Jahre Gewerbliche Berufsschulen; Bruchhäuser, Kaufmännisches Schulwesen.

Betriebswerkstätten Unter den in Ks. ansässigen Bahnwerkstätten kommt denjenigen für die Lokunterhaltung, lange als B. bezeichnet, besondere Bedeutung zu. Im → *Hauptbahnhof* bestanden zwei B.: auf der Südseite eine gemeinsame der Main-Weser-Bahn und der Kurfürst-Friedrich-Wilhelms-Nordbahn, integriert in deren Hauptwerkstätte, und auf der Nordseite eine kleine Einrichtung für die Lokomotiven der Hannoverschen Südbahn. Eine weitere B. eröffnete 1872 die Halle-Kasseler Eisenbahn an dem provisorischen Trennungsbahnhof, von dem die Stichbahn zum Güterbahnhof Ks. Unterstadt ausging. Der Bau des 1881 vollendeten Rangierbahnhofes zog die Verlegung dieser B. nach sich. Am Nordkopf des Rangierbahnhofes befanden sich neben ihr je eine der Main-Weser-Bahn und der 1868 von der Bergisch-Märkischen-Eisenbahn erworbenen Kurfürst-Friedrich-Wilhelms-Nordbahn. 1888 bewilligte der preußische Landtag die Mittel für eine zentrale B. in dem durch den Bau des Rangierbahnhofes entstandenen Gleisdreieck. Den Mittelpunkt der neuen Anlage bildete ein im Innern durch Schiebebühnen erschlossener Rechteckschuppen. Die älteren B. wurden bis zur Jahrhundertwende aufgelöst. Die neue B. entwickelte sich zu einer der größten ihrer Art in Deutschland. Der mehrfach um- und ausgebaute Rechteckschuppen, um 1910 ergänzt durch einen Teilringschuppen, wies 1914 88 Lokomotivstände auf, 1917 waren 215 Lokomotiven hier. Bespannt wurden mit Kasseler Lokomotiven Züge aller Gattungen und in alle Richtungen. Wegen Platzmangels wurden bis in die 1970er Jahre die seit dem frühen 20. Jh. in Ks. stationierten Triebwagen sowie später Dieselrangierloks auch bei anderen maschinentechnischen Dienststellen unterhalten. 1941 beschäftigte die B. 780 Personen, 1949 bereits 1.035. Die Kriegsschäden hielten sich in Grenzen, u. a. wurde der Ringlokschuppen zerstört und nicht wieder aufgebaut. Mit der Umstellung auf elektrischen Betrieb ab 1964 nahm die Bedeutung der B. ab. Das konnte zunächst noch durch Schließung benachbarter B. und Konzentration überwiegend auf Nebenbahnen eingesetzter Dieselloks sowie Triebwagen in Ks. kompensiert werden, wo die Stationierung von Dampfloks 1973 endete. Durch die Stilllegung zahlreicher Nebenbahnen sank der Bedarf an Triebfahrzeugen nachhaltig. Die Deutsche Bahn AG gab in den Jahren 1996/97 den bisherigen Standort der B. auf und etablierte eine kleinere Einrichtung auf dem Areal des ehemaligen Postbahnhofes neben dem Hauptbahnhof. Diese als „Betriebshof" bezeichnete Anlage hat inzwischen Funktionsverluste hinnehmen müssen, da die Deutsche Bahn AG den Nahverkehr auf diversen bisher von ihr bedienten Strecken in Nordhessen 2006 an andere Bahnunternehmen abgab. Die Gebäude der ehemaligen B. im Gleisdreieck sind noch vorhanden und stehen z. T. leer. *lmü*

Lit.: Münzer, Bw Kassel.

Bettenhausen Erstmals 1145 in einer Urkunde des → *Stiftes Weißenstein* als „Bethnehüsun" genannt, hat das Dorf B. eine weit zurückreichende Vergangenheit. Die Wasserkraft der → *Losse* ließ B. schon früh zu einem bevorzugten Standort für → *Handwerk* und → *Industrie* werden. Waren es ursprünglich v. a. → *Mühlen*, die die Wasserkraft nutzten, kam ab dem 18./19. Jh. verstärkt Metallgewerbe hinzu (→ *Messinghof*, → *Agathof*). Der Bau der Kassel-Waldkappeler Bahn und die Anlage des Kasseler Fuldahafens (→ *Hafen*) dicht an der Grenze zu B. verstärkten diese Tendenzen. Der Stadtteil entwickelte sich schnell zu einem der Schwerpunkte industrieller Ansiedlung in der Region Nordhessen. Dies führte zu einem wirtschaftlichen Aufschwung und einer deutlichen Zunahme der Wohnbevölkerung. Bereits 1906 existierten in B. 31 Fabriken mit rund 1.600 Beschäftigten, die Bevölkerung war von 2.246 im Jahr 1895 auf 4.055 im Jahr 1906 angewachsen. Gerade die Betriebe der Metallverarbeitung und Chemie führten allerdings dazu, dass die Wohnqualität B.s in dieser Zeit eher gering war.

Historische Ansichtskarte von der an der Losse gelegenen Dorfstraße in Bettenhausen

Die Zerstörungen des → *Zweiten Weltkrieges* und der in der zweiten Hälfte des 20. Jhs. einsetzende gesamtwirtschaftliche Wandel brachte viele Betriebe in wirtschaftliche Schwierigkeiten und führten zu einer Reihe von Schließungen und damit dem Verlust tausender Arbeitsplätze. Bis heute zeugen die großflächigen Industriebrachen vom Niedergang des Standortes. *ap*

Lit.: Feldner/Wieden, Bettenhausen; Industriestandort Bettenhausen.

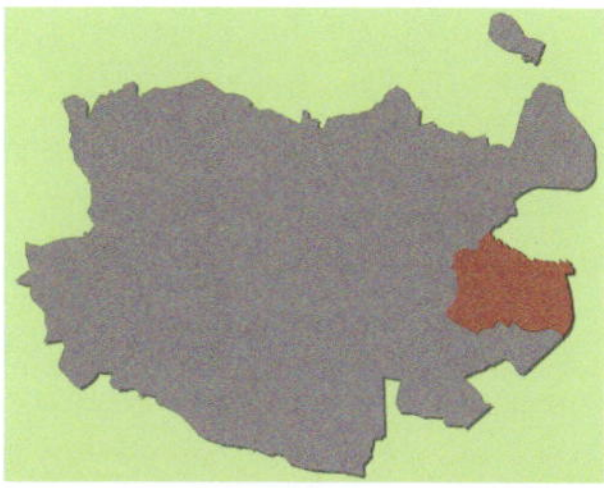

Der Stadtteil Bettenhausen im Kasseler Stadtplan

Beuys, Joseph (* 12.5.1921 Krefeld, † 23.1.1986 Düsseldorf), Zeichner, Bildhauer und Aktionskünstler. B. war von 1941 bis 1945 Soldat. Sein lebensgefährlicher Absturz als Sturzkampfflieger 1943 in der Sowjetunion prägte sein Denken und künstlerisches Arbeiten. Er studierte 1947–52 an der Kunst-

Joseph Beuys pflanzt – umringt von der Presse – eine Eiche anlässlich seiner Aktion „7000 Eichen" bei der Documenta 7 im Jahr 1982

Installation „Das Rudel" von Josef Beuys aus dem Jahr 1969 in der Neuen Galerie

akademie Düsseldorf bei Ewald Mataré. Geprägt durch die Naturwissenschaften und die Lehren von Rudolf Steiner erweiterte er den Kunstbegriff, indem er alltägliche Materialien (Fett, Filz, Honig, Blei und Kupfer) als Sinnträger nutzte und aus der Verknüpfung von Denken, Sprechen, Agieren und handwerklichem Tun einen neuen Werkbegriff (Plastik) entwickelte. 1961–72 lehrte er an der Kunstakademie Düsseldorf. In dieser Zeit war er ein wichtiger Träger der internationalen Fluxus-Bewegung. B. war fünf Mal zur → *documenta* (1964–82) eingeladen, zwei Mal (1987, 1992) war sein Werk in der documenta posthum präsent. Für sie entwickelte er mehrfach aufsehenerregende Projekte: 1972 richtete er im → *Museum Fridericianum* sein „Büro für direkte Demokratie durch Volksabstimmung" ein, um 100 Tage lang mit den Besuchern über Gesellschaft, Wirtschaft, Politik und Kunst zu diskutieren. 1977 erprobte er im Zusammenhang mit seiner Arbeit „Honigpumpe am Arbeitsplatz" das Modell einer Freien Internationalen Universität (FIU), die nach der documenta 6 in Ks. weiter wirkte. 1982 vollzog er den Bruch mit der Ausstellungskunst und entwickelte für die Stadt seine Pflanzaktion „7000 Eichen", in der zu jedem neu gepflanzten Baum eine Basaltstele gesetzt wurde. Die Aktion wurde zum Start der documenta 8 (1987), fünf Monate nach seinem Tod, vollendet. Seit 2002 setzt sich die „Stiftung 7000 Eichen" für die Pflege, die Weiterentwicklung und Dokumentation dieses B.-Projektes ein. Das besondere Engagement von B. für seine Kasseler Projekte würdigte 1993 die Ausstellung „Joseph Beuys documenta-Arbeit" in der Kunsthalle Fridericianum. *dsch*

Lit.: Loers/Witzmann, Beuys.

Bevölkerungsentwicklung Die als vorstatistisches Zeitalter geltende Periode der Zeit vor dem 19. Jh. lässt die heute übliche Exaktheit vermissen und so ist über die Einwohnerzahlen Kassels relativ wenig bekannt. Dies hängt v. a. auch damit zusammen, dass bis ins 19. Jh. Bevölkerungszählungen nur zu einem gewissen Zweck – meist der Erhebung von Steuern oder aufgrund milit. Belange – stattfanden und daher nie die Gesamtbevölkerung erfasst wurde. Selbst Eintragungen in Kirchenbücher, die ab der Mitte des 16. Jhs. üblich wurden, erfassten nur die Mitglieder einer Pfarre und der jeweiligen Konfession. Erst die Peuplierungspolitik des 18. Jhs. brachte genauere Zählungen und exaktere Daten mit sich, deren Basis aber nach wie vor zu wünschen übrig ließ. Die Stadt als Handelszentrum und → *Residenz* und den damit verbundenen Freiheiten zog Einwanderer aus dem Umland ebenso wie aus weiter entfernten Regionen an (→ *Migration*), wozu auch die landgräfliche Politik gezielt beitrug (→ *Hugenotten*). Allerdings führten die Ballung zahlreicher Menschen auf engem Raum und die mangelhaften Hygieneverhältnisse teils zu einer höheren Sterblichkeit als auf dem Land und zu erhöhter Seuchengefahr (→ *Epidemien und Seuchen*). Doch diese Bevölkerungsverluste wie auch die durch Kriege verursachten, wurden großteils durch Zuwanderung, v. a. in konjunkturellen Aufschwungsphasen ausgeglichen. Die Frühzeit Kassels liegt, wie andernorts auch, bevölkerungsgeschichtlich im Dunkeln. 1472 wurden ohne Hofhaltung und Klerus 843 Einwohner, 1585 1.062 Haushalte, was umgerechnet etwa 5.310 Personen entspricht, 1626 6.329 Einwohner gezählt. In den nächsten 100 Jahren bis 1723 verdoppelte sich die Zahl nahezu und stieg bis 1750 um ein weiteres Drittel auf 18.720 an. 1773 zeichnete sich mit 17.311 der Einbruch des → *Siebenjährigen Krieges* ab, der aber 1781 mit 19.003 bereits mehr als ausgeglichen war. Doch schwankten die Zahlen in dieser Zeit weiterhin. Der Bevölkerungsanstieg des 19. Jhs. zeigt deutlich die einsetzende → *Indus-*

trialisierung, der des 20. Jhs. hingegen die → *Eingemeindungen*, wodurch die 100.000 überschritten wurden wie auch den Einbruch bedingt durch den → *Zweiten Weltkrieg*.

EINWOHNERENTWICKLUNG AB 1810

JAHR	EINWOHNER
1810	23.068
1820	23.490
1832	28.819
1840	31.819
1852	36.654
1861	38.930
1871	46.362
1880	58.290
1890	72.477
1900	106.034
1939	216.141
1945	114.388
1950	164.825
1960	206.354
1970	214.785
1980	195.912
1990	194.268
1995	201.573
2000	194.766
2005	194.427
2006	193.518
2007	192.121
2008	193.358

Die Bevölkerungsdichte betrug Ende 2006 1.812 Einwohner pro km^2. *ap*

Qu./Lit.: Hess. Statistisches Landesamt; Keyser, Städtebuch, 277f.

Beyer, Christian (* 9.6.1883 Frankfurt/M., † 3.11.1967 Ks.) war Maler und Architekt sowie Regierungsbaurat. B. studierte an der Technischen Hochschule Darmstadt und erlangte dort sein Diplom. Als Maler, als der er sich seit 1920 betätigte, war er Autodidakt. 1921 ging er nach Ks. Seine Sujets waren vorwiegend Landschaften, Stadtansichten und Stillleben. Er war Mitglied der Kasseler Sezession (1927), der Kasseler Künstlergruppe „Die Sieben" (1930), der Hessischen Sezession (1946) sowie des Bundesverbandes Bildender Künstler und Künstlerinnen Kassels. Seine Werke befinden sich in verschiedenen Kasseler Sammlungen. *psch*

Lit.: Schmaling.

Bieber, Margarete (* 31.7.1879 Schönau/Westpreußen, Preshowo/Polen, † 25.2.1978 New Canaan, Conn.) Das Studium des Klassischen Altertums in Berlin und Bonn in den Jahren 1902–07 schloss B. mit der Promotion ab. Bis 1914 hielt sie sich zu Studien in Rom, Athen, Kleinasien und Ks. auf. Seit 1908 wurde sie von → *Johannes Boehlau* mit der archäologischen Dokumentation antiker Skulpturen betraut und begleitete 1913 die bildhauerische Skulpturenrestaurierung anlässlich des Wechsels vom → *Museum Fridericianum* in das → *Hessische Landesmuseum*. B. veröffentlichte mit dem Bestandskatalog „Die antiken Skulpturen und Bronzen des Königlichen Museum Fridericianum in Cassel (Marburg 1915)" die erste wissenschaftlich mustergültige Publikation von Sammlungsbeständen der Kasseler Antikensammlung. Sie habilitierte sich 1920 und nahm seit 1919 eine Professur für Klassische Archäologie in Gießen wahr. Als Tochter eines jüdischen Mühlenbesitzers wurde sie 1933 entlassen und wanderte mit ihrer Adoptivtochter nach Amerika aus. 1935–48 war sie Professorin an der Columbia University in New York und lehrte 1949/50 in Princeton. 1940 wurde sie amerikanische Staatsbürgerin. Sie erfuhr mehrere Ehrungen: So wurde sie 1970 zur Ehrensenatorin der Universität Gießen ernannt und erhielt 1974 die Goldmedaille des Archaeological Institute of America. Die bedeutende Archäologin zählte zur ersten Generation Universitätslehrerinnen. Sie hat zwischen 1907 und 1977 zahlreiche Fachpublikationen zum antiken Theaterwesen, zur griechischen Tracht, zur hellenistischen Skulptur und zum antiken Kopienwesen vorgelegt. *pg*

Lit.: Lullies, 196f.; Antike Steinskulpturen, 22, 425.

Bieling, Josef (* 25.10.1919 Ks., † 24.4.1981 ebd.) gründete nach dem Studium an der Kasseler Staatsbauschule und nach der Berufsausübung als Hochbauingenieur 1955 sein bis heute bestehendes Architekturbüro in Ks. Schwerpunkt seines Schaffens war die Planung und Ausführung von Kirchenbauten. Hauptsächlich im Bistum Fulda, aber auch in den Diözesen Paderborn, Hildesheim und Essen realisierte er über 50 Bauvorhaben, darunter allein 35 Kirchenneubauten, meist für die nach 1945 durch Zuzug katholischer Heimatvertriebener neu entstandenen Gemeinden in der nordhessischen Diaspora. In seinem beruflichen Repertoire nahmen Sozialbauten wie Seniorenheime, Kindergärten und Krankenhäuser einen weite-

Blick auf die von Josef Bieling entworfene St. Bonifatius Kirche in der Ihringshäuser Straße, 2008

ren Schwerpunkt ein. Es entstanden auch Hotels, Wohn- und Geschäftshäuser. Zudem machte sich B. auf politischer Ebene als Stadtverordneter und ehrenamtlicher Stadtrat für Ks. verdient. Zu seinen Hauptwerken im Kasseler Stadtgebiet gehören St. Bonifatius (1957) im Stadtteil Wesertor, mit expressiv lamellenartig strukturiert aufsteigendem Turm, „Herz Mariae" (1957) in → *Harleshausen*, die durch organische Formensprache der 1950er Jahre besticht, St. Laurentius (1962) am Warteberg und St. Theresia in → *Helleböhn* (1971), deren geschlossener Sandsteinrundbau sich gegen die Umgebung abschirmt. Mit seinen Kirchen und der ihnen eigenen, modernen Formensprache hat B. ganz wesentlich zum Nachkriegskirchenbau im Bistum Fulda beigetragen. Seine Profan- und Sakralbauten in Ks. prägen das architektonische Bild der Stadt. *ja*

Lit.: Hinz/Tacke; Katholisch in Kassel.

Bildersturm und Bilderfrage Das zweite der zehn Gebote „Du sollst dir kein Bildnis machen, weder von dem, was oben im Himmel, noch von dem, was unten auf Erden, noch von dem, was im Wasser unter der Erde ist: Bete sie nicht an und diene ihnen nicht"

Bildersturm und Bilderfrage Die „zweite Reformation" unter Landgraf Moritz führte zur Entfernung und Zerstörung zahlreicher Kunstgegenstände in hessischen Kirchen. Stich von Jacob van der Heyden aus dem Monumentum sepulcrale, 1638

gab in der Geschichte der Bilderfrage immer wieder Anlass, das Bild im sakralen Raum in Frage zu stellen. Der religiös motivierte Angriff auf das Medium Bild vollzog sich in Hessen in zwei Phasen, wobei die zweite Phase nur das Territorium Hessen-Ks. und den durch Erbschaft zugefügten nördlichen Teil Oberhessens betraf. Die Auseinandersetzung um das Bild war sowohl während der → *Reformation* als auch während der „mauritianischen Reform" Bestandteil kirchenreformerischer Bestrebungen, die von landesherrlicher Seite initiiert und getragen wurden. Lgf. → *Philipps* an Luther orientierte Reformierung der Kirchen Hessens seit 1526 bedeutete die Übernahme von Luthers Bildauffassung, der das Bild in den Kirchen zuließ, solange es nicht der Anbetung diente. Obwohl Philipp selbst in der Homberger Reformationsordnung eine strengere Lösung der Bilderfrage vorsah und das Bild ablehnte, überließ er die Durchsetzung den Visitatoren, was zu unterschiedlichen Ergebnissen führte. So waren „1530 ... in Cassel in den Kirchen die Altare und Bilder abgebrochen worden". Gleichermaßen war zu Beginn des 17. Jhs. mit dem Entschluss des Lgf. → *Moritz*, sich der reformierten Konfession anzuschließen, eine Handhabung der Bilderfrage nach den Vorstellungen der reformierten Theologie Calvins verbunden, der das Bild im sakralen Funktionszusammenhang gänzlich ablehnte. Der in den → *Verbesserungspunkten* geforderte B. in Hessen-Ks. richtete sich gegen die lutherische Bildpraxis. Kommissionen von Handwerkern entfernten in Anwesenheit kirchlicher, städtischer und staatlicher Vertreter in geordneter Weise die Bilder aus den Kirchen, so auch in Ks. Da wo sich Widerstand meldete, wurde auch Militär hinzugezogen und es kam zu bilderstürmerischen Aktionen, zu denen sich in der Geschichte des Ikonoklasmus zahlreiche Parallelen finden. Die angegriffenen Gegenstandgruppen wurden gattungsspezifisch behandelt. Die Teilzerstörung von Skulpturen und Reliefs war fester Bestandteil der Destruktionsmethoden. Die Angriffe auf die Sinnesorgane, den Kopf und die Hände leiteten sich aus Praktiken aus dem Strafvollzug ab. Die drastische Zerstörung der Skulpturen und Reliefs hatte die Funktion von Mahnmalen für die sich widersetzende Bevölkerung. Durch die gezielte Teilzerstörung erhielten sie zwangsläufig eine didaktische und pädagogische Funktion. Gleichermaßen traf dies auf die bildlosen Kirchen mit ihren leeren Konsolen zu, die das Fehlen der Figuren als „entstellte Macht" erscheinen ließen. Die leergeräumten, bilderlosen Kirchen waren äußeres und eindeutiges Zeichen ungeteilter landesherrlicher Macht. *bk*

Lit.: Kümmel, Ikonoklast.

Der **Bismarckturm** wurde 1904 erbaut. Seine Einweihung erfolgte im selben Jahr am Sedantag (2.9.). Die Initiative für den Bau eines Aussichtsturms zu Ehren Bismarcks ging von der Kasseler Ortsgruppe des Alldeutschen Verbandes aus. Der 25,5 m hohe Turm aus regionalem Basalt und Tuffstein steht auf dem → *Brasselsberg*. Die Bauarbeiten wurden von der Kasseler Firma Zahn ausgeführt. Der Entwurf „Götterdämmerung" stammt von dem Dresdener Architekten Wilhelm Kreis. Seit den 1890er Jahren wurden in Dtld. annähernd 250 B. und Bismarcksäulen errichtet, die Variante „Götterdämmerung" alleine in 47 Städten. Ursprünglich sollte der Turm an Festtagen befeuert werden. Eine geplante Feuerschale fehlt aus Angst vor Waldbränden. *ys*

Lit.: Kloss/Seele, Bismarck-Türme.

Blangini, Felice (* 18.11.1781 Turin, † 18.12.1841 Paris) begann bereits mit zwölf Jahren zu komponieren. 1799 kam er als Romanzenkomponist und Gesangslehrer nach Paris. 1805 wurde er Kapellmeister des Kurfürsten und späteren Königs von Bayern. Ende 1809 holte König → *Jérôme* ihn als Hofkapellmeister nach Ks. Seine Haupttätigkeit lag in der Leitung und Veranstaltung der Hofkonzerte und Kirchenmusiken. Unter Jérôme waren B.s Arbeitsbedingungen sehr günstig, das → *Orchester* hatte 1812 40 fest angestellte Musiker. B.s Kirchenkonzerte fanden größten Anklang beim Publikum. Es entstanden auch eigene Opern, etwa die sehr erfolgreiche „Le sacrifice d'Abraham" 1810 und „La fée Urgèle" 1811. Am 15.8.1813, dem Geburtstag Napoléons, folgte noch „La princesse de Cachemire", ein Werk, das dem Trend der aufwändigen und repräsentativen Oper neueren französischen Stils folgte. Mit dem nach Plänen von B.s Schwager, dem Architekten → *Leo von Klenze*, errichteten kleinen Hoftheater unmittelbar am → *Schloss Wilhelmshöhe*, dem heutigen → *Ballhaus*, war eine weitere Aufführungsstätte für Opern und Schauspiele entstanden. Nach dem Ende des → *Königreichs Westphalen* 1813 lebte B. als Gesangslehrer, Komponist und Musikintendant der kgl. Kapelle Ludwigs XVIII. in Paris. Sein Werk umfasst zahlreiche Romanzen, Notturnos, Messen und ca. 30 Opern. Schon während seiner letzten Lebensjahre und besonders nach seinem Tod geriet sein musikalisches Œuvre in Vergessenheit. *hl*

Lit.: Losch, Blangini; Theater.

Blumenfeld, Felix (* 2.5.1873 Gießen, † 25.1.1942 Ks.) ließ sich als Kinderarzt 1901 in Ks. nieder. 1903 richtete er eine Milchküche in der Oberen Fuldagasse zur Herstellung gesunder Babynahrung ein, die er 1929 der Stadt schenkte. Im → *Ersten Weltkrieg* diente er als Soldat und war Mitglied im → *Reichsbund jüdischer Frontsoldaten*. Später betreute er das Kriegsgefangenenlager in → *Niederzwehren*. Er war als erster Chefarzt des Kinderkrankenhauses Park → *Schönfeld* tätig. Zudem engagierte er sich bei den → *Freimaurern* und betätigte sich bis 1933 als Stadtverordneter. Es folgte ein Berufsverbot durch die Nationalsozialisten, da er Jude war. Schließlich wurden seine Bibliothek und das persönliche Eigentum beschlagnahmt. Er wurde zu Straßenbauarbeiten und zu Hilfsdiensten auf dem städtischen Baulagerplatz herangezogen. Zuletzt musste er als Lumpen- und Schrottsammler auf den Schuttabladeplätzen arbeiten. Die täglichen Erniedrigungen trieben ihn in den Freitod. *hh*

Boczkowski, Joachim Karl Wilhelm (* 24.7.1899 Ks., † 27.9.1973 ebd.) Sein Vater Joachim B. war Korkschneider in Ks., seine Mutter hieß Elisabeth Karpe. Nach der Bürgerschule absolvierte er ab 1914 eine kaufmännische Lehre, danach wurde er Angestellter und 1927–33 Sekretär des Verbandes der Orts-, Betriebs- und Innungskrankenkassen in Ks. 1933 wegen rassischer und politischer Gründe aus allen Ämtern entfernt, wurde er 1936 Teilhaber im väterlichen Betrieb, bevor er 1944/45 Gefangener im Arbeitslager Bähr wurde. 1946 war er als erster Öff. Kläger der Berufungs- und Spruchkammer in Ks. tätig, 1949 wurde er Leiter der Beschwerdestelle über Wohnungsangelegenheiten beim RP, schließlich Regierungsrat, danach Kammer-

Im Habichtswald gelegener Bismarckturm, erbaut 1904

vorsitzender des Oberversicherungsamtes und nach dessen Aufhebung bzw. Umwandlung Direktor des Kasseler → *Sozialgerichts*. Seit 1918 war er Mitgl. der SPD und der → *Gewerkschaft*, 1946–73 war er als Stadtverordneter und 1964–68 als Stadtverordnetenvorsteher, Mitgl. der Finanzkommission, der Kunst- und Kulturkommission und der Wirtschaftskommission tätig. Daneben wirkte er als Vorsitzender der Kasseler Volksbühne und seit 1969 als Aufsichtsratsmitglied der Städtischen Werke AG. Die Stadt Ks. verlieh ihm 1972 die Ehrenbezeichnung Stadtältester. *khn*

Qu.: Einwohnerkartei; Sammelmappe HNA-Archiv.

Bode, Arnold (* 23.12.1900 Ks., † 3.10.1977 ebd.) studierte an der Kasseler → *Kunstakademie*. Nach ersten Erfolgen als Maler (Preise, Ankauf Nationalgalerie Berlin) und Ausstellungsmacher (Neue Kunst, → *Orangerie* Ks. 1929) wurde er 1930 Kunstdozent in Berlin. Im Mai 1933 erhielt er Berufsverbot und ging zurück nach Ks. in „die innere Emigration". B. war Soldat in Frankreich, von wo er 1945 heimkehrte. Er war Gründer und Vorsitzender der Hessischen Sezession, initiierte ein ambitioniertes Ausstellungsprogramm („Kunst der Gegenwart") und dachte schon 1946 an eine „große internationale Ausstellung". 1947 war er Mitbegründer der → *Werkakademie* und dort Professor für Malerei. Als Innenarchitekt und Designer entwarf B. Möbel, gestaltete Messestände und Ausstellungen. 1957 erhielt er für den deutschen Pavillon die Goldmedaille der Triennale Mailand. 1955 gelang es ihm, gegen viele Widerstände, die → *documenta* zu veranstalten. Ihren sensationellen und sich wiederholenden Erfolg verdankte sie maßgeblich B.s unermüdlichem Einsatz und innovativem Inszenierungsstil, der die documenta bis 1968 auszeichnete. 1972 wurde → *Harald Szeemann* documenta-Leiter, doch B.s Engagement hielt an. Er plante eine → *documenta urbana* (Städtebau als gemeinsame Aufgabe für Künstler und Architekten) und das Oktogon-Projekt (der → *Herkules* als documenta-Spielort): zwei obsessiv, aber vergeblich verfolgte Ziele. Wie niemand anders nach 1945 hat B. das kulturelle Image der „documenta-Stadt Kassel" geprägt. Seit 1980 wird der Arnold-Bode-Preis an herausragende Künstler verliehen. *hg*

Lit.: Heinz, Bode; Georgsdorf, Bode.

Porträt von Arnold Bode während der Arbeit in seinem Atelier

Bode, August (* 28.9.1875 Ks., † 11.12.1960 ebd.) übernahm als Ingenieur 1912 nach dem Tod von Peter Wegmann gemeinsam mit dem Kaufmann Konrad Köhler zunächst als Geschäftsführer und drei Jahre später als persönlich haftender Gesellschafter die Leitung der Waggonfabrik → *Wegmann & Co*. Er hatte dort bereits eine Lehre als Schlosser und technischer Zeichner gemacht und anschließend ein Ingenieurstudium am Technikum in Einbeck und Bingen absolviert. In der Folge leitete er zunächst das Konstruktionsbüro und profilierte sich mit zahlreichen Innovationen zum Nestor des Waggonbaus. Mit dem Ausscheiden Köhlers wurde B. 1931 alleiniger Geschäftsinhaber des Unternehmens. Unter seiner Leitung erfolgte im → *Ersten Weltkrieg* auch der Einstieg in die Produktion von Kampfpanzern, die im → *Zweiten Weltkrieg* und danach weiter ausgebaut wurde und Wegmann & Co. zu einem führenden deutschen Rüstungsunternehmen werden ließ. 1960 wurde er → *Ehrenbürger* der Stadt Ks. Im gleichen Jahr übernahmen seine beiden Söhne Dr. Engelhard Bode und Dr. Fritz Bode die Geschäftsleitung, unter deren Regie die Weiterentwicklung des Unternehmens zur Wegmann-Gruppe erfolgte. *tvo*

Lit.: Vollmer, Wegmann; Wegmann & Co.

Bode, Paul (* 5.4.1903 Ks., † 16.1.1978 ebd.) gehört zu den für Ks. bedeutendsten Architekten der Nachkriegsmoderne. Nach einer

Zimmermannslehre studierte er an der → *Baugewerkschule* und der → *Kunstakademie* in Ks. Bis 1945 war B. in Landau, Berlin, Stralsund und Ks. tätig. In dieser Zeit realisierte er u. a. die Reichsschule des Zimmerhandwerks in Ks. in traditioneller Holzbauweise. In den 1950/60er Jahren prägte er mit seinen modernen Filmtheatern, Hotel- und Wohnungsbauten und dem → *Staatstheater* den → *Wiederaufbau* Kassels entscheidend mit. Durch seine Kinobauten, wie „Capitol" (1948/49), „Kaskade" (1952/53), „Cinema" (1954), die größtenteils inzwischen abgerissen sind, seinen bes. effizienten und patentierten Entwurf eines Parkhauses und seinen „Federholzstuhl" erlangte er mit seinem Büro (teilweise mit Theo Bode, Ernst Brundig oder Dieter Unger) internationale Bedeutung. Neben Hotelbauten, wie dem Hotel Hessenland (1952/53), dem → *Schlosshotel* (1953) und dem Hotel → *Reiss* (1954) war B. auch im Wohnungsbau tätig. Er realisierte 1954 das erste Wohnhochhaus in Ks. (Goethestraße) und die → *Belgiersiedlung* (1950/53) in der → *Südstadt*. Seine Leistung als Architekt des Staatstheaters wurde überschattet von der umstrittenen Rolle, die er mit seinem Entwurf bei der Entziehung des Auftrages an die ersten Preisträger des Wettbewerbes, Hans Scharoun und Hermann Mattern, eingenommen hatte, die in ihrem Entwurf das Theater durch eine Brücke über die B 3 mit der Fußgängerachse → *Treppenstraße* – → *Hauptbahnhof* verbanden. Für sein Lebenswerk wurde B. mit der Medaille der Stadt Ks. ausgezeichnet. *il*

Qu./Lit.: StAKs; Hinz/Tacke.

Boehlau, Johannes (* 30.9.1861 Halle, † 24.9.1941 Göttingen) studierte Altertumswissenschaften in Bonn, Würzburg und Rostock und wurde 1884 promoviert. Er war zunächst 1889–91 als Gymnasiallehrer in Berlin tätig, bevor er 1891 an das → *Museum Fridericianum* berufen wurde. 1902 wurde er zum Museumsdirektor und 1910 zum Verwaltungsdirektor des gesamten ehemaligen landgräflichen Bestands ernannt. 1924–28 war er als Direktor der Staatl. Sammlungen Kassels tätig. Nebenher reiste er für Ausgrabungen 1894 nach Samos, 1902 nach Larisa am Hermos und 1907 nach Lesbos. Als Pensionär hielt er sich nach 1928 wiederholt in Larisa auf, wo er 1932 schwer an Malaria erkrankte. 1914–28 war er Denkmalpfleger für Nordhessen und initiierte prähistorische Ausgrabungen auf der Altenburg bei Niedenstein und auf dem Büraberg bei Fritzlar. Er betrieb Studien zum Neolithikum in Hessen und zum frühneuzeitlichen hessischen Kunsthandwerk und förderte das Kasseler Kunstgewerbe. Zudem legte er zahlr. archäologische, kunstwissenschaftliche und museologische Publikationen vor. Er war 1913 an der Konzeption des → *Hessischen Landesmuseums* beteiligt, kümmerte sich um die Neugliederung der kulturgeschichtlichen Sammlungen, initiierte 1903 die Gründung des Museumsvereins Ks., reorganisierte 1908 den → *Kasseler Kunstverein* und gründete 1912 die → *Kurhessische Gesellschaft für Kunst und Wissenschaft* Ks. *pg*

Lit.: 75 Jahre Hessisches Landesmuseum, 148, 159; Antike Steinskulpturen, 21f.

Börner, Holger (* 7.2.1931 Ks., † 2.8.2006 ebd.) Der gelernte Betonfacharbeiter kam über die sozialistische Jugendbewegung zur SPD (Beitritt 1948, ab 1956 zweiter Vorsitzender in Ks.). 1956–72 war B. Stadtverordneter (ab 1956 stellvertretender und 1960–69 Fraktionsvorsitzender). Die auf kommunaler Ebene begonnene Parteikarriere setzte er auf Landes- und Bundesebene fort: 1961–63 war er Bundesvorsitzender der Jungsozialisten, 1971–74 stellvertretender und 1975–78 Vorsitzender des SPD-Bezirks Hessen-Nord, 1977–87 SPD-Landesvorsitzender, 1970–88 Mitgl. des SPD-Parteivorstands. 1957 wurde B. jüngster Abgeordneter im Bundestag und war MdB bis 1976. Als SPD-Bundesgeschäftsführer (1972–76) erwarb sich B. den Ruf eines Krisenmanagers. 1978–87 gehörte er dem Hessischen Landtag an und war Ministerpräsident (1976–87) zunächst einer SPD/FDP-Koalition, dann, nach einer Phase der Tolerierung durch die Grünen, im Dezember 1985 der bundesweit ersten rot-grünen Koalition auf Landesebene. B. gelang es, die hessische Politik zu konsolidieren. Er verfolgte eine sozial-ökologische Reformpolitik; im Streit um die Atompolitik zerbrach im Februar 1987 das Bündnis mit den Grünen. B. verzichtete auf eine erneute Spitzenkandidatur und legte Parteiämter und Landtagsmandat nieder. Der als sensibel geltende B., respektvoll „der Dicke" genannt, stand für eine soziale Politik mit Augenmaß. 1987–2003 war

Bronzebüste des Museumsdirektors Johannes Boehlau aus dem Landesmuseum von Alexander Zschokke

er Vorsitzender der Friedrich-Ebert-Stiftung. Seine Heimatstadt ernannte den bodenständigen B. 1988 zum → *Ehrenbürger.* *wmü*

Lit.: Börner.

Börse Lgf. → *Friedrich II.* förderte erfolgreich die wirtschaftliche Entwicklung seines Landes durch die Gründung von → *Manufakturen* und regelmäßig stattfindenden Warenmessen. Die im Jahr 1771 in Ks. eingerichtete Wertpapierb. erwies sich allerdings als Fehlschlag, weil – wie Heidelbach berichtet – sich „überhaupt keine Besucher einfanden". Die B. wurde bald wieder geschlossen. *ro*

Lit.: Heidelbach, Jahrtausend, 196.

Böttner, Wilhelm (* 24.2.1752 Ziegenhain, † 24.11.1805 Ks.) war Porträt- und Historienmaler, später Akademiedirektor am landgräfl. Hof in Ks. in der Nachfolge von Johann Heinrich → *Tischbein* d. Ä., seinem Lehrer um 1764–67. B.s Werk, besonders der Stil seiner höfischen und bürgerlichen Porträts, sind dem späten Rokoko und dem frühen Klassizismus verpflichtet. Nach dem Besuch des → *Collegiums Carolinum* 1767–70 und einem kurzen Aufenthalt in Düsseldorf 1772 setzte er 1773–77 seine Studien in Paris fort. Im Herbst 1777 ging er nach Rom und besuchte dort die französ. Akademie. Durch Vermittlung von Johann Friedrich Reiffenstein bekam er ab Juli 1780 von Lgf. → *Friedrich II.* eine Pension „auf zwei Jahre, 200 Reichsthaler jährlich". 1781 kehrte B. zusammen mit dem Malerfreund Johann August → *Nahl* d. J. nach Ks. zurück. Während eines weiteren Parisaufenthaltes 1783/84 arbeitete er an Porträts des französischen Adels und der Herrscherfamilie. Am 1.9.1784 wurde er zum Hofmaler Lgf. Friedrichs II. ernannt. Nach Tischbeins Tod 1789 wurde B. erster Hofmaler Lgf. → *Wilhelms IX.* und zugleich Professor für Malerei und Direktor an der Akademie. Besonders bekannt sind neben seinem Selbstbildnis die Porträts seines Landes- und Dienstherrn Lgf. Wilhelm IX. und dessen Mätresse Caroline von Schlotheim. *vle*

Lit.: Heraeus, Spätbarock, 18–38; Berrer/Böttner, 154–165.

Bohné, Johann Jacob Justus (* 9.3.1791 Ks., † 24.4.1857 ebd.) Der aus hugenott. Familie stammende B. gründete im Herbst 1818 trotz heftigen Widerstands eine Buchhandlung in der Elisabethstr. 229. B. konnte zunächst nur ein Privileg als Leihbuchhändler erwirken und bekam erst 1820 die Genehmigung für eine Buchhandlung. Unter B. entwickelte sich das Unternehmen innerhalb von zehn Jahren zur größten Leihbücherei Kurhessens mit über 21.000 Titeln 1857. Die meisten Bestände kamen aus der Belletristik, aber er verlegte auch juristische und polit. Werke. Als angesehener Buchhändler und Verleger gehörte B. 1825 zu den Gründervätern des Börsenvereins des Dt. Buchhandels (→ *Verlagswesen*). Außerdem war er 1835–38, 1840 und 1845 Mitgl. des Bürgerausschusses, in der Zwischenzeit Stadtrat und 1847–54 Stadtkämmerer in Ks. 1855 verkaufte B. seine Firma an Carl August Freyschmidt, der bis 1865 den Firmennamen B. beibehielt. *khn*

Lit.: Lengemann, Bürgerrepräsentation; Dreusicke, Gemeinden.

Bombardier Inc. ist ein kanad. Industrieunternehmen mit Hauptsitz in Montreal. Es wurde 1942 gegründet. Das Unternehmen zählt zu den weltweit größten Herstellern von Geschäftsflugzeugen und Flugzeugen für den Regionalverkehr (B. Aerospace). Seit 1974 werden auch Fahrzeuge für den Schienenverkehr produziert (B. Transportation). Heute wird eine vollständige Produktpalette für den Personennah-, Stadt- und Fernverkehr angeboten. Das B.-Werk in Ks. ist seit seiner Übernahme von ABB Daimler-Benz Transportation (Adtrans) Teil dieses großen internationalen Konzerns mit über 80.000 Mitarbeitern. Im Werk Ks. werden Elektrolokomotiven gebaut. Damit wird am Standort Ks. eine Tradition fortgeführt, die 1848 bei → *Henschel & Sohn* mit dem Bau der

Blick auf einige TRAXX Loks der Firma Bombardier

Dampflokomotive „Dragon" begonnen hatte. Heute ist der Standort Ks. „weltweit die umsatzstärkste Produktionsstätte für elektrische Loks". V. a. werden leistungsstarke, international einsetzbare Güterzuglokomotiven nachgefragt. In Ks. wurde dafür die Lokomotiven-Familie „Traxx" entwickelt: Die Lokomotiven bauen in ihrer Grundkonzeption auf einer einheitlichen Plattform auf und werden dann für spezielle Aufgabengebiete ausgerüstet. Man verkauft heute gewissermaßen „Lokomotiven von der Stange". Die Plattformstrategie ermöglicht entscheidende Kostenvorteile. B. hat in Europa für elektrische und dieselgetriebene Lokomotiven einen Marktanteil von 88 %. Das Werk in Ks. beschäftigt knapp 1.000 Mitarbeiter. *ro*

Bonaparte → *Jérôme*

Bosch, Werner (* 5.5.1916 Freiburg, † 1.9.1992 Ks.) Nach dem Abschluss der Lehre als Orgelbauer bei der Werkstatt X. Mönch Söhne, Überlingen, folgten Wanderjahre bei den Werkstätten M. Welte & Söhne, Freiburg/Br., P. Sattel, Speyer, B. Grüneberg, Stettin-Finkenwalde, P. Faust, Schwelm, G. F. Steinmeyer & Co., Oettingen, und J. Klais, Bonn. 1945–47 war B. als selbstständiger Orgelbauer zunächst in Heiligenrode tätig, 1947 legte er die Meisterprüfung ab. 1948–55 arbeitete B. als Orgelbauer in Ks. und gründete das noch heute bestehende Pianohaus Bosch. 1955 verlegte er den Orgelbaubetrieb in das nahe gelegene → *Sandershausen*. Neben der Werkstattleitung, dem Bau neuer Instrumente und der bewahrenden Reparatur alter Orgelwerke engagierte sich B. in der Ausbildung junger Orgelbauer/innen, in der → *Handwerkskammer* und in der Lokalpolitik. Die noch heute in Familientradition bestehende Werkstatt kann Instrumente auf mehreren Kontinenten nachweisen, darunter auch die große Orgel in der → *Martinskirche*. *ps*

Bose, Louise von (*26.2.1813 Berlin, † 3.10.1883 Baden Baden) war eine bedeutende Wohltäterin des Kurfürstentums Hessen. Sie engagierte sich auf sozialem, künstlerischem und wissenschaftlichem Gebiet. Für ihre großzügigen Stiftungen gab es vielschichtige Motive: Mitleid mit den Schwachen, Interesse an Fragen der Erziehung und Förderung der Naturwissenschaften. B. – seit 1821 Gräfin von Reichenbach, seit 1845 Gräfin Bose – war die älteste Tochter des Kurfürsten → *Wilhelms II.* und seiner Mätresse Emilie Ortlöpp (→ *Emilie Gräfin von Reichenbach-Lessonitz*). Sie verbrachte ihre Kindheit und Jugend in Ks. und wurde als Lieblingstochter ihres Vaters sorgfältig erzogen. Erst nach dem Tod ihrer Mutter 1843 und der

Louise von Bose Reliefbüste des Ehepaares Bose in antiker Kleidung, Standort: Luisenstr. 5, Josef von Kopf, um 1884

Ehe ihres Vaters mit Caroline von Berlepsch entschloss sie sich 1845 zur Heirat mit Karl August Graf Bose. Durch das Erbe der Mutter begütert lebte B. mit ihrem Ehemann in Baden-Baden und Frankfurt/M., wo sie u. a. eine bedeutende Stiftung zugunsten der Senckenbergischen Naturforschenden Gesellschaft gründete. Ihre anderen Stiftungen für medizinische Forschung kamen den Universitäten Marburg, Jena und Berlin zugute. Die meisten der z. T. aus den Zinserträgen finanzierten sozialen Einrichtungen waren jedoch für die Bewohner des ehemaligen Kurfürstentums Hessen bestimmt. B.s Initiative zur Hebung des Volksschulwesens (→ *Schulwesen*) war vorbildlich. Sie ließ neun Schulgebäude errichten und trug die Lehrergehälter für zehn Jahre, übernahm das Lehrgeld für verarmte Jungen und unterstützte in großem Rahmen Hilfswerke für verwahrloste Jugendliche. In Ks. erwarb sie ein Grundstück am Königstor für den 1879 fertiggestellten Neubau des bereits existierenden Kinderhospitals „Zum Kind von Brabant" für 50 Kinder. Da sie sehr kunstinteressiert war, hütete sie nicht nur die Gemälde ihres Vaters, sondern richtete an der Kunstakademie (→ *Kunsthochschule*) eine Stiftung für angehende Künstler ein. Mit ihren Stiftungen wollte B. auch das negative Image ihrer Mutter kompensieren, indem sie einen Großteil der Gelder zurückerstattete, die diese vom Kurfürst erhalten hatte. Neben dem Kinderhospital wollte sie durch die Errichtung eines eigenen Museums die Erinnerung an das Landgrafenhaus wach halten und zugleich ihre Abstammung als Tochter des vorletzten Kurfürsten demonstrieren. Durch Geldentwertungen verlor das Museum erhebliches Stiftungsvermögen, so dass es nicht mehr selbstständig zu führen war. In Ks. stieß die Einrichtung zudem auf wenig Verständnis. Das Gebäude des Bose-Museums, dessen Gemälde schon nach dem Ersten Weltkrieg in die → *Neue Galerie* gekommen waren, musste nach dem Zweiten Weltkrieg einer Schule und diese später einem Autohaus weichen. Nur eine Stele mit dem Relief des Ehepaars Bose und zwei Säulen vor der Eingangshalle des ehem. Museums erinnern an das Geschenk. *ml*

Lit.: Lemberg, Bose.

James Boswell Porträt von George Willison, Rom 1765

Boswell, James (* 29.10.1740 Edinburgh, † 19.5.1795 London), Sohn von Lord Auchinleck (gesprochen: Affleck), war nach dem Jurastudium in Edinburgh, Glasgow und Utrecht als Anwalt und Richter in Schottland und England tätig. Gleichzeitig verkehrte er in Kreisen von Literaten in London und war Freund Samuel Johnsons, des Verfassers des

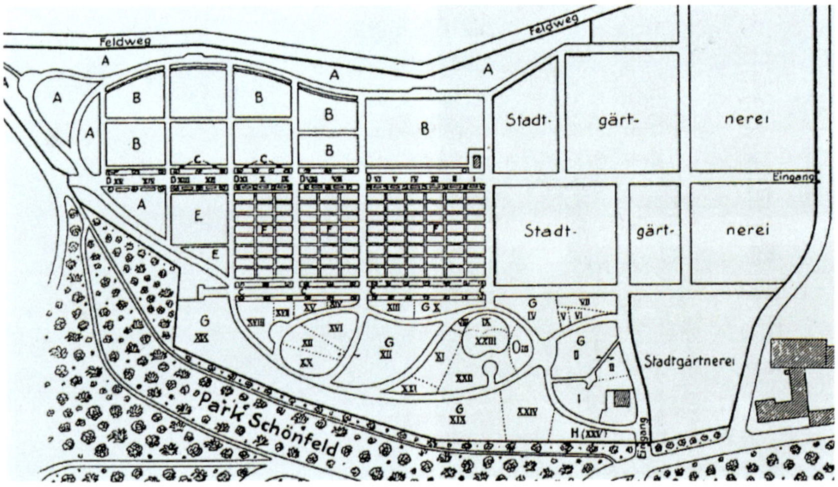

Botanischer Garten Plan des bei Park Schönfeld gelegenen botanischen Schulgartens von 1928

ersten Wörterbuchs der engl. Sprache, über den er auch eine Biographie verfasste, die als klassisches Werk der engl. Literatur gilt. Nach seinem Studium unternahm B. längere Reisen durch Europa. Seine Tagebücher, die B. seit 1762 kontinuierlich geführt hatte, wurden 1928 im Archiv der Familie entdeckt und seit 1950 in Yale veröffentlicht. Auf seiner Europareise besuchte B. im Oktober 1764 Ks.; das Tagebuch, das für die Zeit vom 22.–27.10.1764 auch in dt. Übersetzung vorliegt, bietet ein anschauliches Bild der Stadt und der Hofgesellschaft aus der Sicht eines reisenden Ausländers. Wichtig ist v. a. die Schilderung des Landgräflichen → *Modellhauses*, in dem ein 63 m langes Modell des Oktogons und der Kaskaden von → *Park Wilhelmshöhe* aufgestellt war. Weitere Stationen der Stadtbesichtigung waren die → *Orangerie*, das → *Ottoneum* und das → *Marmorbad*. Lgf. → *Friedrich II.* empfing B. am 25.10.1764 im alten → *Landgrafenschloss*. Aufschlussreich sind auch die Gespräche, die B. mit dem französischen Prediger der → *Oberneustädter Kirche* J.-J. de la Porte über Friedrich II. und dessen Übertritt zum Katholizismus führte. *hes*

Lit.: Boswell, Journal; Danziger/Reuter, Schotte.

Botanischer Garten Der heutige B. hat eine fast 100-jährige Geschichte sowie zwei Vorgänger an anderen Standorten. Im Jahr 1568 ließ Lgf. → *Wilhelm IV.* in Ks. auf der Halbinsel zwischen der großen und kleinen → *Fulda*, dem heutigen Standort des → *Kulturzeltes*, einen der ersten B. Europas anlegen. Ein dreibändiges Herbarium des Naumburger Arztes Dr. → *Ratzenberger* aus dem Jahr 1592 gehört noch heute mit seinen 700 gut erhaltenen Pflanzen zu den Kostbarkeiten des → *Naturkundemuseums*. Es gibt auch die Beschreibung eines B.s aus dem 18. Jh. Dieser war ebenfalls in der → *Karlsaue* gelegen und seine Pflanzensammlungen dienten den Vorlesungen am → *Collegium Carolinum*. Der heutige Standort des B.s im W des Parks → *Schönfeld*, neben dem Garten- und Umweltamt, wurde 1916 als botanischer Schulgarten eingeweiht. Die gartentechnische Leitung des B.s hatte Herr Behlendorf, die schultechnische hatten bis 1947 Prof. Dr. Schaefer und Hermann Schulz inne; letzterer übernahm sie später allein und wurde zugleich Leiter des Naturkundemuseums. Der B. war für alle Schularten gedacht, von der Bürger- bis zur höheren Schule sowie für die Lehrer-, Gärtner-, Drogisten- und Apothekeraus- und -fortbildung. Die größte Fläche diente der Massenanzucht von Pflanzen und Pflanzenlieferungen für die Schulen. Bereits 1917 wurde ein Samenaustausch mit anderen B. gepflegt. Während des → *Ersten Weltkriegs* wurde die Bevölkerung im B. mit Wildnutzpflanzen, wie heimischem Wildgemüse, Faser- und Ölpflanzen vertraut gemacht. 1926 bestand aufgrund der schwierigen wirtschaftlichen Lage der Stadt die Gefahr der Schließung. Die Entwicklung des B. vom schulbotanischen in einen allg. B. setzte bereits vor

dem Zweiten Weltkrieg ein. In dem Maße, wie der Anbau von Massenanzuchten nachließ – bis hin zur vollkommenen Einstellung –, erfolgte die sukzessive Umwandlung. Während des → *Zweiten Weltkriegs* wurde er durch Bomben stark zerstört und zeitweise geschlossen. Am 1.4.1948 wurde er neu eröffnet, Dipl. Gärtner Oswald Sauer übernahm die Leitung und entwickelte aus der als Schulgarten konzipierten Anlage einen Garten, der über die Bereitstellung von Pflanzen für den Unterricht hinaus in breiten Schichten der Bevölkerung, naturwiss. Vereinen und Pflanzenliebhabern auch jenseits der Landesgrenzen Anerkennung fand. 1949 wurde der B. von dt. und ausländischen Besuchern der Botanikertagung aufgesucht. Im Vorfeld der → *Bundesgartenschau* 1955 kamen neu hinzu u. a. ein Aquarien- und ein Schulpavillon (1950/51), ein Tropenschauhaus (Entwurf → *Hermann Mattern,* vor 1955, 1979 durch Neubau ersetzt), Terrarien (1994 zu Sitzplätzen umgestaltet) und ein Vogelhaus (1956) für heimische Singvögel. 1958 übernahm Alfred Bröcker die Leitung, er erweiterte die Pflanzensammlungen beträchtlich und baute den internationalen Pflanzenaustausch mit ca. 450 Gärten und Institutionen aus. Es entstanden das Rosarium, das Staudenrondell, das Alpinum (1963), die systematische Abteilung, die Heil-, Gewürz- und Giftpflanzenabteilung, der Neubau der Teichanlage (1964), die Bereiche für Wasser- und Sumpfpflanzen, Salz- und Dünenpflanzen, Moorpflanzen, die wertvolle Gehölzsammlung mit 600 Arten aus Laub- und Nadelgehölzen, die Farnschlucht, der Heidegarten, Insektivorenvitrinen und das Anzuchtgewächshaus (1969). 1981 erfolgte eine Grundüberholung des Staudenrondells, des Rosariums und des Apothekergartens. Im Nachgang zur Bundesgartenschau 1981 wurde 1982 der B. zu einer einfachen städt. Grünfläche herabgestuft. Durch die Ausweitung der zu pflegenden städt. Grünflächen blieb für dieses Kleinod kein Geld mehr für intensive Pflege und Weiterentwicklung. Alle Rettungsversuche (1982 durch die Gründung eines Förderkreises) waren nur bedingt wirksam. In diesem Förderkreis waren gärtnerische Berufsvereinigungen, die Apothekerkammer, der Hess. Heimatbund, der Naturschutzring und die damalige Gesamthochschule, heute → *Universität,* vertreten. 1985 gingen daraus der Förderverein B. Ks. e. V. hervor, um den in seinem Bestand bedrohten Garten zu erhalten, ihn durch Führungen und Öffentlichkeitsarbeit bekannt zu machen und die 1984 gegründete schulbiologische Station zu unterstützen. Seit 1987 ist diese Lernort für Schüler und Lehrer, liefert Pflanzen und Tiere zur Beobachtung, leistet Hilfestellung beim Anlegen von Schulgärten, berät bei Unter-

Impressionen aus dem Botanischen Garten

richtsprojekten, leiht Geräte und Materialien für Beobachtungen an Tieren, für Untersuchungen von Pflanzen, Wasser und Boden aus und leistet einen wichtigen Beitrag zur Umwelterziehung an Kassels Schulen. Seit 2002 versucht das Garten- und Umweltamt den B. als qualifizierte Grünfläche mit Unterstützung eines 2003 neu gegründeten Freundeskreises Botanischer Garten e.V., der Gesellschaft der Staudenfreunde e.V. sowie Einzelpersonen und Firmen zu reaktivieren, die diesen Umbau durch Spenden, Dienstleistungen und ehrenamtl. Arbeit unterstützen. Es entstand eine neue Promenade mit Linden, ein Staudengarten, ein Rosengarten, ein Heilkräutergarten, das Kakteenhaus kann besichtigt werden und heiraten kann man im Gewächshaus. Der B. wird auch für Kunstereignisse und andere Events genutzt. *hhu*

Lit.: Wiedemann, Geschichte, 3–10;
Wiegand, Kassel II, 503.

Boyneburg zu Lengsfeld, Ludwig von

(* vor 1491, † nach 1527) war seit 1491 im Dienste Lgf. Wilhelms II. und wurde 1496 zum Hofmeister, 1500 zum Statthalter des Niederfürstentums in Ks., 1502 zum Statthalter des Oberfürstentums sowie 1505 zum Hofrichter in Marburg ernannt. Darüber hinaus stand er in Diensten von Wilhelms Onkel, Erzbischof Hermann von Köln. Besonderes Vertrauen erwies ihm der Landgraf, indem er ihn 1506 als Vormund seines minderjährigen Erben einsetzte. Da Wilhelm II. sein Testament jedoch zugunsten seiner Gemahlin änderte, brach 1509 ein erbitterter Kampf um die vormundschaftliche Regentschaft aus. B. setzte sich an die Spitze der hess. Ritter und konnte seine Ansprüche mit Unterstützung der erbverbrüderten Sachsen zunächst durchsetzen. Er wurde zum Leiter des Regierungskollegiums bestimmt. Jedoch traten Spannungen auf, die die Landgräfin → *Anna* zu ihren Gunsten nutzte und so wurden B. und seine Anhänger 1514 gestürzt. Die Landgräfin konfiszierte seine Güter und beschuldigte ihn, über sein Regierungshandeln keine ordentliche Rechenschaft abgelegt zu haben. Erst 1527 rehabilitierte ihn Lgf. → *Philipp* und ernannte ihn erneut zum Statthalter an der Lahn und zum Hofrichter. B. war mit Mechthild von Herda verheiratet. *pp*

Lit.: Demandt, Personenstaat, 86ff.

Brände und Feuerlöschwesen
Feuer im Theater am Friedrichsplatz 15 am 23.10.1943

Brände und Feuerlöschwesen Der Nachweis für die erste Form des „organisierten" Löschwesens ist in der am 14.9.1558 von Lgf. → *Philipp* erlassenen Feuerordnung zu sehen. Der verheerende Brand am alten Müllertor im Jahre 1521, bei dem 306 meist mit Stroh bedeckte Häuser der damaligen „unteren Freiheit" vernichtet wurden, war Anlass genug für eine solche Ordnung. Geregelt wurden darin u. a. der Umgang mit den häuslichen Feuerstellen und das Verhalten im Brandfall. Jeder, der den Ausbruch eines Feuers bemerkte, hatte dies durch lautes Schreien in den Gassen kundzutun. Der Türmer auf der → *Martinskirche* sollte die Feuerglocke läuten, am Tage mit weißen Fahnen, in der Nacht mit Laternen die Richtung des Brandes anzeigen. Die Bürger der „oberen Freiheit" versammelten sich mit den zur Verfügung stehenden Löschgeräten auf dem Pferdemarkt, die der → *Altstadt* auf dem Markt und die der → *Unterneustadt* auf der Fuldabrücke. Der Bürgermeister hatte umgehend an der Brandstelle zu erscheinen und dort bis zur endgültigen Löschung auszuharren. Die Bürgermeister der drei Kasseler Stadtteile und die Ratsherren hatten sich an die Spitze der bunt zusammengewürfelten Rettungsmannschaften zu stellen und durften den Brandort ebenfalls nicht verlassen. In ihren Grundzügen blieb diese erste Feuerordnung über 260 Jahre richtungsweisend für alle folgenden novellierten Regelungen von 1567, 1637, 1775 und 1802. Die vom 24.9.1818 an gültige neue Ordnung behandelte erstmals auch rechtl. und organisatorische Maßnahmen bei Bränden. Fünf Abschnitte beinhalten vorbeugende, brandverhütende Anweisungen, die Pflichten der Bürger, Feuermeldung und Alarmierung der Bevölkerung, Organisatorisches (Schließen der Stadttore) sowie die Einrichtung eines Feuerlösch-Corps und einer unabhängigen Rettungsgesellschaft, die direkt dem Bürgermeister unterstand. Am 29.10.1853 kamen bei einem Brand in einer Färberei am Altmarkt fünf Männer der Rettungsgesellschaft ums Leben, darunter auch deren Leiter, Bürgermeister Karl Ludwig Henkel.

Auf Grund mehrerer Großbrände zwischen 1853 und 1860 zog die Stadtverwaltung die Einrichtung einer ständig besetzten Feuerwache mit jeweils acht hauptamtlichen Kräften im 24-Stunden-Dienst in Erwägung. Die Leitung und Ausbildung sollte der Turnlehrer Johann Konrad Boppenhausen übernehmen. Dieser erklärte sich bereit, schlug der Stadt aber aus Kostengründen die Gründung einer freiwilligen Turner-Feuerwehr vor. Daraufhin wurde diese gegründet, durfte jedoch nur Rettungsaufgaben und keine Löscharbeiten durchführen. Mit der Einrichtung einer nächtlichen Brandwache (Bürgerwehr) im Spritzenhaus in der Mauerstr. und der Installierung von 20 öffentlichen Feuermeldern erfolgte 1876 ein wesentlicher Schritt des organisierten Brandschutzes. Konflikte zwischen den Einheiten der Turnerfeuerwehr und der Bürgerwehr machten es 1884 erforderlich, in einer Dienstordnung für die Gesamtfeuerwehr das Stadtgebiet in Alarmbezirke einzuteilen. Da die Brandwache am Tag unbesetzt war, war dieser Zustand jedoch unbefriedigend. Die Polizeidirektion empfahl dem Magistrat, eine ständige Tag- und Nachtwache einzurichten. Die Gründung der Berufsfeuerwehr Ks. erfolgte am 1.4.1891 mit zwölf hauptamtlichen Kräften, wovon sechs ständig im Dienst waren. Waren in den ersten Jahren rund 50 Einsätze pro Jahr zu verzeichnen, stieg diese Zahl danach stetig an, während die Unterstützungen von Bürgerwehr und Turnerfeuerwehr abnahmen. Deshalb entstand 1900 aus beiden Einrichtungen die Freiwillige Feuerwehr, die sich jedoch bereits 1907 wieder auflöste. Die → *Eingemeindung* von Wehlheiden 1899 und die steigenden Einsätze (229 in 1900) erforderten eine Personalaufstockung, Beschaffung neuer Geräte und Fahrzeuge sowie die Projektierung einer zweiten Feuerwache. Diese konnte 1907 in der Westerburgstr. bezogen werden. Im Juni 1913 wurden die ersten automobilen Löschzüge für die beiden Feuerwachen beschafft. Die aufwändige Vorhaltung und die zeitraubende Pferdebespannung erübrigten sich damit. Es handelte sich um: 4 Motorspritzen, 2 Wassertankfahrzeuge, 2 Leitern, 1 Arbeits- und 1 Offizierswagen. Um die Anschaffung im Wert von 188.600 Mark zu ermöglichen, stellte die Hessische Brandversicherungsanstalt ein Darlehen von 168.000 Mark bereit. In Folge der Einziehung zum Wehrdienst reduzierte sich nach 1914 das Personal von 86 auf 35 Beamte. Ein Ausgleich fand durch Hilfsfeuerwehrleute und die Erhöhung auf 72 Wochenarbeitsstunden statt, darunter fielen auch acht Telegraphistinnen. Den größten Einsatz in den Jahren der Weimarer Republik stellte der Brand der → *Vogtschen Mühle* am 8.4.1926 dar. Nach der Machtübernahme durch die → *NSDAP* entstand aus der kommunalen Berufsfeuerwehr eine Einheit der Feuerlöschpolizei, gleichzeitig wurden alle Beamten zu Hilfspolizeibeamten. 1934 wurde der 20 Jahre alte Fahrzeugpark umfassend erneuert. Die Feuerwehr war Bestandteil des organisierten Luftschutzes geworden. Ein Großbrand vernichtete am 14.9.1936 den großen Hafenspeicher. Zwei Tage vor der sog. Reichspogromnacht brannte die → *Synagoge*. Obwohl ein Eingreifen der Feuerwehr polit. ausdrücklich nicht erwünscht war, erteilte Branddirektor Becker nach Rücksprache mit OB Gustav Lahmeyer den Befehl, zu löschen. Die Synagoge wurde dennoch wenig später abgerissen. Aufgrund des Reichsfeuerlöschgesetzes vom 23.11.1938 bildete nun die Feuerwehr die vierte Sparte der Ordnungspolizei: aus der Feuerlöschpolizei wurde die Feuerschutzpolizei. Schwerste Einsätze stellten die Hilfseinheiten während des → *Zweiten Weltkrieges* vor große Herausforderungen und Belastungen. Als am 17.5.1943 die Flutwelle des Edersees Ks. erreichte, standen weite Teile der Unterneustadt und der Altstadt unter Wasser. Einheiten aus Ks. rückten auch vermehrt zu überörtlicher Löschhilfe aus. Im Gegenzug erhielt Ks. Unterstützung von über 60 Feuerwehreinheiten aus Hessen, Thüringen und Niedersachsen nach dem Bombenangriff am 22.10.1943. Über 3.000 Einzelbrände wuchsen zu zwei großflächigen Feuerstürmen zusammen. Ks. war zu etwa 78 % zerstört; über 8.000 Menschen fanden den Tod. Bei diesem Angriff wurde auch die Feuerwache 2 in der Mauerstr. völlig zerstört. Von starken personellen und materiellen Verlusten geprägt, standen Wiederaufbau und Neuorganisation der Feuerwehr Kassels im Mittelpunkt der Nachkriegsjahre. 1970 wurde die neue Feuerwache 1 in der Wolfhager

Brände und Feuerlöschwesen
Feuersturm der Altstadt beim Druselturm am 22.10.1943

Str. bezogen, wenig später erfolgte der Abriss der alten. Trotz langer Anfahrtswege in Teile von → *Bad Wilhelmshöhe* erhielt Ks. erst 1981 auf der Dönche wieder eine zweite Feuerwache. An mehreren überregionalen Einsätzen beteiligte sich die Feuerwehr Ks., u. a. 1986 an der innerdeutschen Grenze nach dem Tschernobyl-Unfall, 1988 beim schweren Grubenunglück in Borken, 1989 bei der Grenzöffnung und 2002 beim Hochwasser in Dresden. Die heutige Feuerwehr Ks. ist als Amt 37 des Dezernates III für die Berufs- und die Freiwillige Feuerwehr zuständig. In den beiden Wachen versehen 218 Beamte in Schichten ihren Dienst. Unterstützt werden sie von 200 Angehörigen der sieben Freiwilligen Feuerwehren. Neben der klassischen Brandbekämpfung, der technischen Hilfeleistung und dem Rettungsdienst ist die Feuerwehr auch im Umwelt- und Katastrophenschutz tätig. 2007 wurde sie zu 976 Brandeinsätzen, 1.289 Hilfeleistungen und 6.251 Rettungsdiensteinsätzen alarmiert. Außerdem betreibt sie die gemeinsame Leitstelle von Stadt und Landkreis. *agi*

Qu./Lit.: Giller/Mierke/Petig, Berufsfeuerwehr; StAKs, Hess. Landesordnungen.

Brandau, Karl Wilhelm (* 12.3.1849 Ks., † 19.10.1917 ebd.) war der Sohn des Wilhelm Gerhard B. und der Karoline Wilhelmine Rock. Er erhielt seine Ausbildung an der höheren Gewerbeschule in Ks., es folgte 1866–69 ein Studium am Eidgenössischen Polytechnikum in Zürich zum Tiefbauingenieur. Mit Albert Brandt, dem Konstrukteur einer mit Druckwasser betriebenen, drehenden Gesteinsbohrmaschine, gründete B. 1879 „Brandt, Brandau & Cie. Hamburg", erschloss Silberminen bei Posadas (Córdoba), baute Tunnel an der Neckarbahn, den Pratellinotunnel bei Florenz, den Brandleitetunnel bei Oberhof in Thüringen, den Suramtunnel im Kaukasus und den Arlbergtunnel. Hauptwerk B.s ist der 19,8 km lange Simplontunnel von Brig nach Iselle. Die Generalunternehmung Brand, B. & Cie. (mit Locher & Cie., Sulzer Winterthur, Bank in Winterthur) übernahm durch Verträge von 1893 und 1898 den Bau. B. leitete die Arbeiten auf der Südseite. Der Durchschlag erfolgte am 24.2.1905, am 1.6.1906 fuhr der erste Eisenbahnzug. B. erhielt zahlreiche Ehrungen: Dr. h. c. Technische Hochschule Berlin und Univ. Basel, Ehrenbürger Domodossola, Ehrencommendatore Orden der italienischen Krone, Brandaustr. in Ks., Ehrenmitglied Dt. Eisenbahnbauverein, Verein Dt. Ingenieure, Architekten- u. Ingenieurverein Ks., Società Ingenieri ed architetti italiani di Torino und verfasste zahlreiche wissenschaftlich-technische Veröffentlichungen. *gi*

Lit.: Historisch-biogr. Lexikon der Schweiz; Schnack, LKuW, 1–6.

Brandkasse Am 27.4.1767 unterzeichnete Lgf. → *Friedrich II.* die Gründungsurkunde zur Errichtung der „Brand-Cassa", besser bekannt als B. Ks. Damals gab es schwere Feuersbrünste, aber keine organisierte Feuerwehr. Brannte es erst einmal, hatten die Menschen fast keine Chance, die Flammen zu besiegen. Mit der B. schuf Friedrich II. innerhalb seiner Landgrafschaft erstmals die Basis für einen geregelten Schadenersatz im Brandfall. Wer nicht versichert war, hatte nach einem Brandschaden keine Erlaubnis mehr zur „Brand-Collecte" und wer nach einem Jahr nicht mit dem Wiederaufbau begonnen hatte, lief Gefahr, dass sein Grundstück versteigert wurde. Die B. zahlte die Entschädigungen sukzessive in dem Maß aus, wie der Bau voranschritt. Die jährl. Beiträge wurden anhand der angefallenen Brandschäden durch ein Umlageverfahren auf die Versicherten verteilt. Die B. bewährte sich und vergrößerte ihr Geschäftsgebiet durch die Gebietsreformen. Die → *Industrialisierung* und der Anstieg der Bevölkerungsdichte sorgten zudem für Kundenzuwachs. 1829 erhielt die B. das Monopol auf die Gebäudefeuerversicherung. Nun waren alle ge-

Gebäude der Brandkasse in der Kölnischen Straße

Brandt-Stoph-Besuch Zwei Monate nach dem historischen Besuch Willy Brandts in Erfurt erfolgte der Gegenbesuch des DDR-Ministerpräsidenten Stoph in Kassel im Mai 1970. Hier im Bild vorne vlnr: Albert Osswald, Willi Stoph und Willy Brandt, veröffentlicht im Göttinger Tageblatt, 22.05.1970

werbl. und privaten Gebäudebesitzer bei der B. versichert. Ab 1926 bot das Unternehmen auch die Versicherung des Mobiliars an. Seit Gründung der Feuerwehren im 19. Jh. war die B. ihr Partner und Förderer, denn eine wirkungsvolle Feuerwehr wirkte positiv für die Bürger und half auch der B., ihre Aufwendungen im Schadensfall zu reduzieren. Als 1994 durch EU-Beschluss das Monopol für die Gebäudefeuerversicherung fiel, stieg die B. in den Wettbewerb ein. 1997 schloss sie sich mit zwei weiteren Brandversicherern zusammen und fusionierte mit der SparkassenVersicherung in Wiesbaden. Im Jahr 2004 erweiterte die Fusion mit den SV-Versicherungen das Geschäftsgebiet um Baden-Württemberg. Heute deckt die SV SparkassenVersicherung knapp 25 % der Fläche Deutschlands ab. Bundesweit ist sie der größte Anbieter für Gebäudeversicherungen. *ssi*

Brandt-Stoph-Besuch Am 21.5.1970 trafen sich der Bundeskanzler der Bundesrepublik Deutschland, Willy Brandt, und der Ministerpräsident der DDR, Willi Stoph, zum Gipfelgespräch in Ks. Zwei Monate zuvor hatte es ein erstes Treffen der beiden Regierungschefs in Erfurt gegeben. Während Brandt bei dieser Begegnung entgegen der Absicht der DDR-Staatsführung von den Erfurtern gefeiert wurde, begleiteten den Besuch Stophs in Ks. heftige Proteste: Heimatvertriebene und Mitglieder der Jungen Union demonstrierten gegen das Treffen; die DDR-Flagge vor dem Tagungsort → *Schloss Wilhelmshöhe* wurde zerrissen. Sachlich blieb der Besuch ergebnislos: Die von Brandt vorgelegten „Grundsätze und Vertragselemente für die Regelung gleichberechtigter Beziehungen“, die Ausdruck der neuen sozialliberalen Regierungspolitik nach 1969 waren, lehnte Stoph als unannehmbar ab. Stattdessen hielt die DDR an der Forderung nach völkerrechtlicher Anerkennung als Voraussetzung für Verhandlungen fest. Die Regierungschefs verzichteten auf eine Schlusserklärung sowie weitere Treffen und vereinbarten eine „Denkpause“ (Stoph). Das Scheitern des B.s bewies, dass eine Entspannung zwischen den dt. Staaten erst nach Verträgen mit der Sowjetunion, Polen und dem Vier-Mächte-Abkommen über Berlin möglich war. So war es dann: Der Ratifizierung der Ostverträge 1972 folgte der Grundlagenvertrag zwischen der Bundesrepublik und der DDR. *wvk*

Lit.: Nakath, Erfurt; Fischer, Brandt.

Branner, Karl (* 11.9.1910 Ks., † 17.10.1997 ebd.), Dr. rer. pol., Diplom-Volkswirt, OB. Der Sohn eines Bäckermeisters studierte in Göttingen Wirtschaftswissenschaften, Geschichte und Soziologie. Nach der Rückkehr aus der Kriegsgefangenschaft (1949) wirkte er bis 1954 als Referent beim DGB Kreis Ks. sowie als Dozent am Verwaltungsseminar. Nach zwei Jahren als Stadtverordneter der SPD wechselte er in den → *Magistrat,* zunächst als Stadtrat für Wirtschaft und Verkehr (1954). B. wurde 1957 zum Bürgermeister und 1963 als Nachfolger von → *Lauritz*

Lauritzen zum OB gewählt. Zwölf Jahre lang war B. ein populäres Stadtoberhaupt. Hohen Bekanntheitsgrad für Ks. erreichte B., als es ihm 1970 gelang, das zweite deutsch-deutsche Gipfeltreffen zwischen Willy Brandt und Willi Stoph (→ *Brandt-Stoph-Besuch*) in die Stadt zu holen. B. gilt als Vollender des Neuaufbaus (Ausstellung 1964 „Eine Stadt ist wieder aufgebaut") und engagierter Vertreter für die Verbesserung der sozialen Verhältnisse. Erfolgreich war sein Einsatz v. a. für den Wohnungsbau (Wohnstädte → *Waldau*) und für die Bildung (Schulneubauten, → *Volkshochschule* 1964, v. a. → *Gesamthochschule* Ks. 1971). B.s Engagement trug zur Schaffung des Regionalflughafens Ks.-Calden bei (1970). Dagegen gelang es ihm nicht, die hessische Gebiets- und Verwaltungsreform in den 1970er Jahren für die Entwicklung der Stadt zu nutzen. *frk*

Qu./Lit.: Branner; StAKs.

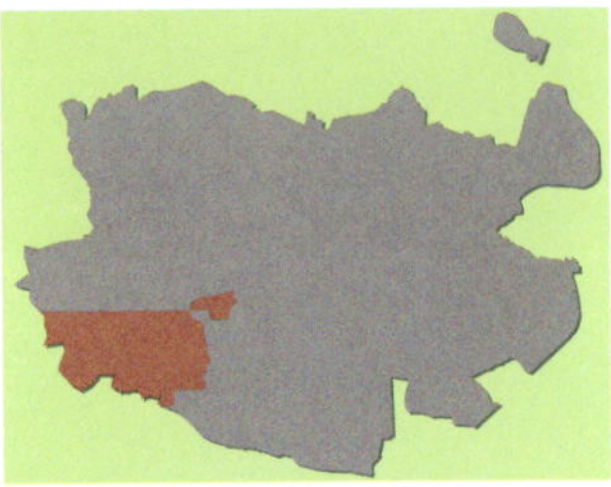

Der Stadtteil Brasselsberg im Stadtplan

Brasselsberg Die Erschließung des Siedlungsgeländes am O-Hang des Namen gebenden B.s, 6,5 km süd-westl. von Ks., setzte 1870/71 mit dem Bau der Konrad-Adenauer-Str. (davor Bergstr.) ein und stand in enger Verbindung mit dem Ausbau der → *Wilhelmshöhe.* Das Gelände gehörte hauptsächlich zur Altgemarkung → *Nordshausen,* mit geringeren Anteilen zu → *Niederzwehren* und → *Oberzwehren.* Um 1900 wurden nach Plänen der Kasseler Architekten → *Eubell & Rieck* die ersten Häuser der später als → *Gartenstadt* bezeichneten Siedlung erbaut, die sich rasch als beliebtes Villenviertel etablierte. 1904 wurde der → *Bismarckturm* errichtet, 1911 erfolgte eine Anbindung an die → *Herkulesbahn* durch die Teilstrecke vom Luisenhaus nach B. Eine wichtige Grundlage der Anfangszeit bildete der aufgelöste Wiederholdsche Gutshof mit seinen Ländereien, in den 1911 ein Töchterheim (Internatsschule) einzog. Dieses wurde später in eine Rehabilitationseinrichtung (Katharina-Wittenburg-Haus) umgewandelt. Mit den → *Eingemeindungen* von Niederzwehren, Nordshausen und Oberzwehren kam auch die Gartenstadt B. 1936 zum Stadtkreis Ks. Am 12.10.1952 wurde die Emmauskirche, die heute den Ortsmittelpunkt bildet, eingeweiht (letzter Bauabschnitt 1991). *ur*

Lit.: Langrock, Planer, 37–41;
Langrock, Emmaus-Kirchengemeinde, 99–102.

Blick über Brasselsberg im Jahr 1990

Brauereien Mittlerweile gibt es in Ks. nur noch zwei B. Das ist das Ergebnis eines Konzentrationsprozesses, der vor rund 150 Jahren mit der → *Industrialisierung* der Lebensmittelproduktion begann. Ihr Absatzgebiet sind hauptsächlich Ks. und Nordhessen. Die Hütt-B. liegt zwar in → *Baunatal,* wurde aber von den Kasseler Bürgern praktisch eingemeindet. Sie betont, seit über 250 Jahren in Familienbesitz zu sein, und ist Mitgl. im Verband „Die Freien Brauer". Die Martini-B. war ebenfalls bis 1992 ein Privatunternehmen und feierte 1984 ihr 125-jähriges Firmenjubiläum. Sie gehört derzeit zur Einbecker Brauhaus AG. Heute ist man an große Sudhäuser mit modernster Technik, gepflegten Kupferkesseln und einer gewissen „Hektoliterwut", wie es kritische Stimmen im 19. Jh. nannten, gewöhnt. Gebraut wurde zunächst weitgehend für den Hausgebrauch. Das Gebräu war aufgrund von einfacher Brautechnik und mangelnden Kühlmöglichkeiten von sehr unterschiedlicher und auch sehr schwankender Qualität. Das Recht zu Brauen bestand aus einem Gewirr von Regeln, Privilegien und Privatrechtstiteln. Verlieh es der Landesherr – wie Lgf. → *Heinrich II.* 1345 an Ks. → *Altstadt,* Neustadt und → *Freiheit* –, dann wurden erhebliche Akzisen, also Verbrauchssteuern fällig; für den Ausschank etwa betrug die Summe 1395 noch zusätzlich 2.500 Gulden. Seit dieser Zeit gab es ein Verbot der Einfuhr von „Fremdbier", um den Absatz am Ort zu sichern. Frühe Belege für Kasseler B. sind spärlich. Ein städtisches Brauhaus scheint es seit

Vor der Herkules Brauerei trifft alt auf neu in Form eines Pferdefuhrwerks und eines Transportwagens, um 1926

dem 16. Jh. gegeben zu haben. Es lag etwa zwischen → *Renthof* und Altstädter Brücke und braute bis ins 18. Jh. In solchen Häusern war das „Reihebrauen“, also das abwechselnde Brauen von Bürgern, üblich, das Gustav Schmoller später als ein „Lotterbett für Faulheit und Indolenz“ bezeichnete. 1752 betrat der hugenottische Brauer Johann Isaak Friedrich Pierson die Szene. Er hatte ein Anwesen nahe Rengershausen erworben, wo er nach Lizenzerteilung sein Bier ausschenken durfte. Die gesamte Anlage erhielt vermutlich um 1850 den Namen → *Knallhütte.* In der Generationenfolge wirtschafteten seitdem die Familien Keim und Bettenhäuser bis heute.

1830 gab es in Kurhessen rd. 790 B., davon allein in Niederhessen 400. Kurz darauf begann die Geschichte des Familienunternehmens Kropf in Ks. Die Familie war aus dem Berchtesgadener Land eingewandert. 1859 kaufte Adolf Kropf nahe der → *Martinskirche* für 19.500 Taler ein Anwesen in der Mittelgasse 56, das zwischendurch der Braumeister Ferdinand Roßteuscher bewohnt hatte. Kropf erfand mit Hilfe des Bierbrauers Schulz ein für Ks. ungewöhnliches Rezept, dessen Ergebnis offensichtlich in seiner „Bayerischen Bierhalle“ gut konsumiert wurde: ein untergäriges, ziemlich dunkles Bier mit hoher Stammwürze. Schon früh kaufte er ein großes Felsengrundstück an der Kölnischen Str., in das er 1895 umzog. 1859 hatte Kropf nur noch 19 Konkurrenten. 1861 wird erstmals die B. Losch in der Hafenstr. erwähnt; 1875 gab es noch 17 Betriebe, 1895 waren es 13. Da hohe Investitionen erforderlich waren, wurden Aktienbrauereien gegründet. Die erste war 1872 die Hessische-Actien-Bierbrauerei Wehlheiden, deren Produkt sich bei der Bevölkerung den Namen „Dividendenjauche“ einhandelte. 1879 entstand durch die Fusion der Losch'schen B. Gebr. Sumpf mit der Greifswalder B. August Sumpf Söhne die Herkules-B. mit der bekannten Adresse Hafenstr. 54, ebenfalls als Aktiengesellschaft. Ein Bericht der Handelskammer von 1903 zählte für die Stadt Ks. noch fünf Betriebe: die Aktien-B., Herkules, Kropf, Schöfferhof (Wolfhager Str., im Besitz der Dreikönigshof Aktiengesellschaft, Mainz) sowie die Privatb. Chr. Eissengarten. Nach Übernahme und Stilllegung der Aktien-B. durch Herkules und der Aufgabe von Eissengarten 1921 waren sie nur noch drei und um 1930/40 wurde Schöfferhof von Binding übernommen. Obwohl in die Herkulesb. in Ks. erheblich investiert wurde, musste 1999 die Schließung verkündet werden. Ein Großteil der alten Betriebsgebäude an der Hafenstr. wurde 2008 abgerissen. *mr*

Braun, Otto Philipp (* 13.12.1798 Ks., † 24.7.1869 ebd.) Als jüngster kurhessischer Freiwilliger zog der Sohn eines Kasseler Hofsattlers 1814 gegen Frankreich ins Feld. 1815–17 nahm er während des Studiums der Tiermedizin Unterricht im Kavalleriereiten in Hannover, da er in das zweite Husarenregi-

Brauereien Bierhumpen des Schöfferhof-Bräus in Kassel

Brauereien Emaille-Werbeschild der Herkules Brauerei

ment eintreten wollte. Wegen der zu geringen Finanzmittel der Familie schlug dies jedoch fehl. B. ließ sich darauf sein Erbe auszahlen und ging als Tierarzt nach Nordamerika, von dort über Haiti, wo er für Köng Heinrich I. ein Reithaus einrichtete, nach Venezuela. Dort wurde er Leutnant in der Armee des bolivianischen Unabhängigkeitskämpfers Simon Bolivar und baute als Oberst die bolivianischen Streitkräfte mit auf. 1833–35 war er Präfekt von La Paz, dem folgte die Ernennung zum Kriegsminister. 1836 wurde er zum peruanischen Divisionsgeneral, nach einer gewonnenen Schlacht gegen Argentinien zum „Großmarschall von Montenegro" ernannt. Ab 1840 lebte B. wieder in Ks. *nfr*

Lit.: Kiera, Rezeptionsgeschichte;
Altmann, Braun, 82–87.

Brede, Albrecht (* 19.12.1834 Besse, † 15.1.1920 Ks.) trat nach seiner Lehrerausbildung in Homberg/Efze 1855 eine Stelle als Lehrergehilfe in Vockerode/Meißner und ein Jahr später die Stelle des zweiten Knabenlehrers und Kantors in Sontra an. 1869 wurde B. als Elementar- und Gesanglehrer an die neu gegründete Kasseler Höhere Töchterschule (heute Jacob-Grimm-Schule) berufen und übernahm im selben Jahr die musikalische Leitung des Weidtschen Gesangvereins, des späteren Kasseler Oratorien-Vereins, sowie ab 1883 des Kasseler Lehrergesangvereins (→ *Musikalische Vereinigungen*). Ab 1874 war B. als Organist an der → *Karlskirche* und ab 1906 an der Kasseler → *Kreuzkirche* tätig und wurde 1886 zum Sachverständigen für den Orgelbau in Niederhessen ernannt. Sein musikalisches Opus umfasst Orgelsonaten, -vorspiele und -fugen, Klaviersonaten, Kammermusikstücke, weltliche Lieder und Duette sowie geistliche Chormusik. Heute ist nur noch seine Vertonung des Hessenliedes „Ich kenne ein Land, so reich und so schön" bekannt. *wh*

Lit.: Hansmann, Brede, 125ff.

Breitenau → *Gedenkstätte Breitenau*

Breithaupt, Friedrich Wilhelm, (* 23.7.1780 Ks., † 20.6.1855 ebd.), war Hofmechanikus und Münzmeister von Kurfürst → *Wilhelm I.* und König → *Jérôme.* Er spezialisierte sich auf die Herstellung von geodätischen Instrumenten mit hoher Genauigkeit und konstruierte zusammen mit dem Göttinger Mathematikprofessor Carl Friedrich Gauß neue Instrumente, die die Landvermessung revolutionierten. Erstmals verschickte er Kataloge („Preisverzeichnisse") mit ausführlichen Beschreibungen und Kupferstichen seiner Erzeugnisse. Sein Sohn Georg trat 1832 in das Unternehmen ein, das seitdem als F. W. Breithaupt & Sohn firmiert. Georg hatte mit Messgeräten, die im Berg- und Eisenbahnbau, bei Behörden und Militär Einsatz fanden, auch in Übersee großen Erfolg. In der vierten Generation folgten Friedrich Wilhelm (1840–1907) und dessen Bruder Wilhelm (1841–1931). Sie fanden mit ihren Präzisionsinstrumenten durch Auszeichnungen und Ehrenpreise auf Ausstellungen und Messen weltweite Anerkennung. Während ersterer die technische und betriebliche Organisation übernahm, hielt letzterer weltweit Kontakte zu Wissenschaftlern seines Fachgebiets und publizierte wissenschaftliche Beiträge für das Vermessungswesen.
Georg (1873–1957) verlagerte 1919 die Fabrikation in das neue Gebäude in der Adolfstr., wo das Unternehmen noch heute seinen Standort hat. Die Fabrik wurde 1943 und 1945 weitgehend zerstört. Mit dem schwierigen → *Wiederaufbau* wurde auch ein neues Produktionsprogramm entwickelt, mit Geräten, die eine immer größere Messgenauigkeit erlaubten: neue Nivellierinstrumente, Theodoliten, Kompasse, Entfernungsmesser und geodätische Prüfinstrumente. In der siebten Generation übernahmen Georg-Ernst (geb. 1938) und sein Bruder Hans-Hellmut (geb. 1942) das traditionsreiche Familienunternehmen. Die Fabrik wurde erweitert, die feinmechanischen Messgeräte durch Verwendung von Elektronik und Lasern noch genauer. Die Globalisierung und Nachahmer in Fernost verschärften den internationalen Wettbewerb. Das Unternehmen kann heute nur durch permanenten technischen Fortschritt und Innovationen wettbewerbsfähig bleiben, um Arbeitsplätze in Ks. zu erhalten. Dies gelingt, weil es eine Vielzahl von Präzisionsmessinstrumenten für spezielle Anwendungen anbietet. Seit dem 1.9.2006 steht Hans-Friedrich (geb. 1975) bereit, den Betrieb in der achten Generation zu führen. Das Unternehmen wurde fast 250 Jahre lang von Persönlichkeiten der Familie geführt. Fast 470.000 Präzisionsinstrumente helfen in über

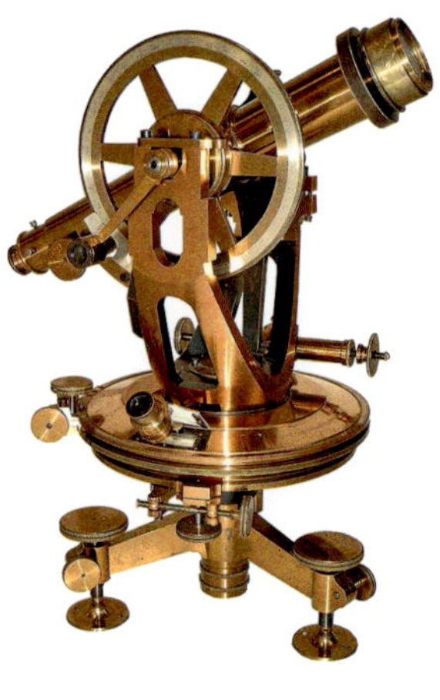

Historischer Breithaupt-Repetitionstheodolit aus dem Jahr 1876

140 Ländern den Ingenieuren bei ihren Vermessungsaufgaben. Eine Reihe von B.-Instrumenten können im → *Astronomisch-Physikalischen Kabinett* in Ks. und im Deutschen Museum in München besichtigt werden. *ro*

Lit.: Breithaupt, F. W. Breithaupt & Sohn; Mackensen, Feinmechanik.

Breithaupt, Johann Christian (* 23.7.1736 Hartenauer Hof bei Darmstadt, † 17.4.1800 Ks.), gilt als Gründer der Firma F. W. Breithaupt & Sohn (→ *Friedrich Wilhelm Breithaupt*). Lgf. Ludwig VIII. von Hessen-Darmstadt erkannte die feinmechanische Begabung des 15-jährigen Knaben und ermöglichte ihm eine Ausbildung als Büchsenmacher. Ab 1757 arbeitete B. in der physikalisch-optischen Werkstatt am → *Collegium Carolinum* bei Prof. Stegmann, der astronomische Geräte anfertigen ließ. 1762 eröffnete B. seine eigene Werkstatt und spezialisierte sich auf astronom., mathemat. Messgeräte und medizin. Instrumente. Dies beeindruckte den an Astronomie besonders interessierten Lgf. → *Friedrich II.*, der B. 1767 zum Hofmechanikus ernannte. In dieser Funktion konstruierte und pflegte er unter dem Mathematikprofessor Matheso Matsko (1721–1796) die physikalischen Instrumente des Collegiums. Im Auftrag des Landgrafen baute er einen Mauerquadranten von 2 m Durchmesser, der im neuen Observatorium im → *Zwehrener Turm* zur Sternenbeobachtung diente. Am 16.4.1769 heiratete B. die Nichte von Johann Heinrich → *Tischbein* d. Ä., Susanne Margarete Strack (1747–1809). Unter ihren sieben Kindern befand sich Heinrich Carl Wilhelm, der das Unternehmen auf die Konstruktion und Herstellung von vermessungstechnischen Geräten umstellte, 1804 aber einem Ruf als Prof. für Physik und Mathematik an das Gymnasium in Bückeburg folgte. Friedrich Wilhelm Breithaupt führte das Unternehmen in der zweiten Generation und trieb die Entwicklung und Fabrikation von Vermessungsinstrumenten voran, die in Bergbau und Landvermessung vermehrt eingesetzt wurden. *ro*

Lit.: Kirchvogel, Hofmechanikus.

Bremelbach → *Gewässer*

Bromeis, Johann Conrad (* 21.9.1788 Ks., † 19.6.1855 ebd.), Sohn eines Kasseler Schneidermeisters, studierte an der Kasseler Akademie u. a. bei → *Heinrich Christoph Jussow*. Anschließend war er im praktischen Bauwesen des → *Königreichs Westphalen* tätig. Nach dessen Ende 1813 unterrichtete er an der Akademie und wurde erst 1817 wieder im staatlichen Baudepartement eingestellt. Für den späteren Kurfürsten → *Wilhelm II.* begann er 1815 mit der Renovierung des Weißen Palais, das später durch das Rote Palais, von dem heute nur noch der Portikus am → *Friedrichsplatz* zeugt, zum prächtig ausgestatteten → *Residenzpalais* erweitert wurde. 1821 wurde B. zum Oberhofbaumeister ernannt. Er verantwortete zahlreiche wichtige Bauprojekte, u. a. die noch heute erhaltenen Gebäude in Wilhelmshöhe: das → *Große Pflanzenhaus* – eine der frühesten Glas-Eisen-Konstruktionen in Europa –, den → *Marstall* und das → *Wachthaus*. B. war zuständig für die Ausstattung des Schlosses und den Umbau des → *Ballhauses* sowie andere kurfürstliche Bauprojekte, wie etwa die Erweiterung des Gestüts in Beberbeck. Nachdem B. 1825 zum Direktor der Baukunst-Abteilung der → *Kunstakademie* ernannt worden war, wurde er 1830 zum Oberbaudirektor und Chef des gesamten Bauwesens befördert. Infolge der

Aufriss zur Dekoration der Rückwand der Speisegalerie im Residenzpalais in Kassel von Johann Conrad Bromeis, 1828, aquarellierte Federzeichnung

1831 vorgenommenen Trennung von Hof- und Staatsbauwesen war er danach einzig für das Staatsbauwesen zuständig. Bis zu seiner Pensionierung 1853 war er v. a. mit Verwaltungsaufgaben betraut. Mit seinen Entwürfen für das → *Ständehaus*, die → *Synagoge* und andere Bauvorhaben kam er nicht mehr zum Zuge. *uh*

Lit.: Bromeis; Online-Kat. MHK.

Bronisch, Paul (* 3.7.1904 Komptendorf bei Cottbus, † 1989 Prien/Chiemsee) Aufgewachsen in Wuppertal und Züllichau, studierte B. 1923–26 an der Kunstakademie Breslau und 1927 bei Bernhard Bleeker an der Akademie der Bildenden Künste München. Ab 1932 war er als Bildhauer in Berlin tätig. Die Nähe seiner neoklassizistischen Kunstauffassung zu den Formidealen des Nationalsozialismus, der ihn für seine kunstpolitischen Zwecke gewinnen konnte, sicherte ihm zwischen 1933 und 1943 zahlreiche offizielle Aufträge für monumentale figürliche Denkmal- und Bauplastiken. 1943 wurde sein Berliner Atelier durch Bomben zerstört, und er übersiedelte nach Großgmain bei Salzburg. Ab 1953 lebte B. in Ks., wo er an der → *Kunstakademie* lehrte und als Plastiker an Denk- und Grabmälern, Kirchen, → *Friedhöfen* und öffentl. Bauten arbeitete. 1965 übersiedelte B. nach München. Werke B.s im Stadtraum Ks. sind: „Schauender Knabe" (1955), → *Treppenstraße;* „Primavera" (1955), → *Marie von Boschan-Aschrott-Heim;* „Porträtbüste Felix Aschrott" (1955), → *Aschrotthaus;* Brunnenfigur (1955), Klinikum Ks.; schließlich die Gestaltung des Taufsteins in der → *Karlskirche.* Einige Kleinplastiken befinden sich im Besitz der → *Neuen Galerie.* *hki*

Lit.: Horn, Plastik, 144–151;
Kunst im öffentlichen Raum, 15ff., 292, 307.

Brücken Von den rund 180 B. in Ks. queren zehn die Fulda: vier Straßen- (Altmarkt-, Hafen-, Damaschke-, Autobahnb.), eine Eisenbahn sowie fünf Fußgänger- und Radwegeb. (Drahtb., Gärtnerplatzb., Schwimmbadb., Karl-Branner-B., Neue Mühle). Die älteste Übergangsstelle ist die am → *Altmarkt.* Auf ihr ging es schon im 18. Jh. nach Dresden, Leipzig und Nürnberg über die → *Fulda.* Die heutige B. wurde 1979–81 gebaut. Sie hat einen Schrägstielrahmen und einen fünfstegigen Stahlverbundquerschnitt. Sie ist 75 m lang und 33 m breit. Die Traglast beträgt 600 kN (1t ~10kN). Die Kosten betrugen 6 Mio. €. Die erste Vorgängerb. wird 1336 erwähnt und war vermutlich aus Holz. Die zweite B. hatte steinerne Pfeiler, einen Überbau aus Holz mit einem Ziegeldach und entstand Ende des 14. Jhs. 1509–12 wurde der dritte Bau errichtet, diesmal eine vierfeldrige Bogenb. aus Stein mit Aufbauten auf den Pfeilern. 1788–94 war ein vierter Neubau notwendig, die Wilhelmsb. Die neue dreifeldrige Bogenb. war aus Sandsteinquadern gebaut. Die Länge betrug 79 m, die Breite 12 m. 1909–11 wurde die fünfte, einfeldrige B. aus Beton gebaut. Sie war 73 m lang, hatte einen Bogen von 57,5 m Stützweite und war 16 m breit. Am 1.4.1945 wurde sie von dt. Truppen gesprengt. Eine Doppelfähre und eine Motorfähre übernahmen bis Dezember 1947 den Transport. 1947/48 wurde die sechste B. gebaut: Diese war 79 m lang und 24 m breit. 1959 wurde der Verkehr der beiden Bundesstr. 7 und 83 von der Altmarktb. verlagert und über die neue, 1957–59 gebaute → *Hafenbrücke* geführt, als Spannbetonb. mit Schrägstielrahmen. Die Länge beträgt 124 m, die Breite 26 m und die Traglast 600 kN. Die Baukosten betrugen 870.000 €. Schäden an den Plattenbalken machen einen Neubau 2008/09 erforderlich. 1907/08 wurde die Vorgängerb. gebaut, um den → *Hafen* mit der Stadt zu verbinden. Zur Entlastung der Altmarktb. und um die östlichen Stadtteile und die Bundesstr. 83 besser zu erreichen, wurde 1961/62 die Damaschkeb. errichtet, die nach dem Bodenreformer Adolf Damaschke benannt ist. Eine Schrägstielrahmenb. mit einer Länge von 136 m, einer Breite von 9 m und einer Tragkraft von 120 kN. Die Kosten betrugen 490.000 €. 1978–80 wurde die Autobahnb. der A 49 über die Fulda gebaut, eine Balkenb. mit Vouten aus Spannbeton. Mit 318 m ist sie die längste Straßenb. Kassels. Die beiden Fahrbahnen sind 11 m und 12 m breit. Die Tragfähigkeit beträgt 600 kN.
Die älteste Eisenbahnb. in Ks. ist die 1915 er-

Brücken Ansicht der Fuldabrücke, Kupferstich von E. Sieber, 1795

Brücken Unter den Augen vieler Zuschauer passiert ein großes Floß die Fuldabrücke

richtete Eisenbahnb. der Nebenbahn nach Waldkappel (→ *Eisenbahn*), eine einspurige Stahlb. mit parallelgurtigem Fachwerk. Pfeiler und Widerlager sind aus Bruchsteinen und stammen von der Vorgängerb. Sie ist 175 m lang und 5 m breit. Die größte Stützweite beträgt 31,65 m. An den Überbau wurde 1947 ein Steg von 100 m Länge und 1,60 m Breite angebaut. Die Vorgängerb. wurde mit der Nebenbahn 1879 erbaut, eine Fachwerkbogenb. aus Stahl. Die älteste Querungsstelle für Fußgänger ist die Drahtb. zwischen → *Karlsaue* und dem rechten Fuldaufer. Der heutige Überbau stammt von 1997. Es handelt sich um eine rückverankerte Hängeb., zwei Tragpfeiler aus Beton sind mit Sandstein verkleidet. Die Länge beträgt rund 125 m, die Stützweite 81 m, die Breite 2,80 m. Die Kosten beliefen sich auf 550.000 €. Die erste Vorgängerb. war eine Schiffsb., die von 1767 bis ca. 1840 betrieben und nur im Winter aufgebaut wurde. Anschließend gab es eine Fähre, bis 1870 auf private Initiative die erste Hängeb. gebaut wurde. Ein zweiter Bau wurde 1941 errichtet. 1945 zerstörten Bomben das Bauwerk, der dritte Bau wurde 1948 eingeweiht. 1981 fand in Ks. die → *Bundesgartenschau* statt. Es entstand rechts der Fulda ein Park als Naherholungsgebiet. Es wurden zwei Fußgänger-/Radwegb. zur Anbindung über die Fulda gebaut: Die Schwimmbadb. ist ein Spannbetonbauwerk von einer Länge von 204 m und einer Breite von 4,70 m. Die Tragkraft beträgt 60 kN. Die Kosten beliefen sich auf 1,36 Mio. €. Die Gärtnerplatzb. war eine Siebenfeldb. mit einem Überbau aus Holz. Der Überbau wurde 2005–07 neu errichtet, weil das Holz morsch war. Die Traglast beträgt 60 kN. Die Kosten beliefen sich auf ca. 2 Mio. €. In den 1990er Jahren wurde der Wiederaufbau der → *Unterneustadt* auf den alten Grundrissen beschlossen. Zum mehrfach preisgekrönten Konzept gehörte auch der Bau einer Fußgänger- und Radwegeb., benannt nach dem früheren OB → *Karl Branner.* Sie wurde 1999/2000 gebaut, hat eine Länge von 132 m, davon entfallen 68,70 m auf die Flussb. Die Kosten betrugen 1,8 Mio. €. Letzte und jüngste Fußgänger- und Radwegeb. ist die B. an der → *Neuen Mühle.* Die Länge beträgt 71 m, die Breite 3,50 m und die Tragkraft 120 kN. Die Baukosten betrugen 1,1 Mio. €. Früher, von 1800 bis 1961, war dort eine Fähre in Betrieb. Die Kasseler B. sind in der Regel auf Flachfundamente gegründet, soweit sie im Fluss liegen, sind diese von Spundwänden umgeben, an nicht tragfähigen Stellen stehen die Fundamente auf Pfählen. In der Regel sind unter den B. Kabel und Leitungen befestigt. *ftö*

Qu./Lit.: Bauwerksbücher der Stadt Ks., des Hess. Straßenbauamtes Ks. und der DB Netz AG Ks.; StAKs.

Brücken Lage der Kasseler Fuldabrücken im Stadtplan

Brückenkapelle Die Kapelle wurde beim Neubau der Fuldabrücke ab 1346 errichtet und vermutlich 1358 dem hl. Nikolaus geweiht – dem Schutzpatron der Kaufleute und reisenden Händler. Für die Einrichtung einer Vikarie stiftete die Kasseler Witwe Hedwig

Goldfuß 1357 umfangreiche Güter, das Patronat der Kapelle lag beim → *Stift Ahnaberg*. Die steinerne B. war am Ende der Bettenhäuser Str. seitlich an den Brückenansatz ange-

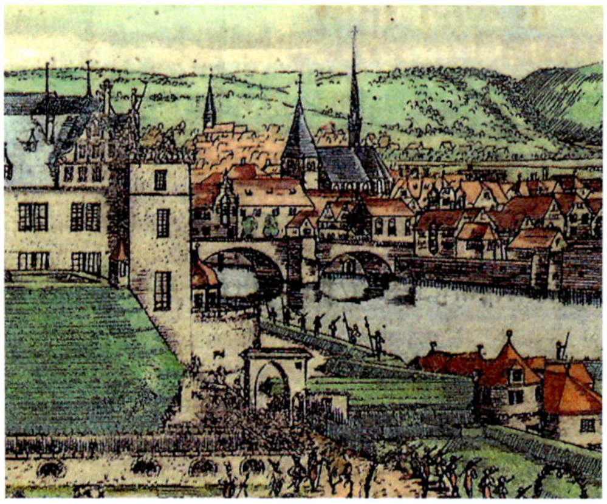

Ausschnitt aus einem Blatt von Wilhelm Dilichs historischer Beschreibung der Taufe von Landgräfin Elisabeth, der die Fuldabrücke mit der rechts angrenzenden Brückenkapelle zeigt, 1598

baut. Der einfache, viereckige Saal war von der Brückenauffahrt aus zugänglich und hatte vermutlich eine flache Holzdecke. Ein hoher Sockel unter dem Saal glich den Höhenunterschied zwischen Brücke und Fuldaufer aus; im Sockel führte ein tonnengewölbter Gang von der Bettenhäuser Str. zum Flussufer hinab und nahm zugleich eine Abwasserrinne auf. Nach der → *Reformation* brachte die Stadt 1530 die B. an sich und tauschte sie 1606 an einen Privatmann ein. 1704 begann der damalige Eigentümer einen weitgehenden Neubau unter Beibehaltung des Sockels (Bettenhäuser Str. 3). *cp*

Christine Brückner am 30. Oktober 1992

Brückner, Christine, geb. Emde (* 10.12.1921 Schmillinghausen, † 21.12.1996 Ks.) Die Pfarrerstochter besuchte das Gymnasium in Arolsen und Ks., absolvierte 1943 das Abitur und studierte nach dem Examen als Bibliothekarin Germanistik, Kunstgeschichte und Psychologie in Marburg. Seit 1960 lebte sie wieder in Ks., ab 1967 zusammen mit ihrem zweiten Mann und Schriftstellerkollegen → *Otto Heinrich Kühner.* Das Paar gründete 1984 die → *Stiftung Brückner-Kühner,* die seit 1985 den → *Kasseler Literaturpreis für grotesken Humor* vergibt und heute u. a. den Nachlass der Autorin im „Dichterhaus Brückner-Kühner" zugänglich macht. Besonders der preisgekrönte erste Roman „Ehe die Spuren verwehen" (1954), die fürs Fernsehen verfilmten Bücher „Jauche und Levkojen" (1975) und „Nirgendwo ist Poenichen" (1977), ihre Aufzeichnungen „Mein schwarzes Sofa" (1981) sowie die Theatermonologe „Wenn du geredet hättest, Desdemona. Ungehaltene Reden ungehaltener Frauen" (1983) begründeten B.s Ruhm als eine der erfolgreichsten Schriftstellerinnen Deutschlands. Entgegen dem häufig zugewiesenen Etikett bloßer Unterhaltung sind Sinnstiftung, Moral und auch Trost in der Behandlung existentieller Themen, besonders aus der Frauenperspektive, zentrale Anliegen. 1980–84 war B. Vizepräsidentin der dt. Sektion der P.E.N.-Vereinigung. Sie wurde vielfach ausgezeichnet und ist → *Ehrenbürgerin* der Stadt Ks. *fwb*

Lit.: Tietz, Brückner; Block, Brückner.

Brüder Grimm-Gesellschaft 1897 und damit rd. ein Jahrzehnt nach den Geburtstagsjubiläen der Brüder → *Jacob und Wilhelm Grimm* kam es zur Gründung der Kasseler Grimm-Gesellschaft in der → *Landesbibliothek.* Erster Vorsitzender wurde der Bibliothekar → *Edward Lohmeyer.* 1920 löste sich diese erste Grimm-Gesellschaft auf. Durch die maßgebliche Initiative des Verlegers und Buchhändlers → *Karl Vötterle* kam es 1942 zur Gründung der B. e. V. 1959 gründete sie gemeinsam mit der Stadt Ks. das → *Brüder Grimm-Museum.* Die B. ist seit 1991 als eigenständiger Verlag tätig und hat bis 2008 über 100 wissenschaftliche und andere Publikationen, u. a. das Jahrbuch der B. sowie seit 1998 die Kasseler Ausgabe der Werke und Briefwechsel der Brüder Grimm, verlegt. Den Vorsitz hatten Karl Vötterle (bis 1975), Otto Wolfskehl (1975–85), Hans-Bernd Harder (1985–96), Wolfgang Windfuhr (1996–2005), Bernhard Lauer (interimistisch 2005–06) und Klaus Dieter Staubach (2006–08) inne. *bl*

Lit.: Jb. der Brüder Grimm-Gesell. 1991–2003/04.

Das **Brüder Grimm-Museum** wurde 1959 von der Stadt Ks. und der → *Brüder Grimm-Gesellschaft* gemeinsam gegründet und mit der Verwaltung, der Spezialbibliothek und dem Archiv zunächst im Gebäude der → *Murhardschen Bibliothek* am → *Brüder-Grimm-Platz* 4A untergebracht. Die erste Ausstellung des neuen B.s wurde 1960 eröffnet, 1972 wurden die Ausstellungen in das Erdgeschoss des Palais → *Bellevue* an der Schönen Aussicht verlagert, wo seit 1989 auch das erste Obergeschoss, seit 1999 schließlich das gesamte Haus für Ausstellungen benutzt werden. Erster Leiter des B.s war → *Ludwig*

Denecke (1960–68), ihm folgten → *Dieter Hennig* (1968–89) und Bernhard Lauer (seit 1989). Die Sammlungen des B.s umfassten 2008 über 100.000 Objekte. Authentische Lebenszeugnisse (Möbel, Glas, Porzellan, Schreibwerkzeuge) konnten durch Kauf oder großzügige Schenkungen aus den verschiedenen Nachlässen der Familie → *Grimm* erworben werden; bedeutend sind insbesondere die Autographensammlung und die Grimmschen Handexemplare (ca. 900 Positionen), die Handzeichnungen und Gemälde von → *Ludwig Emil Grimm* (ca. 2.000 Positionen), der histor. Buch- und Zeitschriftenbestand (ca. 70.000 Bde.) sowie zahlr. weitere Sammlungen zu allen Arbeits- und Schaffensbereichen der Brüder Grimm. Interessant sind auch die zahlr. Zeugnisse der weltweiten Rezeption der Märchensammler und Sprachforscher, die in über 160 Sprachen dokumentiert werden kann. Als wertvollste Exponate des B.s gelten die Kasseler Handexemplare der „Kinder- und Hausmärchen", die auf Antrag der Brüder Grimm-Gesell. 2005 zum Weltdokumentenerbe erklärt wurden. Neben seinen Dauerausstellungen im zweiten und dritten Obergeschoss des Palais Bellevue organisiert das Museum seit 1989 regelmäßig Sonderausstellungen, die häufig auch an anderen Orten in Hessen, Deutschland sowie im Ausland (in Frankreich, Italien und Polen sowie in Japan) präsentiert werden. *bl*

Lit.: Hennig/Lauer, Grimm; Lauer, Grimm.

Der **Brüder-Grimm-Platz** wurde ab 1805 als Abschluss der → *Königsstraße* und Beginn der → *Wilhelmshöher Allee* ausgebaut. Den inneren Kern bildete ein Baumrondell von 1776, das bis 1877 bestand. Seinen heutigen Namen erhielt der Platz 1961; zuvor hieß er „Wilhelmshöher Platz", im 19. Jh. daneben auch „Rondell", 1807–13 „Napoleonshöher Platz" bzw. „Elisaplatz", 1933–45 „Adolf-Hitler-Platz". In der Planung → *Jussows* von 1805/06 bildete die Königsstr. die Symmetrieachse eines Sechsecks, durchbrochen nur vom Wilhelmshöher Tor, einem Triumphbogen mit zwei symmetrischen Torgebäuden. Im NO grenzten die Häuser von Königs- und Friedrichsstr. an (seit 1804); die übrige Randbebauung sollte nun nach einheitlichen Plänen Jussows entstehen, die Wohnhäuser an den beiden Längsseiten als dreiteilige Baugruppen mit repräsentativem Mittelteil. Durch

Das Brüder Grimm-Museum ist im Palais Bellevue an der Schönen Aussicht untergebracht. Hier die Gebäude 1 bis 10 um 1895

die französ. Besetzung Hessens 1806 unterblieb jedoch der Bau des Triumphbogens, an den Torhäusern fehlen Verputz und Bronzeschmuck, und nur das Wohnhaus Nr. 2 wurde vollendet. Unter König → *Jérôme* übernahmen die Generaldirektion des Staatsschatzes und die Hohe Polizei das Haus Königsstr. 1, als Palais hoher Würdenträger wurde Nr. 4 ausgebaut, dessen Mittelteil bereits begonnen war, und auf der N-Seite entstand ab 1808 die Amortisationskasse (Jussow) unter Einbeziehung von Nr. 2 und dem nördl. Torgebäude. Als Endpunkt der Königsstr. blieb ein Wohnhaus von ca. 1799 bestehen (Nr. 5). Ab 1813/14 war der Platz ein Zentrum der Kasseler Romantik: Hier wohnten die Brüder → *Grimm* und D. Engelhard (jeweils im nördl. Torgebäude) sowie die Künstlerfamilie → *Ruhl* (Königsstr. 1), und im Haus der Familie → *Arnold* (Nr. 4, Tapetenfabrik) waren → *R. W. Bunsen,* → *A. von Menzel,* K. Fr. Schinkel, → *L. Spohr,* → *L. E. Grimm,* → *W. Henschel* und zahlr. weitere Künstler zu Gast. In Nr. 5 hatten die Brüder Grimm, C. Brentano und A. von Arnim bereits 1807/08 an „Des Knaben Wunderhorn" gearbeitet. In herrschaftlichem Besitz waren Königsstr. 2 (ab 1818), Nr. 5 (ab 1806) und das Fürstenhaus (ehem. Amortisationskasse; Nr. 2–3); dieses diente ab 1813 kurzzeitig als Palais der Kurfürstin, später zur Beherbergung hoher Gäste und als Prinzenpalais, 1866–1943 als Oberpräsidium. An der Stelle von Nr. 5 entstand 1910–13 das → *Hessische Landesmuseum,* ein Hauptwerk des Architekten Th. Fischer. Er drehte die Front parallel zur Wilhelmshöher Allee und gab zugunsten einer stärkeren Überleitung in die Allee die Sechseckform des Platzes auf.

Innenansicht des Brüder Grimm-Museums von 2008

Vor Nr. 5 stand 1877–98 eine halbrunde Pergola mit Kandelaber und danach das Einigungsdenkmal (→ *Wimmelstift*) von K. Begas. Königsstr. 1 und 2 wurden 1945 zerstört (Nr. 2: 1953 Hotel Hessenland von → *P. Bode,* Rest der alten Fassade neben Friedrichsstr. 25 erhalten), Nr. 4 nach Kriegsschäden wiederhergestellt (1951–53; Dach verändert). An der Stelle des 1943 ausgebrannten Fürstenhauses entstand um 1952 der Hess. Verwaltungsgerichtshof. Die Torgebäude sind im Äußeren erhalten geblieben. *cp*

Lit.: Fenner, Architektur; Presche, Brüder-Grimm-Platz.

Blick in den Innenraum der Brüderkirche, um 1970

Brüderkirche Ehemals die Kirche des → *Karmeliterklosters,* löste die B. nach dessen Aufgabe 1526 die Kirche → *St. Cyriakus* als Altstädter Pfarrkirche ab. 1685–1795 diente sie auch der französischen Gemeinde der → *Altstadt* als Kirche, im → *Siebenjährigen Krieg* war sie 1761 von der französ. Besatzung als Lazarett und Fruchtspeicher beschlagnahmt worden. Seit der Einweihung der neuen B. 1971 wird sie für Ausstellungen, Konzerte etc. genutzt. Der genaue Baubeginn ist unbekannt; 1293 erwarb der Orden das Klostergrundstück, 1294 weihte man bereits zwei Altäre; vermutlich standen sie in einem provisorischen Oratorium. Da 1304 anscheinend die Weihe des Hochaltars erfolgte, war der Chor damals schon tlw. benutzbar; 1331 konnte er geweiht werden, 1376 wurde die B. fertiggestellt. 1527–29 verkürzte man sie zugunsten der Burgbefestigung um das westliche Joch; das kleinteilige Dach über dem Langhaus (ähnlich der Marburger Elisabethkirche) wurde dabei durch ein einziges großes Satteldach ersetzt. Innen wurden u. a. der Hochaltar vereinfacht (1530), die Seitenaltäre entfernt und Gestühl eingebaut. Mit Durchsetzung der → *Verbesserungspunkte* ab 1605 beseitigte man Hochaltar, Lettner und Taufstein (1622) ganz, ebenso vermutlich mehrere Grabplatten (1619), ersetzte die Kanzel und zog neue Emporen ein. Bis 1943 erfolgten weitere Veränderungen; so wurde 1870/71 der Putz abgeschlagen und die W-Seite aus dem 16. Jh. durch → *Carl Schäfer* neugotisch umgestaltet, im Inneren änderte man v. a. mehrfach den Standort des Altars. Beim Großangriff 1943 stürzten Teile des Dachstuhls und des Hauptschiffgewölbes ein. Der Wiederaufbau erfolgte 1952–55 unter Leitung des städt. Hochbauamts (→ *Werner Noell*).

Die B. knüpfte an Erfurter Vorbilder an und begründete die niederhess. Bautradition. Zugleich ist sie eine der frühesten zweischiffig-asymmetrischen Kirchen mit nur einem Seitenschiff. Dadurch entstanden zwei Kirchenräume: das rechteckige Langhaus als öffentlicher Predigtsaal, mit der Kanzel („Predigtstuhl") in der Mitte der südl. Längsseite, sowie – durch den Lettner abgetrennt – der Mönchschor mit dem Hochaltar. Das gestühlslose Langhaus konnte damit in zwei Richtungen genutzt werden: für die Predigt in Querrichtung als Auditorium, für die Messfeier in Längsrichtung zum Gemeindealtar vor dem Lettner. Der hohe Stellenwert der Wortverkündigung bei den Bettelorden kommt u. a. in der Zahlensymbolik des Bauplans zum Ausdruck. Der Verzicht auf einen Turm und die Schlichtheit der Architektur, die sich bes. im Chor zeigt, folgen ebenfalls den Prinzipen der Bettelorden. Wichtigster Bauschmuck waren im Innern die Schlusssteine; u. a. über der Kanzel mit dem Wappen des Landgrafen, der die Niederlassung förderte, über dem Hochaltar mit der Muttergottes als Kirchenpatronin. Die Gewölbekonsolen hatten nur im Langhaus figürliche Motive, im Chor sind sie rein ornamental. (Die Bauornamentik wurde z. T. 1952–54 durch Hermann Pohl neu geschaffen.) Der Predigtstuhl war vom W-Flügel des Klosters aus zugänglich, die Lettnertribüne über eine Treppe aus dem Kreuzgang. Ende des 15. Jhs. wurde am großen Gemeindeportal das Beweinungsrelief

Kolorierte Ansichtskarte der Brüderkirche vor 1960

angebracht (→ *Meister des Marienelends*) und bald darauf durch eine Vorhalle vor der Witterung geschützt. Außen waren die Flächen hell verputzt, an Strebepfeilern und Architekturteilen mit rotem Anstrich und regelmäßigem Fugenmuster. 1492 gründeten die Schäfer die St. Annenbruderschaft. Die erbeutete Fahne der 1479 geschlagenen Einbecker wurde in der B. aufgehängt, im Seitenschiff befand sich ein Fürstenstand, und in der Zeit der Universität Ks. 1633–53 ist ein Studentenstand bezeugt. Eine Orgel wurde erstmals 1594 erwähnt; einen Neubau errichteten um 1609–15 Hans und Fritz Scherer über der früheren Kanzel, Bälgekammer und Zugang lagen im → *Renthof*. 1858 wurde das Rückpositiv entfernt, 1943 die Orgel zerstört. Ein Neubau wurde 1971 in die Neue B. übernommen. Der Chor diente im Mittelalter als Begräbnisstätte der Mönche. Drei Grabmäler (vgl. → *Herber*) erinnern an Simon Bing (Kommandant von Ziegenhain), Otto Georg von Scholey (Kämmerer und Festungskommandant Kassels) sowie drei seiner Söhne. In der B. sind außerdem Hermann von Treffurt und Graf Heinrich von Nassau beigesetzt. *cp*

Lit.: Holtmeyer, Cassel-Stadt; Presche, Geometrie.

Die **Brüderstraße** zwischen → *Marställer Platz* und → *Altmarkt* kam durch die Mönche des nahen → *Karmeliterklosters* zu ihrem Namen. Sie reicht in die Anfänge Kassels zurück und war Teil der großen Nord-Süd-Verbindung, die durch Ks. führte (→ *Königshof* und → *Altstadt*). Sie hieß im 17./18. Jh. Schlossgasse, ab 1782 Fürsten-Str., im 19. Jh. Marktstr., 1867–75 Am Markt, 1875–98 Am Altmarkt. Da die Straße trichterförmig in den Altmarkt überging, variierte die Zuordnung der Häuser; zuletzt zählten W- und O-Seite des Altmarkts ganz zur B. Die Bebauung bestand zumeist aus giebelständigen Kaufmannshäusern in Fachwerkbauweise; auf der W-Seite waren häufig je zwei Häuser als Doppelhaus zusammengefasst. Sie zeichnete sich durch bedeutende spätgotische Bauten aus: Nr. 10 (mit jüngerem Giebel), die Doppelhäuser Nr. 19/21 (mit Figur des Zimmermeisters als Konsole; die Brüstungszonen in der Neuzeit verändert) und Nr. 11/Kettengasse 5 sowie die traufständigen Reihenhäuser Nr. 4a und 6 (vgl. Karmeliterkloster, Nr. 6 nachträglich aufgestockt). Aus späteren Epochen sind hervorzuheben: Nr. 2/4 (ca. 1603, mit bedeutendem Doppelportal und Erkerkonsolen, nachträglich aufgestockt) und Nr. 23 (1614, Doppelhaus mit bedeutender Steinfassade und Doppelportal), Nr. 13 (Einhornapotheke, um 1680, mit reich geschnitzten Füllhölzern), Nr. 14 (Umbau 1759, Oberlichtgitter von 1781 im → *Hessischen Landesmuseum*) und Nr. 16 (um 1810). *cp*

Lit.: Holtmeyer, Cassel-Stadt, 651-657, 684; Presche, Baukunst, 43, 254f.

Das **Brühlsche Haus** wurde 1770 am westlichen Rand des → *Königsplatzes*, Ecke Kölnische Str., wohl von → *Simon Louis du Ry* als Wohnhaus für den Hofstukkateur Johann Michael Brühl erbaut. Das über zehn Fensterachsen (vier Achsen zur Seitenfront) und drei Geschosse verfügende Palais passte sich

Das Brühlsche Haus am Königsplatz 55, 1923

in konkavem Schwung der Kreisform des Königsplatzes an. In der architektonischen Grundform glich das B. seinen Nachbarhäusern. Im Gegensatz zu diesen war jedoch die verm. von Brühl selbst gestaltete Fassade mit einem prächtigen, bauplastischen Rokokodekor verziert. Eine von zwei Hermenpilastern getragene große Vase unterteilte die Front in zwei Abschnitte. Der rechte Teil wies einen leicht ausgebildeten Risalit auf, dessen zusätzliches Dachgeschoss mit einem reich dekorierten Dreiecksgiebel abschloss. Die linke Haushälfte besaß im Erdgeschoss neben tief gezogenen Fenstern ein Korbbogenportal mit allegorischen Figuren. Zwischen den Fenstern des zweiten Stockwerks befanden sich Gehänge mit diversen Emblemen. Die Fenster des zweiten Geschosses waren auf ganzer Fassadenbreite mit kleinen Büsten bekrönt. Brühl konnte sich später gegen eine behördliche Aufforderung, den „unschicklichen Zierrat“ zu entfernen, durchsetzen. Das B. war neben dem → *Nahlschen Haus* das repräsentativste Bürgerpalais im Ks. des 18. Jhs. Bis zum Zweiten Weltkrieg befanden sich im B. u. a. ein Geschäft für Damen- und Herrenmode, ein kosmetisches Institut, eine Fotowerkstatt und ein Gasthaus. Das Wohnhaus wurde 1943 stark beschädigt und anschließend abgerissen. *swi*

Lit.: Holtmeyer, Cassel-Stadt.

Brunnen Von ihrem ursprünglichen Zweck her sind B. Anlagen zur Bereitstellung von Quell- oder zur Gewinnung von Grundwasser, das als Trink- oder als Betriebswasser genutzt wird. Bis in das 19. Jh. hinein ging das Interesse von Landesherr und Bürgerschaft kaum darüber hinaus, in Ks. für mehr als

Brunnen am Brink
Fünf Gassen mündeten auf den Brink, einen kleinen Markt mit Brunnen, Abbruch des Brunnens 1896

eine funktionierende Versorgung mit Trink- und Brauchwasser zu sorgen, wenn man von dem B. am Brink (erbaut 1567, abgebrochen 1896) und dem Apollob. im Renthof (errichtet um 1600) absieht. Mit der in Ks. eingerichteten modernen → *Wasserversorgung*, insbes. der Wasserleitung aus dem Niestetal 1872, erfolgte nach und nach die Versorgung mit Frisch- und Brauchwasser in Leitungssystemen bis in jedes einzelne Gebäude. Die Zieh- und Pumpb. und die Zaitenstöcke verschwanden daher aus dem Stadtbild. Zur Stadtbildgestaltung wurden seit 1881 mehrere B. errichtet, meist von Spendern oder vom → *Verschönerungsverein* initiiert und finanziell getragen: Vierflüsseb. auf dem Friedrich-Wilhelms-Platz 1881, abgebrochen 1952; Fischb. in der Unteren Karlsstr. 1882, erneuert auf dem Entenanger 1959; Springb. auf dem südl. Teil des → *Ständeplatzes* 1888/95, 1938 abgebrochen; Denkmal zur Erinnerung an die Einigung Deutschlands 1870/71 (→ *Wimmel-Denkmal*) von Carl Begas auf dem Wilhelmshöher Platz von 1898, 1965 in den Fürstengarten versetzt; Papinb. am → *Steinweg* von Hans Everding 1906; → *Aschrottbrunnen* am Rathaus von Karl Roth 1909, demoliert 1933 und 1938, abgetragen 1939; Bücherwurmb. vor der → *Murhardschen Bibliothek* von Karl Bernewitz 1909, zerstört 1943; Henschelb. vor dem Rathaus von Hans Everding 1912 etc.

Zwischen den Weltkriegen entstand der Entenb. auf dem Sophie-Henschel-Platz von → *Max Hummel* (1924) und die Neufassung der Prinzenquelle in Kirchditmold (1932). In den 1950er und 1960er Jahren, als Gelder auch für „Kunst am Bau“ Verwendung fanden, entstanden viele B., an denen verschiedene Künstler und Kunsthandwerker, v. a. Bildhauer und Kupferschmiede, beteiligt waren: vor der Jacob-Grimm-Schule von Heinrich Cornelius 1953; vor der Hupfeldschule von H. D. Wüpper 1953; Wandb. in der → *Treppenstraße* von Hermann Pohl 1955; B. von → *Paul Bronisch* auf dem Gelände des Stadtkrankenhauses 1955; Wandb. von H. D. Wüpper an der Schule am Heideweg 1956; von Karl A. Wolf an der Georg-August-Zinn-Schule 1957; sechs Trinkb. von Rolf Weber im → *Friedrichsgymnasium* 1958; Zisselb. am → *Altmarkt* von Karl Drüke, Karl A. Wolf und Heinrich Cornelius 1959; Lindenborn in der Kirchditmolder Brunnenstr. 1959; Entenlieselb. am Entenanger von Karl-Max Steffens 1959; zwölf Springb. auf dem sog. Theatervorplatz 1960; B. von Robert Sturm an der Herderschule 1961; „Die Bremer Stadtmusikanten“ von H. D. Wüpper an der Leimbornschule 1961; von Karl Heinz Fingerling an der Fridtjof-Nansen-Schule 1962; Froschkönigb. von Karl Drüke in der Paul-Heidelbach-Str. 1963; Lebensalterb. von K. A. Wolf in der Bürgistr. 28, 1965; weitere B. in der Kindertagesstätte Oberzwehren und Schule Bossen-

tal 1965, Schule Schenkelsberg 1966, Auefeldschule 1967.
1968 und später entstanden Springb. auf dem Bahnhofsvorplatz und auf dem → *Königsplatz*. Auch danach, insbes. in den 1980er Jahren, entstanden qualitätsvolle B. in Ks. Bemerkenswerte Beispiele sind: „Rad und Schiene" von Hermann Pohl, Bürgermeister-Brunner-Str. 2, 1972; B. von E. L. Sommerlad, Heinrich-Plett-Str. 40, 1975; Springb. auf dem Leipziger Platz 1977/78; Aschrottb. von Horst Hoheisel vor dem Rathaus 1987; B. von Heinrich Brummack auf dem Wehlheider Platz 1989; B. „Regenmond" von Kazuo Katase in Kirchditmold, Am Opferhof, 1989; B. von Hans-Uwe Schultze auf dem Martinsplatz 1991. Eine Nachbildung der 1846 von → *Johann Werner Henschel* geschaffenen Skulptur „Hermann und Dorothea" krönt seit 1994 einen B. vor Schlösschen → *Schönfeld*. Im 21. Jh. sind bisher drei weitere Beispiele entstanden: Der Springb. im „City point" am Königsplatz (2001), der Drei-Hasen-B. von Karin Bohrmann im → *Forstfeld* (2002) und die große B.anlage auf dem Königsplatz (2005). 1812 hatte König → *Jérôme* in der Mitte dieses Platzes auf einem Brunnenstock eine Marmorstatue seines Bruders aufstellen lassen. Als 1813 die napoleonische Herrschaft zusammenbrach, demolierten aufgebrachte Kasseler die Napoleonstatue. Auch der B. wurde abgetragen und steht heute in → *Wilhelmshöhe* etwas versteckt zwischen → *Marstall Wilhelmshöhe* und Gewächshaus. Nach der Verlegung des Wochenmarktes 1965 vom Königsplatz in die Markthalle erfolgte eine grundlegende Neugestaltung des Platzes. Der Hauptteil wurde mit einem gliedernden Pflastermuster gestaltet, unterbrochen von Beeten und acht kreisrunden B.becken, in denen ein Fontänenbündel empor sprudelte. Aus Kostengründen wurden die Becken mit Blumen bepflanzt.
1991 begann die Stadt auf Wunsch der Bürger mit der Neugestaltung des Platzes. Es verschwanden die Betonbecken. Statt des treppenartigen Holzbauwerks des Hamburger Architekten Gustav Lange, welches zur documenta 9 1992 errichtet und im August 2000 auf Anordnung des damaligen OB Lewandowski in einer Nacht- und Nebelaktion abgerissen worden war, errichtete man auf Bürgerwunsch wieder eine B.anlage. Der Berliner Gartenarchitekt und Landschaftsplaner Camel Laoufi, der den Wettbewerb im Mai 2003 gewann, gestaltete einen Großteil des Königsplatzes mit 36 bronzenen Wasserspeiern, die vor dem inneren Platanenring in einem Kreis angeordnet sind. Das Wasser springt in 8 m weiten Bögen Richtung Platzmitte. Die Einweihung der Anlage erfolgte am 27.4.2005. Z. Z. betreut die städtische Baubehörde 35 B.anlagen unterschiedlichster Größe. Aber es gibt auch private oder staatliche Anlagen, so dass ungefähr 60 B. in Ks. zu finden sind. *frk*

Lit.: Klaube/Hoffmann/Richter, Wasser, 195–220.

Brunnen Entenbrunnen am Sophie-Henschel-Platz im Jahr 1924

Der Brunnen am Wehlheider Platz, gestaltet von Heinrich Brummack im Jahr 2003

Brunner, Hugo (* 24.9.1853 Gudensberg, † 9.6.1922 Jesberg) Seine 1913 zur → *Tausendjahrfeier* erschienene „Geschichte der Residenzstadt Cassel" zählt noch heute zu den unverzichtbaren Werken der Stadtgeschichte. B. wurde als Sohn des Metropolitans Karl Brunner geboren und legte 1872 in Ks. die Reifeprüfung ab. Er studierte in Marburg, Leipzig und Münster zunächst Jura, um sich dann den neueren Sprachen zuzuwenden. Nach seinem Examen 1877 in Münster erhielt er eine Anstellung als Lehrer an der Städtischen Realschule in Ks. 1881 wurde er zum Dr. phil. in Halle promoviert. 1885 erhielt er den Auftrag, das → *Stadtarchiv* neu zu ordnen. Sein „latent vorhandenes Interesse an Geschichte brach sich Bahn, gleichzeitig mit dem Wunsch, den Quellen näher sein zu können", deshalb wechselte er 1887 als zweiter Bibliothekar in die → *Landesbibliothek* Ks. Er machte schnell Karriere: 1900 wurde er Oberbibliothekar, 1910 Professor, 1912 dann Direktor der Landesbibliothek. Damit nicht genug: 1892–1901 war er Vorsitzender des → *Vereins für hessische Geschichte und Landeskunde,* 1905 begründete er den Verein für Volkskunde, dessen Vorsitzender er von 1905 bis zum Ende des Ersten Weltkrieges war. Außerdem gehörte er als Vorstandsmitglied den unterschiedlichsten Kommissionen und Ausschüssen an. 1920 wurde er pensioniert. *skö*

Lit.: Ex Bibliotheca, 146f.; Hopf, Brunner.

Brunner, Karl (* 19.8.1862 Gudensberg, † 23.2.1945 Meiningen) Jurist, Stadtsyndikus, Stadtrat, Bürgermeister. Nach Besuch des → *Friedrichsgymnasiums* und juristischem Studium in Marburg und Leipzig trat B. 1892 als Assessor in den Dienst der Stadt Ks. 1893 wurde er Stadtsyndikus (Stadtrechtsrat). 1898 wählten ihn die Kasseler Stadtverordneten zum Stadtrat, 1914 zum Bürgermeister. Als 1926 B.s Amtszeit ablief, wählte ihn die → *Stadtverordnetenversammlung* zum unbesoldeten Beigeordneten (bis 1930 ehrenamtlicher Dezernent). 38 Jahre lang wirkte B. für die Stadt, meist maßgeblich beratend und mitentscheidend. Unter sieben Oberbürgermeistern lag der Schwerpunkt seines Wirkens in der Finanzwirtschaft. Als Finanzdezernent sicherte er der Stadtverwaltung Kassels über viele Jahre hinweg eine ausgeglichene Haushaltslage, selbst in den Inflationsjahren. An B. erinnern eine Straße (seit 1947) und ein Gedenkstein auf dem Kasseler Hauptfriedhof (1962 eingeweiht). *frk*

Qu.: StAKs.

Bücherverbrennung auf dem Friedrichsplatz am 19.05.1933

Bücherverbrennung Die B. fand in Ks. nicht wie in Berlin am 10., sondern erst am 19.5.1933 statt. Ort des Geschehens war der → *Friedrichsplatz.* Die lokale Presse sprach von 30.000 Schaulustigen. Träger war der „NS Deutsche Studentenbund“, der in Ks. erst seit Mitte April existierte. Dessen Mitglieder waren Studierende der „Höheren Technischen Staatslehranstalt für Hoch- und Tiefbau“. Sie folgten einem Fahrplan, den die „Deutsche Studentenschaft“ in Berlin, der Dachverband der Einzelstudentenschaften, entworfen und reichsweit als „Aktion wider den undeutschen Geist“ ausgerufen hatte. Das gehörte in den Kontext von Maßnahmen, die auf kulturelle Gleichschaltung zielten. Man wollte auch in Ks. „volkswidrige Einflüsse“ in „rücksichtslosem Kampf“ ausmerzen. Zu diesem Zweck durchforsteten Trupps des Studentenbundes die Leihbüchereien und die Buchhandlung des (jüdischen) Warenhauses Tietz und beschlagnahmten Hunderte von Büchern. Unterstützt von „literaturkundigen Parteigenossen“, vermutlich Angehörige der „Abteilung für Volksbildung“ in der Gauleitung der → *NSDAP,* wurden die für das Autodafé vorgesehenen Titel ausgewählt. Darunter fiel alles, was dem Regime nicht passte: Werke jüdischer Autoren, Bücher pazifistischen und marxistischen Inhalts, und solche, die sich mit sexueller Aufklärung beschäftigten. Nach Einbruch der Dunkelheit zogen am 19.5. NS-Kolonnen auf. In der Nähe des Denkmals wurden die in Wäschekörben transportierten Bücher aufgeschichtet, Reden örtlicher Parteifunktionäre stimmten das Publikum ein, danach intonierte die SA-Kapelle das Studentenlied „Burschen heraus“, ehe der Scheiterhaufen „mit den für immer verfemten Büchern“ in Brand gesteckt wurde. *jf*

Lit.: Flemming, Kassel. 19. Mai 1933.

Die **Bürgergarde** war ein Kind der Revolution des Jahres 1830. Der Gedanke, bei inneren Unruhen auf rein bürgerlich strukturierte Einheiten zurückzugreifen, um die → *Polizei* zu entlasten und den Militäreinsatz nach Möglichkeit zu verhindern, war aber nicht neu. Bereits 1819 sollten die vorhandenen privat organisierten Schützenkompanien zu diesem Zweck eingesetzt werden, was dann aber unterblieb. Die gewaltsamen Unruhen des Herbstes 1830, die die Polizei allein nicht unterdrücken konnte, ließen den Gedanken an eine „rechtlich gesinnte" B. neu aufleben. Das Bürgertum – hier deutlich abgegrenzt von den sozial niedriger stehenden Schichten – sollte durch die Bindung an das Gesetz zu einem wichtigen Pfeiler der staatlichen Ordnung werden. Das erste Gesetz der B. sah die Bildung von Einheiten in 69 Orten des Kurfürstentums vor. Ihr Zweck war kein milit., sondern die Aufrechterhaltung der inneren Sicherheit. Je nach Größe der Ortschaften bestanden die Kompanien aus 50 bis 100 Mann. Sie rekrutierten sich aus männl. Bürgern im Alter von 20 bis 40 Jahren. Bei Unruhen bestand Dienstpflicht. Die B. unterstand dem Kriegsdepartement (später Kriegsministerium), das auch die Kommandeure ernannte. Im Garnisonsdienst unterstanden die B.einheiten dem jeweiligen milit. Stadtkommandanten. Die Entscheidung zu einem milit. Einsatz bei inneren Unruhen traf die kommunale Zivilverwaltung. Sie entschied, ob ein Aufruhr vorlag oder nicht. Innenpolitische Krisen sollten folglich vorrangig durch zivile Institutionen wie Kommunalbehörden und B. gemeistert werden. Das nahm häufig den Konflikten die Schärfe. Doch verlor sie ihren Sinn, wenn sich Bürgergardisten mit Demonstranten solidarisierten und den Dienst verweigerten, wie das Beispiel der → *Gardes du Corps*-Nacht im Dezember 1831 in Ks. zeigte. Hingegen sind keine Tendenzen erkennbar, die B. zu einer milit. Alternative zum Heer auszubauen. Bereits 1832 wurde ein neues Gesetz erlassen, das maßgeblich durch den neuen Landtag gestaltet wurde. Entscheidend war die Unterstellung der B. unter das Innenministerium. Damit war die Miliz der Kontrolle des Kriegsministeriums entzogen worden. Die rechtl. Trennung vom Heer war erreicht. Diese Bestimmung wurde durch das Recht des Kurfürsten, die B. auflösen zu dürfen und ihre Kommandeure zu ernennen, relativiert. Die Regierung konnte einen überörtl. Zusammenschluss der B. verschiedener Gemeinden zu Großverbänden verhindern.

Das Recht zur Ernennung von B.offizieren wurde zwischen Krone und B. geteilt. Die Offiziere wurden durch die Gardisten gewählt, das Innenministerium musste die Wahl vom Hauptmann abwärts bestätigen. Die Regiments- und Bataillonskommandeure wurden von den Kompanieoffizieren nur vorgeschlagen und vom Kurfürsten ernannt. Die B. unterlag nicht der Militärjustiz. Arreststrafen bis zu drei Tagen konnte ein Gericht der B. verhängen, alle weiteren Delikte wurden vor Zivilgerichten verhandelt. Der Eid beinhaltete „Treue dem Landesherrn, Gehorsam diesem Gesetze und hiermit zugleich Aufrechterhaltung der Verfassung". Die Dienstpflicht wurde auf alle männl. Bürger von 22 bis 50 Jahren ausgedehnt, soweit sie nicht Militärdienst leisteten. Damit war das zur Gewalt neigende Protestpotential der Handwerker, Gesellen, Arbeiter, Dienstboten und Tagelöhner nach wie vor vom Dienst ausgeschlossen. Militär und B. einte ein Zweck: die Erhaltung der Ordnung. Nur in Hanau kooperierte sie erfolgreich während der revolutionären Unruhen mit dem Militär gegen das gewaltbereite Proletariat, galt es doch, eigenen Besitz zu schützen. Dort, wie in Ks., wo solche Proteste aufgrund einer besseren Sozialstruktur ausblieben, solidarisierte sich die B. sehr häufig mit dem protestierenden Bürgertum, da die Interessen teilidentisch waren. Zudem fühlten sich viele Bürger durch die Dienstpflicht zu sehr belastet und es mangelte an Engagement. Besser funktionierte die Organisation. Innerhalb kürzester Zeit waren die 24 Bataillone personell aufgestellt. In der Uniformierung, v. a. aber in der Bewaffnung traten wegen der Finanzknappheit große Probleme auf. Von den 24 Bataillonen waren im März 1831 lediglich zwei komplett mit Waffen versorgt, die die Gemeinden bereitstellen mussten. Nur in Ks. wurden sechs der acht Kompanien aus Militärbeständen bewaffnet. Die Gemeinden bemühten sich kaum, diesem Mangel abzuhelfen, da er mit erheblichen Kosten verbunden war. *ma*

Lit.: Woringer, Landwehr, 429–432; Arndt, Militär.

Fahnenweihe der Bürgergarde am 26. Mai 1831, Lithographie von J. C. Arnold

Heinrich Seidler, Kommandant der Bürgergarde, um 1840, Öl auf Leinwand

Bürgermeister In der zweiten Hälfte des 12. Jhs. bildete sich in Ks. eine städt. Verfassung heraus (Marktrecht, Bürgerrecht, eigene Gerichtsbarkeit mit Schöffenkollegium, Ummauerung). An der Spitze des die Stadt regierenden Rates stand der B. (ursprünglich Ratsmeister). Zum Rat gehörten als Repräsentanten der Gemeinde (Stadtteile) die jeweiligen B., deren Zahl zwischen drei und sechs schwankte. Der auf ein Jahr gewählte B., der der Bestätigung durch den Landesherrn bedurfte, war ehrenamtlich tätig, bekam also keine Besoldung. Von der Reformationszeit bis in das 17. Jh. hinein erhielt er außer Gerichtssporteln und sog. Präsenz- und Anwe-

Amtskette des Oberbürgermeisters der Stadt Kassel

senheitsgeldern auch eine Befreiung von städt. Abgaben und Diensten sowie milit. Einquartierung in sein Haus. Nach 1600 wurde eine geringe Besoldung üblich, doch auch diese bot zu wenig Anreiz für Kasseler Juristen. Einige Male musste Lgf. → *Moritz* ihm geeignet erscheinende Männer zu B. ernennen. Gegen Ende des 17. Jhs. hielt man sich nicht immer an die Vorschrift, dass der B. nur für ein Jahr und danach nicht wieder gewählt werden durfte. Im 18. Jh. kam man gänzlich von der Einjährigkeit des Amtes ab. Ab 1735 wurden die Gewählten, wenn nichts dagegen sprach, Jahr um Jahr in ihr Amt berufen, das sie oft bis an ihr Lebensende innehatten. Der → *Magistrat* bestand außer dem B. aus fünf Scabini literati (gelehrten Ratsschöffen), die die Gerichtsbarkeit versahen, und 18 Ratsverwandten. Bis 1806 ist eine Ausdehnung der Amtsfunktionen des B.s zuungunsten des Magistrats festzustellen. Freilich war in der Zeit des Absolutismus die Stadtspitze auf die Ausführung von Justiz- und Verwaltungsangelegenheiten beschränkt, von einer eigenverantwortlichen Gestaltung der Stadt konnte keine Rede sein. Mit der Errichtung des → *Königreichs Westphalen,* dessen Verfassung keine Stadt- und Landgemeinden, sondern nur Munizipalitäten kannte, trat an die Spitze der Kasseler Kommunalverwaltung der Maire, den der König ernannte. Die kommunale Gerichtsbarkeit wurde beseitigt. Dies blieb auch so nach Wiederherstellung des Kurfürstentums Hessen 1813/14, während ansonsten die Zustände der Zeit vor 1806 wieder geschaffen wurden. Nachdem 1821 durch das sog. Organisationsedikt die kurhessische Verwaltung umgestaltet wurde und in der preuß. Städteordnung von 1808 ein gutes Vorbild für eine Kodifizierung des Gemeinderechts existierte, gelang es, auch in der Kurhessischen Verfassungsurkunde von 1831 eine Bestimmung einzubringen, die den Erlass einer Städte- und Gemeindeordnung ankündigte. Mit dieser Ordnung vom 23.10.1834 wurden die Gemeindebehörden wesentlich umgestaltet. Erstmals entstanden Organe der Selbstverwaltung. An der Spitze stand in Ks., wie gesetzlich festgelegt, der OB, dem ein Stellvertreter mit dem Titel B. beigegeben wurde. Voraussetzung für eine Wahl war v. a., dass der Kandidat „genügende Kenntniß der Rechts- und wo möglich der Staatswissenschaften ... gehörig ausweisen“ konnte (§ 42). Nach wie vor war eine landesherrliche Bestätigung der Wahl erforderlich (§ 50). Die Kurhessische Gemeindeordnung hatte zunächst auch unter preuß. Herrschaft Gültigkeit, wurde aber ab 1.4.1898 durch die Städteordnung für die Provinz Hessen-Nassau vom 4.8.1897 abgelöst, die für Ks. wie für das gesamte ehem. Kurhessen das Dreiklassenwahlrecht brachte. Der OB stand nunmehr an der Spitze eines kollegial gestalteten Magistrats. Der polit. Umbruch 1918/19 mit der Einführung des allg., gleichen und des Frauen-Wahlrechts hatte zunächst keine unmittelbare Auswirkung auf die Position des OBs. Nach der Ernennung von OB Dr. → *Erich Koch-Weser* zum Reichsminister des Innern wählte am 19.12.1919 eine Körperschaft, die aus den Stadtverordneten, zwei unbesoldeten Beigeordneten und den 14 unbesoldeten Stadträten bestand, auf zwölf Jahre den Sozialdemokraten → *Philipp Scheidemann* zum OB. Vom Ausscheiden Koch-Wesers bis zum Amtsantritt des Neugewählten (19.1.1920) verwaltete B. → *Karl Brunner* das Amt des OBs. Nach der Erstürmung des Rathauses durch NS-Fanatiker am 24.3.1933 gab OB Dr. hc. → *Herbert Stadler* dem Druck nach und stellte einen Antrag auf Versetzung in den Ruhestand. Nachfolger wurde → *Gustav Lahmeyer.* Offiziell erlangte Lahmeyer sein Amt durch „einstimmige Wahl"; dies geschah durch Feststellung des Stadtverordnetenvorstehers, dass sich gegen einen entsprechenden Antrag der NSDAP-Fraktion kein Widerspruch erhoben habe. Das Amt des B.s blieb ein Jahr lang unbesetzt. Als „Einsparung" deklariert, sollte dies für Wohlwollen in der Bevölkerung sorgen. Rechtsgrundlagen waren in dieser Zeit das Preuß. Gemeindeverfassungsgesetz vom 15.12.1933 und die auf seiner Grundlage erlassene Hauptsatzung der Stadt vom 20.3.1934. Ab 1.4.1935 galt dann die Dt. Gemeindeordnung vom 30.1.1935, in der in § 32 dem (O) B. die volle und ausschließliche Verantwortung für die Verwaltungsführung zugeschrieben wurde, wobei die „Sicherung des Einklangs der Gemeindeverwaltung mit der NSDAP" (§ 33) eine unabdingbare Voraussetzung war. Auf Vorschlag des noch bis zum 6.4.1945 amtierenden OBs Lahmeyer wurde, nachdem in den ersten Apriltagen die US-Truppen das Gebiet der Stadt Ks. eingenommen hatten, der städt. Verwaltungsdirektor → *Willi Seidel* ab 7.4.1945 als kommissarischer B. beauftragt. Ab 24.5.1945 lautete seine Dienstbezeichnung „kommissarischer Oberbürgermeister". Der erste Beigeordnete Christian Weißmann führte seitdem die Amtsbezeichnung „kommissarischer Bürgermeister". Nach der Konstituierung der am 26.5.1946 auf demokratischer Grundlage gewählten Stadtverordnetenversammlung wurde Willi Seidel (SPD) am 26.7.1946 einstimmig zum OB, und Christian Weißmann (SPD) ebenfalls einstimmig zum B. gewählt. Nach dem Zweiten Weltkrieg war zunächst die von der Groß-Hess. Reg. erlassene Gemeindeordnung vom 21.12.1945 Grundlage für die gesamte kommunale Verwaltungstätigkeit, die die Hess. Gemeindeordnung vom 25.2.1952 ablöste. Trotz vielfacher Änderungen, u. a. der Einführung der Direktwahl des OBs seit 1991, blieb die Gemeindeordnung das demokratische Grundgesetz hess. und damit auch Kasseler kommunaler Selbstverwaltung bis in die Gegenwart. *frk*

Lit.: Grimmel, Bürgermeister, 225–258; Lengemann, Bürgerrepräsentation.

Bürgi, Jost (* 28.2.1552 Lichtensteig/Schweiz, † 31.1.1632 Ks.) gehörte zu den wenigen Erfindern seiner Zeit, die ihre praktischen Fähigkeiten mit herausragenden mathematischen und naturwiss. Kenntnissen verknüpfen konnten. Bedauerlicherweise ist über seine Ausbildung nichts bekannt. Da ihm ein befreundeter Mathematiker während seiner Kasseler Zeit den ersten Teil von Kopernikus' Hauptwerk „De revolutionibus orbium coelestium" ins Dt. übersetzte, ist davon auszugehen, dass er seine naturwiss. Kenntnisse autodidaktisch erwarb. B. trat 1579 als Hofuhrmacher in die Dienste Lgf. → *Wilhelms IV.* von Hessen-Ks. Zu seinen Aufgaben gehörten die Wartung der Uhren bei Hofe

Automatischer Himmelsglobus von Jost Bürgi, Kassel um 1582–86, Bronze, vergoldet

sowie die Neuentwicklung von Messinstrumenten. Als 1584 der Hofastronom Christoph Rothmann auf der Altanensternwarte des Landgrafen mit der systematischen Vermessung von Fixsternpositionen begann, lieferte ihm B. einige für die damalige Zeit höchst genaue Messinstrumente: Die bedeutendsten waren drei mechanische Uhren, mit deren Hilfe die Zeit gemessen werden konnte, die zwischen dem Durchgang zweier Gestirne durch die Mittagslinie vergeht. Erstmals in der Geschichte der Räderuhr konnte diese als Messinstrument eingesetzt werden. Zwischen 1584 und 1597 nahm B. an den Messungen auf der Sternwarte selbst teil und führte diese nach Rothmanns Abschied 1589 allein weiter. Zwischen 1582 und 1592 stellte B. sechs durch Uhrwerke angetriebene Himmelsgloben her, die als größte mechanische Wunderwerke ihrer Zeit galten. Einzigartig an diesen Himmelsgloben war das Sonnenscheibchen, das in wahrer Sonnenzeit einmal im Jahr die Ekliptik durchlief. Da vergleichbare Globen anderer Hersteller nur die mittlere Sonnenbewegung zeigten, gehörten B.s Globen zu den begehrtesten Sammelstücken fürstlicher Kunstkammern. 1604 trat B. als Hofuhrmacher in die Dienste Kaiser Rudolfs II. in Prag. Dort befreundete er sich mit dem kaiserl. Mathematiker Johannes Kepler, mit dem er 1604 die Position einer Supernova vermaß. Bekannt wurde B. während seiner Prager Zeit v. a. durch seine mathematischen Forschungen. Schon in Ks. hatte B. die sog. Prostaphärese, also die Substituierung der Multiplikations- durch die Additionsrechnung weiterentwickelt. Als einer der frühesten Mathematiker berechnete er darauf aufbauend die Logarithmen auf der Basis *e* (natürlicher Logarithmus). Kepler entwickelte diese Logarithmen später weiter. Sehr begehrt waren auch B.s unvergleichlich genaue Sinus-Tafeln, die Kepler bei den Berechnungen rd. um die Keplerschen Gesetze mit großem Gewinn einsetzte. *kg*

Lit.: Mackensen, Sternwarte; Gaulke, Ptolemaios.

Ein Plan des Bundesgartenschaugeländes von 1981

Bundesgartenschau (BUGA) Ks. richtete zwei B. aus, die erste 1955 und die zweite 1981. Beide stellten einen wichtigen Beitrag zur Stadtentwicklung Kassels dar. Die erste, eine Leistungsschau des gärtnerischen Berufsstandes, fand vom 29.4.–16.10.1955 statt. Die Gesamtplanung und künstlerische Leitung hatte → *Hermann Mattern*. Einzelaufgaben wurden durch Prof. Herta Hammerbacher (Irisgarten, Friedhofsbeispiel, Bepflanzungspläne für die Große Karlswiese) und Gartenarchitekt Georg Reepel (Dahliengarten) umgesetzt. Im Rahmen der B. wurde die → *Karlsaue* als Park wiederhergestellt und damit ein kleiner Teil des kriegszerstörten Kassels neu geordnet. Auf Trümmerschutt entstand an der → *Schönen Aussicht* der Rosenhang als Verbindung zwischen Stadt und → *Aue*. Temporäre Bauten aus leichten, transparenten Materialien von → *Paul* und → *Arnold Bode* und Otto Frei (sein erstes Experimentierfeld mit Zelten) waren in Matterns und Hammerbachers „Hügel und Mulden Bodenmodellierungen" eingebettet. Eine Seilbahn ging vom Rosenhang bis zur anderen Seite des Hirschgrabens. Mattern hatte auch die Idee, eine Kunstausstellung in die B. zu integrieren. Mit Arnold Bode hatte er einen Partner, der dieses Unternehmen mit der ersten → *documenta* vorantrieb, jedoch als eigene Kunstausstellung im provisorisch wiederaufgebauten → *Museum Fridericianum*. Beide Ausstellungen hatten eine sehr erfolgreiche Besucherresonanz und stellten für die kriegszerstörte Stadt einen wichtigen kulturellen Aufbruch dar.

Die zweite B. fand vom 30.4.–18.10.1981 statt. Den Wettbewerb gewann das Büro des Landschaftsarchitekten Wolfgang Miller aus Stuttgart. Die Stadt Ks. hatte sich zum Ziel gesetzt, mit dem Ausbau der Fuldaaue zu einer großen Seenlandschaft mit 43 ha Wasserfläche eine zentrumsnahe Erholungslandschaft mit 9 ha großen Natur- und Vogelschutzgebieten für die Bewohner des industriell geprägten Kasseler O zu schaffen. Landwirtschaftlich und gartenbaulich bewirtschaftete Flächen sowie Kleingärten und Kiesabbauflächen bildeten den Grundstock für die künftige Erholungslandschaft. Das gesamte B.-Gelände umfasst eine Fläche von 230 ha (Fuldaaue und Karlsaue). 1,5 Mio. m³ Boden und Kies wurden bewegt und in der Fuldaaue und Süd-Tangente eingebaut, zahlr. große und kleine Brücken entstanden für ein umfangreiches Fuß- und Radwegenetz im Gelände und als Verbindung zu anderen Teilen der Stadt. Auch entstand ein großes Spielgelände für Kinder. Die gärtnerische Leistungsschau mit ökologischem Anspruch wurde erneut in dem hist. Park Karlsaue realisiert. Dafür wurden 100 ha des Parks für die Zeit der Schau eingezäunt. Neben den Sommerblumen- und Staudenvergleichsschauen wurden Themengärten zu sparsamer Energie- und Rohstoffverwendung sowie umweltfreundlichen Anbaumethoden angelegt. Das neue Freizeitgelände Fuldaaue wurde schon während der B. sehr gut von der Kasseler Bevölkerung angenommen und erfreut sich bis heute großer Beliebtheit. *hhu*

Lit.: Kasseler Gartenbuch; Kassel 1955; Bielefeld-Hart/Jochum, 25 Jahre Bundesgartenschau.

Das **Bundessozialgericht** ist nach Art. 95, Abs. 1 Grundgesetz als oberster Gerichtshof des Bundes höchste Instanz der Sozialgerichtsbarkeit. Es entscheidet als Revisionsgericht über Sachgebiete, die als „Angelegenheiten der sozialen Sicherheit" bezeichnet werden können. Durch die Entscheidungen des B.s soll insbes. eine einheitliche Rechtsanwendung erreicht und eine Fortbildung des Rechts sichergestellt werden. Das B. hat seinen Sitz in Ks. Erst mit dem Arbeitsgerichtsgesetz vom 3.9.1953 wurde die Sozialgerichtsbarkeit als ein neuer selbstständiger Gerichtszweig mit dem B. eingerichtet. Es nahm in der zweiten Jahreshälfte 1954 seine Tätigkeit auf und wurde am 11.9.1954 eröff. Seit 1969 führt es als jährl. Veranstaltung mit überregionaler Bedeutung die „Richterwoche des B.s" in Ks. durch. Präsidenten des B.s waren bisher Joseph Schneider, Georg Wannagat und Matthias von Wulffen. Seit dem 1.1.2008 steht Peter Masuch dem Gericht vor. Beim B. sind z. Z. 234 Personen, davon 43 Richter, beschäftigt. Das B. ist in einem ehemaligen Dienstgebäude der Wehrmacht untergebracht, das 1935/38 errichtet wurde. Die Bauten wurden im → *Zweiten Weltkrieg* kaum zerstört und nahmen nach einer Nutzung als amerikan. Militärhospital zwischenzeitl. auch das Grenzschutzkommando West auf. Der in unmittelbarer Nähe zum → *Bahnhof Wilhelmshöhe* gelegene Gebäudekomplex steht unter Denkmalschutz und wird seit Februar 2008 umfassend saniert. *tv*

Lit.: Stolleis, Entstehung, 25–51; Wenner, Entstehung, 301–304.

Die **Bundeswehr** war in Ks. von 1956, dem Gründungsjahr der B. und der Wiedereinführung der allg. Wehrpflicht, bis 1994 stationiert. Die Stationierung der B. in Ks. rief angesichts der Trad. als Garnisonsstadt (→ *Garnison*) ebenso heftige Befürworter wie starke Kritiker auf den Plan. Ihrem ersten großen Zapfenstreich am 29.6.1956 vor dem ehemaligen → *Generalkommando* wohnten rund 20.000 Menschen bei. Im Juni 1962 wurde erstmals eine öff. Vereidigung der B. auf der → *Hessenkampfbahn* mit anschließendem Fackelzug zum → *Auestadion* organisiert, um die Transparenz gegenüber der Zivilbevölkerung zu erhöhen. Die „Staatsbürger in Uniform" waren in verschiedenen → *Kasernen* untergebracht: die Hindenburg- und die Wittichkaserne auf der heutigen → *Marbachshöhe* sowie die Lüttich-Kaserne an der Eugen-Richter-Str., Jägerkaserne an der Frankfurter Str. und die Graf-Häseler-Kaserne an der Dennhäuser Str. Neben den Truppen der B. waren bis zu ihrem Abzug im Juni 1970 auch belg. Truppen (→ *Belgiersiedlung*) in Ks. stationiert. Besondere Bedeutung er-

Vordereinband des Kasseler Gartenbuches, das anlässlich der Bundesgartenschau im Jahr 1955 erschien

Blick auf das Bundessozialgericht im Jahr 2004

Bunkerbauten Ein Blick in das Innere des Altmarkt-Bunkers im Jahr 2004

hielt die B. in Ks. durch die Nähe zur deutsch-deutschen Grenze. Nach der Wiedervereinigung wurde die starke Präsenz der B. in Hessen hinfällig. Gemeinsam mit der allg. Verkleinerung der B. führte dies zum Ende des Truppenstandpunktes Ks. Den Hauptteil der in Ks. stationierten Truppen stellte die zweite Panzergrenadierdivision, die hier ihren Stabssitz hatte. Mit ihrer Auflösung begann auch der Abzug der übrigen Truppen. Mit einem letzten Zapfenstreich der zweiten Panzergrenadierdivision in der → *Karlsaue* am 18.3.1994 begann der Abzug der B. Am 30.9.1998 wurde die B. mit dem Abzug des letzten stationierten milit. Kommandos, des Verteidigungsbezirkskommandos 44, schließlich feierlich aus Ks. verabschiedet. Dieser Abzug stellte den Verlust eines großen Wirtschaftsfaktors dar, auch wenn einige wirtschaftliche Kontakte erhalten blieben: Auch in den Jahren nach 1994 lieferten die Firmen → *Henschel & Sohn* und → *Wegmann & Co.* an die B. Seit der frühen Nachkriegszeit hatte Henschel die B. mit Panzerteilen und seit 1978 auch mit in Serie gefertigten Panzern (u. a. dem Raketenjagdpanzer Jaguar 1, Transportpanzer 1, Flugabwehrraketenpanzer Roland) beliefert.

Ks. bemühte sich frühzeitig um Konzepte für eine Konversion der Kasernen. Die ehem. Hindenburg- und Wittich-Kasernen wurden zum zivilen Wohngebiet Marbachshöhe umstrukturiert. In der ehemaligen Lüttich-Kaserne befindet sich heute ein Museum für Uniformgeschichte, die B.fachschule und das seit 1956 existierende Heeresmusikcorps 2 (seit dem 1.1.2003 truppendienstlich der 13. Panzergrenadierdivision in Leipzig unterstellt). *je*

Lit.: Entschieden für Frieden; Hermsdorff, Kassel.

Bunkerbauten sind Verteidigungs- und Schutzanlagen. Als solche können sie oberirdisch (Hochb.) oder unterirdisch (Tiefb., Luftschutz-Stollen) sein. Hoch- und Tiefb. sind aus Beton, haben zumeist rechteckige Grundrisse, meterdicke Außenwände und Decken sowie mehrere Ausgänge. Ihre Größe variiert stark; in Ks. gibt es Hochbunker mit bis zu 4.000 m² Nutzfläche. Luftschutz-Stollen (im Folgenden LS-Stollen) wurden v. a. in bergigen Regionen angelegt. Sie bestehen aus mehreren Gängen oder Gangsystemen und liegen 6–15 m unter der Erde. Ihre Größe variiert ebenfalls und reicht von Nachbarschaftsstollen für 20 Personen bis zu Anlagen wie dem Kasseler Weinbergstollen, der 10.000 Menschen Platz bot. Im → *Zweiten Weltkrieg* wurden die B. errichtet, um die „Bevölkerung und Kraftquellen eines Landes gegen Angriffe aus der Luft zu schützen" (Albert) – v. a. vor Bomben, einstürzenden Gebäuden und Feuersbrünsten. In Ks. wurde zwischen 1940 und 1945 eine Vielzahl von B. errichtet, da Ks. als Rüstungs- und Gauhauptstadt eine große wehrwirtschaftliche Bedeutung hatte. Die genaue Zahl ist aufgrund fehlender Unterlagen nicht zu klären. Gesichert ist, dass 1940 im Zuge von Hitlers „Sofortprogramm" mit der Anlage von sieben Hochb. und zwei Tiefb. begonnen wurde. Darunter befanden sich: 2 Krankenhausb., 1 Nachrichtenb. sowie öff. Luftschutzb. für die Bevölkerung. Parallel dazu wurden von Rüstungsbetrieben (wie den Firmen → *Henschel & Sohn* und → *Wegmann & Co.*) B. zum Schutz der Arbeiter wie der Produktionsstätten errichtet (Werkluftschutz). Indes wurden mehr unterirdische LS-Stollen angelegt: Allein 92 öff. LS-Stollen weist ein Plan des

Bunkerbauten Die linke Abbildung zeigt den Tiefbunker vor dem Kulturbahnhof in den 1940er Jahren, rechts der Bunker im Jahr 2001

Stadtarchivs Ks. aus. Errichtet wurden B. in Ks. u. a. von Zwangsarbeitern, Kriegsgefangenen und Militärinternierten, die z. T. unter menschenunwürdigen Bedingungen lebten; viele starben dabei. Ab 1941 nahmen die B. für die Bevölkerung durch die → *Luftangriffe* dramatisch an Bedeutung zu und sicherten vielen Kasselern das Überleben. Nach dem Krieg dienten sie Ausgebombten, → *Flüchtlingen* und → *Displaced Persons* als Notunterkünfte. Die Alliierten beschlossen zwar, die B. zu sprengen, was jedoch in Ks. vermutlich aus Kostengründen nicht umgesetzt wurde. Während des Kalten Krieges gewannen sie abermals an Bedeutung. In Ks. wurden acht B. in die Zivilschutzbindung aufgenommen und für einen erneuten Krieg instand gesetzt. Der Tiefb. unter dem → *Kulturbahnhof* wurde zum Atombunker aufgerüstet. In den kommenden Jahren werden die B. vermutlich aus der Zivilschutzbindung entlassen, da sie bei einem heutigen Krieg ungeeignet wären. *lm*

Lit.: Meyer, Krieg.

Bunsen, Robert Wilhelm (* 30.3.1811 Göttingen, † 16.8.1899 Heidelberg) hatte in Göttingen bei dem Analytiker Stromeyer Chemie und bei Hausmann Geologie studiert. Bereits mit 23 Jahren habilitiert, leitete B. 1836–39 das Chemische Labor der Höheren Gewerbeschule in Ks. Hier war er Nachfolger von → *Friedrich Wöhler.* Zu B.s Freundeskreis zählten neben dem Vetter und Hofmedikus Robert B. die Tapetenfabrikanten → *Arnold* und Bergrat Adolph Schwarzenberg. B. war mit Prof. → *Rudolph Amandus Philippi* führend im → *Naturkundeverein* und bei Hausmanns „Bergmännischen Freunden" in Göttingen aktiv. Seine Experimente zu Arsenikverbindungen und freien Radikalen waren mustergültig. Für die Bergbehörden untersuchte B. die Grubenwetter der Kohlenwerke am → *Habichtswald,* Erdölquellen bei Peine, Mineralwässer und die chemischen Vorgänge in den Hochöfen der Eisenhütte Veckerhagen sowie der Kupferhütte bei Rotenburg. Durch die Hochofengas-Analysen vom 12.9.1838 weltbekannt geworden, ließ B. mit unverbrauchten Ofen-Abgasen in Veckerhagen noch eine Henscheldampfmaschine betreiben. Auch wertvolle Restmetalle der „Hochofensauen" (Abfallprodukt im Verhüttungsprozess) wies er nach. Ab 1839 in Marburg, erfand er die Zink-Kohle-Batterie (B.element), den B.brenner und den Fettfleck-Fotometer. B. erforschte Vulkane von Italien bis Island und zuletzt mit G. Kirchhoff in Heidelberg die Spektralanalyse. Hoch geehrt starb B. dort als Badischer Geheimer Hofrat. *sl*

Lit.: Lotze, Chemie; Waitz von Eschen, Anfängen.

Robert Wilhelm Bunsen, Lithographie, gezeichnet von Georg Koch, gedruckt von B. Dorndorf, um 1850

Burg Die mittelalterliche B. an der Stelle des späteren → *Landgrafenschlosses* und des heutigen → *Regierungspräsidiums* nutzte eine spornartige Anhöhe über der → *Fulda,* deren Kuppe (ca. 147 m über NN) etwa 13 m über dem damaligen Wasserspiegel lag. Nördl. dieser Anhöhe mündete ein zwischen Ziegengasse und → *Steinweg* herabfließender Bach in die Fulda. Dies bot auf drei Seiten gute Verteidigungsmöglichkeiten sowie die Kontrolle der vorbeiführenden N-S-Fernstraße (Steinweg), der Niederungen bis zum → *Ahnaberg* und des tief liegenden östl. Fuldaufers. Die ältesten Funde weisen in die späte Eisenzeit; ob hier eine vorgeschichtl. (Flucht-)B. bestand, ist jedoch unklar. An der Stelle des späteren NW-Flügels des Schlosses ist spätestens seit

Burg Blick auf das Landgrafenschloss und die Oberneustadt, Aquarell von Friedrich Christian Reinermann (1764–1843)

der zweiten Hälfte des 9. Jh. die „Domus" des → *Königshofs* zu suchen, mit einem beheizbaren Saal und Wohnräumen für den König; das Gebäude öffnete sich vermutlich zur Fulda hin, wo ein breiter, terrassenartiger Hof vorgelagert war. Ab der Mitte des 12. Jhs. folgten mehrere Neubauten: anscheinend alle an ders. Stelle und als Palas mit

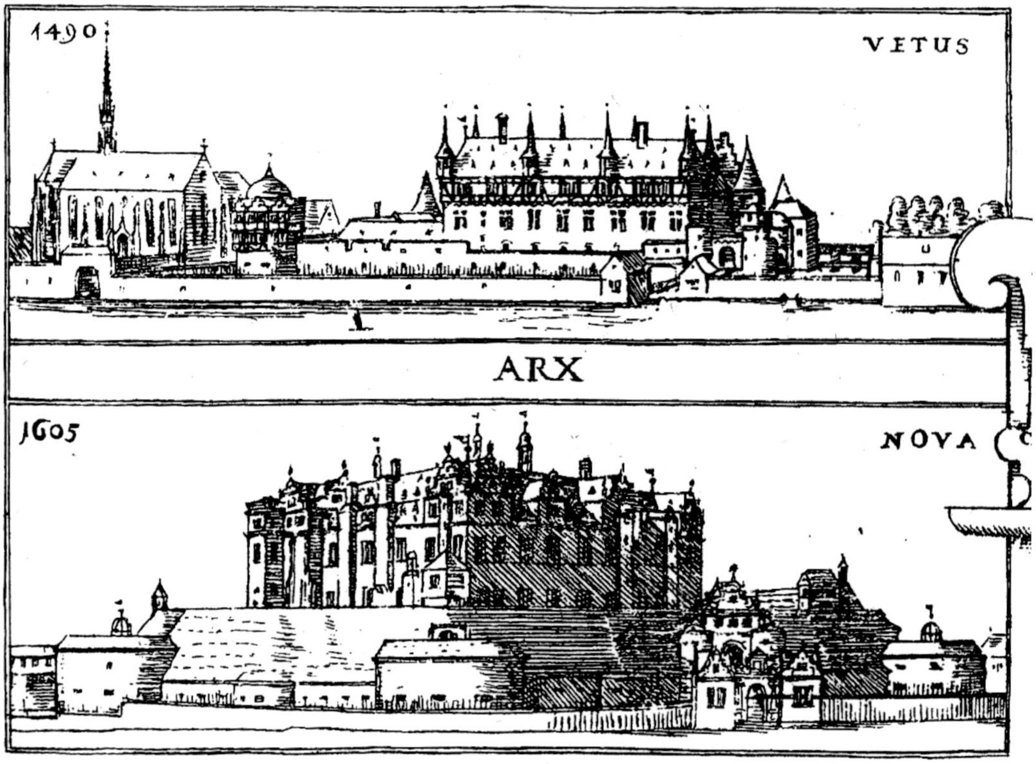

Kupferstich von Wilhelm Dilich mit der Ansicht der Burg im Zustand von 1490 und der Ansicht des Landgrafenschlosses im Zustand von 1605, entstanden 1605

Wohnräumen und Saal, während Scheunen, Ställe, Werkstätten etc. sowie einige Dienstwohnungen auf der anderen Seite des Steinwegs lagen (→ *Renthof*). Die erste dieser B. wurde um 1143/50 von Heinrich Raspe II. errichtet und um 1277 durch einen Neubau Lgf. → *Heinrichs I.* abgelöst. Ks. wurde damit als Herrschaftszentrum Niederhessens weiter ausgebaut. Es gab eine eigene Kapelle, die Seelsorge wurde 1300 den Karmelitern übertragen. Eine wirkungsvolle Befestigung entstand erst nach 1386 (→ *Aufruhr 1376–1391*); vermutlich schloss sich an den Palas nach SO ein viereckiger Mauerring mit Ecktürmen an, 1442 sind Zugbrücke und Graben bezeugt. Umfassende Veränderungen ließ Lgf. Ludwig II. vornehmen: Der Palas von 1277 wurde 1462–66 durch einen Steinbau mit einem oberen Fachwerkgeschoss ersetzt; er enthielt neben den Wohnräumen und dem großen Saal u. a. ein Backhaus, Magazin- und Werkstatträume. Zudem errichtete man ein neues Küchengebäude. Spätestens zu diesem Zeitpunkt entstand auch der äußere Mauerring des Zwingers mit weiteren Türmen, der tlw. in den Fluss hinein gebaut war; ein Tor führte an der W-Ecke der Burg zur Stadt, ein weiteres auf der SW-Seite zum Baumgarten (→ *Rennbahn*). Ein großer Kapellenneubau an der N-Seite des Hofes wurde der Hl. Dreifaltigkeit, der Mutter Gottes und der hl. Elisabeth geweiht; Ludwigs Tod 1471 vereitelte die dauerhafte Einrichtung eines Chorherrenstifts (1469). Nach einer Pulverexplosion durch Blitzschlag 1469 musste ein Torturm neu errichtet werden. In den Folgejahren wurde am Innenausbau und der Befestigung gearbeitet, für deren Erweiterung man 1485 mehrere Gebäude am Steinweg abbrach. Die B. wurde um 1498 nach S erweitert, wo im neuen Zwinger Küche und Fischerhaus entstanden, an der Fulda rückte man die Mauer um mehr als 15 m weiter in den Fluss und errichtete das große, später stark veränderte → *Rondell*. Ab 1502 entstand der sog. Rotensteinflügel als Steinbau an der Fuldaseite des B.hofs. Die Kapelle reduzierte man auf den früheren Chor. Ab 1523 ließ Lgf. → *Philipp* die Befestigung mit modernen Wällen weiter ausbauen; nachdem sie 1548 während der kaiserl. Besetzung tlw. geschleift worden war, erfolgte ab 1552 ihre Wiederherstellung. Ab 1556 begann der sukzessive Neubau des Landgrafenschlosses. Von den Baumeistern der B. sind J. → *Herber* (ab 1463) und Jakob von Ettlingen (ab 1522) hervorzuheben. *cp*

Lit.: Holtmeyer, Cassel-Stadt, 268–274, 296f.; Heppe, Schloß, 15–19.

Burgmüller, Norbert (* 8.2.1810 Düsseldorf, † 7.5.1836 Burtscheid), Bruder des durch seine Klavieretüden bekannten Friedrich Burgmüller. B. war Komponist, Dirigent, Pianist und Geiger und kam 1826 als Schüler → *Louis Spohrs* und Moritz Hauptmanns nach Ks., wo er bis 1830 blieb. Neben dem Unterricht war er hier im → *Cäcilienverein* sowie als Kor-

Norbert Burgmüller, Lithographie, um 1850

repetitor am → *Hoftheater* tätig. Sein in Ks. entstandenes Klavierkonzert in fis-Moll wurde 1830 unter der Leitung Spohrs mit B. als Pianist uraufgeführt. B. komponierte hauptsächlich Lieder, zwei Symphonien sowie Streichquartette. Seine Tonsprache ist an Beethoven und Spohr orientiert, trägt jedoch durchaus individuelle innovativ-romantische Züge. „Sein Talent hat solche leuchtende Vorzüge, daß über dessen Dasein nur einem Blinden Zweifel aufkommen könnte", urteilte Robert Schumann, mit dem B. neben Christian D. Grabbe und Felix Mendelssohn befreundet war. Über den Menschen B. berichtete der Pianist Stephen Heller, er habe einen „tollen Humor" besessen und sei „ein in jeder Hinsicht ungewöhnlicher Mensch" gewesen. Die 1829 geschlossene Verlobung mit der berühmten Kasseler Sängerin Sophia Roland löste diese nach einem Jahr, was B. in tiefe Depressionen stürzte. Dem psychisch labilen und unter Epilepsie leidenden Künstler werden alkoholische und sexuelle Exzesse nachgesagt, die genauen Umstände seines frühen Todes bei einem Bad in Aachen sind nicht geklärt. *aw*

Lit.: Kopitz, Komponist.

Bury, Johann Friedrich (* 13.3.1763 Hanau, † 18.5.1823) ist in Ks. v. a. durch seine Porträts von Kurfürstin → *Auguste* bekannt. Einen Platz in der dt. Kulturgeschichte nimmt der Maler zudem als Mitbewohner und Schützling → *Goethes* in Rom ein. B. erhielt künstlerischen Unterricht bei seinem Vater, dem Goldgraveur und Glaubensflüchtling Jean Jacques Bury, und bei Anton Wilhelm → *Tischbein*. Im Alter von 17 Jahren wechselte B. an die Düsseldorfer Akademie und machte sich zwei Jahre später auf nach Rom. 1786–88 war er Hausgenosse Goethes, den eine innige Freundschaft mit dem 15 Jahre jüngeren Maler verband. In Italien widmete sich B. v. a. dem Kopieren Alter Meister und Porträtaufträgen. Er hatte auch als Kunsthändler Erfolg. Zwischen 1788 und 1790 begleitete B. die Reisegesellschaft der Weimarer Herzogin Anna Amalia durch das Land. Angesichts der französ. Besetzung Roms kehrte er 1799 in die Heimat zurück. Doch nur wenige Monate verweilte er bei der Familie, dann reiste er nach Weimar. Sein Wunsch, eine feste Anstellung zu finden, erfüllte sich indes nicht. Deshalb siedelte er 1801 nach Berlin über. Dort knüpfte er – vermittelt auch durch den Weimarer Herzog Carl August – Kontakte zum preußischen Königshof, an dessen Mitglieder er mehrere Bilder verkaufte. Zudem ebnete sich der Weg zur erhofften Anstellung als Hofmaler: Die Schwestern König Friedrich Wilhelms III., Prinzessin Wilhelmine von Oranien und die spätere hessische Kurfürstin Auguste, zu der B. seit 1803 engeren Kontakt hatte, wurden seine Schülerinnen. Vermutlich hatte sich Auguste zuvor dafür eingesetzt, dass B. in Ks. Akademiedirektor wurde. Doch erneut beeinflusste die französ. Eroberungspolitik seinen Lebensweg. Die Berufung zerschlug sich durch die Besetzung Kurhessens. Nach den Befreiungskriegen lebte B. abwechselnd in Hanau und Ks., wo er nicht nur Auguste, sondern auch ihre beiden Töchter unterrichtete, sowie in Brüssel und Den Haag am Hof ihrer Schwester Wilhelmine. B. starb bei Aachen, wo er sich von einer Erkrankung erholen wollte. *hhe*

Lit.: Heinze, Goethe; Bury, Briefe.

Der Cäcilienverein war ein 1822 in Ks. von → *Louis Spohr* initiierter und geleiteter gemischter Chor. Im Gründungsaufruf hieß es: „Den ächten Sinn und richtigen Geschmack für edle und ernste Musik zu erwecken, und zu bewahren ist ein Bedürfnis unserer Zeit". Der C. verstand sich im Sinne des Bildungsideals Pestalozzis als bürgerl. Institution in der Trad. des Liederkranz-Wesens, die Mitglieder waren größtenteils Laien: Hofbeamte, Großkaufleute und Bankiers, aber auch Adlige und Schüler Spohrs, wie → *Norbert Burgmüller* sowie seine Töchter Ida und Emilie, die das Niveau hoben. In den „Lebenserinnerungen" lobte Spohr, der C. mache „erfreuliche Fortschritte", und über ein Konzert hieß es 1829 in der Allgemeinen Musikalischen Zeitung (AMZ): „Die Aufführung war übrigens im Ganzen sehr brav, obgleich sämmtliche singende Personen nur Dilettanten waren: ein Beweiss, dass man kein Musiker von Profession zu seyn braucht, um in der Tonkunst etwas gutes zu leisten". Das Repertoire bestand zum einen aus geistlichen Chorwerken des 16. bis 18. Jhs., wobei die Werke → *Johann Sebastian Bachs* einen Schwerpunkt bildeten, doch wurden auch Spohrs eigene Werke sowie Stücke seiner Schüler und Zeitgenossen gesungen. Im Rahmen der Bach-Renaissance hatte der C. einen nicht zu unterschätzenden Stellenwert. Bachs „Matthäus-Passion" wurde in Ks. bereits drei Jahre nach Mendelssohns Wiederentdeckung von 1829 aufgeführt. *aw*

Lit.: Homburg, Spohrs, 49–82.

Cafés gab es in Ks. berühmte und weniger bekannte. Verschiedene Gesellschaftsschichten hatten ihr Lieblingscafé: Das Residenz-Kaffee (Spitzname „Resi") war seit 1888 ein gutbürgerl. C. der ‚guten alten Zeit', repräsentativ und in bester Lage an Stelle der heutigen Königs-Galerie. Es wartete mit internationalen Tanz-Orchestern auf, war Stammplatz der Offiziere der → *Garnison,* insbes. der Husaren, und zog in den ‚goldenen' 1920er Jahren die Jugend an. Der Bäcker- und Konditormeister Eckhardt Worch eröffnete 1843 das C. Worch. Das C. Jung am → *Friedrichsplatz* 2 war Treffpunkt von Künstlern, Presseleuten und Juristen. Konditor Friedrich Jung übernahm es 1853. Es besaß einen „Liebespavillon", der vermutlich auch von Kurfürst → *Wilhelm II.* und der Gräfin → *Reichenbach* genutzt wurde. Nach dem Zweiten Weltkrieg übernahm Jochen Jeltsch das C. in vierter Generation, das 1963 nach über 100-jährigem Bestehen geschlossen wurde. Das C. Verzett stand an der Unteren Königsstr., Ecke Hedwigstr. und galt als ‚die' Station für Einkaufslustige, es eröffnete kurz nach 1870 und bestand bis zum Ersten Weltkrieg. Das C. Paulus mit Hofkonditorei am Ständeplatz existierte seit 1872 und wurde 1943 zerstört. Nach dem Krieg gab es Nachfolger gleichen Namens in der → *Treppenstraße* und später in der Oberen Königsstr. Das C. Kronprinz in der Unteren Königsstr., in der Nähe des Pferdemarktes, wurde 1914 gegründet. Im ersten Stock befand sich ein Kino, das sog. Metropol-Theater. Das C. Schmoll in der Oberen Königsstr. 15, aufgrund der niedrigen Decken auch C. Duckdich genannt, wurde 1897 erstmals erwähnt. Die Pächter wechselten häufig, ab 1919 fanden unter dem Pächter Heinrich Cöster nachmittags und abends Konzertveranstaltungen statt. 1933 kaufte → *Georg Reiss* das Unternehmen; durch Umbauarbeiten entstand im Inneren das Bierrestaurant Franziskaner, durch Bomben wurde das Gebäude 1943 zerstört. Das C. Mulang befand sich im Hotel Ridinger Schloss in → *Bad Wilhelmshöhe,* Besitzer war Wilhelm Ledderhose. Zu den Gästen gehörten Filmstars wie Harry Liedtke, Käthe Dorsch und Marlene Dietrich. Das Haus wurde 1945 zerstört. Am höchsten Punkt Kassels, am Aussichtsturm am → *Hohen Gras,* entstand anfangs in Bretterbuden eine kleine Bewirtung, die seit 1936 zum Café und Restaurant „Hohes Gras" ausgebaut wurde. *vl*

Lit.: Lang, Wo mäh früher.

Calm, Marie (* 3.4.1832 Arolsen, † 22.2.1887 Ks.), Pseudonym Marie Ruhland. Die Arolser Bürgermeistertochter wurde als Pädagogin und als Schriftstellerin bekannt. Die ausgebildete Lehrerin und Erzieherin schrieb Romane, Kurzgeschichten und Gedichte. Sie kam aus familiären Gründen nach Ks. Nachdem sie sich dem 1865 gegr. Allgemeinen Deutschen Frauenverein (ADF) angeschlossen und in Kontakt mit dessen führenden Vertreterinnen in Leipzig getreten war, initiierte sie 1869 die Gründung einer Ortsgruppe unter dem Namen → *Casseler Frauenbildungsverein* (CFBV). Der Verein eröffnete bereits ein Jahr später eine „Schule

Marie Calm Porträt aus der Gartenlaube 1883 vom Zeichner Adolf Neumann

für confirmierte Mädchen“, in denen Mädchen über die allg. Schulpflicht hinaus in Hauswirtschaft und Handarbeiten unterrichtet wurden und – wie im Bericht über die ersten Jahre nachzulesen ist – „zu eigenem Denken angeregt“ werden sollten. Mit dem CFBV und der Schulgründung legte C. den Grundstein für die über 50-jährige Geschichte der bürgerl. → *Frauenbewegung* in Ks. und für eine Schule, die bis heute besteht. *cw*

Lit.: Wahlfeldt/Willerding, Mädchenbildung.

Campis, Johannes de (* um 1480 Magdeburg, † 1536 Ks.) trat in Magdeburg dem Dominikanerorden bei und wurde von diesem zum Studium an die Univ. Wittenberg entsandt. Dort immatrikulierte er sich im Wintersemester 1503. Er erwarb den Grad eines Baccalaureus, 1511 wurde er Magister und 1512 zum Lizentiaten der Theologie promoviert. Nachdem er zunächst in Magdeburg gewirkt hatte, begab er sich 1523 oder 24 als Lektor des → *Karmeliterklosters* nach Ks. In dieser Zeit wandte er sich den Lehren Luthers zu. Als Prädikant am Kasseler Hof Lgf. → *Philipps* erwarb er dessen Vertrauen und wurde 1525 nach Marburg gesandt, um dort die neue reformatorische Lehre zu verbreiten. Im selben Jahr noch zog er als Feldprediger des Landgrafen mit in den Bauernkrieg; er wurde Pfarrer der Freiheiter Gemeinde in Ks. und Mitglied des → *Martinsstifts*. Ein Jahr später verzichtete er mit den anderen Mitgliedern des Kasseler Karmeliterordens auf eine Abfindung für das Klostergut. Im Jahr 1527 berief ihn Philipp zum Hofprediger und ernannte ihn zu einem der Visitatoren für das hessische Kirchenwesen. Drei Jahre später belohnte der Landgraf ihn, indem er ihm Haus und Hof in Ks. als erbliches Lehen verlieh. Den Höhepunkt in der Laufbahn des Kirchenmannes bildete seine Bestellung als einer der vier ersten hess. Superintendenten 1531. Er versah dieses Amt bis zu seinem Tod. *cl*

Lit.: Hütteroth, Pfarrergeschichte.

Canngiesser, Leonhard Heinrich Ludwig Georg von (* 22.5.1716 Wetzlar, † 29.5.1772 Ks.) Der Sohn des preuß. Geheimen Kriegsrats und Gesandten am Reichskammergericht Konrad v. C. besuchte das Joachimsthaler Gymnasium in Berlin. Nach dem Tod der Eltern zog er 1729 zu Verwandten nach Wetzlar. Ab 1732 absolvierte er ein Jurastudium in Marburg, u. a. bei Christian Wolff und Hombergk zu Vach, 1735 wechselte er nach Halle, wo er 1736 promoviert wurde. Nach dem Studium am Wetzlarer Kammergericht war er ab 1738 Assessor bei der darmstädtischen Reg. in Gießen, wurde Reg.rat daselbst und mit dem Streit um die Erbschaft Hanau zwischen Hessen-Ks. und Hessen-Darmstadt betraut. 1750 wurde er Oberappellationsgerichtsrat in Ks., 1762 Präsident dieses Gerichts, 1764 Staatsminister und 1753 Direktor des Postwesens. 1757–60 war er im Geheimen Rat tätig, 1760 mit Lgf. → *Friedrich II.* in Braunschweig, danach wieder in Ks., Kurator der beiden hess. Univ. Marburg und Rinteln, Aufseher über das → *Collegium Carolinum*, das Collegium Medicinum und das → *Accouchier- und Findelhaus* in Ks. Verheiratet war C. mit Susanne Elisabeth Dorothea Franz, mit der er vier Söhne hatte. Seit 1770 war C. Ritter des Ordens vom Goldenen Löwen und Ordenskanzler. Sein wichtigstes Werk, die Collectiones notabiliorum decisicenum supremi tribunalis appelationium Hasso-Casselani, Ks. 1768/71, ist die erste Sammlung von wichtigen Urteilen des Oberappellationsgerichts. *khn*

Lit.: Strieder; DBA.

Die **Caricatura** Galerie für Komische Kunst ist die führende Institution für Komische Kunst in Dtld., seit 1995 mit einer Galerie im → *Kulturbahnhof*, seit 2000 mit dem C.-Museum in Frankfurt/M. Die C. zeigt in Ks. jährlich vier bis fünf Ausstellungen der Komischen Kunst und veranstaltet Lesungen und Konzerte. Höhepunkte sind die Bestandsauf-

Blick in die Ausstellungsräume der Caricatura, der Galerie für komische Kunst im Kulturbahnhof

Karikatur von Eugen Egner aus der Caricatura

nahmen Komischer Kunst parallel zur jeweiligen → *documenta*. 1987 wurde die deutschlandweit erste Karikaturen-Übersichtsausstellung in Ks. gezeigt. Weitere Ausstellungen folgten und führten u. a. zur Etablierung des Begriffs Komische Kunst. 1995 war die C. führend an der Gründung des Kulturbahnhofs beteiligt. Sie hat ihre Wurzeln im Wirken der Neuen Frankfurter Schule um die Magazine „pardon" und „Titanic". Bisher wurden alle namhaften deutschsprachigen Künstler präsentiert und C.-Ausstellungen in über 70 Städten in Dtld., Dänemark, Frankreich, Schweiz, Österreich und Polen gezeigt. *mso*

Lit.: Frenz/Sandmann, Komische Kunst; Folckers/Sonntag, Caricatura V.

Casparson, Johann Wilhelm Christian Gustav (* 7.9.1729 Gießen, † 3.9.1802 Ks.) besuchte das Halle'sche Waisenhaus und studierte anschließend Theologie. Durch eine

Karikatur von Casparson aus dem Jahr 1795

Hofmeisterstelle bei Staatsminister → *Canngiesser* kam C. nach Ks. Von Lgf. → *Wilhelm VIII.* unterstützt, studierte er ab 1756 in Göttingen Literatur, Geschichte und Philosophie. Seit 1759 war C. als Lehrer, später als Prof. für Gesch. und Lit. am → *Collegium Carolinum* tätig. Außerdem gab er seit 1772 den Hess. Staatskalender heraus, unterrichtete ab 1778 am Kadettenkorps, gehörte seit 1779 dem Direktorium des → *Friedrichsgymnasiums* an und war Mitglied der Zensurkommission. Als enger Vertrauter Lgf. → *Friedrichs II.* wurde C. 1783 zum hess.-kasselischen Rat ernannt. 1784 wurde er Sekretär der → *Gesellschaft des Ackerbaues* und 1786 Sekretär der → *Gesellschaft der Alterthümer*, deren Mitglied er seit ihrer Gründung 1777 war. C. gab die Hess. Beiträge zur Gelehrsamkeit und den Monatsbogen für den Landmann heraus. Nebenbei verfasste er Gedichte, Sing- und Trauerspiele sowie pädagogische, historische und technisch-praktische Publikationen, so eine Abhandlung über die Verhütung des Bettelns in Ks., die u. a. zur Einrichtung des Werkhauses am → *Königsplatz* führte. C. war → *Freimaurer* und gehörte zu den zentralen Akteuren der Kasseler → *Aufklärung*. Verheiratet war er seit 1760 mit Maria Anna Magdalena Pistor, der Tochter eines Schmalkaldener Gewehrfabrikanten, mit der er sieben Kinder hatte. *jeb*

Lit.: ADB.

Der **Casseler Frauenbildungsverein** (CFBV) wurde am 6.10.1869 während einer in Ks. tagenden Generalversammlung des Allgemeinen Deutschen Frauenvereins (ADF) gegründet und verstand sich als dessen Ortsgruppe. Er bestand bis 1920 und bildete das Zentrum der bürgerl. → *Frauenbewegung* in Ks. Während der 50 Jahre seines Bestehens schuf der C. ein Netz aus Schulen, Kursen und Seminaren. Zu seinen Einrichtungen gehörten u. a. eine Fachschule für Mädchen (Hauswirtschaft, Handarbeit, später auch kaufmännische Ausbildung), ein Kinderhort und ein Lehrerinnenseminar. Der C. arbeitete eng mit städt. und anderen Körperschaften zusammen und wurde immer wieder finanziell gefördert. Die Schule des C.s in der Gießbergstraße 13 war der Ort, an dem die Fäden der Frauenbewegung zusammenliefen: Hier wurde 1890 ein Zweigverein des Allg. Dt. Lehrerinnenvereins gegründet und 1902 der → *Verband Casseler Frauenvereine* ins Leben gerufen, 1894 eine Stellenvermittlung für Hausangestellte eingerichtet und 1903 eine Rechtsschutzstelle. Die Schule war Sitz und Tagungsort z. B. des Kaufmännischen Vereins für weibl. Angestellte, des Vereins Frauenbildung – Frauenstudium, eines Stenographinnenkränzchens und eines Da-

Gewerbe- und Handelsschule des Casseler Frauenbildungsvereins

mengesangvereins. Die Gründe für die Auflösung des Vereins sind nicht dokumentiert. Belegt ist, dass der C. im Laufe des → *Ersten Weltkriegs* in große finanzielle Schwierigkeiten geriet. 1917 wurde die Fachschule wegen Materialmangels geschlossen, 1918 für den Kinderhort ein eigener Verein gegründet; später wurde er von der Stadt übernommen und zusammen mit der Erzieherinnenausbildung als Auguste-Förster-Haus weitergeführt. 1920 ging die Fachschule in städt. Trägerschaft über. Sie trägt seit 1956 den Namen → *Elisabeth Knippings*, die 1912–33 Direktorin war, und in deren Händen die Abwicklung des CFBV und die Übergabe der Einrichtungen gelegen hatte. *cw*

Lit.: Wahlfeldt/Willerding, Mädchenbildung.

Das **Casseler Tageblatt** war eine Gründung der Gebr. → *Gotthelft* und beinahe 80 Jahre lang im Besitz der Familie. Es war ein Blatt der liberalen Mitte. Die Zeitung war zunächst unter dem Namen „Gewerbliches Tageblatt und Anzeiger“ gegr. worden und erschien erstmals im Dezember 1853. Zu diesem Zeitpunkt musste sich das Blatt noch auf Meldungen gewerblicher Natur beschränken und auf polit. Leitartikel gänzlich verzichten. Erst ab 1873 hieß die Zeitung C. Mit mehreren Beilagen, wie etwa der „Plauderstube“, in der in den Jahren 1882–83 u. a. die Autobiographie der Schriftstellerin Johanna von Weißenthurn veröffentlicht wurde, avancierte das C. zu einer der meistgelesenen bürgerl. Tageszeitungen Kassels. Das Blatt erschien ab 1900 tägl. in zwei Ausgaben und erreichte eine Auflage von 21.000 Exemplaren. Berichtet wurde über alle Belange des Kasseler Lebens. So kommentierte das C. z. B. den Weggang des Kasseler OBs → *Erich Koch-Weser* im Oktober 1919 mit den Worten: „Ein Mann von seltenen Fähigkeiten und unermüdlicher Arbeitskraft wird jetzt unserer Vaterstadt genommen ...“. Als einer der populärsten Redakteure ging der jüd. Journalist → *Sigmund Dispeker* in die Geschichte des Blattes ein, der 1919–32 seine Kolumnen, die „Casseler Spaziergänge“, im Feuilleton veröffentlichte. Der bis dahin andauernde Aufwärtstrend der Zeitung setzte sich jedoch im weiteren Verlauf nicht fort. Schon seit Beginn der → *Weimarer Republik* verringerte sich der Anzeigenteil stetig, wohl auch begründet durch nationalsozialistische Boykottpropaganda gegen das C. und so erschien am 30.9.1932 die letzte Ausgabe. *sh*

Lit.: Krause-Vilmar, Streiflichter.

Tageblatt und Anzeiger.

Zeitung für Stadt und Land.

Titelblatt der Ausgabe des Casseler Tageblatts vom 1. Januar 1881

Die **„Casselische Zeitung, von Policey, Commercien**, und andern dem Publico dienlichen Sachen“ war die erste Kasseler Zeitung. Sie wurde mit landgräflichen Privilegien erstmals am 5.2.1731 durch den Buchdrucker → *Justus Johann Heinrich Hampe*, ab 1763 durch das Kasseler Waisenhaus, in einer Auflagenstärke von bis zu 800 Exemplaren herausgegeben; 1808 wurde sie eingestellt. Die C. erschien wöchentlich montags, ihr Umfang betrug anfangs acht, später bis zu 24 Seiten. Sie sollte, so das Regierungsausschreiben von 1731, v. a. obrigkeitliche Verordnungen oder Erlasse, also Informationen über die „Policey“, und Nachrichten aus dem wirtschaftlichen und sozialen Leben der Hauptstadt, Informationen über „Commercien“, zu geringen Kosten einer breiten Öff. zugänglich machen und auf diese Weise das Kasseler Wirtschafts- und Rechtsleben fördern. Jede Ausgabe begann daher mit Bekanntmachungen der Reg., es folgten Nachrichten über Kredite, Insolvenzen und Versteigerungen. Daneben gab es Anzeigen mit Angeboten gewerblicher oder privater Verkäufer sowie Kauf- und Mietangebote für Häuser und Wohnungen. Separate Rubriken berichteten über Geburten, Eheschließungen und Todesfälle sowie über ungewöhnliche Ereignisse. Abschließend folgte ein Preisspiegel wichti-

Casselische Zeitung / Von Policey / Commercien, und andern dem PUBLICO dienlichen Sachen / Mit Ihro Königl. Maj. in Schweden etc. etc. und Landgraffen zu Hessen Allergnädigsten PRIVILEGIO und Befehl.

Nro. XX.

Montags, den 18. May 1733.

1. Sachen / so in/und ausserhalb Cassel zu verkauffen.

Titelblatt der Casselischen Zeitung von Policey vom 18. Mai 1733

ger Lebensmittel und Verbrauchsgüter. Redaktionelle Arbeit gab es kaum, Informationen wurden direkt ins Blatt übernommen. Wiss. Abhandlungen wurden nur selten und polit. Nachrichten nie abgedruckt; insofern entwickelte sich die C. während der gesamten Erscheinungszeit kaum weiter. *tb*

Lit.: Meidenbauer, Aufklärung.

Catta, Fritz (* 11.1.1886 Wiesbaden, † 17.9.1968 Ks.) kam als Abkömmling einer hugenott. Familie 1903 nach Ks., wo er zunächst eine Prüfung als Maurer- und Zimmermeister ablegte und später ein Bauingenieursstudium erfolgreich absolvierte. Als seit 1919 selbstständiger Architekt entwarf er gemeinsam mit seinem Kompagnon Otto Groth zahlr. z. T. markante Gebäude in Ks., u. a. in der Schlossteichstr., am Entenanger und in der Friedrichstr. Schon vor dem Ersten Weltkrieg den Nationalliberalen verbunden, war er 1925–33 Stadtverordneter für die rechtsliberale Deutsche Volkspartei und 1946–56 Vorsitzender der Kasseler Freien Demokraten, später deren Ehrenvorsitzender. Das Mitglied des beratenden Landesausschusses und der Verfassungsberatenden Landesversammlung von 1946 wurde danach dreimal für die FDP in den Hess. Landtag gewählt, wo er stellvertretender Fraktionsvorsitzender war. Bei der Bundestagswahl von 1949 scheiterte er knapp am Gewinn des Direktmandats. C.s Name ist auch eng mit der → *Bundesgartenschau* von 1955 und dem Wiederaufbau von → *Wilhelmshöhe* verbunden. 1956 erhielt er das Große Bundesverdienstkreuz, zum 80. Geburtstag wurde er zum Kasseler → *Ehrenbürger* ernannt. In Ks. erinnert an ihn heute noch das Fritz-Catta-Eck, ein Aussichtspunkt unweit des → *Brasselsberges*. *jfr*

Qu./Lit.: Luckemeyer, Liberale;
ADL, Nachlässe und Deposita, A 25–32, N 11–14.

Charité Aufriss der Hauptfassade und Grundriss. Kopie einer Bauaufnahme von Friedrich Ritz

Charité Die 1785 eröffnete Kasseler C. gehörte zu den frühen Krankenhäusern Europas. Den Namen erhielt die Einrichtung von der weithin berühmten Berliner C. (Karitas, Barmherzigkeit). Im Unterschied zu den trad. Hospitälern als Versorgungseinrichtungen waren → *Krankenhäuser* dezidiert therapeutisch ausgerichtet. Sie dienten v. a. zur Wiederherstellung der Arbeitskraft der großen Gruppe der „labouring poor", der arbeitenden, städt. Unterschichten. Krankenhäuser waren insofern noch bis zu Beginn des 20. Jhs. Armeninstitute. Die Gründung des ersten Kasseler Krankenhauses geht auf Lgf. → *Friedrich II.* zurück, der schon 1772 die Planungen einleitete. Als Baugrundstück wurde ein Platz vor dem Leipziger Tor östlich der → *Unterneustadt* ausgewählt (heute Ecke Leipziger/Sandershäuser Str.), das damals noch inmitten von Wald- und Weideland lag, aber durch die Landstraße von Ks. aus gut erreichbar war. Der Ort entsprach der „Medizin der → *Aufklärung*", die Licht, Luft und Sonne für die Kranken vorsah. Mit der Bauleitung beauftragte der Landgraf den Hofarchitekten → *Simon Louis du Ry*. Das schöne Gebäude gehörte bald zu den touristischen Attraktionen Kassels. Es handelte sich allerdings nur um einen Fachwerkbau mit Steinsockel, dessen schlossartige Außenfassade mit turmgekröntem Mittelbau verputzt war. Zudem imponierten ein prächtiger Treppenaufgang, große und helle Krankenräume, der Vorgarten und die modernen technischen Anlagen des Krankenhauses (Wasserspeicher, Toiletten, Badewannen, Lastenaufzüge).

Die C. verfügte über eine eigene Apotheke mit Laboratorium, einen speziellen Behandlungsraum sowie Arzt- und Personalunterkünfte. Die laufende Finanzierung erfolgte durch besondere Steuern, die u. a. bei Hausschlachtungen, Hochzeiten und für Hunde erhoben wurden. Das Krankenhaus mit 220 Betten, das Untertanen der gesamten Landgrafschaft offen stand, wurde bald gut frequentiert, obwohl die Sterblichkeitsquote zunächst noch relativ hoch war. Erst Mitte des 19. Jhs. konnte hier wie andernorts der „Wundbrand" verhindert werden. Neben studierten Ärzten waren anfangs handwerklich ausgebildete Feldschere in der C. tätig, die zur Ader ließen und operierten. Nach dem Ende des Kurfürstentums Hessen im Jahre 1866 ging die 1821 in „Landkrankenhaus", später in „Landeskrankenhaus" umbenannte C. an den preußischen Bezirkskommunalverband Ks. über, der 1890 einen Krankenhausneubau auf dem → *Möncheberg* beschloss. Das 1895 eröffnete, nach Fachrichtungen gegliederte Gebäudeensemble im historistischen Stil mit zunächst 320 Betten entsprach den neuen Anforderungen einer naturwiss. Medizin. 1937 ging das heutige Klinikum Ks. (früher „Stadtkrankenhaus", dann „Städt. Kliniken") in die Trägerschaft der Stadt über. Das alte C.-Gebäude, seit 1898 Eigentum der Textilfabrik → *Salzmann & Co.*, wurde bei den Bombenangriffen am 22.10.1943 vollständig zerstört. Das „Stadtkrankenhaus" auf dem Möncheberg erlitt erhebliche Kriegsschäden; der Wiederaufbau erfolgte in neuen Stilrichtungen. *cv*

Lit.: Balde u. a., Charité.

Charlotte Amalie (* 27.4.1650 Ks., † 27.3.1714 Charlottenborg) war die Tochter Lgf. → *Wilhelms VI.* Sie heiratete 1667 den späteren dänischen König Christian V. Aus der schwierigen Ehe gingen sieben Kinder hervor. C. war hochbegabt, lernte schnell Dänisch, liebte Bücher und Handwerkskunst (ihre Lackarbeiten werden in Ks. aufbewahrt). Sie blieb dem ref. Glauben im streng lutherischen Dänemark treu und erreichte dort die privilegierte Aufnahme von → *Hugenotten*, die sie finanziell unterstützte. Sie knüpfte enge Beziehungen zwischen den Ref. in Kopenhagen und Ks. 1700 organisierte C. den Widerstand gegen Karl XII. von Schweden und gewann so bleibende Popularität. Sie kaufte den Gyldenlöve-Palast, die heutige Kunstakademie Charlottenborg, den sie bis zu ihrem Tode bewohnte. *hbu*

Lit.: Bobé, Charlotte Amalie.

Chassalla Die jugendliche weibl. Personifikation der Stadt wurde erst nach dem Ende des Kurfürstentums 1866 kreiert und mit einem neuen Geschichtsbild, geprägt von einem neuen kommunalen Selbstbewusstsein und einer Identifikation mit dem neuen Dt. Reich verbunden. Als Erfinder ist → *Hermann Knackfuß* anzusehen, der für den preußischen Regierungspalast 1881 „Borussia und Chassalla" in einem Deckengemälde darstellte. 1909 stiftete Otto Vogt, Präsident der Handelskammer und Magistratsmitglied, die von Karl Bernewitz geschaffene Skulpturengruppe „Germania und Chassalla" für den Treppenaufgang des neuen Rathauses (→ *Rathäuser*), die in ihrer Art der Darstellung die Vorbildfunktion des Dt. Reichs für Ks. versinnbildlicht. Zugleich war C. die mittelalterl. Bezeichnung für einen fränk. → *Königshof*, der den Ort der späteren Stadt markierte. König Konrad I. hatte 913 in C. bzw. Chassella zwei Urkunden ausgestellt, die → *Hugo Brunner* als Ausgangspunkt einer tausendjährigen Stadtgeschichte, sein Vorgänger Franz Carl Theodor Piederit sogar als Beleg dafür interpretierte, dass Cassel einst „Castellum Romanorum" gewesen sei. Dieses vermeintlichen historischen Ursprunges von Name und Datum bediente sich die Stadt bei ihrer → *Tausendjahrfeier*, als eine dritte C. 1913 als ephemeres Standbild auf dem → *Friedrichsplatz* gegenüber dem Denkmal Lgf. → *Friedrichs II.* Aufstellung fand. *ap*

Lit.: Schweizer, Geschichtsdeutung, 15-20; Bestandskatalog 19. Jh., 113.

Die **Chatten** waren einer der größten und kampfstärksten germanischen Stämme und verhinderten eine dauerhafte römische Besetzung ihres Territoriums, obwohl ihr Hauptsitz Mattium und ihr Zentralheiligtum von den Legionen des Germanicus 15 n. Chr. brutal zerstört wurden. Zwischen den C. und den in frühmittelalterlichen Quellen bezeugten Hassi/Hessi gibt es eine historische Kontinuität: Die C., die auch während der Völkerwanderungszeit ihr Stammesgebiet behaupten konnten, gingen während eines längeren Integrationsprozesses im späteren fränkischen Reich auf. Durch die Lautverschiebung von C. zu Hassi/Hessi gaben sie letztlich dem Hessenland ihren Namen. Die C. siedelten um die Zeitenwende in einer von Flüssen und Bächen geprägten Mittelgebirgslandschaft zwischen dem Main im S, der Lahn im W, der Werra im O und der → *Fulda* bzw. Diemel im N. Der Siedlungskern lag im noch heute so bezeichneten Chattengau. Mattium vermutet man in der Gemarkung Maden oder Metze im Raum Gudens-

Die Figurengruppe Chassalla und Germania von Karl Bernewitz

berg/Fritzlar. Ihre Nachbarn waren die Cherusker im N, die Marser im NW und die Hermunduren östl. der Werra im heutigen Thüringen. Ungeachtet noch unzureichender systematischer Erforschung der C. ist davon auszugehen, dass sie überwiegend als Bauern in Weilern und Gehöften lebten. Stadtartige Ansiedlungen, wie sie in Mitteleuropa in der Eisenzeit mit den ausführlich beschriebenen keltischen Oppida bestanden, sind nicht bekannt. Archäologische Funde in Ks. und im → *Kaufunger Wald* stützen die These, dass sich befestigte Orte der C. auch an einer Fuldafurt im Raum Ks. und an einer Ederfurt bei Fritzlar befunden haben. *us*

Lit.: Rohde/Schneider, Hessen.

Chatten Chattisch-germanische Grubenhäuser aus der römischen Kaiserzeit. Rekonstruktion eines germanisch-sächsischen Gehöfts mit einem zweipfostigen Grubenhaus am rechten Bildrand

Chattenburg Nach seiner triumphalen Rückkehr aus dem Exil im Jahre 1813 beschloss Kurfürst → *Wilhelm I.*, das nach dem Brand von 1811 weitgehend zerstörte alte → *Landgrafenschloss* durch einen prächtigen Neubau zu ersetzen. Mit der Planung beauftragte er Oberbaudirektor → *Heinrich Christoph Jussow*, den → *Daniel Engelhard* bei den Bauarbeiten unterstützte. Da die ersten Pläne für einen konventionellen Drei- bzw. Vierflügelbau verworfen wurden, entschloss Jussow sich zu einer Kombination der beiden Anlageformen, um den fürstlichen Anforderungen zu genügen, die er wie folgt charakterisierte: „Bei der Anlage des neuen Kurfürstlichen Residenzschlosses allhier wurde, nachdem verschiedene Projecte von kleinerm Umfange die allerhöchste Genehmigung nicht erhalten hatten, es als Bedingung vorgeschrieben, den Entwurf so einzurichten, dass vier Fürstliche Wohnappartements in der BelEtage und eine Kirche vorhanden seyen.“ Das zweite Obergeschoss sollte die Wohnungen der apanagierten Prinzen des kurfürstlichen Hauses beinhalten. Im Erdgeschoss mussten zudem alle Räumlichkeiten der Hofverwaltung und des Hofhaushaltes integriert werden. Der enorme Baukomplex sollte etwa die vierfache Fläche des Vorgängerbaus einnehmen. Die Pläne und das im → *Hessischen Landesmuseum* aufbewahrte Modell zeigen eine ausgedehnte Anlage. Die durch monumentale Säulen gegliederte Fassade mit bekrönender Quadriga hätte die Altstadtbebauung an Höhe weit überragen sollen; sie war eine selbstbewusste Manifestation der → *Restauration* in Anknüpfung an die großen Residenzen des Barock. Nach der Aufnahme der Gründungsarbeiten 1817 konnte jedoch wegen des morastigen Untergrundes erst 1819 mit der Anlage der Grundmauern begonnen werden. Am 27.6.1820 war die feierliche Grundsteinlegung. Obwohl die Arbeiten verstärkt fortgesetzt wurden, stand das Erdgeschoss nur bis zu den Fenstern, als der Kurfürst am 21.2.1821 starb. Sein Nachfolger Kurfürst → *Wilhelm II.* zeigte wenig Neigung, den Bau fortzusetzen, doch Kurfürst → *Friedrich Wilhelm I.* gab neue Entwürfe unter Einbeziehung der schon errichteten Mauern bei Oberhofbaumeister → *Julius Eugen Ruhl* in Auftrag, die dieser im Januar 1832 vorlegte. Aufgrund der hohen Kosten blieben diese, ebenso wie weitere Pläne, hier ein Verwaltungsgebäude zu errichten, unausgeführt. Die Ruine des riesigen Baues wurde zunehmend zum Stein des Anstoßes. Wie die Polizeiakten vermerken, hielten sich häufig „zweifelhafte Gestalten" in dem weiträumigen Ruinengelände auf. 1870 ließ die preußische Regierung die großen Steine aus rotem Sandstein zum Bau der Gemäldegalerie abtragen. 1880 entstand auf dem frei geräumten Gelände das monumentale Regierungs- und Justizgebäude. Nach der Zerstörung 1943 wurde hier 1957–61 ein neues Regierungsgebäude errichtet. *uh*

Lit.: Jussow, 226–235; Online-Kat. MHK.

Stahlstich der Ruine der Chattenburg (links) und der Fuldabrücke von 1850, gezeichnet von L. Rohbock, gestochen von J. Umbach

Chaussee Die französische Bezeichnung „chaussée", abgeleitet aus dem Galloromanischen „via calciata", Straße mit fest gestampften Steinen, bezeichnet eine befestigte, geradlinige und meist mit Bäumen bepflanzte Straße. In Dtld. war C. auch ein Rechtsbegriff, der die Erhebung von Wegezöllen und die Unterhaltungspflichten regelte. Bis ins 18. Jh. hinein gab es in Dtld. nur wenige Fernstraßen. Diese teils uralten Überlandwege verliefen in trockenen Höhenlagen oft abseits der Siedlungen, boten nur geringe Sicherheit und bestanden meist nur aus tief eingegrabenen Fahrspuren, die von Mal zu Mal notdürftig geflickt wurden. Der schlechte Zustand der Straßen war ein großes Problem. Lgf. → *Philipp* forderte 1526 den Bau neuer Straßen und Wege; 1661 wurde ein Wegekommissar für die gesamte Landgrafschaft eingesetzt, wobei die Sicherung des Handels- und Reiseverkehrs wichtiger war als die Verbesserung des Straßenzustands. Neue Straßen wurden gebaut, soweit sie den strategischen Interessen der Landesherren dienten. Ihre technische Qualität war jedoch nicht besser als die der alten Wege und wurde dem wachsenden Verkehr nicht gerecht. Es entstanden eine neue Ingenieurstechnik: der Straßenbau, und zu Beginn des 18. Jhs. wurden einheitliche techn. Richtlinien für den Bau von „Kunststraßen" (deutsch für C.) geschaffen. Seitdem wurden in Dtld. Straßen planmäßig „chaussiert", d. h. befestigt und begradigt, z. T. auch verlegt, da die wachsenden Städte den Verkehr auf sich zogen. Parallel verlaufende alte Wegeverbindungen wurden gebündelt und verkehrstechnisch günstig neu trassiert. Der überregionale C.bau stieß im Dtld. der Kleinstaaten auf polit. Hindernisse. Oft konnten sie an den Landesgrenzen nicht weitergeführt werden, da man lieber neue C. auf eigenem Territorium baute, als an bestehende C. im Nachbarstaat sinnvoll anzuschließen. Um dieses Problem zu überwinden, gründete man grenzübergreifende Zollvereine. Das Kurfürstentum trat 1831 dem preußisch-hessischen Zollverein bei.

Ks. war gut an das alte Fernwegenetz angeschlossen. Diese Wege wurden planmäßig ausgebaut, zunächst die Fernstraßen, die sowohl wirtschaftliche als auch militärische Bedeutung hatten. Ab etwa 1750–1803 begannen der Ausbau der Holländischen Str. bei Ks. und der C. von Warburg über Ks., Helsa und Großalmerode bis Witzenhausen und Heiligenstadt (heute: B 7 und B 451) sowie der Militärstraßen durch kurhessisches Gebiet, um den Preußenstaat mit seinen westlichen Provinzen zu verbinden. Ferner erfolgte der Ausbau der Frankfurter Str. (B 3); die C. wurde zunächst über Wabern (B 254) geführt, die über Fritzlar (bis 1803 Erzbistum Mainz) wurde erst 1814 gebaut. Dazu kamen die C. durch den → *Reinhardswald* zur Eisenhütte in Veckerhagen (L 3232), nach Karlshafen (B 83) und nach Münden über Landwehrhagen (B 496). Eine weitere Ausbauphase schloss sich bis 1834 an: Die C. nach Wolfhagen (B 251) und nach Melsungen (B 83) wurden gebaut. In der zweiten Hälfte des 19. Jhs. kam die → *Eisenbahn* auf. Mit diesem revolutionären Verkehrsmittel konnten Menschen und Güter viel effektiver und schneller transportiert werden. In der Folge ließ der C.bau stark nach. Erst mit dem Automobil und der breiten Motorisierung seit etwa 1920 erhielt der Straßenbau wieder Auftrieb und unser heutiges Straßennetz entstand. *hhn*

Lit.: Fengler, Motive; Weber/Görich, Landstraßen.

Chelleri, Fortunato (* um 1690 Parma, † 11.12.1757 Ks.) war ab 1725 Hofkapellmeister von Lgf. → *Karl* in Ks. Schon als Kind sang der Sohn eines dt. Emigranten und einer Italienerin in den Kirchen Parmas. Früh verwaist kam er nach Piacenza zu seinem Onkel F. M. Bazzani, der ihn in Komposition, Gesang und Orgel unterwies. Seine Karriere begann C. als Opernkomponist. Zwischen 1707 und 1722 wurden viele seiner Opern in norditalienischen Theatern aufgeführt. 1716–19 wirkte er in Florenz. Er reiste nach Barcelona, London und Stockholm. 1722 wurde er Hofkapellmeister in Würzburg und kam 1725 nach Ks. Unter seiner Leitung nahm die Kasseler → *Hofkapelle* einen bedeutenden Aufschwung, der unter → *Friedrich I.* abebbte, da dieser die Hofhaltung großenteils nach Schweden verlegte, dessen Krone er in Personalunion trug. C. wurde 1732 nach Stockholm berufen, kehrte aber schon 1734 nach Ks. zurück. In seiner Zeit in Dtld. schrieb er Oratorien, Kantaten, Orchesterwerke, Kammer- und Klaviermusik. *wbo*

ROSARIUM MATHEMATICUM.
DE QUO
ADJUVANTE
REGE REGUM ET
PRINCIPVM PRINCIPE
IN ILLUSTRI ET AUGUSTO
Collegio MAURITIANO
disputantibus
PRÆSIDE
ILLVSTRISSIMO, LITERATISSIMO, POTENTISSIMOq;
PRINCIPE AC DOMINO, Dn. MAURITIO
Hassiæ Landgravio, Comite in Cattenelnbogen, Dietz,
Zigenhain & Nidda, &c. Domino meo clementissimo: publicè respondebo
Ad diem 12. Ianuarii
M. NICOLAUS CHESNECOPHERUS
Suecus Mathem. Professor.
CASSELLIS
Excudebat VVilhelmus VVessélius. Anno 1600.

Das Titelblatt des Rosarium Mathematicum von Nils Chesnecophorus, erschienen in Kassel im Jahr 1600

Chesnecophorus, Nils (* 1574, † 1622) kam um 1590 als Student aus seiner schwedischen Heimat nach Dtld. Zunächst besuchte er die Universitäten in Helmstedt und Wittenberg. 1592 ging er an die Hohe Schule nach Lemgo, wo er den bedeutenden Ramisten Lazarus Schoner kennenlernte. Ende 1593 erwarb er in Marburg den Magistergrad und zwei Jahre später holte ihn der wiss. ambitionierte Lgf. → *Moritz* als Hofmathematiker nach Ks. In den folgenden Jahren wirkte C. als Prof. am → *Collegium Mauritianum* und ab 1600 auch in Marburg. Hier heiratete er Agnes Lonicerus, Tochter des Universitätsrektors und Rates von Lgf. Ludwig IV. Neben seiner Lehrtätigkeit absolvierte C. im Auftrag König Karls IX. von Schweden ein Jurastudium. Nach seiner Promotion 1602 ernannte dieser ihn zu seinem Hofkanzler und C. stieg zu einem der einflussreichsten Politiker Schwedens auf. Zahlreiche Gesandtschaftsreisen führten ihn u. a. wiederholt nach Ks. Neben seiner politischen Tätigkeit bekleidete er ab 1610 eine Professur an der Universität in Uppsala. Nach dem Tod Karls IX. blieb C. Hofkanzler von dessen Witwe, einer Cousine des hessischen Landgrafen, verlor aber in der Auseinandersetzung mit Axel Oxenstierna, dem Reichskanzler unter Gustav II. Adolf und neuen führenden politischen Kopf, rasch jeden Einfluss. C. gehörte zu jener Generation hoch gebildeter Politiker und Wissenschaftler vor dem Dreißigjährigen Krieg, über die Ks. unter Lgf. Moritz gleichermaßen in die „Gelehrtenrepublik" wie in die internationale Politik eingebunden war. *htg*

Lit.: Gräf, Konfession, 380f.

Chichi, Antonio (* 7.1.1743 Rom, † 30.9.1816 ebd.) war Modellbauer und Architetto. Nach seiner Ausbildung in Rom war er selbstständiger Hersteller von Korkmodellen historischer Bauten. Er lieferte z. B. 1769 sechs Modelle antiker Bauten an die Petersburger Antikensammlung. Anfang 1777 bestellte Lgf. → *Friedrich II.* auf seiner Italienreise bei C. eine komplette Serie von 36 Modellen, die C. von 1777 bis 1782 lieferte und die auch als Lehrmittel für die 1781 gegr. Académie d'Architecture diente. Sie fanden 1779 Aufstellung im → *Museum Fridericianum* (heute im Schloss Wilhelmshöhe, → *Antikensammlung*). 1778 erwarb Katharina II. ebenfalls eine Serie für St. Petersburg sowie eine Sonderanfertigung des Korkmodells Vatikanische Loggien. Weitere Serien bestellten bzw. erwarben die fürstlichen Sammlungen Sachsen-Gotha 1777/78 (heute in Schloss Friedenstein), Hessen-Darmstadt 1790/91 (heute im Hessischen Landesmuseum Darmstadt). Einzelmodelle kauften auch diverse europäische Sammler, etwa den Titusbogen für die Antikensammlung der Fürsten von Waldeck-Pyrmont in Arolsen. Sieben Modelle zeigte die Akademieausstellung Berlin 1798 – eine mustergültige Auswahl und ungefähr maßstabsgetreue Darstellung antiker Sakral- und Profanbauten im stadtrömischen Umkreis. *pg*

Lit.: Büttner, Korkmodelle, 12–22; Sawinowa, Korkmodelle.

Christine, Landgräfin von Hessen (* 25.12.1505 Dresden, † 14.4.1549 Ks.) war die Tochter von Herzog Georg von Sachsen und seiner Frau Prinzessin Barbara von Polen. 1523 heiratete C. Lgf. → *Philipp*, dessen Schwester Elisabeth ihren Bruder Johann geheiratet hatte. Das Paar hatte zehn Kinder, von denen neun das Erwachsenenalter erreichten. Obwohl ihr Vater sie bat, der lutherischen Lehre zu widerstehen, folgte C. dem Vorbild ihres Gemahls, der seit 1527 evang. war. In dem auch religiös motivierten Konflikt zwischen den beiden Familien versuchte die Landgräfin zu vermitteln. C. hatte keine lebenden Angehörigen mehr, als Philipp sich entschloss, seine Mätresse zur Ehefrau zu nehmen. Ihre Haltung zur 1540 geschlossenen Zweitehe Philipps ist bislang umstritten; nach neuesten Erkenntnissen hat sie das Verhältnis zu C. eher ent- als belastet, zumal ihr Prestige keinerlei Einbuße erlitt. Während der Gefangenschaft des Landgrafen nach dem → *Schmalkaldischen Krieg* leitete sie gemeinsam mit dem ältesten Sohn die Regierungsgeschäfte. C. tat alles, um beim Kaiser Philipps Haftentlassung zu erwirken. Seine Heimkehr 1552 erlebte sie jedoch nicht mehr. *pp*

Lit.: Nolte, Christine, 75–88.

Christuskirche Die in der Baunsbergstr. 11 gelegene C. wurde von Architekt Johannes Roth geplant, 1903 geweiht und war als zweite lutherische Kirche in Ks. sowohl Pfarrkirche der Gemeinde → *Wahlershausen* als auch Hofkirche während der kaiserlichen Sommerfrische. Die im historistischen Stil errichtete C. stand anfangs auf freiem Feld und markierte von höchster Stelle das weitere städtebauliche Wachstum. Die zweischiffige Basilika mit Vorraum und dem Turm südwestlich des Eingangs wurde nach geringfügiger Beschädigung während des → *Zweiten Weltkriegs* 1952 und 1981 renoviert, aber äußerlich in ihrer ursprünglichen Form weitgehend bewahrt. Das 2001 vom Architekturbüro Penkhues gebaute Gemeindezentrum, in Form und Materialwahl in deutlichem Kontrast zum Gotteshaus, schließt das Grundstück zur Straße ab. Zum Kirchplatz hin ist es mittels Verglasung geöffnet. *am*

Lit.: Evangelische Kirche, 14f.; Hinz/Tacke, 87.

Christuskirche mit dem neu angebauten Pavillon im Jahr 2001

Citybildung Schon ab Mitte des 19. Jhs. verlagerten sich die Handels- und Geschäftsaktivitäten von → *Altstadt* und → *Unterneustadt* kontinuierlich nach W, zunächst in die Untere und später in die Obere Königsstr. und in Richtung Ständeplatz. In den 1840er Jahren wurden als neue Einrichtungen die → *Synagoge* und das → *Ständehaus* gebaut. Mit der → *Industrialisierung* und der Eingliederung Kurhessens in den preußischen Staat (→ *Preußische Annexion*) entwickelte sich Ks. von der → *Residenz*-Stadt zu einem großstädt. Geschäfts- und Verwaltungsszentrum von überregionaler Bedeutung. Mit dem neuen Rathaus (→ *Rathäuser*) und mehrgeschossigen Kaufhäusern, Bank- und Verwaltungsgebäuden in der → *Oberneustadt* kam dieser Transformationsprozess auch baulich zum Ausdruck. Für diese Neubauten wurden viele Gebäude aus der „Du-Ry-Zeit" abgerissen, so das Palais Hessen-Rotenburg am Königsplatz für das Kaufhaus Wertheim, das alte Post- und Hotelgebäude für die Neue Hauptpost am Königsplatz oder das Hoftheater am Opernplatz für das Kaufhaus Tietz (später Kaufhof). Mit der Anlage des → *Hauptbahnhofes*, den Neubauten für das → *Staatstheater*, dem Regierungs- und Justizgebäude auf den Fundamenten des → *Landgräflichen Schlosses*, der → *Murhardschen Bibliothek*, dem → *Hessischen Landesmuseum* sowie der → *Neuen Galerie* dehnte sich das Gebiet der Innenstadt weiter aus. Mit der → *Stadthalle*, einem Kultur- und Konferenzzentrum im → *Vorderen Westen*, etablierte sich Ks., Standort bedeutender Industrieunternehmen, auch als Ausstellungs- und Kongressstadt, begünstigt durch seine zentrale Lage und gute Verkehrsanbindung. Die Stadt verfügte neben dem Eisenbahnanschluss nicht nur über eine der ersten Dampftrambahnen (→ *Straßenbahn*) in Europa (nach Paris und Kopenhagen), sondern organisierte auch schon 1870 eine „Allg. Industrieausstellung“ in der → *Karlsaue*. Als Teil der Stadtentwicklung in der Gründerzeit mit ihrem starken Bevölkerungswachstum (→ *Bevölkerungsentwicklung*) entwickelte sich durch Umbau und Erweiterung der Oberneustadt eine Innenstadt mit den vielfältigsten Funktionen für Geschäfte, Gastronomie und Hotels, mit unterschiedlichen Verwaltungszentren und Kultureinrichtungen. Gleichzeitig wurden die Oberneustadt und die Altstadt zunehmend zu Wohn- und Arbeitsstätten von Arbeitern und Handwerkern, da die wohlhabenderen Bürger/innen zum Wohnen die neuen Angebote im W, wie die Hohenzollernstadt (Vorderer Westen) und die „Villenkolonie Wilhelmshöhe“, bevorzugten. Für die Altstadt mit ihrer dichten mittelalterlichen Struktur von Fachwerkhäusern konnten die Sanierungspläne bis auf den → *Freiheiter Durchbruch* wegen des → *Zweiten Weltkrieges* nicht umgesetzt werden.

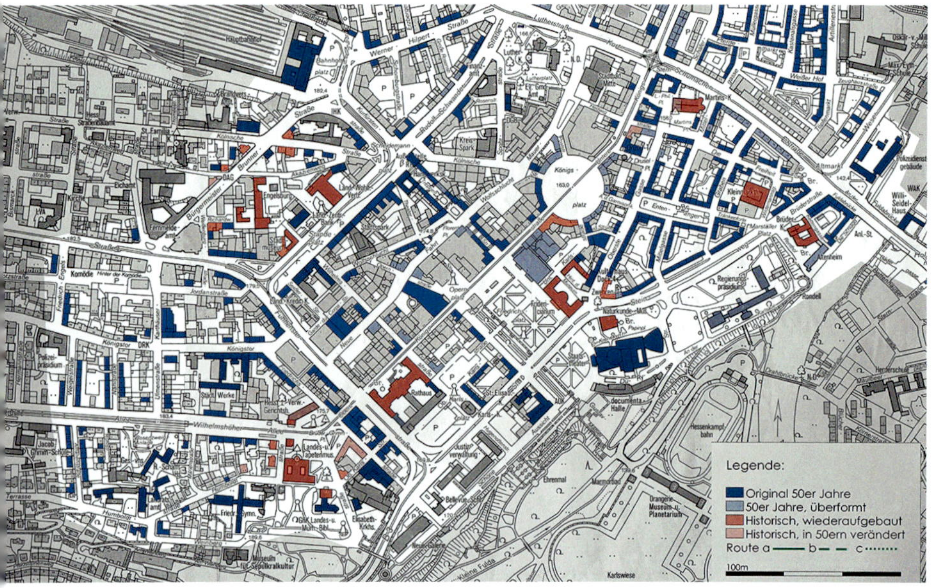

Citybildung Gestaltungsbereich des Innenstadtleitbildes mit historischer Bausubstanz aus unterschiedlichen historischen Zeiten

Nach der weitgehenden Zerstörung der Kasseler Innenstadt 1943 (→ *Luftangriffe*) knüpften die Wiederaufbaupläne in den 1950/60er Jahren in ihrer funktionalen Struktur an die Schwerpunkte der Cityentwicklung der Vorkriegszeit an: Einzelhandel, Warenhäuser und Dienstleistungen in den Bereichen um Königsplatz, Obere und Untere Königsstraße, Wolfsschlucht, Wilhelmstraße und → *Treppenstraße*; Banken und Dienstleistungen in den Bereichen um Ständeplatz, → *Fünffensterstraße* und im Hauptbahnhof-Quartier; Verwaltung, Bibliotheken und Museen im Bereich der Hangkante zur Karlsaue und am → *Brüder-Grimm-Platz*; Wohnen und Einzelhandel in den neuen Quartieren der früheren Altstadt um den Entenanger und den Pferdemarkt. Diese neuen Wohnquartiere wurden jedoch durch die Anlage des Innenstadtringes zerschnitten und sind durch die gewählte Form des traufständigen Siedlungsbaus in ihrer architektonischen wie städtebaulichen Qualität als Altstadt kaum erkennbar. Städtebaulich basierte zwar die neue Innenstadt auf den urspr. Straßen- und Platzstrukturen, folgte aber den Prinzipien des modernen Städtebaus der 1950/60er Jahre und räumte insbes. der autogerechten Erschließung durch einen mehrspurigen Innenstadtring mit zugeordneten Parkgaragen und Parkplätzen einen bes. Vorrang ein. Architektonisch und städtebaulich ist die neue City geprägt von modernen Bauten aus allen Phasen der Nachkriegszeit. Durch den → *Wiederaufbau* von hist. Kultureinrichtungen wie der → *Karlskirche*, dem → *Museum Fridericianum*, dem → *Ottoneum* und dem Rathaus, aber auch einiger Geschäftshäuser ist sie mehr als nur ein Ort des Einkaufens, der Dienstleistungen oder der Gastronomie. Sie ist mit ihrer Vielfalt an kommerziellen und kult. Angeboten für Bewohner/innen aus Stadt und Region mit dem Auto, aber auch mit dem ÖPNV durch die verschiedenen Straßenbahn- und Buslinien, sowie die Anbindung an den Regionalbahnhof und seit 2007 mit der Regiotram sehr gut erreichbar. Die Fußgänger können sich durch eine vernetzte Fußgängerzone, verknüpft mit den drei neuen Einkaufsgalerien und den Stadtplätzen, die Innenstadt erschließen und an einigen wenigen Stellen den Verkehrsring inzwischen niveaugleich überqueren. Denn dieser Innenstadtring zerschnitt nicht nur die ehem. Altstadt und formte ihr räumliches Zentrum, den → *Altmarkt*, zur Verkehrskreuzung mit Fußgängertunneln um, sondern wurde zunehmend zur Barriere zwischen der neuen City und den Besonderheiten der Kasseler Innenstadt wie dem kulturellen Landschaftsraum an der Karlsaue im S, den Bibliotheken am Brüder-Grimm-Platz und dem → *Weinberg* im W, den Quartieren um Ständeplatz und → *Kulturbahnhof* im N und der → *Universität* im O. Wie in anderen Städten fallen mittelständische Spezialgeschäfte dem Verdrängungswettbewerb zum Opfer und das vielfältige Branchenangebot mit unterschiedlichen Eigentümern in der Innenstadt steht ständig unter dem Konkurrenzdruck der großen Einkaufszentren am Stadtrand und in der Region. Deshalb wird seit Mitte der 1980er Jahre in Kooperation von Stadt, Unternehmern und Investoren mit Konzepten, Projekten und Aktivitäten daran gearbeitet, die Innenstadt zu stärken und attraktiver zu gestalten. Nach der Eröffnung des IC-→ *Bahnhofes Wilhelmshöhe* Anfang der 1990er Jahre entwickelte sich dort ein zweiter Schwerpunkt mit Einzelhandel, Kongresshotels und Dienstleistungen. Diese bipolare Entwicklung zweier bedeutsamer Zentren mit unterschiedlichen Potentialen steht im engen Zusammenhang mit jener der Museumslandschaft an beiden Standorten. Mit dem neuen „Leitbild zur Entwicklung der Innenstadt Kassels" (2008), das sich räumlich auf den gesamten Stadtkern vom Brüder-Grimm-Platz bis zur Universität und von der Karlsaue bis zum Kulturbahnhof bezieht, wurden nach breiter Diskussion in der Stadtgesell. die Ziele, Strategien und Maßnahmen formuliert, die in Kooperation mit den verschiedenen Akteuren umgesetzt werden sollen. Im Rahmen der Zukunftskonferenz zum demographischen Wandel in Ks. (2007), wurde das Projekt „Wohnen und Wohnumfeld in der Innenstadt" initiiert. *il*

Qu./Lit.: StAKs; Lüken-Isberner, Kassel.

Collegium Carolinum Das 1709 von Lgf. → *Karl* mit zwei Professoren gegründete C. sollte zukünftige Studenten vor Beginn ihres Fachstudiums an einer Theologischen, Juristischen oder Medizinischen Fakultät in Mathematik und Naturwissenschaften ausbilden. Es wurde im Kunsthaus untergebracht, in dem eine Anatomiekammer und ein Observatorium eingerichtet waren. Die landgräflichen Sammlungen sollten für den Unterricht genutzt werden. Die ersten Professuren wurden nach dem Tod der Inhaber nicht wieder besetzt, 1728–53 amtierte der jeweilige Rektor der Stadtschule als einziger Professor. 1738 wurde das C. um das Collegium Medico-Chirurgicum erweitert, das (Militär-)Chirurgen auszubilden und das Medizinalwesen zu überwachen hatte.

Nach dem Vorbild des Braunschweiger Namensvetters wurde das Kasseler C. unter Lgf. → *Friedrich II.* nach 1763 weiter ausgebaut, wobei es sich in äußerer Form (Einteilung in Fakultäten, Vorlesungsverzeichnisse, jährlich wechselnder Prorektor) der Universität annäherte. Unterstützt von Kuratoren wie → *Martin Ernst von Schlieffen* versuchte Friedrich, renommierte Professoren zu berufen, um auch das Ansehen des Hofes zu steigern. Zudem erhielten die Professoren weitere Aufgaben (Leibarzt, Leiter der landgräflichen Sammlungen, Bibliothekar, Lehrer der Pagen und Kadetten). Z. T. waren bis zu 17 Professoren am C. tätig, dazu Lehrer für Kriegsbaukunst, Englisch, Französisch, Italienisch, Zeichnen, Tanzen, Reiten, Fechten, Drechseln sowie Schreib- und Rechenmeister. Am bekanntesten waren der Prof. für Altertumskunde → *Raspe*, der Naturwissenschaftler → *Forster*, der Mediziner → *Baldinger*, der Jurist Runde, der Historiker → *von Müller*, der Kameralist Dohm, die Botaniker Böttger und Mönch sowie der Militärbaumeister → *Mauvillon*. Ihre Veröffentlichungen und Vorlesungen entsprachen dem aktuellen Stand der Wissenschaften. Die Professoren → *Tischbein*, → *du Ry* und → *Nahl* waren Gründungsmitglieder der → *Kunstakademie*, die aus dem C. heraus gegründet wurde. Die „Erneuerten und verbesserten Gesetze" von 1766 enthielten nur Mustercurricula für Studenten, die ihr Studium an einer Universität fortsetzen wollten, das C. sollte auch auf den Staats- bzw. Militärdienst vorbereiten. Von Bedeutung war die Medizinische Fakultät, an der bis zu sechs Professoren das Studium ermöglichten. Das Renommee des Geburtshelfers Stein und des Anatomen → *Soemmerring* zog Studenten an. Die Zahl der meist bürgerl. Studenten lag nach 1764 bei etwa 50. Verschiedene Werbemaßnahmen brachten keinen Erfolg. Neue Gesetze, die auch Bürgern ohne Immatrikulation den Besuch von Vorlesungen gestatteten, mit Curricula für Hofleute und Militärs, wirkten kontraproduktiv. Es gelang nicht, das C. in ein Gesamtkonzept des hessischen Bildungswesens einzubeziehen. Angesichts der geringen Studentenzahl wurden 1786, nach dem Regierungsantritt → *Wilhelms IX.* die meisten Professoren an die Universität

Antrittsrede
an dem
Geburtsfeste
des
Durchlauchtigsten Fürsten und Herrn
HERRN
Friedrich des Zweyten
regierenden Landgrafen zu Hessen, ꝛc. ꝛc. ꝛc.

Gehalten
von
Johannes Müller,
Prof. der Historie.

Nebst
einer Anzeige seiner Vorlesungen.

Cassel, gedruckt in der Fürstl. Heß. Hof-Buchdruckerey, 1781.

Antrittsrede des Historikers Johannes von Müller in einer Sammlung von Programmen und Vorträgen des Collegiums Carolinum, 1781

Marburg versetzt. 1791 wurde der Lehrbetrieb eingestellt. Trotz der geringen Attraktivität für Studenten hatte das C. wiss. Rang, denn bedeutende Professoren kamen nach Ks., deren geringe Arbeitsbelastung umfangreiches wiss. Arbeiten ermöglichte. Durch ihre persönlichen Kontakte wurde die Stadt in die Kommunikation der Aufklärer eingebunden. *em*

Lit.: Mey, Aufklärung, 46–56; Ders., Gelehrte, 191–211.

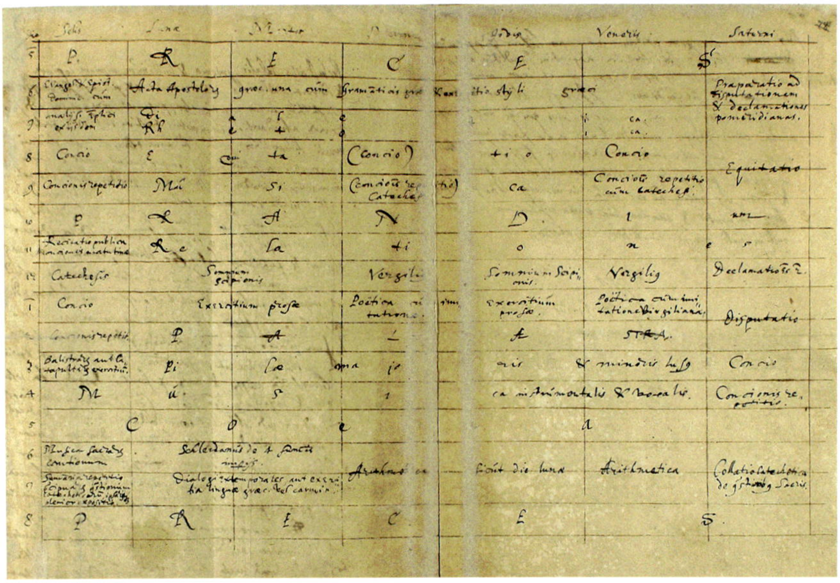

Ein Stundenplan des Collegiums Mauritianum

Collegium Mauritianum Am 1.10.1595 fand der offizielle Gründungsakt der Kasseler Hofschule statt. Nach dem kurz zuvor gegründeten Collegium in Tübingen war sie die zweite derartige Einrichtung im deutschen Sprachraum. Sie sollte nach dem Willen ihres Initiators, Lgf. → *Moritz*, als Bildungsstätte für die landgräflichen Prinzen, die Söhne der hessischen Ritterschaft und sonstige „Adeliche und Furnehmen Standts Persohnen" sowie für den Nachwuchs der → *Hofkapelle* dienen. Tatsächlich zählten neben jungen Adligen und Bürgersöhnen aus Hessen bald auch solche aus dem protestantischen Europa zu ihren Schülern. → *Heinrich Schütz* trat 1599 im Alter von 14 Jahren ein. Der Zuzug hessischer Adelssöhne blieb jedoch nicht zuletzt aufgrund des Dauerkonfliktes des Landgrafen mit seiner Ritterschaft vergleichsweise gering. Moritz widmete sich mit großem Engagement dem Lehrplan und dem Unterrichtsablauf. Er nahm wiederholt an Examen der Schule teil, verfasste Lehrpläne und formulierte die Prüfungsthemen. Die Schule gliederte sich in zwei Abteilungen, die eigentliche Hofschule (Schola Aulica) und das Collegium Publicum. Letzteres wurde 1605 mit der Universität Marburg vereinigt, 1618 allerdings in der neugestalteten Ritterakademie, dem „Collegium Adelphicum Mauritianum" in Ks. wiederbelebt. Die Unterrichtsräume befanden sich verteilt in → *Landgrafenschloss* und → *Renthof*, die Schüler (Alumnen) wohnten im Schloss und im benachbarten Kanzleigebäude. Ein eigenes Schulgebäude existierte zu keinem Zeitpunkt. Das wissenschafts-, musik- und bildungsgeschichtl. bedeutsame C. ist auch als Knotenpunkt des internationalen Calvinismus sowie des politischen Reformiertentums im Reich kaum zu überschätzen. Anders als an der Marburger Universität konnte Lgf. Moritz hier ohne Rücksicht auf den Darmstädter Vetter seine Personalpolitik umsetzen. So stammten viele der Prof. aus den traditionellen europäischen Zentren reformierter Gelehrsamkeit in der Schweiz, den Niederlanden und Frankreich. Unter der Schülerschaft fanden sich Vertreter aus den werdenden Führungsmächten des politischen Protestantismus, vor allem aus den böhmischen Ländern und Schweden, aber auch aus England. Eine ganze Reihe dieser Collegiaten diente später in Lgf. Moritz' Agenten- und Korrespondentennetz, das von Kurland bis Frankreich, von Schweden bis Oberitalien und von Österreich bis England reichte. Diese personale Rückkoppelung der Agenten und Korrespondenten an das C. verweist auf seine Rolle für die ambitionierte landgräfliche Außenpolitik. Im Laufe des → *Dreißigjährigen Krieges* stellte es den Lehrbetrieb ein. Erst mit der Gründung des → *Collegiums Carolinum* 1709 wurde wieder an das C. angeknüpft. *htg*

Lit.: Berke/Broszinski/Schweikhart, Schütz, 35–62; Gräf, Collegium.

Commerzien-Collegium Am 8.3.1763 wurde auf „gnädigsten Befehl" von Lgf. → *Friedrich II.* in Ks. ein C. nach preußischem Vorbild eingesetzt, dem beratende, administrative und gerichtliche Befugnisse in wirtschaftlichen Angelegenheiten übertragen wurden und das damit die Vorgängerorganisation der späteren → *Industrie- und Handelskammer* Ks. darstellt. Eine besondere Rolle wies Lgf. Friedrich dem C. mit der Überwachung und Durchführung der Ober-Neustädter Messe zu, mit welcher er Ks. in die Reihe der großen Messestädte jener Zeit, Leipzig und Frankfurt, einordnen wollte. Zum ersten Direktor des C.s wurde der Staatsminister Jacob Sigismund → *Waitz von Eschen* benannt, der bereits Präsident der Kriegs- und Domänenkammer war. Gutachterliche und beratende Aufgaben standen im Mittelpunkt der neu geschaffenen Behörde. Ihre personelle und organisatorische Ausstattung entsprach damit dem merkantilen Verständnis von Wirtschaftspolitik im Sinne von aktivem Gestalten und Fördern ökonomischer Strukturen. Schon in den ersten Jahren nach Gründung des C.s wurden regionale Kommissionen an wichtigen Wirtschaftsstandorten der Landgrafschaft eingerichtet, u. a. in Karlshafen, Rinteln und Hersfeld. Größere → *Manufakturen* wurden unter Leitung des C.s mit staatlichen Investitionsmitteln errichtet, bestehende, wie die alteingesessene Wollindustrie in Hersfeld oder die Leinenindustrie im Schaumburger Land, wurden gezielt gefördert. Insbesondere sollten mit Unterstützung des C.s Exporte gefördert werden, um eine nachhaltige Verbesserung der wirtschaftlichen Entwicklung der Landgrafschaft zu ermöglichen. Ebenso kümmerte sich das C. um die Stärkung der Infrastruktur, besonders um die Förderung des Karlshafener Handels und damit die Ausschaltung Hannoversch Mündens für den Fulda-Weser-Verkehr, ein für viele Landgrafen zentrales Thema ihrer Entwicklungspolitik. Insgesamt war dem Wirken des C.s aber nur wenig Erfolg beschieden. Die Ober-Neustädter Messe kam letztlich nicht über den Status einer regionalen Messe für Hausierer und Kleinhändler hinaus. Nur wenige staatliche oder staatlich geförderte Manufakturen überlebten die merkantile Phase landgräflicher Wirtschaftspolitik. Das C. hatte in den letzten Jahren des 18. Jhs. zunehmend restriktive Handlungsbedingungen, da Sparzwänge und die abschottende Zollpolitik des Kriegs- und Domänenamtes weiterer wirtschaftlicher Prosperität im Wege stand. Nach der Eingliederung Kurhessens in das neu geschaffene → *Königreich Westphalen* war für das C. keinerlei Handlungsraum mehr gegeben. Nach einer kurzen Phase der Restauration nach dem Ende der napoleonischen Epoche wurde das C. mit Einrichtung eines → *Handels- und Gewerbevereins* in Ks. 1822 endgültig aufgelöst. *wl*

Congeries Die sog. „Hessische C." sind ein chronikalischer Text, der in seiner ursprünglichen Form von einem anonymen Autor wahrscheinlich in der zweiten Hälfte des 16. Jhs. niedergeschrieben wurde. Der Inhalt lässt darauf schließen, dass der Anonymus in Ks. lebte, Zugang zum heute weitgehend verlorenen städtischen Archiv hatte und direkte Informationen über das Tagesgeschehen in der Stadt besaß. Die Hessischen C. sind betitelt als „Auszug etlicher zusammengesuchter Geschichten, so sich in Hessen und sonderlich zu und um Cassel begeben und zugetragen haben". Die Handschriftenüberlieferung ist außerordentlich verworren, da die Hessischen C. seit dem 16. Jh. in verschiedenen Ausarbeitungsstufen verbreitet wurden. Der Text wurde erstmals von → *Johann Philipp Kuchenbecker* ediert. Die Chronik bietet zwei inhaltliche Schwerpunkte:

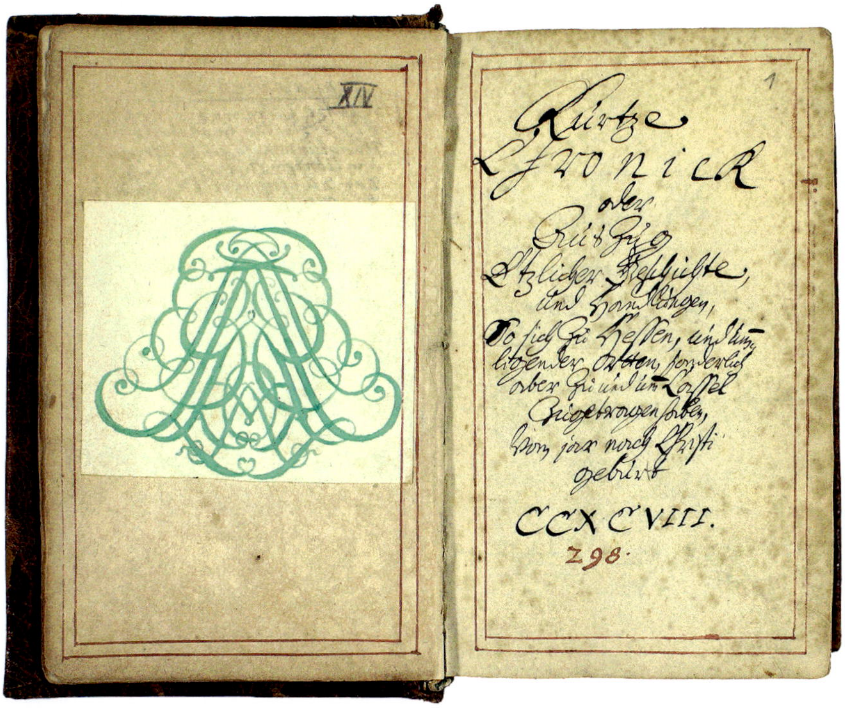

Titelblatt und Initiale des ersten Bandes der Congeries von Hessen

zum einen historische und allgemeine Informationen, die im Jahr 703 einsetzen, zum anderen gegenwartschronikalische Einträge zu Ks., die in den Jahren um 1500 beginnen. Die allgemeinen Nachrichten sind immer auf Hessen bezogen, mit dem Beginn der Herrschaft des Hauses Brabant in Hessen auf die Landgrafen von Hessen. Die politischen Nachrichten sind deutlich obrigkeitsbezogen, mit Notizen zur Geschichte Kassels. Die Stadt wird als → *Residenz*-Stadt vorgestellt. Schon im 18. Jh. erkannten Heinrich Christian Senckenberg und Johann Philipp Kuchenbecker die Quellenbedeutung der Hessischen C. für die Kasseler Stadtgeschichte im 16. Jh. *tf*

Lit.: Nebelthau, Congeries, 309–384; Baumgärtner, Niederhessen, 163.

Ein Porträt von Elisabeth Consbruch

Consbruch, Elisabeth (* 7.2.1863 Altenkirchen/Westerwald, † 20.5.1938 Ks.) kam mit ihren Eltern nach Ks. Bevor sie einen eigenen Hausstand gründete, lebte sie als ledige Frau im elterlichen Haushalt. C.s Betätigungsfelder lagen im sozialen und kirchlichen Bereich: Sie unterrichtete in der Sonntagsschule, engagierte sich im Frauenverein für Krankenpflege und im Vorstand des Christlichen Vereins junger Mädchen, betreute die Stellenvermittlung des → *Verbandes Casseler Frauenvereine* und leitete im → *Ersten Weltkrieg* den von 31 Kasseler Frauenvereinen getragenen Nationalen Frauendienst, der Kriegshilfsdienste organisierte. Sie war Mitbegründerin und zeitweilige Schriftführerin des → *Deutschen-Evangelischen Frauenbundes*, der Kasseler Ortsgruppe stand sie über 30 Jahre vor. 1919–33 arbeitete sie für die DNVP in der Kasseler → *Stadtverordnetenversammlung* und 1927–29 als ehrenamtliche Stadträtin. *gd*

Lit.: Huber-Sperl, Frauenvereine; Süchting-Hänger, Gewissen.

Valerius Cordus Der Sohn von Euricius Cordus ist als Verfasser der ersten Deutschen Pharmakopoe und Entdecker des Schwefeläthers in die Geschichte eingegangen

Cordus Euricius C. wurde um 1486 in Simtshausen bei Wetter als Heinrich Hallenberger und Sohn eines Müllers geboren. Als Humanist latinisierte er seinen Familiennamen in „cordus", der Spätgeborene (er war das letzte, 13. Kind seiner Eltern). Nach der Schulzeit in Frankenberg studierte C. ab 1505 in Erfurt, wo er sich dem Humanistenkreis anschloss. Nach dem Baccalaureat (1507) erlangte er 1516 die Magisterwürde. Um 1511 heiratete er die aus Frankenberg stammende Kunigunde Dünnwald, mit der er acht Kinder hatte. Nach kurzer Tätigkeit in Leipzig nahm C. die Stelle eines Lehrers in Ks. an. Dort unterrichteten er und seine Frau auch den jungen Lgf. → *Philipp* und seine Schwester Elisabeth, wie aus der ersten Ekloge des Bucolicon von C. hervorgeht. Auch später hielt er enge Kontakte zu Landgräfin → *Anna*, die auf ihrem Witwensitz in Felsberg residierte. In diese frühe Zeit fallen seine ersten literarischen Arbeiten: die „Bucolica" und die ersten Bücher seiner Epigramme. Finanzielle Nöte zwangen ihn 1517, das Amt eines Rektors der Marienschule in Erfurt anzunehmen. Mit Unterstützung des wohlhabenden Georg Sturtz nahm er ab 1521 ein Medizinstudium in Ferrara auf, das er im selben Jahr mit einer Promotion abschloss. Nachdem er anschließend als Arzt in Erfurt, Braunschweig und Emden tätig war, wurde er 1527 zum ersten Professor für Medizin an der neu gegründeten Universität in Marburg ernannt. Seine 1522 in Erfurt verfasste Streitschrift „Antilutheromastix" hatte ihn als Anhänger der → *Reformation* ausgewiesen. Er führte u. a. botanische Exkursionen in die Lehre ein, deren Ertrag er in einem lateinischen Lehrgedicht (Botanologicon, Köln 1534) publizierte. Verärgert über Auseinandersetzungen um sein Wohnhaus, verließ er 1534 Marburg und ging als Gymnasiallehrer und Stadtarzt nach Bremen, wo er bereits am 24.12.1535 starb. Durch seine lateinischen Epigramme und kleineren medizinischen Schriften gilt er als einer der führenden neulatein. deutschen Dichter, als innovativer Arzt, Botaniker und Humanist. Unter seinen Kindern wurde der 1515 in Erfurt geb. frühvollendete Valerius berühmt, der nach dem Studium in Leipzig (1533) und Wittenberg (1539) mit seinem 1546 in Nürnberg gedruckten Dispensatorium und weiteren, von Conrad Gesner herausgegebenen medizinischen Schriften als Begründer der deutschen Pharmakopöen (Arzneimittelbücher) angesehen wird. Sein nahezu gleichaltriger Bruder Philipp studierte ebenfalls in Leipzig und Wittenberg Medizin, war Leibarzt des Bischofs von Hildesheim und später Stadtarzt in Leipzig, wo er 1560 starb. Der jüngere Bruder August wurde bei Lucas Cranach zum Maler ausgebildet und wirkte in Dresden und Böhmen. Diese hessische Gelehrtenfamilie besteht bis in die Gegenwart, durch die Ehen der Tochter Regina mit dem Theologen Sprockhoff und der Tochter Juliana mit dem Pfarrer und Dichter Friedrich Dedekind. *ga*

Lit.: Dann, Cordus-Forschung; Aumüller, Vorfahren, 55–76.

Cornet, Christoph (* 1580 Ks., † 1635 ebd.) war der Sohn des aus Ypern emigrierten Malers Jorge C. Er absolvierte das → *Collegium Mauritianum*, wo er Mitschüler von → *Heinrich Schütz* war. Die beiden Musiker blieben zeitlebens freundschaftlich verbunden. 1605/06 schickte ihn Lgf. → *Moritz* nach Italien, um sich in Venedig bei Giovanni Gabrieli in der Kompositionslehre zu vervollkommnen. Später fungierte er als „Öconomus" der Kasseler → *Hofkapelle*, deren Leitung er 1619–27 innehatte. Neben seiner Tätigkeit als Komponist (seine Werke sind teilweise in der → *Murhardschen Bibliothek* überliefert) und Kapellmeister erfüllte C. zahlreiche andere Aufgaben für den Landgrafen, u. a. katalogisierte er dessen → *alchemistische Handschriften*. 1618 führte er in Den Haag eine Rechnungsprüfung bei dem hessischen Agenten Philibert du Bois durch und 1621–26 bekleidete er das Amt eines Oberkammerdieners des Landgrafen. Faktisch war er in den letzten Regierungsjahren Moritz' dessen Privatsekretär. Er gehörte damit zur kleinen Gruppe landfremder Vertrauter, die der Landgraf um sich scharte, wodurch er den Konflikt mit den hess. Ständen weiter vertiefte. Nach der Abdankung des Landgrafen 1627 konnte sich C. zumindest als Kammerschreiber halten. Anlässlich seines Todes schrieb Heinrich Schütz 1635 eine Trauerkomposition. *htg*

Lit.: MGG; Gräf, Konfession, 381.

Credé Die Waggonfabrik C. & Co. war eine Gründung der Gebrüder Conrad und Adam. Ihr Vater Conrad betrieb in → *Oberzwehren* eine Schreinerei. 1868 siedelte der elterliche Betrieb nach Ks. über. Nach dem Tod des Vaters 1873 führte zunächst die Mutter den Betrieb mit Hilfe ihrer Söhne weiter. 1875 übernahmen die Brüder die Schreinerei, die vom einsetzenden wirtschaftlichen Wachstum der Stadt profitierte. Als Möbel- und Bauschreiner waren sie an zahlreichen Neubauten beteiligt. Auch sollen einzelne Türen des Kölner Doms von C. stammen. In Ks. bestanden bereits im ausgehenden 19. Jh. verschiedene Waggonfabriken, wie die Firmen → *Thielemann, Eggena & Co.* und → *Wegmann & Co.* Dank guter wirtschaftlicher Lage im Deutschen Reich gaben die beiden Brüder ihren Handwerksbetrieb auf und stiegen in die industrielle Produktion ein. Sie erwarben eine etwa 10 ha große Liegenschaft in der Gemeinde → *Niederzwehren* und am 1.10.1897 begann die Produktion des ersten Güterwaggons für die preußische Staatsbahn, für die der junge Betrieb bald zu einem festen Zulieferer avancierte. Neben Güter- und Postwaggons wurden Personenwaggons hergestellt. Aufträge kamen aus dem In- und Ausland, selbst die Staatsbahnen von Serbien, Rumänien und Bulgarien wurden Kunden in Niederzwehren. C. begann früh, auch Straßenbahnen herzustellen, wobei die elektrische Ausrüstung zugeliefert wurde. Erste Straßenbahntriebwagen gingen 1900 an die „Große Casseler Straßenbahn Actiengesellschaft". Das bürgerliche Engagement der Brüder be-

Luftaufnahme der Waggonfabrik Credé aus dem Jahr 1928

lohnte Kaiser → *Wilhelm II.* mit der Verleihung des Titels Kommerzienrat. Aufgrund der schlechten Wirtschaftslage in Deutschland zwischen den Kriegen mussten von der Kasseler → *Straßenbahn* 1919 bestellte Wagen während der Inflation unvollendet nach Oslo verkauft werden. 1907 beschäftigte das Werk etwa 900 Arbeiter. Nach der Weltwirtschaftkrise war die Belegschaft Anfang der 1930er Jahre auf fast 1/7 geschrumpft. Dennoch entstanden an der Frankfurter Str. weiterhin herausragende Produkte. Aufwändige Schlaf- und Salonwagen gehörten in der Zeit zur Produktpalette der Firma. So war der luxuriöse Rheingold-Zug mit rollendem Material von C. ausgestattet. Neben schienengebundenen Fahrzeugen entstanden auch Omnibusaufbauten, häufig auf von → *Henschel & Sohn* gelieferten Fahrgestellen. Ebenso wurden Oberleitungsbusse auf verschiedenen Fahrgestellen produziert. Erst unter der nationalsozialistischen Regierung stabilisierte sich die Lage des Unternehmens wieder, da es besonders von Rüstungsaufträgen profitierte. Ambitionierte Schnellzüge bestanden ebenso wie der Salonzug von Adolf Hitler und anderen Politikern aus C.-Waggons.

Im → *Zweiten Weltkrieg* wurden die Fabrikhallen mehrmals bombardiert und trugen erhebliche Schäden davon. Erste Aufträge nach 1945 betrafen die Rekonstruktion und Instandsetzung von im Krieg beschädigten Straßenbahnen aus Ks. Ab 1951 wurden wieder Eisenbahnwaggons und Straßenbahnen ausgeliefert. In den 1950er Jahren wurde die Produktionspalette zunehmend erweitert, um einer Abhängigkeit von (inter-)nationalen Eisenbahngesell. zu entgehen. Zeitweise wurden auch Getränkeautomaten, Baumaschinen und Mopeds hergestellt. Die Belegschaft war auf 1.200 Mitarbeiter angewachsen. Die Produktion von Mopeds unter dem Namen Sitta Credette lief nur kurz Mitte der 1950er Jahre. Nach der Pleite der Sitta Werke aus Sittensen übernahm C. 1954 die Fertigungsanlagen. Drei verschiedene Modelle wurden gefertigt, ehe die Produktion 1955 als nicht rentabel eingestellt wurde, da das Auto das Zweirad in der beginnenden Massenmobilisierung bereits überholt hatte. In dieser Zeit hielten 16 Teilhaber Anteile an C. Erst als im Februar 1955 die Dortmund-Hörder Hüttenunion AG 80 % der Anteile übernahm, setzte erneut eine wirtschaftliche Dynamik ein. Zahlreiche Aufträge für moderne Güterwaggons kamen aus dem Ausland. Gemeinsam mit Wegmann & Co wurden für die Bundesbahn wieder Rheingold-Waggons gebaut. Zu einer langfristigen Stabilisierung kam es allerdings nicht mehr. 1966 wurde die Dortmund-Hörder Hüttenunion AG von der Hösch AG übernommen. Die Kasseler Tochterfirma wurde kurz nach der Übernahme abgewickelt, das Werk zum 31.3.1967 geschlossen. Der größte Teil der Werksanlagen wurde beseitigt, um einem heute noch bestehenden Einkaufszentrum Platz zu machen. Von der einstigen Fabrik zwischen Knorrstr. und Krappgarten gibt es heute noch das gründerzeitliche Verwaltungsgebäude, welches lange Zeit die Kasseler Musikschule beherbergte, sowie ein weiteres Bürogebäude. Direkt an der Frankfurter Str. steht die jüngste von ehemals drei Villen der Familie C. Trotz anderer Nutzung sind die Firmensignets noch immer an den gusseisernen Balkonbrüstungen zu erkennen. *ys*

Lit.: Stör, Nahverkehr.

Der türkische Gastarbeiter Osman Karakas während seiner Arbeitspause bei der Firma Credé, 1963

Der **Creditverein zu Cassel** ist die Vorläufer-Organisation der Volksbank Ks. und der → *Kasseler Bank*. Er wurde 1864 zur Selbsthilfe von Kasseler Handwerkern und Fabrikanten gegründet. Durch die reformfeindliche Wirtschaftspolitik der beiden letzten Kurfürsten (→ *Wilhelm II.* und → *Friedrich Wilhelm I.*) hatte sich die wirtschaftliche Lage des → *Handwerks* und der → *Industrie* Mitte des 19. Jhs. dramatisch verschlechtert. Kapitalmangel, fehlende Infrastruktur und bürokratische Beschränkungen hatten die Wirtschaft Kurhessens auf einen absoluten Tiefpunkt gebracht. In einer Analyse der kurhessischen Ständeversammlung aus dem Jahr 1864 heißt es: Das Volk „gerieth … an den Rand volkswirthschaftlichen Verderbens". In diesem Jahr ergriffen einige Unternehmer im → *Handels- und Gewerbeverein* die Initiative und gründeten den C., eine Genossenschaft mit zunächst 72 Mitgliedern und 20.000 Talern Betriebskapital. Sofort setzte eine starke Nachfrage nach Krediten ein, zumal sich nach der → *Preußischen Annexion* 1866 die wirtschaftl. Rahmenbedingungen schlagartig verbesserten. Schon sechs Monate nach der Gründung musste der C. sein Betriebskapital um 150 % erhöhen. Zum 50-jährigen Bestehen hatte der C. 3.300 Mitglieder und war weit über den Genossenschaftsbereich hinaus ein angesehener Partner der Wirtschaft. Seit 1923 firmierte der C. als Kreditbank Cassel, im Jahr 1931 übernahm diese die Kasseler Gewerbebank und hieß seit 1943 Volksbank Ks. e.G.m.b.H. Im selben Jahr übernahm sie auch die Kasseler Beamtenbank. Die Volksbank Ks. entwickelte sich nach der → *Währungsreform* und nach zahlreichen Fusionen mit Kreditgenossenschaften der Region zu einem der großen nordhessischen Finanzinstitute, der Kasseler Bank. *ro*

Lit.: Wägen, wagen, wachsen.

Crocius, Johannes (* 28.7.1590 Laasphe, † 1.7.1659 Marburg) studierte in Marburg und Herborn Theologie und wurde als Vertreter des Reformierten Bekenntnisses 1612 Hofprediger des Lgf. → *Moritz*. Gleichzeitig wurde er zum Professor am → *Collegium Mauritianum* bestellt und versah die Pfarrstelle der Altstädter Gemeinde in Ks. 1615–17 wurde er an den Hof des Kurfürsten von Brandenburg ausgeliehen. Später wirkte er als Professor in Marburg. Als die dortige Universität 1624 in den Besitz der lutherischen Linie Hessen-Darmstadt überging, verließ er Marburg, um in Ks. eine Professur aufzunehmen. Obwohl C. wegen eines Kriminalprozesses – er hatte einen Verehrer seiner Tochter mit dem Hammer erschlagen – kurzfristig suspendiert worden war, versah er sein Amt, bis er im Jahr 1653 an der von Hessen-Ks. wiederbegründeten Universität Marburg zum Theologieprofessor ernannt wurde. Vier Jahre später verfasste er mit dem Superintendenten Hütterodt die Reformierte Kirchenordnung für Hessen-Ks. *cl*

Lit.: Hollweg, Crocius, NDB;
Strieder, Gelehrtengeschichte, 397–421.

Cruciger, Caspar d. J. (* 19.3.1525 Wittenberg, † 16.4.1597 Ks.) wurde durch Philipp Melanchthon so gefördert, dass er bereits 1533 die heimische Universität besuchen konnte. 1556 wurde er Magister der Theologie und übernahm im folgenden Jahr in der Artistenfakultät Poetik-Vorlesungen. Nach Melanchthons Tod trat er 1560 in der Theolog. Fakultät dessen Nachfolge an. 1570 holte er die nötige Qualifikation nach und promovierte zum Doktor der Theologie. Wie Melanchthon vertrat er eine humanistisch geprägte, milde und gegenüber anderen Reformatoren kompromissbereite Theologie. An der Wittenberger Universität kam es nach dem Tod der bisherigen Autoritäten, Luther und Melanchthon, zu Streitereien, bei denen es vordergründig um das Verständnis des Abendmahls ging. Im Hintergrund stand die Frage, wie es zu einer Einigung zwischen den verschiedenen reformatorischen Ansätzen und Bewegungen kommen könne. Schon das Marburger Religionsgespräch, das Luther und Zwingli 1529 unter Leitung Lgf. → *Philipps* führten, scheiterte am differierenden Verständnis des Abendmahls. Danach gab es Annäherungen, die jedoch nicht lange hielten. In den 1570er Jahren brach in Wittenberg erneut ein theologischer Streit aus. Diesmal ging es um die Abendmahlslehre Jean Calvins. Luthers Anhänger vertraten nur eine schroffe Abgrenzung und beharrten auf Luthers reiner Lehre. Die Schüler Melanchthons hingegen, die sog. Philippisten wie C., sahen Verständigungsmöglichkeiten, wofür sie als „Cryptocalvinisten“ diffamiert wurden. Der sächsische Kurfürst hielt zur lutherischen Seite und verlangte eine völlige Unterwerfung. Die Philippisten lehnten ab, wurden verfolgt und vertrieben. C. kam 1578 nach Ks., wo man weiterhin nach Wegen zur Einheit reformatorischer Bewegungen suchte. Lgf. → *Wilhelm IV.* nahm ihn freundlich auf, machte ihn zu seinem Vertrauenstheologen, zum Vorsitzenden des Konsistoriums und zum Erzieher des späteren Lgf. → *Moritz*. Dessen → *Verbesserungspunkte* von 1605, insbesondere seine Mahnung zur Einigkeit unter den Protestanten, spiegeln C.s Ideen. *hke*

Cuhn, Ernst Wilhelm (* 7.12.1756 Ks., † 13.3.1809 ebd.) studierte in Marburg, Rinteln und Göttingen Geschichte und Staatswissenschaften. Von 1784 an war C. an der → *Landesbibliothek* in Ks., ab 1889 zugleich zweiter Archivar des Hofarchivs. 1791, nach einem Zerwürfnis mit Lgf. → *Wilhelm IX.*, dessen Ursache ungeklärt ist, nahm C. seinen Abschied. 1791–99 stand er als Kriegsrat und Historiograf in königl. preußischen Diensten, ehe er bis zu seinem Tode wieder in Ks. lebte. C. war von 1786 an verantwortlich für den systematischen Katalog der Landesbibliothek in 80 Foliobänden, der die von → *Luchet* und → *Nerciat* eingeleitete „Revolution“

in dieser Bibliothek unter Anleitung von → *Strieder* beseitigte und die Bücher neu erfasste und ordnete. An diesem Katalog, der die Brandkatastrophe 1941 (→ *Luftangriffe*) überlebte, arbeiteten später auch die Brüder → *Grimm*. Das literarische Werk C.s ist historischen und ethnografischen Themen gewidmet. Er übersetzte Reisebeschreibungen über Afrika und gab eine „Sammlung merkwürdiger Reisen in das Innere von Afrika" heraus. *hbe*

Lit.: Ex Bibliotheca.

Cuvilliés, François de, d. Ä. (* 23.10.1695 Soignies, † 14.4.1768 München) war als Baumeister und Dekorateur tätig. 1706 ging er als Hofzwerg in den Dienst von Kurfürst Max Emmanuel von Bayern. In seiner Ausbildung zum Architekten ab 1716 unterstand C. dem Grafen Ferdinand Franz v. Wahl als „dessinateur". 1717 legte er sein Examen in Fortifikationswesen und Mathematik ab. In Paris arbeitete er 1720–24 für Jean François Blondel. 1725 in München zum Hofbaumeister von Kurfürst Emmanuel ernannt, erhielt er erst 1762 von Emmanuels Enkel Kurfürst Max III. Joseph den Titel des Oberhofbaumeisters. In → *Wilhelmsthal* bei Ks.-Calden entstand im Auftrag Lgf. → *Wilhelms VIII.* eines seiner größten Bauprojekte außerhalb Münchens. C.s Pläne für ein herrschaftliches Schloss mit zugehöriger Parkanlage wurden 1745–56 realisiert. Die Innendekoration des Schlosses wurde allerdings erst unter Lgf. → *Friedrich II.* fertiggestellt. Weitere Bauprojekte C.'s waren z. B. der Umbau des Schlosses Augustusburg in München, das Schloss Falkenlust in Brühl, der Aus- und Umbau des Palais Portia in München, das Jagdschloss Amalienburg im Park von Schloss Nymphenburg sowie das Residenztheater in München. Zwischen 1738 und 1756 veröffentlichte C. über 50 Bücher über Innendekorationen mit Stichwerken, die zu einem Vorlagenwerk des Rokoko wurden. C.s Baustil war eine Kombination aus Rokoko, Régence und italienischen Ornamentformen. *sr*

Lit.: AKL; Braunfels, Cuvilliés.

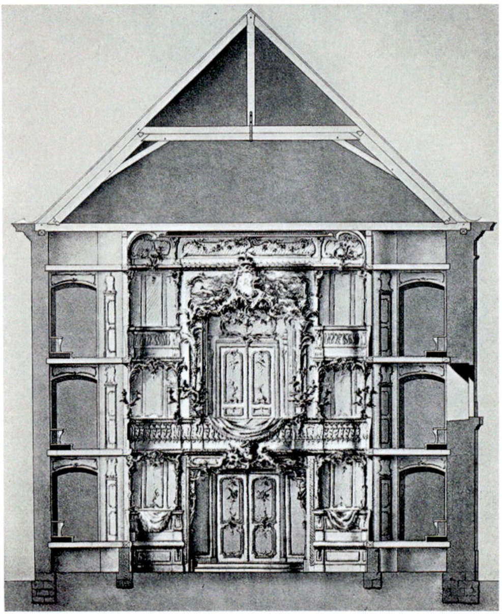

Querschnitts eines nicht ausgeführten Entwurfs für das Kasseler Komödienhaus von François de Cuvilliés

Czernitscheff (Tschernischeff), Fürst Alexander Iwanowitsch (* 10.1.1786 Moskau, † 20.6.1857 Castellammare di Stabia). Der russische Adlige und Offizier kämpfte 1807 gegen Frankreich (preußischer Orden „Pour le Mérite"), ging später als „Spion" nach Frankreich und flüchtete rechtzeitig vor seiner Enttarnung. 1812 agierte er hinter der Front und verzeichnete 1813 zahlreiche Erfolge gegen Frankreich, u. a. mit der Gefangennahme des kurhess.-westphälischen Generals A. L. von Ochs und seines gesamten Corps bei Halberstadt. Am 28.9.1813 befehligte er den ersten Angriff auf Ks. König → *Jérôme* floh, aber die westphälischen Einheiten sicherten Ks. Am 30.9. erfolgte ein erneuter Kosakenangriff, worauf die westphälischen Truppen abzogen. C. wurde am 1.10. als „Befreier" begrüßt und er erklärte das → *Königreich Westphalen* für aufgelöst. Als C. vom Anmarsch des Jérôme-treuen Generals Bastineller hörte, verließ er Ks. ohne jede Regelung der Staatsangelegenheiten. Unruhe und Anarchie drohten und man wünschte sich Jérôme zurück. Am 17.10. wurde die Stadt durch General Allix erneut besetzt, selbst Jérôme kehrte am 16.10. für zehn Tage zurück. Russische Verbände besetzten am 28.10.1813 endgültig Ks. 1815 begleitete C. den Zaren zum Wiener Kongress. 1832 wurde er zum russischen Kriegsminister ernannt. *hbu*

Lit.: Burmeister, Jérôme.

DaimlerChrysler AG → *Mercedes-Benz Werk*

Der **Dampfer Elsa** wurde 1892 als Vierschrauben-Schleppdampfer von Brüggemann & Friedeborn in Hannoversch Münden zum Einsatz auf Weser und → *Fulda* unter dem Namen Gustav gebaut. Doch die Antriebsschrauben hatten einen zu großen Tiefgang für die Fulda, so wurde der Dampfer 1895 auf einer provisorischen Werft neben dem Kasseler → *Hafen* umgebaut. Danach war er als Salon- & Lustdampfer überwiegend zwischen Hannoversch Münden und Ks. im Einsatz. Kapitän Dehne taufte ihn anlässlich der Geburt seiner Tochter in Elsa um. Während des → *Ersten Weltkrieges* lag der Dampfer im Hafen von Bodenwerder. 1920 kaufte ihn der gelernte Schlosser Ernst Ziege, der ihn mit Hilfe von Familienangehörigen in hunderten von Stunden überholte. 1921 gab es die ersten Fahrten auf der Fulda. Hauptanlegestelle war am Rondell An der → *Schlagd*. Eine spätere Verlegung an die Hafenstr. zwischen Walzenwehr und Hafenbrücke erfolgte nach dem Zweiten Weltkrieg, nicht zuletzt wegen der hohen Schleusengebühren. Der Dampfer und sein Kapitän waren eine Attraktion für die Kasseler Bevölkerung und Gäste aus ganz Deutschland. Ca. drei Millionen Fahrgäste wurden befördert. Meist fuhr der D. nur bis zur Grauen Katze, einem bekannten Ausflugslokal im Fuldatal. Auch Tagesfahrten durch alle sieben Schleusen bis Hannoversch Münden waren gelegentlich im Programm. Nach 80 Jahren wurde der D. 1972 auf einer Werft in Minden/Weser abgewrackt. *wb*

Danz, Max (* 6.9.1908 Ks., † 20.6.2000 ebd.) war Arzt und einer der einflussreichsten deutschen Sportfunktionäre. 1928–36 gehörte er zu den erfolgreichsten deutschen Leichtathleten, war Mitglied der Nationalmannschaft und 1932 Teilnehmer an den Olympischen Spielen in Los Angeles. Er gehörte nach Kriegsende zu den Gründern des Kasseler Sportvereins Hessen (→ *KSV*). D. stand jahrzehntelang als Präsident und Vizepräsident an der Spitze des deutschen und internationalen Leichtathletikverbandes, zuletzt als Ehrenpräsident. Unter seiner Mithilfe entstanden der Deutsche Sportbund und das wieder gegründete Nationale Olympische Komitee für Deutschland, die Deutsche Olympische Gesellschaft und die Deutsche Sporthilfe. D. trug dazu bei, dass die Olympischen Spiele 1972 in München stattfanden und gehörte zu den Initiatoren turnusmäßiger internationaler Wettkämpfe der Leichtathleten. Er erhielt zahlreiche nationale und internationale Ehrungen, u. a. das Große Bundesverdienstkreuz und den Wappenring der Stadt Ks. und wurde 1989 ihr → *Ehrenbürger*. *ld*

Das Fass auf der Fulda handelt von einer Begebenheit aus dem Jahre 1845, die → *Ludwig Emil Grimm* auf einer Bildrolle festhielt. „Der Winter (1844/45) war sehr lang und streng, und die Fulda war fast bis Ende März zugefroren. Es ist zum Andenken ein Faß darauf gezimmert worden, es wurde mit Jubel in der Stadt herumgefahren, dann dem Kurprinzen Mitregent zum Geschenk gemacht, der es in den Hofkeller bringen ließ", schrieb Grimm in seinen Lebenserinnerungen. Er hat das Ereignis auf fünf Blättern auf einer fast zwei Meter langen Bildrolle humorvoll gezeichnet. Stationen sind der Bau des Fasses auf dem Eis, das dabei gefeierte Volksfest, der Festzug durch die Stadt und die feierliche Übergabe durch Vertreter der Küferzunft an den späteren Kurfürsten → *Friedrich Wilhelm I.* Fass, Kurfürst und OB→ *Arnold* sind koloriert. Viele Personen sind liebevoll, bisweilen karikierend porträtiert und zu identifizieren, z. B. der Küfermeister Herbold, den Grimm schon auf seiner Lithografie der Bürgerdelegation zum Kurfürsten von 1830 dargestellt hatte, und der Komponist und Hofkapellmeister → *Louis Spohr* mit Frau. Die Rolle ist mit „Theodor Caspar Buchwald", einem Pseudonym

Ein Porträt von Herrn Ziege, dem Kapitän des Dampfers Elsa, beim Reinigen des Schaufelrades mit einer Drahtbürste, 1948

Das Fass auf der Fulda Lithographie von Theodor Caspar Buchwald alias Ludwig Emil Grimm zur Erinnerung an das Fassbinden auf dem Eis der Fulda in Kassel, Ende März 1845

Grimms, signiert. Sie befindet sich in Privatbesitz und ist als Leihgabe im → *Brüder Grimm-Museum* in Ks. *hmü*

Lit.: Grimm, Erinnerungen, 326; Friderici, Fass.

Grabplatte Johann Heinrich Daubers an der Kasseler Martinskirche

Dauber, Johann Heinrich (* 9.12.1610 Herborn, † 27.7.1672 Ks.), Jurist, studierte als Sohn eines Philosophieprofessors in Marburg. Es folgte ein Aufenthalt in Frankreich, wo er ab 1631 Professor der Rechte an der reformierten Universität Sedan und hoher Beamter in Diensten des Herzogs von Bouillon war; zeitweise wirkte er als Parlamentsadvokat in Paris. Nachdem er seit 1646 als Professor der Rechte und Rat des Prinzen von Oranien in Breda gelehrt hatte, kam D. 1651 als Geheimer- und Oberappellationsrat, auch Konsistorialrat, nach Ks. Er war maßgeblich an der Rückführung der Universität nach Marburg beteiligt, wo er von 1654 bis zu seinem Tod 1672 zunächst als Curator, dann als Vizekanzler wirkte. D. gilt als Neubegründer der reformierten Universität Marburg nach dem Dreißigjährigen Krieg. Er war von 1651 bis 1672 einer der maßgebenden Regierungsbeamten Lgf. Wilhelms VI. und der Regentin Landgräfin → *Hedwig Sophie*. 1656 war er Regierungsvizekanzler Kassels, als solcher war er ab 1661 Regiments- und Vormundsrat, ab 1667 Wittumsrat und zuständig für den Witwensitz Schmalkalden der Regentin. D. war Verfasser bedeutender juristischer Werke. 1656 wurde er wegen seiner wissenschaftlichen und politischen Leistungen in den Reichsadelsstand erhoben. *dw*

Lit.: Strieder; Menk, Dauber.

Dechanei von St. Martin, Martinsplatz 7, 1890/91

Die **Dechanei** war ein bedeutender spätgotischer Fachwerkbau gegenüber der Westfront der → *Martinskirche*, der 1483 für den Dechanten des → *Martinsstifts* errichtet wurde. Das aufwändig gestaltete Haus war eines der ersten in Niederhessen, bei dem die Balkenverkämmung die Knaggenverriegelung ablöste. Derselbe Zimmermeister dürfte auch das Haus → *Graben* 42 errichtet haben. Ein seitlicher Anbau, die Tieferlegung einiger Fensterbrüstungen, ein neuer Eingang, die Entfernung zweier Drachen am Fuß des Ostgiebels und der Verputz der Hauptfront waren spätere Veränderungen. Dem Dechanten stand wie allen Kanonikern des Martinsstifts ein eigenes Anwesen (Kurie) zu; ein zusätzlicher Dienstsitz ist von 1442 an am Graben (evtl. Nr. 29) nachweisbar und wurde 1477 anscheinend gegen die Kurie des → *Johannes Stein* getauscht, der als hessischer Kanzler und Kanoniker des Stifts auch den Neubau in Auftrag gegeben haben soll. Der letzte Dechant, Konrad Pfluck, bewohnte die D. bis zu seinem Tod 1537. Mit der → *Reformation* gab Lgf. → *Philipp* die D. dem Abt von Hasungen als Entschädigung zu Lehen und nach dessen Tod 1534 dem Hofmarschall Hermann von der Malsburg, der sie ab 1537 selbst nutzte. 1756 kaufte Lgf. → *Wilhelm VIII.* die D. als neuen Sitz des Superintendenten. 1891 beschloss die Stadt Ks. den Abbruch, um die (architekt. untergeordnete) W-Seite der Martinskirche zur → *Königsstraße* zu öffnen. Der Einsatz des → *Vereins für Hessische Geschichte und Landeskunde* für eine Restaurierung blieb erfolglos, der Abbruch erfolgte 1893. *cp*

Lit.: Holtmeyer, Cassel-Stadt, 191f.

Dehn-Rotfelser, Heinrich von (* 6.8.1825 Hanau, † 29.6.1885 Berlin) war Architekt und Denkmalpfleger. D. studierte an der Akademie in Ks. Danach übernahm er diverse Funktionen im hessischen bzw. preußischen Staatsdienst: Hofbau-Kondukteur, Oberhofbaumeister und Professor an der Akademie in Ks., Preußischer Regierungs- und Baurat in Potsdam, später preußischer Denkmalkonservator. Unter seiner Aufsicht wurde nach Plänen von → *Julius Eugen Ruhl* die evang. Kirche in Volkmarsen 1845–47 in neoromanischem Stil mit Fensterrahmen aus Gusseisen gebaut. D. fertigte die Zeichnungen mit säuberlichen Ansichten und Rissen (acht Blätter in der → *Graphischen Sammlung*). 1871–77 baute D. in Ks. das neue Gebäude für die Königliche Gemäldegalerie an der → *Schönen Aussicht*. Das im Krieg stark zerstörte Galeriegebäude wurde ohne seinen ursprünglich programmatischen Skulpturen- und Freskenschmuck wieder aufgebaut und 1976 als → *Neue Galerie* der heutigen → *Museumslandschaft Hessen Kassel* wiedereröffnet. Bekannt wurde D. aufgrund seiner für die dokumentierende Denkmalpflege richtungweisenden Publikation „Die Baudenkmäler im Regierungsbezirk Cassel", in der er mit Wilhelm Lotz 1870 auf 400 Seiten ein vorbildliches wissenschaftliches Architekturinventar vorlegte. Vorausgegangen war 1866 sein Werk „Mittelalterliche Baudenkmäler in Kurhessen". *sn*

Lit.: AKL; Schmaling.

Deiters, Heinrich (* 2.7.1887 Siegen, † 21.1.1966 Berlin), Dr. phil., wurde nach dem Studium der Germanistik, Geschichte und Philosophie in Heidelberg, Münster und Berlin 1912 Gymnasiallehrer in Berlin. 1919 trat er dem „Bund entschiedener Schulreformer" bei und wandte sich gegen die „Stoff-, Buch- und Lernschule" der Kaiserzeit. Er vertrat die Auffassung, dass die Aufgaben der Schule vom Kind aus zu sehen und unter jugendpsychologischen Aspekten zu lösen seien. 1924 übernahm er die Direktorenstelle am Gymnasium in Höchst und wurde 1927 zum Oberschulrat in das Provinzialschulkollegium nach Ks. berufen. Zu seinem Arbeitsgebiet zählte hier die Aufsicht über die höheren Schulen (→ *Schulwesen*), die Leitung der Assessorenprüfungen sowie die Förderung und Lenkung von schulischen Reformversuchen. Nach scharfen Angriffen der → *Kasseler Post* wurde er im März 1933 zunächst beurlaubt und ein halbes Jahr später, ebenso wie Regierungspräsident → *Ferdinand Friedensburg*, mit dem er eng zusammengearbeitet hatte, aus dem Staatsdienst entlassen. Danach arbeitete D. zurückgezogen an seiner Habilitationsschrift über den französischen Humanisten Sainte-Beuve. Nach 1945 beteiligte er sich als Mitglied der SPD maßgeblich am Wiederaufbau des Berliner Schulwesens und erhielt 1949 den Ruf an den Lehrstuhl für Pädagogik an der Humboldt-Universität als Nachfolger von Eduard Spranger. Bis zu seiner Emeritierung 1958 widmete sich D. insbesondere dem Aufbau der akademischen Lehrerbildung. *wh*

Lit.: Deiters, Bildung, 125–154.

Demontage Ks. war in der → *NS-Zeit* eines der bedeutenden Zentren der Rüstungsindustrie. Hier hatte → *Henschel & Sohn* in den Werken Mittelfeld, Ks. und → *Rothenditmold* Tanks, Geschütze, Munition und wie vor 1939 Lokomotiven gefertigt. Kriegswichtig war die Entwicklung und Herstellung des Panzers vom Typ Tiger. 1.828 davon verließen bis Kriegsende die Montagehallen. → *Fieseler*, Junkers und in Altenbauna auch Henschel arbeiteten für die Luftwaffe. Mit dem Einmarsch der Amerikaner Anfang April 1945 wurde die Produktion von jeglichem militärischen Gerät verboten. In den Betrieben, soweit sie noch funktionstüchtig waren, wurden Anlagen und Maschinen teils zerstört, teils demontiert, teils für Reparationszwecke verwandt. Im Bezirk der → *Industrie- und Handelskammer* waren 21 Firmen betroffen, die zu Rüstungsbetrieben deklariert worden waren. Tausende von Beschäftigten verloren dadurch ihre Arbeitsplätze. Bereits wenige Tage nach der Besetzung suchte Henschel um Genehmigung für die Wiederaufnahme der Arbeit nach, was jedoch nur für Aufräum- und Instandsetzungsaktivitäten gewährt wurde. Im Mai erlaubten die Militärbehörden die Reparatur von Lokomotiven. Die Aufsicht darüber oblag einer amerikanischen Transporteinheit, die zugleich für die Waggonfabriken → *Wegmann* und → *Credé* zuständig war. Im Sommer 1945 produzierte Henschel Gebrauchsgegenstände (Bügeleisen, Handwagen und Hufeisen), ehe die Firma ab 1946 wieder im Lokomotivbau tätig werden durfte. Im September 1947, so ein Rechenschaftsbericht des Magistrats vom März 1948, hatten sich 239 Industriebetriebe mit knapp 20.000 Beschäftigten etabliert, darunter Henschel, wo man allerdings mit ungefähr 6.200 Arbeitern und Angestellten das Niveau der Vorkriegs- und Kriegsjahre um ein Mehrfaches unterschritt. *jf*

Qu.: StAKs.

Denecke, Ludwig (* 26.2.1905 Hameln, † 12.9.1996 Hann. Münden), Dr. phil., Dr. h. c., studierte deutsche und klassische Philologie, Geschichte und klassische Archäologie in Halle, Freiburg, Greifswald, Leipzig und Berlin (Promotion 1929). 1932 folgte das Staatsexamen, 1935 das Fachexamen für den wissenschaftlichen Bibliotheksdienst und 1985 die Ehrenpromotion in Ks. D.s Mitarbeit in der Arbeitsgruppe des „Deutschen Wörterbuchs von Jakob und Wilhelm Grimm" in den Jahren 1930–33 brachte ihn früh mit dem Thema seines Lebens in Verbindung, den Brüdern → *Grimm*. Nachdem 1957 die Zusammenlegung der → *Landesbibliothek* mit der → *Murhardschen Bibliothek* beschlossen war, wurde D. – von Göttingen kommend – 1959 erster Direktor der vereinigten Bibliotheken. Bereits im selben Jahr gründete er außerdem das → *Brüder Grimm-Museum* in Ks., als dessen erster Direktor er zusätzlich fungierte. D. konnte für das Grimm-Museum wichtige Bestände erwerben. Durch einen Zufallsfund gelang es ihm außerdem, die ehemaligen Bestände der Stiftsbibliothek Fritz-

Porträt von Ludwig Denecke von 1989

lar in der Landesbibliothek zu rekonstruieren und zu verzeichnen. Auch das „Verzeichnis der schriftlichen Nachlässe in deutschen Archiven und Bibliotheken" entstammt seiner Feder. Neben den unzähligen Aufsätzen ist vermutlich die wichtigste Veröffentlichung „Die Bibliothek der Brüder Grimm. Annotiertes Verzeichnis des festgestellten Bestandes", die er zusammen mit Irmgard Teitge erarbeitete und die von Friedlinde Krause herausgegeben wurde; ein deutsch-deutsches Gemeinschaftswerk, welches 1989, wenige Monate vor der Wiedervereinigung, in Weimar und Stuttgart erschien. *hbe*

Lit.: Int. Germanistenlexikon; Ex Bibliotheca.

Denkmäler Ein D. präsentiert Elemente des kollektiven Gedächtnisses im öffentlichen Raum. Es prägt das Stadtbild und stiftet kollektive Identität. Bis ins 19. Jh. hinein dominierten D. von Herrschern, Feldherren und Heiligen, die politische oder kirchliche Macht verkörperten, danach entwickelten sich auch bürgerliche D. Das älteste freistehende D. in Ks. zeigt Lgf. → *Karl*. Die von Bartholomäus Eggers geschaffene Statue wurde zunächst im Kunsthaus (→ *Ottoneum*) untergebracht; → *Friedrich II.* ließ sie 1768 auf einem Sockel vor der französischen Kirche (→ *Karlskirche*) aufstellen, wo seit 1936 eine Sandsteinkopie von Ferdinand Sommer steht. Das Original befindet sich heute im Vestibül des Weißensteinflügels im → *Schloss Wilhelmshöhe*. Das 1783 von Johann August und Samuel → *Nahl* geschaffene D. Friedrichs II. galt seinerzeit als größtes Marmor-Standbild Deutschlands. Die politische Macht des Landgrafen ist durch Kommandostab, Helm, militärische Symbole und Orden dargestellt. Die Inschrift lautet: „FRIDERICO II. PATRIA". Während der französischen Besatzung verschwand das D., erst unter Kurfürst → *Wilhelm I.* wurde es wieder errichtet. Den → *Zweiten Weltkrieg* überstand die Statue vergraben im Hof des → *Museums Fridericianum*, seit 1955 steht sie wieder auf dem → *Friedrichsplatz*. Ein weiteres Fürsten-D., die 1899 vor der → *Martinskirche* enthüllte Statue des Lgf. → *Philipp* von Hans Everding, ist seit dem Zweiten Weltkrieg nicht mehr erhalten.

Denkmal des Landgrafen Friedrich II., von Johann August Nahl dem Älteren, 1783 begonnen und von seinem Sohn vollendet

Im 19. Jh. kam das heute weit verbreitete bürgerliche D. auf, das Künstler, Wissenschaftler und bürgerl. Politiker porträtierte. Das bekannteste dieser Art ist das D. des ehemaligen Hofkapellmeisters → *Louis Spohr*. Ferdinand Hartzer schuf die 3 m hohe Bronzestatue, die vor der Terrasse des damaligen Palais des Barons von Waitz aufgestellt und 1883 eingeweiht wurde. Es überstand nicht nur die → *Luftangriffe* des Zweiten Weltkriegs, sondern entging auch als einzige Bronzestatue in Ks. den Metallsammlern. Bis heute steht es am Rande der → *Königsstraße* neben dem einstigen → *Hoftheater*. 1985 wurde das Brüder-Grimm-D., gestiftet durch den Lions Club Kassel, auf dem → *Brüder-Grimm-Platz* aufgestellt. Die 165 cm große Statue schuf Erika Maria Wiegand, von der auch andere Märchenfiguren der Brüder → *Grimm* in Privatbesitz über die Stadt verteilt sind. Ferner gibt es viele D. für Gefallene und Kriegsopfer in Ks. Das Gefallenend. für die 1870/71 gefallenen Schüler der Kriegsschule wurde in den 1960er Jahren von der Stadtmitte in die neuen Anlagen des Militärfriedhofes im Hauptfriedhof (→ *Friedhöfe*) versetzt. Das von Heinrich Wilhelm Brandt geschaffene, 1872 eingeweihte D. war wegen der Verherrlichung des Soldatentods kritisiert worden.

Der 1874 in der → *Karlsaue* eingeweihte Hessenlöwe wurde ebenfalls nach dem deutsch-französischen Krieg von 1870/71 in Auftrag gegeben, gedenkt aber der Opfer der französischen Besatzungszeit (→ *Königreich Westphalen*). Ein marmorner Löwe, das hessische Wappentier, liegt auf einem D.sockel mit der Inschrift: „Zum Andenken der als Opfer der französischen Fremdherrschaft gefallenen hessischen Patrioten". Durch die Bombardierungen 1943 wurde der Löwe vom Sockel geschleudert. Er blieb ganz, wurde aber erst einige Jahre später im Museum Fridericianum wieder entdeckt und zunächst in der → *Aue* auf eine Rasenfläche gesetzt. Im Juni 1966 bekam er einen neuen Platz neben der Freitreppe unterhalb des Friedrichsplatzes. Die Inschrift lautet heute: „Den für ihre Heimat gefallenen Hessen 1806–1815. Geschaffen von → *Gustav Kaupert* (1819–97)". Der vormals zum Palais des Prinzen Georg zugehörige Terrassengarten wurde 1920 unter Leitung von → *Hans Sautter* in eine Anlage für die Gefallenen des → *Ersten Weltkriegs* umgewandelt (→ *Kurhessische Kriegergedächtnisstätte*). Ein Gartensaal am oberen Ende der 1922 eingeweihten Anlage ist zur Ruhmeshalle umgebaut, an den Wänden der

Halle sowie an denen der Anlage finden sich Erinnerungstafeln für alle kurhessischen Truppenteile im Ersten Weltkrieg. Die Halle birgt zudem die Statue des „Gefallenen". In den folgenden Jahrzehnten wurden hier Feierlichkeiten zum Volkstrauertag begangen, die Nationalsozialisten nutzten die Anlage oft für uniformierte Aufmärsche. Im Zweiten Weltkrieg wurde sie zerstört, nach ihrem Wiederaufbau ist sie seit 1955 erneut als Gedenkstätte eingeweiht. Weitere D. gedenken der Opfer des Zweiten Weltkriegs. Hans Sautter schuf auch das im → *Fürstengarten* stehende und 1953 eingeweihte Mahnmal an die Opfer des Faschismus; eine riesige bronzene Dornenkrone, umgeben von einem Rondell mit sieben Meter hoher Sandsteinmauer, am Eingang bewacht von zwei Steinstatuen, die Trauer und Hoffnung symbolisieren. Das Mahnmal „Die Rampe" in der Moritzstr., geschaffen 1985 von E. R. Nele, gedenkt mit seiner Darstellung gesichtsloser Figuren auf der Rampe eines Eisenbahnwaggons der Opfer von Deportation und Ermordung in der → *NS-Zeit*. Der von Horst Hoheisel 1987 erbaute → *Aschrottbrunnen* soll an das durch Verfolgung und Ausgrenzung von Juden entstandene Unrecht erinnern. Unpolitisch ist die Figur des Bücherwurms im Vestibül der → *Murhardschen Bibliothek*, ehemaliger Teil des von Carl Bernewitz geschaffenen und 1909 eingeweihten Bücherwurmbrunnens. Die Bronzefiguren des Brunnens verschwanden im Zweiten Weltkrieg, wurden aber 1950 in Hamburg wieder entdeckt und zurück gebracht. Als eines der neuesten D. Kassels und in bewusster Ironisierung des D.-Kultes um berühmte Persönlichkeiten errichtete Hans Traxler während der → *Caricatura* V im Sommer 2007 ein „ICH-D.". Auf dem Brüder-Grimm-Platz kann sich nun ein jeder auf den Sockel mit der Inschrift „ICH" stellen und so selbst zum D. werden. *je*

Lit.: Jaworski/Stachel, Besetzung, 13–60; Hermsdorff, Blick, Bd. 2.

Denkmäler Das Mahnmal „Die Rampe, Ankunft und Ende" von Eva Renée Bode aus dem Jahr 1982, Standort ist das Universitätsgelände an der Moritzstraße

Denkmalschutz In allen Bundesländern traten in den 1970er Jahren neue oder novellierte D.gesetze in Kraft, so in Hessen 1974. Der D. wurde landesweit institutionalisiert und auf kommunaler Ebene wurden erstmals Untere D.behörden eingerichtet. Neu war auch die Erweiterung des Denkmalbegriffs um die „Alltagsdenkmalpflege". Neben der Herrschaftsarchitektur (Burgen, Schlösser, Kirchen) und herausragenden Profanbauten (Rathäuser, Bürgerhäuser) konnten jetzt auch Bauernhäuser, Mietskasernen und Industriegebäude, kurz alles, was das Leben und kulturelle Schaffen unserer Vorfahren veranschaulicht, Kulturdenkmal sein. Die D. kriterien künstlerisch und geschichtlich wurden ergänzt um wissenschaftlich, technisch und städtebaulich. Vorausgegangen waren der → *Zweite Weltkrieg* mit seinen gewaltigen Zerstörungen, der → *Wiederaufbau* in der Nachkriegszeit, in den 1960er/70er Jahren der „autogerechte Stadtumbau" und die „Stadtsanierung", bei denen unzählige Gebäude verloren gingen. Erst mit dem Verlust

erkannte man den Wert historischer Bauwerke und Ortsbilder. Bürger/innen begannen sich vehement für deren Erhalt einzusetzen. 1965 prangerte Alexander Mitscherlich in seinem gleichnamigen Buch „Die Unwirtlichkeit unserer Städte“ an.
Seit 1973 besteht die Untere D.behörde der Stadt Ks., fachlich besetzt mit Architekten/innen. Erst war sie der Bauaufsicht, heute ist sie dem Kulturamt zugeordnet. In der Anfangszeit unterstützte sie die Landesbehörde bei der Inventarisation der Kasseler Denkmäler. Ein zweiter Schwerpunkt war die Öffentlichkeitsarbeit: Fassadenwettbewerbe, Vergabe von Zuschüssen und Pressearbeit sollten den Menschen das Ziel des D.s nahebringen. Heute, gut 30 Jahre später, ist die D.behörde Ks. als Teil der Verwaltung im Bewusstsein der Bevölkerung verankert. Ihre Aufgabe ist es lt. D.gesetz, Baudenkmäler und Gesamtanlagen als authentische Zeugnisse „zu schützen, zu erhalten und zu bergen sowie Gefahr von ihnen abzuwenden“.
Die ältesten Bereiche in Ks. sind das ehemals aus der mittelalterlichen Kernstadt mit den Erweiterungen → *Freiheit* und → *Unterneustadt* bestehende, im Zweiten Weltkrieg zerstörte Zentrum, Aue- und Bergpark mit → *Schloss Wilhelmshöhe* und die eingemeindeten Dörfer. Sie sind bzw. waren geprägt von Fachwerkbauten, in den Dörfern schlichte Bauernhäuser, in der → *Altstadt* stattliche Bürgerhäuser. Nach Schleifung der Festungsanlagen (→ *Entfestigungen*) entstand die Stadterweiterung → *Oberneustadt* für französische Glaubensflüchtige mit stattlichen, verputzten Reihenhäusern, die Kriegszerstörungen erlitten. Im 19. Jh. setzte verstärkt die Bebauung der aus der Stadt führenden Landstraßen wie der → *Wilhelmshöher Allee* ein. Das 19. Jh. brachte mit der → *Industrialisierung* Fabriken mit Arbeiterwohnungen im N und O, während im W historistische Quartiere für das Bürgertum entstanden. Die Altstadt wurde mehr und mehr Arbeiterwohnort. D. in Ks. hat die Aufgabe, die unterschiedlichen Quartiere mit ihrer spezifischen Prägung zu erhalten. Das ist besonders schwer, da im Zweiten Weltkrieg die Altstadt nahezu vollständig zerstört und in den angrenzenden Stadtteilen viel beschädigt wurde. Anstelle der Kernstadt errichtete man in der Nachkriegszeit eine neue Stadt nach modernen Maximen. Die Wohnungen wurden zur Sonne orientiert, erhielten grüne Freiräume wie in Vorstädten. Ein Straßenring umschließt seither die City, trennt sie von den Erweiterungsgebieten und führt obendrein durch die Mitte. Es gilt deshalb, in der Innenstadt die wenigen baulichen Reste der Vorkriegszeit zu erhalten und konzeptionell in die weitere Entwicklung einzubinden, da ihnen der historische Kontext abhanden gekommen ist und sie wichtig für die Identifikation und Stadtgeschichte sind. Gleichzeitig sind Nachkriegsbauten als Denkmäler zu schützen.
Ebenso schwierig ist es, den D. in den eingemeindeten Dörfern umzusetzen, da auch sie einem weitaus stärkeren Veränderungsdruck unterworfen sind als Dörfer auf dem Lande. Bereits im 19. Jh. begann hier die Verdrängung kleiner Fachwerkhäuser durch viergeschossige Mietshäuser. In ganz Ks. gehören solche Brüche zum Stadtbild. Einfacher ist es, in den Stadterweiterungsgebieten des Historismus D. zu praktizieren. Ks. ist bezüglich authentischer Fenstererneuerung, Fassaden und Dächer sehr fortschrittlich. Allerdings leidet das Stadtbild noch immer an den Folgen der Modernisierungswelle und der Energiekrise der 1980er Jahre. Auch jüngere Trends wie Dachaus- und Balkonanbauten hinterließen Spuren. Aus der allmählichen Privatisierung der Siedlungsbauten der 20er, 30er und 50er Jahren des 20. Jhs. ergibt sich mit dem individuellen „Verschönern“ ein neuer Schwerpunkt der Tätigkeit der D.behörde. Ks. ist ein spröder und zugleich spannender Ort mit vielen Brüchen; sie sind Teil der Ortsgeschichte und spiegeln die vielfältigen Zeitströmungen wider. D. kann hier einen Beitrag zum Erhalt leisten. *bws*

Deportationen Die → *Gestapo* Kassels verschleppte 1941/42 in neun Monaten 2.284 jüdische Bürger aus nahezu 100 Ortschaften des Regierungsbezirks. Dazu hatte die Gestapo in der Nähe des → *Hauptbahnhofs* ein temporäres Sammellager eingerichtet. Die Gestapo Ks., die dem Reichssicherheitshauptamt in Berlin unterstand, gab Landräten und Bürgermeistern Anweisungen für die Durchführung dieser D. Der Oberfinanzpräsident Kassels hatte bereits am 25.11.1941 mit den Vorstehern der diversen Finanzämter seines Bezirkes das Vorgehen bei der Konfiszierung des Vermögens geregelt. Auf dem Kasseler Hauptbahnhof kamen die jüdischen Menschen, die unter Androhung schärfster Strafen gewaltsam aus ihren Wohnungen verschleppt worden waren, in fahrplanmäßigen Personenzügen aus den verschiedenen Ortschaften an und wurden in das von der Gestapo für ein bzw. zwei Tage eingerichtete Sammellager in den Turnhallen der Bürgerschulen 1 und 2 in der Schillerstr. gebracht. Schüler und Lehrer hatten in diesen Tagen schulfrei. Der in den Wohnungen zurückgelassene Besitz sowie alles sonstige Vermögen wurden enteignet und im Auftrag der Finanzbehörden zugunsten des Deutschen Reiches geraubt und öffentlich versteigert. In Ks. spielte dabei das Versteigerungshaus Gebr. Krell im → *Steinweg* 13 eine Rolle.

Deportationen Weg, auf dem die Kasseler Juden am 9. Dezember 1941 vom Sammellager im Schulgebäude Schillerstraße durch die Orléans- und Bahnhofstraße getrieben wurden

Es gab drei Massentransporte vom Hauptbahnhof Ks. aus: Der erste Transport verließ Ks. am 9.12.1941 von Gleis 13 aus mit 1.022 Menschen: 475 Personen aus Ks., 135 aus Fulda, 43 aus Marburg und aus weiteren 40 Ortschaften der Kreise Eschwege, Fulda, Frankenberg, Fritzlar-Homberg, Hünfeld, Marburg, Melsungen und Witzenhausen. Der Personenzug fuhr nach Riga im besetzten Lettland. In dem dort von den Deutschen eingerichteten Ghetto existierte ein Kasseler Viertel. Mehr als 920 der aus Ks. verschleppten Menschen wurden durch Erschießungen im Ghetto Riga ermordet. Darüber hinaus gab es Erschießungen im Bikerniki-Wald bei Riga, während der so genannten Kasernierungen bei Riga, im Konzentrationslager Stutthof sowie Verschleppungen nach Auschwitz bei der Auflösung des Ghettos im November 1943. Die Befreiung erlebten nur 102 Personen dieses Transportes.

Am 1.6.1942 wurden 509 Menschen aus Ks. verschleppt: 99 Personen aus der Stadt Ks., die anderen kamen aus 62 Ortschaften des Regierungsbezirks: den kreisfreien Städten Fulda, Hanau und Marburg sowie den Kreisen Eschwege, Frankenberg, Fritzlar-Homberg, Fulda, Hanau, Hersfeld, Hofgeismar, Hünfeld, Marburg, Melsungen, Rotenburg, Schlüchtern, Schmalkalden, Witzenhausen, Waldeck, Wolfhagen und Ziegenhain. Von dieser D. waren Menschen unter 65 Jahren betroffen. Um die vom Reichssicherheitshauptamt vorgegebene Transportgröße von 1.000 Personen einzuhalten, gingen dieser zweite und der folgende Transport über eine Zwischenstation in Chemnitz, wo weitere Personen dem Transport angeschlossen wurden, nach Lublin im besetzten Polen. Auf dem Nebengleis „Alter Flughafen" wurden die Männer im Alter von 15 bis 50 Jahren aus dem Zug geprügelt und in das Konzentrationslager Majdanek getrieben, wo sie in den folgenden Wochen wegen der katastrophalen Lebens- und Arbeitsbedingungen starben. Ihr Tod wurde dort registriert. Der Zug mit Frauen, Kindern und älteren Männern fuhr weiter in das Vernichtungslager Sobibor. Zwei Stunden nach der Ankunft

Deutsche Schule Torhaus über der Fuldabrücke rechts im Bild (Ausschnitt)

wurden alle Menschen dieses zweiten Transportes in den Gaskammern ermordet; bis auf Robert Eisenstädt aus Hanau, der als Einziger aus dem Konzentrationslager Majdanek fliehen konnte.
Der dritte Transport umfasste 753 Menschen über 65 Jahre und Männer, die im → *Ersten Weltkrieg* ausgezeichnet oder verwundet worden waren, mit ihren Ehefrauen und Kindern bis zu 14 Jahren. Allein aus dem jüdischen Altersheim in der Rosenstr. 22 wurden mehr als 100 alte Menschen mit ihren Betreuern verschleppt. Am 5. und 6.9.1942 wurden jüdische Menschen unter Androhung schwerster Strafen aus ihren Wohnungen per Zug in das Sammellager nach Ks. verschleppt. Sie kamen aus 59 Ortschaften: 323 Personen aus der Stadt Ks., weitere aus den Städten Fulda, Hanau, Marburg sowie aus den Kreisen Eschwege, Frankenberg, Fritzlar-Homberg, Fulda, Gelnhausen, Hanau, Hersfeld, Hünfeld, Marburg, Melsungen, Rotenburg, Schlüchtern, Schmalkalden, Witzenhausen, Waldeck und Ziegenhain. Der Personenzug fuhr am 7.9.1942 vom Hauptbahnhof Ks. über Chemnitz, wo weitere 90 Menschen aus Sachsen einsteigen mussten, in das Ghetto Theresienstadt bei Prag. Bis Mai 1945 starben dort 286 Personen des Kasseler Transportes, 138 vornehmlich sehr alte Menschen bereits in den wenigen Monaten nach ihrer Ankunft bis zum Jahresende 1942. Das Ghetto war jedoch v. a. ein Durchgangslager für die Transporte in den O: Wenige Wochen nach der Ankunft wurden am 29.9.1942 allein 187 Personen des Kasseler Transportes aus Theresienstadt in das Vernichtungslager Treblinka verschleppt und unmittelbar nach ihrer Ankunft vergast. 1943/44 verschleppte man 219 Personen in das Vernichtungslager Auschwitz. Nur 63 Personen erlebten 1945, also mehr als zweieinhalb Jahre nach der Verschleppung aus ihrer hessischen Heimat, die Befreiung. Die Zahl der Holocaust-Opfer für den gesamten Regierungsbezirk, in dem 1933 mindestens 13.500 jüdische Deutsche gelebt hatten, liegt aber noch wesentlich höher, da viele Menschen, die bspw. nach Frankfurt/M. gezogen waren oder in Staaten wie Belgien, die Niederlande oder Frankreich hatten fliehen können, später in die Vernichtungslager Auschwitz oder Sobibor deportiert und ermordet wurden. *mk*

Lit.: Kingreen, Verschleppung; Dies., Deportation.

Deutsch → *thiutisce*

Als **Deutsche Schule** bezeichnete man in Ks. eine 1549 gegründete Lehranstalt, die den Stadtbewohnern die Möglichkeit geben sollte, eine über Elementarkenntnisse hinausgehende bürgerliche Bildung zu erhalten. Dazu gehörte zwar auch lateinischer Elementarunterricht; eine gelehrte Bildung sollte die Schule hingegen nicht vermitteln. Der Name bezog sich demnach auf die Lehrinhalte und diente v. a. der Unterscheidung von der städtischen → *Lateinschule*. Über die Anstalt ist nur wenig bekannt. Sie bestand in einem Haus über dem Tor der Fuldabrücke bis zum Jahr 1775, als das Gebäude wegen Baufälligkeit abgerissen werden musste (→ *Stadttore*). Die Lehranstalt zog zunächst um, ging dann aber mit der Reorganisation des städtischen → *Schulwesens* seit 1779 in den städtischen Bürgerschulen des 19. Jhs. auf. *skb*

Der **Deutsche Evangelische Frauenbund** (DEF), einer der großen konfessionellen Frauenverbände Deutschlands, wurde in Ks. am 7.6.1899 gegründet, wobei auf der ersten Versammlung Gertrud Knutzen zur Vorsitzenden gewählt wurde. Der D. verstand sich im Gegensatz zu anderen evang. Frauenorganisationen immer als Teil der → *Frauenbewegung* und wollte christliche Grundwerte mit emanzipatorischen Bestrebungen zusammenbringen. Er organisierte sich 1901 bewusst als e. V. außerhalb der kirchl. Organisation, arbeitete aber dennoch eng mit der evang. Kirche zusammen. 1901 wechselte der Vorsitz für 34 Jahre an Paula Müller-Otfried, die den Vereinssitz nach Hannover verlegte. In Ks. wurde am 24.10.1899 der erste Ortsverband (OV) des D.s gegründet. Seine bedeutendste Einrichtung wurde das 1909 eröffnete Kinderkrankenhaus Park Schönfeld, für das der D. 1/3 der Baukosten, 61.000 Goldmark, durch Spenden aufgebracht hatte; es ging 2003 in die Trägerschaft des Klinikums Ks. über. Neben Sozialarbeit, darunter die breit organisierten Krankenhausbesuchsdienste der Grünen Damen, organisiert der OV Ks. Bibelgesprächskreise und literarische Gesprächskreise. Als herausragende Persönlichkeiten in Ks. sind zu nennen: → *Elisabeth Consbruch*, Vorsitzende 1901–31 und Stadtverordnete für die Deutsch-Nationale Volkspartei während der → *Weimarer Republik*, Anna

Schönian, Vorsitzende 1931–49 und auch zeitweise Leiterin des Krankenhauses, sowie Brunhilde Fabricius, OV-Vorsitzende 1971–96 und Bundesvorsitzende 1981–2003. *cw*

Qu./Lit.: 100 Jahre DEF;
Archiv der dt. Frauenbewegung, Bestand K-16.

Das **Deutsche Musikgeschichtliche Archiv** (DMgA) steht in der Tradition eines Forschungsunternehmens, das im späten 19. Jh. an der Preußischen Akademie der Wissenschaften in Berlin begonnen wurde und das darauf zielte, einen Gesamtkatalog der älteren musikalischen Quellen in Deutschland zu erstellen. Nachdem diese Arbeiten im → *Zweiten Weltkrieg* vollständig verloren gegangen waren, gründete die Musikgeschichtliche Kommission 1954 in Ks. das Archiv. Es hat die Aufgabe, die Quellen zur deutschen Musikgeschichte des 15.-18. Jhs. unter Berücksichtigung der vielfältigen europäischen Verbindungen zentral zu erfassen, auf Mikroformen (neuerdings auch in hoch aufgelösten Bilddateien) zu sammeln, durch Kataloge zu erschließen und sowohl für Wissenschaftler und Musiker als auch für jeden musikhistorisch Interessierten zur Verfügung zu halten. Es wird für die Erforschung der deutsch-europäischen Musikgeschichte und die Publikation ihrer wichtigsten Zeugnisse, der musikalischen Werke wie der Theoretiker-Schriften, von Spezialisten nicht nur aus Europa genutzt. Das Archiv ist eine Metabibliothek auf Mikrofilm, die – auch mittels der Zusammenführung verstreut überlieferter Quellen – weltweit einzigartige Bedingungen für das Studium der Quellen alter Musik schafft. Bisher konnten Mikrofilme und Mikrofiches mit mehr als 33.000 Manuskripten und Drucken aus 500 Bibliotheken in aller Welt für die ständig wachsende Sammlung erworben werden. Ein Internet-Katalog ist in Vorbereitung. *rb*

Deutsches Tapetenmuseum Die Gründung 1923 geht auf den Hamburger Tapetenfabrikanten Gustav Iven zurück. Bereits 1920 rief er zur Finanzierung den Verein D. ins Leben. Verschiedene Städte bewarben sich um den Standort, aufgrund der zentralen Lage und der bedeutenden Tapetenmanufaktur → *Johann Christian Arnolds* wurde Ks. ausgewählt und das Museum am → *Friedrichsplatz* eröffnet im repräsentativen Roten Palais (→ *Residenzpalais*), erbaut von → *Johann Conrad Bromeis*. Noch heute erinnert der in die Mauer des Kaufhauses Sinn-Leffers integrierte Portikus an das eindrucksvolle Schlossgebäude. Das D. wurde fast drei Jahrzehnte lang von Heinrich Apell geleitet. Von Anfang an war die Kollektion international und Epochen übergreifend angelegt, so dass auch Wandverkleidungen aus Baumrinden (Tapas) aus Ozeanien zu den frühesten Sammlungsstücken gehören; historische Buntpapiere zählen ebenso zum Bestand wie Wachstuch- oder Seidentapeten oder die traditionsreichen Goldledertapeten. Faszinierend sind die vielfältigen Papiertapeten, die die europäische Kunst- und Kulturgeschichte des 17.–21. Jhs. widerspiegeln. Großformatige Panoramatapeten, für deren Herstellung oft mehr als 1.000 Holzmodel verwendet wurden, gehören zu den aufwändigsten Wandbekleidungen. Im Jahr 1934 zog das Museum in die Räumlichkeiten des Weißen Palais am Friedrichsplatz, das im Krieg zerstört wurde. Bei den Bombenangriffen wurde nicht nur ein großer Teil des Bestandes vernichtet, sondern auch das unersetzliche Archiv. Trotz dieser Verluste wurde der Bestand in den folgenden Jahren durch Ankäufe und Schenkungen kontinuierlich erweitert; er umfasst heute etwa 20.000 Objekte. Nach dem Krieg wurde das Museum 1948 im Weißensteinflügel des → *Schlosses Wilhelmshöhe* wieder eröffnet. Von

Prunkvolle Goldledertapete mit Ranken, Deutsches Tapetenmuseum

1951 an leitete Josef Leiß das D., nach 20 Jahren übernahm Dr. Ernst Wolfgang Mick den Direktorenposten. Unter seiner Ägide wurde 1976 der Umzug ins → *Hessische Landesmuseum* am → *Brüder-Grimm-Platz* vollzogen, in dem auch moderne Tapeten, wie die → *documenta*-Kollektion von 1972 oder die Entwürfe des Designers Ulf Moritz, ausgestellt werden. Das 1993 in die Trägerschaft des Landes Hessen übernommene D. gehört heute zur → *Museumslandschaft Hessen Kassel*. *ceg*

Lit.: Thümmler, Geschichte; Goldrausch.

Die Dibbenmüllerin bot ihre Waren fast 60 Jahre an diesem Ort an

„Dibbenmüllerin“, eigentlich Marie Magdalena Müller (*1796 Waldau, † 6.11.1886 ebd.), war eine Marktfrau, die mehr als ein halbes Jh. einen „Nischenplatz“ in der alten Markthalle am → *Königsplatz* (1886 abgerissen), an einem der Hinterausgänge zur → *Garnisonkirche*, innehatte. Mit einem Waldauer Töpfermeister verheiratet, der 1848 verstarb, handelte sie mit Töpferwaren aller Art. Angeblich war sie an jedem Markttag anwesend, Zeitgenossen erinnerten sich keines Ausfalls durch Erkrankung. Kalte Tage überstand sie mit Getränken, die Ähnlichkeiten mit Punsch oder Grog aufwiesen. Gegen einen Obulus schenkte sie davon auch an Marktbesucher aus. Aufgrund ihrer ständigen Anwesenheit wurden ihr auch Einkäufe und Gepäck zur Aufbewahrung anvertraut. Bis heute gilt sie als Symbolfigur für Beharrlichkeit und Heimattradition, die auch in vielen anderen lokalen und regionalen Überlieferungen anzutreffen ist. Ein Indiz ihrer zeitgenössischen Popularität war die Prämierung eines D.-Kostüms im Kasseler Karneval 1894, noch acht Jahre nach ihrem Tod. Seit einiger Zeit erinnert eine Skulptur in der neuen Markthalle im → *Marstall* an sie. *hp*

Lit.: Herbordt, Bilder; Römhild, Klee.

Die Hornisse, anfangs mit dem Untertitel „Zeitung für Hessische Biedermänner“, war eine durch den Kasseler Buchhändler und Verleger J. C. J. Raabé nach der Aufhebung der Pressezensur am 11.3.1848 gegründete, zunächst satirische, am Stil des Berliner „Kladderadatsch“ orientierte, dann radikal-demokratische Zeitung der Zeit der → *Revolution 1848*. Als „Ober-Peiniger in allen öff. und Privatscandälern“ (Nr. 16) war das am 1.8.1848 erstmals erscheinende Blatt ebenso beliebt wie gefürchtet. Die große Popularität belegt die Entwicklung der Zeitung, die zunächst einmal, ab Nr. 13 zweimal und ab 1949 dreimal wöchentlich herauskam und mit 1.500 Ex. eine beachtliche Auflage erreichte. Zum Erfolg trug auch die Preispolitik bei. Kostete die von der demokratischen Partei finanzierte Zeitung anfangs einen Silbergroschen, so viel wie ein Pfund Brot, wur-

Die Hornisse

Zeitung für hessische Biedermänner.

Nr. 1. Cassel, am 1. August 184

Die „Hornisse“ erscheint wöchentlich einmal und kann gleich nach dem Erscheinen für 1 Sgr. die Nummer bei Hrn. Buch
J. C. J. Raabé & Comp., Steinweg Nr. 190 in Kassel, in Empfang genommen werden. Unbemittelte können sich das
durch bemittelte Personen kaufen lassen. Alles, was Stachel hat, wird ersucht, Beiträge zu liefern. An Honorar ist freilich n
denken; es ist nur der Ehre wegen. Auszüge aus der „Neuen Hessischen Zeitung“ und der „freien Presse“ werden indessen gut
Die „Kasseler Zeitung“ schreibt der Redacteur selbst ab, weil er sich diesen Genuß nicht versagen mag. Aus „dem Henkel“ wird
aufgenommen.

Motto. Der Eine lügt und der Andere lügt nicht; es ist ganz egal.

Programm der Hornisse.

Titelblatt der ersten Ausgabe der Hornisse vom 1. August 1848

de der Verkaufspreis später auf neun Heller reduziert. Die Redaktion versahen zunächst Elard Biskamp und J. C. J. Raabé, später Heinrich Heise und Gottlieb Theodor Kellner. Letztere gehörten als entschiedene Gegner der konstitutionellen Märzregierung zu den führenden Köpfen der kurhessischen Demokraten. Die Situation änderte sich mit der Berufung → *Ludwig Hassenpflugs* an die Spitze der Regierung Anfang 1850, woraufhin die Ständeversammlung, publizistisch unterstützt von der Hornisse, mit einer Steuerverweigerung reagierte. Nach der Auflösung der Ständeversammlung am 12.6. und der Verhängung des Kriegszustands über Kurhessen am 7.9. wurde die Zeitung am 12.9. verboten. In der tags darauf erschienenen Ausgabe titelte Kellner: „Unsere Tage sind gezählt“. Wie bereits in der ersten Ausgabe ironisch angekündigt: „Das Blatt hört auf zu erscheinen, sobald es die Polizei oder eine Anzahl von 30 Unterthanen wünscht“, erschien es aber weiter. Erst als am 1.11. Bundestruppen in Kurhessen einmarschierten, um die Ordnung wiederherzustellen, und der Graf von Leiningen, einer der Befehlshaber der Besatzungstruppen, erklärte, er werde die Redakteure erschießen lassen, flohen Heise und Kellner aus Ks. und verbargen sich zunächst auf Gut Wormeln bei Warburg im Haus des befreundeten und gleich gesinnten Gutsbesitzers Wilhelm Karl Blomeyer. Die letzte Ausgabe der Zeitung erschien am 21.12.1850. *jeb*

Lit.: Jacob, Die Hornisse.

Diede, Charlotte (* 12.5.1769 Lüdenhausen, † 16.7.1846 Ks.) war die Tochter des Pfarrers und Superintendenten Friedrich Ernst Hildebrand in der Grafschaft Schaumburg. Sie erhielt eine sorgfältige Erziehung. Im Juli 1788 begleitete sie ihren Vater auf eine Badekur nach Bad Pyrmont. Dort lernte sie den Studenten Wilhelm von Humboldt kennen, der später eine wichtige Rolle in ihrem Leben spielen sollte. 1789 heiratete sie den Kasseler Juristen Philipp Wilhelm Diede, aber schon 1794 wurde sie schuldig geschieden. Sie hatte in Ks. W. K. L. von Hanstein kennen- und liebengelernt und hoffte auf eine gemeinsame Zukunft. Auf seinen Wunsch hin verließ sie Ks. und zog nach Braunschweig und Holzminden, um von Handarbeiten zu leben. Von Hanstein heiratete jedoch 1808 Friederike von Romrod und D. kehrte daraufhin nach Ks. zurück. Als sie in den Wirren der Napoleonischen Kriege ihr in Braunschweig bei einer Bank angelegtes Geld verlor, sah sie keinen anderen Ausweg mehr, als sich an Wilhelm von Humboldt zu wenden. Nun begann ein jahrelanger geheimer Briefwechsel, der D.s Lebensinhalt wurde. Als Humboldt 1835 starb, war sie ohne seine Geldsendungen mittellos und wurde von ihren Freunden unterstützt. 1842 bot sie König Friedrich Wilhelm von Preußen Humboldts Briefe gegen eine jährliche Pension an, die sie 1844 erhielt. Die noch von ihr überarbeiteten und 1847 herausgegebenen Briefe Humboldts wurden rasch ein Erfolg. *skö*

Lit.: Köttelwesch, Diede, 99–112.

Charlotte Diede Scherenschnitt

Dierichs Paul D., (* 14.9.1901 Bochum, † 2.11.1996 Ks.), Dr., Zeitungsverleger, arbeitete nach dem Studium der Volkswirtschaft und Zeitungswissenschaften als Journalist in Brandenburg, Höxter und Ludwigshafen. 1929 übernahm er von seinem Vater in Bochum die Chefredaktion des Bochumer Anzeigers, dessen Verleger er auch wurde. Nach dem Zweiten Weltkrieg, den er als Soldat erlebte, durfte der Bochumer Anzeiger nicht mehr erscheinen. 1948 wurde der Verleger deshalb Mitgesell. der Westdeutschen Allgemeinen Zeitung (WAZ), die ihrerseits geschäftliche Verbindungen zu den Hessischen Nachrichten (HN) in Ks. hatte. 1956 ging D. als Verleger nach Ks., um im Tausch gegen seine WAZ-Anteile Mehrheitsgesellschafter der HN zu werden. 1959 schrieb er Zeitungsgeschichte, weil er die Kasseler Zeitung und die → *Kasseler Post* unter dem Dach der HN vereinte. Während er HN und Kasseler Zeitung zur Hessischen Allgemeinen (HA) zusammenführte, erschien die Kasseler Post noch zehn Jahre als eigenständiger Titel weiter, aber mit weitgehend gleichen Inhalten wie die HA. Anfang der 1970er Jahre expandierte der Verlag nach Südniedersachsen, so dass die HA in → *Hessische/Niedersächsische Allgemeine* (HNA) umbenannt wurde. Der Kritik an der monopolartigen Stellung und der Forderung nach der Vielfalt der Zeitungen setzte D. sein Motto „Vielfalt in der Zeitung" entgegen. Als erster Verleger berief er einen Ombudsmann, der als Anwalt der Leser fungieren sollte. Die vom ihm gegründete D.-Stiftung (→ *Stifter und Stiftungen*) zeichnet Personen und Initiativen aus, die sich für das Allgemeinwohl einsetzen. Er war einer der Initiatoren der Kasseler Universitätsgründung (→ *Universität*). Der passionierte Kunstsammler überließ große Teile seiner Sammlung den Staatlichen Museen Ks. sowie der Kunstsammlung der Universität Bochum.

Sein Sohn Rainer D. (* 30.8.1939 Bochum, † 11.8.2007 Ks.) ließ sich nach seinem Jurastudium zum Verlagskaufmann ausbilden und trat 1971 in die Geschäftsführung der HNA ein. Er baute das Unternehmen tatkräftig aus, fand weitere kleinere Verlage als Kooperationspartner und beteiligte sich mit den hessischen Verlegern am privaten Hörfunk (FFH). Nach der Wiedervereinigung versuchte Rainer D. mit Bezirksausgaben in West-Thüringen Fuß zu fassen, musste sich aber dem Druck des übermächtigen WAZ-Konzerns beugen. Er betätigte sich in vielfacher Hinsicht als Förderer kultureller und sozialer Projekte in Ks. Wenige Wochen vor seinem Tod wandelte er die Dauerleihgaben seiner Familie für die → *Antikensammlung* in eine Schenkung um. Da der gesundheitlich angeschlagene Verleger in der Familie keinen Nachfolger fand, brachte er 2002 das Unternehmen in die Zeitungsgruppe von Dr. Dirk Ippen ein. *dsch*

Lit.: Dierichs.

Dilich, Wilhelm, eigentlich Wilhelm Scheffer (* 1571/72 Wabern, † April 1650), war der Sohn des Waberner Pfarrers Heinrich Scheffer, der bereits den Beinamen Dilich von seinem nahe gelegenen Geburtsort her führte.

Nach dem Besuch der → *Lateinschule* in Ks. ging D. 1589 an die Universität in Wittenberg. Schon hier beschäftigte er sich mit der Geschichtsschreibung und gab 1590 eine erste Arbeit heraus, für die auch Illustrationen vorgesehen waren. 1591 immatrikulierte er sich in Marburg und publizierte seine „Synopsis descriptionis totius Hassiae", die ihm im nächsten Jahr eine Einstellung als Zeichner am Hof des neuen Lgf. → *Moritz* einbrachte. Mit dessen Erlaubnis ging er nochmals nach Sachsen, um hier seine Arbeit zu beenden. Dies zog sich länger hin als erwartet und führte zu ersten Konflikten mit Moritz. Im August 1596 hielt D. die aufwändig inszenierten Feierlichkeiten zur Taufe der Prinzessin → *Elisabeth* fest. Ein ähnlicher Auftrag folgte 1600 zur Taufe des Prinzen Moritz. Die Aufzeichnungen liefern wichtige Bilddokumente zur Festkultur der Renaissance am Kasseler Hof. Nach den illustrierten Chroniken von Ungarn und Bremen folgte 1605 mit der „Hessischen Chronica" das bekannteste Werk D.s, in dem er die expansive Territorialpolitik Moritz' historisch zu untermauern suchte. Viele der darin enthaltenen → *Stadtansichten* dienten noch fast ein halbes Jh. später der Topographia Hassiae Matthaeus Merians d. Ä. als Vorlage. Nach 1607 begann D. im Auftrag Lgf. Moritz' mit einer kartographischen Landesaufnahme, die er nur z. T. ausführte. Darüber hinaus wurde D. als Festungsbaumeister herangezogen. 1621/22 kulminierten die Auseinandersetzungen zwischen D. und dem Landgrafen, die zu D.s Kerkerhaft in Ks. bis 1625 führten. In den Kriegswirren gelang ihm die Flucht nach Dresden, wo er bis zu seinem Tod als Festungsbaumeister, Kartograph und Künstler wirkte, u. a. bei der Ausmalung des Dresdener Riesensaals. Sein Sohn, der in Ks. geborene Johann Wilhelm, arbeitete mit ihm 1627 die Befestigungspläne für Frankfurt/M. aus, mit deren Umsetzung dieser sich dann bis zu seinem Tod beschäftigte. *htg*

Lit.: AKL; Nieder, Dilich.

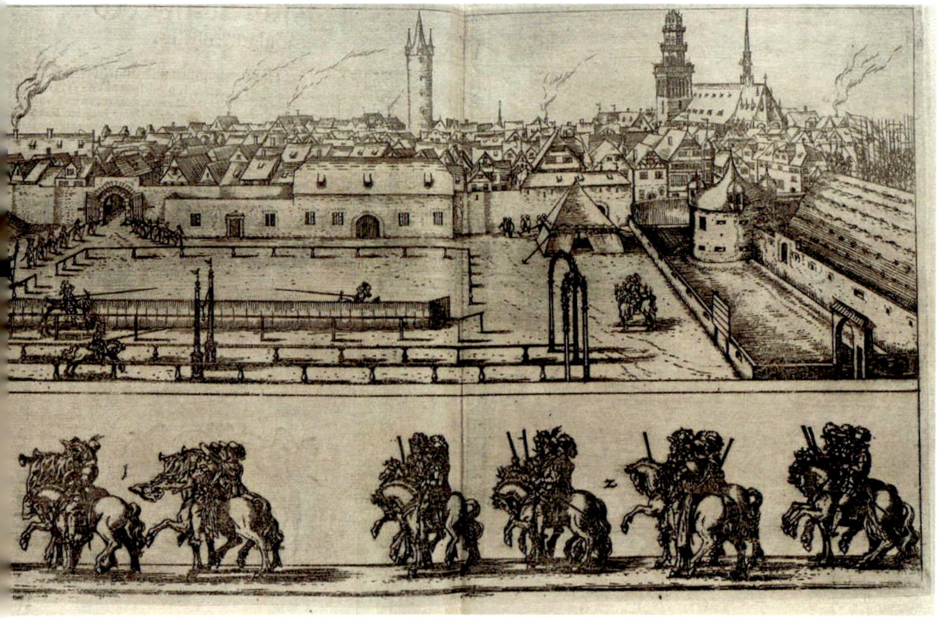

Kupferstich von 1601 von Wilhelm Dilich, der die Ritterspiele anlässlich der fürstlichen Kindstaufe von Elisabeth von Hessen-Kassel zeigt

Franz Ferdinand Freiherr von Dingelstedt, Holzstich, um 1870

Dingelstedt, Franz Ferdinand, Freiherr von (* 30.6.1814 Halsdorf, † 15.5.1881 Wien) wuchs in Rinteln auf und studierte bis 1834 in Marburg Theologie und Philologie. Die Promotion zum Dr. phil. erfolgte 1838 in Jena. Im Mai 1836 nahm er eine Hilfslehrer-Stelle am Kasseler Lyceum Fridericianum (→ *Friedrichsgymnasium*) an. Er pflegte Kontakt zu führenden Autoren und Verlegern des Vormärz (u. a. Heinrich Heine, Georg von Cotta). In der von ihm 1837 redigierten Zeitschrift „Wage" sind Spaziergänge eines Casseler Poeten unter dem Titel „Stimmen der Wüste" enthalten. Wegen seiner Veröffentlichungen wurde D. 1837 nach Fulda versetzt. Hier entstanden u. a. der Roman „Die neuen Argonauten" (1839) und sein bekanntestes Werk „Lieder eines kosmopolitischen Nachtwächters" (1841/42). D. quittierte 1841 den Schuldienst und ging als Korrespondent der Augsburger Allgemeinen Zeitung nach Paris. Damit endete D.s „hessische Periode". Es folgten Reisen nach London und Wien, nicht zuletzt aus Angst vor Verfolgung. 1843 wurde er Bibliothekar des Königs von Württemberg, was ihm viele Oppositionelle als Verrat vorwarfen. Er konzentrierte sich fortan auf das Theater: 1846 wurde er Dramaturg am Stuttgarter Hoftheater, 1851 Leiter des Münchner Hoftheaters, 1857 Generalintendant der Weimarer Hofbühne. Ab 1870 leitete er das Wiener Hofburgtheater. 1876 wurde er von Kaiser Franz Joseph geadelt und in den Freiherrenstand erhoben. *age*

Lit.: Knudsen, Jugendzeit; Gebhardt, Karriere.

Dispeker, Sigmund (* 12.12.1877 Köln, † 28.6.1961 Haifa/Israel) Der Sohn eines Lederfabrikanten absolvierte nach dem Abitur auf dem → *Wilhelmsgymnasium* eine Banklehre und studierte ab 1903 Nationalökonomie, Geschichte und Germanistik in Berlin sowie gleichzeitig an der Hochschule für Journalismus. Seit 1904 war er Redakteur der Heilbronner Zeitung, 1906 Chefredakteur der Bürgerzeitung in Neustadt an der Hardt, 1910 bei der Singener Zeitung, kurze Zeit später Redakteur der Straßburger Neuesten Nachrichten. Nach der Teilnahme am → *Ersten Weltkrieg* arbeitete er ab 1919 beim → *Casseler Tageblatt* und übernahm die traditionsreiche Kolumne „Casseler Spaziergänge“. 1933 emigrierte er ins Elsass, dann nach Paris und Marseille. 1942 floh er nach Spanien und im Februar 1944 nach Palästina. Nach 1945 besuchte er wiederholt Ks. D. war seit 1927 mit der Lehrerin Blanche Kehr verheiratet, 1929 wurde ihr Sohn Jean geboren. *khn*

Lit.: Dispeker, Erlebtes.

Displaced Persons waren nach dem → *Zweiten Weltkrieg* „Zivilisten außerhalb der Grenzen ihrer Heimatländer“, die durch den Krieg in die Fremde verschlagen worden waren: In Ks. waren dies bei dem Einmarsch der Amerikaner im April 1945 weit über 20.000 Menschen aus mehr als zehn Nationen gegenüber nur noch ca. 70.000 Deutschen. Dennoch ist dieser Teil der Stadtgeschichte weitgehend unbekannt. Bei den D. handelte es sich zunächst v. a. um ehemalige → *Zwangsarbeiter* und Kriegsgefangene, für die die Verantwortung bei der amerikanischen Besatzungsmacht und bei der UNRRA, der Flüchtlingsorganisation der UN lag. Während die D. aus westlichen Ländern schnell in ihre Heimat zurückkehrten, erwies sich die Rückkehr von Osteuropäern als schwierig, da viele nicht in die Heimat, die inzwischen zur Sowjetunion gehörte, zurückkehren wollten. Bis zu ihrer Repatriierung wurden in Ks. Lager eingerichtet: in ehemaligen → *Kasernen*, Zwangsarbeitslagern oder auch in kompletten Wohnsiedlungen, die konfliktträchtig beschlagnahmt wurden. Die wichtigsten der meist nach Nationen eingerichteten Lager waren: die → *Mattenbergsiedlung* (zeitweise über 4.500 D.s), das D.-Camp Graf-Haeseler-Kaserne, das Lager Junkers („Lettenlager“) in → *Bettenhausen* (heute Heinrich-Steul-Siedlung), die Jägerkaserne, das Lager → *Möncheberg* (Teile des → *Fasanenhofs*) und das Camp → *Hasenhecke*. Die letzten drei hatten seit 1946/47 ausschließlich jüdische Bewohner: Überlebende des Völkermordes und Flüchtlinge aus Osteuropa, die aufgrund von Verfolgungen insbesondere in Polen seit 1946 Zuflucht im „Land der Täter“ suchten bis zur Auswanderung – v. a. nach Palästina. Die Camps waren kleine Gemeinden innerhalb der Stadt. Hier lebten bis 1949 Tausende. Sie arbeiteten, gingen zur Schule und zu Einrichtungen der Berufsausbildung, pflegten religiöses und kulturelles Leben. Lagereinrichtungen sorgten für Versorgung, Kinderbetreuung, Sicherheit und Gesundheit. Im Rahmen einer Selbstverwaltung übernahmen viele Bewohner Verantwortung. Die Deutschen begegneten den D. vorwiegend mit Abneigung, denn diese lebten z. T. in deren Wohnungen und waren versorgt. Die NS-Propaganda gegen Juden und Osteuropäer wirkte nach. Deutsche sahen sich als Opfer derjenigen, die die eigentlichen Opfer waren. Mit dem „Resettlement“, der Ansiedlung in anderen Ländern nach dem Scheitern einer vollständigen Repatriierung, wurden die Lager aufgelöst. Viele jüdische D. konnten das Ziel ihrer Träume nach der

Einweihung eines Denkmals für die jüdischen Opfer des Völkermords durch jüdische Überlebende und sog. Displaced Persons in der Jägerkaserne. Das Denkmal ist verschwunden

Displaced Persons Ausbildung im Lager Junkers („Lettenlager“) für die Rückkehr in die Heimat bzw. die Auswanderung

Gründung des Staates Israel erreichen. Wie viele in Ks. blieben, ist nicht zu ermitteln. Wenig zeugt heute von dem Leben dieser Menschen in der Stadt. Grabsteine auf dem Friedhof in Ihringshausen und auf dem neuen → *Jüdischen Friedhof* in Ks. sowie ein dort errichteter Gedenkstein für den Völkermord sind vermutlich das Einzige, was blieb. Ein ähnliches Denkmal in der Jägerkaserne ist spurlos verschwunden. Keine Gedenktafel erinnert an sie. *wm*

Lit.: Am falschen Ort.

Ditmold war das alte kulturelle und politische Zentrum des Kasseler Beckens. Der Name wird als „Gerichtsstätte des Volkes" gedeutet (vgl. das westfälische Detmold) und bezeichnete ein vermutlich unbewohntes Gebiet in der ehemaligen Wehlheider Gemarkung, mit einer heidnischen Kultstätte (evtl. einem Quellheiligtum an der Brunnenstr.) und einer zugehörenden Gerichtsstätte. Vermutlich um 700 wurde die heidnische Kultstätte durch eine Tauf- und Missionskirche christianisiert, die dem Reichsheiligen Martin geweiht war. Sie war im Hoch- und Spätmittelalter Sitz eines Erzpriesters, dem die umliegenden Pfarrkirchen von Dörnberg bis in den → *Kaufunger Wald*, von Zwehren und der → *Söhre* bis → *Vellmar* und Münden unterstanden (vermutlich die alte D. Urpfarrei). Für den D. Gerichtsbezirk ist etwa der gleiche Umfang anzunehmen, wobei zumindest im Hochmittelalter neben dem Obersten Gericht D. weitere (Zent-)Gerichte etwa in Zwehren und Frommershausen (Vellmar) bestanden. Die Christianisierung und ein erster fränk. beeinflusster Landausbau gingen verm. mit den Anfängen des Kasseler → *Königshofs* einher und schufen die Grundlagen für den zweiten Landausbau (Dörfer mit der Endung -hausen). Die neuen Siedlungen innerhalb der ehemaligen Wehlheider/D. Gemarkung (u. a. → *Kirchditmold* an der D. Kirche) und den angrenzenden Rodungsgebieten blieben als Kirchspiel in der D. Pfarrei; ihre Einwohner bildeten im 12. und frühen 13. Jh. eine Markgenossenschaft: Im Spätmittelalter bestanden neben → *Kirch-* und → *Rothenditmold* noch → *Wahlershausen*, → *Harleshausen*, Nieder- und Oberwehlheiden sowie weitere Wüstungen. Gemeinsames Nutzungsgut der Märker war v. a. der → *Habichtswald*, in dem sie bis 1137 das → *Stift Weißenstein* gründeten und dem Erzbistum Mainz übertrugen. An der Spitze der Markgenossenschaft stand im 12./13. Jh. ein (Schöffen-)Kollegium (1219 sind 14 Personen bezeugt) mit einem Vogt; das Vogtamt hatten im 12. Jh. die Herren bzw. Grafen von Schauenburg inne, bis ihre Burg und Herrschaft Anfang des 13. Jhs. an den Erzbischof von Mainz übergingen. Damit besaßen die Erzbischöfe im Konflikt mit den Landgrafen von Thüringen wichtige Stützpunkte direkt bei Ks.; das Gericht D. vergaben sie zu Lehen, bis die Landgrafen es gewaltsam in Besitz nahmen (vor 1247). Zuletzt machte Mainz 1325 vergeblich seine Ansprüche darauf geltend. *cp*

Plakat der documenta 11 im Jahr 2002

documenta (auch Documenta) Die Weltausstellung zeitgenössischer Kunst wurde erstmals 1955 (zur → *Bundesgartenschau*) im → *Museum Fridericianum* veranstaltet, dem Zentrum jeder d. seither. Vom d.-Gründer → *Arnold Bode* schon 1946 erträumt, als „Quadriennale" geplant und von 1972 an alle fünf Jahre stattfindend, wurde die d. als übernationales Gegenmodell zum nationalen Kräftemessen auf der Biennale in Venedig konzipiert und mithilfe von Freunden, städtischer und staatlicher Förderung und einem hochkarätigen, unabhängigen Auswahl- und Beraterteam realisiert (mit Werner Haftmann als Vordenker bis 1964 und mit Herbert von Buttlar als eloquentem Mitstreiter). Viermal fand die d. unter Bodes Regie statt. Sie feierte 1955 die großen Leistungen der von den Nationalsozialisten diffamierten Moderne, erklärte 1959 die abstrakte Kunst zur Weltsprache, unter Vorherrschaft des amerikanischen Action painting, installierte 1964 das „Museum der 100 Tage" als sublimiertes „Kunst-im-Raum-Erlebnis" und verhalf 1968 Pop, Op und Minimal Art zum imposanten Auftritt (Auswahl: J. Leering). Höhepunkte der d. 1 waren die Säle der Malerei und der Plastik, der d. 2 der Pollock-Raum und die Skulpturen in der → *Orangerie*-Ruine, der d. 3 der Nay-Raum und der Sam-Francis-Raum und die grandiose Schau der Zeichnungen im Gewölbe der → *Neuen Galerie* sowie „Licht und Bewegung" unterm Dach des Fridericianums, der d. 4 der raumsprengende „Clash" von Pop und Minimal in Übergröße sowie Christos „verpackte Luft" – ein Publikumsmagnet, gerade wegen der Fehlstarts und zudem wegen der z. T. interaktiven Erlebnisräume. Der frühe und andauernde Erfolg der d. ist nicht zuletzt der „präzisen" und ästhetisch beeindruckenden Inszenierungskunst Bodes zu verdanken, der dem einzelnen Kunstwerk „Raum und Würde" verleihen wollte. Die d. 5 spiegelte den radikalen Wandel in Kunst und Ästhetik. Sie wurde 1972 vom Schweizer → *Harald Szeemann* als allein verantwortlichem Generalsekretär ausgerichtet und stand für den Paradigmenwechsel durch die Einführung eines allmächtigen „Ausstellungsmachers" (mal mit, mal ohne Co-Kuratoren), was jeder d. ihre spezifische Prägung gibt. Nah am Zeitgeist „befragte" die d. 5 „die Realität", zeigte „Bildwelten heute", lehrte „besser sehen", z. B. mit Konzeptkunst, spürte „individuelle Mythologien" auf, gab dem Fotorealismus viel Raum und folgte dem „erweiterten Kunstbegriff" (Beuys) durch Einbeziehung der Trivial- und Massenmedien (Comics, Werbung, Kitsch). Mit Kienholz'

Lynchszene „Five car stud" gelang Bode in Szeemanns d. noch einmal ein großer Coup. Beuys platzierte sich mit seinem 100-tägigen Polit-Talk als Leitfigur (bis über seinen Tod 1986 hinaus). Sein spektakulärster und nachhaltigster Beitrag war die Pflanzung von „7000 Eichen"; diese „Stadtverwaldung statt Stadtverwaltung" begann mit der d. 7 und endete am ersten Tag der d. 8. Manfred Schneckenburgers (Köln) d. 6 wollte 1977 Plattform der damals akuten „Kunst-in-der-Mediengesellschaft-Diskussion" sein, sie verhalf der Videokunst zum Durchbruch und nobilitierte die Fotografie als Kunst. Neuartige (u. a. „horizontale") Außenplastik eroberte Stadtraum und Park – z. B. der „Rahmenbau" (Haus-Rucker-Co); Künstlerbuch, Handzeichnung und Utopisches Design hatten eigene Abteilungen, DDR-Kunst provozierte Westkollegen. Zum Spektakel wurde die Bohrung des „Vertikalen Erdkilometers" von Walter de Maria. Der Holländer Rudi Fuchs, vom „Spiegel" als „Kostbarmacher von Kunst" angekündigt, zelebrierte auf der d. 7 (1982) dann auch mit viel Gold die Werke seiner „Helden" Kounellis, Byars, Fabro u. a. Er wollte einen stillen „Wald", wo sich die Werke (viel Malerei) im „Dialog" begegnen sollten, doch der Lärm der Neuen Wilden drang herein – und die Politik: Der mehrfache d.-Teilnehmer Hans Haacke (Studium in Ks.) provozierte mit einer Anti-Reagan-Installation. Fuchs musste als Erster mit dem klobigen Umbau des Fridericianums (es sollte ein Technikmuseum werden) zurechtkommen. Das Flair des Provisoriums war passé, dichte Hängung in Kojen betonte die neue Enge und hemmte den Fluss der „großen Erzählung". Glanzlichter der d. 7 waren ferner – mit Tempel-Aura – Rebecca Horns „Pfauenmaschine" und die als „Souvenir" in Ks. verbliebene „Spitzhacke" (Oldenburg).

Die d. war inzwischen politisch wie rechtlich abgesichert, in der Stadt akzeptiert und geschätzt als Wirtschaftsfaktor. Querelen im zu großen Entscheidungsgremium blockierten die Kandidatenfindung. Schneckenburger wurde 1987 daher noch einmal Leiter. Die d. 8 reflektierte den „Utopieverlust der Gegenwart" (u. a. mit Finlays Guillotinen-Allee), Performance-Festival und skulpturale Eingriffe im Außenraum (Serra, Kawamata) setzten weitere Akzente. Marie-Jo Lafontaines Bodybuilder-Video-Wand mit Callas-Arie wurde zum Hit. Auch Designer waren eingeladen, und Architekten lieferten „Kabinettstücke" zum Thema Museum. Mit dem Belgier Jan Hoet wurde 1992 die d. 9 noch einmal, ein letztes Mal, zur Olympiade der internationalen Bestenliste, zum Who-is-who der angesagten Namen, zur Casting-show der Newcomer. Hoets begeisterter und begeisternder Einsatz erinnerte ein wenig an Bode. Ganz Entertainer wurde er selbst zum Showstar, wenn auch sein unbändiges Temperament oft provozierte und spaltete. Borofskys „Man walking to the sky" wurde zum Publikumsliebling, die „Königsplatz-Treppe" zum Streitfall, Bruce Naumans Audio-Video-Psycho-Terror „Anthro/Socio" zum läuternden Fege-

Besucherandrang vor dem Museum Fridericianum an den letzten Tagen der documenta 11

documenta 7 Ein Teil von Joseph Beuys „7000 Eichen" zur Stadtverwaldung an der Hasenhecke, 1982

feuer. Den immensen Raumbedarf konnte auch die neue d.-Halle nicht abdecken, daher gab es temporäre Bauten in der → *Karlsaue*. Erstmals wurde ein Geschäftsführer fest angestellt, und die Gesellschaft der d.-GmbH, Stadt und Land, richteten das Fridericianum

Thomas Hirschhorns „Bataille Monument" der documenta 11 in der Kasseler Nordstadt

als Kunsthalle für die Zeit zwischen den d.-Jahren ein. Verlässlich erwies sich nun die Begrenzung der international besetzten Findungskommission auf acht Fachleute. Sie schlug für die d. 10 (1997) die Französin Catherine David vor, die erste (und bislang einzige) Frau, die zur Leiterin ernannt wurde. Ihre Präferenz galt einer politisch aufgeladenen Kunst. Vom neuen Spielort → *Kulturbahnhof* führte ein „Parcours" durch unwirtliche Unterführungen und Fußgängerzonen zum Fridericianum und in die → *Aue*, wo eine Schweinefamilie (Höller/Trockel) amüsierte und nachdenklich machte. Gleichwohl wurde das Bedürfnis vieler nach spektakulärer Außenkunst nicht befriedigt. Nicht zuletzt deshalb gilt die d. 10 als spröde und unsinnlich, dabei war sie nur weniger turbulent. Broodthaers und andere Künstler aus den 1960er/70er Jahren wurden unter dem Schlagwort „Retroperspektive" als Leitbilder aktualisiert. Gerhard Richters „Atlas" wirkte gleichsam als stiller Brüter. Die Künstlerinnenquote stieg auf 20 %. Zur intellektuellen Ertüchtigung gab es die Vortragsreihe „100 Tage – 100 Gäste". Schon vor der d. 11 (2002) griff Okwui Enwezor (in Nigeria geboren, in New York lebend) mit Tagungen („Platforms") zu soziopolitischen Themen wie „Democracy unrealized" in Wien, New Delhi, Lagos, St. Lucia und Berlin den Ansatz von David auf, die Kunst im Kontext globaler Prozesse zu sehen. Mehr als zuvor versuchte die d. 11 (Schwerpunkte: Film, Video, Fotografie, v. a. zu Polit-Themen; neuer Spielort: eine Ex-Brauerei) tatsächlich eine Welt-Ausstellung zu sein und das Kunstkartell (West-)Europa-USA aufzubrechen. Doch blieb es zumindest statistisch bei dessen Dominanz. Starken Eindruck hinterließen Brugueras Erschießungskommando, Jaars Weiß-Licht-Blendung, Hirschhorns Bataille-Monument in einem Migrantenviertel. Stan Douglas und Ecke Bonk thematisierten die Brüder → *Grimm*. Auch Roger M. Buergel (Wien; mit Partnerin Ruth Noack) beschwor 2007 mit dem Leitmotiv „Migration der Formen" eine globale Kunstvernetzung (zuvor schon belegt in drei „Magazines"). Das Bild der d. 12 wirkte exotischer und multikulturell, aber auch diffuser. Künstler aus Afrika (Hazoumé) oder China (Au Weiwei) wurden zu Stars, ein Starkoch (Adrià) wurde Künstler. Vergessene und selbst Insidern unbekannte Namen waren zu entdecken wie auch Kostbares aus allen Kontinenten oder sogar aus alten Zeiten (u. a. im → *Schloss Wilhelmshöhe*). Die Künstlerinnen-Quote lag bei fast 50 %. Im Behelfsbau auf der Auewiese wurde Buergels Ziel einer „schönen Ausstellung" nicht erreicht, eher dort, wo Farbe das gewohnte White-cube-Weiß austrieb, oder mit dem Spiegelsaal im Fridericianum-Foyer (McCracken) oder dem allmählich rot erblühenden Mohnfeld auf dem → *Friedrichsplatz* (Ivekovic).

Auch nach zwölf Stationen bleibt die d. die „weltweit wichtigste Kunstschau" (FAZ), die überdies seit mehr als 50 Jahren Maßstäbe setzt mit ihrem grafischen Erscheinungsbild, der Ausstellungsarchitektur, den Publikationen, Editionen, dem Hang zum theoretischen Überbau wie auch zum Multi-Kunst-und-Medien-Festival sowie der Besucherschulung (erstmals 1968 mit Bazon Brock). Von 134.850 Besuchern 1955 hat sich ihre Zahl kontinuierlich gesteigert, 2007 waren es 754.301, über 100.000 mehr als zur d. 11, ein Rekord für die neue Kunst. Der expansive Publikumszuspruch, begünstigt durch Kunstboom und Generation Event, freute Politik, Wirtschaft und auch die Bevölkerung. Doch in der Fachwelt tut man sich schwer, man lamentiert, wird nostalgisch: „Die d. war das Schlachtschiff der Kunstereignisse in früheren Zeiten". Oder man macht auf (vermeintliche) Defizite aufmerksam: „Die d. hat keine inkohärente Bedeutung. Sie produziert Bedeutung." Für Bernd Leifeld (d.-GmbH) ist eben das ihre „Stärke, sich jedes Mal aufs Neue zu definieren, auch immer neu zu provozieren. Ein neuer d.-König werde wieder ‚alle Möglichkeiten und keinerlei Verpflichtung' haben." Der subjektive Durchblick ist gewünscht (weil wohl kaum anders mehr möglich) und nicht, wie früher zumindest angestrebt, der möglichst objektive Überblick auf hohem Niveau: „Wir dokumentieren die Kunst, jeweils die aktuelle Kunst der Zeit mit gewissen Rückblicken." So kommentierte einst Bode das Ziel, wofür unter seiner Anteilnahme Ernst Schuh, Kollege und Mitarbeiter, einen latinisierten Terminus fand: „documenta". Die Kritiker „bellen" und die d. „zieht weiter" – als Mythos und Marke etabliert. Es fragt sich nur: „Wo würde Ks. auf unserer Landkarte liegen, wenn es nicht Gastgeber der d. wäre?" aber auch: Wo wäre die d. ohne Ks.? *hg*

Lit.: Kimpel, documenta; 50 Jahre documenta; Schwarze, Meilensteine.

documenta Archiv 1961 von → *Arnold Bode*, dem Initiator der → *documenta* ins Leben gerufen, ist das d. mit der Dokumentation und wissenschaftlichen Bearbeitung der internationalen Gegenwartskunst betraut. Als eine der bedeutendsten Spezialbibliotheken Europas zur Kunst des 20. und 21. Jhs. hält das Archiv Bücher, Ausstellungskataloge, Zeitschriften und Zeitungen zu mehr als 80.000 Künstler/innen für die Forschung und den interessierten Laien bereit. Neben der Bibliothek enthält der Archivbestand im Kern eine umfangreiche Materialsammlung zu den bisher zwölf documenta-Ausstellungen. Die Dokumentation mit ihren reichhaltigen Archivalien, wie z. B. den Ausstellungskonzepten und Korrespondenzen, ist ein wertvoller Fundus für das Studium der Kunst und des Ausstellungswesens nach 1945. Ein Medienarchiv vervollständigt die Informationsmöglichkeiten durch audiovisuelle Medien. Das d. versucht mit eigenen Publikationen, Ausstellungen und Tagungen und im Dialog mit anderen kulturellen Institutionen zu Fragen der Gegenwartskunst Stellung zu beziehen. *kst*

documenta-Außenobjekte Seit ihren Anfängen hat die Kasseler Weltkunstausstellung konsequent auch den öffentlichen Stadtraum genutzt. Insbesondere ab der → *documenta* 6 (1977) haben – abhängig von den jeweiligen Ausstellungskonzeptionen – Künstler/innen mit Objekten oder Installationen in das städtische Umfeld kommentierend oder intervenierend eingegriffen. Doch da es zum Prinzip der Ausstellungsreihe gehört, jedes Mal alle Spuren im Stadtgebiet zu beseitigen, konnten im Laufe der Ausstellungsgeschichte lediglich zwölf ortsspezifische Kunstwerke sehr unterschiedlicher Dimensionen und Aussagen an ihren Standorten verbleiben. Als Schenkungen oder Erwerbungen aus documenta 6, 7 und 9 sind sie nicht Ergebnis einer systematischen Anschaffungspolitik, sondern abhängig vom Engagement der Kasseler Bürger/innen sowie von Künstler- und Sponsoreninitiativen. Folglich unterliegen die Werke auch unterschiedlichen Eigentumsverhältnissen und Zuständigkeiten. Gleichwohl umfasst die Gruppe der d. die ambitioniertesten Kunstmaßnahmen im urbanen Raum.

Unter heftigen Kontroversen in den → *Friedrichsplatz* versenkt, gehört Walter De Marias kilometerlanger Messingstab „Der Vertika-

documenta-Außenobjekte Die Plastik „Die Fremden" von Thomas Schütte wurde zur documenta 9 im Jahr 1992 auf einem Säulenportal am Friedrichsplatz installiert

Blick in die Bibliothek des documenta Archivs in der Unteren Karlsstraße 4

le Erdkilometer" inzwischen zu den leicht übersehbaren Werken im öffentlichen Stadtraum. Dem Blick nahezu vollständig entzogen und statt dessen in das individuelle Vorstellungsvermögen verlagert, gilt das Werk mit seiner Diskrepanz zwischen dem tatsächlichen Materialaufwand und dem sichtbaren Anteil heute als eine der bedeutendsten Ar-

documenta-Außenobjekte Der „Rahmenbau" von Haus-Rucker-Co zur documenta 6 im Jahr 1977 am Friedrichsplatz

beiten des amerikanischen Künstlers. Im Überschneidungsbereich von Minimal-, Concept- und Land-Art hat die künstlerische Großgeste mit ihren vielfältigen ästhetischen und ökologischen Aspekten Anteil an mehreren hauptsächlichen Kunstrichtungen der zweiten Hälfte des 20. Jhs. Als Anlass, „über die Erde und ihren Ort im Universum nachzudenken", bedeutet die Einbringung des hochwertigen Materials u. a. auch eine Wiedergutmachung an dem Raubbau, den die Erde durch Entzug ihrer Bodenschätze allenthalben erfährt (documenta 6, 1977, Messing, Länge 1.000 m, Durchmesser 5 cm, Einfassung: Sandstein 2 x 2 m; Friedrichsplatz). Zum kulturellen Wahrzeichen der documenta-Stadt geworden ist Horst H. Baumanns immaterielles Laser-Licht-Kunstwerk „Laserscape Ks.". Es verknüpft mit seiner einleuchtenden Strahlenkonfiguration historische Architekturen von unterschiedlicher Funktion und Epochenzugehörigkeit zu einem Netz aus räumlichen und zeitlichen Bezügen: zu einem immateriellen Kulturstadtplan durch Raum und Zeit. Vom → *Zwehrener Turm* aus greifen ein grüner und ein roter Strahl direkt zum → *Herkules*, während ein weiterer grüner zunächst den Turm des → *Hessischen Landesmuseums* tangiert, um von dort parallel zur → *Wilhelmshöher Allee* das Oktogon zu erreichen. Gleichzeitig richtet sich ein grüner Strahl auf den Mittelbau der → *Orangerie*, von wo aus drei Teilstrahlen den Hauptachsen der → *Karlsaue* folgen. Zusätzlich schneidet eine rote Linie die Konfiguration über der Karlswiese und endet an der Figur der Vesta am südlichen Rand der Rasenfläche. Das weltweit erste permanente Laser-Kunstwerk im öffentlichen Raum – 2007 technisch erneuert und um die „Landesmuseum-Connection" ergänzt – wird betrieben vom documenta-forum e. V. (documenta 6, 1977). Eine begehbare plastische Vorrichtung zur horizontalen Blicklenkung, der „Rahmenbau" von Haus-Rucker-Co, thematisiert auf vielschichtige Weise den Vorgang des Sehens und die Leistungsfähigkeit von Kunst. Die sog. „provisorische Architektur" der österreichischen Architektengruppe tritt an der östlichen Hangkante des Friedrichsplatzes als leicht geneigter Rahmen in Erscheinung, hinter den an langem Stahlarm ein zweiter kleiner hängt; der Zwischenraum kann über einen seitlichen Steg betreten werden. Der Hauptrahmen schneidet, wie jeder Bilderrahmen, einen Teil der Wirklichkeit aus und spricht ihm den besonderen Status eines Kunstwerks zu. Zugleich wird der Betrachter zum Objekt der Betrachtung. Denn wer das mit Vorder-, Mittel- und Hintergrund traditionell komponierte Landschaftsbild über den Steg umgeht, findet sich nunmehr selbst im Bild und konfrontiert mit demselben Panorama in engerem Ausschnitt, während sich bei Umkehrung der Blickrichtung nun die Stadtansicht als Bild präsentiert. Als wahrnehmungstheoretisches Demonstrationsobjekt steht die Konstruktion in Bezug zu Observatorien, Kalenderbauten und anderen architektonischen Apparaturen der Einbindung des Individuums in kosmische Zusammenhänge (documenta 6, 1977, Stahl, Stahlgitter, 14 x 16,5 x 31 m; → *Schöne Aussicht*, Gustav-Mahler-Treppe). Seit den 1960er Jahren gehört zu den bevorzugten Verfahren des amerikanischen Künstlers Claes Oldenburg die materialveränderte Vergrößerung von Alltagsgegenständen, um deren Formen und Funktionen in ironisch-pathetischer Überformung sichtbar zu machen. Eine Spitzhacke hatte der Künstler 1981 bei einem Besuch in Ks. während der Baumaßnahmen zur → *Bundesgartenschau* in der Karlsaue entdeckt. Der wie zufällig oder intuitiv gewählt wirkende Standort seiner Plastik „Spitzhacke" markiert exakt die Stelle, an der die verlängerte Achse der Wilhelmshöher Allee das Flussufer schneidet. Die vom Künstler erfundene Legende besagt, das überdimensionierte Werkzeug könnte von Herkules aus der Höhe des → *Habichtswalds* über die Stadt geworfen worden und dort an der Fulda aufgetroffen sein (documenta 7, 1982, Stahl, Höhe 12 m; Fulda-Ufer). Bei Ulrich Rückriems „Ein Granitblock in drei Teile gespalten. Der mittlere Teil in vier Teile geschnitten. Alle Teile zur ursprünglichen Blockform zusammengefügt. Der untere Teil als Fundament in die Erde eingelassen", benennt der Titel des Werkes exakt seinen Entstehungsprozess. Der Block macht sichtbar, welche Handlungen der Bildhauer bei der Gestaltung am Stein vorgenommen hat: Spalten, Schneiden und das Getrennte wieder Zusammenfügen. Wie bei dem in die Blickachse der Schönen Aussicht zwischen → *Frühstückspavillon* und → *Staatstheater* platzierten Block hat der Künstler bei vielen seiner Skulpturen diese elementaren Arbeitsschritte immer wieder demonstriert und zu seinem primären Werkkonzept entwickelt: Verletzung und Rückgängigmachen der Destruktion; was bleibt, sind die sichtbaren Narben im Material (documenta 7, 1982, 330 x 180 x 100 cm; → *Neue Galerie*, Freigelände). Fünf Jahre dauerte es, bis „7000 Eichen – Stadtverwaldung statt Stadtverwaltung", Joseph Beuys' Geschenk an Ks., komplett war. So lange dauerte es, bis 7.000 Bäume (Eichen, aber auch zahlreiche andere Arten) zusammen mit je einer Basaltstele sich zu einer organischen, wachsenden, „sozialen Plastik" formiert hatten. Möglich wurde die „Stadtverwaldung" durch das exemplarische Zusammenwirken privaten und öffentlichen Engagements, das dafür sorgte, dass der zur documenta 7 auf dem Friedrichsplatz aufgeschüttete Keil aus Basalt sich über die gesamte Stadt verteilen konnte. So entstand ein lebendiger, ästhetischer Organismus, der intensiv und nachhaltig wie kein anderes Kunstwerk in die ökologische und gesellschaftliche Struktur der Stadt eingreift: prominente Punkte der Innenstadt besetzend und zugleich bis in die äußersten Regionen vordringend. Das prozesshafte Werk repräsentiert beispielhaft den ins Soziale erweiterten Kunstbegriff von Beuys. Es wird seit 2002 betreut von der „Stiftung 7000 Eichen" und steht seit 2004 unter → *Denkmalschutz*; ein „Baumkataster" der Stadt Ks. informiert über alle Standorte (documenta 7 bis documenta 8, 1982–87, 7.000 Bäume, 7.000 Steine; Stadt-

documenta-Außenobjekte Spitzhacke von Claes Oldenburg, documenta 7, 1982

gebiet). Im Gegensatz zu anderen Außenexponaten stieß Jonathan Borofskys 1992 vor dem → *Museum Fridericianum* platziertes Werk „Man Walking to the Sky" bei der Kasseler Bevölkerung auf breite Zustimmung. Da aber der Friedrichsplatz von Zeugnissen vergangener Ausstellungen freizuhalten ist, wurde das mit Hilfe einer Spendenaktion angekaufte Werk schließlich 1995 zum → *Kulturbahnhof* (→ *Hauptbahnhof*) umplatziert. Durch intensive Nutzung als Firmen- und Veranstaltungslogo sowie für Tourismus-, Produkt- und Dienstleistungswerbung hat sich der auf schiefer Ebene forsch Emporstrebende – unter dem Spitznamen „Himmelsstürmer" populär gewordene – zu einem überall anzutreffenden Hoffnungs- und Fortschrittssymbol der Nordhessischen Region entwickelt (documenta 9, 1992, Stahl, Fiberglas, Aluminium. Höhe ca. 25 m; Kulturbahnhof, Vorplatz). Am Modehaus SinnLeffers bilden „Die Fremden" von Thomas Schütte mit ihren improvisierten Gepäckstücken und ihrer exotischen Bekleidung das zeitgemäße Pendant zu den Portikus-Allegorien auf dem Giebel des Museums Fridericianum. Vor dem Hinter-

grund des globalen Migrationsgeschehens (→ *Migration*) und einer sich verschärfenden Asyldebatte thematisieren die ratlos wirkenden Gestalten von sichtlich unterschiedlicher ethnischer Herkunft in ihrer gefährdeten, exponierten Position Fremdheit, soziale Ausgrenzung und prekäre Situation gesellschaftlicher Randfiguren. Die Gruppe ist Teil einer ursprünglich zehn Figuren umfassenden Installation. Nach Ankauf eines Teils durch die Leffers AG erfolgte die Schenkung an die Stadt (documenta 9, 1992, Keramik, glasiert, Lebensgröße; Portikus Modehaus SinnLeffers, ehemals Rotes Palais, Friedrichsplatz).
Max Neuhaus' elektronisch erzeugte Klanginstallation „Three to One" erfüllt das markante Treppenhaus einer der frühesten Architekturen des Kasseler Nachkriegswiederaufbaus. Gänzlich ohne visuelle Elemente setzt das „Sound-work" des amerikanischen Künstlers jede der drei Etagen des AOK-Gebäudes einem gleichmäßigen Klangerlebnis aus. Nur wenig über dem Geräuschpegel der Umgebung liegend, will diese Aufforderung zu genauem Hinhören die belebten Verkehrsflächen mittels einer meditativen Akustik zu einem unerwarteten Raumerlebnis erweitern (documenta 9, 1992, Klanginstallation; AOK-Gebäude, Treppenhaus, Friedrichsplatz). Im spitzen Winkel zwischen den Zufahrten zu Friedrichsplatz-Tiefgarage und Orangerie akzentuiert Per Kirkebys „Raumskulptur" das äußerste Ende der documenta-Halle. Mit ihrem exakten, anonymen roten Klinkermauerwerk eher an eine Funktionsarchitektur als an ein Kunstobjekt gemahnend, steht die mäandernde Anlage als Verschleifung von Innen- und Außenraum in Kontrast zur großflächigen Materialverwendung des angrenzenden Ausstellungsgebäudes. Sie vermittelt ein Raumkonzept, das beim Durchschrittenwerden im Wechsel von Öffnung und Schließung der Formen erlebt werden kann. Das Geschenk des dänischen Künstlers verblieb als Ersatz für eine ähnliche, zur documenta 7 an der Rückseite der Orangerie errichtete Backsteinskulptur, die aus statischen und standorttechnischen Gründen entfernt werden musste (documenta 9, 1992, Ziegelmauerwerk, 875 x 1.074 x 399 cm; Du-Ry-Str./An der Karlsaue). Anatols „Das Traumschiff Tante Olga" wurde während der documenta 6 auf der Karlswiese präsentiert und anschließend der → *Heinrich-Schütz-Schule* geschenkt. In dem wie ein Papierschiffchen gefalteten Kunststoffboot war der Mitgründer der „Freien Akademie Oldenburg" in einwöchiger Fahrt vom Nordseebad Dangast nach Ks. gereist. (documenta 6, 1977, Polyester, 12 x 3 x 3 m; Frh.-vom-Stein-Str., Freigelände). Weitgehend unbeachtet hat an einem Absatz der Treppe zur Karlsaue eine kleinformatige Arbeit des amerikan. Künstlers Jimmie Durham überdauert. Die beiden Steinblöcke, die trotz ihrer konträren Herkunftsbehauptungen („This Stone is from the Mountain"/„This Stone is from the Red Palace"), offensichtlich aus einem einzigen gespalten sind, sprechen den Zusammenhang von Natur und Kultur, von natürlichem und künstlerischem Prozess an. Der aus dem Berg gebrochene, seinem Ursprungszusammenhang entrissene, ungeformte Stein wird durch technische Bearbeitung zum Baumaterial eines Palastes, also einer Architektur, eines Zivilisationsprodukts, eines Kunstgebildes. An der Nahtstelle von baulicher Maßnahme (Treppenanlage) und kulturell gezähmter Vegetation (Park) illustriert die Steinsetzung eine ästhetische Theorie, der zufolge jeder gestalterischen Kulturleistung eine gewaltsame Transformation von Naturmaterial zugrunde liegt (documenta 9, 1992, Sandstein, 2 Teile, je ca. 50 x 50 x 50 cm; Karlsaue, Gustav-Mahler Treppe). *hki*

Lit.: Aversion/Akzeptanz; Glasmeier, Vor Ort.

Lageplan der documenta urbana in dem alle Architekten des Projektes verzeichnet sind, 1981

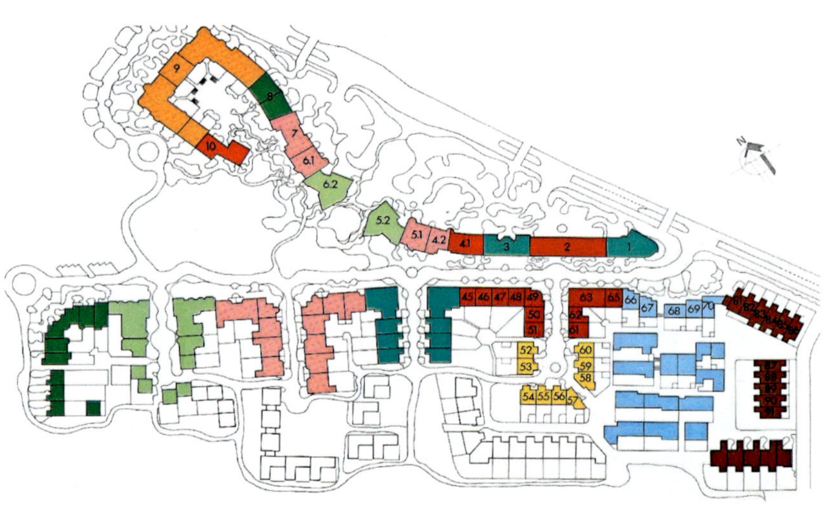

documenta urbana Schon → *documenta*-Gründer → *Arnold Bode* machte in den 1960er Jahren Pläne, seiner Kunstschau eine d. zu Architektur und Städtebau anzugliedern. Die Idee wurde um 1980 in Vorbereitung der documenta 7 von den Stadtplanern im Rathaus und von Hochschullehrern des Architekturfachbereichs der Gesamthochschule (→ *Universität*) Kassel (GhK) aufgegriffen. Die Stadt nutzte den Titel, um zur documenta 7 ein beispielhaftes Wohnquartier am Stadtrand zu errichten und auszustellen. Als Gegenstück zu dieser „documenta suburbana" sammelten L. Burkhardt und V. Nicolic von der GhK über 100 Vorschläge von Künstlern und Architekten für temporäre Eingriffe, die 15 von ihnen ausgesuchte Problemsituationen in der Stadt „sichtbar machen" sollten. Das neue Quartier wurde auf dem schönsten noch verfügbaren Gelände Kassels, der → *Dönche*, einem Südhang am südwestlichen Stadtrand, 1981 als d. eingeweiht. Als Bauträger firmierte die „Neue Heimat", als Architekten acht mit neuen Wohnprojekten bekannt gewordene Büros aus dem In- und Ausland und eine „Arbeitsgruppe Stadt/Bau" aus der GhK. Diese neun Büros hatten sich noch vor Ablauf des Gutachterverfahrens auf einen von H. Baller vorgeschlagenen gemeinsamen Lageplan und eine Verteilung ihrer Projekte darin verständigt und damit die im Rathaus tagenden Obergutachter überrascht. Der Vorschlag war 1979, als man noch gewohnt war, dass Wohnungen wie Tomatenkisten am Stadtrand aufgetürmt und Straßen wie Versorgungsleitungen dazwischen verlegt wurden, für eine d. durchaus angemessen: ein buntes Nebeneinander verschiedener Architekturen an deutlich begrenzten Straßen und kleinen Plätzen. Die Vermeidung von Treppenhäusern war ein durchgängiges Thema. So legte O. Steidle die „Bürgersteige" als getreppte Außengänge bis hinauf ins vierte Geschoss, und H. Herzberger (Amsterdam) machte aus Treppenhäusern Treppenveranden mit großen Kinderspiel-Podesten. Hinter der Häuserreihe „Schlange", zur Dönche hin, sollten noch – nach holländischem Vorbild – von jedem Büro kleine „Woonerfs" gebaut werden: von zweigeschossigen Häuserreihen gebildete, gut bespielbare Wohnsträßchen. Doch da die „Neue Heimat" bald in Zahlungsschwierigkeiten geriet, wurde von den Woonerfs nur die östlichste, die der „Arbeitsgruppe Stadt/Bau" der GhK (später „Baufrösche"), fertiggestellt. Auch von den wie ein griechisches Dorf an den Hang gelegten Wohnterrassen R. Rainers (Wien) wurde nur die oberste Reihe fertig. Neu war auch die liebevolle Pflasterung der Straßen nach dem Entwurf des Landschaftsarchitekten R. Herms (Hamburg), der sich mit der Absicht, das Regenwasser über die Straßenrinnen direkt in die Dönche abzuführen, bei den Stadtwerken leider nicht durchsetzen konnte. Doch die Beheizung der Wohnschlange mit der Abwärme eines Blockheizkraftwerks war schon ein Schritt in Richtung ökologischer Planung. Die → *Universität* organisierte 2007, zur documenta 12, eine weitere d. zu Themen der Stadtplanung. *mw*

Lit.: documenta urbana. „sichtbar machen"; Lucius, Kinder, 113f.

Die Dönche im Kasseler Stadtplan

Die **Dönche** ist ein 270 ha großes Gelände im SW Kassels mit dem größten innerstädtischen → *Naturschutzgebiet* in Hessen. Die D. ist vorwiegend durch Grasflur mit Büschen, Bachufer und im N und W durch Laubwald und kleine Weiher in ehemaligen Bombentrichtern geprägt. Erstmalig 1368 wurde die D. als „tonche" (Zaunichte) genannt, wegen der Hecken, die wie Zäune wirkten. Bis 1881 nutzte man den waldfreien Teil als Weide, 1881–1936 vorwiegend als Ackerland, im O als Gartenland und 1936–75 als Truppenübungsgelände. Seit 1976 ist die D. Landschaftsschutzgebiet, seit 1983 auf einer Fläche von 35 ha in der Mitte Naturschutzgebiet, das 1995 auf 173 ha erweitert wurde. Es besteht strenger Schutz in Zone I (119 ha),

Dönche von Ingo Küpper, Acryl auf Leinwand, 1995

schwächerer Schutz in Zone II (54 ha) im S, die Beweidung der Grasflur erfolgt mit Schafen. Der biologische Wert besteht in dem Mosaik an Vegetationseinheiten mit einer Vielfalt an Tieren. 1994 wies man 53 Brutvogel- und 29 Gastvogelarten nach. Die D. enthält markierte Wanderwege und einen Naturlernpfad. Seit 1981 liegt in einer ehemaligen Sandgrube im N das „Freilandlabor" mit unterschiedlichen Biotopen, mit offener Arbeitshütte und der Nutzung für den Biologieunterricht und die Ausbildung von Studenten, mit Arbeitsmaterial und Betreuung durch die Abteilung Biologiedidaktik der → *Universität* Ks. Seit 1981 liegen am O- und SO-Rand der D. die Siedlungen → *documenta urbana* und D.rain. *rh*

Lit.: Damm/Hedewig, Naturlernpfad; Hedewig/Schaffrath, Naturschutzgebiet.

Porträt Wilhelm von Dörnbergs, anonym, nach 1815, Öl auf Leinwand, Braunschweigisches Landesmuseum

Dörnberg, Wilhelm Caspar Ferdinand Freiherr von (* 14.4.1768 Hausen/Hersfeld, † 19.3.1850 Münster) stand ab 1783 in hessischen, ab 1796 in preußischen Diensten. 1806 geriet er in Gefangenschaft, danach wurde er Oberst der Gardejäger im neu gegründeten → *Königreich Westphalen*. Obwohl er Vertrauter König → *Jérômes* war, beteiligte sich D. an den europaweiten Verschwörungen gegen Napoleon. Planung und Führung des Aufstands lagen bei den hessischen Adligen, die u. a. wegen der Gleichstellung aller Bürger vor dem Gesetz (Wegfall der Steuerprivilegien des Adels) gegen den neuen Modellstaat eingenommen waren. D. brach seinen Treueeid, organisierte einen Aufstand von Bewohnern der Provinz, die am 22./23.4.1809 in mehreren Heeressäulen auf Ks. marschieren sollten. Der Aufstand scheiterte kläglich, weil die nicht militärisch organisierten Gruppen der westphälischen und französischen Armee hoffnungslos unterlegen waren. Nach Kampfhandlungen an der → *Knallhütte*, bei Hertingshausen und im Baunatal entließ D. die Aufrührer, um weiteres Blutvergießen zu vermeiden. Das Scheitern des Aufstands hatte mehrere Gründe. Kurfürst → *Wilhelm I.* begrüßte zwar das Unternehmen, verweigerte jedoch Geld für Waffen. Die Aufständischen verfügten zwar über Schlag-, Hieb- und Stich-, kaum aber über Schusswaffen. Der Mitverschworene Homberger Metropolitan Johann Christian Martin ließ eine Nacht zu früh (21./22.4.1809) die Sturmglocken in Homberg und Wolfhagen läuten, wodurch Ks. gewarnt war. Den schwersten Fehler beging jedoch D. selbst, der die Lage in der westphälischen Hauptstadt und beim Heer völlig falsch einschätzte. Die Aufrührer erhielten von dort keinerlei Unterstützung, weil man mit den neuen Zuständen zufrieden war. Der in Ks. zum Tode verurteilte D. floh nach dem Scheitern des Aufstandes nach Böhmen, trat in das russische Heer ein, wurde 1815 Hannoverscher General und ging 1842 als Gesandter an den Zarenhof. Eine Reihe der Mitverschwörer D.s wurde angeklagt, einzelne wurden verurteilt und hingerichtet, einige gefangen gesetzt, wieder andere von Jérôme begnadigt. Die Mitläufer aus dem einfachen Volk wurden amnestiert. *hbu*

Lit.: Burmeister, Jérôme, 161–222.

Domänen Bis Ende des 19. Jhs. existierten rund um Ks. mehrere herrschaftliche D.güter. Hierbei handelt es sich um landwirtschaftliche Großbetriebe unterschiedlicher Genese, Besitzform, Größenklasse, Produktionsausrichtung und Funktion. Ihren Kern bildeten die Kammergüter, aus deren Erträgen die Hofküche mit Lebensmitteln versorgt, der → *Marstall* mit Futter beliefert und die Naturalanteile der Besoldung der landgräflichen → *Beamten* und Bediensteten bestritten wurden. Eine zentrale Stellung für die Versorgung mit Milchprodukten kam der sog. Meierei zu, die sich zunächst im → *Renthof* befand. Mit der Meierei verbunden waren eine Schäferei sowie ein Wirtschaftshof in → *Waldau*. Im Zuge des Neubaus des Renthofs 1579/80 wurde die Meierei in die → *Aue* verlegt. Die sog. Neue Meierei im Bereich des heutigen → *Marmorbads* war ein Vierflügel-Fachwerkbau mit einer Landausstattung von etwas über 260 ha. Vor der Umgestaltung der Aue ließ Lgf. → *Wilhelm VIII.* 1740 die Gebäude abreißen und unterhalb des → *Weinberges* einen neuen Hof errichten. Außer der Schweizerei (seit 1767) besaß der Hof noch eine Geflügelmästerei, die zur Bezeichnung „Hühnerstopperei" führte. Bewirtschaftet wurden die Ländereien von den hand- und spanndienstpflichtigen Untertanen der umliegenden Dörfer. 1812 verkaufte das → *Königreich Westphalen* das Gut, das 1814 von der kurhessischen Regierung eingezogen wurde. Die Geflügelmästerei verlor, nachdem die grundherrlichen Natural- und Geldabgaben durch die → *Verfassung 1831* für ablösbar erklärt worden waren, ihre Bedeutung. Zudem mussten die Pächter der D.güter infolge der 1832 verfügten Aufhebung der Dienste auf dem Arbeitsmarkt mit anderen Arbeitgebern konkurrieren. Nach einem Brand wurde die Neue Meierei 1904 aufgelöst. Ein Teil des Areals diente als Bauplatz für die → *Kunstakademie*, der Rest wurde mit Miethäusern bebaut. Für die Versorgung der Hofküche mit Schaffleisch war u. a. das Kammergut Schäferhof – ursprünglich ein Gutshof des 1527/28 säkularisierten → *Stifts Ahnaberg* – zuständig. Auf dem unterhalb des Ahnabergs gelegenen, 1731 gut 80 ha großen Hof wurden außerdem die herrschaftlichen Schweine gehalten. Der Ankauf von Wiesen und Gartenland diente dazu, die landwirtschaftliche Fläche und die Viehhaltung im 18. Jh. weiter zu vergrößern, was zu zahlreichen Konflikten mit der Kasseler Bürgerschaft um die Hute vor dem Ahnaberger Tor (→ *Stadttore*) und die Nutzung der Bleiche vor dem Wesertor führte. Allerdings wurde der Schäferhof im → *Siebenjährigen Krieg* bei der Belagerung Kassels 1761 niedergebrannt. Die zum Schäferhof gehörigen Ländereien übertrug die D.verwaltung in der Folge dem Pächter des → *Fasanenhofs* zur Bewirtschaftung.

Das zwischen Ks. und → *Wolfsanger* an der Fuldatalstr. gelegene D.gut Fasanenhof ging auf einen mit Fasanerie versehenen fürstlichen Landsitz zurück. Der Produktionsschwerpunkt des bis 1834 auf knapp 140 ha vergrößerten D.guts lag im 19. Jh. auf dem Zuckerrübenanbau und der Milchwirtschaft. 1919/20 wurde der nunmehr fast 155 ha umfassende Fasanenhof mit allen Ländereien an die Stadt Ks. verkauft. 1926 folgte die → *Eingemeindung* des Gutsbezirks Fasanenhof. Von zentraler Bedeutung für die Versorgung des Hofs bei sog. Fürstenlagern auf Schloss Weißenstein war ferner das zugehörige D.gut. Nachdem die Ländereien des 1527/28 säkularisierten Augustiner-Nonnenklosters → *Stift Weißenstein* zunächst von der ehemaligen Klostermeierei in → *Wahlershausen* aus bewirtschaftet worden waren, entwickelte sich das D.gut Weißenstein mit seiner ausgedehnten Rinderzucht noch im Verlauf des 16. Jhs. zum wirtschaftlichen Mittelpunkt des gut 75 ha großen Areals. Nach der Errichtung von Schloss Weißenstein durch Lgf. → *Moritz* wurde die Milchviehhaltung auf dem nunmehr über 90 ha großen Betrieb verstärkt. Ende des 18. Jhs. verbesserte die D.verwaltung durch die Einführung von Merino-Schafen die Qualität der hier produzierten Wolle. Das D.gut Wilhelmshöhe besaß bis Anfang des 19. Jhs. ein Vorwerk in → *Wehlheiden*.

Domäne Fasanenhof, Ansicht des Hauses an der Wolfsangerstraße 59 von 1936

Auf einem Landstück der durch die westphälische Regierung veräußerten Meierei wurde später das Gefängnis Wehlheiden (→ *Gefängniswesen*) erbaut.

Außerdem war das zeitweise als Gestüt genutzte, westlich des → *Herkules* gelegene Vorwerk Sichelbach mit dem D.gut Wilhelmshöhe verbunden, das 1929 noch rund 215 ha bewirtschaftete. Der zusehends heruntergekommene Betrieb wurde nach 1945 aufgeteilt und noch einige Zeit für Schafzucht und als Ponyhof genutzt. Heute ist der Hessische Rundfunk Eigentümer des Restgeländes, auf dem 1992 ein Fernsehstudio entstand und 1997 ein Restaurant eröffnet wurde. Als weniger langlebig erwies sich die Meierei in dem 1781 südlich von Schloss Weißenstein angelegten chinesischen Dorf Mulang. Da sich das Areal als zu klein für die angestrebte

Milchwirtschaft erwies, schlug Hofgärtner → *August Daniel Schwarzkopf* vor, Teile des Schlossparks landwirtschaftlich zu nutzen. Dies wurde vermutlich nicht umgesetzt, wie die Aufgabe der Schweizerei im Jahr 1797 wegen Unrentabilität belegt. Allerdings startete Lgf. → *Wilhelm IX.* 1799 einen erneuten Versuch zur Etablierung einer Schweizerei in Schlossnähe. Die auf einer Anhöhe nordöstlich vom Schloss angelegte Meierei Montchéri bestand bis 1826, als die Milchwirtschaft samt der Schweizerei nach Mulang verlegt wurde. Die Hofgebäude standen noch bis 1839. Zu den D.gütern gehörte der bei Simmershausen gelegene, ebenfalls aus ei-

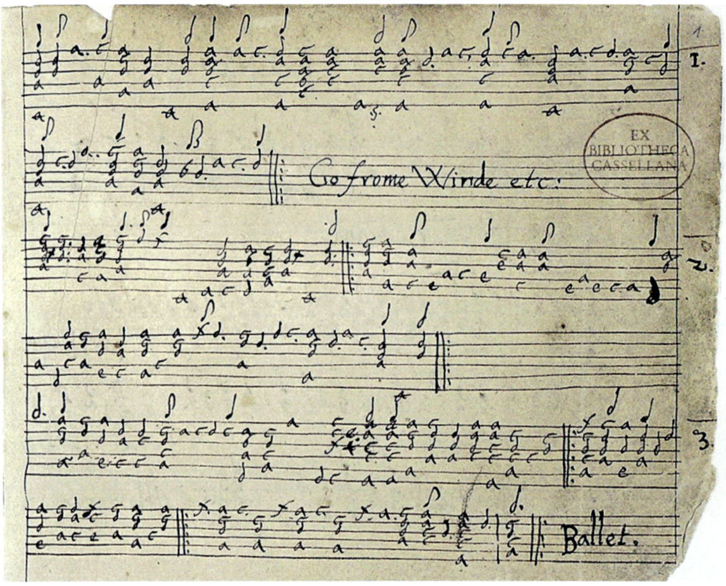

John Dowland „Go from Winde". Lautenstück aus dem Lautenbüchlein der Elisabeth von Hessen (Französische Lautentabulatur)

nem Ahnaberger Klostergut hervorgegangene Kragenhof. 1822 überließ Kurfürst → *Wilhelm I.* das Kammergut dem im Jahr zuvor gegründeten Landwirtschaftsverein zur Anlegung einer Stammschäferei und Zuchttieranstalt. 1900 bekam ihn die Stadt Ks. geschenkt und eröffnete auf dem Gut eine Walderholungsstätte. 1928 erfolgten die Eingemeindungen der Gutsbezirke Kragenhof und Wilhelmshöhe. Von 2004 bis 2006 beherbergte der Kragenhof ein Trainingscamp des Kasseler Vereins „Durchboxen im Leben" für straffällig gewordene, drogensüchtige und schwererziehbare Jugendliche. *jeb*

Lit.: Hartmann, Quellen; Ebert, Versorgung.

Dowland, John (* um 1562/3 London, † Februar 1626 ebd.) Der englische Komponist D. stand 1579–84 in Paris im Dienst der englischen Gesandten Sir H. Cobham und Sir E. Stafford. Nach seiner Rückkehr nach England heiratete er, sein Sohn Robert wurde 1586 geboren. 1588 erhielt D. in Oxford den Grad eines Baccalaureus Musicus, seine Bewerbungen um Aufnahme in die Chapel Royal bzw. auf den Posten eines Hoflautenisten blieben jedoch erfolglos. Es folgten Reisen in das europäische Ausland, zunächst nach Deutschland, wohin ihn der Herzog von Braunschweig eingeladen hatte. Trotz hoher Wertschätzung und günstiger Angebote in Wolfenbüttel lehnte er das Angebot des Herzogs, ihn in seinen Dienst zu nehmen, ebenso ab wie das des Lgf. → *Moritz* in Ks., an dessen Hof er 1595 weilte. D. zog es nach Italien, wo er Station in Venedig und Florenz machte. 1596 kehrte er nach England zurück, 1598–1606 stand er dann als Lautenist am Hofe König Christians IV. von Dänemark in Diensten. Nach der erneuten Rückkehr nach England erreichte D. nach einigen beruflichen Zwischenstationen 1612 mit der Ernennung zum Musician for the lutes die lang ersehnte Position bei Hofe, die er bis zu seinem Tod bekleidete. D. galt als einer der bedeutendsten Lautenvirtuosen, seine Kompositionen werden bis heute unbestritten zu den schönsten und kunstvollsten ihrer Art gezählt. V. a. seine Werke für das und mit dem Instrument Laute zeichnen sich durch eine subtile Behandlung des Textes, melodische Erfindungskraft, rhythmische Vielfalt und harmonischen Reichtum aus. *ps*

Die **Drahtbrücke** überspannt mit 84 m seit 1870 die Fulda als Verbindung zwischen der → *Unterneustadt* und dem Stadtzentrum – von der Sternstr. zum Ende des Auedamms. Nachdem die Befestigungsanlagen der Stadt geschleift wurden, gab es seit Ende des 18. Jhs. in den Sommermonaten eine Schiffsbrücke als Verbindung für Passanten und Reiter. Doch auch ein später eingerichteter Fährverkehr befriedigte die Bedürfnisse nicht. Auf Initiative einer von Anwohnern gegründeten Aktiengesellschaft wurde der Bau der Brücke 1870 begonnen. Bis 1897 wurde eine geringe Maut erhoben, um die Kosten des Baus zu decken. 1940 wurde die Brücke durch treibende Trümmer schwer beschädigt und schlichter rekonstruiert. Bis zum Ende des Krieges wurde sie erneut mehrmals beschädigt, aber bereits 1946 wieder eröffnet. Von 1955 bis zu einer umfassenden Sanierung 1997 verhin-

Die Drahtbrücke vom linken Fuldaufer aus gesehen, Lithographie, nach 1870

derte ein behelfsmäßiger Brückenpfeiler in der Mitte des Flusses das charakteristische Schwingen der Hängebrücke. *ys*

Im **Dreißigjährigen Krieg**, der sich 1618 aus Konflikten der böhmischen Stände mit den Habsburgern und der Wahl des pfälzischen Kurfürsten Friedrich V. zum böhmischen König entwickelte und bald europäische Dimensionen erreichte, engagierte sich die Landgrafschaft Hessen-Ks. schon zu einem frühen Zeitpunkt auf Seiten der Gegner von Kaiser und kath. Liga. Die Gründe für die Gegnerschaft zum Kaiser lagen zum einen in der auch konfessionell motivierten Parteinahme des Lgf. → *Moritz* für den Pfälzer, zum anderen aber auch in den Auseinandersetzungen mit Hessen-Darmstadt, einem Verbündeten des Kaisers, um das Erbe der Marburger Linie der hessischen Landgrafen, das nach einem Urteil des kaiserl. Reichshofrats 1623 vollständig Darmstadt zugesprochen wurde.
1623 fiel der kaiserl. Feldherr Tilly in Hessen-Ks. ein, wo er bis 1625 faktisch Regierungsgewalt ausüben konnte. Verliefen die ersten Jahre des Krieges in einigermaßen geordneten Bahnen, so nahmen die Beschwernisse für die hessische Bevölkerung in den Jahren 1626/27 zu. Im Sommer 1626 schlug Tilly sein Lager im Niestetal nordöstlich von Ks. auf, von wo er die gut befestigte Stadt bedrohte und von ihrer Versorgung abschnitt, ohne sich jedoch zu einer Belagerung zu entschließen. Die mangelhafte Versorgungslage und hohe Flüchtlingszahlen führten gleichwohl zu einer prekären Situation innerhalb der Stadtmauern, die viele Opfer forderte.

Als Wilhelm V., Nachfolger des abgedankten Lgf. Moritz, ab 1631 im Bündnis mit Schweden und später Frankreich den Krieg wieder aufnahm, wurde die Residenzstadt Ks. zum zentralen Ort für Truppenwerbungen und -aushebungen. Kurzfristig gelang es dem Landgrafen, sein Territorium zu entlasten. Nachdem jedoch 1636 die Reichsacht über Wilhelm verhängt worden war, fielen erneut feindliche Soldaten in Hessen-Ks. ein. Besonders das sog. „Kroatenjahr" 1637 brachte hohe Verluste für die Bevölkerung. Landgräfin → *Amelie Elisabeth*, die nach dem Tod ihres Mannes 1637 die Regentschaft führte, sorgte zwar durch Verhandlungen bis 1640 für eine kurze Phase der Ruhe, trat aber ab 1640 wieder aktiv in den Krieg gegen den Kaiser ein. Besonders der „Hessen-Krieg", der der Aufkündigung eines Vergleichs mit Hessen-Darmstadt bezüglich der Marburger Erbschaft folgte, verursachte erneut schwere Kriegshandlungen mit wechselndem Kriegsglück in den Kasseler Territorien. Das gut befestigte Ks. blieb neben Ziegenhain die einzige hessische Stadt, die im Verlauf des Krieges nicht von feindlichen Soldaten besetzt wurde und auch keine Belagerung erdulden musste. Aufgrund zahlreicher Flüchtlinge, die sich aus dem verheerten Umland in die Festung retteten, erfuhr Ks. im Gegensatz zu allen anderen Orten der Landgrafschaft kaum Einbußen, sondern sogar eine leichte Zunahme der Bevölkerungszahl. Dennoch wies auch Ks. während des Krieges eine sehr hohe Mortalitätsquote auf: Aufgrund der hohen Flüchtlingszahl herrschten katastrophale hygienische Bedingungen, die die Ausbreitung von → *Epidemien und Seuchen* begünstigten. Die schwerste war wohl die Pest im Jahr 1637, an der innerhalb weniger Monate 1.440 Menschen, darunter überdurchschnittlich viele Flüchtlinge, starben. Nach der Seuche lebten noch 5.744 Bürger und 2.456 Flüchtlinge in der Stadt. Als bedrückend empfand die Kasseler Bevölkerung neben den sonstigen Kriegslasten v. a. die Einquartierung von Soldaten in ihre Wohnhäuser. Offensichtlich kam es häufig zu Konflikten zwischen Bürgern und Soldaten, wie zahlreiche Klagen und Proteste zeigen. Insgesamt war Ks. aber im Vergleich zu anderen Städten vom Krieg nur mäßig betroffen: Gewerbe und Handel funktionierten mit Einschränkungen weiter, erhielten temporär sogar kleine Impulse durch den Zuzug wohlhabender Flüchtlinge. Die Lebensmittelpreise blieben dank landgräflicher Taxordnungen moderat.

Nach dem Verlust der hessischen Universität Marburg kam es in Ks. 1633 sogar zur Gründung einer eigenen Universität. Sie war jedoch von wenig Erfolg gekrönt und konnte nur geringe Studentenzahlen aufweisen. Im Jahr 1653 schließlich wurde sie nach Marburg zurückverlegt, das wieder zu Hessen-Ks. gehörte. Neben Teilen der ursprünglichen Marburger Erbschaft wurden Hessen-Ks. in den Friedensverhandlungen von Münster und Osnabrück weitere Gebietsgewinne und Entschädigungen zugesprochen, die jedoch insgesamt hinter den weitgehenden Forderungen der Landgräfin zurückblieben. Zentrales Ergebnis des D.s war für die Landgrafschaft sicherlich die Festschreibung der Trennung von Hessen-Ks. und Hessen-Darmstadt. *kwe*

Lit.: Malettke, Krieg, 83–102; Press, Hessen, 267–331.

Postkartenansicht des Druselturms um 1910

Die **Drusel** entspringt am Ziegenkopf im → *Habichtswald*, fließt durch → *Wahlershausen* und → *Wehlheiden* und mündet in die → *Kleine Fulda*. Herkunft und Bedeutung des Namens sind unklar, doch scheint er zur späteisenzeitlichen bis frühmittelalterlichen Namensschicht zu gehören (-el-Namen). Mit dem Ausbau des Hohenzollernviertels verrohrte man die D. um 1900 in der Herkulesstr. sowie an Kirchweg und Pestalozzistr., 1928 zwischen Kleiner Weide und Landaustr. (Tischbeinstr.). 1930–33 folgte der bereits 1902 kanalisierte Abschnitt ab der Regentenstr. (heutige → *Heinrich-Schütz-Schule* und → *Goethe-Anlage*). Auch im D.tal sind Abschnitte für den Straßenausbau verrohrt worden. Die Kleine Fulda war ehemals ein Nebenarm der → *Fulda*, ist aber seit dem frühen 18. Jh. vom Hauptstrom getrennt und führt nur noch das Wasser der D. Gleichzeitig ist D. eine regionale Bezeichnung für eine Straßenrinne oder -gosse. Zur → *Wasserversorgung* Kassels wurde spätestens seit dem 14. Jh. ein Teil des Wassers ab Wahlershausen (Rudolphstr.) durch einen künstlich angelegten Graben in die Stadt geführt und vom D.platz sowie vom → *Zwehrener Turm* durch sämtliche Straßen zur Fulda geleitet. Die offenen Rinnen in den Straßen bezeichnete man nach der Herkunft des Wassers als „Druseln“. Nach der Verlegung von Eisenrohren innerhalb der Stadt (wohl spätes 17. Jh.) ging der Name allg. auf die Straßengossen über, zumal nachts und mittags weiterhin ein Teil des Wassers zur Reinigung durch die Straßen geleitet wurde. *cp*

Lit.: Wiegand, Kassel II; Holtmeyer, Cassel-Stadt.

Der **Druselturm** ist Teil der mittelalterlichen Stadtmauer der → *Freiheit*. 1415 wurde er an der Eintrittsstelle des Druselgrabens (→ *Drusel*) in die Stadt errichtet. Zur Baufinanzierung hatte die Stadt Ks. ein Jahr zuvor 150 Gulden bei einem Kasseler Karmeliter und dessen Vater in Spangenberg geliehen. Der Zugang in den D. erfolgte über den Wehrgang, der etwa in 3 m Höhe an der Innenseite der Stadtmauer verlief und am Turm entlang geführt wurde, wo er noch erhalten ist. Das darunter liegende Erdgeschoss diente als Verlies und war nur durch eine Öffnung im Gewölbe zu erreichen; in die oberen Geschosse führten Leitern. Ganz oben ermöglichten sechs große Scharten einen guten Rundblick, und im 16. Jh. hatte hier anscheinend der Druselmeister seine Dienstwohnung (→ *Wasserversorgung*). Am Turmhelm befand sich über jeder dieser sechs Scharten ein kleines Wichhaus mit spitzem Helm, bis die Holzkonstruktion 1686 wegen Baufälligkeit abgebrochen und in einfacher Form neu errichtet wurde. Das Äußere des D.s war hell verputzt. 1905 brannte er aus; sein Abbruch wurde mit einer Stimme Mehrheit abgelehnt. Beim Wiederaufbau 1906 erhielt der Helm nun vier statt der ursprünglich sechs Wichhäuser. Nach dem erneuten Brand 1943 wurde das Erdgeschoss zunächst von

W. Thieme als Fotoatelier genutzt. Schließlich wurde ein schlichter Helm nach dem Vorbild von 1686 errichtet. *cp*

Lit.: Holtmeyer, Cassel-Stadt, S. 82f.

Duncker, Albert (* 27.12.1843 Hanau, † 27.7.1886 Ks.), Dr. phil., war nach dem Studium der Philologie und Geschichte in Marburg und Leipzig Lehrer am Gymnasium für klassische Philologie, Geschichte und Geografie in Hanau, später in Wiesbaden. 1868 wurde er promoviert. In Hanau engagiert er sich im Geschichtsverein, aber auch im politischen Bereich. Nach dem Wechsel nach Wiesbaden wurde er bald Schriftführer im „Verein für Nassauische Alterthumskunde". Neben seiner Tätigkeit als Lehrer hielt er viele archäologische und historische Vorträge. 1880 wechselte er zur → *Landesbibliothek* in Ks., zu deren 300. Geburtstag D. noch im selben Jahr die Festrede hielt. Als der Kunsthistoriker Wilhelm Lübke 1883 Lgf. → *Friedrich II.* und den sog. → *Soldatenhandel* anprangerte, nahm D. ausführlich dazu Stellung und wies die Vorwürfe zurück. Außerdem bemühte er sich um die räumliche Erweiterung der Bibliothek im → *Museum Fridericianum*. Auf seine Anregung hin wurden in der Bibliothek Büsten der Brüder → *Grimm* aufgestellt, deren Handexemplar der „Deutschen Grammatik" er 1885 sogar der Bibliothek zuführen konnte. 1884 hatte er bereits einen Grimmverein in Ks. gegründet. Nachdem er sich anfangs in seinen Veröffentlichungen archäologischen Themen zugewandt hatte, beschäftigte er sich später v. a. mit historischen Fragestellungen. *hbe*

Lit.: Ex Bibliotheca; Lohmeyer, Duncker, Nachruf.

Duraeus, Johannes, eigentlich John Dury (* 1596 Edinburgh, † 1680 Ks.), kam als Sohn eines presbyterianischen Predigers zur Welt. Nach Studien in Leiden und Oxford fand er als Hauslehrer in Frankreich und 1624 als Prediger der englischen Fremdengemeinde in Elbing Anstellung. Damals begann er sich mit dem innerprotestantischen Unionsgedanken zu beschäftigen. Nach dem Leipziger Religionsgespräch von 1631 zwischen lutherischen Theologen aus Kursachsen und reformierten aus Brandenburg und Hessen-Ks. wurde er mit Empfehlungsschreiben des Erzbischofs von Canterbury als Vorkämpfer der innerprotestantischen Union nach Deutschland geschickt. Er selbst wechselte von den Presbyterianern zu den Anglikanern, dann wieder zurück und schließlich zu den Independenten. Seine Verhandlungen in Schweden endeten 1638 mit seiner Ausweisung. Ebenfalls erfolglos verliefen seine Bemühungen in Dänemark. 1641 wurde D. in Den Haag Prediger der Gemahlin Wilhelms II. von Oranien, einer Tochter des Königs Karl I. von England. Seit 1654 bemühte er sich unter dem Protektorat Cromwells um die Einigung der → *Reformierten* in der Schweiz, der Wetterau, in Anhalt, Bremen, Emden und den Niederlanden. Cromwells Tod 1658 verhinderte die weitere Ausführung seiner Pläne, 1661 verließ er England. D. fand Unterstützung bei Lgf. → *Wilhelm VI.* und dessen Witwe → *Hedwig Sophie*. Er ließ sich daher in Ks. nieder und bemühte sich von hier aus bis zu seinem Tod, freilich ohne rechten Erfolg, um die Versöhnung der → *Lutheraner* mit den Reformierten. *htg*

Lit.: Dictionary of National Biography; Theologische Realenzyklopädie.

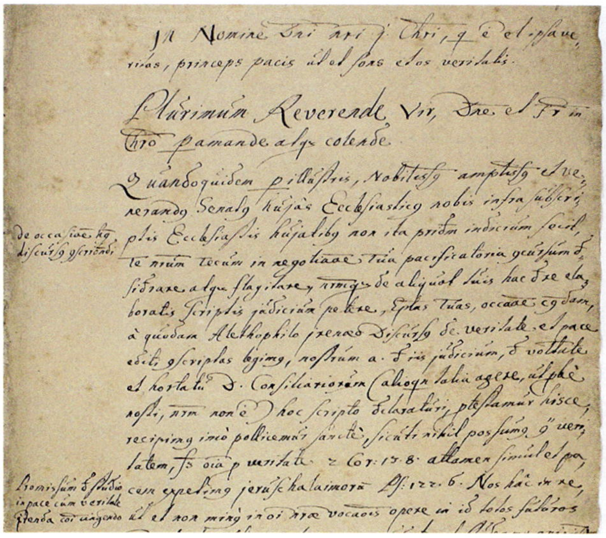

Erste Seite einer Originalschrift von Johannes Duraeus

Dynamo Windrad Kassel e. V. wurde am 8.1.1982 von einer Handvoll Freizeitfußballern im Licht alternativer Ideen gegründet. D. war als Name des Sportvereins schnell gefunden. Der Hessische Fußballverband (→ *Fußball*) nahm jedoch am Namen Anstoß. Er sah diesen als politisches Statement und vermutete im Zonenrandgebiet Nordhessens eine kommunistische Zelle am Werk. Das folgende Namensverbot beschäftigte die Gerichte bis hin zum Bundesgerichtshof. Erst als Dynamo Dresden 1991 in der Bundesliga spielte, kam lapidar eine Rechnung über die Verbandsgebühren und D. war der Umgang mit dem Ball nun offiziell erlaubt. 2007 waren knapp 1.000 Mitglieder in 16 Abteilungen bei D. aktiv. Dabei entwickelt sich der Verein bis heute weiter: mit der Bolz-WM, Jugendturnieren oder Sportangeboten wie Wirbelsäulengymnastik, die regelmäßig und dauerhaft zur Vielfalt Kassels beitragen. *bm*

Die **EAM** Elektrizitäts-Aktiengesellschaft Mitteldeutschland entstand am 6.9.1929 in Ks. durch den Zusammenschluss mehrerer kommunaler Stromversorger und der Beteiligung der Preußischen Elektrizitäts-AG, Hannover (später PreussenElektra AG, heute E.ON Energie AG). Zweck war „die Errichtung, der Erwerb und der Betrieb elektrowirtschaftlicher Anlagen zur sicheren und vorteilhaften Versorgung der Bevölkerung mit elektrischem Strom". Beteiligt waren der „Zweckverband Überlandwerk Edertalsperre", das „Überlandwerk Südhannover GmbH" sowie die Kreise Rotenburg, Hersfeld, Kirchhain, Marburg und Hanau. Die Preuß. Elektrizitäts-AG brachte ihre Stromversorgungsanlagen im Kreis Frankenberg ein. 1930 kam auch das Städt. Elektrizitätswerk Göttingen hinzu. Sitz der Gesellschaft war Ks., zunächst in der Wilhelmshöher Allee, ab 1955 am Scheidemannplatz (EAM-Hochhaus) und seit 1993 in der Monteverdistr. in Bad Wilhelmshöhe. Bis 2002 lag die Aktienmehrheit zu 54 % in den Händen der Landkreise und der Stadt Göttingen, 46 % gehörten dem Hauptstromlieferanten, der PreussenElektra AG. Seit den 1930er Jahren baute die E. die Stromversorgung kontinuierlich aus. Die Verschmelzung der Lahn-Dill GmbH mit der E. 1957 brachte eine wesentliche Erweiterung, eine Strategie, die im Folgenden fortgeführt wurde. Der Schwerpunkt lag dabei in Ausbau und Verstärkung der Versorgungsanlagen. Anfang der 1970er Jahre begann die E. mit der Verkabelung von Freileitungen – heute ist das Niederspannungsnetz bis auf wenige Ausnahmen verkabelt, im Mittelspannungsnetz über 70 %. 1952 stieg die E. mit der Gründung der Gasversorgung Südhannover GmbH (seit 1967 kurz SN-Gas) auch in die Erdgasversorgung der Region ein. Diese E.-Tochter baute ihr Leitungsnetz kontinuierlich aus. Mit Vollendung der 150 km langen Mittelhessen-Leitung von Marburg nach Großalmerode 1978 war die Erschließung weiter Teile Hessens gelungen; zusätzliche Hochdruckleitungen folgten. Um den Ausbau ihres Dienstleistungsangebots zu dokumentieren, änderte die E. 1993 ihren Namen in Energie-AG Mitteldeutschland. Im Jahr 2002 verkauften die komm. Anteilseigner die Hälfte ihrer E.-Aktien an die E.ON Energie AG, deren Anteil dadurch auf 73,3 % stieg. Von 2003 an firmierte das Unternehmen als E. Energie AG und entschloss sich 2005, den Firmennamen in → *E.ON Mitte AG* zu ändern, um die Zugehörigkeit zum E.ON-Konzern und die Rolle als regionaler Energiedienstleister deutlicher zum Ausdruck zu bringen. *jkr*

Haus der EAM am Ständeplatz 1, Bild etwa 1960

Lit.: Trurnit, Mit Hertz.

Eberhard, Bernhard (* 6.4.1795 Schlüchtern, † 29.2.1860 Hanau) Nach dem Abitur in Schlüchtern studierte E. Jura in Marburg und Gießen und ließ sich anschließend als Staatsanwalt und Notar in Hanau nieder. 1828 wurde er Bürgermeister, später OB dieser Stadt, für die er 1830 auch in den kurhessischen Landtag gewählt wurde. Dort gehörte er zu den führenden Liberalen und war mit an der Formulierung der fortschrittlichen → *Verfassung 1831* beteiligt. Bis 1848 war E. Mitglied aller weiteren Landtage. Zu Beginn der → *Revolution 1848* ernannte ihn Kurfürst → *Friedrich Wilhelm I.* zum Innenminister und damit zum Leiter des kurhessischen Märzministeriums. Als solcher amtierte er fast zwei Jahre lang, häufig zwischen dem bald wieder auf reaktionären Kurs einschwenkenden Landesherrn und den stärker werdenden demokratischen Kräften vermittelnd bzw. lavierend. Immerhin hielt E. Kurhessen aus den blutigen Kämpfen um die Reichsverfassung 1849 heraus und setzte gegen massiven Widerstand in Regierung und Landtag den Anschluss des Landes an das preußische Unionsprojekt durch, mit dem Nord- und Mitteldeutschland geeint werden sollten. E. konnte aber den Wechsel des Kurfürsten in das Lager Österreichs nicht verhindern und trat mit seinem Kabinett im Februar 1850 zurück. Unmittelbar danach wurde er zum

Bernhard Eberhard, 1830

Kasseler → *Ehrenbürger* ernannt, seine Wahl in den Kasseler Stadtrat wurde aber nicht mehr anerkannt. Bis zu seinem Tod lebte E., von der reaktionären Regierung unter → *Ludwig Hassenpflug* argwöhnisch beobachtet, in Hanau. *jfr*

Lit.: ADB; Gums, Bewegung.

Echtermeier, Carl Friedrich (* 27.10.1845 Ks., † 30.7.1910 Braunschweig) machte ab 1858 eine Lehre als Kunstformer in der väterlichen Gipsformerei, wobei u. a. um 1859 eine Büste des Komponisten → *Louis Spohr* entstand. Zwischen 1858 und 1864 besuchte er die → *Kunstakademie* in Ks. und erhielt mehrere Auszeichnungen. 1867–70 war er Meisterschüler bei Ernst Julius Hähnel in Dresden, wo er nach Studienreisen nach Italien 1871 ein eigenes Atelier gründete. Ab 1873 beschäftigte er sich nahezu ein Jahrzehnt lang mit acht Idealfiguren der „Kunst übenden Länder" für das Treppenhaus des Gebäudes der → *Neuen Galerie*, die er in Modellen an verschiedenen Orten zeigte und in Carrara-Marmor ausführte. Auch für den Löwenbrunnen (→ *Brunnen*) in Ks. entwarf er 1881 vier Flussfiguren. 1883 wurde er Professor am Polytechnikum in Braunschweig, wo er Modellieren und Bossieren lehrte. Er beteiligte sich an zahlreichen Wettbewerben, die ihm viele Auszeichnungen und Preise einbrachten. Er gilt als bedeutendster Vertreter der Rietschel-Hähnelschen Bildhauerschule. *ap*

ADB; Gums, Bewegung.

Ehrenberg, Victor (* 22.11.1891 Altona, † 25.1.1976 London) gehört zu den bedeutenden Althistorikern des 20. Jhs. Geboren in Altona kam er 1901 nach Ks., wo er das → *Friedrichsgymnasium* besuchte. Nach dem Studium in Göttingen (1912–14) und Tübingen (1919/20) wurde er in Frankfurt/M. mit einer Arbeit über die innere Neuordnung der griechischen Städte durch Solon, Kleisthenes und einen spartanischen Politiker im 6. Jh. v. Chr. („Neugründer des Staates", 1925) habilitiert. Als grundlegendes Werk der griechischen Verfassungsgeschichte ist die Monografie „Der griechische Staat" (1932) anzusehen. Seit 1929 war E. Prof. für Alte Geschichte an der deutschen Universität in Prag; es gelang ihm und seiner Familie noch im letzten Moment vor der Besetzung der Tschechoslowakei im Frühjahr 1939 nach England zu gehen. Dort war E. zunächst an verschiedenen Lehranstalten und Colleges tätig; seit 1946 lehrte er als Lecturer, dann als Prof. bis 1957 Ancient History am Bedford College in London. Weitere wichtige Monografien („The People of Aristophanes", 1943, dt. 1968) verschafften E. internationale Anerkennung. Verheiratet war er seit 1919 mit Eva, der Tochter des Oberlandesgerichtsrates Siegfried Sommer, den seit der gemeinsamen Schulzeit eine enge Freundschaft mit → *Wilhelm II.* verband. E. war ein Cousin von → *Franz Rosenzweig*. Ein bewegendes Dokument jüdischer Kultur in Ks. vor 1933 sind die Erinnerungen von Eva Ehrenberg. *hes*

Lit.: Christ, Geschichte, 74–83;
Christ, Hellas, 195–202, 313f.

Ehrenbürger Seit 1830 verleiht die Stadt Ks. das E.-Recht an Personen, die sich besondere Verdienste um die Stadt erworben haben. Dieses Recht ist in § 28, Abs. 1 der Hess. Gemeindeordnung verankert. Bisher wurde das E.-Recht insgesamt 41 Mal verliehen. Der erste E. war der damalige Hauptmann der → *Bürgergarde* Maximilian Frh. von Ditfurth, der letzte 1989 → *Max Danz*. Die erste Frau, die diese Ehrung erhielt, war → *Sara Nußbaum* 1956, gefolgt von nur zwei weiteren: → *Elisabeth Selbert* 1984 und → *Christine Brückner* 1987. *ap*

Qu.: www.kassel.de.

Ehrungen und Preise. Die Stadt Ks. ehrt Personen in und außerhalb Kassels, die sich Verdienste um die Stadt erworben haben, mit unterschiedlichen Auszeichnungen, z. T. auch entsprechend ihrer Tätigkeit. Dazu gehören: die Bürgerplakette des OBs, das → *Ehrenbürger*-Recht, die Ehrenbezeichnung „Stadtälteste/r", die Ehrennadel der Stadt, die Ehrenplakette, die Goldene Sportplakette, die Karl-Schomburg-Plakette, die Stadtmedaille sowie der Wappenring. Darüber hinaus stiftete die Stadt eine Reihe von Preisen, die für außergewöhnliche Leistungen zu den unterschiedlichsten Thematiken verliehen werden: Arnold-Bode-Preis (→ *Arnold Bode*), Glas der Vernunft, Goldener Schlüssel, Kasseler Drehbuch, Kasseler Gesundheitspreis, Kasseler Kulturförderpreis, → *Kasseler Literaturpreis für grotesken Humor*, Kasseler Kunstpreis und der Naturschutzpreis der Stadt. *ap*

Qu.: www.kassel.de.

Eichwald Als westlicher Ausläufer des → *Kaufunger Waldes* ursprünglich eine zusammenhängende, bewaldete Fläche, ist der E. heute ein Freizeit- und Erholungsgebiet im O des Stadtteils → *Bettenhausen*. Um 1630 wurde ein → *Jüdischer Friedhof* angelegt, der sich heute noch dort befindet. Unter Lgf. → *Wilhelm VIII.* entstand die Fasanerie; es folgte eine Unterkunft für den Fasanenmeister; die auf dem Kamm des E.s. angelegte Eichenallee ist heute noch vorhanden. Die Anlage wurde ringsum mit einer hohen Dielenwand eingezäunt. 1830 erweiterte man die Fasanerie zu einem „Tiergarten", doch blieb der E. weiterhin landesherrliches Jagdgehege. 1875 übernahm das preuß. Hofjagdamt die Fasanerie; nach einem Brand 1876 wurde ein Teil der Fasanerie durch ein Restaurant ersetzt und die Restanlage noch bis 1904 unterhalten. Die Stadt Ks. pachtete um 1905 das Gelände. Nach 1918 wurde die hölzerne Einfassung um den E. entwendet: So zu einem öffentlichen Park umfunktioniert, bezeichnete man ihn auch als „Wilhelmshöhe von Bettenhausen". Ab ca. 1918 entstand die E.siedlung. Die Baugenossenschaft E., deren Mitglieder größtenteils Arbeiter waren, schuf dort bis zum Jahr 1933 rund 70 Eigenheime. In der → *NS-Zeit* wurde die Baugenossenschaft aufgelöst; unterhalb wurden Baracken zur Unterbringung ausländischer Zwangsarbeiter (→ *Zwangsarbeit*) errichtet. Nach dem Zweiten Weltkrieg wurden diese als Obdachlosenunterkünfte verwendet. Der E. dient heute vornehmlich der Erholung sowie für Freizeit- und Sportaktivitäten, eine Holznutzung erfolgt nur sehr eingeschränkt. Er umfasst eine Fläche von ca. 28 ha, im Hauptbestand stehen dort ca. 250-jährige Eichen mit einzelnen weiteren heimischen Gehölzen. Grundgestein ist Basalt mit Schluff über lehmigem Schluff. *heba*

Kartenskizze der Kasseler Eingemeindungen

Eingemeindungen Die → *Industrialisierung* in der zweiten Hälfte des 19. Jhs. führte mit wirtschaftlicher Expansion, Bevölkerungszuwachs und zunehmender Mobilität zur Verflechtung der Stadt Ks. mit den umliegenden Gemeinden. Der Eingliederung der Landkreisgemeinde → *Wehlheiden* am 1.4.1899 folgten sieben Jahre später, am 1.4.1906, weitere vier Nachbargemeinden (→ *Bettenhausen*, → *Kirchditmold*, → *Rothenditmold*, → *Wahlershausen*). Im Zuge der Auflösung der politisch selbstständigen Gutsbezirke erlangte Ks. nahezu 3.000 ha land- und forstwirtschaftliche Flächen (1926: Gutsbezirk → *Fasanenhof*; 1928: Gutsbezirk Kragenhof, Gutsbezirk → *Wilhelmshöhe* mit Schloss und Park, Gutsbezirk Oberförsterei Ehlen und Gutsbezirk Oberförsterei Kirchditmold). Städtebauliche und militärische Gründe führten zur Eingliederung der sechs Landkreisgemeinden → *Harleshausen*, → *Niederzwehren*, → *Nordshausen*, → *Oberzwehren*, → *Waldau* und → *Wolfsanger* am 1.6.1936. Die landesweite Gebietsreform in den 1970er Jahren brachte aufgrund der ablehnenden Haltung des Umlandes keine Änderung der Stadtgrenze mit sich. *frk*

Lit.: Klein, Eingemeindungen, 317–349; Klaube, „miteinander vereinigt".

Eisenbahn Prägend für die Rolle Kassels im E.netz ist bis heute, dass die Stadt inmitten eines Raumes von über 200 km Durchmesser das mit Abstand bedeutendste Zentrum darstellt. Schon 1822 regte der Unternehmer Carl Anton → *Henschel* die Schaffung einer Pferdebahnverbindung von Frankfurt über Ks. nach Bremen an. Seit den frühen 1830er Jahren propagierte der „Verein für Eisenwegebau in Kassel", dem eine Vielzahl hochrangiger Beamter, die Staatsminister sowie Gewerbetreibende angehörten, die Schaffung von Ks. ausgehender Strecken in die Richtungen Lippstadt, Frankfurt/M. und Halle. 1838 nahm die Regierung sich selbst der Eisenbahnangelegenheiten an. Ziel war es, Ks. zum Kreuzungspunkt einer N-S-Stre-

Topographisch schwierig sind die Zufahrten mit der Eisenbahn nach Kassel – hier im Fuldatal bei Kragenhof

cke und einer O-W-Strecke werden zu lassen. 1841 erfolgte die Einigung mit → *Preußen* über die O-W-Strecke von Lippstadt über Ks.-Bebra-Erfurt nach Halle. Mit Hessen-Darmstadt und der Stadt Frankfurt kam es 1845 zum Vertrag über den Bau der Strecke nach Frankfurt über Marburg-Gießen. Am 20.3.1848 wurden mit dem Abschnitt Grebenstein-Hümme und der Stichbahn Hümme-Karlshafen die ersten Teilstrecken im Kurfürstentum eröffnet. Am 20.8.1848 erhielt Ks. mit der Inbetriebnahme des Abschnittes Grebenstein-Ks. seinen ersten Bahnanschluss. Kurhessen einigte sich 1852 mit dem Königreich Hannover über die Fortsetzung der Strecke von Hannover bis Ks. 1856 wurde die Strecke fertig, womit vier von Ks. ausgehende Fernstrecken vollendet waren. 1863 einigten sich Kurhessen und Preußen auf die Anlage einer E.verbindung zwischen Halle und Ks. über Nordhausen. Zur Vermeidung hannoverschen Gebietes war östlich von Ks. die Führung über Großalmerode vorgesehen. Mit der Annexion Kurhessens und Hannovers durch Preußen (→ *Preußische Annexion*) 1866 erübrigte sich diese ungünstige Streckenführung zugunsten der Trassierung durch das Werratal und der Anbindung an die Strecke von Hannover in Hannoversch Münden. 1872 wurde diese fünfte von Ks. ausgehende Hauptbahn vollendet. Fast zeitgleich wurde eine kurze Güterbahn von einem Abzweigbahnhof kurz vor Ks. in die Kasseler Unterstadt in Betrieb genommen.

Ks. lag damit im Schnittpunkt der Fernverkehrsrelationen Westfalen-Thüringen über Bebra, Frankfurt-Norddeutschland und Frankfurt-Halle über Nordhausen und Westfalen-Halle über Nordhausen. Seit 1878 stand mit der Vollendung der Strecke Bebra-Eichenberg-Friedland im Verkehr Frankfurt-Norddeutschland eine kürzere Route als auf dem Weg über Ks. zur Verfügung. 1869 ordnete der preußische Staat die Anlage eines Rangierbahnhofes in Ks. an. Dieser wurde einschließlich der Zuführungsstrecken 1881 in Betrieb genommen. Hinzu kamen die Nebenbahnen Ks.-Waldkappel (1880) und Obervellmar-Volkmarsen (1897). In Waldkappel bestand Anschluss nach Eschwege. Auf der Grundlage des preußischen Kleinbahngesetzes von 1892 kamen die Kleinbahnen von → *Wilhelmshöhe* nach Naumburg (1903) und zum → *Herkules* (1903) sowie von → *Bettenhausen* nach Wellerode Wald (1912) zustande. Die Kleinbahn zum Herkules wies im Unterschied zu den anderen Kleinbahnen eine Spurweite von nur 1.000 mm auf. Die Anbindung des Rangierbahnhofes an die Linie nach Warburg wurde 1902 stillgelegt und durch eine Strecke von Obervellmar zum Nordkopf des Rangierbahnhofes ersetzt.

Durch die Teilung Deutschlands 1945 wurde die Hauptbahn Richtung Halle bei Eichenberg unterbrochen und die Strecke über Bebra büßte erheblich an Verkehr ein. Beim N-S-Verkehr bevorzugte die Staatsbahn seit den 1960er Jahren zwischen Frankfurt und Norddeutschland die kürzere und schnellere Strecke über Fulda-Eichenberg mit nachteiligen Folgen für den Fernreiseverkehr über Ks. Als in den 1970er Jahren ein vertaktetes Netz schnell fahrender Reisezüge eingeführt wurde (IC-Verkehr), blieb Ks. davon ausgespart. Hingegen wurden die Ks. berührenden Hauptbahnen und der Abschnitt Wilhelmshöhe-

Eisenbahn Uniformknopf mit der Kurfürst-Friedrich-Wilhelms-Nord-Bahn, um 1856

Bettenhausen zwischen 1964 und 1970 auf elektrischen Betrieb umgestellt. 1966 stellte die Kleinbahn nach Wellerode Wald den Personen- und jenseits von → *Lohfelden* den Gesamtverkehr ein. Im gleichen Jahr endete der Betrieb der → *Herkulesbahn*. Auf der Kleinbahn nach Naumburg endete 1977 der Personenverkehr, wie auch 1985 zwischen Ks. und Eschwege. Wegen Kapazitätsengpässen auf den vorhandenen Fernstrecken und zwecks Verkehrsbeschleunigung betrieb die Staatsbahn seit 1970 den Bau einer Neubaustrecke zwischen Würzburg und Hannover über Ks. Dessen Anbindung an die Linie gestaltete sich kompliziert und mündete darin, dass der → *Bahnhof Wilhelmshöhe* völlig neu gestaltet wurde und den Fernverkehr vom → *Hauptbahnhof* übernahm. 1991 wurde die Neubaustrecke vollendet und Ks. damit wieder an das hochwertige Fernreisezugnetz angebunden. Im Mai 1990 wurde die Unterbrechung der Halle-Kasseler Bahn an der innerdeutschen Grenze bei Eichenberg beseitigt. Die Halle-Kasseler Bahn sowie die Strecke von Bebra über Erfurt nach Halle wurden in den folgenden Jahren vollständig überholt und elektrifiziert. Der über Ks. geführte O-W-Reisezugverkehr erlangte wegen des Aus- und Neubaus konkurrierender Strecken sowie der schleppenden wirtschaftlichen Entwicklung in den neuen Bundesländern nicht mehr die gleiche Bedeutung wie vor 1945. In der ersten Hälfte der 1990er Jahre wurde das Nahverkehrsangebot im Vorfeld der Bahnreform auf den von Ks. ausgehenden Strecken wesentlich verbessert. 1995 wurde unter teilweiser Nutzung des Gleises der Bahn nach Naumburg der Straßenbahnverkehr zwischen Großenritte und Ks. aufgenommen. Neuerdings verkehren auf den Streckenabschnitten Ks.-Melsungen, Ks.-Treysa, Ks.-Hümme und Ks.-Wolfhagen Straßenbahnzüge, die größtenteils in einem 2007 vollendeten Tunnel das Empfangsgebäude des Kasseler Hauptbahnhofes unterqueren und auf das Kasseler Netz der → *Straßenbahn* überwechseln. Grundsätzlich sind diese jüngsten Veränderungen des Schienennahverkehrs nicht unumstritten. Dazu trägt bei, dass sie mit rigiden Fahrpreiserhöhungen sowie geringerer Zugfrequenz auf einigen Strecken einhergingen. *lmü*

Lit.: Brake, Eisenbahnen; Münzer, Kassel, 39–52.

Oscar Eisenmann, Direktor der Gemälde-Galerie, Foto von unbekannt

Eisenmann, Oscar (*14.01.1842 Berlin, † 21.08.1933 Karlsruhe), Dr., Kunsthistoriker, Direktor der Königlichen Gemäldegalerie Ks. 1877–1908, zählt zu den ersten wiss. arbeitenden Kunsthistorikern. Er bearbeitete den achten Band der „Geschichte der bildenden Künste" von Carl Schnaase, der 1879 erschien. E.s Antritt in Ks. am 1.4.1877 markierte den Wechsel innerhalb der Leitung von Kunstmuseen: Sein Vorgänger → *Carl Aubel* wie auch sein Konkurrent Ludwig Thiersch waren Maler; nun übernahm zum ersten Mal ein Kunstgelehrter diese Funktion. Schon im Juli 1877 zeigte er eine Ausstellung mit Gemälden, Graphiken und Fotografien zum 300. Geburtstag von Rubens. Hauptaufgabe jener Zeit war die Überführung der Gemälde aus dem → *Schloss Bellevue* in das neue Galeriegebäude, ihre Hängung und Beschriftung (Eröffnung 28.12.1877). 1888 publizierte E. den ersten wiss. Katalog der Gemäldegalerie mit einer einführenden Geschichte der Galerie. Weitere kurze Verzeichnisse sowie mit Fotografien oder Radierungen illustrierte Bände folgten (u. a. Album der Kasseler Galerie 1907). In Ks. beriet E. den Privatsammler → *Edward Habich*, von dem er 1881–92 166 Stück als Dauerleihgabe erhielt, einige später geschenkt bekam und andere ankaufen konnte. Daneben gelangen ihm weitere Ankäufe (Altdorfer, Cranach, van der Goes, Rembrandt-Werkstatt, Fabritius etc.). Nach seiner Pensionierung am 1.10.1908 zog sich E. in seine badische Heimat zurück. In Fachkreisen genoss er ein hohes Renommee, er korrespondierte freundschaftlich mit Wilhelm von Bode, Abraham Bredius, E. W. Moes u. a. Sein Nachlass befindet sich in der Universitätsbibliothek München. *gjw*

Qu.: Archiv der MHK.

Elektrizitätsversorgung Eine erste Anregung zur E. Kassels gab 1886 die Deutsche Edison-Gesellschaft, Vorgänger der Allgemeinen Elektricitäts Gesellschaft, später kurz → *AEG*. Vier Jahre danach begannen erneute Überlegungen über die „Errichtung einer elektrischen Centralstation", wie die vom Elektrotechnischen Verein, später VDE, herausgegebene Elektrotechnische Zeitschrift berichtete. Im Juli 1890 entschieden sich Stadtverordnete und Stadtrat für die Errichtung einer zentralen E. Die → *Neue Mühle* an der Dennhäuser Str. wurde ab 1891 als erstes Kasseler Elektrizitätswerk genutzt. Oskar von Miller, Gründer des Deutschen Museums in München, projektierte die Anlage. Sie war für 3.000 Glühlampen ausgelegt, eine Umfrage unter der Kasseler Bürgerschaft ergab einen Anschlusswert von 2.500 elektrischen Glühlampen. Siemens & Halske aus Berlin führte die Millerschen Planungen aus. Ein Teil der Wasserkraft wurde zur Elektrizitätserzeugung genutzt, der andere zum Antrieb der Pumpen der Wasserversorgung der Stadt Ks. – ein technisches Novum. Zwei Wechselstromgeneratoren mit je 66 Kilowatt (KW) Leistung erzeugten zusammen mit einer Dampflokomobile mit 76 KW Wechselstrom mit 2.200 Volt, der über ein Bleimantelkabel in die Stadt geleitet und dort in zwei Stationen in Gleichstrom umgewandelt wurde. Aufgrund der schwankenden Belastung im Tagesverlauf durch Bleiakkumulatoren unterstützt, diente dieser Strom zur Beleuchtung der Kasseler Straßen und der Privathaushalte. Der Strompreis für die Beleuchtung betrug seinerzeit acht Pfennig für 100 Wattstunden, für die gewerbliche Nutzung vier Pfennig. Großkunden erhielten je nach Lampenzahl und Brenndauer Rabatt. Der Gebrauch elektrischer Energie wurde sehr schnell beliebt, die Anschlusswerte stiegen von 185 KW auf 405 KW im Jahr 1896. Das Leitungsnetz bestand aus ca. 25 km Hauptkabeln und ca. 43 km Verteilungsleitungen.

Die erzeugte Energie reichte wegen der ständig steigenden Nachfrage und des steigenden Leistungsbedarfs der Wasserversorgungspumpen bald nicht aus. Die Stadt entschied sich für ein weiteres Kraftwerk auf dem Grundstück am → *Königstor*, dem heutigen Sitz der Städtischen Werke. Es entstand ein Steinkohlekraftwerk mit Kolbendampfmaschinen, die Drehstrom-Generatoren mit 1.200 KW antrieben. 1898 in Betrieb genommen, wurde der erzeugte Drehstrom mit Umformern zur Gleichstromversorgung der umliegenden → *Stadtteile* und der ab 1898 elektrisch betriebenen → *Straßenbahn* genutzt. Zur gleichen Zeit entstand neben der öffentlichen E. in → *Wilhelmshöhe* in der Hunrodstr. das von → *Gustav Henkel* betriebene Henkelsche Elektrizitätswerk. Westliche Stadtteile wurden so mit Strom versorgt, gleichzeitig mit dessen Abwärme das Palmenbad und ein Gewächshaus beheizt. Stillstandszeiten der Neuen Mühle durch Hochwasser und weiterhin stark ansteigender Energieverbrauch forcierten den Bau eines weiteren Kraftwerks. Das bis 1966 betriebene neue Braunkohlenkraftwerk wurde 1911 auf den Lossewiesen in → *Bettenhausen* mit zwei Maschinen von je 2 Megawatt (MW) Leistung realisiert und bot Raum für zwei weitere Maschinen zu je 5 MW. 1914–38 wegen des andauernden Netzausbaus ständig erweitert, vergrößerte sich seine Kapazität bis 1954 auf 32 MW. Mit dem neuen Kraftwerk und einer Betriebsspannung von 10.000 Volt (= 10 kV) konnten auch weiter entfernt liegende Stadtteile versorgt werden. Ein 1915 mit der Kraftwerke Oberweser AG geschlossener Stromliefervertrag ließ die Bezugsmenge von einer Mio. KWh (= 1 Gigawattstunde) im ersten Jahr auf das Dreifache im Jahr 1925 steigen. Kennzeichnend ab 1933 waren das Streben nach Versorgungssicherheit und die Ausweitung des Versorgungsnetzes angesichts der verstärkten Rüstungs- und Industrieproduktion: Der Rüstungsbetrieb → *Henschel & Sohn* wurde über eine 60 kV-Leitung vom Umspannwerk → *Sandershausen* der 1929 entstandenen PreussenElektra versorgt, das Industriekraftwerk der → *Spinnfaser AG* trug ab 1936 zur Versorgungssicherheit der Stadt bei. Letzteres musste nach dem schweren → *Luftangriff* 1943 nach der Zerstörung des Lossekraftwerks Teile Kassels versorgen (→ *Zweiter Weltkrieg*). Aufgrund des schnellen Wirtschaftswachstums nach dem Krieg wurde 1955 ein Kraftwerk an der Dennhäuser Str. mit Braunkohlenfeuerung und einer Leistung von 144 MW errichtet. Gleichzeitig begann der Aufbau eines 60 kV-Hochspannungsnetzes, die

Elektrizitätsversorgung Blick auf das Kraftwerk in der Dennhäuser Straße

Umspannwerke von 60/10 kV gingen bis 1961 in Betrieb. 1970 wurde der zweite Einspeisepunkt für die Versorgung Kassels in Sandershausen geschaffen. Derzeit beginnt schrittweise der Aufbau neuer Anlagen zur späteren Umstellung auf 110 kV. Das Lossekraftwerk wurde ab 1966 zur Müllverbrennungsanlage umgerüstet, der erzeugte Dampf mit einer Heizturbine und einem Hochdruckdampfkessel in elektrische Energie und in Fernwärme umgewandelt. Erweiterungen und Umbauten schlossen sich sowohl hier wie auch im Kraftwerk Ks. bis in die Gegenwart aufgrund veränderten Umweltbewusstseins an. Die eigene Stromerzeugung erfolgt heute zu einem nennenswerten Anteil der gesamten Leistung über Kraft-Wärme-Kopplung, bei der die Abwärme von Dampf- wie auch Gasturbinen, u. a. mit Wärmespeichern, zur Fernheizung verwendet wird. 2007 betrug die Spitzenleistung der E. 170 MW und die Gesamtabgabe ca. 940 Gigawattstunden, hieran hatten die auf dem Kasseler Stadtgebiet installierte Photovoltaik mit knapp 350 Anlagen sowie die weitestgehend ausgeschöpfte Stromerzeugung aus Wasserkraft mit drei Anlagen nur geringe Anteile. Energieerzeugung aus Biomasse und Wind hat aufgrund kaum vorhandener Landwirtschaft bzw. Lage innerhalb des Kasseler Beckens keine Bedeutung. *wdü*

Lit.: 100 Jahre Strom.

Elisabeth, Herzogin von Mecklenburg-Güstrow (* 24.3.1596 Ks., † 16.12.1625 Güstrow) war die älteste Tochter von Lgf. → *Moritz* und dessen erster Frau Agnes von Solms-Laubach. Zu ihrer Taufe schickte ihre Namensgeberin, Königin Elisabeth I. von England, stellvertretend eine Gesandtschaft nach Ks. Die ungemein pompösen Ritterspiele, die bei der Taufe abgehalten wurden, hat der landgräfliche Geograph, Baumeister und Kupferstecher → *Wilhelm Dilich* im Bild festgehalten. E.s Bildung wurde von ihrem Vater gefördert, der sie zusammen mit ihren Brüdern am → *Collegium Mauritianum* in Musik, Malerei, Geometrie, Latein und Italienisch unterrichten ließ; eine Ausbildung, wie sie eigentlich nur Jungen vorbehalten war. Sie beherrschte auch Französisch und Spanisch, außergewöhnlich für eine Frau dieser Zeit. Denn die Erziehung von Töchtern aus regierenden Häusern zielte v. a. darauf ab, dass die Frauen an der Seite eines Regenten den höfischen Pflichten nachkommen konnten. E. dichtete, übersetzte und komponierte; der Nachwelt erhalten geblieben sind 200 Madrigale und 16 Canzonetten in italienischer Sprache sowie die Übertragung einer italienischen Schäferdichtung ins Deut-

Titelblatt von Wilhelm Dilichs Historischer Beschreibung der Taufe Elisabeths von Hessen, 1598

sche. 1618 wurde sie mit Herzog Johann Albrecht II. von Mecklenburg verheiratet, mit dem sie in Güstrow lebte. *ao*

Lit.: Rommel, Geschichte, 349–354; Strieder.

Embde, von der war eine Kasseler Künstlerfamilie. August E. (1780–1862) war Bildnis- und Genremaler und der Schwager des Bildhauers → *Johann Werner Henschel*. Er studierte ab 1799 an der → *Kunstakademie* in Ks. und bildete sich anschließend in Dresden (1803, 1808), München (1812) und Wien (1814) weiter, wo er überall Studienblätter in Sepia nach alten Meistern verfasste. Er ließ sich in Ks. nieder, wo er ursprünglich v. a. als Bildnismaler tätig war. Aus dieser Zeit stammen Bildnisse hessischer Landgrafen in der Kuppel von → *Schloss Wilhelmshöhe*, ein Bildnis von Luise Brentano sowie eines der Kurfürstin Wilhelmine Karoline von Hessen. Ab 1830 trat er als Genremaler mit Motiven aus dem hessischen Bauernleben hervor. Er war Mitglied der Akad. in Ks. Bei seinen letzten Arbeiten wurde er bereits von seinen beiden Töchtern Caroline (1812–1867), verehelichte Klauhold, und Ernestine Marie Emilie (1816–1904) unterstützt. Beide waren Genremalerinnen, die mit ihren Bildern auf verschiedenen Ausstellungen vertreten waren. Emilie war auch als Kinder- und Blumenmalerin bekannt und gab ein Album der hessischen Flora in Aquarellen heraus. *ap*

Lit.: Schmaling; Thieme/Becker.

Die **Emmerichsklause** geht auf eine Kapellenstiftung Lgf. → *Hermanns* anlässlich des Todes seiner Frau Johanna von 1383 zurück. Der Standort war an der Landstraße nach Zwehren, heute etwa zwischen → *Königsstraße* und Neuer Fahrt im Bereich der Wilhelmsstr. An der Kapelle entstand eine Klause, die der Baumeister Emmerich vermutlich selbst bezog. Hermann bestimmte, dass der Hauptaltar dem heiligen Kreuz geweiht werden sollte, der Nebenaltar Maria und der heiligen Elisabeth. Die Kapläne sollten dem → *Stift Ahnaberg* unterstehen, die Altarlehen aber übertrug der Landgraf noch im selben Jahr dem → *Martinsstift*. Nach der → *Reformation* wurde die Emmerichsklause an den Opfermann Mergart vergeben; sie nahm von 1533 an die Gebeine der geschlossenen Kirchhöfe auf. Nach 1564 wurden die Bauten abgebrochen, die Gebeine kamen auf den neuen Friedhof (→ *Friedhöfe*). *cp*

Lit.: Holtmeyer, Cassel-Stadt, 242f.

Ende, von Die aus Zerbst stammende Organistenfamilie stellte über mehrere Generationen Hoforganisten in Ks., Marburg, Eschwege und Darmstadt. Die drei Söhne Thomas (1565–1624), Johannes (1566–1625) und Bernhard (1568–1641) des in Zerbst tätigen Stiftskirchen- und Hoforganisten Thomas E. (1533–1593) kamen jeweils als Orgellehrer des Lgf. → *Moritz* und seiner Kinder (vor allem Otto, → *Elisabeth*, Wilhelm), aber auch von Michael Praetorius während seiner Zerbster Schulzeit und von → *Heinrich Schütz* während der Kasseler und Marburger Zeit in Frage. Thomas E. trat 1585 als „Instrumentist" des Lgf. → *Wilhelms IV*. in Ks. auf, wurde aber bereits 1593 als Rentmeister in Rotenburg/Fulda genannt. Sein Bruder Johannes war ab 1588 Hoforganist bei Lgf. Ludwig IV. in Marburg und wurde 1593 erster Hoforganist in Ks.; zweiter Hoforganist war dort ab 1612 Heinrich Schütz. Nach dessen Wechsel nach Dresden (ab 1615) wurde kurzfristig der jüngste Bruder Bernhard E. zweiter Hoforganist in Ks., behielt aber seine Aufgaben als Stadt-, Universitäts- und Deutschordens-Organist in Marburg bei, wo er seit 1593 tätig war. 1623 nach der Übernahme Hessen-Marburgs durch Lgf. Ludwig V. von Hessen-Darmstadt wechselte er kurzfristig nach Darmstadt und Gießen. Sein Vertreter war sein ältester Sohn Philipp Ludwig (1600–1674), der zuvor Hoforganist des Fürsten Johann Casimir von Anhalt in Dessau bzw. Lgf. Moritz in Eschwege gewesen war. Seine Nachkommen sind bis zu Beginn des 18. Jhs. als Organisten in Marburg nachweisbar. Der Sohn Johannes (1602–1644) des Kasseler Organisten Johannes E. war 1625/26 bei Heinrich Schütz in Dresden zur Ausbildung und wurde anschließend in der Nachfolge seines Onkels Bernhard ab 1627 erster Hoforganist in Ks. bei Landgräfin → *Amelie Elisabeth*. Die drei Brüder E. waren auch gutachterlich tätig und nahmen z. B. die Orgelbauten Hans Scherers aus Hamburg in Ks. und Immenhausen bzw. Georg Wagners in Marburg ab. Gedruckte Kompositionen der als „kunstreiche Organisten" gerühmten Familie wurden bisher nicht nachgewiesen. *ga*

Lit.: Aumüller, Lebens- und Arbeitsbedingungen, 85–126.

Endemann, Friedrich Carl (* 10.4.1833 Ks., † 30.6.1909 ebd.), Dr. med. Der Sohn des Kasseler Obergerichtspräsidenten Dr. Konrad E. war nach dem Studium der Medizin als Assistenzarzt in Nassau sowie als Reisearzt des Grafen Kielmannsegg tätig. Im Jahre 1859 eröffnete er eine Arztpraxis in Ks. und erwarb sich durch „persönliches Engagement" hohes Ansehen unter seinen Patienten. E. wirkte in der Kasseler Kommunalpolitik, wo er 1880 zunächst außerordentliches Mitglied und bis zum Jahre 1892 stellvertretender Vorsitzender im Kasseler Bürgerausschuss, dem heutigen Stadtparlament, war. Im gleichen Jahr wurde er Mitglied des Kommunallandtages (Regierungsbezirk Ks.) und dann Vorsitzender des Landesausschusses. Seit 1884 war E. Mitglied des Kasseler Stadtrates, 1885 erfolgte die Wahl zum Beigeordneten, verbunden mit dem Titel des Vizebürgermeisters, seit 1891 war er wiederholt

Selbstbildnis von August von der Embde in altdeutscher Tracht, 1811

Vorsitzender der Ärztekammer. 1891–93 sowie 1898–1903 saß er als Abgeordneter und Mitglied des Zentralvorstandes der nationalliberalen Partei im Berliner Reichstag sowie im preußischen Abgeordnetenhaus. Ein von ihm eingebrachter Gesetzentwurf über „Die Einführung der obligatorischen Fortbildungsschule auf dem Lande" für Hessen-Nassau scheiterte. In den Jahren ab 1897 trat er kommunalpolitisch in Erscheinung und zog, als er zum Mitglied des Aufsichtsrates der „Großen Casseler electrischen Straßenbahn-Gesellschaft" ernannt wurde, wegen seiner „Doppelstellung" als Mitglied des Stadtrates und des Aufsichtsrates der Gesellschaft öffentliche Kritik auf sich. 1903 wurde er Kasseler → *Ehrenbürger*. *stk*

Lit.: Qu./Lit.: StAKs.;
Haunfelder, Abgeordneten.

Engelhard, Johann Daniel Wilhelm Eduard (* 4.12.1788 Ks., † 13.10.1856 ebd.) stammte aus einer angesehenen Kasseler Familie. Er studierte seit 1802 an der → *Kunstakademie* bei → *Heinrich Christoph Jussow*. 1811 ging er auf Studienreise nach Italien. Als Baumeister im staatlichen Baudepartement errichtete E. 1815 den → *Frühstückspavillon*. Als Hofbaumeister übernahm er ab 1817 die Bauleitung der → *Chattenburg* unter Jussow. Nach der Neuordnung des kurhessischen Bauwesens wurde er 1821 zum Landbaumeister des Bezirks Ks. ernannt. 1822 übertrug man ihm den Distrikt Hofgeismar, 1830 die Distrikte Ks. und Fritzlar. Er betreute mehrere Projekte zum Um- und Neubau von Dorfkirchen, bei denen er sich um individuelle Lösungen bemühte, u. a. in Schachten, Heimarshausen und Vollmarshausen. 1838 errichtete E. sein eigenes Wohnhaus am → *Ständeplatz* in Ks., das durch sein neuartiges italienisches Flachdach Beachtung fand. Nach der Versetzung in den Ruhestand 1840 widmete er sich Veröffentlichungen zu Fragen der Baugeschichte und der Baukonstruktion. Sein Sohn Gottlob Giacomo Albrecht war ebenfalls Architekt, aber auch Maler und Vedutenzeichner. Nach längerem Aufenthalt in Italien 1834–41 trat er in die kurfürstliche Hofbauverwaltung ein und brachte es bis zum Oberhofbaudirektor (1854–63). Er war am Bau des Kasseler → *Hauptbahnhofs* beteiligt. 1864 wurde er Hofbauinspektor in → *Wilhelmshöhe*. Drei Jahre später ging er als Baudezernent der preußischen Regierung nach Münster/Westfalen, wo er bis zu seinem Lebensende blieb. *uh*

Lit.: Online-Kat. MHK.

Porträt der Magdalene Philippine Engelhard, geb. Gatterer, nach Johann Heinrich Tischbein sen., Kopie des Originals, 1877

Engelhard, Magdalene Philippine, geb. Gatterer (* 21.10.1756 Nürnberg, † 28.9.1831 Blankenburg/Harz), war Tochter von Johann Christoph und Helene Barbara Gatterer, geb. Schubart. 1759 wurde ihr Vater als Professor für Reichshistorie und Diplomatik an die Göttinger Universität berufen. Die Kinder halfen bei der Arbeit: E. kopierte Vorlesungen, kolorierte Karten und erstellte genealogische Tafeln. In der Freizeit erforschte sie die Bibliothek des Vaters. Nachdem erste Gedichte E.s in Johann Heinrich Voß' „Musenalmanach auf das Jahr 1776" erschienen waren, veröffentlichte die junge Dichterin 1778 ihre erste Sammlung „Gedichte von Philippine Gatterer". Im Sommer 1780 kam sie nach Ks., um sich von Johann Heinrich → *Tischbein* malen zu lassen. Dort lernte sie Johann Philipp Engelhard, Kriegssekretär in Hessen-Kasseler Diensten, kennen und lieben. Die Trauung fand am 23.11.1780 statt. Das Paar lebte zunächst bei der Schwiegermutter der Dichterin, der verwitweten Kriegsrätin Engelhard am → *Königsplatz*. Im Oktober 1781 gebar E. ihr erstes Kind, neun weitere folgten. 1782 veröff. sie ihren zweiten Gedichtband, und 1787 erschien eine Sammlung von Kindergedichten. 1790 verblüffte das Ehepaar E. seine Kasseler Zeitgenossen durch einen Ausbruch aus der in Ks. auch räumlich klar markierten Ordnung der Stände. Sie ließen sich weit ab von Königsplatz, → *Friedrichsplatz* und → *Bellevue* vor dem Wilhelmshöher Tor ein Wohnhaus erbauen und zogen dort 1790 ein. Ende Januar 1818 starb Johann Philipp. E. ordnete ihre zwischen 1783 und 1820 entstandenen Gedichte und veröffentlichte sie 1821 im soeben gegründeten Verlag ihres Neffen unter dem Titel „Neue Gedichte". Sie verkaufte ihr Haus und zog zu ihren Nichten an den Friedrichsplatz. In ihren letzten Lebensjahren übersetzte sie Gedichte von Pierre Jean de Béranger. Diese erschienen 1830 in der Sammlung „Lieder. Nach dem Französischen treu übersetzt von Philippine Engelhard geb. Gatterer". Am 28.9.1831 starb sie bei ihrer Tochter Caroline in Blankenburg im Harz. Ihren Zeitgenoss/inn/en galt E. als eine Frau, die ihre Meinungen und Gefühle oft zu frei ausdrückte. Für das heutige Publikum sind die interessantesten Werke diejenigen, die einst Anstoß erregten. *ch*

Lit.: Stummann-Bowert, Engelhard, 27–52; Otto, Frauen.

Engelhardt Eine Stoffdruckerfamilie, die seit dem 18. Jh. in Ks., anfänglich in der → *Unterneustadt*, später in → *Bettenhausen* tätig war. Der Firmengründer Johann Justus war ursprünglich Schwarz- und Schönfärber und ging 1763 zum Blaudruck über. Sein Sohn Johann Heinrich E. übernahm den Betrieb 1781; er war sehr angesehen und fünf Jahre lang Gildemeister der Färbergilde. Sein Sohn Friedrich E. (I) ließ als einer der ersten Blaudrucker seine Kunden von Reisenden besuchen, auch war er 1850 auf der Leipziger Industrieausstellung vertreten. Der notwendige Rohnessel wurde in Fürstenhagen hergestellt, wo 80 Webstühle für den Betrieb tätig waren. Ab 1861 führte Conrad E., der das → *Polytechnikum* in Ks. besucht und in Zürich Chemie studiert hatte, den Betrieb. 1868 ging er zu fabriksmäßigen Produktionsmethoden über, die Weberei in Fürstenhagen wurde eingestellt. Sein Nachfolger Friedrich (II) gab 1897 die alten, mittlerweile zu kleinen Betriebsräume auf und siedelte nach Bettenhausen um. Es erfolgten Produktionserweiterungen bis zum → *Ersten Weltkrieg*. Aufgrund von Kriegsfolgen und Inflation verkaufte Friedrich das Unternehmen 1925/26 an die Rudolph Karstadt AG. Mitte 1933 erfolgte die Umwandlung in ein selbstständiges Unternehmen, der Kasseler Druckerei und Färberei AG (KADRUF AG), das damals als die modernste Stoffdruckerei in Deutschland galt und über 400 Beschäftigte hatte. Im → *Zweiten Weltkrieg* wurde das Werk zu 50 % zerstört, traditionelle Absatzgebiete gingen verloren. Nach dem → *Wiederaufbau* erlebte das Unternehmen nochmals erfolgreiche Jahre, 1960 wurden über 600 Arbeiter und Angestellte beschäftigt. Die Textilkrise führte jedoch 1965 zu einem jähen Ende. Der Produktionsbetrieb wurde aufgegeben und der Maschinenpark verkauft. Seit 1965 beschäftigt sich KADRUF mit der Vermietung von Gewerberäumen auf eigenem Gelände. *ap*

Lit.: Feldner/Wieden, Bettenhausen; www.kadruf.de/unternehmen.htm.

Die **Engelsburg** ergänzt als christlich-kath. Schule das Angebot staatlicher Gymnasien in Ks. (→ *Schulwesen*). Sie wurde 1892 von den Schwestern der Hl. Maria Magdalena Postel als kath. Mädchenschule gegründet. Heute besuchen ca. 1.150 Schüler/innen die im Richardweg 3 in der Stadtmitte gelegene E., seit 1979 auch Jungen. Aufnahmebedingungen sind ein positives Leistungsbild im Grundschulzeugnis und die Zugehörigkeit zu einer christl. Konfession. Um eine soziale Auslese zu vermeiden, wird kein Schulgeld erhoben. Stattdessen bittet der Schulträger um freiwillige und anonyme Elternspenden. Christl. Leitlinien prägen das besondere pädagogische Profil der E.: ganzheitliche Bildung und Erziehung, orientiert an einem christl. Menschenbild; regelmäßige Gottesdienste (bis zur 8. Klasse obligatorisch); die Auseinandersetzung mit Glaubensinhalten im Religionsunterricht (bis zum Abitur obligatorisch). Ein unverzichtbarer Teil des Schullebens ist die Schulseelsorge. Den wachsenden Anforderungen an die Schüler/innen versucht die E. seit dem Schuljahr 2006/07 mit neuen Lernformen zu begegnen, die v. a. der Individualisierung von Lernprozessen dienen sollen. *anr*

Blick auf das sogenannte „Rote Palais" des Engelsburg Gymnasiums, das den Schülern der Oberstufe vorbehalten ist

Lit.: www.engelsburg.de.

Entfestigungen Nachdem im → *Schmalkaldischen Krieg* die evang. Landesherren 1547 dem Kaiser unterlegen waren, musste sich Lgf. → *Philipp* dem Kaiser unterwerfen und sich zur Auslieferung der Artillerie und zur

Schleifung der Festungen verpflichten. Der Landgraf wurde in Gefangenschaft geführt. Als einzige Festung blieb ihm Ziegenhain mit 30 Geschützen. Neben Gießen und Rüsselsheim musste auch Ks., die stärkste hessische Festung, geschleift werden. Noch im Sommer 1547 begann der Kaiser die Beseitigung in die Wege zu leiten. Dazu berief er eine Schleifungskommission ein, die entsprechende Weisungen erhielt und die kontinuierlich über den Stand der Abbrucharbeiten zu berichten hatte; diese Informationen ließ er durch andere Kommissare kontrollieren. Die Schleifungen begannen im Herbst 1547 in kleinen Schritten. Die hessischen Räte vollzogen sie nur schleppend, da sie auf eine Wendung des Schicksals hofften. Dadurch verursachten sie jedoch nur zusätzlichen Aufwand. Die Mitglieder der überwachenden Kommission waren wegen des erforderlichen Umfangs untereinander zerstritten und gaben unterschiedliche Weisungen an die hessische Verwaltung, was für Verwirrung und ebenfalls für Mehrarbeit sorgte. Der Landgraf seinerseits wollte zunächst die Schleifung Kassels verhindern, drängte dann aber mit Entschiedenheit darauf, um aus der Gefangenschaft frei zu kommen. Zugleich versuchte er, durch Bestechungen die gegnerische Seite günstig zu stimmen, was bei einem der Kommissare gelang. Die dienstverpflichteten Bauern kamen trotz deutlicher landgräflicher Strafandrohung ihrer Arbeitspflicht nur unwillig nach, so dass die Räte die Bauleistungen ausschrieben und an Unternehmer vergaben. So zog sich die Schleifung über zwei Jahre hin, obwohl teilweise bis zu 2.000 Personen daran arbeiteten. Der Landgraf blieb dennoch in Gefangenschaft. Die Schleifung begann mit dem Abbrechen der Brustwehren auf den Wällen und der Wallfußmauern rings um die Stadt. Nachdem unklar war, ob der Kaiser auch die Schleifung der Schlossbefestigung verlangte, wurden im Sommer 1548 dort die Wälle mit den stadtseitigen Türmen eingerissen. Gleichzeitig arbeitete man an der Beseitigung der Stadtwälle mit den Durchfahrten und verfüllte die Gräben mit dem Abbruchmaterial. Im Herbst standen zwar die Grabenbrücken noch, doch baute man schon an den Dämmen für die neue Straßenführung; auf dem halb abgetragenen Wallkörper standen noch die gemauerten Abluftkamine der Kasematten. Die Wälle der → *Unterneustadt* waren noch weitgehend intakt. Beim Materialtransport mit Schubkarren halfen auch Frauen. Auf den Bericht eines Revisors hin verfügte der Kaiser im Januar 1549 weitere Abbruchmaßnahmen. Aus Ks. schrieb man, die Stadt sei fast zu einem Dorf gemacht worden, der Festung habe man mit Gewalt das Herz genommen, als Festung könne sie nicht mehr angesehen werden. Vermutlich erfolgten daher 1549 nur noch kleinere Schleifungsmaßnahmen. Angesichts der fehlenden Wälle und der schwachen Staatsmacht verbreitete sich bald Unsicherheit unter den Bürgern. Kassels Räte meinten, Ks. sei jetzt so weit „zerwüstet und eingeschleift", dass niemand einige Nächte sicher darin wohnen könne. Unsicher fühlten sich auch Kassels Bürger, die sich 1550 beschwerten, es seien noch nie so viele Morde passiert wie jetzt, nachdem die Wälle nicht mehr vorhanden seien. Doch die alte Stadtmauer stand in wesentlichen Teilen noch; die Stadt hätte nur die Lücken schließen und die Tore sichern müssen. Hessen glich, nach der Aussage eines Chronisten, einer Grube, worin alles Elend zusammenkam: die Festungen zerstört, die Städte wehrlos, der Staat durch den Krieg hoch verschuldet, die Justiz verfallen, die öffentliche Ordnung aufgelöst. Städte und Dörfer hatten zwar weder Beschie-

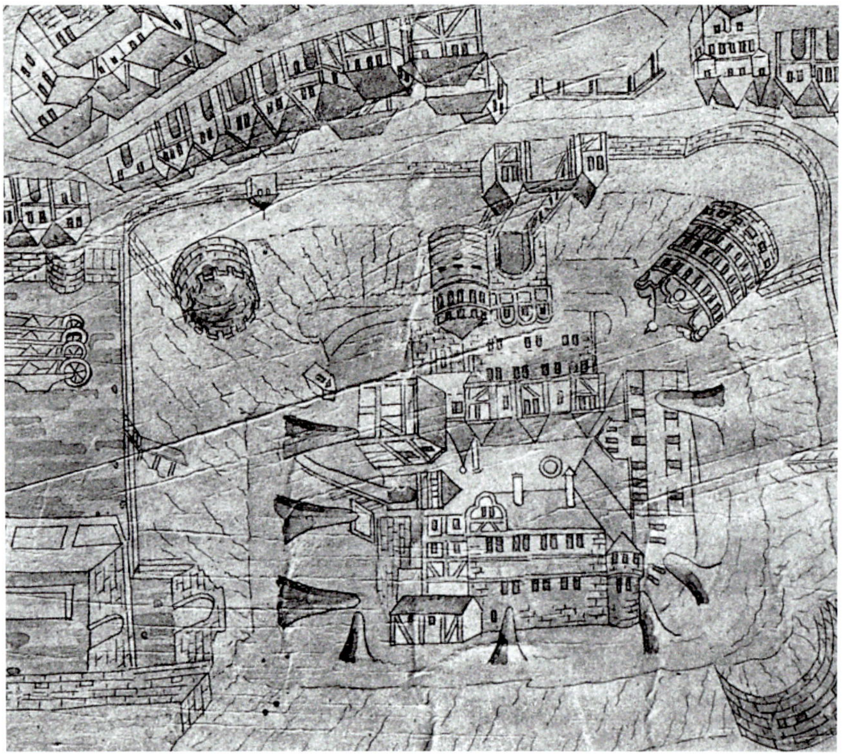

Entfestigungen Ausschnitt des Müllerplanes von 1548, der das Schloss während der Schleifung der Befestigungsanlagen zeigt

ßung noch Plünderung erfahren, doch die Bevölkerung war zunächst zum Bau der Festungen durch Dienstleistungen und Steuern herangezogen worden und musste nun auch die Schleifungen vornehmen bzw. bezahlen. Bald nach der Schleifung ließ Philipps Sohn → *Wilhelm IV.* den Wiederaufbau heimlich beginnen; der Kaiser musste die Baumaßnahmen im Passauer Vertrag von 1552, durch den der Landgraf aus der Gefangenschaft freikam, akzeptieren. Bis 1559 wurde der zerstörte Wall mit den → *Rondellen* genauso wiederhergestellt, wie er bis 1546 errichtet worden war; allein am Schloss wurden die stadtseitigen Türme rondellartig erniedrigt. Die zweite Schleifung Kassels erfolgte 200 Jahre später ohne äußeren Zwang. 1760, mitten im → *Siebenjährigen Krieg*, begann Lgf. → *Friedrich II.* damit, den Wall vor dem Schloss einreißen und die Gräben auffüllen zu lassen; vom Nutzen von Festungsanlagen für die → *Residenz*stadt war er, wie viele andere Landesherren, nicht mehr überzeugt. Er ließ zwar nach dem Krieg einige beschädigte Abschnitte der Befestigung der Stadt wiederherstellen, doch gab er 1767, gegen die Vorstellungen seiner Generäle, die Anweisung, die Festungsanlagen insgesamt zu schleifen, um sein städtebauliches Konzept für eine Zusammenfassung von → *Altstadt* und → *Oberneustadt* verwirklichen zu können. Strafgefangene und Soldaten arbeiteten systematisch rund um die Stadt an der Abtragung der Wälle und Bastionen und verfüllten mit dem Material die Gräben, bis sie dort, wo sie angefangen hatten, 1774 wieder ankamen. Um die Zerstörung der Festungswerke zu beschleunigen, überließ der Landgraf den Bürgern diejenigen Flächen, von denen sie den Wall abgetragen hatten. Kein einziger Wallabschnitt blieb stehen. Lgf. Friedrichs städtebauliche Umgestaltung verband Altstadt und Oberneustadt durch drei große Plätze, die quer auf der ehemaligen Fortifikation lagen, und zwar ohne Berücksichtigung der ehemaligen Wallgräben. So verursachte der Bau des → *Fridericianums*, dessen Gründung in mehr als 10 m Tiefe in einem ehemaligen Graben erfolgen musste, enorme Mehrkosten, viele Jahre Bauverzögerung und Setzungsrisse. Ähnliche Probleme gab es bei der Bebauung am → *Königsplatz*. Eine Lösung ähnlich der in Leipzig 1776, wo im Sinne der englischen Gartenkultur aus dem Wall ein öffentlichen Park angelegt wurde, stand damals nicht zur Debatte. Es gibt daher kaum eine Festungsstadt in Deutschland, in der so wenig im Stadtgrundriss von ihrer Fortifikation ablesbar ist wie in Ks. Nur noch wenig erinnert an Festung und → *Garnison*. Was unter der Erde am → *Friedrichsplatz*, der einzigen größeren unbebauten Fläche der Stadt, 1991 noch vorhanden war, ließ die Stadt beim Parkhausbau nicht erhalten. *eb*

Lit.: Brohl, Festungen, 123–128; Ders., Zerwüstet.

Entsorgung Das älteste Dokument über die Reinhaltung Kassels ist eine Verordnung von Lgf. → *Moritz* vom 2.9.1613. Sie legt fest, dass die Bewohner den vor dem Haus liegenden „Kehrsel und Cummer (Schutt)“ zusammenfegen und nicht auf die Nachbargrundstücke verteilen sollen. Für die E. des Hausmülls waren die Bürger selbst zuständig. Müll wurde an dafür bestimmte Plätze jenseits der Stadtmauer gebracht. Die Gassen waren seit dem 16. Jh. gepflastert. In den links von der → *Fulda* gelegenen → *Stadtteilen* flossen auf beiden Straßenseiten die „Druseln“ (offene Rinnen), in denen der „Unrath“ mit Wasser fortgespült wurde. Beim Abfall handelte es sich zu jener Zeit v. a. um organische Stoffe: Asche, Fleisch- und Knochenreste etc. und Gewerbeabfälle, wie Metalle, Holz, Leder und Gerbereireste sowie Fäkalien. Innerhalb der Festungsmauern wurde Vieh mit den dazu gehörigen Misthaufen gehalten; Nachtgeschirre wurden auf die Straße entleert. Der Zusammenhang von Fäkalien und Krankheiten bzw. Seuchen war noch nicht bekannt. So waren der von Lgf. → *Wilhelm VI.* erlassenen „Renovierten Ordnung“, die „Miststetten“ verbot und der Verordnung von Lgf. → *Karl*, die einen Kummerführer, der die häuslichen Abfälle abholte, einführte (1706), kein grundlegender Erfolg beschieden. Grundlegende Verbesserungen der Hygiene gab es erst in der zweiten Hälfte des 19. Jhs. Nach der → *Preußischen Annexion* war Ks. Provinzialhauptstadt und entwickelte sich zur Industrie- und Beamtenstadt. Maschinenbau, Textilindustrie, Produktionsstätten optischer und feinmechanischer Instrumente bestimmten den Gewerbemüll. Mit dem erneuten Wachstum (→ *Bevölkerungsentwicklung*) änderte sich auch die Menge und Zusammensetzung der häuslichen Abfälle. V. a. Dosen und Glas kamen hinzu. Besonders die Angst vor Seuchen führte zu

Entsorgung Stadtreiniger mit Handwagen

Entsorgung Mitarbeiter der Kasseler Entwässerungsbetriebe bei ihrer Arbeit an den Kanalrohren

neuen gesetzlichen und verwaltungstechnischen Bestimmungen. Die Erkenntnisse von Hygienikern und Medizinern zum engen Zusammenhang von Krankheitsanfälligkeit und mangelhafter Abfall- und Fäkalien-E. lagen nun vor. Als wirksame Maßnahmen zur Städtereinigung entstanden die zentrale → *Wasserversorgung* (1872), die geordnete Abwasserbeseitigung (1870) und die Sammlung fester Abfälle. Mit dem preußischen Kommunalabgabengesetz (1893) erhielten die Städte das Recht, für Straßenreinigung und Müllabfuhr Gebühren zu erheben und hatten somit finanzielle Mittel zum Aufbau stadteigener Betriebe. Mit der Polizeiverordnung und dem Ortsstatut von 1901 bestand für Ks. die rechtliche Voraussetzung für die Kommunalisierung von Straßenreinigung und Abfall-E. Das städtische Reinigungswesen unterstand nun dem Stadtbauamt. Das E.verfahren häuslicher Abfälle war hauptsächlich die Deponierung. Als Müllplätze dienten Sand- und Kiesgruben etc., die Abschüttplätze waren auf das ganze Stadtgebiet verteilt. Erhebliche Probleme entstanden durch Gärungs- und Fäulnisgase, die häufig zu Bränden führten und Rauch- und Geruchsbelästigungen der Anwohner bewirkten. Relativ früh begann die Verpachtung der Müllplätze an Rohprodukthändler, die Abfälle aussortierten und weiterverkauften.

Mit den → *Eingemeindungen* und der Ausdehnung des Stadtgebietes vor dem Ersten Weltkrieg wuchs auch das städtische Reinigungswesen. Ab den 1920er Jahren veränderten die Motorisierung und der technische Fortschritt die Arbeitsabläufe enorm. Ab Mitte der 1930er Jahre führte der Mangel an Rohstoffen wieder stärker zur Abfallverwertung. Während des → *Zweiten Weltkriegs* stellten ausländische Arbeitskräfte, Zivilarbeiter und Kriegsgefangene weitgehend das Personal.

In der direkten Nachkriegszeit prägten Aufräumarbeiten, Instandsetzung des Kanalnetzes etc. den betrieblichen Alltag. Verpackungen, Blech, Glas und Kunststoffe ließen die „Mülllawine" wachsen und Deponiekapazitäten schwinden. 1966 beschloss die Stadtverordnetenversammlung den Bau einer Müllverbrennungsanlage. Bereits 1969 wurde die zweite Verbrennungslinie in Betrieb genommen. Ab den 1980er Jahren wurde die Rauchgasreinigung integriert. Für eine Vereinheitlichung des Abfallrechts sorgte 1972 das Abfallbeseitigungsgesetz. Die Städte und Landkreise wurden zur unschädlichen Beseitigung der Abfälle verpflichtet. 1986 wurde der Verwertung nach der Vermeidung des Abfalls Vorrang eingeräumt. Das Reinigungsamt wurde in einen Eigenbetrieb umgewandelt („Die Stadtreiniger Kassels"). Mit dem Kreislaufwirtschafts- und Abfallgesetz von 1996 besteht für einen Teil der Gewerbeabfälle keine Überlassungspflicht mehr. Private Firmen konkurrieren mit städtischen Betrieben. *vl*

Lit.: Wiegelmann, 100 Jahre.

Logo der E.ON Mitte AG

E.ON Mitte AG Unter dem Motto „Wir verbinden Menschen mit Energie" sorgt die E. mit Sitz in der Kasseler Monteverdistr. für die zuverlässige Energieversorgung von rund zwei Mio. Menschen. Das Netzgebiet von E. erstreckt sich über weite Teile Hessens sowie über S-Niedersachsen, Teile von O-Westfalen und W-Thüringen. E. blickt auf eine lange Tradition zurück. Unter dem Namen Elektrizitäts-Aktiengesellschaft Mitteldeutschland → *EAM* wurde das Unternehmen 1929 durch den Zusammenschluss mehrerer Stromversorgungsunternehmen gegründet. Erst seit 2005 tritt es unter dem Namen E. auf, um die Konzernzugehörigkeit und die Rolle als regionaler Netzbetreiber klar erkennbar zu machen. Aktionäre des Unternehmens sind die E.ON Energie AG München (73,3 %) sowie die Göttinger Sport und Freizeit GmbH & Co. KG, neun Landkreise in Hessen (darunter der Landkreis Ks.), zwei Landkreise in Niedersachsen sowie jeweils einer in Nordrhein-Westfalen und in Thüringen. E. betreibt ein 43.400 km langes Stromnetz mit 70 Umspannwerken und 6.460 Schalt- und Ortsnetz-Stationen. Die Erdgasversorgung stellt E. über ein 4.700 km langes Leitungsnetz mit 70 Übernahmestationen und 300 Bezirksregelanlagen sicher. *jkr*

Ephesus

Ephesus und Kupille waren zwei Kasseler Originale, die sich ihren Lebensunterhalt mit Gelegenheitsarbeiten bei der Schiffsabfertigung an der → *Schlagd* verdienten, sich ansonsten aber v. a. in ihrem bevorzugten Revier, der „Drehschiewe" am → *Altmarkt* herumtrieben. Sie eroberten sich mit ihrem unverwüstlichen, oft derben Humor und ihrem mundartlichen Witz in zahlreichen Anekdoten und Erzählungen einen Platz im Gedächtnis der Stadt. Im Gegensatz zu vergleichbaren Figuren anderer Städte handelt es sich bei den beiden um reale Personen, wenn sicherlich auch nicht alle Geschichten, die über sie erzählt werden, auf Wahrheit beruhen. Ephesus hieß eigentlich Johann Georg Jäger und wurde am 5.11.1866 in Melsungen geboren. Nach einer Bäckerlehre kam er nach Ks. Der Spitzname geht auf den oft von ihm verwendeten Ausspruch „Groß ist die Diana, die Göttin der Epheser!" zurück und deutet seinen etwas feineren Humor an. Derber mochte es sein Kompagnon Kupille, den er in Ks. kennen lernte und der sein unzertrennlicher Freund wurde. Kupille, eigentlich Heinrich Adam Ernst, wurde als Sohn eines Drehorgelspielers 1865 in der Kasseler → *Unterneustadt* geboren und war ausgebildeter Schreiner. Er hatte sich wegen eines angeblichen Augenleidens dem Wehrdienst entzogen, indem er behauptete, er habe etwas an der „Kupille" und kam so zu seinem Spitznamen. Nach seinem frühen Tod am 1.4.1903, der wohl starkem Alkoholismus geschuldet war, verfiel auch sein Freund Ephesus vollends dem Alkohol. Er verbrachte den größten Teil seines restlichen Lebens in den Anstalten von Hephata und Haina, wo er am 28.11.1929 starb. *wbo*

Epidemien und Seuchen gelten als die Geißeln der Menschheit. Die Ursachen waren unbekannt. Sie wurden mit astrologischen Konstellationen begründet, als Sühne für ein sündiges Leben begriffen oder gar bestimmten Volksgruppen angelastet (Judenpogrome). Bis ins ausgehende 19. Jh. stand die Menschheit dem Phänomen der E. hilflos gegenüber. Erst mit der Entwicklung der Bakteriologie und der Hygiene besserte sich die Situation deutlich. Seuchen beeinflussten die Geschichte der Menschheit nachhaltiger als Monarchen und Politiker. Im 13. und 14. Jh. wurde durch die Kreuzzüge der Aussatz nach Dtld. eingeschleppt. Wohl ahnend, dass es sich um eine ansteckende Krankheit handeln könnte, wurde auf Veranlassung von Mechthild von Kleve, der zweiten Frau Lgf. → *Heinrichs I.* vor dem Zwehrener Tor am → *Steinweg* das → *St. Elisabeth-Hospital* errichtet. Gleichzeitig erfolgte der Bau des → *Siechenhofes* vor dem Leipziger Tor, um die Kranken zu isolieren. Eingeschleppt durch italienische Galeeren erreichte die Pest 1349 Deutschland. Von 1349 bis 1646 wurden in Ks. insg. 37 Pestjahre mit einigen Tausend Toten registriert. Bedingt durch den Ausbruch der Seuche und in Unkenntnis der Ursache wurden auch in Nordhessen Juden verfolgt und ermordet, da diesen vorgeworfen wurde, durch Brunnen- und Quellenvergiftung die Epidemie ausgelöst zu haben.

Ende des 15. Jhs. trat in Europa zum ersten Mal die Syphilis auf. Vermutlich aus dem neu entdeckten Amerika eingeschleppt, verbreitete sie sich durch die Landsknechtheere in ganz Europa. 1509 fiel Lgf. Wilhelm II. im Alter von 41 Jahren dieser Krankheit zum Opfer. Aufgrund seiner deutlichen Charakterveränderung ist anzunehmen, dass es sich um das neurologische Endstadium (progres-

Kupille

Skelettfunde bei Grabungen am Holländischen Platz im Jahr 2008 könnten auf eine Epidemie hindeuten

sive Paralyse) gehandelt hat. Auch sein Sohn → *Philipp* zog sich durch außereheliche „Hurerei" die Syphilis zu. Er wurde angeblich durch seinen Arzt Gerion Sailer mittels Quecksilberkuren geheilt. 1529 kam es zu einem epidemischen Auftreten des „Sudor anglicus", des „englischen Schweißes". Er begann mit heftigen Schweißausbrüchen, Gähnen und Niesen; nach 24-stündigem Schlaf trat der Tod ein. Die Ursache dieser Krankheit wurde nie ganz geklärt, aus heutiger Sicht müsste es sich um eine Encephalitis (entzündliche Hirnerkrankung) gehandelt haben. 1596 trat der Ergotismus (oder Kribbelkrankheit, Krampfsucht, ziehende Seuche, Hiebelkrankheit, epidemische Epilepsie) in Hessen auf. Diese Seuche war verbunden mit Ameisenlaufen, heftigen Krämpfen und Schmerzen in den Gliedern; danach ging die Erkrankung in Schlafsucht oder „Blödigkeit" über. Die Erkrankten liefen nackt umher, hatten Erbrechen und Durchfall. Die Krankheit erreichte ihren Höhepunkt im Sommer 1597. In Ks. fielen ihr 2.894, in Fritzlar 1.600, in Witzenhausen 9.000 Menschen zum Opfer. Ursächlich verantwortlich war eine Mutterkornvergiftung als Folge verdorbenen Getreides. 1623 trat die sog. Hauptschwachheit oder Dysenterie auf. Ursache dieser Erkrankung waren die unhygienischen Verhältnisse der damaligen Zeit mit bakterieller Verunreinigung des Trinkwassers. Bei diesen Erkrankungen war der Durchfall mit dem damit verbundenen Verlust von Wasser und Elektrolyten das fiebernde Symptom. Die Dysenterie wurde insbesondere in Kriegszeiten und bei Hungersnöten zur Plage. Häufig vermischten sich die Infektionen mit anderen. Im Jahr 1637 starben daran in Ks. 1.488 Menschen, darunter 623 Flüchtlinge. Am 15.8.1797 wurde aufgrund der hohen Mortalität als Folge der Blattern (Pocken) bei Kindern die Kuhpockenimpfung eingeführt mit Anweisung zur Blatterninokulation (Pockenimpfung). *hh*

Erdmann (* 1890, † August 1901) soll der Lieblingsdackel Kaiser → *Wilhelms II.* gewesen sein. Vielleicht weilte er nur wenige Tage in Ks., aber er ruht sanft unter einem vom „Teckelklub" gepflegten Gedenkstein auf der Roseninsel im Bergpark Wilhelmshöhe, auf einer Anhöhe, die den Namen seines Herrchens trägt. Die Zeitschrift „Wild und Hund" widmete ihm noch im Todesjahr nebst „Hexe" und „Dachs" einen Artikel. Ks. wäre sich noch heute über seine Bedeutung im Unklaren, wenn nicht 1984, aus Anlass eines Symposiums an der → *Kunsthochschule*, Nicolaus Sombart nächtens seine flammende Rede auf das Dackel-Prinzip gehalten hätte: Ihm zufolge war der Dackel, ganz im Gegensatz zum Image seines Besitzers, den man für einen Säbelrassler hielt, das friedliche Symbol gegen die „Reichshunde" (Doggen) Bismarcks. *mr*

Das **Erlenloch** war ein Basaltsteinbruch im → *Habichtswald*, ähnlich den Steinbrüchen Am Bühl, heute ein Badesee, dem Brandkopf, dem Baumgarten und dem Hangarstein. Bereits 1908/09 war eine Tiefe von 40 m erreicht, die abbauende Firma errichtete auf dem Gelände einen Dampfkessel mit Kreiselbrecher. Das gewonnene Material fand beim Straßenbau Verwendung. Der Steinbruch wurde während des Zweiten Weltkriegs stillgelegt. Heute finden sich dort ein Wanderweg gleichen Namens sowie die Gaststätte Zum E. In der Nähe des Parkplatzes lagen das Kesselhaus und die Gleisanlage der elektrischen Bahn. An der Stelle der Gaststätte befand sich während des → *Ersten Weltkrieges* ein Lager für französ. Kriegsgefangene. Der von steilen Abhängen umgebene See E. wird gerne von Anglern besucht. *vl*

Lit.: D'r Osse 13, Heft 46, 13ff.

Ernecke, Friedrich August (* 4.6.1875 Ks., † 5.9.1938 Bad Homburg) Der in Ks. und Berlin ausgebildete Architekt E. hatte schon am Beginn seiner Karriere für Georg Kegel gearbeitet und war dann bei Julius Eubell (→ *Eubell & Rieck*) und anschließend bei der Eisenbahnverwaltung angestellt. E. dürfte sich zu Anfang des 20. Jhs. selbstständig gemacht haben. Nach dem Tod Kegels 1912 übernahm er dessen Atelier. Sein erstes Werk in Ks. war die Betreuung des Neubaus der Eisenbahndirektion Kölnische Str. 81 (1899/1900). Anschließend war E. für einige Zeit in Essen im Büro von Peter Zindel und im Ausland tätig. E. gehörte zu den ersten Protagonisten der → *Gartenstadt*-Bewegung in Ks.; sein diesbezügliches Hauptwerk sind die städtebauliche Konzeption und die ersten Häuser der Baumgartenstr. (1909/10). Von E. sind in Ks. einige moderne Landhäuser im W der Stadt erhalten (Friedrich-Naumann-Str. 39/41, um

1914; Baunsbergstr. 16, um 1914; Hugo-Preuß-Str. 47, um 1914; Baumgartenstr. 41, vor 1920). Er machte sich auch als Gestalter von Großwohnanlagen einen Namen (Schmerfeld- und Gerlandstr., 1911–14 und 1919–21; Breitscheidstr. 34–52/Kölnische Str. 159–167, 1923/24; Mozartstr. 5/7 und Menzelstr. 20/22, 1924/27; Rammelsbergstr. 30–50/Weißensteinstr. 61–73, 1925/27 sowie im Bereich Ihringshäuser Str./Eisenschmiede, um/ab 1920). Außerhalb der Stadt war er u. a. in Essen, für die Zuckerfabrik Wabern und für die Landgrafen von Hessen-Philippsthal-Barchfeld tätig (Umbau Schloss Herleshausen, ab ca. 1904 bis 1910, Umbaupläne Schloss Philippsthal, 1911/13). Dies trug ihm den Titel eines landgräflich-hessischen Hofbaumeisters ein, was ihm eine Mitwirkung am Bau des 1919 eröffneten Staatsgestüts Altefeld ermöglichte. Das Werk des konservativ-modernen, einflussreichen und produktiven Architekten ist noch nicht aufgearbeitet. *tw*

Qu./Lit.: Nachruf in Kasseler Post, 11.9.1938; Wiegand, Kassel II, 65.

Erster Weltkrieg Der Krieg, in den die Deutschen 1914 eintraten, verlief anders als erwartet und endete 1918 in Niederlage und Revolution. Aus dem Bewegungs- wurde schon im September 1914 ein Stellungs- und Zermürbungskrieg, der an die Wirtschaft hohe Anforderungen stellte und der Bevölkerung schwere Lasten aufbürdete. Die britische Seeblockade, die von der deutschen Marine nicht aufgebrochen werden konnte, hatte gravierende, allenthalben spürbare Engpässe zur Folge. Davon waren besonders die größeren Städte betroffen: auch Ks., wo sich OB → *Erich Koch-Weser* den Ruf eines energisch zupackenden Experten erwarb. Die Sorge um das tägliche Brot, die sich nach und nach in den Vordergrund schob, überlagerte die anfängliche Begeisterung und schwächte den gesellschaftlichen Zusammenhalt. Kommunale Politik erschöpfte sich wesentlich darin, die ärgsten Nöte zu lindern, den Mangel zu verwalten. Nach anfänglicher Arbeitslosigkeit im Herbst und Winter 1914 kehrten sich die Verhältnisse rasch um. Die Betriebe der Rüstungsindustrie, → *Henschel & Sohn* oder die auf dem → *Forstfeld* neu gebaute Munitionsfabrik, benötigten Massen an Menschen, die der lokale Arbeitsmarkt nicht hergab. In großer Zahl wurden daher Leute

Ausrücken des 167er Infanterie-Regiments im Ersten Weltkrieg in der Hohenzollernstraße, 1915

von außen angeworben: mit der Folge, dass der vorhandene Wohnraum die Nachfrage bei weitem nicht befriedigen konnte. Eine wachsende Zahl berufstätiger Frauen rückte an die Stelle der einberufenen Männer. Die Löhne und Gehälter stiegen zwar an, fingen die rasante Teuerung jedoch nicht auf. Hinzu kam der Mangel an Brennstoff und überhaupt an allen Gütern des täglichen Bedarfs. Die Maßnahmen der Regierung verrieten Konzeptlosigkeit und entbehrten einer klaren Linie. Auch in Ks. prallten unvereinbare Positionen aufeinander: hier für einen Verständigungs-, dort für einen Sieg- und Diktatfrieden. Die Situation spitzte sich seit Sommer 1917 dramatisch zu, Hunger und Not entluden sich in Unruhe und Protest, verbitterten die kleinen Leute, radikalisierten Teile der Arbeiter-, Angestellten- und Beamtenschaft, waren Indiz für soziale Verwerfungen und für tiefe Zweifel an der Funktionstüchtigkeit des monarchischen Staates, kurzum: Dies alles waren Vorboten der Revolution vom November 1918. *jf*

Lit.: Mühlhausen/Papke, Kommunalpolitik.

Escherich Acht Generationen hindurch hat die Familie E. in Ks. Glashandel betrieben. Im Jahre 1688 ließ sich der aus Thüringen zugewanderte Gürtler Matthäus E. (1656–1728) als Glashändler in Ks. nieder. Er heiratete Elisabeth Deimel, deren Mutter aus der Porzellanhändler-Familie Gläßner stammte. Noch im selben Jahr erwarb er ein Haus in der Kleinen Herrengasse. Matthäus verfügte über gute Beziehungen zum landgräfl. Hof und zu den Glashütten inner- und außerhalb

Hessens. Er lieferte für den Hofbedarf, für anatom. und opt. Zwecke sowie zur Fensterherstellung. Sein zweiter Sohn Elias (um 1691–1753), der zunächst den Beruf des Bäckers gelernt hatte, übernahm 1729 das Geschäft und kümmerte sich insbes. um die Glasmeister. Nach seinem Tod führte seine Witwe Anna Dorothea († 1771) 15 Jahre lang die Firma, bis der jüngste Sohn Johann Justus (1739–1795) nach dem Tod der Mutter durch eine Versteigerung Haus und Geschäft übernahm. Er hatte 1765 Maria Dorothea Ruländer, Tochter eines Glasmeisters in Ks., geheiratet. Der gemeinsame Sohn Johann Heinrich E. (1768–1853), der 1801 Catharina Margaretha Knochenhauer ehelichte, führte den Glashandel fort und erweiterte das Sortiment um Steingut und Porzellan; später auch um Lebensmittel. Seit 1825 Mitgl. des Kasseler Stadtrats war er am 15.9.1830 an der Petition der Bürgerschaft an Kurfürst → *Wilhelm II.* beteiligt. Nur für wenige Jahre konnte Johann Heinrichs Sohn Carl Wilhelm (1808–1860) das Geschäft weiterführen. Danach leitete seine Witwe Marie Elise E. (1812–1878) für zwölf Jahre die Firma. Hatte Carl Wilhelm E. bereits Kolonialwaren vertrieben, so weitete Marie Elise das Angebot auf Fensterblei, Petroleumlampen, Fotorahmen und Goldleisten aus. Um 1870 wurde der Geschäftsname von J. Heinrich E. in „M. Escherich" geändert. Unter der Leitung von Gustav Heinrich E. (1848–1917) wurde von 1872 an der überregionale Handel angekurbelt. Die Geschäfte expandierten, so dass von 1884 an der ehem. Wohntrakt für Lager- und Ausstellungszwecke genutzt wurde. 1905 übernahm Gustav Heinrichs Sohn Johann Philipp Karl E. (1879–1956) die florierende Firma. Es erfolgte eine Spezialisierung auf den Vertrieb von Hohlgläsern. Der Absatz des neu eingeführten Einkochglases machte nahezu die Hälfte des Jahresumsatzes aus. Nachdem das alte Geschäftshaus in der Bombennacht vom Oktober 1943 zerstört worden war, wurde der Glashandel provisorisch nach Malsfeld ausgelagert. Der älteste Sohn des Geschäftsinhabers, Reichsbahnrat Rolf E. (*1912) trat in die Firma ein. 1947 verlegte er das Geschäft zurück nach Ks. und baute 1956 ein neues Geschäfts- und Wohnhaus in der Altmüllerstr. 4, wo die Firma E. noch heute ansässig ist. *eg*

Lit.: Schlieper, Escherich;
StAKs, Einwohnermeldekartei.

Bernhard Etté spielt mit seinem Orchester im Café Schmoll, Obere Königsstraße 15, um 1938

Eschstruth, Mathilde Hermine Adolphine Louise von, Pseudonym: M(athilde) von Eschen (* 18.11.1839 Ks., † 2.2.1929 ebd.) war die Tochter eines Rittmeisters. Die sich früh zeigende Neigung zum Schreiben wurde von den Eltern nicht gefördert. Das Ziel der damaligen Erziehung, Ehefrau und Mutter zu werden, sollte nicht gefährdet werden. Nach dem Besuch eines Pensionats zum Erlernen der Haushaltsführung kehrte sie in ihr Elternhaus zurück, in dem sie ihr ganzes Leben verbringen sollte – ein Los, das sie mit vielen unverheirateten Frauen ihrer Zeit teilte. In ihren späten 20ern wandte sich E. der Musik zu, um sich damit eine Berufsmöglichkeit zu schaffen, was von ihrer Familie nicht gebilligt wurde. Eine Erwerbstätigkeit von Frauen kam nach den geltenden Konventionen nur in Frage, wenn äußerste Not dazu zwang. Aufgrund eines nervösen Leidens, das sie am Auftreten hinderte, musste E. die Musik aufgeben. Sie legte stattdessen das Lehrerinnenexamen für Höhere Töchterschulen ab und ging nach England, um ihre Sprachkenntnisse zu vervollkommnen. Zurück in Ks., unterrichtete sie und begann zu schreiben, um sich schließlich ganz auf das Schreiben zu konzentrieren. Sie verfasste Aufsätze zur Pädagogik, Kunst und Literatur sowie Kinder- und Jugendbücher. In den Romanen und Erzählungen für Erwachsene stellte sie Probleme der Zeit dar. E. war sehr religiös, was sich z. T. in ihren Schriften niederschlug. *ao*

Lit.: Schoof, Dichtung, 215; Waescher, 211f.

Etté, Bernhard, eigentlich Bernhard Sommer (* 13.3.1898 Ks., † 26.9.1973 Mühldorf/Inn), war Kapellmeister und Geiger. Er erhielt seine musikal. Ausbildung in Ks. am Spohr-Konservatorium und wurde Pianist im Orchester von C. Robrecht. 1917 trat er als Geiger eines Trios im Café Kaiser in Ks. auf. Schon 1922 gründete er im aufstrebenden Kurort Bad Nauheim ein eigenes Tanzorchester, mit dem er zu den ersten gehörte, die für das noch junge Radio spielten. E. trat schon bald in den beliebtesten Etablissements in Berlin auf, 1927 stellte er mit seinen Musikern das Hausorchester des Hotels „Esplanade". E., der einige der besten Tanzmusiker seiner Zeit um sich scharte, spielte oft bis zu zwölf Stunden am Tag. In Hamburg begleitete er die noch unbekannte Marika Rökk bei ihren ersten Auftritten. Auch in seiner Heimatstadt Ks. gab er umjubelte Konzerte. In den 1930er/40er Jahren leitete E. ein großes Schauorchester, mit dem er zahlreiche Schallplattenaufnahmen machte. Seinen bekannten Banjospieler R. Anhang beschäftigte er illegal weiter, als dieser unter dem NS von der Reichsmusikkammer ein Berufsverbot erhalten hatte. Nach dem Krieg unternahm E. mehrere Versuche, an die alten Erfolge anzuknüpfen, u. a. in den USA, die jedoch nicht zum Ziel führten. Er löste daher in der 1950er Jahren seine Band auf und ging in den Ruhestand. *wbo*

Eubell & Rieck Einer der renommiertesten gründerzeitl. Architekten Kassels war Julius Eubell (* 17.7.1847 Ks., † 31.3.1915 ebd.), der ein umfangreiches Werk hinterließ. Der Architekt hatte 1902 seinen jüngeren Kollegen (Ludwig) Carl Rieck (* 22.12.1875 Ks., † 8.6.1919 ebd.) mit in sein Büro aufgenommen, das fortan unter E. firmierte. Der Name des an der Höheren Gewerbeschule in Ks. ausgebildeten J. Eubell taucht erstmals im Zusammenhang mit dem Bau der Gemäldegalerie an der → *Bellevue* auf, wo er als Bauführer genannt wird. 1875 entwarf er für die Maurermeister Hochapfel und Schmidtmann sieben Reihenvillen, die bald den Spitznamen „Sieben Raben" erhielten (noch vorhanden: Sophienstr. 14/16). Seit 1883 wohnte er in einem eigenen Haus in der Marienstr. 12. 1887 wirkte er bei der Anlage der Henschelschen Terrassen am → *Weinberg* mit. Seitdem wird er immer wieder als Architekt von Wohnhäusern und öff. Bauten erwähnt. 1897/98 baute sich Eubell ein Wohnhaus in der Weigelstr. 3, einen prachtvoll dekorierten Neorenaissancebau. Zu den Hauptwerken E.s zählen u. a. der Wiederholdsche Gutshof (Wiederholdstr. 20, um 1900, Wohnhaus 1902), die Erschließung der → *Gartenstadt* Brasselsberg (ab etwa 1909), der Bau von Landhäusern am → *Brasselsberg* (z. B. das Wohnhaus Rieck, Wiederholdstr. 1, 1909), das Rote-Kreuz-Krankenhaus (Hansteinstr. 29, 1906/08), die Auferstehungskirche (Mombachstr. 24, 1906), Schulhaus und Kirchenumbau in → *Niederzwehren* (1905 bzw. 1913/14) sowie möglicherweise wesentl. Teile der Tuchfabrik → *Salzmann* in → *Bettenhausen* und der Bebauung der Motzstr. Eubells Werk ist durch einen unverkennbaren Zug zur Neorenaissance gekennzeichnet, der später, vermutlich durch den Einfluss von Rieck, mit Jugendstilelementen kombiniert wurde. *tw*

Lit.: Wiegand, Kassel II, 65.

Die **Evangelische Kirche von Kurhessen-Waldeck** (EKKW) besteht in ihrer heutigen Gestalt seit 1934 durch den Anschluss der Evang. Landeskirche von Waldeck-Pyrmont an die Evang. Landeskirche von Hessen-Ks. Sie umfasst das ehem. Kurhessen und den waldeckischen Landesteil des ehemaligen Fürstentums Waldeck-Pyrmont. Seit 1948 ist sie Mitgl. der Evang. Kirche in Dtld. (EKD) und seit 1969 Mitgl. der Arnoldshainer Konferenz. 1973 trat sie der Leuenberger Konkordie reformator. Kirchen in Europa bei. Ein 1960 geschlossener Staatsvertrag regelt die Beziehungen zum Land Hessen. Seit 1967 ist eine neue Grundordnung in Kraft, die das Augsburgische Bekenntnis als grundlegend erklärt für eine aus luth., reformierten und unierten Gemeinden herkommende Kirche, die „in der Vielfalt der überlieferten Bekenntnisse der Reformation zu einer Kirche zusammengewachsen" ist. Sie ist in vier von Pröpsten geleitete Sprengel (Hanau, Hersfeld, Ks., Waldeck/Marburg) eingeteilt und umfasst 915 Kirchengemeinden in 26 Kirchenkreisen mit 939.014 Mitgliedern (Stand 31.12.2007). Der Kirchenkreis Schmalkalden nahm 1972–91 unter den kirchenpolit. Bedingungen der DDR durch die Angliederung an die Evang.-Lutherische Kirche in Thüringen eine eigene Rechtsstellung ein. Die Kirchenleitung wird durch die Landessynode, den Bischof, die Pröpst/innen, den Rat der Landeskirche und das Landeskirchenamt wahrgenommen. Bischof und Landeskirchenamt haben ihren Sitz in Ks.; Predigtkirche des Bischofs ist die → *Martinskirche*. Die Verfassung der E. verdankt wesentl. Impulse dem Marburger Theologieprofessor Hans von Soden (1881–1945). Bischöfe waren → *D. Adolf Wüstemann*, Erich Vellmer (1963–78), → *Hans-Gernot Jung*, Christian Zippert (1992–2000) und Martin Hein (seit 2000). Zu den tragenden Einrichtungen gehören das Predigerseminar und die Evang. Akademie in Hofgeismar. Die bedeutendste diakonische Einrichtung sind die Anstalten Hephata in Schwalmstadt-Treysa. Aufgrund ihrer Lage und Geschichte versteht sich die E. als „Kirche der Mitte". *js*

Lit.: Einblicke; www.kkw.de.

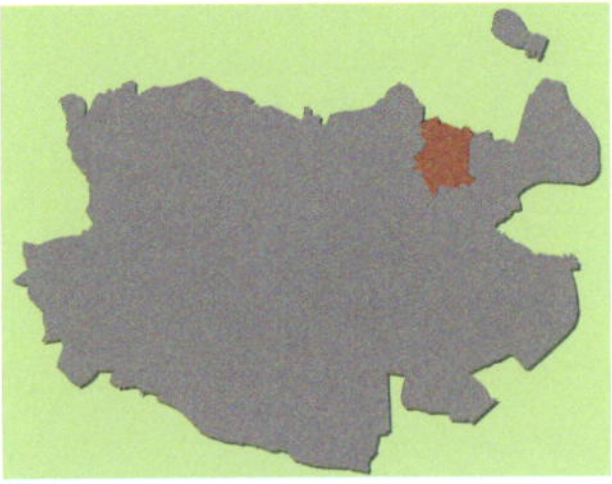

Der Stadtteil Fasanenhof im Kasseler Stadtplan

Fasanenhof Der Stadtteil verdankt seinen Namen der ehem. fürstl. und später preuß. → *Domäne*, die am Fuße des → *Mönchebergs* liegt. In deren Terrassengärten wurden → *Weinbau* und eine Fasanerie, zeitweise sogar eine → *Maulbeerplantage* betrieben. Sie gehörte bis zur → *Reformation* zum → *Stift Ahnaberg*, dessen Besitz im 16. Jh. säkularisiert wurde. Der Stadtteil F. wird im S begrenzt von den Städt. Kliniken auf dem Möncheberg (→ *Krankenhäuser*). Im N sind noch die Reste eines Ziegelwerkes wahrnehmbar. Nach dem Ankauf des Domänengeländes 1920 wurde die Gartenstadt F. nach den Plänen von Baudirektor → *Sautter* entwickelt und das ca. 154 ha große Gelände eingemeindet. Laut Kaufvertrag waren mind. 94 ha für Kleinsiedlungszwecke und Kleingärten zu verwenden. In den 1920er und 1930er Jahren realisierten vier Wohnungsbaugenossenschaften und ein Bauverein den Siedlungsbau (→ *Wohn- und Siedlungsbau*) mit unterschiedl. Schwerpunkten. Im → *Zweiten Weltkrieg* wurde der Stadtteil erheblich zerstört. Nach dem → *Wiederaufbau* verdichtete sich in den 1960er Jahren die Siedlungsstruktur weiter durch den Neubau von Mietwohnungen und kleinen Reihenhäusern unter Erhalt des Gartenstadtcharakters. Auf dem Gelände des urspr. Gutshofes F. entstand 1962–64/70 ein modernes Altenheim mit Wohnungen und einer Pflegestation. In den 1960/70er Jahren wurde der F. mit der Bossental-Siedlung erweitert. In der Gartenstadt F. leben z. Z. ca. 8.500 Menschen. *il*

Qu./Lit.: StaKs; Fasanenhof.

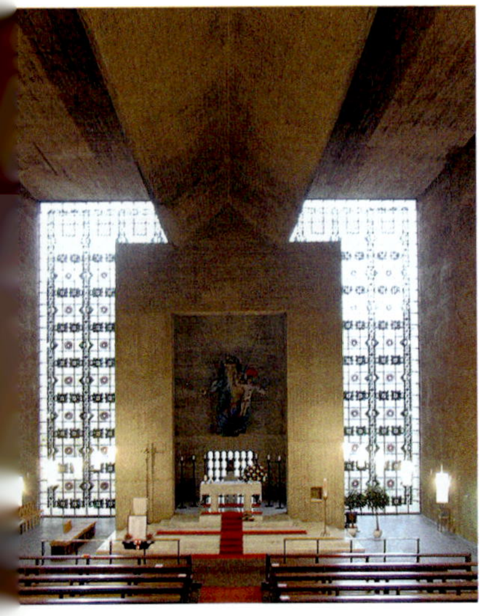

Innenraum der 1959 von Gottfried Böhm entworfenen Fatimakirche

Fatimakirche (Maria Königin des Friedens) Im Stadtteil → *Bad Wilhelmshöhe* erhebt sich der weithin sichtbare Campanile der in Sichtbeton und Glas erbauten Kirche. Als Pfarrkirche der ehem. überwiegend aus Heimatvertriebenen bestehenden, nach Kriegsende gegründeten kath. Gemeinde und als Garnisonkirche nach Plänen des Architekten Gottfried Böhm erbaut und 1959 geweiht, wird das Motiv des Weges bei der Gestaltung verwendet. Über eine imposante Freitreppe vor dem Portal gelangt man in einen Vorraum mit darunter liegender Taufkapelle. Im Inneren setzt sich der Weg, architektonisch umgesetzt, bis zum Altar fort. Klare Wandfluchten mit Erkern und Fensternischen (Marienszenen) und die zeltförmige Konstruktion, welche das Dach trägt, prägen den Raum. Die Betonkulisse der Schmalseiten ist von Glasfenstern (Abendmahls- bzw. Mariensymbolik) eingerahmt. Eine Werktagskapelle verbindet Kirche und Glockenturm. Zur Ausstattung gehören das Marienbildnis über dem Altar (Leopold Hafner, Vornbach), Fenster (Entwurf Gottfried Böhm, Köln) und Taufstein (Elmar Hillebrand, Köln), eine Madonna sowie das aus der ehem., 1947 geweihten Kapelle in der Wigandstr. übernommene Altarbild (Werktagskapelle) und Fatima-Fenster (Taufkapelle). Der außergewöhnl. Bau besticht durch klare und einfache Linienführung und gilt als eine der bedeutendsten Nachkriegskirchen Deutschlands. Die Verwendung von bis zu 40 % Trümmerschutt im Baumaterial stellt zudem einen Bezug zur jüngsten Kasseler Stadtgeschichte dar. *ja*

Fayencemanufaktur Das Jahr 1680 gilt mit dem Neubau einer „Porcellainenwerkstatt" in der Schäfergasse als Gründungsdatum der F. in Ks., der vierten in Dtld. nach Hanau, Frankfurt und Berlin. Als ersten fürstl. „Porcelainmacher" setzte Lgf. → *Karl* den Lakai Georg Kumpfe ein. Die Produktion war wohl zunächst weniger für den Verkauf als vielmehr für den fürstl. Eigenbedarf, für Geschenkzwecke und zur Raumausstattung, z. B. im Landschloss Heydau, bestimmt. Ein Wandbrunnen und ein Guéridonpaar aus landgräfl. Provenienz zeugen davon. Nach Kumpfes Tod 1691 versuchte man, mit Hilfe verschiedener Niederländer als Pächter und Fabrikleiter, den unrentablen Betrieb zum Erfolg zu führen: 1694 kam Esaias de Lattré aus Hanau, 1698 folgte Dirck Janson van Schie aus Delft, der D. Wintie und V. Lattein als Maler sowie M. Gräbe als Fayencemacher beschäftigte. 1700–11 leiteten Dirck de Voß und Louis Verschier das Unternehmen. Anschließend bis zur ersten Betriebseinstellung 1717/18 war Philipp Hottem (Hoettein, Van Houttem), zuvor Verwalter der landgräfl. → *Menagerie* und Löwenwärter, Pächter, unterstützt von seinem Schwiegersohn und Teilhaber F. Janson aus Antwerpen. Schon 1702 hatte sich der Landgraf vergeblich darum bemüht, den bedeutenden von Tschirnhaus aus Dresden anzuwerben und auch H. Chr. von Horn von der Braunschweiger Manufaktur wollte nicht nach Ks. ziehen. Stattdessen nahm der Kasseler J. H. Koch, ein

Lehrling unter Hottem, 1719 den Betrieb wieder auf. Doch auch er musste 1724 Konkurs anmelden und ging nach Zerbst. Erst die anschließende Periode Gilze, in der für längere Zeit die Pachtzahlung erlassen wurde, führte wieder zu einem künstlerischen Höhepunkt. Johann Christoph Gilze war ein aus Hessen stammender Braunschweiger Porzellanmaler. Sein begabter Sohn Friedrich Ludwig, der in Holland und Meißen gelernt hatte, folgte als Pächter 1735 dem Vater nach. Kammerrat Johann Sigismund → *Waitz von Eschen*, zuständig für das Berg-, Salz- und Hüttenwesen in der Landgrafschaft, hatte schon mehrfach finanziell über Krisen hinweggeholfen. 1740, nach dem Tod des jüngeren Gilze, übernahm er selbst die Leitung des Betriebes, bis er 1774 als Minister nach Berlin ging. Drei Jahre, von 1763 bis 1766, hatte er in dem technischen Leiter und „Porzellanmeister" J. H. Schröder, der aus der Manufaktur Wrisbergholzen nach Ks. gekommen war, einen tüchtigen Mitarbeiter. Ab 1774 arbeitete die F. mit der modernen → *Porzellanmanufaktur* in deren neuer Anlage unter derselben Direktion zusammen. 1788 wurden beide Unternehmen geschlossen.

Die trad. blaue Dekoration auf Weiß herrschte in Ks. vor, Muffelfarbenmalerei ist kaum überliefert. Zwar wandelten sich Stile und Moden: unter Lattré kamen barocke Blumen vor, unter Gilze benutzte man für chinoise Dekorationen Stichvorlagen aus Nürnberg, Landschaften mit „geschwämmelten" Bäumen und chines. Staffagefigürchen waren typisch für Waitz. Jedoch scheint man Rokokostil und Louis Seize den Porzellan- und Steingutmanufakturen überlassen zu haben. Neben Ziergefäßen und Gebrauchsgeräten gehörten Fliesen und Ofenkacheln zum Programm. Ein genaues Bild lässt sich erst nach einer Katalogisierung der erhaltenen Fayencen gewinnen. Soweit die Kasseler Fayencen bezeichnet sind, tragen sie als Marke HL (Hassia Landgravius?), manchmal mit Zusatzbuchstaben z. B. G für Gilze, W für Waitz, und S für Schröder. Exponate befinden sich im → *Hessischen Landesmuseum* und im → *Stadtmuseum*. *es*

Lit.: Bloch, Fayence-Manufaktur; Schmidberger, Keramikmanufakturen, S. 33–52.

Fedeli, Ruggiero (* um 1655 Venedig, † Ende Januar 1722 Ks.), Komponist und Instrumentalist, begann seine Laufbahn 1669 als Sänger und Violaspieler u. a. an S. Marco, hielt es aber hier, wie bei späteren Stellen in Bayreuth, Dresden, Berlin (1691–95), Weißenfels und Hannover, nie lange aus, bis er 1701 in Ks. als Kapellmeister bei hohem Gehalt und sehr guten Arbeitsbedingungen von Lgf. → *Karl* angestellt wurde. Hier blieb er bis zu seinem Tode, wenn auch nicht ununterbrochen: Bereits 1702 war er mit Billigung des Landgrafen wieder in Berlin; auch späterhin bat ihn sich Königin Sophie-Charlotte für Aufführungen in ihrem Schloss Lietzenburg (Charlottenburg) aus. In Ks. aber führte er sein aus 15 bis 17 Mitgliedern bestehendes → *Orchester* zu einigem Ruhm und leitete den Übergang zur italien. Hofmusik für den Italien-Verehrer Lgf. Karl ein. Das Gut Kragenhof bei Ks. wurde ihm zur lebenslangen Nutzung überlassen. In Ks. sind keine Werke aus seiner Feder erhalten. Neben einigen Opern (etwa „Almira", Uraufführung Braunschweig 1702) bestimmen gefällige geistl. und weltl. Kantaten sein Werk, deren größter Teil in Berlin (D-B, Sammlung Bokemeyer) handschriftl. überliefert ist. Nur „Il mio core" liegt bisher in einer Neuausgabe (Coll. Litolf 2291) vor. *hbr*

Lit: Engelbrecht, Hofkapelle, 141–173; MGG.

Feige, Johann (* 1482 Hessisch Lichtenau, † 20.3.1543 Ks.) war Kanzler Lgf. → *Philipps*. Nach zweijährigem Dienst als Kanzleischreiber des Fuldaer Abtes wurde F. an der Univ. Erfurt im Herbst 1501 (ein Semester nach Martin Luther) immatrikuliert, erwarb dort den untersten akademischen Grad eines Baccalaureus artium, beendete aber weder das Grundstudium mit dem Magisterexamen, noch studierte er entgegen verbreiteter Annahme Jura. Eine Reminiszenz an den Erfurter Humanismus sind seine latein. Namensformen Ficinus oder Figlius. 1504 wurde er in Ks. Kanzleischreiber unter Lgf. → *Wilhelm II.*, nach einem kurzen Zwischenspiel als Sekre-

Fayencemanufaktur
Fayencevase mit blauer Malerei auf weißem Grund aus der ersten Hälfte des 18. Jahrhunderts mit der Marke HL

Porträt (vermutl.) Johann Feiges von Lukas Cranach d. Ä. aus dem Jahre 1524 (Ausschnitt)

tär des Würzburger Bischofs 1514 im Alter von erst 32 Jahren Kanzler der Landgräfin → *Anna*, deren Sohn Philipp 1518 nach seiner vorzeitigen Mündigkeit und Regierungsübernahme F. in seinem Amt bestätigte. Dieser unterwies den jungen Fürst bei den ersten Schritten in die Politik und blieb lebenslang sein sachkundiger und unverbrüchlich loyaler Berater. F. war an der Hinwendung Philipps zur → *Reformation* beteiligt; die Kasseler Kanzlei galt schon früh als ein „Nest" von Luther-Sympathisanten. Bei der Einführung der Reformation, der Auflösung der Klöster und Verwaltung ihrer Güter sowie der Etablierung eines evang. Kirchenwesens war die Kanzlei planend und koordinierend tätig; Gründung und Ausbau der Univ. Marburg hat F. auch als deren Kanzler verantwortlich mitgestaltet. Seine Stellung ging über die Leitung der landgräfl. Verwaltung weit hinaus; er war an fast allen wichtigen polit. Unternehmungen beteiligt und erfüllte vielfältige diplomatische Aufträge (z. B. als Leiter der hess. Delegation auf Reichstagen). Seine heikelste Mission waren die Geheimverhandlungen 1540 in Worms, um die „Verzeihung" Kaiser Karls V. für Philipps Bigamie zu erlangen; trotz der polit. Zugeständnisse, die der Landgraf machen musste, konnte F. die kaiserl. Anerkennung und Privilegierung der Univ. Marburg erreichen. Seine Nachfolger haben längst nicht die Bedeutung und den Einfluss auf den Landgrafen erlangt. *has*

Lit.: Schneider, Hand.

Felsenkeller Den → *Weinberg*, seit 1778 vorwiegend als Gartengelände genutzt, kauften Brauereien auf, um Bierwirtschaften dort zu errichten. 1822 wandte sich Hofküfermeister Reymüller an Kurfürst → *Wilhelm II.* mit dem Vorschlag, im Weinberg F. anzulegen. 1823 hatten allg. Klagen über das schlechte Bier die kurfürstl. Polizeikommission der → *Residenz* veranlasst, Maßregeln zur Verbesserung des Kasseler Brauwesens zu erwägen. Der Magistrat der Residenz Meiningen bestätigte 1824 in einem Gutachten den erbauten F. mit Ausschank hervorragende Qualität. Bis 1835 wurden 16 Stollen in den Felsen getrieben. Im September 1825 erhielt der Bierbrauer Ostheim die Genehmigung, „eine anständige Bierwirtschaft für angesehene Personen zu errichten". Er verpachtete den ersten F. gegenüber der Hofbleiche mit ehem. herrschaftl. Garten und Eiskeller. Auf dem Weinberg entstanden drei Gastwirtschaften: von Johannes Peilert am 19.5.1826; von Christian Eissengarthen am 24.3.1827 und Johannes Heine 1830. Die F. wurden zum beliebten Treffpunkt für alle Bevölkerungsschichten. Der Dichter → *Ernst Koch* entwarf im 23. Kapitel seines „Prinz Rosa Stramin" lyrische Stimmungsbilder und setzte den F. damit ein literarisches Denkmal. Nach und nach gingen die drei F. in den Besitz der Familie Henschel über, die dort ihre Häuser, die Terrassen- und Gartenanlagen sowie die Weinberg-Stützmauern errichten ließ (→ *Henschel-Villen*). Der Bierausschank war 1901 eingestellt worden. 1942 dienten die Stollen als Luftschutzbunker (→ *Bunkerbauten*) und heute finden Führungen des Feuerwehrvereins statt. Geplant ist eine Nutzung als Museum (alte Eiskeller und Gesteinsgeschichte des Weinbergs) oder als Gedenkstätte für die Opfer des → *Zweiten Weltkriegs*. *hekö*

Lit.: Körner, Südstadt; Ders., Auefeld.

Kolorierte Ansichtskarte des Felsenkellers am Weinberg mit den Terrassen des Eissengarthenschen Felsenkellers, um 1890

Fennel, Friedrich (* 12.8.1872 Wehlheiden, † 15.2.1926 Ks.) wandte sich nach einer Ausbildung als Glasmaler dem Studium an der → *Kunstakademie* Ks. und Studienaufenthalten in Italien und Frankreich v. a. der Landschaftsmalerei zu. Von seinem Kasseler Atelier aus erwanderte er die Nordhessische Region und wurde mit intensivem Gespür für Stimmungsgehalt und Atmosphäre zum künstlerischen Chronisten seiner Heimat. Ab 1918 stand er in Kontakt zur Malerkolonie Willingshausen. Besondere Popularität erlangten acht Mappenwerke mit je 8 bis 10 Farblithografien zu regionalen Motiven: Cassel (1907, 1909), Marburg (1907), Hessische Burgen (1909), Wilhelmshöhe, Eisenach mit Wartburg, Alt-Heidelberg (1908). 1926 starb F. an den Folgen einer Grippe, die er sich während der Dekoration des Vortragssaals im → *Hessischen Landesmuseum* zugezogen hatte. Etliche seiner Gemälde sind im Städt. Kunstbesitz (→ *Stadtmuseum*): Gut Teichhof (1916), Die Schöne Aussicht (1925), Zwei Bäuerinnen in niederhessischer Tracht, Tordurchblick, Der Königsplatz in Ks., Landschaft mit Heuhaufen, Feld mit Getreidegarben. *hki*

Lit.: Drang zur Landschaft; Schmaling.

Der Königsplatz in Kassel, Friedrich Fennel, Öl auf Leinwand, um 1890

Fesca, Friedrich Ernst (* 15.2.1789 Magdeburg, † 24.5.1826 Karlsruhe), Geiger und Komponist. Er erhielt schon in früher Jugend, gefördert durch die Eltern, Klavier- sowie Violin-, Theorie- und Kompositionsunterricht zunächst in Magdeburg, seit 1805 in Leipzig, wo ihm sein Lehrer, der Thomaskantor August Eberhard Müller, eine Anstellung als Geiger im Gewandhausorchester vermittelte; mit Friedrich Dotzauer spielte er im Streichquartett. 1808 wechselte er zum Oldenburger Hoforchester. 1808–13, der glücklichsten Zeit seines Lebens, war er Sologeiger im weit gerühmten Kasseler → *Orchester*. Im Herbst 1813 wechselte F. als Konzertmeister nach Karlsruhe, schwer krank, dennoch bis zuletzt wie besessen komponierend. In Ks. entstanden die ersten 7 seiner 16 Streichquartette und 2 der 3 Sinfonien; in Karlsruhe folgten ferner 2 Opern, Quintette, Chorwerke, Lieder. Sein Bestes aber gab er in seinen Streichquartetten, die seinerzeit in der Wiener Allgemeinen Musikzeitung am häufigsten besprochen wurden. Carl Maria von Weber sah sie als Vorbilder für die moderne Quartettkomposition an. Über romantisch schmelzender Harmonik breitet sich ein Schleier von Melancholie. Die Quartette sind auch für Laien spielbar. Fast sein gesamtes Kammermusikwerk hat der Kasseler Kammermusikverlag in praktischen Neuausgaben vorgelegt, darunter alle Quartette. *hbr*

Lit.: Frei-Hauenschild, Fesca.

Fieseler, Gerhard (* 15.4.1896 Glesch, † 1.9.1987 Ks.) Einer Druckerfamilie entstammend, entwickelte F. früh Interesse an der Luftfahrt und meldete sich zu Beginn des → *Ersten Weltkriegs* freiwillig bei der kaiserl. Fliegertruppe. Nach seiner Prüfung wurde er als Aufklärungspilot, ab 1917 als Jagdflieger eingesetzt, wobei er hohes Ansehen gewann und mit dem Orden „Pour le Mérite" ausgezeichnet wurde. Nach 1918 zunächst wieder im Druckgewerbe tätig, erwarb F. 1926 Anteile an der Raab-Katzenstein-Flugzeugwerke GmbH und zog nach Ks. Hier war er Fluglehrer und veranstaltete vielbeachtete Flugtage auf dem → *Flughafen Waldau*. Sehr erfolgreich war er als Kunstflieger; er wurde mehrfach dt. und Europameister sowie 1934 Weltmeister, was ihm neben Ruhm und Kontakten zu den bekanntesten Piloten und Konstrukteuren seiner Zeit (u. a. Udet, Junkers) auch Kapital einbrachte. Dieses investierte F. 1930 in den Kauf eines kleinen Ihringshäuser Segelflugzeugherstellers, bei dem bald auch Motorflugzeuge entstanden. Wie die gesamte dt. Luftfahrtindustrie profitierte er vom Rüstungsboom ab 1933. Seine Firma konstruierte 1935 die legendäre FI 156 Storch (→ *Fieseler Storch*), kurz darauf begann die Lizenzproduktion des Jagdflugzeugs ME 109 in einer neuen Fabrik in → *Waldau*. Ein industrieller Großbetrieb mit bis zu 11.000 Mitarbeitern an mehreren nordhessischen Standorten, eigenen Betriebssiedlungen, einer straffen innerbetriebl. Org. nach NS-Grundsätzen und F. als „Betriebsführer" entstand. An der Gerhard Fieseler Werke GmbH hielt 1939 auch das Reichsluftfahrtministerium Anteile. Nach der Einberufung vieler Arbeiter zur Wehrmacht setzte sich die Belegschaft im → *Zweiten Weltkrieg* zunehmend aus Frauen und ausländischen Arbeitskräften zusammen, darunter tausende unter schlechten Bedingungen lebende Zwangsarbeiter (→ *Zwangsarbeit*). Im März 1944 wurde F. als Produktionsverantwortlicher wegen zu geringer Produktion durch einen Kommissar des Reichsluftfahrtministeriums abgelöst, behielt jedoch seine Anteile an der Firma, die zwischenzeitlich mit der FI 103 auch eine Flugbombe, die „V1", entwickelte. F. war seit 1933 Mitgl. der → *NSDAP*, erhielt hohe Ehrungen des NS-Staates als Führer eines bedeutenden Rüstungsbetriebs und profitierte vom Wachstum seines Unternehmens. Insofern bleibt F.s Rolle während der → *NS-Zeit* ungeachtet des Freispruchs der Spruchkammer am 28.1.1949 und der Einstellung des Berufungsverfahrens 1950 fragwürdig, zumal er selbst sie bis zu seinem Tod kaum kritisch reflektierte. F. konnte 1950 wieder über das beschlagnahmte Firmenvermögen verfügen, zog sich aber aus der Luftfahrtindustrie zurück. Er wohnte u. a. im Taunus und in der Schweiz, bevor er nach Ks. zurückkehrte, wo er 1980 seinen gesamten Besitz der gemeinnützigen Gerhard Fieseler Stiftung überschrieb. *tb*

Lit.: Fieseler, Bahn; Wiederhold, Fieseler.

Fieseler Storch auf dem Friedrichsplatz am Tag der Luftwaffe im Jahr 1938

Der **Fieseler Storch** wurde 1935 im Flugzeugwerk des Kunstflugweltmeisters → *Fieseler* in → *Bettenhausen* entwickelt und produziert. Das einmotorige, zwei- bis dreisitzige Kabinen-Landflugzeug (Schulterdecker) galt als erstes Kurzstart- und Langsamflugzeug der Welt. Durch Verwendung eines hohen, besonders kräftigen Fahrwerks, eines geeigneten Flügelprofils, von Landeklappen und festen Vorflügeln waren kurzer Start und Landeauslauf, Langsamflug und steiler Gleitflug möglich. Daher war er gut in schwierigem Gelände verwendbar. Seine Tragflügel ließen sich für den Straßentransport und zur Platzersparnis zurückklappen. Sie waren in Holzbauweise mit Stoffbespannung und Sperrholzverstärkung ausgeführt. In den Tragflächen waren die 150, später 200 Liter fassenden Benzinbehälter eingebaut. Als Allzweckmaschine war das Flugzeug für zivile und milit. Aufgaben gleichermaßen geeignet. Der F. flog im → *Zweiten Weltkrieg* an allen Fronten und wurde als Nahaufklärer, Kuriermaschine und Sanitätsflugzeug eingesetzt. *wd*

Lit.: Piekalkiewicz, Fieseler Fi 156.

Finanzgericht Das Hessische F. wurde mit Rechtsverord. vom 13.10.1947 mit Sitz in Ks. errichtet. Als oberes → *Landesgericht* ist es für ganz Hessen alleine zuständig, und zwar für Klagen gegen Steuerbescheide der hess. Finanzämter, gegen Zoll- und Verbrauchssteuerbescheide der hess. Hauptzollämter, gegen Kindergeldbescheide der hess. Familienkassen, in Angelegenheiten des Europ. Marktordnungsrechts und bei Streitigkeiten aus dem Bereich des Berufsrechts der Steuerberater. Ks. wurde Sitz des Gerichts, weil die kriegszerstörte Stadt einen Ersatz für das aufgelöste Oberfinanzpräsidium bekommen sollte. Am 1.9.1948 fand die erste Sitzung statt, in der auch die ersten drei ehrenamtl. Richter vereidigt wurden. Das F. war zunächst im Gebäude des früheren Oberfinanzpräsidiums in der Goethestr. und ab 1956 in dem Eckgebäude → *Ständeplatz*/→ *Fünffensterstraße* untergebracht. Seit 1994 ist es im neuen Gebäude im → *Königstor* beheimatet. Die Richterzahl stieg von zunächst vier (1948) über 14 (1962) bis hin zu 50 Richter/innen im Jahre 1997. Heute sind in 13 Senaten 44 Richter/innen tätig. Insges. arbeiten im F. ca. 90 Personen. Nicht zuletzt wegen der geografischen Randlage wurde sehr früh die Videokonferenztechnik eingeführt. So können die Prozessbeteiligten von Frankfurt, Wiesbaden, Darmstadt, Fulda und Gießen aus an den mündlichen Verhandlungen teilnehmen. Über Rechtsmittel gegen Entscheidungen des F.s entscheidet der Bundesfinanzhof in München. *mkn*

Finkenherd Die Insel F. ist eines der wenigen Überbleibsel (ehem. Vorwerk) der Festungsanlage der Stadt Ks. Von den Bleichen auf der Insel F. inspiriert, schrieb → *Salomon Mosenthal* das Libretto zu Otto Nicolais Oper

Restaurant am Finkenherd mit seinem vor dem Haus gelegenen Biergarten im Jahr 1935

„Die lustigen Weiber von Windsor". Auf der kleinen Insel nahe des → *Altmarkts* befinden sich heute ein evang. Kindergarten der Altstädter Kirchengemeinde, das Inselrestaurant F. und das Gelände und Gebäude des Kanusportvereins Kassel e.V. Neben der Insel liegt die Kasseler Schiffsschleuse mit Walzenwehr. Das Gasthaus wurde 1897 erbaut und fungierte bis 1920 als Restaurationsbetrieb. Dann wurde es von der Altstädter Gemeinde erworben und als „Christliches Volks- und Jugendheim Finkenherd der Altstädter Gemeinde Kassel" genutzt. Das Haus besaß einen großen Saal für ca. 600 und einen kleineren für ca. 200 Personen, ebenso ein Vereinslokal für den Männer- u. Jünglingsverein, einen Raum für den Kirchenvorstand, Wirtschaftsräume und ab 1927 Räume für den Kindergarten. Es entstand eine „Christliche Wanderherberge" und in den Kellerräumen wurde eine Süßmosterei errichtet. Nach dem Krieg wurde der F. zunächst provisorisch wieder aufgebaut, am 4.7.1949 wurde der Kindergarten der Gemeinde eingeweiht. Das Restaurant F. ist heute Kassels einziges Insellokal. Seine Lage direkt an der → *Fulda* macht es zu einem beliebten Ausflugslokal für Radler und Wassersportler. *wb*

Finkenstein, Kurt (* 27.3.1893 Straßburg, † 29.1.1944 Auschwitz) war der Sohn eines dt. Offiziers und einer poln. Jüdin. Nach dem Ersten Weltkrieg ließ er sich in Ks. als Zahntechniker nieder. F. war ein polit. Intellektueller. Er gehörte zuerst der USPD, dann der KPD bis 1925 und ab 1932 an. Kunst, Theater, Musik und Lit. waren seine Welt. Als Kommunist, Pazifist und Jude wurde er von den Nationalsozialisten verfolgt und bereits 1933 zum ersten Mal im Konzentrationslager Breitenau (→ *Gedenkstätte Breitenau*) eingesperrt. 1935 wurde er gemeinsam mit seiner damaligen Lebensgefährtin und späteren Frau Käte Westhoff verhaftet. Mehr als 27 Monate war er in Ks. in Untersuchungshaft; im November 1937 wurde er zu 7½ Jahren Zuchthaus wegen „Vorbereitung zum Hochverrat" verurteilt. Käte Westhoff wurde nach ihrem Freispruch 1937 in das (Frauen-) Konzentrationslager Moringen, von dort in das Konzentrationslager Lichtenburg gebracht, wo sie starb. In der Gefangenschaft erfuhr F. von ihrem Tod und dem seiner beiden Söhne, die als Soldaten in Russland ihr Leben ließen. Am letzten Tag seiner Zuchthausstrafe wurde er von der Gestapo in sog. Schutzhaft genommen und erneut nach Breitenau, später nach Auschwitz deportiert, wo er ums Leben kam. *dkv*

Lit.: Finkenstein, Briefe.

Fiorillo, Ignazio (* 11.5.1715 Neapel, † Juni 1787 Fritzlar) war von 1762 bis 1779 Hofkapellmeister unter Lgf. → *Friedrich II.* in Ks. Nach einer musikalischen Ausbildung an einem der vier Konservatorien Neapels soll er Schüler von F. Durante und L. Leo gewesen sein. Zunächst sind vornehmlich Opern von ihm bekannt, deren erste Aufführung 1733 in Triest belegt ist. Weitere folgten in Mailand, Venedig und Padua. Ende der 1740er Jahre zog er mit einer Kinder-Balletttruppe durch Dtld. 1749 kam er dabei auch nach Braunschweig, wo er als Hofkapellmeister engagiert und 1761 wieder entlassen wurde. 1763 schließlich erhielt er den Posten des Hofkapellmeisters in Ks. (→ *Hofkapelle*, → *Hoftheater*). Hier wuchs auch sein Sohn Federigo auf, der sich einige Verdienste um die Geschichte des Violinspiels erwerben sollte. F. war als erster Kapellmeister für die italien. Hofoper sowie für die kath. Hofmusik zuständig. 1779 wurde er wegen angeblich nachlassenden Gehörs, „im Grunde aber mehr aus Kabale", entlassen. Verm. ist dies auf das Betreiben des Marquis → *de Luchet* zurückzuführen, der erfolgreich versuchte, die italien. Oper zugunsten des französ. Theaters zurückzudrängen. F. zog sich ins kath. Fritzlar zurück, wo er 1787 starb. Von seinen Werken haben sich neben seinen Opern auch einige Kompositionen seiner kath. Kirchenmusik erhalten, insbes. eine für Ks. komponierte sehr anmutige Missa brevis. *wbo*

Lit.: Apell, Tonkünstler.

Kurt Finkenstein um 1930

Fiorino, Alexander (* 28.5.1842 Ks., † 1.5.1940 ebd.) entstammte einer seit 1795 in Ks. ansässigen Familie von Schutzjuden. Sein Großvater wählte im Zuge der westphäl. → *Judenemanzipation* um 1808 als Familiennamen die Bezeichnung einer mittelalterl. Goldmünze. Nach der Lehrzeit in England und Frankfurt/M. ließ sich F. 1873 in Ks. als Kaufmann nieder und gründete 1885 mit Gustav Sichel das Bankhaus Fiorino & Sichel, das 1931 liquidiert wurde. Seit 1884 im → *Verein für hessische Geschichte und Landeskunde* pflegte der vielfältig engagierte F. bis ins hohe Alter Kunst und Kultur, hielt seit 1900 Vorträge und verfasste Publikationen. Seine Münzsammlung mit über 4.000 Positionen, deren Beschreibung Prof. Heinrich Buchenau in München besorgte, ließ er 1917 versteigern; ihr Katalog gilt als Referenzwerk. In der Folge baute F. eine Kunstsammlung auf, die 1938 etwa 180 Gemälde und 5.000 Blätter umfasste. Sie wurde großenteils unter den Nationalsozialisten veräußert; nur Reste gelangten in die Staatl. Kunstsammlungen Ks. Der Erlös floss in die von den Juden nach der Reichspogromnacht erzwungenen Geldabgaben. *nk*

Lit.: Sammlung Fiorino; Größel, Numismatiker.

Jeremias Fiorino nach einer Zeichnung von S. Dahl, 1842

Fiorino, Jeremias David Alexander, (* 3.5.1797 Ks., † 22.6.1847 Dresden) war ein Sohn des Kaufmanns David Alexander Jeremias aus Göttingen, der 1795 einen Schutzbrief für Ks. erhalten hatte. In der westphäl. Zeit nahm er den Namen F. an. Künstlerisch begabt, absolvierte er zunächst eine Porzellanmalerlehre und besuchte anschließend die Kasseler → *Kunstakademie.* 1818 ging er mit Unterstützung Kurfürst → *Wilhelms II.* an die Dresdener Akademie. Ein Stipendium des Kurfürsten ermöglichte ihm 1821 einen Romaufenthalt. Verm. war er anschließend in Wien, ab 1830 wieder in Ks. Die Absicht des Kurfürsten, ihn durch eine Akademieprofessur dauerhaft zu binden, zerschlug sich durch die revolutionäre Stimmung in Hessen. F. übersiedelte nach Dresden, wo er für den Hof arbeitete. Neben einigen Aquarellporträts schuf er v. a. Elfenbeinminiaturen. Eine größere Anzahl kam nach dem Zweiten Weltkrieg aus dem Besitz des Kasseler Bankiers → *Alexander Fiorino* ins → *Stadtmuseum.* *brr*

Lit.: Thieme/Becker, AKL.

Die **Flavius-Josephus-Handschrift** ist die älteste vollständig erhaltene Handschrift der → *Handschriftenabteilung* und stammt aus dem 6. Jh. Es handelt sich um den „Jüdischen Krieg", worin der jüd. Historiker Flavius Josephus den langen Kampf der Juden gegen die röm. Fremdherrschaft beschreibt. Sie entstand in Italien am Ende der Völkerwanderungszeit, noch zu Lebzeiten Benedikts von Nursia, dem Begründer des ältesten abendländ. Mönchsordens. Ende des 6. Jhs. brachten italien. Missionare die F. nach Südengland. Als im 8. Jh. südengl. Mönche um Bonifatius die Christianisierung Hessens und Thüringens vorantrieben, wurde sie in der Bibliothek des von Bonifatius 744 gegr. Klosters Fulda untergebracht. Weltweit sind von den Handschriften, die diesen vom Mittelmeergebiet nach Dtld. charakteristischen Weg gegangen sind, noch fünf Stück erhalten. *kwi*

Fleckenbühl, Johann Philipp Franz von, gen. Bürgel (* 26.4.1731 Wetzlar, † 12.6.1796 Ks.) Der Sohn des Beisitzers am Reichskammergericht in Wetzlar Georg Philipp und von Anna Elisabeth von Frantz war seit 1757 mit Henriette Sophie von Gemmingen zu Guttenberg verheiratet und hatte mit ihr eine Tochter. Nach einem Jurastudium in Jena und seit 1751 in Göttingen war er zunächst Praktikant am Reichskammergericht, danach Nassau-Usinger Regierungsrat und 1765–1779 Reichskammergerichtsbeisitzer für Braunschweig-Lüneburg. Seit 1780 wirkte er in Ks. als Staatsminister der Justiz, besonders für Reichs- und Kreissachen, als Kurator der Univ. Marburg und Rinteln und des → *Collegiums Carolinum*, als Präsident des Collegiums Medicinum und des Oberappellationsgerichts. Zudem war er Direktor der Geheimen Kriegs- und Landkanzlei, 1782–1789 Präsident der Kriegs- und Domänenkammer und seit 1792 Direktor des Hofarchivs. F. war einer der wichtigsten diplomatischen Berater der Landgrafen. Er unterstützte die Bestrebungen Lgf. → *Wilhelms IX.*, die Kurwürde zu erhalten. Seit 1780 war er Ritter des Ordens vom Goldenen Löwen und Mitgl. der → *Gesellschaft der Alterthümer.* Viel gelobt wurde sein Werk „Der Wetzlarische Practicant, oder Anweisung, wie ein auswärtiger Jurist sich dem Reichskammergerichtlichen Process am leichtesten vorstellen könne"

(1757). F. war Mitarbeiter an den „Wetzlarischen Nebenstunden" und anderen juristischen Zeitschriften. *khn*

Lit.: NDB; Renkhoff.

Flüchtlinge Aus verschiedenen polit., geograph. und wirtschaftl. Gründen ist Ks. in seiner Geschichte immer wieder Anlaufpunkt von F. geworden. Die größten F.sgruppen, die in Ks. Zuflucht fanden, waren die → *Hugenotten* im 17. Jh., im 20. Jh. die F. nach dem → *Zweiten Weltkrieg*, aus der DDR sowie aus anderen Ländern.

Die Hugenotten verließen im 17. Jh. Frankreich aus Furcht vor religiöser Verfolgung. Von den 300–500.000 protestant. Hugenotten auf der Flucht verteilten sich gut 10 % auf die protestant. dt. Territorien. Dabei kamen die meisten, außer nach Brandenburg-Preußen, nach Hessen-Ks., nämlich ca. 3.800 Personen, und zwar in zwei Schüben, 1686/87 und 1698/99. Die Aufnahmeversprechen an die Hugenotten in der „Freiheitskonzession" waren zunächst v. a. ökonomisch motiviert. Man versprach sich die Zuwanderung qualifizierter Handwerker. Tatsächlich aber stellte eine verarmte bäuerl. Bevölkerung die Mehrheit der in Hessen-Ks. 1685 eintreffenden Hugenotten. Lgf. → *Karl* setzte sich dennoch dafür ein, die im Verhältnis zur eigenen Bevölkerung große Gruppe ins Land zu lassen. Ab 1686 wurde mit dem Bau zahlr. neuer Dörfer, der sog. Kolonien, begonnen. Die im Zweiten Weltkrieg vollständig zerstörte Kasseler → *Oberneustadt* war urspr. eine Neugründung für hugenott. Einwanderer. In Ks. selbst fand etwa die Hälfte der nach Hessen-Ks. gekommenen F., also ca. 2.000 Menschen, ein neues Zuhause. In der zweiten Einwanderergeneration kam es nach und nach zur erhofften Gründung von → *Manufakturen* seitens der französ. Einwanderer. Als weiteres Ziel der „Freiheitskonzession" wird oft das Einreißen alter Zunftschranken genannt.

Während des Zweiten Weltkriegs flüchteten zunächst zahlr. Menschen aus der Stadt. Nachdem Ks. im Oktober 1943 mit der Zahl von 225.694 Einwohnern noch einen hist. Höchststand erreicht hatte, wurden durch die → *Luftangriffe* 1943 über 80 % der Wohnhäuser zerstört und damit mehr als ¾ der Bevölkerung obdachlos. Die Bevölkerungszahl sank bis Mai 1945 um 68,4 % auf 71.209 (darin sind die Opfer der Bombenangriffe berücksichtigt). Nach 1945 kehrten die meisten der aus der zerstörten Stadt Geflohenen wie auch die Evakuierten wieder nach Ks. zurück. Zwischen 1945 und 1950 kamen zudem viele F. und Vertriebene aus den ehem. dt. Ostgebieten, v. a. aus Schlesien, nach Hessen. Der vom F.sausschuss des Stuttgarter Länderrats 1946 festgelegte Verteilungsschlüssel wies Hessen 27 % der aus Ungarn und der Tschechoslowakei in die amerikan. Zone ausgewiesenen dt. F. zu, das entsprach einer Zahl von 610.000 Vertriebenen. Während über die organisierten Sammeltransporte etwas mehr als 400.000 Menschen nach Hessen kamen, waren es im Juni 1949 insgesamt 650.000 F., d. h. 15,2 % der Bevölkerung. Hessen lag damit im Bundesdurchschnitt. Bis 1960 bewirkten diese Rückkehr von F. und Vertriebenen sowie der „Baby-Boom" der 1950er Jahre einen erneuten Anstieg der Bevölkerung Kassels auf über 200.000 Einwohner.

Von der Nachkriegszeit bis zur Wiedervereinigung 1990 suchten zudem vermehrt F. aus der DDR Zuflucht im nahe der innerdeutschen Grenze gelegenen Ks. Exakte Zahlen sind schwer zu ermitteln, doch ist davon auszugehen, dass sowohl von den knapp 300.000 Menschen, die die DDR noch vor dem Mauerbau 1961 verließen, als auch von den später v. a. in den 1980er Jahren bis zu 30.000 F. jährl. ein Teil in Ks. seinen neuen Wohnsitz fand.

Seit 2003 werden den Städten nach einem bestimmten Schlüssel F. zugewiesen. Derzeit muss Ks. nach dem Verteilungsschlüssel 3,27 % der dem Land zugeteilten ausländischen F. aufnehmen. Im Jahr 2006 entsprach diese Prozentzahl 20 Personen. *je*

Lit.: Messerschmidt, Flüchtlinge; Melis, Republikflucht.

Flughafen Waldau Die Stadt Ks. stiftete zur Förderung der jungen Kasseler Luftfahrtindustrie (u. a. Dietrich-Gobiet-Flugzeugwerke) eine Flugzeughalle samt Signalturm auf dem ehem. Waldauer Exerzierplatz, so dass am 24.8.1924 der F. eingeweiht und mit der Erstlandung einer Lufthansamaschine 1926 ins dt., später europ. Liniennetz eingebunden werden konnte. Neben einem Lufthansabüro gab es eine Flugwetterwarte, eine Luftpoststelle sowie Buszubringer aus der Innenstadt. 1930 jedoch weigerte sich die Stadt, die Infrastrukturkosten und Zuschüsse an

Reger Betrieb am Flughafen Waldau in den 1950er Jahren

Lufthansa weiter zu tragen und schloss den städt. F. Er wurde durch einen Verein weiter betrieben und beherbergte vom Flugbetrieb → *Fieselers* abgesehen v. a. Sportfliegerei und organisierte Flugtage. Erst mit milit. Nutzung nach 1933 und der erneuten Beteiligung der Stadt bei Gründung der Flughafen-Gesellschaft Kassel-Waldau GmbH 1937 verstärkte sich das öff. Engagement wieder.
1939–45 durch Luftwaffe und Rüstungsindustrie genutzt, war der F. 1943 Ziel von → *Luftangriffen*. Nach dem Krieg beantragte die Stadt Ks. Anfang 1953 die Wiederzulassung für den Zivilverkehr und die US-Armee übergab den F. im April 1955 an die Stadt. Die Gebäude waren tlw. zerstört, die Betonpiste von 950 x 50 m aber intakt, so dass bald rege private und gewerbl. Nutzung einsetzte (1955 mehr als 5.000 Flugbewegungen, 1956 über 7.500, 1957 über 27.000). 1958 erhielt er die offizielle Bezeichnung „Sonderflughafen". In der Folge wurden das Udet-Haus wieder aufgebaut (Restaurant und Verwaltung), eine zusätzliche Graspiste für den Betrieb bei Querwind angelegt und Zaunanlage und Bodenfunkstelle errichtet. Die Erreichbarkeit war jedoch v. a. durch Schornsteine der wachsenden Industrie in → *Waldau* immer stärker eingeschränkt, so dass man einen alternativen Standort suchte: am 10.7.1970 wurde der F. mit einem Festakt außer Betrieb genommen und und am 11.7.1970 wurde der neu errichtete Flughafen Ks.-Calden eingeweiht. *tb*

Lit.: Hermsdorf, Ein Blick zurück.

Förster, Auguste (* 7.12.1848 Warburg/Westfalen, † 3.10.1926 Braunschweig) war die Tochter eines Advokaten und eine der ersten Frauen in Dtld., die in Berlin ihr Lehrerinnenexamen ablegten. Nach Lehrtätigkeit in Bielefeld und weiterer Ausbildung in Paris kam sie 1872 nach Ks., um hier eine Stelle an der Fachschule des Frauenbildungsvereins anzutreten. Bereits als 30-Jährige übernahm sie 1878 die Leitung der Schule und den Vorsitz des Vereins. Unter ihrer Leitung blühte die Schule auf und wurde zu einem Vorbild für eine berufsständige Mädchenausbildung im ganzen Deutschen Reich. F. gründete in Ks. einen der ersten Kindergärten und einen Kinderhort für berufstätige Mütter. Als größte und weit über Ks. hinausweisende Tat gilt aber die von ihr betriebene Einführung des schulmäßigen hauswirtschaftl. Unterrichts in der Volksschule, der bald im ganzen Reich nachgeahmt wurde. F. war maßgeblich an der Gründung der landwirtschaftl. Schulen des Reifensteiner Verbandes beteiligt und gründete in Ks. eine Vielzahl von Frauenvereinen, die sich alle um die Verbesserung einer eigenständigen Berufstätigkeit von Frauen drehten. Sie blieb der → *Frauenbewegung* in und außerhalb Kassels zeitlebens verbunden und schuf mit dem → *Verband Casseler Frauenvereine* einen wichtigen Zentralverband der Kasseler Frauenbewegung. 1919 zog sie sich aus der aktiven Arbeit zurück und verzog nach Braunschweig. *kwo*

Lit.: Waescher, Wegbereiter, 35–38.

Forst Das Wort F. ist verm. vom latein. „foris" („draußen") abgeleitet. Die Römer verwendeten für Waldgebiete den Begriff „nemus". Später tauchte das Wort „foresta" auf. In den Gesetzen der Langobarden und Karls des Großen bezieht sich „foresta" nicht auf Wald allg., sondern auf die königl. Wildgehege. „Forestare" bedeutet „fernhalten, den Zutritt verwehren", d. h., diese Flächen durften nicht betreten werden, um das Überleben des Wildes sicherzustellen. Mit „silva" („Wald") wurden die Baumbestände innerhalb des umzäunten Besitzes um das herrschaftl. Anwesen bezeichnet. Heute versteht man unter F. den Wirtschaftswald. Die Stadt Ks. ist von größeren Wäldern umrahmt. Im Gemarkungsgebiet der Stadt Ks. liegen drei größere Waldungen, im W der → *Habichtswald*, im S der → *Eichwald* und im O der Interessentenwald (IW) → *Wolfsanger* (ca. 170 ha). Durch die Grundgesteine und eine hohe Lössauflage sind die Böden überwiegend sehr nährstoffreich. Der IW Wolfsanger erstreckt sich von der → *Hasenhecke* bis zur → *Fulda*. Die Buchen, die dort vorherrschen, erreichen Höhen bis zu 50 m. Ferner wachsen dort gute Eichen, Lärchen und Edellaubhölzer. Als Besonderheiten sind eine ca. 200-jährige Eibe an der Fuldatalstr., der Gedenkstein von 1856 zu Ehren der zweiten Kompanie des kurhessischen Jägerbataillons und die hist. Grenzsteine aus dem 16. Jh. an der Grenze zu Ihringshausen zu nennen. Weitere Waldungen innerhalb des Stadtgebietes, die wirtschaftl. nicht genutzt werden, sondern der Erholung dienen, sind das Tannenwäldchen (ca. 4 ha) in → *Rothenditmold*, das Wäldchen am → *Jungfernkopf* (ca. 5 ha), das Wäldchen am Fichtenrain (ca. 3 ha), am Warteberg (ca. 4 ha), der Wald um das Ludwig-Noll-Krankenhaus (ca. 5 ha) in → *Niederzwehren* sowie einige kleinere Waldungen. *heba*

Forst → *Kasseler Forst*

Forster, Johann Georg Adam (* 27.11.1754 Nassenhuben bei Danzig, † 10.1.1794 Paris) Als ältester Sohn des Predigers Johann Reinhold Forster geboren, nahm F. 1765 mit seinem Vater an einer Erkundungsfahrt im Auftrag der russ. Regierung in das Siedlungsgebiet der Wolga-Deutschen teil. Nach entbehrungsreichen Jahren in London begleiteten Vater und Sohn James Cook auf seiner zweiten Weltumseglung 1772–75 als Naturwissenschaftler. Die „Reise um die Welt" begründete F.s Ruhm als Naturforscher und Reiseschriftsteller. Sie öffnete ihm 1777 in Paris die Tür zu Buffon, Franklin u. a. und bewirkte, dass er 1778 in Ks. eine Anstellung als Prof. für Naturkunde am → *Collegium Carolinum* erhielt. In enger Verbindung mit → *Soemmerring* war F. bei den → *Freimaurern* und Rosenkreuzern aktiv, suchte den wiss. Austausch mit Göttinger Gelehrten und traf u. a. mit → *Goethe*, Herder und Wieland zusammen. 1784 folgte er einem Ruf an die poln. Univ. Wilna. Ein Reiseplan in die Südsee im Auftrag der Zarin Katharina II. zerschlug sich. Ende 1788 nahm F. die Stelle des Universitätsbibliothekars in Mainz an. Mit Alexander von Humboldt führte ihn 1790 eine dreieinhalbmonatige Reise über Holland nach England („Ansichten vom Niederrhein"). Auf dem Rückweg über Paris erlebte er die Französ. Revolution. Als im Oktober 1792 französ. Truppen in Mainz einrückten, schloss er sich der Revolution an, trat dem Jakobinerclub bei, war bald deren Präsident und schließlich Vizepräsident der Mainzer Administration. Im Auftrag des „Rheinisch-deutschen Nationalkonvents" reiste er am 25.3.1793 nach Paris, um den Anschluss der Mainzer Republik an die französ. Republik anzutragen. Nach der Rückeroberung von Mainz durch preuß. Truppen trat F. bis zu seinem Tod von Paris aus für die Ziele der Französ. Revolution ein. Als bedeutendster dt. Naturforscher, Reiseschriftsteller, Kulturanthropologe und Essayist im ausgehenden 18. Jh. war er weit über die Grenzen Deutschlands hinaus berühmt und geachtet, während ihm das konservative Dtld. des späten 19. und 20. Jhs. seine demokratischen Gesinnungen übel nahm. *hd*

Lit.: Uhlig, Forster; Georg-Forster-Studien.

Forstfeld Die ersten Wohnbauten entstanden 1915 für Arbeiter der Munitionsfabrik in der heutigen Steinigkstr. Hier sollte nach den Plänen des Architekten Schmitthenner zwischen Ochshäuser Str. und Forstbachweg (früher Schindeleichweg) die „Gartenstadt F. bei Cassel" mit Marktplatz und drei Kaufhäusern entstehen. 1915 wurde ein Militärlazarett auf dem Lindenberg errichtet. Dieses wurde später ein orthopädisches Krankenhaus (→ *Krankenhäuser*), 1934 ein Wohlfahrtsheim für ältere Menschen, im → *Zweiten Weltkrieg* ein Reservelazarett, danach ein amerikan. Hospital, ein Kasseler Krankenhaus für Tuberkulosekranke und ab 1956 ein Altenheim, welches später zu einer Seniorenwohnanlage umgestaltet wurde. Ab 1922 entstanden im östl. Teil, der damals noch zu Ochshausen gehörte, am „Kasseler Tor" (an der heutigen Autobahnunterführung), Wohnhäuser in Eigenbau, ab 1932 die Erlenfeldsiedlung. Hier sollten sich Arbeitslose auf Erbpachtland Siedlungshäuser bauen, um sich durch Gartenwirtschaft und Tierzucht weitgehend selbst zu unterhalten. Nach dem Bau der Autobahn 1936 wurde der westl. Teil Ochshausens Ks. zugeordnet. 1934 begann auf der gleichen sozialpolit. Grundlage wie im Erlenfeld der Bau der Lindenbergsiedlung. Ab 1936 entstand südl. der Ochs-

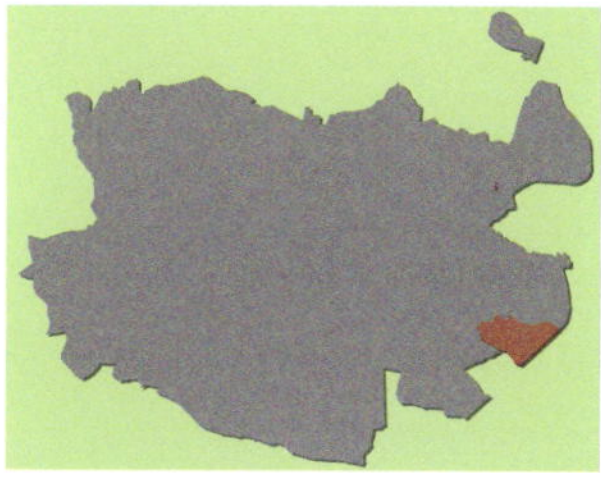

Der Stadtteil Forstfeld im Kasseler Stadtplan

Porträt Georg Forsters, das Johann Heinrich Tischbein d. Ä. zugeschrieben wird, 1784

häuser Str. die „modernste Arbeitersiedlung Deutschlands“, die Fieseler-Siedlung mit über 484 Wohnungen als Werkssiedlung der Gerhard-Fieseler-Werke (→ *Fieseler*). Die „Städtische Siedlung“, im Volksmund wegen der Straßennamen, die sich auf ehem. dt. Kolonien in Afrika bezogen, auch → *Afrikasiedlung* genannt, wurde in den Jahren 1937/38 von der Gemeinnützigen Wohnungsbaugesellschaft (GWG, → *Wohn- und Siedlungsbau*) errichtet und in den 1950er Jahren erweitert. 1954 wohnten hier über 4.000 Menschen in ca. 850 Wohnungen. Während des Zweiten Weltkrieges gab es mehrere Fremdbzw. Zwangsarbeiterlager (→ *Zwangsarbeit*), so zwischen Wissmanstr. und Ochshäuser Str. und an der Windhukstr. Anfang der 1940er Jahre wurden von den Junkers-Flugmotorenwerken nördl. der Söhrebahn Behelfswohnungen in Steinbaracken für die Arbeiter erbaut. Nach Ende des Krieges konzentrierte die UNRRA hier über 1.000 → *Displaced Persons* aus Lettland und Estland („Lettenlager“), um sie zurückzuführen. Danach waren es begehrte Wohnungen, später wurden hier obdachlose Menschen untergebracht, bevor die GWG ab 1973 die 421 Wohnungen der Heinrich-Steul-Siedlung baute. 1958 wurde auf dem Lindenberg die Flüchtlingssiedlung Lindenberg II eingeweiht. Während die Siedlungen auf dem Lindenberg zu → *Bettenhausen* zählten, gehörten die anderen mit 700 Häusern und 7.514 Einwohnern ab 1945 zu → *Waldau* und hießen Waldau-Siedlungen. 1957 wurde daraus der Kasseler Ortsteil F. mit eigenem Verwaltungsausschuss, ab 1981 mit eigenem → *Ortsbeirat*. 1997 wurden die Lindenberg-Siedlungen nach einer Abstimmung dem Ortsteil zugeordnet. 2002 wurde als neu gestalteter Mittelpunkt der Häschenplatz an der Ochshäuser Str. eingeweiht. 2008 lebten in F. 6.836 Menschen auf 1,89 km². *fdu*

Fotoforum Kassel Mit dem F. schuf Floris M. Neusüss 1972 (zur → *documenta* 5) an der Kasseler → *Kunstakademie*, die gerade in die junge Univ. integriert worden war (→ *Kunsthochschule*), ein informelles Gebilde, das sich im Untertitel als Galerie, Sammlung und Edition bezeichnete. Es entwickelte sich zu einer Art Versuchs- und Forschungslabor, in dem das Phänomen Fotografie zerlegt, seziert und betrachtet wurde, um seine Wirkmacht zu begreifen und für den künstler. Gebrauch nutzbar zu machen. Von Amateur- („Die Minute des Jahres. Eine Nation knipst sich selbst“) bis Zoo-Fotografie (Friedrich Seidenstücker) wurden alle Sparten fotografischen Schaffens analysiert. Die technische Basis der Fotografie wurde untersucht, ihre kulturelle Trad. und ihre Geschichte (am Beispiel Kassels, ab 1850 bis heute)

Ausstellung des Fotoforums Kassel in einer Unterführung

durchleuchtet. Es gab zahlr. Ausstellungen und Publikationen, in denen die Studenten der Klasse für experimentelle Fotografie ihre Strategien ausprobieren konnten; oft als Ergebnis des Dialogs mit Künstler-Gästen, die das F. einlud (z. B. zur Sommerakademie im Rahmen der documenta 6). Dabei galt, dass der geistige Gehalt eines Kunstwerks das Primat über seine visuelle Erscheinung haben sollte. Mit „Photo recycling Photo“ (zur documenta 7), einem (erfolglosen) Aufruf zur fotografischen Hygiene, die das Wiederverwenden von Fotos empfahl, anstelle einer Vermehrung der aus Bilderfluten und Bilderbergen bestehenden Fotolandschaft, und mit der dreiteiligen Ausstellung „Fotografie, Geduld und Langeweile“ beendete das F., das sich mittlerweile „Bermuda-Dreieck für Fotografie“ nannte, seine Ausstellungsaktivitäten, bestand aber als Forschungslabor für Experimentelle Fotografie mit dem Schwerpunkt Fotogramm bis 2002 fort. *fmn*

Lit.: Heyne, Kunst; Immisch/Neusüss, Avantgarde.

Frauenbewegung Als die große Zeit der verschiedenen Phasen und Strömungen der F. im 19. Jh. begann, waren die Auswirkungen auch in Ks. spürbar. Im 19. Jh. organisierten sich die Frauen in Frauenvereinen, wobei diese Entwicklung nicht vor 1810 einsetzte. In Ks. gab es bis 1840 drei, 1865 neun, 1885 bereits 22 und 1910 mind. 62 Frauenvereine. Diese Entwicklung ist nicht außergewöhnlich, es gab sie in fast allen größeren Städten im dt. Reich. Nicht alle Frauenvereine verstanden sich als polit. agierende Vereine, die der F. angehörten. Viele arbeiteten stark karitativ und sozial und nutzten damit die neue „öffentliche" Frauenrolle. In Ks. schlossen sich die explizit der Bewegung angehörenden Frauenvereine 1902 im → *Verband Casseler Frauenvereine* zusammen, der auch die weitere Entwicklung im Ersten Weltkrieg und in der → *Weimarer Republik* steuerte. Innerhalb dieses Verbandes agierten auch die Frauen, die 1919 als erste Frauen in die → *Stadtverordnetenversammlung* im Kasseler Rathaus einzogen. Nach der Zerschlagung der demokrat. und freiheitl. F. durch den NS 1933 zerfielen auch in Ks. die Frauenvereine. Sie organisierten sich aber sofort nach 1945 wieder. Für sie bestand nun die Chance, einen Beitrag zum demokratischen Neubeginn zu leisten und Fraueninteressen einzubringen. „Durchsetzen, was den Frauen zusteht", auf diese kurze und prägnante Formel brachte die Kasseler Juristin und „Mutter des Grundgesetzes" → *Elisabeth Selbert* den polit. Anspruch dieser Zeit. In Ks. wurde ein überparteil. Frauenausschuss gegründet, der für Frieden und Gleichberechtigung der Frau eintrat. Die aktiven Frauen sahen sich in der Trad. der F. der Weimarer Republik, ihr Schwerpunkt lag auf der staatsbürgerl. Bildung. Dieser überparteil. Rahmen hatte nur wenige Jahre Bestand, er löste sich 1948 auf, die Bewegung differenzierte sich aus. Viele der Verbände, die sich wieder organisiert hatten, gründeten in Ks. Ortsgruppen, so z. B. 1949 der Hausfrauenverband Ks. und der Internationale Frauenclub Ks. sowie zehn Jahre später der Berufsverband der Akademikerinnen. Zu diesen Frauenvereinen und -verbänden kam ab den späten 1960er Jahren die autonome F.; ihr Beginn wurde bundesweit mit einem legendären Tomatenwurf 1968 in Frankfurt „eingeläutet". In Ks. gab es 1975 eine erste große Aktion, eine Frauendemonstration gegen den § 218 StGB und ein Frauenfest in der HbK. Ein Jahr später entstand das Frauenzentrum, wo sich Selbsterfahrungsgruppen ebenso trafen wie z. B. die Vorbereitungsgruppe für das Kasseler Frauenhaus (1976), das jedoch erst 1979 nach langen Protesten und Aktionen eröffnet werden konnte. Weitere Projektgründungen folgten, so entstanden u. a. der Frauenbuchladen Aradia, Frauen informieren Frauen als Beratungsangebot, der Frauentreff Brückenhof, das FrauenForum mit umfangreichem Kursangebot, das → *Archiv der Deutschen Frauenbewegung*, der Notruf für vergewaltigte Frauen und 1991 das Mädchenhaus Ks. Mit teils spektakulären Aktionen wurde versucht, sich öff. Gehör zu verschaffen, so u. a. bei Walpurgisnacht-Demos oder bei Aktionen, Straßen und Plätze nach Frauen zu benennen. Aus Anlass des zehnjährigen Bestehens des Frauenhauses wurde in der → *Orangerie* die große Ausstellung „Gewalt gegen Frauen" präsentiert, die danach als viel beachtete Wanderausstellung durch Dtld. reiste.

Frauenbewegung Frauenfest in der Hochschule der Bildenden Künste in der Menzelstraße, 1975

In den 1980er Jahren erreichte die F. auch die Institutionen. Schlagwörter wie Frauenförderung und Gleichstellung standen fortan auf der Tagesordnung; kaum eine Institution, ob Städte, Kirchen, Behörden, Parteien, Unternehmen, Gewerkschaften, Hochschulen etc., konnte sich diesem Trend verschließen. So war z. B. das Kasseler Frauenbüro das erste seiner Art in Hessen (1984), ein paritätisch besetzter Magistrat folgte ein Jahr später. In der städt. Kommission für die gesellschaftl. Gleichstellung der Frau arbeiteten Partei-, Verbandsfrauen und zeitweise Vertreterinnen der Frauenprojekte. Die → *Gesamthochschule* berief ihre erste Frauenbeauftragte und Studentinnen und Hochschullehrerinnen führten sog. Frauenhochschulen durch. Heute haben viele Kasseler Einrichtungen entsprechende Ansprechpartnerinnen oder Anlaufstellen. Wie viele Impulse von aktiven Frauen aus den Institutionen ausgingen, wird u. a. durch die während der Expo 2000 in Hannover veranstaltete Internationale Frauenhochschule (ifu) deutlich, deren Initiatorin und Präsidentin die Kasseler Wissenschaftlerin und erste Vizepräsidentin der Hochschule Aylâ Neusel war. Die Erkenntnis, dass die „old-boys-networks" noch immer bestens funktionierten und Frauen aus Führungsetagen fernhielten, führte in den 1990er Jahren dazu, dass verstärkt eigene Netzwerke ins Leben gerufen wurden. Zusammenschlüsse in Berufsverbänden, aber auch berufsübergreifende Netzwerke, wie z. B. Connecta, entstanden mit dem Ziel der gegenseitigen Unterstützung und Förderung. Der seit einigen Jahren stattfindende Girlsday wird seit Jahren von vielen Einrichtungen in Ks. unterstützt. Die F. in Ks. hat inzwischen nahezu alle gesellschaftl. Bereiche erreicht und Spuren im sozialen und kulturellen Leben, in der Wiss., der Politik, der Verwaltung und in den Unternehmen hinterlassen. Die einst scharfen Abgrenzungen zwischen Verbandsfrauen, autonomen, institutionell oder parteil. gebundenen Frauen haben seit den 1990er Jahren an Schärfe verloren und ermöglichen Bündnisse. Die Themen, Handlungsfelder und Aktionsformen der F. haben sich im Laufe der Jahrzehnte stark verändert. Vereint sind sie in dem Ziel, die Gleichstellung der Geschlechter (Konzept des Gender Mainstreaming) auf allen gesellschaftl. Ebenen durchzusetzen. *gd/kwo*

Lit.: Huber-Sperl, Frauenvereine, 41–74; Frauen-Reader 2003.

Das Logo des Freien Radios Kassel

Freienhagen Nur wenige km südl. von Ks. zwischen → *Niederzwehren* und Fuldabrück-Dennhausen liegt das Gut F. am Fuldaufer. Das bereits im Mittelalter erwähnte „Vrienhayn" wechselte häufig die Eigentümer, zu denen auch immer wieder die Kasseler Landgrafen gehörten. Lgf. → *Karl* ließ nach 1702 den Landsitz mit einer aufwändigen Parkanlage verschönern und sorgte durch einen Fahrweg (Auedamm) für eine direkte Verbindung zur → *Orangerie*. Rechnungen und Pläne belegen, dass der auch per Schiff zu erreichende landgräfl. Sitz seine Blütezeit im 18. Jh. hatte. Kontinuierlich wurde der Park erweitert und verändert. Ein künstl. Wasserbassin, gerade gezogene Terrassen und pyramidenförmig geschnittene Taxusbäume waren das Merkmal des Gartens, dessen Anlage durch eine Sichtschneise auf der gegenüberliegenden Flussseite mit abschließendem Pyramidentaxus buchstäblich auf die Spitze getrieben wurde. Erhalten ist die geschwungene Treppe mit Mittelpodest und Brüstungsmauer, die vom Hof zur → *Fulda* führt. Das Haupthaus mit Nebengebäuden war vergleichsweise bescheiden; geplante Veränderungen bzw. ein Neubau wurden nicht ausgeführt. Ende des 19. Jhs. kam es zu Umgestaltungen der Nebengebäude und des Dachbereiches des Haupthauses. Das Gut befindet sich heute in Privatbesitz und wird landwirtschaftl. genutzt. Die überwachsenen Parkanlagen erschließen sich nur dem geübten Auge. *sn*

Lit.: Fenner, Gut Freienhagen, 107; Holtmeyer, Cassel-Land, 66–69.

Freies Radio Kassel ist ein nichtkommerzieller lokaler Hörfunksender, der 1994 in privater Initiative gegründet wurde und 1997 seinen Sendebetrieb aufnahm. Lizenziert und gefördert wird er durch die Hessische Landesanstalt für privaten Rundfunk und neue Medien (LPR). Die Studios befinden sich in der Kulturfabrik → *Salzmann*. Reichweite sind das Stadtgebiet Ks. und die angrenzenden Gemeinden auf UKW 105,8 MHz (oder Kabel 97,8 MHz). Täglich wird 24 Stunden gesendet, das neue Programm gibt es jeweils ab 16 Uhr. Die Programmgestaltung erfolgt ausschließlich auf ehrenamtl. Basis. Inhaltlich gibt es ein breit gefächertes Angebot von lokalen Informationen bis zu Musik-Spezialsendungen, Live-Übertragungen, Konzert- und Kabarettmitschnitten, fremdsprachigen Sendungen, Sendungen regionaler Vereine und Gruppierungen. Zum Erwerb von Medienkompetenz finden umfassende Kooperationen mit Kultur- und Bildungsträgern, medienpädagog. Projekte, Seminare und Workshops (auch für Kinder und Jugendliche) statt. *mr*

Freiheit Nach der Gründung der → *Unterneustadt* erfuhr Ks. um 1330 mit der planmäßigen Anlage der F. bzw. → *Oberneustadt* („libertas", „novum oppidum Cassele superior" oder „nova civitas de Cassele superior") eine zweite Stadterweiterung, mit der zugleich die endgültige Ausdehnung im Mittelalter erreicht wurde. Die F. schloss sich mit drei parallel geführten Hauptstraßen (→ *Graben*,

Mittelgasse und Oberste Gasse) nach W bergwärts eng an die → *Altstadt* an. Der sie umgebende Befestigungsring (→ *Stadtbefestigung*) aus Mauern, Gräben, Türmen und fünf → *Stadttoren* griff im SW über das Burggelände hinaus, umfasste das bereits bestehende → *St. Elisabeth-Hospital* dicht innerhalb des Zwehrener Tores und erstreckte sich im NO bis vor die heutige Bremer Str. Der Bau der Befestigungsmauer fand erst 1415 mit der Errichtung des → *Druselturms* im W einen Abschluss. Aufgenommen wurden in der F. möglicherweise zunächst Bewohner der aufgelassenen Dörfer Mühlhausen und Rimundeshausen sowie später von Wingarten und Fuldhagen. 1337 ist anlässlich einer Auseinandersetzung mit den Bürgern der Altstadt, in die Lgf. → *Heinrich II.* schlichtend eingriff, erstmals von Bürgern der F. die Rede. Die selbstständige Teilstadt verfügte mit der seit 1340/43 nachweisbaren → *Martinskirche* über einen Mittelpunkt, hatte jeweils einen eigenen Bürgermeister („proconsul"), einen Rat (bestehend aus sieben „consules") sowie einen Schultheißen (→ *Schultheißenamt*) und führte bereits 1340 ein eigenes Siegel. 1354 verbriefte der Landgraf der F. das Recht auf eine eigene Kaufgilde („Innung") und gab den nunmehr drei Kasseler Städten u. a. die Zusage, Brückengeld, Zölle und Ungeld nicht zu erhöhen. Mit dem Ausbau der Martinskirche zur repräsentativen Hauptkirche der Landgrafschaft und der Gründung eines Kollegiatstifts (→ *Martinsstift*) 1364–66 dokumentierte der Landesherr allerdings eindrucksvoll seine Stadtherrschaft sowie seine Absicht, Ks. als → *Residenz* zu nutzen. Obwohl Lgf. → *Hermann II.* 1375 den drei Kasseler Städten die Privilegien seiner Vorfahren bestätigte, schlossen sich diese 1376 jeweils selbstständig mit 15 weiteren niederhess. Städten gegen dessen überhöhte Steuerforderungen zu einer Einung zusammen (→ *Aufruhr 1376–1391*). Um unter dem Druck der Spannungen die eigene Verhandlungsposition zu stärken, erfolgte 1377/78 der Zusammenschluss von Altstadt, Neustadt und F. zu einem Rechtskörper mit einem gemeinsamen Rat (bestehend aus 12 Mitgliedern), der im Juni 1378 vollzogen war. Als selbstständige Stadt mit eigenständigem Rat ist die F. zuletzt am 10.1.1376 nachweisbar. Den Endpunkt der Entwicklung markierte die Ordnung Lgf. Hermanns II. von 1384, in der er die Selbstbestimmung der Stadt aufhob und eine neue herrschaftl. Verfassung einführte. In der Folge sind noch Reste der einstigen Selbstständigkeit der F. im → *Zunftwesen* erkennbar. Der Name blieb jedoch in der Lagebezeichnung „Auf der F." sowie in der Straßenbezeichnung erhalten. *ur*

Lit.: Baumgärtner, Niederhessen, 137–170; Eckhardt, Kaufgilden, 103–114.

Siegel der Freiheit: Das Siegelbild zeigt den heiligen Martin zu Pferde in Barett und ungegürtetem Rocke, mit dem Schwert den Mantel teilend, unten einen verstümmelten Bettler mit Handkrücken, die Linke zu dem Heiligen emporhebend. Umschrift: + : S : NOVE : CIVITATIS : DE : CASSELE : SVPERIORIS :
Datierung: 1350 Januar 25

Freiheiter Durchbruch Die städtebaul. Struktur mit den engen mittelalterl. Gassen in der → *Altstadt* von Ks. war spätestens mit dem Fluchtlinienplan von 1886/87 (→ *Stadtsanierung*) ein Thema in der Stadtpolitik. Die Altstadt war das Haupthindernis für den Wirt-

Kolorierte Ansichtskarte des Altmarktes mit dem Freiheiter Durchbruch, nach 1936

schaftsverkehr von S in die nördl. Industriegebiete und von W über die → *Fulda* in die östl. → *Stadtteile*. Die → *Marktgasse* für den O-W-Verkehr und die → *Brüderstraße* für den N-S-Verkehr waren jeweils die Nadelöhre. Insbes. für die Marktgasse als der Verbindung zwischen → *Altmarkt* und → *Martinsplatz* gab es Pläne zur Verbreiterung. 1929/30 wurden Grundstücke für den Abriss einer Straßenfront erworben. 1931 stagnierten die Planungen, die nach 1933 in ein Durchbruchsprojekt überführt wurden. Unter Ausnutzung von bereits in den 1920er Jahren entkernten rückwärtigen Blockbereichen wurde südl. der Marktgasse der sog. F. bereits 1934 begonnen. Die neue Straße sollte genügend Platz für die → *Straßenbahn* und alle anderen Verkehrsteilnehmer aufweisen und die Marktgasse dem Anwohnerverkehr zurückgeben. Am 9.5.1936 wurde die neue Durchbruchsstraße mit großem propagandistischen Aufwand eingeweiht. *fli*

Lit.: Schulz, Altstadtsanierung.

Freikirchen Der Begriff F. ist theologisch genauso problematisch wie die Begriffe Staats-, Landes- und Volkskirche. Den F. geht es um die theologisch verantwortbare Gestalt der Kirche/Gemeinde. Die erste Baptistengemeinde wurde 1847 gegr. Heute gibt es im Raum Ks. fünf Gemeinden. 1899 verlegte der Bund der Baptistengemeinde sein Medienzentrum von Hamburg nach Ks. Im NS-Staat erfolgte 1941 infolge einer Vereinigung mit den darbystischen Brüdergemeinden eine Namensänderung in Bund Evang.-Freikirchlicher Gemeinden. Die beiden methodistischen Kirchen, Evang. Gemeinschaft (seit 1891 in Ks.) und die Bischöfl. Methodistenkirche (seit 1869/70 in Ks.), haben nach einer weltweiten Union zur Evang.-methodist. Kirche eine Gemeinde gebildet. Seit 1902 wirken die Sieben-Tags-Adventisten, die den Sabbat feiern, in Ks. Die Anfänge der beiden Freien evang. Gemeinden gehen auf das Jahr 1909 zurück. 1907 kam es in der zur Landeskirche zählenden Gemeinschaftsbewegung zu langwierigen Auseinandersetzungen, die zur Bildung von Pfingstgemeinden mit dem Zentrum in Mülheim/Ruhr führten. Die heutige F. Gemeinde hat eine Stätte in Niedenstein bei Ks. Überregional bedeutsam waren von Ks. aus auch: 1895 die Org. einer Dt. Evang. Allianz (DEA), die seit 1851 regionale Vorläufer hatte. 1925 sollte im Zusammenhang der Ökumenischen Weltkonferenz von Stockholm die Bildung einer Vereinigung der Evang. Freikirchen in Dtld. (VEF) erfolgen, die aber erst 1926 in Leipzig erreicht wurde. Deutschlandweite F.konferenzen fanden 1928 und 1973 in Ks. statt. Die F.gemeinschaft war für die 1948 in Ks. gebildete Arbeitsgemeinschaft Christl. Kirchen in Dtld. (ACK) von Bedeutung. *khv*

Lit.: Voigt, Anfänge; Ders., Freikirchen.

Freimaurer In den rd. 240 Jahren, in denen F. in Ks. existieren, zählt man hier mehr als 20 Logen. 1766 kamen von Marburg (gegr. 1743) und Frankfurt Impulse zu einer Lichteinbringung „Zum Thale Josephat“ in Ks. Zwistigkeiten führten zur Umgründung unter Hofmarschall von Gersdorff, → *Waitz von Eschen* u. a. Hofbediensteten. Auf eine frühe „Blaue-Löwen-Loge“ gibt es vage Hinweise. 1775 etablierte sich eine vom Templerorden in Braunschweig streng observierte Loge „Zum gekrönten Löwen“, der → *Tischbein*, → *Knigge*, → *Casparson*, → *Forster*, Carl Siegmund Fulda u. a. angehörten. Deren Hochgradsystem verbot 1782 der Konvent von Wilhelmsbad. Viele Künstler wie Theater-Inspektor → *Morelli* u. a. F. gründeten 1773 in Ks. die „Friedrich von der Freundschaft“ als Tochter der Großloge „Royal York“ in Berlin. Als Abspaltung der Löwen-Loge entstand 1784 „Zum Tempel der wahren Eintracht“, der dem Eklektischen Bund (Wetzlar/Frankfurt) angeschlossen war. Diese vier „geheimen Gesellschaften“ ruhten nach der Französ. Revolution und wegen der Illuminaten-Angst ab 1793 für 13 Jahre. Erst unter König Jérôme wurden die F. wieder gefördert, ersichtlich in Person eines Großmeisters J. J. Siméon im neuen „Grand Orient du Royaume de Westphalie“ (→ *Königreich Westphalen*). Aus der Friedrich-Loge wurde 1808 „Hieronymus Napoléon zur Treue“ (→ *Jérôme*). Die Großlogen-Verfassung lehnte sich an jene von Royal York an. Im April 1809 trat „Des arts et de l'amitié“ mit zahlr. französ. Künstlern und wohlhabenden Juden (Feidel, → *Hirsch* u. a.) als F. hervor. Wie der F. Jacob Pinhas als Chefredakteur der Zeitung „Moniteur“ aufzeigte, suchten diese das Prinzip der Gleichheit, der Religionsharmonie und der völkerverbindenden Humanität im Modellstaat zu verwirklichen. Heftige Konflikte unter dem Meister vom Stuhl und Schauspieler F.-J. Durand standen der Idee jedoch entgegen, so dass sich 1812 die angesehensten F. mit der Loge „Cathérine de la parfaite Union" abspalteten. Etwa 20 Logen von Helmstedt bis Marburg unterstanden der Großloge in Ks., weitere F.-Zirkel zeigten sich aufsässig. Andere begrüßten vorerst die liberale Staatsführung, bis „Hochverräter" wie der Oberst → *Wilhelm von Dörnberg* oder der Friedensrichter Siegmund Peter Martin 1809 ausgestoßen wurden. Nach der Rückkehr des Kurfürst → *Wilhelm I.* gelang es dem Baron Friedrich Wilhelm von Bardeleben als Hofmarschall und F., die Aufhebung der Verbotsedikte von 1793. Die Friedrich-/Jérôme-Loge wurde „Wilhelm zur Standhaftigkeit" und die beiden letztgenannten französ. Logen „Zur vollkommenen Eintracht und Freundschaft" umgewidmet. Nun entstand wegen der jüd. F. ein Konflikt, da der Kurfürst das alte christl. Prinzip beibehielt. Mit der Loge in Eschwege wurde die Provinzialloge von Kurhessen unter der Großloge Royal York gegründet, zu der weitere hess. Bünde von Hanau bis Rinteln stießen. Die Spannungen mit dem neuen Kurfürsten → *Wilhelm II.* und die Drohbriefaffäre führten 1824, kurz nach dem wichtigen Johannisfest der F., zur Schließung aller hess. Logen. Die F. Polizeichef Ludwig von Manger sowie dessen Mitarbeiter Windemuth und Urban wurden verhaftet und verfolgt. Erst im Jahr der → *Revolution 1848* bildete sich kurzfristig eine neue Einheitsloge in Ks. unter dem Meister vom Stuhl W. B. von Helmschwerdt. In der Reaktionsära nach 1855 arbeitete nur noch ein F.-Kränzchen. Die max. 65 hess. Mitglieder organisierten sich bis zum Ende Kurhessens im Exil zu Hannoversch-Münden in der Loge „Pythagoras zu den 3 Strömen". So konnten sie nach 1866 in Ks. eine größere Loge unter dem Namen „Eintracht und Standhaftigkeit" (1848–1933) etablieren. 1889 bildete sich unter der preuß. Großloge „Zu den 3 Weltkugeln" in Ks. „Friedrich zur deutschen Treue". 1909 traten „Zur Einigkeit und Treue", 1913 „Zum aufrechten Löwen" und 1926 „Herder zu den Alten Pflichten" hinzu. Aus diesen in der → *NS-Zeit* verbotenen fünf Bünden bildete sich am 22.6.1947 die Einheitsloge „Goethe zur Bruderliebe". Von dieser spaltete sich 1958 wiederum „Durch Licht zum Frieden" ab. Eine weitere Loge „Zur Freundschaft" von 1893 blieb 1948 in Ks. unabhängig und bildete 1991 als neue Loge das „Tor zum Osten". Eine „Corinthian Lodge" ist nur 1962–1965 festzustellen, so dass heute die vier vorgenannten Johannislogen in Ks. arbeiten. *sl*

Lit.: Kallweit, Freimaurerei; Lotze, Familie.

Freischulen Mit dem Begriff bezeichnete man in Ks. im 18. und 19. Jh. Lehranstalten, die der Unterweisung armer Jungen und Mädchen dienten. Der Name rührt daher, dass sie kein Schulgeld erhoben und somit auch von Kindern unvermögender Eltern besucht werden konnten. Mit der Abschaffung des Schulgelds in allen Kasseler Volksschulen 1889 endete ihre eigenständige Existenz, sie gliederten sich in die Reihe der Bürgerschulen ein. Die Entstehung der F. geht auf das Ende des 18. Jhs. zurück, als Landesherr und Regierung in Hessen-Ks. die 1726 eingeführte Schulpflicht tatsächlich durchsetzen wollten. Lgf. → *Wilhelm IX.* stiftete 1791 in der → *Residenz* sechs F. für Jungen und Mädchen, die bislang ohne Schulbildung geblieben waren. Neben diesen Anstalten in staatl. Trägerschaft gab es mit der sog. „Partimschule" eine F. in städt. Regie. Diese war aus der Reorganisation der Kasseler Stadtschule im Jahr 1779 durch Lgf. → *Friedrich II.* hervorgegangen. Daneben existierte eine private F. des Kasseler Armenvereins (seit 1833) für Knaben sowie ein 1831 von → *Wilhelmine Halberstadt* gegr. Pendant für Mädchen (Halberstädtsche F., vgl. → *Mädchenbildung*). Aber trotz allem blieb in den ersten zwei Dritteln des 19. Jhs. weiterhin eine recht große Zahl von Kindern unbeschult: 1859 waren es nach zeitgenöss. Schätzungen fast 500, 1861 immerhin noch rd. 140. Die Zahl der in den F. unterrichteten Jungen und Mädchen betrug um 1800 ca. 600 und pendelte sich in den folgenden Jahrzehnten auf rd. 1.000 ein. Im letzten Drittel des 19. Jhs. verdoppelte sich die Schülerzahl schnell auf über 2.000 im Jahr 1882. Über die Finanzierung kam es zu langwierigen Streitigkeiten zwischen der Stadt Ks. und dem kurhess. Staat. Der Dauerkonflikt konnte erst 1869 vertraglich gelöst werden: Auf dieser Grundlage wurde dann die Reorganisation und Vereinheitlichung der einzelnen F. zu Beginn der 1870er Jahre möglich. Das drückte sich auch baulich aus, indem die bislang wechselnden, über die ganze Stadt verteilten Schulen an zwei Stand-

Oben: Bijou der Freimaurer-Loge „Des Arts et de l´Amitié", 1809
Unten: Kapitalgrad der Loge „Des Arts et de l´Amitié", 1809

orten zu einer Knaben- und einer Mädchenschule zusammengefasst wurden. Laut dem „Grundplan für die F. der Residenzstadt" von 1846 war es Zweck der Anstalten, „eine solche religiös-sittliche und intellektuelle Schulbildung und Schulerziehung zu gewähren, welche den Bedürfnissen und Verhältnissen der untersten Klassen der Bewohner der Residenz" entspräche. Im Mittelpunkt des Lehrplanes standen Sprachunterricht, Lesen, Schreiben, Rechnen und Religion, daneben gab es Vaterlands- und Weltkunde sowie Singen und Arbeitsstunden. Ziel war es, die Schülerinnen und Schüler „zu Gottesfurcht, sittlicher Gesinnung und sittlicher Lebensanschauung heranzubilden". *skb*

Lit.: Kesper-Biermann, Staat; Schlung, Sozialgeschichte.

Roland Freisler um 1938

Freisler, Roland (* 30.10.1893 Celle, † 3.2.1945 Berlin) kam 1908 nach Ks., wo er 1912 am → *Wilhelmsgymnasium* das Abitur ablegte. Das anschließende Jurastudium schloss er 1921 mit Promotion ab. Unterbrochen wurde das Studium durch seine freiwillige Teilnahme am → *Ersten Weltkrieg* und Kriegsgefangenschaft in Russland. 1924 eröffnete er in Ks. eine Rechtsanwaltskanzlei und zog für den „Völkisch-Sozialen Block" in das Stadtparlament ein. 1925 trat F. der → *NSDAP* bei. Sowohl die Stadtverordnetenversammlungen als auch die Hauptverhandlungen, in denen er seine Gesinnungsgenossen verteidigte, nutzte F. als propagandistische Plattform für seine NS-Überzeugungen. Als eloquenter Redner der Kasseler NSDAP gehörte er zur lokalen Führungsclique. Höchste Posten im NS-Regime blieben ihm versagt, weil er selbst für führende Nationalsozialisten zu undiplomatisch und raubeinig war. Im Februar 1933 wechselte F. in das Justizministerium nach Berlin. Als Staatssekretär wirkte er entscheidend auf das Strafrecht im NS-Sinne ein. Am 20.8.1942 wurde F. zum Präsidenten des Volksgerichtshofs ernannt. In diese Zeit fiel auch die Radikalisierung dieses Gerichts, mit der eine steigende Zahl von Todesurteilen einherging. Berüchtigt ist seine Verhandlungsführung gegen Mitglieder der Weißen Rose und die Akteure vom 20.7.1944, wobei er die Angeklagten extrem entwürdigend behandelte. F. starb bei einem Luftangriff. *ak*

Lit.: Ramm, 20. Juli; Kammler u. a., Volksgemeinschaft.

Ferdinand Friedensburg

Friderici, Robert (* 24.10.1888 Spangenberg, † 7.7.1986 Ks.), war Philologe, Historiker und Stadtarchivar. Nach Studium und Promotion zum Dr. phil. 1911 begann er 1912 seine pädagog. Laufbahn, die ihn an mehrere Kasseler Gymnasien führte. 1954 schied er aus dem Schuldienst aus. Wegen der Lebendigkeit seines Unterrichts in Latein und Geschichte war er sehr geschätzt und beliebt. In seiner Freizeit beschäftigte sich F. mit Themen der Stadtgeschichte, der kurhess. Geschichte und hier insbes. der Militärgeschichte. Durch die Kasseler Tagespresse erreichten zahlr. hist. Aufsätze weite Verbreitung. Posthum (1989) erschien sein bedeutendstes Werk: „1866. Bismarcks Okkupation und Annexion Kurhessens". F. leitete 1939–45 den → *Verein für hessische Geschichte und Landeskunde* als stellvertretender Vorsitzender und 1950–55 als Vorsitzender; von 1952 bis 1958 hatte er die Schriftleitung der Zeitschrift des Vereins (ZHG) inne. In Würdigung seiner Forschungs- und Publikationstätigkeit wurde F. 1947 zum Mitglied, 1951 zum Vorstandsmitgl. der Historischen Kommission für Kurhessen und Waldeck ernannt. Verdienstvoll war sein teils ehren-, teils nebenamtl. Einsatz für das → *Stadtarchiv* Ks. Unmittelbar nach dem Untergang des gesamten Archivalienbestandes im Jahre 1943 begann F. in städt. Auftrag mit dem Neuaufbau. 1952–1962 leitete er das StAKs und 1966, nach dem plötzlichen Tod seines Nachfolgers, übernahm der 78-Jährige noch einmal diese Position bis zum 31.1.1969. *frk*

Lit.: ZHG 75/76, 619ff; ZHG 91, 9–12.

Friedensburg, Ferdinand (* 17.11.1886 Schweidnitz, † 11.3.1972 Berlin) verbrachte seine Jugend in Berlin. Hier und in Marburg studierte er Rechtswiss. und Geologie und promovierte 1911 in Breslau mit einer geologischen Untersuchung. Nach dem Ersten Weltkrieg wurde der überzeugte Republikaner und bekennende Liberale zum Landrat im ostpreuß. Rosenberg ernannt, später zum Berliner Vize-Polizeipräsidenten. Auf Veranlassung → *Hindenburgs* wurde er im März 1927 an die Spitze des Kasseler Regierungspräsidiums „weggelobt", wo er sich v. a. um Wirtschafts-, Verkehrs- und Schulfragen sowie die erfolgreiche Eingliederung Waldecks kümmerte. Zugleich erwies er sich als entschiedener Gegner des Rechtsextremismus, so dass er im März 1933 postwendend von den Nationalsozialisten seines Amtes enthoben wurde. Auch danach kam es wiederholt zu Repressionen gegen ihn, der nun als Konjunkturforscher arbeitete. 1945 gehörte F. zu den Begründern der CDU in Berlin. 1946–51 war er stellvertretender OB von Berlin. Während der Berliner Blockade leitete er zeitweise die Geschicke der geteilten Stadt, bis er von der SED aus O-Berlin vertrieben wurde. Berlin vertrat F. auch zwischen 1952 und 1965 im Deutschen Bundestag, nebenher lehrte er Politik- und Bergwirtschaft an der Freien und an der Technischen Univ. und leitete das Dt. Institut für Wirtschaftsforschung. 1971 wurde er zum Ehrenbürger von Berlin ernannt. *jfr*

Lit.: Friedensburg, Lebenserinnerungen; Depkat, Lebenswenden.

Friedenskirche Die an der Friedrich-Ebert-Str./Ecke Elfbuchenstr. gelegene dritte luther. Kirche Kassels wurde 1908 geweiht. Architekt der dreischiffigen Basilika mit vorspringendem Haupteingang im O, Querhaus und Chorraum war Johannes Roth. Die F. ist das stadtplaner. und konf. Gegenstück zur röm.-kath. Kirche → *St. Marien*. Städtebaul. bedeutet die F., finanziert mit Mitteln → *Sigmund Aschrotts*, einen der markant geplanten Blick- und Verbindungspunkte des bisherigen Kasseler Stadtgebietes mit der Aschrottschen Erweiterung und dem → *Herkules* oberhalb des → *Habichtswalds*. Von O nach W steigen die Elemente des Gebäudes an: vom Uhrturm über dem Eingangsbereich zu den gegenüberliegenden höheren Doppeltürmen auf dem westwerkartigen Unterbau. Die in einer aus dem Neobarock beeinflussten Stilrichtung gebaute Kirche betont den Karl-Marx-Platz in der Achse Friedrich-Ebert-Str. und → *Ständeplatz*. Aschrott interessierte die Aufwertung des neuen → *Stadtteils* mithilfe von Sakralarchitekturen. Deshalb kam er den Gemeinden der → *Advents-*, St. Marien-, F. und Englischen Kirche beim Grundstückserwerb finanziell entgegen. Der → *Wiederaufbau* und die Modernisierung des Innenraums des im → *Zweiten Weltkrieg* tlw. zerstörten Baus erfolgte von 1947 bis 1969. *am*

Lit.: Evangelische Kirche, 24f.; Hinz/Tacke, 68.

Die **Friedhöfe** Kassels sind keine kommunale Einrichtung, Rechtsträger ist der Stadtkirchenkreis der evang. Kirche. Grundlage dafür ist ein Konsistorialschreiben vom 17.11.1873. Diese Regelung wurde auch nach dem → *Zweiten Weltkrieg* in Verträgen mit Land und Stadt beibehalten. Dabei wurde die Verwaltung einem F.sausschuss über-

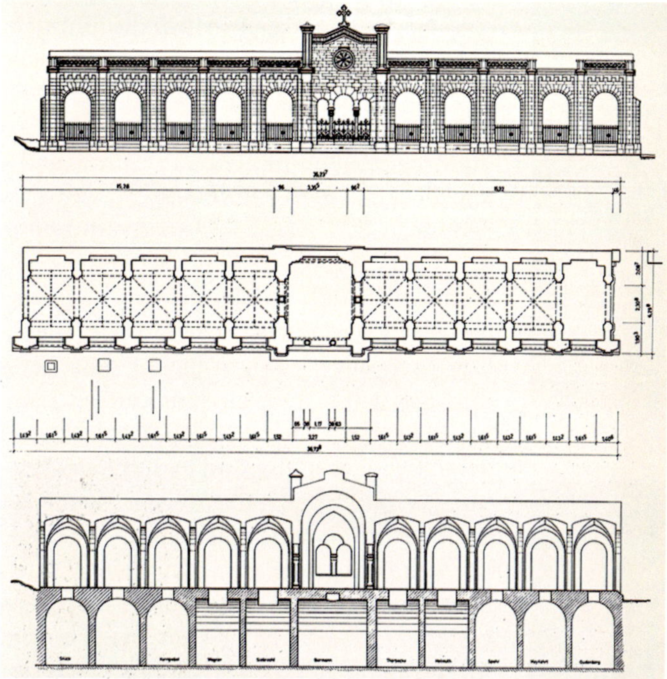

Friedhöfe Bauaufnahme des 1840 errichteten Gruftenbaues auf dem Hauptfriedhof

tragen, der sich zur Hälfte aus Vertretern der Stadt und des Stadtkirchenkreises zusammensetzt. Am bedeutendsten ist der Hauptf. an der Holländischen Str., der als „Neuer F. vor dem Holländischen Tor" 1843 gegr. wurde. Gleichzeitig wurde der Altstädter F., der „Große Todtenhof", einst nördl. vor der Stadt am Standort der späteren → *Lutherkirche* gelegen, geschlossen. Der neue F. wurde durch Mauern an der Holländischen Str., am Tannenhecker Weg und zum angrenzenden Gelände „umfriedet" (das Wort F. kommt vom mittelhochdeutsch „frîthof/freithof", dem umgrenzten, umwehrten Ort), während die offene „Mombach" die Grenze im S war. An der Ecke Holländische Str./Mombachstr. wurde eine F.skapelle errichtet, die 1943 den → *Luftangriffen* zum Opfer fiel. In Verbindung mit dem ersten Bauabschnitt entstand auch das Mausoleum mit elf Grüften. Hier wurde auch der Musiker → *Louis Spohr* bestattet. Die Grundgestalt der ersten Anlage war gartenarchitektonisch: Ein gradliniges, alleeartig bepflanztes Wegeraster er-

Friedhöfe Grabfiguren auf dem Hauptfriedhof

schloss die rechteckigen Gräberquartiere. 1860 wurde an den Hauptf. angrenzend, durch den Tannenhecker Weg getrennt, der neue Militärf. eingeweiht, ausgestattet mit einer eigenen F.skapelle. Bis 1965 unterstand er dem Fiskus, danach der F.sverwaltung. Die Erweiterung in der zweiten Hälfte der 1920er Jahre stand unter dem Einfluss der F.s-reformbewegung. Einen bedeutenden architektonischen Akzent erhielt die nunmehrige Gesamtanlage durch die neue Kapelle am Ende der Karolinenstr. mit angeschlossenem Krematorium, Leichenhalle, F.sbüro und Dienstwohnung. 1913/14 wurde für die Kapelle ein Ideenwettbewerb ausgeschrieben, doch der → *Erste Weltkrieg* verhinderte die Durchführung. 1920 erfolgte erneut ein Wettbewerb, den die Architekten → *Hummel* und Rothe gewannen. Die schwierige Finanzlage nach dem Ersten Weltkrieg verzögerte die Fertigstellung, die ein beachtliches Zeugnis dt. F.skultur ist. Die Karolinenstr. und deren Randbebauung sind in die Gesamtplanung einbegriffen, fraglos ein Verdienst auch des ehrenamtl. Stadtbaurats → *Sautter*. Die Bombentrichter waren auf dem F. nach dem Zweiten Weltkrieg zahllos. Besonders gestaltete Gräberstätten wurden „das Feld für die Bombenopfer des Angriffs 1943“ mit einem von Bildhauer Johannes Reinhold gestalteten Denkmal, der „Soldatenf.“ und später auch noch das „Feld für die Fremdarbeiter“ (→ *Zwangsarbeit*), dessen Zeichen von dem von → *Hermann Mattern* und Herta Hammerbacher gestalteten F.teil der → *Bundesgartenschau* 1955 stammen. Da das alte Krematorium heutigen Anforderungen nicht mehr genügte, wurde 2000 nach dem Plan von Prof. Thomas Bieling ein neues auf dem Wirtschaftsteil des F.s errichtet. Mit 40 ha Gesamtfläche ist der Hauptf., zugleich Naherholungsgebiet der → *Nordstadt*, nicht mehr erweiterungsfähig.

Bis 1949 war die Verwaltung nur für den Hauptf. zuständig. Die übrigen, wie die Ortsteilf. → *Bettenhausen*, → *Kirchditmold*, → *Niederzwehren*, → *Oberzwehren*, → *Rothenditmold*, → *Waldau*, → *Wehlheiden*, → *Wolfsanger*, → *Wahlershausen*, unterstanden verwaltungsmäßig den einzelnen Kirchengemeinden. Sie wurden durch Vertrag zwischen dem Gesamtverband der evang. Kirchengemeinde und der Stadt Ks. dem Hauptf., d. h. der nunmehrigen F.sverwaltung Ks. unterstellt. Diese F. haben z. T. ihre eigene Geschichte, der nachzugehen sich lohnt. Mit dem zum Bezirksf. ausgebauten alten Dorff. → *Harleshausen*, dem 1970 eröff. West-F. und dem 1984 eröff. Nord-F. unterstehen heute der F.sverwaltung 15 F. sehr unterschiedlicher Größenordnung mit einer Gesamtfläche von 98 ha. Da die Stadtteilf. zumeist nicht erweiterungsfähig sind, werden auf ihnen nur noch Beisetzungen von Verstorbenen gestattet, die ihren Wohnsitz innerhalb des jeweiligen Bestattungsbezirks hatten. Für den West-F. fand 1959 ein Ideenwettbewerb statt. Der ausgezeichnete Entwurf des ersten Preisträgers erschien der Verwaltung zu aufwändig. Für die F.halle wurde 1960 ein Wettbewerb ausgeschrieben. Den Zuschlag für Planung und Ausführung erhielten die Kasseler Architekten von → *Wild und Haeseler*. F. und Halle wurden im Juli 1970 der Öff. übergeben. Der West-F. umfasst z. Z. ca. 15 ha. Die neue F.skapelle auf dem F. Harleshausen plante das Kasseler Architekturbüro Seidel und Kluthe, die Bildhauerarbeiten an den Außen- und Innenwänden schufen das Künstlerehepaar Bohrmann/Roth. Der Nord-F. wurde nach Wettbewerb von Landschaftsarchitekt Götte geplant und angelegt. Die dortige Kapelle plante das Hochbauamt der Stadt gemeinsam mit der F.sverwaltung, Fertigstellung 1984. Die Erweiterung des F.s Waldau wurde von den Gartenarchitekten Heipel/Poppenhausen/Rhön, die F.skapelle von Prof. Bieling geplant und 1991 eingeweiht.

Die beiden → *Jüdischen Friedhöfe* liegen im Stadtteil Bettenhausen. Der alte Israel. F. liegt am Fuß des → *Eichwalds*, während der neue F. unmittelbar an den Bettenhäuser Ortsteilf. grenzt – nur durch eine Sandsteinmauer getrennt. Er obliegt, ebenso wie der russ. und der engl. F. in Niederzwehren, der Kasseler F.sverwaltung. Die Stadt Ks. unterhält 52 Ehrengräber und ehrt damit verdiente Verstorbene. Bei der F.sverwaltung ist eine Liste der Ehrengräber mit Lagebezeichnung erhältlich. *hkb*

Lit.: Pasche/Diefenbach/Wegner, Todtenhof; Angaben der Friedhofsverwaltung.

Friedrich I., (* 28.4.1676 Ks., † 25.3.1751 Stockholm), Landgraf von Hessen-Ks. Der dritte Sohn von Lgf. → *Karl* und Maria Amalia von Kurland wurde 1677 Erbprinz. F. zog als General der Truppen in den Pfälzischen und Spanischen Erbfolgekrieg. Nach einer kinderlosen ersten Ehe mit seiner Cousine Luise von Brandenburg ging er 1715 eine zweite, ebenfalls kinderlose Ehe mit Ulrika Eleonora, der Schwester König Karls XII. von Schweden, ein. Nach dessen Tod wurde sie 1718 durch den Staatsrat zur Königin ausgerufen. Nachdem F. Stockholm 1719 vor schwersten russ. Angriffen gerettet hatte, wählten ihn die Stände 1720 in einer Art Staatsstreich zum König. F. unterschrieb nach Übertritt zum Luthertum eine Verfassung, die ihm nur wenige polit. Rechte gab. Schweden gewann in der „Freiheitszeit" bis 1772 Reichtum und Wohlstand zurück. Nach dem Tod Lgf. Karls wurde F. auch Herrscher in Ks., das er ein einziges Mal 1731 besuchte. F. regierte Hessen-Ks. über die Hessische Kanzlei in Stockholm und seinen Bruder → *Wilhelm VIII.* als Regenten. Er beendete die Bauprojekte seines Vaters, verkleinerte das Heer und reduzierte den Hofstaat. Er förderte die Reformation in Schweden und die Lutheraner in Ks. Er unterstützte neue Manufakturen, war Theatermäzen, gründete 1735 eine Maler- und Bildhauerakademie und legte den Grundstock für das schwed. Nationalmuseum. F. starb nach langer Krankheit in Stockholm und wurde in der Riddarholmskyrka bestattet. *hbu*

Lit.: Burmeister, Friedrich I.

Friedrich II., (* 14.8.1720 Ks., † 31.10.1785 Weißenstein), Landgraf von Hessen-Ks., war einziger Sohn von Lgf. → *Wilhelm VIII.* und seiner Gemahlin Dorothea Wilhelmine von Sachsen-Zeitz. Nach der Erziehung zum Prinz in Genf, die wiss. Interessen weckte, wurde F. 1740 mit Prinzessin Maria von Großbritannien (1723–1772) vermählt. Seit 1741 befehligte er hess. Truppen im Österreichischen Erbfolgekrieg und in Schottland, ab 1756 preuß. Truppen im → *Siebenjährigen Krieg*, 1759 wurde er General der Infanterie. 1749 nutzte er einen Staatsbesuch in Begleitung Wilhelms VIII. im benachbarten Bistum Paderborn, um Kurfürst Clemens August seinen Übertritt zum Katholizismus zu erklären. Der Schritt erfolgte heimlich und offenbar aus persönlichen Gründen, denn F. hielt sich strikt an die → *Assekurationsakte*, die sein erst 1754 informierter ref. Vater zur Abwehr eines Glaubenswechsels erließ. Zu den Maßregeln gehörte die Trennung des Erbprinzen von Frau und drei Söhnen, denen die Grafschaft Hanau-Münzenberg zugewiesen wurde. 1773 heiratete F. in zweiter Ehe Philippine von Brandenburg-Schwedt (1745–1800). Er baute nach dem Ende des Siebenjährigen Kriegs 1763 sein zerstörtes Land im Geist der → *Aufklärung* wieder auf und schuf in Ks. bedeutende Wohltätigkeits- und Bildungsinstitutionen, Findel- und Krankenhaus; das → *Collegium Carolinum* erhielt universitätsartigen Rang durch bedeutende Wissenschaftler wie → *Forster* und → *Soemmerring*. 1775/77 stiftete er die → *Kunstakademie*. Die Mittel für die vielfältigen Aktivitäten kamen zu einem beträchtlichen Teil aus den Subsidienzahlungen des seit Lgf. → *Karl* üblichen → *Soldatenhandels*. Dieser wurde erst ab 1776 kritisch beurteilt, als der Landgraf 12.000 Mann zur Unterdrückung des nordamerikan. Freiheitskampfs an Großbritannien vermietete. F. verwandelte Ks. in eine der schönsten dt. → *Residenzen* und prägte es architektonisch. An Stelle der 1767 geschleiften Befestigungsanlagen (→ *Entfestigung*) kamen der → *Königsplatz* und der ausgedehnte → *Friedrichsplatz*. An ihm wurde außer der kath. Hofkirche → *St. Elisabeth* das 1779 eröffnete → *Museum Fridericianum* errichtet. Es enthielt eine Bibliothek und die bisher meist im Kunsthaus Lgf. Karls untergebrachten Sammlungen. Die kleine → *Antikensammlung* erweiterte F. durch Ankäufe, v. a. bei einer Romreise 1776/7, die der väterlichen Gemäldegalerie ebenbürtig waren. Unter ihnen ragt der → *Kasseler Apoll* hervor, die besterhaltene Marmorkopie einer Bronzestatue von Phidias. Pläne für groß angelegte Bauprojekte lieferten die modernsten Pariser Architekten, zum Zuge kam aber der einheimische Hugenotte → *Simon Louis du Ry*. Trotz hoher Kosten für eine glänzende Hofhaltung, für Oper und → *Menagerie*, hinterließ F. seinem Nachfolger → *Wilhelm IX.* einen Staatsschatz und ein Land, dessen Wirtschaft und kulturelles Ansehen gestärkt worden waren. *bs*

Lit.: Both, von/Vogel, Friedrich II.; Aufklärung und Klassizismus.

Friedrich Wilhelm I., (* 20.8.1802 Philippsruhe, † 6.1.1875 Prag), Kurfürst von Hessen, wurde als Sohn des Erbprinzen und späteren Kurfürsten → *Wilhelm II.* und dessen Frau → *Auguste* geboren. F. wuchs in einer Zeit tiefer polit. Umbrüche im Zeichen der Napoleoni-

Kupferstich-Bildnis Landgraf Friedrichs I., gezeichnet von Jeremias Wolff, gestochen von Balthasar Probst, um 1720

Ölgemälde Friedrichs II. von Johann Heinrich Tischbein d. Ä., um 1773, Schloss Wilhelmstal

Kurfürst Friedrich Wilhelm I. von Hessen

schen Kriege und der französ. Besetzung Hessens auf. Z. Z. des → *Königreichs Westphalen* lebte die Familie im Berliner Exil und konnte erst Ende 1813 nach Ks. zurückkehren. Da sein Vater seit 1812 mit der Berliner Goldschmiedstochter Emilie Ortlöpp (→ *Reichenbach, Emilie von*) liiert war, kam es zu heftigen Spannungen zwischen den Eltern, aber auch zwischen Vater und Sohn. F., seit 1821 Kurprinz, wurde 1822 in der sog. Affäre Bechstädt eines Giftmordanschlags auf den Vater verdächtigt, einige seiner Freunde, wie der Offizier Joseph Maria von Radowitz, wurden 1823 aus dem hess. Militär entlassen und flüchteten. In den 1820er Jahren studierte er nach vorherigem Privatunterricht, u. a. bei → *Wilhelm Grimm*, in Bonn. Hier lernte er die preuß. Offiziersgattin Gertrud Lehmann kennen. 1831 erreichte er deren Scheidung und heiratete sie. Nachdem sein Vater wegen seines Dauerexils F. im September 1831 zum Mitregenten berufen hatte, ernannte dieser unmittelbar nach Antritt der Regentschaft seine Frau zur Gräfin von Schaumburg. Seine Zeit als Mitregent, d. h. als faktischer Landesherr, im → *Kurfürstentum* Hessen, war nach anfänglichen Reformen 1831/32 von tiefgreifenden Gegensätzen zum liberalen Landtag geprägt. F. regierte sehr eigenwillig und hatte deshalb zusätzlich Kontroversen mit seinen Ministern zu bestehen, insbes. mit dem erzkonservativen, machtbewussten Innen- und Justizminister → *Ludwig Hassenpflug*. 1847 wurde er nach dem Tod des Vaters Kurfürst und versuchte sogleich, allerdings vergeblich, die → *Verfassung 1831* zu beseitigen. Nach der → *Revolution 1848* startete er mit Unterstützung des aus → *Preußen* zurückberufenen Hassenpflug einen neuen Anlauf dazu im → *Verfassungskonflikt 1850*. Mit Hilfe von zwei Bundeskommissaren wurde 1852 eine neue Verfassung erlassen, die allerdings 1860 revidiert und 1862 ganz zurückgenommen werden musste. Die Streitigkeiten mit dem Landtag, aber auch die schwierigen persönlichen Verhältnisse wegen der unstandesgemäßen Ehe mit der 1853 zur Fürstin von Hanau ernannten Gertrud machten den Landesherrn in der Bevölkerung zunehmend unbeliebt. Als er nach der → *Preußischen Annexion* 1866 zunächst in Stettin inhaftiert wurde und sich anschließend auf seinen böhmischen Besitz, ein Gut in Horzowitz und ein Stadtpalais in Prag, zurückzog, trauerten ihm in Hessen nur wenige (→ *Hessische Renitenz*) nach. Aus der Ehe mit Gertrud Fürstin von Hanau gingen neun Kinder, sechs Söhne und drei Töchter, hervor. F. wurde nach seinem Tod nach Ks. überführt und neben der → *Lutherkirche* beigesetzt. *eg*

Lit.: Friderici, Friedrich Wilhelm; Losch, Kurfürst.

Das **Friedrichsgymnasium** wurde 1779 anlässlich einer Schenkung des Lgf. → *Friedrich II.* an die Stadt als „Lyceum Fridericianum" gegr. Seine Trad. als städt. → *Lateinschule* reicht indes bis ins 16. Jh. zurück. Die 1830er Jahre waren geprägt von einem langwierigen Streit zwischen der Stadt und der kurhess. Staatsregierung um die Rechtsstellung der Anstalt, an dessen Ende die Verstaatlichung des F.s stand. Zur gleichen Zeit wurde die Schule als (neu)humanistisches Gymnasium nach preuß. Vorbild eingerichtet. Nach der → *Preußischen Annexion* 1866 konnte sie deshalb problemlos in das Bildungswesen → *Preußens* integriert werden. Einen Schwerpunkt auf den alten Sprachen (insbes. Latein) hat sie bis heute behalten. Auch während der → *NS-Zeit* konnte die Umwandlung in eine „Deutsche Oberschule" verhindert werden. Die Gebäude des F.s befanden sich 1842–1943 in der → *Wolfsschlucht*, seit 1957 liegen sie in der Humboldtstr. Berühmte Schüler waren u. a. die Brüder → *Jacob* und *Wilhelm Grimm*, → *Friedrich* und → *Karl Murhard* sowie der spätere Kaiser → *Wilhelm II.* Dieser legte 1907 den Grundstein für den Schülerruderverein (→ *Rudervereine*). Im Zuge der Bildungsexpansion im letzten Drittel des 19. Jhs. stiegen die vormals mit rd. 270 Knaben relativ konstanten Schülerzahlen so stark an, dass 1886 mit dem → *Wilhelmsgym-*

Friedrichsgymnasium in der Wolfsschlucht 20, um 1930

nasium eine zweite zum Abitur führende Lehranstalt in Ks. errichtet wurde. Urspr. als reine Jungenschule gegr., besuchen derzeit rd. 1.000 Jungen und Mädchen das F. *skb*

Lit.: Kesper-Biermann, Gelehrtenschule.

Der **Friedrichsplatz**, eine der bedeutendsten europ. Platzanlagen, entstand aus der schon von → *Paul du Ry* zwischen den → *Stadtbefestigungen* der → *Altstadt* und der hugenottischen → *Oberneustadt* angelegten Esplanada. Der → *Siebenjährige Krieg* hatte gezeigt, dass die Stadtbefestigungen moderner Artillerie nicht mehr standhielten. Lgf. → *Friedrich II.*, der Namensgeber, beschloss daher die Festungen zu schleifen (→ *Entfestigung*), um die getrennten Stadtteile zu verbinden und die Grundlage für eine Stadterweiterung zu legen. Innerhalb der Gesamtplanung für die Vereinigung sollte der Platz auf dem östl. Ausläufer des → *Weinbergs*, dessen Plateau für den Bau der Hugenottenstadt 1685 bestimmt worden war, das direkte Zwischenstück bilden. Er nimmt die Fläche zwischen dem O-Rand der Oberneustadt und dem Beginn des verhältnismäßig stark zur Altstadt fallenden Hanges vor dem → *Zwehrener Turm* ein. Bis fast in die Mitte der Fläche hatten die Bastionen des Festungsgürtels gereicht. 1768 legt → *Simon Louis du Ry* einen ersten Entwurf der Platzgestaltung vor: Ein lang gestrecktes Rechteck in N-S-Richtung zwischen der → *Königsstraße* und dem Auehang, das sich aus der Örtlichkeit ergab. Die westl. Grenze war durch die Front der Oberneustadt ebenso festgelegt wie die nördl. durch die Königsstr. Die östl. Randbebauung begann 1767 mit dem Palais von Jungken, im gleichen Jahr wie die Verlängerung der Königsstr. Die östl. Seite des Platzes sollte durch Repräsentationsbauten im Wechsel von Architektur und Baumpflanzung Gewicht bekommen. Die Bestimmung der Gebäude war in diesem Plan noch nicht festgelegt. Die Blickseite zum Fuldatal sollte von Bauten frei bleiben. Dem diagonal zur Platzfläche nach SO abfallenden Terrain begegnete du Ry durch Terrassierung. Vier Baumreihen vor den Häusern der Oberneustadt und der Oberen Königsstr. und vor der baufreien → *Bellevue*, unterbrochen von einem vorgeschobenen Aussichtsrondell, sollten den Platz beleben und umgrenzen. Gleichfalls vier Baumreihen zwischen den Eckbauten der östl. Platzseite und dem geplanten mittleren, in seiner Front unverdeckten Repräsentationsbau betonten die Heraushebung des Gebäudes, für das der F. zum Cour d'honneur wurde. Nach diesem Plan und der entsprechenden Ausführung sind zwei gewichtige Achsen gegeben: die entscheidende von W nach O in noch barocker Konzeption mit betontem architektonischen Blickpunkt an der tiefer gelegenen Längsseite und ebenfalls mit fallender Tendenz von N nach S durch Nutzung des im Städtebau neuen Landschaftsbezugs. Zur unmittelbaren Verbindung der Stadtteile wurden die Karlsstr. der Oberneustadt und die Frankfurter Str. über den F. hinweggeführt. Der Ent-

Ausschnitt aus der Enthüllung des Friedrich-Denkmals auf dem Friedrichsplatz am 14. August 1783, Ölgemälde von Anton Wilhelm Tischbein

wurf von 1768 zeigt die schon klaren Vorstellungen für die künftige Gestalt: Zwischen den beiden genannten Straßen erhebt sich in der dem Platz zugewandten Frontlinie des Palais von Jungken als gewichtigster Repräsentationsbau das dreiflüglige → *Museum Fridericianum*, dessen Bau 1769–1779 erfolgte. In seinem „Essay d'une description du Musée Fridericien" begründete du Ry den Standort und die imposante Gestalt dieses Museums mit mächtigem Säulenportikus als Point du Vue für die Gesamtgestalt des F. Um die Symmetrie zu vervollständigen, wurde die gleichfalls von S. L. du Ry entworfene Kirche → *St. Elisabeth* in der Außengestalt als Pendant zum Palais von Jungken errichtet. Der von du Ry, der bewusst die Landschaft in den Städtebau einbezog, gewollte Rhythmus im Wechsel von Bauwerk

Auetor auf dem Friedrichsplatz, Gemälde von Nicolai von Astudin, Öl auf Pappe, 1909

und Baumreihung an der O-Seite wurde durch die Schließung der Gesamtfront schon im 19. Jh. missverstanden. An seiner auf dem Plan unbebauten S-Seite setzt sich eine Plattform in einem in den Auehang vorgeschobenen Rondell fort. Wer hier den Ausblick über das Fuldatal sucht, wird „in die Landschaft hinein gestellt". 1779–82 errichtete du Ry hier zwei Wachthäuschen, die sich nicht zum Durchgang, sondern zum Platz hin orientierten, zeigend, dass er sie allein für die Blickführung in die Landschaft bestimmt hatte. Der F. war zunächst als einheitl. Grünfläche angelegt, doch schon der Stadtplan von 1786 (→ *Stadtpläne*) zeigt die Fortführung des Gedankens der Einbeziehung der Landschaft in den Städtebau mit den hier eingezeichneten Gestaltungselementen des Friedrichs- oder Auetors. Erstmals wurde ein städt. Platz mit Elementen spätbarocker Gartenarchitektur gestaltet, an seiner Südseite wurden über den Auehang Park und Landschaft in die Stadt geholt und entgegengesetzt der Blick in die Landschaft gelenkt. In der Mitte des F. wurde 1783 das Denkmal Lgf. Friedrichs II. aufgestellt – mit Blick zum Museum Fridericianum. Seinem aufgeklärten Geist sind die prospektiven Planungen du Rys zu verdanken. Unter der französ. Herrschaft wurde der F. zum Exerzierplatz und seiner Grünanlagen beraubt. Die folgenden Baupläne sahen die Schließung der S-Seite durch Bauten vor, schließlich realisiert zu Beginn des 20. Jhs. durch das Wilhelminische → *Staatstheater*, bei eingeplanten Landschaftsausblicken. Große innerstädt. Plätze erreichen selten die Dimension des F. Wie beim → *Königsplatz* hatte du Ry auch hier das sichere Gefühl für das Verhältnis zum Raum. *hkb*

Lit.: Boehlke, Simon Louis du Ry.

Fröhlich & Wolff 1867 gründeten Salomon Fröhlich und Simon Wolff in Ks. eine mechanische Segeltuchweberei. Sie waren 1850 nach Ks. gekommen und hatten ihr Handwerk im Leinengeschäft bei → *Sigmund Aschrott* gelernt. Zunächst als Verlagsunternehmen gegr., nahm das Unternehmen bald selbst die Herstellung von Grobtextilien (Segeltuch, Zeltplanen, Reifencord) auf. 1903 beschäftigte das Unternehmen bereits 500 Mitarbeiter. Weil die Rahmenbedingungen für eine Fabrikerweiterung in Hessisch Lichtenau besser waren als in Ks., wurde das Unternehmen 1907 zu großen Teilen dorthin verlagert. Es konnte die Produktion in den folgenden Jahren ständig ausweiten, so dass auswärtige und ausländ. Arbeitskräfte angeworben werden mussten. Obwohl das Unternehmen vorbildliche Arbeiterwohnsiedlungen baute, veränderte die Ansiedlung der Fabrik die soziale Struktur und auch das polit. Klima der Stadt. Im → *Ersten Weltkrieg* florierte es durch Rüstungsaufträge, auch danach war die Auftragslage durchweg gut, so dass die Belegschaft im Jahr 1933 auf 1.432 Mitarbeiter/innen anstieg; Hessisch Lichtenau hatte damals 2.800 Einwohner. 1938 wurde F., wie viele andere jüd. Unternehmen auch, „arisiert" (→ *Arisierungen*), die bisherigen Eigentümer mussten ihr Unternehmen weit unter Wert verkaufen, in diesem Fall an → *Karl Anton Henschel*. Das Unternehmen firmierte nun als „Textilwerke Karl Anton Henschel, Ks.". Im → *Zweiten Weltkrieg* bestand die Belegschaft zur Hälfte aus Zwangsarbeitern (→ *Zwangsarbeit*); gearbeitet wurde tägl. in zwei 12-Stunden-Schichten rund um die Uhr, zumeist auch sonntags. Im Oktober 1948 wurde das Unternehmen an die ehem. Eigentümer zurückgegeben. Nun konzentrierte man die Produktion auf Markisen, Zelt- und Planstoffe und auf spezielle technische Artikel. 1992 wurde die Weberei der Firma geschlossen. Ein Jahr später wurde das Unternehmen von seinem Konkurrenten, der Mehler AG Fulda, übernommen. Heute werden im Werk Hessisch Lichtenau unter dem Dach der MEP-Olbo GmbH mit 90 Mitarbeiter/innen technische Produkte hergestellt. *ro*

Fruchthaus (ehem. Schäfergasse 19). Die landgräfl. Fruchtspeicher versorgten den Hof und hielten Vorräte bereit, um Missernten im Land auszugleichen oder das Heer zu verpflegen; im Mittelalter waren dies Scheunen im → *Renthof* am → *Steinweg*, seit dem 16. Jh. das ehem. → *Stift Ahnaberg* samt seiner Zehntscheune und das → *Zeughaus*. 1674 ließ Landgräfin → *Hedwig Sophie* ein neues F. am Knick der Schäfergasse errichten, das außerdem die landgräfl. Kutschenremisen enthielt; daneben blieben langfristig nur noch das Ahnaberger F. und ein Fruchtboden im Zeughaus in Benutzung (bis Mitte bzw. Ende 18. Jhs.). Der Neubau von 1674 trat an die Stelle des alten Zeug- und Gießhauses von 1491/98, das unter Lgf. → *Moritz* 1618 zu einer Erziehungs- und Besserungsanstalt (Zuchthaus) umgebaut worden war. 1808–13 fanden im F. die Reste der → *Kunstakademie* Zuflucht. Nach einer Nutzung als Hofbaumagazin diente es ab 1892 als milit. Proviantmagazin und wurde 1920 an einen Privatmann verkauft („Käse-Weber"). Das F. von 1674 war ein langer dreigeschossiger Bau. Die urspr. verputzten Fassaden waren schmucklos, mit mehreren Torbögen im Erdgeschoss. Im Inneren trugen zwei Pfostenreihen die Lasten. Das Krüppelwalmdach war in vier Geschosse unterteilt. 1943 brannte das Gebäude aus, die Außenmauern wurden danach abgebrochen. *cp*

Lit.: Holtmeyer, Cassel-Stadt, 600ff.

Frühstückspavillon Der auch als „Frühstückstempel" bekannte und oft falsch datierte Rundbau am südwestl. Ende der → *Schönen Aussicht* entstand 1815 nach einem Entwurf von Hofbaumeister → *Daniel Engelhard*. Vorher hatte an dieser Stelle bereits eine „Gloriette" in dem sich hier befindlichen landgräfl. Garten gestanden. Beides hatte um 1810 für den Neubau des → *Marstalls* durch → *Leo von Klenze* für König → *Jérôme* Platz gemacht. Nach seiner Rückkehr ließ Kurfürst → *Wilhelm I.* den Stalltrakt an der Hangkante sowie die unvollendeten Teile des Reithauses abtragen und, in einer Art symbolischer Wiederinbesitznahme seines Gartens, den F. errichten. Möglicherweise benutzte er ihn auch gelegentlich zum Frühstücken, da er bis zu seinem Tod 1821 häufig im nahegelegenen Palais Bellevue wohnte. Zur Verbesserung der Aussicht über die → *Karlsaue* und die seinerzeit noch unbebaute Landschaft im S Kassels wurde das Bauwerk auf eine kleine Erhöhung gestellt. Der überkuppelte klassizistische Rundtempel mit Halbsäulen vor Wandstücken fällt durch seinen reichen plastischen Schmuck mit üppigen Festons und den darüber angebrachten Greifen mit Vasen auf. Das Bauwerk und seine Umgebung wurden nach dem → *Zweiten Weltkrieg* verändert, als man bis in diesen Bereich den Trümmerschutt des zerstörten Stadtzentrums ablagerte. *gf*

Die **Fünffensterstraße**, in der → *Oberneustadt* gelegen, bildet eine der Hauptverkehrsadern im Kasseler Innenstadtring. Sie erstreckt sich von der Frankfurter Str. im S, vorbei am Rathaus, bis zum → *Ständeplatz* im N. Die F. entstand im Zuge der Stadterweiterung unter Lgf. → *Karl*, der mit der Oberneustadt ab 1688 ein Viertel eigens für die aus Frankreich zuwandernden → *Hugenotten* errichten ließ. Von → *Paul du Ry* als „Weißensteinstr." geplant und von dessen Nachfahren Charles und → *Simon Louis du Ry* fertig gestellt, bildete die F. die Begrenzung des „ville neuve" nach W hin. Der heutige Name geht auf einen Beschluss des Kurfürsten → *Wilhelm II.* von 1821 zurück, der für Neubauten fünffenstrige Fassaden vorsah. Allerdings war die F. nie durchgängig so gestaltet. Nach ihrer völligen Zerstörung im → *Zweiten Weltkrieg* entwickelte sich die F. in den 1950er Jahren zum Verkehrsknotenpunkt. Von der urspr. Bebauung zeugt heute lediglich eine Inschrift des ehem. Hospitals, damals befindlich in der F. Nr. 16. *msch*

Lit.: Holtmeyer, Cassel-Stadt.

Frühstückspavillon an der Schönen Aussicht vor seinem Umbau im Jahr 1936

Fürstengarten → *Weinberg*

Fürstengrablege Ks. verdankt die F. in der → *Martinskirche* dem luther. Bekenntnis von Lgf. → *Philipp*, der hier mit der Trad. der hess. Fürstenfamilie brach, in der Elisabeth-Kirche zu Marburg bestattet zu werden (→ *Philippsepitaph*). Dort hoffte man im Mittelalter am Tag der Auferstehung auf die Fürsprache der heiligen Ahnfrau. Der Bruch mit dem Heiligenkult wurde von Philipp nicht nur mit einer neuen F. in Ks. vollzogen, sondern auch mit der Zerstreuung der Reliquien von Elisabeth öff. in Szene gesetzt. Die älteste Gruft, von Philipp bis → *Moritz* genutzt,

Fürstengrablege in der Martinskirche: Figur Landgräfin Christines am Philippsepitaph

erlitt im → *Zweiten Weltkrieg* so schwere Beschädigungen, dass sie beim Wiederaufbau zugemauert wurde. Die zweite Gruft, von Wilhelm V. bis → *Wilhelm VIII.* belegt, beherbergt 37 Särge, davon 16 von kleinen Kindern. Die sicherlich schönsten Särge besitzen Lgf. → *Karl* und seine Ehefrau Maria Amalia. Beide ruhen als lebensgroße Figuren auf den Deckeln und sind halb aufgerichtet einander zugewandt – ein Denkmal für eine ungewöhnlich glückliche Fürstenehe (→ *Marmorbad*). Auffällig ist, dass sich im Kirchenraum keine Trad. für Grabdenkmäler der Fürstenfamilie entwickelt hat. Die Gruft an sich war das Denkmal, vergleichbar mit anderen berühmten Grüften wie die der Brandenburger in Berlin oder der Habsburger in Wien. Lediglich der Gründer der Kasseler F., Lgf. Philipp, erhielt ein Denkmal aus den Händen von → *Elias Godefroy* und → *Adam Liquir*. Konzeptuell erinnert es stark an einen Hochaltar, steht es doch im Chorhaupt und nimmt mit seiner vertikalen Dreiteilung die typische Form des mittelalterl. Triptychons auf. Nur stehen hier an Stelle der Heiligen zu beiden Seiten lebensgroße Alabasterfiguren von Lgf. Philipp und dessen Frau → *Christine*, die ein Auferstehungsrelief in ihrer Mitte einrahmen. Die Renovierung nach dem Zweiten Weltkrieg wurde als Anlass genommen, das Denkmal in das Kirchenschiff zu versetzen. Die lange vor Philipp verstorbene Christine erhielt direkt nach ihrem Tod schon ein eigenes Grabmal. Das bronzene Epitaph wurde von Philipp Soldan geschaffen und befindet sich an der nördl. Chorwand. In einer anrührenden Inschrift wird geschildert, wie die zehnfache Mutter trotz ihrer schweren Erkrankung bei Kaiser Karl V. um die Freilassung ihres gefangenen Mannes bat, aber erfolglos und „erschöpft von traurigem Schmerz" nach ihrer Rückkehr starb. Nach Philipps Rückkehr aus der Gefangenschaft führte sein erster Weg zu diesem Denkmal. Dass Landgräfin Christine gleich doppelt in der Martinskirche gedacht wird, ist eine Folge der bigamistischen Ehe von Philipp mit Margarethe von der Saale, mit der er neun Kinder zeugte. Nach Christines Tod versuchten deren Nachkommen, mit den Denkmälern die Rechtmäßigkeit der Ehe ihrer Mutter zu verbildlichen und gleichzeitig auf ihr Erbe zu pochen – vergeblich, denn Philipp brach mit der Primogenitur und entschloss sich zur Aufteilung und Zersplitterung Hessens. *km*

Lit.: Merkel, Fall; Jäckel, Grabmal.

Die **Fulda** ist ein urhessischer Fluss. Sie entspringt in 855 m ü. NN auf der Wasserkuppe im hessischen Teil der Rhön. Unterhalb des Segelfluggeländes befindet sich die aus Basaltsteinen gefasste Quelle, direkt an einem Parkplatz. Es gibt allerdings noch fünf weitere ungefasste Quellen in einer Mulde direkt unter dem Gipfel der Wasserkuppe. Bei der Stadt Gersfeld tritt sie in ein ca. 250 m breites Tal ein, um dann ihren Weg bis zu der Stadt fortzusetzen, deren Namensgeberin sie ist: Fulda. Auf dem weiteren Weg durchfließt sie die Städte Bad Hersfeld, Rotenburg, Melsungen und Ks. Von hier aus begann 1601 die → *Schifffahrt* auf der F. Lgf. → *Moritz* hatte den Bereich von Ks. bis nach Hersfeld ausbauen lassen. Um gegen den Strom anzukommen, wurden die Schiffe von Treidelknechten gezogen. Aber erst 1895 war der Weg von Ks. in die andere Richtung zur Drei-Flüssestadt Hannoversch Münden mit neu gebauten Schleusen möglich. Nach ca. 218 km von der Quelle verbindet sie sich am Weserstein durch einen „Kuss" mit der Werra zur Weser und nimmt damit ihren weiteren Lauf. Die wichtigsten Zuflüsse vom Weserstein bis zur Quelle sind: Nieste, Losse, → *Ahna*, Bauna, Eder, Pfieffe, Belse, Gude, Bebra, Solz, Haune, Jossa, Schlitz, Fliede und Lütter. *ag*

Historischer Stich der Fulda mit Brücke und Rondell

Lit.: Haeberlin, Fulda; Hoffmann/Richter, Wasser.

Furore Verlag Im Jahr 1986 von Renate Matthei gegr., ist der F. heute der weltweit einzige Verlag für Noten, Bücher und CDs von Komponistinnen. Mehr als 1.500 Werke von über 150 musikschaffenden Frauen vom Mittelalter bis zur Gegenwart sind in dem Verlag mit Sitz in der Naumburger Str. mittlerweile erschienen. Dreimal erhielt der F. für ausgewählte Notenausgaben bereits den Dt. Musikeditionspreis Best Edition: 1996 für die „Ton-Zeichen" der Darmstädter Komponistin Barbara Heller, 2002 für die Faksimile-Edition „Das Jahr" von Fanny Hensel und 2006 für „25 plus piano solo", eine festl. Jubiläumsedition, die Werke von 27 zeitgenössischen Komponistinnen aus 14 Ländern vorstellt. Von Anfang an war der F. international auf Messen und Kongressen vertreten. Zugleich informierte er mit der Sachbuchreihe „Annäherungen an sieben Komponistinnen" über das musikalische Schaffen von Frauen in Vergangenheit und Gegenwart. Im hauseigenen Label Salto Records International werden in Kooperation mit verschiedenen Rundfunkanstalten Werke von Komponistinnen wie Fanny Hensel, Bettine von Arnim, Wilhelmine von Bayreuth, Mel Bonis, Cécile Chaminade eingespielt. Der Verlag erzielt etwa die Hälfte seines Jahresumsatzes im Ausland, v. a. in den USA, der Schweiz und Frankreich. Nachgefragt werden neben den kammermusikalischen Werken Messen, Oratorien, Symphonien v. a. von Fanny Hensel, geb. Mendelssohn. Aufführungen der Furore-Editionen finden weltweit statt: in ganz Europa, Australien, Asien, Nord- und Mittelamerika. *ama*

Logo des 1986 gegründeten Furore Verlags

Fußball In Ks. rollte der Ball schon Ende des 19. Jhs. Fußballclub Union 1893 nannte sich der erste Verein. Ihm folgten 1894 der BC Sport, Kassels ältester noch bestehender F.verein, sowie Anfang des 20. Jhs. der Casseler Sportclub 03 und Mannschaften aus → *Kirchditmold* (VfL Kassel, hervorgegangen aus Tuspo 1886 Kassel, SV Hessen 09 und SG Kirchditmold), → *Rothenditmold* (Spielverein 06) und der → *Nordstadt* (SV Hermannia 06). Der aus den Vereinen von Union und Hassia hervorgegangene Casseler Fußballverein von 1895 (CFV) nahm 1903 an der zweiten dt. Endrunde teil, schied aber in der Vorrunde aus. Bekanntester Akteur dieses Klubs war Gustav Hensel, erster Kasseler Nationalspieler, der 1908 beim 3:5 gegen die Schweiz (in Basel) sein einziges Länderspiel bestritt. Nach dem Ersten Weltkrieg ging es im Kasseler F. weiter bergauf. 1919 kam es zum Zusammenschluss des CFV mit dem Verein für Körperkultur Cassel, aus dem der Sportverein Kurhessen (SV KH) entstand. Dieser war später zusammen mit anderen Klubs Vorgänger des → *KSV*. Jahrelang war der SV KH die Nummer eins im Kasseler F. Mit dem Optiker Heinrich (Heini) Weber stellten die Kurhessen den erfolgreichsten Kasseler Fußballer, der zwölfmal (von 1928 bis 1931) das dt. Nationaltrikot trug. Neben den Kurhessen machten v. a. der Spielverein 06 und der CSC 03 immer mehr auf sich aufmerksam. Dem Spielverein gelang es als zweitem Kasseler Klub 1937, sich für die dt. Endrunde zu qualifizieren. Doch scheiterte man in den Gruppenspielen u. a. am späteren dt. Meister VfB Stuttgart. Zwei Jahre später erreichte auch der CSC 03 die Endrunde, hatte aber in der Vorrunde u. a. gegen den späteren dt. Champion Schalke 04 das Nachsehen.

Ein Jahr nach Ende des Zweiten Weltkriegs spielten zwölf Mannschaften den Titel in der neuen Kurhessenliga aus. Der CSC 03 siegte vor dem VfL Ks. und Olympia Niederzwehren. Aus den Reihen des VfLs ging Kassels einziger Nationalspieler nach dem Zweiten Weltkrieg, Karl-Heinz („Gala") Metzner, hervor. Er wechselte später zum KSV. Gegen Ende der 1940er Jahre ging in der Kasseler → *Südstadt* mit dem späteren Vertragsspielerverein KSV Hessen ein neuer Stern auf, der die Kasseler Konkurrenz in den Schatten stellte. Dennoch mischten mit dem CSC 03, dem SV Hermannia, dem BC Sport und der Spielvereinigung Olympia Mannschaften aus Ks. teilweise jahrelang in der höchsten hess. Amateurklasse mit. Als der F. immer populärer wurde, gab es in fast allen Kasseler Stadtteilen F.mannschaften. Aus den größeren Stadtteilen nehmen im Jahr 2008 sogar mehrere Vereine am Spielbetrieb teil, wie z. B. in → *Bettenhausen* (VfB/Viktoria und FSV), in der → *Nordstadt* (Hermannia, Fasanenhof) oder in → *Oberzwehren* (FC und TSV). Zudem sind die sog. Ausländermannschaften (mit Spielern aus Bosnien-Herzegowina, Italien, Kroatien, Spanien, der Türkei u. a.) in den Spielbetrieb integriert. *gg*

Lit.: Biese, Flanken.

Gärten und Parks Ks. ist eine Gartenstadt. Prägend für die Morphologie der Stadt ist die gelungene Zusammenführung von Stadt und Landschaft. In allen Phasen des Stadtbaus war die Verknüpfung von Stadtkörper und Landschaftsraum ein zentrales Thema. Die Lage zwischen dem Höhenrücken des → *Habichtswaldes* und dem Tal der → *Fulda* hat dazu herausgefordert, die Vorbilder europ. Gartenkunst nachzuahmen. Die Modellvorstellung des vertikalen Gartens aus dem italienischen Barock prägt den Steilhang des Habichtswaldes mit dem → *Herkules* und der Kaskadenfolge, während im Tal der Fulda die Kanäle und lang gestreckten Sichtachsen den Prinzipien des französ. oder holländ. Barocks folgen. Dabei entstanden Höhepunkte europ. Stadtgestaltung sowohl mit der 7,5 km langen Achse der → *Wilhelmshöher Allee*, die den Stadtkern mit dem Höhenrücken verbindet, als auch mit dem → *Friedrichsplatz* bzw. dem → *Rondell* des ehem. Stadtschlosses (→ *Landgrafenschloss*), die den Kern der Innenstadt eindrucksvoll mit der Auelandschaft (→ *Aue*) verknüpfen. Nicht nur wegen ihrer stadtgestalterischen Wirkung sind die beiden landgräfl. Parks → *Wilhelmshöhe* und → *Karlsaue* Höhepunkte europ. Gartenkunst, sondern weil sie beispielhaft die Integrationsfähigkeit kontroverser Gartenstile dokumentieren. Beide, anfangs nach den formalen Gartenauffassungen des Barocks konzipierten Projekte, wurden im landschaftl. Stil nach englischen Vorbildern vollendet und zu Gartenkunstwerken höchsten Ranges entwickelt. Sie begründen heute die Anträge auf Annahme in das Weltkulturerbe der UNESCO. Dazu gehört auch der dritte landgräfl. Park → *Wilhelmsthal* einschließlich des ehem. Jagdparks. Weitgehend vergessen und vernachlässigt ist ein vierter, ehem. landgräfl. Park, das Gut → *Freienhagen* – wie Wilhelmsthal am Rande der Stadt gelegen. Bedeutende Gärtner, Architekten und Ingenieure haben an der Vervollkommnung der Gartenanlagen mitgewirkt; Hirschfeld, der Autor der 1789 veröffentlichten „Theorie der Gartenkunst" und damit Begründer des Landschaftsgartens in Dtld., hat als Berater der Landgrafen Einfluss genommen. Das vorbildliche Gerüst der landgräfl. Gärten und dessen Integration in die Stadt entsprach der Dimension und Maßstäblichkeit der → *Residenz* eines kleinen Fürstentums. Mit der Ein-

Garten und Parks Kolorierte Fotografie des Parks Wilhelmshöhe, Ende 19. Jahrhundert

führung der Eisenbahn und mit der Auflösung der Residenzfunktion als Folge der Eingliederung nach Preußen nach 1866 begann eine anhaltende wirtschaftl. Entwicklung. Die → *Stadterweiterungen* der → *Nordstadt* und → *Bettenhausens* mit umfangreichen Fabriken und Gewerbeflächen (→ *Industrialisierung*) veränderten nicht nur den Grundriss der Stadt, sondern auch die Zusammensetzung der Bevölkerung. Die Lohnarbeiter der Fabriken und die anwachsenden Mittelschichten formulierten neue Ansprüche an den städt. Freiraum. Lange Zeit, bis zum Beginn des 20. Jhs., konnte Ks. diesen Bedarf nur unzureichend decken. Bürgerl. Initiative und Selbsthilfe blieb es überlassen, auf diese neuen Anforderungen für Körperkultur und Gartenwesen zu reagieren. In diesem Zusammenhang sind zwei bemerkenswerte Projekte zu nennen: → *Sigmund Aschrotts* beispielhafte Stadterweiterung im → *Vorderen Westen* und die bürgerl. Inbesitznahme der Uferzonen der Fulda am Auedamm.

Ab 1860 begann Textilfabrikant und Immobilienhändler Aschrott im Anschluss an die westl. Begrenzung der Innenstadt mit der Erschließung eines neuen Stadtviertels für die neuen Mittelschichten, mit großzügigen Straßenprofilen, Plätzen und eingefügten Parks. Mit der Ausrichtung zahlr. Straßen auf die dominierende Herkulesfigur des Bergparks verband sich das neue Quartier mit dem landgräfl. Gartenreich, inzwischen Sommerresidenz des dt. Kaisers → *Wilhelm II.*

Eine andersartige Synthese zwischen landgräfl. bürgerl. Gartenkultur erfolgte am Rande der Karlsaue am Auedamm. Wie alle höfischen Parks war auch die Karlsaue ein Raum der Anschauung, des Spaziergangs, der Kontemplation. Doch die bürgerl. Ansprüche verlangten eine andere Art Park, der Bewegung ermöglichte. Ab 1860 wurde der Flussraum für die Einrichtung zahlr. privater Bäder (→ *Badekultur*), getrennt nach Geschlechtern, erschlossen. Ab 1890 folgten die Ruder- und Wasserportvereine Kasseler Schulen (→ *Rudervereine*). Schließlich reagierte die Stadt auf die neuen Bedürfnisse. Mit großer Verspätung wurde 1925 das städt. Flussbad eröffnet und 1926 die → *Hessenkampfbahn* eingeweiht. Eine großzügige Erweiterung wurde später auf der gegenüberliegenden Fuldaseite vollzogen. Seit Anfang des 20. Jhs. wurden Flächen dem Kasseler Schulsport und den Sportvereinen (→ *Turn- und Sportvereine*) vorbehalten und umfangreiche Kleingartenquartiere (→ *Kleingartenvereine*) eingerichtet. Schließlich wurde 1981 mit der → *Bundesgartenschau* die Fulda-Aue als Badepark und → *Naturschutzgebiet* weiter ausgebaut. Bürgerl. Gartenkultur war jedoch nicht nur auf den Anspruch der Allgemeinheit ausgerichtet, sondern bezog sich v. a. auf den eigenen Garten und die individuelle Nutzung. Als Folge der wirtschaftl. Entwicklung wuchs seit der zweiten Hälfte des 19. Jhs. bei den begüterten Mittelschichten der Wunsch nach Eigenheim und Garten. Umfangreiche Gartenvorstädte an den Hängen des Habichtswaldes in → *Wilhelmshöhe*, → *Kirchditmold* und → *Harleshausen* entsprachen diesen Vorstellungen. Als Höhepunkt dieser Form bürgerl. Gartenkultur ist das Projekt der → *Henschel-Villen* am → *Weinberg* zu sehen, das bis zum Ende der 1930er Jahre bestand und dessen Reste in den letzten Jahren von der Kasseler Gartenverwaltung gesichert wurden. Für die Entfaltung dieser bürgerl. Gartenkultur war eine entwickelte Gartenbauwirtschaft erforderlich, die 1855 mit der Gründung eines „Vereins zur Beförderung des Garten- Obst- und Weinbaus im Regierungsbezirk Cassels“ erfolgte. 1864 folgte die Gründung einer → *Lehr- und Versuchsanstalt für Gartenbau* in → *Oberzwehren*, die heute in verkleinertem Maßstab als Hessische Gartenakademie fortbesteht. Als Höhepunkte solcher Initiativen sind zwei Projekte zur Wiederherstellung verlorener Gärten zu nennen. 1978 übernahmen Mitglieder der Kasseler Sektion des 1883 gegr. Vereins der Rosenfreunde die Wiederherstellung der Roseninsel im Park Wilhelmshöhe. Seit 2004 legen Mitglieder der Gesellschaft der Staudenfreunde im ehem. → *Botanischen Garten* der Stadt Ks. Staudenpflanzungen an, die an verdiente Kasseler Gärtner erinnern sollen. Vergleichsweise spät zu anderen dt. Städten begann in Ks. ab 1928 mit der Tätigkeit des Gartendirektors → *Stier* eine systematische kommunale Freiflächenplanung, die auf die Defizite der gewachsenen Stadt reagieren sollte. Stier bezog sich besonders auf die in-

Gärten und Parks Blick von der Karlsaue zur Schönen Aussicht

dustriell geprägten Vorstädte. Dort wandte er mit dem → *Eichwald* in Bettenhausen und mit dem Hegelsberg am Rande der Nordstadt das Modell des Volksparkes an, eine Zusammenfügung von Kleingärten, Sportflächen und kleinen Parkanlagen.

Ks. ist in besonderer Weise auch mit dem Thema des letzten Gartens, des Friedhofs, verbunden. → *Friedhöfe* wie der Nordstadtfriedhof können Parks ersetzen. Ks. wurde zum Sitz der 1951 gegr. Arbeitsgemeinschaft Friedhof und Denkmal, einer zentralen Institution, die sich um die Aufgaben des Bestattungswesens bemüht. Sichtbares Zeichen dieser Aktivitäten ist das → *Museum für Sepulkralkultur* am Weinberg mit bedeutenden Ausstellungen und Forschungsaktivitäten zum Thema. In Ks. befindet sich auch die Geschäftsstelle des Volksbundes für Kriegsgräberfürsorge, von der aus zahlr. Kriegerfriedhöfe in ganz Europa eingerichtet wurden und dauerhaft betreut werden. Als letzte

Besonderheit soll auf die Initiative → *Harry Kramers* verwiesen werden, der seit 1980 mit der → *Nekropole* im Habichtswald einen künstlerisch motivierten Beitrag zum Thema des letzten Gartens anregte. Seit 1992, dem Jahr der Emeritierung des vielseitig engagierten Hochschullehrers, entsteht nahe dem Bergpark Wilhelmshöhe das Projekt Künstler-Nekropole mit Beiträgen ausgewählter Künstler. *jvr*

Colonel Lieutnant des Gardes du Corps von Alexander Iwanowitsch Sauerweid, um 1810

Das **Gardes du Corps** war die berittene Leibgarde der Landgrafen bzw. später der Kurfürsten, bestehend aus schweren Reitern, den Kürassieren. Erstmalig erwähnt wurde es 1619, seinen Namen erhielt es 1716. Bis 1797 war es im ehem. → *Stift Ahnaberg* stationiert. Im Zuge der → *Revolution 1848* musste der Kurfürst das G. auflösen. 1849 wurde es wieder als „Kurfürst-Husaren" selbstständig. Erst nach dem Sieg der Reaktion 1851 erhielt das G. seinen angestammten Namen wieder. Nach dem verlorenen Krieg gegen Preußen 1866 wurde es aufgelöst und die Eskadrons auf andere kurhess. Kavallerieverbände verteilt. Nach der → *Preußischen Annexion* Kurhessens wurden die meisten Soldaten in die preuß. Armee integriert. Die Stärke schwankte zwischen zwei und sechs Eskadrons.
Bekannt wurde das G. durch die sog. G.-Nächte in Ks. während der Revolutionen von 1830/31 und 1848/49. Anlass zur ersten Nacht war eine Demonstration Kasseler Bürger am 7.12.1831 gegen den Kurprinzen → *Friedrich Wilhelm* vor dem Theater und vor dem Kronprinzenpalais. Von der Regierung unerwartet wandelte sich der zunächst friedfertige Aufmarsch in eine gewalttätige Protestveranstaltung. Zum Schutz des Prinzen versammelte sich die Leibgarde auf dem → *Friedrichsplatz*. Die drohende Erstürmung des Theaters wurde durch den Einsatz des Militärs verhindert. Die Reiter trieben die Demonstranten im Galopp brutal auseinander, viele wurden in den engen Gassen überritten, am Boden Liegende erhielten Hiebe mit dem Pallasch, auch Unbeteiligte wurden getroffen. 27 Personen wurden verletzt, darunter Frauen und Jugendliche. Die Demonstration war aufgelöst, weitere Auseinandersetzungen fanden nicht statt. Der Einsatz des Militärs war nach den damaligen Gesetzen auch in seiner Härte legal. Das bestätigten später die Urteile des Landgerichts und des höchsten Militärgerichts in den auf Druck des Landtags eingeleiteten Verfahren. Die G.-Nacht verschlechterte jedoch das gespannte Verhältnis zwischen Militär und Bürgertum in Ks. auf lange Zeit. Zur zweiten G.-Nacht kam es während der Revolution von 1848. Einige Bürger Kassels demonstrierten am 9.4.1848 zugunsten der liberalen „Märzminister". Als bekannt wurde, dass neben dieser Kundgebung dem Kommandeur des G. eine „Katzenmusik" dargebracht werden sollte, wollten dies einige Soldaten verhindern. Als sich Demonstranten der Kaserne näherten, wurden sie von etwa 20 Reitern ohne vorherigen offiziellen Befehl angegriffen. Die Menge lief in Panik auseinander, viele wurden verletzt. Die Nachricht verbreitete sich in Ks. wie ein Lauffeuer. Bald wurden Barrikaden errichtet und das → *Zeughaus* gestürmt. Der Kurfürst ließ das G. aus der Stadt abziehen. In der Nacht musste er das G. auflösen, um eine Deeskalation zu erreichen. Tatsächlich beruhigte sich die aufgebrachte Menge. Urheber des Überfalls waren Offiziere des G. gewesen, doch das Kriegsgericht verurteilte nur einen zu 14 Tagen Arrest. Im Unterschied zum Herbst 1831 war der Einsatz des Jahres 1848 nicht legal, denn das Motiv war nicht die Aufrechterhaltung von Ruhe und Ordnung, sondern die persönliche Rache einiger Offiziere gegenüber den demonstrierenden Bürgern gewesen. *ma*

Lit.: Garde du Corps-Nacht.

Garnison Seit dem späten 13. Jh. wurde die Stadt erweitert. Im 16. Jh. errichtete man im Zuge des Ausbaus Ks. zu einer Festung u. a. das → *Zeughaus* und den → *Marstall*. Die veralteten Festungsanlagen ebnete man 1767–90 ein und legte den → *Friedrichsplatz* an, der später als Exerzier- und Paradeplatz diente. 1821 waren von 7.000 Soldaten des → *Kurfürstentums* Hessen gut die Hälfte in Ks. stationiert. Auf dem Friedrichsplatz fand täglich die Wachparade mit Musik statt. Die 1812 an der Westendstr. gebaute Städtische Kaserne (→ *Kasernen*) diente zivilen Zwecken und wurde 1943 zerstört (→ *Zweiter Weltkrieg*). In der Unteren Königstr. waren das Leibgarde-Regiment und das Jägerbataillon stationiert, gegenüber das Regiment Kurfürst. Die Kaserne des Jägerbataillons gab der Jägerstr. ihren Namen. Am Wall oder Schützenplatz lag das Schützenbataillon. In der Nähe des Zeug-

hauses zwischen Weser- und Artilleriestr. standen Artillerie und Pioniere, das → *Gardes du Corps* hatte seine Kaserne am → *Königstor* (erbaut 1768 im Rokokostil, 1912 abgerissen), woran heute die Garde-du-Corps-Str. erinnert. Die Stäbe der Kavallerie-, der Infanterie- und der Artilleriebrigade waren ebenso in Ks. untergebracht wie das Kriegsministerium, der Generalstab und das 1778 gegr. Kadettenkorps (Offiziersschule). Das milit. Leben war maßgeblich vom Wachdienst geprägt. Allein zur Bewachung des Schlosses waren gut 70 Soldaten eingeteilt. Die jährl. Frühjahrsparade fand auf dem Bowlinggreen statt, die Herbstparade auf dem großen → *Kasseler Forst* zwischen → *Bettenhausen* und → *Waldau*. Im Herbst fanden auch die großen Manöver statt, zu denen alle kurhess. Regimenter ins Biwak zusammengezogen wurden. Nach der → *Preußischen Annexion* integrierte man die ehem. kurhess. Regimenter in die preuß. Armee. In Ks. waren verschiedene preuß. Kommandobehörden untergebracht: das Generalkommando des XI. Armeekorps, der Stab der 22. Division und die Stäbe der 43. und 44. Infanteriebrigade sowie die Stäbe der 22. Kavallerie- und der 11. Artilleriebrigade. Weiter stationierte man zwei Bataillone des Infanterieregiments 83, das Füsilierbataillon des Infanterieregiments 32, das Husarenregiment 14, das Artillerieregiment 11 und das Trainbataillon 11. Die Kaserne des Regiments 83 befand sich seit 1875 in der heutigen Friedrich-Ebert-Str. (1943 weitgehend zerstört). 1868 richtete man die Kriegsschule für etwa 100 Offiziersanwärter im ehem. Hofverwaltungsgebäude am Friedrichsplatz ein. Die Stadtmauern und die → *Stadttore* wurden abgebrochen. Die G. nahm nahezu geschlossen am Krieg von 1870/71 teil. Im → *Kaiserreich* prägten v. a. Paraden das Bild. Durch die Vergrößerung des Heeres vor 1914 kamen u. a. das Infanterieregiment 167 und das Fußartillerieregiment 18, das Traindepot des XI. Armeekorps, das Artilleriedepot und das Proviantamt, die 3. Sanitätsinspektion sowie das G.slazarett hinzu. Das Regiment 167 erhielt 1907 eine noch heute existierende Kaserne in der Frankfurter Str., nach 1918 Jägerkaserne genannt. Das Regiment 18 bezog 1913/14 eine Kaserne in → *Niederzwehren*. Der Stab der 11. Artilleriebrigade hatte mit dem der 22. getauscht. Nachdem die regulären Truppen 1914 an die Front geschickt worden waren (→ *Erster Weltkrieg*), rückten Reserveformationen und zahlr. Kolonnen für den Nachschub ein. Schulen und andere große Gebäude dienten später als Reservelazarette. Die Kriegsgefangenen internierte man in einem Lager bei Niederzwehren.
Zwischen November 1918 und März 1919 hatte die Oberste Heeresleitung unter Generalfeldmarschall → *Paul von Hindenburg* ihren Sitz im → *Schlosshotel* Wilhelmshöhe. Ks. blieb auch nach der Bildung der nur 100.000 Soldaten zählenden Reichswehr G.sstadt und erhielt eine von zwei der höchsten Kommandobehörden des Reiches, das Generalkommando 2. Weiter lagen in Ks. die 3. Kavalleriedivision, ein Bataillon des 15. Infanterieregiments, der Stab und eine Eskadron des 16. Reiterregiments, eine Kompanie der 5. Kraftfahrabteilung, die 3. Eskadron der 5. Fahrabteilung, das Zeugamt u. a. (1923). Die Einführung der Allgemeinen Wehrpflicht und die Aufrüstung nach 1935 erweiterten die G. erheblich. Es entstanden die Kaserne an der Druseltalstr., die Lüttich-, die Hindenburg- und die Wittichkaserne. Das → *Generalkommando* erhielt 1937 ein eigenes Gebäude, das heute vom → *Bundessozialgericht* genutzt wird. Kurz vor 1939 lagen in Ks. das Generalkommando des IX. Armeekorps, das motorisierte Infanterieregiment 15, das Maschinengewehrbataillon 59, die 3. Abteilung des motorisierten Artillerieregiments 29 sowie 17 weitere Dienststellen der Wehrmacht. Ks. war zudem Veranstaltungsort der → *Reichskriegertage*. Den Stab der belgischen 16. Panzergruppe und deren 2. Bataillon stationierte man 1952 in Ks und im Juli 1956 wurde Ks. G. für die neue → *Bundeswehr*. *ma*

Lit.: Schmidt, Stadt.

Garnison Links ein Reservistenkrug aus bemaltem Steingut und Zinn, nach 1899, rechts ein Reservistenkrug mit Zinndeckel, für Reservist Sperber, 7. Comp. Inft. Regt. v. Wittich (3. Kurhess.) Nr. 83, Cassel 1904/1906

Garnisonkirche Unter Lgf. → *Wilhelm VIII.* entwarf Heinrich Christoph Bröckel die für Militärangehörige bestimmte G. 1757, also noch vor der Anlage des nahegelegenen → *Königsplatzes*, begann der Bau der spätbarocken rechteckigen Saalkirche. Wegen des → *Siebenjährigen Krieges* verzögerte sich der Bau bis ins Jahr 1770. → *Simon Louis du Ry*, der für Konzept und Randbebauung des Königsplatzes verantwortlich war, fügte statt des geplanten Turmes als äußeres sakrales Merkmal ein bescheidenes Uhr- und Glockentürmchen hinzu. Zur Zeit des → *Königreichs Westphalen* wurde die Kirche als Futter- und

Lebensmittellager (Fouragemagazin) genutzt, ehe man sie 1818 wieder als Kirchenraum weihte. Die während der Zweckentfremdung ausgelagerte Holzkanzel von Johann August → *Nahl* verblieb hiernach in der neuen, nach Plänen von → *Heinrich Christoph Jussow* gebauten, → *Unterneustädter Kirche* (im → *Zweiten Weltkrieg* ausgebrannt und später restlos abgerissen). Das Motto der im Grundstein hinterlegten Medaille „rectus et immotus" half nicht. Die 1943 stark zerstörte G. wurde trotz zentraler Lage nicht wieder aufgebaut. In den 1980er Jahren sah ein Wettbewerb die Nutzung des Areals als Wohn- und Geschäftshaus vor. Inzwischen wurden die erhaltenen Mauern des Sockelgeschosses wie des zweistöckigen Turmbereiches konserviert, die 1988 entdeckten Grabgrüfte hochrangiger hess. Offiziere wurden gesichert und durch eine nach oben abschließende Betonplatte versiegelt. 2001 verwandelte ein Restaurantbetreiber die verwahrloste Innenstadtruine in ein mit Glas überdachtes Ruinenlokal im Stil zeitgemäßer Erlebnisgastronomie. *sn*

Lit.: Härtel, Online-Kat. MHK; Naumer/Hinz/Tacke.

Das **Garnisonslazarett** wurde um 1831, zur Zeit des Bürgermeisters → *Karl Schomburg* und des Kurfürsten → *Wilhelm II.*, errichtet. Es diente als Ergänzung der neuen Artilleriekaserne (→ *Kasernen*) am → *Zeughaus* und der Anlage der Artilleriestr. (erbaut 1829). Aus heutiger Sicht befand es sich zwischen → *Universität* und Kurt-Wolters-Str., auf der Höhe der Straße An der Ahna. Von der in unmittelbarer Nachbarschaft südl. gelegenen Artilleriekaserne war es nur durch eine als Reitbahn (→ *Rennbahn*) genutzte Freifläche und durch zwei später errichtete Nebengebäude getrennt. Bis etwa 1877, über die preuß. Annexion hinweg und in der Zeit des dt.-französ. Krieges 1870/1871, wurde es ausschließlich als Lazarett benutzt. Danach wurde 1883–86 ein neues G. bei der Kavalleriekaserne (Husarenkaserne) an der Heckerstr./Ecke heutige Frankfurter Str. gebaut und 1886 bezogen. Bis zum Ende des → *Ersten Weltkriegs* diente das Gebäude des alten G.s weiter als einfache Kaserne. Mitte der 1930er Jahre wurde es schließlich abgerissen, um Platz für den Neubau einer Fabrikhalle der angrenzenden Maschinenfabrik → *Henschel & Sohn* zu schaffen. Dort wurde im Januar 2008 bei Bauarbeiten zur Univ. ein Massengrab entdeckt. *je*

Lit.: Langewiesche, Europa; Wiegand, Kassel II.

Gartenstadt Ansprechende vorstädt. Siedlungen, denen der Beiname G. zugeordnet wird, gibt es in Ks. eine ganze Reihe: die ältesten, wie → *Salzmannshausen* und → *Forstfeld*, dann → *Harleshausen* und → *Brasselsberg* sowie das → *Auefeld*. Dabei ist G. stets ein höchst umstrittener Begriff gewesen. Die Bedeutungen reichen von der konkreten Utopie seines Erfinders, des Engländers Ebenezer Howard, und die etwa in den englischen New Towns tatsächlich realisierten Ansätze über die Villenkolonien und Gartenvorstädte dt. Prägung bis Phrasen, hinter denen sich lediglich eine beliebige Ansammlung von Häusern mit Gärten verbirgt. Für Howard verband sich damit die Hoffnung auf breite gesellschaftl. Reform, auf einen Dritten Weg zwischen Kapitalismus und Sozialismus, bei dem genossenschaftl. organisierte G. als neue Form der Stadtentwicklung eine Schlüsselrolle spielen sollten. Als Gegenbild zu der unübersichtlich wuchernden, ungesunden und von Spekulation beeinträchtigten sog. steinernen Stadt des Industriezeitalters sollten demzufolge eigenständige, neue Städte im Grünen entstehen. Diese sollten nicht etwa nur Wohnvororte sein, sondern alles umfassen, was zu einer Stadt gehört: von Wohnungen und Gärten über Geschäfte, Schulen, öff. und kulturelle Einrichtungen bis hin zu Arbeitsstätten – alles sinnvoll verbunden durch Schnellbahnen, durchgrünt, umgeben von Landwirtschaft, und die Vorteile von Stadt und Land vereinend. Kernelemente der sozialreformerischen Dimension dieser „Social

Gartenstadt Siedlung im Forstfeld nach Fertigstellung des ersten Bauabschnitts im Jahr 1917

City" waren der genossenschaftl. Siedlungsbau und der Gemeinbesitz an Grund und Boden, der in Erbpacht zu vergeben war. Die Vielseitigkeit des Konzeptes ließ die G.-Idee zu einem der einflussreichsten Leitbilder des Städtebaus werden. So übernahm die Raumordnung die Idee der Dezentralisierung der Großstädte in Form von Satellitenstädten. „Terraingesellschaften" bedienten sich bei der Vermarktung von „Villenkolonien" des Begriffes. G.artige Vorstadtsiedlungen in ganz Europa orientierten sich an den Vorbildern der in England gebauten Siedlungen. Zu den frühesten Beispielen in Ks. gehören Salzmannshausen und die Forstfeld-Siedlung, in deren ersten Bauabschnitt 1916 der Architekt Paul Schmitthenner auf Gestaltungselemente der hugenottischen Architektur in der → *Oberneustadt* Bezug nahm. Die Realisierung der Forstfeldsiedlung blieb allerdings zunächst auf einen Straßenzug beschränkt. Marktplatz und Kaufhäuser, die der G. ein höheres Maß an Eigenständigkeit verliehen hätten, wurden nicht realisiert.

Erst von den 1930er Jahren an sorgte die erneute Ansiedlung von Rüstungsbetrieben für das Entstehen weiterer mit dem G.begriff verbundener Siedlungen (z. B. Flüsseviertel, → *Eichwald*, Fieseler-Siedlung). Einen weiteren Höhepunkt der im weiteren Sinne gartenstädt. Entwicklung in Ks. stellt das Auefeld dar. *ff*

Lit.: Fischer, Unterneustadt;
Ders., 100 Jahre Gartenstadt.

Gasthäuser und Hotels Die Kasseler Gastronomie folgte im 19. und 20. Jh. den nationalen und auch internationalen Trends. Durch die → *Luftangriffe* wurde ihre Trad. spätestens 1943 ausgelöscht. In den nicht als Luftschutzbunkern ausgelegten Gewölbekellern wurden unzählige Schutzsuchende begraben, so in der Pinne (Wildemannsgasse 9) und in den Bürgersälen (Obere Karlsstr. 17). Zunächst waren Gasthäuser an wichtigen Verkehrswegen und Kreuzungen nötig, dienten als Ausspann für Pferde und Besitzer und als Poststation. Die heutige → *Knallhütte* etwa entstand an einer wichtigen Pferdestation. Das Hotel zur Krone, vielleicht das älteste überhaupt, war ein Ausspann an der Frankfurter Str. 36. Als Marschall Bazaine anlässlich seiner Kriegsgefangenschaft 1870 vorübergehend im Hôtel du Nord (direkt gegenüber dem Bahnhof) abstieg, waren um die Ecke im Regenbogen (damals Bahnhofstr. 3–5) nicht nur Mannschaften, sondern auch die Pferde untergebracht. Ebenso erging es den Brüsseler Poularden, die der Erzählung nach angeblich im selben Hof Futter und Unterkunft bekamen, bevor sie nach Wien weitergetrieben wurden. Änderten sich die Verkehrswege, litten zumeist auch die Gasthäuser darunter. Als die Fuldabrücke 1788 verlegt wurde, lag ein Etablissement nicht mehr am Weg, das laut späterer Inschrift Kassels älteste Wirtschaft überhaupt war: „Julius Boulnois – Schöfferhof-Bräu – Ältestes Gasthaus Kassels – Anno 1574 – Stadt Schmalkalden". 1579 ist für den → *Gasthof zum Wilden Mann* das Logis des Grafen Ernst von Schaumburg in der nachmaligen Wildemannsgasse 13 belegt.

Kolorierte Ansichtskarte mit Impressionen von verschiedenen Gasthäusern und Hotels sowie Biergärten, um 1910

Die Anbindung an Verkehrsknotenpunkte, die ein Ab- und Umsteigen mit sich brachten, konnte ganze Gastro-Komplexe verlagern. Das belegt auch das Eisenbahnwesen (→ *Eisenbahn*). Als in den 1850er Jahren der → *Hauptbahnhof* gebaut wurde, entstand allmählich eine Reihe von Hotels in seiner Umgebung: das genannte Hôtel du Nord (später Nordischer Hof), das Hotel Deutscher Kaiser (später Hotel Emanuel und Bürgerhof), das Hotel Royal (ab 1914 Fürstenhof) und der Kasseler Hof (1901, zusammen mit dem Konzert-Café Polter). Im gleichen Zuge verloren die großen Häuser in der Innenstadt, wie das → *Hotel „König von Preußen"* am → *Königsplatz*, an Bedeutung (1920 aufgegeben). Eine ähnliche Situation brachte die Ver-

Gasthäuser und Hotels
Die beliebte Gastwirtschaft „Bärenkammer" war 1886 mit altdeutschem Mobiliar ausgestattet. Die Schnitzereien vom Kasseler Bildhauer Carl Gruber galten als Sehenswürdigkeit

Gasthäuser und Hotels Hotel Reiss in der Bahnhofstraße 24, 1954

lagerung vom Hauptbahnhof zum → *Bahnhof Wilhelmshöhe* mit sich. Ein Beispiel im Bahnhofsviertel ist das Hotel Reiss. 1953/55 auf den Fundamenten des Hotels Kaiserhof mit seinem Kaisergarten und den sagenhaften Kaisersälen als ganzer Stolz der „Nachkriegsmoderne" errichtet, wird es heute nicht mehr bewirtschaftet und steht unter Zwangsverwaltung. Erste Versteigerungsversuche sind fehlgeschlagen.

Die Herberge für Handwerker und später Arbeiter (wie das Wittrock in der früheren Schäfergasse 33) oder das Erste Hotel am Platze für kaufkräftige Prominenz (wie das → *Hotel Schirmer*, heute Scheidemannplatz) sahen grundverschieden aus. Geldbeutel und Herkunft entschieden, wie man sich bettete, wie man speiste, ob es „Untergekochtes", „Sulperknochen mit Sauerkraut", „Strünkchen" oder Kochkäse gab, ob Bier oder Wein floss. Was in der Zuschlagschen Weinstube (Oberste Gasse 16) oder im Ratskeller um 1900 getrunken wurde, war teurer, als das in der Frankfurter Str. servierte, wo man versuchte, den ausreisenden Gesellen im „Zum Letzten Heller" den letzten Pfennig aus der Tasche zu ziehen. Nach Vorbild der Wiener → *Cafés*, entstand in Ks. Ende des 19. Jhs. eine neue Kaffeehauskultur.

Typisch war bis ins 20. Jh. die Kombination von Gaststätte und Brauerei (→ *Brauereien*), wie die Bärenkammer am Pferdemarkt 12 oder die bekannteste, die Bayerische Bierhalle (Mittelgasse 56), der urspr. Sitz der Brauerei-Familie Kropf mit ihrem „Martini". In vielen Schilderungen wird die Inneneinrichtung beschrieben, auch der Biergarten im Innenhof war ein idyllisches Plätzchen mitten in der → *Altstadt*. Ebenfalls beliebt waren seit dem 19. Jh. die Biergärten wie jene auf den Kellern (→ *Felsenkeller*) des Felsengartens (am → *Weinberg*), auf dem → *Kratzenberg* (nahe dem Tannenwäldchen) oder der von der Brauerei Losch (Kölnische Allee Ecke Hardenbergstr.). Es gab die Gärten in der jetzigen Innenstadt wie Schaubs Garten, Café Verzett und Jean Meister. Im Innenstadtbereich gab es seit 1876 zwischen Garde-du-Corps-, Wilhelms- und Fünffenster-, und Oberer Königsstr., also gegenüber dem Rathaus (→ *Rathäuser*), einen bewirtschafteten Stadtparkgarten, in dem später sogar ein Freiluftkino betrieben wurde.

Kasseler Gaststätten der alten Zeit waren die Gutbürgerliche Küche, das Herkules (Ecke Goethe-/Friedrich-Ebert-Str.), das ein Altdeutsches Zimmer hatte und dessen Stammtisch angeblich eine von Bismarck gestiftete Fahne besaß. Mampes Gute Stube (→ *Fünffensterstraße* 15) war für ihre Hühnersuppe bekannt und 1921 wurden dort die „schwere Eichenholzvertäfelung mit Rosetten-Verzierung" und eine „Kassettendecke" in die Bierklause eingebaut. Das Material stammte aus dem Abbruch der → *Henschel-Villa*. Diese Lokale dienten auch der Pflege von zahllosen Vereinen und Stammtischen. Zu den bekanntesten zählten der Wilhelm-Raabe-Stammtisch in Zum wilden Wasser (Unterneustädter Kirchplatz 6) und die Schellerglocke der Zuschlagschen Weinstube. Die → *Pvunzel* existiert sogar heute noch. Allerlei Unsinn trieben verm. im Paulanerstübchen des Jean Meister die älteren Herren mit Barett und Schwertern beim Ritterstammtisch und der wahre Anti-Stammtisch war wohl die Kaffeestube des ‚Frauenbundes alkoholfreie Kultur' in der Nähe des Schmalkalden. Um jedes Lokal und jeden Stammtisch bildete sich eine entsprechende Subkultur – seien es Handwerker, Künstler und Theaterleute, Militär, Journaille oder Honoratioren. Eine gänzlich andere Art von Vergnügungsstätten entwickelte sich ab 1900 im heute noch (an der Ecke Obere Königs-/Friedrichstr.) existierenden Hessenland. Der Reihe nach als Kaisercafé, Café Hessenland, Kaffeehaus Zeller benannt, gab es hier ab 1929 das Theater am Wilhelmsplatz (TaW) und die Perle mit einer Bar und einem Nachtkabarett. In den Hanuschsälen (Ständeplatz 3) fand große Unterhaltung statt.

Vor 1908 gab es, wohl nach amerikanischem Vorbild, drei Automaten-Gaststätten: in der Unteren Königs-, der Kölnischen und der Wilhelmsstr. Zusätzlich eröffnete danach noch der Bahnhofs-Automat. Spätestens mit der Inflationszeit hatte diese Form jedoch ausgedient. Im Hotel Emanuel am Bahnhof wurde nach der Übernahme durch den holländischen Koch Salomon de Jong bis 1933 nicht nur koscher gekocht, sondern auch Hochzeiten und Feste nach jüdischem Ritus gefeiert. Doch was sind gastliche Stätten ohne Prominenz, Politik und Anekdoten? Im Hotel zur alten Post am Königsplatz stieg → *Goethe* bei Madame Goullon gleich viermal ab: 1779,

1783, 1792 und 1801. Das Wittrock war bis 1933 das Lokal der → *Arbeiterbewegung*, der → *Gewerkschaften* und der SPD. Es sprachen dort Bebel, Ebert, Löbe, Wels und Stampfer und Gäste waren → *Scheidemann* und Pfannkuch. Linke Versammlungsstätten wurden in der → *NS-Zeit* terrorisiert und oft zu Schließungen gezwungen. In den Kellern der Bürgersäle fanden Ende März 1933 Folterungen statt; der Jude → *Max Plaut* starb daran. Im Café Polter bzw. dem dazugehörigen Hotel Kasseler Hof wohnten Reichskanzler Luther, Reichsbankpräsident Schacht, Clown Grock und die Schauspieler Otto Gebühr und Theo Lingen. Vom → *Schloßhotel* (urspr. Grand Hôtel und Pension Schombardt) auf der Wilhelmshöhe aus organisierte → *Hindenburg* 1918 den Rückzug der dt. Truppen. Im Neubau trafen sich 1970 Willy Brandt und Willi Stoph (→ *Brandt-Stoph-Besuch*).

Aufschlussreich-Kurioses gab es darüber hinaus reichlich, wie die Geschichte des Roten Hauses am → *Steinweg* 4. Im 18. Jh. hieß es Zum goldenen Elephanten, dann Berliner Hof und schließlich Zum Kurfürst. König → *Jérôme* wollte angeblich eine Umbenennung in Zum König von Westphalen erzwingen. Daraufhin strich es der Wirt, der wohl bespitzelt wurde, aus Protest rot an und benannte es entsprechend um. 1813 wohnte dort hochrangiges russisches Militär und später OB → *Schomburg*.

Die wenigen bekannten Namen, die wie der Zentgraf (Querallee/Friedrich-Ebert-Str.) nach dem Zweiten Weltkrieg beibehalten wurden, verloren bald ihre Anziehungskraft. Den Regenbogen gibt es noch, allerdings ohne Hof für Pferde und lebende Poularden, ebenso wie den Namen der Stadt Stockholm (Mittel-/Entengasse). Doch heute werden die meisten größeren Häuser von internationalen Hotelketten betrieben. Als Übergangsobjekt mag das Hotel Reiss und sozusagen als Klammer zwischen Vor- und Nachkriegszeit des Unternehmers → *Georg Reiss* mit seiner Familie stehen. Im Grunde war er das frühe Musterbeispiel der heute vorherrschenden postmodernen Erlebnisgastronomie. 1924 eröffnete Reiss das Oberbayern im Kaisertunnel am Hauptbahnhof, 1933 erwarb er das Café Schmoll, das er für eine Unsumme umbaute, um eine Konditorei, ein Konzertcafé und ein Bierrestaurant unterzubringen. Der Neubau des Hotel Reiss (Architekt → *Paul Bode*) wurde rechtzeitig zur Bundesgartenschau 1955 fertig gestellt: ein 150-Betten-Komplex mit einem Multifunktionssaal für 500 Personen (Tanz, Tagungen, Varieté). 1971 entstand ebenfalls in Mischnutzung das Löwenburg-Casino. Nach dem Rückzug von Reiss wurden hier 1989 nach großer Renovierung das Restaurant Hessenklause, Alt-Cassel und eine Diskothek eingebaut. 2002, nach der → *documenta* 11, nutzte Ralph Raabe (Lolita-Bar) das Ganze für seine Techno-Disko im Retro-Ambiente. Danach schloss das Lokal. So lässt sich zwar für Ks. kein eindeutiges gastronomisches Profil erstellen, doch die documenta und ihre Folge-Effekte sorgen für einen Aufwärtstrend, den gute Übernachtungs-Statistiken und erstaunliche Besucherzahlen belegen. *mr*

Lit.: Lang, Wo mäh früher.

Gasthäuser und Hotels
Zum goldenen Engel, Vor der Schlagd 2, um 1900

Der **Gasthof „Stadt Stockholm"** lag in der Mittel-, Ecke Entengasse. Das Haus war bereits 1605 als „Christoph Junkers Miet- und Wohnhaus auch scheur" bekannt. Nach wechselnden Eigentümern hieß es unter Johann Phil. Holzschue „Zur Stadt Stockholm". 1795 war der Mundkoch Johann Christoph Echternach Eigentümer, 1837 der Bierbrauer Heinrich Mayfahrt. Ein späterer Wirt war der kurfürstl. Kammerdiener Hartdegen. Die Hessische Actienbrauerei (→ *Brauereien)* sorgte als Eigentümerin für tief greifende Umbauten: Das Haus wurde durch einen Steinbau ersetzt, der Eingang an die Straßenecke verlegt und die Front des Hauses in der Entengasse um einige Meter zurückgenommen. In den Adressbüchern finden sich im 20. Jh.

folgende Gastwirte als Besitzer oder Pächter: F. Rübeling (um 1905), Johann Weiß (um 1912), Mathias Mertens (bis 1923), Georg Hafer (1923–25), Heinrich Schefer (bis in die 1930er Jahre), zuletzt Philipp Siebert und die Herkulesbrauerei (vormals Hessische Actienbrauerei). Zu Hafers Zeiten spielte im Saal im ersten Stock Bodo Bronskys „Kleines Theater". Später war der Stammtisch der „Bählämmer" bekannt. 1938 wurde das Lokal innen völlig umgestaltet: Kratzputzarbeiten über den Türen und Keramikfiguren aus der Werkstatt Rolf Webers, ein Saal im ersten Stock diente für Wahl- und Tanzveranstaltungen, es gab eine Handwerkerstube neben dem Gastraum und das „Entenloch", eine Stehbierhalle. Um den Gasthof rankten sich viele Anekdoten. Berühmte Gäste waren der schwedische König Karl XII. 1714 und Johann Sebastian Bach 1732. Das Haus wurde 1943 bei den → *Luftangriffen* zerstört. *vl*

Lit.: Hermsdorff, Blick, Bd. 5; Holtmeyer, Cassel-Stadt.

Gasthaus Wittrock Das Fachwerkhaus Schäfergasse 33 hatte seit 1605 verschiedene Eigentümer und wurde seit 1860 von Christoph und Eleonore Messerschmidt als Gasthaus geführt. Es warb um wandernde Gesellen und Handwerker mit einem Schild „Fremde Zimmer Gesellen Herberge". 1875 heiratete der Maurer Georg Wittrock in die Familie Messerschmidt ein und übernahm das Gasthaus mit seiner Frau Margarethe. → *Gewerkschaften* hielten ihre Versammlungen ab, Streikleitungen residierten dort, die Kasseler Sozialdemokraten gründeten hier ihre Ortsgruppe und bis 1933 blieb das Gasthaus Versammlungslokal der SPD. Es wurde deshalb als Wiege der Kasseler → *Arbeiterbewegung* bezeichnet. 1943 wurde es bei den → *Luftangriffen* zerstört. *vl*

Lit.: Hermsdorff, Blick, 19.

Der **Gasthof zum Wilden Mann** in der Herrengasse (→ *Wildemannsgasse* 13) war einer der vornehmsten Gasthöfe Kassels. Benannt war er nach dem Hauszeichen, der Figur eines Wilden Mannes. Das 1943 zerstörte Gebäude ist in die erste Hälfte des 16. Jhs. zu datieren, der Gasthof schloss in der ersten Hälfte des 18. Jhs. (evtl. 1715). Gäste waren u. a. Graf Ernst von Schaumburg (1597), der Philologe Aemilius Portus (1609) und der erkrankte Herzog Carl Ferdinand von Württemberg-Oels mit zwei Brüdern (1668, bevor er im → *Landgrafenschloss* starb). Als Anfang des 17. Jh. der landgräfl. Vizekapellmeister → *Ostermeyer* den Gasthof betrieb, machte er dem städt. Weinausschank Konkurrenz, was zu Konflikten mit dem Stadtrat führte. Über zwei Geschossen in Ständerbauweise kragten ein Obergeschoss und ein zweigeschossiger Giebel geringfügig vor, die Figur befand sich über dem Eingang zwischen zwei Fenstern des Obergeschosses. Das Fachwerk war im späten 18. oder im 19. Jh. verputzt worden. Zum Gasthof gehörten auch Hintergebäude mit Ställen und Scheunen. *cp*

Lit.: Holtmeyer, Cassel-Stadt, 751f.

Gaswerk Seit Anfang des 19. Jhs. wurde Gas zur Beleuchtung von Straßen, öff. Gebäuden und für die Industrie verwendet. 1909 gab es 1.310 Leuchtg. in Dtld. Mit der Umstellung auf Erdgas in den 1960er Jahren stellten die meisten ihren Betrieb ein. Leuchtgas wurde durch trockene Destillation von Steinkohle bei 1.000 bis 1.300° C erzeugt. Das erste Steinkohleng. Kassels, die private „Gasbereitungsanstalt zu Cassel", befand sich ab 1850 am Holländischen Platz. Sie ging 1875 in den Besitz der Stadt Ks. über. Anfangs wurde das Gas ausschließlich zur Straßen- und Hausbeleuchtung verwendet, ab ca. 1880 auch zum Antrieb von Motoren und ab ca. 1890 zusätzlich zum Heizen und Kochen. Die Anlagen wurden mehrfach erweitert und umfassten 1894 u. a. 17 Öfen mit 104 Retorten und 7.700 m^3 Gasbehälterraum. Aufgrund steigender Einwohnerzahlen der Stadt wurde ein neues, größeres G. am Fackelteich an der Nürnberger Str. erbaut und parallel zur Stilllegung des alten G.s. 1894 in Betrieb genommen. Durch zahlr. Umbauten und Erweiterungen stieg die Tagesleistung von anfänglich 40.000 m^3 Gas auf bis zu 230.000 m^3 während des → *Zweiten Weltkriegs* zur Versorgung der kriegswichtigen Industrie (v. a. → *Henschel & Sohn*). Das im Krieg nicht zerstörte G. wurde 1967 stillgelegt. Das Gelände wurde zum Betriebshof Ost der Städtischen Werke AG. Daneben existierte noch ein privates G. der Bahn zur Versorgung des → *Hauptbahnhofs*. *usch*

Lit.: Ullmann, Enzyklopädie Chemie; 1929–1979. 50 Jahre Städtische Werke.

Das Gaswerk in der Nürnberger Straße 2 im Oktober 1943

Gatterer, Magdalene Philippine → *Engelhard, Magdalene Philippine*

Die **Gedenkstätte Breitenau** befindet sich auf dem Gelände des ehem. Benediktinerklosters und späteren Arbeitshauses Breitenau in Guxhagen, ca. 15 km südl. von Ks. Sie erinnert an die Verfolgten und die Opfer des ehem. Konzentrationslagers (1933/34) und späteren Arbeitserziehungslagers (AEL) Breitenau (1940–45). Die beiden Lager waren die zentralen Haftstätten der → *Geheimen Staatspolizei* Ks. für Gefangene aus dem gesamten Regierungsbezirks. Etwa 1.800 der fast 9.000 Gefangenen aus über 20 Ländern wurden von Breitenau in verschiedene Konzentrationslager wie Buchenwald, Ravensbrück oder Auschwitz deportiert. Die G. entstand aus einem Projekt an der → *Universität* Ks. und wurde 1984 mit Unterstützung des → *Landeswohlfahrtsverbandes Hessen* eingerichtet. Sie umfasst eine künstlerisch gestaltete Dauerausstellung, einen Medienraum, Archiv und Bibliothek. Für Schulklassen, Gruppen und Einzelbesucher werden Studienbesuche und Führungen angeboten, bei denen hist. Hafträume besichtigt werden und Auseinandersetzungsmöglichkeiten mit zahlr. Einzelschicksalen und regionalen Bezügen bestehen. Außerdem finden in der G. zahlr. Bildungsveranstaltungen statt. *gri*

Luftaufnahme der ehemaligen Landesarbeitsanstalt Breitenau, Ende der 30er Jahre

Lit.: Borstel/Krause-Vilmar, Breitenau; www.gedenkstaette-breitenau.de.

Gefängniswesen Gebäude, die als Gefängnisse genutzt wurden, lassen sich bis in die Antike zurückverfolgen. Bis zum 16. Jh. dienten sie lediglich zur Verwahrung von Personen, die gegen geltendes Recht verstoßen hatten. Vergehen oder Verbrechen wurden mit Todes-, Leib- oder Lebensstrafen, Ehrenstrafen, Verbannung oder Versklavung geahndet. Haft diente allenfalls zur Verwahrung des Täters bis zur Aburteilung, Hinrichtung oder Eintreibung von Geldforderungen. Erst die „peinliche Gerichtsordnung" Karls V. (1532) bildete eine reichseinheitliche Grundlage im Strafrecht. Erstmals wurden Freiheitsstrafen als Sanktionen neben Leibes- und Lebensstrafen eingeführt.

Freiheitsstrafen in ihrer modernen Ausprägung begannen mit der Gründung von Anstalten in England und Holland in der zweiten Hälfte des 16. Jhs. Anfang des 17. Jhs. kam es zur Gründung von Zuchthäusern in dt. Städten. Die dortigen Anstaltsverhältnisse waren aufgrund ihrer Mehrfachfunktion (Armen-, Waisen- und Irrenhäuser) zumeist katastrophal. Diese Missstände lösten im 18. Jh. Reformbestrebungen aus, als deren Impulsgeber Howard und Wagnitz zu nennen sind. Die mit dem Aufklärungsgedanken einhergehende Forderung nach Humanisierung des Strafensystems führte zu dem Ergebnis, dass neben den „Strafen am Leibe" die Verurteilung zu Freiheits- bzw. Zuchthausstrafe allmählich Strafpraxis wurde. Die eigenständige Freiheits- bzw. Zuchthausstrafe stand noch immer in Konkurrenz zu den Leibes- und Todesstrafen. Ein G. moderner Ausprägung beruht auf ausgesprochenen Freiheitsstrafen und existiert erst seit der ersten Hälfte des 19. Jhs. Als Musterbeispiel galt das 1822 erbaute Eastern Penitentary in Pennsylvania v. a. aufgrund seiner architektonisch-panoptischen Ausrichtung.

Auch in Kurhessen befand sich das G. in keinem besseren Zustand, es existierten hier in der ersten Hälfte des 19. Jhs. unterschiedliche Anstalten, so zwei Stockhäuser für Eisensträflinge in Ks. und Marburg, das Zuchthaus in der Stadtkaserne und das an der Fulda in Ks. sowie Zwangsarbeiterhäuser in Fulda und Ziegenhain. Sowohl die baul. Verhältnisse als auch der Vollzugsalltag dienten allerdings höchstens der Abschreckung, nicht aber der Besserung straffällig gewordener Menschen. Mit der → *Preußischen Annexion* Kurhessens 1866 kam es zur völligen Umstrukturierung des Strafvollzugs. Die Strafanstalt in → *Wehlheiden* (1882) war Teil des staatl. Neubauprogramms. Der Strafvollzug in der → *Weimarer Republik* wurde bestimmt von dem Erziehungs- und Besserungsgedanken.

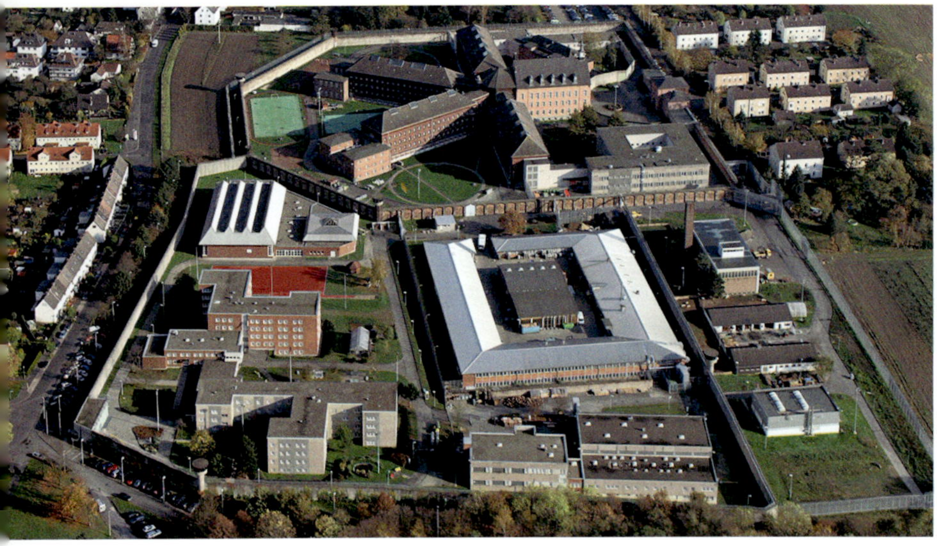

Gefängniswesen Luftaufnahme der Justizvollzugsanstalt in Wehlheiden

Das in England und Irland entwickelte Progressivsystem fand Eingang in den Strafvollzug. Ein Rückfall der Gefangenen sollte vermieden werden. Doch diese Reformen endeten mit der → *Machtergreifung* und Gewaltherrschaft der Nationalsozialisten.
Gefangene, die als Volksschädlinge betrachtet wurden (Juden, politische Gegner des Regimes), wurden unter verschärften Bedingungen inhaftiert. Spätestens ab 1942 kamen sie durch die SS und → *Gestapo* in Konzentrationslager. Diese waren formal betrachtet zwar nicht Teil des Strafvollzugs, doch typisch für das Rechtssystem im Dritten Reich und für den Umgang mit den allg. Menschen- und Bürgerrechten. Mit Ende des → *Zweiten Weltkrieges* wurde eine Neuordnung des Strafvollzuges eingeleitet. Es kam zu einer Rehumanisierung. Erziehung und Besserung wurden Grundlage im Strafvollzug. Heute lautet das Vollzugsziel nach den Reformpionieren Wagnitz, Howard und Fliedner: „Im Vollzug der Freiheitsstrafe soll der Gefangene fähig werden, künftig in sozialer Verantwortung ein Leben ohne Straftaten zu führen (Vollzugsziel). Der Vollzug der Freiheitsstrafe dient auch dem Schutz der Allgemeinheit vor weiteren Straftaten.“ (§ 2 Strafvollzugsgesetz). *cb*

Lit.: 125 Jahre Strafvollzug.

Die **Geheime Staatspolizei** (Gestapo) wurde im Mai 1933 gegründet. Sie war die zentrale NS-Verfolgungsbehörde für den RB Ks. und hatte Außenstellen in Fulda, Marburg und Hanau. Ihr Sitz befand sich zunächst im → *Polizeipräsidium* am → *Königstor* und ab 1938 in der → *Wilhelmshöher Allee* Nr. 32. Nach der Zerstörung im Oktober 1943 verlegte man die Dienststellen in andere Gebäude. Von der G. wurden Tausende von Menschen verhaftet, verhört und misshandelt: politische und weltanschauliche Gegner, Juden und Jüdinnen, evang. und kath. Geistliche, Zeugen Jehovas sowie Sinti und Roma. Außerdem führte die G. die drei → *Deportationen* der jüdischen Bevölkerung aus dem RB in die Vernichtungslager durch und deportierte über 1.000 andere Verfolgte in Konzentrationslager. Während des → *Zweiten Weltkrieges* verfolgte die G. ausländische → *Zwangsarbeiter* und Zwangsarbeiterinnen. Wichtigste Haftstätten waren das frühe Konzentrationslager und das Arbeitserziehungslager Breitenau (→ *Gedenkstätte Breitenau*) in Guxhagen. Bei den Verfolgungsmaßnahmen wurde die G. von Polizeistellen, Behörden und Firmen unterstützt. Unmittelbar vor Kriegsende begingen G.-Angehörige noch drei Massenmorde in Guxhagen, → *Wehlheiden* und → *Wilhelmshöhe* an 119 Menschen. *gri*

Lit.: Richter, Staatspolizeistelle.

Geilebach → *Gewässer*

Die **Gemäldegalerie Alte Meister** gehört als Einrichtung des hess. Staates zur → *Museumslandschaft Hessen Kassel*. Der größte Teil der Sammlung geht noch heute auf die Sammlungen der Landgrafen von Hessen-Ks. bis in das frühe 16. Jh. zurück (Flügelaltar von Lucas Cranach d. Ä. mit den Wappen von Lgf. Wilhelm II. und seiner Frau). Zur fürstl. Repräsentation wurden unter den folgenden Landgrafen meist Porträts angeschafft, so ließ → *Wilhelm IV.* den „Güldenen Saal“ des neuen → *Landgrafenschlosses* mit Bildnissen ausstatten (→ *Jost vom Hoff*; 1808 vernichtet). Erstmals unter → *Wilhelm VI.* ist von einem Kabinett für Gemälde die Rede. Lgf. → *Karl* beschäftigte eine ganze Reihe von Malern, von denen noch einige Werke im Galeriebestand sind. Während seiner Italienreise 1699–1700 erwarb er bevorzugt Werke venezianischer Zeitgenossen. Das → *Ottoneum* ließ er zu einem Kunsthaus umbauen, das neben der Kunstkammer und den wiss. Sammlungen auch Gemälde aufnahm. Das Inventar des Kunsthauses von 1744 nennt 894 Bilder (meist Porträts), die in verschiedenen Räumen untergebracht waren, also noch keine Galerie bildeten. Genannt werden u. a. Werke von Caravaggio, Honthorst, Rubens oder Rembrandt, die z. T. unter anderen Namen heute noch Bestandteil der Galerie sind. Der eigentliche Gemäldesammler und Galeriegründer wurde Karls Sohn → *Wilhelm VIII.*, der seit 1703 in niederländ. Militärdiensten stand und sich stark an der holländ. Kultur orientierte. 1748–56 gelangen ihm die großartigsten Erwerbungen über Berater und Agenten wie Philip van Dyck oder Gerard Hoet in Holland, aber auch in Paris, Brüssel, Antwerpen, Venedig oder Frankfurt und Hamburg. Hervorzuheben ist 1750 die Erwerbung von 64 Meisterwerken aus der Sammlung von Valerius Röver, Delft, darunter allein acht Werke Rembrandts. Über viele Ankäufe informieren persönliche Briefe des Landgrafen, v. a. an seinen kunstsinnigen Freund, den Sammler Baron Heinrich Jakob von Häckel in Frankfurt. 1749 ließ Wilhelm ein Gemäldeinventar anlegen, das 869 Bilder bis 1756 umfasste. Zur Aufnahme der Gemälde entstand nach Plänen von → *François de Cuvilliés* ein Galeriesaal hinter dem Palais Wilhelms, der 1751 vollendet wurde (40 m lang und 11 m hoch mit seitl. Oberlicht; 1943 zerstört). In symmetrischer, Wand füllender Hängung fanden hier fast ausschließlich niederländ. Gemälde Platz; angrenzende Kabinette nahmen kleinformatige Bilder auf; ein weiterer Galeriesaal für italien. Werke wurde nicht mehr verwirklicht. Damit hatte Wilhelm eine Galerie geschaffen, die seitdem zu den bedeutendsten in Europa zählt. Besonders hervorragend sind niederländ. Maler wie Rembrandt, Rubens, Van Dyck, Jordaens, Frans Hals, Philips Wouwerman, Jan Steen, Ter Borch, Metsu etc. vertreten. → *Friedrich II.* vermehrte die Bestände kaum, doch öffnete er 1775 die nun berühmte Galerie einem ausgewählten Publikum, dokumentiert durch ein Besucherbuch. 1783 erschien der erste gedruckte Galeriekatalog von Simon Causid.

1806 wurden im Zuge der Eroberungen Napoleons 48 Hauptwerke beschlagnahmt. Der größte Teil davon kam in den Privatbesitz der Kaiserin Joséphine und danach in die Eremitage in St. Petersburg. 1807 wählte Napoleons Kunstbeauftragter Vivant Denon 299 Stück für das Musée Napoleon in Paris aus; zahlr. andere Werke wurden veruntreut und gestohlen. König → *Jérôme* nahm bei der Flucht noch 165 Gemälde mit. 1814–17 bemühte sich eine hess. Delegation unter → *Jakob Grimm* um die Rückgabe, doch blieben ca. 380 Stück bis heute verloren.

Nach dem Übergang des Kurfürstentums Hessen-Ks. an → *Preußen* erhielt die fürstl. Familie zur Abfindung 1873 einen Teil des Bestandes (heute Hessische Hausstiftung), einen weiteren Teil übernahm die Verwaltung der Staatlichen Schlösser und Gärten; der bedeutendste Teil blieb in der Galerie. Aus anderen Schlössern wurden wiederum 49 Gemälde zugeführt. Der so gebildete Besitz der jetzt „Königlichen Gemälde-Galerie“ wurde 1875 neu inventarisiert. Unter der preuß. Regierung blühte die stark vernachlässigte Galerie auf (z. B. tägliche Öffnung). Ein eigener Galeriebau entstand an der → *Schönen Aussicht* 1871–77 nach Plänen → *Heinrich von Dehn-Rotfelsers*. 823 Gemälde zogen von der alten in die neue Galerie mit jetzt doppelt so viel Platz um (Eröffnung am 28. Dez. 1877). Mit → *Oscar Eisenmann* wurde der erste wiss. Leiter angestellt. Durch die Leihgabe der Sammlung von → *Edward Habich* konnten 1892 23 Gemälde erworben werden. 1924 erfolgte die Zusammenlegung von G. und → *Hessischem Landesmuseum* zu den Staatlichen Kunstsammlungen Ks. unter dem gemeinsamen Direktor → *Johannes Boehlau*. Im → *Zweiten Weltkrieg* wurden die meisten Gemälde (ohne Rahmen) ausgelagert, dennoch gingen durch Zerstörung und Diebstahl ca. 140 Werke verloren. Etwa 800 Rahmen verbrannten im Galeriegebäude. Daher

Bildnis der Saskia van Uylenburgh von Rembrandt Harmenszoon van Rijn, Gemäldegalerie Alte Meister im Schloss Wilhelmshöhe, 1633, Öl auf Eichenholz

wurde die G. nach 1945 im Landesmuseum provisorisch untergebracht, seit 1949 in 16 Räumen des Hauptgeschosses. 1960 beschloss die Landesregierung das weitgehend zerstörte → *Schloss Wilhelmshöhe* als Museum wieder aufzubauen. Seit der Eröffnung 1974 befindet sich die G. im ersten, zweiten und dritten Stockwerk des Mittelbaus sowie im ersten und zweiten Stock des nördl. Verbindungsflügels. Eine nötige Renovierung und weitgehende Umgestaltung erfolgte 1994–2000 durch den Architekten Stephan Braunfels. Symmetrische Raumfluchten und ein hohes Laternendach im dritten Stock erlauben jetzt eine Präsentation im Sinne ihrer tradierten barocken Opulenz: Ihre hervorragende Fülle flämischer und holländ. Malerei des 15.–18. Jhs., dazu die Bestände der dt. und italien. Schulen sowie span. und französ. Meister. Im Dezember 2007 betrug der Bestand 1.116 Gemälde zuzügl. 92 Leihgaben, von denen ca. 400 permanent gezeigt werden. Sonderausstellungen, meist zu den Schwerpunkten der Sammlung (Rembrandt), erhöhen ihre Attraktivität. *gjw*

Lit.: Schnackenburg, Gemäldegalerie.

Generalkommando In leichter Tallage wurde das G. unterhalb der → *Wilhelmshöher Allee* 1935–38 als Kommandogebäude des IX. Armeekorps und Sitz des Wehrkreises in direkter Nähe zur Heinrich-Schütz-Schule wie des Aschrottparks errichtet. Es sollte den Ausgangspunkt einer geplanten städtebaulichen Umgestaltung der Nationalsozialisten bilden. Der viergeschossige Bau plus Sockelgeschoss aus umlaufendem Rustikamauerwerk ist um einen quadratischen, begrünten Innenhof angelegt. Die Vierflügelanlage ist westl. um einen weiteren Flügel ergänzt. Südl. ist das Wohnhaus des Stabchefs angefügt. Markant sind die vorstehenden Eckbauten mit Lisenen und die Fensterbänder aus Sandstein, die die weiß verputzten Fassaden gliedern. Der Eingangsbereich im O ist durch einen vorgelagerten monumentalen Pfeilerportikus (urspr. mit Reichsadler bekrönt), Freitreppe und Rossebändigern gestaltet. Der zur Wilhelmshöher Allee hin ausgerichtete Ehrenhof hat eine eingeschossige eingerückte Loggia (z. T. mit Reliefs); das Erdgeschoss des S-Flügels nimmt die mit grünen Travertin und Kassettendecke gestaltete Fahnenhalle auf. Der Verwaltungsbau mit Formen des Neoklassizismus hat eine wechselvolle Nutzungsgeschichte erfahren: seit 1945 u. a. als Krankenhaus, in den 1950er Jahren als Sitz des Bundesgrenzschutzes wie des Bundesarbeits- und heute des → *Bundessozialgerichts*. Der Massivität vermittelnde frühe NS-Zweckbau fällt im Inneren mit 584 Räumen schlicht und funktional aus. *sf*

Lit.: Hinz/Tacke; Wiegand, Kassel II.

Gerdum & Breuer, ein traditionsreiches Kasseler Bauunternehmen, gehört heute zu den großen Brückenbauern Deutschlands. Das Unternehmen wurde 1907 von dem Baumeister Otto Gerdum und dem Statiker Karl Breuer in Ks. gegr. Beide setzten von Anfang an auf die Eisenbetonbauweise. War man zunächst auf den Industrie- und Wohnungsbau beschränkt, kam in den 1920er Jahren der Brückenbau hinzu. Karl Breuer hinterließ keine Nachkommen, so dass der Betrieb 1927 ganz in den Besitz der Familie Gerdum überging; er wurde nun von Dipl.-Ing. Hanns Gerdum weitergeführt. In der Wiederaufbauphase der 1950er Jahre stieg die Zahl der Mitarbeiter auf über 600, darunter auch der spätere hess. Ministerpräsident → *Holger Börner*, der dort seine Lehre als Betonbauer erfolgreich absolvierte. 1987 übernahm Dipl.-Ing. Hanns-Dieter Gerdum die Geschäftsführung in der dritten Generation. Er baute Großbrücken auf der A 7 (Rhönlinie) und der A 44 nach Dortmund und beteiligte sich sowohl am Bau der ICE-Strecke Hannover-Würzburg als auch am neuen → *Bahnhof Wilhelmshöhe*.

Nach der Wiedervereinigung engagierte sich das Unternehmen besonders in Mitteldeutschland und gründete Niederlassungen in Eisenach und Naumburg/Saale. In den 1990er Jahren baute G. seine Kompetenz im Großbrückenbau aus und errichtete im Rahmen der Verkehrsprojekte „Deutsche Einheit" mehrere Bauwerke auf Autobahnen in den neuen Bundesländern. Die schwere Baukrise Ende der 1990er Jahre führte 2003 zur Umstrukturierung: Die Firma Himmel und Papesch, Bebra, übernahm als Hauptgesellschafter das Unternehmen, an dem die Familie Gerdum nur noch eine Minderheitsbeteiligung hält. Es wird unter dem traditionsreichen Firmennamen weitergeführt und konzentriert sich heute ausschließlich auf den Brücken- und Ingenieurbau. *ro*

Gerichtswesen In Ks. sind alle Gerichtsbarkeiten vertreten. Es war ein langer Weg zu einer modernen Rechtspflege. Vor 200 Jahren war das Recht zersplittert und nicht systematisch kodifiziert. Für das Zivilrecht galt das römische Recht angelehnt an das „gemeine" Recht. Das Strafrecht orientierte sich vor 200 Jahren an der von Kaiser Karl V. 1532 geschaffenen „Peinlichen Hals- und Gerichtsordnung". Der Beweis einer Straftat konnte durch ein unter Folter erzwungenes Geständnis erbracht werden. Die Justiz war Teil der Verwaltung, so gab es in Ks. das Stadtgericht („Bürgermeister und Rat") und später die „Kanzlei" des Landgrafen als Mittelbehörde und Gericht. Auf dem Land waren einige Gutsherren nicht nur Gerichtsherren ihrer jeweiligen Patrimonialgerichte, sondern zuweilen auch Richter in Person. Von einer unabhängigen Gerichtsbarkeit konnte noch nicht gesprochen werden. Ein erster Schritt dazu wurde 1747 mit der Einrichtung des Oberappellationsgerichtes in Ks. als höchster Gerichtsbehörde in der Landgrafschaft getan. Es arbeitete bis zur → *Preußischen Annexion* Kurhessens 1866. Während des → *Königreichs Westphalen* vollzogen sich weit reichende Veränderungen in der Rechtspflege, die nun ausschließlich Angelegenheit des Staates wurde. Die Justiz war nicht mehr Teil der Verwaltung, sie wurde selbstständig. Die Richter waren unabhängig.

Die für alle geltende Rechtsordnung, der Code Napoléon, die Gerichtsverfassung und die Verfahrensordnung erhielten gesetzl. Grundlagen, deren Gedanken bis in die Gegenwart reichen. Die Folter wurde abgeschafft. Entsprechend dem Staatsaufbau (Munizipalität, Distrikt, Departement, Königreich) wurden die Gerichte gegliedert und der Instanzenzug geregelt. Es war möglich, Fehlhandlungen der Verwaltung vor dem Staatsrat anzugreifen und sich einer justitiellen Kontrolle zu unterwerfen. Das Ende des Königreichs restaurierte (→ *Restauration*) zwar die alten Verhältnisse weitgehend, doch schon die → *Verfassung 1831* schrieb die Unabhängigkeit der Richter erneut fest und ist bis heute in der Verfassung verankert.

Mit der Annektion 1866 wurden preuß. Recht und Gerichtsorganisation maßgeblich, bis sie mit dem Reichsrecht verschmolzen. Bürgerl. Recht, Strafrecht und die jeweiligen Verfahrensordnungen gestaltete man als Reichsrecht neu und schuf im Zuge der Justizveränderungen das Reichsgericht neu. Ks. erhielt 1879 ein Oberlandesgericht (mit den Landgerichtsbezirken Ks., Marburg und Hanau), ein Landgericht und ein Amtsgericht. Diese Gerichtsbarkeit nannte man ordentliche Justiz. Das Recht war komplizierter geworden, die fortschreitende → *Industrialisierung* und die Entwicklung zur industriellen Gesellschaft erforderte die Einrichtung von „Gewerbegerichten" als städt. Behörden. Sie sollten Arbeitsstreitigkeiten beilegen. So entstand 1894 in Ks. ein Gewerbe- und Kaufmannsgericht, das 1926 in Arbeitsgericht umgewandelt und als Teil des Amtsgerichts geführt wurde. Das entsprechende Landesarbeitsgericht, eine Kammer des Landgerichts Ks., war zuständig für den gesamten Oberlandesgerichtsbezirk Ks.

Der Gedanke, dass hoheitl., staatl. Handeln am Recht orientiert und einer Rechtskontrolle unterworfen sein muss, verfestigte sich. Die preuß. Gesetzgebung schuf die Grundlage für eine Justizkontrolle des verwaltungsmäßigen Handelns durch Stadt-(Kreis-) und Bezirksausschüsse, die in die allg. Verwaltung eingebunden waren. Ein Oberverwaltungsgericht wurde Revisionsinstanz. Ks. erhielt 1885 einen Stadtausschuss, den Vorsitz hatte der → *Bürgermeister*. Mit der Sozialgesetzgebung (1883–89) entstanden Versicherungsämter (Kassen). Ihre Leistungen konnten auch in Ks. durch Ausschüsse, die Keimzelle der späteren Sozialgerichtsbarkeit, justitiell überprüft werden. Aufgrund der Reichsabgabenordnung von 1920 bildete sich in Ks. ein Finanzausschuss, der über Anfechtungen von Steuer- und Zollsachen entschied und dem Oberfinanzpräsidium angegliedert war. Grundgesetz und Landesverfassung formten nach dem → *Zweiten Weltkrieg* die Rechtspflege, die sich mit dem Bundesverfassungsgericht als höchstem dt. Gericht in fünf Säulen gliederte: die ordentliche Justiz, der Arbeits-, Verwaltungs-, Sozial- und Finanzgerichtsbarkeit mit je einem Bundesgericht an der Spitze. Alle waren selbstständige Justizbehörden mit unabhängigen Richtern. Ks. verlor so sein Oberlandesgericht, erhielt aber Zivilsenate, davon drei für Berufungen gegen Zivilurteile der Landgerichte Ks., Marburg und Fulda und einen Familiensenat. Die Senate erkennen in der Besetzung mit drei Berufsrichtern, insg. sind bei den Zivil-

Gerichtswesen Entwurf zur Dekoration der Wandflächen des Treppenhauses im Justizgebäude, Entwurf von Hugo Schneider und Hermann Joseph Wilhelm Knackfuß, 1881

Gerichtswesen Eingang Arbeitsgericht, Zeichnung Wolfgang Bös, 2008

senaten 18 Richter tätig. Daneben bestehen das → *Landgericht*, das → *Amtsgericht* und das → *Bundessozialgericht* in Ks. *rbo*

Gerland, Johann Ludwig Otto (* 21.9.1835 Ks., † 28.8.1922 Hildesheim), Sohn eines kurhess. Generalmajors, war seit 1866 mit Dorothea Dithmar, der Tochter des Kontrolleurs des Messinghammers, in Ks. verheiratet und hatte mit ihr einen Sohn. Nach dem Besuch des → *Friedrichsgymnasiums* studierte er 1855 Jura in Marburg, Heidelberg und Berlin. 1859 wurde er Obergerichtsreferendar in Fulda, 1864 dasselbe in Ks., 1866–82 Rechtsanwalt in Schmalkalden, seit 1868 auch Notar. 1872 erlangte er die Promotion. 1882–1919 war er als Senator und Polizeidirektor in Hildesheim tätig, seit 1910 dort auch als Stadtsyndikus. G. schrieb 1859–62 Artikel für die → *Hessische Morgenzeitung*, er veröffentlichte zahlr. Aufsätze zur hess. Geschichte, setzte sich in den 1870er Jahren für die Anbindung Schmalkaldens an das dt. Eisenbahnnetz ein und gründete 1873 den Verein für Hennebergische Geschichte und Landeskunde zu Schmalkalden. Im → *Ersten Weltkrieg* leitete er in Hildesheim die Sanitätskolonne des Roten Kreuzes und widmete sich der Kunst- und Kulturgeschichte der Stadt Hildesheim. G. war Mitglied u. a. im → *Verein für hessische Geschichte und Landeskunde*. Er erhielt mehrere Verdienstorden. Für Hessen wichtig war seine Fortsetzung der Gelehrtengeschichte von → *Friedrich Wilhelm Strieder*. *khn*

Lit.: LKuW; Hessenland 28, 29.

Karl Gerland, Fotografie aus dem Handbuch für den Gau Kurhessen der NSDAP, 1934

Gerland, Karl (* 14.7.1905 Gottsbüren, verschollen April 1945) war gegen Ende des → *Zweiten Weltkriegs* der ranghöchste Repräsentant der → *NSDAP* in Nordhessen. 1929 wurde er Mitglied der NSDAP, kurze Zeit später avancierte er zum Ortsgruppenleiter in Gottsbüren und zum Kreisleiter in Hofgeismar. Seit Januar 1932 leitete er die Propaganda-Abteilung des Gaues in Ks. In dieser Funktion nahm er großen Einfluss auf den Wahlkampf der NSDAP zur Reichstagswahl und Volksabstimmung über den Austritt des Dt. Reiches aus dem Völkerbund am 12.11.1933. Zwei Jahre später stieg G. in den Stab „Stellvertreter des Führers“ auf, in dem er für die Propaganda und für das „Amt für Ehrengäste“ der Reichsparteitage in Nürnberg zuständig war. Im Juni 1938 wurde er stellvertretender Gauleiter im Gau Niederdonau. Über sein Wirken gab es während des späteren Prozesses gegen ihn sehr widersprüchliche Zeugenaussagen. Ende 1943 kam er zurück nach Nordhessen, wo er zum kommissarischen Gauleiter ernannt wurde, nachdem er schon 1933 stellvertretender Gauleiter in Ks. gewesen war. → *Karl Weinrich*, G.s Vorgänger im Amt, war nach den folgenreichen → *Luftangriffen* auf die Stadt am 22.10.1943 entlassen worden, da er unfähig war, das dadurch bedingte Chaos zu bewältigen. G. als sein Nachfolger sollte nun „rücksichtslos durchgreifen“. Am 1.7.1944 stieg er noch einmal in der Hierarchie des NS-Staates auf, er wurde zum kommissarischen Oberpräsidenten in Ks. gewählt und gleichzeitig zum „Reichsverteidigungskommissar für den Gau Kurhessen“ ernannt. In dieser Funktion war er u. a. für die Aufstellung und den Einsatz des „Volkssturms“ zuständig. G. war für viele Verbrechen in den letzten Kriegstagen in der Region in letzter Instanz verantwortlich. Anfang Januar 1945 ernannte ihn der Reichsorganisationsleiter Dr. Ley zum Gauleiter, also dem höchsten Amtsträger von Kurhessen. Seit Kriegsende bzw. dem Einmarsch der Amerikaner im April 1945 in Ks. gilt er als verschollen. In Abwesenheit verurteilte ihn die Zentralspruchkammer im März 1950 als „Hauptschuldigen“ zu zwei Jahren Arbeitslager. *ths*

Qu./Lit.: Klee, Personenlexikon; Kreisblatt für Fritzlar-Homberg, vom 3.3.1950.

Gesamthochschule → *Universität*

Die **Gesellschaft der Alterthümer** wurde am 11.4.1777 von Lgf. → *Friedrich II.* gegr. und war bis 1806 aktiv. Als aufklärerisches Projekt strebte sie die Wissenschaftsförderung als wichtigen Bestandteil des hess. Bildungssystems an. Innerhalb der europ. Akademiebewegungen des 18. Jhs. konzentrierte sie sich auf die Antikerezeption. Das akademische Bildungsprogramm Friedrichs II. unterschied drei Bereiche: zuerst die pragmatisch-wirtschaftliche, agrar-ökonomische Entwicklung durch die → *Gesellschaft des Ackerbaus und der Künste* seit 1765; dann die G., die ästhetisch-hist. ausgerichtete Società des Antiquités für die diskursive Bildung der citoyens, seit 1777 und schließlich die der professionellen künstlerischen Ausbildung dienende Académie de Peinture et Sculpture, 1781 erweitert um die Académie d'Architecture. Die G. veranstaltete unter Vorsitz des Landgrafen 14-tägige Sitzungen mit Vorträgen und Diskussion, ab 1779 wurden die von einem Komitee geleiteten Versammlungen im → *Museum Fridericianum* an einem runden Tisch abgehalten. Die G. wurde mit Unterstützung von Hofbeamten 1777–86 von dem beständigen Sekretär → *Luchet* geführt; später von → *Casparson* (1786–1802) und von → *L. J. Völkel* (1802–07/19). Mitglieder waren im Jahr 1780 63 „membres ordinaires" aus Ks., Regierungsbeamte und zunehmend bedeutende Gelehrte und Professoren, dazu 117 externe „membres honoraires" bzw. „correspondans". Finanziert wurde die G. mit 400 RT Jahresetat, wiss. Preisfragen wurden ausgelobt. Die einzige Veröffentlichung „Mémoires" (Ks. 1780) enthält Statut, Mitgliedslisten und Zielsetzung, die Lobschrift von C. G. Heyne, des Preisträgers von 1777, auf J. J. Winckelmann und verschiedene Beiträge der Mitglieder. Laut Statut war die G. auf die interdisziplinäre Rezeption der Antike ausgerichtet. Sie beschränkte sich nicht auf das Studium der seit 1779 öff. → *Antikensammlung* im enzyklopädischen Museum Fridericianum. Durch eine breitere Beschäftigung mit der Antike in disziplinärer Vielfalt der Wiss. erweiterte sie Winckelmanns Ansatz; neue methodische Aspekte wie Alltagsleben, Transfer, Akzeptanz und Aneignung von Kulten, Kulturtechniken wurden einbezogen. Unter dem Dach „Antikerezeption" waren somit alle Disziplinen (Naturwiss., Medizin/Pharmazie, Geschichte, Religionswiss., Philosophie, Philologien, Schöne Künste etc.) gefragt. Nach dem Tod Friedrichs orientierte Lgf. → *Wilhelm IX.*, ein entschiedener Gegner der → *Aufklärung*, seit 1786 in selbstherrlichem Regierungsstil die G. neu: Mitglieder wurden von ihm ernannt bzw. ausgeschlossen oder nicht mehr gewählt durch Abstimmung. Hessische Geschichte und Kriegswiss. hatten Vorrang; einige nicht ausgeführte Katalogprojekte galten der Archäologie, Kunst- und Literaturgeschichte. Es gab nur noch fünf Sitzungen pro Jahr. Seit 1789 hatte der Etat der G. zusätzlich den Antiquarius des Museums zu finanzieren. Ausgeschrieben wurden 1786 und 1789 zwei Preisfragen, es gab aber keine Preisträger und auch keine Publikationen; mit der 1786 dekretierten Versetzung der Kasseler Professoren an die Univ. Marburg verlor die G. ihr wiss. Potential. Der zunehmend fiskalisch kontrollierende, aber inhaltlich inaktive Landgraf verhinderte eigendynamische Entwicklungen. Die Freiräume wurden in den 1790er Jahren immer kleiner und Mitglieder schwanden durch die repressive Politik des Landgrafen (z. B. Ausschluss von Mitgliedern als Sympathisanten der Französ. Revolution). Die Bemühungen Völkels seit 1802, neue Impulse zu geben, wie sechsmonatliche themenbezogene Sitzungen von Oktober bis März, Entwicklung einer Diskussionskultur, Anknüpfung an die Konzeption 1777–85, Aktenordnung unter Verzicht auf Preisaufgaben, Publikationen, Korrespondenz mit auswärtigen Gelehrten und Akademien, blieben mangels qualifizierter Mitglieder erfolglos. Nach der letzten Sitzung der G. 1806 lehnte die Regierung des → *Königreichs Westphalen* weitere Aktivität und Etatmittel ab. Vorhandene Restmittel verwendete Völkel satzungskonform 1808–19 zum Bucherwerb für die Bibliothek. Die G. mit ihrer innovativen und originären Wissenschaftssauffassung hatte ohne institutionellen und finanziellen Rückhalt und ohne Einbindung in den überregionalen gelehrten Kontext nach der Rückkehr des Kurfürsten aus dem Exil 1815 keine Zukunftschance. *pg*

Lit.: Volmer, Antikerezeption;
Gercke, Skulpturen; Ders., Antike Steinskulpturen.

Gesellschaft der Alterthümer
Medaillon von J. K. Samson zur Gründung der Société des Antiquités am 11. April 1777

Gesellschaft der Humanität Am 21.11.1802 gründeten 77 Männer in Ks. die G. Davon waren 72 Juden, von denen die meisten aus Ks. stammten, andere z. B. aus England sowie „fünf nichtjüdische Freunde". Der erste Direktor Dr. Lucius Liffmann (1772–1803) war zugleich erster praktischer jüdischer Arzt in Ks. und Verfasser der Satzung, die 1803 erschien. Ideen der → *Aufklärung* und das Prinzip der jüdischen Selbsthilfe waren Wegbereiter für die Gründung. Der Wahlspruch lautete: „Wohl dem, dem wohl ist, wenn es jedem wohl geht!" Erkrankte ein Mitglied, so musste es der Vorstand besuchen. Der Kranke durfte sich aus der Vereinskasse einen Betrag nehmen und Heilmittel auf Vereinskosten kaufen. An Arme wurde Holz verteilt und Mitgliedern stand ein Darlehen zu. Unter König → *Jérôme* wurde die G. verboten, da sie nach „Freimaurerei roch", nach dem Sturz des Königs trat sie wieder zusammen. Im frühen 20. Jh. standen ihr mehr als 10.000 Mark im Jahr zur Unterstützung jüdischer Bedürftiger zur Verfügung. Der Hauptzweck war „bedürftige jüdische Jugend erwerbsfähig zu machen", und zwar „beiderlei Geschlechts". Dies zeigte sich v. a. in der Förderung des Handwerks. Ab 1933 trat die berufliche Umschulung als Vorbereitung zur Auswanderung in den Vordergrund. 1938 wurde die G. zum letzten Mal im Kasseler Adressbuch erwähnt. *dst*

Lit.: Prinz, Judenverfolgung, 144–222;
Fiorino, Gesellschaft, Nr. 25, 3f., Nr. 26, 2f.

Die **Gesellschaft des Ackerbaus und der Künste** war eine am 17.12.1765 von Lgf. → *Friedrich II.* als „Gesellschaft des Landbaus" gestiftete und finanzierte Agrargesellschaft mit Sitz in Ks. (vgl. → *Gesellschaft der Alterthümer*). Sie bestand aus einem vom Landgraf auf Lebenszeit ernannten Präsidenten, einem auf drei Jahre gewählten Vizepräsidenten, fünf ordentl. Mitgliedern, die ebenfalls ernannt wurden, sowie neun Ehren- und zwölf auswärtigen Mitgliedern. Die Mitglieder rekrutierten sich überwiegend aus dem → *Collegium Carolinum* und der landgräfl. Verwaltung. Wegen ihrer engen personellen und finanziellen Beziehungen zur Landesherrschaft hatte die G. quasi amtl. Charakter. Durch die Neukonstitution als G. 1773 infolge der Übersiedlung ihres bisherigen Präsidenten nach Berlin vergrößerte sie sich auf 72 Mitglieder, die nun nicht mehr durch den Landgrafen, sondern auf dem Weg der Kooptation bestimmt wurden. Die laufenden Geschäfte wurden durch einen Sekretär versehen: 1773–84 durch Dr. Runde, Prof. am Collegium Carolinum und 1784–1802 durch → *Casparson*. Mit der Gründung des → *Königreichs Westphalen* zwei Jahre später wurde die G. aufgelöst. Ihr Ziel war die Produktivitätssteigerung der Landwirtschaft durch die Kultivierung von Ödland, die Intensivierung der Bodenbewirtschaftung durch die Bestellung der Brache, die Einführung neuer Feldfrüchte, die Verbesserung der Arbeitsgeräte und die Hebung der sozialen Stellung der bäuerl. Bevölkerung, etwa durch Abschaffung der Fuhr- und Handdienste. Mit der Neukonstitution 1773 kam die Förderung von Industrie, Handel und Gewerbe hinzu. Jedes Mitglied musste sich verpflichten, jährlich eine Abhandlung über ein wichtiges Problem der Agrarpolitik abzuliefern. Außerdem schrieb man jedes Jahr eine Reihe akademischer Preisfragen aus; die Beteiligung war rege, oft gingen bis zu 30 Beiträge ein. Die G. ließ die preisgekrönten Einsendungen auf ihre Kosten drucken, kürzere Texte wurden in der → *Casselischen Zeitung von Policey, Commercien* publiziert. Auch wenn der praktische Nutzen bei den theoretischen Abhandlungen im Vordergrund stehen sollte, wurde in den „Hessischen Beiträgen zur Gelehrsamkeit und Kunst" 1785 die Theorielastigkeit bemängelt sowie die Tatsache, dass weder Pächter noch Gutsadministratoren, Bauern oder andere in der Landwirtschaft praktisch tätigen Personen zu ihren Mitgliedern zählten. Jedes Jahr verlieh die G. Prämien für besondere Leistungen auf dem Gebiet der Landwirtschaft, des Handwerks und des Handels an Landeseinwohner. Zentrales Anliegen war die Förderung der Landwirtschaft als Lieferant von Rohstoffen für die Textilherstellung. Die Prämien gingen v. a. an Pächter landesherrl. und adeliger Güter. Regelmäßig unter den Preisträgern waren Pfarrer, Schullehrer und Förster, aber auch ganze Gemeinden, selten Besitzer bäuerl. Güter. *jeb*

Lit.: Gerland, Tätigkeit, 245–289.

Gestapo → *Geheime Staatspolizei*

Gewässer Seerosen bei Siebenbergen, Ingo Küpper, Acryl auf Leinwand, 1995

Gewässer spielen in der Entwicklung der Stadt Ks. und deren Umland wie bei den meisten menschlichen Siedlungen eine entscheidende Rolle, eine räumliche Nähe zu den größtenteils Fließg. ist festzustellen. Siedlungen im Bereich des heutigen Ks. gründeten sich u. a. an der → *Fulda*, dem größten, auf der Wasserkuppe in der Rhön entspringenden Fluss, und ihren stadtnahen, kleineren Zuflüssen Bauna, → *Ahna*, Losse und Nieste, die die Stadt in nach ihnen benannten Tälern umgeben. Im Zentrum der folgenden Betrachtung stehen die sich ändernden Nutzungsansprüche des Menschen, die das Bild entscheidend prägten. Bei der Trinkwasserversorgung spielte die Fulda eine eher untergeordnete Rolle. Diese Funktion wurde von dem Druselgraben (→ *Drusel*), der Eichwasser- und später der Ständewasserleitung sowie von kleinen Quellvorkommen wie der

Prinzenquelle aus dem → *Habichtswald* übernommen. Die zunächst noch offenen Gräben wurden im Laufe der Zeit kanalisiert und in unterirdische Leitungen verlegt, zum einen, um Verunreinigungen möglichst zu verhindern, zum anderen, um die Wasserabgabe kontrollieren und dosieren zu können. Das Trinkwasser wurde durch die Errichtung von etlichen → *Brunnen* und Zaitenstöcken ergänzt. Auch heute finden sich noch annähernd 60 Brunnen mit und ohne Wasser im Stadtraum, jedoch aus späteren Zeiten, bspw. der → *Aschrottbrunnen* vor dem Rathaus. Für den zweiten wichtigen Nutzungsanspruch des Menschen, die Ernährung, spielen die G. mit ihren Fischvorkommen eine wichtige Rolle. Daher wurde spätestens im ausgehenden 13. Jh. mit dem Bau von Fischteichen begonnen. Die Teichwirtschaft war eng mit der christl. Kirche verbunden. Durch die vielen Fastentage, an denen kein Fleisch gegessen werden durfte, steigerte sich der Fischverbrauch. Im 16. Jh. entwickelte sich das Fischereiwesen zur vollen Blüte; die Flächen aller Fischteiche des damaligen Niederhessens ergaben eine Fläche von ca. zwei km^2. Die meisten Teiche waren außerhalb des Stadtgebietes angelegt, aufgrund veränderter Nutzungsansprüche sind viele heute nicht mehr vorhanden.

Für die Funktion des Brauchwassers zum Spülen und Reinigen kann der Drusel, im Unterlauf auch → *Kleine Fulda* genannt, eine wichtige Bedeutung zugeschrieben werden. Das Wasser floss z. T. in offenen Rinnen, auch Druseln genannt, durch die Straßen und trug den Unrat mit sich fort, bis in die Fulda und aus der Stadt. Erst vom 17. Jh. an kam der Fulda eine weitere Funktion als Handelsweg zu. Lgf. → *Moritz* hatte die Strecke bis Hersfeld zu diesem Zwecke ausbauen lassen, so dass ein Marktschiffsverkehr eingerichtet werden konnte. Sog. Treidelknechte zogen in dieser Zeit die unmotorisierten Schiffe am Ufer mit Pferden gegen den Strömungsverlauf. Stromabwärts versuchte Lgf. → *Karl* das Stapelrecht der zum Königreich Hannover gehörenden Stadt Münden zu umgehen, indem er einen Kanal von der 1699 gegr. Stadt Sieburg, dem heutigen Bad Karlshafen, bauen ließ. Das Vorhaben scheiterte jedoch nach wenigen Kilometern. Eben jener Lgf. Karl war es auch, der die zunächst barocke Anlage auf dem Karlsberg, des heutigen → *Parks Wilhelmshöhe*, am Beginn des 18. Jhs. mit außerordentlich beeindruckenden Wasserspielen in Form von mächtigen Kaskaden und einer über 50 m hohen Fontäne ausstatten ließ. Auch im Bereich an der Fulda ließ Karl eine ausgedehnte Parkanlage mit großen Wassergräben, Kanälen und einem See errichten, in deren Mitte die Insel Siebenbergen aufgeschüttet wurde, die heutige → *Karlsaue*. Diese Anlagen waren der erste Paradigmenwechsel im Umgang mit G. und Landschaft. Sie wurden nun zur Freizeitnutzung verwandt. Zunächst allerdings nur für den Landgrafen und seine Gäste. Kurze Zeit später, im ausgehenden 18. Jh., setzte dann die Entwicklung der Kasseler Badestuben (→ *Badekultur*) ein und im Jahre 1829 eröffnete das erste Flussbad an der Fulda seine hölzernen Becken und Stege. Bis ins Jahr 1900 gab es drei Flussbadeanstalten sowie einige Badeschiffe. Das Thema Freizeit und Erholung nahm an Bedeutung stetig zu wie auch die Verschmutzung der G. durch die industrielle Produktion und deren zunächst ungeklärte Einleitung ihrer Abwässer in die Bäche und Flüsse, so dass die Flussbadeanstalten in Schwimmbäder, wie das Schwimmstadion am Auedamm (→ *Auebad*), umgewandelt oder ersetzt wurden. Ein weiteres Produkt industrieller Produktion waren großflächige Kiesabbaugebiete, die in den 1950er Jahren im Bereich der Fuldaaue (→ *Aue*) entstanden. Diesen folgte dann im Zuge der → *Bundesgartenschau* 1981 die Umgestaltung zum großflächigen städt. Naherholungsgebiet, der sog. Buga-Aue. *ag*

Gewässer Eine Ansicht von der Kasseler Unterneustadt auf Landgrafenschloss (rechts) und Oberneustadt, vermutlich von Johann Heinrich Eisenträger, Öl auf Leinwand, zweite Hälfte des 18. Jahrhunderts

Lit.: Jacob, Flüsse; Schultze, Blüte.

Gewerbeausstellungen Nach dem Organisationsedikt von 1821 sollte in Ks. ein → *Handels- und Gewerbe-Verein* (HGV) eingerichtet werden. Ziel dieser G. sollte sein, die eigenen Landesprodukte durch Gegenüberstellung zu bewerten, zur Verbesserung anzuregen und dadurch die Qualität zu steigern. Der HGV setzte die Trad. des → *Commerzien-Collegiums* fort, beides amtliche Einrichtungen, bei der Zivilpersonen zu bestimmten Aufgaben hinzugezogen wurden. Auch bereits das „Commerz-Colleg" sollte seit 1817 entsprechend einer Vorschrift in der Zunftordnung von 1816 jährl. in Ks. eine G. durchführen (→ *Zunftwesen*).
Über eine Ausstellung aus dem Jahre 1830, in der auch eine solche 1829 erwähnt wird, gibt es einen gedruckten Bericht. Gezeigt wurden Wollen-, Leinen- und Baumwollengewebe, Uhrmacher- und Metallarbeiten, Papier und Papierformen, rohe Seide, Hutmacherarbeiten, Arbeiten mit Hanf, Musikinstrumente, Wachsarbeiten sowie „Stärke-Fabrikazion" und von einem „Mechanikus … ein dem menschlichen Auge nachgebildetes, besonders zur Belehrung nützlich anzuwendendes künstliches Auge". Bei dieser Ausstellung wurden sowohl Produkte der → *Industrie* als auch des → *Handwerks* gezeigt. Am Ende gab es silberne Denkmünzen, Geldprämien und Spinnprämien.
Schanze berichtet, dass ab 1837 die G. nur noch alle drei Jahre stattfinden sollten und erwähnt dann eine 1839, 1842 und die 21. Ausstellung 1846. Demnach gab es auch schon vorher Unterbrechungen. Durch die politischen Unruhen 1848 hatte sich der alte HGV aufgelöst. 1854 regte die „Kurfürstliche Kommission für Handels- und Gewerbeangelegenheiten" die Neugründung eines HGV an. Dieser bildete sich 1855, wiederum als Mischform zwischen Behörde und Privatpersonen. Es fanden in der zweiten Hälfte des 19. Jhs. eine Vielzahl von Ausstellungen, erst im → *Messhaus*, dann in der → *Gewerbehalle* statt, allerdings jetzt überwiegend spezielle Ausstellungen für eine Berufsgruppe, deren Warenangebot nicht mehr auf die heimische Produktion beschränkt war. Die für 1866 geplante Industrieausstellung entfiel wegen der politischen Ereignisse. Dafür veranstaltete 1870 eine private Aktiengesellschaft die „Große Industrieausstellung". Anlässlich des 50-jährigen Jubiläums des HGV im Jahre 1905 wurde die Jubiläums-G. organisiert, bei der sowohl die heimischen Produkte einschließlich Arbeiten der entsprechenden Schulen als auch die aktuellen Produkte mit dem Schwerpunkt „für das Haus" präsentiert wurden. Die Ausstellung erwirtschaftete einen Überschuss von 84.000 Mark. Die „Hausfrauen-Messe", „Frühjahrs- und Herbst-Messe", „Handwerks-Messe" knüpften an die Tradition an. *hbe*

Lit.: Schanze, Darstellung;
Brandt, Commercien-Cammer.

Gewerbeausstellungen Dieser Holzstich von Eduard Handwerck zeigt die Orangerie mit angebauten Ausstellungsgebäuden während der Industrieausstellung in Cassel 1870

Die **Gewerbehalle**, zeitweilig auch Gewerbemuseum genannt, wurde auf Anregung des → *Handels- und Gewerbevereins* 1872 gegr., der bereits in den Jahren zuvor eine Mustersammlung an vorbildlichen Erzeugnissen angelegt hatte. Die G., später am Friedrich-Wilhelms-Platz (Scheidemann-Platz), zeigte in einer kunstgewerbl. und einer maschinentechnischen Abteilung moderne Produkte, Werkzeuge und Geräte für Handwerk und Kleingewerbe. Zusätzlich stand den Interessierten eine umfangreiche Bibliothek mit vielen Zeitschriften und einer Patentsammlung zur Verfügung. Die 1905 stattfindende → *Gewerbeausstellung* brachte einen Überschuss in Höhe von über 84.000 Mark, von dem 75.000 Mark in den Neubau des → *Hessischen Landesmuseums* flossen, mit der Auflage, Räume für die Sammlung zur Verfügung zu stellen, da die urspr. genutzten von der → *Kunstgewerbeschule* benötigt wurden. Mit der Auflösung des Gewerbevereins 1945 endete auch die G. *hbe*

Lit.: Wegner, Anteil, 142–149.

Gewerbeschule → *Polytechnikum*

Gewerkschaften Am 18.3.1867 wurde als erste gewerkschaftl. Struktur in Ks. ein Ortsverein des Allgemeinen Deutschen Arbeitervereins (→ *Arbeiterbewegung*) gegr. Unter dem Druck des Sozialistengesetzes wandelten sich manche Vereine in Unterstützungskassen, die jedoch faktisch die Funktionen der G. übernahmen. Bis Ende des 19. Jhs. war ihre Bedeutung auch in Ks. noch gering. 1910 betrug die Gesamtzahl der Mitglieder 10.834 bei knapp 140.000 Beschäftigten in den erfassten Branchen. Der → *Erste Weltkrieg* führte zu einem massiven Rückgang der Mitgliederzahlen. Erst mit der Arbeit des → *Arbeiter- und Soldatenrates* wurden auch die G. zu echten Massenorganisationen. 1922 vertrat der Allgemeine Deutsche Gewerkschafts-Bund (ADGB) bereits 56.942 Beschäftigte. Dies führte zum Ausbau hauptamtl. Strukturen (ADGB-Gewerkschaftshaus in der Spohrstr.). Im Handel und in der Verwaltung existierten unternehmerfreundliche, „gelbe Gewerkschaften". Die kath. Arbeiterbewegung spielte im protestantischen Nordhessen keine Rolle. Schwerpunkt der G.sarbeit war die soziale Frage, insbes. in der Wirtschaftskrise. Als linke Abspaltung vom ADGB entstand 1931 auch in Ks. eine Revolutionäre Gewerkschafts-Org., die vornehmlich als Arbeitslosenbewegung wirkte. Für die Nationalsozialisten waren die G. ein Feind. Dies zeigte sich am 7.3.1933, als SA und SS das Kasseler Gewerkschaftshaus besetzten, verwüsteten und Gewerkschafter verhafteten. Der ADGB-Vorstand protestierte zwar, ordnete sich jedoch am „Tag der Arbeit" unter. Am 2.5.1933 wurden die G. gleichgeschaltet. Allerdings existierten selbst in den Kasseler Rüstungsbetrieben bis Ende der 1930er Jahre illegale Widerstandszirkel. Schon am 25.4.1945 versuchten Gewerkschafter (Karl Kuba, Paul Pfetzing u. a.) bei einem Treffen im Kasseler Rathaus eine Neugründung, die an der amerikanischen Besatzungsmacht scheiterte. Erst am 7.11.1945 erfolgte die Genehmigung zur Gründung eines Freien Deutschen Gewerkschaftsbundes (FGB) in Ks. Als Einheitsorg. der Arbeiter kämpfte er für die Hessische Verfassung und den Sozialisierungsparagraphen 41 sowie für eine gerechte Verteilung von Lebensmitteln und Gütern. Es wurden einheitliche Branchen-G. unter dem Dach

Gewerkschaften Gewerkschaftshaus in der Wolfhager Straße 1–7, 1943

des FGB, später DGB-Hessen aufgebaut. Trad. stark waren in Ks. die Bau-, Bergbau-, Metall- und Verwaltungs-G. Der Organisationsgrad in einigen Großbetrieben lag bei über 80 %. Damit waren sie ein wirtschaftspolitischer Machtfaktor in dieser Region. Auch in gesellschaftspolit. Fragen mischten sie sich ein. Sie sprachen sich gegen die Wiederbewaffnung der Bundesrepublik aus und sind bis heute in der Friedensbewegung aktiv. Eine große Rolle spielten der DGB und die Industrie-Gewerkschaft Metall bei der Durchsetzung der 35-Stunden-Woche. Der DGB hat zudem gemeinsam mit anderen Gruppen ein „Bündnis gegen Rechts" initiiert. Der DGB in Ks. war 1980 weiterhin Vorreiter für eine Kooperation zwischen G. und Wiss. an der → *Gesamthochschule*. Organisationspolit. Entscheidungen führten in den vergangenen Jahren dazu, dass sich die Struktur des DGB und der Einzel-G. veränderten. So entstand 2006 die neue DGB-Region Nordhessen. *ulsch*

Geyso, Johann (* 1593 Borken, † 1661), ab 1653 Freiherr von Geyso, war Sohn des Rentmeisters in Borken. Seine erste Ausbildung erhielt er in Ks. Lgf. → *Moritz* schickte ihn zu Kriegsdiensten unter Moritz von Oranien in die Niederlande. Nach dem Studium der Rechte in Marburg war er kurzfristig bei einem Advokaten in Schweinfurt beschäftigt, ehe er sich bald zur milit. Laufbahn entschloss. Im Laufe des → *Dreißigjährigen Krieges* folgten schwed., böhm., dän. und sachsen-weimar. Dienste. 1628 berief ihn Landgräfin → *Juliane* als Amtmann nach Eschwege. Nachdem sich Lgf. Wilhelm V. auf die Seite Gustav II. Adolfs gestellt hatte, ernannte er G. zum General-Quartiermeister an der Spitze seines Generalstabs. Später wurde G. einer der engsten Berater seiner Witwe, der Land-

Johann Geyso, Kupferstich, nach 1647

gräfin → *Amelie Elisabeth*. Er nahm darüber hinaus an zahlr. Kampfhandlungen teil. Im Januar 1646 eroberte er Marburg trotz heftiger Gegenwehr. Für seine Verdienste wurde er Kommandant und General-Wachtmeister der Festung Ks. In der letzten größeren Feldschlacht des Krieges gelang ihm noch im Juni 1648 bei Grevenbroich ein Sieg über den kaiserl. General Lamboy. 1658 wurde er als „von Geyso zu Völkerhausen und Mansbach" geadelt (Adelsbrief Haus-, Hof- und Staatsarchiv, Wien); er lehnte den Freiherrentitel aber ausdrücklich ab, wie aus seiner Leichenpredigt hervorgeht. In den letzten Lebensjahren widmete er sich der Org. des Landesdefensionswesens in Hessen-Ks. *htg*

Lit.: Lenz, Leichenpredigt.

Giesler, Johann Conrad († 1712) zählt zu den wichtigsten Vertretern des Kasseler Barock, doch ist nur wenig über sein Leben und seine Karriere bekannt. 1682 bezog er als Artilleriebedienter (Gefreiter) eine jährl. Rente aus Lippoldsberg; 1686 fertigte er eine Karte der Stadt Ks., vielleicht einen Stadterweiterungsentwurf, an. Seit 1698 ist er als zweiter Hofbaumeister nach J. H. → *Wessel* im neu organisierten → *Hofbauwesen* nachweisbar, 1700 reiste er nach Paris. G. starb 1712, anscheinend als Nachfolger wurde 1713 Johann Nikolaus Prizier bestallt. Als G.s Werke sind gesichert oder können erschlossen werden: herrschaftl. Haus in Veckerhagen (1689–94), Orangerie in Haydau (1696–97), Umbau des → *Ottoneums* in Ks. zum Kunsthaus (um 1696), Schloss und Orangerie in Wabern (um 1701–03), → *Orangerie* in Ks. (ab ca. 1701), → *Bellevue* 4–5 (um 1709) und Observatorium (→ *Sternwarten*) in Ks. (vollendet 1714), Beteiligung an der → *Karlskirche* in Ks. (v. a. Planänderung nach 1700), möglicherweise auch das Herrenhaus in Haydau (1685) und das Jägerhaus in Ks. (1686). G. scheint zunächst für höf. Bauten außerhalb Kassels zuständig gewesen zu sein, daneben in Ks. Zivilbauten und schließlich auch höf. Bauprojekte übernommen zu haben. Er löste sich endgültig von den tradierten Stilformen, knüpfte an niederländ. (und wohl auch brandenburg.) Vorbilder an, suchte den Anschluss an die neueren Entwicklungen in Frankreich und prägte maßgeblich den Kasseler Barockstil. *cp*

Lit.: Philippi, Karl, 585f., 590f.; Presche, Baukunst.

Gießhaus Das ehem. G. der Firma → *Henschel & Sohn* befindet sich auf dem heutigen Campus der Univ. Ks. an der Mönchebergstr. 5. Es ist eines der wenigen erhaltenen Baudenkmäler aus der Zeit der Frühindustrialisierung Kassels. Es wurde von → *Carl Anton Henschel* geplant und 1836/37 errichtet. Der Zentralbau hat einen Innendurchmesser von 16 m, die Wände sind bis zum Mauerkranz 5 m hoch. Eine Besonderheit des Baus ist das kuppelförmige Dach, das an seiner höchsten

Blick auf das Fabrikgelände von Henschel und Sohn, Stich aus dem Jahr 1837. Gut erkennbar ist das Gießhaus mit seiner runden Kuppel hinten rechts

Stelle rd. 13 m erreicht und an dessen Innenseite offene Tonröhrchen eingebettet sind. Diese Konstruktion sollte verhindern, dass beim Schmelzen und Gießen entstehende Funken das Dach in Brand setzten. Über der runden Öffnung in der Kuppel befand sich ein zylindrischer Aufsatz. Er war mit Glas abgedeckt und diente als Lichteinfall und Abzug für die beim Gießen entstehenden giftigen Gase. Das von → *Werner Henschel* geschaffene Bonifatius-Denkmal in Fulda war der erste größere Guss, der hier vorgenommen wurde. Das G. im Kasseler Henschelwerk wurde 1918 geschlossen, als im Werk Mittelfeld eine neue große Gießerei entstand. 1935 wurde hier ein Werksmuseum eingerichtet. Anfang der 1970er Jahre wurde das Industriegelände aufgegeben, 1975 erwarb es das Land Hessen für die → *Gesamthochschule*. 1978 wurde das G. behutsam saniert und mit einem Kupferdach versehen. Die Univ. nutzt es seither für repräsentative Zwecke. *au*

Lit.: Seib, Studien; Ulbricht, Henschelei.

Gilsa, Adolf Ludwig Carl Ernst Freiherr von und zu (* 13.8.1838 Idstein, † 19.6.1910 Mönchhof bei Abteroda) war 1875–1906 Intendant des Königl. → *Hoftheaters* zu Cassel. Er war das vierte Kind des Herzogl.-Nassauischen Oberjägermeisters und Kammerherrn Friedrich Ernst Ludwig Heinrich und dessen Gemahlin Auguste Freiin Marschall von Bieberstein. Aus seiner ersten Ehe, die er 1866 mit Elisabeth von Krosigk schloss, ging eine Tochter, aus seiner zweiten Ehe, die er 1890 mit Janet Cumming schloss, ging ein Sohn hervor. Zunächst Königl.-Preußischer Kammerherr und Major, folgte 1875 die Ernennung zum „Intendant des Königlichen Hoftheaters zu Cassel (Exzellenz)". Da sich das Theater Ende des 19. Jhs. für die ständig wachsende Einwohnerzahl Kassels als zu klein erwies, verfolgte G. mit Unterstützung der Kasseler Bevölkerung in Berlin erfolgreich den Plan für einen Neubau. Seine 30-jährige Theaterleitung nach dem Wahlspruch „Unterordnung der Einzelinteressen unter die Interessen des Ganzen" galt als streng aber gerecht. Z. B. erhielt → *Gustav Mahler* in seiner kurzen Kasseler Zeit zwei Rügen: Zum einen wegen lauten Aufstampfens während des Dirigierens, zum anderen, weil er Chordamen zu schallendem Gelächter gebracht hatte. Das neugotische Schloss Rothestein bei Bad Sooden-Allendorf wurde für G. ab 1891 nach Plänen des Regierungsbaumeisters Wilhelm Kegel erbaut, wechselte aber bereits 1897 den Besitzer. *fwvg*

Glinzer, Carl (* 2.2.1802 Breitenau/Fulda, † 28.4.1878 Ks.) war Maler und Lithograph. Er nahm Privatzeichenstunden bei Raffin und war Schüler von Justus Krauskopf in Ks. 1820–22 studierte er an der Akademie in München, 1825 in Paris bei Gros und kopierte nach van Dyck und Rembrandt im Louvre. 1833 reiste er mit Krauskopf nach Rom, wo er seinen Malstil dem der Nazarener annäherte. Freundschaftlich verbunden war er den Dekorationsmalern Friedrich Beuther und Reinhard Hochapfel. Sein Repertoire war sehr umfangreich, es umfasste Bildnisse, Akte, Historie, Pflanzenwelt, Landschaften, darunter auch hess. Ansichten von Elmarshausen, Dörnberg, → *Wolfsanger* und dem Auebassin. Für die Kirche in → *Wehlheiden* schuf er die biblische Szene „Gang nach Emaus". Ein großes Genrebild „Sklavenmarkt in Alexandrien" war Eigentum der Stadt Ks. Er schuf romantische Interieurs und hess. Landschaftsansichten. Aus seinem lebendigen Verhältnis zur Natur entstanden die lithographischen Sammlungen „Vorgrundstudien" und „20 Wandtafeln nach natürlichen Pflanzenblättern gezeichnet". Weitere lithographische Werke schuf er in Form von zahlr. Porträts und einigen größeren Blättern, wie die griechisch mythologische Szene „Pan und Syrinx". Ansichten von Ks. und → *Wilhelmshöhe* wurden von C. Frommel 1831 in Stahl gestochen. *ap/psch*

Lit.: Schmaling; Thieme/Becker.

Goddäus Die Familie besetzte im 18. und 19. Jh. wichtige Ämter im hess. Staatsdienst. Johannes (1601–57) war Regierungsrat in Ks. Sein Sohn Nikolaus Wilhelm (1646–1719) wurde Regierungsrat in Ks. und 1695–1719 Kanzler. Sein Sohn Johann Friedrich (1692–1772) wurde 1720 Assessor bei der französ. Kanzlei in Ks., 1726 Rat, 1731 Regierungsrat und 1752 Regierungs-Vizekanzler. 1760 wurde er zum Geheimen Rat ernannt. Sein Enkel Christoph Ludwig (1723–93) wurde nach dem Jurastudium 1741 in Marburg Schöffe am Stadtgericht Ks., 1759–75 Bürgermeister und danach Geheimer Regierungsrat. Friedrich Heinrich (1734–95), Sohn von Johann Friedrich, studierte in Marburg, wurde 1762 Schöffe am Stadtgericht Ks. und 1781–95 Bürgermeister.

Bernhard Philipp Heinrich von (1742–1819), ein weiterer Sohn von Johann Friedrich, wurde nach seinem Jurastudium in Göttingen 1766 Regierungsprokurator in Ks., 1773 Justizrat, 1776 Regierungsrat in Rinteln. 1795–1814 wirkte er am Oberappellationsgericht in Ks., zwischendurch am westphäl. Appellationshof Ks. 1814–17 war er Geheimer Rat. 1812 wurde er in den westphäl., 1814 in den kurhess. Adelsstand erhoben. Sein Bruder Friedrich Just (1744–1813) wirkte seit 1768 als Regierungsprokurator, 1780 als Schöffe in Ks. und seit 1794 als Syndikus des Stifts → *Kaufungen*.

Eduard Ludwig Bernhard (1815–1888), Sohn von Bernhard (1788–1853) und Friederike von und zu Gilsa (1791–1866), absolvierte seit 1835 ein rechts- und staatswiss. Studium in Marburg und Göttingen, wurde 1843 Obergerichtsanwalt in Marburg, 1850 Regierungsassessor, 1851 Referent bei der Kasseler Regierung. 1856 wurde er zum Vortragenden Rat im Außenministerium, 1857 als Ministerialrat zum Vortragenden Rat im Geheimen Kabinett und im Gesamtstaatsministerium, schließlich 1860 als Geheimer Lega-

Genesis-Relief (Adam- und Eva-Platte) aus dem Alabastergemach des Landgrafenschlosses von dem Schüler Elias Godefroys, Adam Liquir

tionsrat zum Außenminister berufen. Nach 1862 verbrachte er zwei Jahre im Wartestand, bevor er als Rechtskonsulent in Frankfurt/M. tätig war. *khn*

Lit.: Höffner, Ministerialvorstände; Klein, Beamte.

Godefroy, Elias, eigentlich Dupré († 1568), niederländischer Bildhauer aus Cambrai, der in den 1550er Jahren von Lgf. → *Philipp* und → *Wilhelm IV.* nach Ks. berufen wurde. Er war ab 1559 bis zu seinem Tod Leiter der Kasseler Hofbildhauerwerkstatt. Philipp und Wilhelm IV. holten die niederländischen Bildhauer an den Kasseler Hof, weil sie den zeitgenössischen dt. Bildhauern als überlegen und als „moderner" galten. Seit 1557 wurden G. und seine Werkstatt mit Arbeiten am von Philipp begonnenen Neubau des → *Landgrafenschlosses* beauftragt. Er ist neben seinem Schüler → *Adam Liquir* einer der Meister der → *Alabasterreliefs* für das Alabasterkabinett im ehem. Schloss. Vier noch erhaltene Reliefs befinden sich heute im → *Hessischen Landesmuseum*. G. unterschied sich von seinem Schüler Liquir durch seine schlankeren und eleganteren Figuren, die noch dem Stil der Frührenaissance verhaftet waren. Ende 1562 war er verm. zusammen mit Liquir in Hannoversch Münden am dortigen Schlossneubau beteiligt. Nach dem Tod Philipps entwarf er dessen Grabmal (→ *Philippsepitaph*) in der → *Martinskirche*, ohne es vollenden zu können. Die Leitung der Hofbildhauerwerkstatt und Fertigstellung des Grabmals übernahm sein Nachfolger Liquir. *mj*

Lit.: Thieme/Becker; Kramm, Hofbildhauerwerkstätten.

Goethe, Johann Wolfgang (* 28.8.1749, Frankfurt/M., † 22.3.1832, Weimar), geadelt 1782, war u. a. Dichter, Naturwissenschaftler und Staatsmann. Durch seine Gedichte, Dramen und seine Prosa-Lit. wurde er zu einem der bedeutendsten deutschsprachigen Dichter. G. besuchte Ks. viermal. Er übernachtete immer im „Posthaus" am → *Königsplatz*. Vom 14. bis 16.9.1779 besuchte er mit Herzog Carl August von Sachsen-Weimar auf der Reise in die Schweiz den landgräfl. Hof, die → *Gemäldegalerie*, die → *Antikensammlung* sowie den → *Park Wilhelmshöhe* und machte die Bekanntschaft von → *Georg Forster*. Nach einer Harzreise machte er mit Charlotte von Steins Sohn Fritz vom 20.10. bis 5.11.1783 in Ks. Station und zeigte ihm den „Riesen auf dem Winterkasten", den → *Herkules*. Erneut besuchte er den Hof und lernte → *Samuel Thomas Soemmering* kennen. Ende Dezember 1792 nahm er auf der Rückreise von Frankreich einen kurzen Aufenthalt in Ks., wo ihn der Gasthof zunächst als vermeintlichen französ. Emigranten abwies. Zum vierten Mal besuchte G. Ks. vom 15. bis 21.8.1801, als er sich dort mit Christiane Vulpius und Johann

Der sog. Goethe-Elefant im Naturkundemuseum. Er kam zu seinem Namen, weil Goethe sich den Schädel des Elefanten, der sich ehemals in der Menagerie befand, für seine Forschungen entlieh und so den Zwischenkieferknochen entdeckte

Heinrich Meyer traf, um ihnen die Gemäldegalerie, das Theater und den Park Wilhelmshöhe zu zeigen und für Christiane einzukaufen. Er hatte in Ks. zu Künstlern und Gelehrten Kontakt wie → *Tischbein*, → *Nahl*, dem Architekten → *Engelhard* und den Brüdern → *Grimm*. Bei einem Besuch bei Soemmering entdeckte G. den Zwischenkieferknochen an einem Elefantenschädel, der seine Metamorphosenlehre bestätigte. *aro*

Lit.: Bretthauer, Goethe; Schröder, Beziehungen.

Die **Goethe-Anlage** ist der zentrale Bestandteil des Freiflächensystems, das → *Rudolf Stier* ab 1928 für den → *Vorderen Westen* plante und bis 1933 ausführte. Im sechs Meter unter Gelände-Niveau liegenden Tal der → *Drusel* befand sich eine 80 x 400 m große Freifläche zwischen bereits errichteten Randbebauungen aus Mietwohnungen. An den Endpunkten der lang gestreckten Freifläche waren Schulen vorgesehen, von denen die westl. liegende 1928 als Lyceum von dem Architekten Heinrich Tessenow gebaut worden ist (heute → *Heinrich-Schütz-Schule*). Das unter → *Denkmalschutz* stehende Gebäude gilt als beispielhaft für die Architektur des Neuen Bauens. Das gilt auch für den 3,2 ha großen Quartierspark, der als ein herausragendes Beispiel der Volksparkbewegung der 1920er Jahre bewertet werden kann. Mithilfe von Notstandsarbeiten wurde die verrohrte Drusel mit Müll zugeschüttet und die dabei entstehende großräumige Rasenfläche seitlich mit Alleen aus Platanen eingefasst. Damit entstand ein gebrauchsfähiger Freiraum für Sport und Spiel ohne ergänzende Verzierungen; ein bemerkenswertes Beispiel für die Anwendung funktionalistischer Gestaltungsauffassungen in der Landschaftsarchitektur. Die Konsequenz der urspr. Konzeption ging mit den nachfolgenden Eingriffen verloren: In den Kriegsjahren wurde ein Feuerlöschteich eingefügt, eine Parzelle für einen Kindergarten herausgelöst; weitere notwendige Erneuerungen in den Nachkriegsjahren führten zu Eingriffen in die urspr. Gestaltung. *jvr*

Die **Goethe-Gesellschaft** wurde als selbstständige Ortsvereinigung der internationalen G. in Weimar 1949 gegründet und stellt die größte literarische Gesellschaft der Stadt mit eigenen, im Buchhandel erhältlichen Schriften dar. Sie ist seit 1956 ein gemeinnütziger Verein und die größte regionale Goethe-Vereinigung in Dtld. Ihre Aufgabe sieht sie darin, sich mit dem Werk → *Goethes* und der dt. Klassik fruchtbar und zukunftsweisend auseinanderzusetzen. Dies schließt auch Vorträge, gemeinsame Fahrten, Lesungen und Ausstellungsbesuche sowie die Wahrnehmung zeitgenössischer Lit. ein. Vorsitzende waren u. a. → *Erich Herzog* und → *Hans Joachim Schaefer*. Heute ist es Prof. Dr. Ludolf von Mackensen. Als jahrzehntelange Geschäftsführerin wirkte Anneliese Hartleb, gefolgt von Margot Leiding. *lvm*

Lit.: Schaefer, Du hast vielleicht; Mackensen, Dialogen.

Goethe-Gymnasium Die Schule entstand 1889 durch die Zusammenlegung der Unterklassen der Königl. → *Gewerbeschule* mit fünf Klassen der 1843 gegr. Kasseler Realschule. Sie hieß anfangs Neue Realschule und wurde 1905 zur Oberrealschule II ausgebaut. 1913 erfolgte der Einzug in das neue Schulgebäude an der Ysenburgstr. Schwerpunkt des Unterrichts waren neben den modernen Fremdsprachen insbes. Mathematik und Naturwiss. mit fünf bzw. sechs Wochenstunden. Im Jahre 1938 wechselte die Oberrealschule II noch einmal ihren Namen in Hermann-Göring-Schule, durfte aber anders als die Oberrealschule I, die Adolf-Hitler-Schule, nach Kriegsende als Wesertor-Gymnasium den Unterrichtsbetrieb wieder aufnehmen. 1956 erhielt das Gymnasium den Namen Goetheschule, der 2003 in G. umgewandelt wurde. Heute besuchen ca. 1.250 Schülerinnen und Schüler die Klassen bzw. Jahrgangsstufen 5 bis 13. Neben dem trad. Schwerpunkt in den Naturwiss. wird ein modernes Fremdsprachenkonzept mit einem bilingualen Zweig (Englisch) ab der siebten Klasse angeboten; außerdem existieren ein Schulsportzentrum, das talentierten Jugendlichen pädagogische Begleitmaßnahmen, bspw. bei der Vernetzung von Schule und Training, zugänglich macht sowie zahlr. Angebote in Arbeitsgemeinschaften (Musik, Theater, Fotografie, Informatik etc.). *wh*

Goethe-Gymnasium
Kassel

Logo des Goethe-Gymnasiums

Gotthelft Die Druckerei wurde von Carl G. 1841 in Ks. gegr. und firmierte seit dem Eintritt seines Bruders Adolph unter dem Namen „Gebrüder Gotthelft“. Als gelernte Schriftsetzer verfügten beide über eine qualifizierte Handwerksausbildung. Ihre Druckerei befand sich in ihrem Wohnhaus in der Mittelgasse 31 (Dionisienstr. 128), wo ab 1848 → *Die Hornisse* gedruckt wurde. Der Aufruf: „Alles, was Stachel hat, wird ersucht, Beiträge zu liefern" spiegelt den demokratisch-revolutionären Charakter der Zeitschrift wider. Polit. Aktivitäten führten zur Stilllegung der Druckerpresse Ende 1850. Nach mehreren Bittschriften um eine Konzession für eine Tageszeitung konnte die Familie Ende 1853 das „Gewerbliche Tageblatt und Anzeiger für Ks. und die Umgegend", dessen Name 1873 in → *Casseler Tageblatt* geändert wurde, herausgeben. Ab 1900 erschien es in zwei Ausgaben täglich und zählte zu den meistgelesenen Kasseler Zeitungen bis zu seiner Einstellung 1932. Daneben besaßen die G.s seit 1866 die Druckgenehmigung für alle staatl. Veröffentlichungen in Kurhessen. Für das Kasseler Stadtbild war die Konzession zur Errichtung von 50 Litfasssäulen in den Jahren 1870/71 von Bedeutung. Im Zuge der Gründerjahre florierte das Unternehmen, 1878 zog die Druckerei von der Mittelgasse in ein modernes, vierstöckiges Gebäude in der Kölnischen Str. 10. Sie hatte sich zu einer der größten Druckereien in Ks. entwickelt und die Zahl ihrer Mitarbeiter stieg von 20 im Jahr 1895 auf über 200 im Jahr 1922. Ab 1896 durfte man sich „Königliche Hofbuchdrucker" nennen. Zu Beginn des 20. Jh. trat die dritte und letzte Generation in den Familienbetrieb ein. Trotz des Druckes wiss. Periodika und staatlicher Schriftstücke gingen die Aufträge zurück. Einer der Gründe für den Niedergang könnte die sich bereits vor 1933 bemerkbar machende antisemitische Boykottkampagne (→ *Antisemitismus*) gewesen sein. In den 1920er Jahren wurde die Firma in „AG für Druck und Verlag" umbenannt und führte bis 1932 den Zusatz „vormals Gebrüder Gotthelft". 1935 war die „AG für Druck und Verlag" im Besitz des „Gauverlags Kurhessen". *dst*

Lit.: Krause-Vilmar, Streiflichter, 13–24; Sichel, Rise, 237–243.

Gottschalk & Co. Die Segeltuchweberei wurde 1881 von Moritz Gottschalk und Johannes Coenning gegr. Sie lieferten rohe und imprägnierte Segeltuche, die im Zeltbau einen guten Ruf hatten. Auch stellten sie Markisen- und Bedachungsstoffe sowie Wagen- und Waggondecken für das Militär her. Das Geschäft lief so gut, dass die Fabrik von 1884 an stetig erweitert wurde, so dass ab 1889 die gesamte Produktion von der gesponnenen Faser bis zum Endprodukt im eigenen Betrieb erfolgen konnte. Für die qualitätsvollen Produkte wurde G. mehrfach ausgezeichnet. Am 14.3.1893 kam es im Garnlager zu einem Brand, der den gesamten Betrieb erfasste, dem Geschäft allerdings nicht schadete. Noch im selben Jahr wurden

Briefkopf der mechanischen Weberei Gottschalk & Co. aus dem Jahr 1903

die Werkshallen wieder aufgebaut und ab 1896 um weitere Produktionsstätten ergänzt. Moritz Gottschalk war in Ks. ein Vorreiter in Sachen Sozialengagement, was sich etwa in der Einrichtung einer Betriebskrankenkasse zeigte, in die Frauen und Kinder sogar beitragsfrei aufgenommen wurden. Er gewährte seinen Angestellten bezahlten Urlaub, was zur damaligen Zeit in anderen Betrieben undenkbar war. In den Kriegsjahren konnte die Produktion durch Lieferungen für das Militär weiter gesteigert werden. Doch das Werk wurde im → *Zweiten Weltkrieg* fast völlig zerstört. In den 1960er Jahren fasste G. im Bekleidungssektor Fuß und 1968 wurde ein Zweigwerk an der Autobahnauffahrt Ks.-Ost eröffnet. Danach geriet das Unternehmen in die Krise. 1990 wurde es von der Valentin Mehler AG (Fulda) übernommen. Bis zu diesem Zeitpunkt war es stets in Familienbesitz gewesen. 1995 kam es zu einem massiven Arbeitsplatzabbau sowie zur Auslagerung der Produktion nach Tschechien. 2002 kaufte das Land Hessen die Gebäude am Holländischen Platz auf, die nun die → *Universität* nutzt. *na*

Lit.: Jacob, Wirtschafts- und Sozialgeschichte; StAKs.

Graben Der Straßenname erinnert an den ehem. Befestigungsgraben der → *Altstadt* (bis zur Anlage der → *Freiheit* ab 1330), der an der Stelle der östl. Häuserzeile verlief (etwa Tränkepforte 1, → *Marktgasse* 17 und → *Wilde-*

mannsgasse 42). Bis zur Fertigstellung der Freiheiter Stadtmauer war die Altstadt weiter auf ihre Befestigung angewiesen. Die Gasse wurde deshalb in größerem Abstand zum alten Stadtg. angelegt: Die W-Seite konnte damit vollständig bebaut werden, die O-Seite blieb als Vorfeld der Altstädter Befestigung frei. Als die Freiheiter Befestigung vollendet war, konnten verm. um 1361 die alten Wehranlagen geschleift sowie die Grundstücke auf der O-Seite der Gasse angelegt und bebaut werden. 1775–1867 hieß die Gasse Schloß-Str.

Der G. war wegen seiner Nähe zum → *Landgrafenschloss* ein bevorzugtes Wohngebiet Kassels; zu den wichtigsten Fachwerkhäusern zählten Nr. 33 (spätgotisch), Nr. 42 (um 1480, Geburtshaus von → *Ludwig Mond*), Druselgasse 27 (1557, Weserrenaissance), Graben 38–40 (17. Jh.). Mehrere Häuser des 16./17. Jhs. besaßen Steinfassaden: Nr. 1–3 (→ *Wilhelm Vernuken*), Nr. 10–12 (um 1600/05, Nr. 10 mit bedeutender Innentreppe), Nr. 16 / Tränkepforte 2 (1610); Steinbauten waren Nr. 29 (1587 von Lgf. → *Wilhelm IV.* für seinen natürlichen Sohn Philipp Wilhelm von Cornberg; nach 1738 Leihbank), Nr. 2 (nach 1673, in fürstl. Besitz) und Ziegengasse 34 (1720; mit bedeutendem Treppenhaus, Oberlichtgitter heute im → *Hessischen Landesmuseum*). 1734–38 entstand auf dem ehem. Grundstück der Familie von Scholey die Lutherische Kirche (→ *Lutheraner*). *cp*

Lit.: Holtmeyer, Cassel-Stadt, 669–675.

Grandjean de Montigny, Auguste Henri Victor (* 15.7.1776 Paris, † 1850 Rio de Janeiro) studierte ab 1793 an der „École des Beaux-arts" als Schüler von Delannoy und Percier in Paris und gewann 1799 den „Prix de Rome". Seit 1802 in Italien gab er 1806 das Stichwerk „Architecture toscane, ou palais, maisons et autres édifices de la Toscane" über toskanische Renaissancearchitektur heraus. Unter König → *Jérôme* wurde er 1808 nach Ks. berufen und zum „Premier Architecte du Roi" ernannt. Im Rahmen des neu gegr. → *Königreichs Westphalen* setzte der König bewusst den Empire-Stil ein, um mittels „moderner" Architektur und Dekoration das Abwenden von der Vergangenheit zu demonstrieren. Nur wenige Projekte G.s in Ks. wurden verwirklicht. Dazu gehörte die Umgestaltung des → *Museums Fridericianum* zum Ständehaus mit Dekorationen im Stil Perciers (1808–10), die Artillerieschule in der → *Königsstraße*, der Umbau und die Erweiterung des → *Schlosses Bellevue* sowie sein Wohnhaus am → *Königstor* (1812). Zu seinen Mitarbeitern gehörte → *Leo von Klenze*. Mit der Auflösung des Königreichs Westphalen kehrte er 1813 nach Paris zurück und ging 1816 im Rahmen einer französ. Kunstmission nach Brasilien. Er wurde Mitglied und Direktor der Kunstakademie in Rio de Janeiro und beeinflusste die Architektur des Landes in hohem Maße. *sr*

Lit.: Holtmeyer, Cassel-Stadt, 295, 515, 553; Thieme/Becker.

Haus Druselgasse 37, Ecke Graben, vor 1933

Die **Graphische Sammlung** der → *Museumslandschaft Hessen Kassel* verwahrt über 56.000 Handzeichnungen, druckgraphische Arbeiten, Plakate und illustrierte Bücher. Zeitlich reicht ihr Spektrum vom späten 15. Jh. bis zur zeitgenössischen Kunst, regional von Dtld. über die Niederlande und Frankreich bis nach Italien. Darüber hinaus sind umfangreiche landeskundl. Bestände vorhanden. Eine Besonderheit ist die bedeutende Sammlung an über 4.500 Architekturzeichnungen. Ein Kupferstichkabinett wurde in Ks. erst 1931 als eine der letzten Abteilungen der Staatlichen Kunstsammlungen gegr., indem die Graphikbestände unterschiedlicher Institutionen zusammengeführt wurden. Aus dem → *Hessischen Landesmuseum* kamen landeskundl. Bestände und die Nachlässe hess. Künstler und Architekten, aus der staatl. Kunstakademie Vorlagenwerke, Lehrbücher und Reproduktionsgraphik, die Gemäldegalerie trug Handzeichnungen etwa von Johann Heinrich Tischbein d. Ä. bei, die → *Georg Gronau* in den 1920er Jahren bereits im Hinblick auf die Gründung eines Kupferstichkabinetts erworben hatte. Das Herzstück der Sammlung bildeten jedoch die Klebebände und die kleine Handzeichnungssammlung der Landgrafen aus der ehem. Bibliothek des → *Schlosses Wilhelmshöhe*, die 1931 zunächst als Leihgabe der Verwaltung der Staatlichen Schlösser und Gärten in das neu gegr. Kupferstichkabinett kamen. Nach 1931 wurden die landeskundl. Sammlungsbereiche und die Altmeisterzeichnungen durch Ankäufe und Schenkungen erweitert. So gelang 1939 der Ankauf eines Konvolutes von Altmeisterzeichnungen, darunter vier Blätter von Paolo Veronese. 1957 kam der Nachlass des Kasseler

Neben vielen weiteren graphischen Werken befindet sich auch die Allegorie des Herbstes von Jacob de Wit in der Graphischen Sammlung der Museumslandschaft Hessen Kassel, um 1740/50, Graphit, schwarze Kreide und Pinsel in Braun

Architekten → *Heinrich Christoph Jussow* in die Sammlung. Erst → *Erich Herzog*, 1962–84 Direktor der Staatlichen Kunstsammlung, setzte die G. konzeptionell durchdacht und mit großem Engagement in die Moderne fort. Die Graphik des städt. Kunstbesitzes, die seit 1971 im Schloss Wilhelmshöhe verwahrt wird, komplettierte diesen Sammlungskomplex. Mit der Zusammenlegung der Staatlichen Museen Ks. und der Außenstelle Ks. der Verwaltung der Staatlichen Schlösser und Gärten kamen ab 2005 die Buch- und Graphikbestände, die im Weißensteinflügel präsentiert oder in Bad Homburg verwahrt wurden, in die Obhut der G., darunter die Druckplatten der Delineatio montis, das druckgraphische Gesamtwerk Piranesis, das sog. Müntz-Album oder das Rosenbuch des → *Salomon Pinhas*.

Bis 1939 war das Kupferstichkabinett gemeinsam mit der Bibliothek in zentraler innerstädt. Lage in der → *Torwache* am Hessischen Landesmuseum untergebracht. Nach dem → *Zweiten Weltkrieg* wurde die G. zunächst provisorisch im Erdgeschoss des Hessischen Landesmuseums wiedereröffnet. Seit 1970 befindet sie sich im Kirchflügel des Schlosses Wilhelmshöhe. Interessierte Besucher können sich die Originale nach telefonischer Voranmeldung im Lesesaal der Museumsbibliothek vorlegen lassen.

Folgende Schwerpunkte sind auszumachen:

1. Die Graphiksammlung der Landgrafen von Hessen-Ks., die nachweislich seit dem 17. Jh. auch Graphik sammelten, liegt überwiegend gebunden in Folianten des 18. Jhs. vor. Im Vordergrund des Interesses stand der Aufbau eines Bilderrepertoriums, das dem Informationsbedürfnis und den jeweiligen Neigungen der Landgrafen nachkam. So sammelte → *Wilhelm VIII.* v. a. Reproduktionsgraphik nach Rubens, Wouvermann, Teniers, Bloemaert u. a. sowie Galeriewerke, die ihm beim Aufbau der Gemäldegalerie behilflich waren. Die Funktion als Bildarchiv oder Handbibliothek prägt die Sammlung bis in die heutige Zeit. Weiter bemühten sich die Landgrafen, von ausgewählten Künstlern wie Albrecht Dürer, Jacques Callot, Stefano della Bella oder Rembrandt das druckgraphische Werk möglichst vollständig zusammenzutragen. Der Band mit den Radierungen Rembrandts wurde in westphälischer Zeit entwendet.

2. Die kleine Sammlung an Altmeisterzeichnungen hat ihre Schwerpunkte in der niederländischen und italienischen Kunst des 16.–18. Jhs. Zu den niederländischen Handzeichnungen liegt ein Bestandskatalog von Lisa Oehler vor. Die italienischen Zeichnungen sind seit 2008 im Rahmen eines Online-Kataloges im Internet abrufbar.

3. Von den Kasseler Akademiekünstlern und -lehrern vom 18. Jh. bis in die Moderne sind die Familien → *Tischbein*, → *Ruhl* und → *Nahl* besonders zahlr. vertreten sowie → *Wil-*

helm Böttner, → *Johann Martin von Rohden*, → *Ludwig Emil Grimm*, → *Gustav Kaupert*, → *Kay Nebel*, Paul Baum oder Fritz Winter.

4. Die Klassische Moderne konzentriert sich auf die „Brücke"-Künstler und ihr Umfeld. Umfangreich ist der Bestand an informeller Kunst und der Abstraktion nach 1945 (Wols, Dubuffet, Willi Baumeister, Ernst Wilhelm Nay, Quadriga-Künstler). Mehrere Künstler der → *documenta*, wie Richard Tuttle, George Trakas, Micha Ulmann, Thomas Schütte, Serge Spitzer oder Richard Serra sind v. a. mit Zeichnungen zu ihren Kasseler Projekten vertreten. Darüber hinaus wurden Druckgraphiken der zweiten Hälfte des 20. Jhs. von Georg Baselitz, Felix Droese, Asger Jorn, Per Kirkeby u. a. erworben.

5. Die Architekturzeichnungen dokumentieren v. a. die großen landgräfl. Bauvorhaben des 18. und 19. Jhs. Weiter gehören Architektennachlässe, etwa von Heinrich Christoph Jussow, der Architektenfamilie → *Wolff*, von Theodor Müller oder → *Hugo Schneider* zur Sammlung. Dieser Bestand wurde im Rahmen eines von der DFG finanzierten Forschungsprojektes komplett bearbeitet und im Internet publiziert.

6. Die landeskundl. Bestände umfassen topographische Ansichten von Ks. und Umgebung, Stadtpläne und Landkarten, druckgraphische Porträts, frühe Photographien von regional bedeutenden Persönlichkeiten sowie Militaria.

7. Die kleine Plakatsammlung konzentriert sich auf die sog. Kasseler Schule. Auch ist ein kleiner Bestand an Jugendstilplakaten vorhanden. *clu*

Greger, Luise, geb. Sumpf (* 27.12.1862 Greifswald, † 25.1.1944 Merxhausen), war Komponistin. Mit 13 Jahren komponierte sie ihre ersten Lieder; das Lied blieb fortan ihre bevorzugte Gattung. Nach Klavierunterricht in Greifswald studierte sie in Berlin an der Königlichen Hochschule Gesang bei Hedwig Wolf. Eigenen Angaben zufolge erhielt sie dort den Berufstitel „Komponistin". In Berlin heiratete sie 1888 den Arzt Ludwig Greger. 1894 zog die Familie, inzwischen mit zwei Söhnen, nach Ks. Im Sanatorium ihres Mannes in → *Wilhelmshöhe* war sie für die wirtschaftl. Leitung verantwortlich und gab Konzerte für die Kranken. Auch veranstaltete sie musikalische Salons, bei denen sie eigene Kompositionen vortrug. Nach ihrer Scheidung 1911 führte sie die Hauskonzerte mit ihrem Sohn Helmuth weiter, der ausgebildeter Sänger war. Sie gab Gesangsunterricht und verlegte viele ihrer Lieder, z. T. in mehreren Auflagen. 1930 wurde beim zehnten Jubiläum des Elsass-Lothringischen Bundes in der Kasseler → *Stadthalle* ihre „Hymne an den Elsaß" für gemischten Chor aufgeführt. G.s Werk umfasst ca. 170 Stücke, größtenteils Liedkompositionen, einige Chorstücke und die Märchenoper „Gänseliesel". Ihre Oper „Teddy" gilt als verschollen. Sie vertonte Gedichte bekannter Autoren wie → *Goethe* und Storm, aber auch von Zeitgenossen, wie Rudolf Baumbach, Julius Wolff und Rose Strauß sowie plattdeutsche Texte aus ihrer Heimat Greifswald von Hans Groß und Alwine Wuthenow. Heute werden ihre Werke im → *Furore-Verlag* neu herausgegeben. *kr*

Qu.: Hessenspiegel vom 30.5.1925; Kasseler Post vom 27.12.1932.

Grein, Christian Wilhelm Michael (* 16.10.1825 Willingshausen, † 15.6.1877 Hannover) Von 1845 bis 1849 studierte er Mathematik und Naturwiss., später Germanistik in Marburg und Jena. Im Frühjahr 1849 machte er in Marburg das Examen für das Lehramt an Gymnasien. Ab Herbst 1850 arbeitete er als Lehrer am Rintelner Gymnasium, um im Februar 1855 als Praktikant an die → *Landesbibliothek* Ks. zu wechseln. 1858 promovierte er in Marburg zum Dr. phil.; anschließend wurde er in Bückeburg mit dem Ordnen des dortigen Archivs beauftragt. 1862 habilitierte er sich für Germanistik an der Univ. Marburg. Im gleichen Jahr erhielt er eine feste Anstellung an der Universitätsbibliothek Marburg, um dann an das Kurfürstliche Haus- und Staatsarchiv Ks. zu wechseln. 1870 wurde er an das Staatsarchiv Marburg versetzt und habilitierte sich erneut. Ab 1873 war er als außerordentlicher Prof. für germanische Sprachen an der dortigen Univ. tätig. 1876 ging er als Archivar an das Staatsarchiv Hannover. Als Philologe war und ist er nicht unumstritten. Jedoch schufen seine Textausgaben altenglischer Literaturdenkmäler in Dtld. erstmals die Möglichkeit, sich mit dem Studium der englischen Sprache zu befassen. *skö*

Lit.: Ex Bibliotheca.

Luise Greger, um 1900

Grimm Die Familie der Märchensammler und Sprachforscher → *Jacob und Wilhelm Grimm* lässt sich bis in das frühe 16. Jh. zurückverfolgen. Der Urgroßvater Friedrich (1672–1748) wirkte als Theologe und Konsistorialrat in der Grafschaft Hanau-Münzenberg, der Großvater gleichen Namens (1697–1777) war fast 50 Jahre lang Pfarrer an der ref. Katharinen-Kirche zu Steinau an der Straße. Der Vater Philipp Wilhelm (1751–1796) arbeitete als Jurist in Hanau und wurde später Amtmann in Steinau. Die Vorfahren der Mutter Dorothea, geb. Zimmer (1755–1808), die aus Ks. stammte, wirkten ebenfalls zumeist in verschiedenen öff. Ämtern in Hessen. Der Großvater Johann Hermann Zimmer (1709-1798) war Kanzleirat in Ks. und Hanau und kümmerte sich sehr um die Erziehung der Enkel.

Doppelporträt der Brüder Grimm, Lithographie von Hanfstaengl nach einer Zeichnung von Ludwig Emil Grimm (Zeichnung 1829, Lithographie später)

Von den neun Kindern der Familie blieben sechs am Leben, neben Jacob und Wilhelm noch drei weitere Brüder und eine Schwester: Carl (1787–1852) versuchte sich ohne Erfolg als Weinhändler in Bordeaux und Bremen, verfasste eine Anleitung zur italienischen Buchführung und lebte unverheiratet als Sprachlehrer in Ks.; Ferdinand (1788–1845) erlernte in Berlin das Verlagshandwerk, gab unter verschiedenen Pseudonymen Märchen und Sagen heraus und starb vereinsamt in Wolfenbüttel; der jüngste Bruder → *Ludwig Emil Grimm* machte sich als Zeichner und Maler einen Namen. Die einzige Schwester Charlotte Amalie (genannt Lotte; 1793–1833) führte nach dem Tod der Mutter (1808) in Ks. den Grimmschen Haushalt und heiratete 1822 den späteren kurhess. Staatsminister → *Ludwig Hassenpflug*. Während Jacob G. zeitlebens unverheiratet blieb, ehelichte Wilhelm 1825 die Kasseler Apothekertochter Dorothea → *Wild* (genannt Dortchen; 1793–1867), die er seit seinen Jugendjahren kannte und die zu der Grimmschen Märchensammlung beigetragen hatte. Sie hatten zusammen zwei Söhne und eine Tochter: der älteste Sohn Herman (1828–1901) machte sich als Schriftsteller und Kulturhistoriker einen Namen und heiratete 1859 die jüngste Tochter von Achim und Bettina von Arnim, Gisela (genannt Giesel; 1827–1889). Der zweite Sohn Rudolf (1830–1889) arbeitete als Jurist im preuß. Staatsdienst; durch seine uneheliche Verbindung mit der Haushälterin Agnes Oestreich (1861–1943) existieren bis heute direkte leibliche Nachfahren. Wilhelms Tochter Auguste (1832–1919) verstarb unverheiratet in Berlin. Lotte, verheiratete Hassenpflug, hatte sechs Kinder, von denen Carl (1824–1890), Friedrich (1827–1892), Ludwig (1831–1878) und Dorothea (1833–1898) das Kindesalter überlebten. Ludwig Emil war zuerst verheiratet mit Marie (1803–1842), der Tochter des Kasseler Malers → *Wilhelm Böttner*, 1845 heiratete er die Tochter Friederike (1806–1894) des Kasseler Generalsuperintendenten Christoph Friedrich Wilhelm Ernst (1765–1855). Über seine Tochter Friederike (genannt Ideke; 1833–1911) aus erster Ehe existieren bis heute leibliche Nachfahren. *bl*

Lit.: Hennig/Lauer, Grimm;
Lauer, Brüder Grimm.

Grimm, Jacob und Wilhelm Die Brüder Jacob (* 4.1.1785 Hanau, † 20.9.1863 Berlin) und Wilhelm (* 24.2.1786 Hanau, † 16.12.1859 Berlin) haben sich als Märchensammler und Sprachforscher einen Namen gemacht. Sie entstammen der im hess. Raum tief verwurzelten Familie → *Grimm*. Ihre Kindheit und frühe Jugend verlebten sie zusammen mit vier weiteren Geschwistern in dem Landstädtchen Steinau an der Straße im Kinzigtal. Nach dem Tod des Vaters (1796) besuchten sie ab 1798 das Kasseler Lyceum Fridericianum (→ *Friedrichsgymnasium*), danach studierten sie die Rechte an der hess. Landesuniv. zu Marburg (1802/03–1805/06). Während der napoleonischen Okkupation war Jacob Privatbibliothekar des Königs → *Jérôme* und Referent im Staatsrat. 1814/15 wirkte er als kurhess. Legationsrat in Paris und beim Wiener Kongress. Beide Brüder – Wilhelm seit 1814, Jacob seit 1816 – arbeiteten bis 1829 als Bibliothekare an der Kurfürstlichen Bibliothek. Von 1830 bis 1837 waren sie Bibliothekare und Professoren an der Univ. Göttingen. Von 1841 bis zu ihrem Tode wirkten sie als Mitglieder der Königlichen Akademie der Wissenschaften zu Berlin. Die G.s gelten als die Begründer der modernen Literarischen Volkskunde sowie der Germanischen Sprach- und Lit.wiss., sie beeinflussten aber auch die neuere Rechts- und Religionswiss. Mit ihrem kombiniertem Interesse für die literarische und volkstümliche Überlieferung und mit ihrer akribisch vergleichenden empirischen Arbeitsweise stehen sie am Beginn aller hist.-kritischen Philologien des 19. Jhs. in Europa und haben über Dtld. hinaus auch der Keltistik, der Romanistik, der Slawistik sowie der Finno-Ugristik Impulse gegeben. Im Zentrum des Grimmschen Denkens steht die Vorstellung von der „organischen" Einheit kulturgeschichtl. Phänomene. Sowohl in den literarischen Zeugnissen der Vergangenheit als auch in den z. T. mündlich bis in die Gegenwart tradierten Volksüberlieferungen wird das Fortleben eines „ursprünglichen" und „wahren" Mythos gesehen, der nicht nur in der antiken griechischen und lateinischen Kultur seine Ausprägung erfuhr, sondern auch in der Dichtung und im Volksglauben der Kelten, Germanen und Slawen. Mit ihren seit 1808 vornehmlich in Ks. zusammengetragenen und 1812/15 zweibändig zu Berlin erstmals erschienenen und inzwischen in über 160 Sprachen und Kulturdialekte aller Erdteile übersetzten „Kinder- und Hausmärchen" haben die G.s Weltruhm erlangt. Diese in der Ausgabe letzter Hand 211 Texte umfassende Sammlung steht bis heute im Zentrum der modernen Märchenforschung. Daneben stehen die „Deutschen Sagen", die 1816/18 ebenfalls zweibändig zu Berlin erschienen, sowie ihre mythengeschichtl. Abhandlungen, v. a. Jacobs 1835 erschienene „Deutsche Mythologie". In ihren Sammlungen zur „Poesie des Volkes" erschlossen die G.s ein sehr disparates Material. Dabei arbeiteten sie alle erreichbaren mündlichen und schriftlichen Quellen auf. Unterstützt wurden sie von zahlr. Informanten, die vornehmlich aus Hessen und Westfalen kamen und, wie sie selbst, den gebildeteren Schichten der Gesellschaft entstammten. Allein der „stockhessischen" Märchenfrau → *Dorothea Viehmann* aus „Zwehrn" haben sie in ihrer Sammlung ein Denkmal gesetzt, da sie ihrem romantischen Wunschbild einer „volkstümlichen" und „ungebildeten" Erzählerin am meisten nahezukommen schien. Nähere Forschungen zur Überlieferungsproblematik der „Kinder- und Hausmärchen" haben jedoch eine bisweilen starke Abhängigkeit von der romanischen Märchentradition in Italien und Frankreich gezeigt, was u. a. mit der hugenottischen Abstammung (→ *Hugenotten*) der wichtigsten Kasseler Märchenbeiträger (z. B. der Schwestern Marie und Jeanette → *Hassenpflug*) erklärt werden kann.

Die Brüder Grimm bei der Märchenfrau, Ölgemälde von Louis Katzenstein, um 1894

Die Sammlungen und Forschungen der Brüder stehen in engem Verhältnis zu den Problemen ihrer Zeit; sie wurden im französisch besetzten Ks. begonnen. Das hist. Konzept der Brüder wurzelt zutiefst in der dt. Romantik, die man als eine geistige Gegenbewegung zur Französischen Revolution begreifen kann. Die Brüder förderten mit weiteren Gelehrten, sammelnden Dilettanten und Schriftstellern zahlr. Quellen und Zeugnisse der „germanischen" und „altdeutschen" Lit. erstmals zutage. Die Grimmsche Vorgehensweise ist dabei systematisch und hist. und hat dazu geführt, Sprache und Lit. in ihrem Werden und in ihrer Entwicklung zu begreifen, Kultur und Geschichte in ihrer Bedeutung für die Gegenwart neu zu definieren. Das Ergebnis ist die Begründung einer neuen Wiss., der „Germanistik". Jacob legte mit seiner „Deutschen Grammatik" 1819 den Grundstein für die gesamte neuere germanistische Sprachwiss.; beide Brüder begründe-

ten mit dem „Deutschen Wörterbuch“, das sie vom Buchstaben „A“ bis zum Wort „Frucht“ noch selbst bearbeiteten, die neuere dt. Lexikographie. Ihre zahlr. Editionen und Sammlungen zur alt- und mittelhochdeutschen sowie zu weiteren mittelalterl. Dichtungstraditionen waren Vorbild für die neuere Editionsphilologie.
Wenn auch der Umfang und die Richtung des Grimmschen Werkes bisweilen als „romantisch“ oder gar „wilde Philologie“ kritisiert wurde: bleibende Bedeutung gewannen Jacob und Wilhelm durch die identitätsstiftende Funktion ihres Wirkens. Sie haben zur Herausbildung eines gesamtdeutschen Bewusstseins und zum Entstehen einer nationalen Bewegung in Dtld. beigetragen. Ihr wiss. Wirken steht daher immer in Wechselwirkung zu ihrem polit. Handeln. Dies wird besonders deutlich bei der Mitwirkung beider Brüder am Protest der „Göttinger Sieben“ gegen den Verfassungsbruch des hannoverschen Königs 1837. In der Dt. Nationalversammlung 1848 spielte Jacob als rheinpreuß. Abgeordneter eine nicht unbedeutende Rolle. Sein Antrag zu den „Grundrechten des Deutschen Volkes“ kann nach der → *Wiedervereinigung* Deutschlands und der Integration der europ. Völker wieder aktuell werden: „Das deutsche Volk ist ein Volk von Freien und deutscher Boden duldet keine Knechtschaft. Fremde Unfreie, die auf ihm verweilen, macht er frei“. *bl*

Lit.: Hennig/Lauer, Grimm;
Lauer, Brüder Grimm.

„Ego sum vita“ von Ludwig Emil Grimm, 1858, Öl auf Leinwand

Grimm, Ludwig Emil, genannt Louis (* 14.3.1790 Hanau, † 4.4.1863 Ks.), war der jüngste Bruder von → *Jacob und Wilhelm Grimm*. Schon in frühen Jahren, in denen er ohne besondere Anleitung Pflanzen, Tiere und Landschaften nach der Natur zeichnete, wurde seine Begabung deutlich, die ihm von 1805 bis 1807 zu einer ersten Ausbildung an der Kasseler → *Kunstakademie* verhalf. Wichtige Anregungen und nachhaltige Förderung erfuhr er durch Aufenthalte in Heidelberg und Landshut (1808/09), wo er Vertreter der romantischen Bewegung persönlich kennenlernte (Achim von Arnim, Clemens Brentano, Joseph Görres; Savigny-Kreis). 1809–14 studierte er in München und erlernte bei dem Kupferstecher Carl Ernst Christoph Heß die Technik der Druckgraphik. Nach der Teilnahme am Feldzug gegen Frankreich (1814) und einer dreimonatigen Italienreise (1816) ließ sich G. als freier Künstler in Ks. nieder. 1828 nahm er am Dürer-Fest in Nürnberg teil, das er als einen Höhepunkt seines Lebens betrachtete. In diese Zeit fällt auch die gemeinsame Arbeit mit dem befreundeten Maler Gerhardt von Reutern in Willingshausen, die den Beginn der gleichnamigen Künstlerkolonie markiert. Erst 1832, mit 42 Jahren, erhielt er eine Anstellung als Lehrer an der Kasseler Kunstakademie. Im gleichen Jahr ehelichte er Marie Böttner (1803–1842), die Tochter → *Wilhelm Böttners*, die ihm die Tochter Friederike (1833-1914) gebar; 1845 heiratete er Friederike Ernst (1806-1894). G. hat nicht nur das Leben seiner berühmten Brüder zeichnerisch begleitet und von innen heraus anschaulich gemacht. Er stellte v. a. mit seinen Zeichnungen und seinen fein gearbeiteten Radierungen eine Künstlerpersönlichkeit dar, die heute auf ein wachsendes Interesse stößt. Im Mittelpunkt seines Schaffens steht eine romantisch artikulierte Schönheit der Natur, verbunden mit einer ebenso romantisch bestimmten Rückbesinnung auf die „altdeutsche“ Kunst. Nicht nur seine Vorliebe für das Volkstümliche und sein Streben nach der Wiedererweckung des Mittelalters, sondern auch seine „Andacht zum Unbedeutenden“ verbinden ihn mit seinen Brüdern Jacob und Wilhelm. Sein Werk, das aus etwa 30 Gemälden und über 2.000 gezeichneten und radierten Blättern besteht, ist daher nur wenig der Historien- und Mythenmalerei der Zeit wirklich verpflichtet, obwohl er sich als reifer Künstler, v. a. mit seinem Hauptwerk „Die Mohrentaufe", selbst formal und thematisch in die Nähe der Nazarener gestellt hat. Vielmehr erscheinen immer wieder Steinau und Ks. als Bezugspunkte seiner Welt und überall zeigt sich eine ausgeprägte Natur- und Heimatliebe. In seinen Porträt- und Genredarstellungen zeichnet er ein lebendiges Bild seiner Zeit. In seinen Karikaturen und Skizzen nimmt er humorvoll sich und seine Umgebung aufs Korn. In seinen Märchenillustrationen sucht er den Mythos in Bezug zur Geschichte darzustellen. *bl*

Lit.: Koszinowski/Leuschner, Ludwig Emil Grimm; Freund, Ludwig Emil Grimm.

Groa, Ilse → *Berend-Groa, Ilse*

Gronau, Georg (* 15.02.1868, † 26.12.1937 San Domenico di Fiesole), Dr., war Kunsthistoriker und 1910–24 Direktor der Kasseler Gemäldegalerie. Er entstammte einer jüdischen Familie, studierte in Bonn und Berlin, wo er 1890 über „Die Ursperger Chronik" promovierte. In den 1890er Jahren erwarb er in Fiesole eine Villa, wo er u. a. im Kreis Aby Warburgs bis 1910 lebte. Sein persönliches Interesse galt v. a. der venezianischen Malerei. Er publizierte ab 1894 Fachbeiträge, gab 1900 ein Buch über Tizian, 1902 über Raffael, 1903 über Leonardo da Vinci und 1907 über Correggio heraus. 1909 folgte noch eine Abhandlung zur Künstlerfamilie Bellini, um im Jahr darauf Direktor der Gemäldegalerie zu werden. Nach seinem vorzeitigem Ausscheiden 1924 zog er sich nach Fiesole zurück. G. publizierte weitere Bücher zu Bellini 1928, 1930 sowie 1936 die Documenti artistici Urbinati. In Ks. traf er auf die stark historistisch geprägte Galerie seines Vorgängers → *O. Eisenmann* von 1877. Er schuf 1911 eine Neugestaltung und -hängung in farblicher Vereinfachung und Aufhellung des Hauses. 1913 legte er den ersten alphabetisch geordneten Katalog der Gemäldegalerie mit 50 Abbildungen vor. Ihm glückten einige Erwerbungen, über die er in der Zeitschrift „Berliner Museen" 1923 berichtete. In intensiven Archivstudien erforschte er grundlegend die Geschichte der Galerie, zu der er 1924 ein umfängl. Manuskript hinterließ. Es floss 1969 in → *E. Herzogs* Buch über die Galerie ein. *gjw*

Lit.: Gronau/Fischel; Schriftenverzeichnis Gronau.

Das **Große Pflanzenhaus** in der → *Wilhelmshöhe* wurde 1822 als eines der frühesten dt. Beispiele in Glas-Eisenarchitektur nach Entwurf des kurhess. Hofbaumeisters → *Johann Conrad Bromeis* am nördl. Rand des Bowlinggreens errichtet. An eine zentrale

Großes Pflanzenhaus im Bergpark Wilhelmshöhe, Oktober 2005

Rotunde mit gläserner Kuppel schlossen sich zwei Seitenflügel und abschließende Eckpavillons an. Die S-Fassade bestand aus hölzernen Pfeilern mit gusseisernen Kapitellen und dazwischen gestellten Glaswänden. N- sowie W- und O-Seiten der Eckpavillons waren als steinerne Mauern ausgeführt. Die Formensprache stand noch deutlich in der Trad. der Orangeriegebäude, war jedoch in Glas und Eisen aufgelöst. Kondenswasser führte an Holz- und Eisenteilen bald zu starken Schäden. 1873 erfolgten erste Umbauten unter Hofbaumeister → *Dehn-Rothfelser*. Das hölzerne, mit Blei überdeckte Dachwerk und eine Fensterwand am westl. Pavillon wurden durch reine Eisenkonstruktionen ersetzt, große Teile der Gläser erneuert. Ab 1887 wurde der Mittelbau abgerissen und in historisierenden Formen wieder aufgebaut. Zwei hohe gusseiserne Schornsteine rahmen das abgewalmte Gewölbe mit obergadenartigem Zwischengeschoss ein. Der Zugang ist durch ein reich verziertes Portal mit Tympanon und Giebelakroterien akzentuiert. Die N-Fassade ist weiterhin in Stein ausgeführt, ein großes gläsernes Portal erlaubt den Zugang von der N-Seite. Die südl. Hälfte der Dächer ist in Glas ausgeführt. Geheizt wurde das Gebäude durch eine Kanalheizung. Genaue Kenntnisse über die urspr. Bepflanzung liegen nicht vor. Die Bezeichnung der Seitenflügel als Kap- und Kamelienhaus lassen Rückschlüsse zu. Nach Zerstörungen im → *Zweiten Weltkrieg* wurden das G. und der davor liegende Gartenbereich nicht mehr originalgetreu hergestellt. Die hohe Luftfeuchtigkeit im Gebäude führte zu weiteren Schäden. 1993–2002 restaurierte man das G. im Auftrag der Staatlichen Schlösser und Gärten Hessens nach den vorhandenen Bauzeichnungen von 1887. Aufgrund fehlender Quellen basiert die Wiederbepflanzung auf der hist. Benennung der Seitenflügel. Der Mittelpavillon ist mit Gewächsen aus den tropischen Klimazonen bepflanzt. 2001–03 erfolgte die Rekonstruktion des Gartenbereiches vor dem Gebäude. *cg*

Grotefend, Wilhelm (* 15.1.1857 Schessel, † 16.1.1901 Ks.), Dr. phil., nahm nach dem Studium der Philologie und Geschichte in Göttingen und Leipzig zunächst eine Tätigkeit als Hauslehrer auf. 1886 erfolgte die Promotion, ab 1889 war er Bibliothekar der → *Landesbibliothek*. Neben seiner beruflichen Tätigkeit veröffentlichte er viele landesgeschichtl. Aufsätze, speziell zu Hessen-Ks. 1895–1901 war er Schriftleiter der kulturellen Zeitschrift „Hessenland", die unter seiner Leitung viele neue Leser gewann. Der „Konservative Verein für Hessen und Waldeck" wählte ihn zum Schriftführer. 1897 erhielt er von der Historischen Kommission den Auftrag zur Sammlung des hist. Materials für das Inventarverzeichnis der „Bau- und Kunstdenkmäler im Regierungsbezirk Kassel". Zusammen mit dem Bezirkskonservator Dr. Bickell leistete er die Vorarbeiten für Band 1: Gelnhausen. G. begann noch die Vorarbeiten für den Band über Fritzlar. 1899 beauftragte ihn der → *Verein für Hessische Geschichte und Landeskunde*, alle Urkunden zum sog. → *Soldatenhandel* zusammenzutragen. Alle Arbeiten blieben durch seinen plötzlichen Tod unvollendet. *hbe*

Lit.: Ex Bibliotheca; Grotefend, Hessenland, 15. Jg.

Grüning, Walter (* 28.4.1907 Mühlhausen, † 12.9.2003 Ks.) war Architekt. Nach einer Maurerlehre studierte er 1924–28 an der Staatsbauschule Ks. Von 1928 bis 1931 war er im Architekturbüro P. Hembus tätig, 1932 eröffnete er sein eigenes Architekturbüro. 1921 trat er in die SPD ein, 1937 in die Reichskammer der bildenden Künste, um ein Berufsverbot zu vermeiden. Er war 1935 an der Sanierung der Kasseler → *Altstadt* beteiligt, z. B. mit der Sanierung des Fachwerkhauses → *Marktgasse* 2/Ecke Mittelgasse (kriegszerstört) und dem Neubau → *Freiheiter Durchbruch* 19/21, dem Gebäude der Fleischerei Iffert, (beim Umbau des → *Altmarkts* abgebrochen) sowie dem Umbau Mittelgasse 50. Nach dem Krieg war er 1945–48 als Bezirksarchitekt in → *Wehlheiden* entscheidend am → *Wiederaufbau* der kriegszerstörten Stadt beteiligt. G. baute u. a. Wohn-, Geschäfts- u. Verwaltungsbauten, Schulen und Turnhallen. Seine Architektur entsprach der gemäßigten Moderne der Zeit von 1950 bis 1970. Beispiel seiner ausgeführten Bauten sind die Laubenganghäuser in der Friedrich-Ebert-Str. 67, die Belgier-Schule im → *Auefeld*, das DGB-Haus in der Spohrstr. 6–8, das Belgische Offizierskasino im Hasselweg 20 (heute Hauptzollamt), die → *Handwerkskammer* am Scheidemannplatz 2, das Café Rosenhang (zur → *Bundesgartenschau* 1955) und die Sporthalle am → *Königstor* sowie sein eigenes Haus im Fuchsküppelweg in → *Harleshausen*. *hsl*

Qu./Lit.: StAKs.; Architekturführer.

Albert Grzesinski

Grzesinski, Albert (* 28.7.1879 Treptow/Pommern; † 31.12.1947 New York) Der gelernte Metalldrücker, seit 1900 in der SPD, machte Karriere über die Gewerkschaften, deren Mitglied er seit 1897 war. Nach einer polit. Lehrzeit in Offenbach wurde er 1907 Geschäftsführer der Verwaltungsstelle des Dt. Metallarbeiter-Verbandes (DMV) in Ks. und zudem 1913 Vorsitzender der Gewerkschaften. Während des → *Ersten Weltkrieges* profilierte er sich über die Mitarbeit in zahlr. städt. Kommissionen als Verwaltungsfachmann. In der Revolution 1918, in der sich sein Aufstieg zum Politiker von nationaler Bedeutung vollzog, übernahm er den Vorsitz des Kasseler → *Arbeiter- und Soldatenrates*. 1919–24 Stadtverordnetenvorsteher, lehnte er 1919 eine Kandidatur zum OB ab. Die reichsweite Karriere des kämpferischen und durchsetzungsfähigen Pragmatikers begann im Dezember 1918 im Zentralrat der Dt. Sozialistischen Republik. Nach Tätigkeit im Reichswehrministerium wurde er 1919–33 Mitgl. des preuß. Abgeordnetenhauses, 1922 Leiter des Preuß. Landespolizeiamtes, 1925

Polizeipräsident von Berlin und 1926 Preuß. Innenminister. 1930 trat er nach einer Affäre zurück. Von November 1930 bis Juli 1932 war er erneut Berliner Polizeipräsident. Im März 1933 musste der entschiedene Gegner des NS emigrieren. Er gelangte über die Schweiz und Paris 1937 nach New York. *wmü*

Lit.: Albrecht, Demokratie; Grzesinski, Kampf.

Guerniero, Giovanni Francesco (* um 1665 Rom, † 19.3.1745 ebd.) Über Leben und Werk des Erbauers von Oktogon, Grottenanlagen und Kaskaden auf dem „Karlsberg" ist wenig bekannt. Er arbeitete in den 1690er Jahren in Rom als „stuccatore" in den Jesuitenkirchen Il Gesù und S. Ignazio, wo ihn Lgf. → *Karl* während seiner Italienreise 1699/1700 kennen lernte und engagierte. Von 1701 bis 1715 betreute G. in Ks. das große landgräfl. Bauprojekt. Der Umfang und die Bezahlung der einzelnen Bauabschnitte wurden jeweils in neuen Verträgen genau festgelegt. Der letzte von 1713 bezog sich auf die Errichtung der Pyramide für die Figur des → *Herkules*, die anfänglich nicht vorgesehen war. Auch für das bereits 1705 in Rom vom Landgraf beauftragte Stichwerk „Delineatio montis" mit Darstellungen der nie verwirklichten riesenhaften Kaskadenachse war er tätig. Nach seinen Entwürfen fertigten berühmte römische Kupferstecher eine Anzahl von Ansichten des Projektes an. 1715 verließ er Ks., wo er auch geheiratet hatte und Vater von zwei Töchtern geworden war. Bei der bekannten Geschichte von seiner heimlichen Flucht wegen erster Schäden am Bauwerk handelt es sich um eine nicht bewiesene Legende. Über ein weiteres künstlerisches Schaffen G.s nach seiner Rückkehr nach Rom ist nichts bekannt. Dort konnte er von den in Ks. erworbenen Einkünften ein großes Haus bauen, von dessen Mieteinkünften er und seine Nachkommen lebten. *gf*

Lit.: Heidelbach, Wilhelmshöhe; Holtmeyer, Cassel-Stadt.

Gutenbergbibel Die in der → *Handschriftenabteilung* verwahrte G. ist eine Leihgabe der Kirchengemeinde Immenhausen. Der Band (nur das Alte Testament) wurde 1958 auf dem Dachboden des Pfarrhauses gefunden und 1978 aus Sicherheitsgründen der Handschriftenabteilung übergeben, wo die Bibel Teil der Dauerausstellung ist. Sie ist das 47. von 48 erhaltenen Exemplaren. Gutenberg ist nicht der Erfinder des Buchdrucks. Schon um 1420–30 wurden Blockbücher mit wenigen Einzelblättern von einer Holztafel (Block) im Reiberdruckverfahren einseitig bedruckt hergestellt. Gutenbergs eigentliche Erfindung war der Druck mit immer wieder verwendbaren, beweglichen Lettern und der beidseitige Druck. Trotz dieser Zerlegung der Schrift in Einzelbuchstaben blieb das Druckbild der G. eine Kopie des Schriftbildes der Handschriften, dem Gutenberg durch zahlr. Sonderanfertigungen von Typen (Abkürzungen, Ligaturen, Sonderzeichen) entsprach. Erst die nächste Generation der Frühdrucker nutzte das Potential der Erfindung der Einzelbuchstaben voll aus und vereinfachte das Druckbild. Die G. ist der erste große Druck nach Erfindung des Buchdrucks. Vor der um 1452–54 gedruckten 42-zeiligen Bibel druckte Gutenberg Kleindrucke, wie z. B. eine Lateingrammatik. Sie ist nicht der einzige Gutenbergdruck, der in der Handschriftenabteilung vorhanden ist. Ein weiterer Druck ist der 31-zeilige Ablassbrief von 1454: Paulinus Chappe: Ablaßbrief zum besten des Kampfes gegen die Türken und der Verteidigung von Cypern. *kwi*

Lit.: Staub, Gutenbergbibel, 74–85.

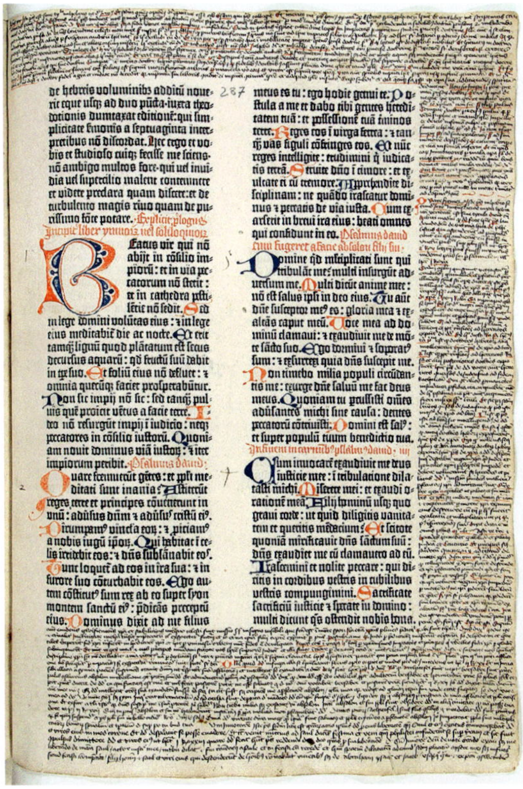

Der Anfang des Psalters der aus Immenhausen stammenden Gutenbergbibel, die im Handschriftentresor der UB Kassel aufbewahrt wird

Haarmann, Hermann Justus (* 13.9.1877 Osnabrück, † 21.1.1938 Ks.), Dr. rer. nat., strebte zuerst eine Militärlaufbahn an, brach diese ab und studierte Rechts- und Staatswiss. sowie Kunstgeschichte in Berlin, Straßburg und München. Nach einer kurzen Zwischenstation bei der Handelskammer in Osnabrück ging er nach England, Frankreich und in die USA, um die sozialen und wirtschaftl. Verhältnisse in diesen Ländern zu studieren. Wieder in Dtld. wirkte er in Frankfurt/M. am „Institut für Gemeinwohl". 1910 wurde er geschäftsführender Vorstand der „Gesellschaft für Gemeinwohl" in Ks. 1920 wurde er besoldeter Stadtrat im Magistrat und Leiter des Jugend- und Wohlfahrtsamts. Wolfgang Hermsdorff berichtet in einem „Blick zurück", wie H. im Jahre 1932 hilflos der Not der Arbeitslosen gegenüberstand, da die Stadt kein Geld zum Helfen hatte. Am 24.03.1933 besetzte die SA das Kasseler Rathaus. Die → *Kasseler Post* berichtete am folgenden Tag: „Währenddessen wurde aus den Diensträumen ... eine Anzahl Beamte, die offenbar in der Öffentlichkeit als unbeliebt gelten, von den SA-Leuten ... zu ihrem eigenen Schutz in die Bürgersäle geführt, von wo sie kurz darauf wieder entlassen wurden. Unter ihnen befanden sich auch ... Stadtrat Dr. Haarmann". In den Bürgersälen wurden H. und andere misshandelt. Amtlich heißt es später, „auf Grund freier Vereinbarung unter gleichzeitiger Ernennung zum Direktor der → *Murhardschen Bibliothek*" schied H. aus dem Magistrat aus. In der Bibliothek richtete er u. a. das „Kasseler Zimmer" ein, Grundstock zu einem stadtgeschichtl. Museum. *hbe*

Lit.: Kahlfuß, 125 Jahre Murhardsche Stiftung; Hermsdorff, Blick zurück.

Habich, Edward, eigentlich Eduard Georg (* 7.7.1818 Veckerhagen/Weser, † 12.9.1901 Ks.) war der Sohn des Farbenfabrikanten (Kasseler Braun, etc.) August Heinrich Habich (1792–1872). Nach verschiedenen Tätigkeiten in Magdeburg, Frankfurt (Weinhandel) und Paris, zog er 1845 nach New York, erlernte die Zigarrenherstellung, gründete eine Ultramarin-Fabrik, siedelte nach deren Bankrott nach Haiti und schließlich 1849 nach Boston über. Dort verdiente er als Kaffeemakler seinen Unterhalt, dann als Bierbrauer ein Vermögen. 1852 heiratete er Amalie Elisabeth Dedolph (1827–1898), Tochter eines Amtmanns zu Gudensberg und kehrte 1866 nach Ks. zurück. Er betrieb intensive Sprachstudien, lernte u. a. Ungarisch, Arabisch und mit 75 Jahren noch Russisch. Er übersetzte Shakespeare und gründete in Ks. italien. und span. Lesekränzchen. H. betätigte sich äußerst großzügig als Mäzen der Kasseler Museen (→ *Stifter und Stiftungen*). 1894 finanzierte er die Grabung von → *Johannes Boehlau* auf Samos. Die Funde kamen als 99-jährige Leihgabe in das → *Museum Fridericianum* (bis 1913) und dann in das → *Hessische Landesmuseum*; heute sind große Teile in der → *Antikensammlung* ausgestellt. V. a. beraten von → *Oscar Eisenmann* sammelte er Gemälde, meist niederländ. Maler, von denen zuletzt 166 Stück von 1881 bis 1892 als Dauerleihgaben in die Königliche Gemäldegalerie integriert wurden. Am 9./10.5.1892 wurde die Sammlung versteigert, 23 Gemälde, darunter drei von Habich selbst ersteigerte, gelangten in die Galerie. Bis heute bestimmen diese Erwerbungen (Baldung, Ter Brugghen, De Grebber, Rembrandt-Werkstatt usw.) das Profil der Galerie. *gjw*

Lit.: Eisenmann, Sammlung.

Der **Habichtswald** hat eine Größe von ca. 5.000 ha, etwa 3.000 ha davon befinden sich innerhalb der Gemarkungsgrenzen der Stadt Ks. selbst. Beliebte Ausflugziele sind der → *Herkules*, der → *Bismarckturm*, das → *Hohe Gras* mit Gaststätte und Aussichtsturm, Elfbuchen mit Aussichtsturm, die Waldgaststätten → *Erlenloch*, Silbersee, → *Herbsthäuschen* und die Teufelsmauer. Der H. liegt im gleichnamigen Naturpark, der aber noch weit in das Wolfhager Hügelland hineinreicht. Bis zum Jahr 2005 wurden Teile als Truppenübungsplatz genutzt. Bemerkenswert

Der herbstliche Habichtswald in der Nähe der Hessenschanze, November 2003

ist der Artenreichtum, der auf die verschiedenartigen Grundgesteine zurückzuführen ist (Basalt, Kalk, Bundsandstein, Röt). So gibt es neben ca. 50 Baumarten viele Orchideenarten, Seidelbast, seltene Insektenarten und vieles andere mehr. Als höfischem Herrschaftswald galt ihm nach dem → *Dreißigjährigen Krieg* das besondere Interesse der Landgrafen und Kurfürsten von Hessen-Ks. Ab 1701 wurde unter Lgf. → *Karl* der Bergpark in den H. hinein gestaltet und 1824 gab es eine weitere Ausdehnung des Parks (→ *Park Wilhelmshöhe*). Gleichzeitig waren für die Bevölkerung und die → *Industrie* Holz bereitzustellen und es gab bäuerliche Weiderechte zu bedienen. Letztere haben zu umfangreichen Weidehuten innerhalb des H.s geführt, die auf einer Fläche von rd. 300 ha noch vorhanden sind und gepflegt werden. Von 1571 (1. Stollen) bis in die 1950er Jahre wurde Braunkohle im Tiefbau und z. T. im Tagebau abgebaut (→ *Bergbau*). Aufgrund der hohen Belastungen sind bereits vor rd. 200 Jahren und in regelmäßiger Folge forstliche Planwerke erstellt worden. Dahinter steht das Bemühen, einen harmonischen Übergang zwischen dem Park Wilhelmshöhe und dem Wald sowie einen Ausgleich der unterschiedlichen Interessen zu finden. *uz*

Haesler, Otto (* 13.6.1880 München, † 2.4.1962 Wilhelmshorst/Potsdam) wurde nach einer Ausbildung zum Bauzeichner, Maurer und Architekten zwischen 1929 und 1931 v. a. durch seinen Siedlungsbau zu einem der führenden Architekten des Neuen Bauens in Dtld. Die bedeutendste und in der Zusammenführung aller Elemente des Neuen Bauens neuartigste seiner zahlr. Siedlungen war die Kasseler → *Rothenbergsiedlung*. H. wollte durch Kostenersparnis bezahlbaren Wohnraum schaffen. Dazu dienten ein am Sonnenstand ausgerichteter Zeilenbau, Stahlskelettkonstruktion, Typisierung des Grundrisses, Flachdach, horizontale Fensterbänder, Glastreppenhaus, weißer Putz sowie zentrale Gemeinschaftseinrichtungen für Heizen, Waschen und Trocknen im Randbereich der Siedlung. Hinzu kam die Verkehrsführung über eine Ringstr. mit Anliegererschließung. In der Endstufe waren 2.500 Wohnungen vorgesehen, von denen er nur 376 realisieren konnte: Klagen gegen die Beauftragung des „ortsfremden" H.s bewirkten die Hinzuziehung einer Kasseler Architekten-Arbeitsgemeinschaft und führten zum Ende des fortschrittlichen Bauprojekts. Ebenso wegweisend waren Bauweise, verwendete Materialien, Grundrissorientierung und Funktionalität seines Entwurfs für das → *Aschrottheim* in Ks. Wegen seiner gläsernen Fassadengestaltung hieß es bald „Tantenaquarium". Danach verhinderten die wirtschaftl. und zunehmend auch polit. Lage weitere Großaufträge. *am*

Lit.: Schumacher, Haesler; Oelker, Haesler.

Hafen Der Stichh. in Ks. wurde 1895 als Endpunkt der Weser- und Fuldaschifffahrt gebaut (→ *Schifffahrt*). Er liegt auf der rechten Fuldaseite, nördl. der → *Unterneustadt*, ist 295 m lang, 60 m breit und hat bei Normalstau eine Tiefe von 2 m. Die Kaimauer im O ist 160 m lang, es schließen sich 60 m Spundwand an. Ansonsten gibt es eine Uferböschung. Bei der Einweihung standen ein Kran mit Handbetrieb bis 10 t und je ein fahrbarer Dampfkran bis 2,5 t zur Verfügung. Für die Lage im O sprachen die kostengünstige Anbindung an die Waldkappeler Bahn über den Bahnhof Bettenhausen (→ *Bahnhöfe*), die erwarteten Massengüter aus dem O, wie z. B. Ton, Schamotte, Schwerspat, Braunkohle, Getreide und Kali, und das preiswerte Gelände. Es wurde 1880 von der Handelskammer Ks. ein Güterumschlag von 280.000 t prognostiziert. Zwischen 1895 und 1977 wurde in der Regel ein maximaler Güterumschlag von 60–80.000 t erreicht, lediglich in den Jahren 1958 (91.000 t) und 1961 (101.800 t) wurden höhere Frachten erzielt. Auch Mo-

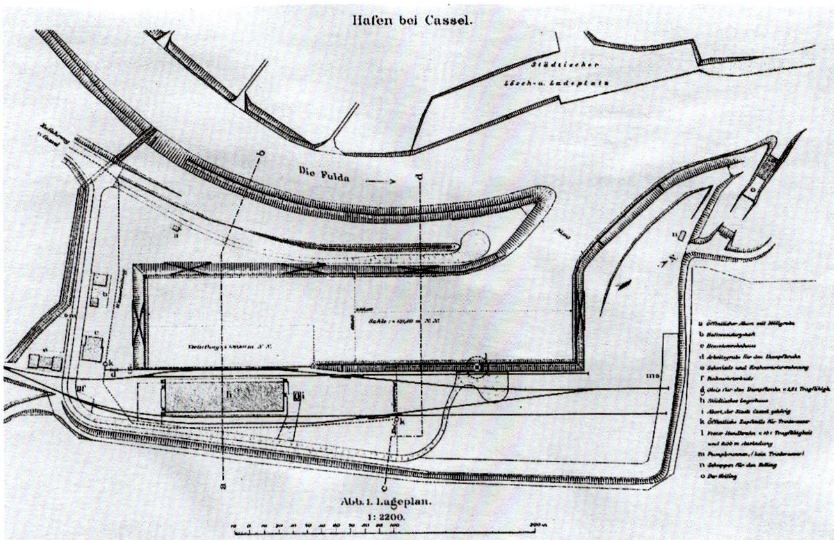

Zeichnung des Kasseler Hafens aus der Zeitschrift für Bauwesen, Berlin 1899
Legende: a) Öffentlicher Abort mit Müllgrube, b) Hafenmeistergehöft, c) Beamtenwohnhaus, d) Arbeitsgrube für den Dampfkrahn, e) Schmiede und Krahnwärterwohnung, f) Bahnwärterbude, g) Gleis für den Dampfkrahn, h) Städtisches Lagerhaus, i) Abort, der Stadt Cassel gehörig, k) öffentliche Zapfstelle für Trinkwasser, l) fester Handkrahn, m) Pumpbrunnen (kein Trinkwasser), n) Schuppen für den Helling, o) Der Helling

dernisierungen und der Bau zusätzlicher Lagerhäuser und Getreidesilos erhöhten den Umschlag nicht. Denn die Abladetiefen bei Niedrigwasser waren gering, die Liegezeiten im Winter lang, die Güter für die Bergfahrt fehlten und die Tarife waren ungünstig. 1977 wurde der H. von der Wasser- und Schifffahrtsverwaltung an das Land Hessen zurückgegeben und an den Yacht Club Ks. vermietet, der ihn 2001 kaufte. Heute hat der H. 60 Liegeplätze mit Strom- und Wasseranschluss. *ftö*

Lit.: Tondera, Fuldahafen; Ders., Erinnerungen.

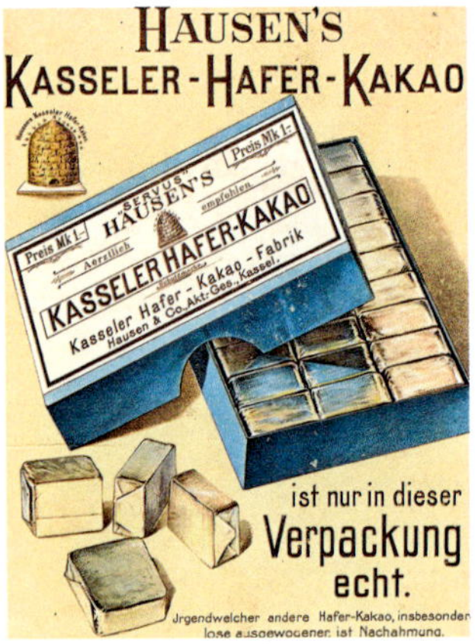

Reklame für Hausens Hafer-Kakao, die mit dem Prädikat „ärztlich empfohlen" warb, da einige Mediziner die gesundheitsfördernde Wirkung des Produktes lobten

Hafenbrücke Die für die wirtschaftl. Entwicklung Kassels so wichtige Fuldakanalisierung (Hafeneröffnung, Großschleuse mit Walzenwehr) (→ *Fulda*) hatte zwangsläufig zur Folge, dass auch eine neue H. zwischen Walzenwehr und Kasseler → *Hafen* am 31.10.1908 gebaut wurde. Die Brücke bestand aus einem Zweigelenkbogen-Fachwerk mit Zugband. Die Stützweite betrug 84,40 m, die Fahrbahnbreite 10 m und die beiden Gehwege waren je 4 m breit. Die Tragfähigkeit betrug 24 Tonnen. Hunderte von Nieten hielten diese aus Schweißeisen bestehende Konstruktion zusammen. Gegen Ende des → *Zweiten Weltkriegs* sollte die Brücke von dt. Soldaten vor den anrückenden Amerikanern gesprengt

Blick über die Hafenbrücke um 1900

werden. Durch das beherzte Eingreifen des Wäschereibesitzers Konrad Jacob konnte dies verhindert werden. Infolge neuer Verkehrsplanungen wurde durch die Anbindung der Bundesstr. 7, vom Platz der Deutschen Einheit an die Bundesstr. 3 Weserspitze, eine Verbreiterung nebst Brückenneubau nötig. Ende 1957 wurde die alte H. abgerissen und die 1.100 Tonnen schwere Eisenkonstruktion hatte nur noch Schrottwert. Eine neue und breitere Spannbetonbrücke kam an ihre Stelle. Nach abermals 50 Jahren hatte auch diese Brücke ausgedient und 2009 wird sie durch eine Neukonstruktion ersetzt. *wb*

Hafer-Kakao Fabrik Alexander Hausen (* 23.10.1850 Weimar, † 22.1.1915 Ks.) gründete 1892 die „Fabrik des Casseler Hafer-Cacaos". Hafer-Kakao, eine Erfindung des Bäderunternehmers Jean Berlit (1848–1937), ist eine Mischung aus Kakaopulver, dem Hafer zur Nährwerterhöhung zugesetzt wird. Dieses Gemisch wurde produziert, in Würfel gepresst und in Stanniol verpackt. 1896 erfolgte die Umbenennung der Firma in „Casseler Hafer-Kakao Fabrik Hausen & Companie" und sie wurde von der Erzbergerstr. in die Spohrstr. 2 verlegt. Gleichzeitig hatten die beiden Geschäftsmänner Sigismund Rahmer und Georg Krüger die Fabrik erworben. 1898 erfolgte ein Neubau in der Sandershäuser Landstr. in → *Bettenhausen* und 1899 die Umwandlung in eine Aktiengesellschaft. Seit 1903 bestand eine Gemeinschaftsverwaltung mit der Hohenloheschen Nährmittelfabrik AG, was 1916 zur Fusion der beiden Unternehmen und 1917 zur Änderung der Gesellschaftsform in eine GmbH führte. 1923 kam die Eierteigwarenfabrik Schüle dazu. 1927 hatte das Unternehmen rd. 1.000 Beschäftigte und hieß nun Schüle-Hohenlohe AG. Hergestellt wurden neben dem Hafer-Kakao auch Suppen, Kakao, Haferflocken und Kindernährmittel. Während des Krieges arg zerstört, hatte die H. 1945 nur noch 40 Beschäftigte, 1954 wurde der Betrieb eingestellt. *ap*

Lit.: Schagrün, Geschichte.

Hahndorf, Salomon Abraham (*12.12.1801 Ks., † 16.12.1890 ebd.) Der Sohn des Kasseler Bankiers Lazarus Hahndorf besuchte das → *Friedrichsgymnasium* und war zunächst als Lehrer und Vorbeter tätig. Danach absolvierte er ein Jurastudium in Marburg und Göttingen, das er 1830 abschloss. Seitdem war er Journalist und Literat in Ks. H. war Anhänger der → *Verfassung* von *1831* und schrieb in verschiedenen Kasseler und überregionalen Zeitungen. Wegen seiner Tätigkeit als liberaler Journalist verbüßte er eine fünfmonatige Haftstrafe. Er war Herausgeber des „Landfreundes“ und der „Blätter für Herz und Gemüt“. Nach 1831 nahm er an sämtlichen Landtagen als Berichterstatter teil und war in einer dt. Journalistenvereinigung aktiv. Als einziger Jude, der jemals der Kammer angehörte, war er 1849/50 Mitgl. des Landtags. Dem Kasseler Bürgerausschuss gehörte er bis 1871 an. Sein politisches Engagement und seine Kenntnisse der Lokalgeschichte machten ihn zu einer lokalen Berühmtheit. Er war vielfach ehrenamtlich tätig, u. a. in der städt. Armenpflege, als Mitbegründer des Kasseler Kreditvereins, Mitbegründer und Vorstandsmitgl. des Arbeiterfortbildungsvereins (→ *Arbeitervereine*) und Mitgl. im → *Verein für hessische Geschichte und Landeskunde*. H. hat über die Verfassungsänderungen der Jahre 1848/49 und den Landtag von 1862/63 geschrieben. Von ihm sind zudem in der → *Murhardschen* und → *Landesbibliothek* Tagebücher über die Jahre 1850–69 überliefert. *khn*

Lit.: MHG 1925/26, 69ff.; Hessenland 5, 8ff.

Halberstadt, Wilhelmine (* 24.1.1776 Korbach, † 11.3.1841 Ks.) war eine der bekanntesten Pädagoginnen des 18. Jhs. Sie wurde als Tochter des Juristen Carl Franz Halberstadt und seiner Frau Marie Christiane Schmidt geboren und ließ sich zur Erzieherin ausbilden, um nach dem Tod des Vaters ihre Mutter finanziell unterstützen zu können. 1806 ging sie als Erzieherin nach Lübeck, 1812 kehrte sie nach Trier zu ihrer Mutter zurück. Nach dem Tod der Mutter und ihres Verlobten ging sie 1822 nach Ks. und gründete hier eine Erziehungsanstalt für Töchter höherer Stände, welche bald mehr als 100 Schülerinnen aufwies. 1831 gründete sie in der Hedwigstr. eine → *Freischule* für arme Mädchen, welche sich großer Beliebtheit erfreute. 1833 kam eine Stiftung zur Versorgung vaterloser unverehelichter Töchter Deutschlands hinzu, die auch über Ks. hinaus Bedeutung erlangte. Der Freischule und der daran geknüpften Stiftung war ein so großer Erfolg beschieden, dass die Zeitgenossen voll des Lobes waren. Sie verglichen die Gründungen in Ks. mit den Frankeschen Stiftungen in Halle, was Ks. zu dieser Zeit zu einer Vorzeigestadt in Sachen → *Mädchenbildung* machte. Da Wilhelmine offenbar recht hübsch war, gab es sogar ein Lied auf sie, welches nach der Melodie des Hornistenzapfenstreichs gesungen wurde: „Das schönste Mädchen in der Stadt, das ist das Fräulein Halberstadt“. *kwo*

Hallo Die Wurzeln der Familie lassen sich bis ins 16. Jh. zurückverfolgen. Der Name deutet auf Halle/Saale hin. David Salomon Israel (genannt Halle, † 1767) zog 1731 nach Ks., sein Bruder Michel Salomon Israel folgte 1733. Der Sohn von Michel, Simon H. (1802–1880) gründete 1816 in Ks. eine Weißbinder-Werkstätte. Sein Sohn Louis (1827–1905) trat in die Firma ein und führte sie bis zu seinem Tod 1905. Dessen ältere Söhne Samuel Siegfried (1856–1938) und Wilhelm (1858–1928) sowie zwei ihrer Söhne Fritz (* 1895) und Franz (* 1893) führten später die Firma weiter. Nach Generationen findet man so im Kasseler Adressbuch von 1932 die Gebrüder H. „Maler und Anstreicher, Firmenschilder, Buchstaben, Leuchtreklame“ als Zeugnis einer alten Kasseler Handwerkerfamilie.

Rudolf (* 26.09.1896 Ks., † 26.01.1933 Hamburg), der Bruder von Franz, war Schüler des → *Wilhelmsgymnasiums*, studierte Medizin, dann Archäologie in Göttingen und promovierte in diesem Fach 1923. Er heiratete Gertrud Rubensohn (1895–1986) während seines Studiums, aus der Ehe gingen drei Kinder hervor: Susanne (* 1923), Ruth Lili (* 1926) und Wolfgang (* 1928). 1922 wurde er Leiter am Freien Jüdischen Lehrhaus in Frankfurt/M., gab diese Stelle aber aus „Differenzen über Fragen der jüdischen Lebensführung“ mit → *Franz Rosenzweig* auf und trat 1923 ins → *Hessische Landesmuseum* ein; erst als Hilfsarbeiter, später (1931) als Leiter des Kupferstichkabinetts und der Kunstbibliothek. Er verfasste rd. 77 Schriften, darunter eine Biografie von → *Rudolf Erich Raspe* ebenso wie wichtige Werke über Kunst, Kultur und Geschichte der Juden in Hessen, die Quellen und Objekte erschließen, die heute vernichtet sind. Er war Begründer des jüdischen Museums, das am 10.4.1927 im Hessischen Landesmuseum eröffnet wurde. Das Ausstellungskonzept war getragen von seiner Auffassung, die die Verbundenheit der jüdischen mit der sie umgebenden Kultur betonte, und sich so deutlich von einem Verständnis der Kultur als außergeschichtli-

Die Familie Hallo im Oktober 1944 nach der Emigration in New York. In der zweiten Reihe oben links: Dr. Gertrud Hallo, die Witwe von Dr. Rudolf Hallo, mit ihren drei Kindern: Susanne (neben Gertrud), Ruth (2. von rechts) und Wolfgang (Bill) Hallo (oben links)

cher Größe (Rosenzweig) unterschied. Er entwickelte eine hist.-ethnografische Betrachtungsweise, die die gemeinsame Vergangenheit von Juden und Nichtjuden herausstellte. Nach der NS- → *Machtergreifung* wurde das jüdische Museum aus dem Landesmuseum entfernt. Nach dem Tod Rudolfs ging die Familie erst nach Frankfurt/M. und wanderte dann 1939 nach England und 1940 in die USA aus. Andere Familienmitglieder wurden deportiert und sind verschollen. *vl*

Lit.: Hallo, Geschichte; Keller, Hallo.

Hamecher, Horst (* 26.11.1919 Ks., † 2.7.2007 ebd.) wurde nach dem Abitur 1939 zur Wehrmacht eingezogen und im folgenden Kriegseinsatz schwer verwundet. Während seiner Genesung in Dresden und Marburg belegte er Kunst und Zeitungswiss. an der Universität. 1947 eröffneten er und seine Frau mit seiner durch den Krieg geretteten Bibliothek eine wiss. Leihbücherei, aus der im Laufe der Jahre ein Antiquariat entstand. Seit Mitte der 1960er Jahre widmete sich H. verstärkt verlegerischer Tätigkeit. Er gab zahlr. Nachdrucke, vorzugsweise aus den Gebieten der hessischen Heimatgeschichte und der Seefahrt, heraus. 1969 erschien in Garstedt bei Hamburg sein Buch über das Fünf-Mast-Vollschiff „Preußen". Er war Mitgl. in zahlr. Vereinen und arbeitete lange im Kasseler Denkmalbeirat (→ *Denkmalschutz*) mit. Im August 2001 erhielt er das Bundesverdienstkreuz. *skö*

Lit.: Müllmann, Hamecher.

Logo der Handballakademie Kassel

Hampe, Justus Johann Heinrich (* 1688, † 1731 Ks.) gilt als Gründer der im Jahre 1710 eröffneten Hampeschen Druckerei, die über mehrere Generationen hinweg in Ks. tätig war. Ab dem Jahre 1731 setzte die Druckerei v. a. für den Raum Ks. neue Maßstäbe, indem sie die erste nicht politische Zeitung herausgab. Die unter dem Titel → *Casselische Zeitung von Policey, Commercien und andern dem Publico dienlichen Sachen* erschienene Zeitung publizierte u. a. Anordnungen der Behörden, Ereignisse von lokalem Interesse, v. a. jedoch lokale, allg. sowie diverse Geschäfts- und Stellenanzeigen. Waren bis dahin sowohl Arbeitssuchende als auch Dienstherren bei der Einstellung von Personal auf persönliche Empfehlungen angewiesen, bot diese Zeitung nunmehr die Möglichkeit der schnelleren Information. Insofern gilt sie als die erste Werbezeitung und das erste öff. „Mitteilungsblatt" des 18. Jhs. im damaligen Kasseler Gebiet. Nach dem Tod des Gründers übernahmen die Kinder Hampes die Druckerei. Im Jahre 1746 wurde dem Sohn, Johann Friedrich Hampe, die Genehmigung erteilt, die vormals von der Buchdruckerei Estienne produzierten Schul- und Gesangsbücher zu drucken. *stk*

Lit.: Könnecke, Buchdruckerbuch; Wunder, Kassel.

Handball Kein anderer Verein hat den H. in Ks. so stark geprägt wie die Sportvereinigung → *Harleshausen* (SVH). Ihre Feldh.-Mannschaften waren Mitte des 20. Jhs. weit über Hessens Grenzen hinaus bekannt. Der Aufschwung der SVH, deren Spielstätte der „Daspel" war, begann Ende der 1940er Jahre. Zusammen mit den weiteren Kasseler Feldh. klubs → *Oberzwehren*, → *Niederzwehren* und → *Bettenhausen* spielte die SVH in der höchsten Spielklasse, der hessischen Verbandsliga. Viel zum Aufschwung des Harleshäuser H.s trug Torjäger Otmar Sutter bei, der der Mannschaft den Namen „Sutter-Elf" gab. Große Erfolge errang die SVH in den 1950er Jahren. Mit den Spielen um die dt. Meisterschaft zog sie vom Daspel in die → *Hessenkampfbahn* und ins → *Auestadion* um. Dort kam es 1955 im Viertelfinale zum Spiel gegen den SV Polizei Hamburg, das vor 20.000 Zuschauern mit 13:12 endete. Vier Jahre später schaffte die SVH den Sprung ins Halbfinale, musste sich aber vor 30.000 Zuschauern im Auestadion TuS Lintfort mit 12:13 geschlagen geben. Nach dem Generationswechsel machte die SVH Ende der 1960er Jahren in den neuen Feldh.-Bundesligen wieder von sich reden. Höhepunkt war 1973 das dt. Finale gegen Großwallstadt, das sie in Wetzlar mit 10:13 nach Verlängerung verlor. Als der Feldh. auf Bundesebene abgeschafft wurde, versuchte die SVH auch in der Halle ihr Glück. Doch auf dem kleinen Spielfeld konnte sie nicht mehr an die Großfeld-Erfolge anknüpfen. *gg*

Der **Handels- und Gewerbeverein** (HGV) nahm 1822 in der Residenzstadt Ks. seine Tätigkeit auf Grundlage eines Organisationsediktes im Rahmen der Verwaltungsreform durch Kurfürst → *Wilhelm II.* auf. Die ihm übertragenen Aufgaben, wie die Beaufsichtigung der öff. geförderten → *Manufakturen*, die Org. der → *Messe*, die Verwaltung eines Gewerbefonds und laufende Berichterstattung zur wirtschaftl. Entwicklung, entsprachen in weiten Teilen der Trad. des → *Commerzien-Collegiums* des 18. Jhs. Im Gegensatz dazu wurde die Ausrichtung des H.s aber von vornherein auf beratende und Auskunft gebende Maßnahmen beschränkt, insbes. gegenüber dem Innenminister, der seinerzeit die Wirtschaftspolitik in Kurhessen zu verantworten hatte. In dieser Ausrichtung entsprach der H. bereits weitgehend den späteren → *Industrie- und Handelskammern* (IHK), allerdings mit der Einschränkung, dass über die staatl. Benennung ihrer Leitungsorgane eine wirkliche Interessenvertretung gegenüber dem Staat kaum möglich wurde. Der H. bestand aus zwei Organen, dem leitenden Ausschuss und dem eigentlichen Verein mit seinen Mitgliedern. Von Beginn an war die Zusammenarbeit zwischen dem leitenden Ausschuss und dem Verein erheblich belastet. Oberbergrat Schwedes, der führende Kopf im leitenden Ausschuss, betonte stets die strikte Trennung zwischen Staatsaufgaben und privatwirtschaftl. Einflussnahme. Zwischen beiden Gremien kamen nur wenige gemeinsame Sitzungen zustande. Zudem wurden wirtschaftl. Initiativen, welche die Förderung moderner Fabriken oder zentrale verkehrswirtschaftl. Aufgaben betrafen, immer wieder durch staatliche Erlasse eher behindert als gefördert. Die Rolle des H.s spiegelt denn auch die labile Entwicklung von Politik und Gesell. zwischen Reaktion und Moderne in der ersten Hälfte des 19. Jhs. Die mit der Verabschiedung einer kurhess. Verfassung (→ *Verfassung 1831*) und Einrichtung eines Ständeparlamentes 1830 verbundene Chance, die inzwischen an mehreren Orten Kurhessens entstandenen Vereine zu einer wirtschaftl. Interessenvertretung landesweit zusammenzuführen, wurde nicht genutzt. 1849 kam es zunächst zur Auflösung des H.s. An seine Stelle sollte eine Commission für Handel und Gewerbe treten, die 1854 zustande kam. 1855 wurde ein privater „Verein zur Förderung von Handel und Gewerbe in der Residenz" gegründet, der im Wesentlichen Fabrikanten, Kaufleute und Handwerker zu seinen Mitgliedern zählte. Erst ab 1863 trafen sich die Vereine landesweit und schufen eine Plattform für eine Interessenvertretung der kurhess. Wirtschaft. Diese Entwicklung markierte den Weg zu eigentlichen IHKs mit dem Übergang Kurhessens an → *Preußen*. Mit der Konstituierung einer IHK 1870 löste sich der H. in Hanau auf. In Ks. blieb er mit der Konstitution einer IHK fortbestehen, konzentrierte sich aber bis zu seiner endgültigen Auflösung während des Ersten Weltkrieges auf kleingewerbliche Aufgabenbereiche. *wl*

Die **Handschriftenabteilung** befindet sich in der Bereichsbibliothek → *Landesbibliothek* und → *Murhardschen Bibliothek* der → *Universitätsbibliothek* Ks. am Brüder-Grimm-Platz 4a.

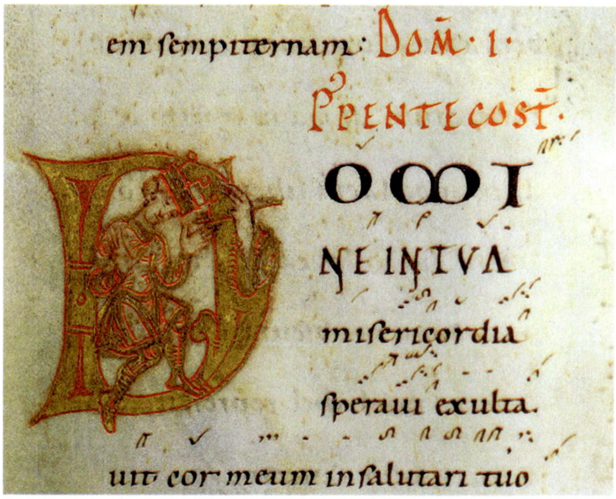

Handschriftenabteilung Initiale mit gekröntem Herrscher aus den sog. Gebetbüchern der Kaiserin Kunigunde, aufbewahrt in der Murhardschen Bibliothek

Hier werden mehr als 10.000 Handschriften und mehr als 20.000 Autographen (eigenhändige Niederschriften meist von berühmten Personen, z. B. Briefe) verwahrt. Dazu gehören auch höchst seltene Musikdrucke der landgräfl. → *Hofkapelle* aus der Renaissance. Schwerpunkte sind Theologie, Landesgeschichte, Musik und Alchimie. Im Lesesaal steht neben Handlit. zu den eigenen Forschungsarbeiten v. a. Lit. zum Buchwesen, Handschriftenkunde, Buchillustration, Theologie und Liturgie des Mittelalters sowie zur Alchimie und Geschichte der Medizin. Hier werden nicht nur die Handschriften, sondern auch die besonders wertvollen Drucke (Rara) der Bibliothek an durch Videokameras überwachten Leseplätzen der Forschung zur Verfügung gestellt. Es werden v. a. Wissenschaftler und Studierende der Fachgebiete Kunstgeschichte, Theologie, Lit.wiss., Musik und Landesgeschichte beraten. Auch interessierte Laien erhalten durch persönliche Beratung und zahlr. Abkürzungswerke,

Schrifttafeln und Wörterbücher Hilfe zur Selbsthilfe bei der Entzifferung von Texten aus dem Gebiet der Lokalgeschichte. Häufige Themen der Beratung sind auch die konservatorische Verwahrung von alten Büchern aus Privatbesitz und die Einschätzung ihres Wertes. Die Handschriften und Rara gehören fast alle der Landesbibliothek und teilen deren Geschichte. 1580 wurde die H. aus dem Bestand verschiedener kleinerer Vorgängereinrichtungen gegründet. Erwerbungsgrundlage waren bei den Handschriften bis zum Anfang des 19. Jhs. weniger der Buchkauf, Geschenk oder Erbschaft als vielmehr die gewaltsame Aneignung. Bis zum Beginn des 19. Jh. kamen v. a. durch Umbruchssituationen oder Kriege Handschriften gewaltsam in den Bestand: 1527 nachdem Lgf. → *Philipp* für Hessen die → *Reformation* angeordnet hatte, während des → *Dreißigjährigen Krieges* und 1804 nach dem Reichsdeputationshauptschluss von 1803. Leider wurden bis etwa zur Mitte des 18. Jhs. die geraubten Handschriften wegen ihres kath. Inhaltes häufig vernichtet bzw. zweckentfremdet (zur Herstellung von Pappe, Bucheinbänden, Tüten etc.). Die theoretische Rechtfertigung dafür lieferte Luther, für den die kath. Lit. vom Teufel stammte. Fast alle älteren Handschriften des 6.–11. Jhs. stammen aus der 1632 geraubten Bibliothek des Benediktinerklosters Fulda. Diese Bibliothek war reich an antiken und frühchristl. Texten gewesen und hatte zudem selbst althochdeutsche Handschriften besessen. 1686 gelangte durch Erbschaft die jüngere Heidelberger Bibliothek mit wertvollen Bilderhandschriften und bibliophil eingebundenen Drucken in die Kasseler Sammlung. Im Rahmen der Annexion des linksrheinischen Deutschlands durch die Franzosen gelangte Hessen-Ks. 1802 im Tausch gegen die auf linksrheinischem Gebiet gelegene Festung Rheinfels in den Besitz von kath. „Inseln" auf hess. Gebiet. Im Frühjahr 1804 wurde die Dombibliothek des kath. Fritzlar mit sehr vielen liturgischen und juristischen Handschriften nach Ks. abtransportiert. Allerdings gab es in Zeiten kult. Blüte hinsichtlich der Handschriften auch einen Bestandszugang, der eher legaler Natur war. Hier sind v. a. die Amtszeiten der Lgf. → *Wilhelm IV.* und → *Moritz* zu nennen. Wilhelm IV., der in Ks. die erste feste → *Sternwarte* Europas einrichtete und selbst als Astronom und Chemiker forschte, vermehrte den Bestand durch astronomische Werke. Dem Lgf. Moritz verdankt die Bibliothek die ausgezeichnete Sammlung von Renaissance-Musik mit vielen Handschriften von → *Heinrich Schütz* sowie die größte Sammlung → *alchimistischer Handschriften* in Dtld. Bei der Bombardierung der Landesbibliothek 1941 wurden der Druckschriftenbestand fast völlig vernichtet und einige der wertvollsten Handschriften schwer beschädigt. In den Auslagerungsorten, wohin die Bücher danach gebracht wurden, gab es empfindliche Verluste durch US-Soldaten und durch Deutsche. Bis heute ist die Wiederbeschaffung der gestohlenen Handschriften noch nicht abgeschlossen.

Einige der besonders kostbaren bis in das 6. Jh. zurückgehenden Handschriften aus der Zeit der Christianisierung Hessens sowie die wertvollsten Bilderhandschriften werden in einem Ausstellungsbereich gezeigt. Dazu gehören u. a. das → *Hildebrandslied*, die → *Flavius-Josephus-Handschrift*, die → *Kasseler Glossen*, die althochdeutsche Interlinearglosse → *thiutisce* (deutsch), das Liederbuch zur Messe der Kaiserin → *Kunigunde* vom Anfang des 11. Jhs., ein Evangeliar aus dem 10. Jh. mit einem kirchlichen Prachteinband, eine → *Gutenberg-Bibel* sowie Bilderhandschriften zu Werken von Wolfram von Eschenbach, Rudolf von Ems, Petrarca und Boccaccio. Ein Raum des Ausstellungsbereiches dient der Präsentation von Wechselausstellungen aus dem umfangreichen eigenen Bestand. Der Ausstellungsbereich und die H. sind regelmäßig für jedermann geöffnet. Für die Ausstellung können Gruppenführungen vereinbart werden. *kwi*

Handwerck, Eduard, eigentlich Johann Jakob Eduard (* 21.5.1824 Ks., † 11.3.1883 ebd.), wurde an der → *Kunstakademie* ausgebildet und war anschließend als Lithograph tätig. Besonders in den 1840er Jahren entstand eine Reihe von Porträtlithographien, wie jene von den Brüdern → *Karl* und → *Friedrich Murhard*, die den Zeitgenossen als „hart und kalt", wenn auch ähnlich erschienen. 1854/55 besuchte H. die Akademie in Düsseldorf und Antwerpen und ließ sich danach in Ks. als Maler nieder. Er spezialisierte sich auf die Pferdemalerei, wie die Gemälde „Kurfürst → *Friedrich Wilhelm I.* mit Gefolge von der Parade zurückkehrend" oder das „Gefecht bei Gundershoffen 6. Aug. 1870" belegen. Daneben malte er Porträts, Genre und Landschaften sowie 1869 ein Altargemälde für die Nonnenkirche in Fulda. *ap*

Lit.: Thieme/Becker.

Das **Handwerk** ist neben der → *Industrie* und dem Handel eine Organisationsform wirtschaftl. Produktion bzw. Dienstleistung. Diejenigen Berufe, die im rechtl. Sinne handwerklich ausgeübt werden, sind im „Gesetz zur Ordnung des Handwerks" (Handwerksordnung) von 1953 aufgelistet. H.liche Tätigkeiten sind u. a. durch Einsatz qualifizierter Fachkräfte, direkten Kundenkontakt, individuelle Einzelstückanfertigung, Wartungs-, Reparatur- und Serviceleistungen gekennzeichnet. Die Ausübung des H.s kann direkt beim Kunden (z. B. Installateur, Maler und Lackierer, Raumausstatter), in der Werkstatt und beim Kunden (z. B. Fotografen, Metallbauer, Tischler) oder ausschließlich in der Werkstatt (z. B. Boots- und Schiffsbauer, Gold- und Silberschmiede, Kraftfahrzeugtechniker) erfolgen. Entsprechend der unterschiedlichen Anforderungen sind Investitionen in und der Bedarf an Maschinen, Geräten und Werkstatteinrichtung verschieden. Ebenso unterscheiden sich die Anforderungen an die Voraussetzungen der Auszubildenden. Ein weiteres Spezifikum des H.s sind die aufeinander aufbauenden Stufen der Berufsqualifikation: Lehrling – Geselle – Meister.

Handwerk Freisprechen, sogenanntes Gautschen eines Druckergesellen, 1987

Im Bereich der H., die zur selbstständigen Ausübung einen Meisterbrief voraussetzen, verzeichnet die → *Handwerkskammer* Ks. die meisten eingetragenen Betriebe bei den Friseuren, den Kraftfahrzeugtechnikern und den Elektrotechnikern. Bei den zulassungsfreien H. bilden die Fliesen-, Platten- und Mosaikleger die größte Gruppe, gefolgt von den Raumausstattern und den Gebäudereinigern. Selten sind z. B. Schuhmacher, Uhrmacher, Geigenbauer sowie Orgel- und Harmoniebauer. Sowohl die Zahl der gesetzlich geordneten handwerklichen Berufe als auch deren Tätigkeitsbeschreibungen folgen dem technischen Fortschritt. So verlieren Berufe immer wieder an Bedeutung, z. B. der Wagner, der durch den Karosserie- und Fahrzeugbauer ersetzt wurde, oder werden zu einem neuen Beruf zusammengefasst, z. B. der Gas- und Wasserinstallateur und der Zentralheizungs- und Lüftungsbauer zum Installateur und Heizungsbauer, oder der Maschinenbaumechaniker, der Werkzeugmacher, der Dreher und der Feinmechaniker zum Feinwerkmechaniker.

Handwerk Zum 25. Jubiläum der Gesangsabteilung der Fleischer Innung, ein Präsent des Damen Chores, 1930

Durch technische Entwicklungen und verändertes Kundenverhalten unterliegt das H. einem dauernden Strukturwandel. Aufgrund der flexiblen Strukturen, z. B. der Betriebsgröße, der direkten Unternehmensführung durch den Inhaber und der betriebsnahen Ausbildung, müssen die Betriebe auf diesen Wandel zeitnah reagieren. Zu diesen Strukturveränderungen gehört heute, dass handwerkliche Betriebe oftmals Handelsbetrieben angegliedert sind. So bietet fast jedes Autohaus die Leistungen des Kraftfahrzeugtechniker-H.s an, jedes Rundfunk- und Fernsehgeschäft die des Informationstechniker-H.s. Durch gewandeltes Konsumverhalten kommt es zu einem Rückgang von H.sbetrieben, z. B. wenn Fleisch- und Backwaren aus industrieller Produktion im Lebensmitteleinzelhandel und in Kaufhäusern angeboten werden.

Ein weiteres Problem ist, dass viele H.sbetriebe die Stadt verlassen, um sich im stadtnahen Umfeld niederzulassen. Die Gründe dafür sind zahlr.: niedrigere Steuern, günstiges Bauland, Ansiedlungshilfen, andere handwerksfreundliche Vorschriften. Für das H. ebenso problematisch wie hohe Abgaben und Steuern ist die sog. Schattenwirtschaft. Sie tritt v. a. im Bau- und Ausbaugewerbe sowie in den haushaltsnahen Dienstleistungen auf. Durch diese Schwarzarbeit, die im Wesentlichen durch die hohen Lohnnebenkosten provoziert wird, werden nicht nur Betriebe

Logo der Handwerkskammer Kassel

und Arbeitsplätze im H. gefährdet, es entgehen dem Staat ebenso Steuern wie den Sozialkassen entsprechende Beiträge.

Viele spätere Industriebetriebe in Ks. sind urspr. aus dem H. hervorgegangen. Dazu gehören die Textilindustrie und v. a. die feinmechanische Industrie (Vermessungsgeräte, Schließeinrichtungen u. a.). Bedeutsam war auch die Glasveredlung durch Glasschliff und Glasschnitt. Viele dieser hochqualifizierten handwerklichen Produkte können heute v. a. im → *Stadtmuseum* und im → *Hessischen Landesmuseum* besichtigt werden. Das 19. Jh. brachte durch die → *Industrialisierung* den Niedergang des H.s sowie in der Provinz Hessen-Nassau durch die → *Preußische Annexion* 1866 die Aufhebung der Zünfte (→ *Zunftwesen*). Mit der Gewerbeordnung von 1869 wurde die Gewerbefreiheit, vom H. tlw. als „Gewerbefrechheit" apostrophiert, eingeführt. Eine der Folgen war, dass der aufstrebenden Industrie die qualifizierten Facharbeiter fehlten, da durch die Gewerbefreiheit eine geordnete handwerkliche Berufsausbildung nicht mehr stattfand.

Mit mehreren Novellen zur Gewerbeordnung von 1881 an wurde die Innungsgesetzgebung eingeführt, die eine Grundlage zu einer neuen Ausbildungsorganisation im H. legte. Einen gewissen Abschluss fand diese Entwicklung mit der Novelle von 1896, die u. a. die H.skammern, so auch in Ks., ab 1900 reichsweit einführten, um ein Selbstverwaltungsorgan zu schaffen, in dem von Beginn an die Gesellen im „Parlament des H.s", der Vollversammlung, mit Sitz und Stimme vertreten waren. Die Neuordnung des Ausbildungswesens führte 1902 zur Einrichtung der obligatorischen Fortbildungsschule (→ *Berufsschulen*). 1908 wurde der sog. kleine Befähigungsnachweis vorgeschrieben. Danach mussten die selbstständigen Handwerker die Meisterprüfung nachweisen, wenn sie Lehrlinge ausbilden wollten. Nach der → *Machtergreifung* des NS folgte eine Reihe von Gesetzen, die die Pflichtinnung nach dem „Führergrundsatz", die Kreishandwerkerschaften als Vereinigung der Pflichtinnungen im Sinne einer Arbeitgebervertretung und den sog. großen Befähigungsnachweis vorschrieben. Danach musste jeder, der einen H.sbetrieb eröffnen wollte, die Meisterprüfung abgelegt haben. Durch die Wiederbewaffnung, die Rüstungsproduktion und die durch den → *Zweiten Weltkrieg* hervorgerufenen Einschränkungen mussten viele H.sbetriebe in Ks. schließen; Neugründungen wurden nur dann zugelassen, wenn sie kriegswichtig waren. 1942 wurden die H.skammer und die → *Industrie- und Handelskammer* zur Gauwirtschaftskammer zusammengelegt. Die Amerikaner hoben diese wie alle anderen gesetzlichen Vorschriften aus der → *NS-Zeit* 1945 auf. Die wieder eingeführte Gewerbefreiheit endete mit dem Gesetz zur Ordnung des H.s im Jahre 1953. *gr*

Lit.: Bernert, Handwerk.

Handwerkskammer ca. 1927 am Friedrich-Wilhelms-Platz 4

Die **Handwerkskammer** ist eine Körperschaft des öff. Rechts, deren gesetzliche Grundlage die Handwerksordnung (HWO) von 1953 ist. Ihr Zuständigkeitsbereich erstreckt sich auf den → *Regierungsbezirk Kassel* und den Landkreis Marburg-Biedenkopf. Die H. unterscheidet drei Gruppen von Pflichtmitgliedern: Inhaber von Handwerksbetrieben, deren Führung die Meisterprüfung oder eine vergleichbare Vorbildung voraussetzt (41 Gewerbe), Betriebsinhaber von Handwerksbetrieben, zu deren Führung die Meisterprüfung freiwillig abgelegt werden kann (53 Gewerbe), Betriebsinhaber, die handwerksähnl. Berufe ausüben (26 Gewerbe). Als Selbstverwaltung führt die H. vom Staat übertragene hoheitliche Aufgaben aus wie das „Prüfen" von Gesellen, Meistern und bei Fortbildungen und das „Eintragen", also das Führen der Handwerks- und der Lehrlingsrolle. Die H. ist die Interessenvertretung des → *Handwerks*, inhaltlich zu fassen mit den Stichworten „Informieren" und „Beraten". Vertreter sind der Präsident und der Hauptgeschäftsführer. Entscheidungsgremien sind die Vollversammlung und der ehrenamtl. Vorstand. Die Vollversammlung bilden seit Gründung der H. im Jahre 1900 die Vertreter der Arbeitgeber zu 2/3 und die der Arbeitnehmer zu 1/3. Die Mitbestimmung durch die Arbeitnehmer ist ein Alleinstellungsmerkmal der H. im dt. Kammersystem. Zur hoheitlichen Aufgabe „Prüfen" gehört die Org. und Durchführung von Gesellen- und Meisterprüfungen. Dieser Bereich umfasst auch die Fortbildungs- (z. B. Betriebswirt H., Ausbildereignungsprüfung, Gestalter im Handwerk Kasseler → *Werkakademie* für Gestaltung) und Sachkundeprüfungen. Die überbetriebliche Unterweisung der Lehrlinge sowie die entsprechenden Vorbereitungslehrgänge für die Prüfungen werden u. a. im mit der → *Industrie- und Handelskammer* gemeinsam getragenen Bildungszentrum Ks. durchgeführt. Zu der hoheitlichen Aufgabe „Eintragen" gehört das Führen der Handwerks- und der Lehrlingsrolle.

Im Bereich der Selbstverwaltung hat sich die H. zunehmend zu einem Dienstleistungszentrum entwickelt. Ein für die Betriebe wichtiger Bereich ist die Beratung, die das Ausbildungswesen samt der Fort- und Weiterbildung, die Betriebsberatung von der Existenzgründung über die betriebswirtschaftl., techn., gestalter., außenwirtschaftl. und Umweltschutzberatung bis hin zum Krisenmanagement, die Rechtsberatung und das Sachverständigenwesen umfasst. Eine weitere wesentliche Aufgabe der H. ist die Interessenvertretung des Handwerks gegenüber Politik, Behörden, Verbänden und anderen gesellschaftlichen Gruppen. Der Bereich „Informieren" betrifft sowohl die Betriebe (Veränderungen bezüglich gesetzlicher Vorschriften wie Arbeitssicherheit und Gesundheitsförderung, Steuerrecht, Ausbildungs- und Prüfungsvorschriften, Begabtenförderung, u. a.) als auch die Öff. (Messe Handwerk, Nachwuchswerbung, Lehrstellendatenbank, Betriebsdatenbank und Internet). *gr*

Lit.: Bernert, Handwerkskammer.

Harleshausen am → *Habichtswald* im NW der Stadt ist mit knapp 13.000 Einwohnern und ca. 14,2 km² Fläche einer der größeren Stadtteile Kassels. Das Zentrum um die Wolfhager Str., wo sich auch ein Bezirksamt befindet, hat eine gute Infrastruktur und die Menschen sprechen vom „Dorf", wenn sie einkaufen gehen. Dass der Ort altes Siedlungsgebiet ist, lässt sich aus neolithischen, jungsteinzeitlichen und bandkeramischen Funden und bronzezeitlichen Hügelgräbern ersehen. Erste Ackerbauern siedelten in der „Harleshäuser Aue" und nutzten die fruchtbaren Lössböden. 1074 wurde H. erstmals urkundlich erwähnt, als ein Mann namens Ruothnc für das Kloster Hasungen stiftete. Im ältesten Teil des Ortes entstand die „Kirchhofsburg", ein befestigter Gutshof mit einer Kirche der Herren von H., die im Jahre 1146 Ministerialen des Klosters Hersfeld waren. 1399 wurde der Gutshof verkauft. Sowohl während des → *Dreißigjährigen* als auch während des → *Siebenjährigen Krieges* erlitt H. zahlr. Zerstörungen, denen auch die Kirche zum Opfer fiel. Nach der ab 1832 erfolgten Ablösung der Grundlasten und der Flurbereinigung, der sog. Verkoppelung, von 1882 bis 1902 entstand unter den Bürger-

Gemälde von Harleshausen von Joachim Hansli, 1933, Öl auf Leinwand

meistern Martin Homburg (1880–1904) und Wilhelm Führer (1904–1928) ein neuer Gemeindemittelpunkt mit Schule (1885/1909) und evang. Kirche (1908); eine kath. Kirche folgte erst 1957. Mit der Verkoppelung wurden auch die Grundlagen für die neu entstehende → *Gartenstadt* H. im NW der Gemarkung gelegt, wodurch eine rege Bautätigkeit begann. 1910 wurde die → *Hessische Landwirtschaftliche Versuchsanstalt* eingerichtet. 1936 wurde der Ort, der mittlerweile 4.948 Einwohner hatte, auf Druck der NS-Regierung nach Ks. eingemeindet. 76 ha (ca. 12 %) des Gemeindegebietes wurden zuvor Ober- und Niedervellmar (→ *Vellmar*) einverleibt und verblieben so beim Landkreis Ks. Die Schäden des → *Zweiten Weltkriegs* und der → *Wiederaufbau* ließen nur noch einen Teil des früheren Fachwerk-Dorfcharakters erkennen. 1981 wurde durch Neuzuschnitt der Stadtteile das → *Ausbesserungswerk* mit heute 800 Mitarbeitern Teil H.s, der ehem. Teilbereich → *Jungfernkopf* zum eigenen Stadtteil. Das Bevölkerungswachstum und die Bautätigkeit ließen den Ortskern und Außenbezirke wie die Gartenstadt verstärkt zusammenwachsen. Durch viele Grünzonen und den nahen Naturpark Habichtswald, der einen großen Teil des Stadtbezirkes

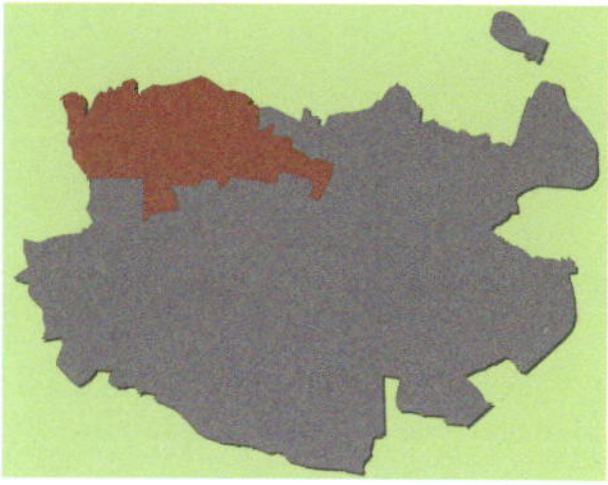

Der Stadtteil Harleshausen im Kasseler Stadtplan

einnimmt, sind H. und seine Gartenstadt ein bevorzugtes Wohngebiet. *hr*

Lit.: Baumbach, Harleshausen; Führer, Geschichtliches.

Harnier Richard Adolf Rudolf H. (* 28.6.1820 Ks., † 19.10.1885 Cannstadt), Sohn des Kasseler Geheimen Obermedizinalrats Eduard H. (1790–1857), besuchte 1829–35 das → *Friedrichsgymnasium* und studierte nach 1837 die Rechte in Marburg, Heidelberg und Göttingen. 1841 schloss er seine Promotion ab. Im selben Jahr wurde er Referendar beim Obergericht in Ks., 1846 Assessor bei der Oberfinanzkammer. Seit 1848 war er Referent im Innenministerium, 1850–70 Obergerichtsanwalt in Ks. 1870–85 wirkte er als Direktor der → *Landeskreditkasse* Ks. Politisch tätig war er 1862–66 als Mitgl. der kurhess. Ständeversammlung, 1867–81 als nationalliberaler Reichstagsabgeordneter, 1864–70 als Mitgl. des Kasseler Stadtrats und zweiter Vertreter des OBs sowie Mitgl. des Kommunallandtags.

Der einzige Sohn von Richard H. war August (* 26.5.1855 Ks., † 19.3.1916 ebd.). Nach dem Abitur am Friedrichsgymnasium 1871 schloss er ein Jurastudium in Heidelberg, Berlin, Leipzig und Göttingen mit der Promotion ab, wurde 1877 Referendar beim Kasseler → *Landgericht* und 1880 Gerichtsassessor. 1883 ging er als Amtsrichter nach Bergen/Rügen und 1885 an das Landgericht in Frankfurt/M. Seit 1897 war er als Geheimer Justizrat (1916 Wirklicher Geheimer Oberjustizrat) Vortragender Rat im preuß. Justizministerium. H. war Mitgl. im Provinzialrat für Hessen-Nassau und Vorsitzender der → *Kurhessischen Gesellschaft für Kunst und Wissenschaft*.

Aus derselben Großfamilie H. stammt auch Eduard (* 29.3.1854 Ks., † 10.06.1936 Ks.). Der Sohn des praktischen Arztes Adolph Louis Gabriel absolvierte nach dem Abitur 1871 ein Jurastudium, das er mit einer Promotion beendete. Danach arbeitete er als Rechtsanwalt und Notar in Ks., später wurde er zum Geheimen Justizrat ernannt. 1901–25 war er Mitgl. und zeitweise Präsident des Kommunallandtags, zunächst nationalliberal, später parteilos. H. war Stadtverordneter und 1918/19 Stadtverordnetenvorsteher. *khn*

Qu./Lit.: Stammtafel Harnier, Bl. 9;
Pelda, Abgeordnete, S. 73f.

Hartwig, Heinrich Wilhelm (* 29.12.1792 Hofgeismar, † 1.3.1863 Ks.) ließ sich nach dem Studium der Rechtswiss. in Marburg 1816 in Karlshafen als Rechtsanwalt nieder. Von 1821 bis 1848 war H. in Ks. als Obergerichtsanwalt tätig. Als Vertreter gemäßigt liberaler Ideen wählten ihn die Kasseler Bürger 1838 in das kurhess. Landesparlament, dem er auch 1839 angehörte. Zu Beginn des Jahres 1848, als sich revolutionäre Unruhen von Frankreich her nach Dtld. ausbreiteten, wurde er auf 30 Jahre zum OB gewählt. Am gleichen Tag (7.3.1848) erlangte er dafür vom Kurfürsten die erforderliche Bestätigung, obwohl H. für die Wiederherstellung der Kurhess. → *Verfassung* von *1831* war. H. schloss sich im September 1850 der Politik der Steuerverweigerung an, mit der Landtag und Behörden den reaktionär agierenden Landesherrn bekämpfen wollten. Als wenige Monate später der Kurfürst mit milit. Einsatz die Macht zurückeroberte, traf H. als couragierten Liberalen die Rache der Reaktion. In seiner Dienstwohnung im Rathaus in der Oberen Karlsstr. musste er 28 Besatzungssoldaten beherbergen und verpflegen. Weil H. entgegen den Erlassen der Regierung weiter an der Gültigkeit der Verfassung festhielt, wurde er 1851 drei Monate in der Festung Spangenberg inhaftiert. Erst 1860 konnte er wieder Landtagsabgeordneter werden. Zwei Jahre später erlebte er als Höhepunkt seines politischen Lebenskampfes die Wiederherstellung der Verfassung von 1831. *frk*

Lit.: Wannagat, 340, 424.

Hasenhecke ist die volkstümliche Bezeichnung für ein Wald- und Freizeitgelände des ehem. Dorfes → *Wolfsanger*. Das Dorf und mithin auch die H. wurden 1936 der nordöstl. Stadtteil Kassels. Im Zuge der Wiederaufrüstung in der → *NS-Zeit* wurde 1936 mit dem Bau einer Kaserne (→ *Kasernen*) für die Flugabwehr-Artillerie begonnen. Die zunächst aus mehreren Baracken bestehende Anlage wurde bis 1939 zu einem umfangreichen Gebäudekomplex aus Mannschaftsgebäuden, Garagen und Kanonenhallen sowie zwei großen Werkstattgebäuden ausgebaut. Nach dem → *Zweiten Weltkrieg* stand die Kaserne zunächst unter der Verwaltung der UNRRA (United Nations Relief and Rehabilitation Administration) und wurde als Sammellager für → *Displaced Persons* benutzt, die auf die Rückführung in ihre Heimat oder die Auswanderung warteten. Die Mannschaftsgebäude dienten danach als Wohnungen für dt. Vertriebene und Evakuierte. 1983 verzichtete die Bundesrepublik auf die gesamte Kaserne. Die Hessische Heimstätte und die Stadt Ks. hatten dadurch die Möglichkeit, durch umfassenden Umbau der Mannschaftsgebäude und Ergänzung der Bebauung durch Mietwohnungen und Eigenheime einen Stadtteil mit hohem Freizeitwert zu schaffen. *hn*

Hasper, Werner (* 1911 Ks., † 1993 ebd.) Nach dem Architekturstudium in Stuttgart arbeitete H. in Weimar am Neugestaltungsplan für Weimar, war 1942–44 im Stab von Albert Speer für den Rüstungsbau in Thüringen zuständig und gehörte ab 1944 zu den Beauftragten für die NS Wiederaufbauplanung von Ks. Gleichzeitig war er Dozent an der Hochschule Weimar. 1947 kehrte er nach Ks. zurück und lehrte an der Bauschule Ks. Im gleichen Jahr nahm er am Wettbewerb zum → *Wiederaufbau* von Ks. teil, seine Arbeit wurde mit einem „Ankauf" prämiert. 1948–54 war er als Leiter des Stadtplanungsamtes (im Privatarbeitsvertrag) maßgeblich für die Konzeption und Durchführung des Wiederaufbaus und insbes. für die Entwicklung des Bebauungsplanes für die Innenstadt verantwortlich. Das realisierte Wiederaufbaukonzept ist in seinen Merkmalen und der städtebaulichen Ausprägung, wie z. B. der Lage der → *Treppenstraße*, nicht, wie oft fälschlicherweise behauptet wird, identisch mit dem Entwurf H.s von 1945 oder den Konzepten des Wiederaufbaustabes um Speer aus der → *NS-Zeit*, die von einer monumentalen Mittelachse zwischen Bahnhof und Friedrichsplatz und einer Neuordnung des Grimmplatzes mit einem Gauforum auf dem Weinberg ausgingen. Nach 1954 schied H. auf eigenen Wunsch aus dem Stadtplanungsamt aus und konzentrierte sich nur noch auf seine Tätigkeit als Architekt. Mit dem Entwurf der Treppenstr. (1955) und ihrer gestuften modernen Randbebauung hat er auch den Städtebau der Innenstadt im Stil der Nachkriegsmoderne besonders geprägt. Viele Geschäfts- und Wohnbauten, wie die Engel-Apotheke (1950), wurden von seinem Büro im Stil der eher trad. Moderne entworfen. Bis Anfang der 1970er Jahre realisierte er vielfältige Bauvorhaben, so die Erweiterung der Ingenieurschule (1957), das Hallenbad Mitte (1967), die Max-Eyth-Schule (1968); das Studio Ks. des Hessischen Rundfunks, das Pressezentrum an der Frankfurter Str. und die Fabrik Hervis in → *Waldau* (Anfang der 1970er Jahre). *il*

Lit.: Hinz/Tacke.

Hassenpflug Die Familie spielt für die kulturelle und politische Geschichte Kassels und Hessens eine wichtige Rolle. Der kurhess. Amtmann in Hanau und spätere Kasseler RP Johannes H. (1755–1834) siedelte 1798 mit seiner Familie von Hanau nach Ks. über. Seine Frau Marie Magdalene Dresen (1767–1840) entstammte einer alten Hugenottenfamilie (→ *Hugenotten*); ihr Großvater mütterlicherseits, der ref. Pfarrer Étienne Droume (get. 1695–1751), war noch in der Dauphiné geboren und später in der wallonischen Gemeinde in Hanau ansässig geworden.

Die Geschwister H., die in der → *Oberneustadt* wohnten, wurden seit etwa 1808 mit den Brüdern → *Jacob und Wilhelm Grimm* näher bekannt und gehörten zu deren literarischem „Kränzchen" in der → *Marktgasse*. Für die Grimmsche Märchensammlung spielten insbes. die Schwestern Marie (1788–1856) und Johanna Isabelle (genannt Jeanette; 1791–1860), weniger die damals noch sehr kleine Amalie (genannt Malchen oder Male; 1800–1860) eine bedeutende Rolle. Von ihnen wurden u. a. die berühmten Märchen der französ. Erzähltradition, wie z. B. „Rotkäppchen", „Dornröschen" und „Aschenputtel" (diese 1697 erstmals durch den Baubeamten und Schriftsteller Charles Perrault veröffentlicht), mündlich mit dem Grimmschen Vermerk „Aus den Maingegenden" überliefert. Verwandtschaftliche Bande zwischen beiden Familien wurden 1822 durch die Heirat des Bruders und nachmaligen kurhess. Staatsministers → *Hans Daniel Ludwig Friedrich Hassenpflug* mit der einzigen Schwester Charlotte Amalie (1793–1833) der Brüder Grimm 1822 geknüpft.

Karl Hassenpflug Mamorbüste Aschenbrödel, von 1869

Marie heiratete 1814 den Hauptmann Johann Friedrich v. Dalwigk zu Schauenburg (1788–1860) in Hoof bei Ks.; seit 1820 war sie Hofdame bei der geschiedenen Herzogin Friederike v. Anhalt-Bernburg. Ihre unvermählt gebliebenen Schwestern Jeanette und Amalie verblieben nach dem Tode der Lotte

H., geb. Grimm, im Haushalt ihres Bruders Ludwig; beide standen in näherer Verbindung zu den Schwestern Annette und Jenny von Droste-Hülshoff. Der Zeichner und Bildhauer Karl H. (1824–1890), der älteste Sohn von Ludwig und Lotte, studierte in Berlin und München und setzte darauf seine Ausbildung unter ärmlichen Verhältnissen in Rom und Italien fort. 1868 wurde er als Lehrer an die Kasseler → *Kunstakademie* berufen und heiratete 1870 hier Christine Wolff von Todenwarth (1837–1894). Skulpturen und Reliefs schuf er u. a. für die Michaelskirche zu Fulda und die Elisabethkirche zu Marburg sowie für die → *Neue Galerie* zu Ks. Eine Darstellung des Märchens von „Amor und Psyche" befindet sich in Potsdam. Er starb ohne Nachkommen in Ks. *bl*

Lit.: Hennig/Lauer, Grimm; Grothe, Hassenpflug.

Ludwig Hassenpflug, um 1850, Staatsarchiv Marburg

Hassenpflug, Hans Daniel Ludwig Friedrich (* 26.2.1794 Hanau, † 10.10.1862 Marburg) kam als einziger Sohn des Amtsvorstehers von Altenhaßlau und späteren Kasseler Regierungspräsidenten Johannes Hassenpflug zur Welt. Seit seiner Jugend mit den Brüdern → *Jacob und Wilhelm Grimm* befreundet, heiratete er 1822 deren Schwester Charlotte, die 1833 starb. 1837 ehelichte er Agnes von Münchhausen. Aus der ersten Ehe entstammten sechs, aus der zweiten acht Kinder. Nach einem Jurastudium in Göttingen 1812–15 und freiwilliger Teilnahme am Feldzug gegen Frankreich trat er 1816 als Assessor in die Kasseler Provinzialregierung ein. 1821 wurde er als Assessor beim Kasseler Oberappellationsgericht (→ *Gerichtswesen*) angestellt. Da er aber oppositionellen Kreisen gegen Kurfürst → *Wilhelm II.* angehörte, wurde er erst 1831 zum Obergerichtsrat ernannt. Nachdem er den Mitregenten Kurprinz → *Friedrich Wilhelm* schon zuvor beraten hatte, berief ihn dieser im Mai 1832 zum Innen- und Justizminister. Der erzkonservativ eingestellte H. agierte gegen die → *Verfassung von 1831* und provozierte heftige politische Konflikte mit dem mehrheitlich liberalen Kasseler Landtag. Zwischen 1833 und 1836 überstand er vier Ministeranklageverfahren vor dem Staatsgerichtshof. Mitte 1837 schied er nach persönlichen und politischen Auseinandersetzungen mit dem Kurprinzen aus seinen Ämtern. Nach Zwischenstationen als Geheimer Konferenzrat im Fürstentum Hohenzollern-Sigmaringen 1838/39 und Zivilgouverneur im Großherzogtum Luxemburg 1839/40 wurde er vom preußischen König Friedrich Wilhelm IV. 1841 als Obertribunalsrat nach Berlin berufen. 1846 wurde er zum Präsidenten des Oberappellationsgerichts in Greifswald ernannt. Kurz vor seinem Abschied machte er sich bei einer Wohnungsrenovierung der Urkundenfälschung und Veruntreuung eines geringen Geldbetrages schuldig. Er wurde angeklagt, zunächst zu 14 Tagen Gefängnis verurteilt, aber in der Revision freigesprochen. In der Öff., u. a. im Satireblatt „Kladderadatsch", wurde er als angeblicher Dieb und Fälscher scharf angegriffen. Im Februar 1850 kehrte H., dem Ruf des nunmehrigen Kurfürsten Friedrich Wilhelm I. folgend, nach Ks. zurück. Als Innen- und Justizminister löste er den Landtag nach dessen Steuerverweigerung 1850 auf und verlagerte die Regierung nach Wilhelmsbad bei Hanau. Nach den spektakulären Abschiedsgesuchen zahlr. Offiziere veranlasste er eine Bundesexekution mit dem Einmarsch preußischer und bayerischer Truppen (→ *Verfassungskonflikt 1850*). 1852 wurde nach seinem Entwurf eine neue Verfassung erlassen. Nach fünf Jahren seiner zweiten Ministerzeit verließ er im Oktober 1855, wiederum im Streit mit dem Kurfürsten, sein Amt. Er zog sich nunmehr aus der Politik zurück und verbrachte seinen Lebensabend in Marburg, wo er seine (unvollendet gebliebenen) Lebenserinnerungen verfasste. Sein Nachlass liegt im Staatsarchiv Marburg; zahlr. Erinnerungsstücke aus der Familie befinden sich im → *Brüder Grimm-Museum* sowie im Privatbesitz seiner Nachfahren. *eg*

Lit.: Grothe, Briefwechsel; Ders., Denkwürdigkeiten; Ham, Hassenpflug.

Hassler, Johann Leo (get. 26.10.1564 Nürnberg, † 8.6.1612 Frankfurt/M.) war Komponist und wurde mit seinem Zwillingsbruder Caspar als Sohn des Organisten Isaak Hassler in Nürnberg geboren. Beide erhielten mit dem jüngeren Bruder Jacob Orgel- und Musikunterricht beim Vater und wohl auch bei Leonhard Lechner. H. wurde 1584–86 bei Andrea Gabrieli in Venedig ausgebildet, der ihm auch die Organistenstelle bei Octavian II. Fugger in Augsburg vermittelte. 1596 nahmen er und Caspar an der berühmten Gröninger Orgelprobe teil, mit der Herzog Heinrich Julius von Braunschweig-Wolfenbüttel seinen Hoforganisten Michael Praetorius zur Abnahme der von David Beck erbauten Schlossorgel beauftragt hatte, an der auch der Kasseler Organist → *Hans von Ende* teilnahm. 1597 versuchte Lgf. → *Moritz*, H. als Vizekapellmeister für Ks. zu gewinnen; er und auch Caspar lehnten das Angebot ab. Sein Schwiegervater Hans Haiden verkaufte das von ihm erfundene Geigenwerk an Moritz. Nach leitenden Stellungen in Augsburg, Nürnberg und Ulm, wo er 1604 heiratete, wurde der 1595 vom Kaiser geadelte H. 1608 zum Hoforganisten beim sächsischen Kurfürsten Christian II. ernannt. Bereits 1612 starb er in Frankfurt/M., wo er sich anlässlich der Krönungsfeierlichkeiten Kaiser Matthias' aufgehalten hatte, an einer Tuberkulose-Erkrankung. H. gilt als der bedeutendste dt. Komponist um 1600 in der Nachfolge Orlando di Lassos. *ga*

Lit.: Sadie, New Grove.

Haupt, Paul (* 5.4.1882 Freiberg/Sachsen, † 20.4.1954 Ks.) Der Bergarbeitersohn, gelernter Feinmechaniker, Funktionär des Dt. Metallarbeiter-Verbandes (DMV) in Limbach/Sachsen und seit 1906 Mitgl. der SPD, kam nach einer Verwundung im → *Ersten Weltkrieg* 1916 nach Ks. In der → *Weimarer Republik* war er erster Bevollmächtigter des DMV in Ks. und nebenamtl. Vorsitzender des Allg. Dt. Gewerkschaftsbundes für den Bezirk Ks. 1919–28 Mitgl. der → *Stadtverordnetenversammlung* und 1928/29 deren Vorsteher, wurde er 1933 aller Ämter enthoben. Er schlug sich als Mechaniker durch und betätigte sich gegen die Diktatur. Nach dem → *Zweiten Weltkrieg* beteiligte sich H., der von August 1945 bis Ende 1949 Verwaltungsdirektor in der Landesheilanstalt Merxhausen war, am Wiederaufbau der → *Gewerkschaften* in Ks. und Hessen. Dem „Senior" der Industriegewerkschaft (IG) Metall Ks. und 1950–54 ehrenamtl. Mitgl. im Bundesvorstand der IG Metall wurde 1953 das Bundesverdienstkreuz verliehen. *wmü*

Hauptbahnhof Zu den bedeutendsten Bauaufgaben des 19. Jhs. zählte der seit den 1830er Jahren von England aus sich schnell verbreitende Eisenbahnbau mit seinen zahlr. an den Haltepunkten notwendigen Stationsgebäuden. Entsprechende Planungen setzten im Kurfürstentum Hessen 1842 mit der Festlegung der ersten Bahnlinien von Ks. nach Bebra und Karlshafen sowie über Marburg nach Frankfurt ein, wobei für Ks. als Umsteigebahnhof eine wichtige Funktion vorgesehen war. Nach dem Wunsch der kurhess. Regierung sollte die Stadt entsprechend ihrer Lage sogar Knotenpunkt aller Eisenbahnen Deutschlands werden. Oberbaumeister → *Daniel Engelhard* machte 1845 den Vorschlag, den Kasseler H. in der Verlängerung der Friedrich-Wilhelms-Str. auf dem Möncheberg zu errichten. Kurfürst → *Friedrich Wilhelm I.* bevorzugte jedoch einen Bahnhof in der Nähe seiner Residenz am → *Friedrichsplatz*. Deshalb wurde schließlich der Nordhang des → *Kratzenbergs* als Standort festgelegt. Nachdem 1847 ein provisorischer Fachwerkbau als Empfangsgebäude nach dem Entwurf von → *Julius Eugen Ruhl* errichtet

Kolorierte Ansicht des Hauptbahnhofs, 1857

worden war, konnte im folgenden Jahr der H. vorläufig in Betrieb genommen werden. Im Juni 1854 begann man mit dem Neubau des Kopfbahnhofes für alle drei hier mündenden Bahnlinien: Friedrich-Wilhelms-Nord-Bahn, Main-Weser-Bahn und Hannoversche Südbahn. Den Entwurf für den Backsteinbau im historisierenden Rundbogenstil lieferte der damalige Hofbaumeister Gottlob Engelhard, wobei die Rolle von Julius Eugen Ruhl, seinerzeit Direktor der kurhess. Staatsbahnen, unklar bleibt. Der lang gestreckte Baukomplex bestand aus dem zwei- bis dreigeschossigen Empfangsgebäude im O und den weit nach W ausgreifenden schmalen Flügelbauten, die die Gleise einfassten. Es gab insgesamt drei

Luftaufnahme des Hauptbahnhofs, 1928

Bahnsteige mit vier Gleisen, jeweils ein Gleis am Bahnsteig des N- und des S-Flügels und zwei Gleise am nicht überdachten Mittelbahnsteig. Mithilfe von Drehscheiben konnten die ankommenden Lokomotiven gewendet werden. 1857 war der Bau des stattlichen Empfangsgebäudes „Cassel Oberstadt" bis auf den verm. erst 1859 fertiggestellten N-Flügel vollendet. Erweiterungen folgten in den Jahren 1899–1903 und 1911–13. Nach der Zerstörung im → *Zweiten Weltkrieg* wurde der Gebäudekomplex 1952–61 unter Verwendung alter Bauteile erneuert. Der Entwurf, der eine neue Eingangshalle mit anschließendem fünfgeschossigen Bürogebäude und integriertem Kino beinhaltete, stammte von Dr. Friedrich Bätjer. Legendär war die Henkelsche Bahnhofsgaststätte, die von → *Paul* und *Arnold Bode* ausgestattet wurde. Mit der Inbetriebnahme des neuen → *Bahnhofs Wilhelmshöhe* verlor der alte Kopfbahnhof seine Bedeutung. Die Restaurierung und Umgestaltung in den Jahren 1994–99 zielte deshalb auf eine veränderte Nutzung durch verschiedene Kulturinitiativen als → *Kulturbahnhof* mit Ausstellungsräumen. *uh*

Lit.: Wiegand, Kassel II, 159–166; Online-Kat. MHK.

Hauptstadtdiskussion Mit der Einsetzung des Parlamentarischen Rates am 1.9.1948, der das Grundgesetz für die neu zu gründende Bundesrepublik Dtld. erarbeiten sollte, stellte sich die Frage, wo der Sitz des künftigen Parlaments und der Regierung sein sollte. Im Grunde war aber mit der Wahl der Universitätsstadt Bonn als Tagungsort für den Parlamentarischen Rat schon eine Vorentscheidung gefallen.

Zahlr. westdeutsche Städte (darunter Karlsruhe, Celle, Koblenz, Köln und Düsseldorf) bewarben sich; in die engere Wahl kamen Bonn, Frankfurt, Stuttgart und Ks. Treibende Kraft der Kasseler Bewerbung war der damalige OB → *Willi Seidel*. Am 9.11.1948 reichte Ks. eine Denkschrift zur Bewerbung um den Parlaments- und Regierungsssitz ein. Es war daran gedacht, das ehem. → *Generalkommando* (heute: → *Bundessozialgericht*) und das Rote-Kreuz-Krankenhaus für das Kanzleramt und die Bundesregierung bereit zu stellen. Die → *Stadthalle* sollte Sitz des Bundesrates und → *Schloss Wilhelmshöhe* für Staatsempfänge hergerichtet werden. In Ks. war die Bewerbung höchst umstritten, zumal die Innenstadt in Trümmern lag und noch große Wohnungsnot herrschte. Kritikern galt die Bewerbung daher als schlechter Witz. Immerhin reiste am 7.2.1949 die Hauptstadtkommission des Parlamentarischen Rates an, um sich ein Bild von der Bewerberstadt zu machen. Die Entscheidung fällte erst der Bundestag am 29.11.1949. Mit 200:176 Stimmen votierte er für Bonn als provisorische Hauptstadt. Als Entschädigung wurde Ks. zum Sitz des Bundesarbeits- und Bundessozialgerichts bestimmt. Das Bundesarbeitsgericht wurde nach der Wiedervereinigung nach Erfurt verlegt. Bonn war Provisorium, wurde aber als Hauptstadt ausgebaut. Erst 1973 erklärte Bundeskanzler Willi Brandt

Bonn zur uneingeschränkten Bundeshauptstadt. Mit der Wiedervereinigung von 1990 wurde Berlin wieder offiziell dt. Hauptstadt. Bonn blieb Sitz einiger Ministerien und Bundeseinrichtungen und erhielt 1994 den Sonderstatus einer Bundesstadt. Matthias Michael schrieb 1993 zu den Kasseler Bestrebungen von 1948/49 in der „Zeit": „Wenn Kassels Bemühungen, zur Bundeshauptstadt ernannt zu werden, 1949 erfolgreich gewesen wären, dann sähe die Stadt heute sicher anders aus. Sie wäre wahrscheinlich über das Becken zwischen Habichts-, Reinhards- und Kaufunger Wald hinausgewachsen, an der Fulda stünden Ministerien und Richard von Weizsäcker würde seine Gäste im berühmten Schloß Wilhelmshöhe empfangen wie einst Kaiser Wilhelm II. Doch man entschied sich bekanntlich anders. So blieb Ks., was es auch vor dem Krieg war: Hauptstadt Nordhessens, Mittelpunkt der Provinz." *dsch*

Das **Haus der Jugend** befindet sich auf den Grundmauern eines Gebäudes, dem sog. → *Kastell*, das im 19. Jh. noch Gefängnis gewesen war. Mit dem Vertrag vom 15.6.1939 zwischen der Stadt Ks. und der → *NSDAP* wurde das Kastell dem Bann 83, dem Jungvolk und dem BDM mit Inventar zugesprochen und schon ein Jahr später berichteten die → *Kasseler Neuesten Nachrichten* von der erfolgreichen Jugendarbeit. Nach der Zerstörung während des → *Zweiten Weltkrieges* wurde am 24.8.1951 von Stadtrat Nitsche ein Antrag zur Wiederherstellung des Hauses gestellt. Am 16.9.1952 wurde das Richtfest gefeiert und am 31.10.1953 konnte das neue H. vom Hessischen Minister des Innern, Heinrich Zinnkann, übergeben werden. Jugendverbandsarbeit, offene Jugendarbeit und -beratung kennzeichnen das nach dem ersten OB nach 1945 benannte „Willi-Seidel-Haus", das größte Kasseler Jugendhaus an der Fuldabrücke seit über 50 Jahren. *el*

Hausmann, Manfred Georg Andreas (* 10.9.1898 Ks., † 6.8.1986 Bremen) Der älteste Sohn des Fabrikanten Georg Hausmann und seiner Frau Mathilde besuchte das humanistische Gymnasium in Göttingen. Er war geprägt von der Jugendbewegung und Mitgl. im „Altwandervogel". Nach der Rückkehr aus dem → *Ersten Weltkrieg* studierte er Philologie, Kunstgeschichte und Philosophie in Göttingen, München und Heidelberg, wo er 1922 promovierte. Danach versuchte er sich in verschiedenen Berufen als Kaufmann, Feuilletonredakteur, Dramaturg und Dozent. Er war 1929–33 und 1945–50 für die SPD im Gemeinderat von Worpswede aktiv. Ab 1950 lebte er als freier Schriftsteller in Bremen. Unter dem Einfluss der Schriften Karl Barths und Sören Kierkegaards wandte er sich seit den 1930er Jahren einem christl. Existentialismus zu. Zahlr. Reisen führten ihn nach Amerika, durch die Mittelmeerländer und Skandinavien. Er wurde 1967 Ältestenprediger an der protestantischen Kirche in Bremen-Rönnebeck. H. schrieb Prosa, Lyrik, Mysterien- und Legendenspiele sowie die Autobiographie „Kleine Begegnungen mit großen Leuten" (1973). Er wurde zum Schriftsteller der Ev. Kirche. H. blieb Ks. durch Predigten und Lesungen verbunden, noch als 80-Jähriger las er 1979 im Autoren-Café in der Motzstr. 3. Auch in allen Merian-Heften, Anthologien und Anekdotensammlungen zu Ks. sind seine Jugenderinnerungen eingestreut. 1975 verlieh ihm die Stadt Ks. den Wappenring. *khn*

Lit.: Killy, Dt. Enzyklopädie; Wilpert.

Manfred Hausmann, vor 1967

Hedwig Sophie (* 23.6.1623 Berlin, † 22.3.1683 Schmalkalden), Landgräfin von Hessen-Ks., wurde als Markgräfin von Brandenburg geboren. Ihr Vater war Kurfürst Georg Wilhelm von Brandenburg, ihre Mutter Kurfürstin Elisabeth Charlotte von der Pfalz. H. heiratete 1649 Lgf. → *Wilhelm VI.* von Hessen-Ks. und hatte mit ihm sieben Kinder, darunter die Prinzen Wilhelm (VII.) und → *Karl*. Sie übernahm nach dem Tod ihres Gemahls 1663 die vormundschaftl. Regentschaft. Obwohl sie selbst von sich behauptete, nicht auf die Regierungsübernahme vorbereitet worden zu sein, regierte sie während der Minderjährigkeit der Erbprinzen erfolgreich und tatkräftig. Die jüngere Schwester Friedrich Wilhelms von Brandenburg hielt zeitlebens engen Kontakt zu ihrer Herkunftsfamilie, bat um Rat und Unterstützung, verfolgte jedoch eine durchaus eigenständige Politik. Denn sie versuchte, die Landgrafschaft nicht in die kriegerischen Auseinandersetzungen des Großen Kurfürsten mit Schweden und Frankreich hineinzuziehen. Die Annahme, dass der 23-jährige Karl seine Mutter 1677 gewaltsam aus der Regentschaft ver-

Landgräfin Hedwig Sophie, Kupferstich-Porträt von Lennep, 1669

drängt habe, um selbstständig zu regieren, lässt sich nicht bestätigen. Ihre späte Niederlegung der Amtsgeschäfte erfolgte vielmehr in beiderseitigem Einverständnis, zumal der junge Thronfolger bereits vorher am Regierungsalltag beteiligt worden war. *pp*

Lit.: Bues, Briefwechsel, 77–106; Puppel, Regentin.

Heidelbach, Josef Paul Julius (* 28.2.1870 Düsseldorf, † 13.2.1954 Grifte) Nach dem frühen Tod des Vaters kam der Dreijährige 1875 nach Ks. und lebte hier zunächst bei seiner Großmutter Auguste Heidelbach und nach deren Tod 1890 bei seiner unverheirateten Tante. Er besuchte ab 1879 das → *Friedrichsgymnasium* und studierte seit 1891 in Berlin und Marburg Philologie, Philosophie, Geschichte, Lit. und Kunstgeschichte. Danach lebte er als Hauslehrer und als freier Schriftsteller in Ks. Er publizierte in verschiedenen Zeitschriften und Tageszeitungen. Bekannt wurde er durch seine Erzählungen in Kasseler Mundart, die er seit 1900 publizierte. 1901 gab er die „Hessische Heimat. Ein literarisches Jahrbuch" heraus, ein zweiter Band erschien 1907. 1906–28 redigierte er die Zeitschrift „Hessenland" und übernahm auch die im → *Casseler Tageblatt* erscheinenden Casseler Spaziergänge sowie die „Sonntagsbetrachtungen" in der → *Kasseler Post.* Nach dem Kriegsdienst war er zunächst wiss. Hilfsarbeiter und 1928–35 Bibliothekar und Archivar an der → *Murhardschen Bibliothek.* Seinen Ruhestand verlebte er in Grifte. Neben zahlr. Büchern und Zeitschriften-Beiträgen zur Kasseler und kurhess. (Lit.-)Geschichte war er Mitarbeiter der „Lebensbilder aus Kurhessen und Waldeck". Er wurde als Nestor der kurhess. Schriftsteller bezeichnet und erhielt 1953 das Bundesverdienstkreuz. Noch heute unentbehrlich sind seine Werke zur → *Wilhelmshöhe* (1909) und seine Kulturgeschichte der Stadt Ks. (1913). Eine umfassende Würdigung seines Werkes fehlt. *khn*

Entwurf zur Bebauung der Stadtmitte mit einem Durchgangsbahnhof von Erich Heinicke vom September 1945

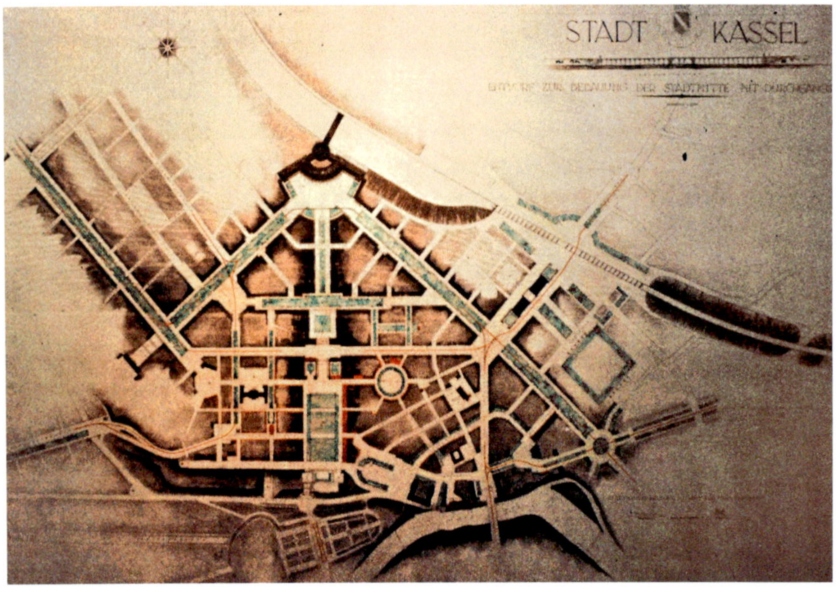

Heinicke, Erich (* 15.6.1892 Halle/Saale, † 26.3.1964 Ks.) Nach einem Architekturstudium in Danzig übte H. verschiedene leitende Tätigkeiten in Danzig, Zoppot und Berlin aus. 1940 trat er der → *NSDAP* bei. Seit 1941 Oberstadtbaurat in Ks., plante er die sog. Neugestaltung der Gauhauptstadt Ks. nach dem Vorbild Berlins. U. a. sollte die → *Wilhelmshöher Allee* verbreitert werden und Platzaufweitungen und Querachsen entstehen. Der → *Weinberg* war als „Gauforum" vorgesehen, „Bauten der Partei" waren in → *Wahlershausen* geplant. Tatsächlich ausgeführt wurden nur das heutige Finanzamt in der Wilhelmshöher Allee und das heutige → *Bundessozialgericht* mit Vorplatz. H. plante zudem Wohngebiete in Zellstrukturen nach dem Vorbild der Parteiorganisation der NSDAP. Ks. erhielt 1943 mitten im → *Zweiten Weltkrieg* als sog. Wiederaufbaustadt zusätzliche Planungskapazität. Nach 1945 forderte H., der inzwischen der SPD beigetreten war, die noch nicht fertig gestellten Arbeiten von den Kollegen ein und vergab sie z. T. neu. Die Bezugnahme auf die NS-Pläne wurde öff. gemacht (→ *„Kassel baut auf"*). H. war verantwortlich für den Wiederaufbau-Wettbewerb Kassels 1947 (→ *Wiederaufbau*) sowie für sämtliche Struktur- und Bebauungsplangrundlagen bis zu seinem Dienstende 1949. Danach war er als freischaffender Architekt in Ks. tätig. *fli*

Lit.: Lüken-Isberner, Gauhauptstadtplanung.

Heinrich I., genannt das Kind (* 24.06.1244, † 21.12.1308 Marburg, reg. 1247/1264–1308), erster Landgraf von Hessen und Enkel der heiligen Elisabeth, konnte sich nach dem Tod des letzten ludowingischen Landgrafen von Thüringen, Heinrich Raspe, im thüringisch-hessischen Erbfolgekrieg (1247–64) gegen den Wettiner Markgraf Heinrich den Erlauchten von Meißen und gegen den Mainzer Erzbischof Siegfried III., der das Gebiet als erledigtes Lehen einziehen wollte, durchsetzen. Entscheidend waren die Tatkraft seiner Mutter → *Sophie von Brabant*, Nichte und nächste Erbin Heinrich Raspes, und die Unterstützung von Ritterschaft, Städten und Deutschem Orden. Sophie sicherte nach zahlr. Kriegen im Vertrag von Langsdorf 1263 die hess. Besitzungen der Ludowinger und regierte zusammen mit Heinrich, der seinen Anspruch auf das Brabanter Erbe nie aufgab. Die zugehörigen Gebiete zwischen Wolfhagen, Eschwege und Alsfeld, darunter die thüringischen Werrastädte Allendorf und Witzenhausen, konnte Heinrich 1264/65 durch den Erwerb der Stadt Gießen arrondieren. In Auseinandersetzungen mit dem Mainzer Erzbischof wurde er 1273 mit dem Kirchenbann und 1274 mit der Reichsacht belegt, zu deren Abwendung er 1276 König Rudolf I. von Habsburg gegen den damals mächtigsten Reichsfürsten Ottokar von Böhmen milit. unterstützte. Nach seinem Sieg gegen Erzbischof Gerhard (II.) von Eppstein 1280 bei Fritzlar konnte er Bann und erzbischöfl. Gerichtsbarkeit in landgräflichen Städten beenden. In den Reichsfürstenstand erhob ihn am 10. Mai 1292 der frisch gewählte König Adolf von Nassau, dem er die Stadt Eschwege übertrug, um sie mit der Boyneburg als erbliches Reichslehen zurückzuerhalten. Damit war seine Vormachtstellung in dem in viele selbstständige Territorien und Rechtsbereiche aufgesplitterten Hessen gefestigt.

Die auf zwei Territorialkomplexe unterschiedlichen Status zurückgehende Zweiteilung der Landgrafschaft in Oberhessen um Marburg und Niederhessen um Ks. bedeutete, dass Heinrich zusätzlich zum Ausbau Marburgs Ks. förderte, indem er die ältere ludowingische Burg um 1277 durch einen Neubau ersetzte, die Gründung der erstmals 1283 erwähnten Unterneustadt verm. initiierte und das Karmeliterkloster 1292/93 gründete. Durch geschickte Diplomatie erweiterte er die nordhess. Besitzungen (mit Schartenberg, Grebenstein, Trendelburg, → *Reinhardswald* und Wanfried) gegen die Grafen von Wittgenstein, Waldeck und Dassel sowie das Bistum Paderborn. Der Versuch, das Erbe unter seinen Söhnen aus den Ehen mit Adelheid von Braunschweig (1263–74) und mit Gräfin Mechthild von Kleve aufzuteilen, führte zu Erbstreitigkeiten, die von 1282 bis zum Tode Heinrichs 1308 andauerten. Bei der Erbteilung erhielt Otto I. Oberhessen, Johann Niederhessen, das nach dessen Tod 1311 wieder mit Oberhessen vereinigt wurde. Ludwig, der Jüngste, erbte 1311 Marburg, dessen Verlust als politisches Zentrum Oberhessens den verstärkten Ausbau Kassels als Residenz bis 1357 begünstigte. *ib*

Lit.: Heinemeyer, Kräfte, 53–77; Stobbe, Sophie, 59–87.

Heinrich II., genannt der Eiserne, (* vor 1302, † Juni 1376; reg. 1328–76), Landgraf von Hessen, war seit 1320/21 Mitregent seines Vaters Lgf. Otto I. In Fortführung der Auseinandersetzungen mit den Erzbischöfen konnte er das Mainzer Heer 1328 bei Wetzlar vernichtend schlagen und langfristig Nutzen aus den drei Mainzer Schismen von 1328, 1346 und 1374 ziehen. 1347 besiegte er bei Gudensberg Erzbischof Heinrich von Virneburg, den Papst Clemens VI., der die Wahl Karls IV. zum König betrieb, im April 1346 wegen seiner Parteinahme für Kaiser Ludwig IV. durch Gerlach von Nassau ersetzt hatte. Ihn unterstützte der Landgraf im Kampf um das Erzbistum, so dass Mainz 1354 die nieder- und oberhess. Besitzungen als landgräfl. Lehen nehmen, die hess. Vorherrschaft im → *Reinhardswald* anerkennen musste und lediglich Fritzlar, Amöneburg und Naumburg als Eigenbesitz behielt. H. sicherte sich die weltl. Befugnisse über die Geistlichkeit und erhielt für das Lehen Kirchhain den Mainzer Anteil am Reinhardswald, zu dem er später den Paderborner Teil kaufte. Im O erwarb er 1350 Spangenberg, 1357 einen Teil der Herrschaft Itter, 1360 zusammen mit der verwitweten, im gegenseitigen Erbvertrag gebundenen Gräfin Elisabeth von Henneberg-Schleusingen für 4.300 Goldgulden Schmalkalden und Herrenbreitungen sowie 1372 die Herrschaft Bilstein. Zudem verlieh er als erster Landgraf erbliche Hofämter, etwa das Erbmarschallamt 1343 an die Herren von Eisenbach, das Erbkämmereramt 1369 an die Herren von Berlepsch und das Erbschenkamt an die Familie Schenk zu Schweinsberg.

Als sein einziger, 1340 zum Mitregenten berufener Sohn Otto II. der Schütz 1366 starb, wählte H. seinen erbberechtigten Enkel, Herzog Otto von Braunschweig, zum Nachfolger, den er aber 1367 enterbte, um seinen Neffen → *Hermann II.* einzusetzen. In der Folge setzte sich Otto zusammen mit Graf

Heinrich I Bildnis der Sophie von Brabant mit ihrem Sohn Heinrich. Holzschnitt aus der Hessischen Chronik von Wilhelm Dilich, 1605

Gottfried von Ziegenhain und der Ritterschaft im sog. Sternerbund gegen die Machtansprüche des Mitregierenden zur Wehr. Stützen H.s waren die Städte, Schutzbündnisse von 1373 mit Hersfeld und den Landgrafen Friedrich, Balthasar und Wilhelm von Thüringen, Markgrafen von Meißen sowie die Übernahme der gesamten Landgrafschaft als kaiserl. Lehen. Da Karl IV. 1373 Erbverbrüderung und Lehen bestätigte, musste Herzog Otto letztlich auf seine Ansprüche verzichten.

In seiner → *Residenz* Ks. gründete H. 1330 die → *Freiheit*, eine zweite planmäßig angelegte obere Neustadt mit eigener Verwaltung, eigenem Recht, eigener Kirche sowie zeitweise Steuer- und Abgabenbefreiung für Neuansiedler. Bei der Erweiterung entstanden → *Graben*, Mittelgasse, Oberste Gasse und Pferdemarkt der Ober- und Niederbürgerschaft. 1334 entstand im landgräfl. Auftrag die bekannte Prunkhandschrift von Wolfram von Eschenbachs Willehalm; vor 1343 begann der Bau der 1462 geweihten → *Martinskirche*. Im April 1346 hatten Alt- und Neustadtbürger zugestimmt, dass der Landgraf die städt. Bede sechs Jahre lang zur Schuldentilgung verwenden könne. Einen Monat später erhöhten Landgraf und Stadtrat gemeinschaftlich den Brückenzoll für Auswärtige zur Finanzierung einer neuen Fuldabrücke. Weitere landgräfl. Verfügungen betrafen den Klerus, darunter 1337 das Verbot, Güter und deren Gefälle an Klöster zu übertragen, oder 1354 die Ausweitung der Geschosspflicht auf die im Handel tätigen Weltgeistlichen und Abgabenfreie. Der mitregierende Lgf. Hermann II. bestätigte alle Privilegien der drei Kasseler Städte im Februar 1375, ehe die im Oktober neu erhobene Importsteuer zu Städteeinung und → *Aufruhr 1376–1391* führte. *ib*

Lit.: Baumgärtner, Niederhessen, 137–170; Heinemeyer, Kräfte, 53–77.

Heinrich-Schütz-Schule

Heinrich-Schütz-Schule, schulformbezogene Gesamtschule. Die Schule ging aus der 1909 gegründeten „Städtischen Studienanstalt der realgymnasialen Richtung zu Cassel" hervor. Dieses erste „Gymnasium" für Mädchen in Ks. ging auf eine Initiative des „Vereins Frauenbildung-Frauenstudium" unter Führung von → *Julie von Kästner* zurück. 1911 wurde die erste eigene Reifeprüfung durchgeführt und der erste Schülerinnenruderverein Deutschlands gegründet (→ *Rudervereine*). 1923 wurde ein zur mittleren Reife führendes Lyzeum angegliedert. Das von Heinrich Tessenow als erste Schule Deutschlands im Bauhausstil entworfene neue Schulgebäude am Graf-Bernadotte-Platz wurde 1930 eingeweiht. Die Schule ging in die Trägerschaft des preuß. Staates über und wurde in „Malwida von Meysenbug-Schule" umbenannt. Da dieser Name den NS-Behörden nicht mehr genehm war, erfolgte 1940 die Umbenennung in „H.". Bei Kriegsende wurde das Gebäude durch die amerikan. Besatzungsbehörde beschlagnahmt. Im November 1945 nahm die Schule als „Staatliches Realgymnasium für Mädchen" den Schulbetrieb wieder auf. 1966 wurde sie eine Koedukationsschule, ab 1981 eine schulformbezogene Gesamtschule mit Förderstufe. Sie ging einen Schulverbund mit der Jacob-Grimm-Schule ein. Seit 1994 gibt es wieder durchgängig schulformbezogene Klassen. Heute ist die H. eine Schule mit Ganztagesangebot und musikalischem Schwerpunkt; 2008 hatte sie 1.080 Schüler und 68 Lehrkräfte. *hmü*

Lit.: Jb. zum 75-jährigen Jubiläum.

Heinsius + Sander Der Maxime, dass das Warenangebot „von bester Funktion, makelloser Qualität und erlesener Schönheit" zu sein habe, blieb das Modegeschäft H. bis heute treu. Gegründet 1874 von Arthur Heinsius und Emil Sander, blieb die Firma im Familienbesitz und im Haus Obere Königsstr. 17 ansässig. Bereits 1883 wurde sie Königl.-preuß. Hoflieferant. 1897 erfolgte durch die Angliederung gewerbl. Werkstätten die erste Erweiterung. Nach der Kriegszerstörung wurde 1949 zuerst das Erdgeschoss wiederaufgebaut. In den folgenden Jahren baute man das Geschäft weiter aus und um und passte es den modernen Erfordernissen an. 1988 wurde es unter die besten Läden Europas gewählt. 1994 erhielt das 1975 ausgegliederte und 1993 umgebaute Fachgeschäft „Die Aussteuer" eine Auszeichnung in der Kategorie „Die besten Eröffnungen Europas". Ein besonderer Höhepunkt waren in den 1980er Jahren die in Kooperation mit der Firma Mercedes veranstalteten Modenschauen. Im Jahr 2000 wurde erstmals der Arthur-Heinsius-Preis für ästhetisches Design ausgelobt. Infolge der

Neukonzeption mit Schwerpunkt Markenmode wurden die beiden ausgegliederten Fachgeschäfte „Die Wäsche" und „Die Aussteuer" 2006 geschlossen. *skö*

Lit.: Ditzel, 125 Jahre Heinsius + Sander.

Heldmann, Karl (* 19.9.1869 Viermünden, † 12.3.1943 Ks.), Dr. phil., war nach dem Studium der Geschichte in Bonn und Marburg 1894–98 wiss. Hilfsarbeiter an der → *Landesbibliothek* in Ks., 1895 erfolgte die Promotion in Marburg, 1899 die Habilitation in Halle, 1903 wurde er dort Prof. Er verfasste zahlr. Publikationen zur hess. und zur allg. Geschichte, ab 1912 war er Mitarbeiter an der „Quellenkunde der Deutschen Geschichte" von Dahlmann-Waitz. Aus dem Jahre 1917 stammte sein Briefwechsel mit → *Bruno Jacob*, in dem sich letzterer kritisch zu dem aufwändigen Haushalt der Kaiserin in → *Schloss Wilhelmshöhe* äußerte. Jacob zitierte seine Putzfrau mit den Worten: „Jetzt will ich mein Marinefett (Margarine) holen, die Butter frisst ja das Mensche – gemeint ist die Kaiserin – da oben wieder." H. antwortete: „Ich hatte erwartet, ‚das Mensche' würde in diesem Jahr bleiben, wo es hingehört." Da der Briefwechsel überwacht wurde, was beide nicht wissen konnten, kam es zur Hausdurchsuchung, Suspendierung H.s, Verurteilung wegen Majestätsbeleidigung, Gehaltskürzung und zum Ende seiner akademischen Karriere. In den verschiedenen Straf- und Disziplinarverfahren versuchte er zu belegen, dass „das Mensche" ein Dialektwort ohne diskriminierenden Beigeschmack sei. Erst in der → *Weimarer Republik* gelang es ihm, seine akademische Lehrtätigkeit wieder aufzunehmen. H. galt weiterhin als „unbequemer" Mensch, der aber seine polit. Überzeugung von seiner Lehrtätigkeit trennte. Als erklärter Kriegsgegner und mit den politischen Umwälzungen nach 1933 keineswegs einverstanden, ließ er sich im Dezember 1933 emeritieren. *hbe*

Lit.: Ex Bibliotheca.

Helleböhn bildet gemeinsam mit → *Süsterfeld*, → *documenta urbana* und Holzgarten den Ortsteil Süsterfeld-H. im SW der Stadt. Es war die erste selbstständige und zusammenhängende Trabanten-Siedlung am Rande Kassels. Sie galt als Prestigeprojekt des Bundesministeriums für Wohnungswesen und Städtebau. 1956 erfolgte die Planung und Grundsteinlegung, wobei neue städtebaul. Ideen, etwa die Trennung von Autostraße und Fußweg umgesetzt werden sollten. 1957–59 wurde der erste Bauabschnitt fertig gestellt, 400 v. a. Klein- und Kleinstwohnungen waren bezugsbereit, 200 befanden sich noch im Ausbau. 1959 erfolgte der Zukauf eines 100.000 m² großen Areals an der Heinrich-Schütz-Allee, der die nächsten Bauabschnitte sicherstellte. Bis 1963 konnten 949 Wohnungen im Laubengangtyp errichtet werden, Anfang der 1960er Jahre führten auch Punkthochhäuser zur stärkeren Verdichtung der Wohnungen. 1965 begann das Eigenheimprojekt Knüllweg mit 59 Häusern: Einfamilien-Reihenhäuser, die sich zumeist im Eigenbesitz befanden, ansonsten gehörten sie überwiegend zur GWH (→ *Wohn- und Siedlungsbau*). In OW-Richtung war das Gebiet von einem Grüngürtel durchzogen, Gehölze fassten auch die breiten Durchgangsstraßen ein. Infrastruktur- und Versorgungseinrichtungen fanden sich im O der Siedlung, die auch über eine gute Verkehrsanbindung verfügte. 1964 erfolgte die Anmietung, 1981 der Kauf des Bürgerhauses, 1982 wurde die Sportanlage fertig gestellt. Infolge vieler Leerstände besonders in den Hochhäusern, die zur vermehrten Ansiedlung von Russland-Deutschen führten, entwickelte sich H. dennoch zum sozialen Brennpunkt. Erst in den letzten Jahren konnten diese Probleme aufgrund städt. und privater Initiative z. T. gelöst werden. *da*

Lit.: Brier/Dettmar, Kassel.

Henkel, Gustav (* 22.6.1856 Hemeln, † 29.12.1941 Ks.) war Unternehmer und Kommunalpolitiker. In Hemeln betrieben H.s Vorfahren seit Generationen eine Mühle, was vielleicht die technische Begabung erklären mag, die H. schon in jungen Jahren entwickelte. Mit 22 Jahren gründete er zusammen mit dem Kasseler Fabrikanten Carl Beck die Maschinenfabrik → *Beck & Henkel*, die 1889 in eine Aktiengesellschaft umgewandelt wurde: „Maschinenbau AG, vormals Beck & Henkel". Auf dem Produktionsprogramm des Unternehmens standen Kräne, Pumpen, Ventilatoren, Dampfmaschinen und Kraftanlagen. H. war befreundet mit Dr. Wilhelm Schmidt, dem Erfinder der Heißdampf- und Hochdrucktechnik (→ *Schmidt'sche Heiß-*

Altersporträt von Gustav Henkel

dampf GmbH), dessen Ideen er z. T. erstmals umsetzte. 1892 errichtete er in der Hunrodstr. in → *Wilhelmshöhe* ein Elektrizitätswerk, dessen Dampfmaschinen mit Heißdampf betrieben wurden; mit der Abwärme seines Kraftwerks wurden (ganz modern) das Palmenbad, Kassels erstes Hallenbad, und das Gewächshaus im → *Park Wilhelmshöhe* beheizt. Später elektrifizierte H. den gesamten Kasseler W. Er war Initiator und Bauherr der → *Herkulesbahn*; ab 1902 wurde Braunkohle transportiert, die in H.s Kraftwerk verfeuert wurde, ein Jahr später startete der Personenverkehr zum → *Herkules*; der Betrieb der Herkulesbahn wurde im April 1966 eingestellt. H. wirkte jahrzehntelang als Kommunalpolitiker in Ks.: 1906–19 war er Stadtverordneter und 1919–30 ehrenamtl. Beigeordneter und Vertreter des OBs. Unter seinem Einfluss wurden das Lossekraftwerk, die → *Lutherkirche* und die → *Christuskirche* erbaut. Sein Grab auf dem Wahlershausener Friedhof (→ *Friedhöfe*) wurde zum Ehrengrab erklärt. *ro*

Gustav Henkel Werbekarte der Henkelschen Elektrizitätswerke aus dem Jahre 1910

Henkel, Heinrich Ludwig Michael (* 9.1.1802 Schmalkalden, † 26.6.1873 Ks.) Der Sohn eines Bergrats und Oberschultheißen studierte 1817–22 in Marburg und engagierte sich dort als Sprecher der Burschenschaft. 1823 wurde er Anwalt in Kirchhain und zwei Jahre später Obergerichtsanwalt in Marburg. Dort stellte er sich 1830 mit einer radikalen Broschüre an die Spitze der Petitionsbewegung. In den Jahren 1833, 1845–50 und 1862–66 war er Abgeordneter für die oberhess. Städte in der kurhess. Ständeversammlung. Der seit 1834 als Anwalt in Ks. tätige H. galt mit seinen scharfsinnigen Reden und seinen unorthodoxen Ansichten bald als ein „enfant terrible“ unter den liberalen Abgeordneten. So stimmte er 1833 gegen eine Anklage des erzkonservativen Ministers → *Ludwig Hassenpflug*, trat für die Deutschkatholiken und 1847 für die Errichtung eines Denkmals für Kurfürst → *Wilhelm II.* ein. „Der Henkel“, wie er sich selbst 1848 auf Flugblättern titulierte, war Mitgl. der Frankfurter Paulskirche, des Gothaer und des Erfurter Parlaments. Im → *Verfassungskonflikt 1850* agierte er im bleibenden ständischen Ausschuss und wurde deshalb 1852 zu 22 Monaten Festungshaft verurteilt, die er in Spangenberg verbüßte. In den 1860er Jahren trat er für eine nationale Einigung unter Führung → *Preußens* und deshalb auch 1866 für die → *Preußische Annexion* ein. H. wurde kurz vor seinem Tod 1873 zum → *Ehrenbürger* ernannt. *eg*

Lit.: Grothe, Neigung; Losch, Henkel.

Heinrich Henkel, Lithographie von Eduard Handwerck, um 1849

Hennig, Dieter (* 3.5.1924 Magdeburg, † 4.5.2004 Ks.) leitete viele Jahre in Personalunion die → *Murhardsche* und → *Landesbibliothek* sowie das → *Brüder Grimm-Museum* in Ks. Dabei erwarb er sich v. a. im Jahr 1972 Verdienste um beide Institutionen: Am 22.9.1972 konnte H. nach intensiver Suche in Philadelphia die seit Kriegsende vermisste erste Seite des → *Hildebrandsliedes* und den Willehalm-Kodex entgegennehmen und nach Ks. zurückbringen. Vier Wochen später wurden im → *Schloss Bellevue* die ersten Schauräume des Brüder Grimm-Museums eröffnet. Vor seinem Engagement in Ks. war der Philologe von 1954 bis 1958 Mitarbeiter am „Deutschen Wörterbuch der Brüder Grimm“ an der Arbeitsstelle der Göttinger Akademie der Wissenschaften. Nach einer Bibliotheksausbildung in Freiburg übernahm er 1968 die Leitung der Murhardschen und Landesbibliothek. Ein Jahr später wurde er als Nachfolger von → *Ludwig Denecke* Leiter des Grimm-Museums. Bis 1976 übte H. beide Ämter aus, danach konzentrierte er sich auf das Thema → *Grimm*, auch als Geschäftsführer der → *Brüder Grimm-Gesellschaft*. Als Koordinator der Veranstaltungen zum 200. Geburtstag von → *Jacob und Wilhelm Grimm* organisierte er 1985/86 mit seinem späteren Nachfolger Bernhard Lauer eine umfangreiche Ausstellung zu Leben und Werk der Brüder Grimm. Der vierbändige Ausstellungskatalog gilt noch heute als Grundlagenwerk der Grimm-Forschung. *hhe*

Carl Henschel, Lithographie, Druck von Theodor Fischer in Kassel, 1845

Henschel, Carl, eigentlich Georg Christian Carl (* 24.4.1759 Gießen, † 2.6.1835 Ks.), erlernte im väterlichen Betrieb das Gießerhandwerk. 1777 wurde er als Geselle bei dem Stück- und Rotgießer Johann Friedrich Anton Storck in Ks. angestellt. Er heiratete 1780 dessen Tochter Friedericke und wurde Teilhaber an der Gießerei. Seine Frau unterrichtete ihn im Lesen, Schreiben und Rechnen. Lgf. → *Friedrich II.* verlieh H. und seinem Schwiegervater 1785 das alleinige Privileg, Glocken, Kanonen und ähnliche Erzeugnisse im von Lgf. → *Karl* gegründeten → *Gießhaus* an der Weserstr. in der → *Altstadt* herzustellen. Schon 1783 baute H. auf eigene Rechnung eine gemeinsam mit seinem Meister entwickelte Feuerspritze. 1796 errichtete er das erste Bleiwalzwerk Deutschlands, das noch durch ein Göpelwerk von Pferden angetrieben wurde. Mit Bleiplatten konnte man u. a. Wasserleitungen und Dachbedeckungen herstellen. Lgf. → *Wilhelm IX.* ernannte H. 1796 zum „herrschaftlichen Brunnenleiter" und übertrug ihm die Verantwortung für die → *Wasserversorgung* in Ks. Auf diese Weise stand er im öff. Dienst. Zehn Kinder gingen aus seiner Ehe hervor, darunter die Söhne Carl Anton (→ *Henschel & Sohn*), der Unternehmer, und → *Johann Werner*, der spätere Bildhauer. Kurfürst → *Wilhelm I.* privilegierte H. und seinen Sohn Johann Werner 1805 nicht nur für die Herstellung von Kanonen und Glocken, sondern auch für Feuerspritzen, Pressen, Pumpen und Metallgusswaren aller Art, die er auf eigene Rechnung produzieren ließ. Spätestens jetzt wurden die selbstständigen Entwicklungen und Fertigungen Henschels neben den Verpflichtungen im kurfürstl. Gießhaus anerkannt und gefördert. Während der französ. Besatzungszeit weigerte sich H. als „staatlicher Stückgießer des → *Königreichs Westphalen*", dem Stadtkommandanten von Ks. Kanonen zu einem Preis unter den Herstellungskosten zu liefern. Er musste deswegen nach langem Streit am 28.6.1810 binnen eines Tages das Gießhaus verlassen, verlagerte Betrieb und Wohnung in das nebenstehende, ihm schon gehörende „Freyhaus" und gründete eine von staatl. Privilegien und Beschränkungen unabhängige Gießerei: die Keimzelle des Weltunternehmens Henschel & Sohn. 1817 wurde sein Sohn Carl Anton Teilhaber am Unternehmen, das seitdem einen steilen Aufschwung nahm. *ro*

Lit.: Mackensen/Wegner, Henschel, 7–13, 61ff.

Postkarte zum 100-jährigen Firmenjubiläum der Firma Henschel. Im linken Eck der Deutsche Reichsadler, im rechten das Wappen der Stadt Kassel, 1910

Henschel, Sophie (* 11.11.1841 Rothenhof/Minden, † 5.2.1915 Ks.) wurde als Caroline Elisabeth Francisca Sophie Caesar und jüngste Tochter einer preuß. Gutsbesitzerfamilie geboren. Sie war 10 Jahre alt, als ihr Vater starb und ihre Mutter mit ihr nach Ks. zog. Als Mädchen aus gutem Haus war sie gebildet, vermögend und mit guten Kontakten ausgestattet. Auf einem Ball traf sie Carl Anton Oskar Henschel (→ *Henschel & Sohn*), den sie am 22.6.1862 heiratete. Beide scheint eine große Zuneigung verbunden zu haben. Er beteiligte sie – für diese Zeit eher ungewöhnlich – an allen Geschäftsentscheidungen. War er auf Reisen, berichtete sie ihm in langen Briefen von den Geschehnissen in der Firma. H. gebar drei Mädchen und einen Jungen. Nach dem Tod ihres Mannes 1894, der sie schwer traf, wurde sie Alleininhaberin und übernahm die Firmenleitung, bis sie diese am 12.2.1912 an ihren Sohn Karl übergab. Sie war eine der großen Mäzeninnen Kassels und spielte eine bedeutende Rolle bei der Entwicklung der Wohlfahrtsarbeit, die weit über die Stadt hinausreichte (→ *Wohlfahrtseinrichtungen*). Sie war eine der ersten Fabrikantinnen ihrer Zeit und zudem um 1900 eine der reichsten Frauen des Kaiserreiches. Sie trat mit Maßnahmen zur sozialen Sicherung, zur Eigenheimförderung, zur Gesundheitsversorgung und durch die Einrichtung einer Konsumanstalt für Arbeiter und Angestellte hervor. Ab 1879 war sie Vorsitzende des → *Vaterländischen Frauenvereins* und begründete eine große Stifterbewegung (→ *Stifter und Stiftungen*), wobei sie viele Frauen als Stifterinnen gewinnen konnte. H. selbst stiftete für den Bau des Rot-Kreuz-Krankenhauses und die Oberkaufunger Lungenheilstätte (→ *Krankenhäuser*). Mit ihrem Engagement setzte sie sich für Frauenbildung, die Etablierung des Berufs der Krankenschwester und deren Arbeitsbedingungen ein. *vl*

Lit.: Wörner-Heil, Henschel.

Sophie Henschel, um 1910

Werner Henschel Lithographie nach einer Zeichnung von Glinzer, 1831, von G. Koch

Henschel, Werner, eigentlich Johann Werner (* 14.2.1782 Ks., † 15.8.1850 Rom), war 1832–43 Prof. für Bildhauerei an der Kasseler → *Kunstakademie* und wurde 1846 zum Hofbildhauer ernannt. Seine bekanntesten Werke, die Bonifatiusstatue in Fulda und die sog. Brunnengruppe in Potsdam weisen ihn als Bildhauer der Romantik aus. Der Konflikt zwischen der Verpflichtung, in dem erlernten Beruf als Rot-, Stück- und Glockengießer in der väterlichen Firma zu arbeiten und seiner Neigung zur Bildhauerei prägte sein Leben. H. war ein Freund der Brüder → *Jacob und Wilhelm Grimm* und vieler Kasseler Künstler und Künstlerinnen, darunter sein Schwager → *August von der Embde.*
H. wurde in Ks. als zweiter Sohn von Georg Christian → *Carl Henschel* und Friederike Henschel, geb. Storck (1759–1832), geboren. Erste künstlerische Unterweisung erhielt er durch seinen Paten, den Hofzeichner Johann Werner Kobold. Bereits mit 12 Jahren wurde er Schüler der Kasseler Kunstakademie. Seine Lehrer waren Samuel → *Nahl*, → *Wilhelm Böttner* und → *Heinrich Christoph Jussow*. Entscheidend für seine Berufswahl war jedoch der Unterricht bei dem Bildhauer Ludwig Daniel Heyd 1800/01. Mehrfach erhielt H. Auszeichnungen, 1803 ein dreijähriges Reisestipendium des Landesherrn. Im August 1805 wurde er Schüler Jacques Louis Davids in Paris und schuf erste selbstständige plastische Arbeiten. In der Zeit des → *Königreichs Westphalen* erhielt er, der 1810 nach Ks. zurückkehrte, mehrmals Aufträge seitens des Königs. Nach 1815 entstanden zunächst christl. geprägte Werke. Eine „Madonna mit Kind und Engeln" gelangte über → *Johann Friedrich Bury* an die Kurfürstin → *Auguste*, die fortan zur Liebhaberin seiner Werke wurde und eine „Caritasgruppe" (1816/24) bestellte.
H. machte sich auch als einfühlsamer Porträtist einen Namen. Die Büsten der drei Kinder der Kurfürstin Auguste Karoline, Marie und → *Friedrich Wilhelm* (Gipsabguss, → *Stadtmuseum*) fanden ebenso Anerkennung wie die Büste Lichtenbergs und die Porträts seiner Eltern 1829 (Bronze, Stadtmuseum). Unter zahlr. Grabmälern, die er schuf, seien erwähnt: das für Julius Wilhelm Albert Graf von Reichenbach, einen natürlichen Sohn Kurfürst → *Wilhelms II.* und seiner Mätresse → *Emilie Gräfin Reichenbach*, auf dem Altstädter Friedhof in Ks. (Zusammenarbeit mit → *Johann Conrad Bromeis*) und das an den vier Ecken mit bronzenen Engeln bekrönte gusseiserne Gitter, das den Steinsarkophag umfriedet und ein frühes Beispiel für die Verwendung von Eisen und neugotischen Formelementen darstellt. Hervorzuheben sind ferner das Grabmal für Charlotte → *Hassenpflug*, geb. → *Grimm*, ein Steinsarkophag mit einem Kreuz tragenden knieenden Bronzeengel (1844, Altstädter Friedhof) sowie das ähnlich gestaltete Grabmal für Marie Grimm, die Frau seines Freundes → *Ludwig Emil Grimm.*
Zwischen 1829 und 1839 entstand H.s Hauptwerk: die Bronzestatue des Bonifatius für Fulda. Nach längerer Produktionszeit erfolgte 1842 die feierliche Enthüllung. Bonifatius hält in der erhobenen Rechten das Kreuz, in der Linken das aufgeschlagene Evangelienbuch, sein bärtiges Haupt mit halblangem Lockenhaar erinnerte die Zeitgenossen an einen antiken Zeuskopf. Ganz ohne Auftrag schuf er in den 1820er Jahren Tierplastiken und entwarf auch kunsthandwerkl. Arbeiten. Häufig wurden diese Werke im Gießhaus der Firma → *Henschel & Sohn* hergestellt. Nach seinen Entwürfen entstanden auch Möbel für die Herzogin Marie von Sachsen-Meiningen und für die Innenausstattung der ehem. Henschelvilla (→ *Henschel-Villen*) von 1837. Zur Ausführung der Brunnengruppe, die das preuß. Königspaar in Marmor bestellte, reiste H. 1843 nach Italien. Das populäre Werk von 1846, das ein junges Paar beim Wassertragen darstellt (Römische Bäder bei Schloss Charlottenhof in Potsdam), wurde mehrfach in Gips und in Bronze vervielfältigt (u. a. Stadtmuseum Ks. und Schloss → *Schönfeld*). In Italien schuf H. die Marmorgruppe „Freud und Leid", ein Knabe und ein Mädchen als Verkörperung der „unzertrennlichen Begleiter des menschlichen Lebens" (1846), sowie Werke mit allegorischer oder christl. Thematik, die jedoch Modell blieben. H.s Grab befindet sich auf dem cimitero acattolico an der Cestius-Pyramide in Rom. *vle*

Lit.: Gerland, Henschel; Schuchard, Henschel.

Henschel & Sohn Die wechselvolle Henschel-Historie ist eng mit der Entwicklung Kassels in den letzten 200 Jahren verbunden und ist ein Beispiel dt. Industriegeschichte. Die Ursprünge des Unternehmens gehen auf

Georg Christian → *Carl Henschel* zurück, der 1777 von Gießen nach Ks. kam und dort beim landgräfl.-hess. Stück- und Rotgießer Johann Friedrich Storck als Gießergeselle Arbeit fand. Sein Sohn Carl Anton Henschel war zunächst Assistent beim Baudepartement und dessen Bruder → *Johann Werner Henschel* Bildhauer. 1810 gründete er zusammen mit seinem Vater eine kleine Fabrik, nachdem dieser seine Anstellung als staatl. Geschützgießer verloren hatte, weil er nicht bereit war, Kanonen zu einem sehr geringen Preis für die Franzosen zu gießen. Sieben Jahre später wurde auch Carl Anton Henschel Teilhaber dieser Fabrik. Während die Geschützgießerei allmählich zurückging, gewann der Bereich Maschinenbau zusehends an Bedeutung, nicht zuletzt durch Carl Anton Henschels zahlr. grundlegende Erfindungen. 1835 trat mit Georg Alexander Carl (1810–1860) die nächste Generation in das Unternehmen ein, dessen Sohn Carl Anton Oskar (1837–1894) durch den zeitigen Tod des Vaters früh ein großes Erbe antrat. Das Unternehmen nahm einen raschen Aufschwung: 1816 begann die Produktion von Dampfmaschinen, 1837 wurde ein zweites Werk am → *Möncheberg* gebaut mit dem heute noch vorhandenen → *Gießhaus* der Univ. Ks., 1848 erfolgte dort die Auslieferung der ersten Dampflokomotive „Drache" und 1880 gehörte H. zu den sechs größten Lokomotivfabriken. Das Unternehmen wuchs kontinuierlich, abgesehen von der Zeit der Wirtschaftskrisen 1875–80 und 1894/95, in denen auch die Henschel-Belegschaft schrumpfte. Als Carl Anton Oskar Henschel 57-jährig starb, führte seine Frau → *Sophie Henschel* von 1894 bis 1912 das Unternehmen außerordentlich erfolgreich. Die Fabrik erreichte bis zum → *Ersten Weltkrieg* eine Belegschaftsstärke von 7.000 Beschäftigten. H. wurde nicht nur zum größten Kasseler Unternehmen, sondern mit Borsig zur bedeutendsten dt. Lokomotivfabrik. 1905 baute man die erste elektrische Lokomotive, fünf Jahre später die erste Henschel-Lok mit Verbrennungsmotor. Ein weiterer Aufschwung erfolgte durch die Aufrüstung und den Weltkrieg, H. steigerte die Produktion auf 500 Stück Lokomotiven pro Jahr (1916) und verdoppelte sie in der Folgezeit noch. Mit Kriegsbeginn wurde auch das urspr. Geschäftsfeld der Rüstungsproduktion wieder aufgenommen, zunächst mit Geschossen, Zündern und Munitionswagen, später auch mit Geschützen. Diese weitere Expansion machte die Gründung des Werkes Mittelfeld nötig. 1920 wurde H. in eine GmbH umgewandelt. In dieser Zeit war die Unternehmensentwicklung durch eine große Nachfrage nach neuen Lokomotiven infolge der Kriegsverluste und Reparationsleistungen geprägt. Die 1920er Jahre waren aufgrund der Reduzierung der Reichsbahnaufträge aber sehr wechselhaft. 1925 eröffnete sich H. mit der Entwicklung und Fertigung von Lastkraftwagen, Omnibussen und im geringen Umfang auch mit der Baumaschinenproduktion neue Geschäftsfelder. Während der Wirtschaftskrise übernahm die Firma die Produktionsquoten anderer Lokomotivfabriken, teilweise gemeinsam mit Krupp. 1931 stand das mittlerweile als größte Lokomotivfabrik Europas geltende Unternehmen allerdings selbst kurz vor der Schließung, am Ende des Jahres stellte es die Produktion vorübergehend ein. Das auf dem → *Weinberg* 1904 erbaute Haus Henschel (→ *Henschel-Villen*) wurde 1932 abgerissen, weil die Familie die darauf erhobenen Steuern nicht mehr bezahlen konnte. Die Henschel-Villa in unmittelbarer Nähe wurde im Krieg zerstört (erhalten sind Reste des Henschelgartens und die damalige Remise, in der sich heute das → *Museum für Sepulkralkultur* befindet). Eine endgültige Schließung der Firma konnte jedoch abgewendet werden und die Produktionszahlen stiegen in den folgenden Jahren wieder. In dieser Zeit wurden v. a. Dampflokomotiven weiterentwickelt. Eine besondere Konstruktion war die 1936 ausgelieferte stromlinienverkleidete Dampflokomotive 61 001 für den gemeinsam mit der Waggonfabrik → *Wegmann* entwickelten Henschel-Wegmann-Zug, einem Expresszug, der die Städte Hamburg und Dresden fahrplanmäßig mit 170 km/h verbinden sollte. Auch die Lastwagenproduktion stieg nach der Wirtschaftskrise wieder kontinuierlich an, insbes. durch die Fertigung der Militär-Lkw HS 33, die bis 1943 in großen Stückzahlen ausgeliefert wurden. In der → *NS-Zeit* wurde H. einer der wichtigsten Ausrüster der Wehrmacht. Oscar Robert Henschel (1899–1982), der Enkel von Sophie, übernahm einen Entwicklungsauftrag für einen leichten Kampfpanzer, 1934 begann die Serienfertigung des Panzerkampfwagens (PzKw) I, ab 1935 des PzKws II

Bimot-Bus von Henschel aus dem Jahr 1955

Diesellok von Henschel von 1954

und ab 1939 des PzKws III. Später folgten der Spähpanzer „Luchs" und der Kampfpanzer „Panther" sowie die ausschließlich in Ks. gefertigten schwersten Panzer „Tiger I" und „Tiger II". Darüber hinaus beteiligte sich Henschel an der Geschütz- und Munitionsproduktion und profitierte von der „kriegswichtigen" Lokomotivproduktion. Dass Oscar R. Henschel die politisch gegebenen Möglichkeiten geschäftlich zu nutzen wusste, zeigt sich auch in der 1933 erfolgten Gründung der Henschel-Flugzeugwerke in Berlin, wo fortan Kampfflugzeuge gebaut wurden. Als Tochterunternehmen nahm die Kasseler Henschel-Flugmotorenbau GmbH in Baunatal die Produktion von mehr als 13.000 Daimler-Benz-Flugmotoren (1937–45) auf und gehörte damit zu den vier bedeutendsten Lieferanten während des Krieges. In der NS-Zeit wuchs das Unternehmen kontinuierlich, die Belegschaftsstärke verzehnfachte sich von 2.044 (1933) auf über 20.000 Beschäftigte (1943) in den drei Kasseler Werken Mittelfeld (11.800), → *Rothenditmold* (3.200) und am Holländischen Platz (5.600). Zur Verdreifachung des Umsatzes während des Krieges trug auch die Beschäftigung von Kriegsgefangenen und → *Zwangsarbeitern* bei, die zeitweise die Hälfte der Belegschaft ausmachten und in unternehmenseigenen Lagern untergebracht wurden. Ausgerichtet auf die Kriegsproduktion machte H. gemeinsam mit Wegmann, → *Fieseler* und Junkers die Stadt Ks. zu einem wichtigen Rüstungszentrum. Dies hatte zur Folge, dass Ks. von alliierten Bomberflotten am 22.10.1943 weitgehend zerstört wurde, ohne dass aber die Rüstungsproduktion zum Erliegen kam (→ *Luftangriffe*).

Nach dem Krieg war die Rüstungsproduktion zunächst verboten und die Unternehmenskontrolle lag bis 1949 in den Händen der amerikanischen Besatzungsmacht; ab 1948 baute man in Ks. wieder Lokomotiven. Fünf Jahre nach Kriegsende war die Vorkriegskapazität annähernd wieder erreicht. Mitte der 1950er Jahre erfolgte mit der Beteiligung an der Entwicklung des Schützenpanzers HS 30 auch der Wiedereinstieg in die Panzerproduktion, nachdem zuvor bereits die Fertigung von Militär-Lastwagen angelaufen war. 1957 geriet H. in eine Krise: Während andere Unternehmen Elektro- und Diesellokomotiven anboten, hatte H. diese Umstellung versäumt und an der veralteten Dampfantriebstechnik festgehalten. Des Weiteren geriet die Lastwagenproduktion aufgrund einer allg. Absatzkrise ins Stocken. Und schließlich verzögerte sich die Produktion des Schützenpanzers HS 30, weil die Konstruktion erhebliche Mängel aufwies. Infolgedessen konnten 38 Mio. DM Außenstände an Lieferanten nicht gezahlt werden. Im Dezember 1958 wurde H. an Fritz-Aurel Goergen, Herbert Coutinho und drei Hausbanken verkauft. Goergen erwarb in den Folgejahren durch geschickte Transaktionen die restlichen Unternehmensanteile und wurde 1962 Mehrheitseigner. Zwei Jahre später wurden Goergen und mehrere leitende Angestellte in einer Aufsehen erregenden Polizeiaktion verhaftet, weil ihnen im Zusammenhang mit Panzerersatzgeschäften Betrug vorgeworfen wurde. Durch die Verhaftung Goergens sahen sich die bisherigen Gesellschafter veranlasst, ihre Kapitalanteile an die Rheinstahl AG zu verkaufen, die H. 1964 vollständig übernahm und das Unternehmen fortan unter dem Namen „Rheinstahl Henschel AG" führte. Die 1960er Jahre brachten weitere gravierende Veränderungen: 1966 geriet der Rheinstahlkonzern in eine Krise und verkaufte die Lkw-Produktion an die Daimler-Benz AG. Lastkraftwagen aus Ks. trugen nun die Markenbezeichnung „Hanomag Henschel". 1969 wurde der Diesellokbau von der Klöckner-Humboldt-Deutz AG übernommen. Durch die Eingliederung der Rheinstahl AG in die August Thyssen-Hütte AG 1976 wurde das Kasseler Werk in → *Thyssen Henschel* umbenannt. Durch den Zusammenschluss des Lokbaus mit ABB (ehemals BBC, Mannheim) entstand 1990 die „ABB Henschel AG". Unter dieser Bezeichnung war das Unternehmen noch maßgeblich an der Entwicklung der ersten ICE-Lokomotiven beteiligt. Mitte der 1990er Jahre verschwand der Name Henschel aber endgültig als Lokomotivhersteller infolge der Eingliederung von ABB als „ABB Daimler Benz Transportation Adtranz" in die Daimler-Benz AG. Durch den Erwerb des Unternehmens wurde „Bombardier Transportation" (→ *Bombardier*) Marktführer auf dem Schienenverkehrsmarkt weltweit und das Kasseler Werk Kompetenzzentrum des Konzerns. *tvo*

Lit.: Kulla, Henschel; Baumann, Henschel.

Henschel-Villen Am südöstl. Hang des → *Weinbergs*, damit gleichsam auf dem „Balkon" der Stadt, wurde 1869–1871 für das Fabrikantenehepaar → *Oskar* und *Sophie Henschel* die gleichnamige Villa auf dem Gelände einer ehem. Schankwirtschaft errichtet. Architekt war Richard Lucae (1829–1877), Schinkelschüler und späterer Direktor der Berliner Bauakademie, der sich auch als Schöpfer der Frankfurter (alten) Oper einen Namen machte. Derartige Fabrikanten-Villen waren zeittypisch, in exakt denselben Jahren entstand die Villa Hügel des Essener Industriellen Alfred Krupp. Die Henschel-Villa war ein baul. Solitär von mittlerer Größe, zweigeschossig mit je drei Achsen; zur Straße hatte sie einen weit vorspringenden Mittelrisalit, der Portal und Festsaal aufnahm, auf der Hangseite korrespondierten eingezogene Loggien. In ihrer klaren würfelförmigen Gestalt und ihrem vergleichbar geometrisch gedachten Belvedere-Turm an der nordwestl. Ecke erkannten die Zeitgenossen „florentinischen Styl"; es handelte sich indes um eine Synthese unterschiedl. Renaissance-Elemente, die eher den strengen Klassizismus Schinkel'scher Prägung denn historistische Ambitionen erkennen ließen. Der südl. Berghang des eigentlichen von → *Felsenkellern* durchsetzten Weinberges konnte 1887 dazu erworben werden. Er wurde durch Julius Eubell (→ *Eubell & Rieck*) mittels aufwändiger Terrassierungen in „hängende" Gärten umgewandelt, deren oberes Hauptparterre mit der nächst unteren Ebene durch eine imposante zweiläufige Treppenanlage verbunden war. Dort befanden sich Gewächshäuser, Nutz- und Ziergärten; ein Rampenweg verband mit der Frankfurter Str. Von der 1943 zerstörten Anlage finden sich an Ort und Stelle verschiedene Reste, insbes. ist der inzwischen konservierte Terrassengarten mit seinen strukturellen Elementen noch sichtbar präsent und begehbar.

Blick auf die Henschel-Villa (rechts) und das Haus Henschel (links), Weinbergstraße, um 1910

Der zweite Henschelbau am Weinberg, zur Unterscheidung von der „Villa" „Haus Henschel" genannt, wurde 1901–04 für Karl Henschel, Sohn Oskars und Sophies, im östl. Teil des durch weitere Zukäufe arrondierten Geländes errichtet. Für das in seiner Kubatur gegenüber der „Villa" um gut das vierfache gesteigerte Bauwerk mussten die Weinbergstr. verlegt und der Hang zur Frankfurter Str. mit gewaltigen Substruktionsarkaden (aus Be-

ton) armiert werden, die bis heute das pompöse S-Entree zur Stadt bilden. Die Stützmauer wurde (und wird) in voller Länge von einer Pergola bekrönt. Von dem in der ersten „Reichs“-Generation gewachsenen Anspruchsniveau zeugten nicht nur die Dimensionen, sondern auch der ästhetische Habitus des von den Kasseler Architekten → *Anton Karst* & Hans Fanghänel gebauten Hauses. Es zeigte den opulenten Stil der Jahrhundertwende, dessen Einzelformen nach Art des älteren Hauses noch immer eine gewisse Renaissance-Beflissenheit erkennen ließen, der im Ganzen jedoch mit asymmetrischen Trakten, wechselnden Fassaden, den Balkonen, Terrassen und Wintergärten eine „barocke“ Präsentation des Reichtums nach Art eines zeitgenössischen Grand Hotels bot. Das eine weitere Generation später als Wohnhaus nicht mehr zeitgemäße Gebäude wurde aufgrund steuerl. Belastungen 1932 von den Eigentümern abgerissen.
Zum Villenkomplex der Familie gehörte ferner eine Remise mit Kutscherwohnung und Pferdestall sowie das Wohnhaus der Gärtner und Dienerschaft (Weinbergstr. 27, 25), die weiter westl. lagen. Anstelle des 1988 abgerissenen Dienerhauses entstand ein Neubau, der mit der kriegsbeschädigten Remise zum → *Museum für Sepulkralkultur* verbunden wurde (Architekt: Wilhelm Kücker). Der mit Neorenaissance-Elementen instrumentierte Altbau, eine Dreiflügelanlage mit weitem korbbogigen Hofportal, ist im Kern erhalten, der Innenhof erhielt ein Glasdach und dient als Ausstellungsraum. *bh*

Lit.: Wiegand, Kassel II.

Porträt des Hofgartendirektors Wilhelm Hentze, Schöpfer der Insel Siebenbergen, F. von Reitzenstein

Hentze, Wilhelm (* 14.9.1793, † 9.10.1874 Ks.) Der aus einer Gärtnerfamilie stammende H. absolvierte 1807–10 eine Gärtnerlehre bei Ludwig Sennholz im → *Park Wilhelmshöhe*. Nach Stationen als Gärtnergeselle in → *Wilhelmsthal*, Hofgeismar und der → *Karlsaue* wurde er 1822 von Kurfürst → *Wilhelm II.* zum Hofgartenkontrolleur ernannt und war für alle kurhess. Gartenanlagen verantwortlich. H. vollendete die unter Garteninspektor → *Schwarzkopf* begonnenen landschaftl. Umgestaltungen der ehem. regelmäßigen kurhess. Gärten. Dabei ist seine Gestaltung vom behutsamen Umgang mit dem Vorgefundenen geprägt. Er integrierte seines Erachtens wichtige Bestandteile der regelmäßigen Gärten in seine Umgestaltungen. Mit dem Wasserinspektor → *Steinhöfer* führte er die Parkerweiterung am → *Neuen Wasserfall* in der Wilhelmshöhe aus. 1834 erfolgte die Ernennung zum Hofgartendirektor. Im Vordergrund standen nun seine botanischen Forschungen zur heimischen Flora und einzelnen eingeführten Gehölzen Nordamerikas. H. hatte intensiven Briefkontakt mit führenden Botanikern in Europa und Übersee. Die seit langem verwilderte Insel Siebenbergen in der Karlsaue legte er als botanischen Garten an. Über 40 Jahre lang gestaltete und pflegte er die kurhess. Gärten. Neben Aufsätzen in botanischen Fachzeitschriften publizierte H. 1868 einen Pflanzenführer für die Karlsaue. *cg*

Lit.: Gröschel, Hentze.

Heppe Die Familie H. stellte über Jahrhunderte hinweg hess. → *Beamte*. Johann Philipp (1628–1701) war nach seinem Jurastudium 1655 in Rinteln als Hofmeister tätig und wurde 1670 Zeugwärter. Danach unterrichtete er die vier Söhne des Landgrafen → *Wilhelm VI.* in Mathematik und Kriegswiss. und war Begleiter des Landgrafen Wilhelm VII. auf der Reise nach Paris. Danach war er im niederländischen, seit 1674 erneut im hofkaiserl. Militärdienst. 1683 wurde er Oberstleutnant und Oberingenieur, 1689 Kommandeur der Artillerie, 1692 Vizekommandant von Ks. und 1693 Oberst. 1696 trat er als Obersalzgrebe in Allendorf/W. in den Ruhestand. Karl Wilhelm (1714–1790) heiratete 1741 Jakobina Sabina Schotten (1723–1793). Nach dem Jurastudium ab 1732 in Marburg und der Promotion 1736 wurde er 1741 Landgerichtsassessor, 1745 Auditor im Regiment Prinz Georg, 1746 Advokat und Prokurator bei der Rentkammer, schließlich 1782 Geheimer Kriegs- und Domänenrat in Ks. 1787 wurde er in den Reichsadelsstand erhoben.
Sein Sohn Johann Wilhelm (1746–1784) war nach dem Jurastudium in Marburg 1775 als Sekretär am Justizsenat der Kasseler Regierung tätig. Sein Bruder Heinrich Georg (1750–1784) studierte ebenfalls Jura 1771 in Marburg, kam 1775 in das Archiv der Kriegs- und Domänenkammer und wurde 1783 Archivarius.
Der jüngere Bruder Johann Adolph (1763–1815) studierte Jura 1782/83 in Göttingen und Marburg. Seit 1788 war er in der Kriegs-

und Domänenkammer in Ks. tätig. 1796 wurde er Oberkammerrat, 1814 Geheimer Kammerrat. Sein Sohn Theodor Christoph Viktor Karl Adolph (1801–1856) studierte 1818/19 Rechts- und Kameralwiss. in Marburg und Göttingen. 1821 trat er als Referendar bei der Kasseler Regierung ein und wurde 1833 daselbst Regierungsrat. 1838 war er als provisorischer Polizeidirektor in Hanau tätig, bevor er als Regierungsdeputierter nach Rinteln versetzt wurde. 1848 war er Bezirksdirektor des Verwaltungsbezirks in Rinteln, 1851 Regierungskommissar ebd., schließlich 1852 Regierungsdirektor in Fulda. Als Referendar verfasste er die Schrift „Die Verfassung der Städte und der Dorfgemeinde und die Kommunalverwaltung in Kurhessen".
Der Sohn Theodors, Adolf Eduard Erich Ernst Franz Viktor (1836–1899), studierte Rechts- und Staatswiss. in Heidelberg und Marburg, wurde 1860 Referendar bei der Regierung in Ks., 1866 Kreissekretär und preuß. Regierungsassessor in Schmalkalden. 1870 wurde er nach Marienwerder, 1871 an das Oberpräsidium Königsberg versetzt. 1872 wurde er Landrat des Kreises Schleusingen, 1879 Oberregierungsrat im Berliner Polizeipräsidium und 1883 Landdrost. 1885-98 war er RP in Aurich (bis 1887), Danzig (bis 1890) und Trier. 1879–85 saß er für die Freikonservativen im preuß. Abgeordnetenhaus. *khn*

Lit.: NDB; Speitkamp, Kommunalverfassung, S. 19f.

Heppe, Heinrich Ludwig Julius
(* 30.3.1820 Ks., † 25.7.1879 Marburg) war Sohn eines Musikers. Er besuchte das Gymnasium in Ks., studierte 1839–43 Theologie in Marburg und wurde dort zum Dr. phil. (1844) und Lic. theol. (1845) promoviert. Er arbeitete als Hauslehrer und ab 1845 als Pfarrverweser an St. Martin in Ks. 1849 habilitierte er sich an der Marburger Univ., wo er 1850 zum außerordentl. bzw. 1864 zum ordentl. Prof. ernannt wurde. 1852 erhielt er die Ehrendoktorwürde. Der → *Reformierte* lehrte Systematische Theologie, Dogmatik, Pädagogik und insbes. Hessische Kirchengeschichte, wobei sein Schwerpunkt auf der → *Reformation* lag. Im direkten Gegensatz zu → *August Vilmar*, der die hess. Kirche hist. dem Luthertum zuordnete, schrieb er sie der „deutsch-reformierten Kirche" zu und stellte einen Bezug zum Reformator Philipp Melanchton her. H. trat für eine Union von Lutheranern und Reformierten ein. Er gründete und förderte das 1864 eingeweihte Diakonissenhaus in Treysa, das 1879 nach Ks. verlegt wurde, und verfasste u. a. eine Geschichte der Hessischen Generalsynode (1847), des dt. Protestantismus 1555–81, des dt. Volksschulwesens sowie eine Dogmatik des dt. Protestantismus im 16. Jh. H. gilt als Wegbereiter des „Marburger Liberalismus". *rhe*

Lit.: Biographisch-Bibliographisches Kirchenlexikon; Bizer/Heppe, 112–127.

Herber war eine hess. Familie von Baumeistern, Bildhauern bzw. -schnitzern und Steinmetzen des 16. und 17. Jhs. Der bedeutendste von ihnen war Andreas (geb. um 1530, begraben 12.5.1614 Ks.), verm. ein Urenkel des Johann, der 1463 von Lgf. → *Ludwig I.* als Werkmeister und Zimmermann aufgenommen worden und am Bau des neuen Flügels des → *Landgrafenschlosses* in Ks. beteiligt gewesen war. Andreas H. ist 1551 erstmals als Bildschnitzer genannt, er war dreimal verheiratet und hatte aus erster Ehe elf Kinder; die beiden anderen Ehen blieben kinderlos. Von seinen Söhnen waren Antonius (1558–1635) und Jorge (1565–1611), von seinen Enkeln Peter und Hans Georg, ebenso sein Urenkel Johann Rudolf „fürstliche Bildhauer". Aus der zusammen mit den Söhnen Antonius und Jorge betriebenen Werkstatt H.s stammen u. a. Kunstwerke in den Kirchen von Bischhau-

Das von Herber geschaffene Epitaph der Brüder Wilhelm, Georg und Eitel Georg von Scholley in der Brüderkirche, aufgenommen 2001

sen, Büdingen, Frischborn, Kirchberg, Lauterbach, Netze und Schlitz. Erhalten sind v. a. Grabdenkmäler, die z. T. voll bezeichnet sind („Andres Herber, Bildhawer in Cassel"). So schufen die H.s mind. vier Grabmäler für die Grafen von Waldeck, die an unterschiedlichen Orten (Kirchen in Netze und Niederwildungen) aufgestellt wurden. Mit dem Monogramm A. B. („Andreas Bildschnitzer") bezeichnete Grabdenkmäler finden sich an der lutherischen Kirche in Ks. sowie in den Kirchen von Kirchberg, Trendelburg und Frischborn. In Lauterbach ist die Tätigkeit der H.s durch einen Vertrag aus dem Jahre 1580 schriftlich belegt, dort schufen sie Epitaphe für die Patronatsherren der ehem. Marienkirche (heute in der Lauterbacher Stadtkirche). Kennzeichnend für die Arbeiten, die von Andreas H. bzw. aus seiner Werkstatt stammen, sind schlanke, gestreckte Figuren mit spätgotischen Einflüssen, die leicht und beinahe wie schwebend wirken, sparsam modellierte Gesichter und eine ausgeprägte Sorgfalt im Detail. Andreas H. unterhielt einen größeren Werkstattbetrieb, so dass bei seinen Arbeiten Qualitätsunterschiede auffallen; wegen der gröberen Ausführung dürften einige Werke Gesellenarbeit sein. Aus stilkritischen Gründen ließen sich u. a. zwei Epitaphe in der → *Brüderkirche* der Werkstatt zuschreiben. Durch das Künstlermonogramm gesichert sind dekorative Arbeiten H.s an der Burg Waldeck und dem Hochzeitshaus in Fritzlar sowie das Wappen am → *Zeughaus* in Ks. neben der Büste des Landgrafen → *Wilhelm IV.* in der Nische der Karyatiden (1583), das Wappen am → *St. Elisabeth-Hospital* (1587) und möglicherweise die Wappentafel vor dem ehem. → *Stadtbau.* *giw*

Lit.: Thieme/Becker.

Das **Herbsthäuschen,** bekannt als beliebtes Ausflugsziel im → *Habichtswald,* war urspr. das ausgemauerte Mundloch eines Stollens, des sog. „Erbstollens". Das ehem. Wiegehaus wurde zum Wohnhaus, die Bürobaracke des Bergrats zum rustikalen Waldlokal. Zuerst hieß es Kaffeehaus zum Firnsbachtal, später dann H.; der Name geht auf einen Braunkohlestollen namens Herbsthaus zurück. In den 1920er Jahren war es als Ausflugslokal sehr beliebt. Martin Reuter war der erste Pächter. Zu seiner Zeit gab es frische Milch, Brot, Käse und Wurst für die Wanderer. Die Gäste brachten ihr eigenes Kaffeepulver mit, das mit Quellwasser aufgebrüht wurde. 1963 wurde das alte Kaffeehaus abgerissen und etwas versetzt neu aufgebaut. Ein Brand vernichtete das H. am 12.12.2005, das erneut 150 Meter von der alten Stelle entfernt als größerer Betrieb errichtet wurde. *vl*

Lit.: Siemon, Kaffeewasser, HNA, 27.12.2005; 400 Jahre Braunkohlebergbau, HNA 15.07.1978.

Der **Herkules,** hoch über der Stadt auf den östl. Ausläufern des → *Habichtswaldes* gelegen, ist seit rd. 300 Jahren das Wahrzeichen Kassels. Sein ehrgeiziger Bauherr, Lgf. → *Karl,* wollte den damals noch völlig bewaldeten Berghang oberhalb des alten Schlosses Weißenstein einer umfassenden Gestaltung unterwerfen. Mit der Konzeption der barocken Gartenanlage beauftragte er 1701 → *Giovanni Francesco Guerniero,* den er in Rom kennen gelernt hatte. Das Rückgrat des Gartens sollte eine lange Kaskadenachse zwischen einem monumentalen Bauwerk auf der Spitze des „Karlsberges" und Schloss Weißenstein bilden. Jedoch wurde das ambitionierte Gesamtprojekt aufgrund finanzieller und technischer Schwierigkeiten aufgegeben, nachdem

Blick von den Kasakaden hinauf zum Herkules, der oben auf dem Oktogon thront, um 1950

nur das obere Drittel vollendet worden war. Als Pendant zum Schloss entstand aber auf der Bergkuppe zwischen 1701 und 1711 ein mächtiges oktogonales Grottenbauwerk, das dem Herrschaftsanspruch des Landgrafen ein weithin sichtbares Zeichen setzen sollte. Die Steine seines massigen Unterbaus wurden bewusst roh behauen, um ein scheinbar natürliches Felsmassiv als Krone des Karlsberges zu imitieren. Diesem künstlich aufgetürmten Tuffsteinfelsen wurde ein filigran gegliedertes Obergeschoss aufgesetzt, das als Belvedere einen freien Blick auf Ks. und die weite Landschaft ermöglichte. Damit spiegelt diese erhabene, einen vermeintlich urwüchsigen Felsen dominierende Architektur das zeitgenössische Weltbild wider, das den Menschen zum übermächtigen Bezwinger der wilden Natur erhob. Erst 1713 gab der Landgraf eine Erweiterung in Auftrag, welche die Symbolkraft des Bauwerks steigern und letztlich namensgebend werden sollte: Bis 1714 wurde auf der oberen Plattform eine steile, obeliskenartige Pyramide aufgerichtet, welche von einer überlebensgroßen H.figur bekrönt werden sollte. Vorbild für den Kasseler H. war die 3,17 m hohe antike Marmorstatue des H. Farnese (um 200 n. Chr.), die der Landgraf im Palast der römischen Familie Farnese gesehen hatte. Der als Vorlage für Standbilder gern aufgegriffene Typus des farnesischen H. verweist auf zwei seiner einprägsamsten Heldentaten, die er auf dem steinigen, aber ruhmreichen Pfad der Tugend, für den er sich anstelle eines bequemen Lebens entschieden hatte, bewältigen musste: Mit der linken Hand umgreift er eine große Keule, der lässig das Fell jenes gefürchteten Löwen übergeworfen ist, den er in seiner Jugend erschlagen hatte. In der rechten Hand hinter seinem Rücken hält er die drei goldenen Äpfel verborgen, die er aus dem Garten der Hesperiden entwendet hatte. Sein Verdienst um die siegreiche Schlacht zwischen Göttern und Giganten wird jedoch nur in Ks. repräsentiert: Der Blick des antiken Halbgottes ist nach unten auf die Kaskaden gleich dem steinernen Schlachtfeld gerichtet, wo der Gigant Enkelados im Riesenkopfbecken unter mächtigen Felsbrocken begraben liegt und seinem Bezwinger hilflos eine Fontäne entgegenspeit. Nach Bewältigung all dieser Aufgaben wirkt H. erschöpft, aber auch gelassen, wird er doch für seine Verdienste in die Reihe der Götter aufgenommen. Im Zenit seines Erfolges am höchsten Punkt über Ks. thronend, ist er in den Augen des Landgrafen mehr als nur Vorbild, nämlich ein ideales Ebenbild seiner selbst. Für ihn und seine Zeitgenossen symbolisierte H. nicht nur Unbesiegbarkeit, Stärke und Heldenmut; er verkörperte v. a. die Tugenden eines gerechten und weisen Herrschers, der für sich gleich seinem antiken Ideal Unsterblichkeit in Anspruch nahm.

Aufgrund der bereits bestehenden konstruktiven Probleme des Bauwerks und der enormen Montagehöhe – ca. 60 m über Gelände – bevorzugte man für die H.figur eine leichte Konstruktion, die zugleich eine Vorfertigung und einen bequemen Transport erlaubte. Die Entscheidung fiel zugunsten einer Kupfertreibarbeit, obgleich man in dieser Technik auf dem Gebiet der Monumentalstatuen kaum erfahren war. Die Konstruktion der Statue wurde Johann Jakob Anthoni aus Berlin anvertraut, der einer angesehenen Augsburger Goldschmiedefamilie entstammte und damit über die notwendigen, handwerkl. Fertigkeiten verfügte. Das Rohmetall für die Statue wurde hauptsächlich aus dem Kupferbergwerk Richelsberg (Osthessen) bezogen und im landgräfl. Kupferhammer → *Bettenhausen* zu ca. 3 mm dünnen Blechen ausgeformt, welche Anthoni in einer eigens eingerichteten Werkstatt in die gewünschte Form trieb. Noch in der Werkstatt wurden die einzelnen Bleche so miteinander verzahnt und verlötet, dass Anthoni 19 vorgefertigte Körperteile auf den Bauplatz transportieren lassen konnte. Zur Gewährleistung der Standfestigkeit benötigte man ein stabiles schmiedeeisernes Gerüst, das im Inneren der Statue und des quadratischen Sockels montiert und in der Pyramide verankert wurde. Gleichzeitig unterstützte man die fragile Kupferhaut durch ein Netz von Eisenbändern, das sich wie ein Korsett an die innere Wandung der Figur schmiegt. Einer Plakette im Kopf der Statue zufolge wurde die Montage der ca. 8,25 m hohen und 7.600 kg schweren Statue auf der Pyramide erst am 30.11.1717 nach mehrjähriger mühevoller Arbeit abgeschlossen. Damit konnte die europaweit zweite, deutlich überlebensgroße kupfergetriebene Statue der Frühen Neuzeit vollendet werden, nachdem 1696 mit dem 20,68 m hohen San Carlo Borromeo in Arona (Lago Maggiore)

Ansichtskarte des Herkules im Bergpark Wilhelmshöhe

neue Maßstäbe gesetzt worden waren. Erst im 19. Jh. wurden wieder monumentale Kupfertreibarbeiten gefertigt, die die Größe der barocken Standbilder bei weitem übertrafen, ohne jedoch immer ihre Detailgenauigkeit und Feinheit zu erreichen. So konnte sich Lgf. Karl mit der Statue des H. den Traum ewigen Ruhmes erfüllen. Über die urspr. Funktion des Erinnerungsmals hinaus ist der H. zum Wahrzeichen Kassels und als innovative technische Meisterleistung zu einem überregional bedeutenden Denkmal geworden. *as*

Lit.: Sander, Herkules-Bauwerk; Ludwig, Herkules.

Herkulesbahn in der Rasenallee (heute Kurhausstraße) im Jahr 1910

Herkulesbahn Die H. war jahrzehntelang eine der größten Attraktionen Kassels und eine technische Pionierleistung. Sie transportierte Braunkohle und Basalt aus den Zechen und Steinbrüchen des → *Habichtswalds* und beförderte Fahrgäste vom Kirchweg bis hinauf zum → *Herkules*. 1901 erhielt der Industrielle → *Gustav Henkel* die Konzession zum Bau und Betrieb einer elektrischen Schmalspurbahn. Sie sollte von seinem eigenen Elektrizitätswerk gespeist werden und die aufstrebende Villenkolonie → *Mulang* verkehrstechnisch besser anbinden. Am 7.11.1902 nahm die H. den Braunkohlentransport zum → *Bahnhof Wilhelmshöhe* auf. Am 27.4.1903 wurde die Personenbeförderung auf der Strecke Palmenbad-Dönche-Luisenhaus-Neuholland-Herkules feierlich eröffnet und in den folgenden Jahren das Streckennetz kontinuierlich erweitert: 1909 vom Bahnhof Wilhelmshöhe durch die Kohlenstr. bis zum Kirchweg, 1911 vom Luisenhaus entlang der Konrad-Adenauer-Str. bis zum → *Brasselsberg*. Henkels Idee, die H. bis zur → *Karlsaue* weiterzuführen, vereitelte der Erste Weltkrieg. 1917/18 wurde der Rote Stollen am → *Hohen Gras* angebunden. 1912–15 beförderte die Bahn etwa 550.000 Personen, die höchste Beförderungsleistung an einem Tag war am 3.8.1913 mit 10.621 Fahrgästen. Die Güterwagen transportierten bis zu 500 t Ladung täglich. Die H. war eine Adhäsionsbahn und überwand Steigungen von bis zu 1:12,5. Ab 1923 wurden in den Gütermaschinen Widerstandsbremsen mit Stromrückgewinnung (→ *AEG*/System Welsch) verwendet. Dadurch verringerte sich der Stromverbrauch um etwa ein Viertel. Die H. war für diese Technik bahnbrechend. 1905 hatte Henkel sein Unternehmen in eine Aktiengesellschaft umgewandelt. Konkurrenz entstand durch die „Große Casseler Straßenbahn", die 1923 ihr Streckennetz bis ins Druseltal ausweitete. Sie übernahm zum 1.1.1927 die Aktienmehrheit und die Geschäftsführung der H. 1960 verschmolzen die → *Kasseler Verkehrs-Gesellschaft* und die H. AG endgültig miteinander. Der Bergbau im Habichtswald ging nach dem Zweiten Weltkrieg drastisch zurück. Bereits 1941 wurden die Fahrten zum Hohen Gras eingestellt. Als die „Hessischen Braunkohle- und Ziegelwerke" 1961 ihren Betrieb einstellten, kam der Güterverkehr der H. endgültig zum Erliegen. 1962 beschloss der Aufsichtsrat der KVG, sie auf Normalspur umzuspuren und sie mit dem Netz der → *Straßenbahn* an der Endhaltestelle Druseltal zu verbinden. Doch da die → *Bundeswehr* ihren Standortübungsplatz von der → *Dönche* nach Ehlen verlegen wollte, musste die Druseltalstr. für Panzer ausgebaut werden, und die Trasse hätte neu gebaut werden müssen. Die KVG empfahl daraufhin dem Magistrat der Stadt Ks., den Betrieb einzustellen. So fuhr am 11.4.1966 unter großer Anteilnahme der Bevölkerung der letzte Triebwagen talabwärts. Alle Fahrzeuge wurden noch im selben Jahr verschrottet. Damit ging ein faszinierendes Kapitel Kasseler Straßenbahngeschichte zu Ende. *ms*

Werbeplakat der Herkulesbahn

Herkulesring Der Bergring im → *Park Wilhelmshöhe* war eine der ersten Rennstrecken Deutschlands. Zwischen 1923 und 1927 fanden hier Bergrennen für Renn- und Tourenwagen sowie für Motorräder statt. In Rennsportkreisen galt der H. aufgrund seiner Haarnadelkurven als schwierige Strecke, und Berühmtheiten wie Rudolf Caracciola waren beliebte Teilnehmer. Vom Betriebsbahnhof der Straßenbahn führte die Rennstrecke vorbei am → *Schloss Wilhelmshöhe*, über das → *Aquädukt*, in Richtung → *Herkules*. In den Jahren 1951–54 fanden erneut Motorradrennen statt, die bis zu 50.000 Besucher anlockten. Nach Protesten der umliegenden Kurkliniken wurde der Rennbetrieb jedoch eingestellt. Mittlerweile gilt der H. als einzige original erhaltene Vorkriegsrennstrecke Deutschlands und ist ebenso wie der Park denkmalgeschützt. Seit 2005 findet im Abstand von zwei Jahren der Internationale ADAC Herkules-Bergpreis statt, ein Rennen für hist. Fahrzeuge. *ap*

Lit.: Hermsdorff, Kassel 1900;
www.herkules-bergrennen.de.

Hermann II. der Gelehrte (* um 1342, † 10.6.1413; reg. 1367/1376–1413), Landgraf, Sohn Lgf. Ludwig des Junkers, wurde nach seinem Studium in Paris und Prag und dem Beginn einer geistl. Karriere 1367 Mitregent seines Onkels Heinrich II. und nach dessen Tod 1376 Landgraf von Hessen. Gegen seine Nachfolge hatte Herzog Otto von Braunschweig, Enkel Heinrichs II., Einspruch erhoben und in Allianz mit dem 1370 von Graf Gottfried von Ziegenhain gegründeten Ritterbund der ‚Sterner' 1372/73 den Mitregierenden bekämpft. Otto verzichtete auf seine Ansprüche, nachdem Kaiser Karl IV. H. 1373 die Erbverbrüderung mit den Wettinern bestätigt und die gesamte Landgrafschaft Hessen zum Reichslehen erhoben hatte. Doch die daraus resultierenden Bündnispflichten gegenüber Ludwig von Meißen, der gegen Adolf von Nassau im Schisma zum Mainzer Erzbischof gewählt wurde, zunehmender Geldmangel, riskante Verpfändungen und ein der alten Politik widersprechender Erbvertrag mit Otto von Braunschweig 1381 schufen neue Konflikte im Umgang mit hess. Städten und benachbarten Fürsten.

In Ks. erhob H., der 1375 alle Privilegien bestätigte, im Oktober 1375 eine neue Importsteuer auf Lebensmittel, Kleiderstoffe und Metallwaren. Im Gegenzug gründeten 18 niederhess. Städte im Januar 1376 einen Städtebund, um die Steuer zu verweigern und eine Neuordnung des Gerichtsverfahrens zu fordern; der Adel schloss sich an. H. musste hinnehmen, dass beim → *Aufruhr* im Mai 1378 die landgräfl. Burg in Ks. besetzt wurde und er zum Vergleich gezwungen war. Aber 1384 erließ er eine neue Stadtordnung; er beanspruchte die Ein- und Absetzung des Rats, die Entscheidungsgewalt bei Ratsstreitigkeiten und Neubürgeraufnahmen, die Bestellung von Marktmeister, Pförtner und Bürgermeister, die Zuständigkeit für neue Bauten, für das Rechtswesen inklusiv Amtsträgern (wie Schultheiß, Pflichtverteidiger und Richter), für die Ahndung von Ruhestörung und für die Kontrolle des Handwerks, dessen Innungen er für drei Jahre auflöste, ehe er vom Januar 1388 an Zunftbriefe ausstellen ließ und die Innungen im Dezember 1391 wieder anerkannte. Fast alle städt. Verwaltungsaufgaben lagen damit in Händen des Landesherrn; Rat, Schöffen und patrizische Führungsschicht waren entmachtet.

Schwerer wogen die milit. Konflikte mit Erzbischof Adolf von Nassau und seinen Alliierten, Herzog Otto von Braunschweig und Lgf. Balthasar von Thüringen. Ks. konnte die Angriffe 1385, 1387 und 1388 erfolgreich abwehren, während der Landgraf niederhess. Städte wie Rotenburg, Melsungen und Niedenstein an die feindliche Koalition abtreten und Kriegsentschädigungen zahlen musste. 1388 misslang eine Verschwörung alteingesessener Kasseler Ratsgeschlechter gegen den geschwächten Landgraf, der im Juli 1391 einen Schauprozess gegen 28 des Hochverrats beschuldigte Kasseler Bürger und landgräfl. Gefolgsleute eröffnen, ihr Vermögen konfiszieren und an treue Untergebene verteilen ließ. Drei Nichtflüchtige wurden verurteilt und hingerichtet. König Wenzel bestätigte 1392 das Urteil.

Eine politische Wende trat ein, als Erzbischof Adolf 1390 starb und mit dem Nachfolger in Frankfurt 1394 und in Friedberg 1405 Friedensschlüsse erfolgten. Trotz weiterer Gefechte konnte der Landgraf sein Herrschaftsgebiet mit Ulrichstein 1399, Schotten am Vogelsberg, Hauneck 1402, Burg und zwei Dritteln der Stadt Vacha 1406 und einem weiteren Teil der Herrschaft Itter 1408 erweitern, 1410 die im päpstlichen Schisma umkämpfte Mainzer Jurisdiktion in Hessen sogar dem Dekan des Kasseler Marienstifts übertragen, bis der Erzbischof 1416 die geist-

Landgraf Hermann II. der Gelehrte

liche Gewalt in Hessen wieder übernahm. Bei seinem Tod konnte er dem unmündigen Lgf. Ludwig I., seinem jüngsten Sohn aus der zweiten Ehe mit Margarete von Nürnberg-Zollern, ein gesichertes Erbe zum weiteren Ausbau übergeben. *ib*

Lit.: Demandt, Geschichte; Bitsch, Verpfändungen; Stobbe, Sophie; Tellenbach, Landgraf Hermann.

Herzog, Erich (* 24.4.1917 Eichstätt, † 21.10.2000 Ks.), Kunsthistoriker und Museumsdirektor, studierte 1936–39 Kunstwiss., Archäologie und Germanistik in München; 1939–45 war er Soldat, danach setzte er sein Studium 1945–47 in Göttingen und München fort. 1948 wurde er Assistent am Kunsthistorischen Institut der Univ. Frankfurt/M., dort wurde er 1952 habilitiert, seit 1953 war er Dozent und seit 1958 Prof. 1962–82 leitete H. als Direktor die Staatlichen Kunstsammlungen Ks. Gleich bei Amtsantritt 1962 legte er ein Konzept für die Kasseler Museen vor; der „Herzog-Plan" wurde im August 1962 Kabinettsbeschluss. Der Plan beinhaltete u. a. den Ausbau des kriegszerstörten → *Schlosses Wilhelmshöhe* für die → *Antikensammlung*, die → *Gemäldegalerie Alte Meister* und die → *Graphische Sammlung* (eröff. 1974). Das Galeriegebäude an der → *Schönen Aussicht* wurde für die → *Neue Galerie* wiederaufgebaut, seit 1971 wurden die staatl. und städt. Kunstsammlungen des 18. bis 20. Jhs. hier zusammengeführt (eröff. 1976). H.s Initiative verdankt sich die Neuordnung und beständige Erweiterung der hist. Sammlungen und die fachwiss. Betreuung der hist. Sammlungen unter Einbeziehung von Restaurierungswerkstätten. Er engagierte sich in zahlr. Ehrenämtern, so im Vorstand des Hessischen Museumsverbandes, der → *Kurhessischen Gesellschaft für Kunst und Wissenschaft* (1962–82) und der → *Goethegesellschaft* (1981–89). *pg*

Lit.: Festschrift Erich Herzog; Schaefer/Gercke, Herzog.

Hessen, Philipp Prinz von (* 6.11.1896 Rumpenheim, † 25.10.1980 Rom) Am 23.9.1925 heiratete H. Prinzessin Mafalda von Savoyen, Tochter des italienischen Königs Vittorio Emanuele III. Schon in Italien mit dem Faschismus sympathisierend, trat er 1930 der → *NSDAP* bei. Sein Freund Hermann Göring ernannte ihn 1933 zum Oberpräsidenten der Provinz Hessen-Nassau. Er fungierte zwischenzeitlich als Vermittler zwischen Hitler und Mussolini. 1943 fiel er in Ungnade und wurde im Konzentrationslager Flossenbürg interniert. Seine Frau starb 1944 in einem Außenlager Buchenwalds. Nach dem Krieg trat H. vorwiegend als Chef der Kurhessischen Hausstiftung in Erscheinung. Seit 1940 war er Oberhaupt der Familie, ab 1968 des Hauses Hessen. *ys*

Lit.: Petropoulus, Royals.

Hessenkampfbahn Nördl. der → *Orangerie* in der → *Karlsaue* befindet sich die 1924 bis 1926 von dem Architekten Erich Altstädt gebaute H. Sie entstand aus einer gemeinsamen Anstrengung aller 53 Sportvereine Kassels nach dem → *Ersten Weltkrieg*. Für 8.000 Zuschauer entstand ein großzügiger Festraum und eine Übungsstätte für die Kasseler Schulen. Die H. bildet einen Schwerpunkt in der Auelandschaft, die hier am Berührungspunkt zwischen → *Fulda*, Stadtraum und Barockpark als bürgernahe Sport-, Spiel- und Bewegungslandschaft entwickelt wurde. Unter den Rasenflächen sind die ersten Zeugen entwickelter Gartenkultur verortet, der dem Stadtschloss zugeordnete Renaissancegarten, mehrere Ausformungen barocker und landschaftl. Parkkonzepte, die erste Kasseler Handels- und Gewerbeschau aus dem Jahre 1870 und schließlich das erste kommunale Stadion. *jvr*

Die Hessenkampfbahn, die für Sportveranstaltungen genutzt wird, befindet sich hinter der Orangerie, um 1925

Hessentag Nach dem Auftakt in Alsfeld 1961 und den folgenden H. in Michelstadt und Hanau fand der vierte H. erstmals in Nordhessen, und zwar vom 3. bis 5.7.1964 in Ks. statt. Der hess. Ministerpräsident → *Georg August Zinn*, der das jährl. Volksfest 1961 ins Leben gerufen hatte, hielt im Kasseler → *Auestadion* die Festansprache. Mit 200.000–300.000 Gästen war der Kasseler der auf Jahre hinaus am besten besuchte H. Höhepunkte der dreitägigen Veranstaltung waren das Internationale Musikfest mit fünf Musikkorps und 2.500 Mitwirkenden aus Belgien, Frankreich, den USA und Deutschland, die anschließende H.skundgebung im Auestadion vor ca. 50.000 Zuschauern sowie der 7 km lange Festumzug mit ca. 150 Motivwagen, Trachtengruppen und Spielmannszügen aus allen hess. Landesteilen sowie mit internationaler Beteiligung. Der Umzug stand unter dem Motto „700 Jahre Hessen". Er erinnerte damit, wie die am 4.7. im → *Ständehaus* eröffnete Ausstellung, an die Anerkennung → *Heinrichs I.* als ersten Landgrafen von Hessen und gab einen Einblick in Vergangenheit und Gegenwart des Bundeslandes. Die → *Bundeswehr* veranstaltete eine Sternfahrt aller hess. Garnisonen nach Ks. Außerdem wurden im Programm zahlr. Dichterlesungen, Volkslaienspielaufführungen, folkloristische und sportl. Veranstaltungen geboten. Der ehem. Kasseler OB und amtierende hess. Justizminister → *Lauritz Lauritzen* stattete dem H. ebenso einen Besuch ab wie der hess. Kultusminister und der hess. Landtagspräsident. *eg*

Lit.: Abesser, Liebe.

Hessentag der NSDAP Vom 17.–19.5.1935 fand der fünfte H. in Ks. statt. Bereits 1927 hatte der spätere Leiter des Gaus Kurhessen, → *Karl Weinrich*, ein Treffen der lokalen Parteikader in Melsungen zum ersten H. erklärt. Diesem folgten bis 1930 jährl. Treffen in Marburg, Bebra und Ks. Geprägt wurde der fünfte H. von NS-typischen Inszenierungen, in denen, begleitet von Massenkundgebungen, Teile des hess. Brauchtums in eine NS-„Traditionspflege" eingeordnet wurden. Vom 28.–30.5.1937 traf sich die Partei zum sechsten H. in Ks. Neben Fackelzügen, Aufmärschen hess. NS-Formationen sowie einer Aufführung des Dramas „Thomas Paine" von Hanns Johst im → *Staatstheater* fand im Rahmenprogramm eine Sondertagung der NS-Ämter und Parteigliederungen statt. Die H. dienten dazu, NS-Ideologie und Partei zu präsentieren, deren Ziele zu propagieren sowie eine lokale NS-Tradition zu begründen. *rg*

Lit.: Franz, Chronik Hessens; Festschrift zum 6. Hessentag.

Hessisch Sibirien Ks. und die nordhess. Landkreise werden mitunter abschätzig als H. bezeichnet, wie auch gelegentlich andere, eher dünn besiedelte hess. Landschaften wie der Vogelsberg oder die Rhön. Als H. werden allg. die von den städt. Zentren des Rhein-Main-Gebietes entlegenen ländlichen Regionen bezeichnet. Der Urheber des Begriffs, der sich über die Medien verbreitet hat, ist ebenso wenig bekannt wie der genaue Zeitpunkt seines Entstehens. Es ist zu vermuten, dass sich das Wort in den frühen 1950er Jahren etablierte, als Sibirien aufgrund des Schicksals von tausenden Kriegsgefangenen zu einem Synonym für Strafe und Verbannung wurde. Niemand wollte dorthin. H. steht somit für die Abgelegenheit einer Region, für Landschaften mit unfreundlichem (eher kaltem) Klima und mangelnden Kulturangeboten. *tfu*

Hessische Accumulatorenwerke Die H. GmbH wurde 1947 gegründet und war ein in → *Bettenhausen* ansässiges Unternehmen, das sich v. a. mit der Herstellung und dem Vertrieb von Accumulatoren jeglicher Art, insbes. von Starter- und Telefonbatterien, mobilen wie stationären, beschäftigte und hierbei sehr erfolgreich war. Aus Expansions- und marktstrategischen Gründen fusionierte die Firma 1964 durch den Kauf diverser Geschäftsanteile mit der auf dem gleichen Gebiet tätigen und in Soest ansässigen Konkurrenzfirma Hagen Accumulatorenwerke. Durch Beschluss der Gesellschafterversammlung im Juni 1970 erfolgte die Änderung der Rechtsform von einer GmbH in eine Aktiengesellschaft, die Verlegung des Hauptsitzes des Unternehmens von Ks. nach Soest sowie die endgültige Umbenennung in „Hagen Aktiengesellschaft Accumulatorenwerke". Der Standort Ks. wurde zur Zweigniederlassung der neuen Gesellschaft. 1983 wurde das gesamte Unternehmen infolge des Kaufs der Mehrheitsanteile des Aktienbestandes durch das amerikan. Unternehmen Exide aus Alpharetta, Georgia, Teil einer global agierenden Gruppe mit mehr als 20 Marken in 80 Ländern der Welt. Die Hagen AG fungiert nunmehr nur noch als Markenname und vertreibt Produkte der EXIDE Corp. *stk*

Lit.: Gebhardt, Geschichte; www.exide.com.

Prospekt des Hessentages mit der Skyline von Kassel zum 700. Landesjubiläum 1964

Die **Hessische Landwirtschaftliche Versuchsanstalt** (HLVA) steht für mehr als 140 Jahre landwirtschaftl. und agrikulturtechn. Untersuchungen in Hessen. Im 19. Jh. gab es Hungersnöte. Es wurde dringend nach einer Möglichkeit gesucht, die landwirtschaftl. Erträge zu verbessern und die wiss. Erkenntnisse den praktischen Landwirten zugänglich zu machen. Auf Initiative kurhess. Landwirte wurde am 1.10.1857 die erste Versuchsstation im Kloster Haydau bei Altmorschen eingerichtet. Die Anstalt in Nordhessen zog im Jahre 1910 von Marburg in den Neubau mit entsprechenden Versuchseinrichtungen nach → *Harleshausen*. Labore, Versuchseinrichtungen und 3 ha Versuchsfläche dienten der wiss. Bearbeitung von Düngungs- und Anbaufragen. Im Zuge der „Neuordnung der Landwirtschaftsverwaltung" erfolgte 1970 die org. Zusammenlegung der landwirtschaftl. Versuchsanstalten Ks. und Darmstadt mit den beiden milchwirtschaftl. Untersuchungsanstalten Frankfurt und Ks. Man bearbeitete Fragestellungen wie die Aufnahme von Pestiziden und Schwermetallen durch Pflanzen und die entsprechenden Transferpfade. 2001 wurde die H. in das neu gegründete „Hessische Dienstleistungszentrum für Landwirtschaft, Gartenbau und Naturschutz" (HDLGN) mit der Standortbezeichnung „LUFA Kassel" integriert. Es wurden Bereiche zur Untersuchung hochtoxischer Substanzen und gentechnisch veränderten biologischen Materials aufgenommen. *vl*

Die **Hessische Morgenzeitung** war eine vom 10.11.1859 an in Ks. erscheinende liberale Tageszeitung. Herausgeber war der Kasseler Jurist → *Friedrich Oetker*. Die H. erlangte in den nächsten Jahren eine besondere innen- und außenpolit. Bedeutung. „Wir denken zu belehren und zu unterhalten, zu nützen und zu erheitern. Der Raum wird meist beschränkt sein, aber wir wollen ihn desto sorgsamer zu Rate halten. Wir werden nicht immer sagen können, was wir möchten, allein wir werden niemals etwas bringen, was dem Recht und der Sitte zuwider ist." Mit diesen Worten kündigte sich die H. bei den Kasseler Bürgern an und machte gleichzeitig auf die zu erwartenden Schwierigkeiten aufmerksam. Die H. galt als Hauptorgan der politischen Opposition in Hessen, da sie sich besonders für die Rückkehr zur → *Verfassung von 1831* stark machte. Die Wirkung der H. als theoretisches Diskussionsforum liberaler Oppositionspolitik war auch der kurhess. Regierung nicht entgangen; daher versuchte sie durch Beschlagnahmungen und Prozesse gegen die Zeitung vorzugehen. Die Stimmung des Blattes wurde im Verlauf des Sommers 1866 angesichts der unsicheren polit. Lage für die hess. Liberalen infolge der → *Preußischen Annexion* differenzierter. Der zunehmend kritischere Ton brachte der Redaktion mehrere Verweise der preuß. Verwaltung ein. Die neuen Grenzen der Pressepolitik, die einen geringeren Spielraum zuließen als die unkoordinierte Überprüfung durch die kurhess. Regierung, wurden hier deutlich. Am 8.10.1866 meldete die H. unter der Überschrift „Die Verkündigung der Besitzergreifung durch Preußen" dann auch etwas vorsichtig: „Am heutigen Tage ist mit unserm hessischen Vaterlande jene große bedeutungsvolle Wandelung vor sich gegangen, welche durch das Ergebniß des deutschen Krieges von diesem Sommer bewirkt worden ist. Die vielhundertjährige Selbstständigkeit des hessen-kasselschen Landes, welches zwei Monate gleich einem eroberten Lande besetzt und verwaltet war, ist in förmlicher und feierlicher Weise zu Grabe getragen und die Gemeinschaft mit einem andern, weit größeren Staatswesen hat sich, und zwar aller Voraussicht wie aller Hoffnung nach in keiner blos vorübergehenden Weise, eröffnet." Die H. erschien nach dem Tod Oetkers noch bis 1911. *sh*

Lit.: Goebel, Bundes- und Deutschlandpolitik.

Logo der Hessischen/Niedersächsischen Allgemeinen

Die **Hessische/Niedersächsische Allgemeine** (HNA) ist eine im Dierichs-Verlag der Zeitungsgruppe Ippen in Ks. herausgegebene Tageszeitung. Mit 22 lokalen und regionalen Ausgaben und mit einer im Jahresdurchschnitt (2007) verkauften Auflage von täglich 234.000 Exemplaren (Gesamtauflage 253.000) bei 222.000 Abonnements ist sie die zweitgrößte Zeitung Hessens und unter den lokal-regionalen Zeitungen die weitaus größte. Außer im Kreis Waldeck-Frankenberg ist die H. die einzige im Großraum Nordhessen und angrenzendem Südniedersachsen erscheinende Zeitung. Sie hat somit ein lokal-regionales Pressemonopol. Außerdem hat das dazu gehörende Druckunternehmen in diesem Gebiet eine dominierende Stellung im Druckgewerbe aufgebaut. Entstanden ist die H. aus der größten der früheren drei Kasseler Tageszeitungen, den Hessischen Nachrichten, deren Verlag und Druck 1956 von Dr. Paul → *Dierichs* übernommen und 1959 mit der Kasseler Zeitung zur HA vereinigt wurde. 1969 erfolgte der Zusammenschluss mit Verlag und Druck der → *Kasseler Post*. Für das so entstandene Unternehmen wurde 1972 ein großes Druck- und Verlagshaus in Ks. errichtet. 1975 änderte die HA ihren Titel in H. Ihr redaktionelles Angebot und ihre Anzeigen sind überwiegend lokal-regional orientiert. Die H. ist, wie die meisten Zeitungen des gleichen Typs, überparteilich. Dies jedoch auch aus Rücksicht auf die polit. und sozialen Verhältnisse ihres Verbreitungsgebietes. Der Dierichs-Verlag übernahm die Mehrheit in der Mb Media Extra Tip mit 25 Anzeigenzeitungen im Verbreitungsgebiet und darüber hinaus. 2002 erwarb die fünftgrößte dt. Zeitungsgruppe Ippen gegen eine Minderheitsbeteiligung das Medienhaus Dierichs und damit die H. Seitdem schärft die H. ihr lokal-regionales Profil noch mehr. Ihr Informationsangebot bezieht sich in Ks. und Umland auf abgegrenzte kleine Räume mit jeweils dafür zuständigen Journalisten. Mit mehr und größeren, z. T. farbigen Bildern und mit schmaleren Textspalten änderte sich die Aufmachung der H. Sie geht ins Internet: mit sog. Breaking News der Lokalredaktion, mit dem Aufbau eines Leserblogs und eines sog. Ks.-Lexikons auf der Basis eines Wiki-Systems. In der H. erscheinende Themen des nächsten Tages werden in ihrer Nachrichtensendung „Alszus“ im Kasseler → *Offenen Kanal* ausgestrahlt. Seit 2007 verfügt der Verlag über ein großes Druck- und Verlagszentrum in → *Waldau*. *ld*

Lit.: Döhn, Presseentwicklung.

Hessische Renitenz Im 19. Jh. waren neben dem politischen auch im kirchl. Raum Verfassungsfragen von großer Bedeutung. Kurfürst → *Wilhelm II.* hatte mit dem Organisationsedikt von 1821 die Kirche zum Glied eines einheitlichen Staatsorganismus gemacht. In den neu geschaffenen Provinzen des Landes wurden bekenntnisunabhängige Provinzialkonsistorien in Ks., Marburg und Hanau geschaffen, die dem Innenminister unterstanden. Ab 1830 entstand eine Bewegung von Geistlichen unter der Leitung des ref. Theologen → *Heinrich Heppe*, die mit einer neuen Kirchenordnung die Kirchengewalt ausschließlich einer Generalsynode von Theologen und Laien übertragen wollten. Dagegen bildete sich eine Gegenbewegung unter dem Lutheraner → *August Vilmar*, die, streng konf. ausgerichtet, eine luther. Kirche mit starker Betonung des geistl. Amtes anstrebte. Verbunden waren damit antipreuß. Affekte seit der Annexion Kurhessens 1866 (→ *Preußische Annexion*). Die Zusammenlegung der Konsistorien in Ks. (ref.), Marburg (luther.) und Hanau (uniert) zu einem unierten Gesamtkonsistorium am 28.7.1873 nahmen sie für Angriffe auf die Regierung zum Anlass. Angebahnt hatte sich diese Entwicklung bereits seit den 1830er Jahren. Sie sahen die Königsherrschaft Christi nahen und lehnten den Herrschaftsanspruch des preuß. Königs in Kirchenangelegenheiten ab. 43 Pfarrer, wegen ihrer Berufung auf August Vilmar bzw. seinen Bruder Wilhelm auch „Vilmarianer“ genannt, unterschrieben den „Juliprotest“ gegen das Gesamtkonsistorium. Der angekündigte Ungehorsam, der sich u. a. in der Rücksendung der Dienstpost artikulierte, führte dazu, dass die beteiligten Geistlichen mit einem Disziplinarverfahren ihres Amts enthoben wurden und ihre Ordinationsrechte verloren; einige widersetzten sich dieser Maßnahme und führten weiterhin Amtshandlungen durch. Die H. spaltete sich seit Beginn der 1880er Jahre in den Melsunger Konvent (Wilhelm Vilmar) und in den Sander Konvent (Hermann Zülch). Aus 72 Gemeinden traten fast 3.000 Gemeindemitglieder, z. T. ganze Gemeinden, aus der Landeskirche aus – daher der Begriff der H. Die renitenten Gemeinden schlossen sich erst nach 1945 z. T. wieder der Landeskirche an, andere vereinigten sich 1950 mit der Selbständigen Evang.-luther. Kirche (SELK). Trotzdem ging die kirchl. Neuordnung weiter: 1885 wurde eine neue Presbyterial- und Synodalordnung für die evang. Kirchengemeinschaften im Bezirk des Konsistoriums zu Ks. erlassen, vier Jahre später ein einheitliches Gesangbuch erstellt. Die neue Agende 1896 erschien in drei Ausgaben für die luther., ref. und die unierten Gemeinden. Die H. wird den konfessionsgebundenen Separationsgemeinden zugerechnet, Parallelen gab es in Hessen-Nassau und in Hessen-Darmstadt. *rhe*

Lit.: Kemler, Gott; Hering/Knöppel, Kurhessen.

Hessischer Kurier Die der Zentrumspartei nahestehende kath. „Tageszeitung für Niederhessen und Waldeck" erschien in Ks. vom 1.11.1924 bis 29.2.1936 als eine von fünf Unterausgaben des Paderborner Westfälischen Volksblattes, unterbrochen durch ein staatl. Verbot vom 3.–5.3.1933. Ein vorangegangenes dreitägiges Verbot ab dem 19.2.1933, das der gesamten dem Zentrum zuzuordnenden Presse galt, war nicht wirksam geworden. Minister Hermann Göring hob das Verbot nach Verhandlungen mit Zentrumspolitikern wieder auf. Der H. verstand sich als Sprachrohr des politischen Katholizismus, als Zeitung, die sich politisch-religiös zur sog. Gesinnungspresse rechnete und daher mit scharfen, wenn auch oft verschleierten Attacken gegen den NS stritt. Trotz vielfältiger Bemühungen gelang es ihr nicht, in Ks. mehr als ca. 1.000 Abonnenten (Gesamtauflage ca. 3.000) zu gewinnen. Chefredakteur war Willi Lindner, der nach Einstellung des H. für die bürgerl. → *Kasseler Post* schrieb und als Romanautor und Herausgeber einer Gedichtsammlung hervortrat. Nach dem Zweiten Weltkrieg ging er zur „Allgemeinen Zeitung" nach Mainz. *ehei*

Lit.: Döhn, Presse, 80ff.

Das **Hessische Landesmuseum** wurde 1907–1913 geplant und erbaut und ist eines der Hauptwerke des bedeutenden Münchner Architekten und Städteplaners Theodor Fischer (1862–1938). Er war Mitbegründer des Dt. Werkbundes und ein Hauptvertreter der Heimatschutzbewegung, die eine Vermittlung zwischen Trad. und Moderne anstrebte und die in ihren Neubauten versuchte, auf die regionale hist. Umgebung einzugehen. Als Stadtplaner vertrat er einen ersten Kontextualismus, der die Berücksichtigung vorhandener Stadtraumstrukturen forderte. So ist das H. städtebaulich hervorragend an dem fünfeckigen → *Brüder-Grimm-Platz* positioniert. Der Platz bildet das Scharnier zwischen Innenstadtachse und der abknickenden Schlossachse, entsprechend verläuft die Längsseite des Gebäudes parallel zur → *Wilhelmshöher Allee* und der 30 m hohe achteckige Mittelturm bildet weithin sichtbar den Abschluss der → *Königsstraße*. Mit den Zwerchgiebeln, dem Mittelturm und der Reihung altdeutscher Breitfenster nahm Fischer lokale Bezüge auf (u. a. zum Barockbau des Kasseler Waisenhauses und zur Fassade von Schloss Nesselröden); die Renaissance-Turmhaube gewährt, indem sie den ehem., schon seit 1889 gotisch umgestalteten Turmabschluss der → *Martinskirche* aufgreift, einen Blick in die lokale Vergangenheit.

Das Herzstück des Gebäudes ist der zweigeschossige ehem. Antikensaal, der sich als blockhafte antike Basilika öffnet, wenn man ihn der zentralen Achse folgend vom Foyer aus durch ein niedriges antikisch gestaltetes Tonnengewölbe betritt. Über das erste und zweite Stockwerk erstreckt sich ein offener, heller Raum, der als Waffen- und Ehrensaal diente. Er ist teilweise in den Frontturm eingestellt und zeigt in einem gemalten Fries des Heraldikers Otto Hupp das Wappen Lgf. → *Philipps*, umgeben von 39 Wappen seiner Stiftung, der Althessischen Ritterschaft. Diese

Kolorierte Ansichtskarte des Hessischen Landesmuseums Kassel am Brüder-Grimm-Platz, um 1913

unterstützte den Bau des H.s wesentlich. Sichtachsen, die quer durch Stockwerke führen, erweisen Fischer als modernen Architekten, der aus der Epoche des Jugendstils lernte. Die hoch liegenden Breitfensterbänder folgen einem Vorschlag A. Lichtwarks zur Belichtung von Museumsräumen. Die benötigte Baumasse ist geschickt in zwei parallele Hauptgebäude gegliedert, Verbindungsbauten ermöglichen Rundgänge. Der rückwärtige Baukörper ist zur Stadt hin verlängert, ein Nebeneingang führt dort in den Hörsaal, der auch einen direkten Zugang zu den Ausstellungsräumen hat und somit programmatisch eine Verbindung zwischen den Museumsobjekten und der wiss. Vermittlung ihrer Inhalte darstellt.

Das Gebäude sollte als preuß. Provinzialmuseum die kulturelle Vergangenheit der ehem. Landgrafschaft Hessen bewahren und als Nachfolgebau des → *Museums Fridericianum* die einstmals dort vereinten kulturhist. fürstl. Sammlungen wieder in einem würdigen Rahmen zusammenführen: Antike, Astronomisch-physikalische Sammlung mit Uhren, Kunsthandwerk, Skulpturen und Altären sowie Historica. Besonders die zunächst noch kleinen Bereiche der Volkskunst und der Vor- und Frühgeschichte erlebten neben den anderen Sammlungen bald einen so bedeutenden Zuwachs, dass Ende der 1920er Jahre das Haus an seine Grenzen stieß und 1935–39 bedeutende Sammlungsteile in das neu gegründete, im Zweiten Weltkrieg zerstörte Landgrafenmuseum verlagert wurden. Zuvor gründete Rudolf → *Hallo* innerhalb des H.s ein Jüdisches Museum (rechts vom Foyer, 1927–33; → *Jüdische Gemeinde*).

Nach dem Krieg zeigte das Haus 1956–73 in seiner Beletage die → *Gemäldegalerie Alte Meister*. 1976 zog dort das → *Deutsche Tapetenmuseum* ein. Der Umzug des → *Astronomisch-physikalischen Kabinetts* mit der Uhrensammlung in die → *Orangerie* 1992 ermöglichte der → *Vor- und Frühgeschichte* endlich im gesamten Erdgeschoss eine erweiterte Ausstellung, die 2001 abgeschlossen wurde. Gleichzeitig wurde in der renovierten zweiten Etage das Kunsthandwerk mit dem landgräfl. Erbe vom Mittelalter bis 1800 unter dem Titel „SchatzKunst" neu präsentiert. 2003 begannen die Staatlichen Museen Ks., heute → *Museumslandschaft Hessen Kassel*, mit umstrittenen Planungen für Umbau und Neueinrichtung. *es*

Lit.: Nerdinger, Fischer; 75 Jahre Hessisches Landesmuseum.

Heugel, Johannes (* zwischen 1500 und 1510, † 1585 Ks.) war ein deutscher Komponist und Musiker, der unter Lgf. → *Philipp I.* in Ks. wirkte. 1536 wird er erstmals als „companist" erwähnt, doch wirkte er vermutlich schon einige Jahre vorher in Ks. Damit gehört Ks. auch zu den wenigen Städten, für die schon sehr früh ein Hofkomponist belegbar ist. Über H.s Biographie ist nicht allzu viel bekannt. Seine erste musikalische Ausbildung erhielt er in Südwestdeutschland, wo er wahrscheinlich Schüler von Th. Sporer war. Seine erste datierte Komposition stammt aus dem Jahr 1534, also verm. bereits aus Ks., wo er von 1547 bis zu seinem Lebensende in der Funktion eines Hofkapellmeisters tätig war. Hier schuf er zahlreiche Kompositionen, von denen sich viele in den Beständen der → *Murhardschen Bibliothek* und → *Landesbibliothek* befinden. Darunter ist auch die älteste Instrumental-Handschrift dieser Bibliothek, das wie alle Kompositionen der Zeit in Stimmbüchern überlieferte Blechbläserstück „Lerman", bei dem es sich vermutlich um eine Landknechtsmusik handelt. H.s letzte datierte Komposition stammt aus dem Jahr 1577. In seinem umfangreichen Oeuvre finden sich v. a. Motetten, Psalmen, Magnificat und Lieder. *wbo*

Das **Hildebrandslied** ist eine der besonderen Kostbarkeiten der → *Handschriftenabteilung*. Es ist die einzige erhaltene Aufzeichnung einer germanischen Heldendichtung in dt. Sprache, das älteste größere Stück dt. Dichtung überhaupt und damit von einmaliger Bedeutung für die dt. Sprache. Das H. ist die einzige erhaltende Überlieferung der urspr. Form. Zwei Fuldaer Mönche notierten im 4. Jahrzehnt des 9. Jhs. den in Althochdeutsch und in Stabreimen verfassten Text auf der noch leeren ersten und letzten Seite

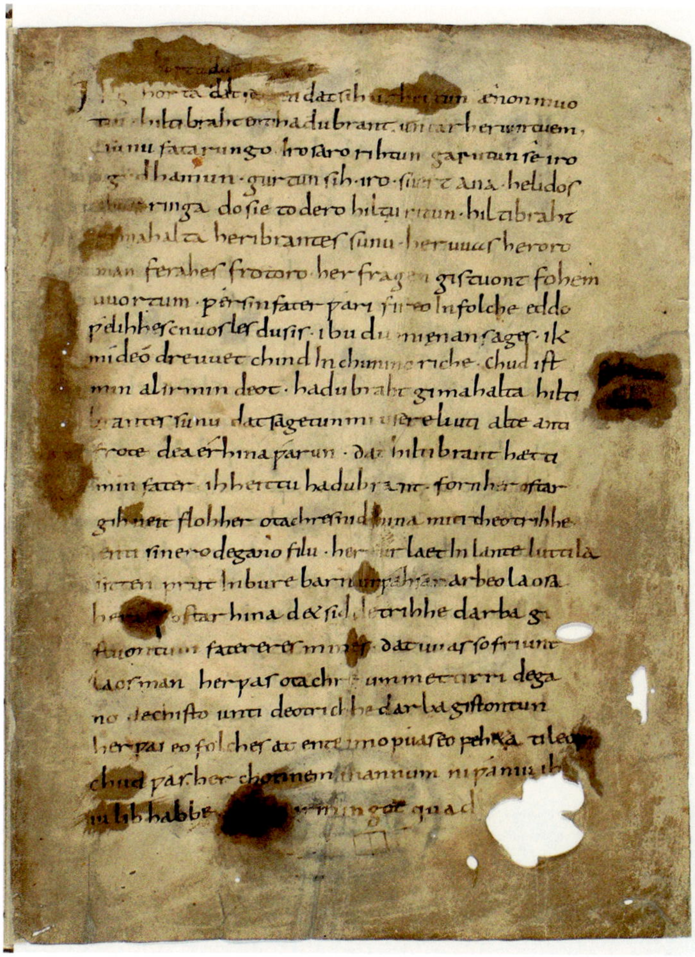

Das vermutlich im 4. Jahrzehnt des 9. Jahrhunderts entstandene Hildebrandslied ist eines der frühesten poetischen Textzeugnisse in deutscher Sprache

einer Bibelhandschrift. Der Inhalt thematisiert ein Ereignis aus der Völkerwanderungszeit, einen Zweikampf zwischen Sohn und Vater. Der tragische Konflikt stammt aus der germanischen Kriegerethik: In dieser speziellen Situation wird der Vater um seiner Kriegerehre willen gezwungen, den ihm vom Sohn aufgezwungenen Kampf anzunehmen und wissentlich seinen eigenen Sohn zu töten. Die Niederschrift erfolgte nur kurz nach der Amtszeit Karls des Großen, der ein Freund der dt. Sprache war. Eines seiner Projekte war die Sammlung der germanischen Heldenlieder in dt. Sprache. Diese Sammlung, die leider verschollen ist, wäre ein süd-germanisches Gegenstück zur nordgermanischen Edda geworden. Von diesen Liedern ist nur das H. überliefert. *kwi*

Lit.: Düwel, Hildebrandslied.

Ureli Corelli Hill mit Geige, zweite Hälfte 19. Jahrhundert, New York Philharmonic Archive

Hill, Ureli Corelli (* 1802 New York, † 2.9.1875 Paterson, NJ) war ein amerikanischer Geiger und Dirigent. Ersten Unterricht erhielt er von seinem Vater. Ab 1827 war er Konzertmeister, später auch Dirigent der New York Sacred Music Society. 1835 kam er nach Ks., um bei → *L. Spohr* Violine zu studieren. Damit war er „der erste Amerikaner, der nach Europa ging, nur um sich in seiner Profession zu vervollkommnen" (New York Evening Star, 2.12.1836). Hier blieb er bis 1837 und erhielt die bewährte Ausbildung der → *Kasseler Schule*. Außerdem besuchte H. London, Paris und Düsseldorf, wo er auch Felix Mendelssohn-Bartholdy traf. Zurück in New York gründete er 1842 die New Yorker Philharmoniker, das älteste bis heute bestehende Symphonieorchester der USA. Auch die erste amerikanische Aufführung von Beethovens 9. Symphonie (1846) geht auf ihn zurück. Schon 1839 hatte H. die erste amerikanische Ausgabe der Violinschule seines Lehrers L. Spohr herausgegeben. Nachdem er zunehmend in finanzielle Bedrängnis geraten war, sah er 1875 den letzten Ausweg im Selbstmord. *wbo*

Hindenburg, Paul von, eigentlich von Beneckendorff und von Hindenburg (* 2.10.1847 Posen, † 2.8.1934 Neudeck), war Oberbefehlshaber jener Armee, die im August 1914 die nach Ostpreußen eingedrungene russische Armee vernichtend schlug. Fortan haftete an ihm, nicht ohne sein Zutun, der Mythos vom großen Feldherrn und Retter des Vaterlandes. 1916 wurde H. Chef der auch politisch maßgebenden Obersten Heeresleitung. Mit ihr ging er nach der Niederlage Deutschlands und der Revolution 1918 zur Demobilisierung des Heeres vom 16.11.1918 bis 12.2.1919 nach → *Wilhelmshöhe*. Der Jubel Tausender in Kassels Straßen bezeugt das Weiterwirken seines Mythos. Die Kasseler Stadtverordneten ernannten H. am 6.2.1919 zum → *Ehrenbürger*. Der heutige August-Bebel-Platz wurde nach ihm benannt. Bis zum Abzug der → *Bundeswehr* 1994 trug eine Kasseler Kaserne (→ *Kasernen*) seinen Namen. 1925 wurde H. zum Reichspräsidenten und 1932 als Gegenkandidat Hitlers im Alter von 84 Jahren wiedergewählt. H. unterstützte die Umwandlung der → *Weimarer Republik* in einen autoritären Staat unter seiner Oberherrschaft. Er berief am 30.1.1933 Hitler zum Reichskanzler und ermöglichte das Entstehen der NS-Diktatur. Kurz vor seinem Tod billigte er die Mordaktionen Hitlers beim sog. Röhm-Putsch. Sein Ziel war die nationale Einigung und ein mächtiges Dtld., was er schließlich nur noch durch Hitler erhoffte. *ld*

Lit.: Pyta, Hindenburg.

Hirsch & Co. 1859 eröffnete Siegfried Hirsch in der → *Unterneustadt* eine Produktionsstätte für Krinolinen. Krinolinen, um 1840 entstanden, vom franz. „crin" (Rosshaar) abgeleitet, waren urspr. mit Rosshaar gefütterte, später aus Fischbeinstäben durchsetzte Unterröcke, die die bis dahin mehrfach übereinander getragenen Stoffunterröcke ersetzten. Dadurch erhielt der Kleiderrock eine weite und kuppelartige Form. 1856 wurde in England die Stahlreifen-Krinoline erfunden, die aus Stahlreifen bestand, die durch vertikale Bänder verbunden waren. Sie hatten den Vorteil, dass sie leichter waren und mehr Beinfreiheit ließen. 1864 wurde die Firma, die 1861 bereits 223 Beschäftigte zählte, in die Federstahlindustrie AG umgewandelt. 1865 belief sich die Produktion auf 3.400 Zentner Stahlreifen und 23.000 Krinolinen, wovon der größte Teil exportiert wurde. Da jedoch Krinolinen Ende der 1860er Jahre aus der Mode kamen und 1871 kaum noch produziert wurden, musste sich das Unternehmen umorientieren und konzentrierte sich nun auf die Fabrikation von Artikeln aus Stahlblech und Draht wie Planchetten (Korsettfedern). Bis 1883 entwickelte sich das Geschäft so gut, dass Betriebserweiterungen stattfanden, 1885 wurden neue Räumlichkeiten bezogen, die Zahl der Beschäftigten stieg auf 550. 1886 wurde das Werk in „AG für Federstahl-Industrie“ umbenannt und neben dem Werk in Ks. noch Niederlassungen in Aschersleben, Wiesensteig und Hofgeismar betrieben. Ein 1889 errichtetes Kaltwalzwerk lieferte Bandstahl und Bandeisen für die Kartonagenindustrie; die wichtigsten Produkte waren nun technische Federn, Schreibfedern, Rasierklingen und Sägen. 1930 erfolgte eine erneute Umbenennung in „Federstahl AG Kassel“, die 1952 eine Zweigniederlassung der Hohenlimburger Walzwerke wurde und ihren Betrieb 1976 einstellen musste. *ap*

Lit.: Möker, Nordhessen, 143f.;
Hess. Allgemeine v. 11.3.1978.

Hirzel, Stephan (* 1899 Berlin, † 1970 Ks.) H. studierte in Dresden, arbeitete bis 1933 als Architekt und war 1945–48 Dozent an der Dresdener Kunsthochschule. Von 1948, dem Gründungsjahr, bis 1965 war H. Direktor der → *Werkakademie* in Ks. Mit bildungspolitischem Weitblick setzte er ihre Umwandlung in eine Staatliche Hochschule für bildende Künste durch. Seine Seminare zur Stilgeschichte und seine Vorlesungen zur Kunst- und Architekturgeschichte waren bei Studierenden besonders beliebt, denn er war ein souveräner Meister von Stil und Form. In disziplinierter Arbeitsweise vermittelte er mit hohem intellektuellem und künstlerischem Anspruch ein Bewusstsein für klare Kriterien zur Beurteilung gestalterischer Qualität. In den temporären Pflichtkursen für räumliches Zeichnen und Konstruktionen ließ er neben dem Historiker und Theoretiker auch den kompetenten Praktiker erkennen. Mit dieser Universalität verkörperte H. das von Walter Gropius am Bauhaus in Dessau propagierte Ideal von fachübergreifender Kompetenz in Theorie und Praxis. Für Studierende mit Studienschwerpunkt Kunsterziehung verkörperte er das prägende akademische Leitbild ihres späteren Berufslebens. In Ks. ist eine Straße nach H. benannt. *id*

Hoch, Fritz (* 21.10.1896 Zürich, † 20.10.1984 Ks.) war Verwaltungsfachmann und SPD-Politiker. Sein Vater war der Publizist und langjährige SPD-Reichstagsabgeordnete Gustav Hoch (1862–1942). In Hanau aufgewachsen, machte H. dort 1915 Abitur und studierte anschließend Rechtswiss. in Marburg, Würzburg und Frankfurt/M. Aufgrund der Unterbrechung durch den Kriegsdienst 1916–18 konnte er die erste juristische Staatsprüfung in Frankfurt/M. erst 1921 ablegen. Nach einjähriger Tätigkeit als Gerichtsreferendar des Regierungspräsidiums in Ks. wurde er 1922 zum Regierungsreferendar ernannt. 1923 erfolgte die Promotion zum Dr. jur. in Frankfurt. 1925 war H. Regierungsassessor, 1926 im Landratsamt Dortmund als stellvertretender Landrat und anschließend als Polizeidezernent bei der Regierung in Liegnitz. Im Oktober 1926 in das preuß. Innenministerium nach Berlin berufen (1927 Regierungsrat, 1929 Oberregierungsrat), hatte sich H. einen Ruf als besonders fähiges Nachwuchstalent erworben und wurde vom damaligen Innenminister → *Albert Grzesinski* gefördert. Er wirkte maßgeblich an der Preußischen Dienststrafordnung mit. Nach dem „Preußenschlag“ („Papen-Putsch“) im Sommer 1932 wurde er per 1.9.1932 zum Regierungspräsidium nach Ks. versetzt. Der damalige Präsident → *Ferdinand Friedensburg* setzte ihn zunächst als Kommunaldezernenten ein. Während der → *NS-Zeit* stand er unter politischer Beobachtung, blieb jedoch als Dezernent für Sparkassenaufsicht und Wasserrechtsfragen weiter im Dienst. Sein Vater und ein Bruder mit Familie kamen im KZ um. Am 10.5.1945 setzte ihn die US-Militärregierung in Ks. zunächst als Oberpräsidenten ein. Nach der staatl. Neuorganisation wurde er am 29.10.1948 zum RP ernannt. Dieses Amt behielt er bis zu seiner Pensionierung am 1.11.1961. Für seine Tätigkeit erhielt er zahlr. Ehrungen (u. a. Großes Verdienstkreuz des Verdienstordens der Bundesrepublik, Freiherr-vom-Stein-Plakette) und Berufungen. 1948/49 gehörte er dem Parlamentarischen Rat in Bonn an und ist somit einer der „Väter des Grundgesetzes“. *hp*

Qu./Lit.: RP Ks., Pressestelle;
Friedensburg, Lebenserinnerungen.

Fritz Hoch

Hochwasser und Überschwemmungen
Ks. ist durch seine Flusslage seit jeher von H. bedroht. Ursache der für einen Mittelgebirgsfluss wie die → *Fulda* typischen Winter- und Frühjahrs-Hochwasser sind meist witterungsklimatische Ereignisse wie das rasche

Abschmelzen größerer Schneemengen, die während Sommer-Hochwasser v. a. durch Stark- oder Dauerregen ausgelöst werden und auch die Fuldazuflüsse → *Ahna*, Losse und → *Drusel* betreffen können. Vor Überschwemmungen schützten Deiche, Wälle und Mauern. Außergewöhnliche Hochwasser führten aber immer wieder zur extremen Überschwemmungen. Insbes. die östl. der Fulda in der Fluss-Niederung gelegene → *Unterneustadt* sowie die kaum über Flussniveau liegenden Bereiche der → *Altstadt* am W-Ufer waren stark überschwemmungsgefährdet. Davon zeugen u. a. die Hochwassermarken am Torbogen der einstigen → *Unterneustädter Mühle* und an der Ruine des → *Zeughauses*. Die früheste überlieferte Überschwemmung erlebte Ks. im Februar 1162, als die Fulda nach schweren Stürmen und Starkregen über die Ufer trat. Starke Hochwasser folgten in regelmäßigen Abständen, so im 19. u. 20. Jh., 1809, 1817, 1824, 1827, 1839, 1841, 1890, 1909, 1925/26, 1933, 1939, 1943, 1946 und 1995. Im besten Fall stellten die im Volksmund auch als „Unterneustädter Kirmes“ bezeichneten Überschwemmungen für kurze Zeit den Alltag auf den Kopf, im schlimmsten Fall bedeuteten sie eine existentielle Gefahr für Mensch und Tier. Bei dem Hochwasser Anfang 1643, als die Fulda innerhalb weniger Stunden um mehr als 5 m anstieg, musste Landgräfin → *Juliane* aus dem direkt an der Fulda gelegenen Nassauer Hof mittels eilig aufgestellter Gerüste gerettet werden. Mitte Januar 1682 blieb den Bewohnern niedriger Häuser nichts anderes übrig, als sich vor den Wassermassen auf die Dachböden der Gebäude zu retten und 1909 mussten die Bewohner der Unterneustadt Kühe, Schweine und Ziegen in den ersten Stock umquartieren. Zudem verursachten Überschwemmungen verheerende Schäden an den städt. Befestigungsanlagen, an Gebäuden, Brücken, Straßen, Gärten, Wiesen und Äckern. So wurde bei dem Hochwasser 1521 der Mittelpfeiler der Fuldabrücke weggerissen. Schwer betroffen war meist auch die → *Unterneustädter Kirche*, in der das Wasser mehrmals über dem Altar stand. Darüber hinaus führten Überschwemmungen zur Verlagerung des Flussbettes, was nicht ohne Folgen für die → *Schifffahrt* blieb. Das Hochwasser von Ende Februar 1595 etwa hatte in der Bergshäuser Feldflur einen neuen Fuldaarm geschaffen, den viele Schiffer dem alten Flusslauf vorzogen, bis das Hochwasser von 1643 diesen wieder zuspülte. Die Kanalisierung und Stauregulierung der Fulda 1890/95 diente zwar auch dem Hochwasserschutz, im Vordergrund stand aber die Verbesserung der Schiffbarkeit des Flusses. Eine stärkere Regulierung des Wasserpegels ermöglichte erst die 1908/14 errichtete Edertalsperre. Allerdings hatte die Zerstörung der Sperrmauer durch britische Bomber am 17.5.1943 eine der schwersten Überschwemmungen Kassels im 20. Jh. zur Folge. *jeb*

Hochwasser in der Unterneustadt (Waisenhausstraße) im Jahr 1909

Höhere Gewerbeschule → *Polytechnikum*

Hölderlin, Friedrich (* 20.3.1770 Lauffen/Neckar, † 7.6.1843 Tübingen) Der bedeutendste Lyriker der Klassik studierte 1788–93 Theologie am Tübinger Stift. Enge Freunde waren Hegel und Schelling. Er arbeitete als Hofmeister und kam 1795 zur Bankiersfamilie Gontard nach Frankfurt, um deren Sohn zu unterrichten. H. war verzaubert von der Ehefrau Susette Gontard und fand in ihr seine Diotima, der er im „Hyperion“ ein Denkmal setzte. Vor den herannahenden französ. Truppen schickte der Hausherr seine Familie samt Hauslehrer im Juli 1796 ins Hessische. Sie machten Station in Ks., wo H.s glücklichste Zeit begann, wie er mehrfach festhielt. Hier fanden Susette und er zueinander. „Unser liebes Cassel“ schrieb Susette später an ihn. Er besuchte die Galerien, das → *Museum Fridericianum* und den → *Park Wilhelmshöhe*. In der Gemäldegalerie trug er sich am

27.7.1796 im Besucherbuch ein. Mehrfach durchwanderte H. mit Susette den Park mit dem Lac und hier findet sich gedanklich der Beginn zu seinem berühmtesten Gedicht „Hälfte des Lebens". Nach drei Wochen war dieser Sommer vorbei. H. verließ 1798 im Streit das Haus Gontard. 1801 starb Susette. H. wurde melancholisch und teilnahmslos gegenüber seiner Umwelt, ab 1806 galt er als geisteskrank. Die Ärzte gaben ihm noch drei Jahre. Er aber lebte und arbeitete noch 35 Jahre in seinem Turmzimmer am Neckar, liebevoll umsorgt von der Familie des Schreinermeisters Zimmer. *ic*

Lit.: Hölderlin, Werke.

Hof- und Kabinettsarchiv Ursprung des Hofarchivs war das „Urkundengewölbe" im Kasseler → *Landgrafenschloss*. Es firmierte um 1600 als Schlossarchiv, ab 1660 als Hofarchiv und seit 1831 als Haus- und Staatsarchiv. 1870 wurde es, mit Behördenarchiven wie dem Regierungsarchiv und dem (Finanz-) Kammerarchiv zum Preußischen Staatsarchiv vereinigt, nach Marburg verlegt. Daneben schuf → *Wilhelm IX.* 1790 ein Kabinettsarchiv, das die Dokumente seiner Kabinettskasse sowie Akten und Handschriften politischen und milit. Inhalts aufnahm, die den Landgrafen persönlich interessierten, darunter Personalia und Rapporte der Truppen. Es befand sich in → *Wilhelmshöhe* und war räumlich und personell mit der Hofbibliothek verbunden. Die → *Verfassung 1831* sah keine Regierung aus dem Kabinett mehr vor, doch blieb ein persönliches Sekretariat oder Kabinett des Herrschers (→ *Friedrich Wilhelm I.*), jetzt geteilt in eine zivile und milit. Abteilung, unentbehrlich und produzierte weiter Akten. Nach der → *Preußischen Annexion* 1866 wurden die milit. Kabinettsakten von Preußen beschlagnahmt. Die zivilen sollten nach dem Stettiner Vertrag geteilt werden: Was staatl. Belange betraf, sollte an Preußen gehen, was die verbliebenen Besitzungen, das Personal und die Familie des Kurfürsten betraf, sollte ihm übergeben werden. Erstaunlicherweise überließen die preuß. Behörden Vertrauten des Kurfürsten die Auswahl, so dass viele politische Akten dem Kurfürsten in sein Exil nach Prag folgten. Ein Teil der Kabinettsakten befindet sich heute im Staatsarchiv Prag, der größere Teil kam 1928 ins Staatsarchiv Marburg. *gh*

Hofbauwesen In Mittelalter und Früher Neuzeit hatten die einzelnen Landesteile der Landgrafschaft Hessen jeweils ein eigenes Bauwesen, z. B. das Niederfürstentum (Ks.), das Oberfürstentum (Marburg) und die Grafschaft Ziegenhain. So waren am Kasseler Hof einzelne Bau- und Zimmermeister für die herrschaftl. Bauten angestellt, und bei Bedarf wurden weitere Meister verpflichtet. Bezeugt sind in Ks. u. a. die Zimmermeister Hermann Fürstenstein (um 1339–1353) und Johann → *Herber* (ab 1463), die Baumeister Jakob von Ettlingen (ab 1522; zuvor Werkmeister des Frankfurter Domturms), Jost und Antonius Riemenschneider (ab 1525; → *Burg*/→ *Landgrafenschloss* und → *Stadtbefestigung*), Hans und Hieronymus Müller (um 1590; Neues Tor/→ *Stadttore* und → *Marstall*) und Adam Müller (Landgrafenschloss und → *Ottoneum*). Klare Fachabgrenzungen gab es noch nicht: So wurde z. B. der Schreiner → *Christoph Müller* (um 1570) auch als Zivil- und Festungsbaumeister eingesetzt und der Bildhauer → *Wilhelm Vernuken* mit baul. Aufgaben betraut, die Oberaufsicht an der Burg lag Ende des 15. Jhs. beim Statthalter → *Ludwig von Boyneburg*, der Bauschreiber → *Johannes Heugel* (Högel) war zugleich Hofkomponist Lgf. → *Philipps*, und um 1600 hatte der landgräfl. Leibarzt Hermann Wolf die Aufsicht über zahlr. Bauvorhaben. Im 17. Jh. waren Vater und Sohn → *Wessel* als Hofbaumeister tätig, später unterstützt durch den Stückhauptmann bzw. Oberstleutnant J. Ph. → *Heppe* (Reparaturen an der Fuldabrücke, sog. Baracken, Vermessungsarbeiten für die → *Oberneustadt*) und den Artilleriebedienten → *Johann Conrad Giesler*, der zum zweiten Hofbaumeister aufstieg. Daneben erhielt → *Paul du Ry*, der 1685 als Festungsbaumeister angestellt und v. a. als Ingenieur eingesetzt wurde (u. a. 1689 beim Kaskadenbau auf dem Karlsberg, → *Schlosspark Wilhelmshöhe*), die Leitung des Französischen Bauwesens, welches nach vorgegebenen Plänen die neuen Hugenottenkolonien ausführte.

1698 begann eine Institutionalisierung des fürstl. Bauwesens, als Zivil- und Militärbauwesen der gesamten Landgrafschaft einem gemeinsamen Direktor und Oberinspektor unterstellt wurden; zuerst war dies C. von Hattenbach, später folgten Alexander Eugen du Rosey und W. von Gohr. Hofbaumeister waren Wessel u. Giesler (bis 1712), Alessandro

Friedrich Hölderlin Pastell von Franz Karl Hiemer, 1792

Rossini (um 1712–36) u. J. Nikolaus Prizier (1713–53); sie wurden für wichtige höfische Bauten in ganz Niederhessen eingesetzt und betreuten in der Regel auch das herrschaftl. Bauwesen in Ks. Ihnen standen Verwaltungsbeamte (z. B. für die Rechnungsführung) zur Seite, außerdem waren einzelne Bauhandwerker und für den Modellbau ein Schreiner fest angestellt. Der zentralen Direktion in Ks. unterstanden für die einzelnen Landesteile eigene Bauverwalter oder Landbaumeister; so war für die Kasseler Umgebung seit 1723 der Stukkateur Giovanni Ghezzi (u. a. Lutherische Kirche in Ks. und Kirche in → *Wolfsanger*) zuständig, der zugleich Kontrolleur des Bauwesens war, seit 1746 J. Fr. Jussow; weitere Landbaumeister waren z. B. → *Johann Andreas Engelhard* und → *Leonhard Müller*. Sofern nicht der Landesherr selbst als Auftraggeber in Erscheinung trat, lagen Bauauftrag und -genehmigung in den Händen der jeweils zuständigen Verwaltungsbehörden. Aufgaben waren alle landesherrl. Bauprojekte, wie Straßenbau, Wasserbau, Brücken, Schulen, herrschaftl. Güter, Verwaltungsbauten und Schlösser, außerdem kirchl. Bauten im Auftrag des Konsistoriums. Zivil- und Militärbau konnten dabei auch in Personalunion betreut werden. Um 1736 ging das Französische Bauwesen im H. auf, als Charles → *du Ry*, der bereits 1714 die Nachfolge seines Vaters Paul im Französischen Bauwesen angetreten hatte, auch die Aufgaben Rossinis übernahm; mit wichtigen Bauprojekten jedoch beauftragte → *Wilhelm VIII.*, der seine eigenen Baumeister einmal als „nicht genügend geschickt" bezeichnete, → *Francois de Cuvilliés* und (als Bauleiter) M. de Léveilly. Etwa zeitgleich war 1746–57 auch der Knobelsdorff-Schüler J. Georg Fünck im Kasseler H. angestellt, den 1757 der Hanauer Bauverwalter Christoph Ph. Diede ersetzte. 1756 trat → *Simon Louis du Ry* in das H. ein und rückte 1757 in die Funktion seines Vaters als Hofbaumeister nach. 1767 wurde das Hofbauamt zum Oberbauamt, 1773/74 zum Baudepartement umbenannt (der Kriegs- und Domänenkammer zugeordnet); dem Oberbaumeister J. Fr. Jussow (ab 1766) unterstanden gleichrangig die Baumeister S. L. du Ry, Diede und J. Conrad Mergel. Nach 1778/79 war du Ry als einziger Hofbaumeister verblieben, zunächst noch unter der Leitung von Gohrs, dessen Amt als Oberbaudirektor er 1785 zusätzlich übernahm; damit wurde die Direktion des gesamten landgräfl. Bauwesens mit dem Kasseler H. in einer Hand zusammengefasst. In dieser nun beherrschenden Stellung folgte ihm 1799 → *Heinrich Christoph Jussow*, der seit 1788 im H. angestellt war. Das Verhältnis zwischen Hof- und Staatsbauwesen wurde im 19. Jh. mehrfach neu geordnet. In westphäl. Zeit waren ab 1808 → *Auguste Victor Grandjean de Montigny* und → *Leo von Klenze* als Hofbaumeister tätig; Jussow erhielt v. a. Verwaltungsaufgaben, war aber von 1813 an als Oberbaudirektor zusammen mit → *Johann Daniel Engelhard* wieder hauptverantwortlich tätig. Mit dem Regierungsantritt Wilhelms II. 1821 musste er jedoch die Hofbauten an den neuen Oberhofbaumeister → *Johann Conrad Bromeis* abgeben, der nun die Aufsicht über alle Hofbauten und das Hofbaupersonal führte, Entwürfe anfertigte, Kostenanschläge aufstellte, die gesamte Etat- und Rechnungsführung besorgte, ein Baujournal führte, Aufträge an Handwerker und Künstler vergab, die auswärtigen Hofbauten bereiste und das Hoffeuerlöschwesen beaufsichtigte. 1830 übernahm er als Oberbaudirektor außerdem die Staatsbauten. Nacheinander arbeiteten → *Julius Eugen Ruhl* und F. G. Ph. Schulz als Hofbaumeister unter Bromeis; sie führten eigenständig Arbeiten durch, beaufsichtigten die Baumaterialien und die Instandhaltung der höfischen Bauten. Daneben waren die Baukondukteure als Bauverwalter, Bauaufseher und gemeinsam mit den Baueleven als Bauzeichner tätig. 1831 wurde im Zuge der neuen kurhess. Verfassung und der Trennung von Hof- und Staatsschatz das H. unter Leitung Ruhls endgültig wieder vom Staatsbauwesen gelöst, welches 1848 zur Oberbaukommission umgewandelt wurde. Aus den letzten kurhess. Jahren sind v. a. Gottlob → *Engelhard* (ab 1850/51 Oberhofbaumeister, ab 1859 Hofbaudirektor) und → *Heinrich von Dehn-Rothfelser* (ab 1865 Oberhofbaumeister) zu nennen. Im Staatsbauwesen waren für Ks. zudem wichtig: Adolph O. G. C. Schuchard (1822–56) und → *J. Conrad Rudolph* (1814–44). Nach 1866 (→ *Preußische Annexion*) wurden Hof- und Staatsbauwesen in die neuen preuß. Verwaltungsstrukturen überführt. Um neue Anregungen zu erhalten, wurden auch auswärtige Baumeister mit einzelnen Entwürfen beauftragt, die aber meist auf dem Papier blieben. Unter Lgf. → *Karl* waren dies neben → *Giovanni Guerniero* (der für den Karlsberg verpflichtet wurde) Giorgio du Pere, Filippo Juvara, L. Remy de la Fosse, J. Fr. Karcher und Peter Jacob Roman, unter → *Friedrich II.* Cl. N. Ledoux und C. de Wailly; sie erhielten z. T. sogar offizielle Titel, wie 1721 Roman als „Intendant des Zivilbauwesens" und 1775 Ledoux als „Contrôleur Général et Ordonnateur des Bâtiments". *cp*

Lit.: Presche, Baukunst; Steckner, „Verschönerung".

Hoff, Jost vom (* vor 1578, † 24.02.1592 Ks.) ist als Hofmaler seit 1578 nachweisbar. 1584 wurde er Bürger der Stadt und ließ sich 1586 in die Gilde der Hansegreben aufnehmen. H. malte Bildnisse für den „Goldenen Saal" des → *Landgrafenschlosses* (beim Brand 1811 zerstört). 1585/90 entstand für den Riesensaal von Schloss Wilhelmsburg in Schmalkalden ein Zyklus mit biblischen und allegorischen Figuren. Die → *Museumslandschaft Hessen Kassel* verwahrt u. a. seine Doppelbildnisse von Lgf. → *Philipp* und dessen Frau → *Christine* von Sachsen bzw. von Lgf. → *Wilhelm IV.* und dessen Frau Sabine, Herzogin von Württemberg. In der Kunstsammlung der Veste Coburg befindet sich H.s Dreibildnis der Agnes, Tochter Lgf. Philipps, mit ihren beiden sächsischen Ehemännern, dem Herzog und Kurfürst Moritz und Johann Friedrich II. *gjw*

Lit.: Thieme/Becker.

Hoffmeister, Jacob Christoph Carl (* 6.8.1813 Eiterhagen, † 9.10.1893 Ks.) Als Jurist stand H. ab 1838 im Staatsdienst, zuletzt am Kreisgericht Marburg. 1881 kehrte er als Frühpensionär nach Ks., dem geliebten ersten Dienstort der Jahre 1838–52 bzw. 1856–61, zurück. Im Studium in Marburg und Heidelberg sowie bei späterer Beurlaubung in Wien hatte sich H. mit hist. Themen befasst, in Museen dilettiert, Verbindungen zu Künstlern und Literaten gepflegt sowie Theaterkritiken verfasst. Daraus erwuchs eine, den ungeliebten Brotberuf lebenslang kompensierende, literarische Beschäftigung mit Heraldik, Numismatik und Genealogie, besonders der Häuser Hessen und Waldeck, sowie der Landesgeschichte und Regentengeschichte. Seine hilfswiss. Akribie macht etliche seiner Bücher, so das Münzwerk, bis heute unerlässlich. *nk*

Lit.: Hoffmeister, Beschreibung; Bernert, Hoffmeister.

Hofkapelle Als Gründungsjahr der H. wird 1502 angesehen; aus diesem Jahr liegt die Anstellungsurkunde eines Musikers des Lgf. Wilhelm II. vor. Erste Quellen liegen jedoch weiter zurück: 1379 verzeichnen Kölner Stadtrechnungen Ausgaben für Pfeifer des Landgrafen → *Hermann II.* und 1459 findet sich ebenfalls ein klarer Beleg unter Lgf. Ludwig II. V. a. unter Lgf. → *Philipp* erreichte die H. beachtliches Niveau. Geleitet wurde sie vom Sängermeister Georg Kern, der schon 1512 im Amt war und bis 1537 bezeugt ist. Aus dieser Zeit lässt sich aus einem Kostgeldverzeichnis die Anzahl der Musiker erschließen: 2 Sänger, 4 Sängerknaben, 9 Trompeter, 1 Paukenschläger, 1 Trompeterknabe und 1 Organist. Ab 1543 sind auch vereinzelt Geiger nachzuweisen und 1562 eine Lautenistin, die auf Befehl Lgf. Philipps von Ks. nach Marburg zur dortigen Hofhaltung geholt wurde. Manche Musiker beherrschten auch mehrere Instrumente. Aus der Zeit um 1560 existiert ein Inventar der Blasinstrumente und von 1573 stammt ein Gesamtinstrumentarium, das zeigt, dass sich damals die Anzahl der Instrumente und auch die Zahl der Sänger erhöhte. Nachfolger Kerns an der Spitze der H. wurde → *Johann Heugel*, der seit 1547 belegt ist. Er ist auch der erste hess. Musiker, von dem Kompositionen erhalten sind. Die Besoldung der Musiker erfolgte in Geld, Tuch für die Kleidung und Naturalien. Dem Kapellmeister oblag die Versorgung und Ausbildung der Sängerknaben und die Beschaffung des Notenmaterials. Die H. wurde sowohl zu kirchl. als auch zu weltl. Anlässen eingesetzt. Obwohl das Interesse Lgf. → *Wilhelm IV.* besonders der Orgel galt, verstärkte er auch die H. Ein Besoldungsverzeichnis um 1585/90 ergibt eine Gesamtzahl von 25 Musikern. Nach dem Tod Heugels und einem kurzen Zwischenspiel Bartholomäus Clausius' wurde Georg Otto, eine der bedeutendsten Musikerpersönlichkeiten seiner Zeit, zum neuen Kapellmeister berufen. Er bildete die Grundlage für die unter Lgf. → *Moritz* anbrechende Blütezeit der hess. Hofmusik. 1596 umfasste die H. den Kapellmeister, 18 Instrumentalisten, 6 Sänger und 6 Sängerknaben. Moritz war bestrebt, berühmte auswärtige Musiker und Komponisten an den Kasseler Hof zu holen; so weilte 1595 der englische Komponist und Lautenvirtuose → *John Dowland* in Ks. Der Versuch, den Komponis-

Hofkapelle Ausschnitt aus dem Titelblatt des „Theatrum musicum" von Samuel Capricornus, Würzburg 1669. Es trägt rechts unten den zeitgenössischen Besitzvermerk: „Dieser bücher seindt 8. gehören zur Fürstl. Capell". Viele Exemplare der Notensammlung der UB/LMB aus der Zeit der Kasseler Hofkapelle tragen diesen oder einen ähnlichen handschriftlichen Eintrag

Hoftheater Innenansicht nach 1943

ten → *Hans Leo Hassler* nach Ks. zu holen, scheiterte 1597. Doch kamen von vielen Komponisten Widmungen musikalischer Stücke an Lgf. Moritz, darunter von Haßler, Michael Prätorius und nicht zuletzt von → *Heinrich Schütz*. Der erste Kontakt zu Schütz datiert von 1598, 1599 erfolgte dessen Eintritt in das → *Collegium Mauritianum*, wo er eine Freistelle innehatte. Doch bereits 1608 verließ er Ks., um hier erst wieder 1613 kurzzeitig zweiter Hoforganist zu werden. Auch nach seinem Weggang versorgte er die H. mit seinen Kompositionen. Der Landgraf war selbst ein beachtenswerter Komponist, wie seine erhaltenen geistl. und weltl. Musikstücke bezeugen. Trotz mehrfacher Reformen und Einschränkungen des Hofstaates und trotz des beginnenden → *Dreißigjährigen Krieges* konnte Moritz seine H. bis etwa 1620 erhalten. Seinem Nachfolger Wilhelm V. gelang dies hingegen nicht mehr, erst 1647 taucht die H. mit neun Musikern erneut auf. Lgf. Wilhelm VI. arbeitete am Wiederaufbau der → *Landgrafschaft* und förderte auch die wiederentstehende H. nach Kräften. Nach seinem Tode übernahm seine Witwe → *Hedwig Sophie* die Regentschaft und behielt die H., nun deutlich reduziert, bei. Erst unter Lgf. → *Karl* kam es zu einer erneuten Blüte der Hofmusik, allerdings erstreckte sich die Reorganisation bzw. der Neuaufbau über einen längeren Zeitraum. Nach einer Periode kurzzeitig amtierender dt. Kapellmeister erfolgte 1701 mit der Bestellung von → *Ruggiero Fedeli* zum Kapellmeister eine Hinwendung zum „Italienertum“, denn nun wurden vorwiegend auch italien. Sänger/innen angestellt. Auch der letzte Kapellmeister unter Lgf. Karl war ein Italiener, → *Fortunato Chelleri*, der seit 1725 amtierte. Ein besonderer Gewinn war der Geiger Johann Adam Birckenstock 1708, der 1725 sein erstes Konzertmeister-Prädikat erhielt. Unter Lgf. Karl verlagerte sich das Schwergewicht auf die Streicher, besonders die Geigen und das Violoncello; die Bläser, v. a. die Holzbläser, hatten dagegen eher akzessorischen Charakter.
Eine zentrale Rolle in dieser Zeit spielte bereits die Oper, wobei viele durchreisende Musiker am Kasseler Hof gastierten. Nach dem Tod Lgf. Karls wurde die H. zunächst aufgelöst und erst einige Zeit später wieder neu gebildet. Erst unter Lgf. → *Friedrich II.* änderte sich die Lage, sofort nach Regierungsantritt berief er ein → *Orchester*. Ernennungen und Berufungen erfolgten noch 1760/61 aus dem Exil in Braunschweig. 1773 umfasste die H. 20 Mitglieder, Kapellmeister war → *Ignazio Fiorillo*, der, wie damals üblich, auch Hofkomponist war. Man spielte Opern, Musik zu Balletten, kath. Kirchenmusik und wöchentliche Hofkonzerte. Die Aufwendungen dafür waren beträchtlich, 1773 betrugen sie an die 11.000 Taler. Diese Glanzzeit endete jäh mit dem Tod des Landgrafen 1785. Sein Nachfolger → *Wilhelm IX.* löste neben Oper und Ballett auch die H. auf. Für Musik bei Hof wurden die Militärhautboisten, die Kasseler Stadtmusikanten sowie böhmische und Prager Musikanten herangezogen. Erst 1807 mit dem Beginn des → *Königreichs Westphalen* wurde wieder eine H. gebildet. Kapellmeister war → *Johann Friedrich Reichardt*, unter ihm amtierten die Musikdirektoren Uber und LeGaye. Ab Ende 1809 wirkte → *Felice Blangini* als Kapellmeister, der die H. auf nahezu 50 Musiker im Jahr 1812 aufstockte. Unter ihnen befanden sich namhafte Musiker, wie der Geiger → *Friedrich Ernst Fesca*. Neben diversen Tätigkeiten bei Hofe gab es bereits öff. Konzerte. Mit dem Zusammenbruch des Königreichs 1813 löste sich auch die H. auf. In der nun einsetzenden kurhess. Zeit begann eine neue Entwicklung, in der die H. durch das → *Hoftheater*-Orchester abgelöst wurde. *hl*

Lit.: Langkabel, Musik; Schaefer, Orchester.

Hoftheater Der erste Versuch, Ks. zu einer Theaterstadt zu machen, geht auf Lgf. → *Moritz* zurück. Er berief engl. Komödianten nach Ks. und stellte sie fest bei Hof an (seit 1594/95 nachweisbar). Während zunächst auf überdachter Bühne im Freien gespielt wurde, ließ Lgf. Moritz 1603–05 ein Gebäude errichten, das → *Ottoneum*, den ersten festen Theaterbau Deutschlands. Doch diente es diesem Zweck nur relativ kurze Zeit (der letzte Beleg für eine Aufführung stammt von 1617). Nach dem Dreißigjährigen Krieg gab es am Kasseler Hof im Rahmen von Hoffeierlichkeiten, wie etwa Vermählungen, gelegentlich Ballettaufführungen mit Szenenfolgen („Entrées“). Am Hof Lgf. → *Karls* spielte seit 1700/01 dann die Oper eine zentrale Rolle, die aber nur der Hofgesellschaft zugänglich war. Komponiert wurden diese Werke von den Hofkapellmeistern → *Fedeli* und → *Chelleri*, so etwa 1709 die Pastoraloper „Il trionfo d'amore" mit Fedelis Musik. Die italien. und auch die französ. Oper standen im Mittelpunkt der Musikpflege am Hofe Lgf. → *Friedrichs II.* Der Spielplan der italien. Oper umfasste neben Werken des Hofkapellmeisters → *Fiorillo* auch andere zeitgenössische Opern, etwa von Hasse und Jomelli. Spielstätte war das 1766–69 zu einem Opernhaus („Altes Hoftheater") umgebaute Palais des Prinzen Maximilian an der → *Königsstraße*. Unter Lgf. → *Wilhelm IX.* wurde das H. an Schauspielunternehmer verpachtet, deren Verträge nur auf kurze Zeit befristet und deren Zuschüsse aus der Schatulle gering waren. Dargeboten wurden Komödien, Schauspiele, Opern und Singspiele. Bei den beiden letztgenannten Gattungen hatten die Schauspielunternehmer für ein → *Orchester* zu sorgen. In dieser Zeit wurde Ks. mit mehreren Opern Mozarts vertraut gemacht. Mit der Bildung des → *Königreichs Westphalen* 1807 wurde aus dem H. das „Théâtre Royal". „Theater und Musik stellte König → *Jérôme* in den Mittelpunkt seines luxuriösen Repräsentationsbedürfnisses". Zur Schaffung einer weiteren Spielstätte bei → *Schloss Wilhelmshöhe* zum Opernspielplan sei auf Hofkapellmeister → *Blangini* verwiesen. Die kurhess. Zeit begann mit einer neuen Phase des Unternehmertheaters (1814–21), doch führte Kurfürst → *Wilhelm II.* durch Übernahme des H.s in eigene Administration, durch reiche Dotierung sowie durch die Berufung → *Louis Spohrs* zum Hofkapellmeister und → *Karl Feiges* zum Generaldirektor des Theaters eine neue Glanzzeit für das Theater- und Musikleben seiner → *Residenz* herbei, die bis 1830/31 dauerte. Danach musste infolge der polit. Ereignisse dieser Jahre der Theaterbetrieb unter eingeschränkten Bedingungen weitergeführt werden, der unter der ständigen Bevormundung und Einmischung bis in letzte Details seitens des letzten Kurfürsten → *Friedrich Wilhelm* litt. Die Ära Feiges und Spohrs ging 1849 bzw. 1857 zu Ende. Nach dem Ende Kurhessens und dem Übergang an Preußen 1866 (→ *Preußische Annexion*) wurde das kurfürstl. H. zu den „Königlichen Schauspielen zu Cassel". Weitestgehend selbstständig konnte sich das H. frei mit den geistigen und künstlerischen Entwicklungen der Zeit auseinandersetzen. V. a. unter → *Adolf von Gilsas* Leitung erfreute es sich eines hohen Ansehens unter den dt. Bühnen. 1909 wurde das Gebäude des alten H.s abgebrochen und ein neues, prächtiges Theatergebäude entstand am → *Friedrichsplatz* und dokumentierte somit schon rein äußerlich den Beginn einer neuen Ära im Kasseler Theaterleben. *hl*

Lit.: Schaefer, Orchester; Langkabel, Musik.

Kolorierte Ansichtskarte des Hoftheaters um 1910

Hohenzollernviertel → *Vorderer Westen*

Hohes Gras Das H. ist die höchste Erhebung im Stadtgebiet Kassels. Die sanft ansteigende, bewaldete Bergkuppe mit einer Höhe von ca. 615 m befindet sich im → *Habichtswald* und gehört zum westl. des Kasseler Zentrums gelegenen Stadtteil → *Wilhelmshöhe*, der hier an die Gemeinde Schauenburg grenzt. An seiner südwestl. Flanke entspringt der Rehgraben, der nördl. von Schauenburg-Hoof in den Baunaquellbach Kleine Bauna mündet. Das H. ist mit dem Auto oder mit öff. Verkehrsmitteln erreichbar, indem man von der Straße von Ks. nach Ehlen in Richtung S abzweigt. Auf der höchsten Erhebung befinden sich ein 1890 errichteter schlanker Aussichtsturm sowie eine Gaststätte mit angeschlossenem Biergarten. Oberhalb der Aussichtsplattform des Turmes befindet sich eine Sendeanlage des Hessischen Rundfunks, die nach dem Zweiten Weltkrieg aufgesetzt wurde. Als Ausgangspunkt und Ziel von Wanderungen beliebt und mit einem ausgebauten Wegenetz gut erschlossen, bietet der O-SO-Hang des Berges zudem ein kleines Wintersportterrain mit Bügelschlepplift, Skipiste und Rodelbahn. *eg*

Holtmeyer, Alois (* 22.7.1872 Osnabrück, † 3.2.1931 Köln) Der Sohn eines höheren Beamten studierte in Jena, Münster, Bonn und Berlin Kunstgeschichte und promovierte zum Dr. phil. Auch das anschließende Studium der Architektur an der Technischen Univ. Berlin schloss er mit der Promotion zum Dr. Ing. ab. Seine berufl. Laufbahn begann er in seiner Heimatstadt als Regierungsbaumeister, zunächst bei der Regierung, dann bei der Eisenbahnverwaltung. Schließlich wurde er der Reichsbahndirektion in Ks. zugewiesen, wo er neben zahlr. kleineren Bahnhofsbauten auch die aufwändigeren Empfangsgebäude in Treysa und Marburg ausführte. Nur das letztere Gebäude trägt Merkmale eines städt. Stils. Die anderen sind in der seit der Jahrhundertwende aufgekommenen traditionalistischen Richtung des sog. Heimatstils gebaut; schon früh zeigte sich H.s Ablehnung des Historismus. Seit Anfang 1907 war er unter dem Bezirkskonservator Alhard von Drach mit der Inventarisierung der Bau- und Kunstdenkmäler im RB Ks. beschäftigt. Nach Drachs Tod trat er 1913 dessen Nachfolge an und war in dieser Eigenschaft bis November 1927 in Ks. tätig. Unter seiner Federführung erschienen 1910 in der Reihe Bau- und Kunstdenkmäler im RB Cassel die beiden Landkreise und 1923, verzögert durch Krieg und Inflation, die fünf Bände zu Cassel-Stadt. 1928 verließ er Ks., um einem Ruf als Inventarisator und Konservator der Baudenkmäler der Erzdiözese Köln zu folgen. *skö*

Lit.: Böker, Holtmeyer.

Blick auf den Holzmarkt im Jahr 1910

Der **Holzmarkt** war urspr. der Kirchhof der → *Unterneustadt.* Der Bau der neuen Fuldabrücke 1788–93 (→ *Brücken*) gab den Anstoß für grundlegende Neuplanungen einer repräsentativen Platzanlage (→ *H. Chr. Jussow*) unter Abbruch oder Umgestaltung fast der gesamten Randbebauung und dem seitl. Neubau der Kirche. Eine Umsetzung unterblieb zwar, doch wurden die Häuserzeile mit dem Rathaus (→ *Rathäuser*) und 1795 die gotische → *Maria Magdalenen-Kirche* abgebrochen und die Platzfläche planiert. In der Konzeption des späten 13. Jhs. war der Kirchplatz nur an zwei Seiten von Straßen umgeben: im SO von der Waisenhausstr. und im NO von einer Randstraße. Im NW schirmte eine Häuserzeile mit dem Rathaus den Kirchhof von der Mühlengasse ab, im SW grenzten die Grundstücke der Bädergasse an (die Hinterhäuser am Kirchhof wurden nachträglich zumeist als eigene Häuser abgetrennt). Die Rautenform des Platzes vermittelte zwischen der OW-Richtung der Kirche und der diagonal dazu verlaufenden Ausrichtung der Unterneustadt (Längsstraßen parallel zur → *Fulda*). Die besonnte S-Seite der Kirche geriet damit als Schaufront des Gotteshauses in den Blick der Waisenhausstr., das verschattete N-Portal stand in der Blickachse der Kreuzstr. *cp*

Lit.: Heinrich Jussow, 206f.

Hopf, Wilhelm (* 26.7.1876 Herborn, † 21.9.1962 Ks.) absolvierte ein Studium der Geschichte, dt. Philologie und Theologie in Tübingen und Marburg (1898 Promotion). Ab 1902 war Hopf im Bibliotheksdienst in Freiburg, Rostock und ab 1912 in Ks. an der → *Landesbibliothek.* 1914 wurde er Mitgl. der Historischen Kommission für Hessen und Waldeck, deren zweiter Vorsitzender er später war. 1921 wurde er Direktor der Landesbibliothek. Ab 1924 war er Vorsitzender des → *Vereins für Hessische Geschichte und Landeskunde* (VHG). Weil er → *Freimaurer* war, erfolgte 1938 seine vorzeitige Pensionierung und der erzwungene Rücktritt vom Vorsitz des VHG. Im Herbst 1944 wurde er „mit der Wahrnehmung der Geschäfte eines Leiters der Landesbibliothek" beauftragt. H. war zeitweise auch Vorsitzender der „Vereinigung alter Burschenschaftler" in Ks. 1937 schlug er vor, die → *Murhardsche Bibliothek* und die Landesbibliothek zusammenzuschließen. Durch den Kriegsbeginn unterblieb die Ausführung. Wirksam blieb aber eine Absprache über die gegenseitige Erwerbspraxis. Die Landesbibliothek wurde 1941 durch einen Bombenangriff nahezu vollständig vernichtet. H. ist es v. a. zu verdanken, dass ein Großteil der vernichteten Bestände, insbes. die Hassiaca, in den Jahren ab Herbst 1944 wiederbeschafft werden konnten. 1930 verfasste H. u. a. eine Geschichte der Landesbibliothek zu ihrem 350-jährigen Bestehen. Darüber hinaus ist er Autor einer Vielzahl von Beiträgen zur hess. Geschichte, die er auch durch viele Vorträge an seine Zuhörer vermittelte. *hbe*

Lit.: Ex Bibliotheca; Kahlfuß, 125 Jahre.

Hospitäler Im Mittelalter verfügte Ks. über drei H., das Ferenh., das → *St. Elisabeth-Hospital* sowie den → *Siechenhof,* deren Stiftungszweck die Versorgung Leproser war. Es gibt keine präzise Gründungsüberlieferung; wie in Ks. hört man von vielen Leprosenhäusern erst Jahre nach ihrer Gründung, meist im Zusammenhang mit einer Schenkung oder einer Flurbezeichnung. St. Elisabeth wie Siechenhof gingen verm. auf eine private herrschaftl. Stiftung zurück. Die Regel war dies jedoch nicht, typisch für das spätmittelalterl. Leprosenwesen war eine Gründung auf Anregung des Stadtrates. Hingegen war das Ferenh. vielleicht eine klösterl. Stiftung aus der ersten Hälfte des 12. Jhs. und könnte zu den frühesten Gründungen von Leprosorien im Reich gehören, die ausschließlich in den Händen der Kirche lagen. Die Lage der Kasseler H. war beispielhaft: außerhalb des Siedlungsgefüges, an Handels- und städt. Zufahrtsstraßen und in unmittelbarer Nähe eines Fluss- oder Bachlaufes. Das Elisabethh. profitierte vom spätmittelalterl. Ausbau Kassels, während die Standorte von Ferenh. und Siechenhof peripher blieben. Damit einher ging ein Funktionswandel hin zum allg. Armenh. Kernpunkt in der Entwicklung der Verwaltung der H. waren die Bestrebungen der städt. Obrigkeit, sie gänzlich ihrer Aufsicht zu unterstellen. Bei St. Elisabeth gingen deswegen wie vielerorts anfängliche Leitungsrechte der Geistlichkeit verloren. Trotz der weltl. Verwaltung scheint jedoch die geistl.-bruderschaftl. Lebensordnung zumindest in Grundzügen weitergeführt und auf alle H.-insassen übertragen worden zu sein. Als Stifter des Elisabethh.s sicherten sich die hess. Landgrafen Verwaltungsrechte, nachweisbar in der Beurkundung und Besiegelung von Rechtsgeschäften im Rahmen des Vermögensverkehrs der Anstalt. Beim Siechenhof lässt sich keine Beteiligung der Fürstenfamilie an der Verwaltung feststellen, Bürgermeister und Rat waren als oberste Aufsichtsbehörde die regelmäßigen Aussteller und Siegler der Urkunden, der Haus- und Eigenwirtschaft des Hofes stand ein Spitalmeister vor. Die Dreiteilung der Leitungsgewalt (Rat, Pfleger und H.meister) war eine für das spätmittelalterl. H.wesen typische Konstellation.

Hospitäler Das St. Elisabeth-Hospital am Steinweg, 1904

Die mittelalterl. H. waren immer auch Gotteshäuser; das wirft die Frage nach der kirchenrechtl. Stellung der Anstalten auf. Die Errichtung eines auf den Spitalbereich beschränkten, d. h. vom Pfarrverband „eximierten" Seelsorgebezirks bildete die regelmäßige Form voll entwickelter Spitalseelsorge. Die totale kirchl. Exemtion, bei der ein H. mit seinen Insassen im Rahmen seiner eingeräumten Seelsorgebefugnisse vom Pfarrzwang und von jeglicher Abhängigkeit von der Pfarrkirche gelöst war, ist nur selten bezeugt. Bei St. Elisabeth wie auch beim Siechenhof bestand die wesentlich häufiger vorkommende partielle Exemtion, bei der Abhängigkeitsverhältnisse zur Pfarrkirche bestehen blieben. Ein Indiz für diese Teilexemtion war die von Lgf. → *Hermann II.* ausgesprochene persönl. Gehorsamspflicht des H.sgeistlichen gegenüber dem → *Martinsstift,* dem Inhaber des Pfarrrechts. In Übereinstimmung mit anderen städt. H. des späten Mittelalters war das Seelsorgerecht, das dem H.geistlichen von St. Elisabeth zugestanden wurde, auf die kranken Insassen und auf die Bedürfnisse des H.lebens beschränkt. Solche Beschränkungen galten, wie in vielen Städten, auch für das Bußsakrament, die Eucharistie, die Letzte Ölung und das Begräbnis, offensichtlich um der Kasseler Pfarrkirche die Stolgebühren (Gebühren für kirchl. Handlungen) zu erhalten. Angehörige der Mutterpfarrei, die nicht zu den Kranken zählten, konnten sich in der Regel nur unter besonderen Bedingungen auf dem H.friedhof von St. Elisabeth beerdigen lassen. Als Stätten der „caritas“ zählten die H. darauf, dass die spätmittelalterl. Stiftungsfrömmigkeit das H.vermögen anwachsen ließ; im Gegenzug erwarteten die Stifter die Pflege ihrer „memoria“ im Gebet, an Jahrtagen und in Seelmessen. Die Mehrzahl der Urkunden für St. Elisabeth berichtet über Naturalien, die dem H. in jährlich wiederkehrenden Abgabeleistungen zukommen sollten. Einige wenige Testamente und Stiftungen versorgten es mit Ländereien. An den in geringer Zahl überlieferten Stiftungen an den Siechenhof beteiligte sich neben der Kasseler Bürgerschaft auch der Landesherr. Diese Stiftungen orientierten sich ausschließlich an den weltl. Bedürfnissen der Insassen und hoben sich von der Grundversorgung der Siechen ab: Die Reichung von Bargeld- oder Essenszuteilungen (Pitanzen) sollte erinnerungsprägend wirken und die Mittlerfunktion der Stiftungsempfänger bei der Erlangung ewigen Seelenheils des Stifters verstärken. Der Befriedigung existenzieller Grundbedürfnisse diente zu Beginn des 16. Jhs. auch die Zuteilung von „grauem Kasseler Wolltuch“, die nicht auf die Insassen begrenzt, sondern auch in die offene Armenfürsorge Kassels eingebunden war. Zu den das mittelalterl. H.wesen der Stadt ergänzenden Institutionen gehört das → *Jakobshaus*, das verm. als Herberge für die nach Santiago de Compostela wallfahrenden Pilger gegründet und spätestens z. Z. der → *Reformation* zu einem Versorgungshaus für Arme und Kranke der Stadt umgewandelt wurde. Hinzu kommen die beiden um die Mitte des 14. Jhs. gestifteten → *Süsterhäuser*, die für arme alleinstehende Frauen eine wichtige soziale Funktion erfüllten. Verm. haben sich die Frauen im Rahmen einer religiösen Lebensordnung in erster Linie der Pflege der Armen und Kranken (Mitschwestern und Außenstehender) angenommen. Alle drei Einrichtungen scheinen bei der Reformation mit dem städt. Armenkasten, dem die Einkünfte der Kirchen und die der H. zugeführt wurden, vereinigt worden zu sein. Mit dem frühneuzeitl. „Kastenwesen“ wurde ein effektiver und rationeller Einsatz der Stiftungsmittel möglich: Der objektive, auf Bedürftigkeit ausgerichtete Gedanke der Armenfürsorge gewann gegenüber dem individuellen, auf den Stifter rückbezogenen Gedanken der „caritas“ und des Heilserwerbs bedeutend an Raum. *ka*

Lit.: Apel, Caritas; Philipsen, Kirchenwesen.

Hotel „König von Preußen“ Das 1772 von → *Simon Louis du Ry* erbaute Stadtpalais am Königsplatz, Ecke Poststr. gehörte urspr. dem hess. General und Minister → *Martin Ernst von Schlieffen*, der es 1819 an den Gastwirt Johann Georg Heinrich verkaufte. Dieser richtete ein Hotel mit dem Namen seines ehem. Gasthofs („Zum König von Preußen“ am Martinsplatz Nr. 6, Ecke Hohentorstr.) ein. Das Gebäude hing mit einem Nebenhaus (Ecke Kölnische Str.) zusammen und war mit einem Balkon versehen. Im Jahr der → *Revolution 1848*, als sich der preuß. König

Das Hotel „König von Preußen“ am Königsplatz, Lithographie um 1850

Friedrich Wilhelm IV. aufgrund seines undemokratischen Vorgehens sehr unbeliebt gemacht hatte, versammelte sich eine aufgebrachte Menge vor dem Hotel. Der Wirt befestigte daraufhin am Balkon das Bild des „Alten Fritz“, wodurch sich die Menge offensichtlich beruhigte. Bei Massenveranstaltungen diente der Balkon öfters als Rednertribüne, von hier aus rief auch → *Sylvester Jordan* 1848 zu Ruhe und Ordnung auf. Als Gäste verkehrten Fürsten und hohe Offiziere. Mit 44 Betten war das Hotel laut Festschrift der

→ *Tausendjahrfeier* Kassels „das einzige Hotel im Zentrum". Die Witwe des letzten Inhabers, Anna Opel, schloss das Hotel 1920. Nach einer Renovierung 1938 eröffneten die Nationalsozialisten dort das „Kurhessische Kulturhaus". Die → *Luftangriffe* im Zweiten Weltkrieg zerstörten das Haus. *vl*

Lit.: Hermsdorff, Ein Blick, Bd. 5.

Hotel Schirmer Der alte Gasthof Schirmer stand in der Obersten Gasse und zog von dort an den → *Königsplatz* 53 um. Albert Mann übernahm das Haus 1860 und verwandelte es in ein Hotel. Durch die Verlagerung der Stadtmitte in Richtung Bahnhof übernahm Mann das Hotel Prinz Friedrich Wilhelm am Friedrich-Wilhelms-Platz 5 (heute Scheidemannplatz) und richtete hier 1901 das als erstes Haus am Platz bekannte H. ein. 1913 kam ein Anbau am Ständeplatz hinzu, so dass 100 Betten zur Verfügung standen. Berühmte Gäste waren Prinz Heinrich, Bruder des letzten dt. Kaisers, die Prinzen Reuss und nach 1918 Ludendorff, → *Scheidemann*, Eckener, Hugenberg und Hitler. Das Hotel war Klublokal des Kaiserlichen Automobilklubs (später AvD) und des ADACs. Der Verein reisender Kaufleute hatte hier seinen Stammtisch. Im Kellergeschoss gab es eine Stehbierhalle, das Kulmbacher Bräu mit der Pächterin Hertha Schmeck. 1923 übernahm die Witwe Käthe Mann, geb. Paulus, mit den Söhnen Walter und Günther als Geschäftsführern das H. Nachdem das Haus durch die → *Luftangriffe* im Zweiten Weltkrieg zerstört worden war, wurde es nach dem Wiederaufbau als Geschäftslokal genutzt. *vl*

Lit.: Hermsdorff, Ein Blick, Bd. 5.

Hübner GmbH 1946 gründete Kurt Hübner das Handelsunternehmen, damals in der Hauffstr. 14., zu Beginn als Handelsvertretung mit kleiner Produktionsstätte und Produkten aus Gummi wie Treibriemen, Förderbänder, Schläuche und Gummistiefel. Seit den 1950er Jahren werden Einzelkomponenten für Fahrzeuge im öff. Nahverkehr produziert. 1955 wurden die Produktionsstätten in den Kirchweg 10 verlegt, nach mehreren Umzügen wurde 1993 ein Neubau in → *Waldau* errichtet. Bis dahin gehörten die → *Spinnfaser AG*, → *Henschel & Sohn*, Bode (→ *August Bode*) und → *Wegmann & Co.* zu seinen Kunden. Das Handelsunternehmen mit kleiner eigener Produktion entwickelte sich zu einem weltweiten Akteur mit breiter Produktpalette. Heute fertigt die Hübner Gruppe Produkte für verkehrstechnische Branchen sowie die Medizintechnik. Das umfasst Konzeption und Produktion von flexiblen Übergangssystemen, Tür- und Fenstersystemen, Schaumformteilen sowie Produkten aus Gummi und Kunststoffspritzguss. Inzwischen agiert das Unternehmen mit 1.600 Mitarbeitern weltweit. Durch seine sozialen Angebote wie kostenloser Mittagstisch für Beschäftigte und Kinderbetreuung sowie die Gewinnbeteiligung der Mitarbeiter ist H. ein Vorzeigemodell des Mittelstandes. H. ist auch als Förderer vieler kultureller und sozialer Initiativen in Ks. bekannt. *vl*

Lit.: 60 Jahre Hübner.

Das am Ständeplatz gelegene Hotel Schirmer in den 1930er Jahren

HÜBNER
WWW.HUBNER-GERMANY.COM

Logo der Firma Hübner

Hugenotten Mit dem Begriff H. verbindet sich allg. die Vorstellung der zahlenmäßig größten und in mehrfacher Hinsicht bedeutendsten Zuwanderung (→ *Migration*) nach Ks. in der Frühen Neuzeit. Dabei handelte es sich streng genommen um Calvinisten aus dem Königreich Frankreich, die nach einer Phase religiöser Duldung und bürgerlicher Gleichstellung unter dem Edikt von Nantes (1598) seit etwa 1680 einer zunehmenden Verfolgung ausgesetzt waren, welche 1685 in der förmlichen Aufhebung des Edikts von Nantes durch Ludwig XIV. mündete. Dieser Vorgang löste eine der größten Migrationsbewegungen der Frühen Neuzeit aus, an der nach neueren Schätzungen etwa 150.000 –180.000 Menschen beteiligt waren. Im weiteren Sinne werden bisweilen auch die französ. und savoyischen Waldenser sowie im Zuge des Pfälzischen Erbfolgekriegs aus der Rheinpfalz vertriebene, meist wallonischstämmige Protestanten zu den H. gerechnet. Wanderte der größte Teil in die Niederlande, nach England, in die Schweiz und nach Brandenburg-Preußen aus, so kamen etwa 3.000–4.000 von ihnen in die Landgrafschaft Hessen-Ks. Die größte und bedeutendste Gemeinde entstand in der Residenzstadt Ks., wo sich schon früher einzelne französ.-sprachige Calvinisten niedergelassen hatten. Die erste größere Einwandererwelle traf im Februar/März 1686 in Ks. ein, wo sich die Mehrzahl der H. zunächst sammelte, bevor ein Teil von ihnen aufgrund der zunehmend schwieriger werdenden Unterbringungssituation auf die umliegenden Kleinstädte und Dörfer verteilt wurde. Lgf. → *Karl* hatte verm. auf Anregung des Freiherrn von Görtz am 18.4.1685 mit einer aktiveren Immigrationspolitik begonnen, indem er mit der „Freyheitsconcession und Begnadigung" Manufakturisten und Handwerker einlud und ihnen vorteilhafte Ansiedlungsbedingungen versprach. Die Ziele dieser Maßnahme lagen v. a. im wirtschaftl. Bereich. Wie viele andere dt. Territorien litt auch die Landgrafschaft noch unter den Bevölkerungsverlusten des → *Dreißigjährigen Krieges*. Gerade die Bevölkerungsvermehrung stand jedoch im Mittelpunkt der merkantilist. Wirtschaftslehren, die seit der zweiten Hälfte des 17. Jhs. in Dtld. verstärkt rezipiert wurden. Seit dem Sommer 1685 gab es nachweislich Verhandlungen mit einem Sprecher einer kleineren Gruppe von H., und am 12.12.1685 erließ Karl mit den „Concessions et privilèges" ein Edikt, das französ. Protestanten direkt ansprach und nach Hessen-Ks. einlud. Die Einwanderung war politisch eindeutig gewollt, und der Landgraf musste dabei mit anderen dt. Fürsten um die Immigranten konkurrieren. Dementsprechend versuchte er ähnlich wie andere Fürsten im Reich, die H. mit weitreichenden Privilegien ins Land zu locken. Die am stärksten umworbene Gruppe waren zweifellos die Manufakturisten und spezialisierten Handwerker, von denen nur wenige nach Hessen-Ks. kamen. Neben Ks. wurden daher auch zahlr. Landkolonien geschaffen, in denen H. vornehmlich von der Landwirtschaft lebten.

Hugenotten Das 1769 von Simon Louis du Ry für die Hugenottengemeinde errichtete Rathaus der Oberneustadt in der Oberen Karlsstraße

In Ks. selbst wurde im Zusammenhang mit der H.-Immigration entsprechend barocker Planstadtideale die → *Oberneustadt* gegründet. Intendiert war die Ansiedlung eines Großteils der H. in dieser Vorstadt, doch zogen es gerade die Wohlhabenderen unter den Einwanderern vor, sich in der → *Altstadt* niederzulassen. So wurde die Oberneustadt v. a. eine Niederlassung kleinerer Handwerker und Manufakturarbeiter, die in den Folgejahren durch Zuzug anderer Einwanderergruppen, etwa aus Schlesien, ergänzt wurden. Am 17.2.1690 erhielten die Neusiedler in der Oberneustadt ein eigenes Privileg. Nachdem sich die Gemeinde zunächst im Haus des Kaufmanns Jérémie Grandidier versammelt hatte, wurde ihr am 29.11.1685 die → *Brüderkirche* in der Kasseler Altstadt zugewiesen. In der Oberneustadt entstand seit 1690 auf Kosten des Landgrafen eine Kirche für die dortige Gemeinde (→ *Karlskirche*). Die freie Religionsausübung in französ. Sprache und unter der Leitung eigener französ.-ref. Pfarrer war den H. bereits in den Privilegien des Jahres 1685 zugebilligt worden. Etwas schwieriger verhielt es sich mit der Frage der Kirchenverwaltung. Zwar konnten die H. entsprechend ihrer Kirchenordnung Presbyterien bilden, doch fehlte dauerhaft das in der „Discipline ecclésiastique des Églises reformées de France" festgeschriebene synodale Element, das seit 1724 durch eine in Ks. ansässige und dem landesherrl. Konsistorium unterstellte geistl. Inspektur ersetzt wurde, die jedoch nur für die Gemeinden außerhalb der Residenzstadt zuständig war. Ks. selbst blieb davon ausgenommen, und die dortigen Gemeinden in der Alt- und Neustadt konnten sich eine gewisse Sonderstellung bewahren. Insgesamt muss aber auch festgestellt werden, dass sich die Mehrheit der Gemeindeleitungen nicht ernsthaft gegen die der französ.-ref. Kirchenordnung widersprechenden Inspektur auflehnte, wohl auch, weil man von einem ref. Landesherrn keine Gefahren für die Religionsausübung befürchtete.

Eine Sonderrolle übernahmen die Kasseler Gemeinden auch im Hinblick auf die Kolonieverwaltung in der Landgrafschaft und auf das französ. Gerichtswesen. Eine Sondergerichtsbarkeit für die H. war zunächst in Hessen-Ks. nicht vorgesehen, doch schon in der Frühphase der Ansiedlung begann die 1685 gegründete französ. Kommission, deren Hauptaufgabe die Einwanderungsorganisation war, über die H. Recht zu sprechen, wobei die Zuständigkeiten in Ks. zwischen Alt- und Neustadt getrennt waren. Zugleich diente die französ. Kommission in Ks. als Appellationsinstanz für die Urteile, die ein Einzelrichter in den Landkolonien sprach. In den ersten Jahren waren nur die H. selbst der französ. Jurisdiktion unterstellt, doch mit einer Verord. von 1700 wurde die Kompetenz des französ. Gerichts auch auf die übrigen Bewohner der Kasseler Oberneustadt ausgedehnt. Dort war die nunmehr als „französische Kanzlei" bezeichnete Behörde alleiniges Gericht, das zugleich nach dem Personalitätsprinzip für die H. in der Altstadt zuständig war. Die Kanzlei übernahm auch Aufgaben der Kolonieverwaltung.

Einen unmittelbar spürbaren wirtschaftl. und kulturellen Aufschwung löste die H.-Einwanderung in Ks. sicher nicht aus. Die Einwanderung kapitalkräftiger Kaufleute und Manufakturisten blieb weitgehend aus, und auch die tatsächlich gegründeten → *Manufakturen*, die ja stets ein Lieblingskind merkantilistischer Gewerbeförderungspolitik waren, blieben hinter den Erwartungen zurück. Die französ. Manufaktur in Ks., die zeitweise an Heereslieferungen beteiligt war, wurde 1690 einem dt. Verleger übertragen. Fehlende Absatzmärkte, Arbeitskräftemangel und zu geringes Betriebskapital waren wohl die Hauptursachen für das Scheitern vieler Betriebe. Erfolgreicher konnten sich zahlr. Kleinhandwerker etablieren. Sie benötigten weniger Startkapital und passten sich besser in die bestehenden Wirtschaftsstrukturen ein. Sicher kann man hier von einer Erweiterung der Produktpalette und in kleinerem Rahmen auch von der Einführung neuer Fertigungsmethoden sprechen.

Eher vereinzelt kam es in Ks. zu Auseinandersetzungen zwischen den eingesessenen Zünften und den nach den Privilegien weitgehend von zünftigen Beschränkungen befreiten hugenottischen Handwerkern. So befürchteten die Kasseler Metzger Einbußen durch das unkontrollierte Schlachten in französ. Metzgereien. Tatsächlich kam die Regierung den Zünften entgegen und erließ einige Restriktionen, die die Zunftfreiheit der H. einschränkten. Zwar mussten die französ. Handwerker keiner Zunft beitreten, doch erhielten sie keine Gewerbefreiheit. Konflikte zwischen den H. und der einheimischen Bevölkerung blieben in Ks. sonst die Ausnahme. In der Anfangszeit stellten die provisorische Unterbringung und die Versorgung der Einwanderer für alle Beteiligten eine beträchtliche Herausforderung dar, ohne dass schwerwiegendere Auseinandersetzungen ihren Niederschlag in den erhaltenen Akten gefunden hätten. Lediglich im Zusammenhang mit dem Pfälzischen Erbfolgekrieg wurden die H. als Franzosen misstrauischer beobachtet. Im Laufe des 18. Jhs. fand eine allmähliche Assimilation statt, die sich im Rückgang der französ. Sprache im Alltag und in einer Zunahme der Eheverbindungen mit Deutschen äußerte. Gegen Ende des Jahrhunderts kann dieser Prozess als weitgehend abgeschlossen gelten. Jetzt wurden auch die französ. Behörden allmählich aufgelöst. 1795 wurde nach dem Tod des letzten Direktors der französ. Justizkanzlei diese Stelle nicht mehr besetzt, 1800 wurden die Kolonien außerhalb Kassels den Amtsobrigkeiten unterstellt und 1804 wurde die Kanzlei endgültig aufgehoben. *uni*

Lit.: Desel/Mogk, Hugenotten; Kadell, Hugenotten.

Hugenotten Die französisch-reformierte Karlskirche in der Oberneustadt, erbaut 1698–1710, zerstört 1943. Gemälde von Ernst Metz

Hummel, Johann Erdmann (* 11.9.1769 Ks., † 26.8.1852 Berlin) Der Maler H. entstammte einer hess. Schlosserfamilie. Aus der Ehe mit Wilhelmine, geb. Heinicke, gingen zwei Söhne hervor, von denen der jüngere, Fritz, ebenfalls Maler wurde. Elfjährig trat H. in die Zeichenklasse, 1782 in die Bauklasse und 1790 in die Malklasse der → *Kunstakademie* in Ks. ein. 1786 wurde er Schüler des Aka-

„Junge Leute beim Schaukeln in einem Garten in Neapel" von Johann Erdmann Hummel, 1823

demiedirektors → *Wilhelm Böttner*. 1791 kaufte Lgf. → *Wilhelm IX.* einige Bilder H.s für → *Schloss Wilhelmshöhe* und gewährte ihm 1792 ein Reisestipendium nach Italien, wo sich H. in Rom u. a. mit den Malern Johann Christian Reinhart, → *Johann von Rohden* und → *Johann Friedrich Bury* anfreundete. 1799 kehrte er nach Ks. zurück. Nach einem Zerwürfnis mit dem Landgrafen ging er 1800 an den Berliner Hof. Seine Bewerbung um die Hofmalerstelle und Professur des verstorbenen Böttner wurde 1805 abgelehnt. Dagegen erhielt H. eine Stelle als Lehrer und schließlich Prof. für Perspektive, Architektur und Optik an der Berliner Akademie. Er beschäftigte sich akribisch mit den Phänomenen der Perspektive und Beleuchtung, was ihm den Spitznamen „Perspektivhummel" eintrug. H. gilt als ein Hauptvertreter des Berliner Sachlichen Realismus. 1817 ernannte ihn die Kunstakademie in Ks. zu ihrem Ehrenmitglied. In der Kasseler Sammlung befinden sich fünf Studienblätter und sieben Gemälde H.s, u. a. der „Blick auf Schloss Wilhelmshöhe mit dem Habichtswald" von 1800. *sw*

Lit.: Hummel, Der Maler Hummel; Thieme/Becker.

Ein Porträt Gustav Adolf Hupfelds von Marie Pieschon

Hummel, Max (* 17.12.1875 Rastatt, † Januar 1939 Darmstadt) Nach dem Studium der Architektur an der Technischen Hochschule Karlsruhe, wo er Schüler von → *Carl Schäfer* war, wurde H. 1901 als Lehrer, ab 1905 als Oberlehrer an der → *Baugewerkschule* in Ks. angestellt; ab 1916 war er dort Prof. Seit 1908 war er als freischaffender Architekt tätig und arbeitete mit Ernst Rothe zusammen. 1923 an die Technische Hochschule Darmstadt berufen, war er Mitgl. im Kunst-, Handels- u. Gewerbe-, Verschönerungs-, Architekten- und Ingenieurverein. In Ks. stammen folgende Bauten von H.: die → *Stadthalle* Friedrich-Ebert-Str., 1911–14 in neuklassizistischen Formen mit Ernst Rothe, 1914 der Brunnen an der Stadthalle mit → *Hans Sautter*, 1917 der Gedenkstein → *Niederzwehren*, 1918–22 die 18 Dreifamilienhäuser in → *Salzmannshausen* (Sandershäuser-, Spangenberger-, Salzmannstr.), 1925 weitere 15 Häuser ebd., 1919 das Ehrenmal auf dem Jüdischen Friedhof in → *Bettenhausen* mit K. H. Sichel, 1919 das Kriegerdenkmal in → *Waldau* und weitere Gedenkstätten außerhalb, 1923–26 der Sophie-Henschel-Platz mit Ernst Rothe (Gesamtkonzept und Randbebauung) – Anklang an niederländische Reihenhäuser, 1923–26 die Bebauung Huttenplatz und anschließende Häuser an der Goethestr. und Diakonissenstr., 1924–26 die Kapelle des Hauptfriedhofes (→ *Friedhöfe*). *hsl*

Lit.: StAKs., Hinz/Tacke.

Hupfeld, Gustav Adolf Bernhard (* 2.5.1823 Hessisch-Lichtenau, † 9.4.1897 Ks.) war Rechtsanwalt und Notar. Sein Vater, Dr. jur. Gustav Adolf Hupfeld, war Regierungsrat in Hanau und Fulda. In Fulda besuchte er das Gymnasium bis 1841, danach studierte er bis 1845 Jura in Marburg und war dort Mitgl. des Corps Guestphalia. Seit 1846 stand H. im kurhess. Justizdienst am Obergericht in Ks., 1854 war er als Untergerichtsanwalt für die Ämter Hünfeld und Eiterfeld tätig, ab 1856 war er Syndikus des Landeskrankenhauses Fulda und seit 1865 Rechtsanwalt bzw. seit 1868 auch Notar in Ks. H. erhielt 1871 den Titel Justizrat und wurde 1893 zum Geheimen Justizrat ernannt. Als engagierter liberaler Politiker in kurhess. Zeit war er seit 1862 als Mitgl. der Stände für Fulda und seit 1863 auch für Hünfeld tätig. Seit 1870 war er Mitgl. im Kasseler Bürgerausschuss, davon zehn Jahre als dessen Vorsitzender. Ebenso war er Mitgl. im Kommunal- und Provinziallandtag und langjähriger Vorsitzender des Zentralausschusses der nationalliberalen Partei Kurhessens. H. war außerdem seit 1866 Mitgl. des Aufsichtsrates des Kasseler Kreditvereins, 1885 Vorsitzender der Anwaltskammer, Testamentswächter der Murhardstiftung und Mitgl. im → *Verein für hessische Geschichte und Landeskunde* sowie → *Ehrenbürger* der Stadt Ks. und Ehrenmitgl. des hess. Städtetages; die Hupfeldstr. ist ihm zu Ehren benannt. *khn*

Lit.: Hessenland 11, 108.

Ihlée, Johann Eduard (* 22.10.1812 Ks., † 15.02.1885 ebd.) gilt als einer der spätesten Vertreter der Nazarener (Erneuerer christl. Historienmalerei im Geiste der Renaissance). An der Kasseler → *Kunstakademie* studierte I. bei → *Friedrich Wilhelm Müller*, später an der Düsseldorfer Akademie bei Wilhelm von Schadow. Nach einem fünfjährigen Italienaufenthalt 1837–42 schloss er sich in Frankfurt/M. dem Nazarener Philipp Veit an, dessen Tochter er heiratete. 1853–71 hielt er sich erneut in Italien, vornehmlich in Rom, auf. Dort schuf er neben Landschaften und Genreszenen aus dem Volksleben v. a. religiöse Bilder. Besonders zahlr. sind in seinem Werk Kopien nach den italienischen Renaissancemalern Raffael, Tizian und Michelangelo. Zwischen den beiden Italienaufenthalten kehrte I. wiederholt nach Ks. zurück und ließ sich 1872 endgültig hier nieder. Erst mit 60 Jahren erhielt er die Möglichkeit, an der Akademie zu unterrichten, von 1875 an dann als Prof. Besonders mit seinen Porträts des Kasseler Bürgertums fand er große Anerkennung. Seine Bildniskunst ist trotz einer gewissen Idealisierung von einem frischen Naturalismus und erinnert mitunter an die Porträtmalerei Ferdinand Waldmüllers. *vle*

Lit.: Börsch-Supan, Malerei, 312; Wiegand, Tellgmann, 119, 139.

Industrialisierung Bis in die zweite Hälfte des 19. Jhs. hinein war Ks. als Hauptstadt des Kurfürstentums Hessen eine beschauliche → *Residenz*. In dem rohstoff- und kaufkraftarmen, landwirtschaftl. dominierten und waldreichen Nordhessen konnten sich nur wenige größere private oder landesherrl. Betriebe über längere Zeit etablieren. In Ks. wurde das Wirtschaftsleben weitgehend durch kleine Handwerksbetriebe bestimmt. Immerhin boten die Aufträge, die vom kurfürstl. Hof, der Regierung, den → *Beamten* und dem Militär ausgingen, einigen Gewerbezweigen für Spezial- und Luxusartikel ausreichende Verdienstmöglichkeiten. Auch hatten die hess. Landesherren schon früh und über mehrere Generationen hinweg ein ausgeprägtes Interesse an Technik und Wiss. gezeigt, etwa in Form der Einrichtung von → *Sternwarten* oder der Sammlung wiss. Instrumente, die heute den Grundstock der → *Naturwissenschaftlich-technischen Sammlung* in der → *Orangerie* bildet. Die landesherrl. Förderung der Naturwiss. führte 1709 zur Gründung des → *Collegiums Carolinum*, einer Art technischer Hochschule, an der bis 1786 bedeutende Gelehrte tätig waren, u. a. → *Georg Forster*, Reisebegleiter James Cooks und Ahnherr der vergleichenden Völkerkunde. Die Bearbeitung und Formung der Metalle, die zur Herstellung der physikal.-techn. (Mess-)Instrumente erforderlich waren, fand zumindest tlw. in dem 1679 gegr. → *Messinghof* statt, einem Hammerwerk an der Losse in → *Bettenhausen*, das bis in die zweite Hälfte des 20. Jhs. betrieben wurde. Hier wurde auch die Gestalt des → *Herkules* geschmiedet. Trotz dieser beachtlichen naturwiss.-techn. Trad. setzte die I. im 19. Jh. in Kurhessen zunächst nur sehr langsam ein. Dem neuen „Fabriksystem“ standen die Landesherren eher skeptisch gegenüber. Sie hielten an umständl. und willkürl. Konzessionierungsverfahren fest und setzten der Einführung der Gewerbefreiheit erheblichen Widerstand entgegen. Auch die ersten Eisenbahnlinien (→ *Eisenbahn*), an die Ks. zu Beginn der 1850er Jahre angeschlossen wurde, änderten zunächst nur wenig an dem generellen Eindruck, dass das Kurfürstentum und seine Hauptstadt der wirtschaftl. Entwicklung hinterherhinkten. Nach der Annexion Kurhessens durch Preußen im Jahr 1866 (→ *Preußische Annexion*) wandelte sich Ks. jedoch in sehr kurzer Zeit zu einer modernen Industriestadt. Es wurde zum Standort einer Reihe stark expandierender Industriebetriebe, die nicht selten an ältere Trad. anknüpften. So stieg von 1875 bis 1907 die Zahl der gewerblichen Betriebe in Ks. von 4.128 auf 7.132 Unternehmen, die der abhängig Beschäftigten von 12.504 auf 48.044 Personen. Die Einwohnerzahl wuchs von 40.228 Personen im Jahr 1864 auf 153.196 Personen im Jahr 1910. Die stürmische wirtschaftl. Entwicklung führte zu gravierenden Veränderungen im Aussehen und in der Infrastruktur der Stadt. In der Nähe der Fabriken entstanden neue Straßenzüge und ganz neue → *Stadtteile*. Neue Verkehrsmittel wie die → *Straßenbahn*, die zuerst (1877) noch mit Dampf betrieben wurde, erhöhten die innerstädt. Mobilität. In erster Linie nahm der Maschinen- und Fahrzeugbau einen kräftigen Aufschwung. Die Zahl der Beschäftigten in diesem Bereich stieg von 2.246 (1882) auf 8.877 (1907) Arbeiter. An dieser Entwicklung hatte die Firma → *Henschel & Sohn* ent-

Selbstbildnis von Johann Eduard Ihlée, entstanden um 1840, Öl auf Leinwand

scheidenden Anteil, wovon der seit dem ausgehenden 19. Jh. verbreitete Spruch „Henschel ist Kassel, und Kassel ist Henschel" zeugt. Die sechs Generationen umfassende Geschichte von Henschel handelt vom Aufstieg und Niedergang eines einmaligen Familienunternehmens.

Parallel zu diesem imponierenden Aufstieg konnten sich in Ks. im Bereich des Maschi-

Industrialisierung Blick in die Werkhalle von Henschel & Sohn, vor 1910

nen- und Fahrzeugbaus weitere Unternehmen erfolgreich entwickeln. Die drei Fabriken von → *Thielemann, Eggena & Co.* (aus der Werkstatt des Hofwagenbauers Johann Thielemann hervorgegangen; 1902 von Henschel & Sohn aufgekauft), von → *Wegmann & Companie* (1872 gegr.) und von den Gebr. → *Credé* spezialisierten sich auf die Herstellung von Eisen- und Straßenbahnwaggons. Bedeutendere metallverarbeitende Firmen waren ferner noch die AG für Federstahlindustrie (vormals Krinolinenfabrik von A. → *Hirsch & Co.*) am Bahnhof Unterstadt, die techn. Federn aller Art herstellte, und die Maschinenbau AG, die aus einer Firma für Zündholzmaschinen hervorging (→ *Stahl & Nölke*), dann aber mit der Fabrikation von Schlachthofeinrichtungen, Kränen und Aufzügen erfolgreich war. Auch die Maschinenfabrik von Kaiser & Co. wurde daraufhin im Bereich der Schlachthausausstattung tätig, ging aber schon vor dem Ersten Weltkrieg zur Produktion elektrischer Hängebahnen über. Für die gewerbl. Entwicklung Kassels spielten neben den Metall- auch die textilverarbeitenden Betriebe eine wichtige Rolle. Seit Jahrhunderten gehörten Flachsspinnerei und Leinenweberei zu den trad. nordhess. Gewerben. Bekanntestes Produkt war das Schockleinen, ein gröberes Tuch, das unter dem Namen „Hessians" weltbekannt war und v. a. zum Verpacken diente. Bis in die Mitte des 19. Jhs. wurde das Leinen hauptsächlich in Heimarbeit hergestellt und im Verlagssystem abgesetzt. Mit dem zunehmenden Einsatz von Maschinen fand diese Art der Leinenfabrikation jedoch ihr Ende. In Ks. war es v. a. → *Sigmund Aschrott*, der vom Vater ein Verlagsgeschäft übernahm und Webstühle zunächst so verbesserte, dass sie sich besonders für die Produktion breiter und schwerer Tücher wie Segeltuche eigneten. Anknüpfend an die Geschäftsidee von Aschrott entstanden alsbald einige andere Unternehmen, die sich auf die maschinelle Fabrikation schweren Leinens konzentrierten. Seit 1867 stellten → *Fröhlich & Wolff* in ihrem Betrieb an der Ecke Wolfhager Str./Reuterstr. Zelttücher und Segeltuche her. 1884 nahm das Unternehmen von Heinrich → *Salzmann* & Companie in Bettenhausen die Produktion von schweren Leinen- und Baumwollstoffen auf. Mit ähnlichem Schwerpunkt wurde 1881 → *Gottschalk & Co.* in der → *Nordstadt* und 1883 die → *Jute-Spinnerei und Weberei AG* gegr. Als ein besonders traditionsreicher Kasseler Gewerbezweig muss schließlich noch die Fabrikation wiss. Instrumente genannt werden. Die Produkte des heute noch arbeitenden Familienunternehmens Breithaupt haben Weltruf. Bereits 1762 gründete der Hofmechanikus → *Johann Christian Breithaupt* die Firma für astronomische und geodätische Instrumente. Im 19. Jh. wurde das Unternehmen v. a. durch seine in alle Welt exportierten Theodoliten und Nivellierungsinstrumente bekannt. Für die Entwicklung der Kasseler → *Industrie* im 20. Jh. spielte die Rüstungsproduktion direkt und indirekt eine große Rolle. Einerseits waren für die milit. Planungen Lokomotiven und Waggons unentbehrlich. Andererseits gingen Kasseler Betriebe auch direkt zur Waffenproduktion über. Henschel baute 1917 während des → *Ersten Weltkrieges* eigens das Werk Mittelfeld, um dort Geschütze herzustellen. Ebenfalls 1917 nahm Wegmann die Fabrikation eines Kampfpanzers auf. Im Kasseler O entstand auf dem → *Forstfeld* eine Munitionsfabrik, in der bis zu 15.000 Menschen beschäftigt waren. Während der → *Weimarer Republik* lag der Schwerpunkt wieder auf zivilen Gütern, wobei sowohl bei Henschel als auch bei Wegmann als neuer Produktionszweig die Fabrikation von Lastkraftwagen eingeführt wurde. Wie schon während des Ersten Weltkrieges verlagerte sich auch während der → *NS-Zeit* und des → *Zweiten Weltkrieges* der Schwerpunkt der industriellen Produktion in Ks. immer stärker auf Rüstungsgüter. Henschel und Wegmann konzentrierten sich zunehmend auf die Fabrikation von Panzerkampfwagen. Im O der Stadt stellte das Flugzeugwerk des Kunstfliegers → *Gerhard Fieseler* den legendären → *Fieseler Storch* her, das erste in Serie gebaute Kurzstart- und Langsamflugzeug der Welt. In der Nähe standen während des Krieges die Junkers-Flugzeugmotorenwerke. In → *Baunatal* errichtete Henschel ein eigenes Flugzeugmotorenwerk. Die Bedeutung Kassels als wichtiger Standort der dt. Kriegswirtschaft war mit ausschlaggebend für die verheerenden Bombenangriffe (→ *Luftangriffe*), denen die Stadt im Zweiten Weltkrieg ausgesetzt war. *ghb*

Lit.: Möker, Nordhessen; Summa, Unterschichten.

Industrie Nach dem → *Zweiten Weltkrieg* stellten die großen Kasseler Rüstungsbetriebe die Produktion zunächst auf zivile Güter um. → *Wegmann & Co.* konzentrierte sich vorwiegend auf den Waggonbau, → *Henschel & Sohn* auf den Bau von Lastwagen, Dampflokomotiven, Omnibussen und Schwermaschinen. Mit der Entscheidung zur Wiederaufrüstung der Bundesrepublik und zum Aufbau der → *Bundeswehr* bemühte man sich dann wieder erfolgreich um Rüstungsaufträge. Henschel baute u. a. Jagd- und Schützenpanzer, Wegmann hatte einen entscheidenden Anteil an der Entwicklung und Produktion der Kampfpanzer Leopard I und II. Wie in vielen anderen I.regionen gerieten aber auch in Ks. die trad. I.betriebe (v. a. der Maschinenbau und die Textilherstellung) ab den 1960er Jahren in eine Krise, weil sie sich mit ihren Produkten gegen die übermächtige in- und ausländische Konkurrenz nicht mehr behaupten konnten. Von den großen Kasseler Traditionsbetrieben sind zu Beginn des 21. Jhs. nur wenige übrig geblieben. Viele ehem. Unternehmen und I.standorte sind im Zuge dieses allmählichen Deindustralisierungsprozesses ganz aus dem Stadtbild und oft auch schon aus dem Bewusstsein der Bevölkerung verschwunden. Dies gilt insbes. für die Henschel-Werke, die 1957 von der Familie Henschel aufgegeben und 1964 an die Rheinstahl AG und zehn Jahre später an den → *Thyssen-Konzern* verkauft wurden. Am Holländischen Platz, wo die Henschel-Werke ihren Stammsitz hatten, breitete sich seit Beginn der 1980er Jahre der Campus der → *Universität* aus und nur noch weniges erinnert dort an die schwerindustrielle Vergangenheit. Die Hallen in → *Rothenditmold*, in denen die Hammerschmiede von Henschel untergebracht war, werden heute von verschiedenen Firmen und von dem kleinen Henschel-Museum genutzt, das noch an die einstige wirtschaftl. Blüte erinnert. Auf dem Gelände des Werks Mittelfeld, des dritten Standorts der ehem. Henschel-Werke im Stadtgebiet, sind heute eine Reihe von Betrieben tätig, von denen einige durch Ausgliederung und Verkauf aus Teilen des früheren Henschel-Werks hervorgegangen sind, z. B. das Werk der → *Thyssen AG*, in dem die Magnetbahn → *Transrapid* hergestellt wird, die Firma → *Bombardier Inc.*, die Dieselloks und ICE-Triebköpfe produziert und das Achsenwerk von → *DaimlerChrysler* mit ca. 3.000 Beschäftigten. Aber auch andere Stellen des Stadtgebietes wurden in den letzten Jahrzehnten deindustrialisiert. An der Frankfurter Str., wo die Firma der Gebr. → *Credé* früher Straßenbahnwaggons produzierte, befindet sich heute das große Einkaufszentrum DEZ. Für das eindrucksvolle, im historistischen Stil errichtete Gebäude der 1971 aufgegebenen Textilfabrik → *Salzmann* in → *Bettenhausen*, das zu den größten Industriebau-Denkmälern Deutschlands zählt, steht die geplante Nutzung als Gewerbe- und Kulturzentrum immer noch nicht fest. Von den Veränderungen in der Wirtschaftsstruktur blieben auch die Rüstungsbetriebe nicht verschont, zumal seit 1990 die Aufträge zurückgingen. Die Wehrtechnikabteilung von Henschel wurde deshalb an IWKA, die Firma Wegmann an → *Krauss-Maffei* verkauft. An die große Trad. Kassels als Standort des Fahrzeugbaus und entsprechender Zuliefererbetriebe knüpft die 1946 gegr. → *Hübner GmbH* in → *Waldau* an, die heute mit ca. 700 Mitarbeitern Faltenbälge für Gelenkbusse und

Industrialisierung Arbeiterinnen und Arbeiter der Jute-Spinnerei und Weberei AG, Kassel, Rothenditmold, Müllerweg (heute Philippistraße), um 1925

Schienenfahrzeuge sowie hochwertige Kautschukprodukte herstellt. Die sinkende Zahl von Arbeitsplätzen im produzierenden Gewerbe konnte in Ks. lange Zeit nicht durch neue Arbeitsplätze im Dienstleistungssektor ausgeglichen werden. 2006 arbeiteten 77,3 % der (insg. ca. 60.000) sozialversicherungspflichtig Beschäftigten im Dienstleistungssektor und 22,2 % im produzierenden Gewerbe. Bis zur Wiedervereinigung Deutschlands im Jahr 1990 wurde die wirtschaftl. Entwicklung der Region zudem durch die Randlage nahe der Grenze zur DDR stark behindert. Aus diesen Gründen war die Arbeitslosigkeit in der Stadt verhältnismäßig groß. Seit der Wiedervereinigung profitiert Ks. zwar vermehrt von seiner verkehrstechnisch günstigen Lage mitten in Dtld., allerdings betrug die Arbeitslosenquote im Januar 2007 immer noch 13,2 % und lag damit erheblich über dem gesamthess. Durchschnitt von 7,1 %. Durch die Bündelung in Gewerbe- und Industrieparks, oftmals auf dem Gelände älterer, aufgegebener Betriebe, versucht die Stadt investitionswilligen Unternehmen ein günstiges Umfeld zu bieten. Jedoch hat auch dies bisher nicht zur Kompensation der abgebauten Arbeitsplätze in der I. ausgereicht. Es ist eine Ironie der Wirtschaftsgeschichte, dass der größte Betrieb der gesamten nordhess. Region, das 1957 gegründete Zweigwerk der → *Volkswagen* AG, in dem ca. 20.000 Arbeitnehmer hauptsächlich Autogetriebe herstellen und in einem riesigen Ersatzteillager eingesetzt werden, nicht in der früheren I.stadt Ks., die für die Region immer noch als Oberzentrum fungiert, sondern in der Nachbarstadt → *Baunatal* steht und dort die Gewerbesteuer entrichtet. *ghb*

Lit.: Hardach, Kontinuität; Freund, Hessen.

Industrie- und Handelskammer
Hohenzollernstraße 46, 1900

Die **Industrie- und Handelskammer Kassel** (IHK) ist eine Körperschaft des öff. Rechts, nimmt für die Unternehmen in ihrem Bezirk regional wirtschaftl. Interessen wahr, erbringt unternehmensorientierte Dienstleistungen, die privatwirtschaftl. nicht abgedeckt werden, und leistet hoheitl. Aufgaben (anstelle staatl. Einrichtungen), wie bspw. in der Administration, der berufl. Bildung oder im internationalen Warenverkehr. Zum Bezirk der Kammer zählen knapp 70.000 Mitgliedsunternehmen aus Industrie, Handel und Dienstleistungen in den Städten Ks. und Marburg und den Landkreisen Ks., Hersfeld-Rotenburg, Schwalm-Eder, Werra-Meißner, Waldeck-Frankenberg und dem Altkreis Marburg. Zu ihnen zählen große international orientierte Unternehmen, wie B. Braun in Melsungen, die Viessmann-Werke in Allendorf/Eder, die → *Volkswagen* AG in → *Baunatal*, Ferrero in Stadtallendorf, die Behringwerke in Marburg, die SMA in Ks.-Niestetal oder die → *K+S*-Gruppe und die → *Wintershall AG* in Ks. Die I. ist die zweitgrößte in Hessen und rangiert, gemessen an der Zahl der Mitgliedsunternehmen und der Wirtschaftskraft, unter den größten 20 dt. I.s von insg. 80. Beispielhafte Leistungen betreffen die Ausbildungsberatung, das Sachverständigenwesen, die Existenz- und die Innovationsberatung und die Förderung der Internationalisierung der regionalen Wirtschaft. Die I. engagiert sich ausdrücklich für den Ausbau von standortrelevanter Infrastruktur, im Verkehrsbereich ebenso wie in der Zusammenarbeit von Wissenschaft und Wirtschaft sowie in der Bildung. An der Spitze stehen der ehrenamtl. Präsident (seit 2004 der Unternehmer Dr. Martin Viessmann) und der hauptamtl. Hauptgeschäftsführer (seit 1995 Dr. Walter Lohmeier). Oberstes Beschlussorgan ist die Vollversammlung mit 85 direkt gewählten Vertretern nordhess. Unternehmen. Der Vollversammlung zur Seite stehen fachliche und Regionalausschüsse. Der Hauptgeschäftsführer führt die laufenden Geschäfte. Für die nordhess. Wirtschaft sind rd. 3.000 Unternehmer ehrenamtl. engagiert und 110 hauptamtl. Mitarbeiter/innen angestellt. Die I. gibt zwölfmal jährlich das Wirtschaftsmagazin „Wirtschaft Nordhessen" heraus. Zurück geht die I. bereits auf die Einsetzung des → *Commerzien-Collegiums* 1763 durch Lgf. → *Friedrich II.*, der eine Phase der → *Handels- und Gewerbevereine* und anschließend 1870 die preuß. Verord. über die Einsetzung einer Handelskammer für die Stadt und den Landkreis Ks. folgten. Nach dem → *Zweiten Weltkrieg* und der Auflösung der Gauwirtschaftskammer wurde bereits 1946 v. a. auf Druck der Amerikaner die Wirtschaftskammer Ks. neu gegr., die sich als I. 1948 in den Gebietsgrenzen, die noch heute fortdauern, formal konstituierte. *wl*

Das **Infanterieregiment 83** war das Kasseler Hausregiment, dessen Name seit 1902

„Infanterie-Regiment von Wittich (3. Kurhessisches) Nr. 83“ lautete. Nach der → *Preußischen Annexion* Kurhessens wurde es 1866 in Breslau aus Abstellungen preuß. Regimenter und dem ehem. kurhess. 3. Infanterieregiment „Prinz Friedrich Wilhelm“ formiert. Zwei seiner Bataillone waren ab 1867 in Ks. stationiert, eins in Arolsen. Das I. zeichnete sich im Krieg 1870/71 bei Wörth und Sedan aus. Unter den Kasselern war das dazu vom Arolser Kriegsteilnehmer Wolrad Kreusler verfasste Lied „König Wilhelm saß ganz heiter...“ lange populär. 1875 bezog es die neue Kaserne (→ *Kasernen*) an der heutigen Friedrich-Ebert-Str. 1889 erhielt es den Namenszusatz „von Wittich“ zu Ehren seines Divisionskommandeurs während des Krieges 1870/71. Im → *Ersten Weltkrieg* kämpfte das Regiment bei Lüttich, dann an den Masurischen Seen, bis 1917 weiter an der O-Front, 1918 wieder im W, wo es bei Reims und Cambrai schwerste Verluste erlitt. Nach dem Waffenstillstand zog es am 26.11.1918 in Ks. ein, zur Bewachung des Quartiers der Obersten Heeresleitung, das sich zu der Zeit im → *Schloss Wilhelmshöhe* befand. 1919 wurde das Regiment aufgelöst. Seine Trad. wurde in der Reichswehrzeit vom III. Jägerbataillon, ab 1935 vom neu gebildeten Infanterieregiment 15 in Ks. bis 1945 weitergeführt. Ab 1957 knüpfte das Grenadierbataillon 42 in Ks. an diese Trad. an. *hmü*

Lit.: Röper, Infanterie-Regiments; Schmidt, Garnison.

Der **Israelitische Frauenverein** (für Krankenpflege) war einer der ersten Frauenvereine Hessens. Er wurde 1811 u. a. auf Initiative von Jeannette Wallach und Frau Gutheil Benary mit dem Ziel gegr., Krankenfürsorge für die weibl. Angehörigen der israelit. Gemeinde zu leisten. Mitglied konnten alle Angehörigen der israelit. Gemeinde werden, für den Vorstand waren aber nur Frauen aktiv und passiv wahlberechtigt. Zu den Aufgaben gehörte die Pflege und Hilfe im Wochenbett, bei Krankheit, Siechtum, Altersschwäche, in der Todesstunde und bei Bestattungen; daneben stand die Fürsorge für Bedürftige. Der Verein sammelte und verteilte Lebensmittel und übernahm die Speisung zahlr. Familien. Unter Eugenie Wertheim, die von 1902 an aktiv war, und Frau Prager wurde die Vereinstätigkeit auf die Betreuung von Alten und Kindern erweitert. Ein Altersheim, v. a. für alleinstehende Frauen und Männer, ein Kindergarten und -hort wurden gebaut. Außerdem gewährte der I. arbeitsunfähigen und altersschwachen Frauen in Ks. und dem Umland eine monatliche Geldzuwendung. Bis 1848 beruhte die Erfüllung der Vereinsarbeit auf dem Pflichtbewusstsein der Mitglieder, erst dann wurden aufgrund großer Mitgliederzahlen und wachsender Anforderungen Vereinsstatuten aufgestellt. Der Verein arbeitete mit sämtlichen → *Wohlfahrtseinrichtungen*, die der Zentralen Wohlfahrtsstelle angehörten, zusammen und kann als wichtiger Baustein der sozialen Arbeit angesehen werden. *sm*

Lit.: Wöll, Frauenvereine.

Israelitischer Krankenpflege-Verein Nachdem ein heimatloser jüdischer Wanderer aufgrund unterlassener Hilfe gestorben war, initiierten am 3.3.1773 insg. 10 angesehene Männer der Kasseler → *Jüdischen Gemeinde* die Gründung des I.s. Seine Statuten wurden zwei Tage später von dem damaligen Landrabbiner Hirsch genehmigt. Der Verein kümmerte sich fortan um die Versorgung kranker Gemeindemitglieder, die Unterkunft durchreisender Wanderer, die Unterstützung Armer und Notleidender sowie den Beistand bei Bestattungen. 1817 konnte der Verein das Haus in der Leipziger Str. 152 erwerben, dort ein Krankenhaus errichten und damit den allg. Mangel an Hospitälern in Ks. zumindest ein wenig lindern. Sein erster Verwalter wurde der aus Fürth kommende Moses Fränkel. Da das Krankenhaus den hygienischen Anforderungen später nicht mehr entsprach und die Errichtung des Landkrankenhauses die Krankenversorgung unabhängig von der Konfessionszugehörigkeit verbesserte (→ *Krankenhäuser*), verkaufte der Verein das Gebäude im Jahr 1880. Mit dem Ertrag sollte perspektivisch der Bau eines neuen Krankenhauses finanziert werden, aufgrund der Inflation in den 1920er Jahren konnte dieser Plan allerdings nicht realisiert werden. 1929 stand der I. vor großen Herausforderungen, da auch weite Teile der jüdischen Bevölkerung verarmt waren. Er schloss sich der Zentralen Wohlfahrtsstelle der israelitischen Gemeinde an und beteiligte sich an der Finanzierung der Gemeindeschwester. *she*

Lit.: Horwitz, Krankenpflege-Verein.

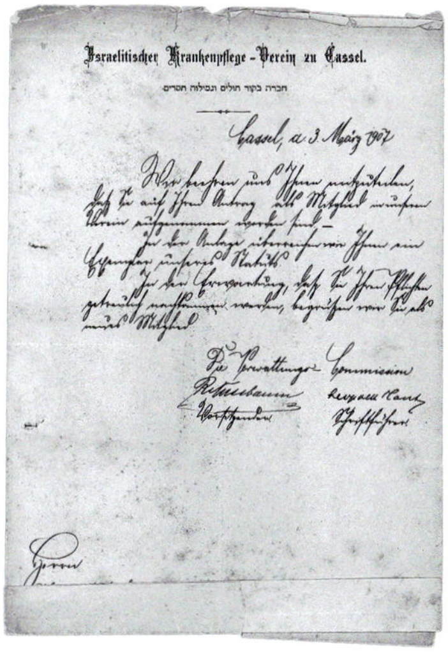

Israelitischer Krankenpflege-Verein zu Cassel.

חברה בקור חולים וגמילות חסדים

Cassel, d. 3 März 1907

Die Verwaltungs-Commission

Vorsitzender

Schriftführer

Begrüßungsschreiben der Verwaltungs-Commission des Israelitischen Krankenpflege-Vereins zu Cassel vom 3. März 1907 für die Aufnahme eines neuen Mitglieds

J

Jacob, Bruno (* 4.10.1881 Ks., † 28.4.1954 ebd.) war Verfasser zahlr. Publikationen zur Geschichte der Stadt Ks. und Kurhessens. Nach kaufmännischer Betätigung in Ks. und journalistischer Arbeit in Norddeutschland kehrte J., ein Anhänger föderalistischer Ideen und Autor von Broschüren wie „Ein freies Hessen! Im einigen Deutschland" (1919) und „Der Föderalismus – Ein Überblick" (1920), im Jahre 1923 nach Ks. zurück. Der gelernte Volkswirt lebte hier als freier Schriftsteller. Sein Hauptarbeitsgebiet wurde die Geschichte seiner Heimatstadt, wobei Handel, → *Handwerk* und → *Industrie* einen Schwerpunkt bildeten. In über drei Jahrzehnten entstanden viele Aufsätze und einige größere Werke. Hervorzuheben sind: Geschichte des Dorfes Bettenhausen 1126–1926. Zugleich Geschichte seiner näheren Umgebung, 1927 und Geschichte des Dorfes Oberzwehren, 1936. Seine 1937–42 erarbeitete umfangreiche Geschichte Kassels, ebenso wie ihre 1946–48 geschriebene Wirtschafts- und Sozialgeschichte, blieben unvollendet. Wegen ihres „Materialreichtums" gab 1988 der Fachbereich Stadt- und Landschaftsplanung der → *Universität* letztere, ergänzt durch ein umfangreiches Register, heraus. J.s Nachlass mit zahlr., teils unveröffentlichten Manuskripten wird im Stadtarchiv Ks. verwahrt. *frk*

Lit.: ZHG 65/66, 258f.

Jakobshaus Im Mittelalter verstärkte sich der bürgerl. Einfluss auf das Hospitalwesen (→ *Hospitäler*). In gleichem Maße schritt auch die Spezialisierung der Fürsorge voran. Weite Verbreitung fanden die St. Jakobsspitäler, urspr. Pilgerhäuser, die die nach Santiago de Compostela zum Grab des Apostels wallfahrenden Pilger beherbergten. Sie beruhten in der Regel auf der Stiftung einer St. Jakobsbruderschaft. Diese kam für die Unterhaltung auf und führte meist unter Aufsicht des Rates die Verwaltung. In Ks. soll zum ersten Mal in einer Kirchenkastenrechnung von 1531 ein J. genannt worden sein, das wohl auf eine Pilgerherberge des Mittelalters zurückging. Über den Ursprung und die Entwicklung der Anstalt gibt eine Aufzeichnung aus der zweiten Hälfte des 16. Jhs. Auskunft: „In Vorzeiten, da man zu Sanct Jacob wallen ging, ist zu Cassel am Steinwege den Pilgerein oder Jacobsbrüdern eine Herberge verordnet, die nennet man das Jacobshaus. Als aber das Wallen zu Sanct Jacob abgangen, ist doch sollich Haus in Wesen blieben, also dass ein paar Volk im Hause gewohnet, die sein frei gesessen, und hat der Caste der Armen zu Cassel das Feuerwerk und Bettwerk gehalten. Wann dann arme oder kranke Leute kommen, die werden im Jacobshaus beherbergt". Die genaue Gründungszeit lässt sich nicht ermitteln. Das am → *Steinweg* gelegene J. wurde im Mittelalter anscheinend als Herberge für die nach Spanien durchreisenden Pilger gegründet. Es wurde wohl in der Reformationszeit ein Versorgungsheim für Arme und Kranke der Stadt, die unentgeltlich Aufnahme fanden. Die Anstalt gehörte zu dieser Zeit dem verm. 1526 errichteten „gemeinen Kasten" an, in den Kircheneinkünfte zusammenflossen und woraus v. a. die Armen unterhalten werden sollten. Auch die Einnahmen der vorhandenen Hospitäler, die in besonderem Maße der Armenfürsorge dienten, wurden dem Kasten als der übergeordneten Institution zugewiesen. Damit gewährte man den Armen im J. für eine Nacht oder auch länger Obdach und Verpflegung. Das stimmt mit der Handhabung in anderen zeitgenössischen Armenversorgungshäusern überein. Auch wenn die Quellen weitgehend fehlen, war das J. doch sicher eine wichtige Ergänzung des Hospitalwesens der Stadt. *ka*

Lit.: Apel, Caritas; Brunner, Armenpflege.

Jérôme, König von Westphalen (* 15.11.1784 Ajaccio, † 24.6.1860 Villegenis/Paris). Der jüngste Bruder Napoleons wurde von der

Porträt Jérôme Bonapartes von Antoine Jean Baron Gros, 1808, Öl auf Leinwand

Mutter und den Schwestern erzogen. Als Protegé des Bruders wurde er 1801 in der Marine um Haiti eingesetzt und floh vor den Engländern nach Nordamerika. 1803 heiratete er Elisabeth Patterson, die Tochter eines reichen Kaufmanns in Baltimore. Ein Sohn ging aus dieser Ehe hervor. 1805 trennte er sich auf Befehl Napoleons und kehrte in die Marine zurück. Er absolvierte erfolgreiche Einsätze in Algier und Mittelamerika und agierte im Krieg gegen Preußen als Befehlshaber in Schlesien. Immer folgte er eigenen Überlegungen und Vorlieben, was zu Auseinandersetzungen mit Napoleon führte. Am 18.8.1807 wurde J. zum König des im Frieden von Tilsit aus verschiedenen deutschen Staaten und Landesteilen gebildeten → *Königreichs Westphalen* ernannt, als dessen Hauptstadt Napoleon Ks. bestimmte. Am 22.8.1807 heiratete er → *Katharina* von Württemberg in Paris. Am 6.12.1807 erreichte er → *Schloss Wilhelmshöhe*, jetzt Napoleonshöhe, und zog am 10.12. prunkvoll in Ks. ein. J.s Freude an ausgelassenen Festen und seine Vorliebe für schöne Frauen führten zu einem von seinen Gegnern gemalten Klischee des „Königs Lustik", was aber den Blick verstellt auf J.s ernste Bemühungen um den Aufbau des damals liberalsten Staats in Europa (laut Verfassung vom 15.11.1807), seine Befähigung zu treuer Freundschaft (u. a. gegen Napoleons Befehl mit Bernadotte), seine tief wurzelnde Toleranz, seinen Gerechtigkeitssinn und seine Menschlichkeit (zahlr. Begnadigungen). J.s hohe Apanage (5 Mio. Francs), seine ungehemmte Großzügigkeit gegenüber Einzelpersonen wie bei Festlichkeiten belasteten den Staatshaushalt. Noch mehr wurde er jedoch durch den Entzug der gewinnträchtigen Hälfte aller Domänen durch Napoleon sowie dessen ständig steigende Forderungen nach Geld und Soldaten belastet. J. zog mit 30.000 Westphalen, von denen nur ca. 700 zurückkamen, 1812 gegen Russland, wurde aber von seinem Bruder wegen milit. Fehlleistungen nach Ks. zurückgeschickt. Nach der Völkerschlacht bei Leipzig 1813 wurde er aus Ks. vertrieben, kehrte aber kurzzeitig dorthin zurück. 1815 war er als einziger Bruder Napoleons bei den Schlachten von Ligny und Waterloo dabei. Sein Schwiegervater, der auf eine Scheidung seiner Tochter gehofft hatte, ernannte J. 1816 zum Graf von Montfort. Das Ehepaar lebte in Rom, Triest, Lausanne, Florenz, Belgien etc. Seit 1847 war er wieder in Frankreich, 1848 wurde er Gouverneur der Invaliden, 1850 Marschall von Frankreich, 1852 Präsident des Staatsrats, schließlich kaiserl. Prinz und möglicher Thronfolger. *hbu*

Lit.: Burmeister, König Jérôme, 43–72.

Johanniskirche Die im Stadtteil → *Wolfsanger* auf dem Opferberg gelegene Kirche ist ein Nachfolgebau der J., die Kaiser Heinrich II. 1019 dem Kloster → *Kaufungen* schenkte. 1725/26 gebaut nach Plänen des Baumeisters Giovanni Ghezzy, handelt es sich um einen Saalbau mit eingestelltem W-Turm und schräg eingezogenem, halbrundem Chor. Auf einem Sporn gebaut, betont die Kirche oberhalb der → *Fulda* weithin die Lage des Ortes. Im → *Zweiten Weltkrieg* ausgebrannt, wurde die J. 1953/54 äußerlich im alten Stil wieder aufgebaut und der Eingang auf die Fuldaseite in den Glocken- und Uhrturm verlegt. Die urspr. vorhandenen Holzemporen wurden nicht rekonstruiert. *am*

Lit.: Evangelische Kirche, S. 70f.

Johanniskirche am Opferberg in Wolfsanger

Jordan, Sylvester (* 30.12.1792 Omes/Tirol, † 15.4.1861 Ks.) Der Staatsrechtslehrer und Politiker J. zählte zu den führenden Vertretern des deutschen Liberalismus im Vormärz und spielte in den kurhess. Verfassungskämpfen eine zentrale Rolle. Trotz seiner Herkunft aus ärml. Verhältnissen besuchte der Sohn eines Schusters das Gymnasium in Innsbruck, studierte in Wien sowie Landshut Philosophie und Rechtswiss. und schlug eine akademische Laufbahn ein. 1820 wurde er Privatdozent in Heidelberg, 1821 Prof. für Staatsrecht in Marburg, wo er sich durch sein Engagement in Forschung und Lehre hohes Ansehen erwarb. 1830 wählte ihn die Univ. zu ihrem Vertreter in die konstituierende Versammlung der kurhess. → *Landstände*. J. wirkte maßgeblich an der Ausarbeitung der → *Verfassung* von *1831* mit und gestaltete sie zur liberalsten Vormärz-Verfassung. Sein Versuch, sie in der Folgezeit mit Leben zu füllen, führte zum Konflikt mit der konservativen Regierung. Diese klagte ihn des Hochverrats an, enthob ihn der Professur und verurteilte ihn zu fünfjähriger Festungshaft. 1845 vom Kasseler Oberappellationsgericht rehabilitiert, folgte 1848 seine Rückkehr auf die politische Bühne. Er wurde

Porträt Sylvester Jordans von Schertle, 1848

zum kurhess. Bevollmächtigten bei der Provisorischen Zentralgewalt ernannt und in das Paulskirchen-Parlament gewählt. Nach dem Scheitern der Revolution (→ *Revolution 1848)* zog sich J. zurück und verbrachte die Reaktionszeit bis zu seinem Tod in Ks. *hb*

Lit.: Seier, Jordan; Kleinknecht, Jordan.

Jordis, Karl (* Frankfurt/Main, † 1839 Berlin), ein Sohn des hess. Geschäftsträgers Jordis in Frankfurt/Main, hatte es dort zu einem beträchtlichen Vermögen gebracht. Um 1805 verlegte er sein Geschäft tlw. nach Ks. und erwarb das Schlösschen → *Schönfeld*. Im selben Jahr heiratete er Ludovica Brentano. Als Schwager von Clemens Brentano trat er in engere Beziehung zu den deutschen Romantikern. Nach der Flucht → *Wilhelms I.* vor den französ. Truppen 1806 beteiligte er sich an der Rettung des kurfürstl. Schatzes. Im → *Königreich Westphalen* brachte es J. zum Hofbankier König → *Jérômes*. Er und besonders seine lebenslustige Frau pflegten ein offenes Haus für Franzosen wie auch für die deutschen Romantiker. Zu den Brüdern Grimm hatte J. engere Beziehungen, er war ihnen jedoch geistig nicht gewachsen, wie → *Jacob Grimm* beklagte. Carl → *Grimm* trat 1809 in das Bankhaus Jordis als Angestellter ein. 1809 hat J. das Schlösschen Schönfeld zu einem recht hohen Preis an Jérôme verkauft, der ihn in den Adelsstand erhob. 1812 verlegte er sein Geschäft nach Paris. Jacob Grimm fand während seines Pariser Aufenthalts 1814 Aufnahme in seinem Hause, „das einer der besuchtesten Salons für die Schöngeister und die großen Männer jener Tage geworden war". Nach dem zweiten Pariser Frieden 1815 zog J. nach Berlin. *ro*

Lit.: Losch, Schönfeld, 43–53.

Judenbrunnen Diese Gasse gehört der Marktsiedlung des 12. Jhs. an. Sie führte vom Marktplatz (→ *Altmarkt*) nach NW und schloss durch ein Stadttor an die Straße zum später wüst gefallenen Mühlhausen an, nach Erweiterung der Stadt im frühen 13. Jh. mündete der J. hier in die → *Wildemannsgasse*. An der Mündung in den Marktplatz wurde um 1404–14 die Waage errichtet (späteres Rathaus), wonach die Gasse als „hinter der Waage" bezeichnet wurde, später auch als „Kleine Herrengasse" (im Gegensatz zur „Großen Herrengasse", der Wildemannsgasse). Ab der Mitte des 18. Jh. ist daneben der Name „J." bezeugt; er leitet sich von einem Brunnen ab, der seit 1660 vor einem Haus mit jüd. Besitzern nachweisbar ist (Nr. 10). Seit 1782 hieß die Gasse offiziell „Juden Gasse" (im 19. Jh. „Hinter dem J.") und „Felix Str." (Wildemannsgasse bis Fischgasse), 1867–92 „Hinter dem J.", dann „J.", von 1937 an „Hinter der Waage". An Fachwerkbauten sind hervorzuheben: Nr. 5 (17. Jh., mit geschnitzten Eckpfosten, das Dachgeschoss nachträglich als Vollgeschoss ausgebaut), Nr. 10 (1507; seit 1660 in jüd. Besitz nachweisbar, ehem. mit Mikwe im Keller und sog. „Tempel" unter dem Dach) und Nr. 12 (1597) mit → *Töpfenmarkt* 15 (1605). Nr. 1 ist 1605 als Gasthof zum Adler bezeugt (Neubau im 17. Jh.), Nr. 3 als Gasthof zum Helm (wohl schon 1582), im 18. und frühen 19. Jh. als Gasthof zum goldenen Helm (Neubau im frühen 19. Jh.). *cp*

Lit.: Holtmeyer, Cassel-Stadt.

Unter **Judenemanzipation** versteht man die rechtl. Gleichstellung von Juden mit Christen. Sie wurde erstmals in der Französischen Revolution ausgesprochen und beendete eine über Jahrhunderte beachtete rechtl. Be-

Blick in die Gasse Judenbrunnen um 1910

nachteiligung von Juden gegenüber Christen. Ausgangspunkt dafür war ein in der Spätantike, im Jahre 380, erlassenes Edikt von Kaiser Theodosius I., dem zufolge fortan im Römischen Reich nur das Christentum erlaubt war. Während alle anderen religiösen Kulte verboten, ihre Anhänger unterdrückt und verfolgt wurden, erhielten einzig die Juden ein Recht auf Duldung. Da ihr heiliges Buch als Altes Testament ein Teil der Bibel der Christen sei, hätten sie als Verwandte der Christen zu gelten.
Diese theolog., aber rechtl. unbestimmte Konstruktion beherrschte das ganze Mittelalter. Die damals dominierende polit.-gesellschaftl. Leitidee des Corpus Christianum (christl. bestimmter Volkskörper) führte dazu, dass Juden immerzu bedrängt wurden, sich taufen zu lassen, um sich in die christl. Gesellschaft zu integrieren. Für Juden war dies eine inakzeptable Zumutung, deren Ablehnung aus christl. Sicht gotteslästerlicher Hochmut war. Die christl. Obrigkeit reagierte gekränkt und verschärfte bei einer Weigerung die Bedingungen für eine mögliche Duldung. Dafür gab es feste Konditionen: Immer waren Schutzgelder oder Steuern fällig. Juden mussten die Schmähung und Verspottung ihrer Religion hinnehmen, sie durften nur in besonderen Straßen, Gassen oder Ghettos wohnen, mussten diffamierende Kleidervorschriften beachten und waren in ihrer Berufstätigkeit eingeschränkt oder von bestimmten Tätigkeiten ganz ausgegrenzt, z. B. als Handwerker oder Landwirte. Es blieben ihnen einfache Berufe und der Handel, wobei durch Geldhandel, der Christen urspr. wegen des Zinsverbotes versperrt war, Einzelne sogar reich wurden. Als Financiers oder Hofjuden bekamen sie z. T. auch großen Einfluss auf die christl. Herrscher. Doch gerade das machte sie verdächtig. So führten Juden seit dem Mittelalter ein gefährdetes und unstetes Leben und mussten sich oft neue Wohnorte suchen. Um die Mitte des 13. Jhs. kamen Juden nach Ks. und siedelten sich in der späteren Judengasse an. Für Ende des 14. Jhs. ist erstmals eine → *Synagoge* bezeugt. Im 16. Jh., von der → *Reformation* bestimmt, ordneten die hess. Landgrafen in Ks. Judenpredigten an, um Juden zur Taufe zu bewegen, was zum Wegzug vieler Familien führte. Sie fanden Aufnahme im nahen → *Bettenhausen* und durch den niederhess. Adel. Zur gleichen Zeit erreichten aber auch einige als Hofjuden einen gesellschaftl. Aufstieg. Rechtl. Gleichstellung gewährte zu Beginn des 19. Jhs. das → *Königreich Westphalen* unter König → *Jérôme* mit Dekret vom 27.1.1808. Das löste unter den Juden eine große kulturelle Aktivität aus: 1809 entstand eine jüdische Volksschule, 1810 ein damit verbundenes Lehrerseminar. 1828 beschloss die → *Jüdische Gemeinde* auf eigene Kosten den Bau einer Synagoge. Sie wurde im Sommer 1839 in der Unteren Königsstr. eingeweiht. Eine 1872 dafür gestiftete Orgel spaltete die Gemeinde in einen liberalen und einen orthodoxen Teil. Letzterer wollte eine eigene Synagoge, die 1898 in der Großen Rosenstr. eingeweiht wurde. Durch die J. konnten Juden auch ein Handwerk erlernen und ausüben. Insbes. konnten sie sich an der bald darauf einsetzenden → *Industrialisierung* auch als Unternehmer beteiligen. So wurde z. B. → *Sigmund Aschrott* zum Begründer der Kasseler Textilindustrie. Als großer Wohltäter machte er sich einen stadtbekannten Namen. Aber nicht alle klugen jüdischen Köpfe hielt es in Ks. So ging der Chemiker → *Ludwig Mond* 1862 nach England, wo er mit anderen die Weltfirma „Imperial Chemical Industries" (ICI) gründete. Doch er vermachte seiner Vaterstadt bedeutende → *Stiftungen*. Den Rabbinersohn und Gauss-Schüler → *Paul Julius (v.) Reuter* zog es nach Paris, wo er 1849 das später nach ihm benannte Telegrafenbüro gründete (seit 1851 in London).
Die Entwicklung Kassels zu einem bedeutenden Kultur- und Wirtschaftszentrum im 19. und frühen 20. Jh. war auch das Verdienst vieler gebildeter und vermögender Juden. Der Religionsphilosoph und Bibelübersetzer → *Franz Rosenzweig* wurde besonders bekannt. Dennoch kam in den 1880er Jahren auch in Hessen eine antisemitische Stimmung auf und führte zur Bildung einer Antisemitenpartei (→ *Antisemitismus*) unter Otto Böckel, die weniger in Städten als in ländl. Teilen des ehem. Kurhessens viele Mandate errang. *hke*
Lit.: Arnsberg, Jüdische Gemeinden.

Medaille zur Judenemanzipation von Abraham Abramson, 1808

Judenlandtage Zu keiner Zeit gab es in Hessen-Ks. eigenständige → *jüdische Gemeinden* mit Korporationsrecht. Das wichtigste Verwaltungsorgan in der Landgrafschaft waren die J. Sie hatten eine doppelte Funktion als Organe der innerjüdischen Selbstverwaltung und der staatl. Kontrolle. 1622 wurde auf Veranlassung des Hofjuden Goldschmidt aus Ks. der erste J. in Ks. einberufen. Danach sollte dieses Organ alle drei Jahre einberufen werden. Der Goldschmidt'sche Anlass waren 2.000 Goldtaler Kriegsbeitrag, den er verauslagt hatte und auf die Judenschaft umzulegen gedachte. Die J. wurden nur von der Obrigkeit einberufen, dauerten zumeist zwei bis drei Wochen, wobei den Judenfamilien des jeweils festgelegten Ortes die Verpflegung und Unterbringung oblag. Einberufungen durch andere Personen waren bei hohen Geldstrafen verboten. So wurde deshalb 1723 der Landrabbiner zu 300, die Vorsteher zu je 100 und die Teilnehmer zu je 30 Gulden Strafe verurteilt. Daneben waren jeweils zwei Kommissionäre der Rentkammer zur Aufsicht und Kontrolle anwesend, die jeweils dem Landgrafen Bericht erstatten mussten. Alle männl. Juden waren zur Teilnahme verpflichtet. Nichterscheinen konnte den Verlust der Aufenthaltserlaubnis nach sich ziehen. Dabei wurden die Schutzbriefe und Toleranzscheine überprüft. Wer sich ohne ein Dokument in der Landgrafschaft aufhielt, wurde des Landes verwiesen. So wurde 1744 festgestellt, dass 335 Familien kein entsprechendes Dokument besaßen. Diese mussten entweder die Landgrafschaft verlassen oder sich bei Schutzjudenfamilien verdingen. Gleichzeitig wurde die Kopfzahl aller im Lande befindlichen Juden festgestellt, um „derer nicht zu viele im Lande zu haben". Hauptaufgabe der J. war die Feststellung der Vermögensverhältnisse für die Steuer der folgenden Jahre. Vorgelegte Quittungen über die Abgaben der vergangenen Jahre wurden überprüft, Rückstände mit Geldstrafen in doppelter Höhe geahndet. Das Geld musste notfalls von der gesamten Judenschaft bezahlt werden. Abgaben waren für die Obrigkeit, Schutz/Duldung, Federlappengeld, Kriegsbeitragsgeld, Leibzoll, Kraut- und Lothgeld, tlw. für kirchl. Bauten und Einrichtungen sowie für Pfarrer und Lehrer zu entrichten. Die J. regelten zugleich die innerjüdischen Angelegenheiten wie Gemeindeabgaben, Unterhaltsgelder für Rabbiner, Lehrer, Vorbeter, Schächter, Kosten für Gottesdienste, Unterricht, → *Synagogen*, Mikwen, Friedhöfe (→ *Jüdischer Friedhof*) und Jerusalemsgelder. In komplizierten Wahl- und Ernennungsverfahren wurden die Vorsteher, Schätzer und Schreiber, später auch die Rabbiner und Landrabbiner, seit 1625 für die Distrikte ernannt. Die Beschlüsse hatten Gesetzeskraft und wurden im Constitutenbuch festgehalten. Auch ethisch-moralische Beschlüsse wurden gefasst, z. B. gegen Kleiderluxus und Glücksspiel, zur gottesdienstl. Ordnung oder zu Tora-Talmudschulen. Der Landrabbiner musste von der jeweiligen Obrigkeit bestätigt werden. Die meisten J. wurden in Spangenberg abgehalten, häufig auch in Melsungen, Grebenstein, Borken, Gudensberg, Fritzlar, selten in kleineren Orten, weil sie dem Andrang nicht gewachsen waren. Nur 1633 wurde der J. erneut in Ks. abgehalten, war sodann aber in der → *Residenz* unerwünscht. Gleichzeitig waren es auch Gerichtstage. Der Landrabbiner war landesherrl. anerkannter Richter in erster Instanz bei jüdischen Angelegenheiten. Wurden Geldstrafen verhängt, entfiel die Hälfte dem landesherrl. Fiskus. Die J. waren für die Judenschaft ein einendes Band. Dort wurden zugleich soziale Aufgaben wahrgenommen, Ehen gestiftet und verarmte Gemeindeangehörige unterstützt. Zugleich gingen sie für die Anwesenden mit zwei- bis dreiwöchigem Verdienstausfall einher. Im Jahre 1806 fand der letzte J. statt. *eh*

Lit.: Horwitz, Judenlandtage; Schmittdiel, Juden.

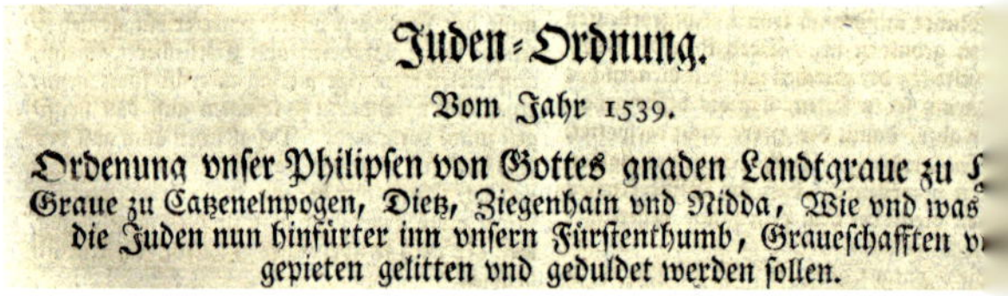
Juden-Ordnung.
Vom Jahr 1539.
Ordenung vnser Philipsen von Gottes gnaden Landtgraue zu H
Graue zu Catzenelnpogen, Dietz, Ziegenhain vnd Nidda, Wie vnd was
die Juden nun hinfürter inn vnsern Fürstenthumb, Graueschafften v
gepieten gelitten vnd geduldet werden sollen.

Kopfzeile einer Judenordnung von 1539, erschienen in der Sammlung Fürstlich Hessischer Landesordnungen, Bd. 1, Kassel 1767

Judenordnungen Juden standen grundsätzlich in deutschen Landen unter Fremdenrecht und konnten sich ein Aufenthaltsrecht gegen hohe Abgaben erkaufen, womit sie einen sog. Schutzbrief erhielten. Im Zuge der → *Reformation* veranlasste Lgf. → *Philipp* 1524 die Ausweisung aller Juden aus der Landgrafschaft Hessen-Ks. 1532 wurde unter dem Einfluss des Michel von Derenburg, Hofjude und Finanzier des Landgrafen, die Rückkehr gestattet. Unter Einfluss Martin Bucers wurde 1539 die erste J. mit 14 Paragraphen veröffentlicht, wobei das Schutzprivileg in eine Duldung umgewandelt wurde. Diese J. lässt sich in drei Gruppen untergliedern: Religions- und Kultusfragen, Handels- und Geschäftsverkehr sowie gewerbepolizeil. Verordnungen. Aufgrund des Duldungsrechts durften nur bis zu 15 Judenfamilien, geschäftlich mit dem Hof verbunden, in Ks. leben, den anderen jüdischen Familien wurde das Niederlassungsrecht in hess. Ortschaften vorgeschrieben. Schon diese J. war sehr rigide, so dass viele jüdische Familien die Landgrafschaft verließen. Im Bundesbrief von 1633 unter Lgf. → *Moritz* wurden die Juden zu einer → *Jüdischen Gesamtgemeinde* zusammengefasst und in sechs Distrikte gegliedert: Ks., Gudensberg, Ziegenhain-Borken, Rotenburg-Sontra, Schmalkalden-Eschwege-Witzenhausen und Marburg. Eine weitere J. von 1646 trat nach heftigen Protesten der Judenschaft nicht in Kraft. Zwischenzeitlich gab es zahlr. Kameralausschreiben und Einzelverordnungen mit der Einrichtung von ordentl. → *Judenlandtagen* sowie der Bestallung eines Landrabbiners. 1679 erließ Lgf. → *Karl* eine neue, ergänzende J. mit 28 Paragraphen über höhere Schutzgeldzahlungen, vielfache Steuern, auch zum Bau christl. Einrichtungen, Heiratsrechte, Übernachtungsrechte von Handelsjuden, Markt- und Zinsrechte, verpflichtende Teilnahme an den Judenlandtagen, Gerichtsbarkeit und Streitigkeiten zwischen Juden und Christen, Strafen bei Verstößen bis hin zur Ausweisung. 1739 erließ → *Friedrich I.* eine J. mit 38 Paragraphen und weiteren Einschränkungen sowie einem speziellen Judeneid, Judenleibzoll, judenschaftl. Bediensteten: Schächter, Schulmeister, Vorsänger, Schreiber, Vorsteher. Eine vierte J. wurde 1749 mit weiteren 30 Paragraphen erlassen über Zuzugs- und Heiratsbeschränkungen, Stärkung der Rechte von Christen in ihrer Glaubenspraxis, ordentl. Gerichtsbarkeit für schwere Vergehen, Geld- und Warenverkehr. → *Friedrich II.* erließ 1779 eine erläuternde J. mit sieben Paragraphen. Der Schutzjudenstatus konnte nur vom ältesten Sohn neu erworben werden, Wucher war verboten, ebenso das Betteln und Hausieren. All diese Gesetze galten bis 1807, als König → *Jérôme* die Juden zu gleichberechtigten Bürgern machte und für sie Familiennamen forderte. Er richtete das Königlich-Westphälische Konsistorium der Israeliten ein, das jüdische Angelegenheiten wie Schulwesen, Lehrer- und Rabbinerausbildung sowie Gottesdienstordnungen regelte. Nach der Rückkehr Kurfürst → *Wilhelms I.* galt wieder die frühere Rechtsverfassung Kurhessens; der Schutzjudenstatus und die vorherige Gewerbefreiheit und Grunderwerb wurden zurückgenommen, ebenso die Zunftzugehörigkeit und das Betreiben von Landwirtschaft. Die entgangenen Schutzgeldzahlungen mussten nachentrichtet werden. 1816 wurden nach Eingaben des Vorstehers Jacob Pinhas gegen Erstattung von 75.000 Talern in vier Raten für zukünftig entfallende Schutzgeldzahlungen den Juden Bürgerrechte und eine teilweise Gleichstellung zuerkannt. Das galt nicht für die Juden des Fürstentums Hanau sowie des Großherzogtums Fulda. Das Gesetz von 1823 gestand eigene Religionsrechte zu und 1833 wurde in der Kurhessischen Verfassung die rechtl. Gleichstellung aller Juden des Kurfürstentums Hessen-Ks. festgeschrieben. Die Umsetzung ging im Alltag jedoch nur zögerlich voran. *eh*

Lit.: Haß, Schutzjuden; Sammlung Fürstl. Hess. Landes-Ordnungen.

Jüdische Gemeinde Der erste Hinweis auf jüdische Einwohner in Ks. liegt aus dem Jahr 1293 vor, als die Kasseler Karmeliter einen Hof erwarben, der zu einem früheren Zeitpunkt von der Jüdin Rechelin bewohnt worden war. Wie lange zu diesem Zeitpunkt schon Juden in der Stadt lebten, ist nicht bekannt. Nachdem auch in Ks. in den Jahren 1348/49 Verfolgungen im Zusammenhang

Jüdische Gemeinde
Diese Zeichnung aus der Serie „Bilder aus der Synagoge" von Wilhelm Thielmann zeigt den Landrabbiner Dr. Isaac Prager, den Ober-Vorbeter Konrad Kaminski und den Synagogendiener Levi Süßholz, 1896–1899

mit dem Ausbruch der Pest stattfanden, gab es fast das ganze 14. Jh. hindurch keine Belege für die Anwesenheit jüdischer Einwohner, dafür sind Kasseler Juden nach 1360 in Frankfurt/M. und 1368 in Erfurt nachweisbar. Erst 1398 bietet die Erwähnung einer „Judenschule“ (d. h. einer Synagoge) einen Hinweis auf das Bestehen einer J. 1455 wird erstmals die Judengasse erwähnt, in der sich auch die → *Synagoge* befand. Gelegen war sie zwischen dem Kloster Ahnaberg und der → *Fulda*.

1524 verfügte Lgf. → *Philipp* die Ausweisung der Juden aus der Landgrafschaft, allerdings wurde diese Verfügung nicht konsequent durchgeführt. Bevor 1532 erneut Juden offiziell zugelassen wurden, lebten bereits wieder Juden in Ks. So hatte auch Lgf. Philipp Juden in seinen Diensten, etwa seinen Leibarzt Lazarus von Babenhausen oder ab 1530 Michel von Derenburg, der als Geldgeber tätig war. Eine größere J. hat es weder im 16. noch im 17. Jh. in Ks. gegeben. Niederlassen durfte sich nur, wer im Besitz eines landgräfl. Schutzbriefes war, doch die Landgrafen waren bestrebt, die Ausbreitung der jüdischen Bevölkerung einzuschränken. So war es während des 17. Jh. nur Einzelpersonen gestattet, sich in der Stadt niederzulassen. Seit 1635 durfte offiziell nur noch Benedikt Goldschmidt, der als Hofbankier für die Landgrafen → *Moritz*, Wilhelm V. und Wilhelm VI. tätig war, zusammen mit seiner Familie in der Stadt leben. Trotzdem siedelten sich einige weitere jüdische Familien in Ks. an. Die Gemeinde war jedoch das ganze Jh. hindurch sehr klein und wurde von der Familie Goldschmidt dominiert. Nicht immer konnte die für die Abhaltung eines Gottesdienstes notwendige Zahl von 10 Männern erreicht werden. Erst 1726 werden 12 Familien genannt, die in der Stadt wohnten. Seit 1731 wurden auch die jüdischen Einwohner Kassels verpflichtet, sich an öff. Gemeindediensten, etwa dem Wachdienst, zu beteiligen. Es war der jüdischen Bevölkerung nicht erlaubt, sich überall in der Stadt niederzulassen. Seit 1731 war es verboten, ein Haus in einer der Hauptstraßen der Stadt zu besitzen oder dort auch nur zur Miete zu wohnen. Bei einem Christen zu wohnen, war ebenfalls untersagt, allerdings wurden diese Verbote nicht immer befolgt. Seit 1766 durften Juden gar nicht mehr in der → *Altstadt* leben, sondern hatten sich in der → *Unterneustadt* anzusiedeln. Im folgenden Jahr wurden ihnen jedoch einige abgelegene Straßen in der Altstadt zugewiesen, in denen eine Niederlassung erlaubt wurde. Es handelte sich v. a. um die Straßen am Pferdemarkt, wo auch vor dem Verbot die meisten jüdischen Familien gelebt hatten. Nachdem die mittelalterl. Synagoge verm. spätestens seit dem 16. Jh. nicht mehr bestanden hatte, stand bis in das 18. Jh. hinein keine eigene Synagoge zur Verfügung. Offenbar wurde die in der Judenordnung von 1539 ausgesprochene Anweisung befolgt, keine neuen Synagogen zu errichten. Erschwerend kam hinzu, dass die Kasseler Gemeinde nur aus wenigen Personen bestand. Die Gottesdienste hatten, ohne Aufsehen zu erregen, in einer abgelegenen Wohnung eines Juden stattzufinden. Nachdem verm. 1716 die Privatgottesdienste verboten wurden, wurde zunächst eine Synagoge in der Fliegengasse eingerichtet. Aufgrund steigender Mitgliederzahlen reichte dieser Raum bald nicht mehr aus und 1754 wurde ein Erweiterungsbau am → *Töpfenmarkt* genehmigt, der Platz für 109 Gläubige bot. Dieser Bau diente für die nächsten Jahrzehnte als Synagoge der Kasseler Gemeinde. Der Friedhof der J. befand sich seit 1630 in Bettenhausen (→ *Jüdischer Friedhof*). 1932 wurde ein neuer Friedhof gegenüber dem alten eingerichtet, der bis heute genutzt wird. Über die älteren jüdischen Friedhöfe der Stadt ist dagegen wenig bekannt. Der erste nachweisbare Jüdische Friedhof befand sich vor dem späteren Neuen Tor und wurde um 1630 geschlossen.

1808 änderte sich die Situation der J. entscheidend, als ihnen von König → *Jérôme* dieselben Rechte und Freiheiten zugesprochen wurden, die den übrigen Untertanen zustanden. Damit besaßen die Juden zum ersten Mal die vollen Bürgerrechte, u. a. fielen die Zahlung des Schutzgeldes und die Einschränkungen in der Berufs- und Niederlassungsfreiheit weg. Die Verwaltung der jüdischen Angelegenheiten im → *Königreich Westphalen* und damit auch in Ks. wurde durch das 1808 gegründete Königlich Westphälische Konsistorium der Israeliten unter dem Vorsitz Israel Jacobsons geregelt. Das Konsistorium setzte zahlr. gottesdienstl. Reformen durch, wie die Einführung der Konfirmation, der Orgel, deutscher Gebete und Predigten, die auch nach der Auflösung des Konsistoriums 1813 zum großen Teil beibehalten wurden.

Die unter Jérôme gewährten Freiheiten wurden durch Kurfürst → *Wilhelm I.* wieder zurückgenommen, später jedoch teilweise wieder gewährt. Erst ein Gesetz des Norddeutschen Bundes aus dem Jahr 1869 hob endgültig alle Benachteiligungen auf. Seit 1822 plante die J. den Bau einer neuen Synagoge, da sich die Zahl der Gemeindemitglieder innerhalb von nur 15 Jahren vervierfacht hatte: von 55 Familien bzw. 220 Seelen im Jahr 1806 auf 216 Familien bzw. 864 Seelen 1822. Die alte Synagoge am Töpfenmarkt musste 1827 wegen Baufälligkeit geschlossen werden. 1839 konnte schließlich die neue repräsentative Synagoge in der Unteren Königsstr., die Platz für 390 Männer und 340 Frauen bot, eröffnet werden. Der Entwurf stammte von dem Architekten → *Albrecht Rosengarten*, einem Mitglied der Kasseler Gemeinde. 1872 führte der Einbau einer Orgel in die Synagoge zu Streitigkeiten zwischen den orthodoxen und liberalen Gemeindemitgliedern, der dazu führte, dass 1898 eine eigene orthodoxe Synagoge mit ca. 200 Sitzplätzen in der Großen Rosenstr. eingeweiht wurde. Ein dritter Betraum wurde 1927 in der Unteren Königsstr. für osteuropäische Juden eingerichtet, die vermehrt nach dem → *Ersten Weltkrieg* zugewandert waren. Ca. 100 Gläubige fanden hier Platz. Weitere Einrichtungen waren das Altersheim, der Kindergarten und der Hort in der Mombach-, das Waisenhaus in der Gießberg- und die Volksschule in der Großen Rosenstr. Darüber hinaus bestand bis 1920 ein Lehrerseminar und von 1817 bis 1880 ein jüdisches Krankenhaus in der Leipziger Str. in Bettenhausen. Die Zahl der Gemeindemitglieder war vor allen seit den 1880er Jahren durch Zuzug aus den Landgemeinden stark angestiegen. Bis 1925 wuchs die jüdische Bevölkerung der Stadt auf 3.157 Personen an. Damit zählte Ks. zu den Städten des Reichs, die einen überdurchschnittlich hohen Anteil jüdischer Bevölkerung hatten. 1933 lebten noch ca. 2.300 Juden in der Stadt. Seit dem Frühjahr kam es zu Boykotten und Übergriffen gegen Juden und jüdische Einrichtungen. Schon im April 1933 wurde die jüdische Abteilung im → *Hessischen Landesmuseum* geschlossen. Bereits am 7.11.1938, zwei Tage vor dem reichsweiten Pogrom, wurden die Synagoge in der Unteren Königsstr. im Anschluss an eine antijüdische Demonstration geplündert und die Kultgegenstände in Brand gesteckt. Auch die Synagoge in der Großen Rosenstr. wurde verwüstet. Am 9.11. kam es erneut zu Ausschreitungen. Einen Tag später wurden 258 jüdische Männer verhaftet und in das KZ Buchenwald deportiert. Nur wenige Wochen später wurde die Synagoge abgetragen und an ihrer Stelle ein Parkplatz errichtet. Die orthodoxe Synagoge, in der noch bis 1942 Gottesdienste abgehalten wurden, wurde 1943 während eines Bombenangriffs zerstört. Bis 1942 wurden Juden aus dem Umland nach Ks. gebracht, die hier in Wohnungen bereits Deportierter bzw. in Ghettohäusern ihre → *Deportation* abzuwarten hatten. In drei Deportationszügen am 9.12.1941 nach Riga, am 1.6.1942 nach Lublin und von dort weiter nach Sobibór

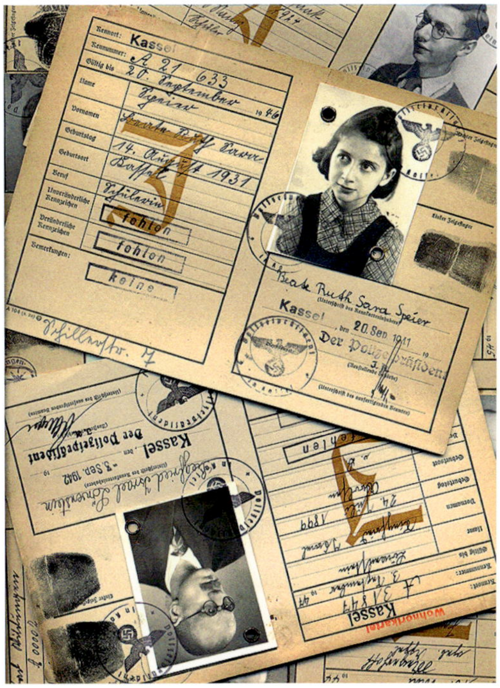

Jüdische Gemeinde Verschiedene Kennkarten von Juden in Kassel aus der NS-Zeit

und am 7.9.1942 nach Theresienstadt wurde die jüdische Bevölkerung zum Verlassen der Stadt gezwungen und die J. in Ks. ausgelöscht. Nach dem Krieg setzte sich die jüdische Bevölkerung der Stadt zunächst v. a. aus → *Displaced Persons* zusammen und die ersten Gottesdienste fanden in deren Lager, dem sog. Lager → *Hasenhecke*, statt. 1952/53 wurde ein Betsaal in der Heubnerstr. eingerichtet. Durch Auswanderung ging die Zahl der Gemeindemitglieder jedoch anschließend wieder zurück. 1965, als in der Bremer Str. in der Nähe der alten Synagoge ein neues Gotteshaus und ein Gemeindezentrum eröffnet wurde, bestand die J. nur noch aus 88 Mitgliedern. In den 1990er Jahren stieg die Zahl der Gemeindemitglieder v. a. durch Zuwanderer aus den Staaten der ehemaligen Sowjetunion stark an, von 83 Personen im Jahr 1989 bis auf 837 im Jahr 1999. Seit dem Jahr 2000 verfügt die J., die inzwischen auf ca. 1.200 Mitglieder angewachsen ist, über eine neue Synagoge, die an Stelle des 1965 errichteten Baus entstanden ist. Seit 2004 hat die Kasseler Gemeinde auch wieder einen eigenen Rabbiner. *sfu*

Lit.: Arnsberg, Gemeinden; Geschichte der J.

Jüdische Gesamtgemeinde Die jüdischen Gemeinden in der Landgrafschaft Hessen-Ks. waren in einer Gesamtgemeinde zusammengefasst, die unter der Aufsicht des Landgrafen stand. Erstmals wird 1434 von dem „lantgraven von Hessen und siner Judischeit" berichtet, tatsächlich fassbar ist die J. erst seit dem frühen 17. Jh. Der → *Judenlandtag*, der seit 1622 alle drei bis vier Jahre abgehalten wurde, bildete das oberste Organ. Die Teilnahme an diesen vom Landgrafen einberufenen Versammlungen war für alle unter Schutz stehenden oder tolerierten männl. Juden Pflicht, ebenso für die Witwen von Schutzjuden. Die Aufgabe des Landtags bestand darin, das Vermögen der jüdischen Bevölkerung zu ermitteln, um die Höhe der Abgaben festsetzen zu können, und in der Schaffung von Gesetzen zur Selbstverwaltung. Die hier beschlossenen Bestimmungen wurden im „Constitutenbuch der sämtlichen Judenschaft" zusammengestellt und hatten Gesetzeskraft. Der letzte Landtag fand 1806 in Fritzlar statt. Die J. war in die sechs „Klassen" Ks., Gudensberg, Marburg, Ziegenhain und Borken, Rotenburg und Sontra sowie Schmalkalden mit Eschwege und Witzenhausen unterteilt, mit jeweils einem Vorsteher, der auf dem Landtag gewählt wurde. 1625 wurde durch Lgf. → *Moritz* ein Landrabbiner eingesetzt, der erste Rabbiner trat jedoch erst 1656 sein Amt an. Er war der höchste Repräsentant der Kasseler Juden und unterstand der Regierung. Der Rabbiner wurde auf dem Landtag gewählt und vom Landgrafen bestätigt. Ihm stand die Gerichtsbarkeit in Zivilstreitigkeiten der Juden untereinander und in Zeremonienfragen zu. Seinen Sitz hatte der Geistliche zunächst in Witzenhausen, seit 1772 in Ks. Diese relative Selbstbestimmung der jüdischen Gemeinde fand im → *Königreich Westphalen* ein Ende, als der Staat die vollständige Aufsicht über die Religionsausübung übernahm. Zwischen 1808 und 1813 war das Königlich Westphälische Konsistorium der Israeliten, das dem Ministerium des Inneren unterstand, für die Regelung aller jüdischen Religions- und Verwaltungsfragen zuständig. Die Gemeinden wurden in sieben Sprengel unterteilt, mit jeweils einem Rabbiner und mehreren Vorstehern. Alle Gemeinden unterstanden der Kontrolle des Konsistoriums. In den 1820er Jahren traten unter Kurfürst → *Wilhelm I.* neue Verordnungen in Kraft. An der Spitze der neu geschaffenen vier Provinzen Niederhessen (Ks.), Oberhessen (Marburg), Fulda und Hanau stand jeweils ein Provinzialvorsteher, der der Regierung untergeordnet war und die Aufsicht über das Kultus- und Schulwesen hatte. Alle Beschlüsse mussten von der Regierung bestätigt werden. Daneben stand jeder Provinz ein Rabbiner vor. Der niederhess. Provinzialrabbiner führte den Titel „Landrabbiner", wurde vom Landesherrn bestellt und galt als die oberste geistl. Autorität. Die Leitung des gesamten jüdischen Religionswesens lag beim „Landrabbinat", das sich aus dem Landrabbiner, den Provinzialrabbinern und einem Mitglied des Vorsteheramtes aus Ks. zusammensetzte. Ein landesherrl. Kommissar übte die staatl. Aufsicht aus. Der letzte Landrabbiner kam 1937 nach Ks. und war bis 1938 im Amt. *sfu*

Lit.: Engelbert, Recht; Horwitz, Verwaltung.

Jüdischer Friedhof Spätestens mit ersten Hinweis auf jüdische Einwohner in Ks. (→ *Jüdische Gemeinde*) seit Ende des 13. Jh. ist auch ein J. anzunehmen; seine Lage ist seit dem letzten Viertel des 15. Jh. vor der → *Stadtbefestigung* der Freiheit gesichert, im Bereich des heutigen → *Königsplatzes*. Um 1630 wurde das Gelände bei der Ergänzung der Stadtbefestigung für die Anlage eines Ravelins benötigt; der Friedhof entgegen den religionsgesetzlichen Bestimmungen aufgenommen. Die Familie von Buttlar erwarb ein Grundstück am Eichwäldchen im Dorf → *Bettenhausen*, wo 1630 die erste Belegung stattfand. Das Vorhandensein von Gräbern und Grabsteinen Kasseler jüdischer Familien wie Gans, Goldschmidt, Rinald, Feidel, Wallach durch drei Jahrhunderte sowie der Familien → *Sichel*, → *Gotthelft*, → *Rosenzweig*, → *Gottschalk*, → *Fiorino*, Hoffa, → *Mosenthal*, → *Rosengarten* und Büding durch zwei Jahrhunderte zeugt von der Konstanz der → *Jüdischen Gemeinde* in Ks. 1841 wurde ein angrenzendes Grundstück durch die Familie → *Rothfels* erworben und der Jüdischen Gemeinde übereignet. Dort wurde auch eine noch heute genutzte Trauerhalle errichtet. Die Anlage umfasst 20.000 m^2 mit ca. 3.000 Grabstellen, eingebettet in eine parkähnliche Landschaft mit altem Baumbestand. Dieser alte J. rechts am Fasanenweg ist vollständig belegt und gilt als geschlossen; links daneben schließt der neue, erstmals 1932 belegte an den christl.-kommunalen Friedhof an. Dieses Gelände umfasst knapp 11.000 m^2 mit Hainbuchenhecken und Birkenbestand. 2005/06 wurden auf der noch ungenutzten Fläche neue Gräberfelder angelegt. Neben dem „ewigen Ruherecht" gelten für die Totenbestattung sichtbare Grundsätze: Ehepartner werden nebeneinander bestattet, ansonsten gilt das Sterbedatum; Kinder und Alleinstehende werden in einer gesonderten Reihung bestattet. Kohanim und Leviten werden zumeist in einer Ehrenreihe beigesetzt. Gräber sind mit der Kopflage so ausgerichtet, dass bei der Auferstehung das Angesicht nach Jerusalem schaut. Eine Grabbepflanzung, eigentlich nicht gestattet, ist erst in neuerer Zeit sichtbar, da die Vergänglichkeit dargestellt werden soll. Wer ein Grab besucht, hinterlässt ein Steinchen als Zeichen der Ehre und des Nichtvergessenseins. Der Gang über den Bettenhäuser Friedhof ist für den aufmerksamen Besucher ein Gang durch die Kulturgeschichte. So finden sich auf Grabplatten aus dem 17. und 18. Jh. ausschließlich hebräische Inschriften mit Symbolik und Ornamentik. Aus der französischen Ära und der beginnenden Emanzipation finden sich Grabstelen mit hebräischen und deutschen Inschriften.

Um die Wende vom 19. zum 20. Jh. entstanden Familiengräber mit z. T. veränderter Symbolik, etwa dem Davidstern oder Hinweisen auf Namen und Beruf. Die Grabsteinformen wie auch das Grabsteinmaterial wechselten, letzteres von Sandstein zu Granit und Marmor. Nach dem → *Ersten Weltkrieg* wurde sogar ein Ehrenmal für die Gefallenen der Kasseler Jüdischen Gemeinde errichtet. Nach dem → *Zweiten Weltkrieg* wurden auf einigen Grabsteinen zusätzliche Tafeln von Überlebenden für ermordete Angehörige angebracht. Auf dem neuen J. entstand inzwischen eine neue Grabkultur mit ganzheitlich deckenden Grabplatten, fest installierten Vasen, Grableuchten und zusätzlichen russisch geschriebenen Namen durch die Zuwanderung russischsprachiger Juden. *eh*

Lit.: Haß, Friedhof; Haß/Ostrowskaja/Ostrovskyy, Friedhof.

Gräber am Jüdischen Friedhof, 2007

Juliane, Landgräfin von Hessen-Ks. (* 3.9.1587 Dillenburg, † 15.2.1643 Eschwege), wurde mit 16 Jahren die zweite Gemahlin des Lgf. → *Moritz*. Sie stammte aus dem Hause Nassau-Dillenburg und konnte sich in schwierigen Situationen während ihres Ehelebens auf die Hilfe ihres Hauses verlassen, dessen Forderungen sie zu erfüllen hatte. Da sie eine gebildete, selbstbewusste Frau war und ihre Ansprüche und v. a. die ihrer 13 Kinder durchzusetzen verstand, bot sie auch aufgrund ihrer Konfession Angriffsflächen. J. wurde durch diese Konstellation der Sündenbock für die innen- und außenpolit. Fehler ihres aggressiven und zugleich zögerlichen Ehemanns. Ein Vorwurf, der allein ihr angelastet wurde, betraf die Durchsetzung des Calvinismus im Auftrag des Landgrafen gegen den Widerstand der Bevölkerung und v. a. der Ritterschaft, ein anderer ihren geschickten Umgang mit Geld. J. wusste um die durch eine verschwenderische Hofhal-

Landgräfin Juliane, Ausschnitt aus dem Familienbildnis von August Erich (?), 1618–1628, Öl auf Leinwand

tung und sinnlose Feldzüge hervorgerufene hohe Verschuldung des Staates. Deshalb verließ sie sich nicht auf die Zusicherung einer finanziellen Versorgung für sich und ihre Kinder nach dem Tod ihres Ehemannes, sondern ließ sich zur Geburt der Kinder heimgefallene Güter, den nach ihr benannten Nassauer Hof in Ks., Anteile am Salzwerk oder an Vorwerken überschreiben und lieh ihrem Gemahl nur Geld gegen eine sichere Schuldverschreibung. Die Sorge um ihre „liebe posterität", deren gute Erziehung und solide Vorbereitung auf eine standesgemäße Tätigkeit bestimmte ihr Leben.
Als Lgf. Moritz in der Auseinandersetzung mit Hessen-Darmstadt und im Kampf gegen den Kaiser zu keinen Verhandlungen bereit war und vor der drohenden Besetzung der Landgrafschaft ins Ausland floh, waren J. und Wilhelm V., Sohn Moritz' aus erster Ehe, zum Handeln gezwungen. Beide arbeiteten in den finanziellen und kriegerischen Bedrängnissen der nächsten Jahre gut zusammen. J. sagte sich 1623 mit einem juristisch fundierten Schreiben von ihrem Gemahl los, der 1627 zum Regierungsverzicht gedrängt werden konnte. In einem offiziellen Vertrag erhielt sie zur Versorgung für sich und ihre Kinder ein Viertel Hessen-Kassels, die sog. Rotenburger Quart. Von Rotenburg aus organisierte sie mit Wilhelm V. den Bund mit Schweden gegen den Kaiser; beide widerstanden den Anschuldigungen des resignierten alten Landgrafen und schufen einen Ausgleich mit Hessen-Darmstadt. Trotzdem pflegte J. ihren Gemahl in den Wochen vor seinem Tod. Die Verheerungen des → *Dreißigjährigen Kriegs* ließen ein ruhiges Leben in Rotenburg nicht zu. J. floh 1631 nach Ks., wo sie am 15.2.1643 im Nassauer Hof starb und in der → *Martinskirche* begraben wurde. In der von ihr erstrittenen Rotenburger Quart regierten ihre Nachkommen bis 1834. *ml*

Lit.: Lemberg, Juliane.

Jung, Hans-Gernot (* 10.2.1930 Marburg, † 26.11.1991 Ks.) war 1978–91 Bischof der → *Evangelischen Kirche von Kurhessen-Waldeck*. Nach dem Studium der Evang. Theologie in Marburg, Heidelberg und Dubuque (Iowa) promovierte er 1959 in Marburg zum Dr. theol. Nach acht Jahren im Pfarrdienst (1958–62 → *Kreuzkirche*, 1962–65 Studentenpfarrer in Marburg) wurde er Direktor der Evang. Akademie Hofgeismar (1965–74), danach Oberlandeskirchenrat in Ks. (1974–78), bevor er 1978 von der Synode der Landeskirche zum Bischof gewählt wurde. Bei der Wahlsynode der Evang. Kirche in Deutschland (EKD) 1985 galt J. als aussichtsreicher Anwärter für das Amt des Ratsvorsitzenden der EKD, womit Ks. für sechs Jahre ins Zentrum des deutschen Protestantismus gerückt wäre; J. wurde schließlich zum stellvertretenden EKD-Ratsvorsitzenden (1985–91) gewählt. Darüber hinaus hatte er zahlr. weitere regionale und überregionale kirchl. Leitungsämter inne (u. a. seit 1986 Präsidiumsmitglied der Konferenz Europäischer Kirchen). J. galt als Intellektueller auf dem Bischofsstuhl, wovon seine zahlr. Publikationen zeugen. Zu seinem Nachfolger im Bischofsamt wurde 1992 Christian Zippert gewählt. *wew*

Lit.: Scholz/Dickel, Gottesdienst; Jung, Rechenschaft.

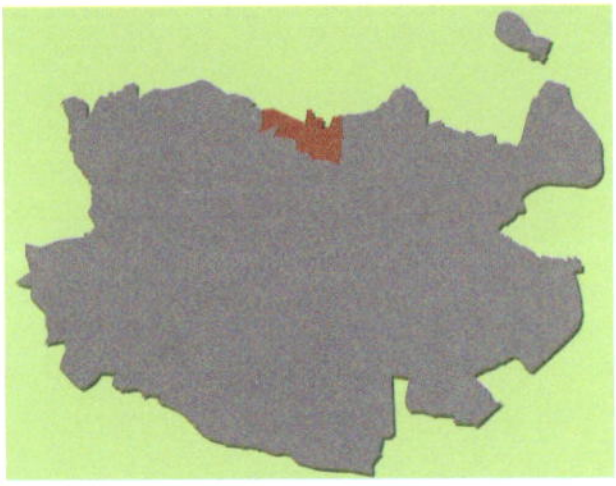

Der Stadtteil Jungfernkopf im Kasseler Stadtplan

Wappen des Stadtteils Jungfernkopf

Der **Jungfernkopf** erhielt seinen Namen von den Nonnen („Jungfrauen") der Augustinerinnen-Klausur im Bereich des → *Zeughauses*, die hier ihre Kühe weideten. Im → *Siebenjährigen Krieg* hatten hier die Truppen des Herzogs von Braunschweig ihre Schanzen, von denen aus sie die nach → *Wilhelmsthal* zurückweichenden Franzosen beschossen und woher der Straßenname „Am Feldlager" stammt. 1890 kaufte der Waggonbaufabrikant → *Wegmann* das 570 ha große Gelände westl. der Bahnlinie (Großer Park) und 1893 das Gelände am Fichtenrain (Kleiner Park), wo er sich im Bereich des heutigen Bahnübergangs Wegmannstr. ein Pavillonhäuschen errichten ließ. Im Großen Park wurden Obstbäume gepflanzt, die bewässert wurden. An das Einlagern der Früchte erinnert der Straßenname „Am Obstkeller". Während und nach dem → *Ersten Weltkrieg* begann die Besiedlung der Areale nördl. des Großen Parks, des Fichtenrains, des Areals Osterberg im W wie auch innerhalb des Großen Parks. Der Anschluss an die Wasser- und Stromversorgung sowie die Befestigung der Straße erfolgte erst in den späten 1930er Jahren, der Anschluss an das Kanalsystem sogar erst ab 1960. Nach 1945 schlossen sich die vier Siedlerverbände (an welche die Dreiecke im Stadtteilwappen erinnern) zur Interessengemeinschaft J. zusammen. 1949 entstand eine eigenständige Evang. Kirchengemeinde J. und 1951 begann der Bau der Grundschule, die 1957 selbstständig wurde. Seit 1981 bildet J. einen eigenen → *Stadtteil.* *ds*

Lit: Rahmann, Jungfernkopf.

Junghans, Sophie (* 3.12.1845 Ks., † 16.9.1907 Hildburghausen) wurde als Tochter des späteren Hofrates Justus J. und seiner Frau Helene, geb. Marschall, geboren. 1852–60 besuchte sie eine Kasseler Privatschule. Der Tod des Vaters 1860 brachte die Familie in finanzielle Not. Um schnell Geld zu verdienen, entschloss sich J. gegen ihre Neigung, Lehrerin zu werden, damals eine der wenigen gesellschaftlich anerkannten Berufsmöglichkeiten für Frauen. 1864 ging sie ohne Existenzperspektive nach England. Ihre Studien in Latein und römischer Geschichte schloss sie 1868 in Rugby mit Examen ab. 1869 kehrte J. nach Ks. zurück und arbeitete in der städt. höheren Töchterschule (→ *Mädchenbildung*). Als sie 1871 den ungeliebten Lehrberuf endgültig aufgab, um sich ganz dem Schreiben zu widmen, konnte sie auf zwei Veröffentlichungen zurückblicken. Sie wurde zu einer sehr erfolgreichen Schriftstellerin, die v. a. moderne Unterhaltungsromane schrieb, die in verschiedene Sprachen übersetzt wurden. Sie hielt sich oft in Berlin auf und verkehrte in literarischen Kreisen. Bei einem Italienaufenthalt 1876/77 heiratete sie in Rom den Lehrer Joseph Schumann. Die Ehe, aus der ein Sohn hervorging, wurde auf ihren Wunsch nach wenigen Jahren geschieden. 1882/83 hielt sie sich in England, danach in Ks. auf. 1901 wurde sie in die Landesheilanstalt Marburg eingewiesen, später in die Thüringer Irrenanstalt Hildburghausen verlegt, wo sie auch verstarb. *ao*

Lit.: Nolte, Hysterie; Spiero, Geschichte.

Jungmann, Jodocus (* 5.12.1550 Kaufungen, † 3.7.1598 Marburg) entstammte einer flandrischen Exilantenfamilie, die unmittelbar vor seiner Geburt nach Kaufungen gekommen war. Er studierte in Marburg und Wittenberg, wo er den Magistergrad erwarb und wurde anschließend Rektor in Korbach. Ab 1581 übernahm er die Leitung des Kasseler Pädagogiums und war maßgeblich an der betont ramistischen und ref. Ausrichtung des → *Collegiums Mauritianum* beteiligt. Sein noch in Gent geborener Bruder Jakob wurde 1580 unter Lgf. → *Wilhelm IV.* Rat und schließlich Vizekanzler in Marburg, wo er verstarb. Sein Sohn Justus studierte in Straßburg und Marburg. Unter Lgf. → *Moritz* wurde er 1624 Konsistorialrat. Lgf. Wilhelm V. diente er 1634 als Kammerdirektor. Landgräfin → *Amalia Elisabeth* ernannte ihn 1646 zu ihrem Vizekanzler, Lgf. → *Wilhelm VI.* 1651 zum Konsistorialpräsidenten. *htg*

Lit.: Gräf, Konfession, 385f.

Junker, Leni, eigentlich Helene (* 8.12.1905 Ks., † 9.2.1997 Wilhelmshaven), ist heute in Ks. in Vergessenheit geraten. Dabei war sie eine der erfolgreichsten Sportlerinnen, die die Stadt hervorgebracht hat. Sie holte zwischen 1923 und 1933 insg. acht Meistertitel: im 100-m-Lauf, Hochsprung, 80-m-Hürdenlauf und im Vierkampf. Den Weltrekord im 100-m-Lauf erreichte sie dreimal: 1924 (12,9 sec), 1926 (12,3 sec) und 1928 (12,1 sec). Bei der Olympiade in Amsterdam 1930 war sie die Schlussläuferin der Frauenstaffel über 4 x 100 m, die die Bronzemedaille holte. Im gleichen Jahr heiratete J. den Zehnkämpfer Bernhard Thymm und zog sich aus dem Leistungssport zurück. *cw*

Qu.: StA Wilhelmshaven, Best. 6045.

Jussow, Heinrich Christoph (* 12.9.1754 Ks., † 26.7.1825 ebd.) war ein bedeutender Architekt des Klassizismus, der nach einem aufgenommenen Jurastudium in Göttingen und Marburg (1774–78) als Akzessist und später Skribent (1778/1780) ins landgräf. Baudepartment wechselte und 1781 Hilfskraftlehrer in der von → *Simon Louis du Ry* geleiteten Bauakademie wurde. 1783 erhielt J. ein Ausbildungsstipendium, welches ihm eine zweijährige Ateliermitarbeit bei Charles De Wailly in Paris und eine Bildungsreise nach Italien (Rom, Paestum, Sizilien) ermöglichte; danach folgte ein mehrmonatiger Aufenthalt in England. Die Auseinandersetzung mit der französ. Revolutionsarchitektur, die Begegnung mit der antiken Architektur, dem Werk Palladios, den engl. Landschaftsgärten und Herrensitzen sowie den Ruinenarchitekturen in mittelalterl. inspirierter Formensprache wurden prägend für J.s Werk. Seine Architekturzeichnungen vermitteln eindrucksvoll den Prozess der Ideenfindung sowie der Entwurfspraxis. Mit seinem Amtsantritt als Bauinspektor (1788) avancierte er in wenigen Jahren zur entscheidenden Figur bei der Neu-

Titelblatt des Werkes „Wisel. Das Gelübte" von Sophie Junghans, das auch ihr Porträt enthält, erschienen in Leipzig 1908

konzeption von → *Schloss* und → *Park Wilhelmshöhe*. Im Gegensatz zu Du Rys Prinzip der „convenance" favorisierte J. einen von De Wailly und Claude-Nicolas Ledoux beeinflussten monumentalisierten Corps de logis im strengen Klassizismus der sog. Revolutionsarchitektur. Zustimmung erhielt er durch Lgf. → *Wilhelm IX.*, da sich dieser im Gegensatz zu seinem frankophilen Vater im Bereich Architektur und Gartenkunst stark an England orientierte. Für den Park Wilhelmshöhe im engl. Gartenstil schuf J. neben → *Aquädukt* und → *Teufelsbrücke* die → *Löwenburg* als früheste unregelmäßig angelegte Burgenarchitektur in Europa; als Vorbild dienten die Ruinenbauten Englands und die „vaterländischen" hess. Burgruinen in Löwenstein und Jesberg. Mit der Besetzung Kurhessens durch die Franzosen 1806 und der Errichtung des → *Königreichs Westphalen* konnte er seine Stellung als bevorzugter Architekt des Souveräns nicht behaupten; die Hauptaufträge ergingen nun an → *Grandjean de Montigny* und → *Leo von Klenze*. *mdl*

Lit.: Heinrich Christoph Jussow.

Aktie der Jute-Spinnerei und Weberei AG im Wert von 200 Reichsmark aus dem Jahr 1928

Die **Jute-Spinnerei und Weberei AG** wurde 1882/83 im damals noch selbstständigen Dorf → *Rothenditmold* von der Familie Rubensohn am Müllerweg (heute Philippistr.) gegründet, um dem in dieser Zeit stark steigenden Bedarf nach – gegenüber den herkömmlichen Materialien wie Hanf, Baumwolle oder Flachs – günstigeren Jutegarnen und daraus fabrizierten Jutesäcken nachzukommen. Diese wurden für den Transport von landwirtschaftl. und anderen Produkten benötigt, später auch für Zement, Kali, Kohle u. ä. Es war kaum mehr möglich, den Bedarf in der trad. Handweberei zu decken, so dass hier dampfgetriebene Webstühle, deren Schornstein noch heute das Gelände unterhalb des Tannenwäldchens prägt, eingesetzt wurden. Dabei kam der J. der Anschluss an die Main-Weser-Bahn zugute, über die die Rohjute als Ballenware nach dem Schiffstransport aus Indien herangeführt wurde. So entwickelte sich in Rothenditmold dieser in ganz Nordhessen einzigartige Betrieb, der schließlich sogar nach Übersee exportierte. 1895/96 wurden 1,7 Mio. Kilogramm Garn, 3,6 Mio. Meter Juteleinen und 1,7 Mio. Jutesäcke an den 2.224 Spindeln und 150 Webstühlen produziert – bei einer Beschäftigung von 14 Angestellten, 480 Arbeitern und Arbeiterinnen, denen eine eigene Krankenkasse, eine Werksküche mit Speisesaal, ein Badehaus mit Wannen- und Brausebad sowie Arbeiterwohnungen in Werksnähe mit einer Kleingartenkolonie zur Verfügung standen. 1913 gab es 800 Werksangehörige, davon 500 Frauen. 1928 wurde die Börsennotiz der J. zunächst mit 4.800 Stamm- und 120 Vorzugsaktien zu je 200 RM aufgenommen; 1942 folgte eine Ausgabe von 984 Stammaktien zu je 1.000 RM. Zu dieser Zeit wurden auch → *Zwangsarbeiter* in den Betrieb eingegliedert, die im Saal des „Vereinshauses" untergebracht waren. Bei den → *Luftangriffen* 1943 wurden 98 % der Produktionsfläche zerstört. Dennoch konnte bereits 1946 die Produktion wieder aufgenommen werden, in der 450 Personen im Schichtbetrieb arbeiteten, um die heimische Landwirtschaft mit Säcken und Erntebindegarnen zu versorgen; tägl. wurden ca. 2.000 Kartoffelsäcke produziert. Auch damals zeichnete sich die J. als ein Betrieb aus, der für freiwillige Sozialleistungen wie Werksküche, Werksrente für ehem. Mitarbeiter etc. jährl. über 100.000 Mark aufwandte. Außerdem stellte die „Jutte" ihre Räumlichkeiten abends Parteien, Vereinen sowie den Kirchen für ihre Gottesdienste zur Verfügung, bis die entsprechenden Lokalitäten wieder aufgebaut waren. Doch ging durch den Wegfall der landwirtschaftl. Produktionsgebiete in den heutigen „neuen Bundesländern" einerseits der Bedarf an Jutesäcken zurück, andererseits war es mittlerweile rentabler geworden, diese in den Produktionsländern selbst zu fertigen. So wurden die Räumlichkeiten in den Folgejahren von verschiedenen Betrieben genutzt: Die „Weges GmbH" produzierte Teppiche, zeitweise waren ein Heimwerkermarkt und ein Indoor-Spielplatz untergebracht. Heute befindet sich auf dem Gelände der mittlerweile zur GmbH umgewandelten J., die im Besitz der Firma Clasen & Co. ist, ein Gewerbehof mit diversen Kleinbetrieben. *ds*

Lit.: Knierim, Jute.

Die **K+S** AG (bis 1999 „Kali und Salz AG“) ist die Holding der Unternehmen der K+S Gruppe, die weltweit zu den führenden Anbietern von Spezial- und Standarddüngemitteln, Pflanzenpflege- und Salzprodukten gehört. Gegründet wurde die K. am 1.7.1970, als die beiden ehem. Kaliproduzenten → *Wintershall* und Salzdetfurth (Hannover) ihre inländ. Kali- und Steinsalzaktivitäten zusammenfassten. Der Firmensitz Ks. befindet sich im geographischen Zentrum der dt. Kali- und Steinsalzlagerstätten. 2001 bezogen die K+S-Holding sowie einige Tochtergesell. nahe dem → *Bahnhof Wilhelmshöhe* ein neues Verwaltungsgebäude. Mit seinen rd. 550 Mitarbeitern in Ks. ist das Unternehmen ein wichtiger Arbeitgeber und Wirtschaftsfaktor sowie Förderer sozialer und kultureller Initiativen. Kali ist neben Stickstoff und Phosphat ein wesentlicher Nährstoff für das Pflanzenwachstum und damit für die Ernährung der Weltbevölkerung. Die ersten Kalilagerstätten wurden Mitte des 19. Jhs. in Dtld. entdeckt und bergmännisch abgebaut. Bis zum Beginn des Ersten Weltkrieges entstanden in Dtld. innerhalb weniger Jahre zahlr. Kalifabriken und Bohrgesell. In den Folgejahrzehnten wuchs die Konkurrenz aus dem Ausland und es kam in Dtld. zu zahlr. Zusammenschlüssen. 1993 fand diese Entwicklung in der dt.-dt. Kalifusion ihren Abschluss. Hierbei wurden die Kali- und Steinsalzaktivitäten der K+S und der „Mitteldeutschen Kali AG“, in der die staatl. Unternehmen der ehem. DDR gebündelt waren, zusammengeführt. Mit der Konzentration auf die wirtschaftlichsten Lagerstätten und Standorte in Hessen, Thüringen, Sachsen-Anhalt und Niedersachsen gelang es dem nunmehr gesamtdeutschen Unternehmen, eine starke Position im internationalen Wettbewerb einzunehmen. Ende der 1990er Jahre baute K+S die klassischen Arbeitsgebiete Kali und Salz aus und vergrößerte das Leistungsspektrum. Nach Zukäufen wurde das Unternehmen ein kompletter Systemanbieter für alle Pflanzennährstoffe und rückte zum zweitgrößten europ. Düngemittelanbieter auf. Zugleich etablierte sich K+S nach der vollständigen Übernahme eines als Joint Venture gegründeten Unternehmens als führender Salzanbieter in Europa. Im Juni 2006 erwarb K+S in Chile den größten südamerikan. Salzproduzenten und errang damit im Salzgeschäft auch weltweit eine führende Rolle. Heute ist die K+S Gruppe mit 12.000 Mitarbeitern ein international ausgerichtetes Unternehmen mit Produktionsstätten in Europa und Südamerika, einem weltweiten Vertriebsnetz und führenden Marktpositionen in allen Arbeitsgebieten. In Dtld. verfügt K+S in ihren Kernarbeitsgebieten Düngemittel, Pflanzenpflege und Salz über 14 Produktionsstandorte, die dank intensiver Forschungs- und Entwicklungsarbeit umweltschonend produzieren. Im Jahr 2008 erwirtschaftete die K+S Gruppe einen Umsatz von rd. 4,8 Mrd. Euro. *akö*

Lit.: Wachstum erleben.

In Kassel befindet sich der Sitz der K+S Aktiengesellschaft. Das im Jahr 2001 bezogene Gebäude unweit des ICE-Bahnhofs Wilhelmshöhe bietet mehr als 400 Mitarbeitern moderne Arbeitsbedingungen

Kästner, Julie von (* 26.9.1852 Riga, † 13.2.1937 Ks.), gelernte Lehrerin, kam fast 40-jährig nach Ks. Sie übernahm die Leitung der Wulsten'schen Privatschule für Mädchen, ab 1895 die Heusersche Höhere Töchterschule (ab 1914: Kästner'sches Lyzeum), die schon früh Real- und Gymnasialkurse für Frauen anbot. K. engagierte sich für die Verbesserung der → *Mädchenbildung* und gehörte als langjährige Vorsitzende neben → *Marie Calm* zu den führenden Frauen des → *Casseler Frauenbildungsvereins*. Sie leitete die Kasseler Abteilung des Vereins Frauenbildung – Frauenstudium (gegr. 1900), der sowohl externe Reifeprüfungen für Frauen als auch Realgymnasialkurse initiierte und damit den Grundstein zur späteren städt. Stu-

Ein Porträt von Julie von Kästner im Kasseler Frauenblatt vom 7. Oktober 1932

dienanstalt (heute → *Heinrich-Schütz-Schule*) legte. Den zentralen Frauenkongress zur Mädchenbildung 1907 in Ks. richtete sie mit aus, Referentinnen waren u. a. Gertrud Bäumer und Helene Lange. Sie zählte zu den Mitbegründerinnen der → *Vereinigung der Künstlerinnen Hessen-Nassaus*. Ab 1919 saß K. eine Legislaturperiode für die Deutsche Demokratische Partei in der → *Stadtverordnetenversammlung*; zeitgleich wurde sie in den Vorstand des → *Verbandes Casseler Frauenvereine* berufen und war dort bis 1932 aktiv. *gd*

Kaiserreich 1917, im vorletzten Kriegsjahr, wurde in Ks. eine Münze, ein Zehnpfennigstück, in Umlauf gebracht: „Kriegsgeld" (→ *Notgeld*). Auf der Vorderseite fand sich die Wertangabe, auf der Rückseite das → *Stadtwappen* und umlaufend am Rand der Hinweis auf den Ort. Dieser firmierte nicht einfach als Stadt Ks. oder nur als Ks. oder funktionsgerecht als Provinzial- und Bezirkshauptstadt Ks., sondern als das, was er zuvor gewesen, nun aber nur noch in Erinnerung war: → *Residenz*stadt Cassel. In seinen Mauern freilich residierte schon längst kein einheimischer Landesherr mehr; allenfalls der Dt. Kaiser und Preußische König → *Wilhelm II.* pflegte in Ks. für einige Wochen im Jahr Quartier zu nehmen. Das → *Kurfürstentum* Hessen war als eigenständiges staatl. Terr. von der Landkarte getilgt, durch die → *Preußische Annexion* 1866 dem preuß. Staatsverband einverleibt worden. Und doch: Residenz, eine Bezeichnung, aus der die Stadt und die städt. Bevölkerung ganz offenkundig und im Kontrast zu den tatsächlichen Gegebenheiten Selbstbewusstsein und Identität bezogen. 1866 war die Mehrheit der kurhess. Liberalen für den Anschluss an Preußen, doch ihre Erwartungen auf Autonomie wurden enttäuscht. Das am 8.10.1866 verkündete Einverleibungspatent beendete die Trad. eines souveränen dt. Mittelstaates. Mit dem Kurfürsten und der Hofgesellschaft verschwanden auch die Gesandtschaften der auswärtigen Mächte. Ks. und nicht Wiesbaden wurde zum administrativen Zentrum der neuen → *Provinz Hessen-Nassau* erhoben. Eine ganze Reihe von Oberbehörden wurde hier ansässig, deren wichtigste das Ober- und das → *Regierungspräsidium* als Provinz- bzw. Bezirksregierung, sowie ferner das → *Generalkommando* des XI. Armeekorps waren. Die → *Garnison* wurde erheblich verstärkt. Die neuen Herren ließen nach der Jahrhundertwende eine ganze Reihe stattlicher Bauten im damals zeittypischen Stil eines historisierenden Eklektizismus errichten: die Landesversicherungsanstalt, die Oberpostdirektion, das → *Polizeipräsidium*, die → *Kunstakademie* und das → *Staatstheater*. Zu diesem Ensemble passte das neue, 1909 feierlich eingeweihte Rathaus (→ *Rathäuser*), das den gewachsenen Raumbedarf für die komplexer gewordene Administration einer expandierenden Großstadt zum Ausdruck brachte, zugleich aber auch das Repräsentations- und Stilisierungsbedürfnis der kommunalen Eliten. Vielfache Zweckbauten (etwa das Warenhaus Tietz am Opernplatz) und gänzlich neu erschlossene Wohnviertel (im W auf Initiative → *Sigmund Aschrotts* die Erweiterung der Wilhelmstadt, projektiert wesentlich für ein bürgerl. Publikum) trugen dazu bei, das Bild der Stadt nachhaltig zu verändern. Wurden hier die Umrisse des modernen Kassels sichtbar, so bewahrte die Altstadt mit Hunderten von Fachwerkhäusern ihren überlieferten Charakter. Die Wohnverhältnisse dort waren denkbar schlecht: Die Menschen hausten in drangvoller, unhygienischer, sanierungsbedürftiger Enge, entbehrten der Luft und des Lichts.

Um 1900 war Ks. nicht mehr die Stadt der Rentiers, Pensionäre, Beamten und Offiziere, sondern die einer aufstrebenden Industrie (→ *Industrialisierung*). Wurden 1866 rd. 44.000 Einwohner gezählt, so waren es am

Kaiserreich Kaiser Wilhelm II. auf einem seiner jährlichen Besuche in Kassel

Beginn des 20. Jhs. 100.000 und 1914 schon 155.000. → *Eingemeindungen* umliegender Ortschaften erweiterten das städt. Terrain. Im letzten Vorkriegsjahrzehnt lebten ungefähr 2/3 der Bewohner (Arbeiter, Angestellte und ihre Familien) von Industrie und Handel. Mitte der 1890er Jahre war die fast zwei Jahrzehnte währende Depression überwunden. Überregionale Bedeutung besaß die Metallindustrie, doch auch mit etlichen Betrieben der Textilbranche und solchen der feinmechanischen und der chemischen Industrie hatte sich in den 1870/80er Jahren ein breites Spektrum leistungsfähiger Unternehmen angesiedelt. Dass die Stadt aus dem kurfürstl. Dornröschenschlaf erwacht war und sich in ein dynamisches Gemeinwesen verwandelt hatte, bezeugten nicht zuletzt die kontinuierlichen Verbesserungen im Bereich der kommunalen Infrastruktur: Das galt für die → *Wasserversorgung*, für die Kanalisation, wo freilich erst nach 1900 Fortschritte zu verzeichnen waren, das galt für die → *Elektrizitätsversorgung*, spiegelte sich im Ausbau der Museen, des → *Schulwesens*, → *Post- und Fernmeldewesens*, der überregionalen Verkehrsanbindung durch die → *Eisenbahn* und die → *Schifffahrt* sowie die innerstädt. Tram- und Pferdebahn (→ *Straßenbahn*).
Politisch war Ks. eine Domäne des liberalen Bürgertums, was durch zeitweilige Kooperation mit den Konservativen als Juniorpartnern nicht beeinträchtigt wurde. Das war so im Zeichen der Kurhessischen Gemeindeordnung, die ein gleiches Wahlrecht für alle Ortsbürger vorsah, und das blieb so unter der → *Städteordnung 1897* für die Provinz Hessen-Nassau, die das Drei-Klassen-Wahlrecht vorschrieb. Die SPD (→ *Parteien*) fasste in der kommunalen Politik relativ spät Fuß, blieb bis Kriegsausbruch eine eher marginale Größe. 1900 wurden mit Gustav Garbe und August Jordan die ersten Sozialdemokraten in die Stadtverordnetenversammlung gewählt, 1909 waren es neun (von 60 Mandatsträgern), darunter der Redakteur und Reichstagsabgeordnete → *Philipp Scheidemann*. Zwischen 1866 und 1913 waren fast alle Bürgermeister Parteimänner der Liberalen: mit einem deutlichen Übergewicht der Nationalliberalen. Ihnen gehörten an: → *Friedrich Nebelthau* (1866–75), → *Emil Weise* (1875–92), → *Ernst Scholz* (1912/13), → *Erich Koch(-Weser)* (1913–19). Einzig → *Albert Westerburg* (1893–1900) war Mitgl. der linksliberalen Fortschrittspartei, und der von 1900 bis 1912 amtierende → *August Müller* war parteilos, dürfte den Liberalen indes nahe gestanden haben. *jf*

Lit.: Friderici, Kassel 1860-1960; Schweizer, Geschichtsdeutung.

Kalckhoff Die K.s waren eine hess. Beamtenfamilie. Johannes (1566–1623) war Prediger in der Unterneustädter und in der Hofgemeinde in Ks., später Superintendent in Rotenburg/F. Sein Sohn, Dr. jur. Heinrich, studierte als Erster aus der Familie 1608 Jura in Marburg, wechselte 1611 nach Herborn und promovierte nachträglich 1621 in Marburg. In Herborn war er bis 1618 Stipendiatenmajor. Heinrich K. trat 1622 in die landgräfl. Kanzlei als Kanzleirat ein. Er war zweimal verheiratet, zunächst 1621 in Ks. mit der Tochter des Wolfhager Rentmeisters, Anna Maria Andreas, danach mit Anna Margarethe von Rücker. Sein Sohn aus zweiter Ehe war Dr. jur. Otto Heinrich (1646–1713), er studierte 1666 Jura in Basel und promovierte hier 1672. 1686 wurde er Steuerkommissar in Ks., war 1691 Oberschultheiß in Ziegenhain und wurde 1709 Steuerrat der Grafschaft Ziegenhain. Verheiratet war er mit Anna Christine Beza, der Tochter des Kasseler Bürgermeisters Johann Georg Beza. Dessen Sohn, Heinrich Otto (1698–1753), besuchte die Kasseler Stadtschule, studierte seit 1712 Jura in Marburg, später in Leyden und 1716 in Herborn und erwarb 1717 die juristische Lizentiatenwürde. Nach dem Studium war er Advokat bei der Kasseler Regierung und 1728 Regierungsassessor, 1730 Regierungsrat, danach wurde er zum Oberappellationsrat und 1745 zum wirklichen Geheimen Rat mit dem Titel Excellenz und 1751 zum Kanzler ernannt. 1746 wurde er zum ersten Direktor des Oberappellationsgerichts berufen, gleichzeitig war er Direktor des Oberpostamtes und Kurator der Univ. Marburg und Rinteln. Die Einrichtung des Oberappellationsgerichtes als höchstes hess. Gericht war die herausragende Leistung von Heinrich Otto K.; als langjähriger Direktor und späterer Präsident, gab er dieser in den → *Revolutionen 1830/31* und *1848* so bedeutenden Behörde die Richtung vor. *khn*

Lit.: Strieder; DBA.

Kaiserreich Kaiser Wilhelm II. 1877 als Gymnasiast in Kassel

Friedrich Kalkbrenner, Stahlstich von Carl Mayer

Kalkbrenner, Michael Wilhelm Friedrich (get. Nov. 1785 Ks., † 10.6.1849 Enghien-les-Bains) soll auf einer Reise von Ks. nach Berlin geb. worden sein und wurde 1785 in Ks. getauft. Grund für die undurchsichtige Quellenlage ist wohl die unsichere Situation des Vaters Christian Kalkbrenner, eines Kasseler Musikers, der nach dem Tod von Lgf. → *Friedrich II.* 1785 durch die Auflösung von Theater und → *Orchester* gezwungen war, sich nach einem neuen Broterwerb umzusehen. Nach Stationen in Berlin, Rheinsberg und Italien ließ sich die Familie schließlich in Paris nieder, wo K. am Conservatoire Klavierunterricht u. a. bei L. Adam bekam. 1803 setzte er seine pianistische Ausbildung in Wien bei G. Albrechtsberger fort. Der Durchbruch zu internationalem Erfolg gelang 1814 mit der Übersiedlung nach London, wo er sich neben M. Clementi und J. B. Cramer als gefragter Pianist, Komponist und Lehrer etablierte und mit dem aus Ks. stammenden Klavierpädagogen J. B. Logier zusammenarbeitete. 1824 kehrte er nach Paris zurück, wo er 1849 starb. *wbo*

Kaltwasser, Karl (* 17.9.1894, † 28.3.1979 Ks.) war ein völkisch orientierter Schriftsteller und NS-Kulturpolitiker. Er war in der → *NS-Zeit* als Landesleiter der Reichsschrifttumskammer des Gaus Kurhessen tätig. Zwischen 1937 und 1944 veröffentlichte er einige Reden und kleine Schriften, in denen er sich u. a. auf den völkischen Dichter Hans Grimm bezog, den er persönlich kannte. Erstmals 1940 erschien der Band „Kleine Stadt", der sich mit einer Auflage von 40.000 Exemplaren bis 1952 zu einem Bestseller entwickelte. Zusammen mit Gauleiter → *Karl Weinrich*, dessen Stellvertreter Max Solbrig und dem Oberpräsidenten → *Philipp Prinz von Hessen* gründete K. auf Initiative des Kasseler Verlegers → *Karl Vötterle* am 14.4.1942 die → *Brüder Grimm-Gesellschaft*, die der 1920 aufgelösten Kasseler Grimm-Gesellschaft nachfolgte. K. war 1942–69 stellvertretender Vorsitzender und Geschäftsführer der Brüder Grimm-Gesellschaft Ks. e. V. Nach dem Zweiten Weltkrieg veröffentlichte er einen Bildband über → *Wilhelmshöhe* und → *Wilhelmsthal* und gab 1957 die Kasseler Stadtgeschichte von → *Paul Heidelbach* nach dessen Tod heraus. Zusammen mit Vötterle und Bernhard Martin war er 1952–58 Herausgeber der „Monatsschrift für das Kulturelle Leben im Deutschen Haus" unter dem Titel „Die neue Schau". Zwischen 1952 und 1968 war er Stadtverordneter für die Kasseler FDP und von 1956 bis 1968 deren Fraktionsvorsitzender. Im Stadtteil Wilhelmshöhe erinnert die Karl-Kaltwasser-Str. an ihn. Ein Teilnachlass geringen Umfangs befindet sich im Stadtarchiv Ks. *eg*

Skulptur von Landgraf Karl auf seinem Sarkophag in der Martinskirche, um 1730

Karl, (* 3.8.1654 Ks., † 23.3.1730 ebd.) Landgraf von Hessen-Ks., war der zweitälteste Sohn Lgf. → *Wilhelms VI.* und seiner Gemahlin, Landgräfin → *Hedwig Sophie*. Nach dem frühen Tod des Bruders Wilhelm VII. (reg. 1663–1670) trat K. die Herrschaft der Landgrafschaft an, zunächst noch nominell unter der Vormundschaft seiner Mutter. 1677 übernahm er persönlich die Regierungsgeschäfte. K. stellt zweifellos neben Lgf. → *Philipp* die markanteste Persönlichkeit des landgräfl.-hess. Herrscherhauses der Frühen Neuzeit dar. Leitlinie der gesamten Regierungstätigkeit K.s war das konsequente Streben nach Steigerung seiner fürstl. Größe und Macht sowie nach dynastischer Rangerhöhung, wobei er zuweilen wenig Rücksicht auf die begrenzte Leistungsfähigkeit seines Territoriums nahm. Schon bald nach Regierungsantritt demonstrierte er sein fürstl. Selbstverständnis, indem er sich entschied, ein stehendes Heer zu unterhalten und Hessen-Ks. damit in den Kreis der sog. Armierten unter den Reichsständen aufrücken zu lassen. Seit 1683 unterhielt die Landgraf-

schaft eine Armee von ca. 10.000 Mann, eine beträchtliche Belastung. Seit der Regierungszeit K.s entwickelte sich Hessen-Ks. neben Brandenburg-Preußen zu einem der militarisiertesten dt. Reichsfürstentümer. Zur Finanzierung der überdimensionierten Armee ging K. dazu über, seine Streitkräfte im Rahmen von Subsidienverträgen an ökonomisch potentere Bündnispartner zu vermieten.
Auch bündnispolitisch traf K. schon zu Beginn seiner Regierungszeit langfristig wirksame Richtungsentscheidungen. Beraten von seinem Mentor und Freund, Georg Friedrich von Waldeck, entschloss er sich zu Beginn der 1680er Jahre, dauerhaft mit Hessen-Kassels trad. Bündnispartnern Frankreich und Schweden zu brechen. In den folgenden Kriegen gegen Frankreich war Hessen-Ks. stets ein verlässlicher Partner (und Truppensteller) der von den Generalstaaten, England und dem Kaiser geführten antifranzös. Allianz. Gerade vom Kaiser erhoffte sich K. günstigere Bedingungen für eine territoriale Arrondierung seiner Landesherrschaft und für eine Rangerhöhung der Landgrafschaft zur Kurfürstenwürde. Diese Hoffnungen blieben weitgehend unerfüllt. Erfolgreicher waren seine Bemühungen um die dynastische Rangerhöhung, die auf politischer und literarisch-publizistischer Ebene vorangetrieben wurden. Dank der landgräfl. Heiratspolitik konnte K.s Nachfolger → *Friedrich I.* 1720 den schwedischen Königsthron besteigen, so dass der dauerhafte Aufstieg des Hauses Hessen in den Königsrang in den Bereich des Möglichen rückte.
Eng verbunden mit der ehrgeizigen Außen- bzw. Militärpolitik war die landgräfl. Wirtschaftspolitik. Sie folgte den vorherrschenden merkantilistischen Wirtschaftslehren, die relativ konsequent zur ökonomischen Emanzipation Hessen-Kassels und zur Steigerung der fürstl. Einnahmen umgesetzt wurden. Eine Schlüsselbedeutung bei der Steigerung der Wirtschaftsleistung Hessen-Kassels, das immer noch unter den massiven Bevölkerungsverlusten des → *Dreißigjährigen Kriegs* litt, kam der Anwerbung von Gewerbetreibenden zu. Konsequenterweise gehörte K. auch zu den ersten Reichsfürsten, die durch großzügige Privilegien („Freiheitskonzession" 1685) um die Ansiedlung der in Frankreich verfolgten → *Hugenotten* warben. V. a. die Städte der Landgrafschaft profitierten davon, voran die → *Residenz* Ks., die ihre Bevölkerung im Verlauf der Regierungszeit K.s auf etwa 20.000 Einwohner verdoppelte. Im Zusammenhang mit K.s Streben nach Reputation und Rangsteigerung ist auch sein höfisches Bauprogramm zu sehen. Er war entschlossen, Ks. durch seine aufwändigen Bauvorhaben weit über den Rang einer mittleren Residenz herauszuheben und ihr Strahlkraft im Reich und in Europa zu geben; ein Ziel, das K. zweifellos verwirklichte. Wichtig waren ihm dabei die großen Gartenanlagen, die → *Karlsaue* mit der → *Orangerie* sowie der Karlsberg (später → *Wilhelmshöhe*). Gerade dieser ließ den Ehrgeiz K.s erkennen, eine Anlage mit besonderer Ausstrahlung zu schaffen. Nach der Vorbereitung durch eine Italienreise mit systematischer Besichtigung prachtvoller Parkarchitektur (1699/1700) nahm K. den italienischen Architekten → *Giovanni Francesco Guerniero* in seine Dienste, der bis 1718 eine Anlage von ungewöhnlichen, zeitgenössisch kontrovers diskutierten Dimensionen schuf. Höhepunkt und Abschluss war die Errichtung der → *Herkulesstatue* als Versinnbildlichung der Tugenden des Herrschers. Die landgräfl. Baupolitik in Ks. darf als dauerhaftestes Vermächtnis des politischen Lebenswerks K.s gelten, das mit eindrucksvoller Konsequenz auf Größe und Rangerhöhung gerichtet war. *ck*

Lit.: Fenner, Grottenbau; Philippi, Landgraf Karl.

Karl (* 19.12.1744 Ks., † 17.6.1836 Luisenlund) Der zweite Sohn Lgf. → *Friedrichs II.* und seiner Frau Marie wurde wegen der Konversion des Vaters zum Katholizismus von der Tante, der dänischen Königin Luise, erzogen. 1766 heiratete er deren Tochter, Luise von Dänemark. Von fünf überlebenden Kindern wurde die Tochter Marie Sophie Friederike dänische Königin. K. war 1767–69 Statthalter von Schleswig und Holstein, später Oberbefehlshaber in Norwegen. Er war ein Vertrauter Friedrichs II. von Preußen, vielseitig interessiert, konservativ und einer der führenden Freimaurer in Europa. An ihn erinnern ein Sarkophag im Dom zu Schleswig, Schloss Luisenlund und eine Bronzekanone auf Schloss Akershus in Oslo. *hbu*

Lit.: Landgraf Carl.

Postkarte von der Karlsaue

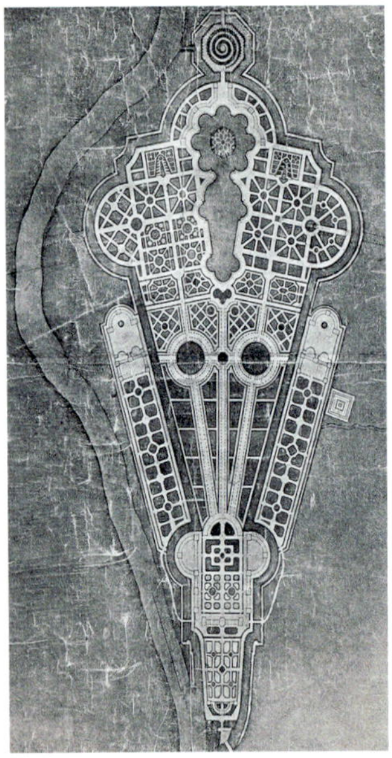

Entwurf der Karlsaue, Anfang 18. Jahrhundert

Karlsaue Staatspark, größte und wichtigste innerstädt. Grünfläche in Ks.; bis 1866 fürstl. Residenzpark. Hier lässt sich die Entwicklungsgeschichte der Gartenkunst bis in die Mitte des 16. Jhs. anschaulich zurückverfolgen. Die einzelnen Gestaltungsphasen liegen wie Folien übereinander: Ab 1568 entstand unter Lgf. → *Wilhelm IV.* auf der von großer und kleiner → *Fulda* gebildeten Insel, Voraue genannt, unterhalb des → *Landgrafenschlosses* ein kleines Lustschloss mit einem Badehaus und einem geometrischen Garten. Die Anlage wurde über eine Brücke erschlossen. Quer vor dem Lusthaus befand sich ein Fischbassin, die Gartenmitte war mit Laubengängen versehen, die vier durch Wege klar voneinander getrennte Abteilungen bildeten, in deren Mitte jeweils ein Brunnen stand. Die Flächen nahmen Heilkräuter, Stauden, Blumenzwiebeln und Gemüsepflanzen auf, aber auch seltene Exemplare aus der botanischen Sammlung des Landgrafen, wie die 1554 aus der Türkei eingeführte Tulpe oder die um 1555 über Spanien nach Europa gelangte Kartoffel. Dieser Lustgarten Wilhelms IV. wurde durch seinen Sohn, Lfg. → *Moritz,* geringfügig nach N erweitert. Bei der Umgestaltung wurde auf eine vielfältige Bepflanzung der Flächen verzichtet. Das Lusthaus wurde umgebaut. Das Zentrum des Gartens bildete wiederum ein Laubengang, der ein Brunnenhaus umschloss. Daneben befand sich die kastenförmige Orangerie, ein abschlagbares Pomeranzenhaus, das als eines der Ersten nördl. der Alpen gilt. Zum Schutz vor Hochwasser wurde der Garten mit einer Mauer umschlossen, in deren NO-Ecke ein Schützenhaus integriert war. Die Flächen außerhalb des Gartens wurden eingedeicht und mit Einrichtungen für die Jagd versehen. Die Anlagen, die die Bezeichnung „Moritzaue“ trugen, verwilderten in späterer Zeit.

Rund 50 Jahre später wurde der Renaissance-Garten erneuert und nach S erweitert. Denn ein eher kleiner Garten genügte nicht mehr den Ansprüchen des nun regierenden Lgf. → *Karl*. Er wollte, der Zeit entsprechend, eine große, repräsentative Parkanlage, einen Garten im französ. Stil. 1680 erfolgten erste Umgestaltungen der Moritzaue, nunmehr K. genannt. Am südl. Rand des Renaissance-Gartens wurde ab 1701 ein größerer Bau, mit einem zweigeschossigen Mittelbau als Festsaal und zwei dreigeschossigen Wohnpavillons an den Enden eingeschossiger Verbindungsbauten, errichtet. Dieses Sommerschloss nahm, als Ersatz für das frühere Pomeranzenhaus, in den Wintermonaten die Zitrus-Sammlung des Landgrafen auf. Für die ca. 150 ha große Fläche südl. des Renaissance-Gartens in der Voraue entwickelte Karl ein Gestaltungskonzept nach französ. Vorbildern. Angeregt durch den natürl. Verlauf der Großen Fulda erweiterte man die Gartenanlage nach SO hin.

Die Fläche zwischen Großer und Kleiner Fulda wurde durch ein strenges, sich fächerförmig öffnendes Alleen- und Kanalsystem gegliedert, dessen Ausgangspunkt der Mittelpavillon der → *Orangerie* ist. Im Bereich der Bosketten, die durch von hohen beschnittenen Hecken begleitete Wege gebildet wurden, waren die Patte d'oie-Achsen (Verbindungsachsen) durch Querwege miteinander verbunden. Außerhalb des Kanals und doch zum Schema gehörend lagen die beiden Nutzgärten: ein Küchen- und ein Obstgarten. Wie viele barocke Garten- und Parkanlagen wurde auch die K. später dem jeweiligen Zeitgeschmack entsprechend umgestaltet. 1785 erließ Lgf. → *Wilhelm IX*. eine Verordnung zur Erneuerung der K. Darin waren die einzelnen Maßnahmen detailliert beschrieben: Die alten Hainbuchenhecken sollten gerodet werden, um freie Sichten zu gewinnen. Die Bosketten sollten geöffnet und die bereits vorhandenen Wege breiter und natürlicher angelegt werden. Freistehende, natürlich wachsende Bäume mussten erhalten, beschnittene Formbäume dagegen gerodet und durch Pyramidenpappeln ersetzt werden. Die künstl. Berge mussten abgetragen und als natürl. Hügel modelliert werden. Das Rasenparterre vor dem Orangerieschloss war in ein großes Bowling Green (oder Boulingrin) umzuwandeln. Ein Plan des Hofgartendirektors → *Wilhelm Hentze* von 1870 dokumentiert die Veränderungen: Der Bereich des ehem. Renaissancegartens war nun eine große, von kleineren Gehölzgruppen gerahmte Wiesenfläche. Die großen fächerförmigen Achsen südl. des Bowling Green sind erhalten, die Binnenflächen landschaftl. gestaltet. Geschickt ist der vordere Bereich dicht bepflanzt, so dass vom

Luftbild der Karlsaue

Orangerieschloss aus die Betonung des absolutistischen Achsensystems erhalten bleibt. Befindet man sich jedoch innerhalb dieser Bereiche, verliert sich durch Gehölzgruppen und lange Sichtachsen der dominierende Eindruck des Achsensystems. Die noch vorhandenen Alleen werden dem berühmten Gartenarchitekten André Le Nôtre zugeschrieben und daher sowohl vom Bauherrn als auch von den Gärtnern hoch geschätzt. Die barocke Grundstruktur, die Patte-d'oie-artige Gliederung durch zwei Kanäle und einer breiten, zentralen Mittelachse ist bis heute erhalten, ebenso die in die Mittelachse eingegliederten Wasserbecken mit ihren Inseln.

Im September 1866 wurde Hessen-Ks. von Preußen annektiert (→ *Preußische Annexion*) und in diesem Zusammenhang die kurfürstl. Gartenverwaltung aufgelöst. Bis 1918 fanden keine größeren Veränderungen mehr statt. Nun war zunächst die Voraue am stärksten betroffen. Schon Ende des 19. Jhs. war das Gelände zu Ausstellungszwecken genutzt worden, denen sukzessive die malerischen Pflanzungen Hentzes zum Opfer fielen. Nach dem Ersten Weltkrieg diente dieser Bereich vermehrt als Ort für Ausstellungen und wurde 1926 endgültig durch den Bau der → *Hessenkampfbahn* zerstört. Auch das Bowling Green mit seiner gigantischen Rasenfläche wurde zunehmend für Veranstaltungen ohne Bezug zum Gartendenkmal genutzt. Im → *Zweiten Weltkrieg* wurde die K. ab 1941 vereinzelt von Bomben getroffen, doch erst während eines → *Luftangriffs* im Herbst 1943 brannte das Orangerieschloss völlig aus und der gesamte Park war von Bombenkratern übersät. Der steile Abhang zwischen Stadt und Park nahm später die Trümmer aus der Innenstadt auf. Im Rahmen der → *Bundesgartenschau* 1955, als deren Beiprogramm die erste → *documenta* stattfand, gestaltete → *Hermann Mattern* aus dem mit dem Trümmerschutt verfüllten Hang den heute noch vorhandenen Rosenhang. Im Zusammenhang mit der zweiten Bundesgartenschau 1988 erhielt die Karlswiese, das südl. Vorfeld des Orangerieschlosses, seine der Barockzeit entlehnte heutige Form. Seither wird es als Standort für Ausstellungen im Rahmen der documenta und für populäre Großveranstaltungen genutzt. *mbi*

Lit.: Becker, Staatspark Karlsaue.

Das **Karlshospital** (heute Weserstr. 2) wurde 1720/21 von Lgf. → *Karl* als Erziehungs- und Besserungshaus („Zuchthaus") an der → *Fulda* errichtet. Ab 1808 war es eine gewöhnliche Strafanstalt, 1832 wurde es ein reines Männergefängnis und 1883 um das angren-

Aufriss des Karlshospitals von der Flussseite her, Zeichnung von Christian Presche

zende Packhofgelände erweitert. 1928–43 diente das Gebäude als Anlaufstelle für Hilfsbedürftige und erhielt nun den Namen K. Ein erstes Erziehungshaus für auffällige Kinder und Jugendliche hatte Lgf. → *Moritz* 1618 in der Schäfergasse gegr. (vgl. → *Fruchthaus*). Es sollte zugleich die Bettelei eindämmen. Wie lange es bestand, ist unklar. Die neue Einrichtung von 1720/21 sollte auffällig gewordene Menschen durch Arbeit und geregelten Tagesablauf wieder in die Gesellschaft eingliedern: u. a. Landstreicher, Prostituierte und Jugendliche, die an Sonn- und Feiertagen während der Gottesdienstzeit beim Branntweintrinken, Würfel- oder Kartenspiel in Wirtshäusern ertappt wurden. Eltern sollten damit zu besserer Aufsicht animiert werden, konnten aber auch selbst die Aufnahme schwererziehbarer Kinder beantragen (gegen Übernahme der Verpflegungskosten). Die Insassen, die nach Geschlechtern getrennt und entsprechend ihrer Vergehen jeweils in zwei Klassen unterteilt waren, hatten handwerkl. bzw. körperl. Arbeit zu verrichten (Aufenthaltsdauer jeweils nach Art des Vergehens und Einzelfall). Das Zuchthaus wurde aus den Erlösen der Produkte, aus Besichtigungsgebühren, Spenden und aus landesweiten Abgaben finanziert. Nach dem Ersten Weltkrieg stand das alte Hauptgebäude zunächst leer. Ab 1927/28 mietete der Evang. Verein für Innere Mission den gesamten Komplex als Anlaufstelle für Hilfsbedürftige und als Rettungsstelle bei Unglücken mit medizinischer Betreuung (1924 als Beratungsstelle am → *Steinweg* gegr.). In der Wirtschaftskrise gewann die Essensausgabe große Bedeutung. Leiter war Wilhelm („Papa") Kröning; das K. wurde durch öff. Zuschüsse, Spenden und ehrenamtl. Arbeit aufrechterhalten. 1933 richtete die → *NSDAP* auf dem ehem. Packhofgelände eine „Schutzhaftabteilung" ein, die Dauerpfleglinge wurden abgeholt. Vor der Übernahme durch den städt. Verein für Volkswohl (1936) gab Kröning seine Tätigkeit auf. Der bedeutende und beispielhafte Barockbau wurde als wichtiger Blickpunkt in der westl. Uferansicht konzipiert; er stand z. T. auf einem ehem. Festungswall, die Gestaltung vermittelte geschickt zwischen den unterschiedlichen Gegebenheiten auf Stadt- und Flussseite. Jedes der beiden Hauptgeschosse hatte einen großen Arbeits-, Speise- und Betsaal, von dem auf der Fuldaseite die Zellen abgingen; im Erdgeschoss waren die Männer untergebracht, im Obergeschoss die Frauen (bis 1832). 1844/45 wurden die Säle unterteilt, das Mansardgeschoss als Arbeitssaal ausgebaut. Nach einem Dachstuhlbrand 1889 stellte man das Gebäude vereinfacht (und ohne Verputz) wieder her, und auf dem ehem. Packhofgelände entstand ein eigenes Arbeitshaus. Mehrere Fenstereinbrüche und weitere Umbauten erfolgten 1927/28. 1943 brannte das Gebäude aus. *cp*

Lit.: Presche, Karlshospital; Fenner, Zuchthaus.

Karlskirche, auch Oberneustädter Kirche. Als geistl. und städtebaul. Herz der → *Oberneustadt* war eine Kirche vorgesehen. 1697 genehmigte Lgf. → *Karl* der hugenottischen Gemeinde (→ *Hugenotten*) offiziell den Bau und die Erhebung von Kollekten; die dt. Gemeinde durfte die Kirche mitbenutzen, musste aber zu den Baukosten beitragen. Die Grundsteinlegung erfolgte 1698, die Weihe 1710. Da die Kollektengelder nicht ausreichten, übernahm der Landgraf den Großteil

Karlskirche in einem Aquarell von Christian Beyer, 1937

der Baukosten. Die Bauform der einst bedeutendsten Hugenottenkirche Hessens wurde verm. von Karl selbst vorgegeben. Vorbilder waren die achteckige Oostkerk in Middelburg und die Fassade der Schlosskapelle in Köpenick, die er wohl beide auf Reisen selbst gesehen hatte. Die Bauleitung oblag → *P. du Ry*, die Entwürfe dürften aber von → *Wessel* oder → *Giesler* stammen, zumal der Fassadenplan nach einer Parisreise Gieslers (1700) modernisiert wurde. Der Haupteingang lag an der Frankfurter Str., mit Blick zur → *Bellevue*. Dem Achteck war hier ein Treppenhaus vorgelegt, das zum Fürstenstand und der darüber aufgestellten Orgel führte, die ein Zugeständnis an die dt. Gemeinde war. Den schlichten, weißen Kirchenraum überwölbte eine hohe Holzkuppel. Durch ein aufgesetztes Türmchen in ihrer Mitte sollte Oberlicht einfallen, doch schloss man wegen statischer Probleme die Oberseite der Kuppel und errichtete nur einen kleineren Aufbau. Gegenüber dem Eingang stand die Kanzel; vor ihr lag ein umgitterter Bereich mit dem Lektorenpult, dem Altar und der Bank der Gemeindeältesten (das sog. Parquet). In der Mitte des Kirchenraumes standen die Frauenbänke, ringsum die Männerbänke. Über dem Treppenhaus erhob sich ein kleines Glockentürmchen. Aus Platzmangel wurden 1730 und 1874 zwei Emporen eingebaut, wofür schon beim Kirchenbau Vorkehrungen getroffen worden waren. 1732 stellte man auf der Empore eine neue, größere Orgel vor dem früheren Fürstenstand auf. An der SW-Seite hing das Marmorgrabmal des Grafen A. J. von Broglio, der 1758 am Sandershäuser Berg gefallen war. Erst 1867 wurden die französische und die dt. Gemeinde vereinigt, der französische Gottesdienst eingestellt. Bald darauf ersetzte man die alten Holzfenster durch Metallrahmen, und 1892 errichtete → *H. Schneider* auf der großen Kuppel einen neuen, zusätzlichen Glockenturm mit dem Grundriss des urspr. geplanten Aufsatzes. 1943 brannte die Kirche aus, die Hauptfassade wurde kurz darauf gesprengt. Nach einem ergebnislosen Architektenwettbewerb 1952 beauftragte man W. Seidel, dessen Projekt angekauft worden war, mit einer neuen Planung. 1954 war Baubeginn, 1957 Weihe der in ihrem Charakter stark veränderten Kirche. Der Haupteingang wurde an den Karlsplatz verlegt, die alte Hauptfassade nicht wieder aufgebaut. An die Stelle der Kuppel trat ein flacheres Walmdach, der Innenraum ist deutlich niedriger. Ein mechanisches Glockenspiel wurde 1956/57 angeschafft (z. T. durch Spenden finanziert) und erinnert als klingendes Ehrenmal an Verstorbene oder Gefallene der Gemeinde. *cp*

Lit.: Presche, Baukunst.

Das **Karmeliterkloster** bestand in Ks. von 1292/93 bis 1526 (→ *Brüderkirche*, → *Renthof*). Der Karmeliterorden (Ordo Fratrum Beatae Mariae Virginis de Monte Carmelo) zählt zu den Reformorden des 13. Jhs. (Bettelorden). Die Mönche lebten von Almosen, Schenkungen und Erbschaften, wichtige Anliegen waren Marienverehrung, Predigt und Seelsorge, weshalb sie sich v. a. in größeren Städten ansiedelten. Ihr Name Brüder der seligen Maria oder Brüder unserer Herrin trug der Klosterkirche den volkstümlichen Namen Brüderkirche ein. Aus dem Kasseler K. erlangten Konrad von Arnsberg, Johannes von Hildesheim, Eberhard Billick und → *Johannes de Campis* einige Bedeutung. Die Gründung des Kasseler K.s wurde 1292 vom Mainzer Erzbischof genehmigt, und 1293 verkaufte Lgf. → *Heinrich I.* den Karmelitern ein Grundstück. Dafür verpflichteten sie sich, ohne Erlaubnis des Landgrafen keine Besitztümer zu dessen Nachteil anzunehmen. Erste Rechtsinstanz gegen Kasseler Bürger sollte

Rekonstruktion eines Teils des Karmeliterklosters

das landgräfl., nicht das geistl. Gericht sein. Auf Druck des → *Stifts Ahnaberg* erfolgten 1294 weitere Einschränkungen und Verbote, welche die Einkünfte von Stift und Kirche → *St. Cyriakus* an Testamenten, Festtagskollekten und bestimmten Gebühren sicherten. Auch durften die Predigten an Festtagen nicht mit den Gottesdienstzeiten der Pfarrkirche kollidieren. Als einziger Grundbesitz in Ks. waren der Klosterbezirk und eine Wohnung für die Wirtschafterinnen (Martas) erlaubt. Kasseler Bürger sollten nur mit Willen der Eltern in das Kloster aufgenommen werden. Im Dezember 1294 genehmigte der Erzbischof die Weihe des Klostergrundstücks und zweier Altäre. 1300 übernahmen die Karmeliter die Seelsorge für die Landgräfin, der Landgraf erließ die noch ausstehende Hälfte des Grundstückspreises, und die Karmeliter sollten dafür eine tägliche Messe in der Burgkapelle lesen. Das K. richtete mehrere Termineien ein (Stützpunkte für das Sammeln von Almosen; 1324 Brakel, 1343

Zeichnung des Karmeliterklosters, Rekonstruktion von Christian Presche

Warburg, 1350 Spangenberg, 1363 Witzenhausen, außerdem Geisa, Frankenberg und Vacha); in Spangenberg war dies der Grundstock für einen eigenen Konvent. Verm. 1360 fand das Generalkapitel des Ordens in Ks. statt. Das Kasseler K. geriet Ende des 15. Jhs. zunehmend in finanzielle Schwierigkeiten und wurde deshalb im Februar 1526 noch vor der → *Reformation* aufgegeben; der Besitz fiel an den Landgrafen, der im Gegenzug die Mönche abfand.

Die Klostergebäude schlossen als Dreiflügelanlage südl. an die Brüderkirche an (vgl. Renthof); sie waren meist zweigeschossig, bis auf einen eingeschossigen Teil an der SW-Ecke. Den Innenhof umgab ein gewölbter Kreuzgang, der in den S- und W-Flügel einbezogen, dem O-Flügel und der Kirche eingeschossig vorgelegt war, mit Tür in den Mönchschor. Folgende Raumaufteilung ist anzunehmen: Im W-Flügel lagen der Eingang (direkt neben der Kirche) sowie zwei Räume, in denen auch Verträge geschlossen wurden; in beiden Geschossen sind Kreuzstockfenster nachweisbar. Im Erdgeschoss des O-Flügels befanden sich der Kapitelsaal (mit Tür zum Mönchschor) sowie Küche und Latrinen, deren Abwässer durch einen angrenzenden Wassergraben (→ *Kettengasse*) abgeleitet wurden; gleiches gilt für das Brauhaus (verm. im Keller). Im Erdgeschoss des S-Flügels war das Refektorium (Speisesaal) mit Kreuzstockfenstern, im Obergeschoss von O- und S-Flügel lagen die Mönchszellen mit kleinen Rechteckfenstern; die erhaltene Wendeltreppe an der Kirche verband das Obergeschoss mit dem Mönchschor. Die Außenmauern von S- und W-Flügel sind tlw. erhalten, durch die Umbauten des 16. Jhs. aber vollständig verändert. Vom O-Flügel steht seit 1882 nur noch das südl. Ende. Bis 1410 war die nördl. angrenzende Häuserzeile an der Brüderstr. in Klosterbesitz gelangt und wurde nun für einen Kirchhof abgebrochen; außerdem entstand hier in der Folgezeit ein Kapellen- oder Saalanbau am Chor der Brüderkirche (1938 wiederhergestellt; am Gewölbe hessisches Wappen). Die Kirchhofsmauer wurde noch vor 1526 durch die Mietshäuser Brüderstr. 2–8 ersetzt: sieben dreigeschossige Reihenhäuser, zwischen Nr. 4b und Nr. 6 führte ein Tor zum N-Portal der Kirche. *cp*

Lit.: Schultze, Urkunden, 234–288, 609f.

Karnevalsvereine Logo der Karnevalsgesellschaft Pääreschwänze 1949 e.V. Kassel

Karnevalsvereine Bereits vor 1848 gab es von den Zünften getragenes närrisches Treiben. Verstärkt durch die Ereignisse von 1848 wurde das kommunale Leben glossiert. In der Folgezeit kamen öff. närrische Veranstaltungen auf. Auf Anregung des Kasseler Fabrikanten und Mitglieds des Bürgerausschusses Christian Reul wurde der erste „Carnevalsverein" am 10.11.1863 gegründet. Weitere Vereine entstanden in den Folgejahren. Im Jahr 1881 gab es den ersten Karnevalszug in Ks. 1885 wurde ein Festzug mit Herolden, Gilden, Reitern und Prinzenpaar gestellt. Um 1890 kam es zur Auflösung der damaligen Zusammenschlüsse. Lediglich der 1892 gegründete Verein der Rheinländer, ein landsmannschaftlicher Verein, setzte das Brauchtum fort. Während der Kriegszeiten gab es keine Aktivitäten. Einen Neubeginn wagten 1949 die Rheinländer und im gleichen Jahr gründeten sich die Pääreschwänze. 1952 folgte die Karnevalsgesellschaft Narrhalla Chassalla. 1959 schlossen sich die drei Gesellschaften zum Bund Kasseler Karneval zusammen. Diese Vereinigung heißt heute Gemeinschaft Kasseler Karneval; ihr gehören zwölf Vereine an. *whü*

Karst, Anton (* 21.05.1861 Mainz, † 06.03.1919 Ks.), Architekt, studierte 1878–81 an den Technischen Hochschulen Darmstadt und Stuttgart; 1884 wurde er für die Stadtverwaltung Mainz tätig. Ab 1891 arbeitete K. als freier Architekt in Ks., ab 1900 in Sozietät mit Hans Fanghänel. Er war Mitgl. der Loge Schlaraffia Chasalla (→ *Freimaurer*), des → *Kasseler Kunstvereins* und des → *Handels- und Gewerbevereins*. 1910 wurde er Königlicher Baurat, 1910–19 ehrenamtl. Mitgl. des Magistrats in Ks. Seine Architektur entwickelte sich vom Historismus zum Jugendstil. Von seinen Bauten in Ks. sind etliche noch erhalten bzw. wurden nach Kriegszerstörung tlw. verändert wiederaufgebaut. Rudimentär erhalten ist das ehem. → *Hotel Schirmer* (1900; heute → *Landeswohlfahrtsverband*, Ständeplatz 2). Das Haus Weinbergstr. 27, ein Neorenaissancebau von 1903 und ehem. Remise der Unternehmerfamilie Henschel (→ *Henschel-Villen*) ist heute Bestandteil des → *Museums für Sepulkralkultur*. Weitere Beispiele sind die Landesversicherungsanstalt, ein Neobarockbau in der Friedrich-Ebert-Str. 44, die Stadtvillen Goethestr. 48 bis 52 (ca. 1900–10) und das Wohn- und Geschäftshaus Opernstr. 2, genannt „Lokomotive". Der im → *Zweiten Weltkrieg* zerstörte Vorgängerbau der → *Kreuzkirche* fand deutschlandweit Beachtung. Nicht erhalten ist auch das Preußische → *Staatstheater* am → *Friedrichsplatz*, das K. in „stilgemäßer Einfachheit und Zweckmäßigkeit" entworfen hatte. *hsl*

Qu./Lit.: StAKs.; Architekturführer.

Kolorierte Ansichtskarte der Kaserne des Ober-Elsässischen Infanterie-Regiments Nr. 167

Kasernen Die Stadt Ks. war nicht nur Regierungssitz, sondern auch → *Garnison* für die Armee des Landes. Seit 1631 gab es ein stehendes Heer. 1866 wurden die Militärbezirke neu gegliedert und Infanterieregimenter aufgestellt. Die Neuordnung erfolgte entsprechend der Gliederung der Preußischen Armee in Armeekorps, Divisionen, Brigaden und Regimenter. 1889 zogen die Husaren in die neue Husarenk. an der Frankfurter Str. 84 ein. Die in der Marstall- und der Garde du Corps K. liegenden Eskadronen 4., 2. und 3. wurden im Herbst 1910 in die Jägerk. verlegt. Das → *Garnisonslazarett* wurde 1887–89 in der heutigen Heckerstr. errichtet. Das Oberelsässische Infanterie-Regiment Nr. 167 wurde am 1.4.1897 aufgestellt. Während das I. Bataillon in der alten K. untergebracht war, hielt das II. Bataillon in einem Flügel der Infanteriek. der Hohenzollernstr. Einzug. 1907 erfolgte die Verlegung der beiden Bataillone in die neu erbaute Infanteriek. in der Frankfurter Str./Kreuzung Ludwig-Mond-Str. Die K. des Husaren-Regiments in → *Wilhelmshöhe* erhielt 1918 den Namen Jägerk. In der K. in der Bosestr. waren seitdem viele Truppenteile stationiert, so 1933 die 13. Minenwerfer-Kompanie Infanterieregiment 15, 1937 die 11. Kompanie des III. Infanterieregiments 15 (mot). Das III. Jägerbataillon des Infanterieregiments 15 war in der Kasseler Bevölkerung dank seiner jährl. Jägerfeste in der → *Dönche* stark verankert. Heute befinden sich Bundes- und Landesdienststellen, der Regionalverkehr Kurhessen GmbH und Gewerbe- und Dienstleistungsbetriebe in den Gebäuden, außerdem sind → *Aussiedler* und Umsiedler in den Wohnhäusern an der Ludwig-Mond-Str. untergebracht. Die K. in → *Niederzwehren* wurde ebenfalls 1913 erbaut und erhielt zunächst den Namen Fußartilleriek., 1937 dann Graf-Haeseler-K. Dort waren die Nachrichtenabteilung 34 und das Maschinengewehrbataillon 59 stationiert, im → *Zweiten Weltkrieg* die Sanitätsabteilung 9 und der Heimatkraftfahrpark 9. Anschließend diente sie amerikanischen Einheiten als Unterkunft und u. a. dem Hessischen Rundfunk Studio Ks. 1954 wurde sie durch die → *Bundeswehr* übernommen. Die milit. Nutzung endete am 1.4.1994.

1936 standen die drei 1935 geplanten Gebäude vor ihrer Vollendung: Links vom Hasselweg die Lüttich-, rechts davon die Hindenburg- und darüber die Wittich-K. Nach dem Zweiten Weltkrieg wurde sie Unterkunft für das Panzergrenadierregiment 42, Panzerjägerkompanie 40, 2. Panzergrenadierbataillon 41, eine Fahrschulgruppe und das Sanitätszentrum Ks. 1980 verlieh Kassels OB Eichel dem Bataillon den Namen „Kasseler Jäger". Mit der Aufstellung des Bundesgrenzschutzes wurde Ks. 1951 wieder Garnison. Die Lüttichk. wurde 1952 für die belgischen Besatzungssoldaten hergerichtet. Seit 1956 wurde Ks. auch wieder Standort der Bundeswehr. Die Wittich- und Hindenburg-K. an der Eugen-Richter-Str. wurden nach der Wiedervereinigung Technologiepark und Museum; aus der Graf-Haeseler-K. in Niederzwehren wurde ein Gewerbegebiet. Die K.blocks wurden zugunsten von Eigentums- und Mietwohnungen umgebaut. Der technische Bereich und alle milit. Einrichtungen wurden abgerissen und es entstand das Wohngebiet → *Marbachshöhe*. Heute befinden sich hier ein Uniformmuseum und die Bundeswehrfachschule. *hekö*

Kassel (bis 1926 amtl. Cassel) Die kreisfreie nordhess. Großstadt liegt an der Grenze zu Niedersachsen im sog. Kasseler Becken, geomorphologisch ein ausgedehnter Talkessel mit weitläufigen Flussniederungen im Tal der unteren → *Fulda*. K. wird im SW von den weiter entfernten Langenbergen, im W vom

Kassel Gedenkmünze anlässlich der Tausendjahrfeier mit der weiblichen Personifikation Kassels, der Chassala, im Profil

→ *Habichtswald*, im NO von den südl. Ausläufern des → *Reinhardswaldes*, im O vom → *Kaufunger Wald* und im SO und S von der → *Söhre* begrenzt. Diese Mittelgebirge sind durch zwei nördl. und südl. der Stadt gelegene und in W-O-Richtung verlaufende Höhenrücken miteinander verbunden. K. ist nach Frankfurt und Wiesbaden die drittgrößte Stadt Hessens, bei 51° 19′ nördl. Breite und 9° 29′ östl. Länge auf durchschnittlich 167 m über NN gelegen. Den höchsten Punkt bildet das → *Hohe Gras* mit 615 m über NN. K. erstreckt sich auf einer Fläche von 106,79 km², wovon 34,9 % als Gebäude- und Freifläche, 21,6 % als Wald-, 16,1 % als landwirtsch., 12,9 % als Verkehrs-, 10,5 % als Erholungs-, 2,1 % als Wasser-, 0,5 % als Betriebsfläche und 1,4 % anderweitig genutzt werden. K. wurde erstmals 913 als Chassalla, 913 und 940 als Chassella erwähnt; als villa 1152 und 1154, als civitas 1015 und 1184 sowie als opidum 1271 bzw. 1308 bezeichnet. Bis 1926 hieß es amtl. Cassel. Der Name der ältesten überlieferten Form „Chassalla“ ist verm. nicht, wie früher meist angenommen, vom lateinischen Castellum bzw. castella abgeleitet, sondern eher ein urspr. Gewässername, der dann auf die Siedlung überging und demnach zu den ältesten bekannten Ortsnamen der Landschaft gehört. Die Stadt hatte von 1277 bis 1866 Hauptstadtfunktionen inne. Sie ist Sitz des Regierungsbezirks und Landkreises K. und eines von 10 Oberzentren des Landes Hessen. K. gliedert sich in 23 → *Stadtteile*. 1899 überschritt K. die 100.000 Einwohner-Grenze, womit es zur Großstadt wurde. Seit 1999 trägt sie den offiziellen Beinamen → *documenta*-Stadt. An K. grenzen die Mittelstadt → *Baunatal*, die Kleinstadt → *Vellmar* und die Gemeinden Niestetal, Fuldatal, Fuldabrück, → *Kaufungen* und → *Lohfelden*. *ap*

Qu./Lit.: web.uni-marburg.de/hlgl/lagis/hiolex.html; Heinemeyer, Anfänge.

„Kassel baut auf“ Im Mai 1946 fand die Ausstellung K. im teilzerstörten → *Ottoneum* statt. Thematisiert wurden die Trümmerbeseitigung, der Wohnungsbau und die grundlegende Ausrichtung der Stadtentwicklung. Es waren Planungen zur Stadtentwicklung zu sehen, die aus den Jahren 1944/45 stammten und nach den Bombenzerstörungen im Auftrag des sog. Speer-Stabs für Ks. als auch künftiger Gauhauptstadt gelten sollten. Der seit 1941 amtierende Stadtbaurat → *Erich Heinicke* verfolgte diese Planungen trotz völlig anderer politischer Rahmenbedingungen weiter. Er bezog sich in seinem Eröffnungsvortrag explizit auf die Planwerke der NS-Planer Gutschow, Hetzelt, Reissinger und → *Hasper*. Die Ausstellung musste aufgrund heftiger Proteste aus der Kasseler Bevölkerung vorzeitig geschlossen werden. Erst in der Folge dieses Eklats wurde Ende 1946 ein demokratisch beschlossener und ausgeschriebener „Wettbewerb zur Erlangung von Entwürfen für den Bebauungsplan zum Wiederaufbau der Stadt Kassel“ initiiert. Dessen Ergebnisse wurden im August 1947 im → *Naturkundemuseum* ausgestellt; die Eröffnungsrede hielt wiederum Heinicke. *fli*

Plakat zur Ausstellung „Kassel baut auf“, die im Mai 1946 im Naturkundemuseum stattfand

Lit.: Lüken-Isberner, Verständnisse, 113.

Die **Kassel Huskies** wurden 1977 als Eishockeyclub unter dem Namen „ESG Kassel“ gegründet 1987 folgte die Umbenennung in „EC Kassel“, bevor 1994 mit dem Aufstieg in die DEL, die höchste Dt. Eishockeyliga, die Gründung des „EC Kassel Huskies Sportmanagement GmbH“ erfolgte. Ihr größter sportlicher Erfolg animierte 1997 ganz Nordhessen zum Feiern. Der relativ kleine Club unterlag im Endspiel um die Dt. Meisterschaft knapp dem damaligen Serienmeister Mannheim, die Vizemeisterschaft wurde jedoch wie der Titel gefeiert. 1998 begann die größte Trainer-Ära in der Kasseler Eishockeygeschichte. Wegen seiner Wutausbrüche auch als „Alpenvulkan" bekannt, übernahm der Bayer Hans Zach, mehrfacher Dt. Meister als Spieler und Trainer, das Zepter. Dreimal führte Zach die „Schlittenhunde" bis ins Halbfinale der Play-Offs. Zach wurde in Ks. dann auch Trainer der Nationalmannschaft. Als der Kulttrainer 2002 nach Köln wechselte, ging es mit dem Eishockey in Ks. stetig bergab. 2005 folgte der erste sportliche Abstieg. Eigner Simon Kimm zog sich zurück, die K. standen vor dem Aus. Rainer Lippe übernahm in letzter Sekunde die GmbH, den Abstieg konnte er aber nicht mehr verhindern. Im April 2008 kehrten sie als souveräner Meister in die DEL zurück. *tp*

Kassel im Film Modern, verkehrsgerecht und dynamisch – mit diesen Markenzeichen einer modernen Stadt lockte Ks. v. a. in den 50er Jahren des 20. Jhs. einige Filmteams in die Nordhessenmetropole. V. a. die autogerechte Planung veranlasste wohl die Dt. Film Hansa GmbH & Co. den Spielfilm „Natürlich die Autofahrer" (1959) mit Heinz Erhardt in der Hauptrolle in Ks. zu drehen. Drehorte waren → *Wilhelmshöher Allee*, Goethestr., Pestalozzistr. und der Lutherplatz, auf dem Heinz Ehrhardt als Polizist den Verkehr regelte. Ebenfalls eine Rolle in der „Filmstadt Kassel" spielte der Vorplatz des → *Hauptbahnhofs*. Durch die zentrale Lage an einem modernen Verkehrskreuz und in unmittelbarer Nähe der Innenstadt versprühte er ein für die damalige Zeit besonderes Weltstadtflair. Diese Atmosphäre reizte Wolfgang Staudte, den Regisseur von „Rosen für den Staatsanwalt" (1959). Als Hauptdarsteller sind Walter Giller, der für seine Rolle mit dem Bundesfilmpreis ausgezeichnet wurde, und Martin Held zu sehen. Das zum Gericht umfunktionierte Kasseler Rathaus (→ *Rathäuser*) sowie die → *Treppenstraße* waren häufige Drehorte dieses Films. Die Treppenstr. war auch Kulisse für „Ohne dich wird es Nacht" (1957) von und mit Curd Jürgens. Er war der erste Regisseur, der die neu entstandene Fußgängerzone Treppenstr. für sich und den dt. Film entdeckte. „Nick Knattertons Abenteuer" (1959) nutzte teilweise das moderne Ks. als Filmkulisse: So gab es eine Autofahrt-Szene entlang der Wilhelmsstr. und der → *Wolfsschlucht*. 2002 war Ks. erneut Filmkulisse. Mit „Tödliches Vertrauen" rückten nun → *Schloss Wilhelmshöhe* und der Bergpark in den Mittelpunkt des Geschehens. Statt Ausdruck moderner Stadt wurde hier eine schwarze Romantik in Szene gesetzt: Der → *Park Wilhelmshöhe* wurde zur Kulisse für einen Krimi. Nicht nur die Hauptdarsteller Otto Sander und Barbara Rudnik lebten einige Jahre in Ks., auch Produzent Hubertus Meyer-Burckhardt hat hier seine Wurzeln und erfüllte sich „einen Traum", indem er einen Film in seiner Heimatstadt drehte.
In früheren Jahren waren Park und Schloss Wilhelmshöhe v. a. Drehorte für Historienfilme wie „So sind die Männer" (1922), dem Filmdebüt von Marlene Dietrich. Ebenfalls einen Drehort in Wilhelmshöhe, die Kurhessentherme, hatte sich das Filmteam für „Nur aus Liebe" (1996) mit Katja Riemann in der Hauptrolle erkoren. Ks. steht nicht nur für eine reizvolle Kulisse, sondern auch als Ausgangspunkt für erfolgreiche Filmschaffende: Ein Beispiel dafür ist der 1958 in Ks. geb. Grimmepreisträger Raymond Ley, der an der Hochschule für bildende Künste (HbK) in Ks. studierte und seit 1991 als freier Fernsehautor arbeitet. Außerdem wanderten zwei „Oscars" für Kurzanimationsfilme nach Ks.: 1990 für den Film „Balance" der Brüder Christoph und Wolfgang Lauenstein und 1997 für „Quest" von Thomas Stellmacher, die beide an der HbK entstanden. *th/ckr*

Lit.: Heinzelmeier/Schulz; Kino.

Kasseler/in, Kasselaner/in, Kasseläner/in, Bezeichnungen der Bewohner/innen der Stadt Ks., die als Klassifizierungen genutzt werden. Kasseler sind dem Sprachgebrauch nach in die nordhessische Großstadt gezogen und leben dort. Kasselaner sind in Ks. geboren. Und Kasseläner sind mind. in der zweiten Generation in der Stadt geboren worden. Sie bleiben auch dann Kasseläner, wenn sie (vorübergehend) an einem anderen Ort leben. Zur Verstärkung wird mundartl. vom „Kasseläner in der Wolle gefärwed" gesprochen. Die Redewendung spielt auf die lange Tradition der Wollfärberei in Ks. an. In der amtl. Sprache ist von Kasselern die Rede. Dementsprechend hießen frühere Zeitungen „Kasseler Post" oder „Kasseler Zeitung". Die erste in Ks. erschienene Zeitung (1731) hieß allerdings

Logo der Kassel Huskies

Kassel im Film Ein Filmplakat zu „Natürlich die Autofahrer" mit Heinz Erhardt aus dem Jahr 1959. Drehorte waren die Goethestraße, der Goethestern, Wilhelmshöher Allee, Pestalozzistraße, Lassallestraße und Herkulesstraße

Kassel im Film Filmplakat zu „Herrscher ohne Krone" mit O.W. Fischer, Drehorte sind die Löwenburg und Schloss Wilhelmsthal

KASSELER BANK
Volksbank Raiffeisenbank
in Kurhessen & Waldeck

Logo der Kasseler Bank

Kasseler Apoll Der um 100–130 n. Chr. nach Phidias entstandene Apollon Typ Kassel

„Casselische Zeitung". In Reiseberichten des 18. Jhs. war von „Casselanern" zu lesen. Heute gehört es bei Empfängen der Stadt zum guten Ton, die Kasseler, Kasselaner und Kasseläner jeweils gesondert zu begrüßen. Da es oft die nach Ks. Zugezogenen sind, die sich große Verdienste um die Stadt erworben haben, führte OB Bertram Hilgen den Ehrentitel „Kasseläner honoris causa" ein, der erstmals beim Neujahrsempfang 2007 verliehen wurde. Das Kasseler Rippenspeer soll mit der Fuldastadt direkt nichts zu tun haben. Seinen Namen verdankt es einem Gerücht zufolge einem Berliner Fleischermeister Cassel (→ *Kulinarik*) *dsch*

Kasseler Apoll, eigentlich Apollon Typ Ks. Es handelt sich um eine 199,5 cm große Marmorstatue des Heil- und Sühnegottes sowie des Gottes der Vegetation. Die röm. Kopie wurde um 100 n. Chr. nach dem Vorbild einer griech. Bronzestatue von 460–450 v. Chr. gefertigt. Sie wurde verm. 1721 in einem kaiserzeitl. Villengelände am Lago di Sabaudia gefunden, 1777 durch Lgf. → *Friedrich II.* in Rom erworben und 1779 im → *Museum Fridericianum* der Öff. übergeben. Seit 1974 wird sie in der → *Antikensammlung* im → *Schloss Wilhelmshöhe* ausgestellt. Der K. ist leicht bestoßen und es finden sich Farbreste am Haar. Bei mehrfachen Restaurierungen wurden Teile in Gips ergänzt. Der Figurentypus wird nach dem K. benannt, da Ks. die vollständigste Version besitzt. Bislang sind 26 röm. Wiederholungen bekannt. Der athletische Körper präsentiert sich im Kontrapost, der Kopf hat aufwändig modellierte Locken. Die Statue zeigt den Gott aufgerichtet in idealer Nacktheit mit engem Schrittstand. Der Kopist hat zur Stütze der Statue neben dem Standbein einen Baumstamm nebst Köcher stehen gelassen. Es liegt ikonografisch und kompositorisch eine Ergänzung der Statue durch einen Lorbeerzweig in der rechten und einen Bogen in der linken Hand nahe. Für das statuarische Vorbild des K. kommen zwei schriftlich überlieferte Athener Statuen in Betracht. In der Kasseler Sammlung befindet sich eine Gipskopie, die versucht, die Bemalung der Statue zu rekonstruieren. *sw*

Lit.: Antike Steinskulpturen, 44–50.

Kasseler Bank Die Nachfolgerin der Volksbank Ks. wurde 1864 von Kasseler Bürgern als → *Creditverein zu Cassel* gegründet, der seit 1923 als Kreditbank Cassel und diese ab 1943 als Volksbank Ks. firmierte. Ihre wichtigste Aufgabe nach dem Zweiten Weltkrieg und der → *Währungsreform* war es, ihre Mitglieder beim → *Wiederaufbau* ihrer Betriebe und Wohnhäuser mit günstigen Krediten zu unterstützen. Diese erfolgreiche Arbeit ermöglichte und erforderte es, im Jahr 1958 einen großzügigen Neubau in der Rudolf-Schwander-Str. zu beziehen, der nach einigen Umbauten auch heute noch Sitz der Bank ist. Anfang der 1970er Jahre begann besonders im bankwirt. Genossenschaftssektor ein umfangreicher Fusionsprozess, der allg. zu wirtschaftl. vernünftigen und wettbewerbsfähigen Betriebsgrößen führen sollte. Die Volksbank Ks. beteiligte sich aktiv an diesem Prozess und fusionierte mit den Volksbanken Bad Wildungen (1970), Wolfhagen (1977) und Hofgeismar (1992), der Spar- und Kreditbank → *Bettenhausen* (1992), außerdem mit der Raiffeisenbank Kurhessen in Ks. (1996). Die Genossenschaftsbank firmiert seit 1997 als Kasseler Volksbank Raiffeisenbank; sie präsentiert sich heute als eines der großen Kreditinstitute in Nordhessen mit einer Bilanzsumme von über 160 Mio. €. Rund 480 Mitarbeiter/innen betreuen in der Zentrale und an 47 weiteren Standorten 120.000 Kunden. Das Geschäftsgebiet erstreckt sich von Willingen im W über Korbach und Bad Arolsen bis Kaufungen im O, von Bad Karlshafen im N bis Bad Wildungen im S über weite Teile Nordhessens. Der Kundenkreis umfasst sowohl den gewerbl. Mittelstand aus Handel, Handwerk, Gewerbe und Landwirtschaft als auch Freiberufler und Privatpersonen. *ro*

Kasseler Braun Neben dem K. verbinden sich einige alte Farbpigmente, die in die Farbkunde eingingen, mit dem Namen der Stadt. So stellte 1782 der Einhornapotheker J. H. Flügger aus geglühtem Bleioxid das „Kasseler Gelb" her. Zu dieser Zeit ging auch die Salpeterfabrik am Wesertor unter dem Betriebsleiter Georg Evert Habich zur Farben- und Mineralienherstellung über. 1840 verfügten seine Söhne bereits über eine breite Palette von Blaupigmenten sowie das „Kasseler Grün" und „Kasseler Mineralgelb". Braunkohlen aus der Zeche Gahrenberg und eine Farbenmühle bei Veckerhagen sicherten die eigene Fertigung für die Brauntöne der in Mode gekommenen „tonigen Malerei“. Als Nebenmaterial fiel die schmierige Farbkohle als K. preiswert an. Nach Umbra, Bister oder sogar Mumie eroberte es als Naturpigment den Markt bis nach Amerika. Als beliebte Treppenhausfarbe wurde in Soda gelöstes K. auch als Nussbeize für Thonetstühle genutzt. Der frühere Farbenvertreter Wilhelm Urban stritt bis zum Reichsgericht mit Habichs Söhnen um die Rechte und eröff. um 1880 mit der Farbwindmühle „Aufm Grass bei Wehlheiden“ einen konkurrierenden Betrieb. Seine Zeche „Van Dyk“ zu Frielendorf wurde namensgebend für das „Vandyckbraun“, das bis heute zum Repertoire feinster Künstlerfarben in Öl und Aquarell gehört. Erst mit Schließung der hess. Gruben fielen um 1970 diese Nebenmineralien fort und kommen heute z. T. als Pigment aus böhm. Zechen. *sl*

Qu./Lit.: StAKs; Kirchvogel, 175 Jahre.

Das **Kasseler Dokumentarfilm- und Videofest**, zunächst in den 1980er Jahren als reines Dokumentarfilmfest vom Filmladen Kassel e.V. konzipiert, besteht heute aus dokumentarischen Langfilmen aus dem deutschsprachigen Raum und internationalen Kurzfilmkompilationen als wichtigsten Säulen des Festivals. So kommen jährl. über 200 Filme in drei Festivalkinos zur Aufführung. Zum tragenden Konzept gehören aber auch die medienübergreifenden Festivalsektionen: die Ausstellung „Monitoring“ mit internationalen Medieninstallationen, die Fachtagung „interfiction“ als Plattform für den theoretischen Diskurs, die Präsentation audiovisueller Live-Konzepte in der Dokfest-Lounge als künstlerisch-kommunikatives Forum. Das Festival stellt einen wichtigen Anlaufpunkt für die regionale, nationale und internationale Kunst-, Film- und Medienszene sowie für ein breites Publikum dar. Dabei gelingt es, einen Fokus auf internationale Arbeiten zu legen und dabei gleichrangig das regionale Filmschaffen zu präsentieren. Mit diesem Konzept ist das Festival in Hessen einzigartig, was die Förderung durch „Media“ (EU-Filmförderung) unterstreicht. Den Organisatoren ist wichtig, dass das innovative Profil auch beim Publikum ankommt: 2007 kamen über 8.500 Zuschauer sowie 440 akkreditierte Fachbesucher aus dem In- und Ausland. *gwi*

Der **Kasseler Flammofen** ist ein von Töpfern, Tieglern und Zieglern verwendeter oblonger, liegender Brennofen mit senkrechter Ständerwand, horizontalem Zug und gewölbter Decke mit verschließbaren Schürlöchern.

Oberseite eines 1855 errichteten und 1985 stillgelegten Kasseler Flammofens in Großalmerode-Epterode

Als Brennmaterial wurde Holz oder Braunkohle, in neuerer Zeit Gas oder Öl verwendet. Gebräuchlich waren Öfen mit ein oder zwei Kammern. Der Ofen wurde in der ersten Hälfte des 19. Jhs. aus kleineren Töpferöfen weiterentwickelt. Seinen Namen verdankt er einer Veröffentlichung aus dem Jahre 1855, in der seine Konstruktion ausführlich beschrieben wurde. Angeblich hatte die Henschelsche Ziegelei → *Möncheberger Gewerkschaft* in Ks. 1827 ein Patent auf diesen Ofen erhalten, der dort zum Brennen von Ziegeln und anderer Baukeramik verwendet wurde. Tatsächlich waren um 1820 in Kurhessen Bestrebungen im Gange, zur Schonung der Wälder die Brennöfen mit Braunkohle statt mit Holz zu befeuern, was Experimente mit verfeinerten Konstruktionen voraussetzte. In Ziegeleien wurde dieser Ofentyp von Ringöfen abgelöst, die rationelleres Arbeiten ermöglichten. Die Möncheberger Gewerkschaft ließ ihre letzten Kasseler Öfen um 1880 abreißen. In Großalmerode-Epterode sind bis heute noch zwei aus der Zeit um 1860 stammende K. zum Brennen von Schmelztiegeln und anderen Feuerfestprodukten in Betrieb; ein Doppelkammerofen ist betriebsbereit. *tw*

Lit.: Wiegand, Ofenreise; Heege, Töpferöfen.

Plakat des 25. Kasseler Dokumentarfilm- und Videofestes

Mit **(Kasseler) Forst** bezeichnete man das Gebiet zwischen dem heutigen Stadtteil → *Unterneustadt* und dem Lindenberg, zwischen → *Bettenhausen* und → *Waldau*. 913 wurde das Gebiet bereits als „Hute" (Weidegelände) beschrieben. Zu Bettenhausens Lage heißt es 1294: „in placito, quod fuit in silua, que dicitur Vorst, prope civitatem Casle sita" (in einer Ebene, welche mit Wald bedeckt ist und sich „Vorst" nennt, nahe der Stadt Ks.). Ab Ab 1413 durften Kasseler Bürger den F. als Hute benutzen, auf dem „Sauplatz" (zwischen Platz der Dt. Einheit und Lilienthalstr.) wurde Vieh gemästet. Bis 1809 stand hier der Kasseler Galgen. Im 16. Jh. wurde der F. abgeholzt, es entstand das → *Forstfeld* als milit. Übungsgebiet, welches erst ab 1906 wieder von der Stadt genutzt werden durfte. 1813 wurde der F. von Kosaken erobert, die mit den erbeuteten französ. Kanonen Ks. beschossen und es so von der französ. Herrschaft befreiten. Aus Freude darüber pflanzten Bürger die „Forst- oder Hesseneiche", die bis in die 1920er Jahre hier stand. Ein Denkmal auf dem Gelände des Unternehmensparks an der Wohnstraße erinnert an die Erschießung hess. Patrioten 1807 und 1809 durch napoleonische Soldaten. 1868 fand im F. das erste Pferderennen statt, 1909 wurde der erste Freiballon gestartet, 1910 fand auf dem neuen Flugplatz die erste Flugveranstaltung mit 100.000 Besuchern statt, 1912 landete ein Luftschiff. Der „Sauplatz" wurde im 19. Jh. mit einem → *Gaswerk* überbaut. Ab 1915 wurde eine Munitionsfabrik mit ca. 10.000 Arbeitsplätzen errichtet (Werkswohnungen in der Steinigkstr.), auf deren Gelände sich später die → *Spinnfaser-AG*, Europas größte Spinnfaserfabrik, die Junkers Motorenwerke, die → *Gerhard-Fieseler-Werke*, die → *AEG* sowie ein Unternehmenspark ansiedelten. Im östl. Gebiet, heute Stadtteil Forstfeld, wurden Arbeiterwohnungen gebaut. 2006 erhielt der Wahlebach wieder einen mäandrischen Verlauf mit Kunstwerken (ars natura) an seinem Ufer. *fdu*

Kasseler Glossen Die → *Handschriftenabteilung* verwahrt neben dem → *Hildebrandslied* eine große Anzahl von Handschriften mit althochdeutschen Glossen und diese im ersten Viertel des 9. Jhs. in Bayern entstandene Handschrift. Sie enthält u. a. eine lateinisch-althochdeutsche Glaubenslehre und die sog. K. Bei diesen handelt es sich um ein Reisehandbuch, das in Bayern für einen Westfranken geschrieben wurde, dessen Sprache z. T. lateinisch, z. T. romanisch war und der sich in Bayern verständigen wollte. Das Glossar ist sachlich gegliedert. Was die K. für die althochdeutsche Sprach- und Lit.geschichte aber so kostbar macht, ist das angehängte „Gesprächsbüchlein", das kurze Sätze aus dem Alltag enthält. Lit., d. h. geschriebene Sprache, hat einen anderen Satzaufbau als gesprochene Sprache. In dieser Handschrift ist als ganz seltene Überlieferung althochdeutsche Sprechsprache erhalten. Es handelt sich um das älteste gesprochene Althochdeutsch. *kwi*

Lit.: Schröder, Glossae.

Kasseler Hütte Am 1.4.1887 wurde die Sektion Ks. des Dt. Alpenvereins gegründet. Bereits im folgenden Jahr suchte der Vorstand einen geeigneten Hüttenbauplatz auf 2.276 m in der nordöstl. von Brixen gelegenen Rieserfernergruppe. Im Sommer 1894 war Baubeginn und die feierliche Einweihung fand am 24. Juli 1895 statt. Zunächst trug sie noch den Namen Riesenfernerhütte, ab 1896 dann K. Während des → *Ersten Weltkriegs* blieb die Hütte geschlossen. Südtirol fiel nach dem Krieg an Italien und im August 1926 wurde die K. vom Club Alpino Italiano (CAI) unter dem Namen Rifugio Vedrette Giganti dessen Sektion Rom zugeteilt. Heute ist die Hütte unter dem Namen Hochgall Hütte, italien. Rifugio Roma alla Vedrette di Ries geläufig. Die Sektion Ks. eröffnete indes 1927 eine auf 2.177 m in den Zillertaler Alpen neu erbaute K. *htg*

Der **Kasseler Kunstverein** ist einer der ältesten dt. Kunstvereine. Das Mitgliederspektrum reichte im Gründungsjahr 1835 vom Handwerksmeister bis zum preuß. Kronprinzen. Er wurde als „Kurhessischer Kunstverein" von Kunstprofessoren zum Marktplatz für junge Künstler, aber auch als demokratisches Forum für ein bürgerl. Publikum ins Leben gerufen; er war außerdem eine Aktiengesellschaft, in der man Kunst verloste. Allerdings sah der Kurprinz seine 50 Aktien als 50 Stimmen an und erklärte im Konflikt, nicht Mitglied mit nur einer Stimme sein zu wollen. Im Verbund mit den „West-Elbischen Kunstvereinen" fand alle zwei Jahre eine große Wanderausstellung mit 800–1.000 Exponaten im → *Messhaus* (heute Rathaus) statt. Das Programm bediente im 19. Jh. einen eher tradierten Kunstgeschmack, konnte aber auch verstören: z. B. 1841 mit Spitzwegs Armen Poeten und noch 1909 mit Monet und Renoir. 1847 ging ein Auftrag für ein großes Historienbild an → *Menzel* („Kasseler Karton"). Es gab keine Bevorzugung einheimischer Künstler; deshalb entstanden Konkurrenzvereine, die letztlich wieder im K. aufgingen. Ein Verein brachte eine Bildersammlung mit ein (in der → *Neuen Galerie* befindet sich heute der Restbestand). Nach 1866 wurde er in Kunstverein zu Kassel umbenannt und erhielt 1871 einen repräsentativen Bau am → *Ständeplatz* (heute → *Stadtmuseum*). In den 1920er Jahren legte der K. ein starkes Engagement für die Avantgarde vor, 1922, 1927, 1929 gab es „große" Ausstellungen in der → *Orangerie* (zusammen mit → *Kunstakademie* und Museum, wie schon 1913 zur → *Tausendjahrfeier*). Seit 1929 war → *Arnold Bode* Kurator (Abteilung „Neue Kunst"). 1935 erfolgte mit dem Abgang des liberalen Vorsitzenden K. L. Pfeiffer eine endgültige Gleichschaltung des K. durch die Nationalsozialisten. 1943 wurde das Gebäude zerbombt, 1948 kam es zur Neugründung durch H. v. Buttlar, A. Fricke, M. Heinemann, → *E. Lewinski* und E. Mangold. 1955 konnte der K. ins wieder aufgebaute Stammhaus zurückkehren. Das Programm, das seit den 1970er Jahren an progressivem Profil gewann, bestimmt heute wie früher ein ehrenamtl. Vorstand, ein „Kompetenzteam" aus Kunstfreunden (mit „nützlichen" Berufen) und Kunstprofis, z. B. aus der → *Kunsthochschule*. Der K. versteht sich als ein „Forum für Gegenwartskunst, eine meist junge, noch nicht arrivierte Kunst, die sich der gesellschaftl. Wirklichkeit stellt und am aktuellen Kunstbegriff arbeitet". Die Herausforderung durch die → *documenta* und ein documenta-verwöhntes Publikum führten zu ambitionierten Einzel- und Themenausstellungen. Verlässliche Förderer (allen voran die Stadt), aufgeschlossene Sponsoren und v. a. engagierte Mitglieder ließen den K. wiederholt finanzielle Krisen, org. Probleme und innere Konflikte überwinden, wie 1993 beim Umzug ins → *Museum Fridericianum* wegen besserer Ausstellungsbedingungen. Mit der Kunsthalle Fridericianum besteht eine synergetische Zusammenarbeit. Der K. beteiligt sich an der Medienkunstschau „Monitoring" zum → *Kasseler Dokumentarfilm- und Videofest* und an Werkschauen zur Verleihung des Arnold-Bode-Preises, der auf seiner Initiative gründet. Alle fünf Jahre überlässt der K. sein Domizil der documenta und findet temporäre Räume in der Stadt für einen besonderen Auftritt (2007: „Kunstvereinsheim"). *hg*

Lit.: Marx/Georgsdorf, Kunstverein; 170 Jahre Kunstverein.

Kasseler Literaturpreis für grotesken Humor Gestiftet von dem Kasseler Schriftstellerpaar → *Christine Brückner* und → *Otto Heinrich Kühner* wird die Auszeichnung seit 1985 jährl. von der → *Stiftung Brückner-Kühner* und der Stadt Ks. verliehen. Der mit 10.000 Euro dotierte und mit einer Skulptur der Bildhauerin E. R. Nele ausgestattete Preis ehrt Schriftstellerinnen und Schriftsteller, deren Lebenswerk sich durch Humor, Komik und Groteske auszeichnet. Die Wahl der Preisträger erfolgt durch das fachliche Urteil des Stiftungsrats, dem neben renommierten Literaten auch der Preisträger des Vorjahres angehört. Zunächst ging der Preis auch an Lit. wissenschaftler für ihre Humorforschung, seit 1998 konzentriert er sich auf Künstler. Bis zum Jahr 2008 wurden ausgezeichnet: Loriot, Eike Christian Hirsch, Ernst Jandl, Wolfgang Preisendanz, Irmtraud Morgner, Ernst Kretschmer, Robert Gernhardt, Walter Hinck, Christoph Meckel, Volker Klotz, Hanns-Dieter Hüsch, Karl Riha, Max Goldt, Franzobel, Ingomar von Kieseritzky, Peter Bichsel, George Tabori, Franz Hohler, Eugen Egner, Ror Wolf, Katja Lange-Müller, Gerhard Polt, F. W. Bernstein. Zudem wurde der mit 3.000 Euro dotierte „Förderpreis Komische Literatur" eingerichtet, der, auf Vorschlag von Verlagen, gemeinsam mit dem Hauptpreis an vielversprechende Nachwuchsautoren vergeben wird. Ausgezeichnet wurden: Frank Schulz, Tilman Rammstedt, Jochen Schmidt, Jess Jochimsen, Philipp Tingler. *fwb*

Qu.: www.brueckner-kuehner.de.

Bronzeskulptur des Kasseler Literaturpreises für grotesken Humor, geschaffen von E. R. Nele

Kasseler Lotto Zahlenlotto gab es in Ks. unter Lgf. → *Friedrich II.* zwischen 1771 und 1785. Während Lotto in Italien seit dem 16. Jh. existierte, wurde es in Wien erst 1751 und in Berlin 1763 eingeführt. Acht Jahre später verkündete der Landgraf, das K. mit

Kasseler Lotto
Blick in die Obere Königsstraße mit dem Lottohotel, Lithographie von A. Specht, 1843/44. Hier fand 1771 die Ziehung der ersten Lottozahlen statt

Einer der afroamerikanischen Tambourjungen, die durch den Amerikanischen Unabhängigkeitskrieg nach Hessen gekommen waren und als „Kasseler Neger" bezeichnet wurden

der Absicht einzuführen, dass auch „minder vermögende ihr Glück" versuchen und „mit einer geringen Einlage sehr beträchtliche Gewinne" erzielen können. Außerdem wurde garantiert, dass die Gewinne prompt und richtig ausgezahlt werden. Intendiert war natürlich, die nach Ende des → *Siebenjährigen Krieges* leeren Staatskassen zu füllen. Zunächst wurden alle vier, ab 1779 alle drei Wochen mit großem Zeremoniell im „Lottohotel" in der Oberen → *Königsstraße* von einem Waisenjungen unter notarieller Aufsicht fünf Zahlen aus 90 gezogen und an der Außenfassade sowie in der → *Casselischen Zeitung* bekannt gegeben. Tippen konnte man sowohl auf einzelne Zahlen als auch auf Amben, Ternen und Quaternen, also Reihen von 2, 3 oder 4 Zahlen. Nach dem Tod Friedrichs II. wurde das K. am 9.12.1785 verboten, da Folgen wie Verschuldung, Spielsucht, Aberglaube, Fälschung und Betrug nicht zu verhindern waren. Die erste Ziehung vom 1.11.1771 ergab die Zahlen 90, 3, 81, 35 und 44. *aw*

Lit.: Woringer, Lotto, 17–47.

Die **Kasseler Musiktage** wurden 1933 vom → *Bärenreiter-Verlag* gegründet und später vom Arbeitskreis für Hausmusik (heute Internationaler Arbeitskreis für Musik) weitergeführt. In den Anfangsjahren sollte „alte und zeitgenössische Musik in einfacher Besetzung gesungen und gespielt werden, die in ihrer Art besonders geeignet ist, dem häuslichen, wie dem gemeinschaftlichen und kirchlichen Musizieren neuen Ansporn zu geben", hieß es im ersten Aufruf zu den K. 1933. Zwischen 1938 und 1950 fanden keine Musiktage statt. Auch mit der Wiederaufnahme 1950 ging es um die Verbindung alter und zeitgenössischer Musik und darum, die Teilnehmer im Hören und Singen zu aktivieren. Ab den 1960er Jahren wurde die Neue Musik Schwerpunkt. Hausmusik und Laienbeteiligung gingen zurück. 1977–97 fusionierten die K. mit der Reihe „neue musik in der kirche". Seit 1994 ist der Hessische Rundfunk Mitveranstalter. *mm*

Lit.: Musiktage 1937; Kasseler Musiktage 1950.

„Kasseler Neger" Die hess. Regimenter hatten während des Amerikan. Unabhängigkeitskrieges (1776–83) ihre Tambours durch afroamerikan. Knaben ersetzt und zahlr. Sklaven für Schanz- und Transportarbeiten angemietet, denen es gelegentlich gelang, auf diesem Weg aus der Sklaverei zu entkommen. Einige dieser Afroamerikaner gingen nach dem Krieg mit den hess. Truppen nach Europa. Genaue Zahlen sind nicht bekannt. Auf jeden Fall waren sie im Kasseler Straßenbild über Jahre hin als Musiker, Diener oder schlicht als Statussymbol ihrer adligen Dienstherren präsent. Der 1781 in Ks. geb. Historiker → *Rommel* schreibt in seinen Memoiren: „Zu meinen frühesten Erinnerungen gehören die mit den hessischen Soldaten aus Amerika gezogenen schwarzen Tamboure, welche wir Kinder, wenn sie mit ihren glänzenden messingenen Halsbinden in der → *Fulda* schwammen, für Pudelhunde ansahen." Viele der Schwarzen kamen noch ungetauft nach Ks. und wurden nach entsprechender Unterweisung erst hier getauft. Der Landgraf fungierte dabei gelegentlich als Pate. *htg*

Lit.: Auerbach, Hessen, 215–234, 357–386.

Kasseler Neueste Nachrichten Die K. wurden seit 1910 vom Pressekonzern Huck in Ks. herausgegeben. Die Zeitung ähnelte der Generalanzeigerpresse. Sie erschien als Nachmittagszeitung bzw. zweimal am Tag. Sie druckte als Organ der Geschäftspresse 70 % aller Gelegenheitsanzeigen für Stadt und Umland. Mehr als anderen Zeitungen war ihr wegen ihres Anzeigenangebots daran gelegen, möglichst viele Leser zu gewinnen. Deshalb waren die Informationen äußerst reichhaltig, inhaltlich unterschiedlichster Art und politisch farblos-neutral. Nach dem Erwerb des traditionsreichen liberalen → *Casseler Tageblatts* aus dem jüdischen Ver-

Nummer 1. 1. Jahrgang.

Casseler Neueste Nachrichten

Casseler Abendzeitung — Hessische Abendzeitung

Sonntag, 4. Dezember 1910.

Depeschen.

Gruß an Cassel.

Sei mir gegrüßt in trauter Dämmerstunde,
Du schönes Cassel! Nach des Tages Last
Tret' ich in Deine Feierabendrunde,
Ein welterfahr'ner, zeitenkund'ger Gast!
Noch ist ja Raum an manchem warmen Herde
Und klein das Opfer, das Ihr bringen sollt:
So gönnt mir's, daß ich bei Euch heimisch werde,
Noch eh' das Jahr in Hast zu Ende rollt!

Wenn abends hinter schlummertrunknen Scheiben
Der ersten Lampen tröstlich Licht erwacht,
Bin ich gerüstet, alles zu vertreiben,

Moabit.

Titelblatt des ersten Jahrgangs der Kasseler Neuesten Nachrichten vom 4. Dezember 1910

lagshaus → *Gotthelft* im Jahre 1932 waren die K. einige Jahre die auflagenstärkste Kasseler Zeitung. Gegenüber den Nationalsozialisten verhielt sich die Zeitung vergleichsweise zurückhaltend. Das änderte sich auch nicht, als der NS-Pressekonzern weniger aus polit. als aus wirtschaftl. Interesse die Übernahme des Huck-Konzerns erzwang. Damit blieben die K. vor dem Zugriff der Gauleitung und ihres Parteiorgans, der Kurhessischen Landeszeitung, bewahrt. Erst kurz vor Kriegsende wurden sie zwar nicht unternehmensrechtlich, aber technisch mit der Kurhessischen Landeszeitung mit dem Untertitel „Gemeinsame Notausgabe" zusammengeschlossen und erschienen danach nicht mehr. *ld*

Lit.: Döhn, Presse und Nationalsozialismus.

Die **Kasseler Post** war lange Zeit die traditionsreichste Kasseler Zeitung. Sie entstand 1923 durch den Zusammenschluss der Hessischen Post und der Kasseler Allgemeinen Zeitung als zu diesem Zeitpunkt zweitgrößte Kasseler Zeitung. Sie verstand sich als eine ausdrücklich bürgerl. Heimatzeitung für ein Publikum aus → *Beamten*, gewerbl. Mittelstand und bäuerl. Landbevölkerung. Ihre publizistisch-polit. Tendenz war evang.-christl., nationalistisch-konservativ und rechtsliberal mit einer entschiedenen Ausrichtung gegen die Demokratie der → *Weimarer Republik* und die Sozialdemokratie. Sie trug, obwohl sie sich vor 1933 nicht als Sprachrohr des NS sah, zu dessen Aufstieg und zur Errichtung der Diktatur bei. Während der → *NS-Zeit* konnte sie als einzige Kasseler Zeitung lange ihre verlegerische Selbstständigkeit vor dem Zugriff der Nationalsozialisten bewahren. 1943 wurde sie dann doch mit dem NS-Gauorgan Kurhessische Landeszeitung zusammengeschlossen. Nach der Aufhebung des Lizenzzwangs erschien die K. 1949 wieder. Sie war jedoch wegen ihrer geringen Auflage auf Dauer nicht lebensfähig. Wegen des allg. und in ihrem Verbreitungsgebiet besonders starken polit. Strukturwandels konnte sie auch keine neuen Leserkreise erschließen. Mit der Hessischen Allgemeinen (→ *Hessisch-Niedersächsische Allgemeine*) bildete sie ab 1959 eine Anzeigengemeinschaft und übernahm deren nichtpolitischen Teil. Fortan wurde die K. bis zur endgültigen Fusion beider Verlage im Jahr 1969 von der Druckerei der Hessischen Allgemeinen hergestellt, die danach eine Zeit lang mit dem Untertitel „Kasseler Post" erschien. *ld*

Lit.: Döhn, Presse und Nationalsozialismus; Ders., Presseentwicklung.

Kasseler Schule Der Begriff wurde 1923 von A. Moser in seiner Geschichte des Violinspiels geprägt und bezieht sich auf das pädagogische Wirken → *L. Spohrs* und seiner Schüler. In ihr wird oft die letzte große dt. Geigerschule gesehen. Zur K. werden auch die etwa 50 Schüler/innen gezählt, die Spohr vor seiner Kasseler Zeit ausbildete. Insg. waren es über 200. Die vielseitige und ganzheitliche, auf den Prinzipien des Philantropinismus aufbauende Ausbildung umfasste neben dem eigentlichen Violin- auch Kompositionsunterricht, der bis 1842 von Spohrs Schüler M. Hauptmann übernommen wurde, kammermusikalische Studien und die Pflicht, auf verschiedenen Positionen im Hoforchester mitzuwirken. Spohrs Unterricht zog bald junge Musiker aus ganz Europa nach Ks. und bildete die Grundlage ihrer späteren Karrieren. Viele von Spohrs Schülern entfalteten eine erstaunliche Breitenwirkung und prägten das europ. Musikleben in der zweiten Hälfte des 19. Jhs. entscheidend mit. Zu den prominentesten Vertretern gehören der Gründer der New Yorker Philharmoniker, → *U. C. Hill*, der Komponist der finn. Nationalhymne und „Vater des finnischen Musiklebens", F. Pacius sowie F. David, J. P. Hartmann, → *H. Staehle*, → *N. Burgmüller* und zahlr. weitere einflussreiche Musikerpersönlichkeiten. 1832 hielt Spohr seine pädagogischen Erkenntnisse in seiner „Violinschule" fest. Seine Schüler M. Hauptmann und F. David setzten seine Arbeit als Lehrer am Leipziger Konservatorium fort. *wbo*

Lit.: Dürre, Spohr.

Kasseler Silber 1652 schlossen sich die Kasseler Gold- und Silberschmiede zu einer Gilde zusammen und führten die Stempelpflicht ein: Das Beschauzeichen mit dem Stadtwappen garantierte nun den Feingehalt von 13 Lot, das Meisterzeichen mit den Initialen verwies auf den Goldschmied. Frühere, ungepunzte Arbeiten können nur aufgrund von Akten einigen wenigen Meistern zugewiesen werden. So wurden 1431 Nolde und Grundemann im Zusammenhang mit Halsbändern für Edelleute genannt und K. Krug für das kostbare, heute verlorene Hl. Kreuz-Reliquiar der → *Martinskirche*. Bedeutende Werke blieben aus der Zeit Lgf. → *Wilhelms IV.* erhalten: Am „großen Planetenuhrwerk" von 1561 wirkte H. Miller mit und H. J. Emck schuf 1591 die herausragende künstlerische Ausstattung der „astronomischen Stutzuhr" von → *Jost Bürgi*. Mode und Repräsentationspflicht forderten um 1600 bei Hof großes Tafel- und anspruchsvolles Büfettsilber, das meist aus Nürnberg und später aus Augsburg kam, obwohl auch Kasseler Silberschmiede wie M. Müller, J. Straube und besonders L. Dölte anspruchsvolle Aufträge erhielten. Kaum etwas hat sich davon erhalten. 1631/32 entstand von N. Bucher ein Satz Abendmahlskannen, der, über alle drei Kannen eingraviert, als einzigartiges Zeugnis dieser Zeit eine biographische Widmung des Stifters und Diplomaten Hermann Wolf trägt. Um die Mitte des 17. Jhs. war Chr. Bucher mit seinem niederländ. beeinflussten Barockstil der herausragende Hofsilberschmied. Joh. Rieß, der 1658 den Willkomm-Humpen des Rathauses schuf, sein Sohn Johannes und sein Bruder Johann Georg waren hingegen dem Augsburger Barock verpflichtet. Der „schlichte Stil" einer Reihe solider Abendmahlsgeräte wurde bestimmt durch den calvinistischen Glauben ihrer Stifter, so drei große Kannen von J. Jehner, die 1683 Landgräfin → *Hedwig Sophie* der Ref. Gemeinde Schmalkalden stiftete.

Kasseler Silber Silberhumpen „Kasseler Willkomm" des Kasseler Rates aus dem Altstädter Rathaus, der mit Abbildungen von Poseidon und Amphitrite versehen ist, 1658

Ab 1710 bildete sich unter den aus Frankreich geflüchteten Goldschmieden der „Hugenottische Stil" heraus. Er wurde von allen Meistern der Gilde getragen und weiterentwickelt und war über 70 Jahre Leitschnur der Kasseler Goldschmiedekunst. Aufgrund dieser Dominanz blieb das Rokoko weitgehend unbeachtet. Hervorragende hugenott. Silberschmiede waren L. Rollin (ca. 1674–1744), der zum Gildemeister und fürstl. Münzmeister aufstieg, sein ehem. Geselle P. Baucair und dessen Sohn Isaak, der Hofgoldschmied war und einen französisch inspirierten Frühklassizismus entwickelte. J. A. Kördel, aufgrund seiner Kreativität um 1800 führend, vertrat eine lokale Variante des engl. „Adam-Stils". H. W. Kompff, sein ehem. Schüler, stand für ein Émpire von hoher Qualität. C. H. Kördell gab in der väterlichen Nachfolge dem K. im Spätklassizismus Glanz, während G. F. Weigel, F. Proll und G. A. Scheel vom Biedermeier in den Historismus führten. Industriell hergestellte Silberware beherrschte nun den Markt. Mit einer Stiftung neuen Ratssilbers erhielten F. W. Range u. a. vor 1909 noch einmal Aufträge, die das Können Kasseler Silberschmiede erneut unter Beweis stellten. Exponate befinden sich im → *Hessischen Landesmuseum*, im → *Stadtmuseum* und im Museum Schloss Fasanerie bei Fulda. *es*

Lit.: Neuhaus/Schmidberger, Kasseler Silber.

Kasseler Verkehrs-Gesellschaft AG (KVG) Die Vorgängergesellschaften, insbes. die „Cassel Tramway Company Limited" 1877 und die → *Herkulesbahn*, waren private Unternehmensgründungen mit dem Ziel, Gewinne zu erwirtschaften. Heute wird der öff. Nahverkehr in Ks. eher als kommunale Aufgabe begriffen. Die Stadt Ks. übernahm nach dem Ersten Weltkrieg die Aktien der Herkulesbahn und engagierte sich im Omnibusverkehr. Bei der Gründung 1939 betrug der Anteil der Stadt an den Aktien der neuen Gesellschaft 18 %. Die sich im Besitz der Elektrischen Licht- und Kraftanlagen AG, Berlin befindlichen 72 % Aktien zeigten, dass die → *Straßenbahn* ein Geschäft mit Gewinnaussichten war. Durch die Hessische Verfassung von 1946 wurde die K. in Gemeineigentum des Landes Hessen überführt. Erst 1958 wurde die Stadt Ks. über die Städtischen Werke Mehrheitsaktionär. Nach der Verschmelzung mit der Herkulesbahn Ende 1959 und dem Verkauf der Omnibus-Fernlinien an die Dt. Bundespost 1960 betrieb die K. Straßenbahn- und Omnibusverkehr in der Stadt und einigen Umlandgemeinden. Die nach dem Krieg vollständig erneuerte Straßenbahninfrastruktur stärkte trotz wachsender Konkurrenz durch den Autoverkehr den öff. Personennahverkehr, obwohl sinkende Erlöse seit den 1960er

Jahren zu wachsender Verschuldung und bald auch zu jährl. Betriebsverlusten führten. 1989 wurde die Kasseler Verkehrs- und Versorgungs-GmbH als Holding im Eigentum der Stadt gegründet, die den größten Teil der Aktien von der Stadt übernahm. Gewinne und Verluste der wichtigsten Töchter Städtischer Werke wurden im „Querverbund" miteinander verrechnet. Seit 1990 steigen Einnahmen und Zahl der Fahrgäste wieder kontinuierlich an. Das Netz wird ausgebaut, neue Fahrzeuge angeschafft und offensiv die Kooperation im Nahverkehr über die Grenzen der Stadt hinaus betrieben.
1989 wurde mit der Kassel Naumburger Eisenbahn die spätere Regionalbahn Kassel GmbH gegründet, um den Straßenbahnverkehr z. T. auf stillgelegten Eisenbahnstrecken nach → *Baunatal* und ins Lossetal zu betreiben (→ *Eisenbahn*). 2006 gründete die Regionalbahn Kassel mit der DB Regio Hessen die RegioTram-Betriebsgesellschaft, die mit 28 RegioTrams das Straßenbahnnetz mit dem Eisenbahnnetz verknüpft. Nach der Gründung des Nordhessischen Verkehrsverbundes (NVV) 1995 und mit den hess. Gesetzen über den Öff. Personennahverkehr ist die Stadt Ks. als Aufgabenträger nur noch für den lokalen Verkehr in der Stadt zuständig. 2008 betreibt die K. zusammen mit der Regionalbahn Kassel ein Schienennetz von 74 km mit 78 Straßenbahnwagen, 80 Busse sind auf 19 Linien unterwegs. Die Beförderungsleistung beträgt 4,2 Mio. Wagen-km mit der Straßenbahn und 4,7 Mio. Wagen-km mit dem Bus. Befördert werden ca. 43 Mio. Menschen pro Jahr. *rm*

Die **Kasselsche Allgemeine Zeitung** war in der ersten Hälfte des 19. Jhs. die polit. Zeitung mit der größten publizistischen Kontinuität in Ks. Die erste Ausgabe erschien am 1.11.1813, zunächst noch unter dem Titel Allgemeine Casselsche Zeitung. Bis 1848 war das Blatt mit „Kurfürstlich Hessisch allergnädigstem Privilegium" ausgestattet und als hauptamtl. Mitteilungsblatt die einzige dauerhaft offiziell geduldete polit. Tageszeitung in der → *Residenz*. Das Privileg wurde am 9.12.1814 durch Kurfürst → *Wilhelm I.* erteilt und mehrmals erneuert. Herausgeber war Dr. Jacob Pinhas. Gedruckt wurde das Blatt bei → *Hampe*, später bei Döll. Die K. erschien zunächst vier-, dann sechsmal wöchentlich, außer sonnabends, im Umfang von acht Seiten ohne Beilagen und fristete laut Friedrich Müller „mit einer bescheidenen Abonnentenzahl von 5-600 kümmerlich ihr Dasein". Wegen der strengen Zensurbestimmungen bestand sie wie andere Vormärz-Zeitungen im Wesentlichen aus Meldungen über das dt. und europ. Ausland. Berichterstattung über „inländische Zustände" war ebenso verboten wie polit. Räsonnement. 1831–34 trat mit dem liberalen Blatt „Der Verfassungsfreund" eine dreimal wöchentlich erscheinende Konkurrenz-Zeitung auf den Plan. Im Zuge der → *Revolution 1848* verlor die Zeitung als polit. Organ jede Bedeutung und ging im Juli 1850 in der liberalen Neuen Hessischen Zeitung auf. Eine umfassende Untersuchung der K. und ihres Redakteurs Pinhas ist ein Desiderat und wäre ein wichtiger Beitrag zur Presse- und Lokalgeschichte Kassels. *age*

Das **Kastell** ist ein früheres Gefängnis, die sog. hessische Bastille. Am Ostufer der → *Fulda* befand sich eine Jägerhaus genannte Hofanlage aus der Zeit Lgf. → *Karls*, die milit. Zwecken, z. B. als Fouragemagazin und Artilleriekaserne diente. Zeitweilig befand sich dort auch eine Tuchfabrik. 1794–97 ließ Lgf. → *Wilhelm IX.* das Hauptgebäude zu einem Staatsgefängnis umbauen. Die Anlage wurde durch eine Bastion mit Wall und Graben befestigt und wurde seither K. genannt. Die Zellen für die Zivil- und Militärgefangenen befanden sich im Hauptgebäude, die

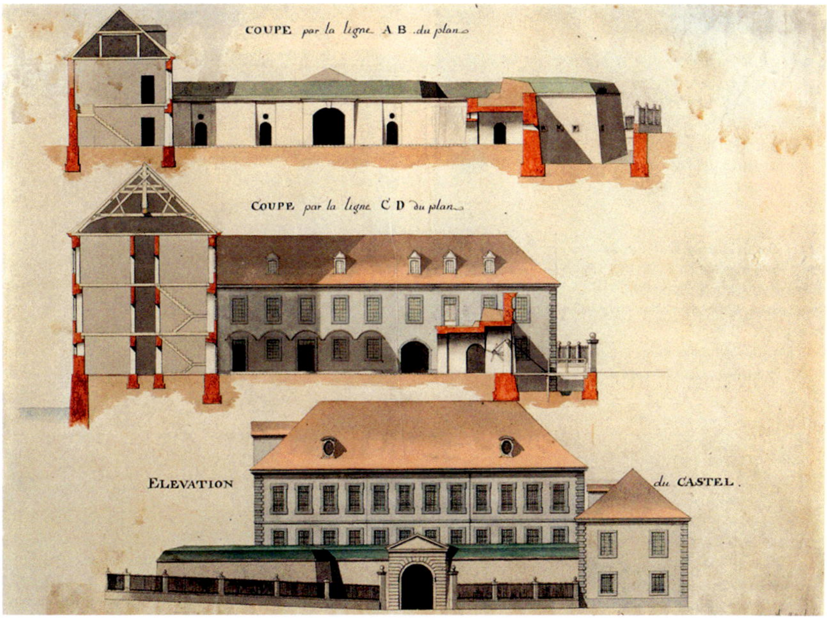

Diese Zeichnung von Friedrich Wilhelm Selig zeigt das Kastell in Kassel, um 1810

Wachräume und die Kommandantenwohnung im niedrigeren NO-Flügel. In der Zeit König → *Jérômes* wurden hier polit. Gegner inhaftiert, so z. B. 1809 die gefangenen Mitverschwörer am Dörnbergschen Aufstand (→ *Dörnberg*). Die im September 1813 einrückenden Kosaken befreiten die Gefangenen des K. Auch danach nahm das K. wieder polit. Gefangene auf, so während der Unruhen 1830–32 (→ *Revolution 1830/31*). Aufsehen erregte 1852 die Flucht des liberalen Journalisten und Revolutionärs (→ *Revolution 1848*) Gottlieb Kellner (→ *Die Hornisse*) aus dem K. Nach 1866 diente es als Militärarrestanstalt. 1912 erwarb die Stadt das Gebäude und nutzte es u. a. für die Jugendpflege und als Lehrlingsheim der → *Arbeiterwohlfahrt*. Im Oktober 1943 wurde das K. durch Bomben zerstört (→ *Luftangriffe*). Auf seinen Grundmauern wurde 1952/53 das nach → *Willi Seidel*, Kassels erstem Nachkriegs-OB, benannte → *Haus der Jugend* errichtet. Ein Torbogen mit der Inschrift „Castell“ ist noch erhalten. *hmü*

Lit.: Holtmeyer, Cassel-Stadt, 503ff.

Katharina (* 21.2.1783 St. Petersburg, † 30.11.1835 Monrepos in Lausanne), Königin von Westphalen, wurde als zweites von vier Kindern des damaligen Erbprinzen Friedrich von Württemberg und seiner Frau Auguste von Braunschweig-Wolfenbüttel geb. Nach der Scheidung ihrer Eltern im Jahr 1786 übernahmen ihre Großeltern väterlicherseits die Erziehung. Bis zum Tod ihrer Großmutter im Jahre 1798 blieb sie in Montbéliard, um dann in Stuttgart bei ihrem Vater zu leben. Als Mitgl. des Rheinbundes erhielt er 1806 von Kaiser Napoleon I. die Königswürde. Am 22.8.1807 heiratete sie in Paris Napoleons jüngsten Bruder → *Jérôme*, für den er das → *Königreich Westphalen* geschaffen hatte. Am 7.12.1807 traf das junge Königspaar in Ks. ein, am 15.12.1807 übernahm Jérôme offiziell die Regierung. K. hielt sich polit. zurück, begleitete ihren Mann jedoch zuweilen auf seinen Inspektionsreisen durch Westphalen. Als Jérôme 1812 am Russlandfeldzug teilnahm, führte sie für ihn die Regentschaft. Nach dem Zusammenbruch der napoleonischen Herrschaft 1813 folgte K. ihrem Mann ins Exil. 1814 gebar sie in Triest ihren ersten Sohn Jérôme. Nach dem endgültigen Sturz Napoleons wurde das Ehepaar aus Österreich ausgewiesen und in Württemberg interniert. Sie konnten dennoch 1816 ausreisen und ließen sich erneut in Triest nieder. Dort wurden noch die Kinder Mathilde und Napoleon geboren. *skö*

Lit.: Köttelwesch, Katharina.

Porträtbüste Katharinas von Württemberg von Johann Christian Ruhl, um 1810

Katholiken Religiöses Leben der K. in vielfältiger Form prägte das Werden und Wachsen der Stadt Ks. über Jahrhunderte: Gottesdienste in Kirchen und Kapellen, Prozessionen, Jugenderziehung durch Stifte (→ *Stift Ahnaberg*, Georgenstift), Mildtätigkeit und andere Glaubensbezeugungen. Wegen einer herausragenden Reliquie wurde die → *Martinskirche* zu einem Wallfahrtsort. Mit Einführung der → *Reformation* 1526 erstarb dieses kath.-kirchl. Leben. Der Wechsel des Erbprinzen Friedrich vom evang. zum kath. Glauben 1749 änderte daran ebenso wenig wie die Regierungszeit dieses Fürsten als Lgf. → *Friedrich II.*, da die → *Assekurationsakte* von 1754 detailliert festlegte, dass Friedrich sein neues Bekenntnis ausschließlich als Privatsache zu behandeln hatte. So ähnelte die 1777 geweihte Kirche → *St. Elisabeth* von außen einem Stadtpalais, nicht einem Gotteshaus. Politische Veränderungen in den folgenden Jahrzehnten brachten den K. zwar Erleichterungen, aber auch, etwa im Kulturkampf, neue Pressionen. Durch die Zunahme der Einwohnerzahl Ende des 19. Jhs. wuchs die einzige Pfarrei St. Elisabeth (sie umfasste ein Gebiet von 1.400 km^2 bis in die Grafschaft Schaumburg), verbunden mit einem regen Gemeindeleben. Zahlr. kath. Vereine entstanden in dieser Zeit. 1882 begannen Vinzentinerinnen aus Hildesheim mit ambulanter Krankenpflege für die Gesamtbevölkerung und eröffneten 1899 das St. Elisabeth-Krankenhaus auf dem → *Weinberg*. 1902 folgten Vinzentinerinnen des Fuldaer Mutterhauses, die 1913 ihr Marienkrankenhaus (→ *Krankenhäuser*) auf dem Rothenberg eröffneten. Beide in Ks. angesehene Kliniken bestehen bis heute. 1892 nahmen die Heiligenstädter Schulschwestern mit zunächst 50 Schülerinnen ihre Unterrichtstätigkeit auf, aus der sich das heute stark nachgefragte Gymnasium → *Engelsburg* entwickelte. Der große Zustrom kath. Flüchtlinge und Vertriebener nach dem → *Zweiten Weltkrieg* machte zahlr. neue Gemeinden und Kirchen notwendig. Das kirchl. Leben entfaltete sich neu in Vereinen und Verbänden, besonders in der Jugendarbeit. Auch die Trad. der Fronleichnamsfeier mit Prozession auf dem → *Friedrichsplatz* wurde wieder aufgenommen. Der Rückgang der Mitgliederzahlen und der zunehmende Priestermangel in den letzten Jahrzehnten führten zu einer einschneidenden Neustrukturierung. Die bisherigen 14 Stadtgemeinden behielten zwar ihre Selbstständigkeit, wurden jedoch am 1.12.2006 in den vier Pfarrverbünden Ks.-Mitte, W, S und O unter Einschluss einiger angrenzender Landkreispfarreien zusammengefasst. Hauptamtlichen Teams (Priester, Diakone, Gemeindereferenten) obliegt die Seelsorge. Der Anteil der K. an der fast 200.000 Personen zählenden Bevölkerung Kassels liegt derzeit bei knapp 16 %. Im → *Kolpinghaus* sind die kirchl. Dienststellen zentralisiert. *ehei*

Napoleon III. im Park Wilhelmshöhe von Louis Katzenstein, 1871, Öl auf Leinwand

Katzenstein, Louis (* 27.8.1822 Ks., † 18.10.1907 ebd.) Zunächst als Kaufmann in England tätig, zwang der Verlust eines Beines durch einen Unfall K. nach Ks. zurückzukehren, wo er die → *Kunstakademie* besuchte. 1846 ging er nach Paris zu Leon Cogniet. Gegen Ende des Jahres hielt er sich in Rom auf, wurde Mitgl. des dortigen Dt. Künstlervereins und kehrte im Februar 1847 nach Ks. zurück. 1850 folgte der zweite Paris- und anschließende Romaufenthalt. Dort spezialisierte er sich auf die Genremalerei. 1852 berief ihn der portugiesische König nach Lissabon, wo er für den Hof arbeitete und auch Porträts schuf. In den 1860/70er Jahren war er als Kunstkritiker für das → *Casseler Tageblatt* tätig, außerdem Mitgl. der Schriftstellervereinigung „Freie Feder". Sein Hauptinteresse galt jetzt der Historienmalerei. Vorzugsweise malte er kleinfigurige Szenen aus dem Leben von Dürer, Rubens, van Dyck und Mozart und aus der hess. Geschichte sowie Porträts. Seine Genrebilder wurden 1860, 1875 und 1882 im → *Kasseler Kunstverein* ausgestellt. Ein kleines Bildnis K.s schuf sein Kollege August Wilhelm Amberg, ein weiteres der Kasseler Maler Heinrich Faust, beide im Besitz der → *Neuen Galerie*, wo sich auch viele Genre- und Historienbilder K.s befinden. Sie stammen aus den Sammlungen der Gebr. → *Murhard* und → *Sigmund Aschrotts* sowie aus dem Nachlass der Tochter des Künstlers. *brr*

Lit.: Thieme/Becker; Bestandskatalog 19. Jh.

Kaufungen war im Mittelalter Königshof und Kloster. Das auf einer Anhöhe gelegene K. entwickelte sich aus einem Nebenhof der königl. Villikation in Ks., die König Heinrich II. 1008 mit allen Pertinenzien seiner Gemahlin → *Kunigunde* übertrug. Der schrittweise Ausbau von → *Oberkaufungen* mit Pfalzfunktionen erfolgte anlässlich wiederkehrender Aufenthalte des Königs, der dort erstmals am 10. und 20.8.1011 Diplome für Hersfeld und Magdeburg ausstellte, der Jagd im nahen Königsforst → *Kaufunger Wald* nachgehen konnte und den Bau einer Georgskapelle, die bei seiner Rückkehr im Mai 1015 vollendet gewesen sein soll und später als Pfarrkirche St. Georg fungierte, initiiert haben dürfte. Der Name K. deutet auf einen Handelsplatz, den Heinrich II. vielleicht aufgrund der im Vergleich mit Ks. günstigeren Lage für OW-Verbindungen als weiteren Ort in der Region wirtschaftl. aufwerten wollte, um Kunigunde einen angemessenen Ausgleich für den Verzicht auf ihre Bamberger Morgengabe zu bieten. In der Forschung umstritten ist, ob die Kassler Villikation, Thietmar von Merseburg zufolge, zudem zu einem Nebenhof herabgestuft und von der „curtis" K. aus verwaltet wurde oder der zentrale Wirtschaftshof weiterhin in Ks. verblieb und nur die herrschaftliche Hofhaltung und Beherbergung nach K. verlagert wurde. Damit wäre der Vorgang mit der etwa gleichzeitigen Verlegung der Pfalz von Werla nach Goslar zu vergleichen, bei der Werla den Verwaltungsssitz nicht verlor.

In jedem Fall stärkte und erweiterte Heinrich II. den Standort K. In zwei Urkunden vom Dezember 1017 privilegierte er nach der angeblichen Genesung seiner Gattin von schwerer Krankheit und deren Gelübde, ein Kloster zu errichten, die religiöse Institution, die er 1019 in mind. sechs, vielleicht sogar sieben weiteren Diplomen reichlich mit Königsgut, darunter mehrere villae wie Oberkaufungen einschließlich des Klosters selbst, → *Niederkaufungen*, Vollmarshausen und

Kaufungen Stiftskirche zu Oberkaufungen, Stahlstich, gezeichnet von A. Wenderoth, gestochen von Tyson

Uschlag, ausstattete. Die gemeinsame Stiftung des Kaiserpaares dürfte außer der Vorsorge für Kunigundes Witwenstand auch der Sicherung des Seelenheils und der Memoria im Gebetsgedenken gedient haben. Seit Juni 1019 ist die erste Äbtissin Uta nachzuweisen, eine Nichte der sich persönlich um Org. und Ausgestaltung des klösterl. Lebens sorgenden Kaiserin. Diese verschiedenen Übertragungen könnten darauf hindeuten, dass das Benediktinerinnenkloster 1019 vielleicht nur Teile der Villikation und nicht, wie oft angenommen, den gesamten → *Königshof* Ks. erhielt und Kunigunde die restlichen Einkünfte aus dem Kasseler Wirtschaftshof erst später, vielleicht bei ihrem Eintritt am Jahrestag von Heinrichs Tod am 13.7.1025, der Klosterverwaltung unterstellte. Da diese Besitzungen nach dem Ableben der Witwe am 3.3.1033 wieder an den König zurückfielen, dürfte das Kloster nachträglich, allerdings vergeblich, versucht haben, auch den Königshof durch Urkundenfälschung an sich zu bringen. Gemäß einem Diplom vom 27.7.1040 verfügte Bischof Dietrich von Metz, ein Bruder Kunigundes, damals als Grundherr über den Kasseler Hof. Die Urkunde zu einem Tausch zwischen dem Kaufunger Kloster und dem Mainzer Erzstift stützt allerdings nicht die Behauptung, der selbst zwischen 1042 und 1051 mehrmals in K. weilende Heinrich III. könnte ihm etwa als Ausgleich für die verlorene Morgengabe Kunigundes, die bei ihren Verwandten geblieben wäre, auch die klösterliche „familia" und deren Einkünfte überlassen haben. Bereits Heinrich II. hatte 1019 und 1023 dem Kloster noch weitere Schenkungen vermacht, etwa Güter im Moselgebiet, an der Ruhr, in Thüringen und in der Umgebung von K. sowie Privilegienanteile am Wochen- und Jahrmarkt in → *Wolfsanger* und Oberkaufungen. Zudem ist zu vermuten, dass der Gerichts- und Pfarrbezirk um das Kloster, genannt Freiheit, und das Dorf Oberkaufungen von Anfang an zwei selbstständige Gemeinden waren, auch wenn sie in den Quellen erst vom ausgehenden 15. Jh. an klar geschieden werden.

Die 1025 beim Eintritt Kunigundes feierlich geweihte und mit Kostbarkeiten reich ausgestattete Klosterkirche zum Heiligen Kreuz, der bedeutendste Bau der gesamten Anlage, wurde im 13. und 15. Jh umgebaut, später zur Gemeindekirche umfunktioniert, 1935–38 restauriert und 2008 saniert. König Heinrich IV. schenkte das Kloster K. 1086 dem Bischof von Speyer und gliederte es damit vorübergehend und gegen den Willen der Benediktinerinnen aus dem Reichsbesitz aus. Papst Gregor IX. stellte 1229 das seit 1226 wieder als reichsunmittelbar bezeichnete Kanonissenstift, zu welchem sich das Kloster, wenn nicht schon als solches gegründet, spätestens um 1132 entwickelt hatte, unter päpstlichen Schutz und bestätigte die Besitzungen. Trotzdem war der Niedergang nicht mehr aufzuhalten. Um 1388/90 lebten nur noch zwei Damen und einige mit Präbenden versorgte Kanoniker im Stift. Zwischen 1413 und 1432 ließ die Pröpstin Johanetta vom Stein das tradierte Gewohnheitsrecht in den Statuten schriftlich fixieren. Nach der päpstlich angeordneten, im Februar 1509 endlich durchgeführten Visitation scheinen Benediktinerinnen aus dem westfälischem Kloster Gehrden, das der Bursfelder Kongregation angehörte, eingesetzt und die Kanonissen ausgewiesen worden zu sein. Im Zuge der → *Reformation* löste Lgf. → *Philipp I.* 1527 den Konvent auf und kassierte den reichen Kirchenschatz ein; die Besitzungen übergab er gegen den Widerstand der Nonnen, die 1537 sogar einen Prozess vor dem kaiserl. Kammergericht anstrengten, ohne letztlich das Recht auf den ihnen zugesprochenen Besitz durchsetzen zu können, 1532 der Hessischen Ritterschaft, die aus den Erträgen bedürftige adelige Damen unterstützen sollte. *ib*

Lit.: Heinemeyer, Königshöfe;
Baumgärtner, Kunigunde.

Der **Kaufunger Wald** ist eine 270 km^2 große Waldlandschaft mit typischem Mittelgebirgscharakter. Er besteht aus rd. 16.000 ha Wald, fast ausschließlich Buchen und Fichten, und gehört zu den waldreichsten Landschaften in Dtld. Sein geschlossenes Buntsandsteingebiet ist nur kleinflächig an wenigen Stellen von Basalt durchbrochen. Im Hirschberg (643 m) und im Bilstein (641 m) erreicht er seine größten Höhen. Im W und N stößt er auf die tief eingeschnittenen Flusstäler der → *Fulda* und Werra, im O und S grenzen ihn die Bachläufe der Gelster und Losse nach außen hin ab. Die Städte Ks., Hann. Münden, Witzenhausen und Hessisch Lichtenau sind seine Grenzpunkte. Der K. öffnet sich infolge von Rodungen nach dem Werra- und Niestetal, so gibt es auch hier einen Bezirk mit Rodungsorten: Groß- und Kleinalmerode, Wickenrode, Rommerode und Epterode. Das Waldgebiet wurde vor 811 durch Karl den Großen eingeforstet und war z. Z. Heinrichs II. noch Königsforst. 1081 erfolgte die erste Erwähnung des königl. Forstes. 1180 nahmen die thüring. Landgrafen den gesamten Wald bis zur Werra in Besitz. Im Jahre 1247 gelang es Herzog Otto I. von Braunschweig, die Stadt Münden seinem Herrschaftsgebiet anzugliedern. Zu dieser Stadt gehörte der Mündener Wald im nördl. Zipfel des K.s zwischen Fulda und Werra. Von hier aus dehnten die braunschweig. Herzöge in den folgenden Jahrhunderten ihre Herrschaft nach S und S-W aus. Der Wald wurde nun von zwei Herrschern beansprucht: den hess. Landgrafen und den braunschweig. Herzögen. Tlw. befand sich der K. auch in gemeinsamem Besitz. Das von Hessen und Braunschweig gemeinsam bewirtschaftete Waldgebiet wurde „Gemenge" genannt, und war über Jahrhunderte sehr umstritten, insbes. was die Jagd und Glasherstellung (→ *Landgräfliche Glasproduktion*) anbelangte. Im 16. Jh. war der K. zeitweilig ein Zentrum der Glasherstellung in Mitteleuropa; inzwischen sind über 80 im Gelände lokalisierte Standorte bekannt, die Fenster- und grünes Flaschenglas herstellten. Jüngste Funde deuten auf die Glasherstellung hier schon im 12. Jh. hin. Große Holzvorräte und wertvolle Tone und Sande am nahen Hirschberg bei Großalmerode sowie das Salz von Sooden und schließlich Fulda und Werra als Exportwege boten hierfür günstige Voraussetzungen. Die Öfen wurden mit Holz gefeuert und mussten in der von Ostern bis Martini (11. November) dauernden Produktionssaison ununterbrochen Tag und Nacht unter Feuer gehalten werden. Dies hatte einen enormen Holzverbrauch zur Folge, es kann von einem Näherungswert von 14,4 ha jährl. Kahlschlag für eine einzige Glashütte ausgegangen werden; für die Herstellung der Asche wurde verm. noch einmal doppelt soviel Holz benötigt. Nach einer Forstbeschreibung aus dem Jahre 1581 war nur noch auf einem Drittel der Waldfläche nutzbares Holz vorhanden. Die Glashüttenwirtschaft musste deshalb stark eingeschränkt und schließlich ganz vom Landgrafen verboten werden, wenn auch die eine oder andere Hütte trotzdem bis in das 18. Jh. bestanden haben mag. *wwr*

Kaufunger Wald Orientierungstafel mit Wanderwegen

Kaupert, Christian Wilhelm (* 7.10.1785 Kaufbeuren, † 2.9.1863 Ks.) Der Gold- und Silberarbeiter war Sohn eines Leinwandbleichers. Er entstammte einer alten ostfränk. Familie und wurde am 12.2.1827 in die Zunft der Gold- und Silberschmiede in Ks. aufgenommen. K. war ein angesehener Meister und Eigentümer des Hauses Schlossplatz 5, in dem er seit 1814 seine Werkstatt hatte. Nur einer von seinen drei Söhnen, Werner, folgte dem Berufsweg des Vaters, während sich → *Gustav Kaupert* als Bildhauer und Johann August als Kartograf betätigten. *ap*

Lit.: Thieme/Becker.

Kaupert, Gustav (* 4.4.1819 Ks., † 5.12.1897 ebd.) Der Bildhauer und Medailleur studierte an der → *Kunstakademie* und arbeitete nach Aufenthalten in München, Ks. und Rom (1845–67) von 1867 bis 1892 als Prof. am Städelschen Kunstinstitut in Frankfurt/M. Dort schuf er Reliefs und Figuren u. a. für die

Alte Oper, die Frankfurter Börse und den Hauptbahnhof (Uhrengruppe) sowie zahlr. Grabmäler und Porträtplastiken. Ein umfangreicher zeichnerischer Nachlass seiner Reisen durch Dtld., Italien und Frankreich befindet sich in der → *Graphischen Sammlung*. In Rom soll K. an den Arbeiten des amerikanischen Bildhauers Thomas Crawford für das Washingtondenkmal in Richmond, Va. sowie an dessen Modellen für das Giebelrelief, eine Bronzetür und für die Freiheit auf der Kuppel des Kapitols in Washington beteiligt gewesen sein. Sein ruhender Hessenlöwe (1874) am Hang über dem Auepark in Ks. überstand den → *Zweiten Weltkrieg* unbeschadet, während der urspr. Sockel des Ehrenmals, das „Zum Andenken der als Opfer der französischen Fremdherrschaft gefallenen hessischen Patrioten" aufgestellt worden war, zerstört wurde. 1898 wurde im östl. Pavillon der → *Orangerie* ein K.-Museum mit Gipsabgüssen eingerichtet. 1926 kamen die 108 Gipsplastiken in die Räume der Gemäldegalerie Ks. (heutiger Verbleib unbekannt). K.s Grab mit seinem Porträtrelief von der Hand seines Schwiegersohnes Susenbeth befindet sich auf dem Kasseler Hauptfriedhof (→ *Friedhöfe*). *sn*

Lit.: Schmaling; Thieme/Becker.

Porträt-Relief Gustav Kauperts auf seinem Grabmal am Hauptfriedhof von Bildhauer H. Susenbeth, aufgenommen im Jahr 2000

Das **Kavalierhaus Wilhelmshöhe** erhebt sich westl. des → *Marstalles Wilhelmshöhe*. Es diente urspr. als Wohnung des Hofgärtners und wurde unter Lgf. → *Friedrich II.* in spätbarocken Formen errichtet. 1788 wurde es zur Unterbringung von Adeligen und der Kavaliere eingerichtet. Als 1822 der Umbau des Marstalles abgeschlossen war, sollte das K. auf die neue Baulinie der Hauptfront zurückgesetzt werden. Man entschloss sich, anstelle eines Abbruchs und Wiederaufbaus das Gebäude einfach im Ganzen zu verschieben. Das aufwändige Unternehmen wurde im Sommer 1824 unter Oberleitung von → *Johann Conrad Bromeis* durch den Amtszimmermeister Zinn aus Frielendorf durchgeführt. Hierzu benötigte man 85 Buchenstämme, die als Rollen dienten. Bevor man mit der Versetzung begann, musste allerdings erst ein neues Fundament für den Bau auf Höhe des Marstalles gelegt werden. Allerdings kam es bei der Verschiebung zu erheblichen Beschädigungen, die eine umfassende Erneuerung nötig machten. Dabei wurde das zweigeschossige K. auch repräsentativer gestaltet, indem ihm nach dem Entwurf Bromeis' dorische Pilaster aus Holz vorgeblendet wurden. Zwischen Erd- und Obergeschoss wurde ein breiter Palmettenfries aus Stuck angebracht, für den der Bildhauer Carl Bussler und der Stuckator Johann Gottlieb Müller Teile eines Stuckfrieses vom abgebrochenen Marstall des → *Residenzpalais* wieder verwendeten. Das K. diente nun als Wohnung der Gräfin → *Reichenbach*, der Mätresse Kurfürst → *Wilhelms II.* *co*

Lit.: Bidlingmaier, Bauten.

Blick auf das Kavalierhaus in Wilhelmshöhe

Kegel, Georg Karl Wilhelm (* 22.9.1857 Ks., † 26.12.1912 ebd.) studierte Architektur in Hannover. Er arbeitete zwischen 1882 und 1912 mit vielseitigen Bauaufgaben (Kirchen, Villen, Fabriken usw.) in Hessen. Größter Auftraggeber war das Bistum Fulda, für das er zahlr. Kirchen baute und umbaute. Die Kasseler kath. Kirchen → *St. Familia* (1897–99) und → *St. Marien* (1899–1900) bilden mit ihren markanten Türmen und ihrer historistischen Manier wohltuende Akzente in der Kasseler Nachkriegsarchitektur (sie wurden nach Kriegsschäden wiederaufgebaut). Robustes Bruchsteinmauerwerk harmoniert mit neoromanischen Dekorationselementen. Das dreigeschossige Endstationsgebäude der Straßenbahnlinie 1 (1898), das urspr. einen Warteraum sowie Diensträume und -wohnung beherbergte, ist in seiner gediegenen Kombination aus Sandsteinsockel und Fachwerk mit sandsteingefassten Fenstern und Eckquaderungen und mit seinem kecken Dachreiter ein angemessenes Entrée für den → *Park Wilhelmshöhe*. Nahe liegend war daher der Umbau 2007 zum Besucherzentrum der → *Museumslandschaft Hessen Kassel* als Empfangs- und Informationsbereich. Es wird ferner angenommen, dass K. am Schulgebäude → *Engelsburg* sowie am Gefängnisbau Wehlheiden (→ *Gefängniswesen*) beteiligt war. Auch der Entwurf für das Pfarrhaus der Rosenkranzkirche (St. Marien) stammt verm. von ihm. Das Eckhaus Pestalozzistr./Herkulesstr. könnte von K. gebaut worden sein. *sn*

Lit.: Hinz/Tacke; Wiegand, Vorderer Westen.

Kersten, Kurt, Pseudonym: Georg Forster, (* 19.4.1891 Ks., † 18.5.1962 New York) Der Sohn eines Gutsbesitzers besuchte das →

Wilhelmsgymnasium und schrieb schon mit 16 Jahren Theaterkritiken, studierte seit 1910 in München und Berlin Germanistik und Geschichte und wurde 1914 promoviert. Nach drei Jahren Kriegsdienst lebte er seit 1919 als freier Schriftsteller in Berlin, arbeitete dort für die expressionistischen Zeitschriften „Die Aktion" und die „Rote Fahne" und war Mitgl. des Bundes proletarisch-revolutionärer Schriftsteller. 1934 floh er vor den Nationalsozialisten über Zürich nach Prag und Paris, 1940 nach Casablanca und Martinique. 1946 ging er nach New York. Dort schrieb er für die Exilzeitschrift „Aufbau", veröffentlichte in internationalen und westdeutschen Zeitungen und Zeitschriften und arbeitete für den WDR. In New York heiratete er seine Lebenspartnerin Martha David. 1954 besuchte er Dtld., u. a. auch Ks. In der kurz nach 1945 in Ks. erscheinenden Zeitschrift „Karussell" und in der Schulzeitschrift des Wilhelmsgymnasiums „Eule" veröffentlichte er viele Beiträge. Seine Urne wurde auf dem Wehlheider Friedhof (→ *Friedhöfe*) im Familiengrab beigesetzt. 1994 wurde ein Platz an der Schönfelder Str./Paul-Nagel-Str. nach ihm benannt. Von bleibender Bedeutung sind v. a. seine hist. Biographien zu Vater und Sohn Forster (1957, 1921), Bismarck (1930), Lenin (1929), Friedrich dem Großen (1922), Peter dem Großen (1935) und zur Revolution von 1848 (1933). *khn*

Lit.: Killy, Dt. Enzyklopädie; Schröder, Peer, 48.

Die **Kettengasse** führte von der → *Schlagd* bis zur → *Wildemannsgasse* und reichte urspr. wohl bis zur NW-Ecke des → *Marstalls*. Der Name K. erscheint im 18. Jh. und leitet sich von einer Kette ab, die am Eckhaus Brüderstr. 10 den östl. Teil absperren konnte. Zuvor hieß dieser Abschnitt „Schüttelitte" (von „Lide", Weg, Gang und „Schütte", angeschwemmtes oder aufgeschüttetes Erdreich, Wall), der westl. Teil war namenlos. 1775–1867 hieß die Gasse „Das Brüder-Gäßgen" bzw. „Brüderstraße". Die nur 2–4 m breite K. ging verm. auf einen ehem. Befestigungsgraben des → *Königshofs* zurück, der als Wasserrinne beibehalten wurde, seit ca. 1293 das → *Karmeliterkloster* mit Wasser versorgte und verm. erst mit dem Bau des Marstalls (ab 1591) aufgegeben wurde. An der K. lagen lediglich Hinterhöfe und Nebengebäude der benachbarten Straßen. *cp*

Kino Nach den Zerstörungen des → *Zweiten Weltkriegs* fanden in Ks. öff. Filmvorstellungen zunächst in provisorisch eingerichteten Räumlichkeiten statt. Als erstes K. der Nachkriegszeit nahm das Urania 1945 (ab 1947 Scala) in der Mönchebergstr. den Betrieb auf. Mit dem Film-Palast in der Nähe des → *Bahnhofs Wilhelmshöhe* eröff. 1949 Kassels erster Kinozweckbau. Das komfortabel ausgestattete Filmtheater legte bei seiner Spielplangestaltung besonderen Wert auf die Pflege des künstlerisch anspruchsvollen Films. Höhepunkt dieser Bemühungen war die 1955 von der Gesellschaft für Abendländische Kunst veranstaltete Filmreihe „Film-Dokumente aus 40 Jahren", die als Begleitprogramm zur ersten → *documenta* zu sehen war. Ebenfalls ab 1949 kam es zur Wieder- und Neueröffnung der großen, tlw. prunkvoll eingerichteten Premierenhäuser in der Innenstadt. Den Anfang machte im Mai das von dem Kasseler Architekten → *Paul Bode* entworfene Capitol (1.178 Plätze), dem im Juni das Union-Filmtheater (1.030 Plätze, ab 1958 in → *UFA-Palast* umbenannt) folgte. Mit der Eröffnung der ebenfalls von Bode geplanten Kaskade (910 Plätze), deren Wasser-Licht-Spiele eine innenarchitektonische Attraktion darstellten, besaß Ks. drei große Premierenhäuser. Weitere Eröffnungen von Innenstadtkinos in den 1950er Jahren waren das Centrum (1951), das Gloria (1954), das Cinema (1954), das Bali (1955), das City (1958) und das Royal (1958). Die genannten K.s erlebten den Kinoboom der 1950er Jahre, der dann durch ein verändertes Freizeitverhalten der Bevölkerung (Auto, Fernse-

Wasser-Licht-Spiele im Kaskade-Kino

hen) im Laufe der 1960er Jahre zu Ende ging und bundesweit zu einer Kinokrise führte. Ergebnis dieser Krise war eine wirtschaftl. Konzentration auf der Kinobetreiberseite. Von den elf K.s, die es Anfang der 1970er Jahre in Ks. gab, waren die sieben größten im Besitz der von dem Kasseler Hotelier → *Georg Reiss*

Das Capitol Kino mit seiner auffälligen Leuchtreklame um 1960. Gerade wird „Das indische Grabmal" gespielt

1947 gegründeten Reiss-Filmtheaterbetriebe GmbH, die bis Ende der 1980er Jahre zu einer der größten dt. Kinoketten aufstieg. Die Kinokrise der 1960er Jahre brachte auch den neuen Kinotyp des Programmkinos hervor, das sich besonders der Pflege des künstlerisch relevanten Films widmete. Solche Programmkinos waren in Ks. das Movie (1976–82) und das im Capitol 1982 eingerichtete „Capitol C". Ein Jahr zuvor hatte bereits der Verein Filmladen Ks. e.V. sein K. in der Goethestr. eröffnet. Der Filmladen ist auch der Veranstalter des Open-Air-Kinos im dock 4, des Kasseler Kinder- und Jugendfilmfestes und des → *Kasseler Dokumentarfilm- und Videofestes*. Seit 1995 werden die beiden neu im → *Kulturbahnhof* eingerichteten BALi-Filmkunst-Kinos von der Bali GmbH betrieben, die 2003 mit dem Gloria auch Kassels ältestes K. übernommen hat. Alle übrigen traditionsreichen K.s in Ks. wurden geschlossen. Durch die beiden im Jahr 2000 eröffneten modernen Großkinos UFA-Palast (13 Säle, 3.400 Plätze) und Neues Capitol (7 Säle, 1.500 Plätze) stiegen die Kinobesucherzahlen in Ks. vorübergehend deutlich, von 615.000 Besuchern 1999 auf 1.200.643 Besucher 2002; jedoch ist diese Entwicklung seit 2003 wieder rückläufig. *bho*

Kinson, Francois Josèph, auch Kinsoen (* 28.2.1771 Brügge, † 18.10.1839 ebd.), war ein französ. Künstler belg. Herkunft und offizieller Maler von König → *Jérôme*. K.s Metier waren hauptsächlich fürstl. oder königl. Porträts. So malte er mehrfach Jérôme im Krönungsornat, aber auch schlicht in Uniform, z. B. vor dem Hintergrund der zum Schloss Napoleonshöhe umbenannten → *Wilhelmshöhe*, auch als Doppelbildnis mit seiner zweiten Gemahlin Königin → *Katharina*. Von Paoline Borghese-Bonaparte schuf er mehrere repräsentative Bildnisse. Zugeschrieben werden ihm Porträts der ersten bürgerl. Frau von Jérôme, Elizabeth Bonaparte Patterson, sowie ihres gemeinsamen Sohnes Jérôme. Nach 1819 schuf er Werke für den Duc d'Angoulême. 1830 zog er sich aus Paris nach Brügge zurück. Seine Werke finden sich u. a. in der → *Neuen Galerie*, im Musée national des châteaux de Versailles et de Trianon und im Museo Napoleonico in Rom. *ghu*

Lit.: König Lustik!?; Thieme/Becker.

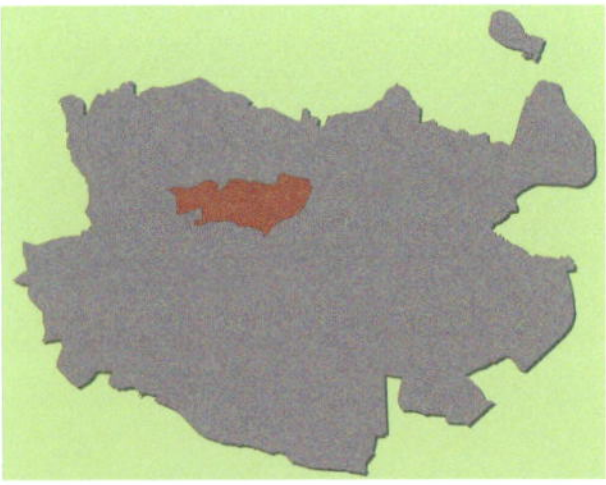

Der Stadtteil Kirchditmold im Kasseler Stadtplan

Kirchditmold ist mit prosperierenden Geschäften, Schulen wie dem Wirtschaftsgymnasium Friedrich-List-Schule, öff. Einrichtungen und ruhigen Wohngebieten in der Nähe des → *Habichtswaldes* mit etwa 10.500 Einwohnern auf 3,6 km² Fläche ein bedeutender Stadtteil des Kasseler Westens mit hoher Wohnqualität. Im Mittelalter war K., das früher „Diethmelle" genannt wurde, mit dem Sitz des Archipresbyters des Erzbistums Mainz kirchl. Mittelpunkt des Kasseler Beckens und gleichzeitig Sitz des Obersten Gerichts der Hundertschaft, der „Cent", die bis (Hannoversch) Münden reichte. Diethmelle (Thietmali) bedeutet altniederdeutsch „Versammlungsplatz des Volkes". Mit der von Ekkebert v. Hersfeld verfassten Lebensgeschichte des hl. Heimerad tritt Diethmelle „vor dem Jahre 1019" ins Licht der Geschichte. Schon 1019 gab es in K. eine ältere, schon verfallene Kapelle und die Taufkirche. 1792 erbaute der hugenottische Baumeister → *Simon Louis du Ry* die „neue evangelische Kirche" (→ *Kirchditmolder Kirche*). Bis 1804 behielt K. die polit. Funktion einer Amtsgemeinde für vier Dörfer, 1908 endete die kirchl. Amtsfunktion. 1906 wurden die Kirchditmolder mit 3.200 Einwohnern nach Ks. eingemeindet und eine rege Bautätigkeit begann. So baute 1928 der Architekt → *Hans*

Soeder im SW der Gemarkung die → *Riedwiesensiedlung*, ein gelungenes Projekt des sozialen Wohnungsbaus im Grünen. *hr*

Lit.: Reimer, Ortslexikon; Wölbing, 200 Jahre Kirche.

Kirchditmolder Kirche Durch ihre exponierte Lage auf einer Anhöhe ist die K. ein Point de Vue aus überraschend vielen Blickrichtungen. 1787–92 ersetzte der frühklassizistische Bau → *Simon Louis du Rys* die alte Kirche. Du Ry selbst sorgte für den neuen Standort auf der Höhe. Sein geplanter Turm kam zunächst aus Geldmangel nicht zur Ausführung. Ein bescheidener Turmersatz wurde durch einen Blitzschlag zerstört, so dass erst 1910 aufgrund der du Ryschen Pläne ein angemessener Turmbau ergänzt wurde. Dieser fügt sich mittig an die westl. Giebelseite des rechteckigen Grundrisses. Die umlaufenden Sprossenfenster (unten rechteckig, oben rundbogig) alternieren mit dezent gestuften Lisenen. Einziger plastischer Schmuck sind verkröpfte Gesimse unter dem Trauf- und im jeweiligen Portalbereich. Man muss sich das Äußere nach Art der klassizistischen Bauweise sicherlich verputzt vorstellen. Eine auf Kragsteinen aufliegende umlaufende Holzempore erweitert den Zuhörerraum dieser typischen ref. Predigtkirche. In der Mitte der östl. Altarwand befindet sich die Kanzel mit Schalldeckel. Links davon fällt der Adelsstand der Familie Wittorf mit seiner Wappenbrüstung im ansonsten hellen und bescheidenen Ambiente ins Auge. Der Bau gehört zu den wenigen hist. Kirchenbauten Kassels, die nicht im Krieg zerstört wurden. Umbauten und Renovierungen in den Jahren 1926, 1962 und 1988 veränderten zurückhaltend den urspr. Innenraum. *sn*

Lit.: Fenner, Kirche, 49f; Hinz/Tacke, 108f.

Kirchditmolder Kirche, um 1920

Die **Kirchenorganisation** der → *Evangelischen Kirche von Kurhessen-Waldeck*, zu der auch der Stadtkirchenkreis Ks. gehört, folgt der am 22.5.1967 verabschiedeten Grundordnung der Evang. Kirche von Kurhessen-Waldeck. Gemäß den in Art. 89 festgehaltenen Bestimmungen tragen Landessynode (Ls.) und Bischof in ihrem Miteinander und Gegenüber die oberste Verantwortung für Leben und Dienst der Landeskirche (Lk.), die geistl. und rechtl. in unaufgebbarer Einheit geleitet und verwaltet wird durch die Ls., den Bischof, die Pröpste, den Rat der Lk. und das → *Landeskirchenamt* (Lka.). Die Ls. hat in allen kirchl. Fragen die letzte Entscheidung, soweit sie die Zuständigkeit nicht anders geregelt hat. Ihr sind alle anderen Organe für ihre Amtsführung verantwortlich. Sie wird auf sechs Jahre gewählt. Sie wählt den Bischof und entsendet aus ihrer Mitte die Mitglieder des Rates der Lk. Sie erlässt Gesetze, verabschiedet den Haushalt. Ihr gehören 90 Mitglieder an, wovon Laien in der Mehrheit sind. Das Gros ihrer Mitglieder wird direkt von den Synoden der Kirchenkreise gewählt. Hinzu kommen der Bischof sowie seine juristischen und theologischen Stellvertreter, die Pröpste der vier Sprengel, die Direktoren der Evang. Akademie und des Evang. Predigerseminars. Der Bischof beruft im Benehmen mit dem Dekan des Fachbereichs Evang. Theologie der Univ. Marburg einen Professor des Fachbereichs, der die Rechte des geistl. Standes hat. Der Rat der Lk. beruft zudem im Benehmen mit dem Bischof zwölf weitere Mitglieder, von denen mind. acht Laien sein müssen. Die Tagungen der Ls. finden in der Regel zwei Mal im Jahr in Hofgeismar statt. Ihre Sitzungen im dortigen Synodalgebäude werden durch den/die Präses und seine/ihre Stellvertreter geleitet.

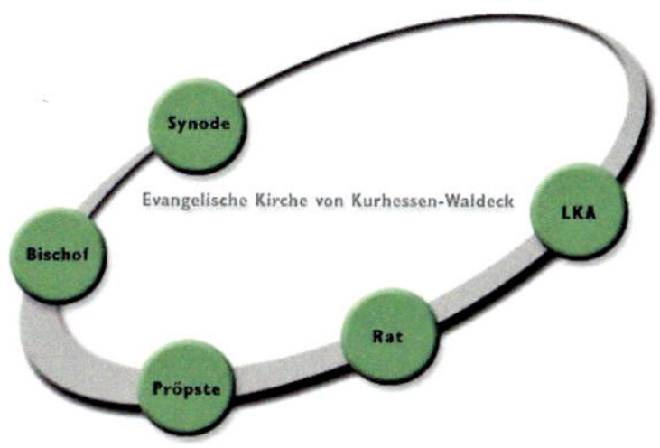

Kirchenorganisation: Illustration der beteiligten Organe der Kirchenleitung der Evangelischen Kirche von Kurhessen-Waldeck

Der Bischof als leitender Geistlicher der Lk. ist dazu berufen, erstens darüber zu wachen, dass das Evangelium den Bekenntnissen der → *Reformation* gemäß laut und rein verkündigt und die Sakramente recht verwaltet werden, sowie zweitens dafür zu sorgen, dass die Einheit der Kirche gewahrt wird, die Ordnungen der Kirche eingehalten werden und die Kirche ihren Auftrag in der Öff. wahrnimmt. Er repräsentiert die Lk. im gesamten kirchl. und öff. Leben. Er wird auf Lebenszeit von der Ls. gewählt. Stellvertreter des Bischofs sind Prälat/in sowie Vizepräsident/in. Seit 1.9.2000 ist Prof. Dr. Martin Hein Bischof der Lk. Die Pröpst/innen leiten die vier Sprengel (Hanau, Hersfeld, Ks., Waldeck und Marburg) im Einvernehmen mit dem Bischof durch seelsorgerliche Beratung, Weisung und Hilfe und unterstützen ihn in seiner Arbeit.

Kirchenorganisation Das Landesamt der Evangelischen Kirche von Kurhessen-Waldeck hat seinen Dienstsitz im 1973–1975 erbauten Haus der Kirche an der Wilhelmshöher Allee 330

Der Rat der Lk. ist das Verbindungsorgan der kirchenleitenden Gremien. Durch seinen kontinuierlichen monatl. Tagungsrhythmus stellt er die eigentliche Kirchenleitung dar. Ihm gehören der Bischof sowie seine beiden Stellvertreter, die Prälatin und der Vizepräsident an, die Pröpste, der Synodalvorstand sowie sieben Synodale, fünf Laien und zwei Pfarrer. Der Rat verfügt über weitreichende rechtl. Kompetenzen: Er kann zwischen den Tagungen der Ls. unter bestimmten Voraussetzungen Rechtsverordnungen erlassen. Er beruft auf Vorschlag des Bischofs u.a. die Stellvertreter des Bischofs, die Pröpste, die Dezernenten des Lka.s, die Dekane der Kirchenkreise und entscheidet in Zweifels- und Streitfragen, welche die Kirchenleitungsorgane betreffen.

Das Lka. hat an der Leitung und Verwaltung mitzuwirken und die Kirchengemeinde, die kirchl. Werke und Verbände bei der Erfüllung ihrer Aufgaben zu unterstützen. Es führt die Aufsicht über die Verwaltung der Kirchengemeinde, kirchl. Verbände und Stiftungen. Im Lka. arbeiten rd. 220 Mitarbeiter/innen. Das wöchentl. tagende Kollegium des Lka.s setzt sich unter dem Vorsitz des Bischofs aus den sog. Mitgliedern im Hauptamt, den theologischen und juristischen Dezernenten zusammen. Der Vizepräsident ist zugleich Geschäftsführer des Lka.s. Sitz des Bischofs und des Lka.s ist Ks. Hier tagt auch der Rat der Lk., bis auf zwei Klausurtagungen, die in Hofgeismar stattfinden. *kwa*

Kirchspiele Ein Kirchspiel ist ein ländl. Kirchenbezirk mit mehreren Gemeinden, entsprechend der Parochie (urspr. im Griech. paroika, d. h. Dorfgemeinschaft), der ein Pfarrer zugeteilt ist. In Ks. ist der Begriff Gemeinde gebräuchlich. Die erste Pfarrkirche stand im Bereich des späteren → *Marställer Platzes*, wohl seit 1152, ein Neubau seit 1325, dem hl. Cyriakus geweiht. Wichtiger waren in Ks. vor der → *Reformation* v. a. zwei Klöster: Seit 1148 existierte das Augustiner-Nonnenkloster → *Stift Ahnaberg* nördl. vor der Stadtmauer; schon vor 1300 wirkten Karmeliter in Ks., ihre → *Brüderkirche* wurde 1376 fertiggestellt. Vor 1342 wurde in der Neustadt (→ *Unterneustadt*) die Magdalenenkirche gebaut. 1367 wurde im neuen Stadtteil → *Freiheit* die → *Martinskirche* eingeweiht. Der Nachbarort → *Kirchditmold* war Zentrum des weit und breit größten K.s Weißenstein (→ *Stift Weißenstein*), zu dem viele Dörfer gehörten. K. gab es auch in einer Anzahl benachbarter Dörfer, die erst Jahrhunderte später in Ks. eingemeindet wurden. Mit der Einführung der Reformation 1526 gehörte die Landgrafschaft nicht mehr zum Erzbistum Mainz, alle Klöster wurden aufgelöst. Die Kirche → *St. Cyriakus* wurde 1526 abgerissen. Nun gab es für die nächsten knapp zwei Jahrhunderte in Ks. drei Gemeinden: die → *Altstadt* mit der Brüderkirche, die Neustadt mit der Magdalenenkirche und die → *Freiheit* mit der Martinskirche. Daran änderte sich auch nichts durch die → *Verbesserungspunkte* des Lgf. → *Moritz* von 1605, mit denen aus der lutherisch geprägten Reformation eine calvinist.-ref. wurde. Als aufgrund der „Freyheits Concession und Begnadigung" von 1685 durch Lgf. → *Karl* französ. Glaubensflüchtlinge (→ *Hugenotten*) nach Hessen-Ks. kamen, bildeten sich zwei hugenott. Gemeinden in Ks.: die Oberneustädter in der 1710 eingeweihten → *Karlskirche* im neu gegründeten Stadtteil → *Oberneustadt* und eine weitere in der Altstadt, die sich in der Brüderkirche versammelte, später zu einer Gemeinde in der Karlskirche vereinigt. Das 18. Jh. brachte eine weitere Gemeindegründung. Auch nach der Mauritianischen Reform von 1605 hatte es Lutheraner in Ks. gegeben. Nachdem Erbprinz → *Friedrich*, seit 1720 schwed. König und damit Lutheraner, 1730 auch die Nachfolge Karls als Landgraf antrat, wandten sich die Lutheraner aus Ks. an ihn; er gewährte ihnen mit dem → *Stockholmer Erlass* von 1731 eingeschränkte Religionsfreiheit. 1738 wurde die später sog. Alte lutherische Kirche am Graben eingeweiht. Entstanden war eine Personalgemeinde, ähnlich wie bei den Hugenotten, bei der nicht die Zugehörigkeit zum Wohnbezirk um die Kirche (Parochie), sondern die konf. Zugehörigkeit zur Gemeinde bestimmend war. Auch die Hof- und die Garnisonsgemeinde gehörten in diese Kategorie, bestimmt durch die Zugehörigkeit zum Hof bzw. Militär. Bei diesem Bestand an Gemeinden sollte es für die nächsten 150 Jahre bleiben. 1900 waren 88 % der Bevölkerung evang. Entsprechend dem allg. Bevölkerungsanstieg (→ *Bevölkerungsentwicklung*) wuchsen auch die Kirchengemeinden. Es erwies sich als nötig, neue Kirchen zu bauen, und mit den Kirchen bildeten sich neue Gemeinden. Das K. Weißenstein/Kirchditmold verlor nach und nach seine Filialgemeinden: → *Wehlheiden* (1888 selbstständig), → *Rothenditmold* (1896), → *Wahlershausen*/→ *Wilhelmshöhe* (1903), → *Harleshausen* (1908). 1906 bildeten die Freiheiter Gemeinde eine Filialgemeinde in der neu erbauten Auferstehungskirche (selbstständig erst 1932) und die Oberneustädter in der neu erbauten → *Kreuzkirche* (selbstständig 1933). Die Kirchengemeinde → *Bettenhausen* war 1900 von → *Waldau* abgetrennt und selbstständig geworden. Auch die Lutheraner nahmen zu, und zur Muttergemeinde am → *Graben* kamen 1897 die → *Lutherkirche* und 1908 die → *Friedenskirche*. Bis 1930 existierten sie als kleiner Gemeindeverband, der sich dann aber endgültig der Landeskirche anschloss. Zwischen den beiden Weltkriegen wurde nur eine Kirche neu erbaut, 1936 die Erlöserkirche in der Siedlung → *Fasanenhof*, seit 1930 schon selbstständige Gemeinde. Die Gemeinde → *Südstadt*, Filiale der Karlskirche und seit 1933 selbstständig, erhielt erst 1960 die Markus- und 1975 die → *Johanniskirche*. Die Bombenangriffe des → *Zweiten Weltkriegs* zerstörten einen Großteil der Kirchengebäude, änderten aber nichts an Bestand und Erstreckung der Gemeinden. Mit dem → *Wiederaufbau* und dem Zuzug vieler Menschen, nicht zuletzt → *Flüchtlinge*, erwies es sich als nötig, alte Kirchen wieder aufzubauen und in den Vororten neue zu errichten. Damit wurden neue Gemeinden gegründet bzw. Filialgemeinden selbstständig. Im N der Stadt waren es 1950 die Zionskirche, vorher Filiale der Auferstehungskirche, 1951 die Kirche am → *Jungfernkopf*, vorher Filiale von Harleshausen. 1965 die Paul-Gerhardt-Kirche, 1968 die Versöhnungskirche. Im W von Ks. waren es 1952 die Emmauskirche, 1960 die Stephanuskirche, 1963 die Dreifaltigkeitskirche. Im O waren es 1963 die Immanuelkirche, 1966 die Jakobuskirche. Im S wurde 1964 die Lukaskirche errichtet. Für die Altstädter Gemeinde wurde mit einer Verlagerung nach N 1971 die Neue Brüderkirche gebaut. Dann reduzierte sich aus demografischen Gründen und wegen Kirchenaustritten die Zahl der Gemeindeglieder von 160.000 in den 1960er Jahren auf 85.000 im Jahr 2007. Das führte zu Strukturänderungen: Aus drei Kirchenkreisen wurde 2005 ein Stadtkirchenkreis. Anfang 2008 vereinigten sich Karls-, Luther-, Martinskirche und die Unterneustädter Gemeinde zur Kirchengemeinde Ks.-Mitte, Rothenditmold und die Auferstehungskirche zur Philippus-Gemeinde sowie Marien-, Jakobus- und Immanuelkirche zur Trinitatis-Kirchengemeinde. Ziel ist es, durch weitere Fusionen aus 31 Gemeinden 14 zu machen, um finanziell, personell und in der Verwaltung effektiver zu arbeiten. *hds*

Lit.: Wittekindt, Cassel; Evangelische Kirche.

Kirchvogel, Paul Adolf (* 4.3.1906 Heiligenstadt, † 13.6.1995 Ks.) war eine Persönlichkeit in Ks. Nach naturwiss. Studien, vornehmlich in Göttingen, betreute er 40 Jahre lang, 1935–75, nur unterbrochen von Militärzeiten, die → *Naturwissenschaftlich-technische Sammlung* der Staatlichen Kunstsammlungen Ks. im → *Hessischen Landesmuseum*, zuletzt als Oberkustos. Er erforschte und ver-

Paul Adolf Kirchvogel, 1954

mehrte sie erheblich durch eine Stiftung neuerer Instrumente, Uhren und Fernrohre der Hamburger Sternwarte Bergedorf. Ferner gab er in den 1960er Jahren der Sammlung den bescheidenen Namen → *Astronomisch-Physikalisches Kabinett*. Neben zahlr. Publikationen leitete K. außerdem in Personalunion von 1939 bis 1945 das Landesamt für Kulturgeschichte der Technik, das auf seine Initiative hin 1939 für Kurhessen und Waldeck gegründet worden war. 1970 wurde K. in die Historische Kommission für Hessen gewählt. K. trat zum letzten Mal öff. 1992 bei der Einweihung des neuen → *Museums für Astronomie und Technikgeschichte* auf. Bereits 1940 hatte er eine Veröffentlichung über die mathematisch-physikalische Kunstkammer im Landgrafenmuseum zu Ks. in der Zeitschrift Technikgeschichte, mit dem Satz geschlossen: „Die Sammlung ... neuerer Zeit ... soll nach dem Krieg in einer neuen technischen Abteilung des Hessischen Landesmuseums der Öffentlichkeit zugängig gemacht werden.“ *lvm*

Lit.: Mackensen, Nachruf; HNA, 20.6.95.

Kleine Fulda Der Name ist verwirrend, handelt es sich doch in Wahrheit heute um den Unterlauf des Baches → *Drusel*. Die K. war ein Nebenarm der → *Fulda*, floss etwa am Aue-Restaurant vom Hauptarm ab und schlängelte sich über das nordwestl. Ende des heutigen Großen Bassins und das Gelände der Kunstakademie in das noch bestehende, stark verlandete Bett und mündete unterhalb des Burgbergs wieder in die Fulda. Die Aue war eine Insel, bis die K. bei Anlage der → *Karlsaue* vom Hauptarm getrennt wurde; seither dient der verbliebene Rest nur noch zum Abfluss des Druselwassers. Die Drusel entspringt aus mehreren Quellen im Bereich des Habichtswalds. Zur Sicherung der Wasserqualität begann man bereits vor dem Dreißigjährigen Krieg, das Wasser in geschlossene Leitungen zu verlegen. Heute ist die Drusel zu großen Teilen im Stadtgebiet nicht mehr sichtbar, da in Rohren versteckt. Unterhalb des → *Weinberges* tritt sie als K. wieder ans Tageslicht und fließt zwischen Weinberg und Karlsaue nordöstl. der → *Hessenkampfbahn* in die Fulda. *ag*

Lit.: Hoffmann/Richter, Wasser.

Privates Gartenfest im Kreis der Familie im Kleingartenverein, Juni 1932

Kleingartenvereine Im Kasseler Stadtgebiet gibt es 36 K. mit 5.085 Mitgliedern und sieben Vereine im Landkreis mit 468 Mitgliedern. Der bedeutende Kasseler Bürger Heinrich Goßmann gründete 1891 den Kasseler Naturheilverein. Rege Vortragstätigkeit, Durchführung von Kursen in der Anwendung von natürlichen Lebens- und Heilweisen, Schaffung von Luft- und Sonnenbädern an den Grenzen der Stadt zeichneten die ersten Jahre des Vereinswirkens aus. Nachdem innerhalb von 20 Jahren die Mitgliederzahl auf fast 1.500 Personen gewachsen war, wurden vier Schrebergartenanlagen mit insges. 300 Kleingärten gegründet. Die Gartenanlagen stattete man mit Luftbädern, Kaffeeküchen, Restauration, Turn- und Tennisplätzen aus. Die einzelnen Parzellen waren zwischen 200 und 300 m^2 groß. Es gab Pachtverträge und Gartenordnungen, in die wichtige Regelungen aufgenommen wurden und an die sich jeder Gartenfreund zu halten hatte. So musste neben einer sog. 1/3-Teilung (Grabeland, Ziersträucher, Obstbäume), ein Teil für die Laube, den Freisitz und den Rasen eingerichtet werden. Ferner war und ist der Bau einer Laube genehmigungspflichtig, und deren Größe mit 24 m^2 Grundfläche darf nicht überschritten werden. Für das Kleingartenwesen in Dtld. wurde bereits am 29.5.1865 in Leipzig von dem Rektor der vierten Bürgerschule und gutem Freund Dr. Schrebers, Dr. Ernst Innocent Hauschild, der Grundstein gelegt, doch kleine Gärten gab es schon davor. Für die Entwicklung im 19. Jh. ist jedoch ein enormes Wachstum der → *Industrie* ausschlaggebend. Die in den 1830/40er Jahren beginnende → *Industrialisierung* in den Städten hatte ein überdurchschnittliches Anwachsen der Arbeiterzahl in den Fabriken zur Folge. Die Lebensbedingungen in den Großstädten hatten oft verheerende Auswirkungen auf die Gesundheit der Menschen sowie auf die Erziehung der Kinder und Jugendlichen. Aus allen Teilen der Bevölkerung wurde der Ruf nach Veränderung laut. Vor diesem Hintergrund bildeten sich dann die Ursprünge der dt. Kleingärtnerbewegung heraus. Der Antrieb war das Streben nach verbesserter Ernährung und die Sehnsucht nach dem verlorenen Leben auf dem Lande, nach Arbeit und Erholung in der freien Natur. Auch die ungewohnten neuen Lebensbedingungen in der Großstadt spielten eine wichtige Rolle. *md*

Kleinschmidt Zur Familie K. gehören zahlr. Juristen im hess. Staatsdienst. Johann (Hans) († 1580) war nach dem Studium in Marburg seit 1569 Schöffe und Ratsherr sowie seit 1576 Kämmerer in Ks. Sein Sohn Johannes (1536–1587) studierte beide Rechte in Marburg und Italien und promovierte in Basel. 1566/67 als Kanzleirat hess. Gesandter auf den Reichstagen zu Augsburg und Regensburg, war er 1573/74 Kanzler des Landgrafen Georg I. von Hessen-Darmstadt. Sein Sohn Johann (1569–1611) studierte Jura in Marburg und war 1606–10 Bürgermeister in Ks. Dessen Bruder Heinrich (1571–1648) war nach dem Studium 1601 Assessor am Hofgericht Ks., dann Hofgerichtsrat in Marburg. Der ältere Sohn von Johann, gleichen Namens (1601–1670), war erst Regierungsprokurator und Advokat in Ks., 1639 Rat und Schultheiß in Hersfeld. Dessen Bruder Heinrich (1608–1652) studierte in Ks. und wurde Konsistorialsekretär ebd.

Der einzige Sohn Johannes (1607–63) studierte Jura in Frankreich und Italien und promovierte 1633 in Basel. Zunächst Kanzleisekretär in Fulda, war er seit 1637 Jura-Prof. in Ks., seit 1653 in Marburg. Er war Landtagsdeputierter 1640 und 1654 und bearbeitete das hess. Landrecht. Sein Sohn Johann Heinrich (1652–1732), 1680 für Jura in Marburg promoviert, wurde dort 1682 Prof. der Moral und 1692 Prof. der Rechte.

Dessen Sohn Philipp Heinrich (1701–31) war seit 1729 Prof. der Rechte in Rinteln. Sein Bruder Johann Philipp (1705–63) wirkte nach seinem Jurastudium in Marburg seit 1744 am Stadtgericht Ks., dann in Ks. als Regierungs- und Konsistorialsekretär, 1754 als Regierungsrat in Marburg.

Aus einer anderen Linie stammt Christoph Ludwig (1723–74), der seit 1763 als Regierungsarchivar in Ks. Herausgeber der „Sammlung Fürstlicher Hessischer Landesordnungen und Ausschreiben“ war. *khn*

Lit.: DBA; Stölzel, Richtertum, Bd. 1, 122, 415, 446.

Klenze, Leo von (* 29.2.1784 Bockenem, † 27.1.1864 München) studierte 1800–03 an der Berliner Bauakademie die technischen Disziplinen, die Landbaukunst sowie griech. Architektur. Nach dem Examen zum Conducteur entschied er sich für die Laufbahn als freier Architekt. An der Ecole Polytechnique in Paris hörte er ab 1803 Vorlesungen bei Jean N. L. Durand und rezipierte den Dekorationsstil von Charles Percier und Pierre F. L. Fontaine, der für K.s Innendekorationen maßgeblich wurde. 1808–13 war er als Hofarchitekt im Dienst von König → *Jérôme* tätig, wo er für das Hoftheater Napoleonshöhe, heute → *Ballhaus*, die → *Marställe* und den Umbau des Schlösschens → *Schönfeld* verantwortlich war. Aufgrund baul. Mängel wurden sie entweder nur partiell ausgeführt oder anderen Bauleitern unterstellt. Nach dem Zusammenbruch des → *Königreichs Westphalen* war er ab 1816 für den späteren König Ludwig I. von Bayern tätig. Unter dessen Einfluss wandte sich K. dem hellenistischen Klassizismus mit eklektischen Zügen zu. So rezipierte er Stilformen des italienischen Mittelalters und der Renaissance. Von seinen Bauten sind das städtebaul. Ensemble Königs- und Wittelsbacherplatz, die Walhalla (1830–42), die bayerische Ruhmeshalle (1843–53), die Propyläen am Königsplatz (1846–60) und die Befreiungshalle bei Kelheim (1842–63) hervorzuheben. Mit der Glyptothek (1816–30) und der Alten Pinakothek (1826–36) gelangen ihm durch neuartige Funktionssysteme und Belichtungslösungen bedeutende Museumsbauten. *mdl*

Lit.: Buttlar, Klenze.

Porträt Leo von Klenzes von Franz Hanfstaengl aus dem Jahre 1856

Klima Ks. hat ein kontinental beeinflusstes K. Es zeichnet sich durch einen ausgeprägten Jahresgang mit mittleren Lufttemperaturen von 0,1 °C im Januar und 17,9 °C im Juli aus. Der Niederschlag ist mit 630 mm im Jahr relativ gering, weist jedoch einen Jahresgang von Februar mit 42 mm und im Juli mit 70 mm auf. Die Sommer sind durch W-

„Völker Europas, wahrt eure heiligsten Güter!" von Hermann Knackfuß, Federlithographie, 1895

Windlagen gekennzeichnet, während im Winter O-Wetterlagen mit der Zufuhr kalter Luftmassen aus SO auftreten. Die Besonderheit des Kasseler K.s ist eine durch die Beckenlage begünstigte Neigung zu Inversionswetterlagen, welche einen geringen Luftaustausch bewirkt. An ca. 160 Tagen im Jahr treten solche Situationen temporär auf. Die Luftbelastung steigt dadurch massiv an mit der Überschreitung von Grenzwerten bei Feinstaub und Stickstoffdioxid. Die Beckenlage bewirkt weiterhin eine starke Umlenkung der Winde in Richtung des Fuldatales und darüber hinaus entwickeln sich an den Hanglagen Hangzirkulationen, welche frische Luft in die Kasseler Innenstadt transportieren. Für das Kasseler Becken existiert eine Klimafunktionskarte, die die räuml. Strukturen des Mikroklimas der Stadt darstellt und den Luftaustausch beschreibt. Darin sind Empfehlungen für die Stadtentwicklungsplanung enthalten. Die städt. Überwärmung Kassels mit tlw. bis zu 6 °C ist sehr inhomogen und durch den hohen Begrünungsanteil geprägt. *lk*

Lit.: Katzschner, Verhältnisse; Klimabewertungskarte.

Knackfuß, Hermann (* 11.8.1848 Wissen/Westerwald, † 17.5.1915 Ks.) besuchte 1869 die Düsseldorfer Kunstakademie. Während des Krieges 1870/71 veröffentlichte er Kriegsszenen in der „Gartenlaube". 1874 ermöglichte ein Staatspreis einen dreijährigen Romaufenthalt. 1880 ging er an die Akademie (→ *Kunsthochschule*) in Ks., an der er Anatomie und Kunstgeschichte lehrte. Sein Hauptgebiet wurde die Historienmalerei. Seine hist. Detailtreue, besonders im Bereich der Kostümkunde, brachte ihm den Vorwurf des „Meiningertums" ein, verschaffte ihm aber mit Kaiser → *Wilhelm II.* einen Bewunderer und Auftraggeber. K. begleitete ihn 1898 auf der Reise nach Palästina. Viele seiner Wand- und Deckengemälde wurden im → *Zweiten Weltkrieg* zerstört, etwa die Allegorie „Borussia, die Provinz Hessen und die Stadt Cassel beschirmend" von 1881 im Kasseler Regierungsgebäude und das Historiengemälde „Überreichung des corpus juris an Kaiser Justinian" im dortigen Justizgebäude. Auch die Altarbilder in der Kapelle des Elisabethkrankenhauses und die Entwürfe für die Fenster der Kirche → *St. Familia* sind verloren. Die weiteste Verbreitung erlangte K.s Komposition „Völker Europas, wahrt eure heiligsten Güter" aus dem Jahre 1895, welche die Reichsdruckerei in hoher Auflage vervielfältigte. Dieses Bild schmückte die Truppentransporter, die fünf Jahre später zur Niederschlagung des Boxeraufstandes nach China fuhren. K. verfasste auch populäre Künstlermonographien und wirkte an einer dreibändigen Gesamtdarstellung der Geschichte der Kunst mit. *htg*

Lit.: Krey, Knackfuß.

Knallhütte Die Brauerei auf der K. erzeugt seit über 250 Jahren Kasseler Bier, inzwischen in der neunten Generation. Heute produziert die Hütt-Brauerei Bettenhäuser GmbH & Co KG am Standort als letzte mittelständische Privatbrauerei in der Region und ist be-

Historische Aufnahme des Brauhauses Knallhütte

sonders für ihre Produkte mit ausgeprägtem regionalem Bezug beliebt (→ *Brauereien*). Den Grundstein für die Brauerei legte der → *Hugenotte* Johann Friedrich Pierson. Ihm wurde Anfang 1752 die Konzession für eine Brauerei mit Schankwirtschaft erteilt, gelegen an der Kreuzung einer alten Heer- und Handelsstraße, der Frankfurter Heerstr., und dem von → *Oberzwehren* nach Rengershausen verlaufenden Weg am südl. Rande des Kasseler Tals. Ihre Lage an einer Handelsstraße hat die K. bis heute nicht eingebüßt: Mit dem Bau der A 49 erhielt die Brauerei einen eigenen Autobahnzugang. Der Name der Wirtschaft lautete zunächst „Zum Birkenbaum", doch durch ihre Kundschaft, vornehmlich Fuhrleute, bürgerte sich nach etwa 150 Jahren der heutige Name ein, der auf das Knallen der Fuhrmannspeitschen zurückgehen soll, mit dem die Fuhrleute den Vorspann herbeiriefen, um die Wegsteigung auf Höhe der K. zu bewältigen. Piersons Enkelin → *Katharina Dorothea Viehmann*, „die Viehmännin", hörte von den Gästen der Wirtschaft allerhand Geschichten und Sagen, deren Kenntnis sie um 1800 zu einer wichtigen Quelle für die Brüder → *Grimm* machte. Ihr Name steht als Märchenerzählerin in enger Verbindung zur K. und wird auch in der heutigen Brauerei und Gaststätte lebendig gehalten. *msch*

Lit.: Jacob, Knallhütte; Holtmeyer, Cassel-Stadt.

Knappschaft Beim Erzbergbau in Waldeck ist seit 1743 eine „Bruderbüchse" als frühe Sozialkasse überliefert. Unter der Leitung des Bergrats Jakob Sigismund → *Waitz von Eschen* sind ebenfalls Reformen im hessischen fiskalischen Bergwesen (→ *Bergbau*) belegt. Eine Verord. vom 18.2.1749 bestimmte, dass 1 % der Ausbeute für alte und verletzte Knappen zurückzulegen sei. Im Stadtarchiv Marburg finden sich zeitgenössische Akten zu „Armenkuxen" an Kohlenbergwerken, Armenkassen für Kohlenfuhrleute der Saline Sooden oder beim Erzbergbau der Eisenhütte Rommershausen. Eine westphäl. Personalsteuer-K.srolle wurde 1811/13 geführt und im Grimmschen Wörterbuch ist 1852 ein „gewerkschaftliches Bruderleidensgeld" genannt. Diese K.s-Unterstützungskassen gliederten sich bis zum Ende Kurhessens in elf Vereine in Staatsbetrieben und 19 in privaten Montanwerken. Die zuletzt Genannten waren zumeist Braunkohlenzechen, wo der Eigentümer das Geld der K. verwaltete. Mit der → *Preußischen Annexion* trat das Preußische allg. Berggesetz von 1854 in Kraft und das kurhess. K.swesen bekam folgende Ordnung: 1. Hessischer Verein (Fiskalische Werke), 2. Schaumburger Verein (Steinkohlenwerke bei Rinteln), 3. Schmalkaldener Verein (Stahlgewerke des hess. „Solingen") und 4. Kasseler Verein (private Kohlengruben rd. um Ks.). Das Reichsk.sgesetz vom 25.6.1926 ordnete sie der hess.-thüringischen K. zu. *sl*

Qu./Lit.: Wigand, Chronik; StAM.

Kniest, Wilhelm (* 11.4.1863 Hamburg, † 13.12.1951 Ks.) siedelte 1886 nach Ks. über, wo er sich 1889 als Schreiner selbstständig machte. 1900 war er Mitgründer der Kasseler → *Handwerkskammer* und 1909 wählte ihn die Schreinerinnung zu ihrem Obermeister. Nach acht Jahren als Stadtverordneter zog er 1920 für die linksliberale Deutsche Demokratische Partei in den Reichstag ein; 1924–32 vertrat er sie im Preußischen Landtag. 1933 aus allen öff. Ämtern verdrängt, beteiligte sich K. 1945 an der Gründung der FDP in Ks., 1949 wurde er zum Ehrenmeister des Kurhessischen Handwerks ernannt. Gemeinsam mit Theodor Schröder wurde K. am 15.1.1951 zum ersten → *Ehrenbürger* nach 1945 ernannt. *jfr*

Lit.: Luckemeyer, Liberale;
Stang, Deutsche Demokratische Partei.

Knigge, Adolph Freiherr von (* 16.10.1752 Berdenbeck, † 6.5.1796 Bremen) war Spross einer niedersächsischen Adelsfamilie. Nach der Erziehung auf dem väterlichen Gut studierte er ab 1769 in Göttingen Rechtswiss. Das väterliche Erbe bestand in der Hauptsache aus Schulden, so dass er 1771 nur allzu gerne als Hofjunker und Kammerassessor der Kriegs- und Domänenkammer in die Dienste des Lgf. → *Friedrich II.* trat. Dieses Amt bekleidete er nur kurz, weil er sich „durch amtliche und gesellige Misshelligkeiten unmöglich machte" und die Protektion des nach Berlin gehenden Johann Sigismund → *Waitz von Eschen* verloren hatte. Nach einer Hofintrige 1773 heiratete er Henriette von Baumbach, eine Hofdame der Landgräfin. Mit ihr und der 1774 geb. Tochter Philippine Auguste, die 1823 seine erste Biografie vorlegen sollte, zog er auf das Gut Baumbach

Adolph Freiherr von Knigge, Kupferstich von Johann Philipp Ganz, erschienen im Jahrbuch für die Menschheit, 1788

in Nentershausen. Henriette unterstützte ihren Mann, korrespondierte u. a. mit Goethes Mutter, um für ihn eine Anstellung in Sachsen-Weimar zu erreichen. Ab 1780 lebte die Familie in Frankfurt, ab 1783 in Heidelberg. Getrübt wurde die Ehe 1788 durch die heftige, aber wohl unbegründete Eifersucht Henriettes auf die herangewachsene Pflegetochter Franziska Zollikofer. Seine letzten Jahre verbrachte K. im Dienst der britisch-hannoverschen Regierung in Bremen. K. gilt als eine wichtige Figur in der Gesellschaft der → *Aufklärung*. Er gehörte seit 1773 in Ks. der Freimaurerloge Zum gekrönten Löwen (→ *Freimaurer*) an. In Hanau war er Mitgl. der Loge Wilhelmine Caroline. Bleibenden Ruhm erlangte er indes mit seiner 1788 erstmals erschienen Aufklärungsschrift „Über den Umgang mit Menschen", die jedoch bereits früh als Benimmbuch missverstanden wurde. *htg*

Lit.: Nübel, Knigge; Hermann, Knigge.

Knipping, Elisabeth (* 26.9.1869 Marburg, † 19.10.1951 Ks.) Die Namensgeberin der Elisabeth-Knipping-Schule machte eine bemerkenswerte Karriere. Nachdem sie die Volks- und Handelsschule besucht hatte, wurde sie im Jahr 1900 als Schulsekretärin an der Schule des → *Casseler Frauenbildungsvereins* (CFBV) angestellt. Sie avancierte schnell zur rechten Hand von → *Auguste Förster*, machte Weiterbildungskurse und die Prüfung als Gewerbelehrerin. 1909 wurde sie stellvertretende Schulleiterin, 1912 übernahm sie die Leitung der Schule und den Vorsitz des CFBV. Sie wollte das Werk Försters fortsetzen, stand jedoch vor der schwierigen Aufgabe, den Verein und seine Einrichtungen durch die Kriegszeit 1914–18 bringen zu müssen. Unter ihre Ägide fielen die Auflösung des CFBV und die Übertragung der Einrichtungen in andere Trägerschaften. Die Leitung der Schule behielt sie bis 1933, dann schied sie aus gesundheitlichen Gründen aus. Seit 1956 trägt die Schule ihren Namen. *cw*

Qu.: StAKs; Stiftung Archiv der dt. Frauenbewegung.

Ernst Koch Titelblatt seines neu aufgelegten Hauptwerks Prinz Rosa Stramin mit Originalzeichnungen

Koch, Ernst (* 3.6.1808 Singlis, † 24.11.1858 Luxemburg), Dr. jur. und hess. Dichter, der unter dem Pseudonym Eduard Helmer, Hubertus etc. Gedichte, Erzählungen und Novellen schrieb. Sein Hauptwerk ist „Prinz Rosa Stramin", das 1834 in Ks. erschien. Entstanden aus Feuilletons, die K. für damalige Zeitungen geschrieben hatte, enthält es Erinnerungsbilder u. Ä. aus der Kindheit, der Schulzeit in Witzenhausen, der Studienzeit in Marburg („... ist eine Universität") und Göttingen, Schilderungen von Kasseler Szenen (Gasthaus Ritter, Felsengärten, → *Wilhelmshöhe*), ironisierende Betrachtungen über die damalige → *Bürgergarde* und Liebesgedichte, die er seiner Braut Henriette von Bosse widmete. Ihr verdankt das Buch auch seinen Titel, denn sie hatte K. ein in rosa Stramin gebundenes Notizbuch, bestickt mit dem Bild eines persischen Prinzen, geschenkt. Das erfolgreiche Buch erlebte mehrere Auflagen, zuletzt 1965. 1834 gab es in K.s Leben einen Bruch: Er gab die gut dotierte Stelle eines Referenten im kurhess. Innenministerium auf. Als daraufhin Henriettes Eltern die Verlobung lösten, begann er ein ungeregeltes Leben zu führen, das ihn in Schulden stürzte, zur Flucht aus Ks. trieb und ihn schließlich zum Eintritt in die Fremdenlegion veranlasste. 1837 nach Ks. zurückgekehrt, ging K. 1839 nach Luxemburg, heiratete dort 1840 Octavie Mullendorf, mit der er zehn Kinder hatte, und war seit 1850 (Gymnasial-)Prof. für dt. Sprache und Lit. am dortigen Athenäum. *kb*

Lit.: Heidelbach, Koch/LKuW.

Koch, Robert (* 11.12.1843 Clausthal, † 27.5.1910 Baden-Baden) Anlässlich der 51. Tagung der Dt. Naturforscher und Ärzte 1878 in Ks. berichtete der damals noch relativ unbekannte Kreisarzt aus Wollstein in Posen (nur in Fachkreisen als Entdecker des Milzbrandbazillus bekannt) über die Erreger der Wundinfektionen. Dank der von ihm entwickelten Verfeinerung der bakteriologischen Diagnostik konnte er die Erreger präzisieren und im Mikroskop und in Reinkultur darstellen. Dieser Vortrag war die Basis für die Entwicklung der Asepsis. Die tägl. Desinfektion der Hände im Operationssaal, das Sterilisieren der Kittel und der Instrumente usw. sind in Berlin in Zusammenarbeit mit K. und basierend auf seinem Kasseler Vortrag entwickelt worden. Vor der ehem. Ingenieurschule in der → *Wilhelmshöher Allee* steht ein Gedenkstein, der an dieses Ereignis erinnert. *hh*

Lit.: Hermsdorff, Blick; Koch, Leben.

Koch-Weser, Erich (* 26.2.1875 Bremerhaven, † 19.10.1944 Rolandia/Brasilien) hieß urspr. Koch, erst seit 1927 offiziell K. Er war 1901–08 Bürgermeister in Delmenhorst und 1908–13 Stadtdirektor von Bremerhaven. Als OB von Ks. (12.11.1913–27.10.1919) widmete er sich v. a. Fragen der Energieversorgung und Wohnungspolitik. Seine Amtszeit stand im Schatten des → *Ersten Weltkrieges*, in dem er sich als entschiedener Verfechter kommunaler Selbstverwaltung, reichsweit als Fachmann auf dem Gebiet von Ernährung und Versorgung profilierte. Mitgl. des Provinziallandtages von Hessen-Nassau und des Preußischen Kommunallandtages in Ks., gehörte er von Amts wegen dem Preußischen Herrenhaus an und wurde in den Vorstand des Dt. Städtetages berufen. In der Revolution 1918/19 bemühte sich der Mitbegründer der liberalen DDP in Zusammenarbeit mit dem Kasseler → *Arbeiter- und Soldatenrat* um einen reibungslosen Übergang in die Demokratie. Mit der Wahl in die Nationalversammlung im Februar 1919, wo er sich als Mitverfasser der Reichsverfassung einen Namen machte, begann seine Berliner Karriere. Von Oktober 1919 bis Mai 1921 war er Reichsinnenminister, 1928/29 Reichsjustizminister und seit Januar 1924 Parteivorsitzender. Nach katastrophalen Stimmenverlusten 1930 legte K. seine Parteiämter nieder. Wegen seiner halbjüdischen Abstammung emigrierte der entschiedene Liberale, von den Nationalsozialisten mit Berufsverbot belegt, 1933 nach Brasilien, wo er sich als Landwirt betätigte. *wmü*

Lit.: Mühlhausen/Papke, Kommunalpolitik; Papke, Koch-Weser.

Köhler, Wolfgang (* 12.6.1923 Braunschweig, † 21.10.2003 Zierenberg) Der Komponist und Organist kam 1937 mit seinen Eltern nach Ks., wo er 1942 das Abitur machte. Schon einer seiner ersten Kompositionsversuche, die 1939 entstandene erste Symphonie, brachte ihn in Konflikt mit der Reichsmusikkammer, die eine vernichtende Beurteilung schrieb. Er komponierte trotzdem weiter, erhielt aber wegen seiner „Bühnenmusik zu Shakespeares Julius Caesar" ein Berufsverbot als Komponist. Dies hatte jedoch keine praktischen Folgen, da K. z. Z. dieses Verdikts (1943) bereits als Soldat eingezogen war. Er geriet in Kriegsgefangenschaft und kehrte erst im März 1946 nach Ks. zurück. Während eines Aufenthaltes in einem tschech. Kurlazarett 1943 entstand die Oper „Francesca da Rimini", deren Partitur verloren ging, später aber neu geschrieben und als erstes Werk K.s in der DDR aufgeführt wurde. Die Kriegseindrücke verarbeitete er in dem Werk „Tagebuchaufzeichnungen" für Klavier (1944). Als er nach Ks. zurückkehrte, war seine Wohnung beschlagnahmt und sämtliche Kompositionen waren verschollen. Dennoch nahm er ein Musikstudium am Kasseler Konservatorium und Musikseminar auf, das er 1950 abschloss. Schon bald erregte der äußerst produktive Komponist internationales Aufsehen. 1957 heiratete er Christa Gerlach, mit der er zwei Kinder hatte. K. schuf ein außerordentlich vielschichtiges Werk und wirkte auch als Lehrer, Organist, Orgelpädagoge und Kirchenmusikdirektor. *wbo*

Lit.: Hopf, Köhler.

Königreich Westphalen Das im Sommer 1807 gegründete K. war die bedeutendste Staatsschöpfung Napoleons auf deutschem Boden. Gebildet aus den 1806 von Frankreich eroberten Kurfürstentümern Hessen und Hannover, dem Herzogtum Braunschweig-Wolfenbüttel, den preuß. Gebieten westl. der Elbe, den Fürstbistümern Hildesheim, Paderborn und Osnabrück sowie einigen kleineren Herrschaftsgebilden, entsprach das K. mit rd. zwei Mio. Einwohnern und einem Gebietsumfang von 38.000 km² etwa der Größe Restpreußens nach der Niederlage gegen Frankreich. Ks. erfuhr als Hauptstadt dieses kräftigen Mittelstaates eine beträchtliche Aufwertung und zählte in der Rheinbundzeit zu den wichtigsten Orten napoleonischer Machtentfaltung in Dtld. Der französ. Kaiser stand, als er das K. ins Leben rief, auf dem Höhepunkt des Erfolgs. Sein ganzes Streben war darauf gerichtet, die französ. Herrschaft in Europa dauerhaft abzusichern.

In diesem Zusammenhang fiel dem K. die Aufgabe zu, das napoleonische Imperium im N Deutschlands gegen → *Preußen* abzuschirmen. Das Land hatte eine 25.000-Mann-Armee zu unterhalten, die Festung Magdeburg blieb in französ. Hand. Um das Prestige des Hauses Bonaparte zu erhöhen und seine dynastischen Verbindungen mit europ. Herrschaftshäusern zu erweitern, setzte Napoleon

Königreich Westphalen Ein Gendarm und ein Chevauleger von Samuel Hahlo, entstanden zwischen 1806 und 1809

Das Königreich Westphalen, 1810

seinen jüngsten Bruder → *Jérôme* (Hieronymus) zum König ein und verheiratete ihn mit der württembergischen Prinzessin → *Katharina*. Der westphäl. Staat musste zur materiellen Ausstattung des imperialen Militär- und Verdienstadels einen hohen Tribut zahlen. Die Hälfte der landesherrl. Domänen ging in den Besitz des Kaisers über. Das K. sollte durch „moralische Eroberungen“ den Ergebnissen der milit. Siege Dauer verleihen. Dazu errichtete Napoleon das K. als Modellstaat mit einer nach seinen Weisungen in Paris ausgearbeiteten Verfassung. Vorgesehen war die Errichtung einer konstitutionellen Monarchie modernen Zuschnitts mit repräsentativer Volksvertretung (Reichsstände), garantierten Menschenrechten sowie einer am Vorbild des Kaiserreichs ausgerichteten Staats- und Verwaltungsordnung. Als Jérôme Mitte Dezember 1807 den Thron bestieg, stand der Modellstaat im Rohbau. Errichtet hatte ihn die von Napoleon eingesetzte Regentschaft, bestehend aus hochrangigen Experten aus Paris. Hieran konnte die nachfolgende reguläre Regierung anknüpfen. Der westphäl. Reformbürokratie gehörten namhafte Vertreter der dt. Gelehrtenwelt an, darunter → *Johannes von Müller*, Christian Wilhelm Dohm, Karl August Malchus und die Brüder → *Friedrich* und *Karl Murhard* aus Ks. Die Aufgabe, einen Staat nach den Prinzipien von Rationalität und Effektivität zu errichten, entsprach ihren aufgeklärten Überzeugungen. Jérôme, der 23-jährige König, teilte diese und trieb das Reformwerk voran. Davon findet sich in der Geschichtsschreibung allerdings kaum eine Spur. Stattdessen bestimmt das Klischee vom frivolen „König Lustigk“ das Bild.

In Ks. herrschte Aufbruchstimmung, als die westphäl. Regierung ihre Arbeit aufnahm. In kürzester Frist war der Aufbau eines leistungsfähigen Staats- und Verwaltungsapparats wie auch die territoriale Untergliederung des Landes in Departements, Distrikte, Kantone und Kommunen abgeschlossen. Auf dieser Grundlage schritt der Reformprozess rasch voran: die Einführung des Code civil und einer hierarchisch gestuften Gerichtsverfassung, die Schaffung einer modernen Finanzverfassung mit Staatsbudgets sowie einheitlicher Kassen- und Steuerverwaltung, der Übergang zum Grenzzollsystem und die Absteckung eines geschlossenen Wirtschaftsraums mit einheitlichem Handelsrecht sowie einem von Frankreich übernommenen Münz-, Maß- und Gewichtssystem, die Einführung der uneingeschränkten Gewerbefreiheit anstelle der althergebrachten Zunftordnungen und stånd. Privilegien. Ins Stocken gerieten die Reformen bei der Erneuerung der Agrarverfassung. Obwohl die vorherrschende Grundhaftung mit ihren Formen des gemischten Eigentums im Widerspruch zum Code civil mit seinem bürgerl. Eigentumsbegriff stand, blieb sie im Großen und Ganzen vorerst unangetastet.

Anders als auf dem Gebiet der Grundherrschaft zögerte die westphäl. Regierung nicht, entsprechend den Geboten der Verfassung die staatsbürgerl. Gleichheit aller Einwohner unverzüglich herzustellen. Der Adel büßte sein bisheriges Monopol auf die höheren Ränge in Verwaltung und Militär ein, musste auf Steuervorrechte, privilegierten Gerichtsstand und Patrimonialgerichtsbarkeit verzichten. Demgegenüber kamen die Leibeigenen in den Genuss von persönlicher Freiheit und Freizügigkeit, wurden die Landbewohner den Stadtbewohnern gleichgestellt und alle Rechtsunterschiede zwischen Konfessionen aufgehoben. Hiervon profitierten besonders die bisher durch bedrückende → *Judenordnungen* in ihrer Bewegungsfreiheit eingeschränkten Angehörigen des mosaischen Glaubens. Das Emanzipationsdekret vom 27.1.1808 brachte den Juden die vorbehaltlose rechtl. Gleichstellung (→ *Judenemanzipation*). Die Beseitigung der Adelsprivilegien auf der einen und die Emanzipation der Juden auf der anderen Seite verdeutlichen am besten, dass das Königreich den Übergang von der Stände- zur Staatsbürgergesellschaft auf seine Fahnen geschrieben hatte. Nicht mehr Geburt, Trad. oder Religion sollten künftig die Stellung eines Bürgers in Staat und Gesellschaft bestimmen, sondern Bildung, Rang und Vermögen.

Am raschen Aufbau des Modellstaates und den zügig voranschreitenden Reformen zeigt sich die Modernität des Königreiches. Nirgendwo sonst zog in der dt. Staatenwelt eine Verfassung mit einer repräsentativen Vertretungskörperschaft, einem beachtlichen Katalog von Menschenrechten und einem bürgerl. Zivilrecht eine so klare Trennungslinie zur ständischen Gesellschaftsordnung. Nirgendwo sonst prägten die Prinzipien von Rationalität und Effektivität so konsequent das Regierungs- und Verwaltungssystem. Allerdings klafften auch nirgendwo sonst Anspruch und Wirklichkeit so weit auseinander wie hier. Das lag v. a. in der Widersprüchlichkeit der napoleonischen Herrschaft begründet.

Napoleon war nicht nur Erbe der Revolution und Anhänger der → *Aufklärung*, sondern auch General, Eroberer und Imperator. Seine Stellung beruhte auf milit. Siegen. Die eroberten Länder und verbündeten Staaten mussten für den Unterhalt der riesigen Streitmacht aufkommen, auch der westphäl. Musterstaat. Die Kriegskontributionen mit 31 Mio. Franken sowie die laufenden Kosten für den Unterhalt eines Truppenkontingentes von 25.000 Mann überstiegen die finanziellen Möglichkeiten des Landes bei weitem und trieben es in den Ruin. Zudem musste sich das K. den französ. Wirtschaftsinteressen unterordnen und dem Kontinentalsystem beitreten. Alte Handelsverbindungen nach England und Übersee wurden abgeschnitten, ohne dass neue Absatzmärkte auf dem europ. Kontinent erschlossen werden konnten. In einigen Regionen, in denen textile Heimindustrie oder Getreideanbau die Hauptnahrungsquelle bildeten, breitete sich Massenarmut aus. Davon blieb selbst Ks., das als → *Residenz* in mancher Hinsicht aufblühte, nicht verschont. Dabei wirkte sich die Gesellschaftspolitik des Imperators negativ aus. Die Ausstattung des napoleonischen Militär- und Verdienstadels mit eigentumsrechtl. privilegiertem Grundbesitz (Majoratsgütern) entzog dem Modellstaat nicht nur wichtige Einnahmequellen, sondern behinderte auch den Reformprozess. Nicht minder verheerend als diese inneren Widersprüche der napoleonischen Herrschaft wirkten sich die fortgesetzten Kriegshandlungen aus. Westphäl. Truppen kämpften in Spanien, Österreich und Russland, wo das Truppenkontingent fast vollständig aufgerieben wurde. Zwangsrekrutierungen und Truppendurchmärsche fügten dem Land schwere Schäden zu. Mit der Fortdauer des Kriegsgeschehens rückte das Ziel der „moralischen Eroberungen" in unerreichbare Ferne. Als im Oktober 1813 russ. und preuß. Truppen in Ks. einmarschierten, rührte sich keine Hand zu seiner Verteidigung. Damit war, sieben Jahre nach seiner Gründung, der ruhmlose Untergang des Modellstaats besiegelt.

Dieses Ende kann jedoch nicht über die hist. Bedeutung hinwegtäuschen. Zum einen gingen vom K. vielfältige Modernisierungsimpulse aus. Ein direkter Zusammenhang bestand z. B. zwischen der westphäl. und der preuß. Judenemanzipation. Zum anderen hinterließ der westphäl. Musterstaat auch nach seinem Untergang deutliche Spuren. Ein nicht geringer Teil der vom Reformgeist geprägten Elite hielt auch in der Zeit der → *Restauration* an seinen Überzeugungen fest und kehrte im Vormärz auf die polit. Bühne zurück. *hb*

Lit.: Berding, Herrschafts- und Gesellschaftspolitik; Rob, Regierungsakten.

Wappen des Königreichs Westphalen, ca. 1810

Königshof Ein fränkischer K. war der Ausgangspunkt für den späteren Ausbau Kassels zur Stadt. Die Königsherrschaft gründete sich im Frühmittelalter u. a. auf ein Netz von Wirtschaftshöfen: Jeder Krongutkomplex (Villikation) bestand aus einem Haupthof (curtis) und mehreren Nebenhöfen (villae), die auf bestimmte Erzeugnisse spezialisiert sein konnten: Neben reiner Landwirtschaft waren dies z. B. Pferdezucht und Handwerksprodukte, bei Ks. verweist der (heute nicht mehr bestehende) Ort Mühlhausen auf Mühlen. In den Haupthöfen wurden Abgaben, Gebühren und Bußgelder eingezogen, sie konnten die reisenden Könige beherbergen und als Etappenstationen das durchziehende Heer versorgen. Das Kasseler Königsgut wurde verm. um 700 eingerichtet (→ *Ditmold*). Als Haupthof baute man die verm. bestehende Siedlung Ks. aus, die vor der Straßengabelung einer wichtigen N-S-Fernstraße lag (→ *Steinweg*, Fortsetzung über den → *Möncheberg*): Ein Zweig über → *Vellmar* verband die Reichszentren im Rhein-Main-Gebiet mit denen am Niederrhein, zwei weitere führten über Ihringshausen sowie über eine Fuldafurt bei → *Wolfsanger* in die sächs. Kernlande an der Weser und am Harz. Dies mag im 10. Jh. dazu beigetragen haben, dass Ks. unter dem sächs.-ottonischen Königshaus an Bedeutung gewann, und Funde aus jener Zeit zeigen starke sächs. Einflüsse.

Der erste bezeugte Königsaufenthalt fällt in die Zeit → *Konrads I.* (18.2.913), zu dessen Hausmacht auch der Hessengau gehörte. Im Februar 940 war Otto I. in Ks. (wohl zum Hoftag), und 945 schlichtete er verm. in Ks. einen Streit zwischen Hermann von Schwaben (seit ca. 940 Graf in Hessen) und Konrad von Lothringen. 1008 übertrug König → *Heinrich II.* seiner Gemahlin → *Kunigunde* die Kasseler Villikation als Witwengut. Die Unterkunft für die königl. Aufenthalte verlegte er nach→ *Kaufungen* und dotierte das dort neugegründete Stift 1019 mit umliegenden Teilen des Königsguts. Nach seinem Tod 1024 fiel die übrige Villikation vertragsgemäß auf Lebenszeit an Kunigunde; seit ihrem Eintritt in das Kaufunger Stift 1025 dürften diesem die Erträge zugekommen sein, bis Kunigunde 1033 starb. Versuche des Stifts, nun die ganze Kasseler Villikation dauerhaft als eigenen Besitz zu halten, blieben erfolglos. Im Zuge der Auseinandersetzungen um Kunigundes Erbe kam das Kasseler Königsgut um 1040 an ihren Bruder, Bischof Dietrich von Metz, fiel aber verm. nach dessen Tod 1047 an den König zurück. Im 12. Jh. ist das Königsgut als Lehen im Besitz der hessischen Grafen (→ *Stadtentstehung*, → *Burg*).

Über das Aussehen des K.s ist wenig bekannt; im 8. Jh. war nur eine einfache Umwehrung zum Schutz vor wilden Tieren üblich, aber verm. im 9. Jh. wurde der Kernbereich um den Marställer Platz mit einer Befestigungsmauer umgeben: Beidseitig der N-S-Fernstraße lagen hier der Burgberg sowie verm. die Wirtschaftsgebäude mit dem Sitz des Verwalters (villicus; → *Renthof*) und die Kirche (→ *St. Cyriakus*), deren Cyriakus-Patrozinium in ottonische Zeit weist. Ob der Burgberg zunächst nur als Fluchtburg diente oder bereits dauerhaft genutzte Bauten enthielt, ist unklar; spätestens seit der zweiten Hälfte des 9. Jh. ist hier eine königl. Domus zu suchen. Teile einer zugehörenden gewerblichen Siedlung um den Altmarkt, die in die Mitte des 8. Jhs. zurückreicht und verm. im 10. Jh. umwallt wurde, sind an der Gasse Vor der Schlagd nachweisbar. *cp*

Königsplatz Drei Platzanlagen dienten → *Simon Louis du Ry* nach der Schleifung der Befestigungsanlagen (→ *Entfestigung*) nach dem → *Siebenjährigen Krieg* zur Verbindung zwischen dem alten Ks. und der → *Oberneustadt*: Rennbahn und Paradeplatz, → *Friedrichsplatz* und K. Durch den weiteren Ausbau der hinter dem → *Königstor* (später Wilhelmshöher Tor) beginnenden → *Königsstraße* über die Oberneustadt hinaus zur künftigen Magistrale der Stadt sollte diese Achse einer Rue Royale in eine Place Royale, den K., münden. Den Namen erhielten Platz und Straße in Erinnerung an Lgf. → *Friedrich I.* Die Entwürfe für den Paradeplatz und den Friedrichsplatz orientierten sich an früheren Anlagen und waren durch den Hangverlauf zur → *Karlsaue* vorbestimmt. Die Planung zur Stadterweiterung im NW der → *Freiheit* war ohne solche Vorgaben und damit du Rys persönlichstes Werk. Ein von J. H. → *Tischbein* gemaltes Porträt zeigt du Ry mit dem Städte verbindenden Plan der Königsstr. und des K.s in der Hand, auf den er mit dem Zirkel weist. Der durch das Raster der Oberneustadt bestimmte Verlauf der Königsstr. stieß

Blick auf den Königsplatz von Osten, Aquarell von Ph. L. Feidel aus dem Jahr 1820

völlig unorganisch auf den nordwestl. Rand der → *Altstadt.* Du Ry löste das Problem durch die Anlage eines kreisrunden Platzes. Um den Schnittpunkt der Königsstr. und der späteren Kölnischen Str. schlug er den Kreis, der Form und Umfang der Platzanlage bestimmen sollte. Mit der kreisrunden Anlage fing du Ry ein Aufeinanderprallen der sich fremden Elemente der beiden Stadtteile auf. Zugleich hatte er damit den Ausgangspunkt für die geplante Erweiterung der Altstadt nach NW geschaffen. Durch eine Straße über den Platz wurde dieser symmetrisch unterteilt. Die horizontalbetonte Umbauung war in der Höhe auf den Durchmesser des Platzes abgestimmt. Du Rys zum Maßstab des umbauten Raums abgewogene architektonische Begrenzung hatte entscheidenden Anteil an der von zeitgenössischen Autoren im 18. und 19. Jh. gerühmten Wirkung des Platzes. Zur Aufstellung eines Denkmals für den schwed. König und hess. Lgf. Friedrich I. über dem Mittelpunkt des K.s, das zugleich der Point du Vue für die Königsstr. sein sollte, kam es nicht. Man fand sich mit der Errichtung eines Obelisken ab. Unter der Herrschaft → *Jérômes* wurde vorübergehend ein Denkmal Napoleons I. aufgestellt. Du Ry war zu dieser „künstlichen" Platzschöpfung während seiner Studienzeit in Paris angeregt worden. Die stadtbaukünstlerische Qualität hält dem Vergleich mit den besten Anlagen der Zeit stand, so etwa mit dem Belle-Alliance-Platz in Berlin, mit dem „Circus" der engl. Stadt Bath und dem Stern, dem heutigen Karolinenplatz, in München, einer Anlage schon im Sinn des 19. Jhs. Als „Place Royale" war der K. Ziel der barocken Achse der Königsstr. Er kam noch der Forderung nach absolutistischer Repräsentation nach, erhielt aber, indem seine Ausdehnung nicht überspannt wurde, bürgerl. Intimität. Seine gleichzeitige Ausbildung als Sternplatz war bereits die Erfüllung eines städtebaul. Anliegens des 19. Jhs. *hkb*

Lit.: Boehlke, Simon Louis du Ry.

Die **Königsstraße** ist die Hauptgeschäftsstraße der Stadt, in Obere und Untere K. unterschieden. Beginnend am → *Brüder-Grimm-Platz,* durchquert oder berührt sie mehrere Stadtplätze (Rathaus-Ehrenhof, Opernplatz, → *Friedrichsplatz,* → *Königsplatz,* Stern) und endet am Holländischen Platz. Die K. erinnert an Lgf. → *Friedrich I.,* der auch König von Schweden war. Ältester Teil ist der Abschnitt zwischen Brüder-Grimm-Platz und Königsplatz. Von Architekt → *Paul du Ry* als eine von mehreren Straßen der außerhalb der Befestigungsanlagen geschaffenen → *Oberneustadt* geplant, wurde die „Neue Thor Straße" von französ. Glaubensflüchtlingen (→ *Hugenotten*) und alteingesessenen Kasselern auf Grund ihrer westl. Randlage trotz landgräfl. Förderung nur schleppend bebaut. Mit der grundlegenden Stadtneugestaltung nach Niederlegung der Befestigungsanlagen (→ *Entfestigung*) ab 1767 schuf → *Simon Louis du Ry* die K. in ihrer heutigen Ausdehnung. In wenigen Jahren entstanden neben soliden Bürgerhäusern zahlr. repräsentative Stadtpalais des Adels und der Führungsschicht:

Blick in die Obere Königsstraße Richtung Königsplatz, 2005

Palais des Oberkämmerers von Jungken-Münzer, später Weißes Palais, Friedrichsplatz 20; Haus des Kriegs- und Domänenrats von Zanthier, später Lyceum Fridericianum, Obere K. 47; Palais der Lgf. von Hessen-Rotenburg, Obere K. 32; Palais des Staatsministers von Gohr, später → *Palais Reichenbach*, Obere K. 30; Palais Waitz von Eschen, Obere K. 35; Rouxsches Haus, Obere K. 37; Prinzenhaus, Obere K. 45; → *Nahlsches Haus* mit Rokokofassade, Obere K. 41. Eine Einzelstellung nahm das in der gleichen Zeit entstandene → *Messhaus* ein, eine Markt- und Ausstellungshalle, in der jährl. zwei Verkaufsmessen, jeweils vor der Frankfurter Frühjahrs- und Herbstmesse, abgehalten wurden (1904 abgerissen, heute steht dort das Rathaus, Obere K. 8). Seit Mitte des 19. Jhs. etablierten sich in Oberer und Unterer K. Ladengeschäfte, die die Bedeutung des alten Geschäftszentrums in der → *Altstadt* (→ *Marktgasse*) minderten. Nach dem Zweiten Weltkrieg konzentrierte die Stadtplanung das Geschäftsleben auf K. und Wilhelmsstr., während die ehem. Altstadt überwiegend als Wohngebiet aufgebaut wurde. 1961 wurde die Obere K. zwischen → *Fünffensterstraße* und Königsplatz, 1977 die Untere K. zwischen Königsplatz und Stern zur Fußgängerzone erklärt und neu gestaltet. Hiervon ausgenommen wurde der Straßenbahnverkehr (→ *Straßenbahn*), der 1877 mit einer Dampfstraßenbahn vom Königsplatz nach → *Wilhelmshöhe* begann (seit 1899 elektrifiziert). Seit Anwachsen der Konkurrenz der Einkaufszentren am Stadtrand kämpfen die Geschäftsleute der K. um ihre Position (z. B. durch die Innenstadtbelebung mit besonderen Veranstaltungen und Attraktionen, u. a. dem „Stadtfest" seit 1979). *frk*

Lit.: Klaube, Flaniermeile.

Das heutige **Königstor** ist ein Teil der alten Landstraße zwischen Ks. und → *Wehlheiden*, die am Zwehrener Tor begann (→ *Steinweg*). Der Straßenname leitet sich von zwei → *Stadttoren* nach → *Weißenstein/Wilhelmshöhe* ab: 1767/68 wurde die heutige → *Wilhelmshöher Allee* von Weißenstein bis zum jetzigen Rathenauplatz geführt und setzte sich über jene Landstraße nach Ks. fort. Dabei wurde das letzte Stück, die heutige Ziegelstr. abgetrennt (benannt nach einer seit dem Mittelalter bestehenden Ziegelei). Am Eintritt der Landstraße in die neue Kasseler Zollmauer entstand 1768–70 das Weißensteiner Tor nach Plänen → *Simon Louis du Rys* (heute etwa bei → *Fünffensterstraße* 4): Auf der Innenseite der Zollmauer standen sich zwei symmetrische Torhäuser für Wache (N) und Torschreiber (S) gegenüber, denen zur Straße je ein toskan. Portikus mit aufwändigem Giebelschmuck vorgelegt war. Die beiden Torpfosten in der Zollmauer wurden von je einem Löwen mit dem hess. Wappen bekrönt, die verm. vom ehem. Zwehrener Tor stammten (außen am Ravelin). Als 1776/77 die Allee geradlinig bis zum heutigen → *Brüder-Grimm-Platz* verlängert wurde, entstand am Beginn der → *Königsstraße* (an der Friedrichsstr.) das erste K. Ein Entwurf du Rys für einen röm. Triumphbogen wurde nicht realisiert, das K. blieb ein einfacher Durchlass in der Zollmauer. Nach seiner Umbenennung 1798 in Wilhelmshöher Tor ging der Name K. auf das Weißensteiner Tor über (in westphäl. Zeit Napoleonstor, 1809–13 geschlossen). Nach dem Abbruch dieses Tores 1866 kamen die Löwen hinter das → *Museum Fridericianum* (der nördl. im Zweiten Weltkrieg zerstört, der südl. durch Kopie ersetzt, das Original im → *Hessischen Landesmuseum*).

Bei den heutigen Häusern K. 28/30 traf der Druselgraben auf die Landstr. und führte neben ihr nach Ks. (verm. seit dem 14. Jh.; → *Drusel*), während ein Überlaufgraben des 18. Jhs. nach W und durch die jetzige Pfannkuchstr. verlief. Diese Wasserleitungen, welche zwei natürliche Bachläufe nutzten, wurden seit dem späten 18. Jh. Ausgangspunkt für Gewerbeansiedlungen wie die → *Porzellanmanufaktur* (Nr. 28), die Steitzsche → *Fayencemanufaktur* (Nr. 30–32) sowie weitere Fabrikationsstätten im 19. und frühen 20. Jh. (u. a. 1902 die optischen Werkstätten Fennel, Nr. 14a). Nach 1806 entstanden erste Garten- und Wohnhäuser, u. a. die Villa von → *Grandjean de Montigny* (Nr. 6–10; um 1812, nicht erhalten). Um 1860 reichte eine lockere Bebauung schon bis zur sog. Städtischen Kaserne (1811/12; heute Sporthalle und Motzberg). Nach den Zerstörungen des → *Zweiten Weltkriegs* sind aus kurhess. Zeit noch Nr. 14 (1864) und Nr. 16 (1860/61) erhalten (leicht verändert) sowie einige Wohnhäuser der Kaiserzeit (u. a. Nr. 53, um 1893 von → *Anton Karst*). Öffentl. Bauten sind das ehem. → *Polizeipräsidium* (1904–07) und die Grundschule (ehem. Bürgerschule 3 und 4; 1891/92, Flügel an der Luisenstr. tlw. zerstört), deren Pläne 1893 auf der Weltausstellung in Chicago gezeigt wurden. Nicht erhalten sind die → *Krankenhäuser* Rotes Kreuz (Nr. 68; 1881/82) und Kind von Brabant (Nr. 70; 1879). Am ehem. Standort eines Kohlekraftwerks von 1897/98 befindet sich heute die Verwaltung der Städtischen Werke (Nr. 3–13). *cp*

Historische Fotografie des Königstors, vor 1867

Lit.: Holtmeyer, 127f; Wiegand, Kassel II, 328–335.

Kolitz, Louis (* 5.4.1845 Tilsit, † 24.7.1914 Berlin) studierte erst an der Berliner, dann an der Düsseldorfer Akademie, wo er Schüler von Oswald Achenbach und Eduard Bendemann wurde. Durch seine freiwillige Teilnahme am Preußisch-Österreichischen Krieg (1866) noch während seines Studiums sowie am Deutsch-Französischen Krieg (1870/71) wurde er zu einem viel beachteten Schlachten- und Historienmaler. Das dunkle Kolorit seiner Bilder und sein früher Hang zum Realismus rief allerdings ablehnende Kritik hervor. K. war ein gefragter Porträtist, dem es gelang, Stimmungen und Charakterzüge herauszuarbeiten. 1879 wurde er als Akademiedirektor nach Ks. berufen, wo er bis zu seiner Pensionierung (1911) wirkte. Auch in Ks. war er ein beliebter Porträtmaler. Außerdem erhielt er Aufträge für monumentale Wandgemälde, darunter das „Maifeld" (1890, im Zweiten Weltkrieg zerstört) für das Justizgebäude in Ks. Heute wird K. v. a. aufgrund seiner Stadtansichten und Landschaften geschätzt, in denen der Maler seine naturalistische Malweise so sehr von Tagesstimmungen prägen ließ, dass sie als Vorboten eines dt. Impressionismus angesehen werden könnten. Zu den Meisterwerken gehören die „Hohenzollernstraße" bei Sonnenuntergang (heute Friedrich-Ebert-Str.) sowie der „Dörnberg mit Blick auf Burghasungen". Die → *Neue Galerie* konnte nach dem Tod des Malers eine Reihe von Bildern von dessen Tochter erwerben und würdigte ihn 1990 in einer Einzelausstellung, zu der auch ein Katalog erschien. *dsch*

Selbstporträt von Louis Kolitz aus dem Jahre 1886, Bleistift

Kolonnaden Dieser Straßenname (südl. des → *Steinwegs*) erinnerte bis 1943 an eine halbkreisförmige Schmuckarchitektur, die ab 1763 als westl. Abschluss der → *Rennbahn* entstanden war. Der Entwurf stammte von → *Simon Louis du Ry*. Die Rückwand war mit Statuennischen geschmückt, über den Säulen der Vorderseite wechselten Statuen und Vasen ab. Der einem Triumphbogen ähnelnde Mittelteil war fast 8 m hoch und wurde von einer Widmungsinschrift für Lgf. → *Friedrich II.* und einer Figurengruppe bekrönt. Die Mars-Figur mit zwei liegenden Sklaven wurde später durch eine größere Allegorie des Fürstenruhms mit zwei Löwen ersetzt. In der Mittelnische wurden nach einem Vorschlag von → *Rudolf Erich Raspe* nachträglich Inschriften mit den Feldzügen, Schlachten und Belagerungen angebracht, an denen das hess. Heer beteiligt war. Verm. 1808 ließ König → *Jérôme* die K. abbrechen. *cp*

Lit.: Holtmeyer, Cassel-Stadt.

Kolpinghaus Dieser Name ist geläufiger als die offizielle Bezeichnung „Regionalhaus Adolph Kolping“ für diese zentrale Anlaufstelle der kath. Kirche in Ks. samt Umland. Sie setzt die Trad. des hist., im → *Zweiten Weltkrieg* zerstörten K.s fort. 1908 erwarb der Kath. Gesellenverein (heute Kolpingfamilie) das Hotel zum Ritter. Andere kirchl. Gruppen trafen sich dort ebenfalls regelmäßig und wandernde Gesellen kamen hier unter. Der drohenden Beschlagnahme durch die Nationalsozialisten kam die Kolpingfamilie dadurch zuvor, dass sie das Anwesen 1939 an die Pfarrgemeinde St. Elisabeth verkaufte, die es weiter nutzte. Nach der Zerstörung erwarb sie das Grundstück zurück und errichtete 1954 an der Ecke Mittelgasse/Die Freiheit einen Neubau mit Gaststätte, Saal, Vereinsräumen und Zimmern für 75 alleinstehende junge Männer. Der Nachkriegsbau musste 1983 dem heutigen Gebäude weichen. Eigentümer ist der Kath. Kirchengemeindeverband Ks. Die Gaststätte Zum Ritter erinnert an das ursprüngliche Hotel. Angesiedelt sind im Haus neben kirchl. Dienststellen die kath. Familienbildungsstätte, der Caritasverband Nordhessen-Ks. mit seinen vielfältigen Diensten und Angeboten, der Sozialdienst kath. Frauen, der Malteser Hilfsdienst, die Kolpingfamilie, die Buchhandlung St. Elisabeth sowie zahlr. weitere Einrichtungen. *ehei*

König Konrad I. als Herzog zu Thüringen und Hessen nach Wigand Gerstenberg

Konrad I., König († 23.12.918, bestattet in Fulda), im November 911 nach dem Aussterben der ostfränk. Karolinger in Forchheim gewählt, stammte aus dem Grafengeschlecht der im karolingischen Königsdienst aufgestiegenen Konradiner, die im späten 9. Jh. eine führende Stellung in Mainfranken und am Mittelrhein einnahmen und über Eigengut am Mittelrhein zwischen Neckar und Ruhr, im Lahn- und Niddagau über Streubesitz an Fulda, Eder und Unstrut sowie anscheinend über Herrschaftsrechte im Hessengau verfügten. Das Itinerar, das anhand der 38 erhaltenen Diplome erstellt wurde, zeigt häufigere Aufenthalte in den Pfalzen und Königshöfen in Franken, der Königspfalz Frankfurt und dem Stammsitz Weilburg. Die Besuche im nordöstl. Grenzraum Frankens beschränkten sich auf das Königsgut Ks., die Reichsklöster Fulda und Hersfeld. Für Hersfeld stellte Konrad am 18.2.913 in Ks. eine Urkunde aus, die dort den ersten Königsaufenthalt bezeugt. Als Grablege bestimmte er das schon in karolingischer Zeit reich privilegierte Reichskloster Fulda, das – anders als Hersfeld oder das sächsische Corvey, die jeweils nur eine einzige Privelegienbestätigung erhielten – weiterhin ein wichtiger Urkundenempfänger blieb. Das Bild der älteren Forschung, die den König ausgehend von der mittelalterl. Historiographie als Gescheiterten mit schwacher Machtbasis bewertete, der seine kurze Herrschaft mit reaktionären Mitteln mühsam verteidigte, ist inzwischen korrigiert. Um 1500 reihten hess. Geschichtsschreiber wie Wigand Gerstenberg K. sogar in die Reihe der hess. Landgrafen ein, um ihn zu einer Art hess. Identifikationsfigur zu stilisieren. *ib*

Lit.: Vögler, König; Baumgärtner, König.

Kramer, Harry (* 25.1.1925 Lingen, † 20.2.1997 Ks.) Der gelernte Frisör begann als Schauspieler, Tänzer und Choreograph seine künstlerische Laufbahn und überführte als Cinéast sein Verständnis von Rhythmus und Sequenzen in ein weiteres Medium. Für den experimentellen 16/35 mm Film „Die Schleuse“ erhielt er 1962 den „Grand Primo Leone di San Marco“ der Biennale di Venezia. Als Autodidakt etablierte er sich in den 1950er Jahren mit seinem „mechanischen Theater“ und den „automobilen Skulpturen“ als Objektkünstler der kinetischen Kunst, in der die Bewegung als integraler ästhetischer Bestandteil des Kunstobjektes galt. Auch hier tendierten seine Figurinen mehr zur Rhythmik als zum Dialog. Zusammen mit der Künstlergruppe Zero und Jean Tinguely bespielte er 1964 auf der → *documenta* 3 die stark rezipierte Abteilung „Licht und Bewegung“. Den Engagements der Tänzerin Helga Kramer folgend war er 1956 in Paris, ab 1965 in Las Vegas ansässig, bevor er nach Ks. übersiedelte, um an der Kunstakademie (→ *Kunsthochschule*) die Professur für Bildhauerei (1970–92) zu übernehmen. Dem künstlerischen Habitus des Anarchisten entsprechend, förderte er statt Meister-Schüler-Beziehungen Interessengemeinschaften inklusive intelligenter und avantgardistischer Selbstinszenierung. K. ließ sich in der von ihm initiierten → *Nekropole* im → *Habichtswald* anonym beisetzen. Sein künstlerischer Nachlass befindet sich in der Kunsthalle in Lingen, 2006 wurde das

Harry-Kramer-Archiv im → *Aschrotthaus* in Ks. gegründet. *mdl*

Lit.: Kramer, Frisör; Landgrebe, Künstler-Nekropole.

Krankenhäuser Das Klinikum Ks. war eine Stiftung von Lgf. → *Friedrich II.* 1785 wurde die von → *Simon Louis du Ry* erbaute sog. → *Charité* mit 220 Betten eröffnet. Für damalige Verhältnisse war es mit fließendem Wasser, Badestube mit fünf Wannen und Lastenaufzügen ein modernes K. 1806 wurde die Charité Militärlazarett, die zivilen Patienten wurden in einem Hilfshospital in der → *Menagerie* auf der Hofbleiche versorgt. 1821 erfolgte die Umbenennung in ein Landk. für die Provinz Nieder-Hessen durch Kurfürst → *Wilhelm II.* 1870–73 wurde die Charité erneut als Militärlazarett genutzt. Im ausgehenden 19. Jh. war das Landk. hinsichtlich der sanitären Einrichtungen veraltet. Hinzu traten die potentielle Bedrohung durch Hochwasser (→ *Hochwasser und Überschwemmungen*) und die „ungesunde" Luft im Ortsteil → *Bettenhausen*. Zudem verschärfte sich die Konkurrenzsituation durch die Neugründung anderer K. (u. a. 1881 Rotes Kreuz K., 1883 → *Kurhessisches Diakonissenhaus*), 1887 Elisabethk.). 1892–95 entstand deshalb der Neubau auf dem → *Möncheberg*. Dem Vorbild des Universitätsk.s Eppendorf folgend wurde er im Pavillonstil mit insges. 350 Betten errichtet. Bis 1910 wurde die Kapazität auf 530 Betten ausgebaut. Nach dem Ersten Weltkrieg wurde das K. weiter modernisiert und erweitert (Röntgen und Radiuminstitut, Hals-Nasen-Ohren-, Augenklinik, Zentrallabor und Pathologisch-Bakteriologisches Institut). 1930 kam eine Kinder- und Säuglingsabteilung, 1933 eine geburtshilfl. und gynäkolog. Abteilung hinzu. 1937 ging das K. in städt. Eigentum über und wurde in Stadtk. umbenannt. 1942 wurde ein K.bunker mit 360 Betten eingerichtet. Die übrigen Patienten wurden in Hilfsk. außerhalb der Stadt verlegt. Bei den Luftangriffen am 3.10. und 22.10.1943 wurde das Gebäude weitgehend zerstört, aber kein Patient getötet. 1945–50 erfolgte der → *Wiederaufbau* des K.s, das 1970 zum akademischen Lehrk. der Univ. Marburg ernannt wurde. 1979 erfolgte die Umbenennung in Städtische Kliniken Ks. und 2005 die Umwandlung in eine Gesundheit Nordhessen Holding. In den folgenden Jahren wurden das Kinderk. Park Schönfeld, das K. Bad Arolsen, Hofgeismar, Bad Karlshafen und Wolfhagen in die Holding überführt. Das jetzige Klinikum Ks. entspricht in seiner Größenordnung und Behandlungskompetenz dem Leistungsspektrum einer Universitätsklinik (einschließlich Herzchirurgie, Urologie, Neurochirurgie usw.). 2007 wurde mit dem Neubau eines zentralen Behandlungs- und Bettentraktes begonnen.

Die Geschichte des Roten Kreuz K.s begann Mitte der 1870er Jahre. Zunächst richtete die Schwesternschaft Ks. des Dt. Roten Kreuzes eine Pflegestation in der Frankfurter Str. ein, 1878 kam ein Krankenpensionat im früheren Torgebäude am Wilhelmshöher Platz mit zunächst drei Betten hinzu. 1882 wurde mit Hilfe der Kaiserin Augusta-Stiftung und

Krankenhäuser Kinderkrankenhaus Park Schönfeld in der Frankfurter Straße

materieller Unterstützung durch Sophie Henschel (→ *Henschel & Sohn)* eine eigene Krankenpflegestation im → *Königstor* 68 eröffnet. Aufgrund der steigenden Patientenzahl begann man mit dem Neubau an der → *Wilhelmshöher Allee*, wiederum mit finanzieller Hilfe durch Sophie Henschel. Die Ausbildung der Schwesternschülerinnen erfolgte in einer eigenen staatlich anerkannten Krankenpflegeschule. Im Oktober 1944 wurde das K. durch einen Bombenangriff nahezu vollständig zerstört. Auch das alte Charitégebäude auf dem Gebiet der Textilfabrik → *Salzmann* in Bettenhausen lag in Trümmern. Es wurde ein Hilfsk. „Neue Drusel" eingerichtet. Bereits 1946 begann der Wiederaufbau, aber wegen Geldmangels konnte man erst 1949 wieder den Betrieb aufnehmen. Heute handelt es sich um ein K. der Regelversorgung mit 245 Betten. Es ist akademisches Lehrk. der Univ. Marburg und befindet sich in der Trägerschaft des Dt. Roten Kreuzes, Schwesternschaft Ks. e. V., mit den Abteilungen Chirurgie (Vizeral-, Unfall-, Plastische Chirurgie), Anästhesie und Intensivmedizin, Innere Medizin, Hals-Nasen-Ohren-Heilkunde und Radiologie).

Das Elisabethk. schaut auf eine ähnlich lange Geschichte zurück. 1899 wurde es neben dem Kloster der Barmherzigen Schwestern vom hl. Vinzenz von Paul offiziell eröffnet. Erster Chefarzt der chirurgischen Abteilung war → *Franz Kuhn*. Noch vor dem Ersten Weltkrieg wurde es u. a. mit einem großen Operationstrakt, Laboratorium, Röntgenzimmern ausgestattet. Während des → *Zweiten Weltkrieges* war es Reservelazarett und wurde durch den Bombenangriff vom 22.10.1943 fast völlig zerstört. Durch Unterbringung der Patienten im Hauptluftschutz- und im Weinbergbunker (→ *Bunkerbauten*) kam kein Patient zu Tode. Nach dem Krieg wurde ein Notk. in der Oberen Karlstr. 3–4 mit 40 Betten errichtet, zugleich ein Hilfsk. in der Villa → *Credé* in → *Niederzwehren* eröffnet. 1949–57 erfolgte der Wiederaufbau des Elisabethk.s. 2007 wurde das Haus durch ein Gesundheitszentrum erweitert.

Die Entstehung des Marienk.s geht auf eine Initiative des Waggonfabrikanten Peter Wegmann (→ *Wegmann & Co.*) zurück. Er stellte 1902 eines seiner Häuser den Barmherzigen Schwestern vom hl. Vinzenz von Paul in Fulda zur ambulanten Versorgung erkrankter Arbeiter und deren Familien in Ks. zur Verfügung. 1906 bot er dem Mutterhaus ein 10.000 m² großes Grundstück an, um darauf ein K. zu erbauen, das 1913 bereits eröffnet wurde. 1943 kam es zur fast völligen Zerstörung durch einen Bombenangriff. Der K.betrieb wurde in einem benachbarten Bunker fortgesetzt. Bereits 1945 begann der Wiederaufbau, 1948 wurde es wiedereröffnet. Heutige Schwerpunkte sind die Innere Medizin einschließlich der Schlafmedizin, Chirurgie (laparoskopische und endokrine Chirurgie) und Anästhesie sowie Intensivmedizin.

Die Anfänge der Orthopädischen Klinik in Ks. gehen auf die Zeit des → *Ersten Weltkriegs* zurück. 1917 eröffnete die Orthopädische Heilanstalt auf dem Lindenberg, in der konservative und chirurgische Orthopädie betrieben wurde. Sowohl die Kriegsverletzten mit schweren Schäden an Armen und Beinen als auch die unter Mangelversorgung mit einer Zunahme von Rachitis, Tuberkulose und kindlichen Lähmungen leidende Zivilbevölkerung bedurften einer speziellen orthopädischen Versorgung. Sanitätsrat Möhring betrieb Sporttherapie und machte die Anstalt zu einer führenden Einrichtung in Dtld. (im Volksmund „Knochenmühle"). 1934 folgte die Schließung der Heilanstalt. Eine kleinere Abteilung entstand im heutigen Stadtk. 1946 wurde eine orthopädische Klinik mit 65 Betten in Ks. errichtet, die sich jedoch als zu klein erwies. 1950 wurde eine orthopädische Klinik in der ehem. Wittich-Kaserne mit 140 Betten eröffnet, deren Trägerschaft 1953 der → *Landeswohlfahrtsverband Hessen* übernahm. Der Neubau einer orthopädischen Klinik an der Wilhelmshöher Allee wurde 1965 eingeweiht. In der Klinik wird heute das gesamte Spektrum der konservativen und operativen Orthopädie einschließlich Chirurgie der Wirbelsäule und Rheumachirurgie betrieben.

Die Vorgeschichte des Kinderk. Park → *Schönfeld* begann 1906 mit der Eröffnung eines Kinderheimes in der Spohrstr. durch den → *Deutschen Evangelischen Frauenbund*. 1909 wurde ein neues Kinderheim in der Frankfurter Str. beim Park Schönfeld eingeweiht, aus dem sich das Kinderk. entwickelte. 1917 erfolgte die staatl. Anerkennung der Säuglings- und Kinderkrankenpflegeschule. 1928 und 1937 entstanden Erweiterungsbauten. Während des Zweiten Weltkrieges mussten die Kinder jeden Abend in den Luftschutzkeller des K.s gebracht werden, z. T. wurden sie mit einem Sonderwagen der Straßenbahn in den Weinbergbunker transportiert. Durch Bomben wurde es nahezu vollständig zerstört, wobei es weder bei den Kindern noch beim Personal Opfer gab. Das K. wurde in das 40 km entfernte Knappschaftssanatorium Helmarshausen evakuiert. Nach dem Wiederaufbau stieg die Bettenzahl von 120 auf 152. Die 1928 eröffnete chirurgische Kinderstation wurde 1975 zu einer eigenen kinderchirurgischen Abteilung ausgebaut. Zusätzlich wurden eine Kinderanästhesie und eine kinderradiologische Abteilung eingerichtet. Das Kinderk. Park Schönfeld ist heute mit der Kinderklinik des Klinikums org. verbunden und wird nach Fertigstellung des Neubaus im Klinikum auf dem Möncheberg einen neuen Standort finden. *hh*

Lit.: 200 Jahre Charité; 75 Jahre Kinderkrankenhaus.

Kratzenberg Noch zu Beginn des 19. Jhs. wurde der Muschelkalkbergrücken, der sich mitten im Kasseler Becken befindet, als K. bezeichnet. An der N-Seite steigt er aus dem Rothenditmolder Tal steil an und fällt nach S in Richtung der → *Wilhelmshöher Allee* ab. Im Mittelalter befand sich auf dieser Höhe, an der Kreuzung der heutigen Querallee mit der Kölnischen Str., eine Gerichtsstätte. Unter Lgf. → *Wilhelm IV.* wurde auf dem K. eine Schanze als Außenwerk angelegt. Später wurde das Gelände an die Stadt Ks. veräußert. Nach dem urspr. aufstehenden Bewuchs mit Tannen setzte sich Ende des 18. Jhs. der Name Tannenwäldchen durch. Im 19. Jh. erfolgten mehrere Umgestaltungen als Park und Lustgarten. Im → *Kaiserreich* bildeten einige Biergärten auf dem K. ein beliebtes Ausflugsziel. *klh*

Die **Krauss-Maffei Wegmann** GmbH & Co. KG entstand mit der 1999 erfolgten Fusion der Krauss-Maffei AG (München) mit → *Wegmann & Co.* Sie sieht sich selbst als die führende Systemfirma auf dem Gebiet gepanzerter Rad- und Kettenfahrzeuge in Europa durch die Zusammenführung komplementärer Produkte und Kompetenzen. Die Krauss-Maffei AG hat ihren Ursprung in der 1838 von Joseph Anton von Maffei in München gegründeten Lokomotivfabrik. Durch die Fusion mit den Lokomotivfabriken Krauss & Comp. AG im Jahre 1931 entstand die Krauss-Maffei AG mit Sitz in München-Allach. Die Lokomotivfabrik Krauss & Co. war 1866 von Georg von Krauss gegen den Widerstand des bereits etablierten Maffei gegründet worden. Beide Unternehmen waren vor dem Zusammenschluss bereits führende Anbieter von Lokomotiven. In den 1970er Jahren war Krauss-Maffei an der Entwicklung des → *Transrapid* beteiligt. Zwischenzeitlich in den Buderus-Konzern (Flick-Konzern) integriert, wurde das Unternehmen in den 1990er Jahren durch den Mannesmann-Konzern erworben und 1999 mit der Mannesmann-DEMAG AG zur Mannesmann Demag Krauss-Maffei AG zusammengeschlossen, die wiederum im Zuge der Mannesmann-Übernahme durch vodafone an Siemens verkauft wurde. Die Lokomotivfertigung firmiert seit 1999 als Siemens Krauss-Maffei Lokomotiven GmbH und wurde 2001 in die Siemens AG fusioniert. Neben anderen Produktbereichen, wie Eisenbahnen oder Kunststoff-Spritzgussmaschinen, steht der Name Krauss-Maffei seit Jahrzehnten für die Entwicklung und Produktion von Kampfpanzern. Nach dem Zusammenschluss der beiden Lokomotivfabriken zur Krauss-Maffei AG folgte der Einstieg in das Rüstungsgeschäft. Bereits in der Zeit der Aufrüstung stellte das Unternehmen Ketten- und Panzerfahrzeuge her. Es wurden über 6.000 Halbkettenfahrzeuge ausgeliefert, die u. a. als Zugmaschinen und Trägerfahrzeuge für Geschütze dienten. Im → *Zweiten Weltkrieg* wurde die Fertigung vollständig auf Rüstungsproduktion umgestellt und zwar insbes. auf die Herstellung von Panzerfahrzeugen. Nach Kriegsende wurde die Zusammenarbeit von Krauss-Maffei und Wegmann & Co. begonnen, die sich ab Mitte der 1950er Jahre gemeinsam mit der Entwicklung und Fertigung der dt. Nachkriegspanzer beschäftigten. Die Kasseler Firma Wegmann & Co. befasste sich bereits im → *Ersten Weltkrieg* mit der Rüstungsproduktion und lieferte im Zweiten Weltkrieg Panzertürme insbes. für die größten dt. Kampfpanzer „Tiger I“ und „Tiger II“. Diese Produktion bildete zugleich den Grundstein für das Nachkriegsgeschäft. Statt „Tiger“- wurden nun „Leopard“-Kampfpanzer entwickelt, statt → *Henschel & Sohn* konstruierte nun Krauss-Maffei die Fahrgestelle und teilte sich deren Fertigung mit Krupp MaK (45 %) in Kiel. Im Zuge der „Leopard 1“-Entwicklung profilierte sich Wegmann & Co. zusehens als Turmspezialist, dessen Entwürfe sich gegenüber denen von Rheinmetall durchsetzten. Gleichwohl wurde Rheinmetall an der Serienfertigung der Türme beteiligt (45 %). Mit der Entwicklung und Serienfertigung der Türme für den Kampfpanzer „Leopard 2“, den Flak-

Krauss-Maffei Wegmann Das zerbombte Werk Wegmann & Co., 1943

Panzer „Gepard“ und die „Panzerhaubitze 2000“ hat Wegmann seine Expertise innerhalb der dt. Rüstungsindustrie für die komplexesten Komponenten von Kampfpanzern ausgebaut.
1968, sechs Jahre vor Einstellung des Waggonbaus, wurde die Fertigung von Waggontüren in die selbstständige Gebr. Bode & Co. GmbH ausgegliedert, die 1985 in der Ochshäuserstr. 14 ein neues Fabrikgebäude erhielt. Dieses zur Wegmann-Gruppe gehörende Unternehmen wurde 1995 mit Tochterunternehmen an die Schaltbau AG in München verkauft. Die Wegmann-Gruppe wird gesteuert über die Wegmann-Unternehmensholding KG mit Sitz in der → *Wilhelmshöher Allee* 262. Zu ihr gehören über die Wegmann-Beteiligungs GmbH die ebenfalls im Rüstungsgeschäft aktiven Schleifring und Apparatebau GmbH (Fürstenfeldbruck) und die FAC Frank Abels Consulting & Technologie GmbH (Munster) sowie über die Wegmann & Co. GmbH (Ks.) die Dionys Hofmann GmbH (Albstadt) und die K. GmbH & Co. KG (München), mit der neun weitere Rüstungsunternehmen als Tochterunternehmen verbunden sind. K. hat in Ks. Produktionsstätten in der August-Bode-Str. und in der Wolfhager Str. 2006 wurde ein Umsatz von 959 Mio. € erzielt, die Belegschaftsstärke betrug in Dtld. 2.836 Beschäftigte. Es gehört zu den großen Unternehmen der dt. Rüstungsindustrie und ist überwiegend im Besitz der Familie Bode, die 51 % der Anteile hält, die restlichen 49 % gehören Siemens. *tvo*

Lit.: Vollmer, Wegmann & Co; Vollmer, Panzer.

Ankündigung von „Jonny spielt auf“, einer Oper von Ernst Krenek

Krenek, Ernst (* 23.8.1900 Wien, † 22.12.1991 Palm Springs) war Komponist. Sein Vater, ein Offizier, ermöglichte ihm eine exzellente musikal. und geisteswiss. Ausbildung. Schon mit 16 Jahren wurde er Schüler Franz Schrekers. 1920 folgte er seinem Lehrer nach Berlin. Bereits mit seinen ersten Kompositionen erregte er Aufsehen und entschied sich für eine Karriere als freischaffender Komponist. Nach einem zweijährigen Aufenthalt in der Schweiz kam er 1925 als Assistent von → *Paul Bekker* an die Staatsoper in Ks. Hier begann er mit der Arbeit an seiner „Jazz“-Oper „Jonny spielt auf“, zu der er auch das Libretto verfasste. Für die Konzeption und Komposition erwiesen sich seine Erfahrungen am Kasseler Theater als ausgesprochen nützlich. 1927 ging er mit Bekker an die Staatsoper Wiesbaden. Im gleichen Jahr brachte die Uraufführung seines „Jonny“ in Leipzig den internationalen Durchbruch. Innerhalb kurzer Zeit wurde die Oper an fast jeder dt. Bühne gespielt und erreichte sonst nur vom Stummfilm bekannte Besucherzahlen. Doch ebenso rasch verblasste der Erfolg auch wieder. Von den Nationalsozialisten als „entartet“ verfolgt, emigrierte er 1938 in die USA. Kompositorisch blieb er stets auf der Höhe seiner Zeit und leistete zu allen wesentlichen Entwicklungen bedeutende Beiträge. Sein Œuvre zählt zu den fruchtbarsten und umfangreichsten des 20. Jhs. *wbo*

Lit.: Krenek, Atem der Zeit; Maurer Zenck, Beruf.

Die **Kreuzkirche** (Luisenstr. 15) entstand 1904–06 als Tochterkirche der ref. Oberneustädter Gemeinde (→ *Karlskirche*), da das Wachstum der Stadt einen Neubau erforderlich machte. Die Kasseler Architekten → *Karst* und Fanghänel gewannen den Wettbewerb und errichteten eine der bedeutendsten Jugendstilkirchen Deutschlands. Nach ersten Beschädigungen 1941/42 stürzte bei den → *Luftangriffen* 1943 die Dachkonstruktion ein. Die Konfirmandensäle wurden als Notkirche wiederhergestellt. Entgegen den Wünschen der Gemeinde nach einem Wiederaufbau war zunächst ein Neubau auf dem Luisenplatz oder dem Gelände der Stadtkaserne geplant. G. Gsaenger aus München setzte sich jedoch für einen Neuaufbau der Ruine ein und erhielt (nach ergebnislosem Wettbewerb) den Auftrag. Der Bau erfolgte 1957–59 und 1961–64 (Turm). An der K. ist seit 1960 der ehem. Kasseler Motettenchor als Kantorei beheimatet, und seit 2006 dient sie auch als Jugendkirche. Die urspr. Kirche ist ein wichtiger Punkt in der Entwicklung des evang. Kirchenbaus: Die Zentralbauform über einem griechischen Kreuz, die auf die Barockzeit zurückgeht, folgte einer ref. Gegenbewegung zu den offiziellen evang. Kirchenbauprogrammen; bislang war sie allerdings in die geforderten „kirchlichen“ (mittelalterl.) Stile gekleidet worden (wenn auch vereinzelt mit Jugendstilelementen abgewandelt). Die K. löste sich von diesen Stilformen, und unter Anknüpfung an die barocken Vorbilder (wie die Dresdener Frauenkirche) wurden Bauform, Gestalt und Stil zu einer Einheit. Im Geist des modernen Jugendstils entstand et-

Kreuzkirche in der Luisenstraße, vor 1943

was vollkommen Neuartiges, was den Bruch mit den offiziellen Regularien und der historistischen Architektur noch unterstrich. Besonders charakteristisch war der Kuppelturm, der durch eine Lichtdecke zugleich den Kirchenraum belichtete. Gemäß den ref. Forderungen stand die Kanzel hinter dem Altar. Erst 1908 berücksichtigte ein neues Kirchenbauregulativ die moderne Entwicklung, die hier ihren Höhepunkt gefunden hatte. Der Neuaufbau entfernte alle Jugendstilelemente und war mit weitreichenden Abbrucharbeiten verbunden. Durch das Aufbrechen der vier Treppentürme in den Ecken entstand ein großer Saal, der von einer einzigen Kuppel überwölbt wird. *cp*

Lit.: Presche, Kreuzkirche;
Scholz, 100 Jahre Kreuzkirche.

KSV Hessen Kassel e.V. Nach Kriegsende wurden in Ks. die Sportvereine für aufgelöst erklärt. Am 17.11.1945 entstand der VFL Hessen als Nachfolger des SV Kurhessen und des CT Hessen-Preußen, während sich in → *Wehlheiden* 1946 der Kasseler SV konstituierte. Bei Wiederaufnahme des Ligabetriebs 1945/46 war kein Kasseler Verein in der höchsten Spielklasse (Oberliga) vertreten. Eine Bündelung der Kräfte schien angezeigt und am 23.11.1947 erfolgte die Fusion des VFL Hessen und des KSV zum K. Der Verein konnte sich 1947 für die eingleisige Landesliga qualifizieren, vermochte sich aber nur 1953–55 in der Oberliga zu behaupten. Nach dem Wiederaufstieg 1962, scheiterte er als nunmehriger Regionalligist 1964 in der Aufstiegsrunde zur Bundesliga. Nach Jahren der Drittklassigkeit seit 1974 gehörte er ab 1980 der zweiten Bundesliga an, wo er dreimal den Bundesligaaufstieg verpasste. Als Breitensportverein unterhielt er in jener Zeit 19 Abteilungen. 1987 spielte er wieder in der Oberliga. Es folgten Wiederaufstieg 1989, erneuter Abstieg 1990 und 1991 eine fatale 0:2-Heimniederlage gegen den TSV 1860 München in der Aufstiegsrunde zur zweiten Bundesliga. Eine Schuldenlast von 2,5 Mio. DM führte 1993 zum Konkurs. Die als FC Hessen ausgegliederte Fußballabteilung sorgte für ein turbulentes Intermezzo, ehe auch sie Ende 1997 finanziell kollabierte und am 13.1.1998 aus dem Vereinsregister getilgt wurde. Am 3.2.1998 gelang die Wiedergründung des K., der nun in der Kreisliga A antreten musste. In einem Durchmarsch durch die Ligen kämpfte er sich bis 2006 in die Regionalliga zurück. *jn*

Lit.: Biese u. a., KSV; Grüne, Fußballvereine.

Emblem des KSV Hessen Kassel e. V.

Kuchenbecker, Johann Philipp (* 10.4.1703 Ks., † 1.1.1746 ebd.) Nach dem Studium in Marburg wurde K. Hessen-Kasseler Regierungsarchivar und folgte seinem Förderer und Gönner → *Johann Hermann Schmincke* 1743 als Bibliothekar sowie als Inspektor der Sammlung mathematischer Instrumente und der Kunstkammer in Ks. Er beschäftigte sich schon als Student mit hess. Geschichte, gehörte zu den wichtigsten Protagonisten der aufklärerischen Geschichtswiss. (→ *Aufklärung*) in Hessen und wirkte an der Durchsetzung aufklärerischer Methodenstandards mit. Eindrucksvoll zeigte er die Leistungsfähigkeit der Geschichtsschreibung des 18. Jhs. in seiner 1744 erschienenen „Gegründeten Abhandlung von denen Erb-Hof-Aemtern der Landgrafschaft Hessen". Bekannt wurde K. mit seinen „Analaecta Hassiaca", in denen er eine Vielzahl ungedruckter Quellen erstmals edierte. Zwischen 1728 und 1742 wuchs die Publikation auf zwölf Collectionen an. *tf*

Kühner, Otto Heinrich (* 10.3.1921 Nimburg, † 18.10.1996 Ks.) war Schriftsteller, Verfasser von Romanen, Erzählungen, Lyrik und Hörspielen. Der Pfarrerssohn studierte

Otto Heinrich Kühner, Selbstporträt, 1956

nach seiner Entlassung aus der russ. Gefangenschaft ab 1947 Philosophie, Lit.- und Musikwiss. in Heidelberg. Zwischen 1950 und 1965 arbeitete er beim Süddeutschen Rundfunk als Hörspiellektor und -dramaturg. Sein Stück „Die Übungspatrone" (1950) gehört zu den meistgesendeten Hörspielen der Nachkriegszeit. Zu seinem breiten und vielseitigen Œuvre gehören die erfolgreichen Romane „Nikolskoje" (1953) und „Lebenslauf eines Attentäters" (1975), Erzählungen und Lyrik, wobei er damit insbes. an die Trad. humoristischer Erzähl- und Verskunst anschloss. Seine komische Kunstfigur des „Pummerer" trieb jahrzehntelang in großen dt. Zeitungen ihr poetisches Unwesen. 1967 heiratete K. seine Kollegin → *Christine Brückner* und zog zu ihr nach Ks. Das Paar gründete 1984 die → *Stiftung Brückner-Kühner*, die seit 1985 den → *Kasseler Literaturpreis für grotesken Humor* vergibt und heute u. a. den Nachlass K.s im Dichterhaus Brückner-K. zugänglich macht. K. war Mitgl. der Gruppe 47 und des P.E.N. Seine Werke wurden mehrfach ausgezeichnet, u. a. mit dem Förderpreis zum Immermannpreis (1953, 1957) und dem Georg-Mackensen-Preis (1977), die Stadt Ks. ehrte ihn 1982 mit dem Wappenring. *fwb*

Lit.: Block, Brückner.

Künstler-Nekropole → *Nekropole*

Kuhn, Franz (* 12.10.1866 Aschaffenburg, † 28.3.1929 Berlin) Nach dem Studium der Medizin in Würzburg, Berlin und München wurde K. 1895 Assistent an der chirurgischen Klinik in Gießen. 1899–1913 wirkte er als Chefarzt für Chirurgie im neu erbauten Elisabethkrankenhaus (→ *Krankenhäuser*). Hier entstanden seine wichtigsten Arbeiten über die perorale Intubation, die pulmonale Narkose und die Entwicklung des Steril-Cats. 1913 übersiedelte er als Direktor des St. Norbert Krankenhauses nach Berlin. Seit 1896 erfolgten zahlr. Publikationen über die Bedeutung des flexiblen Metallschlauches für die Sondierung von Hohlkörpern. 1901 erschien die erste Arbeit über die perorale Intubation. K. erkannte, dass die Überdruckbeatmung über die Intubationsnarkose eine sichere und einfache Methode für Operationen am offenen Brustkorb war und entwickelte einen Überdrucknarkoseapparat. Die Intubation konnte sich in Dtld. nicht durchsetzen, wurde hingegen in anglo-amerikan. Ländern aufgegriffen. Bedeutend war zudem die Entwicklung des sog. Steril-Cats durch K. in Zusammenarbeit mit der Firma B. Braun in Melsungen. Er entwickelte ein Verfahren, bei dem das als hoch ansteckend geltende tierische Nahtmaterial durch Desinfektion keimfrei gemacht werden konnte, so dass es in der Chirurgie wieder bevorzugt Verwendung fand. 1974 wurde am Elisabethkrankenhaus in Ks. eine Gedenktafel für K. angebracht. Seine perorale Intubation war eine Pionierleistung für die heutige Anaesthesie. *hh*

Lit.: Zinganell, Kuhn; Kieser, Persönlichkeit.

Kulenkamp Die K.s waren als bedeutende Juristenfamilie lange Zeit in hess. Diensten. Michael (1678–1743) stieg nach einem Jurastudium in Tübingen und Altdorf zum preuß. Hof- und Regierungsrat, 1726 zum Direktor der Kriegs- und Domänenkammer und Geheimen Kammerrat in Minden auf. Nach einer Denunziation entlassen, wurde er 1740 Oberappellationsrat in Ks. Sein Sohn Philipp August (1710–97) war nach einem Jurastudium in Marburg zunächst Kriegskommissar in Bielefeld, später Steuerrat in Ks. Er musste 1751 wegen einer Inquisition seinen Dienst quittieren. Bis 1786 war er als Kriegs- und Domänenrat in der Polizeikommission und im Commerziencollegium der Rintelner Regierung tätig.

Sein Bruder Friedrich Wilhelm (1714–99) studierte Jura in Jena und Frankfurt/Oder. Zunächst war er Advokat bei seinem Vater in Minden, danach Auditor in Wesel. Er wurde Amtsschultheiß in Neukirchen, 1746 Kammerrat in Ks. und 1755 zugleich Zollschließer. Im → *Siebenjährigen Krieg* mit der Direktion des gesamten Fouragewesens betraut, wurde er als Geisel von den Franzosen nach Straßburg verschleppt und mit der Einziehung von Kontributionen in Ziegenhain beauftragt. Daraufhin musste er die hess. Dienste verlassen und lebte seit 1764 in Witzenhausen. Alle Rehabilitationsversuche scheiterten, als Gutachter in Kammersachen war er allerdings gefragt. Sein Sohn Elard Johannes (1777–1851) studierte seit 1795 in Marburg und Göttingen Jura. Zunächst Advokat, Amtsassistent und Amtsadjunkt wurde er 1808 Richter am westphäl. Distriktstribunal in Hersfeld. 1814 wurde er Justizbeamter in Friedewald und 1821 Obergerichtsrat in Ful-

da. Seit 1822 wirkte er als Oberappellationsrat in Ks. Er wurde juristischer Ehrendoktor in Marburg und Ehrenbürger von Treysa. Verbittert über den → *Verfassungskonflikt 1850* zog er sich zurück und starb nach kurzer Krankheit. Er war einer der bedeutendsten kurhess. Juristen und veröffentlichte Entscheidungssammlungen und biographische Beiträge über das Oberappellationsgericht sowie althess. Landesordnungen. *khn*
Lit.: Strieder; ADB.

Kulinarik „Schmeckewöhlerchen" nennen die Kasseler ihre Leibgerichte und verraten damit ihre Einstellung: Essen muss schmecken, soll aber auch wohl tun. In einer Policey- und Land-Ordnung wetterte Lgf. → *Moritz* 1622 gegen „Schleckfresser, welchen nichts zu teuer". Einiges von diesem Typus haftet manchem Kasseler bis heute an, wenn er auf „Klasse mit Masse" schaut. Ihrem Ursprung nach stellt die Kasseler Küche eine Verbindung dar zwischen rustikalen Speisen wie „Weckewerk" und bürgerl. Gerichten wie „Schdorzenieren" (Schwarzwurzeln) sowie der Küche des Hofes, etwa mit feinem Gebäck. Gebäck und Fleischwaren stehen generell hoch im Kurs bei den Kasselern. Die „Ahle Worscht" steht in der Kasseler „Wurstologie" an erster Stelle. Sie wird im Kranz als „Dürre Runde" oder gerade als „Stracke" angeboten, unterschiedlich gewürzt, mit oder ohne Knoblauch, kalt geräuchert oder luftgetrocknet. Gemeinsam sind Herstellung aus schlachtfrischem Schweinefleisch, rustikale Würzung und die Monate dauernde Natur- oder naturnahe Reifung. Das Klima in Hessens grünem, an Wald und Wasser reichem N bietet im Winter ideale Bedingungen für die Naturreifung. Besonders beliebt ist die „Stracke in der Schlacke", dem Enddarm des Schweins. Zu vergleichbarer Qualität reift auch die „Blummenhudd" in der zur Wursthülle abgenähten Flomenhaut. Auch die im Stadtteil Zwehren (→ *Oberzwehren*, → *Niederzwehren*) zum Kirmessymbol erhobene Bratwurst zählt zu den lokalen Spezialitäten. Sie besteht aus Schweinefleisch und besitzt eine mittelgrobe Körnung. Ihren Namen verdankt sie dem althochdeutschen Wort „brato" für Fleisch. Bereits 1513 vermerkten die Stadtrechnungen eine beträchtliche Ausgabe für „brotwurst", die der Stadtrat im Ratskeller verzehrt hatte, selbstverständlich auf Kosten der Stadt. Z. Z. von Lgf. → *Wilhelm IV.* verbrauchte die Hofküche jährl. 1.600 Bratwürste. Die Kasseler Kochwurst wird dagegen aus rohem Fleisch gekuttert, heiß geräuchert und gebrüht. Deshalb zählt sie zu den Brühwürsten. Sie wird heiß gegessen, schmeckt herzhafter und ist knackiger im Biss als Fleischwurst, da sie auch Rindfleisch enthält. Urspr. wurde sie als „runde Kochwurst" angeboten. Ein Kasseler Rippenspeer ist das schnell gepökelte, heiß geräucherte Kotelettstück vom Schwein. Als „Histörchen" bezeichneten Kenner schon vor Jahrzehnten die Legende vom

Kulinarik Sulperknochen zählen ebenfalls zu den traditionellen Speisen in Kassel. Postkarte um 1900

Berliner Fleischer namens Cassel als Erfinder der Spezialität. Aber bis heute ist kein Beispiel bekannt, dass sich ein Firmenname aus einer Stadt für ein volkstümliches Gericht in ganz Dtld. durchgesetzt hätte. Ks. zählte schon im 18. Jh. hinsichtlich des Wurstmachens und Einpökelns zu den vier bedeutendsten Städten Deutschlands. Gesellen auf Wanderschaft verbreiteten die Rezepte und bezeichneten sie als „Kasseler".
Beliebt in Ks. sind auch Gerichte, die Fleisch mit Brotwaren verbinden, so z. B. das „Weckewerk". Es erscheint grau und unansehnlich, doch, so heißt es, sein Aroma „versöhnt Todfeinde". Es besteht aus einem Weckebrei, der mit Fleisch aufgewertet, mit Kochschwarten gebunden und heiß gegessen wird. Bereits 1927 schrieben die „Heimat-Schollen": „wer nicht zur Abendzeit einen lauten Knall aus der Pfanne ... vernommen hat, dem fehlt ein Stück hessischer Bildung." Gemeint war das Platzen der Blasen im bratenden Brei. Im Dt. Lebensmittelbuch gilt Weckewerk als Kochmettwurst. Eine lange Bilderrolle von → *Ludwig Emil Grimm* aus dem Jahre 1848/49 zeigt u. a., wie Weckewerk in Därme gefüllt

wird. Das mit gewürztem Hackfleisch belegte Brötchen mit dem Namen „Musdenwecke“ verdankt seinen Namen der alten Technik, rohes Fleisch „wie Mus“ zu zerkleinern. Die Kasseler lieben das Brötchen mit oder ohne Zwiebeln, wenn das Gehackte „wie Mus“ an den Seiten herausquillt. In Ks. galt der Genuss von rohem Hackfleisch etwa seit 1820 als „in Arbeiterkreisen üblich“.
Doch in Ks. wird nicht nur Fleisch, sondern ebenso gerne auch lokales Gebäck verzehrt. So wurde der „Grüne Kuchen“ in heute eingemeindeten Dörfern (→ *Eingemeindungen*) am Backtag aus gesäuertem Brotteig hergestellt. Der flach ausgewalzte Teig erhält einen Belag aus Schmand, Eiern und frischen Kräutern, v. a. Schlotten. Ein Speckkuchen wird zusätzlich mit Plättchen aus Speck belegt. Bereits 1776 warb ein Kasseler Bäcker in der Presse für seinen Speckkuchen. 1858 erhielt das „Gewerbliche Tageblatt“ sogar eine polizeiliche Verwarnung: Die Werbung für Speckkuchen halte vom Besuch der Kirche ab. Beim Kasseler „Hornaffen“ handelt es sich um ein Gebäck aus Plunderteig, das der Form seinen Namen verdankt: zwei mit den Spitzen aneinander gestoßene, in der Mitte offene Hörner. Durch Volksetymologie entstand aus offenem Horn ein Hornaff oder Horneff, ein Hornaffe. Laut Bürgerbuch der Stadt wurde der Hornaffe im 17. Jh. nach dem Geschlechtsorgan des weibl. Affen als „Affenfotze“ bezeichnet. Kasseläner „Windbiedel“ sind aufgeblasen und gefüllt. Das hohle Gebäck aus Brandteig erhält seinen einheimischen Charakter durch die raffinierte Füllung, in der Schlagsahne dominiert. Die Konditoreninnung präsentierte es 1972 mit einer fruchtigen, roten Füllung unter dem Sahnebauch. Bereits im Rokoko bezeichnete man in der Region leichtlebig erscheinende Personen im Dialekt als „Windbiedel“.
Die Grüne Soße, eine rustikale Schmandsoße, verdankt den gartenfrischen Kräutern ihren Namen. Sie werden grob geschnitten oder gehackt. Schmand statt Sahne und die Grobzerkleinerung der Kräuter unterscheiden die Kasseler Grüne Soße von der Frankfurter Version. Der Schmandhering leitet seinen Namen vom Einlegen und Marinieren in hess. Schmand mit Zwiebeln und Kräutern her. *hk*

Lit.: Keim, Nordhessische Ahle Worscht; Ders., Nordhessen kulinarisch.

Kulinarik Ahle Wurscht ist eine nicht mehr streichbare Mettwurst, die Härte ist ein Qualitätsmerkmal. Sie wird als „Stracke“, wie hier abgebildet, und als „Dürre Runde“ angeboten

Blick auf den Kulturbahnhof im Jahr 2003

Kulturbahnhof Mitte des 19. Jhs. wurde der Kasseler → *Hauptbahnhof* als eine der größten Fernverkehrsstationen seiner Zeit eröff. Durch die Umstrukturierung der Deutschen Bahn AG verlor er seine Funktion als große Fernverkehrsstation. Die Idee K. wurde 1994/95 in der Kasseler Kulturszene geboren. Die Betreiber der heutigen BALi Kinos (Bahnhofs-Lichtspiele → *Kino*) und die Ausstellungsmacher der → *Caricatura* entwickelten mit dem städt. Kulturamt und der Bahn das Konzept K. Die für den Verkehr nicht mehr benötigten Flächen wurden für einen multifunktionalen Mix mit den Schwerpunkten Neue Medien, Kultur und Bildung umgenutzt. In den Bahnhofshallen und auf dem -vorplatz können größere Konzerte und Feste stattfinden. Auf dem Bahnhofsplatz steht seit 1995 Jonathan Borofskys Kunstwerk „Man walking to the sky“ (→ *documenta* 9).
Im ehem. Briefverteilzentrum der Post (heute „Ausstellungshalle im Südflügel“) stehen auf zwei Geschossen ca. 1.500 m² attraktive Räume für Kunstausstellungen, Messen und Kongresse zur Verfügung. Das Gebäude wurde von der documenta 10 und 11 als Ausstellungs-

halle genutzt. Dort ist heute auch die → *Louis Spohr* Akademie untergebracht. Die beiden BALi Kinos bieten ein international anspruchsvolles und mehrfach ausgezeichnetes Filmprogramm in einem attraktiven und technisch perfekt ausgestatteten Lichtspielhaus. In der ehem. Kleiderkammer der Bahn findet man heute die bundesweit einzigartige Galerie für komische Kunst Caricatura. In der ehem. Gepäckaufgabe befindet sich das „Gleis 1", eine gelungene Verbindung von Café, Restaurant, Konzerthalle und Diskothek. In den ehem. „Henkel Sälen" befindet sich im Flair der 1950er Jahre das „Medienprojektzentrum → *Offener Kanal*" – das Bürgerfernsehen von Ks. Im alten Wartesaal befindet sich die Galerie „Stellwerk", ein Ausstellungsraum der Studierenden der → *Kunsthochschule Ks.* In der ehem. Bahnhofsmission befindet sich das „KAZ im KuBa" (Kasseler Architekturzentrum). Das „Studio Lichthof" produziert Animationsfilme und Visual Effects für Kino, Fernsehen, Werbung und Industriefilm und wurde von drei Absolventen der Kunsthochschule gegründet, darunter Oscar-Preisträger Thomas Stellmach. *fth*

Der **Kultursommer Nordhessen** ist eine sommerl. Konzert- und Theaterreihe, die es seit 1989 gibt. Sie besteht aus 50 bis 60 Veranstaltungen in der Stadt Ks. sowie den Landkreisen Hersfeld-Rotenburg, Ks., Schwalm-Eder, Waldeck-Frankenberg und Werra-Meißner. Geboten werden Aufführungen in Schlössern, Parks, Klöstern, hist. Kirchen und Scheunen mit internationalen Künstlern und Interpreten der Region. Der programmatische Schwerpunkt liegt auf klassischer Musik, das Angebot umfasst aber auch Jazz, Theater, Kinderprogramme, Lesungen u. a. Der HNA zufolge handelt es sich um das „wichtigste Festival in Hessen nach dem Rheingau-Musikfestival". Träger ist der K. e.V., der 1988 gegründet wurde. Mitgl. dieses Vereins sind u. a. das Land Hessen, die Stadt Ks., Landkreise, Kommunen und nordhess. Wirtschaftsunternehmen. *mm*

Das erste **Kulturzelt Kassel** wurde 1987 als Stadtprogramm zur → *documenta* konzipiert. 1992, zur documenta 10, zog das K. als „documenta-Zelt" auf die Karlswiese vor die → *Orangerie.* Dies war das letzte Bauwerk des Star-Architekten James Sterling. Jedoch war es sein erstes Zelt und hatte eine Menge „Kinderkrankheiten"; es hat viel Energie bedurft, das Bauwerk während der 100 Tage documenta an seinem Platz zu halten. Nach dem enormen Erfolg des „documenta-Zeltes" wird das K. heute von einem gemeinnützigen Verein getragen, der damit die Vielfalt der musikalischen Genres abseits des Mainstreams präsentieren will. Es ist seither kontinuierlich gewachsen und hat sich einen Spitzenplatz in der Festivallandschaft gesichert. Die Medien beschreiben das Kasseler Musikfestival als „documenta der Musikliebhaber". Die Liste der Künstler seit den Anfangsjahren liest sich wie das Who is Who der internationalen Jazzszene. Inzwischen trifft sich ganz Ks. im Sommer am K. und die Konzertbesucher reisen aus ganz Dtld. an. *au*

KULTUR SOMMER NORDHESSEN

Logo des Kultursommers Nordhessen

Kunigunde, Kaiserin (* um 975/980, † 3.3.1033 Kaufungen) und Heilige, wurde 1002 in Paderborn von Erzbischof Willigis von Mainz zur Königin, 1014 in Rom zusammen mit Heinrich II. zur Kaiserin gekrönt. Ihre Herkunft aus dem aufsteigenden Geschlecht der späteren Grafen von Luxemburg und die genealogische Rückführung auf die Karolinger begründeten Stellung und Teilhabe an der Herrschaft. K.s Verzicht auf die Morgengabe zugunsten des neuen Bistums in Bamberg führte zur sog. Moselfehde, den offenen Konflikten mit ihren Brüdern Bischof Dietrich II. von Metz und Heinrich V. von Luxemburg, Herzog von Bayern. Am Hof präsent und einflussreich betätigte sie sich in ca. einem Drittel der Königsurkunden als Intervenientin für Bittsteller, als Stellvertreterin des Königs bei der Grenzsicherung 1012 und 1016 in Sachsen, bei der Wiedereinsetzung ihres Bruders Heinrich in die bayerische Herzogswürde und als Vermittlerin in Konflikten ihres Gemahls mit Hermann II. von Schwaben 1002 und beim Friedensschluss mit Herzog Bernhard von

Kaiserin Kunigunde Schriftzug „chunigunda imperatrix" auf einer Urkunde an Bischof Egilbert des Bistums Freising von April 1025

Sachsen 1020. Zur Sicherung von Memoria und Totengedenken initiierte das Herrscherpaar Gebetsverbrüderungen (Synode von Dortmund 1005, Paderborn 1117), transferierte 1017/18 die liudolfingisch-ottonische Gedenktradition von Quedlinburg nach Merseburg und gründete Stiftungen wie 1007 das Bistum Bamberg und 1017, angeblich nach schwerer Krankheit und glücklicher Genesung K.s, das Benediktinerinnenkloster → *Kaufungen*, das bis 1019 in sieben Diplomen mit Königsgut, darunter Dörfer, Wiesen, Weiden, Mühlen und der → *Kaufunger Wald*, ausgestattet wurde. K. hatte bereits 1008 den → *Königshof* und Fiskalbezirk Ks. als Ausgleich für den Verzicht auf die Bamberger Morgengabe als Witwengut erhalten. Ob Graf Friedrich, in dessen Herrschaft Ks. zu Beginn des 11. Jhs. lag, ein Bruder der Königin war, ist nicht erwiesen. Kunigunde soll die Villikation mehrmals besucht haben, ehe zumindest die Pfalzfunktion vor 1011 an den für Verkehr und Jagd günstigeren Ort Oberkaufungen verlegt wurde. Nach dem Tod Heinrichs 1024 und der Übergabe der Reichsinsignien an den Nachfolger Konrad II. zog sich Kunigunde in das Kloster Kaufungen zurück, dem sie die ihr auf Lebenszeit zustehenden Einkünfte aus dem Witwengut übertrug. Die Kinderlosigkeit hatte zu Legendenbildungen über die Josephsehe und das Schreiten auf glühenden Pflugscharen als Gottesbeweis der Jungfräulichkeit geführt; die Kanonisation erfolgte am 29.3.1200 durch Papst Innozenz III. *ib*

Lit.: Baumgärtner, Kunigunde; Dick/Jarnut/Wemhoff, Kunigunde; Müller-Wiegand, Vermitteln.

Kunstakademie → *Kunsthochschule*

Kunstgewerbeschule 1869 als „Gewerbliche Zeichenschule" gegründet, wechselte sie wiederholt ihren Namen, was in der Lit. zu Verwirrungen führte: 1882 Gewerbliche Zeichen- und Kunstgewerbeschule, 1903 Königliche Kunstgewerbe- und Gewerbliche Zeichenschule zu Cassel, um 1919 Staatliche Kunstgewerbeschule und gewerbliche Zeichenschule, 1933 Staatliche Kunstgewerbeschule, 1935 Staatliche Handwerkerschule, 1939 Meisterschule des Deutschen Handwerks. Staatliche Fachschule, 1946 Staatliche Schule für Handwerk und Kunst, 1950 Staatliche Werkkunstschule Kassel. Am 1.4.1970 wurde die Werkkunstschule in die Staatliche Hochschule für bildende Künste in Ks. eingegliedert und damit war das Ende einer hundertjährigen Tradition herbeigeführt. Die Gründung gewerbl. Zeichenschulen ging auf den preuß. Handelsminister Heinrich Friedrich von Itzenplitz zurück, der nach dem Besuch der Pariser Weltausstellung 1867 in einer Denkschrift ausführte: „Es ist eine beschämende, aber nicht hinwegzuleugnende Tatsache, dass unsere Industrie arm ist an geschmackvollen Mustern eigener Erfindung, dass sie sich meist darauf beschränkt, fremde, keineswegs immer den Gesetzen der Schönheit entsprechende Gebilde nachzuahmen. Schmälerung unseres Absatzes, Abhängigkeit von der ausländischen Produktion sind die für den nationalen Wohlstand bedenklichen Folgen." Über den Zeichenunterricht hoffte man eine Änderung dieser Situation herbeiführen zu können. Der Unterricht begann bescheiden mit einem Lehrer des → *Polytechnikums*, Carl Gottlob Merkel, der gleichzeitig die Schule bis 1881 leitete. Aber noch 1869 mussten weitere Klassen eingerichtet werden. 1870 wurden spezielle Klassen für Mädchen hinzugefügt. 1881 fand eine Reorganisation dahingehend statt, dass der Hauptwert auf eine ganz allg. zeichnerische und mehr technische Ausbildung gelegt wurde. Entsprechend wurden Klassen für unterschiedliche Handwerksberufe eingerichtet. Außerdem wurden spezielle Kurse für angehende Zeichenlehrer angeboten. Durch das Ende des Polytechnikums 1888 konnte die K. in deren Gebäude einziehen. 1889 fand die erste Zeichenlehramtsprüfung statt. Es folgte 1896 die Ausgliederung des baugewerbl. Unterrichts in die → *Baugewerkschule*. Nachdem 1902 in Ks. die gewerbl. Fortbildungsschule eingeführt worden war, wurde die K. 1903 vom preuß. Staat übernommen. Der Charakter der Schule entsprach jetzt mehr einer „kunstgewerblichen Hochschule"; der Unterschied zur Akademie bestand v. a. in einer engen Verzahnung von Theorie und Werkstattunterricht (→ *Kunsthochschule*).

1931 wird in einem Beitrag in der Kasseler Post auf die Neuorientierung in Richtung auf eine „gehobene Handwerkerschule" berichtet. Dies wird dann auch in der o. a. Namensgebung deutlich. Auch nach 1945 ist die Entwicklung der Schule handwerksorientiert. In einigen Berufen ist es selbstverständlich, dass man als Handwerksgeselle einige Semester auf der Werkkunstschule (WKS) war. So sind auch viele Objekte der „Kunst am Bau" in den 1950er Jahren aus der WKS hervorgegangen. In den 1960er Jahren verschob sich der Schwerpunkt auf die Abteilungen Grafik und Industrie-Design. Hier nahm die WKS Ks. unter dem damaligen Direktor Jupp Ernst eine führende Stellung ein. Der kunsthandwerkliche Aspekt verlor seine Bedeutung. Mit neuen Ideen wurde dieser Zweig der Qualifizierung in der → *Werkakademie* wieder aufgenommen. *hbe*

Qu.: StAKs; Jahresberichte der Kunstgewerbeschule.

Die **Kunsthochschule** ist ein teilautonomes Glied der → *Universität* Ks. mit Sitz am Rand der hist. → *Karlsaue*, deren traditionsreiche und wechselvolle Geschichte in der von Lgf. → *Friedrich II.* am 18.10.1777 gegründeten „L'Academie de Peinture et Sculpture de Cassel" wurzelt. Inspiriert durch eine Italienreise und den Besuch der Kunstakademie in Bologna entschied sich Friedrich II., den im → *Collegium Carolinum* vertretenen Fächerkanon, der vom Reiten, Fechten, Tanzen bis hin zu Zeichen-, Mal- und Modellierunterricht sowie der Unterweisung in bürgerl. Baukunst reichte, in Teilen in eine eigenständige Kunstakademie zu überführen. Die Akademie, die erst 1779 ein offizielles Règlement erhielt, nahm ihren Sitz in der Bellevuestr., in unmittelbarer Nachbarschaft zur Gemäldegalerie, während die Architekturabteilung im Collegium Carolinum verblieb. In Aufbau und Aufgabe verstand sich die Akademie als Kunst pflegende und fördernde Gesellschaft, während sie als Lehranstalt anfänglich nur eine untergeordnete Funktion ausübte. Ihre institutionelle Abhängigkeit vom Fürsten zeigt sich darin, dass höfische Angestellte das Präsidentenamt bekleideten und als Direktoren Hofkünstler berufen wurden. So gewann man Johann Heinrich → *Tischbein* d. Ä. für Malerei, Johann August → *Nahl* d. Ä. für Bildhauerei und ab 1781 → *Simon Louis du Ry* für Baukunst. Nach der Besetzung Kurhessens durch die Franzosen 1806 und der Beanspruchung der Räumlichkeiten durch König → *Jérôme* konnte die Akademie ihre Position erst wieder in den 1830er Jahren stärken, nicht zuletzt durch die Gründung des → *Kasseler Kunstvereins* (1835) und den regen Austausch mit den Akademien in München, Berlin und Düsseldorf. Zeitgleich verschob sich der Schwerpunkt der Akademie hin zu einer Kunstlehranstalt, die Unterricht in den bildenden Künsten erteilte. Erst 1908 erhält die Königl. preuß. Kunstakademie wieder eigene Ateliergebäude, die sich als Ensemble, bestehend aus einem zweigeschossi-

Kunsthochschule
Allegorie auf die Gründung der Maler- und Bildhauerakademie zu Kassel von Johann Heinrich Tischbein d. Ä., um 1778

gen Hauptgebäude und mehreren eingeschossigen Pavillons, harmonisch in das Idyll der Karlsaue einfügen. Doch bereits 1931 erfolgte die offizielle Schließung der Akademie, bevor 1943 die Gebäude durch Bombenangriffe der Zerstörung anheimfielen. Unmittelbar nach Kriegsende nahmen die Kunstakademie und die → *Kunstgewerbeschule* gemeinsam ihren Sitz in den → *Kasernen* an der Eugen-Richter-Str. und nannten sich, den Werkstattcharakter betonend, nun → *Werkakademie* (1947) und Werkkunstschule (1946). Eine Fusion scheiterte an unterschiedlichen Interessenlagen, so dass zwei Neubauten, zwar in Nachbarschaft, aber formal und inhaltlich getrennt, geplant und in Randlage zur Karlsaue gebaut wurden. Da der Direktor der Werkkunstschule, Jupp Ernst, die Meinung vertrat, dass „die Planung ideal nur aus der Lehrpraxis der Schulen hervorgehen könne", wurde für den Entwurf Josef Lucas bestimmt, Architekturdozent und Meisterschüler von Peter Behrens, der sich Johannes Krahn, Meisterschüler von Dominikus Böhm und Direktor der Frankfurter Städelschule, zur Seite holte. Es entstand ein viergeschossiger Gebäudekomplex (1960–65) mit großzügiger Durchfensterung, baulicher Geschlossenheit in Sichtbeton zur Straßenfront und einem angegliederten verglasten Säulengang als Verbindung zum benachbarten Vierflügelbau mit Innenhof. Für die Werkakademie, die seit 1960 Staatliche Hochschule für Bildende Künste (HbK) hieß, zeichnete Paulfriedrich Posenenske verantwortlich, der, ebenfalls den strengen Regeln des Funktionalismus folgend, ein Modulsystem in Skelettbauweise entwickelte, welches eine flexible und variable Raumnutzung ermöglicht und in betont ungepflegtem Sichtbeton mit freiliegenden Laufgängen ausgeführt wurde. Beide Gebäude sind beste Beispiele für eine moderne Architektur, die Konstruktion, Material und Struktur sichtbar werden lässt. Dazu gehört auch, dass beide Bauten als Solitäre auftreten, da ihre Eingänge am südl. und nördl. Endkopf situiert wurden, obwohl man in der Lehre beider Schulen frühzeitig Interdisziplinarität pflegte. In dieser Zeit aufgeregter Diskussionen avancierten Ks. und die HbK zur Kunsthochburg der abstrakten Malerei, wurden Schauplatz der → *documenta*, der Rebellion. Doch gleich den Gebäuden traten auch einige der Entscheidungsträger als „Solitäre" auf, so dass es erst 1970 zur Vereinigung der HbK mit der Werkkunstschule kam und das Zusammenspiel der freien und angewandten Künste zum neuen, nun offiziellen Leitthema erkoren wurde. Die erhoffte organische Verbindung blieb vorerst aus, weil nur ein Jahr später die HbK in die → *Gesamthochschule* eingegliedert und segmentiert wurde: Es entstanden die Fachbereiche Kunst (Bildende Kunst, Kunstpädagogik, Kunstwiss.); visuelle Kommunikation (Dokumentar- und Animationsfilm, Grafik Design) und Produkt Design (Textil-, Industrie-, Möbel-, System-Design). 1977 folgte der inhaltlichen Trennung zwischen Architektur und künstlerischen Studiengängen auch eine räumliche; die Architekten zogen an den Holländischen Platz. Damit war die Ausgestaltung der HbK vorerst abgeschlossen. Erst Ende der 1990er Jahre ergab sich als neue Perspektive die vom Präsidenten der Univ. Ks. vorgeschlagene Vereinigung zu einem großen Fachbereich: Im Jahr 2000 beschloss das hess. Ministerium für Kunst und Wissenschaft zusammen mit der Univ. Ks. die Zusammenfassung der Fachbereiche Kunst, Produkt Design und Visuelle Kommunikation zur teilautonomen K. *mdl*

Kunsttempel Der Ausstellungs- und Veranstaltungsort für zeitgenössische und spartenübergreifende Kunst steht gegenüber der Kasseler → *Stadthalle*, in deren Ensemble das klassizistische Gebäude 1921 errichtet wurde. Seit 1975 wird das Haus kult. genutzt (vormals „Studio Kausch"); 1999 gab es einen Neuanfang, auch für den bereits seit 1972 existierenden „Kunst und Literatur e.V." als Träger. Seither konzentriert sich die ehrenamtl. Projektarbeit auf aktuelle Tendenzen der bildenden, der Sprach- und der Klangkunst. Die eingeladenen Künstler kommen sowohl aus der Region als auch aus dem In- und Ausland. In der Regel strukturiert sich das Programm in Reihen, wie z. B. mit der seit 2003 veranstalteten Sprachkunstreihe „3durch3", den jährl. Festivals zur Klangkunst, den Ausstellungen hervorragender Abschlussarbeiten der Kasseler → *Kunsthochschule* oder mit thematisch orientierten Projekten. Gelegentlich verwandelt sich auch das ganze Haus wie zur → *documenta* 11 in die „Größte Kuckucksuhr der Welt" oder zur documenta 12 in ein der Kaaba nachempfundenes „Eckiges Haus". Charakteristisch für den K. sind Formate zwischen den Künsten und alternative Ausstellungskonzepte in einer Salon- und Laborsituation, der auch Humor nicht fremd ist. *fwb*

Kunsttempel „Größte Kuckucksuhr der Welt" zur documenta 11

Das **Kurfürstentum** Hessen bestand zwischen 1803 und 1866 (unterbrochen 1806–1813) als jüngstes und letztes dt. K. Es handelte sich um den Nachfolgestaat der seit dem 16. Jh. unter den Söhnen Lgf. → *Philipps* entstandenen Landgrafschaft Hessen-Ks. Unter dem Druck der Bedrohung durch das napoleonische Frankreich wurde Lgf. → *Wilhelm IX.* als Regent dieses mittelgroßen Territoriums in der ungefähren geographischen Mitte des Heiligen Römischen Reiches deutscher Nation zum Kurfürsten → *Wilhelm I.* (1803–06; 1813–21) erhoben. Der Titel war dabei inhaltsleer, denn die Aufgabe der Kurfürsten, den neuen römisch-dt. König zu wählen, entfiel drei Jahre nach der Rangerhöhung mit dem Reichsende 1806. Mit der Niederlegung der Kaiserkrone wurde das Reich faktisch aufgelöst, und auch das K. verschwand mit der französischen Besetzung und der Gründung des → *Königreichs Westphalen* unter König → *Jérôme* sieben Jahre lang von der Landkarte. Ende 1813 kehrte Kurfürst Wilhelm I. aus dem Exil zurück und restaurierte das K., das unter seinem Sohn → *Wilhelm II.* und seinem Enkel → *Friedrich Wilhelm I.* bis zur → *Preußischen Annexion* insgesamt ein halbes Jh. von 1815 bis 1866 als Mittelstaat des Deutschen Bundes bestand.

Das K. lag als relativ geschlossenes Terr. von knapp 10.000 km² im heutigen Nordhessen mit dem Hauptgebiet zwischen Ks. und Marburg. Nach den territorialen Umbrüchen des Wiener Kongresses waren v. a. das Großherzogtum Fulda sowie einige Standesherrschaften im Hanauischen als Territorialgewinne hinzugekommen. Damit war eine Landverbindung zur früheren Grafschaft Hanau geschaffen, die seit dem späten 18. Jh. zum hessen-kasselischen Terr. zählte. Als territoriale Barriere lag die zu Hessen-Darmstadt gehörende Provinz Oberhessen zwischen Marburg und Frankfurt zwischen den kurhess. Gebieten. Außer dem zusammenhängenden Staatsgebiet, das sich bis 1866 nur noch ganz marginal änderte, gehörten als Exklaven die Grafschaft Schaumburg um Rinteln an der Weser und die Herrschaft Schmalkalden in Thüringen mit dem gleichnamigen Hauptort zu Kurhessen. Das K. war einer von insgesamt sechs hess. Staaten (Großherzogtum Hessen-Darmstadt, Herzogtum Nassau, Fürstentum Waldeck, Freie Stadt Frankfurt, Landgrafschaft Hessen-Homburg) auf dem Gebiet des heutigen Bundeslandes Hessen im 19. Jh.

Von seiner Natur her war das Terr. des K.s wald- und wildreich, aber arm an Bodenschätzen. Mehrere Mittelgebirge (Taunus, Rhön, Hoher Meißner) und einige mittelgroße (Werra, Lahn, → *Fulda*, Main) und kleinere Flüsse (Diemel, Schwalm) prägten eine hügelige, wenig fruchtbare Landschaft. Es lebten hier 1815 ca. 570.000, 1866 ca. 750.000 Einwohner bei einem eher unterdurchschnittlichen Wachstum. Die Bevölkerung war hauptsächlich auf dem Land angesiedelt. Sie war zu ca. 80 % evang. und davon etwa zur Hälfte ref. Glaubens. Nur zwei Städte (Ks., Hanau) besaßen zur Jahrhundertmitte mehr als 20.000 Einwohner. Das K. war vorwiegend agrarisch geprägt, daneben gab es Handwerk und in geringem Umfang Handel und Gewerbe. Die Zollgrenzen zu den acht Nachbarstaaten (v. a. Preußen, Hannover, Bayern und Hessen-Darmstadt) wurden nach Anschluss an den kurzlebigen Mitteldeutschen Handelsverein (1828) und dann durch die Aufnahme in den Deutschen Zollverein (1833) gelockert. Das war v. a. im Hinblick auf den benachbarten Großstaat → *Preußen* wichtig, da das K. einen Keil zwischen den preußischen West- und Ostprovinzen bildete. Auch militärstrategisch war Kurhessen ein wichtiger Partner Preußens, das gleich mehrere Etappenstraßen durch dessen Terr. unterhielt.

Ks. war mit seinen 35.000 Einwohnern (1849) die mit Abstand größte Stadt, zugleich Hauptstadt und → *Residenz*. Ks. war zudem Hauptort der Provinz Niederhessen, die durch die Verwaltungsreform des Jahres 1821 eingerichtet wurde (drei weitere Provinzen: Oberhessen mit Marburg sowie Hanau und Fulda mit den jeweiligen Hauptorten). Die Stadt Ks. war mit dem benachbarten → *Schloss Wilhelmshöhe* und den Stadtpalais' des kurfürstl. Hauses nicht nur Residenz, sondern auch seit alters her Regierungssitz. Das Gesamtstaatsministerium sowie die Ministerien des Innern, der Justiz und der Finanzen befanden sich in einem einzigen Ministerialgebäude in der → *Königsstraße* 205 an der Ecke zum → *Königsplatz*. In Nr. 206 saß zudem das Außenministerium, einige Häuser weiter in Nr. 192 das Kriegsministerium. Neben den Zivilbehörden waren auch große Teile des sog. Hof- und Militärstaates in Ks. angesiedelt. Ks. blieb Residenzort bis zum Ende des K.s, allerdings war der Hof von 1831 bis 1847 zwischen den zwei Mitregenten in Ks. und

Kurfürstentum Wappen der Kurfürsten von Hessen, 1818

Hanau/Frankfurt geteilt und während des → *Verfassungskonflikts 1850* für wenige Wochen nach Wilhelmsbad verlegt. In Ks. wohnte außerdem mit einem eigenen kleinen Hof die hess. Kurfürstin → *Auguste*. Ks. war Sitzungsort des kurhess. Oberappellationsgerichts, der kurhess. Ständeversammlung (seit 1831), der Direktion des Staatsschatzes (seit 1831), der Oberfinanzkammer, des Obersteuerkollegiums und verschiedener staatl. Oberbehörden, besonders auf Provinzialebene (z. B. des Konsistoriums der evang. Kirche).

Die wichtigste gesetzl. Grundlage des K.s war die relativ liberale kurhess. → *Verfassung* von *1831*. Vorher war es im Zeichen der → *Restauration* nach 1815 spätabsolutistisch-autokratisch regiert worden. Die Verwaltungsreformen durch das Haus- und Staatsgesetz von 1817 und das Organisationsedikt von 1821 stellten keinen Verfassungsersatz dar. Durch die permanenten Streitigkeiten zwischen Regierung und liberalem Landtag nach 1831 geriet das K. und seine Hauptstadt Ks. oft in deutschlandweite Schlagzeilen, wobei der Verfassungskonflikt von 1850 in dieser Hinsicht den unrühmlichen Höhepunkt darstellte. Die Verfassungsrevisionen der Jahre 1852, 1860 und 1862 beschäftigten die Großmächte Preußen und Österreich sowie den Deutschen Bund. Aber auch der durch die Anwesenheit von Mätressen bzw. unstandesgemäßen Ehefrauen skandalträchtige Kasseler Hof brachte die Residenzstadt immer wieder in die Presse. Im 19. Jh. hatte man weithin ein negatives Zerrbild der „kurhessischen Zustände" vor Augen, das auch dem Ruf der Haupt- und Residenzstadt Ks. abträglich war. *eg*

Lit.: Klein, Grundriß; Losch, Kurfürstentum; Seier, Kurfürstentum.

Gemeinde-Ordnung

vom 23sten October 1834,

für die

Städte und die Landgemeinden

Kurhessens.

Vom Original mit Genehmigung abgedruckt und mit einem alphabetischen Register versehen.

Cassel.

Zu haben bei J. J. Bohné.

Titelblatt der Kurhessischen Gemeindeordnung von 1834

Die **Kurhessische Gemeindeordnung 1834** vom 23.10.1834 umfasste 108 Paragraphen und verwirklichte ein Gesetzesversprechen des § 42 der Verfassungs-Urkunde von 1831. Erstmals galt eine einheitliche Gemeindeordnung für alle kurhess. Landesteile und für Städte und Landgemeinden gleichermaßen. In allen Gemeinden gab es fortan drei Behörden: den Gemeindeausschuss (in den Städten: Bürgerausschuss), der alle fünf Jahre von den Bürgern gewählt wurde, den Gemeinderat (→ *Stadtrat*), der vom Gemeindeausschuss ebenfalls für fünf Jahre gewählt wurde, und den Ortsvorstand (Bürgermeister, in Provinzhauptstädten OB), der gemeinsam von Gemeindeausschuss und Gemeinderat für mind. fünf Jahre gewählt wurde. Gemeindeausschuss und Gemeinderat mussten jeweils zur Hälfte aus den am höchsten besteuerten Bürgern der Gemeinde bestehen. Der Ortsvorstand war Vollzugsbeamter der Gemeinderatsbeschlüsse und zusätzlich Hilfsbeamter des Staates, der Gemeinderat war Beschlussorgan, der Gemeindeausschuss Kontroll- und Mitentscheidungsgremium. Die Verwaltung in Ks. oblag ab 1835 dem OB (bis 1841 → *Karl Schomburg*), einem zwölfköpfigen Stadtrat und einem Bürgerausschuss aus 24 ordentl. und 24 außerordentl. Mitgliedern. Stimmberechtigt zu den Ausschusswahlen waren alle männl. Bürger, die nicht Tagelöhner, Unterstützungsempfänger oder abhängig beschäftigt waren. In Ks. waren 1835 von etwa 27.000 Einwohnern rd. 2.600 stimmberechtigt, also knapp 10 %. Für die Ausschusswahlen bestand im Gegensatz zu den Landtagswahlen Wahlpflicht. Die Wahl der Gemeindebehörden war wohl die bedeutendste Modernisierung der K. In den meisten Städten hatten die Bürger vorher keinen Einfluss auf die Besetzung der Ratsstellen und des Bürgermeisters gehabt, vielmehr hatte sich der auf Lebenszeit amtierende Stadtrat in der Regel selbst ergänzt und den Bürgermeister gewählt, dessen Amtszeit nur ein Jahr betrug. Die Gemeinden konnten nach der K. ihre kommunalen Angelegenheiten weitgehend selbstständig verwalten, freilich unter der Aufsicht der Staatsbehörden. Dieses Aufsichtsrecht war klar geregelt, was den Gemeinden die Möglichkeit bot, sich juristisch gegen behördliche Maßnahmen zur Wehr zu setzen. Für die Landgemeinden war der Gewinn an Selbstständigkeit im Vergleich zur Zeit vor 1835 sicher größer als für die Städte, aber auch diese hatten zuvor häufig unter der Willkür des Kurfürsten und seiner Bürokratie gelitten. Ein ständiger Konfliktpunkt zwischen Bürgern, Gemeindebehörden und Staatsbehörden blieb v. a. die Tatsache, dass die Gemeindeordnung den staatl. Aufsichtsbehörden das Recht vorbehielt, die gewählten Ortsvorstände zu bestätigen. Mehrmals wurde so infolge des Widerspruchs des Innenministeriums verhindert, dass der in Ks. 1835 zum Bürgermeister bzw. 1841 zum OB gewählte

→ *Karl Wilhelm Wippermann* sein Amt antreten konnte. Bei vielen Änderungen im Detail in der Zeit nach 1848 behielt sie in Grundzügen ihre Geltung auch über die → *Preußische Annexion* 1866 hinaus, bis sie 1897 durch die getrennte Städte- und Landgemeindeordnung (→ *Städteordnung 1897*) für die preuß. → *Provinz Hessen-Nassau* ersetzt wurde. *vf*

Lit.: Fischer, Stadt.

Die **Kurhessische Gesellschaft für Kunst und Wissenschaft Kassel e. V.** wurde 1912 gegründet. Sie bietet ein informatives, aktuelles Vortragsforum mit breitem Themenspektrum. Im Winterhalbjahr (Okt.- Feb.) werden acht öff. Vorträge von der Gesellschaft veranstaltet. Vorrangig auswärtige Referenten berichten im Hörsaal des → *Hessischen Landesmuseums* einem fachlich und allg. interessierten Publikum über ihre Studien und Forschungen. Bis 2008 wurden 768 Vorträge gehalten. Seit 1983/84 finden die Vorträge stets in Verbindung mit dem staatl. Museum und thematisch jeweils interessierten Mitveranstaltern statt. Das anspruchsvolle Vortragsprogramm wird bei möglichst niedrigem Mitgliedsbeitrag und möglichst freiem Eintritt durch Kostenteilung der beteiligten Mitveranstalter und durch Spenden bzw. Sponsoring finanziert. Vorstand, Geschäftsführung und Programmbeirat sind ehrenamtlich tätig. Die K. bringt auch verschiedene Broschüren heraus: Prospekte der Vortragsreihen im Winterhalbjahr, einige Broschüren besonders wichtiger Vorträge und ein Verzeichnis der Vorlesungen und Vorträge von 1912 bis 2002/03. Nach der anschaulichen, lebendigen Darlegung durch die Forscher selbst hat das Auditorium anschließend die Möglichkeit zu direkter persönlicher Nachfrage an den Referenten im Plenum. *pg*

Lit.: Gercke, Kurhessische Gesellschaft.

Kurhessische Kriegergedächtnisstätte Zumeist in der Lit. als Ehrenmal bezeichnet, ist sie eine Gedenkstätte für die Gefallenen und Opfer des → *Ersten* und → *Zweiten Weltkriegs* in der → *Karlsaue*. Sie befindet sich am Ort des ehem. barocken Terrassengartens, des Prinz-Georg-Gartens, oder auch Bellevuegarten genannt (entstanden um 1720). Bereits 1919 wurde der Kasseler Regierung vom Kurhessischen Kriegerbund ein Antrag auf eine Gedenkstätte für die Gefallenen des Ersten Weltkriegs vorgelegt. → *Hans Sautter* schlug vor, den zum Palais des Prinzen Georg gehörigen Terrassengarten mit einer Treppenanlage von → *Simon Louis du Ry* am Hang unterhalb von → *Schloss Bellevue* zum Denkmal umzugestalten. Der Terrassengarten war zu diesem Zeitpunkt verfallen. Der Vorschlag wurde angenommen und Sautter übernahm die künstlerische Leitung, während Heinrich Vogt vom Kurhessischen Kriegerbund sich der gesamten baulichen Leitung des Projektes annahm. Das Ehrenmal ist in vier Ebenen unterteilt, die mit jeweils vier doppelläufigen, gewendeten und streng symmetrischen Treppen verbunden sind. Den Abschluss bildet die sog. Ruhmeshalle, ein Umbau des ehem. Gartensaals. Sautter schuf für die Ruhmeshalle die Skulptur des „Gefallenen“. Die nackte, in ein Leichentuch gehüllte Figur ging später respektlos als „Sautterleiche“ in den Volksmund ein. An den Wänden brachte man Gedenktafeln für die Gefallenen der verschiedenen Regimenter des Ersten Weltkrieges an. Die offizielle Einweihung erfolgte 1926, fertiggestellt wurde das Denkmal allerdings schon einige Jahre vorher. Zur Zeit der NS-Diktatur nahm man Anstoß an der „pazifistischen Leiche“ Sautters und deckte sie ab. Im Zweiten Weltkrieg trug das Denkmal starke Beschädigungen davon. Man beschloss den Wiederaufbau und eine Erweiterung, wobei der Entwurf zur Neugestaltung wiederum von Sautter stammte. Die Skulptur des „Gefallenen“ wurde wieder freigelegt. Weitere Gedenktafeln für die Gefallenen des Zweiten Weltkriegs wurden an-

Emblem der Kurhessischen Gesellschaft für Kunst und Wissenschaft e. V.

Die Kurhessische Kriegergedächnisstätte in der Karlsaue um das Jahr 1935

gebracht, wobei nun nicht mehr allein der Toten der verschiedenen hess. Regimenter gedacht werden sollte, sondern auch der weiteren Opfer der Weltkriege. Die Wiedereinweihung der Gedächtnisstätte erfolgte 1954, wobei in den folgenden Jahren hin und wieder neue Gedenktafeln hinzugefügt wurden. Äußerst umstritten war die Beantragung und Anbringung einer Tafel für Deserteure des Zweiten Weltkriegs, eine der ersten ihrer Art in Dtld., die schließlich im Jahre 1987 ihren Platz an der K. fand. Eine weitere lebhafte Diskussion wurde 1992 durch die Integrierung des Denkmals in die → *documenta* 9 ausgelöst, bei der der Künstler Via Lewandowsky das Ehrenmal für eine Installation nutzte. *mj*

Lit.: Adamski, Glücklich.

Aus dem Jahr 1850 stammt dieser 1 Taler-Schein der Kurhessischen Leih- und Commerzbank

Kurhessische Leih- und Commerzbank Mit landesherrlichem Privileg vom 19.4.1721 entstand die „Leih- und Commerzien-Compagnie" zu Ks., ein Institut zur Kreditvergabe gegen verpfändete Wertsachen, das auch eigenständige Warenhandelsgeschäfte betrieb. Teils in der Finanzierung von Staat und Kommunen tätig, emittierte das Bankhaus verzinsliche Inhaberschuldverschreibungen und fungierte als Anlagestelle für bürgerliches Kapital. Seit 1823 als Leih- und Commerzbank zu Ks. firmierend, wurde das Institut oft fälschlich für eine staatl. Einrichtung gehalten. In seiner Geschäftspolitik wurde es zunehmend undurchsichtig. Bei hohen Ausschüttungen an die Aktionäre ließ es sich auf riskante Börsenspekulationen ein, belieh sogar eigene Schuldverschreibungen und vergab etwa an die Mitglieder des eigenen Direktoriums Kredite ohne ausreichende Sicherheiten. Versuche des Staates, seit 1835 durch einen Regierungskommissar des Innenministeriums Einfluss auf die Direktion zu nehmen, blockierte das Obergericht. Die zum Ausgleich von gekündigten Obligationen ausgegebenen Privatbanknoten über einen Taler (1850) und 10 Taler (1855) wurden oft wegen ihres missverständlichen Formulars mit dem Staatspapiergeld verwechselt. Hierdurch geriet die Bank verstärkt in öff. Kontroversen. Finanz- und Innenministerium stritten darüber, ob das Privileg von 1721 die Emission von Banknoten autorisierte. Die Kompetenzstreitigkeiten, an denen auch der Kurfürst teilnahm, blockierten rechtzeitige Eingriffe des Staates. Der Krieg in Italien löste 1859 allg. Geldknappheit aus, in der die Bank ihre Scheine nicht mehr gegen Silber einlösen konnte. Sie stellte am 9.5. die Zahlungen ein und wurde einem Kuratorium unterstellt. Dies brachte das Papiergeld aller kleineren Staaten in eine Krise, da auch diesen vielfach die Mittel zum Umwechseln ihrer Scheine in Münzen fehlten. Der spektakuläre Konkurs der K. rief den Staat auf den Plan. Das Gesetz vom 5.8.1863 schloss das Verfahren ab und räumte den Gläubigern, je nach Art ihrer Forderung, Entschädigungsquoten von 57½ bis 80 % ein. Zum Ausgleich des vom Staat übernommenen Anteils wurde eine bevorstehende Papiergeldausgabe Kurhessens erhöht. *nk*

Lit.: Kaiser, Papiergeld.

Kurhessisches Diakonissenhaus 1864 wurde das K. in Treysa nach dem Vorbild von Kaiserswerth gegründet. Es sollte der „Heranbildung von Diakonissen zur Pflege von Kranken, Armen, Kindern und ähnlichen Hilfsbedürftigen sowohl für Familien als für öffentliche Anstalten" dienen. Gründer und erster Vorsitzender war Metropolitan Franz von Roques. Marie Behre organisierte als Oberin 1883 den Umzug des Diakonissenhauses mit seinem Krankenhaus (→ *Krankenhäuser*) und Mutterhaus nach Ks. (damals → *Wehlheiden*). Zur Krankenpflege kam schon 1876 der erste Kindergarten und 1877 eine „Erziehungsanstalt für verwahrloste Mädchen" hinzu. 1904 wurde das Damenstift → *Amalienhaus*, jetzt Haus für Betreutes Wohnen, eingerichtet und damit der Grundstein für die Altenhilfe gelegt. 1908 erhielt die Krankenpflegeschule in Ks. die staatl. Anerkennung. 1939 waren 519 Diakonissen in Krankenpflege, Jugend- und Altenhilfe, Kirchengemeinde, Ausbildung und Mission tätig. Nach dem Zweiten Weltkrieg nahm das Krankenhaus 1954 wieder seinen Betrieb auf. 1970 wurde es entlang des Kirchweges erweitert und seit 2003 entsteht ein Ersatz-Neubau, der auch das Burgfeld-Krankenhaus aufnehmen soll. Das Burgfeld- und Diakonissen-Krankenhaus schlossen sich 2001 zum Diakonie-Gesundheitszentrum Ks. zusammen. Seit 1971 betreibt das K. in Wehlheiden ein Kinder- und Jugendheim mit 104 Plätzen als Nachfolgeeinrichtung des Säuglingsheims Bethanien in Marburg. *kl*

Lit.: Sardemann/Blackert, Geschichte.

Autorinnen und Autoren nach Siglen

acn	Nagel, Anne Christine
adö	Dötsch, Anja
ag	Gössel, Alexander
age	Gebhardt, Andreas
agi	Giller, Andreas
ah	Hedwig, Andreas
aj	Jahns, Antonie
aje	Jendorff, Alexander
ak	Kirschner, Albrecht
akö	Köster, Andreas
al	Landgrebe, Angela
als	Lange-Spohr, Annette
am	Makowski, Angela
ama	Mader, Astrid
anr	Reiss, Angela
ao	Otto, Astrid
ap	Pühringer, Andrea
ari	Richter, Achim
aro	Roßius, Anne
as	Schlegel, Astrid
asch	Schmitz, Andreas
asp	Splettstößer, Alexandra
at	Tacke, Andreas
au	Ulbricht, Annette
aum	Umbach, Angelika
aw	Wicke, Andreas
az	Zeller, Anja
bh	Hinz, Berthold
bho	Hofman, Burkhard
bk	Kümmel, Birgit
bl	Lauer, Bernhard
bm	Mijatovic, Boris
brr	Richarz-Riedl, Barbara
bs	Schnackenburg, Bernhard
bw	Wischhöfer, Bettina
bws	Warlich-Schenk, Brigitte
cb	Barthel, Christian
cd	Dörr, Cornelia
ceg	Gerner, Caroline Eva
cg	Gröschel, Claudia
ch	Heipcke, Corinna
chs	Schmarsow, Christine
ck	Kampmann, Christoph
ckn	Knüppel, Christine
cko	Kopetzki, Christian
ckr	Kreller, Claudia
cl	Lind, Carsten
clu	Lukatis, Christiane
co	Ottersbach, Christian
cp	Presche, Christian
cs	Schreiber, Claudia
cv	Vanja, Christina
cw	Wenzel, Cornelia
da	Arnold, Dieter
dkv	Krause-Vilmar, Dietfrid
drl	Leffler, Dieter-Rudolf
ds	Stoll, Dirk
dsch	Schwarze, Dirk
dst	Strohmenger, Dirk
dw	Wunder, Dieter
dwe	Welzel, Dieter
eb	Brohl, Elmar
ebs	Schrader, Eberhard
ecs	Schneider, Eckart
eg	Grothe, Ewald
eh	Haß, Esther
ehei	Heidrich, Erhard
ehel	Hellmuth, Elke
el	Leidig, Edgar
eli	Liebmann, Edgar
em	Mey, Eberhard
eo	Oppermann, Eva
er	Richter, Emanuel
es	Schmidberger, Ekkehard
esj	Schulz-Jander, Eva M.
ew	Wöll, Ernst
fa	Albert, Florian
fdu	Urlen, Falk D.
ff	Fischer, Friedhelm
ffe	Fenner, Friedhelm
ffo	Forssman, Friedrich
fli	Lüken-Isberner, Folckert
fmn	Neusüss, Floris M.
fo	Oberbrunner, Frank
fr	Roberg, Francesco
frk	Klaube, Frank-Roland
fth	Thöner, Frank
ftö	Tönsmann, Frank
fw	Wolff, Fritz
fwb	Block, Friedrich W.
fwvg	Gilsa, Friedrich-Wilhelm von und zu
ga	Aumüller, Gerhard
gd	Dölle, Gilla
gf	Fenner, Gerd
gg	Grabs, Günter
gh	Hollenberg, Günther
ghb	Henke-Bockschatz, Gerhard
gho	Hochhuth, Gerhard
ghu	Huber, Gabriele
gi	Imboden, Gabriel
giw	Winnige, Gisela
gjw	Weber, Gregor J. M.
go	Obermaier, Gerlinde
gr	Repp, Gerhard
gri	Richter, Gunnar

gw	Wagner, Günter
gwi	Wissner, Gerhard
ham	Andres-Müller, Heide
has	Schneider, Hans
hb	Berding, Helmut
hbe	Bernert, Helmut
hbr	Broszinski, Hartmut
hbu	Burmeister, Helmut
hd	Dippel, Horst
hds	Stolze, Hans-Dieter
heba	Bachmann, Herbert
hekö	Körner, Heinz E.
hes	Schneider, Helmuth
hf	Feußner, Helmut
hg	Georgsdorf, Heiner
hgk	Kling, Hansgeorg
hh	Haferkamp, Horst
hhe	Helwig, Heidrun
hhn	Nolte, Hans-Helmut
hhu	Hubenthal, Heidrun
hjr	Rapp, Hermann-Josef
hk	Keim, Heinrich
hkb	Boehlke, Hans-Kurt
hke	Kemler, Herbert
hki	Kimpel, Harald
hko	Kottke, Horst
hkö	Köhler, Hermann
hkü	Kühlborn, Harald
hl	Langkabel, Hermann
hm	Maduschka, Hendrik
hmü	Müller, Hartmut
hn	Nau, Heinz
hos	Schach, Holger
hp	Pinnow, Herbert
hpa	Papst, Harald
hr	Range, Heiner
hs	Schagrün, Helmut
hsl	Slenczka, Helmut
htg	Gräf, Holger Th.
hus	Schönhofen, Horst Ulrich
hw	Wunder, Heide
hz	Zöttlein, Helga
ib	Baumgärtner, Ingrid
ic	Caroli, Ilona
id	Doering, Ingo
ig	Görner, Irina
il	Lübke, Ingrid
ja	Anders, Johanna
je	Eichenberg, Julia
jeb	Ebert, Jochen
jf	Flemming, Jens
jfr	Frölich, Jürgen
jh	Hesse, Janina
jk	Küster, Jürgen
jkr	Krell, Jörg
jm	Mundry, Johannes
jms	Scharf, Jörg Michael
jn	Nemitz, Jürgen
js	Schilling, Johannes
jst	Stein, Johannes
jvr	Reuß, Jürgen von
ka	Apel, Katrin
kb	Beckenbach, Klaus
kbe	Berkemann, Karin
kf	Füldner, Kai
kg	Gaulke, Karsten
kh	Härter, Karl
khg	Gauler, Karl-Heinz
khn	Nickel, Karl-Heinz
khv	Voigt, Karl Heinz
kl	Leonhäuser, Karl
klh	Hassenpflug, Klaus
km	Merkel, Kerstin
kme	Meinken, Karin
kr	Roth, Karoline
ks	Schaake, Klaus
kse	Seidel, Knut
kst	Stengel, Karin
kube	Becker, Kurt
kwa	Waldeck, Karl
kwe	Weiand, Kerstin
kwi	Wiedemann, Konrad
kwo	Wolff, Kerstin
la	Arabin, Lothar
ld	Döhn, Lothar
lk	Katzschner, Lutz
lm	Meyer, Lola
lmü	Münzer, Lutz
ln	Nitsche, Lothar
lvm	Mackensen, Ludolf von
ma	Arndt, Marco
mas	Asthalter, Monika
mbi	Brechmacher-Ihnen, Maren
mc	Conrad, Michael
mch	Härtel, Maren Christine
md	Dettmar, Marianne
mdl	Dlugaiczyk, Martina
me	Eissenhauer, Michael
mg	Grisko, Michael
mgu	Gums, Matthias
mhe	Heinz, Marianne
mj	Jäckel, Marion
mk	Kingreen, Monica
mkn	Knab, Michael
mkr	Kress, Michelle
ml	Lemberg, Margret
mm	Matthes, Maren
mn	Neumann, Mario

mr	Reuter, Martin
mrö	Röhring, Micha
ms	Schwab, Michael
msch	Schwalenstöcker, Monika
mso	Sonntag, Martin
mw	Wilkens, Michael
na	Adam, Natalie
nf	Fritsche, Nadine
nfr	Freund, Nadine
nk	Klüßendorf, Niklot
nw	Weinmann, Nico
pg	Gercke, Peter
pp	Puppel, Pauline
ps	Schlechta, Peer
psch	Schmaling, Paul
pw	Werner, Petra
ra	Atzbach, Rainer
rb	Birkendorf, Rainer
rbo	Bohnen, Rainer
rehe	Herz, Reinhard
rg	Gebhardt, Richard
rh	Hedewig, Roland
rhe	Hering, Rainer
rk	Kroth, Rudolf
rku	Kunze, Ronald
rm	Meyfahrt, Rainer
rn	Niehoff, Reiner
ro	Olten, Rainer
rp	Pfromm, Renate
rs	Splitter, Rüdiger
sb	Brakensiek, Stefan
sf	Fitzner, Sebastian
sfu	Funck, Stefanie
sg	Grindel, Susanne
sh	Handke, Svenja
sha	Hartmann, Stefan
she	Heyn, Susanne
sho	Hoß, Siegfried
sj	Jaritz, Susanne
sk	Kaiser, Stephan
skb	Kesper-Biermann, Sylvia
skö	Köttelwesch, Sabine
skr	Krieb, Steffen
sl	Lotze, Siegfried
sm	Mehrwald, Silke
sn	Naumer, Sabine
so	Orth, Sabrina
sr	Renner, Silke
sse	Seidenfaden, Susanne
ssi	Siebert, Silke
stk	Kallenbach, Steffen
sts	Schaub, Stefan
sw	Weber, Simone
swi	Winter, Sascha
ta	Arend, Theodor
tb	Busch, Tobias
te	Ewald, Thomas
tf	Fuchs, Thomas
tfu	Fuchs, Thomas
th	Husmann, Torsten
thb	Baum, Thomas
thds	Scholz, Th. Hanns-Dieter
ths	Schattner, Thomas
tp	Pfennig, Torsten
tv	Voelzke, Thomas
tvo	Vollmer, Thomas
tvon	Vonseelen, Tanja
tw	Wiegand, Thomas
ubs	Braasch-Schwersmann, Ursula
uh	Hanschke, Ulrike
ulsch	Schneider, Ulrich
un	Neuschäfer, Uwe
uni	Niggemann, Ulrich
uns	Neurath-Sippel, Ulrike
ur	Ritzerfeld, Ulrich
us	Schlitzberger, Udo
usch	Schneider, Ulrich
ut	Teichler, Ulrich
uz	Zindel, Uwe
vf	Fischer, Volker
vk	Knöppel, Volker
vl	Lasch, Vera
vle	Leuschner, Vera
wb	Baus, Werner
wbo	Boder, Wolfram
wbr	Breul, Wolfgang
wd	Dettmar, Werner
wde	Dettmar, Werner
wdü	Dünkel, Wolfgang
wew	Winterhager, Wilhelm Ernst
wf	Fischer, William
wh	Hansmann, Wilfried
whü	Hüttl, Wolfgang
wkr	Kriegleder, Wynfrid
wl	Lohmeier, Walter
wm	Matthäus, Wolfgang
wme	Meiß, Walther
wmo	Mogk, Walter
wmü	Mühlhausen, Walter
ws	Speitkamp, Winfried
wsk	Schmied-Kowarzik, Wolfdietrich
wt	Temme, Willi
wvk	Kieseritzky, Wolther von
ww	Weide, Wolfgang
wwo	Wollek, Wolfgang
wwr	Wroz, Winfried
ys	Schwarz, Yannick Philipp

Autorinnen und Autoren

Adam, Natalie, seit Wintersemester 2005/2006 Lehramtsstudium für Haupt- und Realschule in den Fächern Evangelische Religion und Geschichte in Ks.

Albert, Florian, M. A., Wiss. Mitarbeiter an der Univ. Ks., Lehrstuhl Politikwissenschaften, Fachgebiet Politisches System der BRD.

Anders, Johanna, M. A., Kunstwissenschaftlerin, derzeit Diss. zum Diasporakirchenbau nach 1945 im Bistum Fulda an der Univ. Ks., freiberuflich tätig im Bereich Inventarisierung kirchlichen Kunstgutes.

Andres-Müller, Heide, Prof. Dr., seit 1976 Prof. für Politologie mit dem Schwerpunkt Politische Bildung, politisch-soziales System und Sozialisationsforschung am Fachbereich Sozialwesen an der Univ. Ks.

Apel, Katrin, M. A., Studium der Geschichte in Ks., Forschungsschwerpunkt Mittelalterliche Geschichte.

Arabin, Lothar, Dr., Studium der Romanistik, Germanistik, Sport und Psychologie, 1971–96 Leitung der VHS Ks., Vorsitzender des Hess. VHS-Verbands, stellv. Vorsitzender des Deutschen VHS-Verbands.

Arend, Theodor, Forstoberrat, stellv. Leiter Hessen Forst. Sachgebiete Holzproduktion und Jagd.

Arndt, Marco, Dr., Studium der Geschichte und Germanistik in Marburg, Leiter des Bildungswerks Dortmund der Konrad-Adenauer-Stiftung.

Arnold, Dieter, Banklehre, Studium der Betriebswirtschaft mit Schwerpunkt Bankbetriebslehre in Frankfurt, 1966 Filialleiter in Hersfeld, sechsjährige Vereinsleitung des Vereins Freunde des Stadtmuseums.

Asthalter, Monika, Industriekauffrau, seit 2003 Kreisgeschäftsführerin im Sängerkreis Heiligenberg, seit 2007 Referentin für Öffentlichkeitsarbeit im Mitteldeutschen Sängerbund 1939 e.V. in Ks.

Atzbach, Rainer, M. A., Dr., Mittelalter- und Neuzeitarchäologe, stellv. Hauptvorsitzender des Vereins für hessische Geschichte und Landeskunde. Forschungsschwerpunkte: Stadtgeschichte Marburg und Ks., Burgenforschung und Kostümkunde.

Aumüller, Gerhard, Prof. Dr. med., Studium der Medizin und Anthropologie. Ab 1977 Direktor am Institut für Anatomie und Zellbiologie Marburg. Vorstandsmitgl. der Historischen Kommission für Hessen.

Bachmann, Herbert, Forstbeamter i. R., 2008 Vorsitzender des Jagdvereins Hessenjäger Ks. e.V., Engagement im Projekt „Lernort Natur".

Barthel, Christian, seit 2003 Obersekretär im hessischen Justizvollzug, Redaktionsmitgl. der Festschrift JVA Ks. I.

Baum, Thomas, Dr., Studium der Geschichte, Slawistik und Romanistik in Göttingen und Poitiers.

Baumgärtner, Ingrid, Prof. Dr., Prof. für Geschichte des Mittelalters an der Univ. Ks. und Research Associate an der Villa I Tatti, Florenz. Mitgl. im Hauptausschuss der Historischen Kommission für Hessen.

Baus, Werner, Sammler u. Restaurator selbstspielender Musikinstrumente. 1972–86 Musik Museum Fuldatal. Film-Veröffentlichungen: Aus den Trümmern erwacht. Der Wiederaufbau Kassels von 1949–56.

Beckenbach, Klaus, Jurist, Oberstaatsanwalt a. D., Beiratsmitgl. der Freunde des Stadtmuseums Ks. und des VHG.

Becker, Kurt, alteingesessener Oberzwehrener, technischer Bediensteter der Stadt Ks. a. D., Veröffentlichungen zu dem Thema Oberzwehren.

Berding, Helmut, Prof. em. Dr., Prof. für Neuere Geschichte an der Univ. Gießen bis 1998. Hauptarbeitsgebiete: Geschichte des Antisemitismus in Deutschland, politischer und gesellschaftlicher Wandel im Deutschland des 19. Jhs.

Berkemann, Karin, M. A. Dipl.-Theol., Kunsthistorikerin. Seit 2008 Volontärin am Landesamt für Denkmalpflege Hessen. Seit 2002 freiberufliche Erschließung kirchlicher Bau-Kunst.

Bernert, Helmut, Studiendirektor i. R., Berufsschullehrer. Veröffentlichungen zum Bereich Handwerk, Geschichte, Biographien im ehemaligen Kurhessen und nordmährische Geschichte.

Birkendorf, Rainer, Dr., Studium der Musikwissenschaft, Mittleren und Neueren Geschichte und Kirchengeschichte. Seit 1994 Leiter des Deutschen Musikgeschichtlichen Archivs Ks.

Block, Friedrich W., Dr., Kulturwissenschaftler und Kurator. Leiter der Stiftung Brückner-Kühner sowie ehrenamtlicher Leiter d. Kunsttempels in Ks. Zahlreiche Veröffentlichungen.

Boder, Wolfram, Dr., Studium der Musikwissenschaft in München und Berlin. Dissertation über die späten Opern Louis Spohrs. Seit 2006 Lektor im Verlag Merseburger.

Boehlke, Hans-Kurt, Dr., Kulturhistoriker, Vorstandsmitglied i. R. d. Kulturinstituts „Arbeitsgemeinschaft Friedhof und Denkmal e.V.", Gründer und bis 1992 Direktor des Museums für Sepulkralkultur in Ks.

Bohnen, Rainer, M. A., Präsident des Amtsgerichtes i. R., Arbeitsbereich: Recht und Geschichte.

Braasch-Schwersmann, Ursula, Prof. Dr., Akad. Direktorin u. Leiterin des Hess. Landesamts für geschichtliche Landeskunde. Forschungsschwerpunkte: Landesgeschichte Hessen, hist. Kartographie.

Brakensiek, Stefan, Prof. Dr., Prof. für Geschichte der frühen Neuzeit an der Univ. Duisburg-Essen. Arbeitsgebiete: Sozial- und Kulturgeschichte d. neuzeitlichen Bürgertums, Geschichte d. politischen Kultur im Europa d. Frühen Neuzeit.

Brechmacher-Ihnen, Maren, Dipl.-Ing., seit 1978 Lehrtätigkeit im Fachbereich Architektur, Stadt- und Landschaftsplanung der Univ. Ks. Arbeitsschwerpunkte: Gartenarchitektur und Gartendenkmalpflege.

Breul, Wolfgang, PD Dr., Kirchenhistoriker an der Univ. Marburg, Forschungsschwerpunkte: Reformation, Konfessionalisierung, Pietismus.

Brohl, Elmar, Dipl.-Ing., Studium der Architektur an der TH Hannover. 1974–97 Baudirektor bei der Stadt Marburg. Seit 1987 Vorstandsmitgl. der Deutschen Gesellschaft für Festungsforschung.

Broszinski, Hartmut, Prof. Dr., Studium der Musikwissenschaft, (Alt-)Germanistik und Anglistik, leitender Bibliotheksdirektor i. R., 1980–91 Leiter der Handschriften- und Musikabteilung der Landes- und Murhardschen Bibliothek der Universitätsbibliothek Ks.

Burmeister, Helmut, OStR i. R., Studium Deutsch, Englisch, Volkskunde und Altnordisch. Seit 1977 ehrenamtl. Leiter d. Stadtmuseums Hofgeismar. Vorsitzender d. Geschichtsvereins Hofgeismar.

Busch, Tobias, Dr., Studium der Geschichte und evang. Religion, danach wiss. Mitarbeiter an der Univ. Ks. Stipendiat des Otto-Braun-Fonds. Forschungsschwerpunkte: Sozial- u. Verfassungsgeschichte der Frühen Neuzeit, hess. Landesgeschichte.

Caroli, Ilona, Studium der Philosophie, Germanistik und Geschichte, wiss. Mitarbeiterin d. Uni Bremen, 1992–2003 Dezernentin für Arbeitsförderung, Frauen, Gesundheit und Soziales im Magistrat der Stadt Ks.

Conrad, Michael, M. A., Studium der Literaturwissenschaft in Münster. Radioausbildung, Zeitungsvolontariat, Tageszeitungsredakteur bis 1999. Seit 2001 Leiter der Pressestelle des Regierungspräsidiums Ks.

Dettmar, Marianne, Bankkauffrau i. R., Chronistin der Geschichte der Schrebergärten.

Dettmar, Werner (wd), Dipl. Verwaltungsoberamtsrat, bis zur Pensionierung 1987 stellv. Leiter des Kasseler Kulturamtes.

Dettmar, Werner (wde), Kirchenrat, ehem. Dekan in Ks.-West, Präses der Landessynode der Evang. Kirche von Kurhessen-Waldeck u. Vorsitzender d. Verbandes d. deutschen Pfarrvereine.

Dippel, Horst, Prof. em. Dr., Prof. für die Geschichte Großbritanniens und Nordamerikas an der Univ. Ks. bis 2009, Initiator und Hg. der Georg-Forster-Studien. Forschungsgebiete: Geschichte des modernen Konstitutionalismus.

Dlugaiczyk, Martina, Dr., Studium d. Kunstwissenschaft, Mittleren und Neueren Geschichte sowie Politologie. Seit 2003 Wiss. Mitarbeiterin am Institut für Kunstgeschichte der TH Aachen, Kuratorin des Reiff-Museums.

Döhn, Lothar, Prof. Dr., Prof. für Politikwissenschaft an der Univ. Ks. bis 2002. Forschungen zu politischen Systemen und Parteien, Liberalismus, Nationalismus, NS.

Dölle, Gilla, Dr., wiss. und geschäftsführende Mitarbeiterin der Stiftung Archiv der deutschen Frauenbewegung mit den Schwerpunkten: Projektorganisation und -finanzierung sowie Bildungs- und Kulturarbeit.

Doering, Ingo, Studium der Kunstgeschichte, Kunsterziehung und Malerei an der Werkakademie und der Kunsthochschule Ks. Kunstpädagoge an mehreren Kasseler Gymnasien. Gründungsmitglied der Museumspädagogik bei der späteren MHK.

Dörr, Cornelia, Dr., Studium der Neueren Deutschen Literatur und Kunstwissenschaften in Marburg. Seit 2007 Leiterin des Stadtmuseums Ks.

Dötsch, Anja, Dr.-Ing., Studium der Architektur an der TH Darmstadt. Seit 2003 Wiss. Angestellte im Fachgebiet Bauangelegenheiten und Denkmalpflege bei der Verwaltung der Staatlichen Schlösser und Gärten Hessen.

Dünkel, Wolfgang, Dipl.-Ing., VDE Verband der Elektrotechnik, Elektronik, Informationstechnik, Bezirksverein Ks. e.V., Arbeitsgebiet: Öffentlichkeitsarbeit.

Ebert, Jochen, M. A., Historiker, Doktorand am Fachbereich Gesellschaftswissenschaften der Univ. Ks., Arbeitsgebiete: Agrargeschichte, ländliche Gesellschaft, Armut und Armenfürsorge.

Eichenberg, Julia, Dr., Studium der Neueren Geschichte, Politikwissenschaft und Neueren Englischen Literatur in Tübingen, Münster und Brighton. Seit 2005 wiss. Angestellte im Sonderforschungsbereich „Krieg und Gesellschaft in der Neuzeit" in Tübingen.

Eissenhauer, Michael, Dr., Studium der Kunstgeschichte. Seit 2001 Direktor der Staatlichen Museen Ks., von 2006–08 Museumslandschaft Hessen Ks., seit 2008 Generaldirektor der Staatlichen Museen zu Berlin.

Ewald, Thomas, Studium der Germanistik und Geschichte. Programmbereichsleiter an der VHS Region Ks. Arbeitsgebiete: Geschichte, Politik, Alphabetisierung, Schulabschlüsse, Schlüsselqualifikationen, Management.

Fenner, Friedhelm, Vermessungstechniker bei der Stadt Ks. Arbeitsschwerpunkt in der kartographischen Abteilung des Vermessungsamtes Ks. und dort Betreuung der historischen Sammlung von Fotos und Plänen.

Fenner, Gerd, M. A., Kunsthistoriker, Mitarbeiter in verschiedenen Museen in Hessen, Publikationen zu historischen und kunsthistorischen Themen. 2001–07 DFG-Projekt Architekturzeichnungen der MHK.

Feußner, Helmut, Prof. Dipl.-Ing., Bauassessor. 1981–99 Geschäftsführer der Hessischen Heimstätte/WOHNSTADT. Seit 1995 Honorarprofessor an der Univ. Ks., Fachgebiet Wohnungspolitik.

Fischer, Friedhelm, Dr., Stadtplaner, Studium in Aachen, Berkeley, Canberra, Manchester, längerfristige Lehre u. Forschung an der TH Aachen und der TU Hamburg-Harburg, seit 1992 Akademischer Rat an der Univ. Ks.

Fischer, Volker, Dr., OStR an der Elisabethschule Marburg, Fächer: Geschichte und Mathematik. Veröffentlichungen zur deutschen Rechtsgeschichte und zur kurhessischen Geschichte.

Fischer, William, Dr. Ing., ehem. Abteilungsleiter Forschungszentrum Thyssen, Bauteilprüfung/Betriebsfestigkeit.

Fitzner, Sebastian, Studium der Kunstgeschichte in Köln. Studentische Hilfskraft in d. Abteilung Architekturgeschichte. Arbeitsschwerpunkte: mediale Repräsentation in der Frühen Neuzeit, Inszenierungspraktiken im NS.

Flemming, Jens, Prof. em. Dr., Prof. für Neuere und Neueste Geschichte an der Univ. Ks. bis 2009. Forschungs- und Publikationsschwerpunkte: Alltagsgeschichte der Deutschen zwischen 1871 und 1945, konservative Bewegungen im 19. und 20. Jh.

Forssman, Friedrich, Buch- und Ausstellungsgestalter.

Freund, Nadine, M. A., wiss. Mitarbeiterin an der Univ. Ks. Fachgebiet Neuere und Neueste Geschichte, Forschungsschwerpunkt: Die deutsche Nachkriegszeit im Kontext des Kalten Krieges.

Fritsche, Nadine, Studium der Geschichte, Politik und Musik in Ks. 2007 erstes Staatsexamen in den Fächern Geschichte und Musik.

Frölich, Jürgen, Dr. phil., Friedrich-Naumann-Stiftung für die Freiheit, stellv. Leiter Archiv des Liberalismus, Gummersbach.

Fuchs, Thomas (tf), PD Dr., Studium der Geschichte und evang. Theologie. Seit 2007 Leiter des Bereichs Sondersammlungen und Digitalisierung an der Uni-Bibliothek Leipzig.

Fuchs, Thomas (tfu), Dr., Referent für Medienauswertung und Leiter des Archivs der Hess. Staatskanzlei in Wiesbaden, bis 1996 Mitarbeiter in der Arbeitsgruppe Empirische Planungsforschung an der Univ. Ks.

Füldner, Kai, Dr. forest., Museumsleiter des Naturkundemuseums der Stadt Ks., Kustos f. Zoologie.

Funck, Stefanie, M. A., Historikerin und Religionswissenschaftlerin, Marburg. Dissertationsprojekt über wunderbare Kreuzeserscheinungen um 1500.

Gauler, Karl-Heinz, Grafiker. Erster Vorsitzender des Geschichtsvereins Vellmar, Leiter des Museums Hof Helse.

Gaulke, Karsten, Dr., Studium der Wissenschaftsgeschichte, 2001–03 Lehrbeauftragter für Wissenschafts- und Technikgeschichte der Univ. Stuttgart, seit 2003 wiss. Leiter des Astronomisch-Physikalischen Kabinetts der MHK.

Gebhardt, Andreas, Dr., Studium der Germanistik und Kunstgeschichte in Heidelberg und Ks. Literaturwissenschaftler und Publizist.

Gebhardt, Richard, M. A., Studium der Politikwissenschaft, Soziologie und Philosophie, wiss. Mitarbeiter am Institut für Politische Wissenschaft der TH Aachen. Arbeitsschwerpunkte: Neofaschismus/„Neue“ Rechte, Jugend- und Populärkultur.

Georgsdorf, Heiner, Prof. für Kunstdidaktik an der Kunsthochschule Ks. 1983–96 Vorsitzender des Kasseler Kunstvereins.

Gercke, Peter, Prof. Dr., Klassischer Archäologe, Museumsdirektor i. R.

Gerner, Caroline Eva, Dr., Studium der Kunstgeschichte, Klassischen Archäologie und Romanistik in Frankfurt. Mitarbeiterin in verschiedenen Museen, Volontariat im Deutschen Tapetenmuseum.

Giller, Andreas, Dipl.-Ing., Gesamteinsatzleiter und Abteilungsleiter der Berufsfeuerwehr Ks., Veröffentlichungen zur Verkehrsgeschichte und zum Brandschutzwesen in Deutschland.

Gilsa, Friedrich-Wilhelm von und zu, Dr. jur., Ministerialrat a. D.

Görner, Irina, Dr., Studium der Vor- und Frühgeschichte, Geologie und Klassischen Archäologie in Marburg. Seit 2002 Leiterin der Abteilung Vor- und Frühgeschichte am Hessischen Landesmuseum der MHK.

Gössel, Alexander, Dipl.-Ing., Studium der Landschaftsplanung in Ks. Seit 2004 Mitarbeiter im Büro Latz-Riehl-Partner Landschaftsarchitekten AKH BDLA mit Aufgabenschwerpunkt in der Freianlagen-Planung.

Grabs, Günter, Studium Sport und Geografie in Köln. Volontär und Redakteur beim Sport-Informations-Dienst Düsseldorf. 1973–99 Sportredakteur bei der HNA in Ks.

Gräf, Holger Th., Prof. Dr., Historiker, ab 1992 Assistenz an der Humboldt Univ. zu Berlin, 1995 Visiting Scholar in Madison (USA), seit 1996 Wiss. Oberrat am Hess. Landesamt für geschichtliche Landeskunde und Lehrbeauftragter in Marburg.

Grindel, Susanne, Dr. phil., Wiss. Mitarbeiterin am Georg-Eckert-Institut für internationale Schulbuchforschung, Braunschweig. Studium in Gießen, Exeter (GB) und Carleton College (USA). 1997 DAAD-Dozentin in Montréal; 1999–2004 DFG-Referentin.

Grisko, Michael, Studium der Germanistik, Politik- und Europäischen Medienwissenschaften in Ks. und Dijon. Wiss. Mitarbeiter in Ks. und Halle, Kulturredakteur beim ZDF/3sat. Seit 2006 Wiss. Leiter des Buddenbrookhauses Lübeck.

Gröschel, Claudia, Dr., Studium der Kunstgeschichte und Germanistik in Heidelberg, Gießen, Paris und Bern. 1991–93 Volontariat bei den Staatl. Schlössern und Gärten Hessen. Seit 1994 freiberufliche Tätigkeit im Bereich Gartendenkmalpflege.

Grothe, Ewald, PD Dr. für Neuere und Neueste Geschichte an der Univ. Wuppertal. Veröffentlichungen zur Wissenschaftsgeschichte, Verfassungsgeschichte. Mitgl. d. Historischen Kommission für Hessen und des Wiss. Rats der Brüder Grimm-Gesellschaft.

Gums, Matthias, Dr., Historiker, Forschungsschwerpunkt: 1848, Geschäftsführer, Unternehmer.

Härtel, Maren Christine, Dr., Studium der Mittleren und Neueren Geschichte, Kunstgeschichte und Politikwissenschaften. Seit Dezember 2007 Projektkoordinatorin im Heidelberger Exzellenzcluster „Asia and Europe in a Global Context".

Härter, Karl, Prof. Dr., Prof. für Neuere und Neueste Geschichte an der TU Darmstadt, Forschungsgruppenleiter am Max-Planck-Institut für europäische Rechtsgeschichte Frankfurt, Forschungen: vormoderne Ordnungsgesetzgebung und -politik.

Haferkamp, Horst, Dr. med., Studium der Medizin in Bonn. 1975–96 Oberarzt der chirurgischen Abteilung des Elisabeth-Krankenhauses Ks., 1997–2007 Leiter des Funktionsbereiches Handchirurgie am Klinikum Ks.

Handke, Svenja, Studium der Geschichte in Ks., wiss. Hilfskraft am Lehrstuhl für Neuere und Neueste Geschichte.

Hanschke, Ulrike, Dr., Studium der Kunstgeschichte und Archäologie in Marburg, Würzburg und Gießen. 1988 wiss. Mitarbeiterin an der Univ. Gießen, 2000–07 Mitarbeit am DFG-Projekt: Onlinekatalog der Architekturzeichnungen der MHK.

Hansmann, Wilfried, PD Dr., StR i. H. am Institut für Schulpädagogik der Univ. Marburg. Arbeitsgebiete: Schulgeschichte, Biographieforschung, Lehrerprofessionalisierung.

Hartmann, Stefan, Dr., Archivdirektor am Geheimen Staatsarchiv Preußischer Kulturbesitz Berlin.

Haß, Esther, Dipl.-Päd., Vorsitzende der Jüdischen Gemeinde Ks., seit 1991 ehrenamtl. Stadträtin in Ks., Mitgl. d. Kommission für die Geschichte der Juden in Hessen, Präsidiumsmitglied der Deutsch-Israelischen Gesellschaft.

Hassenpflug, Klaus, Richter am Amtsgericht i. R., Bearb. einer Autobiografie seines Vorfahren, des Ministers Ludwig Hassenpflug.

Hedewig, Roland, Prof. em. Dr., Prof. für Didaktik der Biologie an der Univ. Ks., 1981–2001 Leiter des Freilandlabors Dönche. Mitarbeit am „Handbuch für den Biologieunterricht Sekundarbereich I" und am „Jahrbuch Naturschutz in Hessen".

Hedwig, Andreas, Dr., Leitender Archivdirektor des Hessischen Staatsarchivs Marburg, Vorsitzender der Historischen Kommission für Hessen, Veröffentlichungen zur hess. Landesgeschichte, vor allem zur Zeitgeschichte nach 1945.

Heidrich, Erhard, Amtsrat i. R., langjähriger freier Journalist für Kirchenpresse, Tageszeitungen, Journale etc. Arbeitsschwerpunkte: Kasseler Stadt- und katholische Kirchengeschichte, historische Führungen auf dem Kasseler Hauptfriedhof.

Heinz, Marianne, Dr., Studium der Kunstgeschichte, Archäologie und Romanistik. Leiterin der Neuen Galerie, MHK. Ausstellungen und Publikationen zur Kunst ab 1750 mit Schwerpunkt zeitgenössische Kunst.

Heipcke, Corinna, Dr., Studium der Germanistik, Placement Officer an der Roehampton University in London, ehem. DAAD-Lektorin an der University of Surrey, Mitorganisatorin der 9. und 10. Offenen Frauenhochschule an der GhK.

Hellmuth, Elke, Studium Stadt- und Landschaftsplanung in Ks., Zweckverband Raum Ks., Stadtplanung, Flächennutzungsplanung. Arbeitsschwerpunkte: Stadtentwicklungsplanung und Stadtteilarbeit.

Helwig, Heidrun, M. A., Historikerin, Tageszeitungs-Redakteurin und Lehrbeauftragte an der Univ. Gießen. Mitgl. im Vorstand der Brüder Grimm-Gesellschaft und der Brüder Grimm-Stiftung.

Henke-Bockschatz, Gerhard, Prof. Dr., Prof. für Didaktik der Geschichte an der Univ. Frankfurt/M., Wiss. Mitarbeiter und Dozent an der Univ. Ks. von 1992–2000 und 2006/07. Arbeitsschwerpunkte: Sozial- und Wirtschaftsgeschichte der Neuzeit.

Hering, Rainer, Prof. Dr., Prof. für Neuere Geschichte, Leitender Archivdirektor des Landesarchivs Schleswig-Holstein. Arbeitsschwerpunkte: Kirchen-, Uni-, Landesgeschichte des 19. und 20. Jhs., Antisemitismusforschung, Archivwissenschaft.

Herz, Reinhard, seit 1972 Sportschütze im Sportschützenverein Baunatal, langjähriger Kreis- und Gauschützenmeister. Seit 2007 als Landesschatzmeister, Präsidiumsmitglied des Hess. Schützenverbandes e.V.

Hesse, Janina, Raumausstatterin. Studium des Lehramts für Haupt- und Realschule mit den Fächern Englisch und Geschichte in Ks.

Heyn, Susanne, M. A., Studium der Geschichte und Anglistik. Seit 2006 wiss. Koordinatorin der IAG Frauen- und Geschlechterforschung an der Univ. Ks. Forschungsschwerpunkte: Geschlechtergeschichte 19./20. Jh., Deutscher Kolonialismus.

Hinz, Berthold, Prof. em. Dr., Prof. für Allgemeine Kunstgeschichte an der Univ. Ks. bis 2007, Forschungsschwerpunkte: Antiken- und Mythenrezeption, Kunst und Architektur der Frühen Neuzeit, Bildnis- und Grabmalskunst, Kunst im NS.

Hochhuth, Gerhard, seit 1999 Pfarrer in Waldau. Unter seiner Leitung verfasste der Arbeitskreis „Waldauer Geschichte(n)" den vorliegenden Beitrag.

Hofmann, Burkhard, M. A., Erziehungs- und Medienwissenschaftler. Seit 1981 Mitarbeit im Filmladen Ks., seit 1995 angestellter Gesellschafter der Bahnhofslichtspiele im Kasseler Hauptbahnhof-GmbH.

Hollenberg, Günther, Prof. Dr., Studium in Bochum, London und Oxford. 1971–79 Redakteur der Zeitschrift „Neue Politische Literatur". 1980–2005 Archivar am Hess. Staatsarchiv Marburg. Honorarprofessor an der Univ. Marburg.

Hoß, Siegfried, Dipl.-Ing., Gartenhistoriker, Leiter der Abteilung Gärten und Gartenarchitekturen der MHK. Aufgabengebiet: Gartendenkmalpflegerische Leitung der Parkanlagen Schlosspark Wilhelmshöhe, Wilhelmsthal und Staatspark Karlsaue.

Hubenthal, Heidrun, Dipl.-Ing., Leitung des Infosystems „Planung/Grauer Raum" Fachbereich Architektur, Stadtplanung, Landschaftsplanung der Univ. Ks., Schwerpunkt: Nutzerorientierte Freiraumplanung, Leberecht-Migge-Archiv.

Huber, Gabriele, PD Dr., Kunsthistorikerin, Gastprofessuren u. a. in Paderborn. Schwerpunkte: Die Kunst der Moderne, zeitgenössische Kunst, speziell Italiens, internationale Avantgarden.

Hüttl, Wolfgang, Vizepräsident im Karneval-Verband Kurhessen und Präsident der Interessengemeinschaft Karneval Nordhessen.

Husmann, Torsten, M. A., Studium der Erziehungs- und Kunstwissenschaften und Psychologie. Freiberuflicher Medienpädagoge für Spielfilm-, Hörspiel- und Musikproduktionen. Tätig als Dozent für aktive Medienarbeit an der Univ. Ks.

Imboden, Gabriel, Dr., Direktor des Forschungsinstituts zur Geschichte des Alpenraums, Brig, Schweiz.

Jäckel, Marion, M. A., Studium der Kunstwissenschaft und Anglistik in Ks., Tätigkeit im Museum der Schwalm in Ziegenhain.

Jahns, Antonie, Dipl.-Ing., für Stadt- und Landschaftsplanung. Kunsthistorikerin, Doktorandin der Kunstwissenschaft an der Kunsthochschule Ks.

Jaritz, Susanne, Studium der Rechtswissenschaft in Jena, Referendariat in Thüringen, seit 2003 Richterin in der hessischen Sozialgerichtsbarkeit in Ks.

Jendorff, Alexander, PD Dr., Lehrbeauftragter an der Univ. Gießen, Lehrer an der Goetheschule in Wetzlar. Forschungsgebiete: alteuropäische Herrschafts-, Kultur- und Religionsgeschichte des 15. bis 19. Jh. mit Schwerpunkt auf dem Alten Reich.

Kaiser, Stephan, M. A., Studium der Skandinavischen Philologie und der Politikwissenschaften in Göttingen. Journalistische Ausbildung und Tätigkeit bei der HNA. Seit 1997 im Dienst der Stadt Ks., Leiter der Stadtbibliothek Ks.

Kallenbach, Steffen, Dipl. Soz. Päd./Sozialarbeit, Studium der Geschichte, Politikwissenschaft und Interkulturellen Wirtschaftskommunikation in Jena und der Sozialpädagogik in Ks. Lehrtätigkeit an den Univ. Ks. und Istanbul.

Kampmann, Christoph, Prof. Dr., Prof. für Geschichte der Frühen Neuzeit an der Univ. Marburg. Arbeitsgebiete: Konkurrierende Modelle im dynastischen Europa: Bourbon, Habsburg, Oranien um 1700, Mithg. und -autor der „Enzyklopädie der Neuzeit".

Katzschner, Lutz, Prof. Dr., Prof. für Umweltmeteorologie an der Univ. Ks., Arbeitsgebiete: Forschung und Lehre im Bereich der Stadtklimatologie, Human-Biometeorologie und Planung. Stellv. Vorsitzender im Fachausschuss Klima im VDI.

Keim, Heinrich, OStD i. R., Ausbildung zum Fleischer, Studium der Berufspädagogik, Ernährungswissenschaft und Handwerksgeschichte in Frankfurt. Schulleiter an der Walter-Hecker- u. Elisabeth-Knipping-Schule in Ks.

Kemler, Herbert, Prof. Dr., Studium der evangelischen Theologie in Frankfurt, Heidelberg und Göttingen. Seit 1991 Lehrbeauftragter der Univ. Ks., 1998 Ernennung zum Honorar-Professor.

Kesper-Biermann, Sylvia, PD Dr., Historikerin, wiss. Mitarbeiterin an der Univ. Paderborn. Arbeitsgebiete: Historische Bildungsforschung, Strafrechts- und Kriminalitätsgeschichte, Geschichte d. Bevölkerungswissenschaft und -politik im 19./20. Jh.

Kieseritzky, Wolther von, Dr., Studium der Geschichte, Literatur und Philosophie in Berlin, Freiburg und Ann Arbor, Lehrbeauftragter an der Humboldt-Univ. zu Berlin. Arbeiten zur Industriegesellschaft des 19./20. Jhs. und zur politischen Theorie.

Kimpel, Harald, Dr., Kunstwissenschaftler, Autor und Kurator, wiss. Mitarbeiter am Kulturamt Ks. Hauptarbeitsgebiete: Gegenwartskunst, Kultur- und Alltagsgeschichte, Geschichte der documenta.

Kingreen, Monica, wiss. Mitarbeiterin im Fritz Bauer Institut, Studien- und Dokumentationszentrum zur Geschichte und Wirkung des Holocaust, Frankfurt/M. Arbeiten zur Verschleppung und Verfolgung jüdischer Menschen.

Kirschner, Albrecht, Dr., Historiker und Politologe. Arbeitsschwerpunkte: NS-Justiz und Regional- und Lokalgeschichte des NS.

Klaube, Frank-Roland, Diplom-Archivar, seit 1968 im Stadtarchiv Ks., 1983–2008 dessen Leiter. Publikationen zur Kasseler Geschichte, v. a. Quellenpublikationen, Chronik der Stadt, Bildbände.

Kling, Hansgeorg, Studiendirektor i. R., Gymnasiallehrer an der Albert-Schweitzer-Schule Ks. bis 2000. Seit 1992 Vorsitz des Richard-Wagner-Verbandes Nordhessen, Ehrenmitglied des Hessischen Turnverbandes.

Klüßendorf, Niklot, Dr., apl. Prof. für Numismatik und Geldgeschichte an der Univ. Marburg. Bis 1980 Archivoberrat im Hess. Staatsarchiv Marburg. 1980–2006 Wiss. Oberrat am Hess. Landesamt für geschichtliche Landeskunde in Marburg.

Knab, Michael, Richter am Hessischen Finanzgericht.

Knöppel, Volker, Dr., Vizepräsident der Evangelischen Kirche von Kurhessen-Waldeck. Arbeitsgebiete: Hessische Kirchengeschichte, Kirchliches Verfassungsrecht.

Knüppel, Christine, Lehrerin, Gründungsmitglied und seit 1981 beschäftigt beim Kulturzentrum Schlachthof u. a. als Geschäftsführerin.

Köhler, Hermann, Pfarrer, 15 Jahre Gemeindepfarrer der Evangelischen Kirchengemeinde Wolfsanger. Seit 2005 Studienleiter im Evangelischen Forum Ks., Arbeitsbereiche: Theologie, Kulturpolitik und Dialog mit den Religionen.

Körner, Heinz Eckhardt, Immobilienkaufmann und Autor. Arbeiten zur historischen Entwicklung der südlichen Vorstadt und des Weinbergs seit 1987.

Köster, Andreas, K+S Aktiengesellschaft, Arbeitsgebiete: Kommunikation und Medien.

Köttelwesch, Sabine, Studium des Bibliothekswesens in Frankfurt/M., 1978–2008 Betreuung der Hessischen Sammlung in der Uni-Bibliothek Ks., Interessenschwerpunkt: Geschichte Nordhessens, bedeutende Frauen der Region.

Kopetzki, Christian, Prof. am Fachbereich Architektur, Stadtplanung, Landschaftsplanung der Univ. Ks. im Fachgebiet Stadterneuerung und Stadtumbau 1978–2005. Arbeiten zur jüngeren Kasseler Stadtbaugeschichte.

Kottke, Horst, Studium der Germanistik und Politik in Marburg, in den 1980er Jahre Mitarbeit im Forschungsprojekt „Ks. im NS“. Seit 1986 Medienpädagoge in Ks.

Krause-Vilmar, Dietfrid, Prof. em. Dr., Prof. für Erziehungswissenschaft an der Univ. Ks. 1975–2005, Studium der Geschichte, Politik- und Erziehungswissenschaft. Mitbegründer der Gedenkstätte Breitenau, 2005–07 Kommissarischer Direktor des Fritz Bauer Instituts.

Krell, Jörg, E.ON Mitte Aktiengesellschaft, Bereich Kommunikation.

Kreller, Claudia, M. A., Studium der Germanistik an der GhK, Redakteurin, 2000–06 Pressereferentin bei der WERBAS AG, 2006 Gründung der PR-Agentur „take teckst“ in Ks.

Kress, Michelle, Studium des Gymnasial-Lehramts für Geschichte und Politik in Ks.

Krieb, Steffen, Dr., wiss. Assistent für Mittelalterliche Geschichte an der Univ. Gießen. Mitglied der Historischen Kommission für Hessen. Arbeitsgebiete: Formen der Austragung und Beilegung von Konflikten, Erinnerungskultur des spätmittelalterlichen Adels.

Kriegleder, Wynfried, Dr., a. o. Univ.-Prof. am Institut für Germanistik der Univ. Wien, Literaturwissenschaftler.

Kroth, Rudolf, Prof. im Kunsthochschulbereich der GhK, Schüler von Hans Leistikow, Werkakademie Ks., nach der Pensionierung Tätigkeit als Grafiker, Zeichner und Maler.

Kühlborn, Harald, MPA, Pressesprecher des Landkreises Ks. Bis April 2003 tätig im Regierungspräsidium Ks., u. a. als Referent der Regierungspräsidentin. Seit 2007 Koordination der Kulturangelegenheiten auf Kreis-Ebene.

Kümmel, Birgit, Dr., Studium der Kunstgeschichte, Geschichte, Volkskunde und Christlichen Archäologie. Seit 1993 Leitung des Museums Bad Arolsen. Arbeiten zur Kunst- und Kulturgeschichte der Frühen Neuzeit und des 19. Jhs.

Küster, Jürgen, Dipl.-Bibliothekar, seit 1989 Leiter der Bibliothek und des Archivs sowie stellv. Leiter Öffentlichkeitsarbeit im Museum für Kommunikation Frankfurt. Post- und kommunikationsgeschichtliche Beiträge.

Kunze, Ronald, Dr.-Ing., Stadtplaner SRL, Assessor für Städtebau, 1984–94 wiss. Mitarbeiter an den Univ. Hannover, Ks., Weimar und der TU Hamburg-Harburg. Arbeiten zu Planungsrecht, Städtebau, Stadtentwicklung.

Landgrebe, Angela, Konrektorin i. R., Künstler-Nekropole Initiativkreis.

Lange-Spohr, Annette, Vorbereitung auf ein kaufmännisches und juristisches Studium, Übernahme des Familienbetriebes. Seit 1993 Leitung des Betriebes des Wasserkraftwerks Vogtsche Mühle.

Langkabel, Hermann, Dr. phil., Archivoberrat im Hess. Staatsarchiv Marburg, Referent für Musikwissenschaft und Musikgeschichte. Aufgabengebiete im StAM: Ersterwähnungen und kommunale Jubiläen, Deutscher Ritterorden.

Lasch, Vera, Dr. rer. pol., Wiss. Mitarbeiterin an der Univ. Ks. und Geschäftsführerin des KulturNetzes Ks. e.V., Sozialwissenschaftlerin, Arbeiten zur Entwicklung der Altstadt Kassels zwischen Weimarer Republik und Erstem Weltkrieg.

Lauer, Bernhard, Dr., Direktor des Brüder Grimm-Museums Ks., Geschäftsführer der Brüder Grimm-Gesellschaft e.V., Vorsitzender der Deutsch-Japanischen Gesellschaft Kassel.

Leffler, Dieter-Rudolf, geb. 1935 in Ks., Rentner.

Leidig, Edgar, Sozialarbeiter, ehem. Leiter des Hauses der Jugend, Verwaltungsbeirat der Stadt Ks., Wehrdienstverweigerungsausschuss, Ehrenbrief d. Landes Hessen, Stadtmedaille der schwedischen Stadt Västerås.

Lemberg, Margret, Dr. h.c., seit 1981 in Marburg, Studium der Geschichte, Germanistik und Kunstgeschichte in Köln und Bonn, OStR und Archivpädagogin i. R., Publikationen zur hessischen Universitäts- und Landesgeschichte.

Leonhäuser, Karl, Pfarrer, seit 1996 Vorsteher des Kurhessischen Diakonissenhauses Ks., Geschäftsführer d. CBG Christliches Bildungsinstitut für Gesundheitsberufe gemeinnützige GmbH.

Leuschner, Vera, Dr., Studium der Kunstgeschichte und Geschichte in Göttingen und Berlin. 1980–90 Wiss. Mitarbeiterin des Brüder Grimm-Museums Ks., Publikationen zur Kunst des 15. und 19. Jhs.

Liebmann, Edgar, M. A., Dipl.-Wirt. Ing., Doktorand der FernUniv. Hagen, externer Mitarbeiter Institut für Geschichte und Biographie Lüdenscheid, Lehrbeauftragter d. Univ. Wuppertal, Arbeiten zur Dt. Verfassungs- und Historiographiegeschichte.

Lind, Carsten, Dr., Mitarbeiter im Sonderforschungsbereich 434 Erinnerungskulturen am Historischen Institut der Univ. Gießen, Abteilung Neuzeit II. Arbeitsschwerpunkte: Hessische Landesgeschichte, Universitätsgeschichte.

Lohmeier, Walter, Dr., Dipl.-Ökonom, seit 1995 Hauptgeschäftsführer der Industrie- und Handelskammer Ks. Arbeitsschwerpunkte: regionale Wirtschaftspolitik, Bildungs- und Ausbildungspolitik, Zusammenarbeit von Wissenschaft und Wirtschaft.

Lotze, Siegfried, Hochbau-Ing., OStR im techn. Schuldienst, Studium der Bautechnologie, Geschichte, Politik und Kunstgeschichte in Ks. und Darmstadt, Lehre an Technikerschule, GhK sowie Restauratoren- und Lehrerfortbildung.

Lübke, Ingrid, Dipl.-Ing., Prof. für Stadtentwicklungsplanung und Stadtmanagement an der Univ. Ks. bis 2007, seither Büro für kooperative Planung in Stadt und Region (ilc), seit 2008 Vorstandsmitgl. Kulturnetz Ks.

Lüken-Isberner, Folckert, Dr. rer. pol., Studium in Detmold und Berlin. Innenarchitekt, Stadt- und Regionalplaner, Wiss. Mitarbeiter an der TU Berlin und der GhK. Stadtbau- und -planungsgeschichtliche Forschungen zu Ks.

Lukatis, Christiane, Dr., Leiterin der Graphischen Sammlung der Museumslandschaft Hessen Ks.

Mackensen, Ludolf von, Dr., Hon.-Prof. für Physik- und Wissenschaftsgeschichte an der Univ. Ks., 1975–2003 (Sammlungs-)Leiter des Astronomisch-Physikalischen Kabinetts und der Abt. für Technikgeschichte der Staatl. Kunstsammlungen.

Mader, Astrid, M. A., Dr. phil., Studium der Philosophie und Germanistik in Hamburg, Heidelberg, Wien und Paris, 2006–08 im euregioverlag Ks. tätig, Arbeitsgebiete: PR, Lektorat, Projektassistenz.

Maduschka, Hendrik, seit 2005 Studium des Lehramts für Geschichte und Mathematik an der Univ. Ks.

Makowski, Angela, Kunsthistorikerin, Arbeitsschwerpunkte in den Bereichen Architektur und Innenarchitektur von Sakralbauten. Vortrags- und Publikationstätigkeit zu theologischen Themen.

Matthäus, Wolfgang, Lehrer an der Albert-Schweitzer-Schule in Ks., Leiter der dortigen WERKSTATT GESCHICHTE.

Matthes, Maren, Geschäftsführerin der Kasseler Musiktage e.V., geschäftsführende Intendantin des Kultursommers Nordhessen e.V.

Mehrwald, Silke, Dipl.-Sozialpäd., seit 1989 Mitarbeiterin der Stiftung Archiv der deutschen Frauenbewegung. Arbeiten zur regionalen Frauengeschichte und zur Geschichte der Frauenbewegungen in Deutschland.

Meinken, Karin, ehem. Leiterin des Stadtarchivs Baunatal, Mitgl. des Vereins für Heimatgeschichte und Denkmalpflege Baunatal e.V., Aufgabengebiete: Erforschung der Stadtgeschichte, Betreuung des Stadtmuseums.

Meiß, Walther, Diplomgärtner, leitender Studiendirektor i. R., bis zur Pensionierung Leitung, Lehr- und Versuchstätigkeit an der LVG Ks.

Merkel, Kerstin, Dr. phil. habil., Studium der Kunstgeschichte, Archäologie und Ägyptologie in Mainz. Lehrbeauftragte an der Univ. Eichstätt. Forschungsgebiete: Memoria-, Emotions- und Mentalitätsgeschichte, Genderforschung.

Mey, Eberhard, Lehrer an der Albert-Schweitzer-Schule Hofgeismar.

Meyer, Lola, Studium der Landschaftsarchitektur und Stadtplanung in Ks., Amsterdam und Hamburg, lebt und arbeitet in Berlin und ist Teil von urbikon.com.

Meyfahrt, Rainer, Prof. für kommunale Entwicklungsplanung an der GhK. Seit 1990 Abteilungsleiter Unternehmensplanung KVG, Geschäftsführer der RGB, Geschäftsführer VSN GmbH, Mitgl. SRL und DASL.

Mijatovic, Boris, seit 2006 Vorsitzender des FreizeitSport-Clubs Dynamo Windrad Ks. e.V.

Mogk, Walter, Dr., bis 1999 akademischer Direktor am Institut für Neuere Geschichte der Univ. München. Publikationen zum Wilhelminischen Deutschland, zur hess. Landesgeschichte und zum hugenottischen Refuge.

Mühlhausen, Walter, PD Dr., Historiker, Geschäftsführer der Stiftung Reichspräsident-Friedrich-Ebert-Gedenkstätte Heidelberg, Mitgl. der Kommission für Politische und Parlamentarische Geschichte des Landes Hessen beim Hess. Landtag.

Müller, Hartmut, Studiendirektor i. R., Studium Englisch, Geschichte, Politik in Marburg und Bristol. Fachleiter für Englisch am Studienseminar für Gymnasien in Ks.

Münzer, Lutz, Dr. rer. nat., freiberuflich tätig als Geograph/Historiker/Kartograph in Marburg. Forschend zur Eisenbahngeschichte im mittleren und nördlichen Hessen.

Mundry, Johannes, Studium der Germanistik und Romanistik in Marburg, Bonn und Madrid. Seit 1991 Pressereferent und Zeitschriftenredakteur beim Bärenreiter-Verlag in Ks. Daneben Musikkritiker für HNA und diverse Zeitschriften.

Nagel, Anne Christine, Dr., PD für Neuere und Neueste Geschichte an der Univ. Gießen. Arbeitsgebiete: Liberalismusgeschichte, Universitäts- und Wissenschaftsgeschichte.

Nau, Heinz, Mitgl. der Heimatfreunde im Stadtteil Wolfsanger.

Naumer, Sabine, M. A., Bibliothekarin und Kunsthistorikerin. Seit 1991 bei den Staatlichen Museen Ks./MHK tätig.

Nemitz, Jürgen, Dr., Studium der Geschichte und Volkskunde in Regensburg und Göttingen. Seit 2002 Wiss. Angestellter der Univ. Marburg. Publikationen zur Landes- und Stadtgeschichte sowie zum EDV-Einsatz in den Geisteswissenschaften.

Neumann, Mario, Sachgebiets- und stellv. Abteilungsleiter d. Sozialamts der Stadt Ks. Aufgabenschwerpunkte: Fallmanagement und Flüchtlingshilfe.

Neurath-Sippel, Ulrike, M. A., Studium der Volkskunde, Deutschen Philologie und Pädagogik in Göttingen. Seit 2006 Kustodin des Museums für Sepulkralkultur.

Neuschäfer, Uwe, Kasseler Entwässerungsbetrieb, Abteilungsleiter Technik.

Neusüss, Floris M., Prof., Studium der Wandmalerei in Wuppertal, der Fotografie in München und der Experimentellen Fotografie in Berlin. 1972–2002 Prof. für Experimentelle Fotografie an der Kunsthochschule Ks.

Nickel, Karl-Heinz, Germanist und Historiker, Arbeiten zur regionalen Literaturgeschichte von Nordhessen und Waldeck und zur Rhetorik, Veranstalter des Kasseler Literatur-Spazierganges, Mitarbeit im Hess. Literaturrat.

Niehoff, Reiner, Dr., PD für Neuere deutsche Literatur an der FU Berlin. Mit Valeska Bertoncini Herausgeber des Briefwerks Hans Jürgen von der Wenses.

Niggemann, Ulrich, Dr., M. A. Studium der Mittelalterlichen und Neueren Geschichte in Göttingen und Bonn, Wiss. Mitarbeiter am Fachgebiet Neuere Geschichte der Univ. Marburg.

Nitsche, Lothar, Dipl.-Forstingenieur, Forstschule Schotten, Revierleiter bis 1974, Untersuchungen zu den Bereichen Ornithologie, Botanik, Biotoppflege. Vorstandsfunktionen in Naturkunde- und Naturschutzvereinen.

Nolte, Hans-Helmut, Dr.-Ing. Dipl.-Ing., Stadtplaner, Städtebauarchitekt, freischaffend tätig in Ks. Arbeitsgebiete: Stadtplanung und Städtebau, Regional- und Dorfentwicklung, Gebäude- und Freiraumplanung.

Oberbrunner, Frank, Rechtsanwalt, Studium der Rechtswissenschaften in Marburg und Bonn. Mitgl. der Stadtverordnetenversammlung mit Arbeitsschwerpunkten: Haushalt, Wirtschaft, Finanzen, Kultur, Stadt- und Regionalentwicklung.

Obermaier, Gerlinde, Dr., Dramaturgin, Dozentin für Theaterwissenschaft, PR-Referentin.

Olten, Rainer, Prof. Dr., Prof. für Wirtschaftswissenschaften an der Univ. Ks., Publikationen zur regionalen Wirtschaftsgeschichte und Karl Murhard. Gründungs- und Vorstandsmitgl. der Freunde des Stadtmuseums Ks. e.V.

Oppermann, Eva, Dr., Studium der Anglistik und evang. Religion für das Lehramt Gymnasium, Habilitandin u. Projektmitarbeiterin an der Univ. Ks.

Orth, Sabrina, Pressesprecherin Zissel in Ks. e.V.

Ottersbach, Christian, Dr., Studium der Kunstgeschichte, Geschichte und Mittelalterarchäologie in Bamberg und Marburg. Freischaff. Kunsthistoriker und Autor. Arbeitsgebiete: Burgen-, Schloss- und Festungsbau, Hofkultur, osmanische Baukunst.

Otto, Astrid, M. A., Dr. phil., freie Mitarbeit im Archiv der deutschen Frauenbewegung, Kasseler Frauenstadtgeschichte, nordhessische und Kasseler Autorinnen.

Pabst, Harald, Studium der Rechtswissenschaften in Frankfurt/M., seit 1989 Richter am Verwaltungsgericht Darmstadt, seit 1995 Richter am Hessischen Verwaltungsgerichtshof in Ks.

Pfennig, Torsten, Studium des Sportmanagements. Seit 2006 Pressesprecher bei den EC Ks. Huskies. Zuvor freier Journalist bei der HNA im Bereich Sport und fester Korrespondent für die Fachzeitschrift EishockeyNEWS.

Pfromm, Renate, Dipl. Arch., HfG, Stadt- und Regionalplanerin. Dezernatsleiterin für Siedlungswesen in der Regionalplanung im Regierungspräsidium Ks. i. R.

Pinnow, Herbert, Historiker, seit 1975 in der Kasseler Lokal- und Regionalforschung tätig, Arbeitsschwerpunkte Wirtschafts- und Technikgeschichte.

Presche, Christian, Dipl.-Ing., Doktorand in mittelalterlicher Geschichte, Studium der Architektur und Geschichte in Ks. 2004 Wiss. Betreuung d. Restaurierungsarbeiten am Philippsepitaph, 2004/05 Lehrauftrag für Baugeschichte an der Univ. Ks.

Pühringer, Andrea, Dr., Studium der Geschichte und Germanistik in Wien. 1992–99 Vertrags-Assistentin an der Univ. Wien. Seit 1999 freiberufl. tätig, Lehraufträge an den Univ. Ks. und Marburg. Arbeiten zu Stadt-, Finanz-, Regional- und Kulturgeschichte.

Puppel, Pauline, Dr., Studium der Geschichte, Germanistik und Romanistik, 1998–2004 Wiss. Mitarbeiterin an der Univ. Ks., 2004–07 am Landeshauptarchiv Koblenz tätig, seit 2007 Archivrätin z. A. am Hess. Hauptstaatsarchiv Wiesbaden.

Range, Heiner, Landwirt, Betreiber eines Biolandhofes, Ortslandwirt, freier Autor, Historische und Agrarpolitische Themen in: Kritischer Agrarbericht, Arbeitsergebnisse, Zeitschrift „D'r Osse", Historische Führungen in der Region.

Rapp, Hermann-Josef, Forstbeamter i. R., Autor zahlreicher Bücher und Beiträge; Vorträge, Führungen und Moderationen für die Anliegen der Region, des Naturschutzes und des Waldes.

Reiss, Angela, Studium der Germanistik, Kunsterziehung und Philosophie in Bonn und Ks. Freie Mitarbeit bei WDR, HR und Verlagen. Lehrerin am Engelsburg-Gymnasium und Pädagogische Mitarbeiterin am Institut für Germanistik Ks.

Renner, Silke, M. A., Studium der Kunstwissenschaften und Philosophie in Ks., seit 2004 Führungen in der MHK. u. a. Beiträge für den Online-Katalog der Architekturzeichnungen der MHK über das Gestüt Beberbeck.

Repp, Gerhard, Glasermeister und Inhaber der Glaserei Hundertmark, Präsident der Handwerkskammer Ks. i. R.

Reuß, Jürgen von, Prof. am Fachbereich Stadt- und Landschaftsplanung der GhK. Gärtnerlehre bei Karl Foerster, Studium der Landespflege in München, des Städtebaues in Aachen. 1991 Gründung des Projektbüros Stadtlandschaft.

Reuter, Martin, Dr., Kommunikationswissenschaftler, Privatgelehrter. Diverse Publikationen zu 1848, Malwida von Meysenbug und der europäischen Demokratiegeschichte. Journalist im Freien Radio Ks. und www.kasselzeitung.de.

Richarz-Riedl, Barbara, Dr., Studium der Kunstgeschichte, Archäologie und Geschichte in Freiburg und Wien, freiberufliche Dozentin, Museumsakademie im Augustinum, Erwachsenenbildung.

Richter, Achim, Dr.-Ing., Städtische Werke AG Ks., Arbeitsgebiete: Wasserversorgung, Gasversorgung, Leitung Netzstrategie und Grundsatzplanung.

Richter, Emanuel, Prof. Dr., Prof. für Politische Wissenschaft an der Rheinisch-Westfälischen TH Aachen.

Richter, Gunnar, Dr. phil., Mitbegründer und Leiter der Gedenkstätte Breitenau in Guxhagen. Arbeitsgebiete: Forschung und Vermittlung der Geschichte Breitenaus und der nordhess. Region in der NS-Zeit sowie Fragen der Gedenkstättenpädagogik.

Ritzerfeld, Ulrich, Dr., Historiker am Hessischen Landesamt für geschichtliche Landeskunde Marburg und Lehrbeauftragter der Univ. Gießen, Arbeitsgebiete: Hess. Landesgeschichte, mittelalterliche Verfassungsgeschichte.

Roberg, Francesco, Dr., Studium der Geschichte, Historischen Hilfswissenschaften, Klassischen und Mittellateinischen Philologie in Perugia und Bonn. Hochschulassistent an der Univ. Marburg, Betreuung des Lichtbildarchivs älterer Originalurkunden.

Röhring, Micha, Dr., Studium der Geschichte und Informatik. Planungsbeauftragter der MHK.

Roßius, Anne, M. A., Studium der Geschichte und Germanistik in Ks. Wiss. Mitarbeiterin im Buddenbrookhaus Lübeck.

Roth, Karoline, Studium des Gymnasial-Lehramts für Musik und Deutsch in Köln. 2007 Musiklektorat im Furore-Verlag, seit 2008 Referendariat in Düsseldorf.

Schaake, Klaus, Herausgeber StadtZeit Ks. und Mitinitiator des Stadtteilportals marbachshoehe.net.

Schach, Holger, Studium der Wirtschaftsgeographie und Sozialwissenschaften. Seit 1993 tätig für die Landesentwicklungsgesellschaft des Freistaates Thüringen. Seit 2002 Geschäftsführer der Regionalmanagement Nordhessen GmbH.

Schagrün, Helmut, Elektromeister i. R., Mitglied in der Arbeitsgruppe Bettenhausen früher und heute des Stadtteilzentrums Agathof. Arbeitsgebiete: Stadt- und Industriegeschichte Bettenhausens.

Scharf, Jörg Michael, Arbeiterwohlfahrt Kassel.

Schattner, Thomas, Gymnasiallehrer für Geschichte und Kunst in Homberg/Efze. Forschungen zum NS: Machtübernahme der NSDAP, Nordhessen im Zweiten Weltkrieg, jüdische Geschichte nordhess. Gemeinden, Täterkarrieren im NS.

Schaub, Stefan, Studium des Lehramts für Sport- und Geschichtswissenschaften in Ks.

Schilling, Johannes, Prof. Dr. theol. Dr. phil., Prof. für Kirchen- und Dogmengeschichte an der Univ. Kiel, 1999–2002 Prorektor. Studien zu Luther, zur Reformationsgeschichte und Kirchengeschichte Hessens und Schleswig-Holsteins.

Schlechta, Peer, Konzertorganist, Orgel- und Glockensachverständiger, Musikwissenschaftler und Verlagslektor.

Schlegel, Astrid, M. A., Dipl.-Ing., freiberuflich im Bereich Architektur und Denkmalpflege tätig, u. a. für die Verwaltung der Staatlichen Schlösser und Gärten Hessen in Bad Homburg.

Schlitzberger, Udo, Dr., Landrat bis 2009, Kreisausschuss des Landkreises Ks., Studium der Politik- und Geschichtswissenschaften in Marburg, Initiator einer Arbeitsgruppe Chatten der Landkreise Ks. und Schwalm-Eder.

Schmaling, Paul, Dipl.-Ing. und Architekt, freier Autor, Autor verschiedener Lexika zu bildenden Künstlern.

Schmarsow, Christine, hauptamtliche Stadträtin und ehem. Stadtverordnetenvorsteherin in Ks.

Schmidberger, Ekkehard, Dr., Prof. hc. em., bis 2006 Leiter der Sammlungen Kunsthandwerk, Plastik und Münzkabinett (Hess. Landesmuseum), der Militaria- und Jagdabteilung sowie der Designsammlung. Bis 2007 Lehre der Designgeschichte an der GhK.

Schmied-Kowarzik, Wolfdietrich, Prof. em. Dr., Prof. für Philosophie und Pädagogik an der Univ. Ks. bis 2007, Studium der Philosophie, Ethnologie und Psychologie. Forschungsschwerpunkte: Praktische, Bildungs-, politische und Kulturphilosophie.

Schmitz, Andreas, Dipl.-Ing., Studium der Stadt- und Verkehrsplanung in Ks. Seit 1986 selbstständiger Stadt- und Verkehrsplaner, 1992 Einstieg in die Planungsgruppe Nord in Ks., geschäftsführender Gesellschafter und Projektleiter.

Schnackenburg, Bernhard, Dr., Kunsthistoriker, 1983–2003 Leiter der Gemäldegalerie Alte Meister in Ks.

Schneider, Eckart, seit 2001 Arbeitsrichter in Ks.

Schneider, Hans, Prof. em. Dr. theol., Prof. für Kirchengeschichte (Fachbereich Evangelische Theologie der Univ. Marburg), stellv. Vorsitzender der Historischen Kommission für Hessen. Publikationen zur Reformationsgeschichte und weiteren frühneuzeitlichen Themen.

Schneider, Helmuth, Prof. Dr., Prof. für Alte Geschichte an der Univ. Ks. seit 1991. Forschungsschwerpunkte: Wirtschafts- und Technikgeschichte der Antike.

Schneider, Ulrich (usch), Dipl.-Ing., Stadtplaner, Gutachter und Projektleiter für (Rüstungs-) Altlastensanierung, 1985–87 Erstuntersuchung einer ehem. Sprengstofffabrik, seit 2007 Leiter der Arbeitsgruppe Rüstungsaltlasten der M & P Ingenieurgesellschaft mbH in Hannover.

Schneider, Ulrich (ulsch), Dr., Studium in Marburg, Historiker, Lehrer, Publizist. Arbeitsgebiete: regionale Zeitgeschichte, Widerstandsforschung und Antifaschismus heute, Geschichte des KZs Buchenwald.

Schönhofen, Horst Ulrich, Richter am Landgericht, Richterlicher Referent und Pressesprecher des Landgerichts Ks.

Scholz, Th. Hans-Dieter, Amtsrat, 1963–2004 im Regierungspräsidium Ks., u. a. von 1978–87 im Dezernat Wasserrecht tätig.

Schrader, Eberhard, OStR i. R. für Biologie, Chemie, Erdkunde. Recherchen zu R. A. Philippi in Valdivia und Santiago, daraus resultierend 2004 eine Ausstellung im Naturkundemuseum Ks. zum 100. Todestag Philippis.

Schreiber, Claudia, Studium des Gymnasial-Lehramts für Geschichte und Anglistik in Ks. und Wolverhampton/England.

Schulz-Jander, Eva M., Dr., Studium der Romanistik, Germanistik und Philosophie in Houston, Montpellier und Berkeley. Geschäftsführerin der Gesellschaft für Christlich-Jüdische Zusammenarbeit in Ks.

Schwab, Michael, persönlicher Referent des Kasseler Oberbürgermeisters, Initiator einer Wiederbelebung der Herkulesbahn in moderner Form und Vorsitzender des Fördervereins Neue Herkulesbahn e.V.

Schwalenstöcker, Monika, Studium der Geschichte und Sozialkunde in Ks., kontinuierlich hochschulpolitisch aktiv, seit 2006 Mitarbeit als Hilfskraft am Fachbereich Gesellschaftswissenschaften.

Schwarz, Yannick Philipp, seit 2003 Magister-Studium der Kunstwissenschaften in Ks., Vorstandsmitgl. in den Vereinen Bürger für das Welterbe e.V. und Herkulesschmiede Messinghof e.V.

Schwarze, Dirk, Studium der Germanistik und Soziologie in Köln, Journalist und Kunstkritiker. 1982–2002 Leiter der HNA-Kulturredaktion, 2002–07 HNA-Autor für Kultur und Sonderthemen. Veröffentlichungen zur documenta.

Seidel, Knut, Geschäftsführer kassel tourist GmbH & Kongress Palais Ks. – Stadthalle.

Seidenfaden, Susanne, Studium der Romanistik in Göttingen. Seit 1984 freie Journalistin für die HNA und in verschiedenen Firmen tätig. Buchautorin zu regionalen Themen.

Siebert, Silke, Diplom-Ökonomin, Studium der Wirtschaftswissenschaften in Ks. Referentin der Hauptabteilung bei der SV Sparkassen Versicherung in Stuttgart. Arbeitsgebiete: Unternehmenskommunikation/Pressestelle.

Slenczka, Helmut, Prof. em., Dipl.-Ing., Prof. an der Univ. Ks., Architekt.

Sonntag, Martin, seit 2000 Geschäftsführer der Caricatura – Galerie für Komische Kunst im KulturBahnhof Ks. Seit 1999 mit eigener Agentur an die Caricatura angegliedert.

Speitkamp, Winfried, Prof. Dr., Prof. für Neuere Geschichte an der Univ. Gießen, Mitgl. d. Hess. Landesdenkmalrats und des Hauptausschusses der Historischen Kommission für Hessen. Arbeitsgebiete: Geschichte der Denkmalpflege, Geschichtskultur und politischen Symbolik.

Splettstößer, Alexandra, M. A., Kunsthistorikerin und Doktorandin an der Univ. Marburg.

Splitter, Rüdiger, Dr., Studium der Klassischen Archäologie, Kunstgeschichte und Ägyptologie, seit 1996 an verschiedenen Museen tätig, seit 2003 Kustos der Antikensammlung der MHK.

Stein, Johannes, Studium der Geschichte und Kunstgeschichte in Ks., Schwerpunkt Mittelalter. Forschungsgebiete: Identitätskonstrukte in der Landeschronik von Hessen und Thüringen des Wigand Gerstenberg.

Stengel, Karin, Studium der Bibliothekswissenschaften in Stuttgart, Kunstgeschichte und Philosophie in Ks. Seit 1993 Leiterin des documenta Archivs der Stadt Ks., Initiatorin von Ausstellungen und Tagungen zur documenta-Geschichte.

Stoll, Dirk, Theologe, seit 2000 Pfarrer an der Evangelischen Kirche Rothenditmold in Ks.

Stolze, Hans-Dieter, seit 1999 Pfarrer i. R., davor an der Lutherkirche. Publikationen zur praktischen Theologie und der Geschichte der evang. Kirche in Ks. Mitarbeit bei den „Homiletischen Monatsheften“.

Strohmenger, Dirk, M. A, Studium in Marburg und Gießen, Historiker und Politologe, wiss. Volontär im Hessischen Landesamt für geschichtliche Landeskunde Marburg, Projekt: Erstellung einer „Topographie des NS in Hessen“. Forschungsschwerpunkte: Hessische Landesgeschichte, Militärgeschichte, Symbolpraktiken im „Dritten Reich“.

Tacke, Andreas, Prof. Dr. Dr., Prof. für Kunstgeschichte an der Univ. Trier. Studium der Architektur, Kunstgeschichte, Soziologie und Philosophie in Münster, Berlin und Bonn. Gastprofessuren in Ks., Jena, Kiel, Marburg, Heidelberg, Graz und Trier.

Teichler, Ulrich, Dipl.-Soz., Prof. em. Dr. phil., Prof. an der Univ. Ks. bis 2009. Studium der Soziologie in Berlin, Direktor des Internationalen Zentrums für Hochschulforschung (INCHER). Gastprofessuren an der Northwestern University und in Hiroshima.

Temme, Willi, Dr., Studium der evang. Theologie. Wiss. Mitarbeiter im Fachgebiet Kirchengeschichte der Univ. Marburg. Seit 1997 Pfarrer an der Martinskirche Ks.

Thöner, Frank, Kulturmanager, Mitbegründer des Filmladens Ks. e.V., Mitinhaber der BALi Kinos und Gloria Kino, Mitinitiator des Kasseler KulturBahnhofs, Netzwerker.

Tönsmann, Frank, Prof. em. Dr. Ing., Studium des Bauingenieurwesens in Darmstadt. 1991–2005 Leiter des Fachgebietes Wasserbau und Wasserwirtschaft im Fachbereich Bauingenieurwesen der Univ. Ks. Arbeitsgebiete: Landschaftswasserbau und Hochwasserschutz.

Ulbricht, Annette, M. A., Studium der Politik, Volkswirtschaft und Psychologie in Gießen. Journalistische Tätigkeit sowie Presse- und Öffentlichkeitsarbeit in diversen Verbänden, Pressesprecherin der Univ. Ks.

Umbach, Angelika, Studium der Politik, Soziologie, Sozialarbeit. Freie Musikdramaturgin und künstlerische Leiterin des Kulturzeltes Ks.

Urlen, Falk D., Diplomhandelslehrer, Studium in Göttingen, Fachleiter und stellv. Leiter am Berufspädagogischen Studienseminar Ks., 1981–93 und 1997–2006 Ortsvorsteher Ks.-Forstfeld, Stadtältester.

Vanja, Christina, Prof. Dr., Prof. der Univ. Ks., tätig im Landeswohlfahrtsverband Hessen, Funktionsbereich „Archiv, Gedenkstätten, Historische Sammlungen". Mitgl. der Historischen Kommission für Hessen, Sprecherin der „AG Archive in Nordhessen".

Voelzke, Thomas, Dr., Richter am Bundessozialgericht, Referent für Öffentlichkeitsarbeit und Pressewesen, Lehrbeauftragter der Humboldt-Univ. zu Berlin, Vorsitzender des juris-Beirats, Hg. und Autor zum Sozialrecht.

Voigt, Karl Heinz, Pastor der Evang.-methodistischen Kirche, Vizepräsident der World Methodist Historical Society. 2007 Distinguished Service Award für vielfache Forschungen in der methodistischen Weltkirche.

Vollmer, Thomas, Prof. Dr., Prof. an der Univ. Hamburg, Arbeitsgebiete: Berufliche Bildung, Technik- und Industriegeschichte.

Vonseelen, Tanja, M. A., Verlagskauffrau, Studium der Kunstwissenschaft und Germanistik in Ks., 2002–07 wiss. Mitarbeiterin am Museum für Sepulkralkultur. Seit 2007 Artist Liaison, Galerie Arndt & Partner, Berlin.

Wagner, Günter, Lehrer an der Goetheschule, im Vorstand des Fördervereins Kulturdenkmal Kurbad Jungborn.

Waldeck, Karl, Pfarrer, Studium der evang. Theologie in Bielefeld-Bethel, Basel, Marburg und Göttingen. Leiter der Öffentlichkeitsarbeit der Evangelischen Kirche von Kurhessen-Waldeck. 1989 Ordination. Seit 1996 Pfarrer im Landeskirchenamt.

Warlich-Schenk, Brigitte, Dipl.-Ing., Studium der Kunstgeschichte in Tübingen, der Architektur in Ks., 1980–84 wiss. Mitarbeiterin beim Landesamt für Denkmalpflege Hessen, Außenstelle Marburg, Abteilung Denkmaltopographie.

Weber, Gregor J. M., Prof. Dr., Leiter der Gemäldegalerie Alte Meister, MHK bis 2009.

Weber, Simone, M. A., Studium der Kunstwissenschaft und Germanistik in Ks., Schwerpunkt Romantik und Ossiankult.

Weiand, Kerstin, Mitarbeiterin am Seminar für Neuere Geschichte der Univ. Marburg. Arbeitsgebiete: Hess. Landesgeschichte, Dreißigjähriger Krieg und Westfälischer Frieden, Politische Kulturgeschichte, Verfassungsgeschichte.

Weide, Wolfgang, Polizeioberkommissar, Sachbearbeiter im Polizeipräsidium Nordhessen, Polizeidirektion Ks. Seit 1974 im Polizeidienst des Landes Hessen. Forschungsgebiete: Polizeigeschichte von Preußen und Hessen.

Weinmann, Nico, Studium der Germanistik und Sozialkunde in Ks. Wiss. Hilfskraft im Fachgebiet für internationale und intergesellschaftliche Beziehungen.

Welzel, Dieter, Prof. an der Hochschule für Bildende Künste in Braunschweig seit 1971. Studium der Freien Kunst, der Kunst- und Werkpädagogik sowie der Kunstgeschichte in Ks. und Göttingen. 1981–96 Rektor und Präsident der HBK.

Wenzel, Cornelia, wiss. Dokumentarin, Mitarbeiterin der Stiftung Archiv der deutschen Frauenbewegung im Bereich Archiv – Bibliothek – Dokumentation.

Werner, Petra, M. A., Studium der Kunstwissenschaften, Mittleren und Neueren Geschichte und Philosophie in Ks., Doktorandin an der Univ. Ks. Seit 2003 Freie Mitarbeiterin bei der MHK.

Wicke, Andreas, Dr., Studium der Germanistik, Musik und Philosophie in Ks. und Wien. Hg. der „Kasseler Musikgeschichte". Lehrtätigkeit am Institut für Germanistik der Univ. Ks. sowie freier Mitarbeiter beim Hessischen Rundfunk.

Wiedemann, Konrad, Dr., Studium der Germanistik, Geschichte und Philosophie, seit 1983 in der Bereichsbibliothek Landes- und Murhardsche Bibliothek der Universitätsbibliothek Ks., seit 1991 Leitung der Handschriftenabteilung.

Wiegand, Thomas, Dr., Studium des Fotoingenieurwesens in Köln und der Kunstgeschichte in Ks. Arbeitsschwerpunkte: Denkmalpflege, Baugeschichte, Geschichte der Fotografie, dokumentarische Fotografie.

Wilkens, Michael, Architekt, Prof. für Architekturtheorie an der GhK bis 2000. Begründer der Arbeitsgruppe Stadt/Bau 1978, heute „Baufrösche", und der „Mach-was-Stiftung" 2005. Ehrenbürger von Sta. Clara/Kuba.

Winnige, Gisela, Studium der Indologie, Kunstgeschichte und Ethnologie. Langjährige Tätigkeit im Verlagswesen/Marketing, seit 2007 freie Lektorin.

Winter, Sascha, M. A., Promotionsstipendiat am Landesgraduiertenkolleg „Das Konzert der Medien in der Vormoderne" an der Univ. Heidelberg. Arbeitsschwerpunkte: Architektur- und Gartenkunstgeschichte, Sepulkral- und Erinnerungskultur, Kulturtransfer.

Winterhager, Wilhelm Ernst, Prof. Dr., Prof. für Neuere Geschichte an der Univ. Marburg. Arbeitsgebiete: Reformationsepoche, Kaiserreich, Erster Weltkrieg, Widerstand gegen den NS, skandinavische Geschichte.

Wischhöfer, Bettina, Dr., Kirchenarchivoberrätin, Leiterin des Landeskirchlichen Archivs Ks., Leiterin des Verbandes kirchlicher Archive, Mitgl. der Historischen Kommission für Hessen, Mitgl. der Kommission für Neuere Geschichte der EKKW.

Wissner, Gerhard, seit 1985 Mitarbeit im Filmladen Ks. e.V., Festivalleiter des Kasseler Dokumentarfilm- und Videofestes, Gründer der BALi Kinos Ks., Lehraufträge an der Kunsthochschule Ks., documenta-Filmreihen 1997, 2002 und 2007.

Wöll, Ernst, Apotheker i. R., ehrenamtliche Tätigkeit in der Apothekerkammer und im Apothekerverband Hessen.

Wolff, Fritz, Dr., Studium der Geschichte und Germanistik in Göttingen, Edinburgh und Bonn. Archivdienst, zuletzt bis 2001 Leitender Archivdirektor am Hess. Staatsarchiv Marburg.

Wolff, Kerstin, Dr., Historikerin. Mitarbeiterin bei der Stiftung Archiv der deutschen Frauenbewegung, Arbeitsbereich, Forschung und Publikation.

Wollek, Wolfgang, Dipl.-Übersetzer, Mitgl. des Vereins Luftbad Waldwiese e.V. seit 2003, Arbeitsbereich: Öffentlichkeitsarbeit.

Wroz, Winfried, Historiker, Geograph, 1986–2006 Leiter des Regionalmuseums „Alte Schule" Kaufungen. Arbeitsgebiete: Anthropo-, Wirtschafts- und Sozialgeographie, Geschichte der Kaufunger Region.

Wunder, Dieter, Dr., Historiker, Gymnasiallehrer, Leiter einer Ganztagsgesamtschule, Vorsitzender der GEW 1981–97, bildungspolitischer Berater.

Wunder, Heide, Prof. em. Dr., Prof. für Sozial- und Verfassungsgeschichte der Frühen Neuzeit an der Univ. Ks. bis 2004.

Zeller, Anja, Studium der Kunstgeschichte und Klassischen Archäologie in Frankfurt/M. Freie Autorin und Lektorin.

Zindel, Uwe, Forstdirektor, Hessen-Forst, Leiter des Forstamtes Wolfhagen.

Zöttlein, Helga, Dr., Historikerin. Lektorin im Wartberg Verlag. Mitgl. im Ortsbeirat Nord-Holland.

Quellen und Literatur

Abkürzungen

Abb. = Abbildung(en), amtl. = amtlich, Arb. = Arbeit, Aufl. = Auflage, Ausg. = Ausgabe, Bd./Bde. = Band/Bände, bearb./Bearb. = bearbeitet/Bearbeiter, begr. = begründet, Ders. = Derselbe, Dies. = Dieselbe, Diss. = Dissertation (Diss. rer. pol., Diss. med., Diss. phil.), e. V. = eingetragener Verein, ed. = ediert, Ev. = Evangelisch(en), Ex. = Exemplar, f./ff. = folgende, GhK = Gesamthochschule Kassel, hg./Hg. = herausgegeben/Herausgeber, Hs. = Handschrift, Jb. = Jahrbuch, Kat. = Katalog, Kath. = katholisch, Mag. = Magistrat, MHK = Museumslandschaft Hessen Kassel, Ms. = Manuskript, Ndr. = Nachdruck, NF = Neue Folge, o. J. = ohne Jahr, o. O. = ohne Ortsangabe, o. Verf. = ohne Verfasser, s. = siehe, staatl. = staatlich, städt. = städtisch, Univ. = Universität, veröff. = veröffentlicht, Zs. = Zeitschrift

Zeitschriftensiglen

HJbLG = Hessisches Jahrbuch für Landesgeschichte
MHG = Mitteilungen des Vereins für hessische Geschichte und Landeskunde
ZHG = Zeitschrift des Vereins für hessische Geschichte und Landeskunde

Quellen und Literatur

Aus folgenden Archiven wurden Bestände benutzt, die hier im Einzelnen nicht aufgeführt werden können:

Handschriftensammlung der Universitätsbibliothek Ks. – Landesbibliothek und Murhardsche Bibliothek der Stadt Kassel
Hessisches Staatsarchiv Marburg (StAM)
Landeskirchliches Archiv Kassel
Stadtarchiv Kassel (StAKs.)
Stiftung Archiv der Deutschen Frauenbewegung
sowie Bauwerksbücher der Stadt Kassel, befindlich beim Amt für Straßen- und Verkehrswesen, der Deutschen Bahn Netz AG sowie dem Straßenverkehrsamt

10 Jahre Aussiedlerpolitik der Bundesregierung 1988–1998, hg. v. Bundesministerium des Innern, Bonn 1998
10 Jahre KSV Hessen e.V., hg. v. Kasseler Sportverein Hessen e.V., Kassel 1955
10 Jahre Übergangswohnheim für Spätaussiedler/innen in der Jägerkaserne, hg. v. Sozialamt der Stadt Kassel, Kassel 1999
100 Jahre Deutscher Evangelischer Frauenbund, Ortsverband Kassel e.V. 1899–1999, Festschrift, Kassel 1999
100 Jahre Erdgas für Kassel 1891–1991, Städtische Werke Aktiengesellschaft (Hg.), Kassel 1991
100 Jahre gewerbliche Berufsschulen im Stadt- und Landkreis Kassel, hg. v. d. Arbeitsgemeinschaft der Direktoren der Gewerblichen Beruflichen Schulen der Stadt und des Landkreises Kassel, Kassel 2002
100 Jahre Kreuzkirche, im Auftrag des Kirchenvorstands der Kreuzkirchengemeinde hg. v. Bernhard Scholz, Kassel 2006
100 Jahre St. Familia, hg. v. d. Pfarrei St. Familia, Kassel o. J. [1999]
100 Jahre Strom für Kassel 1891–1991. Jubiläumsschrift anläßlich des Beginns der Stromversorgung in Kassel im Jahr 1891, hg. v. d. Städtische Werke AG, Kassel 1991
125 Jahre Strafvollzug Kassel-Wehlheiden 1882–2007. Geschichte einer Justizvollzugsanstalt, hg. von Jörg-Uwe Meister, Kassel 2007
125 Jahre Vinzentinerinnen in Kassel, hg. v. d. Elisabeth-Krankenhaus, Kassel 2007
150 Jahre Kasseler Kunstakademie. Ausstellungs-Kat., Kassel 1927
170 Jahre Kasseler Kunstverein. Die letzten 20 Jahre 1985–2005, hg. v. Kasseler Kunstverein, Kassel 2005
1929–1979. 50 Jahre. Eine Bilddokumentation, hg. v. d. Städtische Werke AG, Kassel 1979
2. Panzergrenadierdivision – Die „Zwote". Eine Chronik der Geschichte der Hessischen Division, hg. v. d. Kameradschaft 2. Panzergrenadierdivision e.V., o. O. [Kassel] 1994
200 Jahre Charité, Städtische Kliniken Kassel. Beiträge zur Entwicklungsgeschichte des Krankenhauswesens von 1785–1985, hg. v. d. Betriebsleitung der Städtischen Kliniken Kassel, Kassel 1985
200 Jahre Kirche Kirchditmold. Kirchditmold und seine Kirche in Vergangenheit und Gegenwart, hg. v. Werner Wölbing im Auftrag des Kirchenvorstandes der Ev. Kirchengemeinde Kassel-Kirchditmold, Kirchditmold 1992
25 Jahre Bundesgartenschau, bearb. v. Hanna Bielefeld-Hart, Eckhard Jochum, Kassel 2006
25 Jahre Städtische Werke Aktiengesellschaft. Kassel 1955
25 Jahre Wohnungsbau in Kassel, Geschäftsbericht für das Jahr 1964, hg. v. d. GEWOBAG, Kassel 1965
3 x Tischbein und die europäische Malerei um 1800, Ausstellungs-Kat., hg. v. Hans-Werner Schmidt, Michael Eissenhauer, München 2006
300 Jahre Denis Papin. Naturforscher und Erfinder in Hessen, Ausstellungs-Kat., Marburg 1987
300 Jahre Hugenotten in Hessen. Herkunft und Flucht, Aufnahme und Assimilation, Wirkung und Ausstrahlung. Ausstellungs-Kat. bearb. v. Karl-Hermann Wegner, Kassel 1985
40 Jahre Bauingenieur-Studium in Kassel: ein Rückblick, 46/86, bearb. v. Bernt Armbruster, Kassel 1986
5. Deutscher Reichskriegertag Kassel 6.–8. Juli 1935, hg. v. Landesverband Hessen des Deutschen Reichskriegerbundes „Kyffhäuser", Kassel 1935
50 Jahre Auestadion in Kassel, 23.8.1953–23.8.2003, hg. v. d. Stadt Kassel, Kassel 2003
50 Jahre Dienst am kranken Menschen. Marienkrankenhaus. Beginn der Erinnerungsfeier mit hohen Gästen – 1000 Patienten behandelt, in: HNA v. 6.2.1963
50 Jahre documenta/50 years documenta 1955–2005. 2 Bde., hg. v. Michael Glasmeier, Karin Stengel, Göttingen 2005
50 Jahre EAM, 1929–1979, hg. v. d. Elektrizitäts-Aktiengesellschaft Mitteldeutschland, Kassel 1979
50 Jahre Fatimagemeinde Kassel-Wilhelmshöhe 1947–1997, hg. v. Pfarrgemeinderat Maria Königin des Friedens, Kassel 1997
50 Jahre Katholische Kirche St. Bonifatius Kassel-Wesertor, hg. v. d. Kath. Pfarrgemeinde St. Bonifatius, Kassel 2007
60 Jahre Hübner. Firmenchronik anlässlich des 60-jährigen Bestehens der Firma Hübner im Jahre 2006, Kassel 2006
75 Jahre Hessisches Landesmuseum Kassel, 1913–1988, Darmstadt 1988
75 Jahre Kinderkrankenhaus Park Schönfeld, Kassel, Festschrift des Deutschen Evangelischen Frauenbundes, Kassel 1984
900 Jahre Harleshausen, 1074–1974, Festchronik, hg. v. Karl Arend, Kassel 1974

900 Jahre Nordshausen. 40 Jahre Stadtteil, hg. v. d. Arbeitsgemeinschaft Nordshäuser Vereine, o. O. 1976
925 Jahre Nordshausen im Wandel der Jahrhunderte, 1076–2001, bearb. v. Fritz Poppenhäger, Kassel 2000
975 Jahre Kaufungen 1011–1986. Beiträge zur Heimatkunde, bearb. v. Winfried Wroz, Kaufungen 1985

ABC der Werkakademie. Staatliche Werkakademie Kassel, Hochschule für Gestaltung, Kassel 1951
Abesser, Rudi, Unsere Liebe gilt Hessen. Vierter Hessentag in Kassel wurde zur Demonstration der Heimatliebe, in: 700 Jahre Hessen. Staats-Anzeiger für das Land Hessen. Sonderausg. Wiesbaden Dezember 1964, 39–46
Ackermann, Karl, Führer durch die Gemälde- etc. Sammlung des Städtischen Bose-Museums zu Kassel, Kassel [2]1899
Adamski, Peter (Hg.), „Glücklich die Stadt, die keine Helden hat". Über Denkmäler in Kassel, Bd. 1, Kassel 1993
ADB → Allgemeine Deutsche Biographie, hg. v. d. Historischen Kommission bei der Bayerischen Akademie der Wissenschaften, München 1875ff. (2001ff.)
ADL → Archiv des Liberalismus, Gummersbach
Air market kassel 1973. 9. Internationale Fachmesse der allgemeinen Luftfahrt, Flughafen Kassel-Calden 20.–24.6.1973, Steinebach-Wörthsee 1973
AKL → Allgemeines Künstlerlexikon – Internationale Künstlerdatenbank AKL, Leipzig 1872ff.; München/Leipzig 1996–2000; CD-Rom München 2000ff.
Allgemeine Encyklopädie der Wissenschaften und Künste, hg. v. Johann Samuel Ersch, Johann Gottfried Gruber, Graz 1818ff. (1969ff.)
Allgemeines Gelehrten-Lexicon, hg. v. Christian Gottlieb Jöcher, Johann Christoph Adelung, Leipzig 1750–1897
Albrecht, Thomas, Für eine wehrhafte Demokratie. Albert Grzesinski und die preußische Politik in der Weimarer Republik, Bonn 1999
Almeling, Gerhard, Die fürstliche Glashütte zu Altmünden 1594–1818, Hann. Münden 2006
Altmann, Fred, Otto Philipp Braun, Großmarschall von Montenegro, in: Orden und Ehrenzeichen/BDOS-Jb. (2000), 82–87
Altmarkt → Der Altmarkt in Kassel, hg. v. d. Stadt Kassel, Tiefbauamt, Kassel 1958
Am falschen Ort – „Displaced Persons" in Kassel. Schriften der Werkstatt Geschichte an der Albert-Schweitzer-Schule Kassel, Kassel 2002
Amtsblatt der Königlichen Regierung zu Kassel 1 (1869)
Antike Bauten in Modell und Zeichnung um 1800, vollständiger Kat. der Korkmodelle und der Sonderausstellung 1986, Ausstellungs-Kat. bearb. v. Peter Gercke, Kassel 1986
Antike Steinskulpturen und neuzeitliche Nachbildungen in Kassel. Bestandskatalog MHK, Antikensammlung Schloss Wilhelmshöhe, bearb. v. Peter Gercke, Nina Zimmermann-Elseify, Mainz 2007
Apel, Karl, Nachrichten (Miszellen) von Wahlershausen-Wilhelmshöhe, Kassel 1998
Apel, Katrin, Caritas und memoria. Das Hospitalwesen der Stadt Kassel im späten Mittelalter, Magisterarb. Kassel 2006
Apell, David August von, Cassel in historisch-topographischer Hinsicht. Nebst einer Geschichte und Beschreibung von Wilhelmshöhe und seinen Anlagen, Marburg 1805
Apell, David August von, Gallerie der vorzüglichsten Tonkünstler und merkwürdigen Musik-Dilettanten in Cassel [...], Kassel 1806
Architekturführer → Zumpfe
Arndt, Karl, Kay H. Nebel, ein Maler der „Neuen Sachlichkeit", Neumünster 1975
Arndt, Marco, Militär und Staat in Kurhessen 1813–1866. Das Offizierskorps im Spannungsfeld zwischen monarchischem Prinzip und liberaler Bürgerwelt, Darmstadt/Marburg 1996
Arnold Bode (1900–1977). Leben und Werk, Ausstellungs-Kat. hg. v. Marianne Heinz, Wolfratshausen 2000
Arnold, Linus, Kasseler Instrumentenbauer mit Weltruf. Die Klavierbaufirma Carl Scheel, in: Wicke, Andreas (Hg.), Kasseler Musikgeschichte, Gudensberg 2004, 67–72
Arnold, Martin, Die mauritianische Reform in Eschwege. Landesherrliche Konfessionspolitik und bürgerschaftlicher Widerstand, in: ZHG 111 (2006), 63–84
Arnsberg, Paul, Die jüdischen Gemeinden in Hessen. Anfang, Untergang, Neubeginn. 2 Bde., Frankfurt/M. 1971, Bilder und Dokumente, Bd. 3, Darmstadt 1973
Atwood, Rodney, The Hessians. Mercenaries from Hessen-Kassel in the American revolution, Cambridge u. a. 1980
Auerbach, Inge u. a., Auswanderung aus Hessen, Marburg [2]1986
Auerbach, Inge, Auswanderung aus Kurhessen. Nach Osten oder Westen?, Marburg 1993
Auerbach, Inge, Die Hessen in Amerika 1776–1783, Darmstadt/Marburg 1996
Auf dem Weg – Deutsche in Russland und in der GUS, hg. v. Landsmannschaft und Kulturrat der Deutschen aus Russland, Stuttgart [5]1997
Aufklärung und Klassizismus in Hessen-Kassel unter Landgraf Friedrich II. 1760–1785. Ausstellungs-Kat. hg. v. d. Staatl. Kunstsammlungen Kassel, Kassel 1979
Aumüller, Gerhard, Ärztliche Versorgung in der Gründungsphase der Hessischen Hohen Hospitäler – Die Rolle der Leibärzte, in: Meyer, Andreas/Schulz-Grobert, Jürgen (Hg.), Gesund und krank im Mittelalter. Marburger Beiträge zur Kulturgeschichte der Medizin, Leipzig 2007, 299–318
Aumüller, Gerhard, Benedict Stillings (1810–1879) Untersuchungen über das Rückenmark – ein Wendepunkt in der neuroanatomischen Forschung, in: Medizinhistorisches Journal 19 (1984), 53–69
Aumüller, Gerhard, Cordus' Vorfahren und Nachkommen, in: ZHG 95 (1990), 55–76
Aumüller, Gerhard, Lebens- und Arbeitsbedingungen hessischer Organisten während des 17. Jahrhunderts. Das Beispiel der Familie von Ende, in: ZHG 111 (2006), 85–126
Aversion/Akzeptanz. Öffentliche Kunst und öffentliche Meinung. Außeninstallationen aus documenta-Vergangenheit, hg. v. Mag. der Stadt Kassel, Marburg 1992

Baas, Friedrich-Karl, Die Nordhessische Teichwirtschaft im 19. Jahrhundert, in: Jb. Landkreis Kassel (1980), 65–68
Bach, Wilhelm, Kirchenstatistik der evangelischen Kirche im Kurfürstenthum Hessen, Cassel 1835
Bachmann, Felicitas u. a., Weibsbildung. Wie Frauen trotz allem zu Wissen kamen, Berlin 1990
Bachmann, Vera, Kasseler Badelust. Badekultur am Fuldastrand und eine Reise in die Geschichte der Volksbäder, Kassel 1995
Backhaus, Fritz/Haß, Esther/Schuchard, Jutta, „... da dergleichen Geschäfte eigentlich durch grosse Konkurrenz gewinnen". Meyer Amschel Rothschild in Kassel, Kassel 1994
Badenoch, Teresa S., Wilhelmshöhe: a unique record of a changing landscape by J. H. Müntz (1786–1796), in: Journal of Garden History 6,1 (1986), 50–61
Bäumer, Gertrud, Johanna Waescher †, in: Die Frau 42 (1935), 570
Bäumer, Gertrud, Julie von Kaestner, in: Die Frau 42 (1935), 399–400
Baier, Irmtraud, Das Marmorbad in der Kasseler Karlsaue, in: Froschkönige 3 (2002), 109–113

Balde, Joachim Heinrich, u. a., 200 Jahre Charité – Städtische Kliniken Kassel. Beiträge zur Entwicklungsgeschichte des Krankenhauswesens von 1785 bis 1985, hg. von der Betriebsleitung der Städtischen Kliniken Kassel, Kassel 1985
Balde, Joachim Heinrich/Biermer, Leopold, Medizin in Kassel. Daten, Fakten, Bilder, Kassel 1973
Baldinger → Lebensbeschreibung von Friderika Baldinger von ihr selbst verfasst, hg. v. Sophie von La Roche, Offenbach 1791
Bantzer → Carl Bantzer. Aufbruch und Tradition. Ausstellungs-Kat. hg. v. Bernd Küster, Jürgen Wittstock, Bremen ²2003
Barba, Preston Albert, The life and works of Friedrich Armand Strubberg, New York 1913
Barthold, Friedrich Wilhelm, Geschichte der Fruchtbringenden Gesellschaft, Berlin 1848
Baumann, Carl-Friedrich, 175 Jahre Henschel. Der ständige Weg in die Zukunft 1810–1985, Moers 1985
Baumbach, Wilhelm, Harleshausen: eine siedlungsgeschichtliche Studie, Kassel 1974
Baumgärtner, Ingrid (Hg.), Fürsprache, Rat und Tat, Erinnerung: Kunigundes Aufgaben als Herrscherin, in: Dick u. a., Kunigunde, München 2004, 47–69
Baumgärtner, Ingrid, König Konrad I. und regionale Identität: Das Urteil hessischer Historiographen bis um 1600, in: Goetz, Hans-Werner (Hg.), Konrad I. Auf dem Weg zum „Deutschen Reich"?, Bochum 2006, 367–399
Baumgärtner, Ingrid (Hg.), Kunigunde – eine Kaiserin an der Jahrtausendwende, Kassel ²2002
Baumgärtner, Ingrid, Niederhessen in der Krise? Städtischer Aufruhr im landgräflichen Kassel und im erzbischöflichen Hofgeismar, in: Dies./Schich, Winfried (Hg.), Nordhessen im Mittelalter. Probleme von Identität und überregionaler Integration, Marburg 2001, 137–170
Baunatal, Städtebauliche Entwicklungsmaßnahme, hg. v. d. Stadt Baunatal, d. Hess. Landgesellschaft, Baunatal 1999
Becker, Horst, Das Gesamtkunstwerk Wilhelmshöhe in Kassel, Worms 2005
Becker, Horst, Die Geschichte der Karlsaue in Kassel. Planungsgeschichte und Bestandserfassung. Teil 1: Vom Renaissancegarten zum Barock- und Rokokopark, in: Die Gartenkunst 8,1 (1996), 29–58
Becker, Horst, Staatspark Karlsaue Kassel. Landschaftlich überformter Barockpark mit Insel Siebenbergen, Regensburg 2002
Becker, Horst/Karkosch, Michael, Park Wilhelmshöhe Kassel. Parkpflegewerk. Historische Analyse – Dokumentation – Denkmalpflegerische Zielsetzung, Regensburg 2007
Becker, Iris/Humborg, Christiane, Schlosspark Wilhelmshöhe. Größter Bergpark Europas – Landschaftsgarten mit Herkules und barocker Kaskadenanlage, Regensburg 2002
Becker, Kurt, Gesammelte Daten von Oberzwehren und Kurhessen, früher auch Niederhessen oder Hessen-Cassel genannt, Kassel-Oberzwehren 2000
Beckett → Samuel Beckett und Kassel, 1928–1932, hg. v. d. Samuel-Beckett-Gesellschaft, Kassel/Göttingen 2006
Be[e]hr, Matthias Johann von, Rerum Mecleburgicarum libri octo [...], Leipzig 1741
Be[e]hr → Des Herrn Matthias Johann von Behr acht Bücher der meklenburgischen Geschichte. 2 Bde., Ratzeburg 1759–1760
Behringer, Wolfgang/Roeck, Bernd, Das Bild der Stadt in der Neuzeit 1400–1800, München 1999
Belt, Albert, Neue Bauten von Gottfried Böhm. Versuch einer Interpretation der Bauten von Gottfried Böhm, in: Das Münster 15,1/2 (1962), 1–24
Benary, Albert, Luftschutz. Die Gefahren aus der Luft und ihre Abwehr, Leipzig 1933
Bentmann, Reinhard, Der Untergang Kassels (1943), in: Bentmann, Reinhard/Viebrock, Jan Nikolaus (Hg.), Hessische Baukunst in alten Fotografien, Stuttgart 2006, 120–123
Benzing, Josef, Die Buchdrucker des 16. und 17. Jahrhunderts im deutschen Sprachgebiet, Wiesbaden ²1982
Berding, Helmut, Napoleonische Herrschafts- und Gesellschaftspolitik im Königreich Westfalen 1807–1813, Göttingen 1973
Berensmeyer, Gudrun/Köppe Hans-Joachim, Die Siedlungs- und Wohnungsbauentwicklung in Kassel. Die Siedlungs- und Wohnungsbauentwicklung in ihrer Abhängigkeit von politisch-ökonomischen Faktoren in Kassel von 1866 bis zum 1. Weltkrieg, Kassel 1979
Bergmann, Joseph, Urgeschichte des Stadtkreises Kassel. Führer zur nordhessischen Ur- und Frühgeschichte 2, Kassel ²1981
Bergmann, Waltari, 150 Jahre Chorgesang im Mitteldeutschen Sängerbund 1839–1989. Die Geschichte des Chorwesens in Kurhessen, Waldeck, Südhannover, Sitz Kassel, Kassel 1989
Bergmeyer, Winfried, Landgraf Karl von Hessen-Kassel als Bauherr. Funktionen von Architektur zwischen Vision und Wirklichkeit, Münster 1999
Berke, Dietrich/Brozinski, Hartmut/Schweikhart, Gunter, Heinrich Schütz. „Der hervorragendste Musiker seiner Zeit", Kassel 1985
Bernert, Helmut, 100 Jahre gewerbliche Berufsschulen im Stadt- und Landkreis Kassel, Kassel 2002
Bernert, Helmut, 100 Jahre Handwerkskammer Kassel, 1900–2000, Kassel 2000
Bernert, Helmut, Die Murhardsche Bibliothek der Stadt Kassel und ihre wissenschaftlichen Bibliothekare, in: 125 Jahre Murhardsche Stiftung, Kassel 1988, 105–131
Bernert, Helmut, Der Architekt Prévôt und die „Bau- und Kunstdenkmäler", in: Olten, Rainer (Hg.), Geschichte lebendig gemacht, Kassel 2002, 109–128
Bernert, Helmut, Die wissenschaftlich tätigen Bibliotheksbediensteten 1580–1957, in: Ex Bibliotheca Cassellana, Kassel 1980, 65–102
Bernert, Helmut (Bearb.), Handwerk zwischen Zunft und Gewerbefreiheit. Quellen zum Handwerksrecht im 19. Jahrhundert, Kassel 1998
Bernert, Helmut, Jakob Hoffmeister – ein fast vergessener Genealoge und Numismatiker – und seine Familie, in: Genealogie 14 (1989), 669–681
Bernert, Helmut, Zweihundert Jahre Kasseler Glaserzunft. Materialien zur Geschichte des Glaserhandwerks in Kassel, o. O. [Kassel] 1982
Bernhard, Horst, Geologisch bedingte Schäden an historischen Bauwerken aus Naturstein (Basalt-Tuff) im Staatspark Kassel-Wilhelmshöhe und deren Sanierung (Exkursion I am 6.4.1990), in: Jahresberichte und Mitteilungen des Oberrheinischen Geologischen Vereins 73 (1991), 177–186
Berrer, Julius Wolfgang, Die neue Gemäldegalerie im Residenzschloss zu Cassel, in: Museumskunde 17 (1924), 131–135
Berrer, Julius Wolfgang/Wilhelm Böttner, in: Monatshefte für Kunstwissenschaft 13 (1920), 154–165
Best, Heinrich/Weege, Wilhelm, Biographisches Handbuch der Abgeordneten der Frankfurter Nationalversammlung 1848/49, Düsseldorf 1996
Bestandskatalog 19. Jahrhundert → Bestandskatalog der Gemälde des 19. Jahrhunderts Museumslandschaft Hessen Kassel, bearb. v. Marianne Heinz, Wolfratshausen ²2006
Bettenhäuser, Hermann, Die Entwicklung des Gerichtswesens in Hessen, in: Justiz-Ministerial-Blatt für Hessen 16,7 (1964), 51–62
Beuys → Joseph Beuys. documenta-Arbeit. Ausstellungs-Kat. hg. v. Veit Loers, Pia Witzmann, Stuttgart 1993
Bezzenberger, Günter E. T./Fischer, Beatus (Hg.), Sehenswerte Kirchen in den Kirchengebieten Hessen und Nassau und Kurhessen-Waldeck, einschließlich der rheinhessischen Kirchenkreise Wetzlar und Braunfels, Kassel/Frankfurt/M. 1987

Bidlingmaier, Rolf, Das Residenzpalais in Kassel. Der Architekt Johann Conrad Bromeis und die Raumkunst des Klassizismus und Empire in Kurhessen unter Kurfürst Wilhelm II., Regensburg 2000
Bidlingmaier, Rolf, Die Bauten von Johann Conrad Bromeis im Schlosspark Wilhelmshöhe. Ballhaus – Großes Pflanzenhaus – Wachthaus – Marstall – Kavalierhaus, Regensburg 2003
Biermann, Wilhelm Eduard, Karl Georg Winkelblech (Karl Marlo). Sein Leben und sein Werk, 2 Bde., Leipzig 1909
Biese, Horst/Grabs, Günter (Hg.), KSV Hessen Kassel. Die Legende lebt, Kassel 2000
Biese, Horst/Peiler, Herbert, Flanken, Tore und Paraden. 100 Jahre Fußball in Kassel, Kassel 1993
Bildung hat Zukunft. Volkshochschule in Kassel, hg. v. d. Gesamt-Volkshochschule Kassel, Kassel 1987
Binder, Elsa, Malwida von Meysenbug und Friedrich Nietzsche. Die Entwicklung ihrer Freundschaft mit besonderer Berücksichtigung ihres Verhältnisses zur Stellung der Frau, überarbeiteter Ndr. Schutterwald/Baden 2007
Biographisches Handbuch für das Preußische Abgeordnetenhaus 1867–1918, bearb. v. Bernhard Mann, Düsseldorf 1988
Biographisch-Bibliographisches Kirchenlexikon, hg. v. Friedrich Wilhelm Bautz, Hamm 1975ff.
Bitsch, Horst, Die Verpfändungen der Landgrafen von Hessen während des späten Mittelalters, Göttingen u. a. 1974
Bizer, Ernst/Heinrich Heppe, in: → LKuW 6 (1958), 112–127
Bleibaum, Friedrich, Johann August Nahl. Der Künstler Friedrichs des Grossen und der Landgrafen von Hessen-Kassel, Baden 1933
Bloch, Olga, Die Kasseler Fayence-Manufaktur, Coburg 1931
Block, Friedrich (Hg.), Christine Brückner und Otto Heinrich Kühner. „Der einzige funktionierende Autorenverband", Kassel 2007
Bobé, Louis, Charlotte Amalie, Königin zu Dänemark, Kopenhagen 1940
Bode, Paul/Brundig, Ernst/Milte, Kurt, Kinos, München 1957
Boder, Wolfram, Die Kasseler Opern Louis Spohrs. Musikdramaturgie im sozialen Kontext, Kassel 2007
Bödeker, Hans Erich, Strukturen der Aufklärungsgesellschaft in der Residenzstadt Kassel, in: Mentalitäten und Lebensverhältnisse. Beispiele aus der Sozialgeschichte der Neuzeit, Göttingen 1982, 55–76
Boehlke, Hans-Kurt, Simon Louis du Ry. Ein Wegbereiter klassizistischer Architektur in Deutschland, Kassel 1980
Boehn, Otto von, Adam Liquier Beaumont und Hans Winter: Zwei Bildhauer des ausgehenden 16. Jahrhunderts, Bremen 1952
Boes, Julius, Das Hessen-Kasseler Postwesen, in: Archiv für deutsche Postgeschichte 1 (1957), 25–39; 2 (1958), 41–51
Boes, Julius, Die Post in der Residenzstadt Kassel, in: Hessische Postgeschichte 8 (1963), 5–26
Böker, Hans Josef, Alois Holtmeyer (1872–1931). Architekt und Denkmalpfleger, in: ZHG 89 (1982/83), 213–216
Börner → Holger Börner – Ein politisches Leben in Bildern, hg. v. Dieter Dowe/Michael Schneider, Bonn 2001
Börsch-Supan, Helmut, Die deutsche Malerei von Anton Graff bis Hans von Marées 1760–1870, München 1988
Böttcher, Barbara, Das Recht auf Gleichheit und Differenz, Münster 1990
Boller, Günter/Jentsch, Martin, Die Fuldaaue im Gebiet der Stadt Kassel – Arten- und Biotopschutz in einer neu gestalteten Auelandschaft, in: Jb. Naturschutz in Hessen 5 (2000), 227–233
Bonnemann, Alfred, Der Reinhardswald, Hann. Münden 1984
Borstel, Stephan von/Krause-Vilmar, Dietfrid, Breitenau 1933–1945. Bilder, Texte, Dokumente, Kassel 2008
Boßdorf, Michael, Die Gustav-Mahler-Treppe während der documenta X, in: Froschkönige 1 (1998), 101–103
Boßdorf, Michael u. a., Pflanzenführer zur Insel Siebenbergen im Staatspark Karlsaue. Insel Siebenbergen: Botanische Anlage im Staatspark Karlsaue, Kassel, Bad Homburg 1995
Boswell, James, Journal, übersetzt und hg. v. Helmut Winter, Stuttgart 1996
Both, Wolf von/Vogel, Hans, Landgraf Friedrich II. von Hessen-Kassel. Ein Fürst der Zopfzeit, München/Berlin 1973
Both, Wolf von/Vogel, Hans, Landgraf Wilhelm VIII. von Hessen-Kassel. Ein Fürst der Rokokozeit, München/Berlin 1964
Brachmann, Richard, Landwirtschaftliche Großbetriebe in Kurhessen. Selbstbehauptung durch Selbsthilfe, Frankfurt/M. 1977
Brake, Ludwig, Die ersten Eisenbahnen in Hessen. Eisenbahnpolitik und Eisenbahnbau in Frankfurt, Hessen-Darmstadt, Kurhessen und Nassau bis 1866, Wiesbaden 1991
Brakensiek, Stefan, Die Herausbildung des Beamtenrechts in Hessen-Kassel bis zum Staatsdienstgesetz von 1831, in: HJbLG 48 (1998), 105–146
Brakensiek, Stefan, Die Staatsdiener. Das Beispiel der gelehrten Räte an der Regierung Kassel, in: Wunder u. a., Kassel 2000, 350–374
Brandt, Harm-Hinrich, Die Industrie- und Handelskammer Kassel und ihre Vorläufer 1763–1963, Kassel 1963
Brandt, Harm-Hinrich, Von der fürstlich-hessischen Commercien-Cammer zur Industrie- und Handelskammer Kassel 1710–1960, Kassel 1960
Brandt, Harm-Hinrich, Wirtschaftspolitik und gewerbliche Mitbeteiligung im nordhessischen Raum 1770–1960, Diss. Marburg 1960
Brandt, Ludwig, Illustrierte Geschichte der Anästhesie, Stuttgart 1997
Brandt → Willy Brandt. Berliner Ausg. Bd. 6, hg. v. Helga Grebing, Bonn 2005
Branner → Gruß an Karl Branner, hg. v. Mag. der Stadt Kassel, Kassel 1982
Braun, Georg/Hogenberg, Franz, Civitates Orbis Terrarum. Bd. 1, Köln 1572
Braunfels, Wolfgang, Françoise Cuvilliés, Der Baumeister der galanten Architektur des Rokoko, München 1986
Brauns, Carl, Kurhessische Gewerbepolitik im 17. und 18. Jahrhundert, Leipzig 1911
Braunschweiger Stadtlexikon, hg. im Auftrag der Stadt Braunschweig von Luitgard Camerer u. a., Braunschweig 1992
Brecht, Martin (Hg.), Geschichte des Pietismus, 2 Bde., Göttingen 1993/95
Breiter, Helmuth, 1.200 Jahre Vellmar. 775 Filmare – 1975 Vellmar, Vellmar 1975
Breithaupt, Hans-Hellmut, F. W. Breithaupt & Sohn, in: Schlemmer, Harald, Aktuelle Instrumentenkunde. Konstrukteure geodätischer Instrumente, Erg.-Lfg. 5, Karlsruhe 1981
Brendel, Lothar, Das Notgeld in der vormaligen Residenzstadt Kassel, Kassel 1996
Brendel, Lothar, Geldersatzmarken – Privatmünzen, Marken, Zeichen und Jetons – in Kassel und Umgebung, Kassel 2007
Bretthauer, K., Goethe in Kassel, in: Hessenland 40,1 (1928), 10–13
Brieger, Lothar, Das Pastell. Seine Geschichte und seine Meister, Berlin 1921
Brier, Helmut/Dettmar, Werner, Kassel – Veränderungen einer Stadt. Fotos und Karten 1928–1986, 2 Bde., Fuldabrück 1986
Brohl, Elmar, Artillerie und Belagerungen, in: Landgraf Philipp, Marburg/Neustadt/A. 2004, 243f., 270f.
Brohl, Elmar, Der Festungsbau des hessischen Landgrafen Philipp 1518–1567, in: Festungsjournal 27 (2006), 26–50
Brohl, Elmar, Die Befestigung von Schloss und Stadt Kassel, in: Landgraf Philipp, Marburg/Neustadt/A. 2004, 241f.
Brohl, Elmar, Festung und Garnison Kassel im 18. Jh., in: Wunder u. a., Kassel 2000, 177–190
Brohl, Elmar, Hessische Festungen – fest wie Ziegenhain?, in: Zs. für Archäologie des Mittelalters 33 (2005), 123–128

Brohl, Elmar, „Zerwüstet und zerschleift“ – Die Festung Kassel 1547/49, in: Festungsforschung, Bd. 1, hg. v. d. Dt. Gesellschaft für Festungsforschung, Marburg 2008 [im Druck]
Bromeis → Johann Conrad Bromeis, 1788–1855. Ein kurhessischer Architekt. Ausstellungs-Kat., hg. v. d. Staatl. Kunstsammlungen Kassel, Kassel 1988
Broszinski, Hartmut, Ex Bibliotheca Cassellana, in: Ex Bibliotheca Cassellana, Kassel 1980, 103–239
Broszinski, Hartmut, Manuscripta chemica in Quarto. Die Handschriften der UB Kassel, Landesbibliothek und Murhardsche Bibliothek der Stadt Kassel, Bd. 3,2, Wiesbaden 2008 [im Druck]
Broszinski, Hartmut, Spuren klösterlicher Alchemie in Kasseler Handschriften des 15. und 16. Jahrhunderts, in: Bihrer, Andreas/Stein, Elisabeth (Hg.), Nova de veteribus. Mittel- und neulateinische Studien für Paul Gerhard Schmidt, München/Leipzig 2004, 823– 847
Broszinski, Hartmut/Schaefer, Hans Joachim/Schumann, Manfred, 500 Jahre Orchesterkultur in Kassel 1502–2002, Kassel 2001
Brown, Clive, Louis Spohr. A critical biography, Cambridge 1987
Bruchhäuser, Hans-Peter, 100 Jahre Friedrich-List-Schule, 100 Jahre kaufmännisches Schulwesen der Stadt Kassel 1905–2005, Kassel 2005
Brunckhorst, Friedl, „...alle Sonntage große Cour...“. Die Gesellschaftsräume in Schloss Wilhelmshöhe, in: Burgen und Schlösser 1 (2006), 32–40
Brunckhorst, Friedl, Das Residenzpalais in Kassel, in: Froschkönige 3 (2002), 114f.
Brunner, H., H. Brand. (Frau Lilly Wigand, geb. Hillebrand.). Ein Nachruf, in: Hessenland 9 (1895), 58ff.
Brunner, Hugo, Armenpflege, Wohltätigkeits- und gemeinnützige Veranstaltungen in der Residenzstadt Cassel, Cassel 1889
Brunner, Hugo, Beiträge zur Geschichte der Schiffahrt, besonders auf der Fulda, in: ZHG 26 NF 16 (1891), 202–243
Brunner, Hugo, Cassel im Siebenjährigen Kriege. Ein Beitrag zur Geschichte der Stadt, Cassel 1884
Brunner, Hugo, Die Festung Kassel im Siebenjährigen Krieg, Kassel 1884
Brunner, Hugo, Geschichte der Casseler Rathäuser. Festschrift zur Einweihung des neuen Rathauses der Residenzstadt Cassel am 9.6.1909, Kassel 1909
Brunner, Hugo, Geschichte der Residenzstadt Cassel 913–1913. Zur Feier des tausendjährigen Bestehens der Stadt, Cassel 1913; Ndr. der Ausg. v. 1913, Frankfurt/M. 1978
Brunner, Hugo, Wilhelmstal, Marburg o. J. [1925]
Buckreus, Simone, Die Körper einer Regentin: Amelia Elisabeth von Hessen-Kassel (1602–1651), Diss. Paderborn 2006
Bünemann, Otto, Hermann Mattern. Schöpferischer Planer von Gärten und Landschaften, in: Jb. Landkreis Kassel (1973), 74ff.
Bünz, Enno, „Leibärzte“, in: Paravicini, Werner (Hg.), Höfe und Residenzen im spätmittelalterlichen Reich. Bilder und Begriffe, Teilbd. 2, Ostfildern 2005, 156f.
Bues, Almut, Der Briefwechsel der Landgräfin Hedwig Sophie von Hessen-Kassel mit ihrer Schwester Luise Charlotte Herzogin von Kurland, in: HJbLG 43 (1993), 77–106
Büttner, Anita, Korkmodelle, in: Antike Bauten, Kassel [2]2001, 12–22
Burk, Jens Ludwig, Marmorbad Kassel. Spätbarocker Pavillon in der Karlsaue mit bedeutenden Skulpturen und Reliefs von Pierre Etienne Monnot, Regensburg 2001
Burmeister, Helmut (Hg.), Friedrich I. König von Schweden, Landgraf von Hessen-Kassel, Hofgeismar 2003
Burmeister, Helmut (Hg.), König Jérôme und der Reformstaat Westphalen, Hofgeismar 2006
Bury, Friedrich, Briefe aus Italien an Goethe und Anna Amalia, hg. v. Martin Dönike, Göttingen 2007
Busch, Tobias, Wirtschaften und Repräsentieren. Zur Miete wohnen in der Haupt- und Residenzstadt Kassel im frühen 18. Jahrhundert, in: ZHG 109 (2004), 141–158
Buttlar, Adrian von, Leo von Klenze. Leben, Werk, Vision, München 1999
Buttlar, Adrian von/Weber, Klaus/Schmid, Klaus-Peter, Kassel. Ballhaus im Schlosspark Wilhelmshöhe. Amtl. Führer, Bad Homburg v. d. Höhe 1986

Cäsar, Julius, Über Wilhelm Dilichs Leben und Schriften, in: ZHG 16 NF 6 (1877), 313–325
Calenberg → P[hilippine Sophie von] C[alenberg] (Hg.), Ernst Friedrich Georg Otto's von der Malsburg Poetischer Nachlaß und Umriss aus seinem inneren Leben, Cassel 1825
Caricatura V – Die Bestandsaufnahme. Ausstellungs-Kat. hg. v. Nils Folckers/Martin Sonntag, Oldenburg 2007
Carl, Dieter, „Von Filmare bis Vellmar – Unsere Heimat im Wandel der Geschichte“. Das Buch zum historischen Festzug 1995, Vellmar 1995
Caroli, Ilona, Jüdische Stifterkultur in Kassel, in: „Male Massel“. Sonderausg. zur Einweihung der neuen Synagoge in Kassel am 23. Ijar 5760 (28. Mai 2000), Ms. Kassel 2000
Carozzi, Albert V., Robert Hooke, Rudolf Erich Raspe, and the concept of „earthquakes“, in: Isis 61,1 (1970), 85–91
Carspecken, Ferdinand, Fünfhundert Jahre Kasseler Orgeln. Ein Beitrag zur Kultur- und Kunstgeschichte der Stadt Kassel, Kassel/Basel 1968
Carswell, John, The Prospector. Being the Life and Times of Rudolf Erich Raspe (1737–1794), London 1950
Cassel und Wilhelmshöhe. Praktischer Reiseführer, bearb. v. Matthias Weber, Berlin [4]1920
Christ, Karl, Geschichte und Existenz, Berlin 1991
Christ, Karl, Hellas. Griechische Geschichte und deutsche Geschichtswissenschaft, München 1999
Chronik der Stadt Baunatal. 4 Bde. hg. v. Mag. d. Stadt Baunatal, Baunatal 1999
Classen, Wilhelm, Die kirchliche Organisation Althessens im Mittelalter samt einem Umriß der neuzeitlichen Entwicklung, Marburg 1929
Cloodt, Manfred/Knierim, Ottokar, Mitten in der Stadt: Das Dorf lebt. 100 Jahre Eingemeindung Rothenditmold 1906–2006, Kassel 2006
Croon, Helmuth/Hofmann, Wolfgang/Unruh, Georg-Christoph von, Kommunale Selbstverwaltung im Zeitalter der Industrialisierung, Stuttgart u. a. 1971

Damm, Kai-Uwe/Hedewig, Roland, Der Naturlernpfad in der Dönche. Uni. GhK, Didaktik der Biologie, Kassel 2000
Dann, Georg, Neuere Ergebnisse der Cordus-Forschung, in: Deutsche Apothekerzeitung 108, 32 (1968), 1154ff., 1192ff., 1249ff.
Danziger, Marlies K./Reuter, Hans-Joachim, Ein Schotte in Kassel im Jahre 1764, hg. v. Karl-Hermann Wegner für den Verein Freunde des Stadtmuseums e.V., Kassel 1999
Das Dorf Wolfsanger, Bde. I–VI, Heimatfreunde Wolfsanger (Hg.), Kassel-Wolfsanger 1983–1997
Dascher, Ottfried, „Pour y excercer ou faire faire des manufactures“. Die Bedeutung der Hugenotten für die wirtschaftliche Entwicklung der Landgrafschaft Hessen Kassel, in: 300 Jahre Hugenotten in Hessen, o. O., [ca. 1985], 129–146
Daten und Fakten 2007, hg. v. d. Handwerkskammer Kassel, Kassel o. J. [2007]
David-Sirocko, Karen, Georg Gottlob Ungewitter und die malerische Neugotik in Hessen, Hamburg, Hannover und Leipzig, Petersberg 1997

Dawson, Ruth P., The contested quill, literature by women in Germany 1770–1800, Newark/London 2002
DBA → Deutsches Biographisches Archiv 1960–1999, München 2007
Dehio, Georg, Handbuch der Deutschen Kunstdenkmäler. Hessen I (RB Gießen und Kassel), München/Berlin 2008, Hessen II (RB Darmstadt), München/Berlin ^{2}2008
Dehn-Rotfelser, Heinrich von/Lotz, Wilhelm, Die Baudenkmäler im Regierungsbezirk Cassel, Cassel 1870
Dehn-Rotfelser, Heinrich von, Geschichte und Beschreibung des neuen Gemäldegallerie-Gebäudes zu Cassel, in: Aubel, Karl Christian, Verzeichniss der in der Königl. Gemälde-Gallerie zu Cassel befindlichen Bilder, Cassel ^{2}1878
Deiters, Heinrich, Bildung und Leben. Erinnerungen eines deutschen Pädagogen, Köln 1989
Demandt, Karl Ernst, Amt und Familie. Eine soziologisch-genealogische Studie zur hessischen Verwaltungsgeschichte des 16. Jahrhunderts, in: HJbLG 2 (1952), 79–133
Demandt, Karl E., Das Chorherrenstift St. Peter zu Fritzlar. Quellen und Studien zu seiner mittelalterlichen Gestalt und Geschichte, Marburg 1985
Demandt, Karl E., Der Personenstaat der Landgrafschaft Hessen im Mittelalter, 2 Teile, Marburg 1981
Demandt, Karl E., Geschichte des Landes Hessen, Kassel ^{2}1980
Demandt, Karl E., Kassel und Marburg, ein historischer Städtevergleich, Marburg u. a. 1975
Demme, Louis, Nachrichten und Urkunden zur Chronik von Hersfeld, Hersfeld 1891–1900
Demme, Roland, Der jüdische Kaufmann, Verleger und Stadtplaner Sigmund Aschrott – eine Persönlichkeit des 19. Jahrhunderts, Diss. Kassel 2006
Den Frauen ihr Recht – Zum 100. Geburtstag von Elisabeth Selbert. Ariadne. Almanach des Archivs der deutschen Frauenbewegung 30, Kassel (1996)
Denkmalbuch der Stadt Kassel. Gesamtanlage: Salzmannshausen, hg. v. Mag. der Stadt Kassel, Kassel 1980
Denkmalbuch der Stadt Kassel. Gesamtanlage: Kloster Nordshausen, bearb. v. Jochen Bunse, Guntram Rother, Kassel 1981
Depkat, Volker, Lebenswenden und Zeitwenden. Deutsche Politiker und die Erfahrungen des 20. Jahrhunderts, München 2007
Dersch, Wilhelm, Hessisches Klosterbuch, Marburg ^{2}1940, Ndr. Marburg ^{2}2000
Dertinger, Antje, Die drei Exile des Erich Lewinski, Gerlingen 1995
Desel, Jochen/Mogk, Walter (Hg.), Hugenotten und Waldenser in Hessen-Kassel, Kassel 1978
Dettmar, Werner, Die Zerstörung Kassels im Oktober 1943. Eine Dokumentation, Fuldabrück 1983
Dettmar, Werner, Kassel im Luftkrieg, in: Leben in Ruinen, Marburg 1993, 11–32
Deutsche Biographische Enzyklopädie, hg. v. Walther Killy, Rudolf Vierhaus, München 1995–2003
Deutsches Biographisches Archiv 1960–1999, München 2007
Deutsches Literatur-Lexikon. Biographisches und bibliographisches Handbuch, hg. v. Wilhelm Kosch, Bern 1947ff.
Dictionary of art → The dictionary of art, hg. v. Jane Turner, London/New York 1956ff.
Dictionary of national biography, begr. v. George Smith, hg. v. Stephen Leslie, London u. a. 1882ff.
Dicitur nordshusen. Festschrift zum 750jährigen Jubiläum der Ersterwähnung der Klosterkirche Kassel-Nordshausen, hg. v. K. Berkemann, Förderverein Kultur- und Sozialzentrum Klosterkirche Nordshausen [im Druck]
Dick, Stefanie/Jarnut, Jörg/Wemhoff, Matthias (Hg.), Kunigunde – consors regni. Vortragsreihe zum tausendjährigen Jubiläum der Krönung Kunigundes in Paderborn (1002–2002), (Mittelalter-Studien 5), München 2004
Diehlhelm, Johann Hermann, Allgemeines Hydrographisches Lexicon aller Ströme und Flüsse in Ober- und Niederdeutschland [...]. Von einem Naturforscher in Historischen Dingen, Frankfurt/M. 1743
Dierichs → Paul Dierichs zu seinem 75. Geburtstag von seinen Mitarbeitern, Kassel 1976
Dietzsch-Uhde, Sabine (Bearb.), Die Bestände des Landeskirchlichen Archivs Kassel, Kurzübersicht, Kassel ^{4}2005
Dilich, Wilhelm, Beschreibung und Abriß dero Ritterspiel [...] auff die Fürstliche Kindtauffen Frewlein Elisabethen [...], Cassel 1601
Dilich, Wilhelm, Hessische Chronica, Faksimiledruck der Ausg. Kassel 1605, hg. v. Wilhelm Niemeyer, Kassel 1961
Dilich, Wilhelm, Historische Beschreibung der Fürstlichen Kindtauff Fräwlein Elisabethen zu Hessen [...], Kassel 1598
Dilich, Wilhelm → Wilhelm Dilichs Ansichten hessischer Städte aus dem Jahre 1591, hg. v. Emil Theuner, Marburg 1902
Dispeker, Sigmund, „Erlebtes und Erlittenes". Lebenserinnerungen eines Kasseler Journalisten, Kassel 1992
Dittscheid, Christoph/Einsingbach, Wolfgang/Fink, Adolf, Kassel. Löwenburg im Bergpark Wilhelmshöhe, Bad Homburg 1976
Dittscheid, Hans-Christoph, Kassel-Wilhelmshöhe und die Krise des Schlossbaues am Ende des Ancien Régime, Worms 1987
Ditzel, Wilhelm, 125 Jahre Heinsius + Sander. 1874–1999, Kassel 1999
Ditzel, W[ilhelm], 125 Jahre Kurhessisches Diakonissenkrankenhaus. Eine wechselvolle Geschichte, in: HNA v. 17.1.2008
Documenta urbana „sichtbar machen", Beiträge zu einer Documenta urbana, Heft 2, hg. v. Documenta-Forum, Kassel 1982
Döhn, Lothar, Die Presseentwicklung im nordhessischen Raum als Spiegel der politischen Kultur, in: Schiller, Theo/Winter, Thomas von (Hg.), Politische Kultur im nördlichen Hessen, Marburg 1993, 54–83
Döhn, Lothar, Presse und Nationalsozialismus in Kassel, in: Frenz u. a., Volksgemeinschaft, Fuldabrück 1987, 58–95
Dölle, Gilla/Hamm-Mühl, Cornelia/Wagner, Leonie, Damenwahlen. Die weiblichen Stadtverordneten in Kassel 1919–1933, Kassel 1992
Dölle, Gilla/Wenzel, Cornelia, „Wenn man mich zu einer Tür hinauswirft ..." Frauenrundgang, in: Simmen/Rudolf, Kassel, Hamburg 1988, 109–127
Dötsch, Anja, Die Löwenburg im Schlosspark Kassel-Wilhelmshöhe. Eine künstliche Ruine des späten 18. Jahrhunderts, 2 Bde., Regensburg 2006
Dötsch, Anja, Die Löwenburg im Schlosspark Wilhelmshöhe. Rekonstruktion und Instandsetzung, in: Froschkönige 1 (1998), 139–150
Dohm, Ernst, Cassel wird Weltstadt. Humoristisch-satyrische Revue. Unentbehrlicher Führer und Rathgeber für die Besucher Cassels und seiner Umgebung zur Zeit der Ausstellung, Cassel [1870]
Dorsch, Hadwig, Der erste Computer: Konrad Zuses Z 1 – Berlin 1936. Beginn und Entwicklung einer technischen Revolution, Berlin 1986
Drei Dörfer – ein Ort: Lohfelden. Geschichte und Geschichten, bearb. v. Angela Pitzschke, Lohfelden 1996
Dreier, Franz-Adrian, Glaskunst in Hessen-Kassel, Kassel 1969
Dreier, Franz-Adrian, Zur Geschichte der Kasseler Kunstkammer, in: ZHG 72 (1961), 123–142
Dreusicke, Hugo, Die französischen Gemeinden in Kassel 1687–1867, Frankfurt/M. 1962
Drummer, Heike/Zwilling, Jutta (Hg.), Ein Glücksfall für die Demokratie. Elisabeth Selbert, die große Anwältin der Gleichberechtigung, Frankfurt/M. 1999
Dülfer, Kurt, Fürst und Verwaltung. Grundzüge der hessischen Verwaltungsgeschichte im 16.–19. Jahrhundert, in: HJbLG 3 (1953), 150–223

Dürre, Ronald, Louis Spohr und die „Kasseler Schule". Das pädagogische Wirken des Komponisten, Geigenvirtuosen und Dirigenten in der ersten Hälfte des 19. Jahrhunderts, Diss. Magdeburg 2004
Düwel, Klaus, Hildebrandslied, in: Verfasserlexikon, Bd. 3 (1981), Sp. 1240–1256
Durham, Lowell, Abravanel!, Salt Lake City 1989

Ebert, Jochen, Die Versorgung des hessen-kasselischen Hofs aus den Domänen (Ende 18./Anfang 19. Jahrhundert), in: Hirschbiegel, Jan/Paravicini, Werner (Hg.), Hofwirtschaft. Ein ökonomischer Blick auf Hof und Residenz in Spätmittelalter und Früher Neuzeit, Kiel 2007, 61–76
Ebstein, Erich (Hg.), Gottfried August Bürger und Philippine Gatterer. Ein Briefwechsel aus Göttingens empfindsamer Zeit, Leipzig 1921
Eckhardt, Wilhelm A., Die Urkunden des Martinsstifts Kassel im Hessischen Staatsarchiv, in: HJbLG 40 (1990), 263–269
Eckart, Dirk, Die Kasseler Künstlernekropole, Kassel 2000
Eckart, Rudolf, Der deutsche Adel in der Litteratur. Biographisch-kritische Essays, Berlin 1895
Eckel, Martin, Das Kasseler Werkhaus 1782–1823. Zur Geschichte des Kasseler Armenwesens, in: ZHG 75/76 (1964/65), 431–443
Eckelmann, Carl, 50 Jahre Salzmann & Comp., 1876–1926. Festschrift, Cassel 1926
Ecker-Ertle, Heidemarie, Sophie Henschel – Unternehmerin der Kaiserzeit, Magdeburg 1998
Eckhardt, Wilhelm Alfred, Die Urkunden des Martinsstifts Kassel im Hessischen Staatsarchiv, in: HJbLG 40 (1990), 263–269
Eckhardt, Wilhelm Alfred, Kaufgilden und Zünfte in den drei Städten Kassel, in: ZHG 75/76 (1964/65), 103–113
Ehrenberg, Eva, Sehnsucht – mein geliebtes Kind, Oberursel 1963
Ehrhardt, Holger (Hg.), Briefwechsel mit Herman Grimm (einschließlich des Briefwechsels zwischen Herman Grimm und Dorothea Grimm, geb. Wild), Kassel 1998
Eichhorn, Andreas, Paul Bekker – Facetten eines kritischen Geistes, Hildesheim u. a. 2002
Eiermann, Willi, 10 Jahre Landkreis Kassel, in: Jb. Landkreis Kassel (1983), 146ff.
Ein Blick zurück aufs alte Kassel → s. Hermsdorff, Wolfgang
Ein Haus für die Moderne. 25 Jahre Neue Galerie 1976–2001, bearb. v. Marianne Heinz, Kassel 2001
Einblicke. Bilder und Berichte. Die Evangelische Kirche von Kurhessen-Waldeck, hg. v. d. Ev. Kirche von Kurhessen-Waldeck, Kassel 2001
Einsingbach, Wolfgang/Portenlänger, Franz Xaver, Calden, Schloss und Garten Wilhelmsthal, Bad Homburg v. d. Höhe 1980
Eisenmann, O. Die Sammlung Habich, in: Zeitschrift für Bildende Kunst N.F.3 (1892), 135–138, 162–167
Eisenstädt → Bericht von Robert Eisenstädt über die gewaltsame Verschleppung im Mai 1942, kommentiert von Monica Kingreen, in: Burmeister, Helmut/Dorhs, Michael (Hg.), Das achte Licht. Beiträge zur Kultur- und Sozialgeschichte der Juden in Nordhessen, Hofgeismar 2002, 243–247
Eisenträger, Margarete/Krug, Eberhard, Territorialgeschichte der Kasseler Landschaft, Marburg 1935
Engelbert, Sally, Das Recht der israelitischen Religionsgemeinschaft in Kurhessen, Diss. Marburg 1913
Engelbrecht, Christiane, Die Hofkapelle des Landgrafen Karl von Hessen-Kassel, in: ZHG 68 (1957), 141–173
Engelbrecht, Christiane, Die Kasseler Hofkapelle im 17. Jahrhundert, Kassel u. a. 1958
Engelhard, Regnerus/Ledderhose, Conrad Wilhelm, Erdbeschreibung der Hessischen Lande Casselischen Antheiles, 3 Bde. Ndr. der Ausg. von 1778–81, hg. v. Dieter Carl, Vellmar 2004
Engelhardt, Axel/Link, Alexander/Schröder, Peer, Wehlheiden. Vom Dorf zum Stadtteil. 100 Jahre Vereinigung mit Kassel, Kassel 1999
Engelhardt, Axel/Link, Alexander/Wegner, Karl-Hermann, Am Möncheberg. Geschichte und Gegenwart einer Kasseler Straße, Kassel 1997
Entschieden für Frieden. 50 Jahre Bundeswehr 1955–2005. Im Auftrag des Militärgeschichtlichen Forschungsamtes hg. v. Klaus-Jürgen Bremm u. a., Freiburg i. Br./Berlin 2005
Evangelische Kirche in Kassel, hg. v. Gesamtverband der Ev. Kirchengemeinden, Kassel 1996
Evangelische Kirche in Kassel. Kassels Kirchen neu entdecken, o. O. [Kassel] o. J. [2005]
Ewald, Kurt, 125 Jahre Henschel, Kassel 1935
Ewald, Thomas/Richter, Gunnar, Ausländische Zwangsarbeiter in Kassel 1940–1945, in: Kassel und Nordhessen in der Zeit des Nationalsozialismus. Dokumentation einer Vortragsreihe, hg. v. d. VHS Landkreis Kassel, der VHS Stadt Kassel und der Arbeitsgemeinschaft „Arbeit und Leben", Kassel 2000, 109–128
Ex Bibliotheca Cassellana. 400 Jahre Landesbibliothek 20.11.1580–20.11.1980, Kassel 1980

Fabian, Bernhard (Hg.), Handbuch der historischen Buchbestände, Hildesheim 2003
Fasanenhof → Unser Stadtteil Fasanenhof 1926–1986. Jubiläum der Eingemeindung, hg. v. d. Arbeitsgemeinschaft Stadtteilfest Fasanenhof, Kassel 1986
Fassmann, Kurt (Hg.), Die Großen der Weltgeschichte, Zürich 1970–1979
Feldner, Claus/Wieden, Peter, Geschichten, Anekdoten, Photographien aus Alt-Wehlheiden und Vorderem Westen, Kassel 1987
Feldner, Claus/Wieden, Peter, Bettenhausen. Eichwald, Forstfeld, Lindenberg, Salzmannshausen. Historische Photographien, Gudensberg-Gleichen 1989
Fengler, Patrick, Motive für den preußischen Chausseebau in den Jahren von 1815–1835, Magisterarb. Magdeburg 2003
Fennel → Der Drang zur Landschaft. Friedrich Fennel (1872–1926), hg. v. Mag. der Stadt Kassel, Marburg 1989
Fenner, Gerd, „... Dass anstelle der Häusermassen einst schöne Gärten lagen ...". Zur Geschichte des Kasseler Weinbergs, in: Hessische Heimat 41,4 (1991), 135–143
Fenner, Gerd „... das mir gnädigst auf Erbleihe überlassene ehemalige Ordensgebäude." Das Haus der Arnoldschen Tapetenfabrik am Wilhelmshöher Platz, in: Thümmler, Tapetenfabrikant, Kassel 1998, 36–48
Fenner, Gerd, „... durch seine erhabene Lage die vortrefflichste Aussicht." Bemerkungen zur Geschichte und der jüngsten Renovierung des Palais Bellevue in Kassel, in: Jb. Landkreis Kassel (2004), 89–96
Fenner, Gerd, Augustenruhe – Zur Geschichte von Schloß und Park Schönfeld, in: Lauer, Kurfürstin Auguste, Kassel 1995, 114–142
Fenner, Gerd, Den schönsten Zuwachs an Bauten ...? Zu Planung und Realität von Architektur und Städtebau in Kassel zur Zeit des Königreichs Westphalen, in: Burmeister, König Jérôme, Hofgeismar 2006, 353–374
Fenner, Gerd, Der „Grottenbau" auf dem Karlsberg. Zur Baugeschichte des Oktogons und der Wasserkünste, in: Herkules, Eurasburg 1997, 99–119
Fenner, Gerd, Die Elisabethkirche in Kassel, Magisterarb. München 1981
Fenner, Gerd, Gut Freienhagen, in: Wurzel, Thomas, Kulturelle Entdeckungen Nordhessen Bd. 2: Stadt und Landkreis Kassel, Stuttgart 2002, 107

Fenner, Gerd, Kirche Kirchditmold, in: Wurzel, Thomas, Kulturelle Entdeckungen Nordhessen Bd. 2: Stadt und Landkreis Kassel, Stuttgart 2002, 49f.
Fenner, Gerd, Zuchthaus, in: Bestandskatalog der Architekturzeichnungen in der Graphischen Sammlung der Staatlichen Museen Kassel, http://212.202.106.6/dfg/museumkassel/home.jsp
Fenner, Gerd/Köttelwesch, Sabine, Kassel. Eine Stadt vor 100 Jahren. Bilder und Berichte, Darmstadt 1995
Festprogramm zur Tausendjahrfeier der Residenzstadt Cassel und zum Hessischen Heimatfest v. 27. bis 30. September 1913, Cassel 1913
Festschrift 150 Jahre Philippi-Gesellschaft 1836–1986, hg. v. d. Philippi-Gesellschaft zur Förderung der Naturwissenschaften, Kassel 1986
Festschrift für Erich Herzog. Kunst in Hessen und am Mittelrhein 22, Darmstadt 1982
Festschrift zum 6. Hessentag der NSDAP. Gau Kurhessen v. 28.–30.5. in Kassel, hg. v. NSDAP Gau Kurhessen, Kassel 1937
Festschrift zum 86. Deutschen Ärztetag in Kassel. Im Auftrag des Kasseler Ärztevereins von 1823 hg. v. Joachim Heinrich Balde, Wilhelm Schmicking, Kassel 1983
Festschrift zur Erinnerung des Gemeindehauses der evangelischen Kirchengemeinde Kassel-Nordshausen am Reformationsfest Sonntag, den 5.11.1961, o. O. [Kassel] 1961
Festschrift zur Eröffnung des Marienkrankenhauses auf dem Rothenberg in Cassel, Rothenditmold am 23.1.1913, Cassel 1913
Feußner, Helmut/Fischer, Friedhelm, Von der Heimstätte zur Wohnstadt. Transformationen eines Unternehmens von der Weimarer Republik bis zum 21. Jahrhundert, Kassel 2008
Fiege, Eduard, Chronik des Postamtes Kassel 16, Kassel 1985
Fiege, Eduard, Chronik des Postamtes Kassel 24, Kassel 1986
Fiege, Eduard, Chronik des Postamtes Kassel-Wilhelmshöhe, Kassel 1983
Fiege, Eduard, Kassel im Postleitraum 35, Kassel 1989
Fieseler, Gerhard, Meine Bahn am Himmel. Der Erbauer des Fieseler Storch und der V1 erzählt sein Leben, München 1979
Finck, K., Das Kloster in Nordshausen bei Kassel, in: Hessenland 2 (1888), 10f.
Finkenstein, Kurt, Briefe aus der Haft 1935–1943, hg. v. Dietfried Krause-Vilmar, Kassel 2001
Fiorino, Alexander, Der Miniaturmaler Jeremias David Alexander Fiorino und seine Familie, Cassel 1926
Fiorino, Alexander, Gesellschaft der Humanität (Kassel), in: Jüdische Wochenzeitung für Cassel, Hessen und Waldeck 5,25 (1928), 3f.; 5,26 (1928), 2f.
Fischer, Frank (Bearb.), Willy Brandt. Ein Volk der guten Nachbarn. Außen- und Deutschlandpolitik 1966–74 (Berliner Ausgabe, Bd. 6), Bonn 2004
Fischer, Friedhelm, Die Unterneustadt in Kassel. Blick von innen über den Tellerrand, in: Kirschbaum, Marc/Bartnik, Silvia (Hg.), architektur generalistisch, Kassel 2008 [im Druck]
Fischer, Friedhelm, 100 Jahre Gartenstadt, in: Werkbericht. Deutscher Werkbund Sachsen 3 (1999), 67ff.
Fischer, Volker, Stadt und Bürgertum in Kurhessen. Kommunalreform und Wandel der städtischen Gesellschaft 1814–1848, Kassel 2000
Flemming, Jens, Kassel. 19. Mai 1933 auf dem Friedrichsplatz, in: Schoeps, Julius H./Treß, Werner (Hg.), Orte der Bücherverbrennungen in Deutschland 1933, Hildesheim 2008, 508–523
Flemming, Jens/Vanja, Christina (Hg.), „Dieses Haus ist gebaute Demokratie". Das Ständehaus in Kassel und seine parlamentarische Tradition, Kassel 2007
Fowler, Ian D., Die Präzisionspendeluhr mit Äquation signiert Lépine in Schloss Wilhelmshöhe, in: Froschkönige 3 (2002), 137–140
Francke, Rudolf, Kirchenverfassung und Vermögensverwaltung in Hessen-Kassel, o. O. [Heckershausen] 1930
Franz, Eckhart G., Das Haus Hessen. Eine europäische Familie, Stuttgart 2005
Franz, Eckhart G. (Hg.), Die Chronik Hessens, Dortmund 1991
Franz, Günther, Ferdinand Freiherr Schenck zu Schweinsberg (1765–1842), Kurhessischer Staatsminister, in: LKuW 4 (1950), 331–337
Franz, Günther/Franz, Eckhart G. (Bearb.), Urkundliche Quellen zur Hessischen Reformationsgeschichte, Bd. 3: 1547–1567, Marburg 1955
Frauenalltag in Kassel 1933–1945. Ausstellungs-Kat. bearb. v. Gudrun Maierhof, Cornelia Wenzel, Kassel 1990
Frauen-Reader Kassel 2003. Wegweiser durch Projekte, Verbände, Netzwerke und Service-Einrichtungen, hg. v. d. Stadt Kassel, Kassel 2003
Frei-Hauenschild, Markus, Friedrich Ernst Fesca (1789–1826). Studien zu Biographie und Streichquartettschaffen, Göttingen 1998
Freiherr, Theodor, Zur Geschichte des ehemaligen Dorfes Wolfsanger, Ms. [o. O.] 1964
Frenz, Achim/Sandmann, Andreas (Hg.), Die Komische Kunst, Oldenburg 1997
Frenz, Wilhelm, Der Aufstieg des Nationalsozialismus in Kassel 1922 bis 1933, in: Hennig, Hessen unterm Hakenkreuz, Frankfurt 1983, 63–106
Frenz, Wilhelm, Organisation, Mitglieder und Wähler der NSDAP in Kassel, in: Ders. u. a., Volksgemeinschaft, Fuldabrück 1987, 47–57
Frenz, Wilhelm/Kammler, Jörg/Krause-Vilmar, Dietfrid (Hg.), Volksgemeinschaft und Volksfeinde. Kassel 1933–1945, Bd. 2: Studien, Fuldabrück 1987 → Bd. 1 s. Kammler
Frenz, Wilhelm/Schmidt, Heidrun, Wir schreiten Seit an Seit. Geschichte der Sozialdemokratie in Nordhessen, Marburg 1989
Freudenstein, Karl-Heinz, Die Sommerblumen der Insel Siebenbergen, in: Froschkönige 2 (2000), 72–75
Freund, Bodo, Hessen. 142 Karten und Abb., Gotha/Stuttgart 2002
Freund, Gerhard, Ludwig Emil Grimm. Maler und Radierer des 19. Jahrhunderts. Druckgrafisches Werk. Zur Erinnerung an seinen 200. Geburtstag am 14. März 1990, Steinau a. d. Straße 1990
Friderici, Robert, 1866. Bismarcks Okkupation und Annexion Kurhessens, Kassel 1989
Friderici, Robert, Aus der Geschichte der Kasseler Wasserversorgung, in: ZHG 88 (1980/81), 151–168
Friderici, Robert, Beiträge zur mittelalterlichen Geschichte der Stadt Kassel, in: ZHG 65/66 (1954/55), 43–54; 67 (1956), 98–118; 69 (1958), 33–65
Friderici, Robert, Das Fass auf der Fulda. Ein kleines Kulturbild aus dem Kasseler Biedermeier, Kassel 1964
Friderici, Robert, Friedrich Wilhelm, Kurfürst von Hessen, in: LKuW 4 (1950), 91–106
Friderici, Robert, Genealogische Betrachtungen zur Frühgeschichte der Stadt Kassel und des Kasseler Patriziats, in: HJbLG 13 (1963), 39–82
Friderici, Robert, Karl Schomburg, in: LKuW 5 (1955), 353–366
Friderici, Robert, Kassel 1860–1960. Eine stadtgeschichtliche Plauderei, in: 100 Jahre Architekten- und Ingenieurverein Kassel, 1860–1960, Kassel 1960, 23–52
Friderici, Robert, Kassel und das Stapelrecht der Stadt Münden, in: Perst, Otto (Hg.), Festschrift zum 60. Geburtstag von Karl August Eckhardt, Marburg/Witzenhausen 1961, 55–75
Friderici → Robert Friderici. Verzeichnis seiner Schriften, in: ZHG 75/76 (1964/65), 619ff.
Friderici, Robert/Ganssauge, Gottfried, Berichte über die Grabungen am Marställer Platz nach den Resten der Altstädter Pfarrkirche (Cyriakus-Kirche) im Oktober und November 1954, in: ZHG 65/66 (1954/55), 228–235
Friedensburg, Ferdinand, Lebenserinnerungen, Frankfurt/M. 1969

Friedensburg, Ferdinand, Meine Kasseler Jahre, in: Ders., Politik und Wirtschaft, Berlin 1961, 431–461
Friedrich, Henner, Postamt Kassel – ein Weg von der Vergangenheit in die Zukunft, in: Hessische Postgeschichte 25 (1980), 6–72
Friedrichs, Elisabeth, Die deutschsprachigen Schriftstellerinnen des 18. und 19. Jahrhunderts. Ein Lexikon, Stuttgart 1981
Froschkönige und Dornröschen. Einblicke in die Staatlichen Schlösser und Gärten Hessen 1997–2000/01, 1 (1998) -3 (2002)
Fuchs, Norbert, Die politische Theorie Friedrich Murhards 1778–1853, Diss. Erlangen-Nürnberg 1973
Fuchs, Thomas, Traditionsstiftung und Erinnerungspolitik. Geschichtsschreibung in Hessen in der Frühen Neuzeit, Kassel 2002
Führer zu archäologischen Denkmälern in Deutschland. Bd. 7: Stadt und Landkreis Kassel, bearb. v. Landesamt für Denkmalpflege Hessen, Stuttgart 1986
Führer, Wilhelm, Geschichtliches von Harleshausen, [unveröff.] o. O. o. J. [um 1930]
Führerlexikon → Das Deutsche Führerlexikon, Berlin 1934
Fünfzig Jahre Wohnungsfürsorge der Firma Salzmann & Comp. zu Kassel, hg. anläßlich des fünfzigjährigen Geschäftsjubiläums am 1.11.1926, Frankfurt/M. 1926
Fuhrich, Manfred u. a., Neue Heimat. Gewerkschaften und Wohnungspolitik, Hamburg 1983
Fundort Kassel. Archäologische Schätze aus einer Viertelmillion Jahre, hg. v. Michael Eissenhauer, Kassel 2007

Ganssauge, Gottfried, Daniel Engelhard (1788–1856), Architekt und Kunstschriftsteller, in: LKuW 5 (1955), 67–83
Ganssauge, Gottfried, Gottlob Engelhard (1812–1876), Architekt und Maler, in: LKuW 5 (1955), 83–91
Ganssauge, Gottfried, Julius Eugen Ruhl (1796–1871), Oberbaudirektor, in: LKuW 4 (1950), 300–311
Garde du Corps-Nacht in Kassel, in: Hessenland 12 (1989), 92ff.
Gaulke, Karsten (Bearb.), Der Ptolemäus von Kassel. Landgraf Wilhelm IV. von Hessen-Kassel und die Astronomie, Kassel 2007
Gebhardt, Andreas, Eine journalistische Karriere im Vormärz. Franz Dingelstedt in Hannover, Kassel und Fulda, in: Nickel, Karl-Heinz (Hg.), Literatur in der Region, Kassel 2007, 21–46
Gebhardt, Armin, Moritz von Sachsen. Skrupelloser Retter des Protestantismus, Marburg 2007
Gebhardt, Wolfgang H., Geschichte des Deutschen LKW-Baus 1896 bis 1989, 5 Bde., Augsburg 1993
Gehren, Hermann von, Von Gehren. Familiengeschichte und Stammbaum, Marburg 1904
Geisel, Karl, Rechtskandidaten aus dem Kreis Ziegenhain in kurhessischer Zeit, in: Schwälmer Jb. (1984), 175–181.
Geisthirt, Johann Conrad, Schmalkaldia Literata, das ist historische Beschreibung hundert ein und neunzig gelehrter Leute [...], Schmalkalden 1894
Georg-Forster-Studien, hg. im Auftrag der Georg-Forster-Gesellschaft, Berlin, 1997ff.
Georgsdorf, Heiner (Hg.), Arnold Bode. Schriften und Gespräche, Berlin 2007
Gercke, Peter (Hg.), Kurhessische Gesellschaft für Kunst und Wissenschaft Kassel, Vorlesungen und Vorträge 1912 bis 2002/2003, Kassel 2003
Gercke, Peter, Herakles Farnese in Kassel, in: Kunst in Hessen und am Mittelrhein 22 (1982), 29–35
Gerland, Otto, Grundlage zu einer hessischen Gelehrten-, Schriftsteller- und Künstler-Geschichte von 1831 bis auf die neueste Zeit, Kassel 1863ff.
Gerland, Otto, Werner Henschel. Ein Bildhauer aus der Zeit der Romantik, Leipzig 1898
Gerland, Wilhelm, Die Tätigkeit der 1765 errichteten Hessischen Gesellschaft für den Ackerbau und ihrer Nachfolgerin, der 1773 errichteten Gesellschaft für Ackerbau und Kunst, in: Landwirtschaftliche Jahrbücher 59 (1924), 245–289
Geschichte der Jüdischen Gemeinde Kassel unter Berücksichtigung der Hessen-Kasseler Gesamtjudenheit, Bd. 1, hg. v. d. Israelitischen Gemeinde Kassel, Kassel 1931
Geschichte der Kasseler Nordstadt, hg. v. Bürgerverein Nordstadt e.V., Kassel 1992
Geyso, Franz von, Beiträge zur Politik und Kriegführung Hessens im Zeitalter des Dreißigjährigen Krieges und Grundlagen zu einer Lebensgeschichte des Generalleutnants Johann Geyso, in: ZHG 53 (1921), 1–115; 54 (1924), 1–160; 55 (1926), 1–175
Giller, Andreas/Mierke, Klaus/Petig, Hansfrieder, 100 Jahre Berufsfeuerwehr Kassel, Kassel 1991
Glasmeier, Michael (Hg.), Vor Ort. documenta-Arbeiten im Kasseler Außenraum. 50 Jahre documenta 1955–2005, Kassel 2004
Glavac, Viecoslaw/Raus, Theodor, Über die Pflanzengesellschaften des Landschafts- und Naturschutzgebietes „Dönche" in Kassel, in: Tuexenia 2 (1982), 73–113
Goebel, Christine, Die Bundes- und Deutschlandpolitik Kurhessens in den Jahren 1859 bis 1866. Eine Analyse zur Untergangsphase des Deutschen Bundes, Marburg 1995
Goeddaeus, Eduard von, Aus dem Leben des Kurfürsten Friedrich Wilhelm von Hessen, Cassel 1883
Gömann, Gerhard, Art und Umfang der Urbanisation im Raume Kassel. Grundlagen, Werdegang und gegenwärtige Funktion der Stadt Kassel und ihre Bedeutung für das Umland, Göttingen 1978
Görich, Willi, Zur Entwicklungsgeschichte der Stadt Kassel im Mittelalter, in: ZHG 64 (1953), 9–17
Göthel, Volker, Thematisch-bibliographisches Verzeichnis der Werke von Louis Spohr, Tutzing 1981
Goetz, Hans-Werner (Hg.), Konrad I. – auf dem Weg zum „Deutschen Reich"?, Bochum 2006
Goez, Werner, Herzogin Sophia von Brabant (1224–1275), in: Ders., Lebensbilder aus dem Mittelalter. Die Zeit der Ottonen, Salier und Staufer, Darmstadt [2]1998, 480–498
Goldrausch – Die Pracht der Goldledertapeten. Ausstellungs-Kat. bearb. v. Sabine Thümmler, Caroline Eva Gerner, München 2006
Gonnermann, E., Ein altes Kasseler Pfarrhaus, in: Hessenland 26 (1912), 204f.
Gonnermann, Wilhelm, Schicksal der Oberpostdirektion (Reichspostdirektion) Kassel von 1933–1945, in: Hessische Postgeschichte 1 (1956), 23ff.; 2 (1957), 7f.
Gothaisches genealogisches Taschenbuch der briefadeligen Häuser, 13 Bde., Gotha 1907–19
Gräf, Holger Th., Konfession und internationales System. Die Außenpolitik Hessen-Kassels im konfessionellen Zeitalter, Darmstadt/Marburg 1993
Gräf, Holger Th., The Collegium Mauritianum in Hesse-Kassel and the making of calvinist diplomacy, in: Sixteenth Century Journal 28 (1997), 1167–1180
Gräf, Holger Th./Stößer, Anke (Hg.), Philipp der Großmütige, Landgraf von Hessen (1504–1567). Eine Bibliographie zu Person und Territorium im Reformationszeitalter, Marburg 2004
Granada, Miguel A./Hamel, Jürgen/Mackensen, Ludolf von (Hg.), Christoph Rothmanns Handbuch der Astronomie von 1598, kommentierte Edition, Frankfurt/M. 2003
Griesel, Ewald, Im Schatten der Umstrukturierung. Ein Fieseler-Storch ohne Museum und ein Kabinett ohne Technikgeschichte, in: (k) Kultur Magazin 107, Kassel 2005, 20
Grimm → Brüder Grimm. Werke und Briefwechsel. Kasseler Ausgabe, in kritisch kommentierten Einzelbänden, hg. v. Bernhard Lauer, Kassel 1998ff.
Grimm → Die Brüder Grimm. Dokumente ihres Lebens und Wirkens. Ausstellungs-Kat. hg. v. Dieter Hennig, Bernhard Lauer, Kassel 1985

Grimm, Lotte → Briefe an Lotte Grimm, hg. v. Else Hünert-Hofmann, Kassel/Basel 1972
Grimm, Ludwig Emil → Ludwig Emil Grimm 1790–1863. Maler, Zeichner, Radierer. Ausstellungs-Kat. hg. v. Ingrid Koszinowski, Vera Leuschner, Kassel 1985
Grimm, Ludwig Emil → Ludwig Emil Grimm. Briefe, hg. v. Egbert Koolman, 2 Bde., Marburg 1985
Grimm, Ludwig Emil → Ludwig Emil Grimm. Erinnerungen aus meinem Leben, hg. v. Wilhelm Praesent, Kassel/Basel 1950
Grimm, Ludwig Emil, Kurze Lebensbeschreibung einer merkwürdigen und liebevollen Sau, Faksimiledruck, Kassel 1983
Grimmel, Eduard, Die Bürgermeister der Stadt Kassel 1500–1963 unter soziologisch-genealogischem Aspekt, in: ZHG 75/76 (1964/65), 225–258
Grindel, Susanne, Armenpolitik und Staatlichkeit. Das öffentliche Armenwesen im Kurfürstentum Hessen (1803–1866), Darmstadt/Marburg 2000
Gröschel, Claudia, Wilhelm Hentze – ein Gartenkünstler des 19. Jahrhunderts, Diss. Bern 1996
Größel, Emil, Der Kasseler Numismatiker Alexander Fiorino, Kassel 1977
Größel, Emil, Die Kasseler Münzstätte, Kassel 1986
Gronau, Georg, Casseler Maler des 19. Jahrhunderts, 1800–1880, Marburg o. J. [1915]
Gronau, Hans Dietrich/Fischel, Oskar, Georg Gronau 15.2.1868–26.12.1937. Verzeichnis seiner Schriften, o. O. [San Domenico di Fiesole] 1938
Groschuf, Friedrich/Hundeshagen, Johann Balthasar, Versuch einer genauen umständlichen Beschreibung der Hochfürstlich-Hessischen Residenz- und Hauptstadt Cassel [...], hg. v. Friedrich Christoph Schmincke, Cassel 1767
Grosheim, Georg Christoph, Das Leben der Künstlerin Mara, Cassel 1823, Ndr. Kassel 1972
Groß, Heinrich, Deutschlands Dichterinnen und Schriftstellerinnen. Eine literarhistorische Skizze, Wien [2]1882
Großdeutscher Reichskriegertag, hg. v. d. Propaganda-Abteilung des NS-Reichskriegerbundes, Berlin 1939
Grotefend, Otto/Rosenfeld, Felix (Bearb.), Regesten der Landgrafen von Hessen, Marburg 1929
Grotefend, Wilhelm, Die ältesten Buchdrucker im ehemaligen Kurhessen, in: Hessenland 14 (1900), 146–150
Grotefend, Wilhelm, Die Regierungsthätigkeit Landgraf Wilhelm's VI., in: Hessenland 9 (1895), 254–257, 270–273, 282ff., 298ff., 310ff., 328–331
Grothe, Ewald (Hg.), Briefwechsel mit Ludwig Hassenpflug, Kassel/Berlin 2000
Grothe, Ewald (Hg.), Ludwig Hassenpflug, Denkwürdigkeiten aus der Zeit des zweiten Ministeriums 1850–1855, Marburg 2008
Grothe, Ewald, „Neigung zur Widersetzlichkeit und zum Aufruhr". Heinrich Henkel und die Anfänge des kurhessischen Liberalismus, in: Dedner, Burghard (Hg.), Das Wartburgfest und die oppositionelle Bewegung in Hessen, Marburg 1994, 79–107
Grothe, Ewald, Konstitutionalismus in der Dauerkrise. Die Verfassungsgeschichte des Kurfürstentums Hessen, in: Heidenreich, Bernd/Böhme, Klaus (Hg.), Hessen. Verfassung und Politik, Stuttgart u. a. 1997, 108–125
Grothe, Ewald, Verfassungsgebung und Verfassungskonflikt. Das Kurfürstentum Hessen in der ersten Ära Hassenpflug 1830–1837, Berlin 1996
Grube, Otto, Ein Leben für die Freiheit. Das abenteuerliche Schicksal des Großmarschalls Otto Philipp Braun, Kassel 1939
Grüne, Hardy, Legendäre Fußballvereine. Hessen: Zwischen FC Alsbach, Eintracht Frankfurt und Tuspo Ziegenhain, Kassel 2005
Grulms, Eva/Kleibl, Bernd, Jüdische Friedhöfe in Nordhessen, Kassel 1984
Grumbach, Detlef, Malwida von Meysenburg und die Hamburger „Hochschule für das weibliche Geschlecht", in: Grabbe-Jb. 11 (1992), 149–161
Grzesinski, Albert, Im Kampf um die deutsche Republik. Erinnerungen eines Sozialdemokraten, hg. v. Eberhard Kolb, München 2001
Gudenus, Valentinus Ferdinandus de, Codex diplomaticus sive anecdotorum [...], Bd. 2, Frankfurt u. a. 1747
Guerniero, Giovanni Francesco, Delineatio Montis a metropoli Hasso-Casselana, Ndr. der Ausg. Cassel 1706, Leipzig 1988
Gums, Matthias, Von der Bewegung zur Partei. Liberalismus in Kurhessen 1847–1850, Kassel 2001
Gundlach, Franz, Catalogus Professorum Academiae Marburgensis. Die akademischen Lehrer der Philipps-Universität in Marburg von 1527–1910, Marburg 1927
Gundlach, Franz (Hg.), Das Casseler Bürgerbuch (1520–1699), nach dem Originale des Casseler Stadtarchivs, Cassel 1895
Gundlach, Franz, Die hessischen Zentralbehörden von 1247–1604. 3 Bde., Marburg 1930–32
Gundlach, Franz, Johannes von Müller am landgräflichen hessischen und königlich westfälischen Hofe in Cassel, Zürich 1893
Gundlfinger, Karl, Unser OPD-Bezirk 1945, in: Hessische Postgeschichte 1 (1956), 8f.
Gurlitt, Cornelius, Die deutsche Kunst des Neunzehnten Jahrhunderts, Berlin [3]1907
Guth, Werner, Einwohner- und Familienbuch Kirchberg, Niedenstein 1996
Gutknecht, Christoph, Pustekuchen! Lauter kulinarische Wortgeschichten, München 2002

Haas-Rietschel, Helga/Hering, Sabine, Nora Platiel – Sozialistin, Emigrantin, Politikerin. Eine Biographie, Köln 1990
Hachenberg, Karl/Ullwer, Helmut, Marcus Fulda (1689–1734). Hessischer Hütten- und Hammerinspektor und kaiserlicher Berghauptmann, in: ZHG 110 (2005), 159–192
Haeberlin, Helga, Die Fulda, in: 675 Jahre Spiekershausen 1319–1994, hg. v. d. Stadtgemeinde Spiekershausen, Spiekershausen 1994, 28–36
Härter, Karl, Arbeit, Armut, Ausgrenzung: Rechtliche Reglementierung von Wanderungsbewegungen und Migrationspolitik im hessischen Raum zwischen dem 18. und 19. Jahrhundert, in: Sigfried Becker (Hg.), Migration und Integration in Hessen [im Druck]
Härter, Karl/Stolleis, Michael (Hg.), Repertorium der Policeyordnungen der Frühen Neuzeit, Bde. 1–9, Frankfurt/M. 1996–2007
Härtl, Karl-Heinz, Wildbienen-Schutz auf der Blumeninsel Siebenbergen im Staatspark Karlsaue, in: Froschkönige 2 (2000), 76ff.
Haesler, Otto, Mein Leben als Architekt, Berlin 1957
Hahn, Barbara, „Weiber verstehen alles à la lettre". Briefkultur im beginnenden 19. Jahrhundert, in: Brinker-Gabler, Gisela (Hg.), Deutsche Literatur von Frauen, München 1988, Bd. 2, 13–27
Hahn, Hans-Werner, Wirtschaftliche Integration im 19. Jahrhundert. Die hessischen Staaten und der Deutsche Zollverein, Göttingen 1982
Halle, Axel, Bücherlust & Wissenskosmos – „die Murhardsche", das kostbare Erbe der Universitätsbibliothek Kassel, Kassel 2007
Hallo, Rudolf, Die Sternwarten Kassels in hessischer Zeit, Kassel 1929
Hallo, Rudolf, Geschichte der Familie Hallo. 350 Jahre aus dem Leben einer deutschen Hofjuden- und Handwerker-Familie, Kassel 1930
Hallo, Rudolf, Rudolf Erich Raspe – Ein Wegbereiter deutscher Art und Kunst, Stuttgart/Berlin 1934

Hallo, Rudolf, Schriften zur Kunstgeschichte in Kassel. Sammlungen, Denkmäler, Judaica. Im Auftrag der GhK und des Vereins für Hessische Geschichte und Landeskunde hg. v. Gunter Schweikhart, Kassel 1983
Hallo, Rudolf, Vorarbeiten zur Lebensgeschichte R. E. Raspes, in: ZHG 55 (1926), 277–300
Hallo, Rudolf, Wolff, eine Kasseler Steinmetzen- und Baumeisterfamilie, in: Hessenland 41 (1930), 97–104, 146–151
Ham, Rüdiger, Bundesintervention und Verfassungsrevision. Der Deutsche Bund und die hessische Verfassungsfrage 1850/52, Darmstadt 2004
Ham, Rüdiger, Ludwig Hassenpflug. Staatsmann und Jurist zwischen Revolution und Reaktion. Eine politische Biographie, Hamburg 2007
Hamecher, Holger (Hg.), Mirabeau, Schlieffen und die nach Amerika verkauften Hessen. Zwei zeitgenössische Pamphlete zum ‚Soldatenhandel' für den amerikanischen Unabhängigkeitskrieg, Kassel 1991
Hamel, Jürgen, Die astronomischen Forschungen in Kassel unter Wilhelm IV., Frankfurt/M. [2]2002
Handbuch des kurhessischen Militair- Hof- und Civil-Staats, Kassel 1820–1822
Hannes, Helmut, Richard Süßmuth – ein Bahnbrecher moderner Glasgestaltung, in: Jb. Landkreis Kassel (1987), 175–179
Hansmann, Wilfried, Albrecht Brede und Johann Wiegand: Erfolg und Scheitern zweier Musiklehrerkarrieren, Kassel 1994
Harbusch, Jutta, Das Frauen-Find-Buch. Dokumente weiblichen Lebens in Kassels Stadtarchiv, Stadtmuseum und den staatlichen Kunstsammlungen, Kassel 1990
Hardach, Gerd, Kontinuität und Wandel. Hessens Wirtschaft seit 1945, Darmstadt 2007
Hardach, Gerd, Wirtschaftspolitik und wirtschaftliche Entwicklung in Hessen 1866 bis 1945, in: HJbLG 43 (1993), 205–236
Harder, Hans-Bernd/Kaufmann, Ekkehard (Hg.), Die Brüder Grimm in ihrer amtlichen und politischen Tätigkeit, Kassel 1985
Harmann, E., Ein Münchhausen als Geologe: Rudolf Erich Raspe, 1736–1794, in: Geologische Rundschau 33 (1942), 106
Harnischmacher, Anke, Hans Leistikow. Angewandte Kunst im 20. Jahrhundert, Magisterarb. Bochum 1999
Harrison, Robert Pogue, Wälder. Ursprung und Spiegel der Kultur, München/Wien 1992
Hartleb, Hans, Deutschlands erster Theaterbau. Eine Geschichte des Theaterlebens und der englischen Komödianten unter Landgraf Moritz dem Gelehrten von Hessen-Kassel, Berlin/Leipzig 1936
Hartmann, Stefan, Das Kurfürstentum Hessen im Spiegel der preußischen Gesandtschaftsberichte aus Kassel in den Jahren 1855–1861, in: HJbLG 37 (1987), 337–371
Hartmann, Stefan, Der Übergang des kurfürstlichen Besitzes in Kassel und Wilhelmshöhe an Preußen als Folge der Annexion Kurhessens von 1866, in: HJbLG 35 (1985), 177–201
Hartmann, Stefan, Kurhessens Schicksal auf dem Wiener Kongress, in: ZHG 106 (2001), 175–195
Hartmann, Stefan, Neue Aspekte der Kasseler Theatergeschichte. Vom alten Königlichen Hoftheater zum Preußischen Staatstheater, in: ZHG 103 (1998), 193–214
Hartmann, Stefan, Neue Quellen zur Geschichte der Domänen Fasanenhof, Rothwesten und Wilhelmshöhe mit dem Vorwerk Sichelbach in Preußischer Zeit, in: ZHG 96 (1991), 127–151
Hartmann, Stefan, Preußische Quellen zum höheren Schulwesen in Kassel, in: ZHG 100 (1995), 117–134
Hartmann, Stefan, Unterlagen im Nachlass Scharnhorst zur Geschichte Hessen-Kassels im Siebenjährigen Krieg, in: HJbLG 38 (1988), 139–160
Hartmann, Stefan, Zur Geschichte der Kasseler Kunstakademie in den ersten Jahren der Preußischen Zeit, in: ZHG 104 (1999), 163–184
Hartmann, Wolfgang, Der historische Festzug. Seine Entstehung und Entwicklung im 19. und 20. Jahrhundert, München 1976
Hartwig, Theodor, Der Uebertritt des Erbprinzen Friedrich von Hessen-Cassel zum Katholicismus, Cassel 1870
Haß, Esther, Der jüdische Friedhof – Eine Stätte des Lebens. Am Beispiel Kassel, in: Schrift und Spur, Festschrift zum vierzigjährigen Bestehen 1953–1993 der Gesellschaft für Christlich-Jüdische Zusammenarbeit in Kassel e.V., hg. v. Eva M. Schulz-Jander, Kassel 1993, 140–149
Haß, Esther, Vom Schutzjuden zum Bürger. Juden in der Residenzstadt Kassel zwischen 1800 und 1840, in: Backhaus u. a., „Geschäfte", Kassel 1994, 62–106
Haß, Esther/Ostrowskaja, Rita/Ostrovskyy, Oleg, Der Jüdische Friedhof – Eine Stätte des Lebens. Alter Jüdischer Friedhof zu Kassel-Bettenhausen, CD-ROM, hg. v. d. Jüdischen Gemeinde Kassel, Kassel 2007
Haubold, Christian Gottfried, Topographisches Reise-Post- und Zeitungs-Lexicon von Deutschland, Leipzig [2]1782
Haunfelder, Bernd, Die liberalen Abgeordneten des Deutschen Reichstags 1871–1918. Ein biografisches Handbuch, Münster 2004
Haupt, Heinz-Gerhard (Hg.), Orte des Alltags. Miniaturen aus der europäischen Kulturgeschichte, München 1994
Hedewig, Roland, 20 Jahre Umweltbildung im Freilandlabor Dönche in Kassel, in: Jb. Naturschutz in Hessen 5 (2000), 234–237
Hedewig, Roland, Die Philippi-Gesellschaft in Kassel. Geschichte und Aktivitäten, in: Jb. Naturschutz in Hessen 9 (2005), 254–256
Hedewig, Roland/Schaffrath, Ulrich, Das Landschafts- und Naturschutzgebiet Dönche. Didaktik der Biologie, Kassel [3]2000
Hedewig, Roland/Schaffrath, Ulrich, Freilandlabor Dönche. Eine Führung durch das Gelände. Didaktik der Biologie, Kassel [3]2001
Hedwig, Andreas (Hg.), „Weil das Holz eine köstliche Ware…". Wald und Forst zwischen Mittelalter und Moderne, Marburg 2006
Heidelbach, Paul, Deutsche Dichter und Künstler in Escheberg, Marburg 1913
Heidelbach, Paul, Die Ehrenbürger der Stadt Kassel, in: Casseler Post v. 28.12.1930
Heidelbach, Paul, Die Geschichte der Wilhelmshöhe, Leipzig 1909
Heidelbach, Paul, Kassel, Leipzig 1920
Heidelbach, Paul, Kassel. Ein Jahrtausend hessischer Stadtkultur, hg. v. Karl Kaltwasser, Kassel [2]1973
Heidelbach, Paul, Kloster Weißenstein, in: Hessenland 21 (1907), 165–167, 181–184
Heidelbach, Paul, Von Kassels Tausendjahrfeier, in: Deutschland. Zs. für Heimatkunde und Heimatliebe 12/13 (1913), 568–569
Heidenreich, Bernd/Grothe, Ewald (Hg.), Die Grimms – Kultur und Politik, Frankfurt/M. [2]2008
Heinemeyer, Karl, Geistliche und weltliche Kräfte im Ringen um den Aufbau der Landesherrschaft in Hessen, in: Baumgärtner, Ingrid/Schich, Winfried (Hg.), Nordhessen im Mittelalter. Probleme von Identität und überregionaler Integration, Marburg 2001, 53–77
Heinemeyer, Karl, Königshöfe und Königsgut im Raum Kassel, Göttingen 1971
Heinemeyer, Walter (Hg.), Das Werden Hessens, Marburg 1986
Heinemeyer, Walter, Armen- und Krankenfürsorge in der hessischen Reformation, in: Ders./Pünder, Tilman (Hg.), 450 Jahre Psychiatrie in Hessen, Marburg 1983, 1–20
Heinemeyer, Walter, Philipp der Großmütige und die Reformation in Hessen, Marburg 1997
Heinze, Hartmut, Goethe und Friedrich Bury, Berlin 2006
Heinzelmeier, Adolf/Schulz, Berndt, Lexikon der deutschen Filmstars. Mehr als 500 Biografien von damals bis heute, Berlin 2003

Helas, Volker, Baudenkmale in Hessen, Stadt Kassel I, hg. v. Landesamt für Denkmalpflege Hessen, Denkmaltopographie Bundesrepublik Deutschland, Braunschweig/Wiesbaden 1984 → Stadt Kassel II s. Wiegand
Held, Tony von (Hg.), Napoleon III. auf Wilhelmshöhe 1870/71 – nach Aufzeichnungen des Generals der Infanterie Grafen Monts, Berlin 1909
Held, Wieland, 1547. Die Schlacht bei Mühlberg/Elbe, Beucha 1997
Henkel, Gustav, Versuch zu einem geschichtlichen Ueberblick über die Entwicklung von Henkels-Elektrizitätswerken zu Cassel-Wilhelmshöhe 1892–1914 [Durchschlag eines Ms.s]
Hennig, Eike (Hg.), Hessen unterm Hakenkreuz. Studien zur Durchsetzung der NSDAP in Hessen, Frankfurt 1983
Hennig, Eike/Homburg, Heiko/Lohde-Reiff, Robert (Hg.), Politische Kultur in städtischen Räumen. Parteien auf der Suche nach Wählern und Vertrauen, Opladen/Wiesbaden 1999
Henning, Friedrich-Wilhelm, Das vorindustrielle Deutschland 800 bis 1800, Paderborn u. a. [4]1985
Henschel → Carl Anton Henschel. Erfolgreicher Eisenbahnpionier und Fabrikant, hg. v. d. Stadtsparkasse Kassel, Kassel 1984
Henschel & Sohn, Cassel 1810–1910. Denkschrift aus Anlaß des Hundertjährigen Bestehens der Maschinen- und Lokomotivfabrik Henschel & Sohn, Cassel und der Vollendung der Lokomotive Fabriknummer 10.000, Cassel 1910
Henschel, Reinhard/Treue Wilhelm, Sophie Henschel – eine deutsche Unternehmerin, in: Carl Anton Henschel, Kassel 1984, 73–93
Heppe, Dorothea, Das Schloß der Landgrafen von Hessen in Kassel von 1557 bis 1811, Marburg 1995
Herbordt, Friedrich, Bilder aus dem alten Kassel, Kassel 1966
Hering, Rainer (Hg.), Kurhessen und Waldeck im 19. Jahrhundert. Beiträge zur Kirchengeschichte, Bd. 1, Kassel 2006
Herkules. Tugendheld und Herrscherideal. Das Herkules-Monument in Kassel-Wilhelmshöhe. Ausstellungs-Kat. hg. v. Christiane Lukatis, Hans Ottomeyer, Eurasburg 1997
Hermann, Ingo, Knigge. Eine Biografie, Berlin 2007
Hermsdorff, Wolfgang, Ein Blick zurück aufs alte Kassel. 50 ausgewählte Themen der HNA-Serie, 6 Bde., Kassel 1978–1992
Hermsdorff, Wolfgang, Kassel 1900 bis heute. Dokumentation mit 144 Eberth-Fotos und 18 Textabb., Kassel [2]1971
Hermsdorff, Wolfgang, Kassel, ein Blick zurück. Geschichten aus der Geschichte, Gudensberg-Gleichen 2005
Hermsdorff, Wolfgang, Kassel einst eine Zündholz-Metropole. Fabriken Otto Miram und Stahl & Nölke führend in Deutschland. Ein Blick zurück Nr. 290, in: HNA v. 12.2.1968
Hermsdorff, Wolfgang, Waggonfabrik Thielemann, Eggena & Co. Ein Blick zurück Nr. 1102, in: HNA v. 17.8.1985
Herrmann, Fritz-Rudolf/Jockenhövel, Albrecht (Hg.), Die Vorgeschichte Hessens, Stuttgart 1990
Herzog, Erich, Geschichte der Galerie, in: Ders., Die Gemäldegalerie der Staatlichen Kunstsammlungen Kassel, Hanau 1969, 15–40
Herzog, Erich u. a., Hans Vogel zum 65. Geburtstag, in: Kunst in Hessen und am Mittelrhein, Beiheft 1 und 2 (1962), 51–66
Hesse, Karl-Heinz/Bauer, Henning A., Alle Lastwagen von Henschel 1925 bis 1967, Typen und Daten, Köln 1996
Hessen, Rainer von (Hg.), Wir Wilhelm von Gottes Gnaden. Die Lebenserinnerungen Kurfürst Wilhelms I. von Hessen 1743–1821, Frankfurt/M. 1996
Hessen und die amerikanische Revolution 1776. Revolution und demokratischer Widerstand in der Hessischen Geschichte, Ausstellungs-Kat. hg. v. Inge Auerbach, Marburg 1976
Hessenland 1ff. (1887ff.)
Hessische Blätter 1ff. (1872ff.)
Hessische Blätter für Volksbildung, hg. v. Hessischen Volkshochschulverband, Frankfurt/M. 1970ff.
Heuer, Wolfgang, Wilhelm Vernuken. Ein Bildhauer und Baumeister des Manierismus in Deutschland, Diss. Düsseldorf 2000
Heuser, Magdalene (Hg.), „Ich wünschte so gar gelehrt zu werden". Drei Autobiographien von Frauen des 18. Jahrhunderts, Göttingen 1994
Heyne, Renate (Hg.), Kunst und Fotografie. Floris Neusüss und die Kasseler Schule für Experimentelle Fotografie 1972–2002, Marburg 2003
Hildebrand, Georg, Drei Kreise werden eine Einheit – Über das Entstehen des neuen Landkreises Kassel, in: Jb. Landkreis Kassel (1973), 3, 6–9, 22f.
Hildebrand, Sonja, Theater Napoleonshöhe (heute ehem. Ballhaus Wilhelmshöhe). Kassel, Schlosspark Napoleonshöhe (heute Wilhelmshöhe) 1808–13, in: Leo von Klenze, München u. a. 2000, 17–221
Hinz, Berthold/Tacke, Andreas (Hg.), Architekturführer Kassel, Berlin 2002
Historisch-biographisches Lexikon der Schweiz, hg. v. Heinrich Türler, Neuenburg 1921– 1934
Historische Fotografien aus Wilhelmshöhe/Wahlershausen, hg. v. Bürgerverein Wilhelmshöhe/Wahlershausen, Kassel 1986
Historisches Kassel. 1.000 Jahre Stadtgeschichte in Karten, Plänen und Stadtansichten, Bildern und Fotos. CD-ROM, hg. v. d. Stadt Kassel, Amt für Vermessung und Geoinformation, Kassel 2005
Hochfürstlich-Hessen-Casselischer Staats- und Adreß-Calender, Kassel 1764–1787
Hochhuth, Carl Wilhelm Hermann, Statistik der evangelischen Kirche im Regierungsbezirk Cassel, Kassel 1872
Höffner, Harald, Kurhessens Ministerialvorstände der Verfassungszeit 1831–1866, Diss. Gießen 1981
Hölderlin, Friedrich, Sämtliche Werke und Briefe, hg. v. Michael Knaupp, 4 Bde., Darmstadt 1998
Höpken, Jürgen, Die Geschichte der Kasseler Arbeiterbewegung 1914 bis 1922, Darmstadt 1983
Hoffmann, Albrecht, Auf festem Wege über die Fulda, in: Tönsmann, Frank (Hg.), Brücken. Historische Wege über den Fluss, Kassel 2006, 41–60
Hoffmann, Albrecht, Baukunst in Forschung und Praxis. Marburger Architekten und Ingenieure in althessischer und preußischer Zeit, Marburg 2006
Hoffmann, Albrecht/Richter, Achim (Hg.), Wasser für Kassel. Zur Geschichte der Wasserversorgung der Stadt und ihrer Region. Aus Anlass des 75jährigen Bestehens der Städtischen Werke AG Kassel, Kassel 2004
Hoffmann, Albrecht/Schneider, Helmuth (Hg.), Technik und Zauber historischer Wasserkünste in Kassel, Kassel 2000
Hoffmann, Alfred/Biehn, Heinz, Park Wilhelmshöhe. Amtl. Führer, Bad Homburg v. d. H. 1962
Hoffmann, Jochen, Jakob Mauvillon. Ein Offizier und Schriftsteller im Zeitalter der bürgerlichen Emanzipationsbewegung, Berlin 1981
Hoffmann-Axthelm, Dieter, Die verpasste Stadt. Innenstadt Kassel, Zustandsanalyse und Methodik der Wiedergewinnung, Kassel 1989
Hoffmeister, Jacob Christoph Carl, Gesammelte Nachrichten über Künstler und Kunsthandwerker in Hessen seit etwa 300 Jahren, hg. v. Gustav Prior, Hannover 1885
Hoffmeister, Jacob Christoph Carl, Historische Entwicklung des kurhessischen Gesamtwappens, in: ZHG 4 (1847), 1–48
Hoffmeister, Jacob Christoph Carl, Historisch-kritische Beschreibung aller bis jetzt bekannt gewordenen hessischen Münzen, Medaillen und Marken [...], 4 Bde., Kassel u. a. 1857–80
Holtmeyer, Cassel-Land → Holtmeyer, Alois, Die Bau- und Kunstdenkmäler im Regierungsbezirk Cassel. Bd. 4: Kreis Cassel-Land, Marburg 1910

Holtmeyer, Cassel-Stadt → Holtmeyer, Alois, Die Bau- und Kunstdenkmäler im Regierungsbezirk Cassel, Bd. 6: Kreis Cassel-Stadt, Marburg 1923
Holtmeyer, Alois, Giovanni Francesco Guerniero, in: Zs. für Geschichte der Architektur 3,1 (1909), 249–257
Holzapfel, Hilmar, Bad Wolfsanger, hg. v. d. Heimatfreunden Wolfsanger, Kassel-Wolfsanger 1997
Homburg, Herfried, Kassel, das geistige Profil einer tausendjährigen Stadt, Bilder und Dokumente, Kassel 1977
Homburg, Herfried, Louis Spohrs erste Aufführung der Matthäus-Passion in Kassel. Ein Beitrag zur Geschichte der Bachbewegung im 19. Jahrhundert. in: Musik und Kirche 28 (1958), 49–82
Hopf, Helmuth, Wolfgang Köhler. Ein Komponist in unserer Zeit, Kassel 1983
Hopf, Wilhelm (Hg.), Die Landesbibliothek Kassel 1580–1930, Marburg 1930
Hopf, Wilhelm, Hugo Brunner, in: ZHG NF 44 (1924), 269–278
Horn, Walter, Plastik als beseelte Form. Zum Schaffen des Bildhauers Paul Bronisch, in: Die Kunst im Deutschen Reich 6 (1942), 144–151
Hornung, Klaus, Der Jungdeutsche Orden, Düsseldorf 1958
H[orrowitz], Zum 50. Todestage S. H. Mosenthals am 17. Februar 1927, in: Jüdische Wochenzeitung 4,7 (1927)
Horwitz, L., Der Israelitische Krankenpflege-Verein, in: Jüdische Wochenzeitung 6,15 (1929); 9,16 (1932)
Horwitz, Ludwig, Die Verwaltung der judenschaftlichen Angelegenheiten im ehemaligen Kurhessen, Kassel 1908
Horwitz, Ludwig, Die Judenlandtage in Kurhessen, in: Im deutschen Reich 14 (1908), 499–501
Huber, Armin O., Frederic Armand Strubberg, alias Dr. Shubbert. Town-builder, physician, and adventurer, 1806–1889, in: West Texas Historical Association Year Book 38 (1962), 37–71
Huber-Sperl, Rita, Bürgerliche Frauenvereine in Deutschland im „langen“ 19. Jahrhundert – eine Überblicksskizze (1790 bis 1910), in: Dies. (Hg.), Organisiert und engagiert. Vereinskultur bürgerlicher Frauen im 19. Jahrhundert in Westeuropa und den USA, Königstein/Ts. 2002, 41–74
Hübner, Paul Gustav, Wilhelmshöhe, Berlin 1927
Hütteroth, Oskar, Kurhessische Pfarrergeschichte. Bd. 2, Eschwege 1927
Hummel, Georg, Der Maler Johann Erdmann Hummel, Leben und Werk, Leipzig 1954
Hundert Jahre Privatbankhaus in Kassel. 1854–1954. S. J. Werthauer Jr. Nachfolger, Kassel 1854–1938, von Wangenheim & Co., Kassel 1938–1954, Kassel 1954
Hundertjähriges Bestehen der Aktiengesellschaft Möncheberger Gewerkschaft in Cassel 1822–1922, o. O. [Kassel/Leipzig] o. J. [1922]

Ilse Groa und der „Proletkult Cassel“. Ein Blick zurück Nr. 1189, in: HNA v. 4.7.1987
Immisch, Theo O./Neusüss, Floris M. (Hg.), „Die zweite Avantgarde. Das Fotoforum Kassel 1972–1982“, Halle/Saale 2007
Industriedenkmal Kulturfabrik Salzmann, Geschichte, Gegenwart und Zukunftsvisionen einer Fabrik, hg. v. d. Kulturfabrik Salzmann e.V., Ms. Kassel 1999
Industriestandort Bettenhausen. Firmengeschichten aus dem Kasseler Osten, hg. v. Arbeitskreis „Bettenhausen früher und heute“, Ms. Kassel 2007
Ingrao, Charles W., The Hessian mercenary state. Ideas, institutions and reforms under Frederick II, 1760–1785, Cambridge u. a. 1987
Internationales Germanistenlexikon 1800–1950, hg. v. Christoph König, Berlin 2000
Internationales Handbuch. Länder aktuell, Staaten der Welt von A-Z, hg. v. Ludwig Munzinger, o. O. 1989
I. R., M. von Eschen. Eine hessische Schriftstellerin, in: Hessenland 12 (1898), 250ff., 277ff.
Isenmann, Eberhard, Die deutsche Stadt im Spätmittelalter 1250–1500. Stadtgestalt, Recht, Stadtregiment, Kirche, Gesellschaft, Wirtschaft, Stuttgart 1988

Jacob, Bruno, 75 Jahre Kunstmühle Otto Vogt, zugleich 800 Jahre Kasseler Fuldamühlen mit ihren Nebenbetrieben, Kassel 1950
Jacob, Bruno, Die Frankenberger Teiche, in: Meine Heimat. Ein Jb. geschichtlicher Nachrichten und bedeutender Ereignisse im Kreis Frankenberg 5 (1939), 81ff.
Jacob, Bruno, Die hessische Teich-Fischerei in den Tagen des Landgrafen Karl, in: Die Sonntagspost, Beilage zur Kasseler Post, Nr. 48, 1929
Jacob, Bruno, Die Hornisse. Ein Stück Kasseler Geschichte aus der Zeit der Deutschen Revolution, in: ZHG 37 (1914), 171–209
Jacob, Bruno, Die Knallhütte. Brauerei und Straßenwirtshaus. 200 Jahre im Familienbesitz, Kassel 1952
Jacob, Bruno, Flüsse, Bäche und Teiche Hessens, in: Hessischer Volkskalender 50 (1933)
Jacob → Nachruf Bruno Jacob, in: ZHG 65/66 (1954/55), 258f.
Jacob, Bruno, Wirtschafts- und Sozialgeschichte der Stadt Kassel, 2 Bde., Kassel 1988
Jäckel, Marion, Das Grabmal Landgraf Philipps des Großmütigen und seiner Frau Christine von Sachsen, in: Wunder u. a., Landgraf Philipp, Marburg 2004, 237–264
Jahrbuch der Brüder Grimm-Gesellschaft, Kassel 1991ff.
Jahrbuch zum 75jährigen Jubiläum der Heinrich-Schütz-Schule Gymnasium in Kassel 1909–1984, hg. v. d. Elternschaftsvertretung der Heinrich-Schütz-Schule e.V., o. O. [Kassel], o. J. [1984]
Jahresbericht der Königlichen Kunstgewerbeschule zu Cassel, Cassel 1903–1908
Jaworski, Rudolf/Stachel, Peter, Die Besetzung des öffentlichen Raumes. Politische Plätze, Denkmäler und Straßennamen im europäischen Vergleich, Berlin 2007
Jeserich, Kurt G. A./Pohl, Hans/Unruh, Georg-Christoph von (Hg.), Deutsche Verwaltungsgeschichte, 6 Bde., Stuttgart 1983–1988
Jochmann, Ernst-Otto, Die Entwicklung des Hochdruckdampfes in Deutschland, Düsseldorf 1958
Joannis, Georg Christian, Rerum Moguntiacarum, Bd. 1, Frankfurt/M. 1722
Journal Kassel (Architektur & Wirtschaft 7, 156), Wiesbaden 1989
Jubiläum der Hessischen Staatskapelle Kassel: 1502–1952. 450 Jahre Hessische Staatskapelle Kassel, bearb. v. Kurt Missler, Kassel 1952
Jüdische Wochenzeitung für Cassel, Hessen und Waldeck, Kassel 1 (1924) -10 (1933)
Jüngst, Peter, Innerstädtische Differenzierungen in Kassel – Strukturen und Prozesse, Bd. 2, Kassel 1996
Jürgensmeier, Friedhelm (Hg.), Handbuch der Mainzer Kirchengeschichte, Bd. 1, Würzburg 2000
Jung, Hans-Gernot, Rechenschaft der Hoffnung. Gesammelte Beiträge zur öffentlichen Verantwortung der Kirche, Marburg 1993
Jussow → Heinrich Christoph Jussow. 1754–1825. Ein hessischer Architekt des Klassizismus. Ausstellungs-Kat. hg. v. Hans Ottomeyer, Christiane Lukatis, Worms 1999

Kadell, Franz-Anton, Die Hugenotten in Hessen-Kassel, Darmstadt/Marburg 1980
Kademann, Siegfried, 150 Jahre Lokomotiven aus Kassel, Moers 1999
Kademann, Siegfried/Messerschmidt, Wolfgang, Henschel Lokomotiven von 1848 bis zum Intercity, Solingen 1995

Kästner, Julie von, Die allgemeine Fortbildung, in: Die höhere Mädchenbildung. Vorträge gehalten auf dem Kongreß für höhere Frauenbildung zu Kassel am 11. und 12.10.1907, Leipzig/Berlin 1908, 44–49
Kahlfuß, Hans-Jürgen (Hg.), 125 Jahre Murhardsche Stiftung der Stadt Kassel und ihrer Bibliothek 1863–1988, Kassel 1988
Kaiser, Andreas, Das Papiergeld des Kurfürstentums Hessen, Methoden staatlicher Schuldenaufnahme im 19. Jahrhundert, Marburg 2004
Kalk, H., Medizinisches aus der Geschichte von Kassel und Niederhessen, in: Hessisches Ärzteblatt 24,7 (1964)
Kallweit, Adolf, Die Freimaurerei in Hessen-Kassel. Königliche Kunst durch zwei Jahrhunderte von 1743–1965, Baden-Baden 1966
Kaltwasser, Karl, Wilhelmshöhe und Schloß Wilhelmsthal, Königstein 1955
Kammler, Jörg, Nationalsozialistische Machtergreifung und Gestapo – am Beispiel der Staatspolizeistelle für den Regierungsbezirk Kassel, in: Hennig, Hessen unterm Hakenkreuz, Frankfurt/M. 1983, 506–535
Kammler, Jörg/Krause-Vilmar, Dietfried (Hg), Volksgemeinschaft und Volksfeinde. Kassel 1933–1945, Bd. 1: Eine Dokumentation, Fuldabrück 1984 → Bd. 2 s. Frenz
Kapp, Friedrich, Der Soldatenhandel deutscher Fürsten nach Amerika (1775–1783). Ein Beitrag zur Kulturgeschichte des achtzehnten Jahrhunderts, Berlin [2]1874
Kappel, Irene, Vor- und frühgeschichtliche Geländedenkmäler des Stadt- und Landkreises Kassel, in: Jb. Landkreis Kassel (1977), 25–32
Kassel 1955. Die Stadt im Jahr der ersten Documenta. Ausstellungs-Kat. bearb. v. Christian Bromig, Alexander Link, Marburg 1992
Kassel aktuell. Kultur- und Informationsmagazin für Stadt Kassel & Umgebung, Kassel 1990–2006
Kassel und Nordhessen in der Zeit des Nationalsozialismus. Dokumentation einer Vortragsreihe, hg. v. d. Arbeitsgemeinschaft Arbeit und Leben Kassel, Kassel 2001
Kassel, Hofgeismar, Fritzlar, Melsungen, Ziegenhain. Führer zu vor- und frühgeschichtlichen Denkmälern, Bd. 50, Teil 1, Mainz 1982
kassel40, 40 Jahre Das Neue Staatstheater Kassel, Kassel 1999
Kassel-Naumburger-Eisenbahn AG, hg. v. d. Kassel-Naumburger Eisenbahn AG, Kassel 2003
Kasseler Gartenbuch, zugleich Ausstellungs-Kat. der Bundesgartenschau Kassel 1955, Gesamtplanung und künstlerische Leitung Hermann Mattern, Kassel 1955
Kasseler Musiktage 1950. Programmheft, hg. v. Arbeitskreis für Hausmusik, Kassel 1950
Kasseler Porzellan. Bestandskat. der Staatl. Kunstsammlungen Kassel und Kat. der Ausstellung Kasseler Porzellan, hg. v. Marlis Wienert, Kassel 1980
Kasseler Silber. Ausstellungs-Kat. hg. v. Reiner Neuhaus, Ekkehard Schmidberger, Eurasburg 1998
Kasseler Wohlfahrtseinrichtungen. Fotografien 1900–1930. Ausstellungs-Kat. bearb. v. Vera Bachmann, Alexander Link, Kassel 1993
Katholisch in Kassel. Ansichten und Einblicke, hg. v. Kath. Kirchengemeindeverband Kassel, Kassel 2006
Katzschner, Lutz (Hg.), Die meteorologischen Verhältnisse im Raume von Kassel hinsichtlich der Landschafts-, Stadt- und Industrieplanungen, Studienarbeit GhK, Kassel 1981
Kaufunger Wald. Land und Leute zwischen Fulda und Werra, hg. v. Verein für hess. Geschichte und Landeskunde e.V. Kassel, Zweigverein Kaufunger Wald-Söhre, Kaufungen 1992ff.
Kaufunger Wald. Einst ausgebeuteter Naturwald, heute forstliche Kornkammer. Ausstellungs-Kat. bearb. v. Winfried Wroz, Bettina von Andrian, Kaufungen 2001
Kazmierzak, Herbert, Von der kurhessischen Staatsanstalt zur Landesbank, in: Unsere Bank. Hauszs. der Hessischen Landesbank-Girozentrale Frankfurt/M. Sonderausg. Juni 1982, 52ff.
Keim, Heinrich, Nordhessen kulinarisch, Gudensberg 2004
Keim, Heinrich, Nordhessische Ahle Worscht, eine Wurst mit Kultstatus, Gudensberg 2005
Keller, Hermann, Weser und Ems, ihre Stromgebiete und ihre wichtigsten Nebenflüsse, Bd. 2, Berlin 1901
Keller, Horst, Rudolf Hallo, Leben und Werk, in: Hallo, Rudolf, Schriften, Kassel 1983, 11–29
Keller, R., Die Kelzer Teiche, in: Heimatkalender für den Kreis Hofgeismar, Hofgeismar 1937, 57–60
Kemler, Herbert, Gott mehr gehorchen als den Menschen. Christlicher Glaube zwischen Restauration und Revolution dargestellt an der kurhessischen Renitenz, Gießen 2005
Kesper-Biermann, Sylvia, Staat und Schule in Kurhessen 1813–1866, Göttingen 2001
Kesper-Biermann, Von der kommunalen Gelehrtenschule zum staatlichen Gymnasium. Das Kasseler Lyceum Fridericianum und die kurhessische Gymnasialreform 1830–1840, in: HJbLG 45 (1995), 101–128
Kessler, Heinrich, 250 Jahre Kirche Wolfsanger, Geschichte der Kirchengemeinde Wolfsanger, Kassel 1975
Kessler, Heinrich, Heimatkundliches, hg. v. d. Heimatfreunden Wolfsanger, Kassel-Wolfsanger 1985
Keyser, Erich, Hessisches Städtebuch. Stuttgart, 1957
Kiera, Robin, Die Rezeptionsgeschichte Otto Philipp Brauns. Ein Querschnitt durch 180 Jahre Kasseler Kultur, Kassel 2005
Kieser, Volker, Die Persönlichkeit und das Wirken Franz Kuhn's unter besonderer Berücksichtigung seiner Arbeiten zur Entwicklung der Intubationsnarkose, Diss. Düsseldorf 1964
Kimpel, Harald, documenta. Mythos und Wirklichkeit, Köln 1997
Kimpel, Harald, Gewesenes und Gebliebenes: documenta im Stadtraum, in: Walliczek, Thomas u. a., documenta-Stadt Kassel. Das Stadtbuch, Kassel 2002, 382–391
Kimpel, Harald (Hg.), Kunst im öffentlichen Raum. Kassel 1950–1991, Marburg 1991
Kimpel, Harald/Werckmeister, Johanna (Hg.), Triumphzüge. Paraden durch Raum und Zeit, Marburg 2001
Kimpel, Heinrich Theodor/Kreitz, Wilhelm, Das Casseler Volksschulwesen in Vergangenheit und Gegenwart, Cassel 1913
Kindt, Werner (Hg.), Hermann Schafft. Ein Lebenswerk, Kassel 1960
Kingreen, Monica, Deportation. Die gewaltsame Verschleppung – der Hanauer Hauptbahnhof als Sammelplatz, in: Pfeiffer, Monika Ilona/Dies., Hanauer Juden 1933–1945. Entrechtung, Verfolgung, Deportation, Hanau 1998, 97–137
Kingreen, Monica, Die Deportation aus Kassel am 9. Dezember 1941, in: Scheffler, Wolfgang/Schulle, Diana (Bearb.), Buch der Erinnerung. Die ins Baltikum deportierten deutschen, österreichischen und tschechoslowakischen Juden, München 2003, 657ff., 664–689
Kingreen, Monica, Die gewaltsame Verschleppung der Juden aus den Dörfern und Städten des Regierungsbezirks Kassel in den Jahren 1941 und 1942, in: Burmeister, Helmut/Dorhs, Michael (Hg.), Das achte Licht. Beiträge zur Kultur- und Sozialgeschichte der Juden in Nordhessen, Hofgeismar 2002, 223–242
Kino, Film und Video – Aspekte der Kasseler Mediengeschichte, hg. v. Filmladen, Kulturamt der Stadt Kassel, Kassel 1991
Kippenberger, Albrecht, Zwei Bildhauer der Spätgotik in Hessen, in: Hessen-Kunst 23 (1929), 35–49
Kirchhoff, Hans R., 70 Jahre EAM, mit Energie in die Zukunft – gestern wie heute, Kassel 2000
Kirchner, Lina Ingeborg, Die industrielle Entwicklung der Stadt Kassel von 1866–1914, Diss. Köln 1921

Kirchvogel, Paul Adolf, Der Hofmechanikus Johann Christian Breithaupt. Betrachtungen zum 175jährigen Bestehen der Firma F. W. Breithaupt & Sohn in Kassel, Kassel 1938
Kirchvogel, Paul, 175 Jahre G. E. Habich's Söhne Veckerhagen – Aus der Geschichte einer deutschen Farbenfabrik, Veckerhagen 1960
Klaube, Frank-Roland, Alt-Kassel. Ein verlorenes Stadtbild. Historische Photographien, Gudensberg-Gleichen [5]1994
Klaube, Frank-Roland, Chronik der Stadt Kassel, Gudensberg-Gleichen 2002
Klaube, Frank-Roland, Das Archiv der Stadt Kassel, in: ZHG 81 (1970), 181–194
Klaube, Frank-Roland, Kasseler Oberbürgermeister in früheren Zeiten. Ein Leben lang im Dienste seiner Vaterstadt. Willi Seidel, in: Heimatbrief. Heimatverein Dorothea Viehmann 45,5 (2001), 25f.
Klaube, Frank-Roland, Kasseler Oberbürgermeister in früheren Zeiten. Albert Westerburg – erster Träger der goldenen Amtskette, in: Heimatbrief. Heimatverein Dorothea Viehmann 43,4 (1999), 47ff.
Klaube, Frank-Roland, Kassels Flaniermeile – Königsstraße und Königsplatz, Gudensberg 2005
Klaube, Frank-Roland, „miteinander vereinigt" – Zur Geschichte der Kasseler Eingemeindungen, Gudensberg 2006
Klaube, Frank-Roland, Stiftungen in Kassel im Wandel der Zeit, in: Informationen aus Kassel 7/8 (1978), 6f.
Klee, Ernst, Das Personenlexikon zum Dritten Reich. Wer war was vor und nach 1945, Frankfurt/M. 2003
Klein, Thomas, Der preußisch-deutsche Konservatismus und die Entstehung des politischen Antisemitismus in Hessen-Kassel (1866–1893). Ein Beitrag zur hessischen Parteiengeschichte, Marburg 1995
Klein, Thomas (Bearb.), Grundriß zur deutschen Verwaltungsgeschichte 1815–1945. Reihe A, Bd. 11, Marburg 1979
Klein, Thomas, Hessen-Nassau von der Annexion zur Integration, in: Patze, Hans (Hg.), Staatsgedanke und Landesbewußtsein in den neupreußischen Gebieten, Marburg/Ulm 1985, 19–55
Klein, Thomas, Leitende Beamte der allgemeinen Verwaltung in der preußischen Provinz Hessen-Nassau und in Waldeck 1867–1945, Darmstadt/Marburg 1988
Klein, Thomas, Zur Geschichte der Kasseler Eingemeindungen, in: HJbLG 36 (1986), 317–349
Kleinknecht, Günter, Sylvester Jordan (1792–1861). Ein deutscher Liberaler im Vormärz, Marburg 1983
Kleinschmidt, Arthur, Geschichte des Königreichs Westfalen, Gotha 1893
Klenze → Leo von Klenze. Architekt zwischen Kunst und Hof 1784–1864, Ausstellungs-Kat. hg. v. Winfried Nerdinger, München u. a. 2000
Klimabewertungskarte für den Zweckverband Raum Kassel, hg. v. Zweckverband Raum Kassel, Kassel 2000
Klingelhöfer, Johannes Gottlieb, Die Marburger Juristenfakultät im 19. Jahrhundert, Marburg u. a. 1972
Klink, Hans-Jürgen (Bearb.), Die naturräumlichen Einheiten auf Blatt 112 Kassel. Geographische Landesaufnahme 1:200.000, Bonn-Bad Godesberg 1969
Kloss, Günter/Seele Sieglinde, Bismarck-Türme und Bismarck-Säulen, Petersberg 1997
Klüßendorf, Niklot, Der Münzschatz von Niederhone und die hessen-kasselsche Denkmalpflegeverordnung von 1780, Marburg 1987
Klüßendorf, Niklot, Münzstätte – Archiv – Museum. Standortfragen bei ausgemusterten Prägestempeln anhand der Beispiele von Fulda, Hanau, Westphalen und Kurhessen, in: Geldgeschichtliche Nachrichten 33 (1998), 129–139
Kluge, Norbert u. a. (Hg.), Gesamthochschule Kassel 1971–1981. Rückblick auf das erste Jahrzehnt, Kassel 1981
Knackfuß, Hermann, Der kulturhistorische Festzug zur Tausendjahrfeier der Residenzstadt Cassel, in: Tausendjahrfeier Cassel 27.–29. September 1913, Nr. 3, Cassel 1913, 40ff.
Knefelkamp, Ulrich, Das Gesundheits- und Fürsorgewesen der Stadt Freiburg im Breisgau im Mittelalter, Freiburg i. Br. 1981
Knetsch, Carl, Zur Baugeschichte des alten Casseler Landgrafenschlosses, in: ZHG 40 (1907), 310–331
Knierim, Hans-Hermann, Die Schiffahrt auf der Fulda, in: Tönsmann, Frank (Hg.), Zur Geschichte der Wasserstraßen, insbesondere in Nordhessen, Kassel 1995, 131–140
Knierim, Ottokar, Die „Kasseler Jute", in: Bürgerfest Rothenditmold 8 (1991), 71–75
Knobling, Annette/Schrader, Wolfgang: Sigmund Aschrott (1826–1915), Hausarb. Kassel 1986
Knöppel, Volker, Friedrichs Konversion und das Toleranzedikt für das Luthertum in Hessen-Kassel, in: Burmeister, Friedrich I., Hofgeismar 2003, 247–262
Knöppel, Volker, Miteinander und Gegenüber. Zur Verfassungsgeschichte der Evangelischen Kirche von Kurhessen-Waldeck, Kassel 2000
Knudsen, Hans, Aus Dingelstedts hessischer Jugendzeit, Bad Nauheim 1964
Koch, Robert, Neue Untersuchung über die Mikroorganismen bei infectiösen Wundkrankheiten. in: Deutsche medizinische Wochenschrift 43 (1878)
Koch → Robert Koch. Leben und Studien nach einem biographischen Essay von W. Becher 1891, Ndr. München 1977
Koch, Wolfgang/Schmidt, Ralf, Ab von Kassel – Fotodokumentation. Kassel Hauptbahnhof, Cassel-Waldkappeler Eisenbahn, Kleinbahn Kassel-Naumburg, Söhrebahn, Herkulesbahn, Hess. Lichtenau 1993
Köberich, Uwe/Pippert, Volker, Kommunales Wohnungsunternehmen und Wohnungspolitik in Kassel seit 1945, Diplomarb. masch. schr., Kassel 1981
Köhler, Günter H./Seelemann, Claus, Postbeförderung mit Straßenbahnen im westlichen und nördlichen Deutschland, in: Archiv für deutsche Postgeschichte 1 (1990), 65–68
König Lustik!? Jérôme Bonaparte und der Modellstaat Königreich Westphalen. Ausstellungs-Kat. hg. v. Michael Eissenhauer, München 2008
Könnecke, Gustav (Hg.), Hessisches Buchdruckerbuch, enthaltend Nachweis aller bisher bekannt gewordenen Buchdruckereien des jetzigen Regierungsbezirks Cassel und des Kreises Biedenkopf, Marburg 1894
Körner, Heinz, Der historische Weinberg. Geschichte der südlichen Stadtentwicklung zwischen Friedrichsplatz und Philosophenweg, Frankfurter Straße und Wehlheiden, Kassel 2008
Körner, Heinz, Kassel Südstadt. Geschichte eines lebendigen Stadtteils zwischen Weinberg und Niederzwehren, Wehlheiden und Karlsaue, Kassel 2004
Körner, Heinz, Stadtteil Auefeld. Die Krönung des Wiederaufbaus in Kassel, Kassel 2007
Köttelwesch, Sabine, Charlotte Diede, die Freundin Wilhelm von Humboldts, in: Dies., Geliebte, GemahlInnen und Mätressen. 10 Frauenschicksale aus dem Umfeld des Kasseler Fürstenhofes, Hofgeismar 2004, 99–112
Köttelwesch, Sabine, Katharina Königin von Westphalen (1783–1835), in: Burmeister, König Jérôme, Hofgeismar 2006, 73–94
Kolb, Eberhard, Die Arbeiterräte in der deutschen Innenpolitik 1918–1919, Frankfurt/M. u. a. 1973
Kopanski, Karlheinz W./Weber, Karl, Das Marmorbad in der Kasseler Karlsaue. Ein spätbarockes Gesamtkunstwerk mit bedeutenden Skulpturen und Reliefs von Pierre Etienne Monnot, Regensburg 2003
Kopitz, Klaus Martin, Der Düsseldorfer Komponist Norbert Burgmüller. Ein Leben zwischen Beethoven – Spohr – Mendelssohn, Kleve 1998

Korsmeier, Jutta, Wasserkünste im Schlosspark Wilhelmshöhe. Die Gestaltung des Wassers im Wandel der Gartenkunst des 18. Jahrhunderts, Regensburg 2000
Koszinowski, Ingrid/Leuschner, Vera, Ludwig Emil Grimm. Zeichnungen und Gemälde. Werkverzeichnis. 2 Bde., Marburg 1990
Kottke, Horst, Die endgültige Verdrängung der Juden aus der Kasseler Wirtschaft im Jahre 1938, in: Frenz u. a., Volksgemeinschaft, Fuldabrück 1987, 223–254
Krähling, Ingrid (Hg.), Juden in Kassel 1808–1933. Eine Dokumentation anläßlich des 100. Geburtstages von Franz Rosenzweig, Kassel 1986
Krämer, Ferdinand, Die Pfarrkirche St. Familia in Cassel. Erinnerungsblätter zum Gedächtnis ihres 25jährigen Bestehens und zugleich Führer durch dieselbe, Fulda 1924
Kramer, Harry → Ein Frisör aus Lingen, Harry Kramer. Ausstellungs-Kat. hg. v. Michael Willhardt, Freren 1990
Kramer, Harry, Künstler-Nekropole, Kassel, 1999
Kramm, Helmut, Hundert Jahre Kurhessischer und Kasseler Kunstverein. Geschichte seiner Ausstellungen, Kassel o. J. [1935]
Kramm, Walter, Andreas Herber und seine Kasseler Bildhauerwerkstatt, Melsungen 1932.
Kramm, Walter, Die beiden ersten Kasseler Hofbildhauerwerkstätten im 16. und 17. Jahrhundert, in: Marburger Jb. für Kunstwissenschaften 8/9 (1936), 329–390
Kramm, Walter, Kassel, Wilhelmshöhe, Wilhelmsthal, Berlin 1931
Kraus, Ingrid, Zur Geschichte des Apothekenwesens in Kassel, Diss. Marburg 1998
Krause, W., Zur Geschichte der Orthopädie. [Ms. anlässlich des 75jährigen Jubiläums der Orthopädie in Kassel]
Krause-Vilmar, Dietfrid, Ausländische Zwangsarbeiter in der Kasseler Rüstungsindustrie (1940–1945), in: Frenz u. a., Volksgemeinschaft, Fuldabrück 1987, 388–414
Krause-Vilmar, Dietfrid, Streiflichter zur neueren Geschichte der Jüdischen Gemeinde, in: Synagogen in Kassel. Ausstellungs-Kat. bearb. v. Esther Haß, Marburg 2000, 13–24
Krause-Vilmar, Dietfrid, Hitlers Machtergreifung in der Stadt Kassel, in: Frenz u. a., Volksgemeinschaft, Fuldabrück 1987, 13–36
Krenek, Ernst, Im Atem der Zeit. Erinnerungen an die Moderne, Hamburg 1998
Krieb, Steffen, Artikel „C.7 Kassel", in: Paravicini, Werner (Hg.), Höfe und Residenzen im spätmittelalterlichen Reich. Ein dynastisch-topographisches Handbuch, Bd. 2, Ostfildern 2003, 289f.
Kritische Festschrift zur 200-Jahr-Feier der Staatlichen Hochschule für Bildende Kunst Kassel [...], hg. v. Oskar Blase, Kassel 1977
Krüger, Boris/Mueller, Volker, Das Zeughaus in Kassel, Kassel 2004
KSV Hessen-Kassel und seine Traditionsvereine. 40 Jahre Kasseler Sportverein Hessen e.V., hg. v. Kasseler Sportverein Hessen e.V., Kassel 1985.
Kuchenbecker, Johann Philipp (Hg.), Analecta Hassiaca, Collectio IV–IX, Marburg 1728–42
Küch, Friedrich, Beiträge zur Geschichte des Landgrafen Hermann II. von Hessen, in: ZHG NF 17 (1892), 409–439; 19 (1894), 1–216; 30 (1907), 214–273; 39 (1916), 172–232
Küch, Friedrich, Eine Quelle zur Geschichte des Landgrafen Ludwig I., in: ZHG NF 33 (1909), 144–277
Küch, Friedrich, Siegel und Wappen der Stadt Kassel, in: ZHG NF 31 (1908), 242–266
Kücker, Wilhelm, Das Museum für Sepulkralkultur, Berlin 1993
Kümmel, Birgit, Der Ikonoklast als Kunstliebhaber. Studien zu Landgraf Moritz von Hessen-Kassel (1592–1627), Marburg 1996
Künstlerbildnisse. Portraits von Tischbein bis Beuys. Ausstellungs-Kat. bearb. v. Stefanie Heraeus, Kassel 1996
Künstler-Lexikon → Neues allgemeines Künstler-Lexikon: oder Nachrichten von dem Leben und den Werken der Maler [...] etc., hg. v. Georg Kaspar Nagler, München 1835ff.
Kürschners deutscher Gelehrten-Kalender, hg. von Werner Schuder, Berlin [10]1966
Kuhaupt, Georg, Die Johannis Kirche zu Wolfsanger, Taufkirche – Predigtstätte – Sakralraum, Streiflichter aus der Geschichte, in: 275 Jahre Johannis Kirche Wolfsanger, Kassel 2001, 18–36
Kuhn, Franz, Die perorale Intubation. Ein Leitfaden zur Erlernung und Ausführung der Methode mit reicher Kasuistik, Berlin 1911
Kulla, Ralf, Von Henschel & Sohn zu Thyssen Henschel, in: Vollmer/Ders., Panzer aus Kassel, Kassel 1994, 69–120
Kulle, Gerd, Paul Julius von Reuter. Pionier des weltweiten Nachrichtenwesens, Stuttgart 1978
Kulturdenkmäler in Hessen. Stadt Kassel II → Wiegand, Thomas
Kunstforum international 187 (2007)
Kunst im öffentlichen Raum, 2 Bde., hg. v. Mag. der Stadt Kassel, Marburg 1991/2007
Kunze, Ronald (Hg.), Otto Haesler. Modelle Sozialen Wohnens – Bauten und Projekte in Kassel, Kassel 1990
Kunze, Ronald, Wohnraum für alle, in: Kassel Kulturell 4 (1990), 34–37
Kurfürstlich Hessisches Hof- und Staats-Handbuch, Kassel 1835–1866
Kur-Hessischer Staats- und Adreß-Kalender, Kassel 1803–1819
Kurhessisches Staats- und Adreß-Handbuch, Kassel 1823–1834
Kurtze Historie der vormaligen und gegenwaertigen Gelehrtheit derer Hessen, von unpartheyischer Feder entworffen, Trimestre Primum, 1727, Kassel 1729

Ladendorf, Heinz, Die Karlsaue in Kassel. Amtl. Führer, Bad Homburg o. J. [1963]
Landau, Georg, Beiträge zur Geschichte des Weinbaues in Alt-Hessen, in: ZHG 3 (1843), 160–204
Landau, Georg, Die hessischen Ritterburgen und ihre Besitzer, Bd. 2, Cassel 1835, Ndr. der Ausg. Cassel 1835, hg. v. Dieter Carl, Vellmar 2000
Landau, Georg, Beschreibung des Kurfürstenthums Hessen, Kassel 1842
Landesgeschichtliches Informationssystem LAGIS Hessen; http://web.uni-marburg.de/hlgl/lagis/
Landgräflich Hessen-Casselischer Staats- und Adreß-Kalender, Kassel 1788–1803
Landgraf Carl von Hessen 1744–1836, Statthalter in den Herzogtümern Schleswig und Holstein, Ausstellungs-Kat. hg. v. Landesarchiv Schleswig-Holstein, Schleswig 1996
Landgraf Philipp der Großmütige 1504–1567. Hessen im Zentrum der Reform. Ausstellungs-Kat. hg. v. Ursula Braasch-Schwersmann, Hans Schneider, Wilhelm Ernst Winterhager, Marburg/Neustadt/A. 2004
Landgraf Philipp von Hessen und die Montanindustrie in der Region Söhre-Kaufunger Wald. Ausstellungs-Kat. bearb. von Winfried Wroz, Sylvia Lerche, Kaufungen 2004
Landgrebe, Angela, Künstler-Nekropole Kassel, Kassel 2004
Lang, Rolf, Unser Herkules. Geschichte und Geschichten rund um das Kasseler Wahrzeichen, Gudensberg-Gleichen 2004
Lang, Rolf, Unser Königsplatz im Herzen Kassels. Bilderchronik – Geschichten und Anekdoten, Kassel 2005
Lang, Rolf, Wo mäh früher gefeiert hon. Über 100 Jahre Kasseläner Gastlichkeit, Kassel 2003
Lange, Gustav Georg (Hg.), Das Kurfürstenthum Hessen in malerischen Original Ansichten in Stahl gestochen von verschiedenen Künstlern, Darmstadt 1850
Lange-Spohr, A., Die Vogt'sche Mühle gestern und heute, in: Hoffmann, Albrecht/Richter, Achim (Hg.), Wasser für Kassel. Zur Geschichte der Wasserversorgung der Stadt und ihrer Region, Kassel 2004, 271–282.
Langenberg, Julius, Vom Spätmittelalter bis zur Gegenwart. Die Steinmetz- und Baumeisterfamilie Langenberg, Bonn 2004
Langewiesche, Dieter, Europa zwischen Restauration und Revolution 1815–1849, München [3]1993

Langkabel, Hermann, Musik in Hessen. Ausstellungs-Kat. hg. v. Hessischen Staatsarchiv Marburg, Marburg 1993
Langrock, Heinrich, Die Emmaus-Kirchengemeinde Brasselsberg. Ein Beitrag zur Entwicklungsgeschichte dieser Kirchengemeinde, in: Heimatbrief. Heimatverein Dorothea Viehmann 26,3 (1982), 99–102
Langrock, Heinrich, Planer der Gartenstadt Brasselsberg: Die Kasseler Architekten Julius Eubell und Karl Rieck, in: Heimatbrief. Heimatverein Dorothea Viehmann 31,1 (1987), 37–41
Langschied, Kerstin/Unglaube, Peter, Von gebrochenem Brot und zerbrochenen Bildern – Die Zweite Reformation in Hessen-Kassel 1605, Kassel 2006
Lasch, Manfred, Untersuchungen über Bevölkerung und Wirtschaft der Landgrafschaft Hessen-Kassel und der Stadt Kassel vom 30jährigen Krieg bis zum Tode Landgraf Karls 1730, Kassel 1969
Lasch, Manfred, Die Kasseler Einwohnerverzeichnisse der Jahre 1731 und 1751. Ein Beitrag zur Bevölkerungs- und Wirtschaftsgeschichte der Stadt Kassel um die Mitte des 18. Jahrhunderts, in: ZHG 75/76 (1964/65), 349–417
Lauer, Bernhard, Die Brüder Grimm – Leben und Werk. Die Brüder Grimm als hessische Bibliothekare, Schlüchtern 2000
Lauer, Bernhard, Die Brüder Grimm. Leben und Wirken, Kassel 2005
Lauer, Bernhard, Dorothea Viehmann und die Brüder Grimm, Kassel 1997
Lauer, Bernhard (Hg.), Kurfürstin Auguste von Hessen in ihrer Zeit (1780–1841), Kassel 1995
Le Rider, Jacques, Malwida von Meysenbug (1816–1903). Une Européenne du XIXe siècle, Paris 2005
Lebe, Reinhard, Ein deutsches Hoftheater in Romantik und Biedermeier. Die Kasseler Bühne zur Zeit Feiges und Spohrs, Kassel 1964
Leben in Ruinen, Kassel 1943–1948. Ausstellungs-Kat. bearb. v. Christina Coers-Dittmar, Alexander Link, Kassel 1993.
Leben, Wohnen, Arbeiten – Kassel Marbachshöhe, hg. v. d. FOPA Kassel e.V. u. a., Kassel o. J.
Ledderhose, Conrad Wilhelm (Hg.), Kleine Schriften, Bd. 5, Eisenach 1795
Leisner, Barbara, Unabhängig sein ist mein heißester Wunsch. Malwida von Meysenbug, Berlin 1998
Leistikow → Hans Leistikow. Ausstellungs-Kat. Göppinger Galerie, Frankfurt 1963
Leitbild zur Entwicklung der Innenstadt Kassel, Mag. der Stadt Kassel, http://www.kassel.de/imperia/md/content/cms01/temporaer/2008-04-01_leitbild_kassel_2008.pdf
Lemberg, Margret, Civis germanus sum. Wilhelm II. und seine Zeit im Friedrichsgymnasium in Kassel, in: Heinemeyer, Walter (Hg.), 1897–1997. Hundert Jahre Historische Kommission für Hessen, Marburg 1997, 987–1016
Lemberg, Margret, Gräfin Louise Bose und das Schicksal ihrer Stiftungen und Vermächtnisse, Marburg 1998
Lemberg, Margret, Juliane Landgräfin zu Hessen, Darmstadt/Marburg 1994
Lengemann, Jochen, Bürgerrepräsentation und Stadtregierung in Kassel 1835–1996, Bd. 1, Marburg 1996
Lengemann, Jochen, Die Vorsteher des Bürgerausschusses und der Stadtverordnetenversammlung in Kassel 1835–1955, in: ZHG 100 (1995), 135–172
Lennep, Georg (Hg.), Codex probationum [...], Marburg 1768
Lenz, Rudolf (Bearb.), Katalog der Leichenpredigten und sonstigen Trauerschriften in Kasseler Bibliotheken, Archiven und Museen, Stuttgart 2006
Leuschner, Vera, Stummann-Bowert, Ruth (Hg.), Malwida von Meysenbug zum 100. Todestag, Kassel 2003
Lexikon der deutschen Dichter und Prosaisten vom Beginn des 19. Jahrhunderts bis zur Gegenwart, bearb. v. Franz Brümmer, Leipzig [6]1913
Lexikon der Düsseldorfer Malerschule. 1819–1918, 3 Bde., hg. v. Hans Paffrath, München 1997/98
Lexikon der Reise- und Abenteuerliteratur, hg. v. Friedrich Schegk, Meitingen 1988ff.
Lexikon des Mittelalters, hg. v. Norbert Angermann, München u. a. 1980–1999
Linfert, Carl, Die staatliche Werkakademie Kassel. Sonderheft Baukunst und Werkform 7 (1955)
Linnebach, Andrea, Der Münchhausen-Autor Rudolf Erich Raspe. Wissenschaft, Kunst, Abenteuer, Kassel 2005
Literatur des Mittelalters → Verfasserlexikon. Die deutsche Literatur des Mittelalters, begr. v. Wolfgang Stammler, Berlin [2]1977ff.
LKuW → Lebensbilder aus Kurhessen und Waldeck 1830–1930, hg. v. Ingeborg Schnack, 6 Bde., Marburg 1939–1958
Lobe, Georg A., Wanderungen durch Cassel und die Umgegend. Eine Skizze für Einheimische und Fremde, Cassel 1837
Löbe, Karl, Das Weserbuch, Hameln [2]1969
Löser, Friedrich/Zheng, Qinguah, Transrapid – die Verkehrstechnik für umweltverträgliche Mobilität, in: ThyssenKrupp techforum 2 (2007), 62–69
Lohmeyer, Eduard, Johann Georg Albert Duncker. Nachruf, in: MHG (1886), A. I–XXII
Lohr, Siegfried, Planungen und Bauten des Baumeisters Julius Eugen Ruhl 1796–1871. Ein Beitrag zur Baugeschichte Kassels und Kurhessens im 19. Jahrhundert, Darmstadt 1984
Lometsch, Fritz, Wilhelmshöhe. Natur und Formergeist in dem schönsten Bergpark Europas, Kassel 1961
Losch, Philipp, Auguste. Kurfürstin von Hessen, in: LKuW 1 (1939), 6–8
Losch, Philipp, Das Kurfürstentum Hessen, Marburg 1922
Losch, Philipp, Der letzte deutsche Kurfürst. Friedrich Wilhelm I. von Hessen, Marburg 1937
Losch, Philipp, Felix Blangini, König Jérômes Generalmusikdirektor, in: Hessenland 28 (1914), 5ff., 22ff., 35ff., 52–55
Losch, Philipp, Heinrich Henkel, in: → LKuW 2 (1940), 204–207
Losch, Philipp, Schönfeld. Bilder aus der Geschichte eines hessischen Schlößchens und seiner Besitzer, Leipzig 1913
Losch, Philipp, Soldatenhandel. Mit einem Verzeichnis der Hessen-Kasselischen Subsidienverträge und einer Bibliographie, Kassel 1933, Neuaufl. Kassel 1974
Losch, Philipp, Wilhelm II. Kurfürst von Hessen, in: → LKuW 2 (1940), 415–422
Lotze, Siegfried, Beiträge zu einer Geschichte hessischer Unternehmer im frühen 19. Jahrhundert. Die Familienbeziehungen niederhessischer Textil- und Farbenfabrikanten, in: ZHG 96 (1991), 233–254
Lotze, Siegfried, Der Weg der hessischen Montanfamilie Schreiber von Adorf bis Schmalkalden, in: ZHG 98 (1993), 85–114
Lotze, Siegfried, Die Chemie in Kurhessen vor 150 Jahren. Robert Wilhelm Bunsens 175. Geburtstag, in: ZHG 91 (1986), 105–131
Lotze, Siegfried, Die Eisenhütte in Veckerhagen. Kunst, Geschichte, Technik, Kassel 1985
Lotze, Siegfried, Die hessische Familie Fulda und andere Montanleute in den Bünden der Freimaurer und Rosenkreuzer im späten 18. und frühen 19. Jahrhundert, in: ZHG 101 (1996), 199–218
Lucius, Burckhardt, Die Kinder fressen ihre Revolution: Wohnen, Planen, Bauen, Grünen, Köln 1985
Luckemeyer, Ludwig, Kasseler Liberale in zwei Jahrhunderten. Festschrift anläßlich der 60. Wiederkehr des Tages der Wahl des OB der Stadt Kassel Erich Koch-Weser [...], Kassel 1979
Ludwig, Thomas, Das Marmorbad in der Karlsaue, in: Froschkönige 1 (1998), 94–100
Ludwig, Thomas, Der Herkules in Kassel. Herkules, Oktogon und Kaskaden im Schlosspark Wilhelmshöhe, Regensburg 2004

Ludwig, Thomas/Schmid, Klaus-Peter, Instandsetzungsarbeiten am Marmorbad in Kassel, in: Froschkönige 3 (2002), 34–37
Lüken-Isberner, Folckert, Fritz Stück und die Stadtplanungsdiskussion im Kassel der Weimarer Republik, in: HJbLG 40 (1990), 219–240
Lüken-Isberner, Folckert, Hermann Muthesius und das Landhaus Strombeck in Harleshausen, in: D'r Osse. Mitteilungsblatt des Bürgervereins Harleshausen 175 (2007), 21ff.
Lüken-Isberner, Folckert, Kassel. Neue Stadt auf altem Grund, in: Beyme, Klaus von (Hg.), Neue Städte aus Ruinen. Deutscher Städtebau der Nachkriegszeit, München 1992, 173–188
Lüken-Isberner, Folckert, Planungsvorgeschichte des „Wiederaufbaus" von Kassel, in: Kassel 1955, Marburg 1992, 49–59
Lüken-Isberner, Folckert, Verständnisse von Stadt und städtebaulicher Planung, Determinanten für die Aufbaurealisierung der Innenstadt von Kassel, in: Zur Aktualität der Moderne – die 50er Jahre, hg. v. Architektursalon Kassel, Kassel 2007, 107–131
Lüken-Isberner, Folckert, Von der Gauhauptstadtplanung zur Gigantomanie in Trümmern, in: Leben in Ruinen, Kassel 1993, 173–188
Lullies, Reinhard/Schiering, Wolfgang (Hg.), Archäologenbildnisse. Porträts und Kurzbiographien von klassischen Archäologen deutscher Sprache, Mainz 1988
Lund, Hannah Lotte, Gar nicht „zu fein für den Pressbengel" – Salonièren als Autorinnen, in: Bland, Caroline/Müller-Adams, Elisa (Hg.), Frauen in der literarischen Öffentlichkeit 1780–1918, Bielefeld 2007, 85–100

MacDonald, Stephen C., A German revolution. Local change and continuity in Prussia, 1918–1920, New York/London 1991
Mackensen, Ludolf von, Carl Anton Henschel, in: Carl Anton Henschel, Kassel 1984, 7–37
Mackensen, Ludolf von, Die erste Sternwarte Europas mit ihren Instrumenten und Uhren, München [3]1988
Mackensen, Ludolf von, Die Naturwissenschaftlich-technische Sammlung in Kassel. Geschichte, Bedeutung und Ausstellung in der Kasseler Orangerie, Kassel 1991
Mackensen, Ludolf von, Feinmechanik aus Kassel. 225 Jahre F. W. Breithaupt & Sohn, Kassel 1987
Mackensen, Ludolf von, Nachruf auf Paul Adolf Kirchvogel, in: Nachrichtenblatt der Deutschen Gesellschaft für Geschichte der Medizin, Naturwissenschaft und Technik 46 (1966), 163ff.
Mackensen, Ludolf von (Hg.), Von Goethes Dialogen und Farben zu Schillers Spiel, Kassel [2]2008
Magnetschwebebahn. Vom HMB 2 zum Transrapid, hg. v. d. ThyssenKrupp Transrapid GmbH, Kassel 2003
Malettke, Klaus, Der Dreißigjährige Krieg in Hessen und seine Folgen, in: HJbLG 51 (2001), 83–102
Marburgische Beyträge zur Gelehrsamkeit nebst den Neuigkeiten der Universitäten Marburg und Rinteln, 2 Bde., Marburg 1749
Martin, Bernhard, „heregasse", der alte Name der Wildemannsgasse in Kassel, in: ZHG 75/76 (1964/65), 183f.
Martin, Karl, Der unbesiegte Soldat. Otto Philipp Braun, der Großmarschall vom Schwarzen Berge. Ein deutsches Heldenleben in Südamerika, Nürnberg 1942
Marx, Manfred/Georgsdorf, Heiner, 150 Jahre Kasseler Kunstverein, Kassel 1985
Masner, Karl/Hintze, Erwin (Hg.), Die historische Ausstellung zur Jahrhundertfeier der Freiheitskriege, Breslau 1913
Matschoss, Conrad, Männer der Technik, Berlin 1925
Matthäus, Wolfgang (Hg.), Vom Hohenzollernviertel zum Vorderen Westen. Straßennamen, Geschichte und „Geschichtspolitik", Kassel 2005
Matthäus, Wolfgang (Hg.), Vom Markt zum Bebelplatz. Schriften der Werkstatt Geschichte an der Albert-Schweitzer-Schule Kassel, Kassel 2001
Maurer Zenck, Claudia (Hg.), Der zauberhafte, aber schwierige Beruf des Opernschreibens. Das Musiktheater Ernst Kreneks, Schliengen 2006
Maurer, Wilhelm, Bekenntnisstand und Bekenntnisentwicklung in Hessen, Gütersloh 1955
Meers, Karl/Winter, Willem/Grimmell, Eduard, Die Rentmeister des Amtes Wolfhagen und ihre Familien, Frankfurt/M. 1959
Meibert, Dieter, Bauverein 1894 zu Kassel. Gemeinnützige Wohnungsbau-Genossenschaft eG. 1894–1994, Gudensberg-Gleichen 1994
Meidenbauer, Jörg, Aufklärung und Öffentlichkeit. Studien zu den Anfängen der Vereins- und Meinungsbildung in Hessen-Kassel 1770 bis 1806, Darmstadt/Marburg 1991
Meier zu Eissen, Hans, Die Deutsche Privatpost. Couriere und Boteninstitute. Handbuch der Wertzeichen und Materialien, Bd. 3, Münster 1991
Meiser, Daniel/Kieser, Eberhard, Thesaurus philopoliticus oder Politisches Schatzkästlein, Ndr. der Ausg. Frankfurt/M. 1623ff., 2 Bde., Nördlingen 1992
Melis, Damian van/Bispinck, Henrik (Hg.), Republikflucht. Flucht und Abwanderung aus der SBZ/DDR 1945 bis 1961, München 2006
Menk, Gerhard, Das frühneuzeitliche Bildungs- und Schulwesen im Bereich des heutigen Hessen, in: Andermann, Ulrich/Andermann, Kurt (Hg.), Regionale Aspekte des frühen Schulwesens, Tübingen 2000, 153–199
Menk, Gerhard, Die „Zweite Reformation" in Hessen-Kassel. Landgraf Moritz und die Einführung der Verbesserungspunkte, in: Schilling, Heinz (Hg.), Die reformierte Konfessionalisierung in Deutschland – das Problem der „Zweiten Reformation", Gütersloh 1986, 154–183
Menk, Gerhard, Johann Heinrich Dauber. Der Erneuerer der Marburger Universität nach dem Dreißigjährigen Krieg, in: Berns, Jörg Jochen (Hg.), Marburg-Bilder, Marburg 1995
Menk, Gerhard (Hg.), Landgraf Moritz der Gelehrte. Ein Kalvinist zwischen Politik und Wissenschaft, Marburg 2000
Merian, Matthäus, Topographia Hassiae et Regionum Vicinarum [...], Frankfurt/M. [2]1655, Ndr. Kassel 1966
Merkel, Kerstin, Die Besichtigung von Kassel – Reisekultur im 18. Jahrhundert, in: Wunder u. a., Kassel 2000, 15–46
Merkel, Kerstin, Ein Fall von Bigamie – Landgraf Philipp von Hessen, seine beiden Frauen und deren drei Grabdenkmäler, in: Maier, Wilhelm/Schmid, Wolfgang/Schwarz, Michael Viktor (Hg.), Grabmäler. Tendenzen der Forschung an Beispielen aus Mittelalter und früher Neuzeit, Berlin 2000, 103–128
Merkel, Kerstin, Pierre-Etienne Monnot: Das Marmorbad in Kassel, in: Die Gartenkunst 2 (1994), 249–280
Messerschmidt, Hermann, Wilhelmshöhe, Münster [3]1968
Messerschmidt, Rolf, Wie können wir die „Flüchtlinge" zu „Bürgern" machen? Der Eingliederungsauftrag und seine Umsetzung in Hessen, in: Schraut, Sylvia/Grosser, Thomas (Hg.), Die Flüchtlingsfrage in der deutschen Nachkriegsgesellschaft, Mannheim 1996, 241–260
Mey, Eberhard, Aufklärung in der Residenzstadt Kassel: Das Collegium Carolinum, in: Heidenreich, Bernd (Hg.), Aufklärung in Hessen. Facetten ihrer Geschichte, Wiesbaden 1999, 46–56
Mey, Eberhard, „Der zukünftige Gelehrte und der Hofmann" – Lehrangebot und Studenten am Collegium Carolinum in der Regierungszeit Friedrichs II., in: Wunder u. a., Kassel 2000, 191–211
Mey, Eberhard, Die Medizinische Fakultät des Collegium Carolinum in Kassel, 1709–1791, in: Wenzel, Manfred (Hg.), Samuel Thomas Soemmerring in Kassel (1779–1784). Beiträge zur Wissenschaftsgeschichte der Goethezeit, Stuttgart u. a. 1994, 25–73
Meyer, Lola, Wieviel gebauter Krieg steckt in der Stadt? Die Suche nach dem Krieg in Architektur und Städtebau am Beispiel Kassels, Kassel 2006

Meysenbug, Malwida von, Memoiren einer Idealistin, Stuttgart 1869–1876
MGG → Die Musik in Geschichte und Gegenwart, Kassel ^{2}1994ff.; CD-Rom 2001ff.
Michaelis-Braun, Manuel, Otto Philipp Braun, Großmarschall von Montenegro, in: Braun, Hans, Grundlagen zu einer Geschichte der Familie Braun, mit Beiträgen zur hessischen Familien- und Ortsbeschreibung, Berlin/Leipzig 1914, 219–258
Mielke, Hermann, Der Steinhöfer Wasserfall. Schäden und Instandsetzung, in: Froschkönige 1 (1998), 153–157
Mielke, Hermann, Kamelien, Bananen und Orchideen. Die Wiederbepflanzung des Großen Pflanzenhauses im Schlosspark Wilhelmshöhe in Kassel, in: Froschkönige 1 (1998), 158–161
Milward, Alan S., Die deutsche Kriegswirtschaft 1939–1945, Stuttgart 1966
Milza, Pierre, Napoléon III., Paris 2004
Mitglieder der Freimaurerlogen in Kassel 1766 bis 1824, nach den verfügbaren Mitgliederverzeichnissen zusammengetr. v. Ortrud Wörner-Heil, Ms. Kassel 1998
Modrow, Bernd, Die italienischen Einflüsse auf den barocken Karlsberg bei Kassel, in: Fiedler, Florian (Redaktion), Die Gartenkunst des Barock, München 1998, 58–63
Modrow, Bernd, Gartenkunst in Hessen. Historische Gärten und Parkanlagen, Worms 1998
Mogk, Walter, Die Hugenottenfamilie Robert in Kassel, in: Johann Heinrich Tischbein, Kassel 1989, 56–61
Mogk, Walter, Martin, Marie: Deutsches Heimatglück. Ein Jugendleben auf dem Lande. Braunschweig 1917–1925, in: Nachrichten des J. P. Martin'schen Familienverbandes 163 A (2006), 3–16
Möker, Ulrich, Nordhessen im Zeitalter der industriellen Revolution, Köln/Wien 1977
Mond → Ludwig Mond's Bequest. A gift to the nation, to accompany the Exhibition Ludwig Mond's Bequest, London 2006
Mondada, Giuseppe, Commerci e commercianti di Campo Valmaggia nel Settecento. Dalle lettere dei Pedrazzini e di altri conterranei attivi in Germania e in Italia, Locarno 1978
Monts, Friedrich Wilhelm von, Napoléon III. auf Wilhelmshöhe 1870/71 nach Aufzeichungen des Generals, hg. v. Tony von Held, Berlin 1909
Moog, Heinz-Friedrich, Geschichte der Philippi-Gesellschaft, in: Festschrift 150 Jahre Philippi-Gesellschaft 1836–1986, Kassel 1986, 1–14
Moran, Bruce T., The alchemical world of the German court. Occult philosophy and chemical medicine in the circle of Moritz of Hessen (1572–1632), Stuttgart 1991
Moritz, Werner (Bearb.), Das Hospital im späten Mittelalter. 700 Jahre Elisabethkirche in Marburg 1283–1983, Marburg 1983
Moritz der Gelehrte. Ein Renaissancefürst in Europa. Ausstellungs-Kat. hg. v. Heiner Borggrefe, Vera Lüpkes, Hans Ottomeyer, Eurasburg 1997
Mosch, Klaus, Schäferberg. Ein Henschel-Lager für ausländische Zwangsarbeiter, Kassel 1983
Most, Dietmar/Schlier, Jutta, Vereinigte Wohnstätten 1889 eG., 1889–1989. 100 Jahre genossenschaftlicher Wohnungsbau, Kassel 1989
Most, Dietmar/Schlier, Jutta, Wohnungsbau in Kassel während der Weimarer Republik, Kassel 1983
Mostra del Ritratto italiano, dalla fine del secolo XVI all'anno 1861, Catalogo [Ausstellungs-Kat.], Florenz 1911
Mross, Klaus Gerhard, Ernst Gottfried Baldinger (1738–1804) und das deutsche medizinische Zeitschriftenwesen im 18. Jahrhundert, Diss. Mainz 1987
Mühlhausen, Walter/Papke, Gerhard (Hg.), Kommunalpolitik im Ersten Weltkrieg. Die Tagebücher Erich Koch-Wesers 1914 bis 1918, München 1999
Müller, Herbert Hans, Wilhelm Schmidt – ein Leben für die Dampfmaschine, Quedlinburg 1998
Müller-Wiegand, Daniela, Vermitteln – Beraten – Erinnern. Funktionen und Aufgabenfelder von Frauen in der ottonischen Herrscherfamilie (919–1024), Kassel 2005
Müllmann, Bernd, Horst Hamecher – Antiquar, Schriftsteller, Verleger – 60 Jahre, in: Hessische Heimat NF 29,4 (1979), 125
Münzer, Lutz, Das Betriebswerk Kassel, in: Fuhrmann, Matthias (Hg.), Deutsche Bahnbetriebswerke und der Triebfahrzeugpark der deutschen Eisenbahnen von 1920 bis heute. Teil 1–23, München 1999; Teil 2–30, München 2002
Münzer, Lutz, Kassel – Metamorphosen der Position eines hochrangigen Bahnknotens, in: Jb. für Eisenbahngeschichte 31 (1999), 39–52
Murhard → Die Brüder Murhard. Leben für Menschenrechte und Bürgerfreiheit. Ausstellungs-Kat. hg. v. Axel Halle, Kassel 2003
Musiktage 1937 in Kassel. Programmheft, hg. v. Arbeitskreis für Hausmusik, Kassel 1937

Nachricht über die Gewerb-Ausstellung in Cassel, in der Herbst-Messe 1830, Cassel 1830
Nachrichten des J. P. Martin'schen Familienverbandes e.V., Darmstadt 1922ff.
Nachtigäller, Roland/Scharf, Friedhelm/Stengel, Karin (Hg.), Wiedervorlage d5 – Eine Befragung des Archivs zur documenta 1972, Kassel 2001
Nakath, Detlef, Erfurt und Kassel. Zu den Gesprächen zwischen Brandt und Stoph, Berlin 1995
Namen und Schicksale der Juden Kassels 1933–1945. Ein Gedenkbuch, bearb. v. Beate Kleinert, Wolfgang Prinz, Kassel 1986
NDB → Neue Deutsche Biographie, hg. v. d. Historischen Kommission bei der Bayerischen Akademie der Wissenschaften, Berlin 1953ff.
Nebelthau, Friedrich, Die ältesten und älteren Gebäude Kassels, Kassel 1884
Nebelthau, Friedrich (Hg.), Die hessische Congeries, in: ZHG 7 (1858), 309–364
Nebelthau, Friedrich, Denkwürdigkeiten der Stadt Kassel, in: ZHG 12, NF 2 (1869), 241–310; 13 NF 3 (1870), 1–114
Nerdinger, Winfried, Architekturführer Deutschland – 20. Jahrhundert, Basel 1996
Nerdinger, Winfried, Theodor Fischer. Architekt und Städtebauer, Berlin 1988
Neuber, Carl, Geschichte von Kloster und Kirche zu Nordshausen, in: Hessenland 13 (1899), 33–35, 42–44
Neuber, Carl, Zur Geschichte des Renthofs in Kassel, in: Hessenland 4 (1890), 237–239, 250–253, 262–265, 278–281
Neubert, Franz (Hg.), Deutsches Zeitgenossen-Lexikon. Biographisches Handbuch deutscher Männer und Frauen der Gegenwart, Leipzig 1905
Neuer-Miebach, Therese u. a., Stadterneuerung als Teil großstädtischer Entwicklungspolitik in der Weimarer Republik und im Nationalsozialismus, Fachbereich Stadtplanung, Landschaftsplanung GhK, unveröff. Ms. Kassel 1988
Neueröffnete Kranken- und Pflegeanstalten, in: Zs. für Krankenanstalten 9,5 (1913)
New Grove → The New Grove. Dictionary of Music and Musicians, hg. v. Stanley Sadie, John Tyrrell, George Grove, London ^{2}2002
Nickel, Karl-Heinz, Durch lauter Zaubergärten der Armida. Ergebnisse neuerer Forschungen, Kassel 2005
Nickel, Karl-Heinz u. a., Kurzbiographien, in: Wannagat, Kassel, Köln u. a. 1990, 367–537
Nieder, Horst, Wilhelm Dilich (um 1571–1650). Zeichner, Schriftsteller und Kartograph in höfischem Dienst, Lemgo 2002
Niemeyer, Wilhelm, Wohltäter der Stadt Kassel und ihre Stiftungen. Eine Übersicht, Kassel 1960
Nitsche, Lothar, Biotoppflege in Grünländern der Dönche, in: Naturschutz in Kassel 7 (1992), 24–36

Nitsche, Lothar, Zur Geschichte des Naturschutzes aus der Sicht des Naturschutzringes Nordhessen, in: Jb. Naturschutz in Hessen 9 (2005), 7–34
Nitsche, Lothar/Nitsche Sieglinde, Naturschutzgebiete in Hessen. Bd. 2, Zierenberg 2003
Nolte, Cordula, Christine von Sachsen. Fürstliche Familienbeziehungen im Zeitalter der Reformation, in: Wunder u. a., Landgraf Philipp, Marburg 2004, 75–88
Nolte, Jürgen, Burchard Wilhelm Pfeiffer. Gedanken zur Reform des Zivilrechts. Ein Beitrag zur Geschichte der deutschen Zivilgesetzgebung, Göttingen 1969
Nolte, Jürgen, Der Landkreis Kassel – Streifzüge durch die Geschichte, Gudensberg 2006
Nolte, Karen, Gelebte Hysterie, Frankfurt/M. 2003
Nowotny, Karl-Heinz, Friedrich Müllers kunstpädagogische Reformideen aus dem Jahre 1836. Ein Beitrag zur Geschichte der Kasseler Kunstakademie, in: ZHG 75/76 (1964/65), 569–585
Nübel, Birgit (Hg.), Adolf Freiherr Knigge in Kassel, Kassel 1996

Oelker, Simone, Otto Haesler. Eine Architektenkarriere in der Weimarer Republik, Hamburg/München 2002
Österreichisches Biographisches Lexikon, hg. v. d. Akademie der Wissenschaften, Wien 1954ff.
Olten, Rainer, Den Grundsätzen treu und offen für die Zukunft. 100 Jahre Sparda-Bank Kassel eG, Kassel 1997
Olten, Rainer, Karl Murhard. Gelehrter und liberaler Nationalökonom in Kassel. Leben und Werk, Kassel 1990
Online-Kat. MHK → Fenner, Gerd/Härtel, Maren Christine/Hanschke, Ulrike, Bestandskatalog der Architekturzeichnungen des 17.–20. Jahrhunderts in der Graphischen Sammlung der Staatlichen Museen Kassel, Kassel 2004, ergänzt u. erweitert 2005, http://212.202.106.6/dfg/museumkassel/home.jsp
Ordinatio – visitatio – inspectio. Bischöfe in Kurhessen-Waldeck. Ausstellungs-Kat. bearb. v. Bettina Wischhöfer, Volker Knöppel, Kassel 2000
Orthopädische Landesklinik der Kommunalverwaltung des Regierungsbezirkes Kassel, Kassel 1951
Ostermann, Wolf-Dieter, Lebensbilder aus Harz und Börde, Bd. 2, Halle/Saale 2003
Otto, Astrid, Schreibende Frauen des 19. Jahrhunderts in Kassel und Nordhessen. Lebensläufe und Bibliographien (1756–1943) 1, Kassel 1990
Otto, Astrid, Schreibende Frauen vom 16. bis 20. Jahrhundert in Kassel und Nordhessen. Lebensläufe und Bibliographien 2, Kassel 1999

Paetow, Karl, Klassizismus und Romantik auf Wilhelmshöhe, Kassel 1929
Panzer-Böhm, Gerhard, 30 Jahre Bundeswehr in Kassel. Eine Dokumentation über das Zusammenleben von Kasseler Bevölkerung und Soldaten, Kassel 1991
Pape, Astrid, 125 Jahre Menschlichkeit und Kompetenz, DRK-Schwesternschaft Kassel e.V., Spangenberg 2004
Papke, Gerhard, Der liberale Politiker Erich Koch-Weser in der Weimarer Republik, Baden-Baden 1989
Pasche, Hans-Günter/Diefenbach, Joachim/Wegner, Karl-Hermann, Todtenhof und Nordstadtpark. 150 Jahre Kasseler Hauptfriedhof, Kassel 1993
Pataky, Sophie (Hg.), Lexikon deutscher Frauen der Feder, 2 Bde., Berlin 1898
Paul, Oscar (Hg.), Handlexikon der Tonkunst, Leipzig 1873
Paust, Bettina, Studien zur barocken Menagerie im deutschsprachigen Raum, Worms 1996
Pelda, Dieter, Die Abgeordneten des Preußischen Kommunallandtags in Kassel 1867–1933, Marburg 1999
Pelizaeus, Ludolf, Der Aufstieg Württembergs und Hessens zur Kurwürde 1692–1803, Frankfurt/M. 2000
Petmecky, Jacob, Karl Bernhardi. Ein kurhessischer Vorkämpfer der deutschen Einheitsbewegung, Diss. Frankfurt/M. o. J. [1929]
Petropoulus, Jonathan, Royals and the Reich. The princes von Hessen in Nazi Germany, Oxford 2006
Pfeiffer, August Ludwig, Die Familie Pfeiffer. Eine Sammlung von Lebensbildern und Stammbäumen, Kassel 1886
Pfeiffer, Peter, Am Tor zur Bundesliga. Der KSV Hessen Kassel von 1963 bis 1985, Kassel 2006
Philippi, Hans, Das Haus Hessen. Ein europäisches Fürstengeschlecht, Kassel 1983
Philippi, Hans, Die Landgrafschaft Hessen-Kassel 1648–1806, Marburg 2007
Philippi, Hans, Landgraf Karl von Hessen-Kassel. Ein deutscher Fürst der Barockzeit, Marburg 1976
Philippi, Hans, Machtpolitik unter Landgraf Karl im Hochbarock, Frankfurt 1981
Philipsen, Christian, Das Pfarrwesen der Stadt Kassel vor der Reformation, in: Die Homberger Synode von 1526. Die Reformation in Hessen, hg. v. Zweigverein Homberg/Efze im Verein für Hessische Geschichte und Landeskunde e.V., Homberg 2001, 32–45
Philipsen, Christian, Das vorreformatorische Kirchenwesen Kassels zwischen weltlicher Herrschaft und bischöflicher Amtsgewalt, in: Wunder u. a., Landgraf Philipp, Marburg 2004, 171–186
Philipsen, Christian, Kassel von den Anfängen bis ins 14. Jahrhundert. Seine Entstehung, Topographie und kommunale Entwicklung, Ms. o. O. [Kassel] o. J. [2000]
Piderit, Franz Carl Theodor, Geschichte der Haupt- und Residenz-Stadt Cassel, Kassel ^{2}1882, Ndr. Vellmar 2004
Piekalkiewicz, Janusz, Der Fieseler Fi 156 „Storch“ im Zweiten Weltkrieg, Stuttgart 1999
Pierer's Universal-Lexikon der Vergangenheit und Gegenwart oder Neuestes encyclopädisches Wörterbuch der Wissenschaften, Künste und Gewerbe, Altenburg ^{4}1857–65
Pilick, Eckhart (Hg.), Lexikon freireligiöser Personen, Rohrbach/Pfalz o. J. [1997]
Pissin, R., Die Rettung des Zwehrener Turmes vor der Zerstörung im Jahre 1768, in: MHG 1937/38, 47–53
Polley, Rainer, Die Landeskreditkasse von 1832 im kurhessischen Verfassungsleben, in: Unsere Bank, Hauszs. der Hessischen Landesbank-Girozentrale Frankfurt/M. Sonderausg. Juni 1982, 35–46
Postamt Kassel. 1. Festschrift zur Eröffnung des neuen Postamtsgebäudes in Kassel, hg. v. d. Arbeitsgruppe „Neubau“ beim Postamt Kassel 1, Kassel 1975
Presche, Christian, Das Epitaph für Landgraf Philipp den Großmütigen und seine Frau Christina von Sachsen in der Kasseler Martinskirche, 2 Bde. und CD-ROM, Archiv Landesamt für Denkmalpflege Marburg, Kassel 2004
Presche, Christian, Das Karlshospital in Kassel, CD-ROM, StAKs., Kassel 2007
Presche, Christian, Der Brüder-Grimm-Platz in Kassel – ein Beitrag zur Diskussion um die Neuordnung der Kasseler Museumslandschaft, in: Hessische Heimat 55,2 (2005), 49–55
Presche, Christian, Der Brüder-Grimm-Platz, unveröff. Ms., StAKs., Kassel 2004
Presche, Christian, Die Auswirkungen der Architektur der französischen Einwanderer um 1700 auf die hessische Baukunst, 4 Bde., Diplomarb., „Grauer Raum“ des Fachbereichs Architektur, Stadt- und Landschaftsplanung der Univ. Kassel, Doc-Nr. 29884000, Kassel 2001
Presche, Christian, Die Bauten der Kreuzkirche, in: 100 Jahre Kreuzkirche, hg. im Auftrag des Kirchenvorstands der Kreuzkirchengemeinde v. Bernhard Scholz, Kassel 2006, 18–29

Presche, Christian, Die Kreuzkirche in Kassel. Ein Sakralbau des Jugendstils, seine Bedeutung und seine Vernichtung, StAKs., Kassel 1999
Presche, Christian, Die Martinskirche in Kassel, Vorabfassung auf 2 CD-ROMs, StAKs., Kassel 2006
Presche, Christian, Maße und Geometrie gotischer Sakralbauten am Beispiel zweier Kasseler Kirchen der Hochgotik, 6 Bde., unveröff. Ms., Pfarrarchiv der Freiheiter Gemeinde Kassel, Kassel 2003
Press, Volker, Hessen im Zeitalter der Landesteilung (1567–1655), in: Heinemeyer, Walter (Hg.), Das Werden Hessens, Marburg 1986, 267–331
Prinz, Wolfgang, Die Judenverfolgung in Kassel, in: Frenz u. a., Volksgemeinschaft, Fuldabrück 1987, 144–222
Pühringer, Andrea, „L'Italiano in Assia" – Italiener in hessischen Städten der Frühneuzeit. Eine Bestandsaufnahme, in: HJbLG 53 (2003), 95–115
Puppel, Pauline, Die Regentin. Vormundschaftliche Herrschaft in Hessen 1500–1700, Frankfurt/M. 2004
Puppel, Pauline, Handlungsspielräume von Regentinnen. Marie von England, Landgräfin von Hessen-Kassel, Regentin von Hanau (1723–1772, reg. 1760–1764), in: Frindte, Julia/Westphal, Siegrid (Hg.), Handlungsspielräume von Frauen um 1800, Heidelberg 2005, 271–292
Pyta, Wolfram, Hindenburg. Herrschaft zwischen Hohenzollern und Hitler, München 2007

Raab, Antonius, Raab fliegt. Erinnerungen eines Flugpioniers, Hamburg 1984
Raabe, Bernhard, Ein Streifzug durch die Geschichte der neuen Mühle, in: Hoffmann, Albrecht/Richter, Achim (Hg.), Wasser für Kassel. Zur Geschichte der Wasserversorgung der Stadt und ihrer Region. Aus Anlass des 75jährigen Bestehens der Städtischen Werke AG Kassel, Kassel 2004, 283–292.
Rahmann, Paul, Der Jungfernkopf – Vom Hutegelände zum Stadtteil. Historie und Histörchen, Kassel 1993
Ramm, Arnim, Der 20. Juli vor dem Volksgerichtshof, Berlin 2007
Range, Heiner, Beschreibung der ältesten Karte von Harleshausen, in: D'r Osse. Mitteilungsblatt des Bürgervereins Harleshausen 158,2 (2003), 3
Range, Heiner, Der Bombenangriff auf Harleshausen am 28.09.1944, in: D'r Osse. Mitteilungsblatt des Bürgervereins Harleshausen 163,3 (2004), 17
Range, Heiner, Rundgang 9: „Ein Urochs' ging spatzmausen...", in: Simmen/Rudolf, Kassel, Hamburg 1988, 153
Rapp, Hermann-Josef (Hg.), Reinhardswald – Eine Kulturgeschichte, Kassel 2002
Rebentisch, Dieter, Persönlichkeitsprofil und Karriereverlauf der nationalsozialistischen Führungskader in Hessen 1928–1945, in: HJbLG 33 (1983), 298ff.
Rechberg-Heydegger, Brigitte, Ludwig Sigismund Ruhl (1794–1887). Leben und Werk, Diss. Gießen 1973
Reformation und Landesherrschaft. Vorträge des Kongresses anlässlich des 500. Geburtstages des Landgrafen Philipp des Großmütigen von Hessen, hg. v. Inge Auerbach, Marburg 2005
Reichskriegertag → Der Erste Großdeutsche Reichskriegertag, hg. v. NS-Reichskriegerbund, München 1939
Reichskriegertag → Der Reichskriegertag 1936, hg. v. NS-Reichskriegerbund (Kyffhäuserbund), o. O. 1936
Reicke, Siegfried, Das deutsche Spital und sein Recht im Mittelalter, 2 Bde., Stuttgart 1932
Reimer, Heinrich, Historisches Ortslexikon für Kurhessen, Marburg 1926, Ndr. 1974
Reinhard, Wolfgang, Lebensformen Europas. Eine historische Kulturanthropologie, München 2004
Reiter, Heinrich, Georg Wannagat, der „Erfinder" der Richterwoche des BSG, in: Die Sozialgerichtsbarkeit (2006), 333ff.
Renkhoff, Otto, Nassauische Biographie. Kurzbiographien aus 13 Jahrhunderten, Wiesbaden [2]1992
Renouard, Carl, Geschichte des Krieges in Hannover, Hessen und Westfalen von 1757 bis 1763, 3 Bde., Kassel 1863/64
Reouté, Pierre-Joseph, Die Rosen. 170 Farbtafeln nach der Ausgabe von 1817–1824, Budapest 1999
Reske, Christoph, Die Buchdrucker des 16. und 17. Jahrhunderts im deutschen Sprachgebiet. Auf der Grundlage des gleichnamigen Werkes von Josef Benzing, Wiesbaden 2007
Reuter, Martin, 1848, Malwida von Meysenbug und die europäische Demokratiegeschichte. Die Politik einer aristokratischen Demokratin im 19. Jahrhundert, Kassel 2001
Reuter, Martin, Malwida von Meysenbug. Ein Wegweiser zu ihrem Leben und Werk, Kassel 2000
Richter, Gunnar, Die Geheime Staatspolizeistelle Kassel 1933–1945, in: ZHG 106 (2001), 229–270
Richter, Gunnar, Niederländische Zwangsarbeiter während des 2. Weltkriegs in Kassel, Kassel 2001
Riedl, Wolfgang, Johann Christian Ruhl (1764–1842), Diss. Göttingen 1993
Rinder, Gerhard, Fahr' oder geh' rüber – statt: „Hol über", in: Heimatbrief. Heimatverein Dorothea Viehmann 2 (2007), 48ff.
Rischbieter, Henning (Hg.), Theater im „Dritten Reich". Theaterpolitik, Spielplanstruktur, NS-Dramatik, Seelze-Velber 2000
Rischbieter, Julia Laura, Henriette Hertz. Mäzenin und Gründerin der Bibliotheca Hertziana in Rom, Stuttgart 2004
Ritter, Gottfried, Kirchliches Handbuch. Mit Zahlen belegte Beschreibung der Gemeinden [...] in Hessen-Kassel, Kassel o. J. [1926]
Rob, Klaus (Bearb.), Regierungsakten des Königreichs Westphalen 1807–1813, München 1992
Rölleke, Heinz, Rudolf Erich Raspe: Kasseler und Weltmann, Kassel 2005
Rölleke, Heinz (Hg.), Die älteste Märchensammlung der Brüder Grimm. Synopse der handschriftlichen Urfassung von 1810 und der Erstdrucke von 1812, Cologny 1975
Rölleke, Heinz (Hg.), Brüder Grimm, Kinder- und Hausmärchen, 3 Bde., Stuttgart 1980
Römhild, Hans (Hg.), Kasseläner Klee. Volksbuch der Kasseler Mundart in Geschichten und Gedichten, Melsungen [2]1973
Röper, August, Geschichte des Infanterie-Regiments von Wittich (3. Kurhessischen) Nr. 83 von 1866 bis zur Gegenwart, Berlin 1913
Röth, Albert, Alte Höfe, hg. v. d. Heimatfreunden Wolfsanger, Kassel-Wolfsanger 1983
Rohde, Dorothea/Schneider, Helmuth, Hessen in der Antike. Die Chatten vom Zeitalter der Römer bis zur Alltagskultur der Gegenwart, Kassel 2006
Rohde, Saskia, Albert Rosengarten (1809–1893). Die Anfänge des Synagogenbaus jüdischer Architekten in Deutschland, in: Menora 4 (1993), 228–258
Rohden → Johann Martin von Rohden, 1778–1868. Ausstellungs-Kat. hg. v. Marianne Heinz, Kassel 2000
Rommel, Christoph von, Geschichte von Hessen, 10 Bde., Cassel u. a. 1820–1858
Roques, Hermann von (Bearb.), Urkundenbuch des Klosters Kaufungen in Hessen, 2 Bde., Cassel 1900/02
Rosen-Sammlung zu Wilhelmshöhe. Nach der Natur gemalt von Salomon Pinhas, Kurfürstlich Hessischer Hof-Miniaturmaler 1815, Regensburg 2001
Rühle, Günther, Theater in Deutschland 1887–1945, Frankfurt/M. 2007
Russische Malerei der Biedermeierzeit. Ausstellungs-Kat. hg. v. Hans Ottomeyer, Marianne Heinz, Birgit Biedermann, Eurasburg 1999

Salmen, Walter, Johann Friedrich Reichardt. Komponist, Schriftsteller, Kapellmeister und Verwaltungsbeamter der Goethezeit, Ndr. Hildesheim 2002
Salow, Edmund, Das Zunftwesen in Kassel bis zum Erlaß der hessischen Zunftordnung von 1693, hg. v. Wilhelm Engelbach, Hess.-Lichtenau 1978
Sälter, Renate, Die Vilmarianer. Von der fürstentreuen kirchlichen Restaurationspartei zur hessischen Renitenz, Darmstadt/Marburg 1985
Sammlung des Herrn Alexander Fiorino in Cassel, Abteilung 1 und 2, Versteigerungskat. Sally Rosenberg, Frankfurt/M. 1917
Sammlung Fürstlich Hessischer Landes-Ordnungen und Ausschreiben nebst dahin gehörigen Erläuterungs- und anderen Rescripten, Resolutionen, [...], hg. v. Christoph Ludwig Kleinschmidt, Cassel 1767–1782
Sammlung von Gesetzen, Verordnungen, Ausschreiben und anderen allgemeinen Verfügungen für Kurhessen, Cassel 1813–1866
Sander, Helmut, Das Herkules-Bauwerk in Kassel-Wilhelmshöhe, Kassel 1981
Sardemann, Franz/Blackert Wilhelm, Geschichte des Hessischen Diakonissenhauses zu Cassel und seiner Arbeitsgebiete, Cassel 1915
Sattler, Gerhard, Von Grafen und Greben – Territorialgeschichte des Landkreises Kassel, in: Landgrebe, Erich (Hg.), Landkreis Kassel – Hessens grüne Nordspitze, Mühlheim/M. 1980
Saumarez Smith, Charles, Ludwig Mond's Bequest. A gift to the nation, London 2006
Sawinowa, Ekaterina, Die Petersburger Korkmodelle von A. Chichi, in: Antike Bauten, Kassel [2]2001, 28–44
Schach, Rainer/Jehle, Peter/Naumann, René, Transrapid und Rad-Schiene-Hochgeschwindigkeitsbahn – ein gesamtheitlicher Systemvergleich, Berlin 2006
Schaefer, Carl, Geschichte und Beschreibung des Klosters Nordshausens, in: Ders., Von deutscher Kunst, Berlin 1910, 1–7
Schaefer, Hans Joachim, 475 Jahre Orchester in Kassel, Kassel 1977
Schaefer, Hans Joachim, Du hast vielleicht noch nicht alles versucht. Erinnerungen, Kassel 2007
Schaefer, Hans Joachim/Gercke, Peter, In Memoriam Erich Herzog, Kassel 2001
Schäfer, Herbert, Friedrich Murhard (1778–1853). Zur Geschichte einer politischen Verfolgung, in: Friedrich und Karl Murhard, gelehrte Schriftsteller und Stifter in Kassel, hg. v. d. Stadtsparkasse Kassel, Kassel 1987, 14–35
Schaeffer, Bernd, Der Agathof und die Firma Diemar und Heller, in: Industriestandort Bettenhausen, Ms. Kassel 2007, 5–8
Schagrün, Helmut, Die Geschichte der ehemaligen Haferkakaofabrik/Schüle-Hohenlohe in Bettenhausen, in: Industriestandort Bettenhausen, Ms. Kassel 2007, 24–28
Schanze, Wilhelm, Kurze Darstellung der Geschichte und Tätigkeit des Handels- und Gewerbevereins zu Cassel, Cassel 1905
Schattner, Thomas, Goebbels: „Der gute Weinrich ist keine Leuchte" – vor 80 Jahren wurde Karl Weinrich Gauleiter der NSDAP in Kurhessen, in: Verein zur Förderung der Gedenkstätte und des Archivs Breitenau e.V., Rundbrief 26, Kassel 2007, 59–65
SchatzKunst 800–1800. Ausstellungs-Kat. hg. v. Ekkehard Schmidberger, Kassel 2001
Schaub, Günter/Rühle, Hans Gottlob, Guter Rat im Arbeitsrecht. Für Arbeitgeber und Arbeitnehmer, München [3]2003
Scheerer, Susanne, „Der Casselsche Zuschauer", Habichtswald 1997
Scheibe, Prinzessin Elisabeth von Hessen, älteste Tochter des Landgrafen Moritz, in: MHG (1917/18), 26; (1918/19), 56–60
Scheidemann, Philipp, Memoiren eines Sozialdemokraten, 2 Bde., Dresden 1928
Scheidemann → Philipp Scheidemann 1865–1939, hg. v. d. Stadtsparkasse Kassel, Kassel 1993
Schenck zu Schweinsberg, Krafft, Im Dienste glanzloser Kronen. Aus dem Leben des kurhessischen Staatsministers Ferdinand Schenck zu Schweinsberg (1765–1842), Marburg 2001
Schenk zu Schweinsberg, Eberhard, Schloss Wilhelmshöhe, Bad Homburg 1974
Scherer, Carl, Die landgräflichen Menagerien in und um Cassel, in: Casseler Allgemeine Zeitung 1890, Nr. 91f., 94, 97f.
Scherer, Carl, Wilhelm Kirchhof. Ein Nachtrag, in: Zentralblatt für Bibliothekswesen 9 (1892), 265f.
Schich, Winfried, Die Entstehung der Stadt Kassel. 1075 Jahre Kassel – 800 Jahre Stadt Kassel, Kassel [3]1992
Schild → Der Schild. Zs. des Reichsbundes jüdischer Frontsoldaten, Berlin 1 (1922)–17 (1938)
Schleicher, Berta (Hg.), Briefe von und an Malwida von Meysenbug, Berlin 1920
Schleicher, Berta, Malwida von Meysenbug, Berlin 1916
Schlemmer, Hans, Marie Martin (1856–1926), in: → LKuW 3 (1942), 297–302
Schlieffen, Martin Ernst von, Einige Betreffnisse und Erlebungen Martin Ernst von Schlieffens, Berlin 1840
Schlieper, Edith, Kasseler Buchdrucker-Familien, in: Hessische Familienkunde 14,2 (1978), 72–76
Schlieper, Edith, M. Escherich, gegründet 1688; http://www.escherich.com/4466/index.html
Schlung, Franz H., Sozialgeschichte des Schulwesens in Hessen-Kassel, Kassel 1987
Schmal, Helga/Selke, Tobias, Bunker. Luftschutz und Luftschutzbau in Hamburg, Hamburg 2001
Schmaling, Paul, Künstlerlexikon Hessen-Kassel 1777–2000. Mit den Malerkolonien Willingshausen und Kleinsassen, Kassel 2000
Schmersal, Helmut, Philipp Scheidemann 1865–1939. Ein vergessener Sozialdemokrat, Frankfurt/M. u. a. 1999
Schmidberger, Ekkehard, Keramikmanufakturen in Kassel, in: Mielke, Heinz-Peter (Hg.), Keramik an Weser, Werra und Fulda, Minden 1981, 33–52
Schmidt, Arnim, Die Verkehrsentwicklung Kassels während der letzten 100 Jahre, Diss. Göttingen 1927
Schmidt, Julius, Stadt und Garnison Kassel. Ein Führer durch Vergangenheit und Gegenwart, Frankfurt/M. 1958
Schmidtmann, Heinrich, Erinnerungsbilder. Schilderungen und Erlebnisse aus früheren Jahren, Kassel [2]1910
Schmidt-Ott, Friedrich, Erlebtes und Erstrebtes 1860–1950, Wiesbaden 1952
Schmied-Kowarzik, Wolfdietrich (Hg.), Der Philosoph Franz Rosenzweig, 2 Bde., Freiburg/München 1988
Schmied-Kowarzik, Wolfdietrich (Hg.), Franz Rosenzweigs „neues Denken", 2 Bde., Freiburg/München 2006
Schmittdiel, Wolfgang, Die Juden in der Geschichte Kassels vom 16. bis 18. Jahrhundert, unveröff. Ms. Frankfurt/M. 1965
Schmoll, Siegfried, Kasseler Sparkasse – 175 Jahre gut für die Region, in: Jb. Landkreis Kassel (2008), 172–179
Schnack, Ingeborg → LKuW
Schnackenburg, Bernhard, Der Kasseler Gemäldegaleriebau des 18. Jahrhunderts und neuentdeckte Pläne dazu von François de Cuvilliés d. Ä., in: Münchner Jb. der Bildenden Kunst 49 (1998), 163–184
Schneider, Dieter/Kuda, Rudolf, Arbeiterräte in der Novemberrevolution. Ideen, Wirkungen, Dokumente, Frankfurt/M. 1968
Schneider, Hans, „Kassel ist ganz verkehrt und Luthers geworden". Landgraf Philipp und die Anfänge der Reformation in Kassel, in: Wunder u. a., Landgraf Philipp, Marburg 2004, 187–205
Schneider, Hans, Philipps rechte Hand: der Kanzler Johann Feige, in: Landgraf Philipp, Marburg/Neustadt/A. 2004, 182f.
Schneider-Ludorff, Gury, Der fürstliche Reformator. Theologische Aspekte im Wirken Philipps von Hessen von der Homberger Synode bis zum Interim, Leipzig 2006

Scholz, Frithard/Dickel, Horst (Hg.), Vernünftiger Gottesdienst. Kirche nach der Barmer Theologischen Erklärung, Göttingen 1990
Scholz, Theodor Hans-Dieter, Der Christteich, in: Jb. Landkreis Kassel (1985), 105
Scholz, Theodor Hans-Dieter, Wasser- und Windmühlen in der Stadt Kassel, Kassel 1997
Schoof, Wilhelm, Die deutsche Dichtung in Hessen. Studien zu einer hessischen Literaturgeschichte, Marburg 1901
Schoof, Wilhelm, Wilhelm Grotefend †, in: Hessenland 15 (1901) 26ff.
Schröder, Edward, Goethes Beziehungen zu Kassel, in: ZHG 52 (1919), 21–36
Schröder, Peer (Hg.), Kasseler Literatur-Spaziergang, Kassel 1997
Schröder, Theodor, Familie Schroeder (Schröder) in Gödestorf (Hannover) und Kassel (Hessen), Kassel 1936
Schröder, Werner, Glossae Cassellanae, in: Verfasserlexikon, Bd. 3 (1981), Sp. 61
Schubert, Helmut, Die Fundmünzen der römischen Zeit in Deutschland. Abt. 5, Bd. 3, Frankfurt/M. 2003
Schuchard, Jutta, Carl Schäfer 1844–1908. Leben und Werk des Architekten der Neugotik, München 1979
Schuchard, Jutta, Werner Henschel (1782–1850), in: Carl Anton Henschel, Kassel 1984, 38–57
Schuchard, Jutta/Dittscheid, Hans-Christoph, Architektur und Gartenkunst, in: Aufklärung und Klassizismus, Kassel 1979, 76–85
Schütte, Ulrike, Fürstliche Badegemächer in Kassel, in: Froschkönige 3 (2002), 103–108
Schultze, Johannes, Blüte und Niedergang der landesherrlichen Teichwirtschaft in der ehemaligen Landgrafschaft Hessen, in: Archiv für Fischereigeschichte (1914), 1–92
Schultze, Johannes (Bearb.), Klöster, Stifter und Hospitäler der Stadt Kassel und Kloster Weißenstein. Regesten und Urkunden, Marburg 1913
Schulz, Hartmut, Altstadtsanierung in Kassel. Stadtumbau und erhaltende Stadterneuerung vor dem Zweiten Weltkrieg, Kassel 1983
Schulz, Senta, Wilhelm IV. Landgraf von Hessen-Kassel (1532–1592), Diss. Borna/Leipzig 1941
Schulz, Uwe (Hg.), Die Geschichte Hessens, Stuttgart 1983
Schulz-Jander, Eva M., Von Kassel nach Haifa. Die Geschichte des glücklichen Juden Hans Mosbacher, Kassel 2008
Schulz-Pillgram, Dorothee, Alabastervasen mit Lilienstengeln aus Schloss Wilhelmshöhe. Zur Herstellungstechnik und Restaurierung, in: Froschkönige 3 (2002), 148ff.
Schumacher, Angela, Otto Haesler und der Wohnungsbau in der Weimarer Republik, Marburg 1982
Schumann, Ulrich, Wilhelm Freiherr von Tettau 1872–1929. Architektur in der Krise des Liberalismus, Zürich 2002
Schwarze, Dirk, Meilensteine: Die documenta 1 bis 12. Kunstwerke und Künstler, Berlin [2]2007
Schweizer, Stefan, Geschichtsdeutung und Geschichtsbilder. Visuelle Erinnerungs- und Geschichtskultur in Kassel 1866–1914, Göttingen 2004
Seib, Gerhard, Studien zur Geschichte der Industriearchitektur in Hessen (I), Das Gießhaus der Firma Henschel in Kassel, in: Hessische Heimat 27,2 (1973), 44–50
Seidel, Karl, Die kommunale Wohlfahrtspflege, ihr Begriff und ihre Bedeutung unter Berücksichtigung der kommunalen Armenpflege der Stadt Cassel, Diss. Marburg 1922
Seier, Hellmut (Hg.), Akten und Briefe aus den Anfängen der kurhessischen Verfassungszeit 1830–1837, bearb. v. Ewald Grothe, Hellmut Seier, Marburg 1992
Seier, Hellmut (Hg.), Akten und Dokumente zur kurhessischen Parlaments- und Verfassungsgeschichte 1848–1866, bearb. v. Ulrich v. Nathusius, Hellmut Seier, Marburg 1987
Seier, Hellmut (Hg.), Akten und Eingaben aus dem kurhessischen Vormärz 1837–1848, bearb. v. Bernd Weber, Hellmut Seier, Marburg 1996
Seier, Hellmut (Hg.), Akten zur Entstehung und Bedeutung des kurhessischen Verfassungsentwurfs von 1815/16, bearb. v. Winfried Speitkamp, Hellmut Seier, Marburg 1985
Seier, Hellmut, Das Kurfürstentum Hessen 1803–1866, in: Heinemeyer, Walter (Hg.), Handbuch der hessischen Geschichte. Bd. 4, Teilbd. 2, Marburg 1998, 1–183
Seier, Hellmut, Liberalismus in Kurhessen 1815–1866, in: Gall, Lothar/Langewiesche, Dieter (Hg.), Liberalismus und Region, München 1995, 109–133
Seier, Hellmut, Restauration und Neubeginn in Kurhessen nach 1813, in: ZHG 94 (1989), 293–307
Seier, Hellmut, Sylvester Jordan und die kurhessische Verfassung von 1831, Marburg 1981
Seier, Hellmut, Zur Entstehung und Bedeutung der kurhessischen Verfassung von 1831, in: Heinemeyer, Walter (Hg.), Der Verfassungsstaat als Bürge des Rechtsfriedens, Marburg 1982, 5–71
Sichel, Frieda H., The rise and fall of the Kasseler Tageblatt, in: Leo Baeck Institute-Yearbook 19 (1974), 237–243
Sichel, Frieda H., Challenge of the past, Johannesburg 1975
Siebrecht, Günter, Vom Kiesabbau zum Erholungsgebiet, in: Naturschutz in Kassel 10 (2001), 4–7
Siemon, Rolf, Der „Vordere Westen" von Kassel. Die Entwicklung eines gehobenen Wohngebietes seit dem 19. Jahrhundert, Göttingen 1998
Siemon, Sandra, Tiere und Pflanzen des Freilandlabors Dönche. Uni. GhK, Didaktik der Biologie, Kassel 1990
Siemon, Thomas, Ein Leben für die Kinder. Dr. Felix Blumenfeld war der 1. Chefarzt im Park Schönfeld – in den Tod getrieben, in: HNA v. 26.1.2008
Siemon, Thomas/Dettmar, Werner, Der Horizont in hellen Flammen, Die Bombardierung Kassels am 22. Oktober 1943, Gudensberg-Gleichen 2003
Simmen, Werner/Rudolf, Wolfgang (Hg.), Kassel zu Fuß. 17 Stadtteilstreifzüge durch Geschichte und Gegenwart, Hamburg 1988
Sippel, Klaus/Kneipp, Jürgen, Die Ausgrabungen am Altmarkt in Kassel, in: Hessen-Archäologie (2007) [im Druck]
Sirges, Thomas, Leihbibliothekskataloge aus Hessen-Kassel. Quellen zur populären Lesekultur und Bildungsgeschichte in Deutschland im 18. und 19. Jahrhundert, Tübingen 1999
Slenczka, Hans, Die evangelische Kirche von Kurhessen-Waldeck in den Jahren von 1933 bis 1945, Göttingen 1977
Slupczynski, Piotr, Konservierung und Restaurierung des Apollotempels im Schlosspark Wilhelmshöhe, in: Froschkönige 3 (2002), 141–144
Soeder, Hans, Urformen der abendländischen Baukunst in Italien und dem Alpenraum, Köln 1964
Soly, Hugo (Hg.), Karl V. und seine Zeit 1500–1558, Köln 2000
Spätbarock und Klassizismus. Bestandskat. der Gemälde in den Staatl. Museen Kassel, bearb. v. Stefanie Heraeus, Kassel 2003
Speitkamp, Winfried (Hg.), Kommunalverfassung in Kurhessen. Eine Schrift des Kasseler Regierungsreferendars Theodor von Heppe aus dem Jahr 1826, Darmstadt/Marburg 1987
Speitkamp, Winfried, Restauration als Transformation. Untersuchungen zur kurhessischen Verfassungsgeschichte 1813–1830, Darmstadt 1986
Spiero, Heinrich, Geschichte der deutschen Frauendichtung seit 1800, Leipzig 1913
St. Elisabeth Kassel, 1777–1977, hg. v. Kath. Pfarramt St. Elisabeth, Kassel 1977
St. Marien gestern, heute, morgen. Festschrift 100 Jahre Rosenkranzkirche, hg. v. d. Kath. Kirchengemeinde St. Marien Kassel, Kassel 2001
Stang, Joachim, Die Deutsche Demokratische Partei in Preußen 1918–1933, Düsseldorf 1994

Staub, Kurt Hans, Die Immenhäuser Gutenbergbibel, in: Gutenberg-Jb. (1976), 74–85
Steckhan, Wilhelm, Der Braunkohlenbergbau in Nordhessen, Diss. Clausthal/Wiesbaden 1952
Steckhan, Wilhelm, Der Braunkohlenbergbau und seine geschichtliche Entwicklung aus fünf Jahrhunderten im Habichtswald bei Kassel, Kassel 1988
Steckner, Cornelius, Die „Verschönerung“ von Kassel unter Friedrich II., in: Dittscheid, Hans-Christoph (Hg.), Stadtplanung und Stadtentwicklung in Kassel im 18. Jahrhundert, Kassel 1983, 33–51
Steinhauer, Isabell M., Dorf Mulang im Schlosspark Wilhelmshöhe. Ein Kleinod der Chinoiserie- und Dörfchenmode in der Gartenarchitektur des späten 18. und beginnenden 19. Jahrhunderts, Regensburg 2003
Steinhausen, Georg, Der Neubau der Murhardschen Bibliothek der Stadt Cassel, in: Zentralblatt für Bibliothekswesen 22 (1905), 297–396
Stier, Rudolf, Kassel und seine Grünflächen, in: Gartenkunst 43,9 (1930), 139–146
Stimming, Manfred (Bearb.), Mainzer Urkundenbuch, Bd. 1, Ndr. Darmstadt 1972
Stirk, S. D., Reviewed Work(s): Hallo, Rudolf, Rudolf Erich Raspe – Ein Wegbereiter deutscher Art und Kunst, Stuttgart 1936, in: The modern language Review 31,1 (1936), 115ff.
Stobbe, Reimer, Sophie von Brabant und Anna von Mecklenburg – zwei Frauen in Schlüsselstellungen für die Geschichte der Landgrafschaft Hessen und des hessischen Adels im Mittelalter, in: Heinemeyer, Walter (Hg.), Hundert Jahre Historische Kommission für Hessen 1897–1997, Marburg 1997, 59–87
Stölzel, Adolf, Die Entwicklung des gelehrten Richtertums in deutschen Territorien. Eine rechtsgeschichtliche Untersuchung mit vorzugsweiser Berücksichtigung der Verhältnisse im Gebiet des ehemaligen Kurfürstenthums Hessen. 2 Bde., Stuttgart 1872, Ndr. Aalen 1964
Stör, Georg A., 1877 – erste Dampfbahn Deutschlands in Kassel 1877, 1977 – ein Jahrhundert Kasseler Nahverkehr. Aus der Geschichte des Kasseler Nahverkehrs, Kassel 1977
Stolleis, Michael, Entstehung und Entwicklung des Bundessozialgerichts, in: Sozialrechtsprechung, Verantwortung für den sozialen Rechtsstaat, hg. v. Deutschen Sozialgerichtsverband e.V., Köln 1979, 25–51
Stolze, Hans-Dieter, Die Lutheraner in Kassel. Ein Stück Stadt- und Kirchengeschichte, Kassel 1997
Stolze, Hans-Dieter, „... es soll uns doch gelingen“ – Lutherkirche Kassel 1897–1997, Kassel 1997
Strategiepapier – Kassel innenstark, Interdisziplinäres Projektteam, Kassel, unveröff. Ms. 2006
Streifzüge durch 900 Jahre Ortsgeschichte. Crumbach und Ochshausen 1102–2002, hg. v. Gemeindevorstand der Gemeinde Lohfelden, Gudensberg-Gleichen 2001
Strieder, Friedrich Wilhelm, Kurzgefaßte Grundlage zu einer Hessischen Buchdruckergeschichte, in: Justi, Karl Wilhelm (Hg.), Hessische Denkwürdigkeiten, Teil 3, Marburg 1802, 109–135.
Strieder, Friedrich Wilhelm, Grundlage zu einer hessischen Gelehrten- und Schriftsteller-Geschichte seit der Reformation bis auf gegenwärtige Zeiten, 21 Bde., Cassel/Marburg 1781–1868
Stück, Fritz, Altes und Neues vom ehemaligen Kasseler Stadtbau und dessen nächster Umgebung, in: Hessenland 26 (1912), 201ff., 212ff., 247–250
Stürmer, Michael (Hg.), Herbst des alten Handwerks, München 1986
Stummann-Bowert, Ruth, Philippine Engelhard, geborene Gatterer. Ein bürgerliches Frauenleben zwischen Aufklärung und Empfindsamkeit, in: Weber-Reich, Traudel (Hg.), „Des Kennenlernens werth.“ Bedeutende Frauen Göttingens, Göttingen 1993, 27–52
Süchting-Hänger, Andrea, Das „Gewissen der Nation“. Nationales Engagement und politisches Handeln konservativer Frauenorganisationen 1900 bis 1937, Düsseldorf 2002
Summa, Rudolf, Kasseler Unterschichten im Zeitalter der Industrialisierung, Darmstadt/Marburg 1978
Suppes 2008/09. Bewertungskatalog für Historische Wertpapiere, Kneitlingen 2007
Szeemann → Harald Szeemann: with, by, through, because, towards, despite. Catalogue of all exhibitions 1957–2005, hg. v. Tobia Bezzola, Roman Kurzmeyer, Wien u. a. 2007

Tausendjahrfeier → Offizielle Fest-Folge zur Tausendjahrfeier der Residenzstadt Cassel vom 26. bis 30. September 1913, hg. v. Stadtverkehrsamt der Residenz, Cassel 1913
Taylor, Peter K., Indentured to liberty. Peasant life and the Hessian military state 1688–1815, Ithaca/London 1994
Tellenbach, Gerd, Zur Politik Landgraf Hermanns des Gelehrten von Hessen, in: Quellen und Forschungen aus italienischen Archiven und Bibliotheken 22 (1930/31), 161–181
Temme, Willi, Krise der Leiblichkeit. Die Sozietät der Mutter Eva (Buttlarsche Rotte) und der radikale Pietismus um 1700, Göttingen 1998
Theater in Kassel. Aus der Geschichte des Staatstheaters Kassel von den Anfängen bis zur Gegenwart, hg. v. Staatstheater Kassel, Kassel 1959
Theologische Realenzyklopädie, hg. v. Gerhard Krause, Berlin 1977ff.
Thiele, Adolf (Bearb.), Die Lage der gewerkschaftlich organisierten Arbeiter Cassels im Lichte der Statistik, Halle 1914
Thiele, Helmut, Die Kasseler Altstadt zur Zeit des Landgrafen Karl. Einwohner und Familien der Freiheiter Gemeinde. 2 Bde., vervielfältigtes Ms., StAKs., Kassel 1994
Thieme/Becker → Allgemeines Lexikon der bildenden Künstler von der Antike bis zur Gegenwart, begründet v. Ulrich Thieme, Felix Becker, hg. v. Hans Vollmer, Leipzig 1907ff.; DVD 2008
Thümmler, Sabine (Bearb.), Der Tapetenfabrikant Johann Christian Arnold 1758–1842, Kassel 1998
Thümmler, Sabine, Die Geschichte der Tapete. Raumkunst aus Papier, aus den Beständen des Deutschen Tapetenmuseums Kassel, Eurasburg 1998
Tietz, Gunther (Hg.), Über Christine Brückner, Frankfurt/M./Berlin 1988
Tietz, Gunther (Hg.), Malwida von Meysenbug. Ein Portrait, Berlin 1985
Tischbein → Johann Heinrich Tischbein d. Ä. 1722–1789. Ausstellungs-Kat. bearb. v. Marianne Heinz, Erich Herzog, Kassel 1989
Tönsmann, Frank, Furten, Fähren und Schiffsbrücken in Nordhessen, in: Ders. (Hg.), Brücken. Historische Wege über den Fluss, Kassel 2006, 21–40
Töpferöfen – Pottery kilns – Fours de potiers. Die Erforschung frühmittelalterlicher bis neuzeitlicher Töpferöfen (6.–20. Jh.) in Belgien, den Niederlanden, Deutschland, Österreich und der Schweiz, hg. v. Andreas Heege, Basel 2007
Tondera, Johannes, Der Fuldahafen Kassel in seiner Geschichte, in: Tönsmann, Frank (Hg.), Zur Geschichte der Wasserstraßen, insbesondere in Nordhessen, Kassel 1995, 221–226
Tondera, Johannes, Erinnerungen an die Eröffnung des Kasseler Hafens in Kassel vor 100 Jahren, in: Deutsche Schiffahrt 2 (1996), 13–17
Treue, Wilhelm, Henschel & Sohn. Ein deutsches Lokomotivbau-Unternehmen 1860–1912, in: Tradition 19 (1974); 20 (1975), 29–49
Treue, Wolfgang, Friedrich Schmidt-Ott, in: Berlinische Lebensbilder, Bd. 3, Berlin 1987, 235–250
Trinkaus, Eckhard, Orgeln und Orgelbauer im früheren Kreis Ziegenhain (Hessen), Marburg 1981

Trurnit, Hanno, Mit Hertz dabei – Energiegeschichte in Deutschlands Mitte, hg. v. d. EAM Energie AG, Kassel aus Anlass ihres 75-jährigen Bestehens, Kassel 2004
Tscherrig, Georges, 100 Jahre Simplontunnel. Erinnerungen aus der Bauzeit, Brig/Visp 2005

Uhlemann, Hans-Joachim, Schleusen und Wehre. Technik und Geschichte, Hamburg 2002
Uhlig, Luwig, Georg Forster: Lebensabenteuer eines gelehrten Weltbürgers (1754–1794), Göttingen 2004
Ulbricht, Annette (Hg.), Von der Henschelei zur Hochschule. Der Campus der Universität Kassel am Holländischen Platz und seine Geschichte, Kassel 2004
Ulbricht-Hopf, Annette/Oehler, Christoph/Nautz, Jürgen (Hg.), ProfilBildung. Texte zu 25 Jahren Uni. GhK Kassel, Zürich 1996
Ullmann, Fritz (Hg.), Enzyklopädie der technischen Chemie, Berlin/Wien [2]1928–1932
Ultsch, Paul, „Die Eintracht baut ein Haus ...“. Aus der Geschichte der Schweinfurter Industriellenfamilie Sattler, in: Schweinfurter Tageblatt v. 20.7.1966–9.12.1967
„Unsere Aufgabe heißt Hessen“ – Georg August Zinn. Ministerpräsident 1950–1969. Ausstellungs-Kat. bearb. v. Andreas Hedwig, Wiesbaden 2001
Unterwegs... Von der „Colonie Francoise de l'eglise“ zur modernen Großstadtgemeinde. Aus der wechselvollen Geschichte der einstigen Hugenottengemeinde [...], hg. v. Kirchenvorstand der Karlskirchengemeinde, Kassel 1957
Urlen, Falk (Hg.), Forstfelder Geschichte[n], Kassel 2002
Urlen, Falk, Vom Kasseler Forst zum Kasseler Stadtteil Forstfeld, Kassel 2007

Vahrenkamp, Richard, Autobahnbau in Hessen bis 1943, Darmstadt 2007
Vanja, Christina, Das Kasseler Accouchier- und Findelhaus 1763 bis 1787, in: Schlumbohm, Jürgen/Wiesemann, Claudia (Hg.), Die Entstehung der Geburtsklinik in Deutschland 1751–1850, Göttingen 2004, 97–126
Vanja, Christina, Institutionen aufgeklärter Wohlfahrt und mittelalterlicher Karitas, in: Wunder, u. a., Kassel, 2000, 104–142
Vercamer, Julia, Das Museum Fridericianum in Kassel, in: Savoy, Bénédicte (Hg.), Tempel der Kunst. Die Geburt des öffentlichen Museums in Deutschland 1701–1815, Mainz 2006, 309–331, 503–528
Verfasserlexikon, Die deutsche Literatur des Mittelalters, begr. v. Wolfgang Stammler, Berlin [2]1977ff.
Vita sancti Haimeradi, hrsg. von R. Köpke, in: Monumenta Germaniae Historica, Scriptores in folio, Bd. 10, Hannover 1852, S. 595–612
Vögler, Gudrun, König Konrad I. (911–918). Konrad I., der König, der aus Hessen kam, Petersberg 2005
Völckers, Otto, Aus der Baupraxis des Stahlskelettbaues. Bilder der Rothenbergsiedlung in Kassel, in: Stein, Holz, Eisen 3 (1930), 65f.
Vötterle, Karl, Haus unterm Stern, Kassel [4]1969
Voigt, Karl Heinz, Die Anfänge der Evangelisch-methodistischen Kirche in Hessen, Stuttgart 1982
Voigt, Karl Heinz, Freikirchen in Deutschland (19. und 20. Jahrhundert), Leipzig 2004
Vollmer, Thomas, Wegmann & Co. – von der Waggonfabrik zur Rüstungsschmiede, in: Ders./Kulla, Panzer aus Kassel, Kassel 1994, 3–67
Vollmer, Thomas/Kulla, Ralf (Hg.), Panzer aus Kassel. Die Rüstungsproduktionen der Firmen Henschel und Wegmann, Kassel 1994
Volmer, Annett, Antikerezeption im 18. Jahrhundert: Die Gesellschaft der Alterthümer. Ein Beitrag zur Spätaufklärung in Hessen-Kassel, in: Zaunstöck, Holger/Meumann, Markus (Hg.), Sozietäten, Netzwerke, Kommunikation. Neue Forschungen zur Vergesellschaftung im Jahrhundert der Aufklärung, Tübingen 2003, 85–113
Voltz, Ludwig, Die kaiserliche Kommission des Grafen Reinhart zu Solms in Hessen 1547, in: Dieterich, Julius Reinhard (Hg.), Philipp der Großmütige. Beiträge zur Geschichte seines Lebens und seiner Zeit, Marburg 1904, 185–228
Von Herkules gekrönt. Die Idealprospekte Jan und Rymer van Nickelens für Landgraf Karl, bearb. v. Agnes Tieze, Kassel 2004
Von Hessen nach Deutschland. Wissenschaft und Politik im Leben und Werk der Brüder Grimm. Ausstellungs-Kat. bearb. v. Bernhard Lauer, Kassel 1989
Von Hünfeld über Kassel in das Ghetto Riga. Bericht von Lilli Strauß über ihre Verschleppung im Dezember 1941, komm. v. Monica Kingreen, in: Jb. Landkreis Kassel (2004), 134–140

Wachstum erleben – die Geschichte der K+S Gruppe 1856–2006, hg. v. d. K+S Aktiengesellschaft, Kassel 2006
Wacker, Jörg, Georg Potente (1876–1945). Die Entwicklung vom Gartengestalter zum Gartendenkmalpfleger zwischen 1902 und 1938 in Potsdam-Sanssouci, Potsdam 2003
Waescher, Johanna, Die Casseler Frauenvereine 1812–1904. Ein Beitrag zur Entwicklung der sozialen Frauenarbeit, Kassel 1904
Waescher, Johanna, Wegbereiter der deutschen Frau. 18 Lebensbilder aus der Frühzeit der deutschen Frauenbewegung, Kassel 1931
Wägen, wagen, wachsen. Ein Bildbuch zum hundertjährigen Bestehen der Volksbank Kassel, hg. v. d. Volksbank Kassel eGmbH, Kassel 1964
Wagener, Frido, Verwaltung der Kreise in der Industriegesellschaft, in: Der Kreis in unserer Zeit, hg. v. Deutschen Landkreistag, Köln 1976, 169–196
Wagner, C., Tabellen zur Umwandlung der im Regierungsbezirke Kassel gebräuchlichen Maße und Gewichte in metrisches Maß und Gewicht sowie Umrechnung der Preise, Cassel 1871
Wagner, Leonie, Die Einführung des Haushaltsunterrichts in Kassel, in: Von der staatsbürgerlichen Erziehung zur politischen Bildung (1901–1991). 90 Jahre Preisschrift Georg Kerschensteiner, hg. v. Karlheinz A. Geissler, Berlin u. a. 1992, 405–416
Wagner, Rolf, 75 Jahre GWG. Gemeinnützige Wohnungsbaugesellschaft der Stadt Kassel mbH 1918–1993, Gudensberg-Gleichen 1993
Wahlfeldt, Andrea/Willerding, Rita, Mädchenbildung in Frauenhand. Der Casseler Frauenbildungsverein 1869 – ein Projekt der bürgerlichen Frauenbewegung, Kassel 1987
Waitz von Eschen, Friedrich, Zu den Anfängen geologischer Forschung in Hessen-Kassel im 18. Jahrhundert, in: ZHG 112 (2007), 203–215
Wald in Hessen, gestern, heute und morgen, hg. v. Hessischen Ministerium für Landwirtschaft, Forsten und Naturschutz, Frankfurt/M. 1988
Wannagat, Georg (Hg.), Kassel als Stadt der Juristen (Juristinnen) und der Gerichte in ihrer tausendjährigen Geschichte, Köln 1990
Wasserheilanstalt zu Wolfsanger bei Cassel, Cassel 1862 [o. Verf.]
Wasserwirtschaft in Alt- und Neubaugebieten, in: Jb. Landkreis Kassel (1977), 58f.
Waßmann, Dieter, Evangelische Pfarrer in Kurhessen-Waldeck von 1933 bis 1945, Kassel 2001
Watts, Teresa S., The life and work of Johann Heinrich Müntz (1727–1798), Diss. Toronto 1986

Weber, Armin/Görich, Willi, Landstraßen und Chausseebau vom 16. bis 19. Jahrhundert, in: Geschichtlicher Atlas von Hessen, Karten 29 a–b, Landesgeschichtliches Informationssystem LAGIS Hessen; http://web.uni-marburg.de/hlgl/lagis/
Weber, Carl Friedrich, Geschichte der städtischen Gelehrtenschule zu Cassel, Cassel 1846
Weber, Ellen, Karl Schomburg. Kassels erster Oberbürgermeister, Vorkämpfer für Bürgerfreiheit und kommunale Selbstverwaltung, Kassel 1982
Wegmann & Co. 1882–1982, hg. v. Wegmann & Co. Kassel, Kassel o. J. [1982]
Wegmann & Co. → Rückblick auf die Entwicklung der Waggonfabrik Wegmann & Co. Cassel aus Veranlassung des 25jährigen Bestehen derselben. 1882–1907, Ms. Kassel 1907
Wegmann & Co. Fest-Schrift zur Erinnerung an die Fertigstellung des zehntausendsten Waggons in der Waggon-Fabrik von Wegmann & Comp., 21.1.1901, Kassel 1901
Wegner, Erika, Der Anteil der Gewerbehalle Kassel am Bau und Einrichtung des Hessischen Landesmuseums, in: Hessische Heimat 37 (1987), 142–149
Wegner, Erika, Die Kasseler Lenoir-Stiftung und das Bad Sliac. Zum 75. Todestag von G. A. Lenoir, in: Jb. Landkreis Kassel (1987), 87–96
Wegner, Karl-Hermann, Bilder aus dem alten Kassel. Gemälde und Graphiken 1870–1940, hg. v. Verein Freunde des Stadtmuseums Kassel e.V., Kassel 1995
Wegner, Karl-Hermann, Das Stadtbild Kassels im 18. Jahrhundert. Von der Festung zur Stadt in der Landschaft, in: Wunder u. a., Kassel, 2000, 143–159
Wegner, Karl-Herrmann, Die Bedeutung der Familie und Firma Henschel für die Sozial-, Wirtschafts- und Kulturgeschichte der Stadt Kassel, in: Carl Anton Henschel, Kassel 1984, 59–71
Wegner, Karl-Hermann, Die Gerichtsbarkeit der Juden und der Hugenotten in Hessen-Kassel, in: Wannagat, Kassel, Köln 1990, 179–193
Wegner, Karl-Herrmann, Dr. Robert Friderici (Nachruf) ZHG 91 (1986), 9–12
Wegner, Karl-Hermann, Kassel. Ein Stadtführer, Kassel 1981
Wegner, Karl-Hermann, Kurhessens Beitrag für das heutige Hessen, Wiesbaden 1999
Wegner, Karl-Hermann, Malwidas Vater, Carl Rivalier von Meysenbug und der Kurhessische Staat, in: Leuschner/Stummann-Bowert, Malwida, Kassel 2003, 57, 71
Wegner, Karl-Hermann, Nordshausen – ein Dorf in der Stadt, Kassel 2004
Weimann, Hans-Joachim, Unser Wald entsteht nicht zufällig, in: WIR 3 (1982), 4–10
Wemhof, Matthias (Hg.), Kunigunde empfange die Krone, Paderborn 2002
Wendland, Ulrike, Biographisches Handbuch deutschsprachiger Kunsthistoriker im Exil. Leben und Werk der unter dem Nationalsozialismus verfolgten und vertriebenen Wissenschaftler, München 1999
Wenner, Ulrich, Die Entstehung des Bundessozialgerichts, in: Soziale Sicherheit 53 (2004), 301–304
Wentzell, Gustav, Meine tausendjährige Heimat. Was alte Kasseler Häuser erzählen, Kassel 1930
Wenzel, Manfred (Hg.), Samuel Thomas Soemmerring in Kassel (1779–1784). Beiträge zur Wissenschaftsgeschichte der Goethezeit, Stuttgart u. a. 1994
Wer ist's, Teil 10, hg. v. Hermann Degener, Leipzig 1935
Wer ist wer? Das deutsche Who's Who?, Berlin 1967
Werner, Matthias, Kirchliche Einteilung. Stifte und Klöster bis in das 16. Jahrhundert, in: Geschichtlicher Atlas von Hessen, hg. v. Hessischen Landesamt für geschichtliche Landeskunde, Marburg 1984, 63–70
Werner, Matthias, Mater Hassiae – Flos Ungariae – Gloria Teutoniae. Politik und Heiligenverehrung im Nachleben der hl. Elisabeth von Thüringen, in: Petersohn, Jürgen (Hg.), Politik und Heiligenverehrung im Hochmittelalter, Sigmaringen 1994, 449–541
Wicke, Andreas (Hg.), Kasseler Musikgeschichte, Gudensberg 2004
Wiedemann, Heinz, Die Bedeutung Kassels für die „Scientia amabilis", in: Festschrift 150 Jahre Philippi-Gesellschaft 1836–1986, Kassel 1986, 58–61
Wiedemann, Heinz, Geschichte des Botanischen Gartens, in: Der Botanische Garten in Kassel, hg. v. Naturschutzring Nordhessen e.V., Sonderheft 1, Grebenstein 1982, 3–10
Wiederhold, Thorsten, Gerhard Fieseler – Eine Karriere. Ein Wirtschaftsführer im Dienste des Nationalsozialismus, Kassel 2003
Wiegand, Thomas, Ferdinand Tellgmann. Gewerbsmäßiges Portraitieren in Malerei und Fotografie um 1850, Kassel 1994
Wiegand, Kassel II → Wiegand, Thomas, Kulturdenkmäler in Hessen. Stadt Kassel II. Vorderer Westen, Südstadt, Auefeld, Wehlheiden, hg. v. Landesamt für Denkmalpflege Hessen, Denkmaltopographie Bundesrepublik Deutschland, Stuttgart u. a. 2005 → Stadt Kassel I s. Helas
Wiegand, Thomas, Leonhard Müller. Landbaumeister in Hersfeld 1827–1851, in: Denkmalpflege & Kulturgeschichte 1 (1998), 47–54
Wiegand, Thomas, Ofenreise – Der Kasseler Flammofen und die Großalmeroder Tonwarenindustrie, Kassel 2000
Wiegelmann, Ina, 100 Jahre saubere Arbeit. Die Geschichte der Abfallentsorgung und Straßenreinigung in Kassel (1613 bis heute). Chronik zum 100-jährigen Bestehen der Stadtreiniger Kassel (1901 bis 2001), Kassel 2001
Wigand, Karl, Chronik des hessischen Bergbaus, Kassel 1956
Wigand-Homberg, [Adolf], Kurhessens Bergbau zur Zeit der Einverleibung in das Königreich Preußen, in: Hessenland 21 (1909), 303ff.
Wills, Karl, Die Geschichte der Spinnfaser / Enka in Kassel-Bettenhausen, in: Industriestandort Bettenhausen, Ms. Kassel 2007, 19–23
Wilpert, Gero von (Hg.), Lexikon der Weltliteratur. Deutsche Autoren A-Z. Biographisch-bibliographisches Handwörterbuch nach Autoren und anonymen Werken, Stuttgart [4]2004
Winkelmann, Johann Just, Gründliche und Warhafte Beschreibung der Fürstenthümer Hessen und Hersfeld [...], 6 Teile, Bremen/Cassel 1697–1754
Winter, Sascha, Die Residenz und Festung Kassel um 1547. Ein Beitrag zur Stadtbildgeschichte, in: Wunder u. a., Landgraf Philipp, Marburg 2004, 109–135
Wippermann, Carl Wilhelm, Kurhessen seit dem Freiheitskriege, Kassel 1850
Wirtschaft und Politik in Nordhessen seit dem 18. Jahrhundert. Die Industrie- und Handelskammer Kassel und ihre Vorläufer, hg. v. d. Industrie- und Handelskammer Kassel, Melsungen 1991
Wischhöfer, Bettina, Das Landeskirchliche Archiv Kassel, Dienstleister für Forschung, Öffentlichkeit und Kirchenverwaltung, Kassel 2007
Wischhöfer, Bettina, Lernort Landeskirchliches Archiv Kassel, Darmstadt/Kassel 2005
Wischhöfer, Bettina, Vom Umgang mit dem kulturellen Erbe Kirchenbuch und andere „Archivgeschichten", Kassel 2008
Wisotzki, Peter/Wegner, Karl-Hermann, Auf der Suche nach der verlorenen Stadt. Chancen für die Stadtarchäologie in Kassel, Kassel 1991
Wissenbach, C., Hofgärtner Vetter. Ein Gedenkblatt zu seinem 50jährigen Gärtner-Jubiläum, in: Möller's Deutsche Gärtner-Zeitung 2,17 (1887), 173ff.
Wittekindt, Ernst, Das kirchliche Cassel aus Vergangenheit und Gegenwart, Cassel 1907
Wlotzka, Herbert, Die Zerstörung 1943, hg. v. d. Heimatfreunden Wolfsanger, Kassel-Wolfsanger 1993

Wöll, Herta, Der Verband Kasseler Frauenvereine, in: Kasseler Tageblatt v. 29.5.1932
Wöll, Herta, Frauenvereine in Kassel, Israelitischer Frauenverein, in: Kasseler Tageblatt v. 17.7.1932; Vereinigung der Künstlerinnen Hessen-Nassaus, in: Kasseler Tageblatt v. 4.7.1932
Wörner, Eckard, Das Programm Friedrichs II. und die Bautätigkeit in Kassel während seiner Regierungszeit, in: Dittscheid, Hans-Christoph (Hg.), Stadtplanung und Stadtentwicklung in Kassel im 18. Jahrhundert, Kassel 1983, 23–32
Wörner-Heil, Ortrud, Sophie Henschel (1841–1915), Lokomotivfabrikantin und Stifterin, Kassel 2004
Wolff, Fritz, Rosencrantz und Güldenstern in Kassel. Theatralische Sendung und diplomatische Mission am Hofe des Landgrafen Moritz, in: Olten, Rainer (Hg.), Geschichte lebendig gemacht, Kassel 2002, 41–54
Wolff, Kerstin, „Wir wollen die Anerkennung der Hausfrauentätigkeit als Beruf". Der Kasseler Hausfrauenverein 1915–1935, Kassel 1995
Wolff, Johann Heinrich, Aus der Selbstbiographie von Johann Heinrich Wolff, Architekt und Professor in Kassel (1792–1869), in: Hessenland 13 (1899), 228ff., 244ff., 261ff., 274f.
Wolff, Wilhelm Daniel, Die Säkularisierung und Verwendung der Stifts- und Klostergüter in Hessen-Kassel unter Philipp dem Grossmütigen und Wilhelm IV., Gotha 1913
Wollenweber, Martha, Theologie und Politik bei A. F. C. Vilmar, München 1930
Wollmann, Helmut/Roth, Roland (Hg.), Kommunalpolitik. Politisches Handeln in den Gemeinden, Opladen 1999
Woods, Jean Muir/Fürstenwald, Maria, Schriftstellerinnen und gelehrte Frauen des deutschen Barock. Ein Lexikon, Stuttgart 1984
Woringer, August, Das Kasseler Lotto 1771–1785, in: ZHG 47 (1914), 17–47
Woringer, August, Die kurhessische Landwehr, in: Zs. für Heereskunde 46/48 (1932), 429–432
Wübbenhorst, Dirk/Steverding, Martin, Ergebnisse der Vogelkartierung 1994 im Landschafts- und Naturschutzgebiet Dönche, in: Zoo, Pädagogik, Unterricht 3 (1995), 435–442
Wulffen, Matthias von/Becker, Peter, 50 Jahre Sozialgerichtsbarkeit und sozialgerichtliches Verfahren, in: Die Sozialgerichtsbarkeit 53 (2004), 507–515
Wunder, Bernd, Geschichte der Bürokratie in Deutschland, Frankfurt/M. 1986
Wunder, Heide/Vanja, Christina/Hinz, Berthold (Hg.), Landgraf Philipp der Großmütige von Hessen und seine Residenz Kassel, Marburg 2004
Wunder, Heide/Vanja, Christina/Wegner, Karl-Hermann (Hg.), Kassel im 18. Jahrhundert. Residenz und Stadt, Kassel 2000
Wurzbach, Constantin von, Biographisches Lexikon des Kaiserthums Oesterreich, enthaltend die Lebensskizzen der denkwürdigen Personen, welche 1750 bis 1850 im Kaiserstaate und in seinen Kronländern gelebt haben, Wien 1856ff.

Zinganell, Klaus, Dr. Franz Kuhn, Pionier der peroralen Intubation, in: Anästhesiologische Informationen 8 (1974)
Zöllner, Ernst, Der Bildhauer Hans Sautter, in: Hessenland 22 (1908), 93ff.
Zulauf, Ernst, Beiträge zur Geschichte der landgräflich-hessischen Hofkapelle zu Cassel bis auf die Zeit Moritz des Gelehrten, in: ZHG 36 (1903), 1–144
Zumpfe, Ralf/Schrader, Karin/Thiemann, Carsten, Architekturführer Kassel. 1900–1999, Kassel 1996, [2]1997
Zuschlag, Karl Ekkehard, Zuschlag, in: Hessisches Geschlechterbuch 4 (1927), 653–665
Zwenger, F.[riedrich], Friedrich Müller (Nekrolog), in: Hessenland 3 (1889), 52f., 66ff., 82ff.

Bildnachweis

Projektleitung und Verlag danken allen Fotografen und Leihgebern. Trotz größter Sorgfalt konnten die Urheber des Bildmaterials nicht in allen Fällen ermittelt werden. Es wird gegebenenfalls um Mitteilung gebeten.

ARCHIVE

Archiv der Gedenkstätte Breitenau
Finkenstein, Kurt
Gedenkstätte Breitenau

Archiv der Vereinten Nationen, New York
Displaced Persons (2. Bild)

Archiv des Engelsburg Gymnasiums
Engelsburg (Foto: Dieter Sommer)

Archiv des Fördervereins Neue Herkulesbahn Kassel e.V.
Herkulesbahn (2. Bild)

Bärenreiter Verlag, Archiv
Bärenreiter-Verlag

Bildarchiv Foto Marburg
Gerichtswesen (1. Bild)
Hassenpflug, Karl
Hoftheater (1. Bild)

documenta Archiv Kassel
Bode, Arnold
documenta (1. Bild)
documenta archiv

Hessisches Staatsarchiv Marburg
Hassenpflug, Ludwig
Heinrich I.
„Kasseler Neger"

New York Philharmonic Archive
Hill, Ureli Corelli (mit besonderem Dank an Barbara Haws)

Pfarrarchiv Martinskirche
Bach, Johann Sebastian

Stadtarchiv Kassel
Ab nach Kassel
Afrikasiedlung
Altstadt
Amelie Elisabeth
Arbeiterbewegung (1. Bild)
Arisierung
Aschrottbrunnen
Aufklärung (Archiv Friedrichsgymnasium)
Bahnhof Wilhelmshöhe
Ballhaus (2. Bild)
Beamte (1. Bild)
Befreiung 1945 (Foto: US Army Photograph)
Belgiersiedlung
Bellevue
Berufsschulen (1. Bild, 2. Bild Foto: Martha Grede)
Beuys, Joseph (1. Bild)
Bismarckturm
Brände und Feuerlöschwesen (1. Bild Foto: Friedrich Unkel, 2. Bild)
Brasselsberg (2. Bild)
Brücken (2. Bild)
Brückner, Christine
Brüder Grimm (1. Bild)
Brüder Grimm-Museum (1. Bild)
Brüderkirche (1. Bild)
Brunnen (1. und 2. Bild, 3. Bild Foto: Frank-Roland Klaube)
Bücherverbrennung (Foto: Carl Eberth)
Bürgermeister (Amtskette)
Bunkerbauten (1. Bild)
Bunsen, Robert Wilhelm
Chassalla
Credé
Dechanei
Denecke, Ludwig
Denkmäler (1. Bild)
Dibbenmüllerin
Die Hornisse
Dingelstedt, Franz
Domänen
EAM (Foto: Werner Lengemann)
Eberhard, Bernhard
Entfestigungen
Entsorgung (1. Bild Foto: Werner Lengemann)
Fieseler Storch
Fiorino, Jeremias
Flugplatz Waldau
Freisler, Roland (Foto: Fransocean GmbH Berlin)
Friedensburg, Ferdinand
Friedrich I.
Friedrich Wilhelm I.
Friedrichsgymnasium
Gaswerk
Gewerbeausstellungen
Gewerkschaften
Geyso, Johann
Gottschalk & Co.
Graben
Grzesinski, Albert
Handwerk (1. Bild Fotosammlung E. Schulz-Keffel, 1931; 2. Bild Fotosammlung)
Handwerkskammer
Hauptbahnhof (2. Bild)
Hausmann, Manfred (Foto: Lohrisch-Achilles)
Heinicke, Erich
Henschel & Sohn (2. Bild)
Henschel, Carl
Henschel, Sophie
Henschel, Werner
Henschel-Villa
Herkules (1. Bild)
Herkulesbahn (1. Bild)
Hoch, Fritz
Holzmarkt
Hospitäler
Hotel König von Preußen
Hotel Schirmer
Hugenotten
Industrialisierung (2. Bild)
Industrie- und Handelskammer
Judenbrunnen
Jüdische Gemeinde (2. Bild Foto: Achim Schaub 2008)
Karl
Kaufunger Wald
Kino
Königreich Westphalen (3. Bild)

Königsplatz
Königsstraße
Königstor
Krauss-Maffei Wegmann
Kreuzkirche
Kurfürstentum
Kurhessische Gemeindeordnung

Stiftung Archiv der deutschen Frauenbewegung, Kassel
Archiv der deutschen Frauenbewegung
Baldinger, Friederika
Consbruch, Elisabeth (Aktenbestand DEF)
Frauenbewegung (Foto: Hanne Wiedner)

Stiftung Brückner-Kühner
Kühner, Otto Heinrich

INSTITUTIONEN UND MUSEEN

Arbeiterwohlfahrt Nordhessen
Arbeiterwohlfahrt

Brüder Grimm-Museum Kassel
Brüder Grimm-Museum (2. Bild)

CARICATURA, Galerie für Komische Kunst
Caricatura (1. Bild, 2. Bild Foto: Eugen Egner)

Evangelisch-Reformierte Kirchengemeinde Immenhausen
Gutenbergbibel

Evangelische Kirche von Kurhessen-Waldeck
Kirchenorganisation (1. Bild)

Geldmuseum Deutsche Bundesbank
Kurhessische Leih- und Commerzbank

GWG – Gemeinnützige Wohnungsbaugenossenschaft Kassel
Gartenstadt

Hessisches Landesamt für geschichtliche Landeskunde, LAGIS
Brücken (1. Bild)
Dilich, Wilhelm
Gießhaus

Hessisches Ministerium des Innern und für Sport
Gefängniswesen

Historische Kommission Marburg
Koch, Ernst

Kasseler Entwässerungsbetrieb
Abwasserbeseitigung
Entsorgung (2. Bild)

Kinderkrankenhaus Park Schönfeld
Krankenhäuser

Kultursommer Nordhessen
Ballhaus (1. Bild Foto: Carsten Herwig)

Landesmuseum Braunschweig
Dörnberg, Wilhelm von

Lichtbildarchiv älterer Originalurkunden, Marburg
Konrad I.
Kunigunde

Münchner Stadtmuseum
Klenze, Leo von (Foto: Franz Hanfstaengel)

Museum der Weltkulturen, Frankfurt/Main
Forster, Georg

Museumslandschaft Hessen Kassel
Achenbach, Andreas (Neue Galerie)
Alabasterreliefs (Hessisches Landesmuseum Kassel)
Antikensammlung
Arnold
Astronomisch-Physikalisches Kabinett
Auguste (Neue Galerie)
Bantzer, Carl
Beuys, Joseph (2. Bild) (Neue Galerie)
Bromeis, Johann Conrad (Graphische Sammlung)
Brüder Grimm (2. Bild)
Bürgi, Jost (Astronomisch-Physikalisches Kabinett)
Casparson
Charité (Graphische Sammlung)
Deutsches Tapetenmuseum
Embde, von der (Neue Galerie)
Fayencemanufaktur
Friedrich II. (Schloss Wilhelmsthal)
Friedrichsplatz (1. Bild Neue Galerie)
Gemäldegalerie Alter Meister
Gesellschaft der Alterthümer
Godefroy, Elias (Hessisches Landesmuseum Kassel)
Graphische Sammlung
Grimm, Ludwig Emil
Henkel, Heinrich
Hummel, Johann Erdmann (Neue Galerie)
Hupfeld, Gustav Adolf (Neue Galerie)
Ihlée, Johann Eduard (Neue Galerie)
Jérôme (Neue Galerie)
Judenemanzipation (Sammlung Angewandte Kunst)
Juliane (Hessisches Landesmuseum Kassel)
Kasseler Apoll (Antikensammlung)
Kasseler Lotto
Kastell (Graphische Sammlung)
Katzenstein, Louis (Neue Galerie)
Kavalierhaus
Kirchvogel, Paul Adolf
Kolitz, Louis
Kunsthochschule (Hessisches Landesmuseum Kassel)

National Gallery Picture Library, London
Feige, Johann

Neue Heimat Nordhessen
documenta urbana

Scottish National Portrait Gallery
Boswell, James

Staatliche Museen zu Berlin, Preußischer Kulturbesitz
Garde du Corps

Stadt Baunatal
Baunatal

Stadt Kassel
Aue (Foto: Dieter Schwerdtle)
Bundesgartenschau
documenta (2., 3. und 4. Bild, Foto: Dieter Schwerdtle)
documenta-Außenobjekte (3. Bild Foto: Dieter Schwerdtle)
Kunsttempel (Foto: Dieter Schwerdtle)

Stadt Kassel, Vermessung und Geoinformation
Bad Wilhelmshöhe
Bettenhausen (2. Bild)
Brasselsberg (1. Bild)
Brücken (3. Bild, Markierungen: Frank Tönsmann)
Dönche (1. Bild)
Fasanenhof
Forstfeld
Harleshausen
Jungfernkopf
Kirchditmold

Städtische Werke Kassel
Badekultur

Stadtmuseum Düsseldorf
Burgmüller, Norbert

Stadtmuseum Kassel
Accouchier- und Findelhaus
Altmarkt
Antisemitismus
Arbeiterbewegung (2. Bild)
Arbeitervereine
Arnold, Johann Christian
Aussiedler
Beamte (2. Bild)
Beck & Henkel
Bergbau
Bettenhausen (1. Bild)
Boehlau, Johannes
Brandt-Stoph-Besuch
Brauereien
Brüderkirche (2. Bild)
Brühlsches Haus
Bürgergarde
Bunkerbauten (2. Bild)
Calm, Marie
Casseler Frauenbildungsverein
Chattenburg
Das Fass auf der Fulda
Denkmäler (2. Bild)
Deportationen
Druselturm
Eingemeindungen
Eisenbahnen (2. Bild)
Eisenmann, Oscar
Engelhard, Magdalene Philippine
Ephesus und Kupille
Erster Weltkrieg
Etté, Bernhard (Foto: Carl Ebert jun.)
Fennel, Friedrich
Freiheiter Durchbruch
Garnison
Gasthäuser und Hotels
Hafer-Kakao Fabrik
Harleshausen
Hauptbahnhof (1. Bild)
Henschel
Henschel & Sohn (1. Bild)
Hentze, Wilhelm
Herkules (2. Bild)
Hessenkampfbahn
Hessentag
Hessisches Landesmuseum
Hochwasser und Überschwemmungen
Hoftheater (2. Bild)
Jordan, Sylvester
Jüdische Gemeinde (1. Bild)
Jüdischer Friedhof (Foto: Klaus Wölbling)
Karlsaue (1. und 3. Bild)
Karlskirche
Kassel baut auf
Kasseler Silber
Katharina
Kurhessische Kriegergedächtnisstätte

United States Holocaust Memorial Museum (USHMM) Washington
Displaced Persons (1. Bild)

Universal Edition AG, Wien
Krenek, Ernst

Universitätsbibliothek – Landesbibliothek und Murhardsche Bibliothek der Stadt Kassel
Albernhausen
Alchemistische Handschriften
Aquädukt
Belagerungen
Bernhardi, Karl
Bildersturm
Brückenkapelle
Burg (2. Bild)
Casseler Tageblatt
Casselische Zeitung von Policey
Chesnecophorus, Nils
Collegium Carolinum
Collegium Mauritianum
Congeries
Dowland, John
Duraeus, Johannes
Elisabeth von Hessen
Freimaurer
Frühstückspavillon
Gärten und Parks (1. Bild)
Handschriftenabteilung
Hedwig Sophie
Henschel Johann Werner
Hildebrandslied
Hofkapelle
Junghans, Sophie
Kasseler Neueste Nachrichten
Kaufungen
Königreich Westphalen (1. Bild)

FOTOGRAFEN

Erhard Heidrich: Christuskirche, Epidemien und Seuchen, Friedhöfe (2. und 3. Bild), Fürstengrablege, Herber, Kaupert, Gustav
Heinrich Keim: Kulinarik (2. Bild)
Sabine Kemna: Amalienhaus, Botanischer Garten, Gärten und Parks (2. Bild)
Lola Meyer: Bunkerbauten
Hans Mosbacher: Julie von Kästner
Lutz Münzer: Ausbesserungswerk

Floris M. Neusüss: Fotoforum Kassel
Christian Presche: Dauber, Johann Heinrich
Carola Ruf: Heinrich-Schütz-Schule, Kirchenorganisation
Wolfgang Schmidt: Bad Wilhelmshöhe, documenta Außenobjekte (1. und 2. Bild), Elektrizitätsversorgung, Großes Pflanzenhaus, Habichtswald
Dieter Schwerdtle: Goethe, Johann Wolfgang
Frank Thöner: Kulturbahnhof
Reinhold Weber: Artothek, Bose, Louise von, Brandkasse, Bundessozialgericht
Thomas Wiegand: Kasseler Flammofen

PRIVATE LEIHGEBER UND VEREINE

Johanna Anders: Bieling, Josef (Foto: Axel Saueressig), Fatimakirche (Foto: Axel Saueressig)
Werner Baus: Dampfer Elsa (Foto: Frau Semmelrodt), Finkenherd (Foto: Frau Schneider), Hafenbrücke, Kassel im Film
Friedrich Block: Kasseler Literaturpreis für grotesken Humor
Wolfram Boder: Kalkbrenner, Friedrich
Hans-Kurt Boehlke: Friedhöfe (1. Bild)
Wolfgang Bös: Gerichtswesen
Familie Dettmar: Kleingartenvereine
Friedrich Forssmann: Henkel, Gustav (2. Bild)
Familie Greger: Greger, Luise
Karnevalsgesellschaft Pääreschwänze 1949 e.V.: Karnevalsvereine
Michael Knab: Johanniskirche
Heinz Körner: Auefeld (1. Bild, 2. Bild Gewobag), Auestadion (Privatarchiv Knothe/Körner), Felsenkeller (Postkartensammlung Witzel), Kasernen
Sabine Köttelwesch: Diede, Charlotte
Ingrid Lübke: Citybildung
Ralf Mahr: Königreich Westphalen (2. Bild)
Benyamin Maoz: Hallo, Israelitischer Krankenpflegeverein
Lutz Münzer: Bahnhöfe, Eisenbahnen (1. Bild),
Sabine Naumer: Kassel (Foto: Berthold Hinz)
Gerhard Oberlik, 1985: Sophie von Brabant
Christian Presche: Karlshospital, Karmeliterkloster (2. Bild)
Sammlung Witzel: Kulinarik (1. Bild)
Samuel Beckett Gesellschaft: Beckett, Samuel
Paul Schmaling: Dönche (2. Bild Foto: Reinhold Weber), Friedrichsplatz (2. Bild Foto: Reinhold Weber), Fulda, Gewässer (Foto: Reinhold Weber)
Dirk Stoll: Jute-Spinnerei und Weberei AG
Frank Thöner: Kasseler Dokumentarfilm- und Videofest

WEITERE LEIHGEBER VON BILDVORLAGEN

Bombardier Transportation GmbH: Bombardier
F.W. Breithaupt & Sohn GmbH & Co. KG, Kassel: Breithaupt
E.ON Mitte AG: E.ON Mitte AG
Europas Mitte um 1.000, Katalog Stuttgart: Chatten
Hütt Brauerei: Knallhütte
K+S AG: K+S (Foto: Straub)
Katalog zur Bundesgartenschau 1955: Bundesgartenschau

Impressum

Bibliografische Information der Deutschen Bibliothek

Die Deutsche Bibliothek verzeichnet diese Publikation in der Deutschen Nationalbibliografie; detaillierte Daten sind im Internet über http://dnb.ddb.de abrufbar.

Herausgegeben von der Stadt Kassel
Projektleitung: Dr. Vera Lasch

Gesamtherstellung: euregioverlag, Kassel
Druck: Grafische Werkstatt von 1980 GmbH
Grafische Gestaltung: atelier grotesk und e-Bildwerke, Kassel
Layout A–K: e-Bildwerke, Kassel

Vorsatzblatt: Federzeichung aus dem Jahr 1547, gefertigt vom Hofmaler Michael Müller, die Kassel in einer An- und Aufsicht darstellt und als ältester, überlieferter Stadtplan gilt. Cassel besteht aus drei Stadtteilen: Altstadt, Neustadt (später Unterneustadt) und Freiheit. In der Stadt leben etwa 5.000 Menschen, gleichermaßen geschützt und eingeengt durch die Befestigungsanlagen der Stadt. (Bildrecht: Staatsarchiv Marburg A 31 a)

Nachsatzblatt: Die Stadt Kassel und ihre Befestigungsanlagen aus der Vogelperspektive aus östlicher Richtung in einem Kupferstich von Matthäus Merian aus dem Jahre 1646. Der Plan ist sehr übersichtlich und die wichtigsten Gebäude und Anlagen sind durch Nummern erklärt. Das 1606 errichtete Ottoneum ist allerdings nur als Grundfläche, nicht als Gebäudezeichnung eingetragen worden. Bereits erkennbar sind die Vorläufer der Karlsaue, wo bereits ab 1568 Landgraf Wilhelm IV. einen Renaissancegarten errichtet hatte. (Bildrecht: Hessisches Landesamt für geschichtliche Landeskunde, LAGIS)

D-34127 Kassel, Naumburger Str. 40
www.euregioverlag.de

ISBN 978-3-933617-32-3 Lexikon komplett (A–K und L–Z)
ISBN 978-3-933617-39-2 Lexikon Band 1 (A–K)
Printed in Germany

Leben in Kassel
Eine Liebeserklärung

2003 • 176 Seiten mit 81 Farbfotos
4-farbig • Fadenheftung
€ 14,90 • ISBN 978-3-933617-15-6

Mit Beiträgen von Mo Asumang, Friedrich W. Block, Rolf Breitenstein, Peter-Matthias Gaede, Dieter Grimm, Axel Halle, William W. Hallo, Oliver Heilwagen, Hans-Dieter Hillmoth, Georg Lewandowski, Bernd F. Lunkewitz, Verena Joos, Ludolf von Mackensen, Hubertus Meyer-Burckhardt, Claus Peter Müller-von der Grün, Alfred Nemeczek, Bernd Naumann, Wolfgang Pape, Helmut Reitze, Helmuth Schneider, Klaus Siebenhaar, Michael Stürmer, Heike Wiehle-Timm und Brigitte Zypries

Die Edition vereint Artikel über Kunst & Kultur, Wirtschaft & Gesellschaft der Stadt Kassel mit zwölf „Liebeserklärungen aus der Fremde". Inspiriert durch Kindheits- und Jugenderinnerungen haben AutorInnen unterschiedlicher Generationen in ihren Texten aufgezeichnet, was ihre Verbundenheit mit Kassel ausmacht, was ihre Zuneigung aufrecht erhält und ihre Liebe aus der Distanz begründet. Die poetischen, witzigen, manchmal wehmütigen, auch kritisch oder distanzierten Texte zeichnen ein facettenreiches Bild der Stadt über mehrere Jahrzehnte, das Kennern wie Freunden manch überraschenden Einblick ins Kasseler Leben zwischen gestern und heute zu bietet.

Kassel im 18. Jahrhundert
Residenz und Stadt

Herausgegeben von Heide Wunder, Christina Vanja und Karl-Hermann Wegner

2000 • 384 Seiten mit 81 zum Teil farbigen Abbildungen • Fadenheftung
€ 24,90 • ISBN 978-3-933617-05-7

Mit Beiträgen von Stefan Brakensiek, Elmar Brohl, Hartmut Broszinski, Jochen Ebert, Jens Flemming, Marianne Heinz, Dorothea Heppe, Kerstin Merkel, Eberhard Mey, Susanne Schmidt, Bernhard Schnackenburg, Hellmuth Schneider, Annette von Stieglitz, Sabine Thümmler, Christina Vanja, Karl-Hermann Wegner, Ortrud Wörner-Heil und Heide Wunder

Als eine der schönsten Städte Europas war Kassel im 18. Jahrhundert begehrtes Reiseziel und geistig anregendes Lebenszentrum für Gelehrte aus dem In- und Ausland. Bürgerinnen und Bürger, Beamte, Militärs und Hofleute, aber auch Handwerker, Tagelöhner und Arme prägten das Bild von Residenz und Stadt, das sich jetzt ganz neu, vielfältig und kontrastreich erschließt. Kassel im 18. Jahrhundert versammelt Beiträge von 18 AutorInnen zu einem spannenden, reich bebilderten Lesebuch über eines der interessantesten Kapitel Kasseler Stadtgeschichte.

Unterneustadt Kassel
Ein Architekturführer

Herausgegeben von der PEG Kassel Unterneustadt, Redaktion: Eckhard Jochum, Gestaltung: Constantin Meyer

2. Auflage 2002 • 68 Seiten
durchgängig vierfarbig • Softcover
€ 17,90 • ISBN 978-3-933617-09-5

Die Unterneustadt ist ein Städtebauprojekt mit beispielhafter Architektur, „geadelt" mit dem Expo-Siegel und vielbeachtet als zweites documenta urbana-Projekt: Jetzt folgt eine Veröffentlichung über die „gebaute Architektur". Dafür gibt es gute Gründe, denn das Projekt Wiedergründung Unterneustadt hat, auch wenn es primär ein Städtebauprojekt mit ganz konkreten Ansprüchen und Zielvorgaben ist und bleibt, erfreulich viel gute Architektur hervorgebracht. Die Projektziele haben unter anderem darin bestanden, ein Stück lebendige, urbane Stadt zu bauen, innenstadtnah und direkt am Fluss, die Methode der Kritischen Rekonstruktion auf ihre Tauglichkeit hin zu erproben und dabei den alten, überlieferten Stadtgrundriss als Folie für den Wiederaufbau zu nutzen.

Künstler-Nekropole Kassel

Von Angela Landgrebe

Karl Oskar Blase, Heinrich Brummack, Ugo Dossi, Blalla W. Hallmann, Rune Mields, Werner Ruhnau, Fritz Schwegler und Timm Ulrichs

2004 • 48 Seiten mit Farbfotos und Erläuterungen • broschiert
€ 12,80 • ISBN 978-3-933617-18-7

Die Künstler-Nekropole im Kasseler Habichtswald nahe dem Bergpark Wilhelmshöhe liefert neue Impulse für die Friedhofskultur. Hier realisieren KünstlerInnen von „documenta-Rang" bereits zu Lebzeiten ihr eigenes Grabmal. Diese Kunstwerke sind frei zugänglich und stehen mitten im Wald, nur locker verbunden durch einen Weg rund um den Blauen See. Initiator dieser einzigartigen ‚kleinen documenta' ist der 1997 verstorbene Kasseler Kunstprofessor Harry Kramer. Sein Traum scheint in Erfüllung zu gehen: Einen Ort im Wald zu schaffen, an dem Monumente des Todes der Kunst im öffentlichen Raum eine neue Bedeutung geben.

„Der mit farbigen Kunst-Fotografien, feinsinnigen Werkbeschreibungen und Kurzbiografien ausgestattete Band ist ein ganz besonderer Wander-Kunst-Führer: Diese Kunstausstellung ist immer geöffnet."

„Dieses Haus ist gebaute Demokratie“
Das Ständehaus in Kassel und seine parlamentarische Tradition

Herausgegeben von
Jens Flemming und Christina Vanja

2007 • 152 Seiten • DIN A4
mit vielen farbigen Abbildungen
Fadenheftung • Hardcover
€ 19,90 • ISBN: 978-3-933617-30-9

Mit Beiträgen von Peter Barkey, Gerd Fenner, Jens Flemming, Ewald Grothe, Dirk Hainbuch, Heinrich Kunze, Walter Mühlhausen, Winfried Speitkamp und Christina Vanja

Das Ständehaus in Kassel ist das älteste Parlamentsgebäude in Hessen. Der Bau im Stil der Neorenaissance gehört zu den wenigen repräsentativen Häusern der Stadt an der Fulda, welche die Bombenangriffe des Zweiten Weltkrieges relativ unbeschadet überstanden haben. Erbaut wurde das Ständehaus in den Jahren 1834 bis 1836 nach Plänen des Kasseler Baumeisters Julius Eugen Ruhl für die kurhessische Ständeversammlung. In dem von documenta-Gründer Arnold Bode nach dem Zweiten Weltkrieg neu gestalteten Ständesaal tagt heute das „hessische Sozialparlament“ und setzt damit die Tradition des Hauses als „gebaute Demokratie“ fort.

Eva M. Schulz-Jander
Von Kassel nach Haifa
Die Geschichte des glücklichen Juden Hans Mosbacher

2008 • 160 Seiten
mit 45 schw.-w. Abb. • kartoniert
€ 14,90 • ISBN: 978-3-933617-33-0

Mit Vorworten von Bertram Hilgen, Dan Fessler und Wolfdietrich Schmied-Kowarzik und einem Nachwort von Benyamin Maoz

Hans Mosbacher war ein wohlhabender Kasseler Bürger jüdischer Herkunft, der im wilhelminischen Kaiserreich aufwuchs und sich durch seinen Esprit in besonderer Weise auszeichnete. Als er im Alter von 55 Jahren durch den Antisemitismus der Nationalsozialisten gezwungen war, mit seiner Familie nach Haifa zu emigrieren, bewahrte er sich dennoch seine Lebensfreude, seinen Humor und seine Treue zu Kassel. Der in die deutsche Kultur vernarrte Mosbacher stellt damit eine Außenseiterfigur dar, für die das kollektive Gedächtnis der Erinnerungskultur heute keine Worte findet. Diese Worte fand die Chronistin Eva Schulz-Jander. Und sie fand auch die Worte, um die von Mosbacher so geliebte Stadt aus den Strahlen ihrer Vergangenheit wiederentstehen zu lassen. Mosbachers Sohn Benyamin Maoz, Direktor der psychiatrischen Abteilung des Soroka Medical Centre an der Ben Gurion Universität, schrieb ein bewegendes Nachwort.

Sophie Henschel (1841–1915)
Lokomotivfabrikantin und Stifterin

Von Ortrud Wörner-Heil

2004 • 168 Seiten • 4-farbig
Fadenheftung
€ 20,00 • ISBN 978-3-933617-19-4

Sophie Henschel, Deutschlands erste Lokomotivfabrikantin, war am Ende ihres Lebens eine hochgeachtete Frau: „Für alle Aufgaben auf dem Gebiete der städtischen Entwicklung, der Volksfürsorge und der Kunst hatte sie einen klaren Blick, ein warmes Herz und eine offene Hand. Was sie an Werken barmherziger Hilfe vielen unserer Mitbürger geleistet hat, ist weit mehr als jemals öffentlich bekannt werden wird.“ Damit würdigte Oberbürgermeister Erich Koch in der Traueranzeige der Stadt die am 5. Februar 1915 gestorbene Sophie Henschel als Philanthropin und Mäzenin, die umsichtig und ausdauernd Fürsorge und Verantwortung für ihre Mitbürger empfunden und Not und Leid durch zahlreiche gute Werke gelindert hatte. Aber auch für andere gemeinnützige Projekte, die aus den Vereinen, der Provinz oder der Stadt an sie herangetragen worden waren, hatte sie immer ein offenes Ohr. Als Unternehmerin ging sie selbstbewusst und unabhängig mit Ihrem Geld um und war wegweisend für zukünftige Generationen.

Technik und Zauber historischer Wasserkünste in Kassel
Von den Kaskaden Guernieros zu den Wasserfällen Steinhöfers

Herausgegeben von Albrecht Hoffmann und Helmuth Schneider

2000 • 130 Seiten mit vielen farbigen Abbildungen
€ 10,00 • ISBN 978-3-933617-07-1

Das ästhetische Spiel mit dem Wasser fand im Zeitalter des Barock in den Brunnen der städtischen Plätze und in den Kaskaden der Parkanlagen seinen Höhepunkt. Anregungen aus Italien aufgreifend hat Landgraf Karl von Hessen-Kassel die Kaskaden am Karlsberg anlegen lassen. In den Renaissancegärten der Karlsaue existierten bereits viele Brunnen, und später wurden auch in Wilhelmsthal und im Park Wilhelmshöhe faszinierende Wasserspiele geschaffen. Jede dieser Anlagen hat ihre komplexen wasserbautechnischen Voraussetzungen, die exemplarisch am Wirken des kurfürstlichen Brunneninspektors Karl Steinhöfer verdeutlicht werden.

Rezension „Ein sehr schönes Buch und allen zu empfehlen, die sich für historische Garten- und Parkanlagen mit der Kombination von Wasserkunst und Landschaft interessieren.“
W. Hegemann in Wasser Abwasser

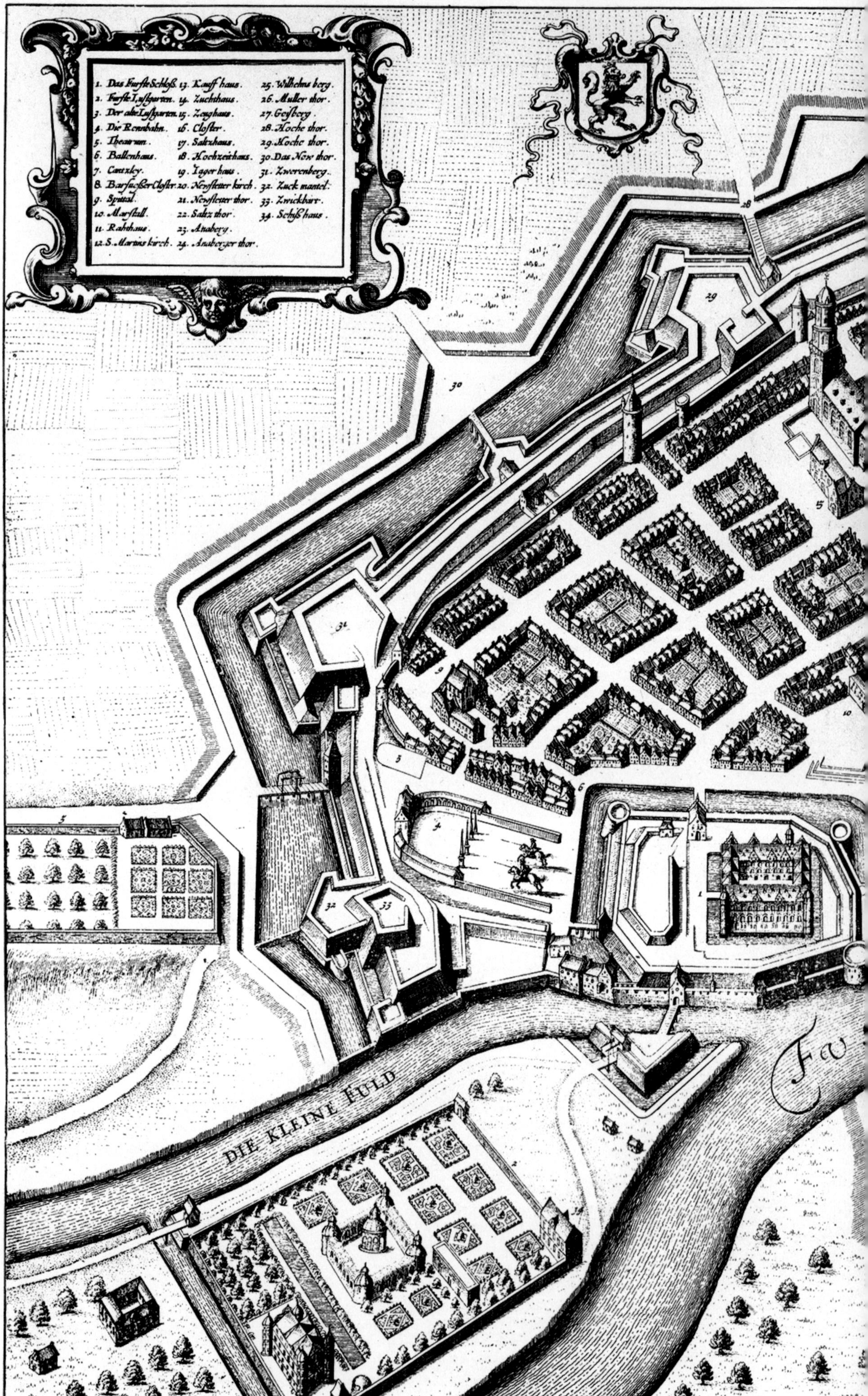

1. Das Furste Schloß.
2. Furste Lustgarten.
3. Der alte Lustgarten.
4. Die Rennbahn.
5. Theatrum.
6. Ballenhaus.
7. Cantzley.
8. Barfueßer Closter.
9. Spittal.
10. Marstall.
11. Rahthaus.
12. S. Martins kirch.
13. Kauff haus.
14. Zuchthaus.
15. Zeughaus.
16. Closter.
17. Saltzhaus.
18. Hochzeithaus.
19. Jager haus.
20. Newstetter kirch.
21. Newstetter thor.
22. Saltz thor.
23. Anaberg.
24. Anaberger thor.
25. Wilhelms berg.
26. Muller thor.
27. Geysberg.
28. Hoche thor.
29. Hoche thor.
30. Das New thor.
31. Zwerenberg.
32. Zuck mantel.
33. Zwickbarr.
34. Schiß haus.
DIE KLEINE FULD